Die Behandlung privater Beschwerden über systematische und grobe Menschenrechtsverletzungen in der UN-Menschenrechtskommission

SCHRIFTEN ZUM STAATS- UND VÖLKERRECHT

Herausgegeben von Prof. Dr. Dieter Blumenwitz

Band 99

Peter Lang
Frankfurt am Main · Berlin · Bern · Bruxelles · New York · Oxford · Wien

Tobias H. Irmscher

Die Behandlung privater Beschwerden über systematische und grobe Menschenrechtsverletzungen in der UN-Menschenrechtskommission

Das 1503-Verfahren nach seiner Reform

Peter Lang
Europäischer Verlag der Wissenschaften

Die Deutsche Bibliothek - CIP-Einheitsaufnahme

Irmscher, Tobias H.:

Die Behandlung privater Beschwerden über systematische und grobe Menschenrechtsverletzungen in der UN-Menschenrechtskommission : das 1503-Verfahren nach seiner Reform / Tobias H. Irmscher. - Frankfurt am Main ; Berlin ; Bern ; Bruxelles ; New York ; Oxford ; Wien : Lang, 2002
(Schriften zum Staats- und Völkerrecht ; Bd. 99)
Zugl.: Würzburg, Univ., Diss., 2001
ISBN 3-631-39444-6

D 20
ISSN 0172-7796
ISBN 3-631-39444-6

www.peterlang.de

Meinen Eltern

Vorwort

Die wissenschaftliche Auseinandersetzung mit dem internationalen Schutz der Menschenrechte bewegt sich immer auf dem schmalen Grat zwischen Völkerrecht und politischer Wissenschaft. Die vorliegende Arbeit, entstanden aus der völkerrechtlichen Perspektive, ist ein Beispiel für die Verstrickung der beiden Disziplinen. Zugleich versucht sie, deutlich zu machen, daß sowohl Rechts- als auch politische Figuren immer im Kontext ihrer Zeit gesehen werden müssen.

Diese Arbeit lag im Sommersemester 2001 der Juristischen Fakultät der Bayerischen Julius-Maximilians-Universität zu Würzburg als Dissertation vor. Spätere Entwicklungen bis Februar 2002 konnten noch eingarbeitet werden.

Viele haben auf unterschiedlichste Weise zu ihrem Entstehen beigetragen. Besonderer Dank gebührt vor allem Herrn Prof. Dr. Dieter Blumenwitz, meinem verehrten Doktorvater, der mich bereits während des Studiums für das Völkerrecht und seine politischen Hintergründe zu begeistern vermochte und das Thema der Arbeit anregte. Er hat nicht nur das Entstehen der Arbeit wissenschaftlich begeleitet und war jederzeit für Fragen und Bitten erreichbar, er hat mich auch sonst stets in jeglicher Hinsicht unterstützt und gefördert. Zu danken ist gleichermaßen Herrn PD Dr. Burkhard Schöbener für die wohlwollende Zweitbegutachtung.

Mit Dank erwähnt seien ferner Herr Prof. Dr. Dr. h.c. Gerhard Hoffmann, der mich als erster mit dem Völkerrecht vertraut gemacht und mein wissenschaftliches Denken nicht unmaßgeblich geprägt hat, sowie die Mitarbeiter im Genfer Amt des UN-Hochkommissars für Menschenrechte, insbesondere Eleonor Solo und Alfred de Zayas. Sie haben während meines Praktikums dort für zahlreiche Fragen zur Verfügung gestanden und mir wertvolle Einblicke in die Praxis des internationalen Menschenrechtsschutzes ermöglicht.

Dank sagen möchte ich meinen Eltern, nicht nur für ihre großzügige Unterstützung in aller Hinsicht während meiner gesamten Studienzeit und darüber hinaus, sondern zugleich für ihre prompte Hilfe bei der Korrektur des Werkes. Gleichermassen hat mir die technische Hilfe durch meine Brüder viele Sorgen abgenommen. Die englische Zusammenfassung wurde kritisch überprüft und verbessert von Dorothee von Arnim und Faye Scott. Die Mitarbeiter des Würzburger Lehrstuhls, allen voran Frau Ruth Rupp, standen zu jeder Zeit mit Rat und Tat zur Seite. Allen sei herzlich gedankt.

Zu danken ist schließlich der Münchner Hochschule für Politik, die die Arbeit durch ein generöses Forschungsstipendium unterstützt hat.

Den Haag, im März 2002

Tobias H. Irmscher

Inhaltsübersicht

Inhaltsverzeichnis

Vierter Teil
Bezüge des 1503-Verfahrens zu weiteren Verfahren des internationalen Menschenrechtsschutzes

Fünfter Teil
Einschätzung und Bewertung

Materialien und Dokumente

Abkürzungsverzeichnis

a.A.	anderer Ansicht
a.a.O.	am angegebenen Ort
a.E.	am Ende
a.F.	alte Fassung
Abs.	Absatz
AEL	Academy of European Law, Collected Courses of the
AEMR	Allgemeine Erklärung der Menschenrechte
AJIL	American Journal of International Law
AmericanULR	American University Law Review
AMRK	Amerikanische Menschenrechtskonvention
Anm.	Anmerkung
APuZ	Aus Politik und Zeitgeschichte
Art.	Artikel
AustrYIL	Australian Yearbook of International Law
AVR	Archiv des Völkerrechts
BerDGV	Berichte der Deutschen Gesellschaft für Völkerrecht
BGBl.	Bundesgesetzblatt
bsp.	Beispielsweise
BulletinHR	Bulletin of Human Rights
bzw.	Beziehungsweise
CAT	Convention against Torture
CEDAW	Convention on the Elimination of Dicrimination against Women
CERD	Convention on the Elimination of all Forms of Racial Discrimination
CHR	Commission on Human Rights
ColumbJTL	Columbia Journal of Transnational Law
CRC	Convention on the Rights of the Child
CSW	Commission on the Status of Women
d.h.	das heißt
Dec.	Decision
ders.	derselbe
DGVN	Deutsche Gesellschaft für die Vereinten Nationen
dies.	dieselben, dieselbe
Doc.	Document
ebd.	ebenda
ECE	Economic Commission for Europe
ECOSOC	Economic and Social Council
EGMR	Europäischer Gerichtshof für Menschenrechte
EMRK	Europäische Menschenrechtskonvention
EPIL	Encyclopedia of Public International Law
f. / ff.	folgende
FaP	Fakultativprotokoll
Fn.	Fußnote
FS	Festschrift
GV	Generalversammlung

HRLJ	Human Rights Law Journal
HRQ	Human Rights Quarterly
Hrsg.	Herausgeber
i.E.	im Ergebnis
i.e.S.	im engeren Sinne
i.S.v.	im Sinne von
i.V.m.	in Verbindung mit
IAMRK	Inter-Amerikanische Menschenrechtskommission
ICJ	International Court of Justice
ICLQ	International and Comparative Law Quarterly
IGH	Internationaler Gerichtshof
IKRK	Internationales Komitee vom Roten Kreuz
ILA	International Law Association
ILC	International Law Commission
ILO	International Labour Organisation
IMT	International Military Tribunal
Int'l.	International
Int. Comm. Jurists	International Commission of Jurists
Int.Comm.J.Rev.	International Commission of Jurists - The Review
IO	Internationale Organisation(en)
IPbpR	Internationaler Pakt über bürgerliche und politische Rechte
IPwskR	Internationaler Pakt über wirtschaftliche, soziale und kulturelle Rechte
IStGH	Internationaler Strafgerichtshof
JIEL	Journal of International Economic Law
Kap.	Kapitel
KJ	Kritische Justiz
lit.	litera
LMC	Like-Minded Countries
m.w.N.	mit weiteren Nachweisen
MichJIL	Michigan Journal of International Law
MRK	Menschenrechtskommission
MRM	Menschenrechtsmagazin
NYU	New York University
NGO	Non-governmental Organization
NILR	Netherlands International Law Review
NJ	Neue Justiz
NordicJIL	Nordic Journal of International Law
NQHR	Netherlands Quarterly of Human Rights
NYIL	Netherlands Yearbook of International Law
o.g.	oben genannt
OAS	Organization of American States
OAU	Organization of African United
OHCHR	Office of the High Commissioner for Human Rights
OP	Optional Protocol
p.	page (Seite)
para.	paragraph (Absatz)
PLO	Palestinian Liberation Organisation
RBDI	Revue belge de droit international

RdC	Recueil des Cours de l'Académie de droit international de la Haye
RDH	Revue de Droit de l'Homme
Rep.	Report
Res.	Resolution
Rn.	Randnummer
S.	Seite
s.o.	siehe oben
s.u.	siehe unten
SCOR	Official Records of the Security Council
StIG	Ständiger Internationaler Gerichtshof
u.ä.	und ähnliche
UK	United Kingdom
UN	United Nations
UNCIO	United Nations Conference on International Organization
UNESCO	United Nations Educational, Social and Cultural Organisation
UNO	United Nations Organization
USA	United States of America
VBS	Völkerbundsatzung
vgl.	vergleiche
VN	Vereinte Nationen
vs.	versus
WGC	Working Group on Communications
WGS	Working Group in Situations
WSR	Wirtschafts- und Sozialrat
WVK	Wiener Vertragsrechtskonvention
YaleLJ	Yale Law Journal
YBILC	Yearbook of the International Law Commission
z.B.	zum Beispiel
z.T.	zum Teil
Ziff.	Ziffer
ZSchwR	Zeitschrift für Schweizerisches Recht

Dokumente der UNO enthalten die hierfür verwendeten offiziellen Symbole. Der Eingangsbuchstabe weist auf das zuständige Hauptorgan bzw. den maßgeblichen Vertrag hin, u.a.:

A/... Generalversammlung
E/... ECOSOC
S/... Sicherheitsrat
ST/... Sekretariat
T/... Treuhandrat

CCPR/...Internationaler Pakt über bürgerliche und politische Rechte
CAT/... Übereinkommen gegen Folter

Einleitung

§ 1. Einführung in den Untersuchungsgegenstand

Der Begriff der Menschenrechte erfreut sich heute einer selten dagewesenen Popularität. Privatpersonen und offizielle Repräsentanten von Staaten berufen sich immer wieder auf diese auch im Völkerrecht fundierten Rechte - mit mehr oder weniger exakten Vorstellungen von Inhalt und Reichweite, aber doch im Sinne eines allgemeine Gerechtigkeit gewährleistenden Normenkomplexes. Die UNO als Weltorganisation scheint als solche oder in Gestalt ihres Generalsekretärs die letzte und zuständige Adresse für entsprechende Beschwerden zu sein. Seit ihrer Gründung 1945 erreichten das Sekretariat jährlich Tausende oder Zehntausende solcher Schreiben von Privatpersonen, Gruppen oder privaten Vereinigungen mit Schilderungen von Ereignissen, die als Verletzung von Menschenrechten angesehen wurden.

Eine Berufung auf Menschenrechte kann jedoch nur dann zur Abhilfe der Verletzungen führen, wenn diese rechtliche Verbindlichkeit erlangt haben und zusätzlich für ihre Durchsetzung ein funktionierender Mechanismus existiert. Menschenrechtliche Verbürgungen wurden als rechtlich verbindliche Beschränkungen der staatlichen Allgewalt trotz früherer Ansätze[1] erst seit dem 19. Jahrhundert als internationale Verpflichtungen angesehen. Sie waren zunächst

---

[1] Ihre Entstehung als dem menschlichen Individuum zukommende Rechte wird zum Teil bis zum Kodex von *Hammurapi* und dem Dekret von *Cyrus dem Großen*, dem Gründer des persischen Reiches und den großen griechischen Philosophen der Antike zurückgeführt (*Marie*, S. 6; *Robertson/Merrills*, S. 7). Freilich betrafen diese Ansätze und auch ihre Folgeentwicklungen bis zu den Grundrechtskatalogen der frühen Neuzeit unmittelbar das Verhältnis zwischen dem Herrscher und den ihm Unterworfenen, nicht aber eine „internationale" Verpflichtung.

Im Völkerrecht kommt es zur Wahrnehmung des Einzelnen als einen Schutzbedürftigen zunächst im Ergebnis allgemeiner Erwägungen des Kriegsvölkerrechts, besonders prominent in der Figur der Humanitären Intervention (siehe nur *Grotius*, De jure belli ac pacis, Zweites Buch, 25. Kapitel, § VIII. [S. 407f.]; *Humphrey,* Human Rights and the United Nations, S. 10). *Marie* sieht zudem in der Anerkennung von Elementen der Religionsfreiheit in „internationalen" Verträgen des 17. Jahrhunderts (Vertrag von Oliva, 1660, Vertrag von Nimègue, 1678) Vorläufer des Menschenrechtsgedankens auf internationaler Ebene - *Marie,* S. 8.

noch auf fremden- und minderheitenrechtliche Gewährleistungen[2] sowie das Verbot des Sklavenhandels beschränkt[3]. Später kamen die Regeln des humanitären Völkerrechts zum Schutz des Einzelnen hinzu[4]. Nach weiterhin beschränkten Schutzkonzeptionen unter der Ägide des Völkerbundes[5] und etwa zeitgleichen Bemühungen der Wissenschaft um einen allgemeinen Menschenrechtsschutz[6] war es die 1945 verabschiedete UN-Charta, die erstmals Menschenrechte in einem umfassenden Verständnis zum Gegenstand des Völkerrechts und der internationalen Beziehungen erhob[7]. Seither hat sich ein ausufernder, kaum mehr über-

---

[2] *Partsch* in: Simma (Hrsg.), Charta der Vereinten Nationen, Art. 55 (c), Rn. 1. Zum völkerrechtlichen Fremdenrecht als Quelle internationaler Menschenrechtsnormen auch *Humphrey,* Human Rights and the United Nations, S. 10, sowie *Robertson/Merrills*, S. 20. Insbesondere die Ergebnisse des Wiener Kongresses 1815 und des Berliner Kongresses 1878 entwickelten in diesem Zusammenhang wesentliche Aspekte der Menschenrechte auf der internationalen Ebene (*Marie,* S. 8, zu letzterem auch *Farer,* HRQ 9 [1987], S. 551, sowie *Rosenne,* Lecture 4: The United Nations System. Part One.).

[3] *Humphrey,* Human Rights and the United Nations, S. 11; *Robertson/Merrills*, S. 15 – 17.

[4] *Marie,* S. 8f.; *Humphrey,* Human Rights and the United Nations, S. 11; *Robertson/Merrills*, S. 18-20), Freilich bedeutete dies weniger die Festlegung eines individuellen Menschenrechts, sondern eher die Ausprägung und Umsetzung des allgemeinen Humanitätsgedankens.

[5] Die Satzung des Völkerbundes enthält selbst keine ausdrücklichen Hinweise auf die Menschenrechte, sondern regelte gemäß dem traditionellen Rechtsverständnis nur die Verhältnisse zwischen den Staaten. Lediglich implizit waren auch in diesem Dokument menschenrechtliche Gewährleistungen enthalten (*Humphrey,* Human Rights and the United Nations, S. 11).In der Praxis (dazu ausführlich unten § 12.II., S. 166ff.) hat diese Organisation jedoch ebenso wie die Sonderorganisationen Wesentliches zur Entwicklung der Idee internationaler Menschenrechte beigetragen. Die Zeit nach 1919 sah eine „rapide Entwicklung" des Menschenrechtsgedankens (*Tardu*, in: FS Partsch, S. 287).

[6] Ein erstes Menschenrechtsinstrument wurde 1929 vom *Institut de Droit International* erarbeitet - *Partsch* in: Simma (Hrsg.), Charta der Vereinten Nationen, Art. 55 (c), Rn. 1

[7] Die Erwähnung der Menschenrechte in der Satzung der neuen Weltorganisation wird vor allem als Reaktion auf die Verbrechen vor und während des II. Weltkrieges erklärt (*Buergenthal*, International Human Rights, S. 21; *Tomuschat*, VN 1976, S. 166; *Humphrey,* Human Rights and the United Nations, S. 12; wohl auch *Partsch,* in: Menschenrechte, Dokumente und Deklarationen, S. 12). Zudem wurde angenommen, daß die Gewährleistung der individuellen Menschenrechte eine Voraussetzung für den internationalen Frieden sei (*Moskowitz,* (1959), S. 87; *Tomuschat*, Menschenrechtssicherung in der internationalen Praxis, S. 9; *Boekle*, NQHR 13 (1995), S. 371; *Partsch* in: Simma (Hrsg.), Charta der Vereinten Nationen, Art. 55 (c), Rn. 5).

Besonders signifikant wird dies in der 1941 gehaltenen Rede des amerikanischen Präsidenten *Franklin D. Roosevelt* über die vier Freiheiten. Diese vier - Meinungsfreiheit, Glaubensfreiheit, Freiheit von Mangel und Not und Freiheit von Angst - seien notwendige

schaubarer Normenkomplex mit internationalen Menschenrechtsgarantien entwickelt. Diese sind teils verbindlicher Natur als Vertrags- oder Gewohnheitsrecht, teils geben sie auch nur nicht unmittelbar bindende Empfehlungen oder Zielvorgaben bzw. Standards wieder[8]. Die Existenz materieller Voraussetzungen bietet als solche jedoch noch keine Gewähr für deren Umsetzung. Ihre Durch-

---

Bedingungen für den Frieden und bildeten so die Basis der Weltgemeinschaft im Sinne einer „moralischen Ordnung" - *Buergenthal*, International Human Rights, S. 21f; *Humphrey*, in: Luard (Hrsg.), The International Protection, S. 39, *Riedel*, in: Baum/ders./Schaefer, Menschenrechtsschutz in der Praxis der Vereinten Nationen, S. 26f.; *Humphrey*, Human Rights and the United Nations, S. 12; *Marie*, S. 14f. (mit Text). *Churchill* übernahm in Abs. 6 seines Vorschlags für eine Atlantikcharta die dritte und vierte Freiheit aus *Roosevelts* Rede - *Marie*, S. 16 (mit Text).

Gleichwohl enthielten die von den vier GroßmächteN in *Dumbarton Oaks* erarbeiteten Vorschläge für die Satzung der neukonzipierten Weltorganisation von 1944 noch keine ausdrückliche Hervorhebung des Menschenrechtsgedankens, sondern lediglich eine Erwähnung im Kapitel über die wirtschaftliche und soziale Zusammenarbeit auf internationaler Ebene (*Humphrey*, Human Rights and the United Nations, S. 12; siehe hierzu m.w.N. sogleich im Text, § 4.I., S. 41ff.).

Entsprechend zurückhaltend war auch der Standpunkt einiger Delegationen auf der Konferenz in *San Francisco*, die die Befugnisse der UN im Menschenrechtsbereich auf „kulturelle" beschränkt wissen wollten (*Herndl*, in: FS Ermacora, S. 3). Mit Ausnahme von China hatten gerade die Großmächte zu jener Zeit sämtliche eigene Probleme im Menschenrechtsbereich: in der Sowjetunion existierten in großem Umfang Straf- und Arbeitslager, in den Vereinigten Staaten harrte das Problem der fortdauernden Rassendiskriminierung einer Lösung und Großbritannien und Frankreich waren als Kolonialmächte vor erhebliche Schwierigkeiten gestellt (*Riedel*, Menschenrechtskommission, in: Wolfrum (Hrsg.), Handbuch Vereinte Nationen, Rdnr. 1).

Im Gegensatz dazu wurden vor allem von lateinamerikanischen Staaten auch die Aufnahme materieller Bestimmungen zum Menschenrechtsschutz gefordert (*Farer*, HRQ 9 [1987], S. 555; *Humphrey*, Human Rights and the United Nations, S. 13). Infolge dieser Bemühungen und der zahlreicher privater Organisationen (*Humphrey*, Human Rights and the United Nations, S. 12f.) kam es im Ergebnis zumindest zu einer deutlichen Inbezugnahme der Menschenrechte an verschiedenen Stellen der Charta, wenn auch nicht im Sinne materieller Gewährleistungen. Lediglich das Diskriminierungsverbot war explizit und hinreichend bestimmt verankert worden. Neben der Aufnahme der Förderung der Menschenrechte in den Zielkatalog der Organisation (Art. 1 Ziff. 3) sind zudem verschiedene Befassungs- und Empfehlungsnormen enthalten (Art. 13 und 62) sowie eine Zusammenarbeits- und Förderpflicht in Art. 55 und 56 statuiert.

[8] So finden sich beispielsweise in der letzten Auflage der von der UN herausgegebenen Zusammenstellung der internationalen (universalen) Menschenrechtsinstrumente aus dem Jahre 1994 allein 95 Texte zum Menschenrechtsschutz mit allgemeinen oder auch spezielleren Regelungsgegenständen. Hinzu kommen noch die gerade in Südamerika und Europa, aber auch in anderen Teilen der Erde zahlreichen regionalen Instrumente.

setzung bedurfte vielmehr in Ermangelung eines vorhandenen Gerichts- oder sonstigen Anwendungssystems gesonderter, explizit hierfür eingerichteter Verfahren.

Gegenstand der vorliegenden Abhandlung ist ein von der UNO entwickeltes Verfahren zur Reaktion auf die in den zahlreichen privaten Beschwerden gerügten Verletzungen, mit dem die beeinträchtigten Menschenrechte geschützt werden sollten. Der nach der zugrundeliegenden Resolution 1503 (XLVIII) des Wirtschafts- und Sozialrates (*Economic and Social Council - ECOSOC*) vom 30. Mai 1970 benannte Mechanismus war der erste innerhalb des UN-Systems, der nicht auf einzelne Rechte oder bestimmte Regionen beschränkt war. Damit war ein Organ der Weltorganisation ermächtigt worden, in begrenztem Umfang auf die Fülle der eingegangen Beschwerden über Menschenrechtsverletzungen in aller Welt zu reagieren. Zuvor hatte sich die UNO im allgemeinen und deren Menschenrechtskommission (deren Name eigentlich Programm hätte sein müssen) im besonderen nur *ad hoc* mit einzelnen Situationen von Menschenrechtsverletzungen befaßt. Das 1503-Verfahren stellte vor diesem Hintergrund einen bemerkenswerten Fortschritt dar: zum ersten Mal existierte nun ein allgemeines, universelles Beschwerdesystem[9].

Mittlerweile haben sich Stellung und Wahrnehmung des Verfahrens geändert. Parallel zum Zuwachs der anerkannten materiellen Menschenrechte stieg die Zahl der Durchsetzungsverfahren für deren Gewährleistung. Die Besonderheit und weltweite Aufmerksamkeit, die das 1503-Verfahren anfangs erregte, hat daher beständig abgenommen. Berichtete die internationale Presse in den siebziger Jahren unter Ausnutzung vertraulicher Informationen eingehend über dieses Verfahren und seine Ergebnisse[10], ist mittlerweile selbst seine Reform nicht mehr Gegenstand der Berichterstattung, nicht zu reden von den im Zuge der Durchführung nach außen dringenden Informationen. Andere Ergebnisse aus weitergehenden, ergebnisreicheren Verfahren sind an deren Stelle getreten.

Gleichwohl findet der Mechanismus ununterbrochen Anwendung und befaßt sich auch 30 Jahre nach seiner Einrichtung jährlich mit Zehntausenden eingehenden Beschwerden. Zahlreiche Fragen verbinden sich mit diesem Verfahren, die über den organisatorischen Hintergrund und den technischen Ablauf hinausgehen: Welche Stellung nimmt der Einzelne in diesem nicht auf vertraglicher Grundlage basierenden Mechanismus ein, der für alle Staaten und unabhängig von deren Einverständnis Anwendung findet? Welche Beschränkungen sind für

---

9 *Ize-Charrin*, 1503: A Serious Procedure, S. 1.

10 Vgl. nur *Liskofsky*, RDH 8 (1975), S. 906f. (Anm. 33).

die Behandlung der Petitionen durch Zulässigkeitserfordernisse vorgesehen? - Gerade vor dem Hintergrund zunehmender Anerkennung völkerrechtlicher Rechte und auch Pflichten des Individuums ist die Analyse dieses frühzeitig eingerichteten Mechanismus aufschlußreich, insbesondere im Vergleich zu den anderen auf Individualbeschwerden beruhenden Verfahren.

Daneben sind die Reichweite des Verfahrens in materieller Hinsicht wie auch in bezug auf die Umsetzung getroffener Entscheidung zu hinterfragen. Wie weit reicht seine Zuständigkeit, vor allem: ist es auf die Durchsetzung bestimmter Rechte beschränkt oder werden sämtliche anerkannten Menschenrechte erfaßt? Und in welcher Form kann der Mechanismus auf die berichteten Menschenrechtsverletzungen reagieren? In engem Zusammenhang hierzu steht die Frage nach den wirklichen Entscheidungsträgern und den ausschlaggebenden Erwägungen im Verfahren. Schließlich sind die sonstigen Besonderheiten des Verfahrens von Interesse, diejenigen, die es von anderen abgrenzen sowie die, die möglicherweise für seine geringe öffentliche Wahrnehmung verantwortlich sind.

Darüber hinaus hat auch die jüngst verabschiedete Reform eine Reihe von Fragen materieller, aber auch technischer Art aufgeworfen, die einer Untersuchung und Beantwortung warten. Angesichts umfangreicher Kritik und des langen Weges bis zur letztlich beschlossenen Änderung sind die konkreten Ergebnisse anhand der vorhandenen Gegebenheiten, d.h. vor dem politischen Hintergrund zu analysieren und zu bewerten. Vor allem stellen sich Fragen in bezug auf die Stellung der Beteiligten, die Änderung einzelner Grundvoraussetzungen und nach der Steigerung der Effizienz der Reaktion auf Menschenrechtsverletzungen. Implizit beantwortet allein die Tatsache, daß das Verfahren reformiert wurde, die Frage nach seiner Erforderlichkeit. Gleichwohl ist in Anbetracht des immer weiter ausgebauten System des internationalen Menschenrechtsschutzes zu fragen, welchen Platz das Verfahren hier einnimmt, und worin seine besondere Daseinsberechtigung liegt.

Viele interessante Fragen stellen sich bei einem ersten Blick auf den Mechanismus. In einigen Fällen ist die Antwort unschwer zu finden, oft hingegen ist für eine angemessene Beantwortung eine genaue Untersuchung des Verfahrens, seiner Hintergründe und seiner Praxis erforderlich. In jedem Falle weist es eine Fülle interessanter Problemstellungen auf, die eine gründliche Auseinandersetzung lohnenswert machen - dies besonders vor dem Hintergrund, daß die Hauptverantwortung für dieses Verfahren bei der Menschenrechtskommission liegt, einem primär politischen Gremium, es aber gleichwohl ein Mechanismus der Rechtsanwendung ist.

Schließlich verdient die Untersuchung des Mechanismus noch aus einem anderen Gesichtspunkt besondere Aufmerksamkeit. Da das 1503-Verfahren das erste umfassende Verfahren zum Umgang mit Menschenrechtsbeschwerden war, spiegelt seine Entstehung wie auch die Ausgestaltung im einzelnen deutlich die Schwierigkeiten, Beschränkungen und Rückschläge der Bemühungen um einen ausgereiften Menschenrechtsschutz durch die UNO wider. Denn die jeweiligen politischen Hintergründe, tatsächlichen Sachzwänge und historischen Entwicklungen haben ihren mittelbaren oder unmittelbaren Niederschlag in der Ausgestaltung des Verfahrens, seinen wesentlichen Elementen und Aspekten gefunden. Von daher bietet die nachfolgende Analyse die Möglichkeit, aus einer konkreten Perspektive das Wachsen von Bereitschaft und Kapazität der Vereinten Nationen bezüglich der Behandlung von Individualbeschwerden einzuschätzen.

§ 2. Gang und Methode der Untersuchung

Die vorliegende Darstellung versteht sich als eine allgemeine Analyse des 1503-Verfahrens, seiner Entstehung, seines Ablaufs, seiner Praxis und seiner besonderen Merkmale. Gerade die jüngst verabschiedete Reform bietet Anlaß, eine erneute Bewertung des Verfahrens vorzunehmen[1]. Ein Schwerpunkt wird dabei die Stellung dieses Mechanismus im internationalen Komplex der zahlreichen vorhandenen Menschenrechtsschutzsysteme sein.

Von entscheidender Bedeutung für das Verständnis des Verfahrens ist der Charakter der beteiligten Akteure. Gegenstand des ersten Teils wird daher die Menschenrechtskommission (MRK) als solche sein, ihre Zusammensetzung, Arbeitsweise und ihre Stellung im UN-System. Neben einem kurzen Abriß ihrer Entstehung werden die rechtlichen und politischen Vorgaben für die Tätigkeit dieses Organs dargestellt, insbesondere seine Befugnisse und Verantwortlichkeiten gegenüber anderen Organen. Ebenso sind die tatsächlichen Rahmenbedingungen wie Sitzungdauer, finanzielle Beschränkungen und sonstige organisatorische Umstände zu berücksichtigen. Ein Blick auf die praktische Arbeit in den Sitzungen wird dies im Interesse weiterer Klarheit ergänzen: vieles auf den ersten Blick Unverständliche wird durch die Kenntnis der tatsächlichen Abläufe erhellt. Den meisten Raum in diesem Teil wird schließlich eine Übersicht über die Tätigkeit des Organs einnehmen. Das 1503-Verfahren stellt nur einen - in zeitlicher Hinsicht eher untergeordneten - Arbeitsbereich der Kommission dar. In vielerlei Hinsicht steht seine Durchführung im Zusammenhang mit den anderen Mechanismen und Aufgaben der Kommission. Zudem erlaubt ein Blick auf das Vorgehen der Kommission in anderen Arbeitsfeldern, insbesondere im Zuge anderer Mechanismen zur Reaktion auf Menschenrechtsverletzungen, Rückschlüsse auf die Praxis im 1503-Verfahren.

Im nachfolgenden zweiten Teil wird die Entwicklung des 1503-Verfahrens dargestellt. Ausgehend von einer Schilderung der ersten internationalen Mechanismen zum Empfang privater Eingaben oder Beschwerden sowie der im System des Völkerbundes eingerichteten speziellen Mechanismen werden die Anfänge der Behandlung von Beschwerden in der UNO untersucht. Dies geschieht einmal mit Blick auf die Konzeption der Charta, zusätzlich aber auch in bezug auf die

---

[1] Umfassende Untersuchungen des Verfahrens wurden zuletzt zu Beginn der neunziger Jahre vorgenommen, allerdings - mit Ausnahme von *Bartolomei*, die das Verfahren ausgehend von seiner Anwendung im konkreten Falle Argentiniens untersucht - immer im Rahmen einer Schilderung der Tätigkeit der MRK im allgemeinen: siehe insofern *Alston*, Commission on Human Rights, in: ders. (Hrsg.), The United Nations and Human Rights; *Tolley*, The U.N. Commission on Human Rights, und *Zuijdwijk*, Petitioning the UN.

frühe Entscheidung der MRK, keinerlei Maßnahmen in bezug auf die eingegangenen Menschenrechtsbeschwerden zu ergreifen. Dieser vom ECOSOC bestätigte Standpunkt, der eine systematische Behandlung der Beschwerden durch die UNO für zwanzig Jahre verhinderte, wird im Hinblick auf Ausmaß und Begründung untersucht und der gleichwohl eingerichtete Mechanismus zum Empfang der Beschwerden dargestellt. Die eigentliche Entwicklung hin zur Einrichtung des 1503-Verfahrens, wie sie anschließend vorgestellt und analysiert werden soll, beginnt in der zweiten Hälfte der sechziger Jahre. Auch hier sollen die verschiedenen Ansätze und Hintergründe der Neuausrichtung hervorgehoben werden, ehe das schließlich verabschiedete Verfahren dargestellt wird. Eine dritte Entwicklungsstufe in bezug auf die Behandlung der Eingaben durch die MRK betrifft die bereits in den siebziger Jahren eingeleitete Diskussion über mögliche Änderungen, die schließlich in der im Juni 2000 beschlossenen Reform des Verfahrens ihren vorläufigen Abschluß fand.

Der so überarbeitete 1503-Mechanismus wird im folgenden dritten Teil, dem Hauptabschnitt der Untersuchung, in seinen Einzelheiten näher dargestellt und analysiert. Hierzu wird zunächst der Verfahrensablauf geschildert, gefolgt von einer Bewertung der wesentlichen Elemente der Reform 2000. Sodann erfolgt eine Darstellung der Praxis des Verfahrens, wobei freilich nur auf die Erfahrungen vor der Reform eingegangen werden kann. Da aber sowohl die Grundidee als auch viele Einzelheiten von der Änderung unberührt blieben, lassen sich hieraus auch für die Beurteilung des überarbeiteten Mechanismus wertvolle Erkenntnisse gewinnen.

Nach dieser das Verfahren in seiner Gesamtheit betreffenden Darstellung werden seine wesentlichsten Aspekte im Einzelnen analysiert. Zunächst betrifft dies die Ermittlung des unmittelbaren Verfahrensziels als Ausgangspunkt und Maßstab für sämtliche Einschätzungen. Sodann befaßt sich die Untersuchung mit den Beschwerden als eigentlichem Ausgangspunkt des Verfahrens. Es werden die Zulässigkeitsbestimmungen und die Funktion der Beschwerden ebenso erläutert, wie die verschiedenen Arten und Anforderungen für eine erfolgreiche Eingabe. Anschließend wird der Gegenstand des Verfahrens herausgearbeitet. Schwerpunktmäßig wird dies einmal die anwendbaren Menschenrechte als Prüfungsmaßstab im Verfahren betreffen, zum anderen die Einschränkung des Verfahrensgegenstandes auf systematische und schwerwiegende Verletzungen von Menschenrechten. Außerdem wird die universelle Zuständigkeit des Verfahrens *ratione loci* dargelegt und auf Einschränkungen *ratione temporis* eingegangen. Weiterhin sind in den folgenden Kapiteln als wesentliche Besonderheiten des Verfahrens darzustellen und in ihren Auswirkungen zu analysieren: die Vertraulichkeit seines Ablaufs, die Informationsgrundlage für die Entscheidenden, die Kooperation mit den betroffenen Staaten, die Rolle der Nichtregierungsorganisationen (NGO) sowie seine hochpolitische Ausprägung.

Der vierte Teil befaßt sich mit der Stellung des 1503-Verfahrens im Komplex des internationalen Menschenrechtsschutzes, also seiner Beziehung zu den anderen Mechanismen auf regionaler und universeller Ebene. War das Verfahren zur Zeit seiner Entstehung das einzige seiner Art mit weltweitem Anwendungsbereich, so hat die erhebliche Zunahme verschiedenartiger Mechanismen seither viele potentielle Zuständigkeitskonflikte hervorgebracht. Nach der Darstellung der anderen Verfahren und einem Vergleich wesentlicher Elemente werden die Bezüge des 1503-Verfahrens zu diesen untersucht.

Im abschließenden Teil wird die - besonders in den siebziger Jahren häufig angezweifelte - Rechtmäßigkeit des Verfahrens und seiner Durchführung bewertet. Außerdem wird, und dies stellt das substantielle Ende der Ausführungen dar, vor dem Hintergrund der Ausführungen zum Verfahren selbst und dessen Stellung im internationalen System des Menschenrechtsschutzes eine Bewertung der Zweckmäßigkeit zu erfolgen.

Die Methode der Untersuchung wird, zumindest was die Analyse und Einschätzung des Verfahrens und seiner Anwendung im Kontext anderer Mechanismen betrifft, durch ein bedeutendes Merkmal des Verfahrens selbst vorgegeben: das gesamte Verfahren unterliegt mit wenigen Ausnahmen strikter Vertraulichkeit[2]. Da nur in wenigen Fällen die vollständigen Unterlagen veröffentlicht wurden, im übrigen aber allenfalls allgemeine Informationen oder bruchstückhafte Hinweise bekannt werden, läßt sich keine umfassende Evaluierung der Praxis vornehmen. Selbst die in bezug auf einzelne Vorgänge partiell an die Öffentlichkeit gelangten Informationen können häufig in Ermangelung des Wissens um deren Kontext nicht für eine solide Schlußfolgerung herangezogen werden. Im Interesse der wissenschaftlichen Redlichkeit wird daher in den nachfolgenden Ausführungen darauf verzichtet, auf der Grundlage unzureichenden Faktenmaterials auf bestimmte Vorkommnisse zu schließen. Nur soweit tatsächlich nachvollziehbare Auskünfte existieren oder eingeholt werden können, werden die entsprechenden Gesichtspunkte der Erörterung zugrunde gelegt und einbezogen. Gleichwohl sind die Ausführungen nicht auf rein theoretische, von sämtlicher Verfahrenspraxis losgelöste Erwägungen beschränkt. In bezug auf etliche, freilich nicht notwendig repräsentative Situationen sind die vertraulichen Materialien veröffentlicht worden. Zudem werden gewisse Daten, wie die Namen der jährlich

---

[2] Vgl. *Weissbrodt/Parker*, S. 11. Eine ausführliche Diskussion der Vertraulichkeit als wesentliches Merkmal dieses Verfahrens erfolgt unten bei § 23, S. 363.

behandelten Länder, öffentlich bekanntgegeben. Schließlich sind in verschiedenen Fällen Informationen auch durch Indiskretion nach außen gelangt oder von Beteiligten verbreitet worden.

Die Darstellung der Praxis ist von daher notwendig lückenhaft und nicht in jeder Hinsicht allgemeingültig. Gleichwohl lassen sich hinreichend Gesichtspunkte finden, die ein Eingehen auf die wesentlichen Elemente und Aspekte des Verfahrens erlauben. Es ist angesichts dessen jedoch unerläßlich, auf den Hintergrund des Verfahrens einzugehen - sowohl in bezug auf Tätigkeit und Wesen des hauptsächlich damit befaßten Organs (hierzu Teil 1) als auch bezogen auf die Entstehung und Entwicklung des Verfahrens (Teil 2). Für die Untersuchung des aktuellen Verfahrens sind sodann in erster Linie die zugrundeliegenden Texte heranzuziehen. Die erst jüngst die Reform umsetzende Resolution 2000/3 des ECOSOC vermag als aktuelles Instrument einen unverfälschten Eindruck von der derzeitigen Praxis und Stimmung in der Kommission zu geben. Der im folgenden gewählte punktuelle Untersuchungsansatz, das Eingehen auf die wichtigsten Aspekte des Verfahrens, trägt der Einschränkung der vorhandenen Informationen dadurch Rechnung, daß die vorhandenen in den tatsächlichen, aber eng definierten Zusammenhang eingeordnet werden. Dabei wird auch hier wieder, soweit möglich, auf die entstehungsgeschichtlichen und interessenpolitischen Hintergründe eingegangen. Im Zusammenhang mit diesen bieten die vorhandenen Informationen eine ausreichende Basis für zutreffende Schlüsse und Ergebnisse.

§ 3. Begriffsklärungen und Abgrenzung

Im Interesse der notwendigen Klarheit und angesichts der häufig differierenden Verwendung von Begriffen sowie vorkommender Verwechslungen sei eingangs eine begriffliche Abgrenzung in drei Punkten vorgenommen.

I. Grundfreiheiten und Menschenrechte

In der übergroßen Zahl der Texte der UNO - in der Charta selbst wie in den Entschließungen und Entscheidungen - ist für den Bezugspunkt die Formulierung „Menschenrechte und Grundfreiheiten" (*human rights and fundamental freedoms*) gewählt. Die beiden Begriffe unterscheiden sich insoweit, als Menschenrechte alle Arten von Ansprüchen positiver oder negativer Art umfassen, also auf ein Tun wie auf ein Unterlassen abzielen können. Freiheiten betreffen hingegen nur den letztgenannten Bereich, nämlich den Schutz vor Beeinträchtigungen. Der Begriff der Menschenrechte ist daher umfassender[1]. Sind damit Grundfreiheiten gleichzeitig Teil der Menschenrechte im eigentlichen Sinne ist die gleichzeitige Verwendung beider Begriffe ungenau[2].

Hinzu kommt, daß die zitierte Formulierung keineswegs einheitlich und durchgehend verwendet wird, weder in der UN-Charta[3] noch in anderen maßgeblichen Texten. Der Hinweis auf die Freiheiten läßt sich so nur als Ausdruck der besonderen Hervorhebung der klassischen „Freiheitsrechte" verstehen. In der Organpraxis werden die Grundfreiheiten gleichfalls als Bestandteil des umfassenden Konzeptes „Menschenrechte" angesehen, eine inhaltliche Unterscheidung war hier nie beabsichtigt oder durchgeführt[4]. Vielmehr erfolgt die Verwendung beider Bezeichnungen praktisch beliebig und gleichartig[5]. Vor diesem Hintergrund ist vorliegend auf eine Doppelbezeichnung verzichtet worden. Eine sachliche Differenz oder gar Einschränkung des umfassenden Konzeptes der Menschenrechte ist damit nicht intendiert.

II. Mitteilungen, Petitionen oder Beschwerden

Die offizielle und wertfreie Bezeichnung für sämtliche eingehenden Schriftstücke und dergleichen im Sprachgebrauch der UN und anderer internatio-

---

[1] *Partsch* in: Simma (Hrsg.), Charta der Vereinten Nationen, Art. 55 (c), Rn. 6.

[2] *Kelsen,* The Law of the United Nations, S. 29.

[3] *Kelsen,* The Law of the United Nations, S. 29.

[4] Repertory III, Art. 55, Abs. 148, S. 68.

[5] *Partsch* in: Simma (Hrsg.), Charta der Vereinten Nationen, Art. 55 (c), Rn. 8.

naler Organisationen ist „Mitteilung“ (*communication*). Im Sprachgebrauch des Völkerbundes und auch schon zuvor wurde für Eingaben mit bloßer Informationsfunktion ohne prozessuale, rechtliche Auswirkungen der Begriff „Petitionen“ verwendet[6].

Der tatsächliche Charakter der meisten im Sekretariat eingehenden Schreiben weist diese jedoch klar als Beschwerden über Menschenrechtsverletzungen aus. Die Bezeichnung „Mitteilung“, obwohl technisch korrekt und in praktisch allen entsprechenden Texten benutzt, kann gerade im Bereich schwerer Menschenrechtsverletzungen ein Euphemismus sein[7]. Es soll daher im folgenden auch der Begriff „Beschwerde“ zur Bezeichnung der individuellen Eingaben verwendet werden, wenngleich damit nicht das Bestehen eines gerichtsförmigen Verfahrens impliziert wird[8].

III. Menschenrechtskommission und Menschenrechtsausschuß

Eine wichtige - freilich nicht definitorische - Unterscheidung betrifft das mit dem Verfahren befaßte Organ; ein Eingehen hierauf soll immer wieder auftretenden Verwechslungen vorbeugen.

Nicht selten werden die für das 1503-Verfahren zuständige Menschenrechtskommission (*Commission on Human Rights - CHR -, Commission des droits de l'homme*) und der im Internationalen Pakt über bürgerliche und politische Rechte (IPbpR) vorgesehene Menschenrechtsausschuß (*Human Rights Committee - HRC -, Comité des droits de l'homme*) miteinander verwechselt[9]. Schon die Rechtsgrundlage der beiden Organe ist eine völlig verschiedene: während die Kommission ihre Grundlage in den Bestimmungen der UN-Charta und Resolutionen des ECOSOC findet, beruht die Existenz des Ausschusses auf dem IPbpR, einem völkerrechtlichen Vertrag.

Erst recht verwirrend ist, wenn als unvermeidliche Folge auch das hier zu untersuchende 1503-Verfahren mit dem vom Menschenrechtsausschuß behan-

---

[6] *Blumenwitz*, Internationale Schutzmechanismen, S. 32.

[7] *van Boven* in: *Cassese* (Hrsg.), UN Law/Fundamental Rights, S. 123.

[8] Vgl. *Blumenwitz*, Internationale Schutzmechanismen, S. 83; *Khol,* Der Menschenrechtskatalog der Völkergemeinschaft, S. 30f.

[9] *Tomuschat,* Menschenrechtssicherung in der internationalen Praxis, S. 7, berichtet, daß beide Organe häufig miteinander verwechselt würden, und zwar selbst in Außenministerien.

delten Verfahren nach dem I. Fakultativprotokoll zum IPbpR verwechselt wird[10]. Dieses ist zwar gleichfalls im Grundsatz umfassend und universal angelegt. Es kann aber - und dies sei bereits hier schon einmal erwähnt - wegen seiner vertraglichen Basis allein schon in seiner Zielrichtung, der Art seiner Durchführung und seinem Ergebnis sowie aufgrund des deutlich zu unterscheidenden zuständigen Organs nicht deutlich genug von dem hier zu untersuchenden 1503-Verfahren abgegrenzt werden[11].

Gegenstand der nachfolgenden Abhandlung ist das Verfahren vor der Menschenrechtskommission, die ihre Grundlage in der UN-Charta findet (vgl. Art. 68) und nicht mit dem vertraglich eingesetzten Menschenrechtsausschuß verwechselt werden darf.

---

[10] Selbst in anerkannten Völkerrechtslehrbüchern wird das 1503-Verfahren zuweilen systematisch irreführend im Annex zu den vertraglich bereitgestellten Individualbeschwerdeverfahren behandelt (vgl. nur *Hailbronner,* in: *Graf Vitzthum* [Hrsg.], III Rn. 212 unter der Gesamtüberschrift „Die Menschenrechtspakte v 19.12.1966"; ohne deutliche Abgrenzung auch *Ipsen*, § 48 Rn. 48).

[11] Zur Abgrenzung sowie einem Vergleich der beiden Verfahren siehe unten § 31.I.A., S. 509.

Erster Teil

Wesen und Tätigkeit der UN-Menschenrechtskommission

§ 4. Entstehung und rechtliche Grundlagen der Menschenrechtskommission

I. Die Diskussion über ein Menschenrechtsgremium der Vereinten Nationen im Zuge ihrer Entstehung

Die Gründung der UNO erfolgte in engem zeitlichem Zusammenhang mit dem Erwachen eines weltweiten Bewußtseins für den internationalen Schutz der Menschenrechte. Die schwerwiegenden Menschenrechtsverletzungen in der Zeit vor und während des II. Weltkrieges standen den Gründungsmitgliedern noch allzu deutlich vor Augen. Allerdings waren Art und Weise ihrer völkerrechtlichen Inbezugnahme oder Begründung sowie ihrer möglichen Durchsetzung von Anfang an umstritten. Unter anderem bestand anfänglich Ungewißheit darüber, wem in der neu zu gründenden Organisation die Verantwortlichkeit für Menschenrechtsfragen zu übertragen wäre[1]. In den in *Dumbarton Oaks* von den vier Großmächten erarbeiteten Entwürfen für die Satzung einer Weltorganisation war hierfür der im Vergleich zum Völkerbund gänzlich neu konzipierte Wirtschafts- und Sozialrat (*Economic and Social Council - ECOSOC*) vorgesehen. Die Bestimmungen über dessen Zuständigkeit waren die einzige Stelle des Entwurfs, an der die Frage der Menschenrechte überhaupt erwähnt wurde[2]. Zur besseren Erfüllung seiner Aufgaben sollte der ECOSOC einzelne Kommissionen einsetzen können, und zwar für Wirtschaftsfragen, für soziale Angelegenheiten sowie erforderlichenfalls für sonstige Themenbereiche[3].

---

[1] *Tolley*, The U.N. Commission on Human Rights, S. 3.

[2] „With a view to the creation of conditions of stability and well-being which are necessary for peaceful and friendly relations among nations, the Organization should ... promote respect for human rights and fundamental freedoms. Responsibility for the discharge of this function shouls be vested in the General Assembly and, under authority of the General Assembly, in an Economic and Social Council.“ *Proposals for the Establishment of a General International Organization* (Dumbarton Oaks Proposals), chapter IX sections A, Abs. 1 - abgedruckt in Yearbook of the UN 1946-47, S. 4-9. siehe auch *Tolley*, The U.N. Commission on Human Rights, S. 4; *Marie,* S. 19f.

[3] „The Economic and Social Council should set up an economic commission, a social commission, and such other commissions as may be required. These commissions should consist of experts. ...“ Dumbarton Oaks Proposals (a.a.O., Fn. 2), chapter IX section D,

Diesem Ansatz einer untergeordneten Rolle der Menschenrechte, der keine institutionelle Vorrichtung für deren aktive Förderung und Sicherung vorsah, stellten mehrere lateinamerikanische Staaten, unterstützt von verschiedenen privaten Organisationen[4], einen Entwurf entgegen, der ausdrücklich die Gründung einer Menschenrechtskommission vorsah[5]. Auf der Vertragskonferenz von San Francisco erreichten sie zumindest die Aufnahme zusätzlicher Bestimmungen in bezug auf die Förderung (*promotion*) der Menschenrechte[6]. Weitergehende Vorschläge, die auf die Aufnahme klarer Verpflichtungen der Staaten in die Satzung zielten, blieben erfolglos[7]. Zahlreiche auf der Konferenz vertretene Regierungen waren infolge eigener Probleme mit Menschenrechten nicht bereit, hier Zugeständnisse in Richtung auf eine internationale Zuständigkeit in derartigen Fragen zu machen. Sie lehnten jegliche dahingehende Aktivitäten als Versuch der Einmischung in innere Angelegenheiten ab. So wurde lediglich, auf Drängen der Vereinigten Staaten, die Menschenrechtskommission als ein vom ECOSOC einzusetzendes Hilfsorgan ausdrücklich erwähnt[8]. Weitergehende Ziele in bezug auf den internationalen Menschenrechtsschutz wurden nicht erreicht. Weder erfolgte eine Festlegung subjektiver Menschenrechte, noch konnte man sich auf einen internationalen Schutzmechanismus einigen. Vielmehr wurde in Art. 2 Ziff. 7 UN-Charta das Verbot der Einmischung in innere Angelegenheiten (*domestic juris-*

Abs. 1. *Tolley*, The U.N. Commission on Human Rights, S. 4; *Marie,* S. 20. Diese funktionalen Kommissionen waren dabei ganz allgemein als Expertengremien konzipiert - *O'Donovan*, in: Alston (Hrsg.), The United Nations and Human Rights, S. 110.

4 Siehe hierzu ausführlich *Marie,* S. 23-27.

Ein eigener Statuts war diesen Organisationen nicht eingeräumt worden, ihre Vertreter wurden aber als Berater der Regierungsdelegationen - u.a. der US-amerikanischen - zugelassen: ebd. S. 24.

5 *Tolley*, The U.N. Commission on Human Rights, S. 4; für den Text siehe *Marie,* S. 29.

6 *Marie,* S. 26.

7 *Lauterpacht*, International Law and Human Rights, S. 105f.; *Tolley*, The U.N. Commission on Human Rights, S. 5; vgl. auch *Alston,* Commission on Human Rights, in: ders. (Hrsg.), The United Nations and Human Rights, S. 126; *Hoare*, in: Luard (Hrsg.), The International Protection, S. 40. - Summary record of 10th Meeting of Committee I/1, Doc. 756 I/1/25 (02.06.1945), in: UNCIO VI, S. 324f.; Documentation for Meetings of Committee I/1, Doc. 215, I/1/10 (11.05.1945), S. 11, in: UNCIO VI, S. 527 (540).

8 *Tolley*, The U.N. Commission on Human Rights, S. 6; *van Boven*, NILR 15 (1968), S. 374; *Herndl*, in: FS Ermacora, S. 3f. Zur Diskussion über die gesonderte Erwähnung der MRK siehe *Marie,* S. 30-33.

diction) ausdrücklich festgeschrieben[9]. Die Frage nach materiellen Menschenrechten und ihrer Durchsetzung konnte somit im Rahmen der Gründung der UNO noch nicht im Interesse eines wirksamen Schutzes gelöst werden. Immerhin war aber die grundsätzliche Sorge um die Menschenrechte an herausragender Stelle in der Charta, die von manchen als „Weltverfassung" angesehen wird, verankert worden[10].

II. Die Einsetzung der Kommission

Im Satzungstext war somit in bezug auf die Zuständigkeit für Menschenrechtsfragen die Befugnis des ECOSOC klargestellt, Hilfsorgane in Gestalt themenbezogen arbeitender, sogenannter „funktionaler" Kommissionen einzusetzen. Diese waren als Unterstützungs- und Beratungsorgane des Rates konzipiert, die dessen substantielle Arbeit durch Empfehlungen und Berichte vorzunehmen bzw. vorzubereiten hatten[11]. Zusätzlich war auch die Einrichtung von Regionalkommissionen vorgesehen, die sich mit wirtschaftlichen Fragestellungen im regionalen Berich befassen sollten[12]. Als einziges verbliebenes Beispiel für eine funktionale Kommission war in Art. 68 UN-Charta diejenige für Menschenrechte vorgesehen. Weitere Spezifikationen - etwa bezogen auf Aufgabenstellung, Zusammensetzung oder Arbeitsweise - fehlten. Die genaue Ausgestaltung, welche Aufgaben also der MRK selbst und welche Aufgaben anderen Kommissionen zukommen sollten, war vorerst offengelassen[13].

---

9 *Tolley*, The U.N. Commission on Human Rights, S. 6f. Dabei ist bemerkenswert, daß neben den „großen Vier" auch die ansonsten leidenschaftlich für eine internationale Zuständigkeit im Menschenrechtsschutz kämpfenden lateinamerikanischen Staaten großen Wert auf die Gewährleistung der unbeeinträchtigten nationalen Souveränität und die so verabschiedete Formulierung von Art. 2 Ziff. 7 UN-Charta legten (*Tolley*, ebd.). Zu einer umfassenden Diskussion dieser Norm - auch angesichts ihres Vorgängers in der VBS - siehe unten § 34.III.A., S. 596.

10 Siehe zur Diskussion über den Verfassungscharakter der UN-Charta nur *Fassbender,* ColumbJTL 36 (1998), S. 529ff.; skeptisch *Rosenne*, Lecture 4: The United Nations System. Part One.

11 Repertory III, Art. 68, Abs. 51, S. 488.

12 Insgesamt bestehen mittlerweile fünf solcher Regionalkommission, und zwar außer der für Europa zuständigen Wirtschaftskommission (*Economic Commission for Europe - ECE*) mit Sitz in Genf die Wirtschaftskommissionen für Afrika und Lateinamerika sowie die Wirtschaft-und Sozialkommissionen für Asien und den Pazifik sowie für Westasien.

13 *Tolley*, The U.N. Commission on Human Rights, S. 7f.

Nach einem Vorentwurf ihres Exekutivausschusses empfahl die UN-Vorbereitungskommission (*Prepcom*) auf ihrer zweiten Sitzung Ende 1945 dem ECOSOC, zunächst fünf Kommissionen einschließlich einer Menschenrechtskommission einzusetzen[14]. Gleichzeitig legte sie erste Vorschläge für die Zuständigkeitsnormen vor[15], die von der Generalversammlung einstimmig bestätigt wurde[16]. Der letztverantwortliche ECOSOC konzentrierte seine Arbeit auf die MRK und setzte diese bereits auf seiner ersten Sitzung mit Res. 5 (I) vom 16. Februar 1946 ein[17]. Darin war zugleich ein vorläufiger Aufgaben- und Zuständigkeitskatalog enthalten[18]. Eine endgültige Entscheidung über ihre Zusammensetzung war noch nicht getroffen, vielmehr sollte eine namentlich ernannte Kern- oder Gründungskommission (*Nuclear Commission*) aus neun unabhängigen Experten aller Regionen unter dem Vorsitz von *Eleanor Roosevelt* Vorschläge u.a. für die endgültige Zusammensetzung einer MRK ausarbeiten[19]. Ein wesentliches

---

[14] *Marie*, S. 41; *Tolley*, The U.N. Commission on Human Rights, S. 9. Im einzelnen hatte der Exekutivausschuß neben der MRK die Einsetzung einer *Economic and Employment Commission*, einer *Temporary Social Commission* und einer *Statistical Commission* empfohlen, möglicherweise („*possibly*") auch die Einrichtung einer *Demographic Commission* sowie einer *Temporary Transport and Communications Commission Coordination Commission* - Report by the Executive Committee to the Preparatory Commission, Doc. PC/EX/113/Rev.1 (12.11.1945), chapter III, Sect. 1, Abs. 4.

Die Vorbereitungskommission bestätigte diese Vorschläge in bezug auf die erstgenannten vier, schlug aber zusätzlich - für die erste Sitzung des ECOSOC - die Einrichtung einer *Commission on Narcotic Drugs* vor - Report of the Preparatory Commission of the United Nations, Doc. PC/20 (23.12.1945), chapter III, Sect. 4, Abs. 14; Yearbook of the United Nations 1946-47, S. 38. Weiterhin wurde dem Rat empfohlen, die Einsetzung der beiden anderen sowie einer dritten Kommission (*Fiscal Commission*) zu erörtern - Report of the Preparatory Commission of the United Nations, ebd. Abs. 31.

[15] Siehe für die MRK: Report of the Preparatory Commission of the United Nations, Doc. PC/20 (23.12.1945), Chapter III, Sect. 4, Abs. 15-17. Siehe hierzu im einzelnen unten § 9.I., S. 107.

[16] Generalversammlung, Res. 7 (I) vom 29.01.1946, A/63 in Bestätigung des Berichts des III. Hauptausschusses A/17; *Marie*, S. 43; Yearbook of the United Nations 1946-47, S. 67.

[17] ECOSOC, Res. 5 (I): vom 16.02.1946, Abschn. A; E/20, S. 163 (1946).

[18] Siehe hierzu unten § 9.I., S. 107.

[19] *Tolley*, The U.N. Commission on Human Rights, S. 9; *Humphrey*, in: FS Cassin, S. 111, Fn. 10. Außerdem gehörten jener Kommission noch *René Cassin* (Frankreich) sowie Experten aus Norwegen, Belgien, Peru, Indien, China, Jugoslawien und der Sowjetunion an - vgl. ECOSOC, Res. 5 (I), Abschnitt A, Abs. 7 a.a.O. Zur endgültigen Zusammensetzung siehe den: Report of the Commission on Human Rights, E/38/Rev.1 (21.05.1946), S. 1. Somit waren alle fünf ständigen Sicherheitsratsmitglieder durch Vertreter ihrer Nationalität beteiligt - *Tolley*, The U.N. Commission on Human Rights, S. 11.

Ergebnis dieser Arbeit war die Forderung, daß die künftige Kommission für Menschenrechte gleich jener Gründungskommission aus unabhängigen, d.h. nicht ihren Regierungen verantwortlichen Experten bestehen sollte[20]. Dies entsprach zum einen Entwürfen von *Dumbarton Oaks*[21], zum anderen aber auch den Erwartungen, daß die MRK zu einer Art oberstes Kontrollorgan für Menschenrechte mit Prüfungs- und Überwachungsbefugnissen gegenüber den Regierungen würde[22].

Der ECOSOC entsprach diesem Vorschlag nicht[23]. Er beschloß vielmehr auf seiner darauffolgenden Sitzung im Juni 1946 nach Prüfung des vorgelegten Berichts der Gründungskommission einstimmig, daß sich die Kommission aus

---

Die Gründungskommission tagte im April und Mai 1946 in New York - *Humphrey*, ebd.; Report ..., ebd.

[20] Report of the Commission on Human Rights, E/38/Rev.1 (21.05.1946), S. 8, 9 (Empfehlung 1. lit.a]); vgl. auch *O'Donovan*, in: Alston (Hrsg.), The United Nations and Human Rights, S. 116; *Riedel,* Menschenrechtskommission, in: Wolfrum (Hrsg.), Handbuch Vereinte Nationen, Rn. 1, *Alston,* Commission on Human Rights, in: ders. (Hrsg.), The United Nations and Human Rights, S. 193; *Marie,* S. 48, 51. Dies entsprach auch den ursprünglichen Vorschlägen von Dumbarton Oaks für funktionale Kommissionen ganz allgemein. Allerdings war dort eine Menschenrechtskommission zumindest noch ausdrücklich nicht vorgesehen - s.o. bei Fn. 3 und *O'Donovan*, ebd., S. 110. Interessanterweise äußerte sich der sowjetrussische Experte *Borisov* genau entgegengesetzt mit der Forderung nach einer Zusammensetzung aus Regierungsvertretern (Report... S. 8, Fn.*). In den langen Diskussionen zu dieser Problematik wurde auch der Gedanke einer gemischten Kommission aus Regierungsvertretern und unabhängigen Experten in Erwägung gezogen - E/HR/9 (03.05.1946) [Summary record, 3rd meeting], S. 1.

[21] Kapitel IX, Section D, § 1, Satz 2. siehe den Text oben Fn. 3, S. 41; *Marie,* S. 29.

[22] *Cassin,* S. 24. In die gleiche Richtung zielten die Überlegungen der Gründungskommission, den Sicherheitsrat bei der Feststellung zu beraten, ob schwerste Menschenrechtsverletzungen eine Bedrohung des Weltfriedens i.S.v. Art. 39 UN-Charta darstellen - siehe dazu unten § 9.I., S. 109 bei Fn. 8, und *Alston,* Commission on Human Rights, in: ders. (Hrsg.), The United Nations and Human Rights, S. 128.

[23] Insbesondere der sowjetrussische Vertreter (vgl. oben Fn. 20), aber auch die europäischen Ratsmitglieder waren - anders als zu Anfang noch die Vereinigten Staaten - gegen die Ausgestaltung als Expertengremium, um bei der als vordringliche Aufgabe der MRK ins Auge gefaßten Formulierung der internationalen Menschenrechtsnormen (siehe dazu unten § 10.II.A., S. 119) die notwendige „politische Sensibilität" zu gewährleisten - *Tolley*, The U.N. Commission on Human Rights, S. 10; vgl. auch *Hoare*, in: Luard (Hrsg.), The International Protection, S. 60, 62.

Vertretern der von ihm gewählten Mitgliedstaaten zusammensetzen sollte[24]. Einer aus unabhängigen Experten bestehenden Kommission wurde so eine deutliche Absage erteilt, wohl weil von einem solchen Gremium weitergehende Aktivitäten gegen bekanntgewordene Menschenrechtsverletzungen befürchtet wurden[25]. Es wurde lediglich ein Formelkompromiß dahingehend gefunden, daß die Auswahl der zu entsendenden Regierungsvertreter im Interesse ihrer Unabhängigkeit - so wohl die wahre Intention - bzw. nach dem Wortlaut der Resolution zur Gewährleistung „...einer ausgewogenen Vertretung in den verschiedenen Bereichen" zuvor mit dem Generalsekretär abzustimmen sei[26]. Ihre erste ordentliche Sitzung hielt die Kommission schließlich im Januar und Februar 1947 in *Lake Success*, New York, ab - auch diesmal unter amerikanischem Vorsitz[27].

III. Die rechtlichen Grundlagen

Die Einsetzung der MRK erfolgte mittels Resolution durch eines der fünf Hauptorgane der UNO. Sie ist eine der funktionalen Kommission des ECOSOC und nimmt, ungeachtet ihrer Erwähnung in der UN-Charta, unter rechtlichen Gesichtspunkten keine hervorgehobene Stellung ein[28]. Dementsprechend leitet sie ihre sämtlichen Befugnisse mittelbar vom ECOSOC ab. Gleichwohl beruhen Existenz und Tätigkeit der Kommission - das primär mit Menschenrechten befaßte Gremium der UNO - praktisch auf sämtlichen Charta-Vorschriften betreffend die Menschenrechte[29]. Hierzu zählen die Präambel und Art. 1 Abs. 3, 55 lit. c), 56, 62 Abs. 2 und 68 UN-Charta. Die Befugnisse der MRK sind insoweit von den

---

[24] ECOSOC, Res. 9 (II) vom 21.06.1946, Ziff. 2 lit. a): „The Commission on Human Rights shall consist of one representative from each of eighteen members of the United Nations selected by the Council."

[25] *Rudolf*, S. 17.

[26] ECOSOC, Res. 9 (II), Ziff. 2 lit. b): "With a view to securing a balanced representation in the various fields covered by the Commission, the Secretary-General shall consult with the Governments so selected before the representatives are finally nominated by these Governments and confirmed by the Council."

Vgl. *Humphrey*, Human Rights and the United Nations, S. 17; *O'Donovan*, in: Alston (Hrsg.), The United Nations and Human Rights, S. 116, *Schwelb/Alston*, in: Vasak (Hrsg.), The International Dimensions I, S. 243. Freilich wurde noch kein Fall bekannt, in dem ein vorgeschlagener Vertreter vom Generalsekretär zurückgewiesen wurde. *De facto* sind so die Vorschläge der Regierungen schon die Ernennungen – *Humphrey* ebd.; *O'Donovan*, ebd.; *Schwelb/Alston*, ebd., S. 243f., *Rudolf*, S. 18.

[27] Report of the Commission on Human Rights, E/259 (11.02.1947), S. 1,2 Abs. 6.

[28] Kritisch wegen der hieraus abzuleitenden *Banalisierung* der MRK *Marie*, S. 66.

[29] *Marie*, S. 34f.

Chartabestimmungen vorbestimmt, zunächst und allgemein durch die Ziele und Grundprinzipien (Art. 1 und 2). Als Unterorgan des ECOSOC ist die MRK auch von den Beschränkungen dessen Befugnisse betroffen.

§ 5. Die Struktur der Menschenrechtskommission

I. Die Zusammensetzung der Kommission

Auf ihren Sitzungen stellt sich die Kommission als „größte internationale Menschenrechtsveranstaltung“ mit einer kaum mehr überschaubaren Zahl von Akteuren dar[1]. Dies resultiert vor allem daraus, daß es nicht nur die eigentlichen Mitglieder der Kommission sind, die mit ihren Delegationen an den jährlichen Sitzungen teilnehmen. Vielmehr reisen zu dieser „Vollversammlung der Menschenrechte“[2] in jedem Jahr eine Vielzahl von sonstigen Vertretern und Beobachtern verschiedenster Regierungs- und Nichtregierungsorganisationen der nationalen, regionalen oder internationalen Ebene ebenso wie Beobachter von Nichtmitgliedstaaten an.

A. Die Mitglieder der Kommission

Die eigentliche Kommission besteht aus den 53 Mitgliedern, die als solche vom ECOSOC gewählt werden. Wie erwähnt, handelt es sich dabei um Regierungsvertreter der Staaten[3], deren Wahl innerhalb der jeweiligen regionalen Ländergruppen erfolgt. Zwar bedürfen die Mitglieder vor ihrer Ernennung durch den ECOSOC der Bestätigung durch den Generalsekretär, *de facto* ist dies jedoch eine bloß formale Prozedur. Es ist bisher kein Fall bekannt geworden, in dem ein entsprechender Vorschlag nicht bestätigt wurde[4]. Die Zusammensetzung des Gremiums aus abhängigen, instruierten Regierungsvertretern hatte seinerzeit viele Beobachter enttäuscht, die erwarteten, daß die MRK ein Gremium unabhängiger und von der Öffentlichkeit geachteter Personen sein würde[5]. Allerdings mag es auf diese Weise eher gewährleistet sein, daß einvernehmlich verabschiedete Beschlüsse im Grundsatz eher Beachtung finden, als wenn diese von einem Gremium unabhängiger Sachverständiger gefaßt worden wären - freilich mit der Einschränkung, daß so viele Probleme gar nicht erst zur Sprache kommen werden[6].

---

[1] *Baum*, in: Jahrbuch Menschenrechte 2000, S. 241.

[2] *Baum*, in: Jahrbuch Menschenrechte 2000, S. 241; *Schaefer*, in: Baum/Riedel/ders., Menschenrechtsschutz in der Praxis der Vereinten Nationen, S. 57.

[3] Vgl. nur *Buergenthal*, International Human Rights, S. 79.

[4] *Hoare*, in: Luard (Hrsg.), The International Protection, S. 62, *Riedel*, Menschenrechtskommission, in: Wolfrum (Hrsg.), Handbuch Vereinte Nationen, Rn. 3; *Rudolf*, S. 18.

[5] *Cassin*, S. 24.

[6] *Cassin*, S. 24; *Hoare*, in: Luard (Hrsg.), The International Protection, S. 62. Zu diesem Dilemma auch *Marie*, S. 66.

Der starke politische Einschlag der Arbeit in der MRK[7] wird durch eine solche Zusammensetzung vorgegeben. Doch ist dies wohl wegen der Sensibilität der Staaten bei einem Gegenstand wie „Menschenrechte“ und seinen potentiellen Interferenzen in die inneren Angelegenheiten so gewollt[8]. Eine andere Frage ist und bleibt es jedoch, ob auf diese Weise ein effektiver Schutz der Menschenrechte erreicht werden kann[9]. Allerdings wurde bereits auf der dritten Sitzung des ECOSOC im September 1946 beschlossen, daß die Staaten anstelle eines Regierungsbeamten auch einen unabhängigen Experten in die Kommission entsenden könnten[10].

Zahlenmäßig hat die Kommission seit ihrer Gründung einen ähnlichen Erweiterungsprozeß wie die UNO im ganzen erlebt. Bestand die Kommission - nach der neunköpfigen Gründungskommission - zunächst aus 18 Staatenvertretern[11], so wurde diese Zahl insgesamt vier Mal erhöht, zuletzt auf 53 Vertreter im Jahre 1990[12]. Vor dem Hintergrund der zunehmenden Mitgliederzahl der UN

---

7 Siehe dazu bezogen auf das 1503-Verfahren insbesondere unten bei § 28.I.C.3., S. 478.

8 *Hoare*, in: Luard (Hrsg.), The International Protection, S. 62. Insbesondere war befürchtet worden, daß ein Expertengremium nicht gebührend Rücksicht auf die Standpunkte und Reaktionen der Regierungen Rücksicht nehmen würde - *Hoare* ebd.

9 Mit der Forderung, daß eine jede in der MRK vertretene Regierung angehalten sei, eine Einstellung aufzuweisen, die Respekt und Beachtung der Menschenrechte gewährleistet (*Hoare*, in: Luard [Hrsg.], The International Protection, S. 62), mag zwar der Zielkonflikt theoretisch gelöst sein, den praktischen Tatsachen entspricht dies freilich nicht. Denn ein jeder Vertreter in der Kommission ist gewissermaßen zwei Zielen verpflichtet - der Interessenvertretung seiner Regierung und der Achtung und dem Schutz der Menschenrechte (*Hoare* ebd.). Diese können sich u.U. widersprechen, wobei dann aber letzteres, die eigentliche Aufgabe der Kommission, zurücktritt.

10 *Hoare*, in: Luard (Hrsg.), The International Protection, S. 60. Vgl. zur Diskussion hierüber: Summary record of the first meeting of the Joint Committee on Composition of Commissions (E/JC/1), ESCOR, 3rd Session, Suppl. 2, Annex 4a. So haben einige westeuropäische Staaten durchaus auch unabhängige Persönlichkeiten als Delegationsleiter benannt - *Alston,* Commission on Human Rights, in: ders. (Hrsg.), The United Nations and Human Rights, S. 194.

Allgemein ist wegen des starken politischen Charakters der MRK der diplomatische Rang der Repräsentanten für die Verhältnisse der UNO zumeist sehr hoch - *Alston,* Commission on Human Rights, in: ders. (Hrsg.), The United Nations and Human Rights, S. 194.

11 ECOSOC, Res. 9 (II): Commission on Human Rights (21.06.1946), Ziff. 2 lit. a).

12 ECOSOC, Res. 1990/48 vom 25.05.1990, Abs. 1, in: E/1990/90, S. 37f.

Die erste Erweiterung auf 21 Mitglieder erfolgte durch ECOSOC- Res. 845 (XXXII) vom 03.08.1961, die nachfolgende, auf 32 Mitglieder, mit Res. 1147 (XLI) vom 04.08.1966

sollte den nach ihrer Aufnahme in die Organisation unterrepräsentierten Staaten der Dritten Welt zahlenmäßig angemessener Einfluß in der MRK verschafft werden[13]. Denn die Sitze in der MRK werden unter Berücksichtigung einer „gerechten geographischen Verteilung“[14] auf die fünf regionalen Gruppen der UNO aufgeteilt[15]. Gegenwärtig werden 27 der 53 Sitze, also die einfache Mehrheit, von afrikanischen (15) und asiatischen (12) Mitgliedern eingenommen; den lateinamerikanischen und karibischen Staaten stehen 11, den osteuropäischen 5 und den westeuropäischen und übrigen Staaten 10 Sitze zu[16].

Die Mitgliedschaft in der MRK dauert drei Jahre, eine unmittelbare Wiederwahl ist jedoch möglich[17]. Jährlich wird ein Drittel der zu vergebenden Sitze in geheimer Abstimmung vom ECOSOC neu gewählt[18]. Durch die Möglichkeit der sofortigen Wiederwahl ist es den Staaten, insbesondere den Großmächten, möglich geworden - und war wohl auch beabsichtigt -, nahezu permanent oder zumindest für einen langen Zeitraum in der Kommission vertreten zu sein[19]. Interes-

(in: E/4264, S. 37f.) und die vorletzte durch Res. 1979/36 vom 10.05.1979, Abs. 4 lit. a) (in: E/1979/79, S. 26) auf 43 Mitglieder.

Parallel zur Vergrößerung der MRK wurde auch die Zahl der Mitglieder des ECOSOC durch Chartaänderungen von 1965 und 1973 von ursprünglich 18 auf 27 und schließlich 54 erhöht – vgl. nur *Marie,* S. 72.

13 Siehe nur *Marie,* S. 73.

14 „...equitable geographic distribution...“ Vgl. nur Abs. 4 lit. a) ECOSOC- Res. 1979/36 vom 10.05.1979.

Jede Erhöhung der Mitgliedszahl war von dem Bestreben gekennzeichnet, die geographische Verteilung den geänderten Verhältnissen anzupassen; allerdings ging damit jeweils auch die - berechtigte - politische Erwartung einher, daß sich die politische Zusammensetzung entsprechend änderte: ein radikaler politischer Wechsel erfolgte allerdings niemals - *Alston,* Commission on Human Rights, in: ders. (Hrsg.), The United Nations and Human Rights, S. 194.

15 Diese sind Afrikanische Staaten, Asiatische Staaten, Lateinamerikanische und karibische Staaten, Westeuropäische und sonstige Staaten (einschließlich Nordamerikas und Australiens) sowie Osteuropäische Staaten. Eine Übersicht über die Zuordnung der einzelnen Länder zu den Regionalgruppen ist abgedruckt in VN 2000, S. 47 (Tabelle 2).

16 Vgl. *Weissbrodt/Parker,* S. 5; *Schaefer,* in: Baum/Riedel/ders., Menschenrechtsschutz in der Praxis der Vereinten Nationen, S. 57. Für die Rechtsgrundlage siehe die jeweiligen Resolutionen, oben Fn. 12

17 ECOSOC, Res. 9 (II): Commission on Human Rights (21.06.1946), Ziff. 2 lit.c) und d).

18 *Hoare*, in: Luard (Hrsg.), The International Protection, S. 61.

19 Sowohl die Vereinigten Staaten, als auch die Sowjetunion/Rußland waren bis 2001 permanent Mitglieder der Kommission gewesen, Frankreich gehörte der Kommission lediglich

sierte Regierungen kandidieren hierfür i.d.R. mit der Benennung ihres Vertreters, d.h. des Delegationsleiters, der der (formalen) Bestätigung des Generalsekretärs bedarf[20]. Dabei finden sich innerhalb der fünf großen Regionalgruppen z.T. verschiedene Ländergruppen - wie z.B. die Benelux-Staaten oder die skandinavischen Länder - zu einer koordinierten Mitarbeit in Form einer rotierenden Beteiligung o.ä. zusammen[21]. Insgesamt ist der Wettbewerb der Staaten um die Mitgliedschaft in der Kommission im Unterschied zu vielen anderen Gremien der UNO erheblich[22].

Die einzelnen Delegationen sind unterschiedlich groß, wobei jeder Staatenvertreter die ihm notwendigen Berater hinzuziehen kann[23]. Außerdem können stellvertretende Delegierte bestimmt werden[24]. Für die 55. Sitzung der Kommission 1999 waren so als Mitglieder der 53 Delegationen insgesamt 587 Personen akkreditiert[25]. Bei den Delegationen handelt es sich zumeist um Expertenstäbe, deren Leitung in den Händen des Botschafters oder hochrangiger Beamter aus den Hauptstädten handelt[26]. Zum Teil werden - in jüngster Zeit verstärkt - auch

---

1977 nicht an und Großbritannien war bis auf die Jahre 1979 und 1991 Mitglied. Allein China gehörte zwischenzeitlich fast zwanzig Jahre nicht der Kommission an, ist aber seit 1982 ständig in dem Gremium vertreten. Vgl. auch *Weissbrodt/Parker,* S. 6. Grundlage für diese Praxis ist die informelle "*Permanent Members Convention*", derzufolge gewohnheitsmäßig jedes ständige Mitglied des Sicherheitsrates auf Wunsch in jedes übrige Organ der UNO gewählt wird - *Flood,* S. 38. Wie die Wahl 2001 gezeigt hat, handelt es sich dabei aber keineswegs um ein starres Prinzip, da in diesem Jahr die Vereinigetn Staaten erstmals und unter ausdrücklichem Protest nicht in die MRK gewählt wurden.

Ein ständig aktualisierter Überblick über die Mitgliedschaft in der MRK wird auf der Internetseite des OHCHR bereitgehalten: http://www.unhchr.ch/html/menu2/2/chrmem.htm (Stand 01.02.2002).

20 *Hoare*, in: Luard (Hrsg.), The International Protection, S. 61; s.o. bei Fn. 4 sowie oben § 4.II.

21 *Weissbrodt/Parker,* S. 6. Siehe auch *Tolley*, HRQ 5 (1983), S. 31f.

22 *Alston,* Commission on Human Rights, in: ders. (Hrsg.), The United Nations and Human Rights, S. 209.

23 Regel 14 der *Rules of Procedure* (hierzu unten § 7.III.A., S. 87); *Tolley*, HRQ 5 (1983), S. 32.

24 Regel 13 Abs. 1 der *Rules of Procedure* (siehe unten § 7.III.A., S. 87); *Marie,* S. 83.

25 Statistics relating to the fifty-fith session of the Commission on Human Rights (E/CN.4/2000/8 [15.09.1999]), Annex - I.

26 *Quinn*, in: Alston (Hrsg.), The United Nations and Human Rights, S. 63.

Experten aus der Wissenschaft oder der Menschenrechtspraxis zu Delegationsleitern bestellt[27].

B. Sonstige Teilnehmer an der Sitzungen

Neben den gewählten Mitgliedern finden sich zahlreiche weitere Teilnehmer bei den jährlichen Sitzungen. Dies sind zum einen Staaten, die zwar keine gewählten Mitglieder der MRK sind, aber trotzdem als Beobachter an den Sitzungen mit eingeschränkten Rechten teilnehmen dürfen. Zum anderen sind Vertreter verschiedener zwischenstaatlicher internationaler Organisationen sowie solche von nichtstaatlichen Organisationen anwesend und mit gewissen Rechten an den öffentlichen Sitzungen beteiligt.

1. Beobachterstaaten

Grundsätzlich sind gemäß Regel 69 der Geschäftsordnung alle Staaten einzuladen, an den öffentlichen Sitzungen der funktionalen Kommissionen des ECOSOC als Beobachter mit weitreichenden Befugnissen teilzunehmen. Insbesondere haben sie Rederecht und können als *Co-Sponsor* von Resolutionsentwürfen auftreten[28]. Lediglich an den Abstimmungen sowie den vertraulichen Sitzungen der Kommission dürfen sie nicht teilnehmen. Auf der 55. Sitzung 1999 waren insgesamt 89 Mitgliedstaaten durch Beobachter (insgesamt 543 Personen) vertreten, darüber hinaus auch zwei Staaten, die nicht Mitglieder der UNO sind[29]. Gemäß Regel 70 können auch nationale Befreiungsbewegungen Vertreter zu den Sitzungen entsenden.

2. Internationale Organisationen und sonstige offizielle Gremien

Außer den Beobachterstaaten sind diverse Sonderorganisationen sowie Internationale Organisationen vertreten, die ohne Stimmrecht an den Verhandlungen zu den sie betreffenden Tagesordnungspunkten teilnehmen können[30]. Dies schließt insbesondere die regionalen Organisationen ein, die im Bereich des Men-

---

[27] *Alston,* Commission on Human Rights, in: ders. (Hrsg.), The United Nations and Human Rights, S. 194; *Rudolf,* S. 18.

[28] *Weissbrodt/Parker,* S. 6.

[29] Statistics relating to the fifty-fith session of the Commission on Human Rights (E/CN.4/2000/8 [15.09.1999]), Annex - I. Den Beobachterstaaten wird dabei eine zunehmend aktivere Rolle attestiert - vgl. *Alston,* Commission on Human Rights, in: ders. (Hrsg.), The United Nations and Human Rights, S. 197.

[30] Regeln 71 und 74 der *Rules of Procedure* (siehe unten § 7.III.A., S. 87).

schenrechtsschutzes tätig sind, wie die Organisation Amerikanischer Staaten (OAS), die Organisation Afrikanische Einheit (OAU) oder der Europarat. Außerdem nehmen Vertreter einzelner Gremien oder sonstiger Untergliederungen der UNO an den Sitzungen teil; ebenso solche (offizieller) nationaler Menschenrechtsinstitutionen.

3. Private Vereinigungen

Die dritte und zahlenmäßig größte Gruppe der sonstigen Teilnehmer bilden die Nichtregierungsorganisationen (*non-governmental organizations - NGO*). 1999 waren dies insgesamt 212 mit mehr als 1.800 akkreditierten Teilnehmern[31].

Bereits in den Anfängen der internationalen Sorge um die Menschenrechte spielten private Vereinigungen eine wesentliche Rolle, insbesondere als Initiator für internationale Aktivitäten zur Förderung und Verbreitung der Menschenrechtsidee, aber auch in konkreten Einzelfällen zu ihrem Schutz[32]. Hierzu gehören verschiedenste private Initiativen und Gruppen, die unabhängig von staatlichen Interessen und unbeeinflußt von politischen Interessen und Sachzwängen bestimmte Ziele auf der internationalen Ebene verfolgen. Ohne die den Staaten aus der überkommenen Völkerrechtsordnung auferlegten Bindungen praktizieren diese privaten Vereinigungen genau das Gegenteil der Nichteinmischung und setzen sich für internationale Solidarität und grenzüberschreitendes Engagement ein[33]. Dies gilt insbesondere für den Bereich der Menschenrechte. Die wesentlichen Funktionen der NGO können in drei Punkten beschrieben werden. Zunächst haben sie maßgeblich an der Formulierung der Menschenrechte[34] sowie der Ein-

---

[31] Statistics relating to the fifty-fith session of the Commission on Human Rights (E/CN.4/2000/8 [15.09.1999]), Annex - I.

[32] Die Geschichte der privaten Organisationen als Quellen für Menschenrechtsinformationen wird zum Teil bis ins 17. Jahrhundert und den Kampf um die Abschaffung der Sklaverei zurückgeführt - *Nchama,* BulletinHR 90/1, S. 54-58. Im 19. Jahrhundert spielten dann bereits einzelne international organisierte Vereinigungen eine Rolle im internationalen Geschehen (*Nchama,* S. 58, zählt für die Zeit zwischen 1839 und 1922 insgesamt zwölf international agierende Privatorganisationen auf, die sich zumindest teilweise mit Menschenrechtsfragen befaßten). Aktivitäten entfalteten diese u.a. im Zusammenhang mit den großen internationalen Konferenzen in Wien (1815) und Berlin (1878) sowie bei den Haager Friedenskonferenzen 1899 und 1907- *Carey,* UN Protection, S. 130f. Auch an der Arbeit des Völkerbundes und vor allem der ILO nahmen derartige internationale Vereinigungen aktiv teil - *Nchama,* BulletinHR 90/1, S. 70f.

[33] *Leuprecht,* in: Amnesty International (Hrsg.), Menschenrechte im Umbruch, S. 61.

[34] *Liese,* APuZ, B 46-47/98, S. 38; *Weissbrodt/Parker,* S. 21; *Nchama,* BulletinHR 90/1, S. 74-80 unter besonderem Verweis auf die Vorarbeiten für eine internationale

richtung und dem Ausbau internationaler Schutzmechanismen mitgewirkt[35]. Ebenso ist die effektive Handhabung der zur Verfügung stehenden Mechanismen häufig auf ihre Arbeit zurückzuführen[36]. Und schließlich sind es vor allem die privaten Vereinigungen, die sich vor Ort um die von den Menschenrechtsverletzungen Betroffenen kümmern und durch Prävention, Betreuung und Hilfe Handgreifliches für einen Menschenrechtsschutz leisten[37]. So können die NGO durch ihre Aktivität den internationalen Druck auf Menschenrechte verletzende Staaten verstärken[38], auch wenn das genaue Ausmaß des Einflusses kaum meßbar sein wird[39].

Menschenrechtscharta (*International Bill of Human Rights* - hierzu auch unten sub. § 10.II.A., S. 119), zur Genfer Flüchtlingskonvention, zur Konvention gegen Diskriminierung der Frau sowie im Zusammenhang mit der Beseitigung der Rassendiskriminierung.

[35] *Alston,* Commission on Human Rights, in: ders. (Hrsg.), The United Nations and Human Rights, S. 203; *Liese*, APuZ, B 46-47/98, S. 39f.

Bereits bei der Schaffung der UN-Charta war die Errichtung der MRK und die Einfügung weiterer menschenrechtlicher Bestimmungen der Unterstützung von NGO zu verdanken - *Liese*, APuZ, B 46-47/98, S. 36. Aus jüngster Zeit ist insoweit vor allem auf die Bemühungen um die Schaffung eines ständigen Internationalen Strafgerichtshofes zu verweisen, welche vor allem vom starken Engagement zahlreicher NGO getragen wurden.

[36] *Hannum,* MichJIL 15 (1994), S. 828; *Alston,* Commission on Human Rights, in: ders. (Hrsg.), The United Nations and Human Rights, S. 203; *Karl*, BerDGV 33 (1994), S. 124, These 9; *Liese*, APuZ, B 46-47/98, S. 39. Beispielsweise wird der größte Teil der relevanten Fakten und Beweis von NGO bereitgestellt, was insbesondere für viele länderbezogenen Verfahren nach Res. 1235 (XLII) gilt - *Alston,* ebd.; *Ermacora*, RDH 7 (1974), S. 684; *Ziegler,* S. 78. Zudem lösen sie durch konzertierte Aktionen oft bestimmte Kontrollmechanismen überhaupt erst aus - *Karl*, ebd; unter besonderem Hinweis auf das 1503-Verfahren auch *Nchama,* BulletinHR 90/1, S. 82f.

Bezeichnend ist in diesem Zusammenhang, daß gerade diejenige Verfahrensart zum internationalen Schutz der Menschenrechte, die keinerlei private Einflußnahme ermöglicht - nämlich das Staatenbeschwerdeverfahren - bisher ohne jeglichen Erfolg blieb und kaum durchgeführt wurde, obgleich sie in fast jeder menschenrechtlichen Konvention vorgesehen sind (vgl. dazu unten § 32.II., S. 568).

[37] *Liese*, APuZ, B 46-47/98, S. 41. Auf den Förderungsaspekt der Arbeit von NGO - insbesondere im Zusammenhang mit Ausbildung und Unterricht - weist auch *Nchama,* BulletinHR 90/1, S. 82 hin.

[38] Dies geschieht insbesondere in Form der Überwachung der von dem betreffenden Staat akzeptierten internationalen Menschenrechtsverpflichtungen - *Nchama,* BulletinHR 90/1, S. 81.

[39] *Bossuyt*, HRLJ 6 (1985), S. 201.

Im einzelnen ergibt sich hier ein äußerst differenziertes Bild. Größten Einfluß und weitgehende Anerkennung genießen die großen, international agierenden Organisationen wie beispielsweise *Amnesty International*, die *International Commission of Jurists*, *Human Rights Watch* u.ä., die dank hervorragender finanzieller und personeller Ausstattung in sämtlichen Bereichen ihrer Tätigkeit professionelle Arbeit leisten können. Gerade in der Geschichte ihrer Mitwirkung an der Arbeit der Kommission waren sie deshalb vielfältigen politischen Anschuldigungen der Voreingenommenheit ausgesetzt, insbesondere von Staaten des Ostblocks und der Dritten Welt, die den privaten Vereinigungen einseitig westliche Einflußnahme vorwarfen[40]. Daneben steht eine Vielzahl kleiner oder mittlerer Gruppen. Diese haben sich häufig auf bestimmte Menschenrechtsprobleme konzentriert, oder sind Zusammenschlüsse von mehr oder minder direkt von den Verletzungen betroffenen Bürgern eines Landes (sog. *grass roots organizations*). Dabei hat die Zahl jener Organisationen mit menschenrechtlicher Zielsetzung seit Gründung der UNO enorm zugenommen: von seinerzeit etwa 15 auf über 150 im Jahre 1968 (bei der ersten Weltmenschenrechtskonferenz in Teheran) bis hin zu etwa 1500 im Jahre 1993 (bei der zweiten Konferenz in Wien)[41].

Dieser tatsächlichen Vielfalt entspricht eine Verschiedenheit der rechtlichen Stellung jener Organisationen in bezug auf die UNO allgemein und die MRK im besonderen. Der gemäß Art. 71 UN-Charta für sämtliche die NGO betreffenden Angelegenheiten zuständige ECOSOC hat in seiner Resolution 1996/31 vom 25. Juli 1996[42] die insoweit maßgeblichen Bestimmungen verabschiedet und darin drei Kategorien von NGO mit unterschiedlichen Befugnissen vorgesehen. Zur ersten Kategorie - mit allgemeinem Konsultativstatus (*organizations in general consultative status*) - zählen Organisationen, die in den meisten Tätigkeitsfeldern des ECOSOC aktiv sind und nachweislich zur Erreichung der Ziele der UNO beigetragen haben (Abs. 22 Res. 1996/31). Die Resolution verlangt hier zusätzlich eine enge Beziehung der Organisation zum gesellschaftlichen Leben und eine weitgehende Repräsentanz der Bevölkerung. Der zweiten Kategorie - mit speziellem Konsultativstatus (*organizations in special consultative status*) - gehören diejenigen Vereinigungen an, die sich in einem besonderen Gebiet als kompetent erwiesen haben und hierfür internationale Anerkennung genießen (Abs. 23 Res. 1996/31). Die o.g. bedeutendsten NGO im Menschen-

---

40 Siehe hierzu *Tolley*, The U.N. Commission on Human Rights, S. 61-63.

41 *van Boven*, in: Jahrbuch Menschenrechte 1999, S. 71.

42 Mit dieser Resolution wurden die zuvor geltenden Bestimmungen der ECOSOC-Res. 1296 (XLIV) vom 23.05.1968 ergänzt bzw. erneuert. Die erste Regelung des Status von NGO enthielt Res. 288 B (X) des Rates vom 27.02.1950.

rechtsbereich sind dieser Kategorie eingeordnet, wobei als Maßstab und Vorgabe neben den Prinzipien der UN-Charta und der Allgemeinen Erklärung der Menschenrechte (AEMR) auch das Wiener Aktionsprogramm[43] gilt (Abs. 25). Alle übrigen Organisationen, die vom Rat oder dem Generalsekretär nach Zustimmung des Rates als fähig eingeschätzt werden, gelegentlich Nützliches für die Arbeit des Rates oder seiner Unterorgane beitragen zu können, zählen zur dritten Kategorie derer, die auf eine Liste (*roster*) gesetzt sind (Abs. 24 Res. 1996/31).

An den öffentlichen Sitzungen der Kommission, der Unterkommission und sonstiger Unterorgane können die NGO mit Konsultativstatus, d.h. der I. und II. Kategorie, mit autorisierten Vertretern teilnehmen, Organisationen des *Rosters* nur dann, wenn die behandelte Angelegenheit in ihr Tätigkeitsgebiet fällt (Abs. 35 Res. 1996/31). Hierzu zählen auch die öffentlichen Sitzungen einiger Arbeitsgruppen und Sonderausschüsse[44]. Denen der ersten Kategorie ist es überdies gestattet, Tagesordnungspunkte für die Sitzung der Kommission vorzuschlagen (Abs. 34 Res. 1996/31). Beiden Gruppen von NGO mit Konsultativstatus ist es darüber hinaus gestattet, über den Generalsekretär schriftliche Stellungnahmen und Äußerungen in Umlauf zu bringen, die allerdings gewisse Anforderungen hinsichtlich Sprache und Umfang erfüllen müssen und zudem einer Vorkontrolle durch das Sekretariat unterliegen (Abs. 36, 37 Res. 1996/31). Zudem können NGO mit Konsultativstatus nach einer entsprechenden Entscheidung der Kommission oder ihrer Unterorgane in den öffentlichen Sitzungen das Wort ergreifen (Abs. 38) sowie zur Erstellung einer Spezialstudie eingeladen werden (Abs. 39 Res. 1996/31)[45].

Die Organisationen spielten von Anfang an in der Arbeit der MRK eine wichtige Rolle, die sich im Laufe der Jahre - und insbesondere seit den siebziger Jahren - schrittweise und mittlerweile erheblich verändert hat[46]. Nicht immer waren die Beziehungen zwischen den Organisationen und den Kommissionsmitgliedern frei von Spannungen, insbesondere dann, wenn die NGO aktiv gegen Menschenrechtsverletzungen vorgingen[47]. So wurden schriftliche Stellungnahmen, Berichte und dergleichen nach einer 1952 verabschiedeten Resolution des ECOSOC

---

[43] Vienna Declaration and Programme of Action - A/Conf.157/23 (12.07.1993).

[44] *Weissbrodt/Parker*, S. 21.

[45] Zum ganzen *O'Donovan*, in: Alston (Hrsg.), The United Nations and Human Rights, S. 110.

[46] *Rodley*, A/Conf.157/PC/60/Add.6 Abs. 31.

[47] *Alston*, Commission on Human Rights, in: ders. (Hrsg.), The United Nations and Human Rights, S. 202.

nach den allgemein für private Beschwerden geltenden Bestimmungen behandelt[48], d.h. bis in die siebziger Jahre hinein tatsächlich vernachlässigt. Mündliche Beiträge in den Kommissionssitzungen waren grundsätzlich zulässig, allerdings war es den NGO bis zum Ende der siebziger Jahre nicht gestattet, Staaten namentlich zu kritisieren[49]. Erst nach mehreren Versuchen und Rückschlägen, die in engem Zusammenhang mit der Durchführung des 1503-Verfahrens in seinen ersten Jahren standen, wurde diese „Maulkorb-Praxis" schließlich 1980 beendet[50].

Gleichwohl ist mittlerweile einige Kritik in bezug auf Teilnahme der privaten Organisationen an den offiziellen Sitzungen der Organe angebracht. Die Wirksamkeit der Beiträge von NGO-Beobachtern in den Verhandlungen der Kommission ist allein angesichts ihrer großen Zahl fragwürdig[51]. Die Stellungnahmen der NGO nehmen in den Sitzungen der Kommission die meiste Zeit in Anspruch[52], was die Aufmerksamkeit der anwesenden Kommissionsmitglieder nicht unbedingt zu steigern vermag. Die sich oft wiederholenden und zum Teil polemischen Ausführungen (1999 von mehr als 160 derartigen Organisationen)[53] gehen teilweise in der Geschäftigkeit der Sitzungen unter und werden zumeist nur geringen Einfluß auf die Entscheidungsträger in den Regierungen ausüben können. Dies wird besonders augenscheinlich an der allenfalls spärlichen Anwesenheit der Staatenvertreter bei den entsprechenden Abschnitten der Debatte.

Andererseits sind es in nicht wenigen Fällen gerade die gut recherchierten Berichte einiger Organisationen, die als - oft einzig vorhandene - Informationsquelle die Grundlage der Arbeit in der Kommission bilden[54]. Gleichermaßen wer-

---

[48] ECOSC, Res. 454 (XIV) vom 28.07.1952, in E/2332 (13.08.1952) S. 60f.; vgl. *Humphrey*, RDH 4 (1971), S. 469.

[49] *Alston*, Commission on Human Rights, in: ders. (Hrsg.), The United Nations and Human Rights, S. 202; *Rodley*, A/Conf.157/PC/60/Add.6 Abs. 30.

[50] *Alston*, Commission on Human Rights, in: ders. (Hrsg.), The United Nations and Human Rights, S. 202. Siehe hierzu noch ausführlich unten § 27.II., S. 469.

[51] *Heinz*, in: Jahrbuch Menschenrechte 2000, S. 251.

[52] Von insgesamt 111 Stunden Redezeit in der allgemeinen Debatte der öffentlichen Sitzungen der Kommission 1999 kamen mehr als 41 den NGO, reichlich 35 Stunden den Mitgliedern der Kommission, etwa 15 Stunden den Beobachterstaaten und der Rest den übrigen Teilnehmern zu - Statistics relating to the fifty-fith session of the Commission on Human Rights (E/CN.4/2000/8 [15.09.1999]), Annex - III.

[53] *Heinz*, in: Jahrbuch Menschenrechte 2000, S. 251.

[54] *Rodley*, A/Conf.157/PC/60/Add.6 Abs. 31; *Weissbrodt/Parker*, S. 21. Andererseits berufen sich aber auch schwerer Menschenrechtsverletzungen angeschuldigte Staaten gelegentlich - soweit ihnen vorteilhaft - zur Verteidigung oder als Beweis für die behauptete

den erfahrene Vertreter von NGO von einzelnen Mitgliedern der Unterkommission oder der Kommission auch zur Erstellung von Rede- und Resolutionsentwürfen herangezogen[55]. Hieraus resultiert auch das zum Teil recht hohe Ansehen, welches die Vertreter der NGO in der Kommission und der Unterkommission genießen[56]. Neben dieser Grundlagenarbeit ist es vor allem die vielfältige *Lobby*-Arbeit der NGO im Umfeld der jeweils stattfindenden Konferenzen oder Sitzungen[57], die einen wirksamen Beitrag zum Schutz und zur Förderung der Menschenrechte leistet. So werden einschlägige Vorträge, Seminare oder informelle Treffen organisiert[58]. Die Aktivitäten in den Sitzungen der Kommission sind demgegenüber als nur bedingt wirksam einzuschätzen.

II. Sonderfunktionen und Hilfsorgane

A. Der Vorsitz und das Bureau

Die Leitung der Kommissionssitzungen hat der Vorsitzende[59] inne, der vom Plenum der MRK in deren jeweils ersten Sitzung einer Sitzungsperiode gewählt wird[60]. Dabei wechselt gemäß einer informellen Absprache der Vorsitz jährlich zwischen den Regionalgruppen[61]. Neben der Leitung der Sitzungen kommt dem

---

Verbesserung der Menschenrechtslage im eigenen Land auf NGO-Berichte - vgl. CHR, Summary record of the 1507th meeting [06.03.1979], E/CN.4/SR.1507 (07.03.1979), Abs. 5 (Paraguay).

[55] *Weissbrodt/Parker,* S. 21.

[56] *Weissbrodt/Parker,* S. 21.

[57] *Rodley*, in: Hannum (Hrsg.), Guide to International Human Rights Practice, S. 81f.

[58] Siehe hierzu auch § 7.III.B., S. 89.

[59] Aus Gründen der besseren Lesbarkeit verzichten die nachfolgenden Ausführungen darauf, auch die weibliche Bezeichnung zu verwenden. Dabei darf freilich nicht vernachlässigt werden, daß auf der 55. Sitzung der Kommission 1999 mit der irischen Botschafterin *Anne Anderson* bereits zum vierten Mal eine Frau an die Spitze des Gremiums gewählt wurde - *Ize-Charrin*, Human Rights 1/1999, S. 19. In der Sprache der Kommission hat sich daher, wie in anderen Gremien auch, die neutrale Bezeichnung *chairperson* oder *chair* eingebürgert.

[60] Regel 15 der *Rules of Procedure* - siehe hierzu unten § 7.III.A., S. 87.

[61] *Weissbrodt/Parker,* S. 6; *Tolley*, HRQ 5 (1983), S. 35. So kamen der/die Vorsitzende 1997 aus Osteuropa (*Miroslav Somol*, Tschechische Republik), im darauffolgenden Jahr aus Afrika (*Jacob Selebi*, Südafrika), 1999 aus UN-Westeuropa (*Anne Anderson*, Irland), 2000 aus Asien *(Shambhu Ram Simkhada,* Nepal) und zuletzt 2001 aus Lateinamerika (*Leandro Despouy*, Argentinien).

Vorsitzenden eine wichtige Rolle auch bei der Erfüllung verwaltungstechnischer Aufgaben zu. Beispielsweise ist es regelmäßig er, der von der Kommission eingesetzte Sonderberichterstatter oder Experten bestimmt. Zudem handelt der Vorsitzende, trotz seiner Stellung als Delegierter und damit als staatlicher Repräsentant, in zunehmendem Maße - abhängig von dem konkreten Verständnis des jeweiligen Amtsinhabers - als unabhängiger Akteur, gerade im Hinblick auf die Unterbreitung von Resolutionsentwürfen oder bei der Unterstützung einzelner Kompromißvorschläge[62].

Neben dem Vorsitzenden werden drei Stellvertreter sowie ein Berichterstatter aus den vier übrigen UN-Regionen gewählt, die zusammen mit dem Vorsitzenden das *Bureau* bilden[63]. Dieses trifft sich während der gesamten Sitzungsperiode, um auftretende Probleme zu lösen, insbesondere solche, die sich bei der Behandlung einzelner Staaten wegen behaupteter Menschenrechtsverletzungen ergeben[64]. Zu Beginn der achtziger Jahre wurde verstärkt über eine Rolle des *Bureaus* zwischen den Sitzungen nachgedacht und zu diesem Zweck der Generalsekretär beauftragt, die Positionen der Regierung zu erkunden[65]. Diese vor allem vom Westen geforderte Befugnisausweitung fand aber keine mehrheitliche Unterstützung in der Kommission[66]. Gleichwohl hat sich bei einzelnen Gelegenheiten die Praxis entwickelt, daß die Kommission im Plenum das *Bureau* mit Sonderaufgaben betrauen kann, die über den konkreten Sitzungszeitraum hinaus reichen[67].

Eine Übersicht über die Zusammensetzung der *Bureaus* aller Kommissionssitzungen wird auf der OHCHR-Internetseite bereitgestellt: http://www.unhchr.ch/html/menu2/2/chrbur.htm (Stand 01.02.2002).

[62] *Boekle*, NQHR 13 (1995), S. 373.

[63] *Weissbrodt/Parker*, S. 6.

[64] *Weissbrodt/Parker*, S. 6.

[65] MRK, Res. 28 (XXXVI), Abs. 4 in: Report of the 36th session, E/1980/13; E/CN.41408 (1980), Chapter XXVI, Section A (S. 188).

Bereits 1963 hatte der amerikanische Präsident *Kennedy* Überlegungen geäußert, daß der Vorsitzende zwischen den Sitzungsperioden eine Art Ombudsman-Funktion ausüben solle - *Tolley*, The U.N. Commission on Human Rights, S. 52. In der Kommission selbst brachte *Ermacora* als Vertreter Österreichs 1975 ähnliche Vorschläge ein, allerdings beschränkt auf die Vorprüfung der Beschwerden im 1503-Verfahren - CHR, Summary record of the 1307th meeting [14.02.1975], E/CN.4/SR.1290-1308 (27.06.1975), S. 164.

[66] *Tolley*, The U.N. Commission on Human Rights, S. 156.

[67] Vgl. *Schwelb/Alston*, in: Vasak (Hrsg.), The International Dimensions I, S. 244; *Weissbrodt/Parker*, S. 6.

B. Arbeitsgruppen, Ausschüsse und einzelne Beauftragte

Außer den Plenarversammlungen der Kommission kann diese noch für verschiedenste substantielle Aufgaben Arbeitsgruppen einsetzen, wobei herkömmlich unterschieden wird zwischen solchen, die zwischen bzw. vor den Sitzungsperioden (*pre-sessional working group* bzw. *inter-sessional working group*) und solchen, die während der Sitzungsperiode tagen (*sessional working group*). Erstere können dauerhaft eingerichtet sein oder für bestimmte Entwurfsprojekte *ad hoc* eingesetzt werden. Ihre Arbeit wird dann gegebenenfalls während der Sitzung zu Ende geführt[68]. Hinzu kommen verschiedene Ausschüsse, die die Kommission aus den verschiedensten Anlässen einsetzen kann - meist zur Untersuchung einer bestimmten Verfahrensfrage, eines Projektes, zur Durchsicht bestimmter Berichte oder zur Vorbereitung einer Reformentscheidung[69].

Von zumindest quantitativ größerer Bedeutung in der Arbeit der Kommission sind individuell ernannte Personen, die in bezug auf verschiedenste Untersuchungen oder sonstige Aktivitäten eingesetzt werden. Die konkrete Bezeichnung der jeweiligen Mandate erfolgt in der Praxis in verschiedenen Abstufungen, die ein Indikator für das politische Gewicht der Frage in der Kommission darstellt[70]. So weist die Bezeichnung „Sonderberichterstatter" (*special rapporteur*) auf die größte politische Bedeutung hin, die gegebenenfalls die stärkste Konfrontation gegenüber einem betroffenen Land darstellen kann, während die Berufung von „Bevollmächtigten/Repräsentanten" (*representative*) sowie von „Experten" (*expert*) eine abgestufte Schwere der politischen Besorgnis impliziert[71]. In der praktischen Durchführung der jeweiligen Aufgaben ist diese Unterscheidung jedoch bedeutungslos[72].

Eine Sonderstellung unter den Hilfsorganen der Kommission nimmt die Unterkommission ein, insbesondere wegen ihrer organisatorischen Verfestigung und ihrer daraus resultierenden weitgehenden Eigenständigkeit. Von daher ist es angezeigt, dieses Organ in all seinen Einzelheiten im nachstehenden Kapitel gesondert zu erörtern.

---

[68] *Weissbrodt/Parker,* S. 8.

[69] *Marie,* S. 125. mit zahlreichen Beispielen aus der Zeit bis 1970. Ungeachtet ihrer konkreten Bezeichnung werden zu den gegebenen Anlässen vergleichbare Gremien fortwährend eingesetzt.

[70] *Cook*, Int.Comm.J.Rev. 50 (1993), S. 43f.

[71] *Cook*, Int.Comm.J.Rev. 50 (1993), S. 44, Anm. 19.

[72] *Cook*, Int.Comm.J.Rev. 50 (1993), S. 44.

III. Verwaltungstechnische Unterstützung der Kommission

Für die Organisation ihrer Sitzungen und die verwaltungstechnische Unterstützung ihrer Arbeit steht der MRK kein eigener Apparat in Form eines speziellen Sekretariats o.ä. zur Verfügung. Die Bereitstellung der für ihre Tätigkeit erforderlichen Verwaltungs- und Unterstützungsleistungen war vielmehr dem Sekretariat übertragen worden, was u.a. dazu führte, daß von seiten der Kommission weder Einfluß auf Auswahl und Qualifikation ihres Personals ausgeübt werden konnte noch die Arbeit effektiv kontrolliert wurde[73].

A. Das Sekretariat / Menschenrechtszentrum

Die im Sekretariat als der eigentlichen Hauptverwaltung der UNO für die MRK zuständige Arbeitseinheit war anfangs die Abteilung für Menschenrechte (*Human Rights Division*)[74], die zunächst dem Unter-Generalsekretär für soziale Fragen unterstand[75] und ihren Sitz in New York hatte. 1974 wurde sie nach Genf verlegt[76]. In Erfüllung entsprechender Forderungen der Kommission und der Generalversammlung[77] wurde diese Abteilung 1982 durch eine Entscheidung des neu in das Amt gewählten Generalsekretärs *Perez de Cuellar* zum Menschenrechtszentrum aufgewertet[78]. Noch zu Anfang der neunziger Jahr wurden die Menschenrechtsaktivitäten auf der Ebene des Sekretariats, d.h. im Menschenrechtszentrum, ohne besondere Koordination oder Interaktion weitgehend isoliert von den anderen Programmen durchgeführt[79].

---

[73] *Tolley*, The U.N. Commission on Human Rights, S. 11.

[74] *Boekle*, APuZ, B 46-47/98, S. 12; *van Boven*, in: Alston (Hrsg.), The United Nations and Human Rights, S. 559; *Tolley*, The U.N. Commission on Human Rights, S. 11.

[75] *Schwelb/Alston*, in: Vasak (Hrsg.), The International Dimensions I, S. 264; *Tolley*, The U.N. Commission on Human Rights, S. 11. Siehe zu Aufbau und Struktur der Abteilung ausführlich *Marie*, S. 112-115.

[76] *Schwelb/Alston*, in: Vasak (Hrsg.), The International Dimensions I, S. 264; *van Boven*, in: Alston (Hrsg.), The United Nations and Human Rights, S. 561.

[77] Generalversammlung, Res. 34/47 (1979) und MRK-Res. 22 (XXXVI), 1980. Vgl. *Schwelb/Alston*, in: Vasak (Hrsg.), The International Dimensions I, S. 264.

[78] *Boekle*, APuZ, B 46-47/98, S. 12; *Schwelb/Alston*, in: Vasak (Hrsg.), The International Dimensions I, S. 264; *van Boven*, in: Alston (Hrsg.), The United Nations and Human Rights, S. 560.

[79] *van Boven*, in: Alston (Hrsg.), The United Nations and Human Rights, S. 551.

B. Das Amt des Hochkommissars für Menschenrechte

1. Die Position des Hochkommissars für Menschenrechte

Die Einrichtung der Institution eines Hochkommissars für Menschenrechte im Rahmen der UNO oder eines Generalanwaltes für Menschenrechte war seit der Gründung der Organisation immer wieder fruchtlos gefordert worden[80]. Nach dem Ende der Ost-West-Konfrontation kam das Projekt infolge des Drucks internationaler NGO erneut auf die Agenda[81]. Der 1993 nach Wien einberufenen Weltmenschenrechtskonferenz gelang es noch nicht, hierüber eine Einigung zu erzielen[82]. Man empfahl lediglich der Generalversammlung die alsbaldige Be-

---

[80] Bereits 1947 hatte *René Cassin*, als französisches Mitglied der Kommission, die Einrichtung des Postens eines Generalanwaltes (*Attorney General*) vorgeschlagen, der gegenüber den Staaten die Sicherung und den Schutz der Menschenrechte gewährleisten sollte - *Kedzia/Jerbi,* in: Baum/Riedel/Schaefer, Menschenrechtsschutz in der Praxis der Vereinten Nationen, S. 86; *Zuijdwijk,* S. 117. Ein weiterer, detaillierter Vorschlag wurde von Uruguay 1951 unterbreitet: Report of the 7th session of the Commission on Human Rights, E/1992, E/CN.4/640 (24.05.1951), Annex VII (S. 130ff.); *Zuijdwijk,* S. 118.

1967 stand die Verwirklichung dieses Projektes unmittelbar bevor, nachdem Costa Rica zwei Jahre zuvor einen entsprechenden Resolutionsentwurf in der Generalversammlung eingebracht hatte - *Zuijdwijk,* S. 119, 121; *Tolley,* The U.N. Commission on Human Rights, S. 52. Der entsprechende Vorschlag war von der Generalversammlung an die Kommission weitergeleitet worden (Res. 2062 [XX] vom 16.12.1965, Abs. 1; *Marie,* S. 269) und war dort - nach Einsetzung einer Arbeitsgruppe - diskutiert und gutgeheißen worden – MRK, Res. 14 (XXIII), in: Report on the 23rd Session, E/4322, E/CN.4/949 (1967), S. 172, 195. Vgl. auch den umfassenden Bericht des Generalsekretärs für diese Arbeitsgruppe zu sämtlichen Implikationen, die die Umsetzungen diese Vorschlages mit sich bringen würde: Analytical and Technical Study prepared by the Secretary-General, E/CN.4/AC.21/L.1 (30.12.1966).

Auch der Rat bestätigte dieses Projekt und legte der Generalversammlung mit Res. 1237 (XLII) schließlich einen detaillierten Resolutionsentwurf vor - *Humphrey,* ILA Report 53 (1968), S. 453.ff.; *Zuijdwijk,* S. 122f.; *Marie,* S. 269f. In der Generalversammlung wurde die Debatte immer wieder verzögert und verschoben. Auch ein 1971 eingebrachter, leicht geänderter Resolutionsentwurf fand keine Zustimmung - *Zuijdwijk,* S 124-127. Erst 1977 wurde - nach verschiedenen Verzögerungen und Debatten in den Zwischenjahren - die Angelegenheit durch einen neuen Entwurf eingebracht, der schließlich an einem Nichtbefassungsantrag Kubas im III. Hauptausschuß scheiterte - *Zuijdwijk,* S. 127-129.

[81] Siehe beispielsweise Amnesty International, Doc. IOR 41/16/92, sub. III (S. 6ff.).

[82] *Buergenthal*, International Human Rights, S. 95.

handlung der Frage[83]. In diesem Gremium fand sich dann noch im gleichen Jahr die erforderliche Mehrheit, einen solchen Hochkommissar einzusetzen[84].

Dieser „Menschenrechtszar“ der UNO[85] trägt die Hauptverantwortung in der Weltorganisation für deren Aktivitäten im Bereich der Menschenrechte[86]. Insbesondere soll er Empfehlungen zur Förderung und zum Schutz der Menschenrechte an alle mit diesem Gegenstand befaßten Gremien der UNO abgeben, eine aktive Rolle bei der Verhinderung und Vorbeugung neuer Verletzungen spielen und die Effizienz der Schutzmechanismen und der internationalen Kooperation in dieser Angelegenheit durch Koordination und Rationalisierung steigern[87]. Zugleich erhielt er die Aufsicht über das vorerst als eigenständige Einheit weiterbestehende Menschenrechtszentrum[88].

2. Das Amt

Zur Vermeidung von Reibungsverlusten und Koordinationsproblemen wurden 1997 das Zentrum und der Verwaltungsapparat des Hochkommissars zusammengeführt in das „Amt des Hochkommissars für Menschenrechte" (*Office of the High Commissioner for Human Rights - OHCHR*)[89]. Zugleich wurde die innere Struktur der Einheit reformiert[90]. Zu den Aufgaben der neuen Orgnisationseinheit zählen u.a. die Förderung der Durchsetzung der Menschenrechte und der

---

[83] Vienna Declaration and Prgramme of Action, A/Conf.157/23 (12.07.1993), Abs. 18.

[84] Generalversammlung, Res. 48/141 vom 20.12.1993, A/RES/48/141 (07.01.1994); *Robertson/Merrills,* S. 112; *de Zayas,* United Nations High Commissioner for Human Rights, in: EPIL IV, S. 1128.

[85] *Buergenthal*, International Human Rights, S. 97.

[86] Res. 48/141 (a.a.O., Fn. 84), Abs. 4.

[87] Res. 48/141 (a.a.O., Fn. 84), Abs. 4 lit. a), h), i) und j); *Ramcharan*, Transnational Law & Contemporary Problems 4 (1994), S. 516; *Boekle*, APuZ, B 46-47/98, S. 13; *Robertson/Merrills,* S. 112; *de Zayas*, United Nations High Commissioner for Human Rights, in: EPIL IV, S. 1129.

[88] Res. 48/141 (a.a.O., Fn. 84), Abs. 4 lit. k). Report of the Secretary-General to the General Assembly, A/51/950 (14.07.1997), Abs. 195, 198.

[89] Report of the Secretary-General to the General Assembly, A/51/950 (14.07.1997), Abs. 79 und Action 14; Secretary-General's Bulletin ST/SGB/1997/10 (15.09.1997), S. 1, Anm. 1.

[90] Report of the Secretary-General to the General Assembly, A/51/950 (14.07.1997), Abs. 79 und Action 14; *de Zayas*, United Nations High Commissioner for Human Rights, in: EPIL IV, S. 1130. Zu den Einzelheiten siehe: Secretary-General's Bulletin ST/SGB/1997/10 (15.09.1997).

internationalen Kooperation zu diesem Zwecke, die Koordination und Unterstützung der UN-Menschenrechtsarbeit, Vorarbeiten für die Normsetzung, vorbeugender Menschenrechtsschutz einschließlich der Förderung nationaler Strukturen sowie die Reaktion auf Menschenrechtsverletzungen[91]. Für die Betreuung der Arbeit der Kommission ist eine allgemeine Unterstützungseinheit, die *Support Services Branch* zuständig[92]. Ihr Aufgabenbereich umfaßt auch die im 1503-Verfahren dem Sekretariat übertragenen Aufgaben[93]. Daneben betreut sie sowohl die Unterkommission als auch den Menschenrechtsausschuß und andere Vertragsorgane und ist mit der Vorbereitung von Berichten und der Sicherstellung der Überwachung (*follow-up*) befaßt[94]. Weiterhin existiert eine Abteilung für Forschung und das Recht auf Entwicklung (*Research and Right to Development Branch*) sowie eine Programmabteilung (*Activities and Programmes Branch*)[95]. In gewisser Weise funktioniert das Amt zudem als ein institutionelles Gedächtnis der UNO im Menschenrechtssektor und sorgt für die Beachtung der jeweils höherrangigen Regelungen. Als ständige Verwaltung der verschiedenen Gremien gewährleistet es schließlich auch die Einheitlichkeit der Entscheidungspraxis[96].

C. Sonstige Funktionen des Generalsekretärs und der Hochkommissarin

Zu den genannten, vom Sekretariat bereitgestellten Unterstützungsleistungen für die Arbeit der MRK, die der Generalsekretär bzw. in Stellvertretung dessen die Hochkommissarin gleichsam als der „Hauptverwaltungsbeamte der UNO" erfüllen[97], kommen noch weitere einschlägige Aufgaben, zu deren Er-

---

[91] Secretary-General's Bulletin, ST/SGB/1997/10 (15.09.1997), Section 2.1.

[92] Secretary-General's Bulletin, ST/SGB/1997/10 (15.09.1997), Section 9.2. lit. a); *Ize-Charrin*, 1503: A Serious Procedure, S. 3; *de Zayas*, United Nations High Commissioner for Human Rights, in: EPIL IV, S. 1130.

[93] Secretary-General's Bulletin, ST/SGB/1997/10 (15.09.1997), Section 9.2. lit. f).

Die im Jahr 2000 zur Betreuung sämtlicher vertraglicher Beschwerdeverfahren wieder eingerichtete *Petition Unit* (vgl. nur die Stellungnahme des stellvertretenden Hochkommissars, Report of the Human Rights Committee, A/55/40, Annex XII) wird diesen Bereich nicht umfassen - Interview *E. Solo*, 15.09.2000.

[94] Secretary-General's Bulletin ST/SGB/1997/10 (15.09.1997), Section 9.2.; *de Zayas*, United Nations High Commissioner for Human Rights, in: EPIL IV, S. 1130; vgl. auch *Schwelb/Alston*, in: Vasak (Hrsg.), The International Dimensions I, S. 264; *van Boven*, in: Alston (Hrsg.), The United Nations and Human Rights, S. 565.

[95] Secretary-General's Bulletin, ST/SGB/1997/10 (15.09.1997), Section 8 und 10; *de Zayas*, United Nations High Commissioner for Human Rights, in: EPIL IV, S. 1130.

[96] *van Boven*, in: Alston (Hrsg.), The United Nations and Human Rights, S. 553.

[97] *Schwelb/Alston*, in: Vasak (Hrsg.), The International Dimensions I, S. 264.

füllung die Kommission auf den Generalsekretär respektive die Hochkommissarin zurückgreift. So wurde und wird noch immer vor allem auf dessen „guten Dienste" zur Erreichung menschenrechtlicher Ziele zurückgegriffen, was u.a. die Generalversammlung ausdrücklich unterstützte[98]. Im Menschenrechtsbereich bestehen freilich gewisse Besonderheiten. Regelmäßig handelt es sich hier nicht um eine Vermittlung zwischen mehreren Parteien, sondern um die direkte Verhandlung mit einer Regierung, die sich regelmäßig auf interne Sachverhalte bezieht[99]. Gerade auch im Bereich des 1503-Verfahrens und der hier angewendeten „direkten Kontakte"[100] hat sich insoweit ein nicht unerhebliches Arbeitsfeld für das Amt bzw. das Sekretariat im allgemeinen herausgebildet. Im Rahmen dieser Tätigkeiten hat der Generalsekretär u.a. in Eilaktionen im Interesse bedrohter Einzelpersonen agiert, Materialien und Informationen zu bestimmten Situationen aus verschiedenen Quellen zusammengetragen sowie Besuche in einzelnen Ländern und Gespräche mit den jeweiligen Regierungen durchgeführt[101].

---

[98] *Ramcharan*, Humanitarian Good Offices, S. 75-82; *Schwelb/Alston*, in: Vasak (Hrsg.), The International Dimensions I, S. 265; *Rodley*, in: Hannum (Hrsg.), Guide to International Human Rights Practice, S. 82f.; vgl. auch Generalversammlung, Res. 34/175 vom 17.12.1979, Abs. 5 ; ECOSOC, Res. 1979/36 vom 10.05.1979, Abs. 14, und MRK, Res. 27 (XXXVI), in: Report on the 36th session, E/1980/13, E/CN.4/1408, S. 187.

[99] United Nations Action, S. 344.

[100] *Ramcharan*, Humanitarian Good Offices, S. 81. Siehe hierzu unten § 19.IV.C., S. 278.

[101] *Ramcharan*, Humanitarian Good Offices, S. 81; *Rodley*, in: Hannum (Hrsg.), Guide to International Human Rights Practice, S. 82f.

§ 6. Die Unterkommission

Die Struktur und der Aufbau der MRK im Hinblick auf ihre Tätigkeit bei der Behandlung von Petitionen im Menschenrechtsbereich wären ohne die Erwähnung der von ihr eingesetzten Unterkommission nur unvollständig beschrieben[1]. Wie bereits aufgezeigt, unterstehen der MRK zahlreiche Hilfs- und Nebenorgane. Die Unterkommission genießt dabei schon aufgrund ihrer organisatorischen Verfestigung und besonderen Bedeutung eine Sonderstellung. Zudem ist sie das älteste dieser Organe und mittlerweile das einzige Sonderorgan dieser Art. Gerade auch im Verfahren zur Behandlung von Individualbeschwerden kam ihr eine herausragende Rolle zu[2].

I. Entstehung und Entwicklung

Die Errichtung von ständigen Unterkommissionen unter der Verantwortung der MRK erfolgte bereits in den ersten Jahren nach der Arbeitsaufnahme der Kommission selbst. Da die MRK mit weisungsgebundenen Regierungsvertretern besetzt wurde[3], war es nur konsequent, daß auf einer nachgeordneten Ebene in Gestalt von Unterkommissionen die Expertise und Unvoreingenommenheit von unabhängigen Fachleuten bereitgehalten werden sollte. Dementsprechend war ursprünglich die Einrichtung von insgesamt vier solcher Unterkommissionen beabsichtigt: für die Rechtsstellung der Frau, für Presse- und Informationsfreiheit, für die Vorbeugung von Diskriminierungen und schließlich für den Schutz von Minderheiten[4]. Die erstgenannte wurde vom ECOSOC zusammen mit der Kommission mit Res. 5 (I) vom 16. Februar 1946 (Abschnitt B) eingesetzt, später jedoch zu einer der MRK gleichgestellten funktionalen Kommission des ECOSOC hochgestuft[5]. Hinsichtlich der übrigen drei ermächtigte der Rat auf seiner zweiten Sitzung mit Res. 9 (II) vom 21. Juni 1946 die MRK, diese

---

[1] Daran ändert im Grundsatz auch die Tatsache nichts, daß mit der im Jahre 2000 beschlossenen Reform des 1503-Verfahrens die Beteiligung der Unterkommission als solcher an diesem Verfahren eingestellt wurde. Denn einerseits hatte sie in der bis dahin praktizierten Ausgestaltung eine wesentliche Stellung inne, andererseits sind auch heute noch insoweit Verbindungen vorhanden.

[2] Siehe dazu unten § 15.VI.B., S. 233.

[3] Siehe dazu oben § 5.I.A., S. 48.

[4] *Schwelb/Alston*, in: Vasak (Hrsg.), The International Dimensions I, S. 251.

[5] ECOSOC Res. 11 (II) vom 21.06.1946, E/90 und E/84 Abs. 6, in: E.S.C. Resolutions, 2nd Session, Annex 14 S. 405f. Vgl. auch *Humphrey,* Human Rights and the United Nations, S. 19; *Eide*, in: Alston (Hrsg.), The United Nations and Human Rights, S. 213; *Schwelb/Alston*, in: Vasak (Hrsg.), The International Dimensions I, S. 251.

einzurichten[6]. Die Kommission übernahm diesen Vorschlag auf ihrer folgenden Sitzung 1947, jedoch nicht unverändert. Wie vorgesehen, errichtete sie eine Unterkommission für Presse- und Informationsfreiheit[7]. Mit der Bearbeitung der beiden anderen Aufgabenfelder betraute sie jedoch eine einzige Unterkommission, und zwar für die Verhütung von Diskriminierung und den Schutz von Minderheiten (*Sub-Commission on Prevention of Discrimination and Protection of Minorities*)[8].

Der Charakter als Gremien von - zumindest formell und zu einem gewissen Teil auch *de facto* - nicht von Regierungen abhängigen Experten, die demgemäß weniger Rücksicht auf nationale politische Interessen nehmen, führte schon frühzeitig zu Problemlagen für beide Organe, die in Bestrebungen zu ihrer Auflösung gipfelten[9]. 1951 beschloß der ECOSOC, sämtliche Unterkommissionen aufzulösen und deren Aufgaben von anderen Organen der UNO oder *ad hoc* einzurichtenden Arbeitsgruppen erfüllen zu lassen[10]. Dies bedeutete für die Unterkommission für Presse- und Informationsfreiheit das Ende ihrer Tätigkeit[11]. Gegen die

---

[6] Abs. 8 betrifft die Einsetzung einer Unterkommission für Informations- und Pressefreiheit, Abs. 9 einer solchen für den Schutz von Minderheiten und Abs. 10 schließlich die Errichtung einer Unterkommission für die Verhütung von Diskriminierung. Der amerikanische Vorschlag sah ursprünglich nur die erstgenannte Unterkommission vor, die beiden anderen beruhten auf einer Intervention des sowjetischen Delegierten - *Tolley*, The U.N. Commission on Human Rights, S. 16.

Gemäß Regel 66 der Rules of Procedure (vgl. unten § 7.III.A., S. 87) für die funktionalen Kommissionen bedarf die Einsetzung einer Unterkommission der Bestätigung durch den ECOSOC selbst - Repertory III, Art. 68, Abs. 24, S. 480.

[7] Report of the Commission on Human Rights, E/259 (11.02.1947), S. 4 Abs. 14. Aufgabe dieser Unterkommission sollte es in erster Linie sein zu prüfen, welche Rechte, Verpflichtungen und Praktiken in das Konzept der Informationsfreiheit einzubeziehen seien - *Schwelb/Alston*, in: Vasak (Hrsg.), The International Dimensions I, S. 253; Report ... ebd. Abs. 15.

[8] Report of the Commission on Human Rights, E/259 (11.02.1947), S. 5 Abs. 18. *Humphrey*, Human Rights and the United Nations, S. 20; *Hoare*, in: Luard (Hrsg.), The International Protection, S. 63; *Haver*, ColumbJTL 21 (1982), S. 104f.*Schwelb/Alston*, in: Vasak (Hrsg.), The International Dimensions I, S. 251; *Marie*, S. 74f.

[9] *Schwelb/Alston*, in: Vasak (Hrsg.), The International Dimensions I, S. 252.

[10] ECOSOC, Res. 414 B I (XIII) vom 18.09.1951, in E/2152 (10.10.1952) S. 80 Abs. 18 lit. (d) und (e); *Schwelb/Alston*, in: Vasak (Hrsg.), The International Dimensions I, S. 253; *Hoare*, in: Luard (Hrsg.), The International Protection, S. 71.

[11] *Eide*, in: Alston (Hrsg.), The United Nations and Human Rights, S. 213; *Schwelb/Alston*, in: Vasak (Hrsg.), The International Dimensions I, S. 253; *Hoare*, in: Luard (Hrsg.), The International Protection, S. 71.

Auflösung der anderen *Unterkommission für die Verhinderung von Diskriminierungen und Minderheitenschutz* regte sich aber erheblicher Widerstand. So forderte die Generalversammlung den Rat unter Erinnerung an die Aufgaben der Unterkommission auf, deren Sitzung im gleichen Jahr sicherzustellen und die Fortführung ihrer Arbeit zu ermöglichen[12]. Der Rat entsprach dieser Bitte, revidierte seine Entscheidung und lud das Gremium zur Fortführung seiner Arbeit und Erfüllung seiner Aufgaben ein[13]. Maßgeblich hierfür war durchaus die Aufgabenstellung, die nach Ansicht der Generalversammlung eine besondere Beachtung und Förderung - und zwar auch durch ein Spezialorgan - verdiente. Im Ergebnis besteht somit seit 1953 nurmehr noch eine einzige Unterkommission. Und obwohl die MRK im Zuge der erheblichen Ausweitungen ihrer Aktivitäten in den letzten dreißig Jahren eine große Zahl von Arbeitsgruppen und sonstigen Expertengremien einberufen hat, ist doch die neuerliche Einrichtung einer Unterkommission - soweit ersichtlich - nie ernsthaft in Erwägung gezogen worden.

Doch auch der Bestand der verbliebenen Unterkommission war und ist keineswegs gesichert. Im Jahre 1986 wurde beispielsweise wegen der schweren Finanzkrise der UNO die Sitzung der Unterkommission - wenn auch unter großem Protest - gestrichen[14]. Und die Diskussion über eine mögliche Abschaffung des Organs wurde bis in die jüngste Zeit hinein geführt[15]. Ein Vorschlag aus Kommissionskreisen sah 1998 eine Verkürzung der Sitzungsdauer um die Hälfte auf zwei Wochen im Jahr und die Verkleinerung des Organs auf knapp die Hälfte seiner Mitgliederzahl vor[16].

---

[12] Generalversammlung, Res. 532 B (VI) vom 04.02.1952, A/2119, S. 31; *Humphrey*, Human Rights and the United Nations, S. 21.

[13] ECOSOC, Res. 443 (XIV) vom 26.06.1952, E/2332 (13.08.1952), S. 39; *Hoare*, in: Luard (Hrsg.), The International Protection, S. 71; *Schwelb/Alston*, in: Vasak (Hrsg.), The International Dimensions I, S. 252. Es sollten insofern besondere Studien zur Frage der Diskriminierungsvorsorge erstellt werden - *Moskowitz*, S. 64.

[14] *Eide*, in: Alston (Hrsg.), The United Nations and Human Rights, S. 211.

[15] *Ansbach*, AVR 31 (1991), S. 231f. unter Verweis auf *Morris B. Abram*, Human Rights and the United Nations, in: Harvard Human Rights Journal 4 (1991), S. 69ff. Siehe auch *M. Nowak*, in: Amnesty International (Hrsg.), Menschenrechte im Umbruch, S. 96, der dies vor allem auf die größere Effizienz von Expertengremien wie der Unterkommission zurückführt.

[16] Report of the Bureau of the fifty-fourth Session of the Commission on Human Rights..., E/CN.4/1999/104 (23.12.1998), Abs. 56, Recommendation 12 lit. b).

Seit 1999 firmiert das Gremium unter dem Namen „Unterkommission für die Förderung und den Schutz der Menschenrechte“ (*Sub-Commission on the Promotion and Protection of Human Rights*)[17].

II. Die Struktur der Unterkommission

Die Unterkommission besteht aus 26 Experten[18], die in eigener Verantwortlichkeit und unabhängig handeln[19]. Sie werden - als Individuen - für jeweils vier Jahre unter dem Gesichtspunkt einer gerechten geographischen Verteilung[20] von der MRK anhand einer Vorschlagsliste der Mitgliedstaaten gewählt[21]. Neben den Mitgliedern können - und werden in der Mehrzahl der Fälle auch - Stellver-

---

[17] Statement by the Chairperson on behalf of the Commission on Human Rights (55th session), 29.04.1999, Unterabs. 11, in: CHR, Report of the 55th session, E/1999/23, E/CN.4/1999/167 (20.07.1999), Abs. 552. Die Bestätigung erfolgte mit ECOSOC-Entscheidung 1999/256 vom 27.07.1999, lit. b), in E/1999/INF/2/Add.2, S. 172.

Entsprechende Vorschläge, den Namen des Organs zu ändern, gab es seit 1965 (*Eide*, in: Alston (Hrsg.), The United Nations and Human Rights, S. 258; siehe bsp. auch *Marie*, S. 321); so insbesondere auch 1984: Report of the Sub-Commission on its 31st session, E/CN.4/1983/4, E/CN.4/Sub.2/1982/43 (29.09.1982), Abs. 29; *Samson*, in: Alston (Hrsg.), The United Nations and Human Rights, S. 656. Siehe zuletzt und ausschlaggebend den Report of the Bureau of the fifty-fourth Session of the Commission on Human Rights..., E/CN.4/1999/104 (23.12.1998), Abs. 56 Recommendation 12 lit. a).

[18] Ursprünglich bestand das Gremium aus zwölf Experten (Report of the Commission on Human Rights, E/259 [11.02.1947] S. 5, Abs. 19). Die Mitgliederzahl wurde dann schrittweise erhöht:

1959 auf vierzehn (ECOSOC, Res. 728 E [XXVIII] vom 30.07.1959),

1965 auf 18 (ECOSOC, Res. 1074 G [XXXIX] vom 28.07.1965) und

1969 dann auf die heute noch gültige Zahl von 26 (ECOSOC, Res. 1334 [XLIV] vom 31.05.1968) - *Eide*, in: Alston (Hrsg.), The United Nations and Human Rights, S. 253 Fn. 182; *Tolley*, The U.N. Commission on Human Rights, S. 164.

[19] *Eide*, in: Alston (Hrsg.), The United Nations and Human Rights, S. 252; *Hoare*, in: Luard (Hrsg.), The International Protection, S. 71; *Schwelb/Alston*, in: Vasak (Hrsg.), The International Dimensions I, S. 251.

[20] Von den 26 Mitgliedern sind je fünf aus Asien und Lateinamerika, drei aus Osteuropa, sieben aus Afrika und sechs aus Westeuropa und den anderen Industrieländern - *Eide*, in: Alston (Hrsg.), The United Nations and Human Rights, S. 253; *Weissbrodt/Parker*, S. 16.

[21] *Buergenthal*, International Human Rights, S. 83; *Eide*, in: Alston (Hrsg.), The United Nations and Human Rights, S. 212, 253. Die Wahlperiode betrug zunächst zwei, später drei und erst seit 1988 vier Jahre - *Eide*, in: Alston (Hrsg.), The United Nations and Human Rights, S. 253.

treter gleicher Nationalität gewählt werden[22]. Freilich ist ihre Unabhängigkeit von der jeweiligen Regierung nicht in jedem Falle auch *de facto* verwirklicht, was schon dadurch vorgegeben ist, daß die Mitglieder für ihre Nominierung des Einverständnisses ihrer Regierung bedürfen[23]. Etliche Mitglieder waren oder sind Regierungsbeamte oder Angehörige einer diplomatischen Vertretung und vertreten mehr oder minder offen die Politik ihres Staates[24]. Entsprechend kann die Arbeitsweise auch von politischen Rivalitäten und Taktiken geprägt sein[25]. Auch die Unterkommission wählt jährlich ein fünfköpfiges *Bureau*, in dem alle geographischen Regionen repräsentiert sind[26].

---

[22] MRK, Res. 1983/21 vom 10.03.1983, in Report of the 39th session, E/1983/13, E/CN.4/1983/60, S. 150 und draft resolution II, ebd. sub I. A., S. 1., bestätigt vom ECOSOC mit Res. 1983/32 vom 27.05.1983.

Zur Situation vor Verabschiedung, die eine Bestimmung des Vertreters durch den Experten nach Zustimmung der Regierung seines Landes (!) vorsah, siehe nur *Marie,* S. 118; *Ramcharan*, in: FS Ermacora, S. 46.

[23] *Salzberg,* RDH 3 (1970), S. 130.

[24] *Buergenthal*, International Human Rights, S. 83; *Boekle*, APuZ, B 46-47/98, S. 10; Int.Comm.J.Rev. 9 (1972), S. 6; *Hoare*, in: Luard (Hrsg.), The International Protection, S. 71; *Tolley*, The U.N. Commission on Human Rights, S. 164; *Weissbrodt/Parker*, S. 16; *Rodley*, in: Hannum (Hrsg.), Guide to International Human Rights Practice, S. 61.

So gehörten sowohl 1982 als auch 1984 mehr als die Hälfte der Mitglieder dem Auswärtigen Dienst ihre Landes an oder hatten sonst eine offizielle Position inne. Insbesondere die Staaten des Ostblocks widersprachen dem Prinzip der Unabhängigkeit (vgl. *Eide*, in: Alston (Hrsg.), The United Nations and Human Rights, S. 254). Aber auch Staaten wie die USA oder Großbritannien beschrieben die Mitglieder ihres Landes in den fünfziger Jahren jeweils - versehentlich - als deren Repräsentanten, während 1979 eine Presseerklärung des *State Department* ausdrücklich klarstellte, daß die Abstimmung des amerikanischen Mitglieds, Botschafter *B. Carter*, keine offizielle Bedeutung für die Politik der USA habe - *Tolley*, The U.N. Commission on Human Rights, S. 166.

Eine zumindest rechtliche Stärkung der Unabhängigkeit sieht *Ansbach*, AVR 31 (1991), S. 233, in dem Gutachten des IGH zum Fall Mazilu - *Applicability of Art. VI, Section 22, of the Convention on the Privileges and Immunities of the United Nations*, Advisory Opinion of 15 December, ICJ Rep. 1989, S. 177ff., siehe insbesondere Abs. 54 a.E., S. 196.

[25] Siehe *Ansbach*, AVR 31 (1991), S. 255; *Salzberg,* RDH 3 (1970), S. 131, der dies bereits für die Sitzung 1969, die erste mit 26 Mitgliedern, konstatiert.

[26] *Tolley*, The U.N. Commission on Human Rights, S. 164; vgl. *Maher/Weissbrodt*, HRQ 12 (1990), S. 291f.

Der Vorsitzende und das *Bureau* werden am ersten Sitzungstag im Wechsel aus den regionalen Gruppen gewählt - *Weissbrodt/Parker,* S. 17.

Im Zuge der Reform der Kommissionsmechanismen wurde im Jahre 2000 die jährliche Sitzungsdauer des Gremiums um eine auf nunmehr drei Wochen verkürzt. Diese Sitzung findet in den ersten Augustwochen statt und wird von ein- bis zweiwöchigen Treffen ihrer Arbeitsgruppen umrahmt[27]. Neben den Mitgliedern nehmen an den grundsätzlich öffentlichen Sitzungen zahlreiche Beobachter von NGO und Staaten teil, was zunehmend eine erhöhte Politisierung mit sich bringt[28]. Sowohl die privaten Organisationen als auch die Beobachterstaaten haben hier Rederecht, so daß die Sitzungen ähnlich lebhaft und von politischen Auseinandersetzungen wie die der Kommission geprägt sind, was nicht unbedingt den Eindruck einer effektiven und konzentrierten Arbeitsweise zu vermitteln vermag.

III. Aufgaben und Zuständigkeit der Unterkommission

Die Aufgabe der Unterkommission ist weitgehend durch ihre Zusammensetzung und Stellung als Hilfsorgan der MRK vorgegeben. Als Expertengremium obliegen ihr in erster Linie Beratungsaufgaben: sie soll Studien erstellen und der Kommission Empfehlungen unterbreiten[29].

Da Unsicherheit über Art um Umfang der von der Unterkommission zu erfüllenden Aufgaben bestand, wurde der Zuständigkeitskatalog auf Bitten des Gremiums hin 1949 konkretisiert[30]. In der überarbeiteten Bestimmung war nun nicht mehr die Ermächtigung zur Untersuchung „dringender Probleme" erhalten,

---

[27] *Eide*, in: Alston (Hrsg.), The United Nations and Human Rights, S. 212; *Weissbrodt/Parker*, S. 3. Zur Tätigkeit der Arbeitsgruppen siehe unten bei Fn. 68.

[28] *Eide*, in: Alston (Hrsg.), The United Nations and Human Rights, S. 212, 259; siehe insgesamt zum gesteigerten Einfluß der Regierungen *Maher/Weissbrodt*, HRQ 12 (1990), S. 295f.

[29] Vgl. Abs. 9 und 10 ECOSOC-Res. 9 (II) vom 21.06.1946; *Buergenthal*, International Human Rights, S. 83; *Eide*, in: Alston (Hrsg.), The United Nations and Human Rights, S. 211; *Schwelb/Alston*, in: Vasak (Hrsg.), The International Dimensions I, S. 252. Ursprünglich war die Unterkommission in erster Linie damit betraut zu prüfen, welche Bestimmungen in eine Definition der Prinzipien Diskriminierungsverhinderung und Minderheitenschutz aufzunehmen wären - Report of the Commission on Human Rights, E/259 (11.02.1947) S. 5 Abs. 19: „...(a) to examine what provisions should be adopted in the definition of the principles which are to be applied in the field of the prevention of discrimination an grounds of race, sex, language or religion, and in the field of the protection of minorities, and to make recommendations to the commission on urgent problems in these fields;...".

[30] *Tolley*, The U.N. Commission on Human Rights, S. 168f. Siehe den Entwurf hierfür: First Report of the Committee on the Prevention of Discrimination and the Protection of Minorities, E/CN.4/181 (11.05.1949), Annex I, draft resolution A.

sondern stattdessen die Erstellung von Studien mit bezug auf die AEMR sowie von Empfehlungen für die MRK zu den Fragenbereichen Diskriminierungsverhinderung und Minderheitenschutz als Haupaufgabenbereiche der Unterkommission vorgesehen[31]. Eine bindende Definition dieser Arbeitsbereiche existiert allerdings nicht[32]. Bestätigt wurde jedoch, daß die Unterkommission dem ECOSOC und der MRK zur Erfüllung sonstiger Funktionen zur Verfügung stehen solle[33]. *De facto* kann sie damit - eine entsprechende Anforderung vorausgesetzt - in bezug auf sämtliche Menschenrechtsfragen im Rahmen der Zuständigkeit der UNO tätig werden[34]. Die Ausweitung ihrer Aktivitäten[35] beruht - da es seit 1949 zu keiner förmlichen Änderung des Mandates gekommen ist - demgemäß auf Anfragen des ECOSOC und der Kommission, jedoch auch auf eigener Initiative des Organs[36]. Der Zuwachs der Tätigkeit ist wohl auch darin begründet, daß dies ab 1952 die einzige Unterkommission war, die der MRK zuarbeiten konnte - und

---

[31] " ... (a) to undertake studies, particularly in the light of the Universal Declaration of Human Rights and to make recommendations to the Commission on Human Rights concerning the prevention of discrimination of any kind relating to human rights and fundamental freedoms and the protection of racial, national, religius and linguistic minorities ...", Resolution A, in: CHR, Report of the 5th session, E/1371, E/CN.4/350 (1949), Abs. 13.

Marie, S. 117 sieht darin eine Erweiterung des Mandats.

[32] *Schwelb/Alston*, in: Vasak (Hrsg.), The International Dimensions I, S. 252; vgl. *Buergenthal*, International Human Rights, S. 83; *Riedel,* Menschenrechtskommission, in: Wolfrum (Hrsg.), Handbuch Vereinte Nationen, Rn. 6.

[33] „... (b) to perform any other functions which may be entrusted to it by the Economic and Social Council or the Commission on Human Rights" Resolution A, in: CHR, Report of the 5th session, E/1371, E/CN.4/350 (1949), Abs. 13. Siehe für die ursprüngliche Fassung des Zuständigkeitskatalogs: Report of the Commission on Human Rights, E/259 (11.02.1947) S. 5, Abs. 19.

[34] *Buergenthal*, International Human Rights, S. 83; *Riedel,* Menschenrechtskommission, in: Wolfrum (Hrsg.), Handbuch Vereinte Nationen, Rn. 6.

[35] Einen deutlichen Vergleich bringt *Eide*, in: Alston (Hrsg.), The United Nations and Human Rights, S. 226, der für 1947 eine reguläre Sitzungsperiode von zwei Wochen und etwa drei bis vier wesentliche Tagesordnungspunkte nachweist, denen 1991 vier Wochen Sitzung, ergänzt durch zwei Wochen von Arbeitsgruppen, und etwa 20 zu behandelnde Punkte gegenüberstehen.

[36] *Eide*, in: Alston (Hrsg.), The United Nations and Human Rights, S. 212; 222f.; Review of the Status and Activities of the Sub-Commission and its Relationship with the Commission on Human Rights and other United Nations Bodies - Note by the Secretariat, E/CN.4/Sub.2/1982/3, Annex I, Abs. 2.

zwar über den engen, durch den Namen vorgegebenen Bereich hinaus[37]. So enthielt beispielsweise Res. 8 (XXIII) der MRK eine Ausweitung der Zuständigkeit, wenn auch ohne explizite Änderung der ursprünglichen Befugnisnormen[38]. Die Unterkommission wurde hierin aufgefordert, die Aufmerksamkeit der Kommission auf Situationen zu lenken, die ihrer begründeten Ansicht nach einen Gesamtzusammenhang von Menschenrechtsverletzungen aufzeigen[39]. Der ECOSOC bestätigt diese Aufgabenerweiterung hinsichtlich der Reaktion auf Menschenrechtsverletzungen implizit in Abs. 1 Res. 1235 (XLII). Hinzu kamen in der Vergangenheit noch die Aufgaben im Rahmen des 1503-Verfahrens[40]. Es ist insofern nicht zu Unrecht von der Unterkommission als einem Überwachungsorgan (*monitoring body*) gesprochen worden.[41]

Abgesehen von der Arbeit im Hinblick auf geschehene Menschenrechtsverletzungen hat die Unterkommission zahlreiche Studien, Berichte, Entwürfe und andere Beiträge zur Arbeit der politischen Gremien der UNO im Menschenrechtsbereich erstellt[42]. Außerdem hat sie, angefangen bei der AEMR[43], auch an

---

[37] *Eide*, in: Alston (Hrsg.), The United Nations and Human Rights, S. 213. Allerdings bildeten Fragen des Minderheitenschutzes und der Verhinderung von Diskriminierungen zumindest zu Beginn der Tätigkeit der Unterkommission durchaus deren wichtigste Tätigkeitsbereich - *Eide*, in: Alston (Hrsg.), The United Nations and Human Rights, ebd; *Schwelb/Alston*, in: Vasak (Hrsg.), The International Dimensions I, S. 253. Dieser Bereich wurde erstmals 1965 verlassen, als die Unterkommission zur Mitwirkung im Rahmen des außervertraglichen Staatenberichtverfahrens aufgefordert war (hierzu im Einzelnen noch § 10.III.B., S. 131 bei Fn. 88) - *Haver*, ColumbJTL 21 (1982), S. 118.

[38] Siehe hierzu - und zu weiteren, vergleichbaren Erweiterungen des Mandats: Review of the Status and Activities of the Sub-Commission and its Relationship with the Commission on Human Rights and other United Nations Bodies - Note by the Secretariat, E/CN.4/Sub.2/1982/3, Annex I, Abs. 6; *Ramcharan*, in: FS Ermacora, S. 38.

Für den Text der Resolution siehe unten, Anhang 2, sub II.A., S. 680.

[39] Siehe nur *Tolley*, The U.N. Commission on Human Rights, S. 55; *Haver*, ColumbJTL 21 (1982), S. 114.

[40] *Ramcharan*, in: FS Ermacora, S. 38.

[41] *Dormenval*, S. 57.

[42] Siehe hierzu allgemein *Tolley*, The U.N. Commission on Human Rights, S. 172-179; *Ansbach*, AVR 31 (1991), S. 249-254; *Marie*, S. 207-217; *Haver*, ColumbJTL 21 (1982), S. 104, Anm. 4, sowie S. 108-117.

[43] Die Unterkommission erarbeitete Entwürfe für zwei Artikel für die AEMR, betreffend Minderheitenschutz und Diskriminierungsverbot - *van Boven*, People Matter, S. 117; *Tolley*, The U.N. Commission on Human Rights, S. 168 mit Anm. 22.

Entwurfsarbeiten zu verschiedenen Menschenrechtstexten und der Konzeption von Durchsetzungsverfahren mitgewirkt[44].

Zusammengefaßt übt die Unterkommission somit eine doppelte Rolle aus. Einerseits ist sie Denkfabrik (*think tank*)[45] für konzentriertes Expertenwissen in menschenrechtlichen Angelegenheiten, andererseits leistete sie in der Vergangenheit einen erheblichen Beitrag zur Reaktion der UNO auf schwere Menschenrechtsverletzungen[46]. Die Unterkommission hat dabei sowohl einzelne Arten von Menschenrechtsverletzungen unter einem thematischen Gesichtspunkt erörtert als auch - im Rahmen der Ermächtigung durch Res. 1235 (XLII) des ECOSOC und Res. 8 (XXIII) der MRK[47] - die Situation in einzelnen Ländern behandelt[48]. Letzterer Punkt ist - zur Vermeidung doppelter Arbeit im Verhältnis zur MRK - mit der Reform im Jahre 2000 in nicht unerheblichem Ausmaß einschränkt worden. Im Zuge der Straffung ihrer Mechanismen hat die Kommission damit das Mandat der Unterkommission wieder mehr auf Beratungsaufgaben beschränkt. Länderspezifische Resolutionen oder thematische Entschließungen, die sich hauptsächlich auf einzelne Länder beziehen, sollen künftig nicht mehr verabschiedet werden[49].

---

44 *Buergenthal*, International Human Rights, S. 84; *Weissbrodt/Parker,* S. 19.

45 Common Position of the Sub-Commission ..., E/CN.4/Sub.2/1999/47 (25.08.1999), Abs. 3.

46 *Eide*, in: Alston (Hrsg.), The United Nations and Human Rights, S. 261.

47 *Ramcharan*, in: FS Ermacora, S. 41.Siehe hierzu unten § 10.IV.A.1., S. 143.

Insofern ist der Hinweis von *Ansbach*, AVR 31 (1991), S. 239, daß die Aktivitäten in bezug auf Menschenrechtsverletzungen in aller Welt vom ursprünglichen Mandat der Unterkommission nicht mehr gedeckt seien, zwar nicht unrichtig, aber doch irreführend. Denn die späteren Erweiterungen der Zuständigkeit beruhen auf expliziten Ermächtigungen durch Resolutionen der Kommission.

48 *Tolley*, The U.N. Commission on Human Rights, S. 179-183; *Ramcharan*, in: FS Ermacora, S. 41 und Anm. 11 mit zahlreichen Beispielen. Insbesondere die öffentliche Untersuchung der Situationen in Südrhodesien, Chile oder Kambodscha waren von der Unterkommission initiiert worden - *Haver*, ColumbJTL 21 (1982), S. 122f.; *Ramcharan*, ebd.

49 Report of the inter-sessional open-ended Working Group on Enhancing the Effectiveness of the Mechanisms of the Commission on Human Rights, E/CN.4/2000/112 (16.02.2000), Abs. 49f., 52f., bestätigt mit Entscheidung 2000/109, E/CN.4/DEC/2000/109 (27.04.2000), Abs. 1.

Die Beschränkung des Mandats in Bezug auf Länderresolutionen geht auf den Druck der sogenannten Gleichgesinnten (*Like-Minded Countries - LMC*), einer Gruppe von Staaten wie Birma [Myanmar], China, Indien, Iran, Kuba und Vietnam zurück - vgl. Comments,

IV. Aspekte der Arbeitsweise der Unterkommission

A. Das Verhältnis zur Kommission

Als Hilfs- bzw. Nebenorgan der MRK ist die Unterkommission dieser unmittelbar verantwortlich und handelt praktisch - von wenigen Ausnahmen abgesehen - auch nur über die Kommission bzw. bedarf deren Bestätigung für außerordentliche Maßnahmen. Ihre Tätigkeit ist bestimmt von den Vorgaben der Resolutionen der übergeordneten Organe - also insbesondere der MRK und des ECOSOC -, was zuweilen auch von der MRK geprüft wurde[50]. Personell ist das Gremium durch die Wahl ebenfalls von der MRK abhängig. An diese geht auch der jährliche Bericht über die Tätigkeit der Unterkommission[51].

Trotz der engen organisatorischen Anbindung an das Hauptorgan ist die Unabhängigkeit der Unterkommission viel größer als zu vermuten wäre[52]. So lassen sich beispielsweise Fälle aufzeigen, in denen die Unterkommission das Organ war, das zuerst und *proprio motu* auf bekanntgewordene Menschenrechtsverletzungen reagierte[53]. Sie bereitete die Einleitung von Spezialverfahren in der MRK durch vorherige Resolutionen vor und trug durch anhaltende Stellungnahmen zu deren Fortführung bei[54]. Die relativ unabhängige Stellung der Unterkommission wird auch darin deutlich, daß der ECOSOC ihr direkt, also ohne Zwischenschaltung der MRK, Untersuchungsaufträge erteilen kann[55]. Gelegentlich wurde so bei einer bekannten ablehnenden Haltung der MRK die Unterkommission aufgefor-

---

observations and alternate recommendations on the report of the Bureau ... submitted pursuant to Commission on Human Rights decision 1998/112 ..., E/CN.4/1999/WG.12/2 (18.08.1999), Abs. 89.

Kritisch hierzu die abschließenden Bemerkung einer Reihe von lateinamerikanischen Staaten und Frankreichs E/CN.4/2000/CRP.1 (02.03.2000), Abs. 9-11, 13, 15, 16, 29, 36.

50 *Ermacora*, RDH 7 (1974), S. 682.

51 *Weissbrodt/Parker*, S. 2. Vgl. zuletzt: Report of the Sub-Commission on the Promotion and Protection of Human Rights on its 51st Session, E/CN.4/2000/2, E/CN.4/Sub.2/1999/54 (11.11.1999).

52 *Eide*, in: Alston (Hrsg.), The United Nations and Human Rights, S. 211; *Weissbrodt/Parker*, S. 3. Ein Grund hierfür wird auch die enge Zusammenarbeit des Organs mit NGO sein - *Eide*, ebd.

53 *Bossuyt*, HRLJ 6 (1985), S. 199 unter Verweis auf die Situationen in Chile und im Iran (1981).

54 *Bossuyt*, HRLJ 6 (1985), S. 200f.

55 *Riedel*, Menschenrechtskommission, in: Wolfrum (Hrsg.), Handbuch Vereinte Nationen, Rn. 6; siehe auch oben bei Fn. 33.

dert, die fragliche Angelegenheit zu untersuchen und der Kommission dann ihrerseits Vorschläge zu unterbreiten[56]. Freilich bedeutete dies oft nur eine Verschiebung der Problemlösung, wenn die Angelegenheit am Ende ohnehin wieder in der MRK zu behandeln war[57]. Es überrascht daher nicht, daß die Unterkommission bisweilen als ein Gegenspieler ihres Hauptorgans eingeschätzt wurde[58]. Auch wenn dies freilich von Sitzung zu Sitzung differieren kann und sich daher keine anhaltend gültigen Aussagen treffen lassen, bleibt doch zu statieren, daß die Beziehung zwischen beiden zumindest nicht immer harmonisch war[59].

B. Verfahren und Abstimmungen

Für die Arbeit der Unterkommission gilt die Geschäftsordnung für die funktionalen Kommissionen des ECOSOC, die auch in der MRK Anwendung findet[60]. Gleichwohl erfolgt die Arbeit insgesamt etwas weniger förmlich[61]. Ein nicht unerheblicher Streitpunkt betraf die - nunmehr praktisch nicht mehr vorkommenden - Abstimmungen über länderbezogene Beschlüsse oder Entscheidungen[62]: grundsätzlich müssen diese gemäß Regel 59 öffentlich erfolgen. Eine einschränkende Auslegung dieser Vorschrift wurde noch 1978 mehrheitlich abgelehnt[63]. Zugleich wurde die MRK - erfolglos - unter Hinweis auf die Vertraulich-

---

[56] So geschehen im Hinblick auf die Behandlung der Verschwundenen in lateinamerikanischen Staaten 1979, als der ECOSOC, nachdem die Kommission auf eine entsprechende Aufforderung der Generalversammlung nicht reagiert hatte, die Unterkommission ersuchte, diese Fragestellung zu behandeln und der MRK insoweit Empfehlungen vorzulegen - *Bossuyt*, HRLJ 6 (1985), S. 200.

[57] *Eide*, in: Alston (Hrsg.), The United Nations and Human Rights, S. 223.

[58] *Alston,* Critical Appraisal, in: ders. (Hrsg.), The United Nations and Human Rights, S. 9; *Tolley*, The U.N. Commission on Human Rights, S. 162: „often stormy relationship". A.A. *Eide*, in: Alston (Hrsg.), The United Nations and Human Rights, S. 256, der gerade nicht von einem „antagonistischen" Verhältnis zwischen beiden Organen ausgeht und nur für wenige begründete Fälle ein Auseinanderfallen der Entscheidungspraxis sieht.

[59] *Eide*, in: Alston (Hrsg.), The United Nations and Human Rights, S. 211.

[60] Regel 24 der *Rules of Procedure*- siehe hierzu unten § 7.III.A., S. 87; *Weissbrodt/Parker,* S. 16; *Tolley*, The U.N. Commission on Human Rights, S. 167; *Marie,* S. 118; *Ramcharan*, in: FS Ermacora, S. 38.

[61] *Tolley*, The U.N. Commission on Human Rights, S. 167.

[62] Siehe insofern nur die Diskussion in der Unterkommission 1978 – Sub-Commission, Summary record of the 821st meeting [12.08.1978], E/CN.4/Sub.2/SR.821 (15.09.1978), Abs. 52-91.

[63] Sub-Commission, Summary record of the 821st meeting [12.08.1978], E/CN.4/Sub.2/SR.821 (15.09.1978), Abs. 55ff, 91.

keitsregel in Abs. 8 Res. 1503 (XLVIII) aufgefordert, die geheimen Abstimmung zu ermöglichen[64]. Auch spätere Versuche des britischen Mitglieds *Whitaker* in diese Richtung, die auch die Enthaltung eines Experten bei der Behandlung seines Landes vorschlugen, blieben erfolglos[65]. 1989 wurde erstmals die vertrauliche Durchführung der Abstimmung im 1503-Verfahren beschlossen[66]. Erst 1991 kam es zu einer zweifelsfreien Klarstellung, die eine Stärkung der Unabhängigkeit der Experten bedeutete. Der ECOSOC beschloß unter Bezugnahme auf ein Gutachten (*legal opinion*) des Rechtsberaters der UNO, daß im Hinblick auf die Unterkommission Regel 59 der *Rules of Procedure* so auszulegen sei, daß Abstimmungen über behauptete Menschenrechtsverletzungen jedenfalls dann geheim erfolgen sollten, wenn dies mehrheitlich beschlossen wird[67].

C. Arbeitsgruppen und NGO

Die Arbeit des Plenums wird unterstützt von Arbeitsgruppen aus regelmäßig fünf Mitgliedern, wobei auch hier unterschieden wird zwischen sitzungsvorbereitenden (*pre-sessional*), sitzungsbegleitenden (*sessional*) und zwischen den Sitzungen tagenden Arbeitsgruppen (*inter-sessional*)[68]. Die Auswahl der Mitglieder erfolgt durch den Vorsitzenden der vorherigen Sitzung nach Rücksprache mit dem *Bureau* der Unterkommission[69]. Trotz dieser zunehmenden Verlagerung der Arbeit „nach außen" - durch eine immer größere Zahl von Studien und Berichten sowie der Tätigkeit der Arbeitsgruppen[70] - sind doch die Plenardebatten noch

---

[64] *Tardu/McCarthy*, S. 77; Unterkommission, Res. 7 B (XXXI) vom 13.09.1978 (Report of the Sub-Commission on its 31st session, E/CN.4/1296, E/CN.4/Sub.2/417 [20.09.1978], S. 68).; ebenso Res. 9 B (XXXII) vom 05.09.1979 (Report of the Sub-Commission on its 32nd session, E/CN.4/1359, E/CN.4/Sub.2/435 [03.10.1979], S. 54).

[65] Draft Resolution submitted by Mr. Whithaker, E/CN.4/Sub.2/1983/L.5 (23.08.1983); Report of the Sub-Commission on its 36th session, E/CN.4/184/3, E/CN.4/Sub.2/1983/43 (20.10.1983), Abs. 30; *Tolley*, HRQ 6 (1984), S. 439.

[66] Sub-Commission, Entscheidung 1989/101 in: Report of the 41st session, E/CN.4/1990/2, E/CN.4/Sub.2/1989/58, sub II. B., S. 69; *Maher/Weissbrodt*, HRQ 12 (1990), S. 299. Ein Vorschlag, auch über die öffentlichen Resolutionen zu Menschenrechtsverletzungen in den einzelnen Ländern abstimmen zu lassen, wurde erst nach einer intensiven Verfahrensdebatte bestätigt - *Maher/Weissbrodt*, HRQ 12 (1990), S. 300f.

[67] ECOSOC, Res. 1991/32 vom 31.05.1991, in E/1991/91, S. 28f.; *Ize-Charrin*, 1503: A Serious Procedure, S. 2.

[68] *Weissbrodt/Parker*, S. 17f.

[69] *Weissbrodt/Parker*, S. 17.

[70] *Eide*, in: Alston (Hrsg.), The United Nations and Human Rights, S. 240; *Shaw* S. 228.

immer das Herzstück der Tätigkeit der Unterkommission[71]. Empfehlungen an die MRK bedürfen in jedem Falle eines Beschlusses im Plenum[72].

Besondere Erwähnung verdient die spezifische Offenheit des Gremiums gegenüber NGO und die Zusammenarbeit mit diesen[73]. Dies mag insbesondere damit zusammenhängen, daß etliche der Mitglieder eine mehr oder weniger enge Beziehung zu der einen oder anderen privaten Organisation haben[74].

V. Bewertung und Ausblick

Die Unterkommission hat in der Landschaft der verschiedensten Organe im System der UNO eine in mancher Hinsicht einzigartige Rolle eingenommen, in erster Linie wegen der grundsätzlichen Unabhängigkeit ihrer Mitglieder, ihrer außerordentlichen Offenheit für NGO, ihrer Flexibilität sowie ihrer immer weiter ausgedehnten Aufgabenfelder[75]. Dabei ist freilich die Kompatibilität mit den übrigen Organen und dem Gesamtsystem erheblich beeinträchtigt. Mit der besonderen Einbindung der NGO in ihre Arbeit hatte die Unterkommission schon früh einer gerade heutzutage immer deutlicher artikulierten Forderung entsprochen. Allerdings sind es gerade diese Offenheit und die für ein Expertengremium äußerst stark ausgeprägte Politisierung, die zu einer Arbeitsweise und Resultaten führen, die im Vergleich zu anderen Gremien des internationalen Menschenrechtsschutzes eher ernüchternd wirken. Es ist zu bezweifeln, ob die Unterkommission wirklich noch eine nützliche Ergänzung zur Arbeit der Kommission darstellen kann. Denn mit dem fortschreitenden Ausbau der vertraglich basierten internationalen Menschenrechtsschutzverfahren, ihrer zunehmenden Akzeptanz und der Einrichtung verschiedenster Spezialgremien und -berichterstatter stellt sich

---

[71] *Eide*, in: Alston (Hrsg.), The United Nations and Human Rights, S. 240.

[72] *Eide*, in: Alston (Hrsg.), The United Nations and Human Rights, S. 240.

[73] *Eide*, in: Alston (Hrsg.), The United Nations and Human Rights, S. 211; *Weissbrodt/Parker*, S. 3; *Tolley*, The U.N. Commission on Human Rights, S. 167.

[74] Allerdings gibt es insofern auch kritische Stimmen, die eine Beschränkung des Einflusses der nichtsstaatlichen Organisationen fordern - siehe *Ansbach*, AVR 31 (1991), S. 236f.

[75] *Eide*, in: Alston (Hrsg.), The United Nations and Human Rights, S. 211, 240; *Alston*, Critical Appraisal, in: ders. (Hrsg.), The United Nations and Human Rights, S. 9; *Weissbrodt/Parker*, S. 3; ähnlich auch der Report of the Bureau of the fifty-fourth Session of the Commission on Human Rights..., E/CN.4/1999/104 (23.12.1998), Abs. 55, Observation 26.

Ansbach, AVR 31 (1991), S. 235 spricht von der „...in der Unterkommission vergleichsweise große[n] Chance, sich zu äußern...", die für die NGO im Rahmen ihrer Lobby-Arbeit für Menschenrechte besteht.

mehr und mehr die Frage der Existenzberechtigung eines derart allgemein agierenden Expertengremiums, das zu einem Hauptschauplatz politischer Auseinandersetzungen zwischen NGO und Regierungen geworden ist. Die Einschränkung der Funktionen der Unterkommission im Hinblick auf das 1503-Verfahren und die damit einher gehenden Beschränkungen können somit der weiteren Diskussion über die Existenzberechtigung des Organs entscheidende Elemente hinzufügen.

§ 7. Die Arbeitsweise der Kommission

I. Die Sitzungen

A. Reguläre Sitzungen

Die Kommission tritt regelmäßig einmal im Jahr zu ihrer regulären Sitzung (*session*) zusammen. Das Mandat der Kommission umfaßt dabei jeweils ein Kalenderjahr[1]. In den Jahren 1947 und 1949 fanden wegen der Entwurfsarbeiten für die AEMR bzw. der Einrichtung der Unterkommission für Presse- und Meinungsfreiheit jeweils zwei Treffen statt, seither nurmehr noch eines[2]. In den sechziger Jahren gab es zudem ernsthafte Bemühungen, vor allem seitens der USA, einen zweijährigen Sitzungsrhythmus einzuführen. Dies resultierte in einem Entschluß des ECOSOC, die Sitzung der Kommission im Jahre 1964 zu streichen[3]. Erst nach einer Intervention der Generalversammlung wurde die 20. Sitzung der MRK vom Rat genehmigt[4]. Auch spätere Versuche im ECOSOC, die Frequenz der Sitzungen zu senken, blieben im Ergebnis erfolglos[5]. Die MRK ist damit die einzige funktionale Kommission des ECOSOC, die jährlich tagt[6]. Die Sitzungen fanden anfangs in New York, später abwechselnd in New York und Genf statt[7]. Seit der Verlagerung der Menschenrechtsabteilung des Sekretariats nach Genf 1974 finden nunmehr sämtliche reguläre Sitzungen in Genf statt. Die Sitzungsperiode umfaßt sechs Wochen und wird durch eine zusätzliche Woche für Zusammenkünfte der verschiedenen Arbeitsgruppen vor deren Beginn ergänzt[8]. Regel-

---

[1] Regel 10 der *Rules of Procedure*- siehe hierzu unten § 7.III.A., S. 87.; *Marie,* S. 83.

[2] *Marie,* S. 76f.

[3] *Alston,* Commission on Human Rights, in: ders. (Hrsg.), The United Nations and Human Rights, S. 196; *Marie,* S. 77.

[4] *Marie,* S. 77.

[5] *Marie,* S. 78.

[6] *Tolley*, HRQ 5 (1983), S. 34.

[7] *Marie,* S. 79.

[8] Abs. 4 lit. b) ECOSOC- Res. 1979/36 vom 10.05.1979, E/1979/79; *Alston,* Commission on Human Rights, in: ders. (Hrsg.), The United Nations and Human Rights, S. 196; *Riedel,* Menschenrechtskommission, in: Wolfrum (Hrsg.), Handbuch Vereinte Nationen, Rn. 3; *Lillich/Hannum* S. 382. Die Sitzung fand ursprünglich im Februar und März statt (ebd.), seit 1996 werden die regulären Sitzungen um des zeitlichen Abstands zur Sitzungsperiode der Generalversammlung willen von Mitte März bis Ende April terminiert - *Rudolf,* S. 19 Fn. 56.

In den fünfziger Jahren waren einige der Sitzungen von fünf Wochen Dauer, danach regelmäßig vier, und ab 1967 mit Ausnahmen fünf Wochen - siehe im einzelnen *Marie,* S. 78.

mäßig finden zwei Einzelsitzungen (*meetings*) an einem Tag statt; an bestimmten Tagen werden zudem noch Abendsitzungen anberaumt.

Der Generalsekretär hat gemäß Regel 4 der Verfahrensordnung spätestens sechs Wochen vor Beginn der Sitzung den Mitgliedern der Kommission deren Beginn zu notifizieren. Zu diesem Zeitpunkt muß die vorläufige Tagesordnung (*agenda*) bekanntgegeben werden. Das zu Beginn einer Sitzung gewählte *Bureau*[9] erarbeitet noch am ersten Tag einen vorläufigen Zeitplan und legt diesen am Morgen des zweiten Sitzungstages der Kommission zur Verabschiedung vor[10].

Der nichtständige Charakter der Kommission bedingt eine Beschränkung ihres Arbeitsfeldes, da eine zeitnahe Reaktion auf aktuelle Menschenrechtsprobleme i.d.R. nicht möglich ist. Zur Lösung dieses Problems wurde bereits in den achtziger Jahren die Rolle des *Bureaus* für Tätigkeiten außerhalb der Sitzungen hinaus erweitert[11]. Neuere Überlegungen, wieder eine zweite reguläre Sitzungsperiode im Jahr einzuführen oder ein ständiges Gremium für die Zeit zwischen den Sitzungen zu installieren[12], haben im wesentlichen keinen Erfolg gehabt, sieht man von dem nunmehr zugestandenen informellen Treffen ab[13].

B. Außerordentliche Sitzungen

Allerdings besteht die Möglichkeit, in schwerwiegenden Fällen außerordentliche Sitzungen der Kommission einzuberufen. Nach ersten Sondierungen 1980[14], ermächtigte der Rat 1990 die Kommission, in Fällen schwerer und flagranter Menschenrechtsverletzungen Sondersitzungen abzuhalten[15]. 1993 legte der Rat besondere Verfahrensregeln für deren Einberufung und Durchführung fest[16]. Bisher wurden insgesamt fünf solcher außerordentlichen Sitzungen abge-

---

[9] Siehe dazu oben § 5.II.A., S. 58.

[10] *Weissbrodt/Parker*, S. 6.

[11] Siehe dazu oben § 5.II.A., S. 58.

[12] *Baum*, in: Jahrbuch Menschenrechte 2000, S. 245.

[13] Dazu sogleich im Text, sub C.

[14] MRK, Res. 28 (XXXVI), Abs. 4 in; Report on the 36th session, E/1980/13; E/CN.41408 (1980), Chapter XXVI, Section A (S. 188); *Schwelb/Alston*, in: Vasak (Hrsg.), The International Dimensions I, S. 244.

[15] ECOSOC, Res. 1990/48 vom 25.05.1990, in: E/1990/90, S. 37f. *Rudolf*, S. 19; *Weissbrodt/Parker*, S. 5.

[16] "Procedure for special sessions of the Commission on Human Rights", ECOSOC, Entscheidung 1993/286 vom 28.07.1993.

halten, die jeweils zwei bis drei Tage gedauert haben und die Situationen im früheren Jugoslawien (August und Oktober 1992)[17], in Ruanda (1994)[18], Osttimor (1999)[19] und den von Israel besetzten palästinensischen Gebieten (2000)[20] betrafen.

C. Informelle Treffen vor Zusammentreten der Generalversammlung

Im Zuge der Beratungen über eine gesteigerte Effizienz ihrer Tätigkeit beschloß die Kommission auf ihrer 56. Sitzung 2000, künftig ein zusätzliches informelles Treffen im September jeden Jahres durchzuführen[21]. Zweck dieser informellen Sitzung soll es sein, vor dem Zusammentreten der Generalversammlung hierfür bedeutsame Informationen auszutauschen. Ohne ein förmliches Arbeitsergebnis sollen dabei diejenigen Punkte aus dem Bereich des Menschenrechtsschutzes behandelt werden, die zugleich auf der Tagesordnung des III. Hauptausschusses stehen[22]. Das Treffen findet in der gewohnten Zusammensetzung der Kommission statt, d.h. neben den Mitgliedern nehmen auch Beobachter von Nichtmitgliedstaaten, Internationalen Organisationen, UN-Sonderorganisationen und - gremien sowie NGO teil. Der Kommission wird damit die institutionalisierte Möglichkeit gegeben, einen informellen Standpunkt am Vorabend der jährlichen Generalversammlung einzunehmen. Zugleich wird die Zusammenkunft genutzt, zwischenzeitliche Tätigkeiten des *Bureaus* zu erörtern.[23] Es wird die Praxis zeigen müssen, inwieweit diese Maßnahme zu einer verbes-

---

[17] *Weissbrodt/Parker*, S. 5; *Rudolf*, S. 19 Fn. 56. Die Tagungen fanden statt am 13. und 14.08. sowie am 30.11. und 1.12. 1992 - *Rudolf*, ebd.

[18] Report of the Commission on Human Rights on its third special session, E/CN.4/S-3/4 (30.05.1994). Die Sitzung fand vom 23. bis zum 25.05.1994 statt. S.a. *Rudolf*, S. 19 Fn. 56.

[19] Report of the Commission on Human Rights on its fourth special session, E/CN.4/1999/167/Add.1, E/1999/23/Add.1 (20.10.1999). Die Sitzung fand am 23. und 24. September des Jahres in Genf statt.

[20] Report of the Commission on Human Rights on its fifth special session, E/CN.4/S-5/5, E/2000/112 (20.10.2000). Die Sitzung fand vom 17. bis zum 19. Oktober 2000 in Genf statt.

[21] MRK, Entscheidung 2000/109 vom 26.04.2000 (E/CN.4/DEC/2000/109), Annex, Draft decision 4; bestätigt mit ECOSOC-Entscheidung 2000/284 vom 16.06.2000.

[22] Report of the inter-sessional open-ended Working Group on Enhancing the Effectiveness of the Mechanisms of the Commission on Human Rights, E/CN.4/2000/112 (16.02.2000), Abs. 34.

[23] Vgl. Note by the secretariat, E/CN.4/IM/2001/2 (12.09.2001), Abs. 1ff.

serten Durchsetzung der Kommissions- bzw. menschenrechtlicher Interessen führen kann[24].

II. Die Instrumente der Kommission

Die der MRK zur Verfügung stehenden Handlungsformen ergeben sich bereits aus ihrer Stellung als (Neben-)Organ der UNO, welches zugleich die Zusammenkunft hochrangiger Regierungsvertreter darstellt. Der Arbeitsausstoß der Kommission entspricht in seinen Formen insoweit dem vergleichbarer intergouvernementaler Kollegialorgane.

A. Die Debatte

An erster Stelle steht die Debatte über die Menschenrechtsproblematik auf internationaler Ebene. Die Verhandlungen in der Kommission werden thematisch durch die einzelnen Punkte der Tagesordnung vorgegeben[25]. Eine politische Generaldebatte gibt es nicht, wenngleich hochrangigen Regierungsvertretern das Recht zukommt, umfassende Erklärungen abzugeben, was zu einer allgemeinen Debatte führen kann[26]. Die für die Behandlung eines Punktes vorgesehene Zeit gibt freilich keinerlei Gewähr dafür, daß ein nützlicher oder bedeutsamer Beschluß gefaßt wird[27]. Ein besonderer Aspekt der Erörterung einer Angelegenheit in der Kommission ist, daß durch die öffentliche Debatte einzelne Aspekte und Situationen für ihre Wahrnehmung transparenter gemacht werden und auf diese Weise regelmäßig der politische Druck auf die betroffenen Länder erhöht wird[28]. Daneben bietet die öffentliche Debatte den vertretenen Regierungen die Möglichkeit, politische Initiative zu entwickeln, um innenpolitischen Erwartungen in ih-

---

[24] Die erste Sitzung dieser Art fand am 15.September 2000 in Genf statt (vgl. die vorläufige Tagesordnung [*Provisional Agenda*]: E/CN.4/2000/IM/1). Die Kommission hat dabei sämtliche einschlägige Dokumente der Generalversammlung vor sich. Jeder Tagesordnungpunkt des III. Hauptausschusses der Generalversammlung wird dabei von einem Mitglied des Sekretariats (OHCHR) eingeführt, woran sich eine Frage- und Antwortdiskussion der Teilnehmer anschließt.

[25] Dazu sogleich § 9.II., S. 112.

[26] *Schaefer*, in: Baum/Riedel/ders., Menschenrechtsschutz in der Praxis der Vereinten Nationen, S. 62.

[27] *Alston*, Commission on Human Rights, in: ders. (Hrsg.), The United Nations and Human Rights, S. 196.

[28] Vgl. *Schaefer*, in: Baum/Riedel/ders., Menschenrechtsschutz in der Praxis der Vereinten Nationen, S. 62f.

rem Heimatland gerecht zu werden[29]. Ebenso können sie in Situationen, in denen eine weitergehende Maßnahme aus übergeordnetem politischen Interesse nicht ergriffen wird, gleichwohl entsprechenden Druck ausüben, um so bestehende Konflikte zu entschärfen (Katalysatorfunktion)[30].

Die Debatten sind hochpolitische Konferenzen, die den Regeln der des Protokolls und der symbolischen Politik unterworfen sind: dies wirkt sich beispielsweise in der Zuteilung gleicher Redezeit als Bestätigung des Prinzips der souveränen Gleichheit (Art. 2 Ziff. 1 UN-Charta) aus[31]. Es wird aber auch ein Forum geboten, in dem die Staaten sich zu neuen Ideen äußern, Änderungen ihres Standpunktes vorsichtig signalisieren und auch sonstige Meinungen - sei es gegenüber den eigenen Verbündeten oder dem politischen Gegner - vertreten können. Neben der heimischen Presse kann so auch die Weltöffentlichkeit erreicht werden[32]. Andererseits sind die Staaten darauf bedacht, nicht zum Gegenstand von (öffentlicher) Kritik in Menschenrechtsfragen zu werden[33]. Ist dies einmal geschehen und kommen sonstige politische Antipathien zum Tragen, so wird die Auseinandersetzung - nicht selten von den Hauptstädten beeinflußt - zu einer kühlen Angelegenheit, es kommt zu einem Wechselspiel verletzender Äußerungen und schriftlicher Stellungnahmen[34]. Im Gegenzug auf konkrete Anschuldigungen steht einer Regierungsdelegation ein Recht auf Replik zu[35]. Die Arbeit der Kommission steht so im „Spannungsverhältnis zwischen Konfrontation und Konsenssuche“[36].

Im Laufe der Entwicklung der Kommissionsarbeit - besonders durch die Erhöhung der Mitgliederzahl und die aktivere Rolle der Beobachter, aber auch

---

[29] *Schaefer,* in: Baum/Riedel/ders., Menschenrechtsschutz in der Praxis der Vereinten Nationen, S. 63.

[30] *Schaefer,* in: Baum/Riedel/ders., Menschenrechtsschutz in der Praxis der Vereinten Nationen, S. 63.

[31] *Alston,* Commission on Human Rights, in: ders. (Hrsg.), The United Nations and Human Rights, S. 196.

[32] *Alston,* Commission on Human Rights, in: ders. (Hrsg.), The United Nations and Human Rights, S. 196.

[33] Vgl. *Baum*, VN 1995, S. 207.

[34] *Alston,* Commission on Human Rights, in: ders. (Hrsg.), The United Nations and Human Rights, S. 196. In jedem Falle versuchen sich die betroffenen Staaten mit allen Mitteln gegen derartige Anschuldigungen zu wehren - *Baum*, VN 1995, S. 207.

[35] Vgl. *Tolley*, HRQ 5 (1983), S. 54.

[36] *Baum*, in: Jahrbuch Menschenrechte 2000, S. 245.

bedingt durch eine verstärkte „Flucht zum Konsens" - haben sich die Verhandlungsmethoden geändert[37]. Ein wichtiges Mittel im Entwurfsprozeß sind dabei Verhandlungen zwischen den verschiedenen politischen Blöcken geworden, die außerhalb der offiziellen Sitzungen stattfinden. Hierzu stimmen sich die jeweiligen Gruppierungen untereinander ab und ernennen eines ihrer Mitglieder zum verantwortlichen Verhandlungsführer für einen bestimmten Tagesordnungspunkt[38].

B. Resolutionen und Entscheidungen

Der Ausstoß der Kommissionsarbeit besteht - nach Abschluß der Sachdebatten - hauptsächlich aus Resolutionen und Entscheidungen, wobei vor allem die ersteren oft allgemein formuliert[39], dabei aber lang, unübersichtlich und auch sprachlich kompliziert sind[40]. Zu eingebrachten Resolutionsentwürfen können Ergänzungen oder aber auch die Nichtverabschiedung vorgeschlagen werden. Die Verabschiedung erfolgt zumeist im Konsensusverfahren, also ohne Abstimmung per Akklamation. Anderenfalls wird - eher selten - durch einfaches Händeheben der Delegationsleiter oder im Wege des *roll-call vote,* also durch Aufruf der jeweiligen Staatenvertreter und Bekanntgabe des jeweiligen Abstimmungsverhaltens abgestimmt[41]. Über besonders strittige Absätze wird gegebenenfalls - vor einer Gesamtabstimmung - separat abgestimmt[42]. Auf ihrer 55. Sitzung 1999 verabschiedete die Kommission insgesamt 82 Resolutionen und 13 Entscheidungen, davon 24 bzw. eine durch *roll-call vote,* die übrigen ohne Abstimmung, also im Konsens[43]. In der Arbeit der Kommission hat sich bei der kontinuierlichen Befassung mit einzelnen Problembereichen oder Situationen die Praxis entwickelt, früher beschlossene Resolutionen im wesentlichen unverändert neu zu verabschie-

---

37 *Alston,* Commission on Human Rights, in: ders. (Hrsg.), The United Nations and Human Rights, S. 197. Es werden i.d.R. mehr als zwei Drittel der Resolutionen und Entscheidungen im Konsensus-Verfahren, d.h. ohne Abstimmung, verabschiedet - *Alston,* ebd, sowie sogleich im Text.

38 *Alston,* Commission on Human Rights, in: ders. (Hrsg.), The United Nations and Human Rights, S. 197.

39 *Baum,* VN 1995, S. 207.

40 *Schaefer,* in: Baum/Riedel/ders., Menschenrechtsschutz in der Praxis der Vereinten Nationen, S. 65. Siehe für eine Analyse verschiedener Resolutionstypen *Marie,* S. 99-102.

41 Vgl. *Boekle,* NQHR 13 (1995), S. 374.

42 *Boekle,* NQHR 13 (1995), S. 374.

43 Statistics relating to the fifty-fith session of the Commission on Human Rights (E/CN.4/2000/8 [15.09.1999]), Annex - VI. B.

den. Dabei kann es selbst bei geringfügigen Änderungen noch zu heftigen Auseinandersetzungen kommen[44]. Um dies zu vermeiden, sind erste Ansätze zu verzeichnen, bestimmte Themen nur im zwei- oder dreijährigen Abstand zu behandeln, so daß unnötige und zeitraubende Wiederholungen vermieden werden können[45].

Prinzipiell gilt Gleiches zu Stellung und Verabschiedung von Entscheidungen (*decisions*), die seit der 26. Sitzung 1970 als gesonderte Kategorie im Bericht an den ECOSOC erscheinen. Den Entscheidungen fehlt es an den förmlichen Merkmalen einer Resolution, sie bestehen regelmäßig aus einem Absatz ohne Präambel. Inhaltlich enthalten sie Festlegungen zu eher technischen Aspekten der Arbeit. Sie können z.B. die Verschiebung eines Tagesordnungspunktes auf die nächste Sitzung, einen besonderen Aspekt einer behandelten Fragestellung, die Untersuchung eines neu aufgekommenen Problems oder die Wahl von Mitgliedern der Unterorgane betreffen[46].

Als Alternative zur Verabschiedung einer Resolution hat die Kommission 1991 die Stellungnahme des Vorsitzenden entwickelt, das sog. *Chairman's Statement*[47]. Dabei handelt es sich um eine abgeschwächte Form einer meist kritischen Stellungnahme. Voraussetzung hierfür ist die Zustimmung der davon betroffenen Regierung[48]. Der Verkündung eines solchen *Chairman's Statement* geht eine Verhandlung zwischen der MRK bzw. einiger ihrer Mitglieder und der betroffenen Delegation voraus, was dazu führt, „Kritik in der Sache mit Kooperation in der Form zu verbinden (‚sticks and carrots')“[49]. Das *Statement* kann dabei eine politische Erklärung und die Einrichtung eines Instruments der Kommission

---

[44] *Alston,* Commission on Human Rights, in: ders. (Hrsg.), The United Nations and Human Rights, S. 196f.; *Schaefer,* in: Baum/Riedel/ders., Menschenrechtsschutz in der Praxis der Vereinten Nationen, S. 65; *Tolley*, HRQ 5 (1983), S. 44.

[45] *Schaefer,* in: Baum/Riedel/ders., Menschenrechtsschutz in der Praxis der Vereinten Nationen, S. 65; Report of the inter-sessional open-ended Working Group on Enhancing the Effectiveness of the Mechanisms of the Commission on Human Rights, E/CN.4/2000/112 (16.02.2000), Abs. 65, bestätigt mit Entscheidung 2000/109 vom 26.04.2000, E/CN.4/DEC/2000/109 (27.04.2000), Abs. 1.

[46] *Marie,* S. 102.

[47] *Alston,* Commission on Human Rights, in: ders. (Hrsg.), The United Nations and Human Rights, S. 161.

[48] *Schaefer,* in: Baum/Riedel/ders., Menschenrechtsschutz in der Praxis der Vereinten Nationen, S. 69.

[49] *Schaefer,* in: Baum/Riedel/ders., Menschenrechtsschutz in der Praxis der Vereinten Nationen, S. 69.

enthalten. Sie ersetzt oft eine - eher einen politischen Affront darstellende - verurteilende Resolution[50].

C. Sonstige Instrumente der Kommission

Neben den förmlichen Instrumenten hat die Kommission seit 1968 aus Anlaß kritischer Situationen für die Menschenrechte - jüngst geschehener oder nahe bevorstehender - auch Telegramme an Regierungen gesandt[51]. Dabei handelt es sich um eine der Maßnahmen, mit der auf aktuelle, „heiße" Entwicklungen während der Sitzung reagiert werden kann.

Zu den Instrumenten der Kommission zählen - auf der Basis einer entsprechenden Resolution - schließlich auch die Beauftragung eines Sonderberichterstatters oder einer Arbeitsgruppe für spezielle Aufgaben. Auf diesem Weg stellt die Kommission, die primär ein Organ aus politischen Vertretern ist, sicher, daß in den erforderlichen Fällen die notwendige Expertise in ihre Arbeit einfließen kann. Die Ergebnisse der Arbeit von Berichterstattern und Arbeitsgruppen werden regelmäßig in Form eines Berichtes der Kommission unterbreitet, dort mündlich vorgestellt und anschließend debattiert.

III. Der Arbeitsablauf

A. Das Verfahren in der Sitzung

Neben den oben erwähnten ECOSOC-Resolutionen ist für die praktische Arbeit der MRK die vom Rat für sämtliche funktionale Kommissionen beschlossene Geschäftsordnung (*Rules of Procedure*) von maßgeblicher Bedeutung[52].

Jeder Punkt der Agenda bzw. allgemeinen Tagesordnung wird üblicherweise von einem Vertreter des Sekretariats (OHCHR) mit Bemerkungen zum

---

[50] *Schaefer,* in: Baum/Riedel/ders., Menschenrechtsschutz in der Praxis der Vereinten Nationen, S. 69f.

[51] *Marie,* S. 102, 252f. Das erste Telegramm wurde auf der Sitzung der Kommission 1968 an die Regierung Südafrikas gesendet - siehe CHR, Report of the 24th session..., E/4475, E/CN.4/972, Abs. 98.

[52] *Schwelb/Alston*, in: Vasak (Hrsg.), The International Dimensions I, S. 244; *Weissbrodt/Parker,* S. 15: *Rules of Procedure of the Functional Commissions of the Economic and Social Council.* Diese wurden erstmalig vom ECOSOC mit Res. 100 (V) vom 12.08.1947 verabschiedet, und gelten nun in der Fassung von 1950 (ECOSOC, Res. 289 [X] vom 06.03.1950), zuletzt geändert durch Entscheidung 1982/147 vom 15.04.1982.

Verfahren eingeleitet, wobei die einschlägigen zu behandelnden Dokumente aufgeführt werden. Gegebenenfalls berichtet einleitend ein Sonderberichterstatter bzw. ein Repräsentant der Arbeitsgruppe, ehe schließlich die übrigen Sitzungsteilnehmer das Wort erhalten, zuerst die Mitglieder, dann die Vertreter der Beobachterstaaten und zwischenstaatlichen Organisationen und schließlich die NGO[53]. Dabei beanspruchen die Stellungnahmen der NGO absolut die meiste Zeit, was freilich nicht zu voreiligen Rückschlüssen auf den tatsächlichen Einfluß der Organisationen auf die Entscheidungspraxis verleiten darf[54].

Das *Bureau* setzt für die Unterbreitung von Resolutionsvorschlägen üblicherweise eine Ausschlußfrist, die einige Tage nach Beendigung der Diskussion eines Tagesordnungspunktes endet. In den letzten zwei Wochen einer Sitzungsperiode werden auf der Basis verschiedener Entwürfe, die von Staaten (häufig in Gruppen) oder auch vom Vorsitzenden eingebracht wurden, die abschließenden Entschließungen vorbereitet und gegebenenfalls verabschiedet[55]. Die Abstimmung erfolgt grundsätzlich frühestens 24 Stunden nach der Einbringung und Zirkulation eines Entwurfes[56]. Durch geschicktes Manövrieren von Änderungsanträgen, Alternativvorschlägen oder Nichtbefassungs- bzw. Verschiebungsanträgen kann im Ergebnis die Verabschiedung erheblich verzögert, erschwert oder gar verhindert werden[57].

Ein entscheidendes Merkmal der Arbeitsweise ist die erhebliche Menge an Dokumenten, die jährlich im Zusammenhang mit einer Sitzung in Umlauf gegeben werden. Auf der 55. Sitzung wurden beispielsweise 485 offizielle Dokumente herausgegeben, mit einem Umfang von 6278 Seiten (englische Fassung)[58].

---

[53] *Weissbrodt/Parker,* S. 7; *Tolley*, HRQ 5 (1983), S. 40f.

[54] Siehe hierzu auch schon oben § 5.I.B.3 bei Fn. 51, S. 57.

[55] *Weissbrodt/Parker,* S. 8.

[56] Regel 52 der *Rules of Procedure*, Satz 2 (vgl. bei Fn. 52); *Tolley*, The U.N. Commission on Human Rights, S. 115.

[57] Illustrativ hierzu die Darstellung von *Tolley*, The U.N. Commission on Human Rights, S. 114, zum Beispiel einer Resolution betreffend die Einführung des Kriegsrechtes in Polen 1982.

[58] Statistics relating to the fifty-fith session of the Commission on Human Rights (E/CN.4/2000/8 [15.09.1999]), Annex - IV.

B. Informelle und sonstige Veranstaltungen und Vorgänge

Einen wesentliche Bestandteil der jährlichen Kommissionssitzung bilden auch die zahlreichen Veranstaltungen und Konsultationen, die außerhalb der Plenardebatte stattfinden. Zum einen finden zwischen den Kommissionsmitgliedern formelle oder auch informelle Konsultationen zu Einzelfragen der aktuellen Kommissionsarbeit oder sonstigen Themen statt, zum Teil innerhalb einer der jeweiligen Ländergruppen[59], zum Teil in Form einer für alle offenen Debatte, daneben aber auch in Form bilateraler Verhandlungen[60]. Hinzu treten Kontakte der Mitglieder mit NGO oder anderen Interessenvertretern, die von meist thematisch ausgerichteten Einzelveranstaltungen des Sekretariats (OHCHR), einzelner Delegationen oder NGO veranstaltet werden[61]. Von Angehörigen der offiziellen Regierungsdelegationen wird berichtet, daß der Aufbau und die Erhaltung verschiedenster Bündnisse und Beziehungsnetzwerke ein wesentlicher Bestandteil der Teilnahme an der Kommissionsarbeit ist[62].

C. Der Bericht an den ECOSOC

Am Ende jeder Sitzung hat die Kommission ihren jährlichen Bericht an den ECOSOC zu erstellen. Verantwortlich hierfür ist der Berichterstatter, der Mitglied des *Bureaus* ist, wobei er vom Sekretariat unterstützt wird[63]. Der Bericht beinhaltet die wesentlichen Ergebnisse der Debatten gemäß den einzelnen Tagesordnungspunkten, die von der Kommission verabschiedeten Resolutionen und Entscheidungen (Kapitel II) sowie die Beschlußempfehlungen, d.h. Resolutions- und Entscheidungsentwürfe für den ECOSOC (Kapitel I)[64].

---

[59] *Tolley*, HRQ 5 (1983), S. 49.

[60] *Baum*, in: Jahrbuch Menschenrechte 2000, S. 241.

[61] *Baum*, in: Jahrbuch Menschenrechte 2000, S. 241; *Schaefer*, in: Baum/Riedel/ders., Menschenrechtsschutz in der Praxis der Vereinten Nationen, S. 61.

[62] *Baum*, in: Jahrbuch Menschenrechte 2000, S. 242f.

[63] *Marie*, S. 106.

[64] Diese Aufteilung entspricht den aktuellen Gepflogenheiten. Ursprünglich erschienen die Beschlüsse in einem der letzten Kapitel, die gesonderte Darstellung der Beschlußempfehlungen erfolgt erst seit 1968 (*Marie*, S. 108).

IV. Charakterisierung der Tätigkeit

A. Die Kommission als Ort politischer Auseinandersetzungen

Von entscheidendem Einfluß auf die Arbeitsweise der Kommission ist der Umstand ihrer Zusammensetzung aus Regierungsvertretern. Sämtliche Handlungen - besonders aber solche im Zusammenhang mit Menschenrechtsverletzungen - sind direkt oder indirekt von politischen Faktoren abhängig[65]. Allerdings hat die Kommission in den ersten 20 Jahren ihres Bestehens erfolgreich dagegen gekämpft, ein in erster Linie politisches Organ zu werden[66], auch wenn der politische Einfluß auf die jeweiligen Delegationen bereits in den fünfziger Jahren nicht unerheblich war[67]. Diese gleichsam konservative Haltung erleichterte die Erfüllung der zu jener Zeit an erster Stelle stehenden Aufgabe der Normsetzung[68]. Dies geschah freilich um den Preis des Verzichts auf einen aktiven Menschenrechtsschutz[69]. Die Kommission verstand sich als ein technisch agierendes Entwurfs- und Beratungsorgan, in dem politische Differenzen zur Kenntnis genommen, aber nicht ausgetragen wurden.

Mit der zunehmenden Erhöhung der Mitgliederzahl[70] ging eine steigende Politisierung einher[71]. Dies resultierte nicht nur aus dem zwangsläufig größer gewordenen Plenum in der Kommission, in dem eine sachbezogen konzentrierte

---

[65] *van Boven*, NILR 15 (1968), S. 378.

[66] *Alston,* Commission on Human Rights, in: ders. (Hrsg.), The United Nations and Human Rights, S. 129; *Humphrey*, in: FS Cassin, S. 111. Dies entsprach dem Zeitraum, in dem sie sich hauptsächlich mit der Normsetzung und Förderung der Menschenrechte befaßte (vgl. § 10.II. und III., S. 118ff.)

[67] Siehe hierzu nur *Tolley*, The U.N. Commission on Human Rights, S. 29f.

[68] *Humphrey*, in: FS Cassin, S. 113. Deutlich wird dies durch die verhältnismäßig kurzen Diskussionen beispielsweise der beiden Menschenrechtspakte im Vergleich zu den ausgedehnten Debatten über die gleiche Frage in III. Hauptausschuß der Generalversammlung - *Humphrey*, ebd. Siehe zur Normsetzung allgemein unten § 10.II., S. 118.

[69] Dieser Verzicht auf politische Verantwortung wird besonders deutlich am Beispiel des Umgangs mit den Staatenberichten über die Verwirklichung der Menschenrechte - *Humphrey*, in: FS Cassin, S. 113; hierzu im Einzelnen noch unten § 10.III.B., S. 129). Auch die unten noch zu behandelnde Weigerung, Individualbeschwerden in Menschenrechtsangelegenheiten zu behandeln (hierzu § 14, S. 180ff.), entspricht genau dieser Einstellung.

[70] S.o. § 5.I.A., S. 49. Die Erhöhung der Mitgliederzahl auf 32 im Jahre 1966 brachte erstmalig den Entwicklungsländern aus Afrika (damals 8), Asien (6) und Lateinamerika (6) eine Mehrheit in der Kommission - vgl. *Humphrey*, in: FS Cassin, S. 111.

[71] *Humphrey*, in: FS Cassin, S. 112.

Arbeit hinter „repräsentationsträchtigen" öffentlichen Auftritten eher zurücktreten mußte. Gleichermaßen war dies durch neue Themen bedingt, die von den nunmehr stärker vertretenen afrikanischen und asiatischen Staaten auf die Tagesordnung gesetzt wurden. Hierzu zählten vor allem Kolonialismus und Apartheid. Im Ergebnis dieser Entwicklung kann die Kommission heutzutage nur als ein politisches Organ eingeordnet werden. Sie ist das zentrale diplomatische Forum für Menschenrechte und diesbezügliche Aktivitäten der UNO[72]. Dies erklärt wiederum die Anteilnahme der internationalen Gemeinschaft an ihren Verhandlungen und Entscheidungen. Offenkundige Anzeichen hierfür sind der erwähnte starke Wettbewerb der Staaten um Mitgliedschaft, wie auch die gesteigerten Bemühungen von NGO, Einfluß auf die Entscheidungen zu gewinnen[73].

In der über fünfzigjährigen Geschichte der Kommission hat nicht nur der Grad der Politisierung zugenommen, auch die politischen Frontlinien haben sich deutlich verschoben. War die Arbeit anfangs vor allem vom Ost-West-Konflikt geprägt, so entstand - analog den Entwicklungen im gesamten System der UNO - infolge der zunehmenden Präsens der Staaten des Südens seit Mitte der sechziger Jahre ein eigenständiger dritter politischer Block ehemaliger Kolonialgebiete. Nach der Auflösung der politischen Blöcke Ost und West und in der Folge der übrigen weltpolitischen Entwicklungen wandelte sich das Bild insofern, als innerhalb dieser mächtigsten Staatengruppe in der UNO, der Gruppe der 77, heute ein einheitlicher Standpunkt oft nicht mehr erzielt werden kann. Etliche dieser Staaten, die sogenannten „Gleichgesinnten" (*like-minded countries - LMC*), nehmen in bezug auf Menschenrechtsfragen eine eher zögerliche Haltung ein und wehren sich unter Berufung auf die staatliche Souveränität vor allem gegen Ausbau und Stärkung der Schutzmechanismen[74]. Daneben hat sich jedoch auch eine Gruppe nichtwestlicher Staaten formiert, die einen eigenständigen, moderat menschen-

---

[72] *Alston,* Commission on Human Rights, in: ders. (Hrsg.), The United Nations and Human Rights, S. 126; *Bossuyt*, HRLJ 6 (1985), S. 199; *Flood,* S. 33; *Hannum,* MichJIL 15 (1994), S. 829; *von Kyaw*, VN 1976, S. 107; *Lillich/Hannum* S. 382; *M. Nowak,* in: Amnesty International (Hrsg.), Menschenrechte im Umbruch, S. 95; *Samson*, in: Alston (Hrsg.), The United Nations and Human Rights, S. 625. *Baum*, VN 1995, S. 206, stellt die MRK angesichts ihres politischen Charakters neben den Sicherheitsrat und die Generalversammlung.

[73] *Alston,* Commission on Human Rights, in: ders. (Hrsg.), The United Nations and Human Rights, S. 209.

[74] *Baum*, in: Jahrbuch Menschenrechte 2000, S. 243; *Schaefer,* in: Baum/Riedel/ders., Menschenrechtsschutz in der Praxis der Vereinten Nationen, S. 59. Vor allem Staaten wie Iran, Pakistan, Kuba und Syrien sind hiezu zu rechnen (*Schaefer*, ebd.), gleichermaßen noch China, Ägypten, Malaysia, Algerien und Irak.

rechtsfreundlichen Standpunkt einnimmt[75]. Allgemeine Differenzen und ideologische Auseinandersetzungen zwischen den verschiedenen Gruppierungen sind so von generellem Einfluß auf die Arbeit und das Abstimmungsverhalten in der Kommission.

Hinzu kommen eine Vielzahl von kleineren politischen Auseinandersetzungen zwischen zwei Staaten oder kleineren Gruppierungen, die gleichermaßen in der Kommission verlautbart werden. Auch wenn diese Debatten - bilateraler Art oder zwischen den verschiedenen Gruppierungen - praktisch nie zu konkreten Ergebnissen führen werden, ist doch der politische Widerhall in einem solchen Forum sehr viel größer. Das Austragen dieser Differenzen nimmt einen erheblichen Anteil an der Arbeitszeit in der MRK ein[76] und hat zur Folge, daß die Sitzungen in einer zuweilen äußerst gespannten oder gar feindlichen Atmosphäre stattfinden. Gegen sie erhobene Anschuldigungen weisen angeschuldigte Staaten regelmäßig als ungerechtfertigt und rein politisch motivierte Angriffe auf die Regierung zurück; gleichsam folgen Vorhaltungen gegen die andere Seite[77]. Es kommt nicht selten zu einem konfliktgeladenen Schlagabtausch zwischen verschiedenen politischen Gruppierungen.

Insgesamt ist die Kommission somit ein stark politisch orientiertes Gremium: dies ist vorgegeben durch die Zusammensetzung, aber praktisch auch sichtbar in den Debatten des Organs. Sie ist insoweit das am höchsten politisierte Organ in der Menschenrechtsarbeit der UNO.

B. Die Kommission als weiterreichendes diplomatisches Forum

Die Sitzungstätigkeit der Kommission bietet den beteiligten Regierungsvertretern nicht nur die Möglichkeit, bei den körperschaftlichen Aktionen der Kommission mitzuwirken, sondern ermöglicht zudem eine Vielzahl diplomatischer Aktivitäten. Zunächst können Konsultationen zu Menschenrechtsfragen innerhalb der verschiedensten regionalen und politischen Gruppierungen und zwischen diesen ohne weiteren Aufwand durchgeführt werden, was mehr als eine bloße Abstimmung darstellt, sondern durch den Diskurs anhand der jeweiligen Konzeptionen zu einem „Sozialisierungsprozeß" führt[78]. Für allgemeine Probleme

---

[75] *Baum*, in: Jahrbuch Menschenrechte 2000, S. 243.

[76] *Flood,* S. 39, spricht von etwa einem Drittel der Arbeitszeit.

[77] Zum Ganzen *Flood,* S. 39f., sowie *Tolley*, HRQ 5 (1983), S. 41.

[78] *Alston,* Commission on Human Rights, in: ders. (Hrsg.), The United Nations and Human Rights, S. 205.

mit menschenrechtlichem Bezug wird gemeinsam nach Lösungen gesucht. Dies gilt vor allem für nicht-traditionelle Fragestellungen in diesem Bereich wie AIDS, Umweltzerstörung oder die Rolle des Kindes - jene Punkte finden hier zur erstmaligen Erörterung ein aufnahmebereites Diskussionsgremium[79].

Neben den offiziellen und informellen Treffen gehören auch bilaterale Verhandlungen zwischen verschiedenen Regierungsdelegationen zu den Abläufen während einer Kommissionssitzungen[80]. Schließlich kann die Kommission in begrenztem Ausmaß auch als Forum für die Streitbeilegung dienen, wobei dies allerdings nur in besonders gelagerten Fällen, in denen Menschenrechtsfragen eine entscheidende Rolle spielen, der Fall sein wird[81].

C. Die Kommission als korporativer Akteur

Es ist schon angeklungen, daß die Kommission nicht nur ein Forum und ein Zusammentreffen der verschiedenen Delegationen ist, sondern auch als eigenständiger Akteur handelt (oder gerade nicht handelt). Nicht nur in der äußeren Wahrnehmung sondern auch in der Organpraxis ist sie zumeist mehr als die Summe der Regierungsvertreter. Dies ergibt sich schon aus der Struktur der Kommission mit den weiteren bei den Sitzungen Anwesenden, insbesondere den Vertretern der Beobachterstaaten, der NGO und des Sekretariats[82]. Es wird der MRK mittlerweile sogar eine gewisse gemeinsame gremienspezifische Kultur (*corporate cultur*) nachgesagt[83]. Dies wird insbesondere daran deutlich, daß es die Mehrheit ihrer Mitglieder für angebracht und erforderlich erachtete, vor dem Zusammentritt der Generalversammlung in einer informellen Sitzung die menschenrechtsrelevanten Themen zu erörtern[84], obwohl sämtliche Mitgliedstaaten auch in der Generalversammlung vertreten sind. Gleichwohl darf weder dieser

---

[79] *Alston,* Commission on Human Rights, in: ders. (Hrsg.), The United Nations and Human Rights, S. 205.

[80] *Schaefer,* in: Baum/Riedel/ders., Menschenrechtsschutz in der Praxis der Vereinten Nationen, S. 61.

[81] *Alston,* Commission on Human Rights, in: ders. (Hrsg.), The United Nations and Human Rights, S. 205f.

[82] *Alston,* Commission on Human Rights, in: ders. (Hrsg.), The United Nations and Human Rights, S. 206f. Siehe hierzu schon oben § 1.I., S. 48.

[83] *Alston,* Commission on Human Rights, in: ders. (Hrsg.), The United Nations and Human Rights, S. 207.

[84] MRK, Entscheidung 2000/109 vom 26.04.2000 (E/CN.4/DEC/2000/109), Annex, Draft decision 4; siehe hierzu bereits oben sub I.C., S. 82.

Umstand noch die allgemeine Wahrnehmung als „die Menschenrechtskommission“ vergessen machen, daß es letztlich Regierungsvertreter sind, die ihr Verhandlungs- und Abstimmungsverhalten primär an nationalen Interessen ausrichten.

D. Die Kommission als zentrales Forum der internationalen Menschenrechtsarbeit

Neben der politischen Arbeit des Gremiums und seiner Funktion als ein Ort vielfältiger diplomatischer Interaktionen kann eine weitere Wirkungsweise der Kommission bzw. ihrer Sitzungen identifiziert werden. Sie stellt das zentrale Forum für sämtliche in der internationalen Menschenrechtsarbeit tätigen Akteure dar - als „Börse menschenrechtlicher Informationen und Aktionen“[85]. Sie ist nicht bloß eine Konferenz von Staatenvertretern, sondern bietet Raum für Diskussion und Austausch zwischen den Repräsentanten der verschiedenen nichtstaatlichen oder staatlichen Menschenrechtsorganisationen, von mit Menschenrechtsfragen befaßten internationalen Organisationen (wie ILO und UNESCO) und von regionalen Organisationen und Institutionen, die mit konkreten Aufgaben im Menschenrechtsschutz betraut sind[86]. Dies äußert sich u.a. darin, daß neben den schon erwähnten offiziellen und halboffiziellen Veranstaltungen und Zusammenkünften auch einzelne Verhandlungen zwischen Regierungsdelegationen und NGO bzw. anderen Interessenvertretern in verschiedenen Zusammensetzungen und Kombinationen stattfinden[87].

V. Der finanzielle Aspekt

A. Der Entscheidungsvorbehalt des ECOSOC bei finanziellen Auswirkungen

Einen wesentlichen, im Regelfall einschränkenden Einfluß auf die Tätigkeit der Kommission übt die nur wenig befriedigende finanzielle Ausstattung der UNO im allgemeinen und der MRK im besonderen aus. Dies wird einerseits schon deutlich sichtbar in dem Erfordernis, daß eine jede Entscheidung mit finanziellen Auswirkungen der Zustimmung des ECOSOC bedarf[88]. Angesichts der

---

[85] *Schaefer,* in: Baum/Riedel/ders., Menschenrechtsschutz in der Praxis der Vereinten Nationen, S. 61.

[86] *Baum,* in: Jahrbuch Menschenrechte 2000, S. 242; *Schaefer,* in: Baum/Riedel/ders., Menschenrechtsschutz in der Praxis der Vereinten Nationen, S. 57.

[87] *Schaefer,* in: Baum/Riedel/ders., Menschenrechtsschutz in der Praxis der Vereinten Nationen, S. 61.

[88] Siehe hierzu noch unten § 8.I.B., bei Fn. 17, S. 99.

allgemeinen finanziellen Beschränkungen in der UNO trägt dies dazu bei, daß Innovationsfähigkeit und Kreativität der Kommission bei der Durchführung ihrer Menschenrechtspolitik Grenzen gesetzt sind[89]. Jeder Vorschlag, der aus dem regulären Budget nicht mehr finanziert werden kann, wird regelmäßig auf starken Widerstand im III. Hauptausschuß der Generalversammlung stoßen und kann im für Finanzen zuständigen V. Hauptausschuß praktisch zu Fall gebracht werden[90]. Wie die Debatte um die Kosten zeigt, war die Verkürzung der Sitzungsperiode der Unterkommission von vier auf drei Wochen zumindest auch von finanziellen Erwägungen beeinflußt[91].

Der finanzielle Aspekt der Menschenrechtsarbeit in den UNO gibt aber auch den Staaten die Möglichkeit, auf indirektem, aber äußerst wirksamen Weg durch eine Beschränkung der zur Verfügung stehenden Finanzmittel den Fortschritt bzw. jegliche Veränderungen zu beeinflussen - und zwar viel wirksamer als durch direkte Angriffe[92]. Dies kann einerseits durch das entsprechende Abstimmungsverhalten in den entscheidenden Gremien - d.h. im ECOSOC und in der Generalversammlung - geschehen, ein letztlich allen Staaten zustehendes, jedoch beispielsweise den Drittweltstaaten mit ihrer Mehrheit eher verfügbares Mittel[93]. Gleichermaßen wird aber den wohlhabenden Staaten insoweit ein erheblicher Einfluß auf die Arbeit in Bereichen zugestanden, deren Finanzierung auf freiwilligen Beiträgen von Mitgliedstaaten beruht. Für eine effektive Menschenrechtsarbeit sind jedoch zukünftig weitere finanzielle Mittel erforderlich und letztlich von den Staaten bereitzustellen. Andernfalls bleiben viele Forderungen nach einer verbesserten Menschenrechtslage bloße Lippenbekenntnisse[94].

---

[89] *Quinn*, in: Alston (Hrsg.), The United Nations and Human Rights, S. 62.

[90] *Quinn*, in: Alston (Hrsg.), The United Nations and Human Rights, S. 62; siehe auch *Schaefer*, in: Baum/Riedel/ders., Menschenrechtsschutz in der Praxis der Vereinten Nationen, S. 81.

[91] Siehe oben § 6.III.

[92] *Hannum*, MichJIL 15 (1994), S. 826.

[93] So gab es bereits in den sechziger Jahren Versuche von Seiten der USA, auch für die MRK einen nur zweijährigen Sitzungsrhytmus einzuführen. Für 1964 verweigerte der ECOSOC die Mittel für die Durchführung der Sitzung, und erst die Generalversammlung gewährte die entsprechenden Gelder - *Tolley*, The U.N. Commission on Human Rights, S. 51.

[94] *Schaefer*, in: Baum/Riedel/ders., Menschenrechtsschutz in der Praxis der Vereinten Nationen, S. 83.

B. Die Ausstattung des Amtes des Hochkommissars

Außer diesem Vorbehalt des Rates bei Entscheidungen mit finanziellen Implikationen ist ein weiterer Gesichtspunkt mit eher mittelbaren Auswirkungen auf die Arbeit der Kommission die finanzielle und personelle Ausstattung der zuständigen Verwaltungseinheit, also des Amts des Hochkommissar für Menschenrechte (OHCHR). Bereits zu Beginn der neunziger Jahre war die Ausstattung des damaligen Menschenrechtszentrums angesichts der dramatischen Zunahme der Spezialverfahren der Kommission und ähnlicher Entwicklungen bei den Vertragsorganen Anlaß für eine Studie des ECOSOC, die eine Arbeitsüberlastung des Zentrums konstatierte[95]. Die Einrichtung des OHCHR in seinem heutigen Zuschnitt brachte gewisse Verbesserungen der Ausstattung mit sich: 1999 waren etwa 80 Angehörige des höheren Dienstes (*professionals*) und die gleiche Anzahl sonstiger Mitarbeiter (*general service*) im Amt des Hochkommissars beschäftigt; der jährliche Haushalt beträgt etwa 20 Millionen US-Dollar[96]. Hinzu kommen auf der Ebene der *professionals* noch einmal etwa die gleiche Zahl an Mitarbeitern, die im Rahmen von Kurzzeitverträgen zur Unterstützung temporärer Mandate angestellt werden. Gleichwohl wird diese personelle und finanzielle Ausstattung angesichts der weiter anhaltenden Zunahme der Aufgaben noch immer als unzureichend eingeschätzt[97].

---

[95] Report of the Secretary-General: Situation and developments regarding the logistical and human rights resources support for the activities of the Centre for Human Rights in the field of human Rights, E/1990/50 (24.04.1990): siehe insbesondere Abs. 48-59. Vgl. auch *van Dongen*, HRLJ 14 (1993), S. 130.

[96] *de Zayas,* United Nations High Commissioner for Human Rights, in: EPIL IV, S. 1130.

[97] Report of the Bureau of the fifty-fourth session of the Commission on Human Rights, E/CN.4/1999/104 (23.12.1998), Abs. 16; *de Zayas* United Nations High Commissioner for Human Rights, in: EPIL IV, S. 1130; *Boekle*, APuZ, B 46-47/98, S. 13 mit Anm. 31.

§ 8. Die Stellung im System der UNO

Die Kommission als das primär mit Menschenrechtsfragen befaßte Organ der UNO kann bezüglich ihrer Aktivitäten und Auswirkungen nur dann richtig eingeschätzt werden, wenn ihre Stellung im Organisations- und Befugnisgeflecht der Weltorganisation berücksichtigt wird. Das Verständnis der Abläufe und gegenseitigen Einflußstränge zwischen den verschiedenen UN-Organen ist gerade deshalb von Bedeutung, weil die Organisation im Laufe der Zeit zu einem äußerst komplexen System gerade im Bereich der Sorge um die Menschenrechte geworden ist. Die Kommission behandelt diesbezüglich Menschenrechtsfragen gründlicher und eingehender als die Generalversammlung, aber auch umfassender als speziellere Kommissionen, wie jene für die Rechtsstellung der Frau (*Commission on the Status of Women - CSW*) oder Verbrechensvorbeugung (*Commission on the Prevention of Crime*)[1]. Im Menschenrechtsbereich existieren abgesehen von verschiedenen Arbeitsgruppen und Sonderausschüssen vier Hierarchieebenen: die (oben erörterte) Unterkommission, die MRK, der ECOSOC sowie die Generalversammlung[2].

I. Das Verhältnis zum ECOSOC

A. Wesen und Aufgaben des ECOSOC

Der ECOSOC ist das in Kapitel X UN-Charta beschriebene Hauptorgan, das die primäre Verantwortung für Menschenrechtsfragen in den UNO trägt und als solches ohne direktes Vorbild im Völkerbund dasteht[3]. Der Rat besteht seit der letzten Änderung der UN-Charta[4] aus 54 Mitgliedern im entsprechenden Verhältnis der Regionalgruppen[5], von denen jeweils ein Drittel jährlich von der Generalversammlung gewählt werden (Art. 61 UN-Charta). Er findet sich jährlich zu Organisationssitzungen und einer inhaltlichen Sitzung (*substantive session*) zu-

---

[1] *Baum*, in: Jahrbuch Menschenrechte 2000, S. 242; *Schaefer*, in: Baum/Riedel/ders., Menschenrechtsschutz in der Praxis der Vereinten Nationen, S. 57.

[2] *Tardu*, A/Conf.157/PC/60/Add.5 Abs. 22.

[3] *Cassin*, S. 24.

[4] Generalversammlung, Res. 2847 [XXVI] vom 20.12.1971. Die Änderung trat am 24.09.1973 in Kraft – vgl. Art. 108 UN-Charta.

Ursprünglich bestand der ECOSOC – wie auch die Kommission zu Anfang – aus 18 Mitgliedern; eine erste Erhöhung dieser Zahl auf 27 erfolgte mit GV Res. 1991 A, B (XVIII) vom 17.12.1963, in Kraft seit 31.08.1965.

[5] *Schwelb/Alston*, in: Vasak (Hrsg.), The International Dimensions I, S. 241.

sammen[6], hinzu kommen informelle Sitzungen. Die Delegationen bestehen hinsichtlich der für die Menschenrechtsarbeit zuständigen Untereinheiten des Rates aus Diplomaten mittleren Ranges[7], was die vergleichsweise niedrigere Bedeutung des Gremiums in Sachen Menschenrechtspolitik im Vergleich zur Kommission verdeutlicht.

Die in Kapitel X UN-Charta beschriebenen Aufgaben des ECOSOC betreffen inhaltlich Angelegenheiten in den Bereichen Wirtschaft, Gesellschaft, Kultur, Bildung und Gesundheit mit internationalen Auswirkungen (Art. 62 UN-Charta). Zudem ist das Gremium beauftragt, die Beziehungen der UNO mit anderen internationalen Organisationen wirtschaftlicher und sozialer Ausrichtung sowie mit UN-Sonderorganisationen zu koordinieren (Art. 63f. UN-Charta). Die substantielle Arbeit des Rates wird durch Hilfsorgane und auf der Basis der von diesen erarbeiteten Berichte erledigt[8]. Außer auf seine funktionalen und regionalen Kommissionen[9] greift er auf ständige Ausschüsse und Expertengremien, *Ad hoc*-Ausschüsse für spezifische Einzelaufgaben sowie sitzungsbegleitende (*sessional*) Arbeitsgruppen zurück[10].

Zu Beginn seiner Tätigkeit reklamierte der ECOSOC im Menschenrechtsbereich für sich eine aktive und bedeutsame Rolle[11] - er war im ersten Jahrzehnt seiner Tätigkeit Hauptforum für Menschenrechtsfragen[12]. Dieses Interesse ging allerdings Mitte der fünfziger Jahre spürbar zurück und der Rat befaßte sich we-

---

6 *Weissbrodt/Parker,* S. 2. Grundsätzlich entscheidet der Rat dabei mit einfacher Mehrheit. Er tagt zu Arbeitszwecken in drei Sitzungsausschüssen (*Sessional Committees*): für Wirtschaft, für Soziales sowie für Koordination.

Die Menschenrechtsfragen werden i.d.R. im Rahmen der ersten regulären Sitzung und vom Ausschuß für Soziales behandelt, gegebenenfalls aber auch im Plenum. Zum ganzen siehe *Schwelb/Alston*, in: Vasak (Hrsg.), The International Dimensions I, S. 241.

7 *O'Donovan*, in: Alston (Hrsg.), The United Nations and Human Rights, S. 110.

8 *Schwelb/Alston*, in: Vasak (Hrsg.), The International Dimensions I, S. 242.

9 Siehe oben Fn. 12, S. 43.

10 Dies beispielsweise für die Erarbeitung bestimmter Verträge, die Prüfung von Berichten oder zur Erstellung von Studien – *Schwelb/Alston*, in: Vasak (Hrsg.), The International Dimensions I, S. 243.

11 *Rudolf,* S. 16.

12 *O'Donovan*, in: Alston (Hrsg.), The United Nations and Human Rights, S. 113, der in diesem Zusammenhang auf die beabsichtigte Auflösung der Unterkommission (siehe oben § 6.I., S. 67) hinweist.

niger mit den Menschenrechten, sondern stellte die Behandlung wirtschaftlicher und allgemein sozialer Fragen in den Vordergrund[13].

B. Die Beziehung zur Kommission

Der ECOSOC ist das Organ, das die MRK einsetzte. Dabei waren ihm freilich konkrete Vorgaben aus dem Text der UN-Charta sowie bezüglich der inhaltlichen Ausgestaltung aus den Verhandlungen im Zuge der Gründung der Organisation auferlegt[14]. Die MRK ist ein Hilfs- oder Nebenorgan im Sinne von Art. 7 Abs. 2 UN-Charta zur Unterstützung des Rates. Wie oben schon erläutert, ist sie eine funktionale Kommission, so daß sich maßgeblichen Regularien aus den für diese allgemein geltenden Regeln ablesen lassen[15]. Hierzu zählt zunächst die Berichtspflicht: nach jeder Sitzung ist dem ECOSOC zu berichten[16]. Auch findet die vom Rat für die Kommission verabschiedete Geschäftsordnung (*Rules of Procedure*) Anwendung.

Aus dem Charakter als Hilfsorgan folgt zudem, daß die Beschlüsse der Kommission nicht in jedem Falle unmittelbare rechtliche Wirkung entfalten können. Operative Entscheidungen, die finanzielle Auswirkungen haben oder sonst über den Einflußbereich der MRK hinausreichen, bedürfen in jedem Falle der Bestätigung durch den ECOSOC[17]. Demgemäß werden diese in Form einer Beschlußempfehlung (*Draft Resolution/Decision*) an den ECOSOC verabschiedet[18]. Dies gilt u.a. für die Einrichtung neuer oder die Fortführung schon bestehender Spezialverfahren[19]. Aber auch wenn die MRK sich an die Generalversammlung

---

[13] *O'Donovan*, in: Alston (Hrsg.), The United Nations and Human Rights, S. 114; *Humphrey*, in: FS Cassin, S. 109; *Rudolf*, S. 17.

[14] Siehe insoweit oben, § 4.I., S. 41.

[15] Siehe dazu oben § 4.II., S. 43. Mittlerweile gibt es neben den fünf regionalen insgesamt neun funktionale Kommissionen des ECOSOC. Die Bezeichnung „Funktionale Kommission" (*functional commission*) geht auf den (englischen) Wortlaut von Art. 68 UN-Charta zurück (*"...commissions ... for the performance of his functions."*) – *Alston*, Critical Appraisal, in: ders. (Hrsg.), The United Nations and Human Rights, S. 9, Fn. 14.

[16] *Humphrey*, in: FS Cassin, S. 108.

[17] *Bossuyt*, HRLJ 6 (1985), S. 199; *Weissbrodt/Parker*, S. 2.

[18] *Humphrey*, in: FS Cassin, S. 108; *Weissbrodt/Parker*, S. 2, der von der „Ratifikation" der Kommissionsbeschlüsse spricht.

[19] *Bossuyt*, HRLJ 6 (1985), S. 199. Noch der Entwurf der Gründungskommission ordnete die Hauptverantwortlichkeit für die Implementierung der Menschenrechte bei der MRK; der ECOSOC behielt sich dieses Recht jedoch vor und behielt so die Entscheidung über jegliche

wendet, kann dies grundsätzlich nur über den ECOSOC erfolgen[20]. Es ist somit erforderlich, daß auch im ECOSOC die Initiativen der MRK ausreichend Unterstützung finden, was allerdings aufgrund der ähnlichen Zusammensetzung häufig der Fall sein wird.

Das tatsächliche Verhältnis zwischen der MRK und dem Rat stellt sich allerdings in einem anderen Lichte dar[21]. Die grundlegenden Verhandlungen über Menschenrechtsfragen finden in der Kommission statt, ihre Ergebnisse werden dem Rat dann lediglich zur Bestätigung vorgelegt. Auch wenn rein äußerlich Größe und Zusammensetzung beider Organe nahezu identisch sind, kann die Kommission somit nicht als das „Vorzimmer“ des ECOSOC beschrieben werden[22]. Entgegen der ursprünglichen Konzeption reagiert die MRK z.B. auf Menschenrechtsverletzungen zunehmend auch ohne vorherige Einbeziehung des ECOSOC[23]. Das *de facto* führende und maßgebliche Organ in der Praxis der Menschenrechtsarbeit der UNO ist somit die Kommission[24]. Als weiteres wichtiges Organ stellt sich - wie die neuere Praxis zeigt - lediglich die Generalversammlung dar, nicht aber der ECOSOC[25]. Nur in Einzelfällen ergriff der Rat - zuletzt in den achtziger Jahren - selbst die Initiative[26] oder handelte entgegen der in der Kommission vorherrschenden Tendenz[27]. Mittlerweile hat er seine Arbeit

---

Umsetzungsmaßnahmen in seinen Händen – *O'Donovan*, in: Alston (Hrsg.), The United Nations and Human Rights, S. 116.

[20] *Weissbrodt/Parker*, S. 2.

[21] *Alston*, Critical Appraisal, in: ders. (Hrsg.), The United Nations and Human Rights, S. 10.

[22] *Marie*, S. 64.

[23] *Schwelb/Alston*, in: Vasak (Hrsg.), The International Dimensions I, S. 251; *Riedel*, Menschenrechtskommission, in: Wolfrum (Hrsg.), Handbuch Vereinte Nationen, Rn. 4; siehe auch *Marie*, S. 64.

[24] *Flood*, S. 38.

[25] So wird in einem jüngeren Bericht einer Kommissionsarbeitsgruppe für die jährliche Abfolge von Sitzungen zur Behandlung von Menschenrechtsfragen außer der MRK nur noch auf die Generalversammlung verwiesen - Report of the inter-sessional open-ended Working Group on Enhancing the Effectiveness of the Mechanisms of the Commission on Human Rights, E/CN.4/2000/112 (16.02.2000), Abs. 33.

[26] Beispiele hierfür sind die Fälle der massiven Menschenrechtsverletzungen in Form von Entführung und Verschwindenlassen von Tausenden in Chile und Argentinien in den späten siebziger Jahren - *Bossuyt*, HRLJ 6 (1985), S. 200.

[27] *Humphrey*, in: FS Cassin, S. 109. Ein Beispiel für eine solche Auseinandersetzung ereignete sich 1964, als im Zuge hochpolitischer Auseinandersetzungen der Rat beschloß, die

im Hinblick auf Menschenrechte auf die eines Genehmigungsgremiums beschränkt[28]. Die Vorschläge der Kommission werden wenige Wochen nach deren Sitzung in einer Routinediskussion im Rat behandelt und entweder verabschiedete oder nach einer Bestätigung des Entwurfes an die Generalversammlung weitergeleitet[29]. In Fragen kontroverser Beschlüsse der MRK bieten die Abstimmungen im ECOSOC jedoch den zunächst unterlegenen Staaten erneut die Möglichkeit, auf die Surchsetzung ihres Standpunktes zu dringen.

II. Das Verhältnis zur Generalversammlung

A. Die Rolle der Generalversammlung in Menschenrechtsangelegenheiten

Nach Art. 13 Abs. 1 lit. b) UN-Charta trägt die Generalversammlung die Hauptverantwortung für die Wahrung der Menschenrechte[30]. Menschenrechtsfragen fallen in die Zuständigkeit des III. Hauptausschusses, gegebenenfalls werden sie auch im Plenum der Vollversammlung erörtert[31]. Gemäß Art. 18 UN-Charta

---

Sitzung der Kommission nicht zu genehmigen; wohl mit der Absicht, die Sitzungsfrequenz der MRK auf einen Zweijahresrhythmus, wie bei den anderen funktionalen Kommissionen üblich, zu verringern. Als offizielle Begründung wurde das Fehlen geeigneter Konferenzmöglichkeiten angegeben. Erst infolge einer Intervention der Generalversammlung (III. Hauptausschuß) wurden jährliche Sitzungen beibehalten - *Humphrey*, in: FS Cassin, ebd.; *O'Donovan*, in: Alston (Hrsg.), The United Nations and Human Rights, S. 113.

[28] *Humphrey*, in: FS Cassin, S. 109; *Bossuyt*, HRLJ 6 (1985), S. 199; *Alston,* Commission on Human Rights, in: ders. (Hrsg.), The United Nations and Human Rights, S. 201; *Rudolf,* S. 17. Ein bloßes Weiterleiten von Entwurfsarbeiten der MRK ohne die Abgabe einer eigener Stellungnahme erfolgte selbst bei wesentlichen Instrumenten wie der AEMR oder den beiden Pakten – *Humphrey*, in: FS Cassin, S. 110f.

Auch wenn das Bild von der Poststelle von *Humphrey* – ebd. – wohl vor allem angesichts der früheren Praxis noch dergestalt ergänzt wurde, daß auch diese Poststelle gelegentlich die Post nicht weiterleite, so werden doch mittlerweile Aktivitäten der MRK praktisch kaum mehr verzögert oder gestoppt - *Bossuyt*, HRLJ 6 (1985), S. 199; *Weissbrodt/Parker,* S. 2.

Ein jüngerer Fall divergierender Beschlüsse betrifft die Veröffentlichung der vertraulichen Materialien aus dem 1503-Verfahren gegen Albanien, die von der MRK vorgeschlagen worden war (Res. 1988/17), aber vom ECOSOC nicht bestätigt wurde – *O'Donovan*, in: Alston (Hrsg.), The United Nations and Human Rights, S. 121.

[29] *Flood,* S. 38.

[30] Vgl. *Cassin,* S. 23; *Schwelb/Alston*, in: Vasak (Hrsg.), The International Dimensions I, S. 231.

[31] *Schwelb/Alston*, in: Vasak (Hrsg.), The International Dimensions I, S. 232. Zuweilen beschäftigen sich aber auch die anderen Hauptausschüsse mit Fragen, bei denen Menschenrechte eine wichtige Rolle spiele, insbesondere der I. (für Abrüstungsfragen u.ä.), der

sind Beschlüsse zu wichtigen Fragen mit Zweidrittelmehrheit zu fassen. Menschenrechtsangelegenheiten gehören *per se* nicht hierzu, können aber - wie sonstige Angelegenheiten auch - im Einzelfall per Beschluß zu einer solchen erklärt werden[32].

Anders als der ECOSOC, der sich mit der Zeit zunehmend von seinen operativen Aufgaben im Menschenrechtsbereich zurückzog, hat die Generalversammlung seit den vierziger Jahren immer eine aktive Rolle in Menschenrechtsfragen gespielt und des öfteren wichtige Initiativen ergriffen[33]. Ihr steht für die Erfüllung ihrer Aufgaben aus Art. 13 UN-Charta ein breites Instrumentarium zur Verfügung. Sie hat dabei auf den ECOSOC und dessen Unterorgane, den Generalsekretär, Sonderorganisationen, sowie auch auf die Mitgliedstaaten zurückgegriffen[34]. Außerdem hat sie zu verschiedenen Fragen und Anlässen eigene Unterorgane, vor allem Sonderausschüsse eingesetzt[35], so daß sie zumeist auf einer verläßlichen Grundlage von Daten und Fakten entscheiden kann[36]. Mit zahlreichen Entschließungen übte sie zudem in verschiedenen Situationen Einfluß aus[37], auch wenn sich diese gelegentlich in der bloßen Wiederholung der Formulierungen der MRK erschöpften[38]. Insofern hat sich die Generalversammlung aber im-

---

IV. (für Fragen der Entkolonialisierung), der VI. (für Rechtsangelegenheiten) sowie auch der besondere politische Hauptausschuß - *Schwelb/Alston*, ebd.

32 *Schwelb/Alston*, in: Vasak (Hrsg.), The International Dimensions I, S. 232f. m.w.N. auch auf Einzelfälle.

33 *Alston,* Critical Appraisal, in: ders. (Hrsg.), The United Nations and Human Rights, S. 9; *Boekle*, APuZ, B 46-47/98, S. 11. Die wichtigste Rolle kommt insoweit freilich der Kommission zu - *Alston,* Commission on Human Rights, in: ders. (Hrsg.), The United Nations and Human Rights, S. 201.

34 *Schwelb/Alston*, in: Vasak (Hrsg.), The International Dimensions I, S. 234.

35 *Schwelb/Alston*, in: Vasak (Hrsg.), The International Dimensions I, S. 234; *Tomuschat*, ZSchwR 108/I, S. 7. Hierzu zählen u.a. UNICEF, der 1951 eingesetzte Hochkommissar für Flüchtlinge (UNHCR), der Menschenrechtshochkommissar (siehe oben § 5.III.B.1., S. 62), aber auch die Sonderausschüsse gegen Apartheid und für Fragen der Entkolonialisierung (siehe unten § 31.III.B., S. 538); im Überblick auch *Schwelb/Alston*, in: Vasak (Hrsg.), The International Dimensions I, S. 235ff.).

36 *Tomuschat*, ZSchwR 108/I, S. 7.

37 *Hannum,* MichJIL 15 (1994), S. 829; *Bossuyt*, HRLJ 6 (1985), S. 200f.; *Tomuschat*, ZSchwR 108/I, S. S. 7. Dabei hat sich folgende Abstufung entwickelt: die behandelte Situation kann - im besten Falle - Anlaß zur „Besorgnis" geben, sie kann mit „Abscheu und Empörung" zur Kenntnis genommen werden oder aber ausdrücklich verurteilt werden - *Tomuschat*, ebd.

38 *Quinn*, in: Alston (Hrsg.), The United Nations and Human Rights, S. 62; vgl. auch *Boekle*, APuZ, B 46-47/98, S. 11.

mer die Letztentscheidung vorbehalten. Ihre Billigung eines Vorschlags - nötigenfalls mit Änderungen - war in nicht wenigen Situationen Voraussetzung für dessen Umsetzung[39]. Dem III. Hauptausschuß wird dabei eine eher pragmatische, mehr ergebnisorientierte Herangehensweise an Menschenrechtsfragen als der MRK attestiert[40].

Die Entschließungen der Generalversammlung sind für die Mitgliedstaaten im Grundsatz nicht verbindlich, wenngleich aus Art. 55 und 56 UN-Charta zumindest eine verstärkte Wirksamkeit gefolgert werden kann[41]. Eine besondere Rolle hat die Generalversammlung auch bei der völkerrechtlichen Kodifizierung der Menschenrechte gespielt. Zahlreiche internationale Konventionen sind ihrer Initiative zu verdanken und beruhen - nach entsprechender Zuarbeit verschiedener Gremien einschließlich der MRK - auf Resolutionen dieses Organs[42].

B. Die Beziehung zur Kommission

Eine direkte Beziehung zwischen der Generalversammlung und der Kommission ist nach dem Konzept der UN-Charta nicht vorgesehen. Als Hilfsorgan des ECOSOC und gemäß ihrem Zuständigkeitskatalog ist die Kommission nur diesem verantwortlich. Sie ist nicht - wie dies ursprünglich von der Gründungskommission vorgesehen war[43] - zusätzlich mit der Unterstützung der Generalversammlung sowie der anderen Hauptorgane beauftragt. Hieraus folgt, daß Anfragen der Versammlung an die Kommission grundsätzlich über den ECOSOC zu leiten sind[44]. Gleiches gilt für die andere Richtung: die Kommission kann Kontakt zur Generalversammlung nur über den ECOSOC Kontakt aufnehmen[45]. Tatsäch-

---

[39] *Quinn*, in: Alston (Hrsg.), The United Nations and Human Rights, S. 65.

[40] *Quinn*, in: Alston (Hrsg.), The United Nations and Human Rights, S. 65. Dies ist wohl auch Folge der weniger hochkarätigen Besetzung der Delegationen im dritten Hauptausschuß - *Quinn*, ebd. Gar von „geringerer Qualität" der Beschlüsse der Generalversammlung spricht *Boekle*, APuZ, B 46-47/98, S. 11.

[41] *Schwelb/Alston*, in: Vasak (Hrsg.), The International Dimensions I, S. 234.

[42] *Schwelb/Alston*, in: Vasak (Hrsg.), The International Dimensions I, S. 234.

[43] Siehe hierzu noch unten § 9.I., bei Fn. 8, S. 109.

[44] *Humphrey*, in: FS Cassin, S. 108. In einigen Ausnahmefällen hat sich die Generalversammlung aber auch schon direkt an die Kommission gewandt - *Humphrey*, ebd. Fn. 3.

[45] *Weissbrodt/Parker*, S. 2.

lich hat aber die Generalversammlung Anfragen, gerade im Bereich der Normsetzung, auch schon direkt an die Kommission gerichtet[46].

Auf der anderen Seite ist die Generalversammlung auch das Organ, welches im Laufe der gesamten Entwicklung der Kommission die meiste politische Unterstützung hat zuteil werden lassen[47], vor allem in den fünfziger Jahren bei den Bemühungen um ein effektives Beschwerdeverfahren[48]. Allerdings hat sich das faktische Verhältnis zwischen beiden gewandelt. Während früher der für Menschenrechte zuständige III. Hauptausschuß die Kommission zuweilen als sein eigenes Spezialorgan behandelte[49], genießt mittlerweile die Kommission infolge des höheren Ranges ihrer Delegationen - verglichen mit denen im III. Hauptausschuß der Generalversammlung[50] - eine sehr viel größere Autonomie, als man dies aus ihrer formalen Stellung ableiten kann[51]. Dies trifft insbesondere für bestimmte Spezialverfahren zum Menschenrechtsschutz zu. Aus den Verhandlungen und Resolutionen der Generalversammlung wird deutlich, daß die Hauptverantwortung hierfür faktisch bei der Kommission liegt[52]. Allerdings behält sich die Generalversammlung dabei vor, entsprechende Situationen parallel zu behandeln - freilich nur selten gänzlich unabhängig von den Verfahren der MRK[53]: zumindest eine Stellungnahme der Kommission wird regelmäßig einzuholen gesucht[54].

---

46 *Meron,* Human Rights Law-Making, S. 273.

47 *Humphrey*, in: FS Cassin, S. 108.

48 Siehe für eine Schilderung dieser Entwicklung unten § 14.II., S. 181.

49 *Humphrey*, in: FS Cassin, S. 108f.

50 Bei diesen Delegierten handelt es sich i.d.R. um Angehörige der Missionen in New York mittleren Ranges, wohingegen die MRK oft aus den Botschaftern oder Fachleuten der Hauptstädte besteht.

51 *Alston,* Commission on Human Rights, in: ders. (Hrsg.), The United Nations and Human Rights, S. 201. Dies wird u.a. daran deutlich, daß von der MRK bereits entschiedene Fragen im entsprechenden Hauptausschuß der Generalversammlung kaum mehr erneut problematisiert werden - *Alston,* ebd.; *Quinn*, in: Alston (Hrsg.), The United Nations and Human Rights, S. 62.

52 *Quinn*, in: Alston (Hrsg.), The United Nations and Human Rights, S. 77.

53 *Boekle*, APuZ, B 46-47/98, S. 11 Hieraus kann sich - unter Berücksichtigung der verschiedenen Sitzungsperioden der einzelnen Organe - eine zeitliche Kontinuität der Behandlung eines Landes ergeben - *Boekle*, ebd.

54 *Flood,* S. 38.

Die Generalversammlung kann von der Mehrheit der blockfreien Staaten auf der anderen Seite jedoch auch dazu genutzt werden, in der MRK erreichte Fortschritte zu blockieren[55]. Außerdem hat der V. Hauptausschuß - als der für die Finanzen verantwortliche - einen erheblichen Einfluß auf die Arbeit. Auch hier können im Einzelfall aufgrund beschränkter Ressourcen Maßnahmen der Kommission zu Fall gebracht werden[56].

Von seiten der Kommission gibt es keine direkten offiziellen Kommunikationsstränge zur Generalversammlung. Allerdings ist auf halboffizieller Ebene neuerdings eine bessere Koordination der beiden Organe ermöglicht worden. Eine bereits 1968 auf der ersten Weltmenschenrechtskonferenz in Teheran vorgeschlagene direkte Verbindung ist zwar nie realisiert worden[57]. Die seit dem Jahre 2000 durchgeführten informellen Sitzungen der MRK vor dem Zusammentreten der Generalversammlung im September hält nun aber einen institutionelle Rahmen für eine engere Verbindung zwischen beiden Organen bereit[58].

III. Das Verhältnis zum Sicherheitsrat

Dem Sicherheitsrat obliegt gemäß Art. 24 Abs. 1 UN-Charta die Hauptverantwortung für die Wahrung des Weltfriedens. Als solcher befaßt er sich nicht in erster Linie mit Menschenrechtsfragen, doch hat er im Rahmen seiner Befugnisse nach dem VI. und VII. Kapitel UN-Charta wiederholt zu Menschenrechtsfragen Stellung genommen[59]. So wurde er insbesondere angesichts der Apartheidpolitik in Südafrika mehrfach tätig und sah darin einen Verstoß gegen die Prinzipien der UN-Charta bzw. gegen die AEMR[60]. Auch bei zahlreichen späteren Maßnahmen, vor allem in den neunziger Jahren, stellten geschehene Menschenrechtsverletzungen als eine Friedensbedrohung i.S.v. Art. 39 UN-Charta einen Grund für sein

---

[55] *Schaefer*, in: Baum/Riedel/ders., Menschenrechtsschutz in der Praxis der Vereinten Nationen, S. 81.

[56] *Schaefer*, in: Baum/Riedel/ders., Menschenrechtsschutz in der Praxis der Vereinten Nationen, S. 81.

[57] *Tardu*, A/Conf.157/PC/60/Add.5 Abs. 22.

[58] Siehe oben § 7.I.C., S. 82.

[59] *Schwelb/Alston*, in: Vasak (Hrsg.), The International Dimensions I, S. 261.

[60] Res. 181 vom 07.08.1963 und Res. 182 vom 04.11.1963. Siehe *Schwelb/Alston*, in: Vasak (Hrsg.), The International Dimensions I, S. 261f.

Eingreifen dar. Die Situationen im ehemaligen Jugoslawien, in Somalia und Ruanda verdeutlichen dies[61].

Aufgrund der organisatorischen Konstellation ist eine unmittelbare Interaktion zwischen Kommission und Sicherheitsrat praktisch nicht zu verzeichnen. Ein Beitrag des Sicherheitsrates zur Menschenrechtspolitik wird so nur in vergleichsweise seltenen Fällen stattfinden können. Gleiches gilt aus der Perspektive der MRK. Entgegen dem Vorschlag der Gründungskommission, daß die MRK den Sicherheitsrat bei der Feststellung einer Friedensbedrohung i.S.v. Art. 39 UN-Charta im Falle schwerwiegender Menschenrechtsverletzungen unterstützen sollte, wurden ihr keine Befugnisse zur Zusammenarbeit mit dem Sicherheitsrat zugestanden[62]. Es ergeben sich allerdings faktische Berührungspunkte in der Arbeit der beiden Organe, vor allem im Zusammenhang mit bestimmten friedenserhaltenden Maßnahmen, die auf einer Resolution des Rates beruhen. Hier sind Kooperation und Beziehungen zu einzelnen Spezialverfahren der Kommission denkbar und auch durchgeführt worden. Dies sicherzustellen - in ausreichender und fruchtbringender Weise – ist Aufgabe der Menschenrechtshochkommissarin und ihres Amtes[63].

---

[61] *Herbst*, S. 347 m.w.N.

[62] Siehe hierzu noch unten § 9.I., bei Fn. 8, S. 109.

[63] Vgl. *Schaefer*, in: Baum/Riedel/ders., Menschenrechtsschutz in der Praxis der Vereinten Nationen, S. 81.

§ 9. Aufgaben und Zuständigkeiten

Der Aufgaben- und Zuständigkeitsbereich der Kommission ist generell durch ihre organisatorische Verankerung beschränkt. Als Unterorgan des ECOSOC und ohne positive Bestimmungen über die Beziehung zu den anderen Hauptorganen kann sie ihre sämtlichen Befugnisse allein auf die Chartanormen über die Zuständigkeit des ECOSOC stützen bzw. ist von diesen beschränkt. Die einzelnen Befugnisse der Kommission sind darüber hinaus in der Einsetzungsresolution und deren Ergänzungen näher dargelegt. Freilich sind diese Befugnisnormen im Hinblick auf die tatsächliche Arbeit der Kommission nur von eingeschränkter Relevanz und wurden nur entsprechend selten explizit in bezug genommen. Dies ergibt sich nur zum Teil aus dem politischen Charakter der MRK[1]. Hauptgrund hierfür ist vielmehr der gerade in Zweifelsfällen eingreifende Bestätigungsvorbehalt für Entscheidungen durch den ECOSOC. Hat der Rat in einer solchen Situation einen Beschluß der Kommission seinerseits bestätigt, ist es - solange dieser von der Zuständigkeit des ECOSOC umfaßt ist - irrelevant, inwieweit der ursprüngliche Beschluß der Kommission von deren Befugnisnormen umfaßt ist[2]. Der Zuständigkeitskatalog der Kommission wird daher in der praktischen Arbeit nur selten reflektiert. Gleichwohl läßt sich bei einer Erörterung dieser Bestimmungen zumindest in begrenztem Umfang ein Eindruck vom Arbeitsfeld der Kommission gewinnen, wie es im Rat konzipiert wurde. Als Ergänzung zu diesen Ausführungen soll - gewissermaßen vom Standpunkt der jährlichen Organpraxis - ein Blick auf die Tagesordnung (*Agenda*) geworfen werden. Sie zeigt die Struktur der Kommissionssitzungen und die Einteilung der verschiedenen Arbeitsbereiche auf, vermag allerdings nicht, die tatsächliche Gewichtung der Kommissionsarbeit wiederzugeben.

I. Der Zuständigkeitskatalog

In der Nachfolge der Konferenz von *San Francisco* war es die schon erwähnte Vorbereitungskommission, die Vorschläge zur Errichtung der einzelnen Kommissionen erarbeitet hatte. In bezug auf den Arbeitsauftrag an die MRK hatte dieses Gremium einen Katalog mit spezifischen Aufgaben - insbesondere im Zusammenhang mit der Formulierung der Menschenrechtsnormen - vorgeschlagen, diesen aber mit einer Generalklausel ergänzt. Danach sollte in die Zuständigkeit der Kommission auch „...jede Angelegenheit im Bereich der Menschenrechte von

---

1 Siehe hierzu noch ausführlich § 28, S. 473ff.

2 Dieses auf generellen Erwägungen hinsichtlich der Beziehung zwischen Haupt- und Nebenorgan beruhende Ergebnis wird bestätigt durch die unter lit. e) aufgenommene allgemeine Zuständigkeitsklausel (dazu sogleich im Text bei Fn. 12, S. 110).

Einfluß auf die allgemeine Wohlfahrt oder die freundschaftlichen Beziehungen zwischen den Nationen..." fallen[3]. Darüber hinaus hätte sie auf Anfrage der anderen Hauptorgane diesen durch Bereitstellung von Informationen sowie in Form von Studien und Empfehlungen zuarbeiten sollen[4]. Diese Formulierung hätte für die MRK ein weit über die Zeit der Formulierungsarbeiten hinaus reichendes, politisch aktives Mandat bedeutet, wie dies auch den Vorstellungen etlicher Staaten und der überwiegend vertretenen Lehrmeinung der Zeit entsprach[5]. Der ECOSOC übernahm jenen Punkt jedoch nicht in Resolution 5 (I), mit der er die MRK einsetzte. Er ermächtigte sie lediglich, ihm

> „Vorschläge, Empfehlungen und Berichte vorzulegen, betreffend
> a) eine internationale Menschenrechtscharta;
> b) internationale Erklärungen oder Übereinkünfte über bürgerliche Freiheiten, die Rechtsstellung der Frau, die Informationsfreiheit und ähnliche Fragen;
> c) den Schutz von Minderheiten;
> d) die Verhütung von Diskriminierung aufgrund der Rasse, des Geschlechts, der Sprache und der Religion."[6]

---

[3] „...(e) any matters within the field of human rights considered likely to impair the general welfare or friendly relations among nations." Report of the Preparatory Commission of the United Nations, Doc. PC/20 (23.12.1945), Chapter III, Sect. 4, Abs. 16; vgl. auch *Alston,* Commission on Human Rights, in: ders. (Hrsg.), The United Nations and Human Rights, S. 127; *Marie,* S. 42; *Humphrey*, in: FS Cassin, S. 111.

[4] Report of the Preparatory Commission of the United Nations, Doc. PC/20 (23.12.1945), Chapter III, Sect. 4, Abs. 17; *Marie,* S. 43.

[5] *Alston,* Commission on Human Rights, in: ders. (Hrsg.), The United Nations and Human Rights, S. 127. Die gewählte Formulierung konnte aber auch so verstanden werden, daß die Arbeit der Kommission strikt auf internationale Probleme beschränkt werden sollte, also sämtliche inneren Angelegenheiten von ihrer Zuständigkeit ausschloß - *Alston,* ebd.

[6] ECOSOC, Res. 5 (I) vom 16.02.1946, Abs. 2 (deutsche Übersetzung teilweise nach *von Mangoldt/Rittberger,* S. 1593): „The work of the Commission shall be directed towards submitting proposals, recommendations and reports to the Council regarding:

(a) An international bill of rights;

(b) International declarations or conventions on civil liberties, the status of women, freedom of information and similar matters;

(c) The protection of minorities;

(d) The prevention of discrimination on grounds of race, sex, language or religion."

Insbesondere mit dem Verweis auf die Frage des Minderheitenschutzes in lit. c) wird einer der Ursprünge des internationalen Menschenrechtsschutzes (vgl. insofern *Robertson/ Merrills,* S. 20ff., und unten § 12.II.B., S. 168) ausdrücklich in bezug genommen.

Außerdem wurde bestimmt, daß die Kommission auf Ersuchen des ECOSOC Studien erstellen, Empfehlungen abgeben, Informationen beschaffen oder andere Dienste leisten solle[7].

Die neunköpfige Gründungskommission (*Nuclear Commission*) insistierte jedoch auf eine weitergehende Ermächtigung der MRK und schlug verschiedene Ergänzungen der Aufgabenpunkte vor. So sollte die MRK nicht nur den ECOSOC (Art. 55 und 62 UN-Charta), sondern auch die Generalversammlung bei der Erfüllung ihrer Aufgaben (Art. 13 UN-Charta) beraten. Zudem hätte sie auch den Sicherheitsrat bei der Erfüllung seiner Aufgaben nach Kapitel VII UN-Charta unterstützen und Empfehlungen abgeben sollen, in welchen Fällen Menschenrechtsverletzungen wegen ihrer Schwere, Häufigkeit oder systematischen Begehens eine Bedrohung des Weltfriedens i.S.v. Art. 39 UN-Charta darstellten[8]. Dieser weitreichende Vorschlag für ein umfassendes politisches Mandat der Kommission zur effektiven Förderung der Menschenrechte stieß freilich in der zweiten Sitzung der ECOSOC auf wenig Resonanz. Weder die Beratung der Generalversammlung noch des Sicherheitsrates wurden in den erweiterten Zuständigkeitskatalog aufgenommen[9].

Ein weiterer Vorschlag der Gründungskommission[10] wurde hingegen vom ECOSOC übernommen. Die Aufzählung der Zuständigkeiten wurde nun doch um eine Generalklausel erweitert, so daß die Kommission nun ein allgemeines und zeitlich unbeschränktes Mandat erhielt, das auch noch flexibler interpretiert werden konnte als der ursprüngliche Vorschlag[11]. Der oben zitierten Aufzählung wurde noch ein weiterer Buchstabe hinzugefügt, demnach die MRK dem Rat nunmehr auch Vorschläge, Empfehlungen und Berichte vorlegen kann, betreffend

---

[7] ECOSOC, Res. 5 (I) vom 16.02.1946, Abs. 3: „The Commission shall make studies and recommendations and provide information and other services at the request of the Economic and Social Council." - deutsche Übersetzung nach *von Mangoldt/Rittberger*, S. 1593.

[8] Report of the Commission on Human Rights, E/38/Rev.1 (21.05.1946), S. 5, 7 (Empfehlung D. 2.); *Alston*, Commission on Human Rights, in: ders. (Hrsg.), The United Nations and Human Rights, S. 128; *Tolley*, The U.N. Commission on Human Rights, S. 10; *Moskowitz*, S. 50; *van Boven*, NILR 15 (1968), S. 377; *Marie*, S. 51f.

[9] *Tolley*, The U.N. Commission on Human Rights, S. 10.

[10] Report of the Commission on Human Rights, E/38/Rev.1 (21.05.1946), S. 2.

[11] *Alston*, Commission on Human Rights, in: ders. (Hrsg.), The United Nations and Human Rights, S. 128.

„e) jede andere die Menschenrechte betreffende Frage, die unter den Buchstaben *a), b), c)* und *d)* nicht erfaßt ist."[12]

Obwohl damit das Aufgabenfeld der MRK sowohl sachlich als auch zeitlich quasi unbeschränkt gewesen zu sein scheint, ist eine eigenverantwortlichen Tätigkeit doch auf „Vorschläge, Empfehlungen und Berichte" an den ECOSOC eingeschränkt. Es ist daher - wenngleich nur in einem Falle erfolgreich - mehrfach versucht worden, den Zuständigkeitsbereich der Kommission explizit zu erweitern[13]. Mit Resolution 1979/36 fügte der ECOSOC folgenden Punkt hinzu:

„Die Kommission unterstützt den Wirtschafts- und Sozialrat bei der Koordinierung der Menschenrechtsaktivitäten im System der Vereinten Nationen."[14]

Eine Analyse dieser insgesamt sechs Punkte, die die abstrakt-generelle Aufgabenstellung für die Kommission umreißen, ergibt ein heterogenes Bild. Zum einen weist der ursprüngliche Katalog der Kommission schwerpunktmäßig kodifikatorische Aufgaben zu - ein Feld, das in den ersten zwanzig Jahren tatsächlich einen Hauptbestandteil ihrer Arbeit ausgemacht hat. Die weiteren ausdrücklich erwähnten Gesichtspunkte - Minderheitenschutz und Diskriminierungsvorbeugung - waren Aufgabenfeld der Unterkommission, wobei die an den ECOSOC weitergeleiteten Vorschläge, Empfehlungen und Berichte von weniger großer Bedeutung waren. In bezug auf die schließlich ergänzte Koordinationsbefugnis hat die Kommission wenig getan[15]. Dies ist freilich eher auf die strukturelle Unfähigkeit des Organs zurückführen, eine aktive Rolle im Verhältnis zu den übrigen UN-Einrichtungen in diesem Bereich zu spielen. Mit der Ernennung eines Hochkommissars für Menschenrechte und einem aktiv tätigen OHCHR wird diese Aufgabe mittlerweile sehr viel effektiver erfüllt.

---

[12] ECOSOC, Res. 9 (II) vom 21.06.1946, Abs. 1 (deutsche Übersetzung nach *von Mangoldt/Rittberger,* S. 1599).: „...addition to paragraph 2 of that resolution of a new sub.paragraph *(e)* as follows: The work of the Commission shall be directed towards submitting proposals, recommendations and reports to the Council regarding:

(e) Any other matter concerning human rights not covered by items *(a), (b), (c)* and *(d)*."

[13] *Alston,* Commission on Human Rights, in: ders. (Hrsg.), The United Nations and Human Rights, S. 128.

[14] ECOSOC-Res. 1979/36 vom 10.05.1979, Abs. 3 (deutsche Übersetzung nach *von Mangoldt/Rittberger,* S. 1589): „*Decides* to add the following provisions to the terms of reference of the Commission on Human Rights...:

The Commission shall assist the Economic and Social Council in the co-ordination of activities concerning human rights in the United Nations system."

[15] *Tolley,* The U.N. Commission on Human Rights, S. 158.

Ausmaß und Resultat der auf der Generalklausel basierenden Aktivitäten der Kommission lassen sich nur schwer theoretisch erfassen. Wie der Blick auf ihre Tätigkeit sowie die Untersuchung der Tagesordnung zeigen werden, hat sie eine Vielzahl von unterschiedlichen Aktivitäten entwickelt. Dabei handelt es sich praktisch immer um die Diskussion vorhandener Problemlagen, die im weitesten Sinne als Vorbereitung für die Erstellung von „Vorschlägen, Empfehlungen und Berichten" an den ECOSOC eingeordnet werden kann. Einzige Vorgabe ist insofern der - nie strittige - menschenrechtliche Bezug der Aktivitäten. Aus lit. e) des Zuständigkeitskatalogs kommt der Kommission also ein umfassendes Befassungsrecht zu. Sie kann sich praktisch mit allen menschenrechtsrelevanten Fragen befassen[16].

Neben den im ursprünglichen Zuständigkeitskatalog aufgeführten Aktivitäten, die nur „Vorschläge, Empfehlungen und Berichte" umfassen, hat die Kommission in bezug auf Menschenrechtsverletzungen weitergehende Befugnisse, wie insbesondere die Resolutionen 1235 (XLII) und 1503 (XLVIII) zeigen[17]. Grundlage hierfür bildeten die Resolutionen 1102 (XL) und 1164 (XLI) des ECOSOC in Verbindung mit Res. 2144 (XXI) der Generalversammlung. Die MRK hatte in Reaktion darauf in Res. 9 (XXIII) ihre Zuständigkeit dahingehend interpretiert - und dies wurde vom Rat implizit bestätigt -, daß sie nicht nur Empfehlungen geben könne, sondern auch zur Untersuchung von Situationen und der Verabschiedung von verurteilenden Resolutionen befugt sei[18]. Ein in diesem Zusammenhang stehendes Ersuchen der Kommission um Ergänzung ihrer Ermächtigungsnormen wurde angesichts der weiten Ermächtigungsnorm in lit. e) des Katalogs vom ECOSOC als nicht erforderlich zurückgewiesen[19]. Ihre äußerste

---

[16] *Baum*, in: Jahrbuch Menschenrechte 2000, S. 242; *Schaefer*, in: Baum/Riedel/ders., Menschenrechtsschutz in der Praxis der Vereinten Nationen, S. 57.

[17] Hierzu unten § 10.IV.A., S. 143 und § 15.II., S. 207 (Res. 1235 [XLII]) und § 15.VI, S. 231 (zum vertraulichen Verfahren nach Res. 1503 [XLVIII]).

[18] Opinion of the Legal Counsel Dated 22 March, 1985 ..., Abs. 4f., in: Ramcharan (Hrsg.), The Principle of Legality, S. 386 (387); *Bartolomei*, S. 56, Anm. 6. Zu Entstehung und Hintergründen der besagten Normen siehe ausführlich unten § 15, S. 200ff.

Der Hinweis auf die Resolution der Generalversammlung bezieht sich ausschließlich auf das neu entwickelte Gesamtverständnis der UNO und kann so zur Auslegung der ECOSOC-Resolutionen herangezogen werden In bezug auf die Befugnisse der MRK kommt der Generalversammlung aber gerade keine Befugnis zu, die Zuständigkeitsbestimmungen für die MRK zu ändern.

[19] Siehe unten § 15.II., S. 208 bei Fn. 50. Die MRK hatte mit Res. 9 (XXIII) [in: Report on the 23rd Session, E/4322, E/CN.4/949 (1967), Abs. 404] um eine förmliche Erweiterung ihrer Zuständigkeit auf die „Reaktion auf Menschenrechtsverletzungen" gebeten.

Grenze findet die Ermächtigung zur Reaktion auf Menschenrechtsverletzungen in der Zuständigkeit des ECOSOC (siehe Art. 62 Abs. 2 UN-Charta). Entsprechend kann die Kommission - wie auch der ECOSOC[20] - weder Zwangsmaßnahmen verhängen noch durchsetzen[21].

II. Die jährliche Tagesordnung

Die Tagesordnung der Kommissionssitzungen gewährt als organisatorischer Leitfaden und Überblick über die förmliche Gliederung ihrer Aufgaben einen anderen Einblick in die Tätigkeit der Kommission. Freilich wird hieraus nur wenig über die konkrete Arbeitsweise und die tatsächliche Gewichtung der einzelnen Punkte ersichtlich. Das jährlich neu zu erstellende Dokument wird als vorläufige Tagesordnung (*Provisional Agenda*) vor Beginn der Sitzung vom Generalsekretär nach Abstimmung mit dem Vorsitzenden der Kommission erstellt. Als Grundlage hierfür dient ein von der Kommission auf ihrer vorhergehenden Sitzung beschlossener Entwurf. Die vorläufige Tagesordnung wird zusammen mit den zugehörigen Dokumenten spätestens sechs Wochen vor Beginn der Sitzung den UN-Mitgliedstaaten und weiteren Gremien und Organisationen sowie den NGO in Kosultativstatus zugeleitet (Regeln 5, 6 der *Rules of Procedure*)[22]. Aufgenommen werden die Tagesordnungspunkte, die auf der letzten Sitzung der Kommission beschlossenen wurden, sowie solche, die eines der politischen Hauptorgane, ein Mitgliedstaat, die Unterkommission, der Vorsitzende, der Generalsekretär, eine Sonderorganisation oder - unter bestimmten Voraussetzungen - eine NGO in allgemeinem Konsultativstatus vorgeschlagen hat (Regel 5). Die endgültige Tagesordnung wird auf der ersten Sitzung der Kommission nach der Wahl des Vorsitzenden[23] beschlossen (Regel 7). In wichtigen Fällen kann diese aber auch noch während der Sitzung durch zusätzliche Punkte ergänzt werden (Regel 8).

Die jährlichen Veränderungen in der Tagesordnung sind eher geringfügig, werden doch zahlreiche Punkte über mehrere Jahre behandelt. Immer wiederkeh-

---

[20] Nach dem Konzept der UN-Charta ist der Sicherheitsrat der einzige, der gemäß Art. 25 UN-Charta mandatorische Beschlüsse fassen kann.

[21] *Baum*, in: Jahrbuch Menschenrechte 2000, S. 242; *Schaefer*, in: Baum/Riedel/ders., Menschenrechtsschutz in der Praxis der Vereinten Nationen, S. 57.

[22] Zur Geltung der Verfahrensregeln siehe oben § 7.III.A., S. 87.

[23] Siehe dazu oben § 5.II.A., S. 58.

rende Punkte sind insbesondere solche, die die Organisation der Sitzung betreffen, u.a.[24]:

- „Wahl der Amtsträger" (1. - *Election of officers*),
- „Verabschiedung der Tagesordnung" (2. - *Adoption of the agenda*),
- „Organisation der Sitzung" (3. - *Organization of the work of the session*) und
- „Entwurf für eine vorläufige Tagesordnung für die ...[nachfolgende] Sitzung und Bericht über die ... [gegenwärtige] Sitzung der Kommission an den Rat" (21. - *[a] Draft provisional agenda for the ... session of the Commission, [b] Report to the ECOSOC on the ... session of the Commission*).

Daneben existieren mehrere Punkte, die bereits seit mehreren Jahren oder Jahrzehnten auf der Tagesordnung stehen. Oft stellen diese immer wiederkehrenden Punkte die Grundlage für die verschiedenen Spezialverfahren der Kommission dar[25]. Hierzu zählen u.a. die Bereiche „Frage der Verletzung der Menschenrechte und Grundfreiheiten in der ganzen Welt ..." (9. - *Question of the violation of human rights and fundamental freedoms in any part of the world ...*) und „Beratungsdienste und technische Zusammenarbeit im Menschenrechtsbereich" (19. - *Advisory services and technical cooperation in the field of human rights*). Die ständige Wiederkehr dieser Punkte beruht regelmäßig auf einem entsprechenden Beschluß der Kommission, der in einigen Fällen ausdrücklich vom ECOSOC bestätigt wurde[26]. Damit ist kein Automatismus verbunden, die MRK wird aber durch die Aufnahme dieser Punkte in ihren Entwurf für die Tagesordnung der nächsten Sitzung die Beibehaltung sicherstellen.

Im übrigen spiegeln die Punkte die verschiedenen Bereiche der internationalen Menschenrechtsarbeit wider, die von der Kommission unter thematischen Gesichtspunkten zusammengefaßt und behandelt werden. Hierzu gehören beispielsweise:

- „Recht auf Selbstbestimmung ..." (5. - *The right of peoples to self-determination*),

---

[24] Die nachfolgende Numerierungen und die Bezeichnungen sind der vorläufigen Tagesordnung für die 56. Sitzung 2000 (E/CN.4/2000/1 [27.10.1999]) entnommen.

[25] Siehe hierzu unten § 10.IV., S. 142ff.

[26] So insbesondere der Tagesordnungspunkt „Frage der Verletzung der Menschenrechte und Grundfreiheiten ...", dessen ständiger Charakter von der Kommission mit Res. 8 (XXIII) beschlossen und vom ECOSOC mit Res. 1235 (XLII) ausdrücklich bestätigt wurde.

- „Rassismus, Rassendiskriminierung, Fremdenfeindlichkeit und alle Formen von Diskriminierung" (6. - *Racism, racial discrimination, xenophobia and all forms of discrimination*),

- „Recht auf Entwicklung" (7. - *The right to development*),

- „Wirtschaftliche, soziale und kulturelle Rechte" (10. - *Economic, social and cultural rights*),

- „Bürgerliche und politische Rechte" (11. *Civil and political rights*),

- „Einbeziehung der Frauenrechte ..." (12. *Integration of the human rights of women...*),

- „Rechte des Kindes" (13. *Rights of the child*)

- „Besondere Gruppen und Einzelpersonen: (a) Wanderarbeiter, (b) Minderheiten, (c) Massenauswanderungen und Heimatlose .... (14. - *Specific groups and individuals: (a) Migrant workers; (b) Minorities;(c) Mass exoduses and displaced persons ...*) und

- „Fragen betreffend Ureinwohner" (15. - *Indigenous issues*).

Neben diesen thematisch ausgerichteten Punkten finden sich solche mit Bezug auf einzelne Situationen in bestimmten Ländern, im Jahr 2000 beispielsweise die

- „Frage der Verletzung der Menschenrechte in den besetzten arabischen Gebieten, einschließlich Palästinas" (9. - *Question of the violation of human rights in the occupied Arab territories, including Palestine*) sowie die

- „Frage der Verletzung der Menschenrechte und Grundfreiheiten in der ganzen Welt, einschließlich: (a) der Frage der Menschenrechte in Zypern; ..." (9. - *Question of the violation of human rights and fundamental freedoms in any part of the world, including: (a) Question of human rights in Cyprus; ...*).

Als letzter Bereich von Tagesordnungspunkten lassen sich diejenigen zusammenfassen, die im weitesten Sinne die Rahmenbedingungen für die Durchsetzung der Menschenrechte betreffen. Hierzu sind zu zählen:

- „Förderung und Schutz der Menschenrechte: (a) Status der Menschenrechtspakte; (b) Menschenrechtsverteidiger; (c) Information und Ausbildung; (d) Wissenschaft und Umwelt." (17. - *Promotion and protection f human rights: (a) Status of the International Covenants on Human Rights;*

(b) Human rights defenders; (c) Information and Education; (d) Science and environment.),

- „Wirksames Funktionieren der Menschenrechtsmechanismen ...“ (18. - *Effective functioning of human rights mechanims...*)

sowie der schon genannte Punkt „Beratungsdienste und technische Unterstützung im Bereich der Menschenrechte”.

Die jährlich von der Kommission abzuarbeitende Agenda stellt sich somit als außerordentlich umfänglich dar. Allerdings läßt sie nur bedingt Rückschlüsse auf das tatsächliche Sitzungsgeschehen und dessen eigentliche Schwerpunkte zu[27]. Es ist jedoch damit ein Gerüst für die sechswöchige Sitzung vorgegeben.

[27] *Alston,* Commission on Human Rights, in: ders. (Hrsg.), The United Nations and Human Rights, S. 196.

§ 10. Tätigkeitsbereiche der Kommission

Sowohl die Befugnisnormen der Kommission als auch die jährliche Tagesordnung vermögen eine erste Idee vom Arbeitsfeld der Kommission zu geben. Gleichwohl sind die Ergebnisse nicht mehr als theoretische Antworten, die über ihre tatsächlichen Aktivitäten wie auch das von ihr schon Erreichte nur begrenzt Auskunft zu geben vermögen.

I. Tätigkeitsbereiche der Kommission und Kritik ihrer Einteilung

Ausgehend von einer äußerlichen Betrachtung der in der Zeit ihres Bestehens ausgeführten Aufgaben hat die MRK praktisch all ihre Bemühungen auf Aktivitäten in den folgenden Bereichen verwendet: die Aufbereitung und Verbreitung von Informationen zu Menschenrechten, die Erarbeitung neuer Rechtsnormen sowie der Schutz der Menschenrechte von Einzelnen und Personengruppen[1]. Sie kann so vor allem Menschenrechtsverletzungen untersuchen und konkrete Maßnahmen zur Umsetzung (Implementierung) der vorhandenen Menschenrechtsnormen ergreifen[2].

Demgemäß wird die Arbeit der Kommission nach einer weithin akzeptierten und übernommenen Einteilung von *Marie* zumeist in drei Phasen unterteilt, nämlich in 1.) Normschöpfung und -formulierung (*standard-setting / phase de redaction*) von 1947 bis 1954, 2.) Förderung der Menschenrechte (*promotion*) von etwa 1955 bis 1966 und schließlich 3.) Schutz der Menschenrechte mit dem Ausbau der Verfahren zur Behandlung schwerster Menschenrechtsverletzungen und ihrer Ausdifferenzierung seit etwa 1967[3].

Ein Vierteljahrhundert später läßt sich dieser Ansatz für eine Aufteilung, die nicht mehr als den jeweiligen Arbeitsschwerpunkt der Kommission wider-

---

[1] *Alston,* Commission on Human Rights, in: ders. (Hrsg.), The United Nations and Human Rights, S. 207f.

[2] *Baum*, in: Jahrbuch Menschenrechte 2000, S. 242; *Schaefer,* in: Baum/Riedel/ders., Menschenrechtsschutz in der Praxis der Vereinten Nationen, S. 57.

[3] *Marie,* S. 133f.; *Alston,* Critical Appraisal, in: ders. (Hrsg.), The United Nations and Human Rights, S. 3; *van Boven*, Bulletin of Peace Proposals 8 (1977), S. 199; *van Boven,* in: *Cassese* (Hrsg.), UN Law/Fundamental Rights, S. 121; *Schwelb/Alston*, in: Vasak (Hrsg.), The International Dimensions I, S. 251; *Farer,* HRQ 9 (1987), S. 568. Prinzipiell übereinstimmend auch *Riedel,* Menschenrechtskommission, in: Wolfrum (Hrsg.), Handbuch Vereinte Nationen, Rn. 5, der - nicht ganz einsichtig - eine vierte Phase ab etwa 1977 definiert, in der die Berücksichtigung wirtschaftlicher, sozialer und kultureller Rechte zunehmend an Bedeutung gewinne (ebenso *Farer*, *Schwelb/Alston*, ebd.).

spiegelt[4] und auch keine scharfen Trennlinien enthält[5], nicht mehr in dieser Form fortführen. Zunächst mag eine solche Unterteilung, soweit sie mit der Zeitschiene verbunden wird, die Illusion hervorrufen, daß beim Übergang zur nächsten Phase die Aufgaben der vorhergehenden gelöst, zumindest aber nicht mehr weiterverfolgt werden. Gerade dies ist aber nicht der Fall, vielmehr gehören alle drei Aufgabenfelder auch heute noch zur Tätigkeit der Kommission.

Zum zweiten ist die Bezeichnung der dritten Phase „Schutz der Menschenrechte" in vielerlei Hinsicht ungenau oder unzutreffend. Denn schon aus dem Charakter und der beschränkten Befugnis der Kommission wird deutlich, daß sie praktisch nicht wirksam zum Schutz vor Menschenrechtsverletzungen beitragen kann[6]. So ist die Bezeichnung „Schutz" aber bereits vom Schöpfer dieser vielzitierten Dreiteilung dahingehend konkretisiert worden, daß die MRK in dieser Zeit (1967) begonnen habe, sich für konkrete Menschenrechtsverletzungen zu interessieren[7]. Schon daraus wird deutlich, daß hiermit nicht ein effektiver Schutz vor Menschenrechtsverletzungen im Sinne ihrer Verhinderung durch verbindliche Beschlüsse gemeint sein kann. Auch ein Blick auf die der MRK zur Verfügung stehenden Instrumente erhellt, daß die 1967 einsetzende Behandlung von Menschenrechtsverletzungen prinzipiell nicht sehr viel mehr als die Förderung der Menschenrechtsidee in bezug auf eine konkrete Situation ist. Dies entspricht wiederum auch den Vorgaben in Art. 1 Abs. 3 und 55 lit. c) UN-Charta für die Befugnis der Kommission, nämlich der Beschränkung auf die Förderung der Menschenrechte[8].

Das eigentlich neue der 1967 beginnenden Arbeitsweise ist somit das Zurkenntnisnehmen und die Reaktion auf konkrete Menschenrechtsverletzungen, im Gegensatz zur vorher praktizierten allgemeinen, wenig situationsbezogenen Förderung der Gewährleistung der Menschenrechte[9]. Anstelle vom Schutz der Men-

---

4 So auch *Marie*, S. 134; *van Boven*, in: *Cassese* (Hrsg.), UN Law/Fundamental Rights, S. 121.

5 *Marie*, S. 134; *van Boven*, Bulletin of Peace Proposals 8 (1977), S. 199; *van Boven*, in: *Cassese* (Hrsg.), UN Law/Fundamental Rights, S. 121.

6 *Marie*, S. 67.

7 *Marie*, S. 134.

8 A.A. *M. Nowak*, NYIL 22 (1991), S. 42: mit der Entwicklung der einzelnen Verfahren sei klar der Schritt von der Förderung zum Schutz der Menschenrechte gegangen worden.

9 Diese Unterschiedung trifft auch *Alston*, Commission on Human Rights, in: ders. (Hrsg.), The United Nations and Human Rights, S. 181, der insofern aber den Begriff „Schutz" beibehält.

schenrechte ist daher besser von Reaktion auf Menschenrechtsverletzungen zu sprechen[10].

Nicht gefolgt werden soll im folgenden auch der zeitlichen Einteilung in die verschiedenen Phasen. Wenn auch der jeweilige Schwerpunkt einer Epoche damit zutreffend beschrieben wird, werfen derartige Kategorisierungen aus den genannten Gründen doch immer Zweifel auf. Im nachfolgenden sollen deshalb allein die verschiedenen Aspekte der Tätigkeit der Kommission ohne eine zeitliche Abgrenzung dargestellt werden. Dabei ist freilich zu berücksichtigen, daß es sich bei sämtlichen Aktivitäten der MRK um solche gehandelt hat, die mit denen der übrigen UN-Organe und ihrer Mechanismen in Beziehung standen oder stehen. Denn die drei genannten Schwerpunkte sind nicht ausschließlich der Tätigkeit der MRK zuzuordnen[11]. Im gesamten UN-Systems kommt es in der Aufgabenerfüllung immer zu Interaktionen, gegenseitigen Beeinflussungen und einer insgesamt doch gleichlaufenden Tätigkeit sämtlicher mit der Menschenrechtsfrage befaßten Organe. Deshalb haben auch Entwicklungen außerhalb der MRK, insbesondere solche der Unterkommission, oft direkte Auswirkung auf deren Tätigkeitsschwerpunkte.

II. Formulierung der Menschenrechte

Ein wesentlicher Schwerpunkt der Arbeit der Kommission von Anfang an war die Formulierung der Menschenrechtsnormen. Dies wurde auch ausdrücklich im Zuständigkeitskatalog aufgeführt[12]. Man konnte sich während der Gründungskonferenz für die UNO zwar nicht zur Aufnahme materieller Menschenrechtsnormen in die UN-Charta durchringen[13]. Auf Drängen vieler kleinerer Staaten

---

[10] Interessanterweise war es genau dieser Terminus, der als Ergänzung des Zuständigkeitskataloges 1967 von der Kommission vorgeschlagen wurde - siehe MRK, Res. 9 (XXIII), in: Report on the 23rd Session, E/4322, E/CN.4/949 (1967), Abs. 404; sowie unten § 15.II., S. 208 bei Fn. 50.

[11] Allgemein wendet auch *Riedel,* Menschenrechtskommission, in: Wolfrum (Hrsg.), Handbuch Vereinte Nationen, Rn. 5 die Einteilung in drei Phasen - sowie eine weitere -auf die gesamte Menschenrechtsarbeit der UN an.

[12] Siehe oben § 9.I., S. 107.

[13] *van Boven*, AEL IV-2 (1993), S. 37. Die ersten Entwürfe im amerikansichen *State Department* sahen die Inkorporierung von Menschenrechtsnormen in die Charta vor - *Tolley*, The U.N. Commission on Human Rights, S. 19. Der Gründungskonferenz der UN in San Francisco lag ein Vorschlag Panamas vor, eine „Deklaration der wesentlichen Menschenrechte" als Anhang zur UN-Charta zu verabschieden - Documentation for Meetings of Committee I/1, Doc. 215, I/1/10 (11.05.1945), S. 17-22, in: UNCIO VI, S. 527 (546ff.); *Alston,* Commission on Human Rights, in: ders. (Hrsg.), The United Nations and Human

wurde jedoch zumindest an prominenten Stellen in der Satzung pauschal auf „Menschenrechte“ und „Grundfreiheiten" verwiesen. Die nähere Ausfüllung dieser offensichtlichen (Definitions-) Lücke blieb den Organen der neuen Weltorganisation, insbesondere der explizit vorgesehenen Menschenrechtskommission vorbehalten[14].

A. Die internationale Menschenrechtscharta

Über die Ausfüllung dieser Lücke bestand freilich keine Einigkeit. Bereits auf der Konferenz von San Francisco hatte der amerikanische Präsident *Truman* die Forderung nach einem internationalen Menschenrechtsdokument unterstützt[15]. Die Mitgliedstaaten kamen überein, zuerst in Form einer feierlichen, aber unverbindlichen Deklaration der Generalversammlung gewissermaßen eine Zielvorgabe zu erstellen[16]. Den zweiten Schritt sollte eine völkerrechtliche Konvention mit verbindlichen Inhalten bilden, die schließlich durch einen Durchsetzungsmechanismus ergänzt werden sollte. Dieser Normkomplex würde in seiner Gesamtheit eine Internationale Menschenrechtscharta (*International Bill of Human Rights - Charte des droits de l'homme*) bilden, die die in der UN-Charta offengelassenen Menschenrechtsfragen hinreichend detailliert regelt und mit einem Verfahren zu ihrer Durchsetzung letztendlich effektiv ausgestaltet.

Rights, S. 127; *Tolley*, The U.N. Commission on Human Rights, S. 19; *van Boven*, NILR 15 (1968), S. 374.

Der für diese Frage zuständige Unterausschuß I/1/A der San Francisco-Konferenz wies den Vorschlag „...schon aus Zeitgründen ..." zurück, mit dem Hinweis, daß die Generalversammlung nach ihrem Zusammentritt besser in der Lage sei, diese Frage zu behandeln - Bericht der Unterkommission I/1/A der San Francisco-Konferenz, Doc. 723 I/1/A/19 (01.06.1945), in: UNCIO VI, S. 696 (705).

14 So überwies die Generalversammlung auf ihrer ersten Sitzung den Entwurf für eine Erklärung grundlegender Menschenrechte und -freiheiten dem ECOSOC mit dem Auftrag, diese der Kommission zuzuleiten - Res. 43 (I) von 1946.

15 Address by the President of the United States of America at the Closing Plenary Session..., San Francisco, June 26, 1945, S. 6, in: UNCIO I, S. 713 (717).

16 Vgl. den Wortlaut der Präambel der AEMR „das von allen Völkern zu erreichende Ideal“. Diese Übersetzung ist allerdings insoweit irritierend, als es in der englischen Originalfassung heißt: „*...as a common standard of achievement for all peoples and all nations...* " Auch die deutsche Fassung sollte daher eher im Sinne von „Standard“ verstanden werden - vgl. *Partsch,* Hoffen auf Menschenrechte, S. 45.

Die Menschenrechtskommission war das Organ, das mit der Erfüllung dieser Aufgabe beauftragt werden sollte[17]. Entsprechend taucht der Terminus *International Bill of Rights* erstmals im Zuständigkeitskatalog der Kommission (ECOSOC-Res. 5 [I] vom 16.02.1946) in einem offiziellen Dokument auf. Er knüpft in seiner Benennung unmittelbar an die ersten Dokumente der Grund- und Menschenrechte, die englische *Bill of Rights* von 1689 und die *Virginia Bill of Rights* aus dem Jahre 1766, an[18]. Die MRK selbst erarbeitete sich auf ihrer zweiten Sitzung 1947 dann ein praktisch bis heute gültiges Verständnis dieses Begriffs. Danach besteht die internationale Menschenrechtscharta aus folgenden drei Dokumenten: einer feierlichen (aber unverbindlichen) Deklaration, der späteren AEMR, einer verbindlichen Konvention, verwirklicht in Form der beiden Menschenrechtspakte IPbpR und IPwskR, und schließlich einem Implementierungsmechanismus, d.h. dem im 1. Fakultativprotokoll vorgesehenen Verfahren[19]. Zum Teil wird der Begriff in einem weiteren Sinne verstanden als der heute durch zahlreiche verbindliche und unverbindliche Dokumente zu Einzelfragen des Menschenrechtsschutzes ergänzte Komplex sämtlicher universeller Menschenrechtsdokumente[20]. Allerdings ist diese weite Konzeption zum einen nur wenig verbreitet. Der Begriff besitzt zudem einen konkreten historischen Bezugspunkt aus den Anfängen der Menschenrechtsbemühungen in der UNO und ist auch im Zuständigkeitskatalog der MRK gerade von sonstigen menschenrechtsrelevanten Dokumenten abgegrenzt. Dieses weite Verständnis würde insoweit allenfalls irritierend sein[21]. Da die Gründungsstaaten der UNO für die damit anstehende Entwurfsarbeit bereits in San Francisco die durch den ECOSOC einzurichtende

---

[17] *van Boven*, in: *Cassese* (Hrsg.), UN Law/Fundamental Rights, S. 121. Versuche, insbesondere des Vertreters Panamas, die von ihm bereits in San Francisco eingebrachte Menschenrechtscharta auf der ersten Sitzung durch die Generalversammlung verabschieden zu lassen, schlugen nach einer Intervention der späteren amerikanischen Delgierten in der MRK, *E. Rossevelt*, fehl - *Humphrey*, Human Rights and the United Nations, S. 14.

[18] *Hoare*, in: Luard (Hrsg.), The International Protection, S. 65.

[19] *Humphrey*, Human Rights and the United Nations, S. 26; *Marie*, S. 142f.; *Hoare*, in: Luard (Hrsg.), The International Protection, S. 66; *von Kyaw*, VN 1976, S. 104; *Riedel*, in: Baum/ders./Schaefer (Hrsg.), Menschenrechtsschutz in der Praxis der Vereinten Nationen, S. 25; *Sohn*, Int'l. Studies Quarterly 23 (1979), S. 187; *Tomuschat*, VN 1976, S. 167; *Farer*, HRQ 9 (1987), S. 556.

[20] *Riedel*, in: Baum/ders./Schaefer (Hrsg.), Menschenrechtsschutz in der Praxis der Vereinten Nationen, S. 25; *Sohn*, Int'l. Studies Quarterly 23 (1979), S. 187; *Tomuschat*, VN 1976, S. 167.

[21] Eine klare Trennung nimmt auch *van Boven*, AEL IV-2 (1993), S. 38f. vor.

MRK ausersehen hatten[22], war deren anfängliches Arbeitsprogramm klar vorgegeben. Schon allein deshalb widmete sie sich in den ersten Jahren ihres Bestehens überwiegend Entwurfsarbeiten, ja diese stellten ihre Hauptaufgabe dar[23].

Am Anfang stand dabei die schon erwähnte „Allgemeine Erklärung der Menschenrechte“[24]. Der Direktor der Menschenrechtsabteilung im Sekretariat, *John Humphrey*, hatte hierfür einen ersten Entwurf erstellt, der Grundlage der Diskussionen in einem schließlich achtköpfigen Entwurfausschuß der MRK bildete[25]. Die gesamte Kommission verabschiedete bereits auf ihrer dritten Sitzung 1948 auf der Grundlage der Empfehlungen des Ausschusses einen abschließenden Entwurf[26]. Der ECOSOC überwies diesen Entwurf, zu dem auch die Unterkommission Artikel beigesteuert hatte[27], schließlich ohne tiefgehende Diskussion im September 1948 an den III. Hauptausschuß der Generalversammlung[28]. Nach schwierigen Auseinandersetzungen in diesem Gremium wurde der Entwurf schließlich am 08.12.1948 an das Plenum weitergeleitet, wo er zwei Tage später endgültig verabschiedet wurde[29].

---

[22] *Humphrey*, in: FS Cassin, S. 112; *Alston*, Commission on Human Rights, in: ders. (Hrsg.), The United Nations and Human Rights, S. 127. Freilich ist damit nicht gesagt, daß das *standard-setting* im Bereich Menschenrechte allein im Verantwortungsbereich der MRK lag (*Tolley*, The U.N. Commission on Human Rights, S. 19).

[23] *Buergenthal*, International Human Rights, S. 80; *Khol*, Zwischen Staat und Weltstaat, S. 136, *Alston*, Commission on Human Rights, in: ders. (Hrsg.), The United Nations and Human Rights, S. 129; vgl. auch *Hoare*, in: Luard (Hrsg.), The International Protection, S. 66 sowie *Boekle*, APuZ, B 46-47/98, S. 8. Hieraus folgt auch die etwas abschätzige Beurteilung, die MRK sei wenig mehr als ein Entwurfsausschuß der Generalversammlung - *Humphrey*, in: FS Cassin, S. 111.

[24] Siehe ausführlich zur Entstehungsgeschichte der Erklärung und zur Rolle der MRK hierbei *Marie*, S. 137-151.

Auf die Besonderheiten der AEMR im Zusammenhang mit dem unten zu erörternden 1503-Verfahren ist dort noch einzugehen - vgl. § 24.I.C.1., S. 398.

[25] *Tolley*, The U.N. Commission on Human Rights, S. 20; *Marie*, S. 139.

[26] *Tolley*, The U.N. Commission on Human Rights, S. 20; *Marie*, S. 145-147.

[27] *Haver*, ColumbJTL 21 (1982), S. 106f. Es handelt sich um einen nicht übernommenen Artikel betreffend den Minderheitenschutz sowie ein weitgehend übernommenes Diskriminierungsverbot.

[28] *Tolley*, The U.N. Commission on Human Rights, S. 20; *Marie*, S. 149.

[29] Resolution 217 A (III) der Generalversammlung vom 10.12.1948, in: A/810 (December 1948), S. 77; *Tolley*, The U.N. Commission on Human Rights, S. 20.

Anschließend konzentrierte sich die Kommission auf den zweiten Bestandteil der Internationalen Menschenrechtscharta, einem verbindlichen Vertragswerk[30]. Die Arbeit hieran zog sich für die Kommission bis zum Jahre 1954 hin, als sie der Generalversammlung, die zwischenzeitlich eine Berücksichtigung der wirtschaftlichen, sozialen und kulturellen Rechte angemahnt hatte[31], abschließend ihr Ergebnis vorlegte[32]. Es ist bekannt, daß sich die internationale Staatengemeinschaft, wie sie in der Generalversammlung zusammentraf, infolge zunehmender Ost-West-Spannungen und der Entkolonialisierung[33] erst im Jahre 1966 auf die nunmehr zwei internationalen Pakte einigte[34]. Dies war jedoch weniger der Kommission, sondern den in der Generalversammlung aufkommenden Streitigkeiten über Umfang und Inhalt der Dokumente geschuldet[35]. Bezeichnend ist dabei, daß Entscheidungen über wesentliche politische Streitpunkte im Zusammenhang mit dem Vertragswerk, wie beispielsweise die Aufteilung auf zwei Pakte[36], der Verzicht auf die sonst übliche Territorial- und Kolonialklausel[37] oder die Anerkennung des Selbstbestimmungsrechtes der Völker, nicht von der Kommission, sondern in der Generalversammlung entschieden wurden[38].

Andere menschenrechtlich relevante Texte, die im Rahmen der UNO in deren Frühphase beschlossen wurden, entstanden ohne jegliche Mitwirkung der

---

30 *Riedel,* in: Baum/ders./Schaefer, Menschenrechtsschutz in der Praxis der Vereinten Nationen, S. 25.

31 Generalversammlung, Res. 421 E (V) vom 04.12.1950, Abs. 7, lit. (a); *Marie,* S. 160f

32 *Alston,* Commission on Human Rights, in: ders. (Hrsg.), The United Nations and Human Rights, S. 131; *Schwelb/Alston*, in: Vasak (Hrsg.), The International Dimensions I, S. 245; *Hoare*, in: Luard (Hrsg.), The International Protection, S. 66; *Partsch,* Hoffen auf Menschenrechte, S. 72; *Tolley*, The U.N. Commission on Human Rights, S. 24. Ausführlich zur Entstehungsgeschichte der beiden Pakte auf der Ebene der MRK *Marie,* S. 151-169.

33 *van Boven*, AEL IV-2 (1993), S. 38.

34 Es handelte sich dabei um den Internationalen Pakt über bürgerliche und politische Rechte (IPbpR) und den Internationalen Pakt über wirtschaftliche, soziale und kulturelle Rechte (IPwskR), beide vom 19.12.1966.

35 Siehe zu diesen Streitfragen ausführlich *Tolley*, The U.N. Commission on Human Rights, S. 24-29.

36 Vgl. *Partsch* in: Simma (Hrsg.), Charta der Vereinten Nationen, Art. 55 (c), Rn. 39.

37 Siehe hierzu *Partsch* in: Simma (Hrsg.), Charta der Vereinten Nationen, Art. 55 (c), Rn. 15f.

38 *Humphrey,* in: FS Cassin, S. 112; *Alston,* Commission on Human Rights, in: ders. (Hrsg.), The United Nations and Human Rights, S. 131, vgl. auch *Schwelb/Alston*, in: Vasak (Hrsg.), The International Dimensions I, S. 245.

MRK. So fand die Kommission wegen der zeitgleich stattfindenden und für sie vordringlichen Arbeiten an der AEMR keine Zeit, zu dem im gleichen Jahr vorliegenden Entwurf der Völkermordkonvention Stellung zu nehmen[39]. Ebensowenig war die MRK in die Entwurfsarbeiten für Verträge betreffend die Rechte der Frau und den Menschenhandel einbezogen worden[40].

B. Weitere Projekte

An der überwiegenden Mehrzahl der Entwürfe für weitere Dokumente im Bereich des internationalen Menschenrechtsschutzes war die Kommission jedoch maßgeblich beteiligt. Nachdem die Normsetzung in der UNO seit Mitte der fünfziger Jahre infolge der Vorbehalte der USA zunächst weitgehend ruhte[41], profilierte sich die Kommission vor allem ab etwa 1961 wieder verstärkt als Entwurfsgremium. Dabei ergriff sie allerdings selten die Initiative, auch gelang es ihr kaum, politisch heikle Fragen zu lösen[42]. Zu den Texten, an deren Erarbeitung sie mitwirkte gehörten vor allem die Deklaration und das Übereinkommen zur Beseitigung jeglicher Form von Rassendiskriminierung[43], die Deklaration und Kon-

---

39 CHR, Report on the 3rd Session, E/800 (28.06.1948), Abs. 24; *Rudolf,* S. 21; *Marie,* S. 169.

40 *Alston,* Commission on Human Rights, in: ders. (Hrsg.), The United Nations and Human Rights, S. 132 m.w.N.; *Rudolf,* S. 21. Andererseits ignorierte die Kommission aber auch Anfragen der Generalversammlung betreffend eine Kodifikation des Selbstbestimmungsrechts der Völker - *Alston,* ebd., S. 130.

41 *Rudolf,* S. 21 Fn. 62. Zum Einfluß der Diskussion um das *Bricker amendment* und der entsprechenden amerikanischen Haltung zu Menschenrechtsfragen auf die Arbeit der MRK siehe unten sub. III A. bei Fn. 67, S. 128.

42 *Alston,* Commission on Human Rights, in: ders. (Hrsg.), The United Nations and Human Rights, S. 134f. In diesen Zeitraum fallen die Arbeiten an einer Deklaration über die Abschaffung jeglicher Form der Rassendiskriminierung - verabschiedet 1963 als Generalversammlung-Res. 1904 (XVII) - und die nachfolgende Konvention zum selben Gegenstand - 1965 als Res. 2106 (XX) beschlossen - sowie an der Deklaration zum Thema religiöse Intoleranz, für die ein Entwurf bereits 1964 an die Generalversammlung weitergeleitet worden war, dort aber erst 1981 verabschiedet wurde (Generalversammlung, Res. 36/55). Weitere bedeutende Menschenrechtsinstrumente, an denen die MRK mitarbeitete, waren u.a. die Anti-Apartheid-Konvention von 1973 - Res. 3068 (XXVIII) - und 1975 die Deklaration gegen Folter... - Res. 3452 (XXX). Vgl. zum ganzen *Schwelb/Alston,* in: Vasak (Hrsg.), The International Dimensions I, S. 147f. und *Hoare,* in: Luard (Hrsg.), The International Protection, S. 77f.; *Tolley,* The U.N. Commission on Human Rights, S. 83-87.

43 Siehe hierzu ausführlich *Marie,* S. 218ff. Ausgangspunkt der Arbeit hieran war die Bitte der Generalversammlung in Res. 1780 (XVII) vom 07.12.1962.

vention zur Bekämpfung religiöser Intoleranz[44] sowie Deklarationen über Rechte des Kindes[45] und das Recht auf Asyl[46]. Seit Beginn der siebziger Jahre ließ die Arbeitsintensität in diesem Bereich spürbar nach[47]. Erst gegen Ende der siebziger Jahre trat die Kommission in eine neue, produktivere Phase der Normsetzung ein, wobei sie allerdings längst das diesbezügliche Monopol verloren hatte: auch die Generalversammlung und insbesondere die Unterkommission trugen in dieser Frage wichtiges bei[48].

Auch heute noch hat das *standard- setting* seinen festen Platz in der Arbeit der MRK, wenn auch in bescheidenerem Umfang[49]. So hat sich die Arbeit seit Beginn der neunziger Jahre auf einzelne Spezialbereiche verlagert. Verstärkt wird zudem auf die Vorarbeit einer jeweils dazu einberufenen Arbeitsgruppe zurück-

---

[44] Vgl. *Marie,* S. 221-224. Die Arbeit an diesen Instrumenten beruhte auf einer Anfrage der Generalversammlung in Res. 1781 (XVII) vom 07.12.1962.

[45] *Humphrey*, in: FS Cassin, S. 112; *Alston,* Commission on Human Rights, in: ders. (Hrsg.), The United Nations and Human Rights, S. 133; *Schwelb/Alston*, in: Vasak (Hrsg.), The International Dimensions I, S. 246; *Hoare*, in: Luard (Hrsg.), The International Protection,S. 76; *Tolley*, The U.N. Commission on Human Rights, S. 44f.; *Marie,* S. 225 Dabei handelte es sich um einen Entwurf der UNO - Sozialkommission, der 1950 an die MRK zur Begutachtung zugeleitet wurde, dort aber erst 1957 und 1959 behandelt, anschließend über den ECOSOC an die Generalversammlung weitergeleitet und von dieser im gleichen Jahr als Res. 1386 (XIV) vom 20.11.1959 verabschiedet wurde - vgl. *Schwelb/Alston*, *Tolley*, und *Hoare* ebd.

[46] *Humphrey*, in: FS Cassin, S. 112; *Alston,* Commission on Human Rights, in: ders. (Hrsg.), The United Nations and Human Rights, S. 133; *Schwelb/Alston*, in: Vasak (Hrsg.), The International Dimensions I, S. 246; *Hoare*, in: Luard (Hrsg.), The International Protection, S. 77; *Marie,* S. 225. Der Entwurf dieser Deklaration geht auf einen Vorschlag Frankreichs im Jahre 1956 zurück, wurde zwischen 1957 und 1960 in der MRK diskutiert, dann an den ECOSOC weitergeleitet, aber erst 1967 von der Generalversammlung als Res. 2312 (XXII) verabschiedet - *Alston, Hoare* und *Schwelb/Alston* ebd.; *Marie,* S. 226.

[47] *Alston,* Commission on Human Rights, in: ders. (Hrsg.), The United Nations and Human Rights, S. 131.

[48] *Alston,* Commission on Human Rights, in: ders. (Hrsg.), The United Nations and Human Rights, S. 135f. Auf der anderen Seite kam es seit 1977 zur Erarbeitung des Übereinkommens gegen Folter (CAT), das das erste Menschenrechtsinstrument sein sollte, das allein innerhalb der MRK, also ohne Mithilfe anderer Organe, ausgearbeitet wurde - *Rudolf,* S. 21.

[49] *Riedel,* in: Baum/ders./Schaefer, Menschenrechtsschutz in der Praxis der Vereinten Nationen, S. 25; *Alston,* Commission on Human Rights, in: ders. (Hrsg.), The United Nations and Human Rights, S. 130, *Boekle*, APuZ, B 46-47/98, S. 8.

gegriffen[50]. Es zeigt sich aber auch - recht deutlich in den Jahren nach der Wiener Menschenrechtskonferenz, die 1993 noch einen ganzen Katalog von verbleibenden Kodifikationsaufgaben zusammengestellt hatte[51] -, daß es schwieriger geworden ist, einen globalen Konsens für die Formulierung von Menschenrechtsnormen zu finden[52].

Ein möglicher Grund hierfür ist, daß die Aufgabe „Normsetzung" *qua natura* prinzipiell eine endliche ist[53]. Zwar kann im Menschenrechtsbereich vereinzelt zusätzlicher Bedarf für die Normierung und Kodifizierung neuer Fragestellungen entstehen. Beispiele hierfür sind die jüngst von der Kommission erarbeitete Deklaration zum Schutz der Menschenrechtsverteidiger[54] oder betreffend die Rechte der Urbevölkerung. Zudem ist es durchaus angezeigt, zur Verstärkung des Schutzniveaus bereits bestehender Instrumente erneut in den Normsetzungsprozeß einzutreten, was zuletzt die zwei Zusatzprotokolle zur materiellen Ausweitung der Kinderrechtskonvention[55] oder das Fakultativprotokoll zur Ergänzung des Übereinkommens gegen Folter (CAT) zu ihrer verbesserten Durchsetzung gezeigt haben[56]. Es ist aber angesichts der großen Zahl vorhandener Deklaratio-

---

[50] *Alston,* Commission on Human Rights, in: ders. (Hrsg.), The United Nations and Human Rights, S. 131; Report of the Bureau of the fifty-fourth Session of the Commission on Human Rights..., E/CN.4/1999/104 (23.12.1998), Abs. 57. Diese Entwicklung begann im wesentlichen bereits in den achtziger Jahren - *Tolley,* The U.N. Commission on Human Rights, S. 135.

[51] Vgl. nur: Vienna Declaration and Programme of Action, A/Conf.157/23 (12.07.1993), Abs. 28, 38, 40, 61, 65, 75, 92, 94; dazu *M. Nowak,* in: Amnesty International (Hrsg.), Menschenrechte im Umbruch, S. 95.

[52] *M. Nowak,* in: Amnesty International (Hrsg.), Menschenrechte im Umbruch, S. 95.

[53] Vgl. in diesem Zusammenhang die bereits 1969 getroffene Aussage *Humphreys,* daß die Aufgabe der Normsetzung weitgehend abgeschlossen sei und sich die Kommission nun verstärkt der Implementierung widmen sollte (*Humphrey*, in: FS Cassin, S. 113).

[54] Eine entsprechende Deklaration wurde von der MRK nach Zuarbeit einer Arbeitsgruppe 1998 erarbeitet (Res. 1998/7 vom 03.04.1998, in: Report on the 54th session, E/1998/23, E/CN.4/1998/177 [30.03.1998], sub. II. A., sowie Resolutionsentwurf I, sub. I. A.) und nach Weiterleitung durch den ECOSOC (Res. 1998/33 vom 30.07.1998) im gleichen Jahr aus Anlaß des fünfzigjährigen Bestehens der AEMR von der Generalversammlung verabschiedet - Res. 53/144 vom 09.12.1998; vgl. *Schaefer,* in: Baum/Riedel/ders., Menschenrechtsschutz in der Praxis der Vereinten Nationen, S. 79; *Boekle*, APuZ, B 46-47/98, S. 8 Fn. 16.

[55] *Baum*, in: Jahrbuch Menschenrechte 2000, S. 246; *Schaefer,* in: Baum/Riedel/ders., Menschenrechtsschutz in der Praxis der Vereinten Nationen, S. 79.

[56] *Baum*, in: Jahrbuch Menschenrechte 2000, S. 246. Vgl. MRK, Res. 1998/34 vom 17.04.1998 in: Report on the 54th session, E/1998/23, E/CN.4/1998/177 [30.03.1998], sub. II. A., sowie Resolutionsentwurf III, sub. I. A.

nen, Verträge und sonstiger Instrumente Behutsamkeit vonnöten. Durch weitere, zunehmend umstrittene Projekte internationaler Normsetzung wird die schon bestehende Gefahr noch verstärkt, daß es zu einer Inflation der Normen bei gleichzeitigem Verlust ihrer Wirkungskraft kommt. Allerdings arbeitet die Kommission im Bereich der Normsetzung - und dies verdient besondere Betonung - regelmäßig nicht aus eigener Initiative, sondern im Auftrag und auf Bitten der Generalversammlung oder des ECOSOC. Insofern hat das Gremium selbst nur begrenzten Einfuß auf Umfang und auch Zweckmäßigkeit der jeweiligen Arbeiten.

Die Bewertung der Arbeit der Kommission im Bereich der Normsetzung fällt keineswegs einheitlich aus. Teilweise wird sie für Gründlichkeit und Expertise ihrer Arbeit gelobt. Kritisiert wird andererseits ihr fortwährendes Streben nach Konsens[57]. Generell gilt insofern, daß naturgemäß die Formulierung von nicht verbindlichen Standards wesentlich erfolgreicher war als in den Fällen, in denen bindende Konventionen in Frage standen[58]. Dies wird allein daran deutlich, daß zu einem bestimmten Thema die jeweiligen Deklarationen wesentlich eher verabschiedet wurden als der parallel erarbeitete verbindliche Vertrag[59]. Ungeachtet dessen hat die Kommission besonders in ihren frühen Jahren einen wertvollen Beitrag zum Normsetzungsprozeß in der UNO geleistet. Die Zeit der großen Kodifikationsarbeiten ist insoweit vorbei, nur einzelne Projekte sind weiter zu verfolgen. Dringlichere Aufgaben haben sich seither für die Kommission im Bereich der Implementation und der Reaktion auf aktuelle Menschenrechtsverletzungen gestellt[60].

III. Förderung der Menschenrechte

Ein weiterer Aufgabenschwerpunkt der MRK fällt unter das Stichwort *Promotion*, was sich - bezogen auf seinen Sinngehalt - mit „Förderung" nur unzureichend übersetzen läßt. Es umfaßt die Verbreitung der Menschenrechtsidee als Ganzes, und zwar sowohl auf einer eher abstrakten Ebene, wie auch in bezug auf konkrete Bestimmungen zu ihrem Schutze.

---

[57] *Alston,* Commission on Human Rights, in: ders. (Hrsg.), The United Nations and Human Rights, S. 137 m.w.N., allerdings mit dem Hinweis, daß trotz der Suche nach Einstimmigkeit keinesfalls immer nur der niedrigste Standard im Ergebnis beschlossen wurde - ebd. S. 138.

[58] So ausdrücklich für die Arbeit der Unterkommission: *Eide,* in: Alston (Hrsg.), The United Nations and Human Rights, S. 243.

[59] S.o. Text bei Fn. 34 sowie zu den Spezialkonventionen in Fn. 42.

[60] Vgl. *Flood,* S. 41.

A. Der Ursprung der Förderungsaktivitäten

Der Beginn dieser Aktivitäten, die kurz als „Appell an den guten Willen der Staaten" umschrieben werden können[61], fällt in die frühen fünfziger Jahre. Ein Grund hierfür ergibt sich aus allgemeinen Erwägungen. Nach dem - vorläufigen - Abschluß der Formulierungsarbeiten bestand die Notwendigkeit, die Menschenrechtsidee als solche sowie die Inhalte und Garantien der einzelnen Menschenrechte zu verbreiten und ihre Akzeptanz zu fördern, um letzten Endes eine wirkliche Umsetzung zu erreichen. Das Wissen hierüber ist nicht nur bei den Inhabern der Rechte, sondern viel dringlicher noch bei den Adressaten, also den Angehörigen von Verwaltung, Militär und Justiz, eine Grundvoraussetzung für deren Gewährleistung[62]. Die Verbreitung der Kenntnis von Menschenrechten steht insoweit am Anfang jeglicher Durchsetzung und ist zugleich wesentliche Voraussetzung und wirksame Methode hierzu[63]. Ansatzpunkt der Förderungsaktivitäten war daher nicht die Reaktion auf geschehene oder unmittelbar bevorstehende Verletzungen, vielmehr sollten diese Aktivitäten eher vorbeugender Art und auf die Zukunft gerichtet sein[64].

Dieser eher theoretisch fundierte Begründungsansatz wurde faktisch von den realpolitischen Hintergründen überlagert, die den eigentlichen Ausgangspunkt für die Förderungsaktivitäten bildeten. Denn noch immer waren die Staaten kaum bereit zu einer völkerrechtlich verbindlichen Beschränkung ihrer Souveränität im Hinblick auf die Behandlung ihrer Bürger. Anfang der fünfziger Jahre war die Begeisterung der Regierungen für einen effektiven internationalen Menschen-

---

[61] *Marie,* S. 179.

[62] *Kelsen,* The Law of the United Nations, S. 39; vgl. auch *Eide,* in: Alston (Hrsg.), The United Nations and Human Rights, S. 245 und *Vasak,* in: ders., The International Dimensions I, S. 216, der zu Recht zu bedenken gibt, daß anderenfalls das Ergebnis von Menschenrechtsaktivitäten die - insbesondere in Lateinamerika gut bekannten - *blue-sky laws* seien, also Gesetze ohne Aussicht auf eine effektive Anwendung.

[63] *Fawcett,* in: Menschenrechte im Staatsrecht und im Völkerrecht, S. 260, 268; *Vasak,* in: ders., The International Dimensions I, S. 216; *Cassin,* S. 22 mit dem Hinweis, daß die Bildung - und so auch das Wissen um die Menschenrechte - auch von der AEMR an erster Stelle genannt sind. Also lasse sich schon aus dem Programm der AEMR der Auftrag zur Verbreitung der Menschenrechtskenntnis entnehmen - *Cassin,* ebd. *Alston* weist darauf hin, daß die amerikanische Kommissionsdelegierte *E. Roosevelt* die Hauptaufgabe der MRK als eine erziehende, lehrende (*educational*) ansah - *Alston,* Commission on Human Rights, in: ders. (Hrsg.), The United Nations and Human Rights, S. 129.

[64] *Vasak,* in: ders., The International Dimensions I, S. 216.

rechtsschutz spürbar zurückgegangen[65]. Die bitteren Erfahrungen des II. Weltkrieges lagen immer weiter zurück und der Kalte Krieg lähmte die internationale Bereitschaft, Fortschritte in bezug auf die Menschenrechte anzustreben[66]. In den Vereinigten Staaten kam es nach der Wahl *Eisenhowers* zum Präsidenten und im Zusammenhang mit dem vorgeschlagenen *Bricker Amendment*[67] zu einem Umschwung in der Einstellung zu einer verbindlichen internationalen Behandlung von Menschenrechtsfragen. Dies gipfelte in der Aussage der US-Regierung, daß man den geplanten Menschenrechtspakten auch in Zukunft nicht beitreten würde[68]. Es war deutlich geworden, daß einem internationalen Menschenrechtsschutz allenfalls bescheidene Fortschritte zugestanden würden, nämlich zunächst nur durch die wenig konkrete „Förderung“ der Menschenrechte[69]. Die unmittelbare Folge dieses Richtungswechsels der Vereinigten Staaten gab jedoch den Ausschlag für die verstärkte Bildungs- und Förderungsarbeit der Kommission. Auf der Sitzung 1953 brachte die neu ernannte amerikanische Vertreterin drei Resolutionsentwürfe ein, die die Grundlage für das sog. „Aktionsprogramm” bildeten[70]. Vorgesehen waren darin 1.) ein jährliches Berichtsverfahren über die

---

[65] So auch *Marie,* S. 179; *van Boven,* in: *Cassese* (Hrsg.), UN Law/Fundamental Rights, S. 122.

[66] Vgl. *Alston,* Commission on Human Rights, in: ders. (Hrsg.), The United Nations and Human Rights, S. 181.In engem Zusammenhang damit stand 1951 der Versuch, die beiden Unterkommissionen der MRK aufzulösen - hierzu oben § 6.I., S. 67.

[67] Inhalt dieser vorgeschlagenen Verfassungsergänzung war, es den USA von Verfassungs wegen zu untersagen, Verträge abzuschließen, die einer wie auch immer gearteten internationalen Organisation es erlaubten, Rechte von US-Bürgern zu überwachen, zu kontrollieren oder festzulegen: „...Sec. 2. No treaty shall authorize or permit any foreign power or any international organization to supervise, control or adjudicate rights of citizens of the United States within the United States enumerated in this Constitution or any other matter essentially within the domestic jurisdiction of the United States...“ Obwohl auch ein abgeschwächter Entwurf letztendlich 1954 die erforderliche Zweidrittelmehrheit um eine Stimme verfehlte, blieb doch insgesamt die Einstellung der USA zu internationalen Organisationen im allgemeinen und Menschenrechtsfragen im besonderen nachhaltig beeinflußt - siehe hierzu ausführlich *Sohn/Buergenthal,* S. 948-963 sowie im Überblick *Tolley*, The U.N. Commission on Human Rights, S. 29.

[68] *Moskowitz,* S. 65; *Schwelb/Alston,* in: Vasak (Hrsg.), The International Dimensions I, S. 278f.; *van Boven,* in: *Cassese* (Hrsg.), UN Law/Fundamental Rights, S. 133 (Anm. 8); vgl. auch *Alston,* Commission on Human Rights, in: ders. (Hrsg.), The United Nations and Human Rights, S. 181.

[69] *Marie,* S. 179f.

[70] *Moskowitz,* S. 65; *Hoare,* in: Luard (Hrsg.), The International Protection, S. 79; *Alston,* Commission on Human Rights, in: ders. (Hrsg.), The United Nations and Human Rights, S. 182; *M. Nowak,* NYIL 22 (1991), S. 40; *Schwelb/Alston,* in: Vasak (Hrsg.), The

Erfolge der Umsetzung der Menschenrechte in den Staaten, 2.) die Durchführung von Spezialstudien zu einzelnen Menschenrechtsfragen und 3.) Beratungsdienste für Staaten zur Umsetzung der Menschenrechte[71]. Einzelne Elemente dieses Maßnahmenkatalogs wurden bereits 1953 von der Generalversammlung verabschiedet[72], das gesamte Programm (technische Unterstützung, Berichtsverfahren, spezifische Studien) wurde schließlich bis 1955 in der Kommission ausgearbeitet[73]. Nach Weiterleitung durch den ECOSOC bestätigte die Generalversammlung im gleichen Jahr zunächst die Beratungsdienste[74] und 1956 dann die beiden anderen Bestandteile[75]. Die Administration bzw. Durchführung der Förderungsaktivitäten bildeten den Hauptgegenstand der Kommissionssitzungen bis 1966[76].

B. Das Berichtsverfahren

Art. 64 Abs. 1 UN-Charta ermächtigt den ECOSOC, von den Mitgliedstaaten Berichte über die Umsetzung von Empfehlungen innerhalb seines Zuständigkeitsbereiches zu erhalten. Ein allgemeines Berichtssystem war dementspre-

---

International Dimensions I, S. 278f.; *Tolley*, The U.N. Commission on Human Rights, S. 34; *Marie*, S. 180.

[71] United States of America: Draft Resolution on Annual Reports, E/CN.4/L.266/Rev.2 (28.05.1053), Draft Resolution on Advisory Services, E/CN.4/267/Rev.1 (18.05.1953); Draft Resolution on Specific Aspects of Human Rights, E/CN.4/268 (07.05.1953); siehe auch generell *Moskowitz*, S. 66; *Hoare*, in: Luard (Hrsg.), The International Protection, S. 80; *Alston*, Commission on Human Rights, in: ders. (Hrsg.), The United Nations and Human Rights, S. 182; *Schwelb/Alston*, in: Vasak (Hrsg.), The International Dimensions I, S. 251; *van Boven*, Bulletin of Peace Proposals 8 (1977), S. 200; *Tolley*, The U.N. Commission on Human Rights, S. 34.

[72] Dies betraf insbesondere die Beratungsdienste- *Marie*, S. 181, siehe im einzelnen unten Fn. 111, S. 134. S

Zugleich hatte die Generalversammlung über den ECOSOC die MRK aufgefordert, die amerikanischen Vorschläge auf ihrer nächsten Sitzung zu erörtern - Res. 739 (VIII) vom 28.11.1953.

[73] CHR, Report of the 11th Session, E/2731, E/CN.4/719 (Juni 1955), Abs. 142ff, 161ff und168ff. Siehe auch den entsprechende Resolutionsentwurf D für den ECOSOC (Human Rights Technical Assistance).; *Tolley*, The U.N. Commission on Human Rights, S. 35; United Nations Action, S. 345f.

[74] Generalversammlung, Res. 926 (X) vom 14.12.1955; vgl. *Moskowitz*, S. 67; *Riedel*, Menschenrechtskommission, in: Wolfrum (Hrsg.), Handbuch Vereinte Nationen, Rn. 5.

[75] *Moskowitz*, S. 67, nach Bestätigung des ECOSOC - vgl. *Moskowitz*, ebd.

[76] *Tolley*, The U.N. Commission on Human Rights, S. 32.

chend bereits 1947 von der Generalversammlung angeregt[77] und 1950 vom ECOSOC eingerichtet worden[78]. Parallel hatte die MRK im gleichen Jahr ein spezielles Berichtsverfahren für den Menschenrechtsbereich vorgeschlagen[79]. Nach dieser Konzeption sollten alle Staaten jährlich dem Generalsekretär über die Menschenrechtsverwirklichung berichten. Die MRK hätte die Berichte zu prüfen und dem ECOSOC allgemeine Anmerkungen, Ergebnisse und Empfehlungen zu unterbreiten gehabt[80]. In dem in der Folge des amerikanischen Aktionsplans[81] schließlich 1956 beschlossenen Berichtsverfahren war vorgesehen, daß in einem Dreijahres-Zyklus Berichte über „Entwicklungen und den erreichten Fortschritt im Menschenrechtsbereich und eingeleitete Maßnahmen, um die menschliche Freiheit zu sichern“ vorzulegen seien[82]. Grundlage dieser Berichte sollten die AEMR und das Recht auf Selbstbestimmung sein[83].

Die MRK setzte 1961 für die Überprüfung dieser Berichte einen Unterausschuß (*Committee on Periodic Reports*) ein[84]. Dieser untersuchte die eingegange-

---

[77] Generalversammlung, Res. 119 (II) 31.10.1947; *Humphrey*, ILA Report 53 (1968), S. 439.

[78] ECOSOC, Res. 210 (VII) vom 18.03.1949, Abs. 4,5 und Res. 283 (X) vom 08.02.1950; *Humphrey*, ILA Report 53 (1968), S. 439. Bereits 1952 wurde dieses Verfahren wegen der daraus resultierenden administrativen Belastungen wieder aufgehoben (ECOSOC, Res. 450 [XIV] vom 29.07.1952, Abs. 4); *Humphrey*, ILA Report 53 (1968), S. 439f.

[79] CHR, Report of the 6th session, E/1681, E/CN.4/507 (25.05.1950), Abs. 47 (Resolution E). Vgl. *Schwelb/Alston*, in: Vasak (Hrsg.), The International Dimensions I, S. 278; *Alston,* Commission on Human Rights, in: ders. (Hrsg.), The United Nations and Human Rights, S. 183; *Marie,* S. 190. Der Vorschlag wurde umgehend zur weiteren Überarbeitung zurückgewiesen - ECOSOC-Res. 303 (XI); *Schwelb/Alston*, ebd.

[80] *Hoare*, in: Luard (Hrsg.), The International Protection, S. 84; *Alston,* Commission on Human Rights, in: ders. (Hrsg.), The United Nations and Human Rights, S. 183 m.w.N.

[81] Siehe CHR, Report of the 9th session, E/2447 (06.06.1953), Abs. 263-284 mit Darstellung der Diskussion sowie den jeweiligen Änderungsvorschlägen; *Marie,* S. 190.

[82] ECOSOC Res. 624 B (XXII) vom 01.08.1956. Vgl. *Alston,* Commission on Human Rights, in: ders. (Hrsg.), The United Nations and Human Rights, S. 183 m.w.N.; *Schwelb/Alston*, in: Vasak (Hrsg.), The International Dimensions I, S. 279.

[83] *Humphrey*, ILA Report 53 (1968), S. 440.

[84] *Hoare*, in: Luard (Hrsg.), The International Protection, S. 85; *Alston,* Commission on Human Rights, in: ders. (Hrsg.), The United Nations and Human Rights, S. 183; *Tolley*, The U.N. Commission on Human Rights, S. 170; *Marie,* S. 192. Es gab allerdings später (1967) auch Versuche, die Unterkommission mit der Prüfung der Berichte zu betrauen. Dies wurde nach kontroverser Diskussion letzten Endes wegen des dort vorhandenen starken Einflusses von NGO abgelehnt, die im Zusammenhang mit den eingehenden Berichten spezifische Verletzungen anzuprangern versuchten. Im Ergebnis wurde sogar der Punkt „Überwachung”

nen Berichte in einem Zeitraum von einer Woche - was eine kritische Betrachtung unmöglich machte - und unterbreitete dem Rat hierzu Anmerkungen, Ergebnisse und Empfehlungen[85]. Seit 1962 waren NGO mit Konsultativstatus eingeladen, „objektive Anmerkungen und Beobachtungen“ zu den Berichten zu unterbreiten[86]. Mit Res. 1074 C (XXXIX) vom 28.07.1965 modifizierte der Rat das System dahingehend, daß nunmehr - unter Beibehaltung des Dreijahres-Rhythmus - im ersten Jahr Berichte hinsichtlich der bürgerlichen und politischen Rechte, im Folgejahr hinsichtlich der wirtschaftlichen, sozialen und kulturellen Rechte und im dritten Jahr über die Informationsfreiheit zu erstellen waren[87]. Die Berichte wurden als offizielle Dokumente veröffentlicht und u.a. der Unterkommission zur Prüfung und Erstellung von Empfehlungen für die MRK zugeleitet[88]. Nach einer Verschiebung im Jahr zuvor[89] entsprach die Unterkommission auf ihrer Sitzung 1967 dieser Bitte und beauftragte einen Sonderberichterstatter, auf der Grundlage der Berichte in einer kurzen Studie die Menschenrechtsentwicklung im fraglichen Zeitraum darzustellen[90]. Im Anhang dieser Studie waren allerdings auch Informationen von NGO über spezifische Verletzungen enthalten, die zwar auf den Pro-

---

von der Tagesordnung/ Agenda gestrichen. Siehe insgesamt *Alston,* Commission on Human Rights, in: ders. (Hrsg.), The United Nations and Human Rights, S. 183.

[85] *Alston,* Commission on Human Rights, in: ders. (Hrsg.), The United Nations and Human Rights, S. 183; *Humphrey*, ILA Report 53 (1968), S. 440.

[86] ECOSOC, Res. 888 B (XXXIV), *Humphrey*, ILA Report 53 (1968), S. 440; *Marie,* S. 193. „... to submit comments and observations of an objective character“. Gleichwohl wurden die - zumeist kritischen - Kommentare von NGO von der Kommission weitgehend ignoriert - *Tolley*, The U.N. Commission on Human Rights, S. 170.

[87] *Schwelb/Alston*, in: Vasak (Hrsg.), The International Dimensions I, S. 279; *Humphrey*, ILA Report 53 (1968), S. 440; vgl. auch *Hoare*, in: Luard (Hrsg.), The International Protection, S. 85. In dieser Resolution war die MRK auch ermächtigt worden, zur Studie der Berichte einen *Ad hoc*-Ausschuß einzusetzen - *Schwelb/Alston*, ebd.; *Humphrey*, ILA Report 53 (1968), S. 441.

Für ein Beispiel derartiger Länderberichte siehe das Dokument E/CN.4/948 (15.11.1967), und Add. 1-21.

[88] *Humphrey*, ILA Report 53 (1968), S. 440. Siehe für eine eingehende Beschreibung des Verfahrens *Marie,* S. 194-197.

[89] *Haver*, ColumbJTL 21 (1982), S. 118.

[90] *Haver*, ColumbJTL 21 (1982), S. 118; *Schwelb/Alston*, in: Vasak (Hrsg.), The International Dimensions I, S. 279f.; *Alston,* Commission on Human Rights, in: ders. (Hrsg.), The United Nations and Human Rights, S. 183; *Tolley*, The U.N. Commission on Human Rights, S. 170f.

test eines Mitglieds hin wieder gestrichen wurden[91], aber noch im gleichen Jahr zur Entbindung der Unterkommission von ihrer Funktion im Berichtsverfahren führte[92]. 1971 schließlich wurde der Berichtszeitraum auf sechs Jahre ausgedehnt[93].

In der Folgezeit kamen immer weniger Staaten der Berichtspflicht nach[94]. Nicht zuletzt aus finanziellen Erwägungen entschied 1980 die Generalversammlung auf Vorschlag des Sekretariats, die Durchführung des Verfahrens einzustellen, da es sich als „obsolet, ineffektiv und weitgehend nutzlos" erwiesen habe[95].

Das gesamte Verfahren war von Anfang an nicht auf Kritik an einzelnen Regierungen angelegt, sondern sollte den ECOSOC allgemein der erreichten Ergebnisse und vorhandenen Schwierigkeiten versichern. Eine kritische Untersuchung fand praktisch nie statt[96]. Zudem setzte es die freiwillige Bereitschaft der Staaten zur Mitarbeit voraus[97], so daß insgesamt dem Berichtssystem nur geringe Effektivität beigemessen wurde[98]. Gleichwohl gab es auch in jüngerer Zeit Äußerungen, die - bislang erfolglos - eine Wiedereinführung dieser allgemeinen Be-

---

[91] *Farer,* HRQ 9 (1987), S. 573f.; *Schwelb/Alston,* in: Vasak (Hrsg.), The International Dimensions I, S. 279f.; *Alston,* Commission on Human Rights, in: ders. (Hrsg.), The United Nations and Human Rights, S. 183; *Tolley,* The U.N. Commission on Human Rights, S. 170f.

[92] ECOSOC, Res. 1230 (XLII) vom 06.06.1967, Abs. 1; *Humphrey,* ILA Report 53 (1968), S. 441; *Rudolf,* S. 22; *Farer,* HRQ 9 (1987), S. 574.

[93] ECOSOC, Res. 1596 (L) vom 21.05.1971, Abs. 1. Der ursprüngliche Vorschlag der MRK sah eine Ausdehnung auf neun Jahre vor - *Schwelb/Alston,* in: Vasak (Hrsg.), The International Dimensions I, S. 280.

[94] *Alston,* Commission on Human Rights, in: ders. (Hrsg.), The United Nations and Human Rights, S. 184.

[95] Generalversammlung, Res. 35/209 vom 17.12.1980; *Alston,* Commission on Human Rights, in: ders. (Hrsg.), The United Nations and Human Rights, S. 184; *Tardu,* A/Conf.157/PC/60/Add.5 Abs. 95.

[96] *Alston,* Commission on Human Rights, in: ders. (Hrsg.), The United Nations and Human Rights, S. 183; *Schwelb/Alston,* in: Vasak (Hrsg.), The International Dimensions I, S. 280. Allerdings war es NGO gestattet, durch objektive Stellungnahmen am Verfahren teilzunehmen - *Schwelb/Alston,* in: Vasak (Hrsg.), The International Dimensions I, S. 281 unter Hinweis auf die o.g. Resolutionen 888 B (XXXIV), 1074 C (XXXIX) und 1596 (L).

[97] *Rudolf,* S. 22.

[98] *Schwelb/Alston,* in: Vasak (Hrsg.), The International Dimensions I, S. 280; *Hoare,* in: Luard (Hrsg.), The International Protection, S. 86 mit dem ergänzenden Hinweis, daß die Berichte beträchtliche Unterschiede aufwiesen.

richtsverfahren anstelle der immer weiter zunehmenden vertraglichen Berichtspflichten fordern[99].

C. Spezialstudien

Des weiteren war in dem Aktionsplan die Erstellung von Studien zu verschiedenen Menschenrechtsfragen vorgesehen. Die Kommission hatte gemeinsam mit der Unterkommission hierzu ein entsprechendes Programm entwickelt, das Studien einzelner Rechte und Gruppen von Rechten vorsah, die regelmäßig Schlußfolgerungen und Empfehlungen enthalten sollten[100]. Verantwortlich für die Erstellung der Studien war jeweils ein vierköpfiger Ausschuß der Kommission, der bei seiner Arbeit auf Dokumente und Stellungnahmen der Mitgliedstaaten, des Sekretariats, der Sonderorganisationen, der akkreditierten NGO sowie anerkannter Wissenschaftler zurückgreifen sollte[101]. Grundlage dieser Studien waren monographische Bestandsaufnahmen, die unter Mithilfe des Sekretariats in der Verantwortlichkeit von Sonderberichterstattern[102] erarbeitet wurden und die rechtliche und tatsächliche Situation in bezug auf den jeweiligen Gegenstand in jedem Staat darstellten[103]. Diese Studien durften nach dem Verständnis der Kommission keine Empfehlungen bezüglich eines bestimmten Landes enthalten[104].

Die grundlegenden Monographien wurden den Regierungen mit der Bitte um Stellungnahme zugeleitet, so daß diese noch auf einer vergleichsweise frühen Stufe Einfluß auf die endgültige Ausgestaltung - und zwar auch in der Debatte der jeweiligen Gremien - nehmen konnten[105]. Die Durchführung solcher globaler Stu-

---

[99] *Tardu*, A/Conf.157/PC/60/Add.5 Abs. 95. Als Grund dafür wird die starke Zunahme der vertraglichen Berichtspflichten angeführt, die durch ihre große Zahl die jeweilige Effektivität beeinträchtigen - ebd. Abs. 105. Zu den Berichtspflichten in Menschenrechtsverträgen siehe unten § 32.I., S. 561.

Gleichwohl ist es zum gegenwärtigen Zeitpunkt mehr als unwahrscheinlich, daß es zu einer Ersetzung der verschiedenen vertraglichen Berichtspflichten kommt.

[100] *Humphrey*, ILA Report 53 (1968), S. 453; *Marie*, S. 202f. MRK, Res. 2 (XII), in: Report of th 12th session, E/2844, E/CN.4/731 (April 1956), Abs. 49. Zur Diskussion hierzu siehe ebd. Abs. 50-83.

[101] *Marie*, S. 203; MRK, Res. 2 (XII) - a.a.O. - Abs. 2.

[102] *van Boven*, Bulletin of Peace Proposals 8 (1977), S. 200.

[103] *Humphrey*, ILA Report 53 (1968), S. 453.

[104] CHR, Report of the 12th session, E/2884, E/CN.4/731 (April 1956), Abs 59; *Tolley*, The U.N. Commission on Human Rights, S. 36.

[105] *Humphrey*, ILA Report 53 (1968), S. 453.

dien, von denen die MRK bis 1966 insgesamt zwei erstellt hatte[106], wurde gegen Ende der siebziger Jahre eingestellt[107]. Zuletzt hatte die Arbeitsgruppe von Experten zur Situation in Südafrika[108] noch zwei Studien über die Strafen für Apartheid abgeschlossen[109].

Während die Erarbeitung dieser Spezialstudien nur einen untergeordneten Aspekt der Arbeit der Kommission bildete, war dieser Aufgabenbereich die vordringliche Aktivität der Unterkommission, die ihrem eigentlichen Mandats entsprechend zahlreiche Studien erstellte[110].

D. Beratungsdienste und technische Zusammenarbeit

Der dritte Bereich - Beratungsdienste (*Advisory Services*) - war der erste, der praktisch umgesetzt wurde[111]. Er ist der einzige, der auch heute noch, wenigstens teilweise, in seiner ursprünglichen Gestalt existiert. Er umfaßt verschiedene, jeweils auf Anfrage von Regierungen vom Generalsekretär bereitgestellte Einzelmaßnahmen, darunter Forschungs- und Studienstipendien, Seminare sowie Beratungsleistungen für die Regierungen im eigentlichen Sinne[112].

---

[106] *Marie,* S. 203. Für eine Kurzanalyse der beiden Studien siehe *Marie,* S. 203-207.

[107] Zwischenzeitlich waren noch Studien zur Umsetzung wirtschaftlicher, sozialer und kultureller Rechte sowie zur Frage von Sklaverei und ähnlichen Praktiken auf der Eben der Kommission durchgeführt worden - hierzu ausführlich *Marie,* S. 285-290.

[108] Siehe hierzu unten § 15.II., S. 207.

[109] *Tolley,* The U.N. Commission on Human Rights, S. 146f.

[110] Siehe hierzu oben § 6.III., S. 71.

[111] Bereits 1953 ermächtigte die Generalversammlung den Generalsekretär, den Regierungen Beratungsdienste für die Stellung der Frau (Res. 729 [VIII] vom 23.10.1953) und für Diskriminierungs- und Minderheitenschutz (Res. 730 [VIII] vom gleichen Tag) anzubieten, später auch hinsichtlich Informationsfreiheit (Res. 839 [IX] vom 17.12.1954). Auf ihrer nächsten Sitzung entschied sie dann, entsprechend einem übereinstimmenden Vorschlag der Kommission und des ECOSOC diese Bereiche zusammenzuführen und in einem konsolidierten Programm *Advisory services in the field of human rights* zusammezuführen - Res. 926 (X) vom 14.12.1955; zum ganzen *Schwelb/Alston,* in: Vasak (Hrsg.), The International Dimensions I, S. 285; United Nations Action, S. 345.

[112] *Moskowitz,* S. 66; *Hoare,* in: Luard (Hrsg.), The International Protection, S. 80; *Weissbrodt/Parker,* S. 11; *Schwelb/Alston,* in: Vasak (Hrsg.), The International Dimensions I, S. 285.

1. Seminare und Stipendien

Das Seminarprogramm zu verschiedenen Einzelthemen - einige der etwa drei Veranstaltungen je Jahr fanden im regionalen Rahmen statt, andere wiederum mit universaler Ausrichtung - begegnete von Beginn an einem recht großen Interesse, wie sich aus den Mitwirkungs- und Ausrichtungswünschen ablesen läßt[113]. Dabei wurden jedoch die Themen nicht von der MRK, sondern von den Regierungen der Gaststaaten bestimmt und waren deshalb oft abstrakt und weit gefaßt, bargen also ein nur geringes „Gefährdungspotential" für die Staaten[114]. Insgesamt fanden zwischen 1957 und 1987 insgesamt 35 universale und 40 regionale Seminare statt[115]. Die Seminare richten sich in erster Linie an Experten, die von den Regierungen ernannt wurden, insoweit aber unabhängig agierten[116].

Die Stipendien für Studium und Forschung wurden abhängig von den zur Verfügung stehenden Mitteln an Kandidaten oder auch projektweise an Gruppen vergeben, die von ihren Regierungen nominiert waren[117]. Es wurden beispielsweise Studienprojekte zur Beobachtung von Verfahren, Arbeitsmethoden und

---

[113] *Hoare*, in: Luard (Hrsg.), The International Protection, S. 81f.

Die jeweiligen Teilnehmer sind zwar unabhängig, doch von den Regierungen zur Teilnahme nominierte und vom Generalsekretär bestätigte Personen - *Schwelb/Alston*, in: Vasak (Hrsg.), The International Dimensions I, S. 286.

[114] *Alston,* Commission on Human Rights, in: ders. (Hrsg.), The United Nations and Human Rights, S. 184. Ein Grund hierfür war, daß es letzendlich die Gaststaaten waren, die ihre Bereitschaft für die Durchführung eines solchen Seminars erklären mußten. Um die Durchführung des Seminars überhaupt zu gewährleisten und den Staaten schmackhaft zu machen, wurden daher oft Themenbereiche gewählt, in denen die Regierungen eher gut dastanden - umfassend hierzu sowie zu den Seminarinhalten *Tolley*, The U.N. Commission on Human Rights, S. 37-41.

[115] Vgl. für einen Überblick über die bis 1990 abgehaltenen Seminare United Nations Action, S. 359-361, für die Zeit bis 1974 auch *Marie,* S. 185-189. Insbesondere zwei dieser Seminare waren von entscheidender Bedeutung und übten großen Einfluß aus. Im Ergebnis eines 1978 in Genf durchgeführten Seminars kam es zur Einrichtung zahlreicher nationaler Menschenrechtskommissionen mit erheblicher Wirkung hinsichtlich der innerstaatlichen Umsetzung der Menschenrechte. Ein 1979 in Monrovia (Liberia) stattfindendes regionales Seminar bildete den Ausgangspunkt für die Verabschiedung einer afrikanischen Menschenrechts-Konvention, der sog. Banjul-Charta - *Alston,* Commission on Human Rights, in: ders. (Hrsg.), The United Nations and Human Rights, S. 184.

[116] United Nations Action, S. 358 mit weiteren Einzelheiten zu Durchführung und Ablauf.

[117] *Schwelb/Alston*, in: Vasak (Hrsg.), The International Dimensions I, S. 287; United Nations Action, S. 361.

Studien zum Vergleich alternativer rechtlicher Konzepte ermöglicht[118]. Die Stipendien richteten sich an Personen, die beruflich in menschenrechtsrelevanten Bereichen tätig waren[119]. Aufgrund der begrenzten Mittel und der geringen Nachfrage durch Staaten hat dieser Bereich zumindest in den sechziger Jahren keine wesentliche Rolle gespielt[120]. Aber auch später handelte es sich um keine bedeutsame Größenordnung. 1978 wurden beispielsweise 25 Forschungsstipendien vergeben, die zumeist einen Studien- und Hospitationsaufenthalt in einem Gastland ermöglichten und überwiegend auf strafrechtliche Themen ausgerichtet waren[121]. 1988 wurde das gesamte Programm umstrukturiert. Seither erfolgt die Durchführung in Zusammenarbeit mit anderen Forschungseinrichtungen und nach einem allgemein konzipierten Schema, das schriftliche und mündliche Berichte der Teilnehmer einschließt[122].

Darüber hinaus werden - unter der Aufsicht des Sekretariats - auch Trainingskurse „im Feld“ angeboten, desgleichen Arbeitssitzungen (*Workshops*) auf nationaler und regionaler Ebene[123].

2. Beratungsdienste im eigentlichen Sinne

Die Beratungsdienste im engeren Sinne umfassen die Unterstützung einzelner Regierungen zu speziellen Fragestellungen durch einen Experten, unter Verantwortung und organisatorisch unterstützt vom Sekretariat (OHCHR)[124]. Sie lassen sich mit der „technischen Assistenz“[125] vergleichen, die im Zusammenhang mit der Entkolonialisierung eingeführt wurde. Allerdings wurden diese direkten Beratungsleistungen bis Anfang der achtziger Jahre von den Regierungen kaum in

---

[118] United Nations Action, S. 362; *Tolley*, The U.N. Commission on Human Rights, S. 41.

[119] United Nations Action, S. 361.

[120] *Tolley*, The U.N. Commission on Human Rights, S. 41. Bis 1962 wurden jährlich zwei solcher Stipendien vergeben - *Marie*, S. 184.

[121] *Tolley*, The U.N. Commission on Human Rights, S. 91.

[122] United Nations Action, S. 362

[123] Hierzu United Nations Action, S. 362-366.

[124] *Marie*, S. 182.

[125] Diese Benennung wurde bewußt im vorliegenden Zusammenhang vermieden, da die Annahme von Assistenz, anders als „Beratungsdienste", eher als ein Zeichen der Schwäche ausgelegt werden könnte - *Schwelb/Alston*, in: Vasak (Hrsg.), The International Dimensions I, S. 285.

Anspruch genommen[126]. Denn die Bitte um Expertenhilfe in einem nationalen Problemfeld mit Menschenrechtsbezug brachte die Gefahr mit sich, daß innere Probleme auch außerhalb des Landes bekannt würden[127]. Erst später fand dieses Angebot stärkeren Zuspruch als vergleichsweise mildes - da gewissermaßen technisches und kaum anklagendes - Reaktionsmittel der Weltorganisation auf eingestandene eigene Probleme im Menschenrechtsbereich oder als Unterstützungsmaßnahme nach dem Bekanntwerden schwerer Menschenrechtsverletzungen[128]. Einen besonderen Schwerpunkt legte die Kommission auf Unterstützung beim Aufbau nationaler Infrastrukturen zur Gewährleistung von Menschenrechten[129]. Im Rahmen dieser Programme werden auch heute noch nationale Projekte finanziell und technisch unterstützt, die beispielsweise auf eine Reform der bestehenden Straf- und Maßregelungseinrichtungen zielen, zur Aus- und Weiterbildung von Richtern, Anwälten und Sicherheitskräften unter menschenrechtlichen Aspekten beitragen oder sonst für die Stärkung des Rechtsstaatsprinzips (*rule of law*) von Relevanz sind[130].

Voraussetzung war und ist in jedem Falle die Zustimmung des jeweiligen Staates[131]. Dies erklärt auch, daß es zumeist neu an die Macht gekommene Regierungen waren, die zur Überwindung der von ihren Vorgängern im Amt verursachten Menschenrechtsprobleme die Beratung von ausländischen Experten in Anspruch nahmen[132]. So ersuchte 1982 Äquatorialguinea um Expertenhilfe bei der

---

[126] *Alston,* Commission on Human Rights, in: ders. (Hrsg.), The United Nations and Human Rights, S. 185; *Weissbrodt/Parker,* S. 11; United Nations Action, S. 347. Vgl. auch *Hoare*, in: Luard (Hrsg.), The International Protection, S. 80, der berichtet, daß es bis 1967 nur zwei bis drei diesbezügliche Anfragen gegeben hat. *Marie,* S. 184, Anm. 15, erwähnt die Unterstützung und Beobachtung der Wahl in Costa Rica 1958.

Ein Grund für die schleppende Entwicklung dieses Programms lag neben dem fehlenden Enthusiasmus sicherlich auch im geringen Umfang an finanzieller Unterstützung hierfür - *Alston,* ebd.

[127] *Marie,* S. 184.

[128] Siehe nur *Alston,* Commission on Human Rights, in: ders. (Hrsg.), The United Nations and Human Rights, S. 185.

[129] MRK, Res. 1988/54, Abs. 3, in: Report on the 44th session, E/1988/12, E/CN.4/1988/88, S. 120; United Nations Action, S. 346.

[130] So die Aufzählung in der Vienna Declaration and Programme of Action, A/Conf.157/23 (12.07.1993), II., Abs. 69; siehe auch United Nations Action, S. 357.

[131] *Boekle*, APuZ, B 46-47/98, S. 8.

[132] *Tolley*, The U.N. Commission on Human Rights, S. 147. In den hierzu verabschiedeten Resolutionen wird typischerweise 1.) der Generalsekretär um die Bereitsstellung von Beratungsdiensten und anderer entsprechender Unterstützung ersucht und 2.) alle Staaten,

Erstellung einer neuen Verfassung. 1983 erhielt Uganda Hilfe bei der Rechtsbereinigung nach der Beendigung seines Unrechtsregimes, flankiert u.a. von Schulungsmaßnahmen für Angehörige der Polizei und des Strafvollzugs. Nach Guatemala (1987) und Haiti (1988) wurden Experten zur technischen Unterstützung entsandt. Zudem fand eine eingehende Beratung der Mongolei mit entscheidendem Einfluß auf die dort 1992 verabschiedete Verfassung statt[133]. Zur ergänzenden Finanzierung dieser Aktivitäten wurde 1987 der „Freiwillige Fond für Beratungsdienste und technische Hilfe"[134] von der MRK ins Leben gerufen[135].

Die gute Intention und die sichtbaren Erfolge werden freilich insoweit relativiert, als einige Länder durch ihre Aufnahme in dieses Programm versuchten, einer öffentlichen Verurteilung wegen ihrer erheblichen Defizite im Menschen-

---

Sonderorganisationen, andere Organe und NGO um Unterstützung beim Wiederaufbau und der Entwicklung gebeten - *Tolley*, ebd., siehe nur MRK, Res. 30 (XXXVII), Abs. 2, in: Report on the 37th session, E/1981/25, E/CN.4/1475, S. 232f.

[133] *Weissbrodt/Parker*, S. 11; *Tolley*, The U.N. Commission on Human Rights, S. 147f.

[134] Voluntary Fund for Advisory Services and Technical Assistance.

[135] MRK, Res. 1987/38 vom 10.03.1987, in: Report on the 43rd session, E/1987/18, E/CN.4/1987/60, S. 95; bestätigt durch ECOSOC-Entscheidung 1987/147 vom 29.05.1987; United Nations Action, S. 346.

Allein bis 1990 erhielt der Fond mehr als 2 Millionen US$ an freiwilligen Zuwendungen von fast ausschließlich westlichen Mitgliedsstaaten - *Alston,* Commission on Human Rights, in: ders. (Hrsg.), The United Nations and Human Rights, S. 182; *M. Nowak*, NYIL 22 (1991), S. 81. Diese freiwillige Finanzierungsleistung, die bereits 1980 von der Unterkommission angeregt worden war (Res. 3 [XXXIII]; *Schwelb/Alston*, in: Vasak (Hrsg.), The International Dimensions I, S. 286), führt dazu, daß von den Geberländern auch ein erheblicher politischer Einfluß - zu Lasten der MRK - ausgeübt wurde - *Alston,* ebd.

Zur Begrenzung diese Einflusses verabschiedete die Kommission 1991 eine Resolution, in der die strikte Trennung zwischen den aus dem regulären Haushalt zu finanzierenden Aktivitäten wie Seminaren und Stipendien und den ergänzenden Aktivitäten technischer Unterstützung, die aus dem Fond zu finanzieren wären, hervorgehoben wurde - MRK, Res. 1991/50, Abs. 5, in: Report on the 47th session, E/1991/22, E/CN.4/1991/91, S. 117 (118).

Seit 1993 hat das Sekretariat zu seiner Unterstützung bei der Akquirierung von Mitteln für diesen Fond einen Treuhänderausschuß (*Board of Trustees*) eingerichtet - MRK, Res. 1993/87 vom 10.03.1993 Abs. 18ff., in:. Report on the 49th session, E/1993/23; E/CN.4/1993/122 sub. II. A., bestätigt durch ECOSOC-Entscheidung 1993/283 vom 28.07.1993.

rechtsbereich zu entgehen[136]. Es stellt sich so die Frage, ob angesichts schwerwiegender Menschenrechtsverletzungen die externe Beratung das angemessene Mittel darstellt, oder ob nicht vielmehr eine bloße Überwachung (*Monitoring*) viel geeigneter wäre, inwieweit also Beratung und zeitgleiche Überwachung miteinander kompatibel sind[137]. Allerdings läßt sich wohl selten mit hinreichender Sicherheit der Zeitpunkt bestimmen, an dem ein Übergang von Überwachung zur Beratung vorzunehmen wäre; zudem ist eine Verknüpfung beider Elemente durchaus denkbar. Es ist aber gerade bei diesen Programmen immer zu berücksichtigen, daß es die erste Pflicht der MRK sein sollte, die Opfer der Menschenrechtsverletzungen zu schützen. Technische Zusammenarbeit und sonstige Unterstützung sollten daher erst dann angeboten werden, wenn die verantwortliche Regierung klare Maßnahmen zur Verbesserung ihrer Menschenrechtslage eingeleitet hat[138].

Im Ergebnis kann das Beratungsprogramm jedoch durchaus wichtige Erfolge bezüglich einzelner Länder[139], aber auch als Mittel zur Information der interessierten Öffentlichkeit[140] aufweisen. Es verbindet - angemessen angewendet - die Vorteile der Zusammenarbeit mit den betreffenden Regierungen mit der öffentlichen Erörterung der Situation in der Kommission.

E. Weitere Aktivitäten

Die Kommission war darüber hinaus mit verschiedenen Aspekten der Öffentlichkeitsarbeit beschäftigt, die im Bezug zum Menschenrechtsschutz stehen. Hierzu zählten die Herausgabe des *Yearbook of Human Rights* oder die Stärkung des öffentlichen Bewußtseins für Inhalt und Auswirkungen der AEMR[141]. Zudem hat die Kommission seit 1963 im Rahmen des Tagesordnungspunktes *Further Promotion and Encouragement of Human Rights* verstärkt auf

---

[136] *M. Nowak*, NYIL 22 (1991), S. 82; Amnesty International, Doc. IOR 41/16/92, sub. IV. D. (S. 17f.). In diesem Zusammenhang werden Äquatorialguinea, Guatemala und auch Haiti genannt - *M. Nowak*, NYIL 22 (1991), S. 83f.

[137] *Alston*, Commission on Human Rights, in: ders. (Hrsg.), The United Nations and Human Rights, S. 184ff.

[138] Amnesty International, Doc. IOR 41/01/99, S. 2.

[139] Hierzu zählen nach *Nowak* Uganda, Zentralafrika, Paraguay und Bolivien - *M. Nowak*, NYIL 22 (1991), S. 84.

[140] *Alston*, Commission on Human Rights, in: ders. (Hrsg.), The United Nations and Human Rights, S. 186.

[141] *Tolley*, The U.N. Commission on Human Rights, S. 43f.

die Einrichtung nationaler und regionaler Menschenrechtsorgane hingearbeitet - unterstützt durch insgesamt drei Seminare[142]. Eine wirksame Zusammenarbeit war überdies mit verschiedenen afrikanischen Einrichtungen sowie im Rahmen der technischen Unterstützung in Lateinamerika und verschiedenen ehemals sozialistischen Staaten Osteuropas erreicht worden[143].

Erst in den frühen achtziger Jahren wurde berücksichtigt, daß es im Interesse eines effektiven Schutzes von Menschenrechten eine wichtige Aufgabe sei, aktiv auf die weltweite Akzeptanz der vertraglichen Menschenrechtsinstrumente hinzuwirken. Es sollten Mittel und Wege ausgelotet werden, die Staaten zur Zeichnung und Ratifikation der Konventionen und Pakte zu ermuntern[144]. So verabschiedete die Kommission beispielsweise nach der Verabschiedung des Übereinkommens gegen Folter (CAT) eine Resolution, in der sie die Staaten zur Ratifikation und Unterwerfung unter die einzelnen Verfahren aufforderte[145]. Zudem wurde ein noch immer vorhandener Tagesordnungspunkt zur Frage der Ratifikation der beiden Menschenrechtspakte eingeführt[146].

F. Einschätzung

Die mit dem Aktionsplan eingeleiteten Projekte zur Förderung der Menschenrechte fanden zumindest in den ersten Jahren eher kritischen Widerhall: das

---

[142] *Tolley*, The U.N. Commission on Human Rights, S. 96. Ausführlich hierzu *Marie*, S. 272-276; United Nations Action, S. 367-370. Vgl nur MRK, Res. 23 (XXXIV) - *National Institutions in the field of human rights* - vom 08.03.1978, in: E/1978/34; E/CN.4/1292, S. 130; sowie Res. 24 (XXIV) - *Regional arrangements for the promotion and protection of human rights* - vom 08.03.1978, ebd. S. 132.

[143] United Nations Action, S. 366f.

[144] *Eide*, in: Alston (Hrsg.), The United Nations and Human Rights, S. 245; *Schwelb/Alston*, in: Vasak (Hrsg.), The International Dimensions I, S. 249f.; *Baum*, in: Jahrbuch Menschenrechte 2000, S. 247. Im Rahmen der Verträge im Bereich des internationalen Arbeitsschutzes wurde dies von der insoweit zuständigen ILO schon immer als eine wichtige Aufgabe angesehen; ebenso hatte der Menschenrechtsausschuß dahingehende Aktivitäten entwickelt - *Schwelb/Alston*, in: Vasak (Hrsg.), The International Dimensions I, S. 250.

Auch die Unterkommission trug zu diesen Bemühungen bei und setzte sogar eine *Sessional Working Group* ein - Res. 1 B (XXXIII), 1979; E/CN.4/Sub.2/435, 1980. Siehe hierzu ausführlich: Working Paper submitted by Mr. V. Kartashkin..., E/CN.4/Sub.2/1999/29 (15.06.1999), Abs. 18-21. Vgl. auch *Eide*, in: Alston (Hrsg.), The United Nations and Human Rights, S. 245; *Schwelb/Alston*, in: Vasak (Hrsg.), The International Dimensions I, S. 250.

[145] MRK, Res. 1986/47, Abs. 4, in: Report on the 42nd session, E/1986/22, E/CN.4/1986/65, S. 116; *Tolley*, The U.N. Commission on Human Rights, S. 140.

[146] Tagesordnungpunkt 17 (a) der Agenda 2000 - vgl. oben § 9.II., vor Fn. 27, S. 115.

gesamte Programm habe kaum zu nennenswerten Aktionen der UNO geführt und die Staaten so wenig wie möglich der Kritik ausgesetzt[147]. Im Zuge der Erweiterung ihrer Aufgaben hat die Kommission jedoch gerade in bezug auf die Verbreitung der Menschenrechte und deren Implementierung auf nationaler Ebene einen nicht unwesentlichen Beitrag geleistet. Zumindest in dieser Hinsicht waren die Programme der Kommission also durchaus erfolgreich[148], wenn auch das Resultat nicht selten unbefriedigend war. Trotz der hierauf verwendeten Zeit und Energie gelang es häufig nicht, das Interesse der Mitgliedstaaten wie auch der Öffentlichkeit an den jeweils zugrundeliegenden Situationen in angemessenem Ausmaß zu wecken[149].

Insgesamt brachte die Konzentration auf die Förderungsaktivitäten der Kommission in den ersten zwei Jahrzehnten ihres Bestehens sehr deutlich das Selbstverständnis zum Ausdruck, ein eher technisches und weniger politisches Gremium zu sein[150]. Dabei handelte sie - immer in einer Wechselbeziehung mit der Generalversammlung und dem ECOSOC - als das praktisch ausführende und entscheidende Organ, administrativ unterstützt vom der Menschenrechtsabteilung des Sekretariats. Seit Beginn der siebziger Jahre wurde die Tätigkeit der Kommission in diesem Bereich in Anbetracht ihrer zusätzlichen Aktivitäten hinsichtlich geschehener Menschenrechtsverletzungen anteilig geringer. Dabei griff die Kommission aber auch in diesem Zusammenhang mehr und mehr auf Maßnahmen der Förderung zurück.

Die Wiener Weltmenschenrechtskonferenz hat ausdrücklich eine Stärkung und Ausweitung dieses „freundschaftlichen“ Ansatzes zur Überwindung von Problemen im Menschenrechtsbereich gefordert[151]. Dabei darf freilich nicht vernachlässigt werden, daß sämtliche kooperativen Ansätze der Förderung und Verbreitung der Menschenrechte nie Ersatz, sondern lediglich Ergänzung der Mechanismen zu ihrem Schutz und Gewährleistung sein können[152].

---

[147] *Moskowitz*, S. 64. Grundsätzlich kritisch spricht auch *Alston* von der Ineffektivität der Beratungsdienste - *Alston*, Commission on Human Rights, in: ders. (Hrsg.), The United Nations and Human Rights, S. 130.

[148] *Buergenthal*, International Human Rights, S. 81.

[149] *van Boven*, Bulletin of Peace Proposals 8 (1977), S. 200.

[150] *Alston*, Commission on Human Rights, in: ders. (Hrsg.), The United Nations and Human Rights, S. 130, *van Boven*, Bulletin of Peace Proposals 8 (1977), S. 200.

[151] Vienna Declaration and Programme of Action, A/Conf.157/23 (12.07.1993), II. Abs. 69f.

[152] United Nations Action, S. 345.

IV. Reaktion auf Menschenrechtsverletzungen

Als dritter großer Block der Tätigkeit der MRK wird, wie oben gezeigt, üblicherweise der Schutz der Menschenrechte genannt - zutreffender „Reaktion auf Menschenrechtsverletzungen“[153]. Trotz zahlreicher früherer Versuche[154] stellt dieser Bereich erst seit Mitte der sechziger Jahre einen eigenständigen Schwerpunkt in der Arbeit der Kommission dar[155]. Seither nimmt das Gewicht dieses „Überwachungsaspektes” - zunächst wegen der zögernden Annahme der vertraglichen Kontrollmechanismen, später ungeachtet dieser - ständig zu[156]. Spätestens seit Beginn der achtziger Jahre liegt hier der eigentliche Arbeitsschwerpunkt der MRK, die dafür verschiedene Arbeitsgruppen und Experten eingesetzt hat[157]. Diese dramatische Entwicklung von einem hauptsächlich mit Entwurfsarbeiten befaßten Gremium hin zu einem mehr oder weniger effektiv auf Menschenrechtsverletzungen reagierenden Organ war keinesfalls eine geplante und organische[158]. Sie beruhte vor allem auf der zunehmenden Bereitschaft der Staaten und ihrer Delegierten in der Kommission, derartige Fragen im Rahmen der UNO zu erörtern[159]. Im Zuge dieses Prozesses hat die MRK verschiedene Mechanismen zur Reaktion auf bestimmte schwerwiegende Verletzungen von Menschenrechten entwickelt. Im Unterschied zum 1503-Verfahren zur Behandlung von Individualbeschwerden sind diese verschiedenen „Spezialverfahren“ (*Special Procdures*)[160]

---

[153] Siehe oben § 10.I., bei Fn. 10, S. 118.

[154] S.u. § 14, S. 177. So war insbesondere im Vorschlag der Gründungskommission darauf hingewiesen worden, daß es zur Umsetzung der Menschenrechtsziele aus der UN-Charta bestimmter Regeln und eines Durchsetzungemechanismus bedürfe - *Moskowitz,* S. 50.

[155] *van Boven*, Bulletin of Peace Proposals 8 (1977), S. 200; *Ramcharan*, Transnational Law & Contemporary Problems 4 (1994), S. 519; *Alston,* Commission on Human Rights, in: ders. (Hrsg.), The United Nations and Human Rights, S. 156. Siehe hierzu im einzelnen § 15.II., S. 207.

[156] *Riedel,* Menschenrechtskommission, in: Wolfrum (Hrsg.), Handbuch Vereinte Nationen, Rn. 5; vgl. auch *Boekle*, NQHR 13 (1995), S. 372.

[157] *M. Nowak*, NYIL 22 (1991), S. 42; *Buergenthal*, International Human Rights, S. 81; vgl. auch *Bossuyt*, HRLJ 6 (1985), S. 180 mit dem Hinweis, daß die Tagesordnungspunkte, die den organisatorischen Rahmen für die Spezialverfahren zur Untersuchung von Menschenrechtsverletzungen bieten, sowohl in der Kommission als auch in der Unterkommission die größte Bedeutung einnehmen.

[158] *Alston,* Commission on Human Rights, in: ders. (Hrsg.), The United Nations and Human Rights, S. 197.

[159] *Buergenthal*, International Human Rights, S. 80.

[160] Report of the Secretary-General, Effective Functioning of the Various Mechanisms ..., E/CN.4/1994/42 (14.02.1994), Abs. 59.

sämtlich öffentlich. Im weitesten Sinne ist es deren Aufgabe, Situationen von Menschenrechtsverletzungen in bestimmten Ländern (länderbezogene Verfahren) oder ein bestimmtes Menschenrechtsproblem länderübergreifend unter einem thematischen Aspekt (thematische Verfahren) zu untersuchen und darüber öffentlich an den ECOSOC zu berichten[161]. Daneben haben sich noch Zwischenformen entwickelt, die den Untersuchungsaspekt mit Föderungsaspekten, insbesondere der Bereitstellung von Beratungsdiensten verbinden.

A. Länderbezogene Verfahren

Als das zuerst etablierte öffentliche Verfahren soll zunächst das auf das länderbezogene (*country-oriented*) eingegangen werden.

1. Entstehung und rechtliche Grundlage

Die öffentliche Untersuchung der Menschenrechtssituation in einem bestimmten Land durch die MRK begann bereits 1963, als Probleme der Religionsfreiheit in Vietnam Gegenstand einer Untersuchung durch die Kommission waren[162]. Später wurden - in Zusammenarbeit mit anderen Organen der UNO - einzelne Menschenrechtsprobleme in Südafrika durch eine 1967 eingesetzte *Ad hoc*-Arbeitsgruppe[163] eingehend untersucht[164]; gleichermaßen seit 1969 durch

---

[161] Vgl. nur *Bossuyt*, HRLJ 6 (1985), S. 181; *Cook*, Int.Comm.J.Rev. 50 (1993), S. 33; Report of the Secretary-General, Effective Functioning of the Various Mechanisms ..., E/CN.4/1994/42 (14.02.1994), Abs. 59.

[162] *Riedel,* Menschenrechtskommission, in: Wolfrum (Hrsg.), Handbuch Vereinte Nationen, Rn. 15; *Bossuyt*, HRLJ 6 (1985), S. 185; ausführlich hierzu *Zuijdwijk,* S. 232-240. Auf Einladung der vietnamesischen Regierung besuchte eine von der Generalversammlung ernannte Delegation unter Leitung des MRK-Vorsitzenden das Land zur Tatsachenfeststellung; sie empfing dabei, im Lande selbst oder über das Sekretariat, insgesamt 116 Beschwerden von Privatpersonen, Gruppen oder NGO - *Zuijdwijk,* S. 235.

[163] MRK, Res. 2 (XXII) vom 06.03.1967, in: Report on the 23rd Session, E/4322, E/CN.4/949 (1967), Abs. 268. Siehe zur Einsetzung dieser Expertengruppe mit weiteren Einzelheiten unten § 15.II., S. 207, sowie zur Fortsetzung ihrer Tätigkeit in den folgenden Jahren - *Marie,* S. 240-244.

[164] *Schwelb*, VN 1972, S. 83; *Riedel,* Menschenrechtskommission, in: Wolfrum (Hrsg.), Handbuch Vereinte Nationen, Rn. 15; *Riedel,* in: Baum/ders./Schaefer, Menschenrechtsschutz in der Praxis der Vereinten Nationen, S. 43f.; *Bossuyt*, HRLJ 6 (1985), S. 185; *Alston,* Commission on Human Rights, in: ders. (Hrsg.), The United Nations and Human Rights, S. 156; *M. Nowak*, NYIL 22 (1991), S. 57; *Carey*, RDH 1 (1968), S. 531f. Vgl. hierzu ausführlich *Marie,* S. 247-249.

eine - personell identische - Expertengruppe die Menschenrechtslage in den von Israel besetzten Gebieten[165]. 1971 fing die Unterkommission an, auch sonstige Situationen öffentlich zu debattieren[166], ebenso auch die Kommission. 1975 dehnte die MRK das erweiterte Vorgehen, nämlich die Einsetzung von Arbeitsgruppen bzw. Sonderberichterstattern, als ständiges Verfahren auf Chile aus[167], was der ECOSOC in dieser Form auch billigte[168]. Dies bedeutete jedoch noch keine allgemeine Anerkennung dieser Verfahrensweise, sondern eher die Einstufung Chiles als weiterer Pariasstaat neben Israel und Südafrika. Insoweit waren eigene Tagesordnungspunkte geschaffen worden, deren Erörterung mehr als die Hälfte der gesamten Sitzungszeit der Kommission in Anspruch nahm: für die (bloße) Debatte weiterer Situationen schwerer Menschenrechtsverletzungen blieb so nur wenig Zeit[169]. Erst nach 1980 wurden auch andere Staaten mit ernsthaften Menschenrechtsproblemen mit in den genannten Fällen entwickelten Instrumenten untersucht[170]. In der Zwischenzeit wurde dieses Verfahren stetig ausgeweitet.

Als Grundlage dieser Tätigkeit zog die Kommission unmittelbar Res. 9 (II) des ECOSOC aus dem Jahre 1946 heran - *M. Nowak*, NYIL 22 (1991), S. 57, *Schwelb/Alston*, in: Vasak (Hrsg.), The International Dimensions I, S. 289 und unten § 15.II., S. 207 m.w.N.

[165] MRK, Res. 6 (XXV) vom 04.03.1969, in: Report on the 25rd Session, E/4621, E/CN.4/1007 (1969), chapter XVIII.

[166] *Zuijdwijk*, S. 28f., 46-49.

[167] *Bossuyt*, HRLJ 6 (1985), S. 185. Zuvor hatte es zwar zahlreiche weitere Situationen gegeben, die der MRK zur Behandlung überwiesen worden waren, doch wurde erstmalig zu diesem Zeitpunkt mit der Einsetzung einer *ad hoc*-Arbeitsgruppe zur Untersuchung der Menschenrechtsverletzungen in Chile weiterführend reagiert - *Alston,* Commission on Human Rights, in: ders. (Hrsg.), The United Nations and Human Rights, S. 158; *M. Nowak*, NYIL 22 (1991), S. 57; *Boekle*, APuZ, B 46-47/98, S. 8; *Cook*, Int.Comm.J.Rev. 50 (1993), S. 41; *Tardu/McCarthy,* S. 23. Neben Chile rückte 1975 auch Zypern in den Kreis der in diesem öffentlichen länderbezogenen Verfahren behandelten Staaten auf - *Boekle*, NQHR 13 (1995), S. 379.

Die Sowjetunion widersprach noch auf der Sitzung der Kommission 1975 vehement der Ausdehnung des öffentlichen 1235-Verfahren auf andere Situationen als Rassendiskriminierung und Apartheid in Südafrika - *Liskofsky*, RDH 8 (1975), S. 896.

Kritisch zu dieser Zurückhaltung auf der Kommissionssitzung 1975 *Frank C. Newman* als Vertreter der International Youth and Students Movement for the UN - CHR, Summary record of the 1307th meeting [14.02.1975], E/CN.4/SR.1290-1308 (27.06.1975), S. 166.

[168] *Weissbrodt/Parker,* S. 10; *Tardu/McCarthy,* S. 23.

[169] *Tolley*, The U.N. Commission on Human Rights, S. 64.

[170] *Tolley*, The U.N. Commission on Human Rights, S. 111.

Bis 1998 waren mehr als 40 Länder auf diese Weise untersucht worden[171]. Als Rechtsgrundlage greift die Kommission auf Res. 1235 (XLII) des ECOSOC vom 6. Juni 1967 zurück, mit der die Aufnahme eines Tagesordnungspunktes der MRK zur Erörterung von Menschenrechtsverletzungen bestätigt wurde[172].

2. Das Verfahren

Eine vorgegebene Ordnung für Gegenstand und Ablauf des Verfahrens besteht nicht, ebensowenig für die Herkunft und Auswahl der zu verwendenden Informationen[173].

a) Die Debatte

Das sogenannte „Verfahren" besteht im Kern aus der öffentlichen Debatte im Rahmen des Tagesordnungspunktes „Frage der Verletzung der Menschenrechte und Grundfreiheiten in der ganzen Welt ...", an der sich zahlreiche Regierungsdelegationen, Vertreter zwischenstaatlicher Organisationen sowie akkreditierte NGO-Teilnehmer beteiligen[174]. Das Recht, im Rahmen dieser Debatte Anschuldigungen gegen Staaten zu erheben, kam ursprünglich nur den Kommissionsmitgliedern, der Unterkommission sowie Vertretern von Hauptorganen und Sonderorganisationen zu[175]. Vertreter von NGO hatten anfänglich nur das Recht,

---

[171] *Boekle*, APuZ, B 46-47/98, S. 8. Als eigentlichen Wendepunkt im Rahmen dieses Verfahrens gibt *Alston* das Jahr 1979 an, als Folge verstärkter Informationsarbeit von NGO und der in Sachen Menschenrechte offeneren Einstellung der Regierung des amerikanischen Päsidenten *Carter* - *Alston,* Commission on Human Rights, in: ders. (Hrsg.), The United Nations and Human Rights, S. 159, 162.

[172] ECOSOC, Res. 1235 (XLII) vom 06.06.1967 (für den Text siehe unten den Dokumentenanhang, S. 677); deutsche Übersetzung in *von Mangoldt/Rittberger,* S. 1571ff.

Der in dieser Resolution vorgesehene Verfahrensablauf - unter Einbeziehung der vertraulichen Beschwerden - beruhte auf einem Vorschlag der MRK in Res. 8 (XXIII) - *Alston,* Commission on Human Rights, in: ders. (Hrsg.), The United Nations and Human Rights, S. 156. Siehe zur Verabschiedung und zum Inhalt der Resolution sowie zur Problematik dieses Rückgriffs noch ausführlich unten § 15.II., S. 207.

[173] *Zuijdwijk,* S. 46.

[174] *Tardu,* A/Conf.157/PC/60/Add.5 Abs. 155; *Zuijdwijk,* S. 46.

Vorschläge zur Beiziehung bestimmter Informationsquellen - z.B. Auszüge aus Presseberichten oder vom Sekretariat zu erstellende Dokumentationen - waren beispielweise 1973 in der Unterkommission von *Capotorti* geäußert worden, ohne daß dies förmlich bestätigt wurde - E/CN.4/Sub.2/SR.677 (13.09.1973, vormittags), S. 126f.; *Zuijdwijk,* S. 46f.

[175] *Tolley*, The U.N. Commission on Human Rights, S. 61. Die Unterkommission führt eine eigene öffentliche Debatte über Menschenrechtsverletzungen in aller Welt, in deren Ergebnis

bereits erhobene Vorwürfe zu untermauern, nicht aber neue Situationen auf die Tagesordnung zu bringen. Erst 1980 entschied der jordanische Vorsitzende der Kommission, *Waleed Sadi*, daß NGO auch die Namen der Staaten nennen durften, deren Menschenrechtsverletzungen sie anklagten[176].

Gegenstand der Diskussion und des Verfahrens im Ganzen sind notorische Menschenrechtsverletzungen (*gross violations of human rights*)[177]. Die Erwähnung von Rassendiskriminierung und Apartheid in Res. 1235 (XLII) beschränkt den Verfahrensgegenstand - trotz zahlreicher gegenteiliger Auffassungen in der Entstehungszeit der Resolution[178] - nach heute einhelliger Ansicht aber nicht auf diese Phänomene. Verfahrensgegenstand können daher auch sonstige grobe und kontinuierlich begangene Verletzungen der Menschenrechte sein[179]. Um einen „Gesamtzusammenhang grober Menschenrechtsverletzungen", wie in Res. 1503 (XLVIII) gefordert[180], muß es sich dabei nicht notwendigerweise handeln[181]. Es kann also von allen Teilnehmern im Rahmen des genannten, mit Res. 1235 (XLII) eingeführten Tagesordnungspunktes auf sämtliche schweren Menschenrechtsverletzungen hingewiesen werden, gleichgültig, wo diese stattfinden[182]. Besondere Erfordernisse über den materiellen Bezug zu groben Menschenrechtsverletzungen hinaus müssen nicht erfüllt sein, das Verfahren kann damit „fast voraussetzungslos" eingeleitet werden[183]. Anlaß für ein solches öffentliches Verfahren kann auch ein zuvor ergebnislos abgebrochenes vertrauliches 1503-

---

sie gemäß Abs. 2 Res. 8 (XXIII) der MRK Situationen zur Behandlung in der Kommission empfiehlt.

[176] *Tolley*, The U.N. Commission on Human Rights, S. 99.

[177] *Riedel*, Menschenrechtskommission, in: Wolfrum (Hrsg.), Handbuch Vereinte Nationen, Rn. 15.

[178] Zu diesem Standpunkt in der Debatte vor Erlaß der Res. 1235 (XLII) siehe *Alston*, Commission on Human Rights, in: ders. (Hrsg.), The United Nations and Human Rights, S. 156 sowie ausführlich unten § 15.I., S. 201.

[179] ECOSOC, Res. 1235 (XLII), Abs. 2: "...gross violations of human rights and fundamental freedoms...". Vgl. *Boekle*, NQHR 13 (1995), S. 373; *Riedel*, Menschenrechtskommission, in: Wolfrum (Hrsg.), Handbuch Vereinte Nationen, S. 44; dazu zählen u.a. Verschwindenlassen, extralegale Hinrichtungen, Völkermord, Kriegsverbrechen etc. - *Boekle*, ebd. Vgl. im einzelnen unten § 24.II.B.1., S. 411.

[180] Siehe hierzu und zu einer möglichen Unterscheidung beider Konzepte unten § 24.II.B., S. 410.

[181] *Tardu*, A/Conf.157/PC/60/Add.5 Abs. 162.

[182] *Bossuyt*, HRLJ 6 (1985), S. 185.

[183] *Karl*, BerDGV 33 (1994), S. 106.

Verfahren sein[184], früher, d.h. vor der Beschränkung der Aufgaben der Unterkommission, auch eine Empfehlung dieser[185].

b) Ergebnis der Debatte

Zum Abschluß der Debatte nimmt die Kommission, wenn mehrheitlich durchsetzbar, zur jeweiligen Situation in einer Resolution Stellung, gegebenenfalls ergänzt durch die Einrichtung eines weiterführenden Untersuchungsmechanismus. Dieses eigentliche Verfahren in der MRK (im engeren Sinne) beginnt mit der Unterbreitung eines Resolutionsentwurfes, in dem die behaupteten Menschenrechtsverletzungen näher dargelegt sein müssen[186]. Das Recht, Resolutionsentwürfe einzubringen, steht allerdings nur den Mitgliedern und gegebenenfalls den Beobachterstaaten zu[187]. Die informelle Zusammenarbeit mit sonstigen Teilnehmern bzw. das Lobbying engagierter NGO erweitert jedoch diesen Kreis *de facto*. So wird z.B. berichtet, daß erfahrene NGO-Repräsentanten von einzelnen Mitgliedern der Kommission auch zur Erstellung von Resolutionsentwürfen herangezogen werden[188]. Zum vorliegenden Entwurf können Änderungs- oder Ergänzungsvorschläge eingereicht werden, ebenso Nichtbefassungsanträge[189]. Vertreter von Beobachterstaaten und von NGO können sich im Rahmen der Debatte hierzu mündlich äußern[190]. Betroffene Regierungen haben hingegen das Recht, zu den gegen sie erhobenen Vorwürfen in Form einer Entgegnung Stellung zu nehmen (*Right to Reply*)[191]. Die gegebenenfalls verabschiedete Resolution kann eine Er-

---

[184] *Karl*, BerDGV 33 (1994), S. 106; siehe dazu unten § 19.IV.D., S. 281.

[185] Vgl. Abs. 6 Res. 8 (XXIII) der MRK - *Boekle*, APuZ, B 46-47/98, S. 10; vgl. auch *Bossuyt*, HRLJ 6 (1985), S. 185. Ursprünglich war in der Resolution 1235 (XLII), wenn auch im Hinblick auf die Behandlung privater Beschwerden, die Unterkommission als erste Stufe des Verfahrens vorgesehen, doch schon 1969 sah die MRK deren Vorarbeit nicht als notwendige Voraussetzung für die Einleitung eines solchen - öffentlichen - Verfahren an - *Alston*, Commission on Human Rights, in: ders. (Hrsg.), The United Nations and Human Rights, S. 156f.

[186] Hierzu kann jede Art seriöser Information herangezogen werden, wobei häufig auf Berichte von NGO zurückgegriffen wird, die entweder von diesen selbst oder indirekt von Regierungsvertretern eingebracht werden - *Karl*, BerDGV 33 (1994), S. 106.

[187] Amnesty International, Doc. IOR 30/01/89, S. 13. Siehe Regel 69 Abs. 3 der *Rules of Procedure* (hierzu oben § 7.III.A., S. 87) für Initiativen der Beobachterstaaten.

[188] *Weissbrodt/Parker*, S. 21.

[189] *Boekle*, NQHR 13 (1995), S. 374.

[190] *Weissbrodt/Parker*, S. 7.

[191] Regel 45 der *Rules of Procedure* (hierzu oben § 7.III.A., S. 87); *Weissbrodt/Parker*, S. 7.

mutigung aussprechen, sie kann Kritik oder eine Verurteilung enthalten und die weitere Beobachtung der Situation festlegen. Als ein milderes Mittel am Ende der Debatte kommt auch das schon erwähnte *chair statement* in Betracht. Dieses bedarf der Zustimmung des betroffenen Staates, kann infolgedessen aber auch eine höhere Bindungswirkung beanspruchen als eine gegen dessen Willen verabschiedete Resolution[192].

Schon die bloße Erörterung der Situation und die abschließende Resolution bzw. Stellungnahme haben in vielen Fällen eine befriedigende Reaktion des Staates hervorrufen[193]. Oft wird in der abschließenden Resolution aber auch ein Untersuchungsorgan zur Tatsachenfeststellung eingesetzt (z.B. Sonderberichterstatter, Sondergesandte, Arbeitsgruppen[194], Delegationen der Kommission, unabhängige Experten etc.) oder das Sekretariat um die Erstellung eines Berichtes gebeten[195]. Die Einleitung eines derartigen Spezialverfahrens erfolgt - abhängig von der politischen Opportunität - höchst unterschiedlich: z.T. werden sie zügig eingesetzt, zuweilen verharrt das Verfahren jahrelang im Stadium bloßer Erörterungen[196]. Das Mandat der Berichterstatter ist nur selten durch genauere Vorgaben eingeschränkt, umfaßt jedoch regelmäßig Tatsachenuntersuchung (*fact-finding*), eine rechtliche Bewertung und die Erstellung umfassender Empfehlungen[197] in bezug auf die allgemeine Situation der Menschenrechte. In Einzelfällen sind besonders untersuchungswürdige Problemlagen in den Mandaten explizit genannt[198]. Die Untersuchung einzelner Fälle berichteter Menschenrechtsverletzungen ge-

---

[192] *Alston,* Commission on Human Rights, in: ders. (Hrsg.), The United Nations and Human Rights, S. 161; *Boekle*, APuZ, B 46-47/98, S. 8, Fn. 18 - danach sind auf der 54. Sitzung der Kommission im Jahre 1998 allein 18 solcher *chair statements* zu schweren Menschenrechtsverletzungen abgegeben worden.

[193] *Alston,* Commission on Human Rights, in: ders. (Hrsg.), The United Nations and Human Rights, S. 161.

[194] Eine Arbeitsgruppe wurde lediglich in den ohnehin besonders behandelten Fällen von Südafrika und Israel sowie anfangs auch zu Chile eingesetzt, seither nicht mehr - *Cook*, Int.Comm.J.Rev. 50 (1993), S. 41.

[195] *Boekle*, NQHR 13 (1995), S. 374; *Weissbrodt/Parker,* S. 10; *Bossuyt*, HRLJ 6 (1985), S. 185; *Rodley*, in: Hannum (Hrsg.), Guide to International Human Rights Practice, S. 63. Derartige Beschlüsse bedürfen wegen ihrer finanziellen Auswirkungen der Bestätigung durch den ECOSOC - *Boekle*, ebd.; *Tolley*, The U.N. Commission on Human Rights, S. 119.

[196] *Bossuyt*, HRLJ 6 (1985), S. 204.

[197] *Tolley*, The U.N. Commission on Human Rights, S. 119.

[198] *Cook*, Int.Comm.J.Rev. 50 (1993), S. 44.

hörte grundsätzlich nicht zu ihren Aufgaben[199]. Nur in Ausnahmefällen haben einzelne Länderberichterstatter auch Eilappelle (*Urgent Action*) bezüglich einzelner Personen an die betreffende Regierung gesendet[200].

Grundlage der Arbeit der Berichterstatter sind Informationen aus zahlreichen Quellen, in erster Linie aber solche von NGO und internationalen Organisationen, aber auch von Opfern und gesellschaftlichen Gruppen und Organisationen[201]. Zudem ist regelmäßig ein Besuch des Sonderberichterstatters in dem betreffenden Land angestrebt, welcher allerdings die Zustimmung der jeweiligen Regierungen voraussetzt[202].

Die Ernennung eines Experten oder Sonderberichterstatters bedeutet keineswegs in jedem Falle eine unparteiische Untersuchung. Sie ist - wie das gesamte öffentliche Verfahren - lediglich Bestandteil der hochpolitischen Auseinandersetzung in der Kommission[203].

c) Weitergehende Untersuchungen im Rahmen des Verfahrens

Wurde ein solches Spezialverfahren mit Untersuchungsaufgaben eingeleitet, hat das beauftragte Organ der Kommission Bericht über die jeweilige Situation zu erstatten. Dieser ist auf spezielle Anforderung auch der Generalversammlung zu unterbreiten[204]. Auf der Grundlage dieses Berichts wird in der Kommis-

---

[199] *Cook*, Int.Comm.J.Rev. 50 (1993), S. 45.

[200] Report of the inter-sessional open-ended Working Group on Enhancing the Effectiveness of the Mechanisms of the Commission on Human Rights, E/CN.4/2000/112 (16.02.2000), Abs. 27; *Cook*, Int.Comm.J.Rev. 50 (1993), S. 45.

Beispielsweise hatte der Sonderberichterstatter für Myanmar (Birma) einen gemeinschaftlichen Appell mit der Arbeitsgruppe für willkürliche Verhaftungen an die Regierung gesendet - Report of the Working Group on Arbitrary Detention, E/CN.4/1994/27 (17.12.1993), Abs. 13. Entsprechend leitet das Sekretariat (OHCHR) in der jüngeren Praxis eingehende Beschwerden in Einzelfällen auch den zuständigen Länderberichterstattern weiter - siehe hierzu unten § 30.I.C., S. 498.

[201] *Tolley*, The U.N. Commission on Human Rights, S. 119; *Cook*, Int.Comm.J.Rev. 50 (1993), S. 45.

[202] *Cook*, Int.Comm.J.Rev. 50 (1993), S. 45. Wurde diese verweigert, so hat in Einzelfällen der Berichterstatter auch Exilanten aus dem jeweiligen Land befragt - *Tolley*, The U.N. Commission on Human Rights, S. 119.

[203] *Cook*, Int.Comm.J.Rev. 50 (1993), S. 42.

[204] *Weissbrodt/Parker*, S. 10. Die Berichte umfassen regelmäßig etwa 10 bis 15 Seiten, variieren aber in Art und Güte, abhängig von dem jeweiligen Berichterstatter -*Tolley*, The U.N. Commission on Human Rights, S. 121.

sion, erneut unter Beteiligung des betroffenen Staates, über die jeweilige Situation debattiert. Es stehen ihr hierbei wiederum die gleichen Entscheidungsalternativen zur Verfügung: es kann mit einer Resolution die Untersuchung fortgesetzt oder vertagt werden, es können in einem *Chairperson's statement* einvernehmlich Verpflichtungen festgehalten werden[205]. Erkennt die Kommission eine Verbesserung der Menschenrechtslage an, so wird u.U. die Bereitstellung von Beratungsdiensten[206] angeboten. Dies führt dazu, daß die Situation künftig unter einem anderen Tagesordnungspunkt erörtert wird[207], sie aber weiterhin Gegenstand der öffentlichen Erörterung bleibt.

3. Einschätzung

Der entscheidende Punkt dieses Verfahrens ist die öffentliche Debatte, die mehr als alle anderen Überwachungsverfahren zur „Mobilisierung der Schande" beiträgt[208], einem der wichtigen Instrumente zur internationalen Durchsetzung der Menschenrechte. Im Laufe der Jahre wurde auf diese Weise den Menschenrechten zu immer mehr Aufmerksamkeit und Beachtung verholfen, ja überhaupt erst ein fundamentaler ethischer und rechtlicher Rahmen für deren Anwendung und Durchsetzung geschaffen[209]. Jährlich wird eine erhebliche Bandbreite von Situationen debattiert. Auf der 56. Sitzung der Kommission 2000 wurden von NGO-Vertretern und Staatenrepräsentanten tatsächliche und vorgebliche Menschenrechtsprobleme in etwa vierzig Ländern angesprochen[210]. Im Ergebnis verabschiedete die Kommission annähernd 20 Resolutionen zu länderspezifischen Situationen, in zwei Fällen einigte man sich auf ein *Chairperson's Statement.* Zwölf der Resolutionen betrafen die Einsetzung bzw. die Mandatsverlängerung

---

[205] *Bossuyt*, HRLJ 6 (1985), S. 205, der auch von einem Sonderfall bei der Behandlung Polens nach Einführung des Kriegsrechtes dort im Jahre 1981 berichtet: hier sei die Verschiebung der weiteren Erörterung der Situation auf die nächste Sitzung beschlossen worden, im Folgejahr wäre dann aber keine Behandlung mehr erfolgt.

[206] S.o. Text bei Fn. 125.

[207] *Bossuyt*, HRLJ 6 (1985), S. 205.

[208] *Tardu*, A/Conf.157/PC/60/Add.5 Abs. 164.

[209] *Tardu*, A/Conf.157/PC/60/Add.5 Abs. 302.

[210] Siehe hierzu die Pressemitteilungen (Press Release) des OHCHR vom 28.03.00 (evening), 29.03.00 (afternoon), 29.03.00 (evening), 30.03.00 (afternoon), und vom 30.03.00 (evening), jeweils unter der Überschrift „Commission on Human Rights, 56th session".

eines Sonderberichterstatters oder unabhängigen Experten für die Durchführung einer eingehenden Studie[211].

Indem dieser Ansatz auf die Wahrnehmung der fraglichen Debatte in der Öffentlichkeit abstellt, läuft er in einem Gremium wie der MRK Gefahr, für politische Auseinandersetzungen mißbraucht zu werden. Das Verfahren wird prinzipiell durch Anschuldigungen ausgelöst, die in der Entgegnung regelmäßig abgestritten oder aber durch neue Vorwürfe an den Kritikerstaat ihrerseits entkräftet gesucht werden. Es kommt daher zu hitzigen Debatten, die von gegenseitigen Schuldzuweisungen geprägt sind. Eine wirkliche Sachaufklärung wird damit ebenso erschwert wie eine echte Beilegung der Problematik und die Bereitstellung von Hilfe und Unterstützung. Außerdem werden die betroffenen Delegationen all ihr politisches Gewicht und Geschick zur Verhinderung einer solchen Verurteilung einsetzen. Da es für das Ergebnis des Verfahrens - eine Resolution und gegebenenfalls die Einsetzung eines Sonderberichterstatters - auf das Abstimmungsverhalten der Kommissionsmitglieder ankommt, ist sein Ausgang vor allem vom politischen Einfluß bzw. der Stellung des betreffenden Landes abhängig. Insofern ist das Verfahren nur wenig objektiv, sondern zeichnet sich durch seine Selektivität, Polemik und hochgradige Politisierung aus[212].

Gerade wegen des polemischen und konfrontativen Charakters dieses Verfahrens bleibt eine positive Reaktion der jeweiligen Regierung im Interesse der Opfer nicht selten aus. Kommt es so zu keiner wirklichen materiellen Verbesserung der Menschenrechtslage, wird die öffentliche Untersuchung regelmäßig fortgeführt. Nach einer jahrelangen mehr oder minder fruchtlosen Behandlung kann es zuweilen schwierig werden, ein einmal eingeleitetes Verfahren zu einem angemessenen Ende zu bringen, ohne die offenkundige Ergebnislosigkeit der Bemühungen eingestehen zu müssen[213]. U.a. zur Entschärfung dieser Problematik ist die Kommission dazu übergegangen, kritische Situationen in Menschenrechtsfragen im Rahmen anderer Tagesordnungspunkte zu behandeln[214].

---

[211] Vgl. die Übersicht über die Mechanismen im Report of the meeting of Special Rapporteurs/Representatives, Experts and Chairpersons of the Special Procedures..., E/CN.4/2001/6 (11.07.2000), Appendix I: List of Special Procedures of the Commission on Human Rights as of June 2000.

[212] *Tardu*, A/Conf.157/PC/60/Add.5 Abs. 157.

[213] *Bossuyt*, HRLJ 6 (1985), S. 205.

[214] *Alston,* Commission on Human Rights, in: ders. (Hrsg.), The United Nations and Human Rights, S. 161; *M. Nowak*, NYIL 22 (1991), S. 45; z.B. im Zusammenhang mit „Selbstbestimmung" oder den „Beratungsdiensten" - *M. Nowak*, NYIL 22 (1991), S. 48.

B. Länderbezogene Untersuchung im Rahmen der Beratungsdienste

In bemerkenswerter Verquickung mit den bereits erwähnten Beratungsdiensten hat die Kommission eine abgemilderte Form des länderbezogenen Verfahrens entwickelt. Für Fälle, in denen zur Einleitung eines solchen Verfahrens die politische Unterstützung in der Kommission nicht zu erlangen war, wurde auf diesen kooperativen Bereich der Arbeit der MRK zurückgegriffen[215]. Da diese Praxis angesichts der zum Teil schweren Menschenrechtsverletzungen in den fraglichen Ländern erheblicher Kritik ausgesetzt war, einigte man sich in der Kommission darauf, das Mandat des jeweiligen beratenden Experten um die Aufgaben Beobachtung und Überwachung zu ergänzen: dieser hat als freundschaftlicher Berater und zugleich als kritischer Beobachter zu agieren[216]. Für die betroffenen Regierungen ist diese Vorgehensweise ambivalent. Einmal werden sie ermuntert, derartige Beratungsdienste anzufordern, um die stärkere Untersuchung im öffentlichen Verfahren gemäß Res. 1235 (XLII) zu vermeiden; zugleich gaben kritische Berichte der jeweiligen Experten über das Ausmaß der Verletzungen schon den Anstoß gerade zu einer solchen öffentlichen Untersuchung[217]. Vergleichbare Beratungsdienste auf Anregung der Kommission wurden u.a. bezüglich der Situationen in Äquatorialguinea[218], Haiti[219], Uganda[220], Guatemala[221] und zuletzt betreffend die Situation im Tschad[222] eingeleitet. Auf ihrer 56. Sitzung

---

[215] *Cook*, Int.Comm.J.Rev. 50 (1993), S. 49.

[216] *Cook*, Int.Comm.J.Rev. 50 (1993), S. 49.

[217] *Cook*, Int.Comm.J.Rev. 50 (1993), S. 49. Beispielsweise hatte im Falle Haitis der Bericht des im Rahmen der Beratungsdienste entsandten Experten aufgezeigt, in welchem Ausmaß die Militärregierung diese Form der Zusammenarbeit ausnutzte, um einer gründlichen Untersuchung der Menschenrechtslage zu entgehen. In der Folge entschied die Kommission, einen unabhängigen Experten im Rahmen der länderbezogenen Verfahren einzusetzen, der unter dem Tagesordnungspunkt „Menschenrechtsverletzungen in aller Welt..." zu berichten hätte - Int.Comm.J.Rev. 44 (1990), S. 23. Ähnliches gilt für Äquatorialguinea - *Cook*, ebd.

[218] Erstmals mit MRK-Res. 33 (XXXVI) vom 11.03.1980, in: Report on the 36th session, E/1980/13, E/CN.4/1408, S. 194; United Nations Action, S. 348-350.

[219] Erstmals mit MRK-Res. 1987/13, Abs. 14, in: Report on the 43rd session, E/1987/18; E/CN.4/1987/60, S. 49; United Nations Action, S. 350-353.

[220] MRK, Res. 30 (XXXVII), in: Report on the 37th session, E/1981/25, E/CN.4/1475, S. 231; United Nations Action, S. 353.

[221] Nach fast zehnjähriger Untersuchung der Situation in Guatemala im öffentlichen Verfahren wurde 1988 die Bereitstellung von Beratungsdiensten beschlossen: MRK, Res. 1988/50, in: Report on the 44th session, E/1988/12, E/CN.4/1988/88, S. 114.

[222] MRK, Entscheidung 1999/102 vom 22.04.1999, E/CN.4/DEC/1999/102 (29.04.1999); *Ize-Charrin*, Human Rights 1/1999, S. 21.

2000 behandelte die Kommission insgesamt zwei Länder unter einer kritischen länderbezogenen Perspektive, setzte insoweit unabhängige Experten ein und beschloß, die Angelegenheit weiterhin unter dem Tagesordnungspunkt „Beratungsdienste etc." zu behandeln.

C. Thematische Verfahren

Bei den thematischen Verfahren handelt es sich noch weniger als bei den länderbezogenen um ein festgelegtes und unveränderliches Phänomen: fortwährend werden hier neue Verfahren eingerichtet[223]. Dabei sind die einzelnen „Verfahren" keineswegs identisch ausgestattet, sondern unterscheiden sich in der Art des hierfür verantwortlichen Gremiums sowie in ihrer Arbeitsweise und der Fähigkeit, im Hinblick auf einzelne Verletzungen Abhilfe zu schaffen[224].

1. Entstehung und rechtliche Grundlage

Auf der Grundlage von Res. 1235 (XLII) und vor dem Hintergrund von im vertraulichen und öffentlichen Verfahren bekanntgewordenen schwersten Menschenrechtsverletzungen wurden zu Beginn der achtziger Jahre die sog. thematischen Verfahren entwickelt[225], wenngleich sich ähnliche thematische Untersuchungsansätze in bezug auf schwere Menschenrechtsverletzungen bereits Ende der sechziger Jahre nachweisen lassen[226]. Hierbei werden bestimmte Typen von Menschenrechtsverletzungen in mehreren Ländern ohne geographische Be-

---

[223] *Cook*, Int.Comm.J.Rev. 50 (1993), S. 34.

[224] *Cook*, Int.Comm.J.Rev. 50 (1993), S. 34

[225] *Riedel*, in: Baum/ders./Schaefer, Menschenrechtsschutz in der Praxis der Vereinten Nationen, S. 44.

[226] Die 1967 eingesetzte *Ad hoc*-Arbeitsgruppe aus Experten war in Abs. 3 Res. 2 (XXIII) mit der Untersuchung behaupteter Folter und Mißhandlungen in Polizeigefängnissen Südafrikas beauftragt. Insoweit lag ein eindeutig länderbezogener Auftrag vor (*Kamminga*, NILR 34 (1987), S. 209; siehe hierzu oben bei Fn. 163ff. und unten § 15.II., S. 207f.). Im darauffolgenden Jahr, 1968, wurde jedoch der Untersuchungsauftrag auf weitere afrikanische Staaten und Gebiete ausgedehnt (MRK, Res. 2 [XXIV] vom 20.02.1968, Abs. 3, in: Report on the 24th session, E/4475, E/CN.4/972 [1968], Kap. XVIII, S. 145). Die inhaltliche Beschränkung auf die Behandlung politischer Gefangener in Polizeigewahrsam wurde jedoch beibehalten, so daß der Charakter der - freilich regional begrenzten - Untersuchung durchaus als ein thematischer zu werten ist.

Kamminga weist erste Anfänge eines thematischen Untersuchungsansatzes zudem im Rahmen der ILO bereits in den fünfziger Jahren nach und sieht die Arbeitsgruppe der Unterkommission zur Sklaverei als frühen Vorläufer - *Kamminga*, NILR 34 (1987), S. 320.

schränkungen untersucht[227]. Ausgangspunkt und Präzedenzfall für dieses Vorgehen war die 1980 in Reaktion auf Anregungen des ECOSOC und der Unterkommission[228] von der Kommission eingesetzte Arbeitsgruppe betreffend verschwundene Personen[229]. In den Folgejahren - beginnend 1981 mit einem Sonderberichterstatter zu Massenauswanderungen (*massive exodus*)[230] und einem weiteren betreffend willkürliche Exekutionen (1982)[231] - wurden vergleichbare Untersuchungsverfahren zu zahlreichen sonstigen Themenkomplexen eingesetzt.

Eine ausdrückliche, generelle Ermächtigung der MRK für diese Verfahren gibt es nicht, wenngleich zumindest die Ursprünge des Verfahren auch auf Res. 1235 (XLII) zurückgeführt werden können[232]. Die Einrichtung eines thematischen Verfahrens erfolgt dabei in zwei Schritten: zu Anfang steht der entspre-

---

[227] *Boekle*, APuZ, B 46-47/98, S. 9; *Bossuyt*, HRLJ 6 (1985), S. 199.

[228] *Bossuyt*, HRLJ 6 (1985), S. 194.

[229] *Working Group on Enforced and Involuntary Disappearances*, zuerst eingesetzt mit Res. 20 (XXXVI) der MRK vom 29.02.1980, in: Report of th 36th Session, E/1980/13, E/CN.4/1408, chapter XXVI section A (S. 190).

Die Einsetzung dieser Arbeitsgruppe beruht vor allem auf den bekanntgewordenen Ereignissen in Argentinien, über die die MRK durch Berichte informiert wurde, die im vertraulichen 1503-Verfahren behandelt wurden (siehe dazu § 21.III.B.2., S. 310). Auch die Ereignisse in Chile gaben hierzu den Anstoß, wobei von Interesse ist, daß die öffentliche Behandlung in einer länderbezogenen Arbeitsgruppe 1979 zugunsten des neuen thematischen Verfahrens, zunächst durch zwei Experten, später dann durch die Arbeitsgruppe, eingestellt wurde - *M. Nowak*, NYIL 22 (1991), S. 43. 58; *Alston,* Commission on Human Rights, in: ders. (Hrsg.), The United Nations and Human Rights, S. 174; *Bossuyt*, HRLJ 6 (1985), S. 194; *Kamminga*, NILR 34 (1987), S. 301.

[230] MRK, Res. 29 (XXXVII) in: Report of the 37th session, E/1981/25, E/CN.4/1475, S. 230; *Tolley*, The U.N. Commission on Human Rights, S. 106f.

[231] MRK, Res. 1982/29 und Resolutionsentwurf (draft res.) II, in: Report on the 38th session, E/1982/12, E/CN.4/1982/30, S. 147, 2; *Alston,* Commission on Human Rights, in: ders. (Hrsg.), The United Nations and Human Rights, S. 174; *Weissbrodt/Parker,* S. 9; *Rodley*, in: Hannum (Hrsg.), Guide to International Human Rights Practice, S. 71. Ausführlich hierzu *Tolley*, The U.N. Commission on Human Rights, S. 107-110.

[232] *M. Nowak*, NYIL 22 (1991), S. 43; *Karl*, BerDGV 33 (1994), S. 106; *Rudolf,* S. 32; i.E. wohl auch *Alston,* Commission on Human Rights, in: ders. (Hrsg.), The United Nations and Human Rights, S. 175, der das Verfahren als „Zwischenstufe" zwischen öffentlichem (1235-) und vertraulichem (1503-)Verfahren ansieht.

Der enge Bezug zum öffentlichen Verfahren wird auch dadurch deutlich, daß ein Großteil der thematischen Verfahren zumindest ursprünglich unter dem mit Res. 1235 (XLII) bestätigten allgemeinen Tagesordnungspunkt behandelt wurden - hierzu sogleich bei Fn. 238.

chende Entschluß der MRK, einen entsprechenden neue thematischen Mechanismus einzusetzen[233]. Dies unterschiedet sich praktisch nicht von der Einleitung eines länderspezifischen Verfahrens. Danach wird der Vorsitzende beauftragt, eine geeignete Person zu ernennen, wofür er informelle Konsultationen mit den Delegationen in der MRK aufnimmt[234]. Vom ECOSOC muß - wegen der finanziellen Auswirkungen - sodann die Einrichtung des Verfahrens an sich bestätigt werden, nicht aber die Ernennung einer bestimmten Person als Sonderberichterstatter bzw. Mitglied der Arbeitsgruppe[235].

2. Das Verfahren

Da es an einer allgemeingültigen Ermächtigungsresolution fehlt, sind Verfahrensweise und Befugnisse der beauftragten Organe jeweils nur für den Einzelfall in den zugrundeliegenden spezifischen Resolutionen festgelegt. Dabei lassen sich strukturell zwei verschiedene Untersuchungsorgane unterscheiden. Neben den (derzeit zwei) fünfköpfigen Arbeitsgruppen[236] sind ausschließlich Einzelpersonen mit der Durchführung der thematischen Verfahren beauftragt worden. Diese werden als Sonderberichterstatter, -vertreter oder unabhängige Experten von der MRK oder in deren Auftrag vom Generalsekretär ernannt. Hinsichtlich des Verfahrensbeginns und -ablaufs gilt gleiches wie für den länderbezogenen Mechanismus. Besondere Voraussetzungen für die Einleitung eines solchen Verfahrens müssen nicht erfüllt sein, wenngleich auch hier die im vertraulichen Verfahren oder anderweitig gewonnenen Erkenntnisse von Einfluß sein können[237]. Die Behandlung der jeweiligen Fragestellung einschließlich der Vorstellung und Debatte des Berichts, erfolgt entweder unter dem allgemeinen Tagesordnungspunktes „Menschenrechtsverletzungen in aller Welt ...“ oder aber, vom konkreten Mandat abhängig, im Rahmen der thematisch einschlägigen Punkte[238].

---

[233] *Rudolf,* S. 30.

[234] *Rudolf,* S. 30. Besonders von den Entwicklungsländern wird dabei Wert auf eine regional gerechte Auswahl der der Sonderberichterstatter gelegt - *Rudolf,* ebd.

[235] *Rudolf,* S. 31; *Weissbrodt/Parker,* S. 8.

[236] Neben der bereits erwähnten Arbeitsgruppe für Verschwundene handelt es sich dabei um die Arbeitsgruppe für willkürliche Verhaftungen (*Working Group on Arbitrary Detention*), die erstmals mit Res. 1991/42 und draft dec. 11, in: CHR, Report on the 47th session, E/1991/22, E/CN.4/1991/91, S. 105, 8, eingesetzt wurde.

[237] Siehe oben Fn. 229.

[238] *Rudolf,* S. 32; *M. Nowak,* NYIL 22 (1991), S. 43f. jew. m.w.N. und Einzelheiten.

Die Verfahrensbestimmungen und Befugnisse orientieren sich in der Regel weitgehend an den zuerst eingesetzten Verfahren, insbesondere an dem der *Working Group on Disappearances* [239] und variieren nur in wenigen Punkten[240]. Praktisch enthalten sämtliche Mandate den Auftrag, einschlägige Informationen und Daten zu sammeln[241], zu prüfen und an betroffene Regierungen weiterzuleiten. Zudem können die Berichterstatter bzw. Arbeitsgruppen Länder auf Einladung hin besuchen[242] und müssen der MRK i.d.R. jährlich Bericht erstatten[243]. Die jährlich zu erstellenden Berichte sind neben der Zusammenfassung der entfalteten Aktivitäten praktisch eine Studie über das jeweilige Thema, die durch länderspezifische Ausführungen[244], Statistiken sowie Empfehlungen ergänzt wird[245]. Lediglich die unabhängigen Experten unterliegen insoweit einem weniger förmlichen Reglement[246].

Wichtigster Bestandteil der Arbeit der thematischen Mechanismen ist die schon erwähnte Befugnis, Informationen über geschehene Verletzungen der vom Mandat umfaßten Menschenrechte an die zuständigen Regierungen weiterzuleiten[247]. Besondere Bedeutung hat in diesem Zusammenhang die Möglichkeit er-

---

[239] *Kamminga*, NILR 34 (1987), S. 304f.

[240] *Rodley*, in: Hannum (Hrsg.), Guide to International Human Rights Practice, S. 70; *Alston,* Commission on Human Rights, in: ders. (Hrsg.), The United Nations and Human Rights, S. 175; der auch eine Entwicklung von größeren Differenzen hin zu einer zunehmenden Angleichung ausmacht. Vgl. zum nachfolgenden nur Report of the Special Rapporteur [on Torture], Mr. Nigel *Rodley* ..., E/CN.4/1997/7 (10.01.1997) Annex: Methods of work of the Special Rapporteur on Torture, Abs. 2.

[241] Siehe hierzu nur für die Arbeitsgruppe für Verschwundene *Kamminga*, NILR 34 (1987), S. 308f.

[242] *Kamminga*, NILR 34 (1987), S. 311-314 mit einer weitgehend positiven Einschätzung dieser Besuche; *Cook*, Int.Comm.J.Rev. 50 (1993), S. 36.

[243] *Weissbrodt/Parker,* S. 9; *Bossuyt*, HRLJ 6 (1985), S. 195; vgl. auch *M. Nowak*, NYIL 22 (1991), S. 43; *Kamminga*, NILR 34 (1987), S. 314-317. Für eine gründliche Analyse der Tätigkeit und Befugnisse zahlreicher thematischer Verfahren siehe *Rudolf,* S. 55ff.

[244] *Rodley*, in: Hannum (Hrsg.), Guide to International Human Rights Practice, S. 73. Die Berichte enthalten außerdem Empfehlungen für nationale und internationale Maßnahmen im jeweiligen Zusammenhang - ebd.

[245] *Weissbrodt/Parker,* S. 8f.; vgl. *Cook*, Int.Comm.J.Rev. 50 (1993), S. 36.

[246] *Weissbrodt/Parker,* S. 9.

[247] Siehe *Kamminga*, NILR 34 (1987), S. 309-311. Im Einzelnen haben die einzelnen Mechanismen hierfür jeweils standardisierte Fallzusammenfassungen (*case summaries*) entwickelt, die an die Regierungen in Form von sogenannten *allegation letters*, also einer Zusammenfassung der behaupteten Verstöße, weitergeleitet werden.

langt, in bezug auf Einzelfälle eilige Anfragen an die jeweiligen Regierungen zu richten[248]. Derartige Eilaktionen oder Eilappelle (*Urgent Appeal*) werden in den meisten der vorhandenen thematischen Mechanismen durchgeführt; bereits die *Working Group on Disappearances* hatte solches in der Verantwortung des Vorsitzenden eingerichtet[249]. Vergleichbare Eilverfahren mit geringfügigen Unterschieden im Einzelnen werden auch von der Arbeitsgruppe über willkürliche Haft[250], seit 1995 vom Berichterstatter über religiöse Intoleranz[251], vom Berichterstatter über die Unabhängigkeit der Justiz[252] sowie - weniger wirksam - auch vom Berichterstatter über das Recht auf Meinungsfreiheit durchgeführt[253]. Nach dem Eingang einer Information über schwerwiegende Menschenrechtsverletzungen wird die betreffende Regierung unverzüglich zu einer Erklärung aufgefordert und von der Sorge und Alarmierung der UNO in dieser Angelegenheit in Kenntnis gesetzt[254]. Die Appelle werden in den jeweiligen Bericht an die Kommission aufgenommen, z.T. wird auch ein *Follow up*-Verfahren für Fälle fehlender Reaktionen durchgeführt[255]. Insgesamt ist bezogen auf die Antworten und Aufklärungen

---

[248] *Rodley*, in: Hannum (Hrsg.), Guide to International Human Rights Practice, S. 73; siehe auch den Report of the Bureau of the fifty-fourth meeting of the Commission on Human Righst, E/CN.4/1999/104 (23.12.1998); Abs. 26 (Observation 12).

Im Rahmen der länderspezifischen Verfahren ist solches nur in Ausnahmefällen bereits durchgeführt worden - siehe oben Fn. 200, S. 149.

[249] *Bossuyt*, HRLJ 6 (1985), S. 195; *Rudolf*, S. 104f. Bereits der ursprüngliche Vorschlag der Unterkommission für die Einsetzung einer ersten thematischen Arbeitsgruppe sah einen Mechanismus vor, mit dem in eiligen Situationen schwerster Menschenrechtsverletzungen unverzüglich gehandelt werden konnte - *Bossuyt*, HRLJ 6 (1985), S. 194f. Unterkommission, Res. 18 (XXXIII) vom 11.09.1979, E/CN.4/1432, Annex V.

[250] Vgl. nur Report of the Working Group on Arbitrary Detention, E/CN.4/1994/27 (17.12.1993), Abs. 13. Ausführlich *Rudolf*, S. 310ff.

[251] Siehe z.B. Report of the Special Rapporteur on the question of religious intolerance, E/CN.4/1995/91 (22.12.1994) Abs. 33; ausführlich *Rudolf*, S. 187f.

[252] Report of the Special Rapporteur on independence and impartiality of the judiciary, jurors and assessors and the independence of lawyers, E/CN.4/1995/39 (06.02.1995), Abs. 76; *Rudolf*, S. 503f.

[253] *Rudolf*, S. 375f.

[254] *Bossuyt*, HRLJ 6 (1985), S. 195; *Cook*, Int.Comm.J.Rev. 50 (1993), S. 36; vgl. auch *Rudolf*, S. 104f.

[255] *Rudolf*, S. 105.

der Fälle von einer vergleichsweise enormen Erfolgsquote berichtet worden, so daß das Verfahren als außerordentlich wirksam gelten kann[256].

Eine Sonderrolle nimmt die Arbeitsgruppe für willkürliche Haft ein, die ein quasi-gerichtliches Mandat zur Untersuchung von Einzelfällen eingerichtet hat. Sie entschiedet anhand der ihr vorliegenden Beschwerde und gegebenenfalls der Antwort des Staates in einer abschließenden Stellungnahme über das Vorliegen einer „willkürlicher Verhaftungen"[257].

Abgesehen von diesen auf Einzelfälle beschränkten Eilverfahren handelt es sich bei den themenorientierten Verfahren mehr noch als bei den länderbezogenen um Untersuchungen von spezialisierten Fachleuten zur Tatsachenfeststellung (*fact-finding*)[258]. Informationen werden von NGO, Opfern oder anderen Quellen bezogen und - i.d.R. ohne eine substantielle Sachprüfung - an die Regierungen weitergeleitet[259]. Oft sind allerdings die Staatent nicht bereit, in einer Antwort hierzu erschöpfend Auskunft über die fraglichen Angelegenheiten zu geben[260].

Die Verfahren haben somit ein doppeltes Ziel. Einerseits steht der Schutz der betroffenen Menschen im Blickfeld[261] (was insbesondere im Urfall der thematischen Verfahren, der das Schicksal Verschwundener betraf, plastisch hervortritt), ergänzt u.U. um die Auseinandersetzung mit der einschlägigen Situationen

[256] *Rudolf,* S. 106. Von in den Jahren 1981 - 1984 berichteten 1.121 Fällen wurden insgesamt 216 geklärt - Report of the Working Group on Enforced or Involuntary Disappearances, E/CN.4/1985/15 (23.01.1985), Abs. 84; *Tolley,* The U.N. Commission on Human Rights, S. 105.

[257] *Cook,* Int.Comm.J.Rev. 50 (1993), S. 35 Anm. 7. Siehe nur Report of the Working Group on Arbitrary Detention, E/CN.41998/44 (19.12.1997), Annex III, Opinions adopted by the Working Group.

[258] *Riedel,* Menschenrechtskommission, in: Wolfrum (Hrsg.), Handbuch Vereinte Nationen, Rn. 18; *Boekle,* APuZ, B 46-47/98, S. 9.

[259] *M. Nowak,* NYIL 22 (1991), S. 43, 44f.; *Alston,* Commission on Human Rights, in: ders. (Hrsg.), The United Nations and Human Rights, S. 176f. für die Arbeitsgruppe betreffend verschwundene Personen, die jede „vertrauenswürdige Quelle" zur Informationsbeschaffung heranziehen kann.

[260] *Riedel,* in: Baum/ders./Schaefer, Menschenrechtsschutz in der Praxis der Vereinten Nationen, S. 44; *M. Nowak,* NYIL 22 (1991), S. 45.

[261] *M. Nowak,* NYIL 22 (1991), S. 44; Demgemäß befassen sich die thematischen Verfahren prinzipiell alle mit individuellen Fällen behaupteter Rechtsverletzung - unabhängig von der konkreten Formulierung der Einsetzungsresolution - *Rudolf,* S. 543f.

in einem Land[262]. Anderseits sollen global die Ursachen für solche Phänomene von schwerwiegenden Problemen im Menschenrechtsbereich erforscht werden[263]. Gerade der erste Schwerpunkt unterscheidet das thematische Verfahren vom länderbezogenen, wird doch dort dieser humanitäre Aspekt wegen der eher richterlich-beurteilenden Funktion praktisch vernachlässigt[264]. Die thematischen Arbeitsgruppen behandeln demnach - anders als die allgemein ausgerichteten Länderverfahren - auch Einzelfälle mit dem Ziel einer humanitären Lösung[265].

3. Einschätzung

Neben den erwähnten Untersuchungen des Verschwindenlassens und willkürlicher Verhaftungen, die von Arbeitsgruppen durchgeführt werden, sind gegenwärtig 22 Sonderberichterstatter/-beauftragte und Experten mit der Durchführung eines thematischen Spezialverfahrens beauftragt[266]. In den ersten Jahren behandelten die thematischen Verfahren ausschließlich Verletzungen bürgerlicher und politischer Rechte. Außer dem Problem des Verschwindenlassens und der Untersuchung von willkürlichen Exekutionen betraf dies zunächst Folter (seit 1985)[267], religiöse Intoleranz (seit 1986)[268] und die Frage der Verwendung von Söldnern (seit 1987)[269]. Die Kommission hatte sich also zunächst in diesem Verfahren im wesentlichen mit den bürgerlichen und politischen Menschenrechten befaßt. 1998 wurde erstmalig auch die Verwirklichung von Rechten der zweiten

---

[262] *Alston,* Commission on Human Rights, in: ders. (Hrsg.), The United Nations and Human Rights, S. 176; *Cook,* Int.Comm.J.Rev. 50 (1993), S. 35.

[263] *M. Nowak,* NYIL 22 (1991), S. 44. Vgl. - für die Arbeitsgruppe betreffend verschwundene Personen - *Alston,* Commission on Human Rights, in: ders. (Hrsg.), The United Nations and Human Rights, S. 176.

[264] *Rodley,* in: Hannum (Hrsg.), Guide to International Human Rights Practice, S. 74; *Rodley,* A/Conf.157/PC/60/Add.6, Abs. 42.

[265] *Rodley,* A/Conf.157/PC/60/Add.6, Abs. 42.

[266] Report of the meeting of Special Rapporteurs/Representatives, Experts and chairpersons of the Special Procedures..., E/CN.4/2001/6 (11.07.2000), Appendix I: List of Special Procedures of the Commission on Human Rights as of June 2000. Hinzu kommen noch zwei im September 2000 ernannten Berichterstatter - vgl. UN Press Release HR/00/64 vom 12.09.2000.

[267] *Tolley,* The U.N. Commission on Human Rights, S. 110: MRK, Res. 1985/33, in: Report on the 41st session, E/1985/22, E/CN.4/1985/66, S. 71.

[268] *Tolley,* The U.N. Commission on Human Rights, S. 111.

[269] *Tolley,* The U.N. Commission on Human Rights, S. 221; MRK, Res. 1987/16, in: Report on the 43rd session, E/1987/18, E/CN.4/1987/60, S. 58.

und dritten Generation im thematischen Verfahren untersucht. Die Kommission setzte einen Sonderberichterstatter zum Recht auf Primärschulbildung sowie einen Mechanismus zur Untersuchung des Rechts auf Entwicklung ein, bestehend aus einem unabhängigen Experten und einer offenen Arbeitsgruppe[270]. Mittlerweile sind außerdem Sonderberichterstatter zum Recht auf Nahrung und zum Recht auf Wohnung ernannt[271]. Diese Bemühungen sind erste Schritte auf dem Weg zu einer ausgeglichenen Balance der thematischen Verfahren mit dem Ziel, den wirtschaftlichen, sozialen und kulturellen Rechten gleiche Aufmerksamkeit zukommen lassen wie den bürgerlichen und politischen[272]. Gleichwohl bestehen noch deutliche Unterschiede zu den thematischen Verfahren bezüglich der Menschenrechte der ersten Generation. Die Reaktion auf konkrete Verletzungen ist im Bereich der wirtschaftlichen und sozialen Rechte nicht vom jeweiligen Mandat umfaßt.

Soweit diese Befugnis zugestanden ist, d.h. praktisch nur im Bereich der bürgerlichen und politischen Rechte, haben sich die meisten dieser Mechanismen als ein flexibles und vergleichsweise wirksames Mittel im Kampf gegen Menschenrechtsverletzungen erwiesen. Ihr Mandat umfaßt sämtliche Länder und unterliegt praktisch keinen Einschränkungen *ratione temporis*; sie können Individualfälle behandeln und Vor-Ort-Untersuchungen durchführen, länderspezifische oder allgemeine Empfehlungen aussprechen und so zur Entwicklung neuer Rechtsstandards beitragen[273]. Hieraus resultiert die Einschätzung, daß diese Instrumente die effektivsten und dynamischsten sind, die der MRK zur Verfügung stehen[274].

---

[270] *Schaefer,* in: Baum/Riedel/ders., Menschenrechtsschutz in der Praxis der Vereinten Nationen, S. 76f.

[271] MRK, Res. 2000/9 und 2000/10 vom 17.04.2000, E/CN.4/RES/2000/9 (17.04.2000) und E/CN.4/RES/2000/10 (17.04.2000). Zur Ernennung siehe UN Press Release HR/00/64 vom 12.09.2000.

[272] Report of the inter-sessional open-ended Working Group on Enhancing the Effectiveness of the Mechanisms of the Commission on Human Rights, E/CN.4/2000/112 (16.02.2000), Abs. 13 (ii), bestätigt mit Entscheidung 2000/109, E/CN.4/DEC/2000/109 (27.04.2000), Abs. 1.

Kritisch zu der bis dahin bestehenden „Schieflage" bei der Auswahl der thematischen Verfahren, die fälschlicherweise eine bestimmte Rangfolge der Menschenrechte suggerieren könne, *Alston,* Commission on Human Rights, in: ders. (Hrsg.), The United Nations and Human Rights, S. 181

[273] Amnesty International, Doc. IOR 41/16/92, sub. V. A.(S. 27f.).

[274] Amnesty International, Doc. IOR 41/16/92, sub. V. A.(S. 27).

Darüber hinaus sind thematische Mechanismen aber auch in anderer Hinsicht im Vergleich zu den länderbezogenen von größerer Wirksamkeit. Die Einsetzung derartiger Mechanismen richtet sich nicht ausdrücklich gegen einen bestimmten Staat, unmittelbare Anschuldigungen haben in diesem Zusammenhang grundsätzlich keinen Platz. Sie weisen einer kooperativen Arbeitsweise den Weg, und auch Verurteilungen einzelner Länder oder Ländergruppen sind grundsätzlich weder das Ziel noch auch nur das Ergebnis dieser Verfahren[275] - wenngleich kritische Berichte eines Sonderberichterstatters nach dem Besuch eines Landes durchaus eine vergleichbare Auswirkung haben können. Das gesamte Verfahren ist trotzdem viel weniger dem Widerstand betroffener Staaten ausgesetzt als dies bei einem länderbezogenen Vorgehen der Kommission der Fall wäre[276]. Infolge des länderübergreifenden Prüfungsansatzes ist auf der anderen Seite die Gefahr einer politisch-selektiven Praxis wesentlich geringer als bei den Untersuchungen eines bestimmten Landes[277].

Problematisch ist dabei, daß auch der auf die Verletzerstaaten ausgeübte Druck erheblich geringer ist als bei einem länderspezifischen Verfahren[278]. Der Arbeit eines Sonderberichterstatters bzw. einer Arbeitsgruppe kann mittels verschiedener Instrumente abgestuft Nachdruck verliehen werden, beispielsweise durch Einzelanfragen des Untersuchungsorgans, Länderbesuche, unverzügliche Interventionen oder als *ultima ratio* einen entsprechender Bericht an die MRK[279]. Andererseits kann durch den Themenbezug viel eher das Interesse der Weltöffentlichkeit geweckt werden als bei einem Einzelbericht[280].

---

275 *Alston,* Commission on Human Rights, in: ders. (Hrsg.), The United Nations and Human Rights, S. 175.

276 *Bartolomei,* S. 251; *Riedel,* Menschenrechtskommission, in: Wolfrum (Hrsg.), Handbuch Vereinte Nationen, Rn. 18; *Riedel,* in: Baum/ders./Schaefer, Menschenrechtsschutz in der Praxis der Vereinten Nationen, S. 44; *Bossuyt*, HRLJ 6 (1985), S. 199.

277 *Riedel,* Menschenrechtskommission, in: Wolfrum (Hrsg.), Handbuch Vereinte Nationen, Rn. 18; *Riedel,* in: Baum/ders./Schaefer, Menschenrechtsschutz in der Praxis der Vereinten Nationen, S. 44; *Bossuyt*, HRLJ 6 (1985), S. 199; vgl. *Karl*, BerDGV 33 (1994), S. 107.

278 *Karl*, BerDGV 33 (1994), S. 107; *Alston,* Commission on Human Rights, in: ders. (Hrsg.), The United Nations and Human Rights, S. 181.

279 *Alston,* Commission on Human Rights, in: ders. (Hrsg.), The United Nations and Human Rights, S. 177.

280 *Riedel,* in: Baum/ders./Schaefer, Menschenrechtsschutz in der Praxis der Vereinten Nationen, S. 44.

Ungeachtet aller Unterschiede bei der Durchführung der einzelnen thematischen Verfahren und mancher Unzulänglichkeiten ist es im Vergleich zu den länderbezogenen Verfahren wohl das im Grundsatz effektivere[281]. Es kann diese gleichwohl nicht vollständig ersetzen, einerseits wegen der jeweiligen Beschränkung auf einen schmalen Bereich bestimmter Menschenrechtsverletzungen, andererseits aber auch wegen u.U. mangelnder Ressourcen für konzentrierte Aktionen in bezug auf eine Situation[282]. Schließlich ist im Sanktionssystem des internationalen Menschenrechtsschutzes eine länderbezogene Untersuchung noch immer die schwerste Sanktion, die verhängt werden kann.

D. Zusammenfassung

Trotz weitgehender Berechtigung der Kritik an vielen Punkten der Reaktion der Kommission auf Menschenrechtsverletzungen hat sie doch in zahlreichen Fällen die Aufmerksamkeit der Weltöffentlichkeit hierauf zu lenken vermocht, wenn diese anderenfalls kaum bekannt würden[283]. Jährlich werden, wie gezeigt, die Situationen in zahlreichen Ländern öffentlich und kritisch erörtert. Durch das Berichterstattersystem werden relevante Fakten registriert und zugleich der Öffentlichkeit bewußt gemacht[284].

Insgesamt läßt sich eine Dreiteilung der Arbeit der Kommission unter dem Gesichtspunkt „Reaktion auf Verletzungen" erkennen: Neben der Behandlung von Einzelfällen der Menschenrechtsverletzungen, wie sie gerade im Bereich der Eilverfahren, aber auch sonst in den thematischen Mechanismen stattfindet, steht die Erörterung spezifischer Ländersituationen und die Untersuchung der Phänomene, ihrer Ursachen und möglicher Gegenstrategien in größerem Rahmen[285].

---

[281] *Alston,* Commission on Human Rights, in: ders. (Hrsg.), The United Nations and Human Rights, S. 180.

[282] Die Kommission hat aber auch schon - wie 1995 im Falle Nigerias - anstelle eines länderspezifischen Verfahrens eine besondere Aufforderung an einen oder mehrere thematische Sonderberichterstatter verabschiedet, ein konkretes Land im Rahmen ihrer jeweiligen thematischen Mandate zu besuchen - *Schaefer,* in: Baum/Riedel/ders., Menschenrechtsschutz in der Praxis der Vereinten Nationen, S. 73.

[283] *Buergenthal*, International Human Rights, S. 81f.

[284] *Baum*, in: Jahrbuch Menschenrechte 2000, S. 244.

[285] Vgl. *Cook*, Int.Comm.J.Rev. 50 (1993), S. 35.

V. Ergebnis

Die Aktivitäten der Kommission, wie sie nur teilweise aus dem ergänzten Zuständigkeitskatalog und ebenso nur bruchstückhaft aus der Tagesordnung ersichtlich sind, ergeben heute einen insgesamt äußerst umfassenden Ansatz, in dem die Umsetzung der grundlegenden Rechte für jedermann auf verschiedene Weise zu erreichen gesucht wird. Die Erarbeitung der maßgeblichen Texte bzw. Rechtsnormen stellte hierfür den notwendigen Rahmen bereit. Sämtliche weiteren Aktivitäten stellen Maßnahmen verschiedener Intensität und Auswirkung dar, die in der einen oder anderen Weise die Beachtung dieser Menschenrechte durch die jeweiligen nationalen Adressaten erreichen oder sicherstellen wollen. Dabei wird zum Teil nach einer einvernehmlichen, auf Kooperation ausgerichteten Weise vorgegangen (Förderungsaktivitäten), zum Teil jedoch auch in überwiegend konfrontativer Weise auf bestehende Unzulänglichkeiten im Menschenrechtsbereich hingewiesen (Reaktion auf Menschenrechtsverletzungen)[286]. Sämtliche Aktivitäten der Kommission bewegen sich im Rahmen ihrer allgemeinen, vom ECOSOC abgeleiteten Befugnisse, d.h. verbindliche Entscheidungen oder Zwangsmaßnahmen sind ihr nicht möglich. Innerhalb dieser Beschränkungen hat die Kommission im Rahmen der geschilderten Aktivitäten - trotz zahlreicher Unzulänglichkeiten, die insbesondere aus ihrem politischen Charakter resultierten - einen gewichtigen Beitrag zur Menschenrechtsarbeit der UNO, besonders zur Behandlung von Menschenrechtsverletzungen auf internationaler Ebene geleistet[287].

---

[286] Zum Teil werden daher beide Aspekte nicht getrennt behandelt, sondern unter dem Punkt „Stärkung und Verbesserung von Verfahren und Einrichtungen zur Umsetzung der Menschenrechte“ zusammengefaßt - *Flood,* S. 39.

[287] *Buergenthal*, International Human Rights, S. 82.

§ 11. Zusammenfassung

Durch ihre umfassende Tätigkeit ist die MRK das wichtigste Organ im weltweiten System des internationalen Menschenrechtsschutzes[1]. Sie ist die einzige „Konferenz“ auf internationaler Ebene, bei der Politik fast ausschließlich unter Menschenrechtsgesichtspunkten stattfindet und formuliert wird[2]. Dabei nimmt sie *de facto* eine in Menschenrechtsfragen wichtigere Position ein, als ihre formelle Stellung als Unterorgan des ECOSOC glauben machen läßt. Im Rahmen der rechtlichen und tatsächlichen Vorgaben entwickelte die MRK im Laufe ihrer Geschichte eine Vielzahl von teilweise mehr, teilweise weniger wirksamen Maßnahmen zur Verbesserung der Menschenrechtslage in vielen Ländern der Welt. Ihre Arbeit umfaßt dabei verschiedene Ansatzpunkte im politischen Bereich der Rechtsanwendung und -durchsetzung, die ihr auch ohne die Befugnis zum Erlaß verbindlicher Entscheidungen noch möglich sind. Gerade hierin liegt aber zugleich ihre Macht und ihr tatsächlicher Einfluß.

Die Dominanz des Politischen ist ein Merkmal, das sich seit den sechziger Jahren in allen Bereichen der Arbeit der MRK widerspiegelt. In der Entwicklung ihrer Aktivitäten zum Schutz und zur Förderung der Menschenrechte hat sich die Kommission als flexibel und vielfältig in ihren Ansätzen erwiesen. Statische Vorgaben existieren nur wenige. Die MRK erscheint als ein lebendiger und von vielen Seiten beeinflußter Akteur. Sämtliche von ihr eingeleitete Maßnahmen unterliegen in ihrer Ausgestaltung und Anwendung fortlaufenden Veränderungen - zumeist in Richtung auf eine effektivere Auseinandersetzung mit Menschenrechtsproblemen. So hat sie mittlerweile ein ganzes System verschiedener Verfahren und Ansätze zur Reaktion auf Menschenrechtsverletzungen entwickelt, von denen das vertrauliche 1503-Verfahren nur eines ist. Insgesamt scheint ihr Handeln neben der Ausrichtung an politischen Gesichtspunkten vor allem von Pragmatismus geprägt. Strikte Prinzipientreue wird zugunsten kreativer Mandatsauslegung vernachlässigt. Die Kommission hat, soweit sich entsprechende Mehrheiten fanden, faktische oder rechtliche Beschränkungen ihrer Tätigkeit überwunden und ihr Tätigkeitsfeld ohne Rücksicht auf ursprüngliche Konzeptionen oder Vorgaben erweitert.

---

[1] *Donnelly,* Universal Human Rights, S. 206.

[2] *Schaefer,* in: Baum/Riedel/ders., Menschenrechtsschutz in der Praxis der Vereinten Nationen, S. 61.

Zweiter Teil

Die Entwicklung des 1503-Verfahrens

§ 12. Die Entwicklung internationaler Petitionsverfahren

Der Schutz individueller Menschenrechte als Aufgabe des Völkerrechts ist eine vergleichsweise junge Entwicklung. Erst im Zusammenhang mit den Einrichtungen der großen internationalen Organisationen im 20. Jahrhundert wurde dieser Bereich mit einem eigenständigen Ansatz verfolgt. Beschwerden von privaten Individuen lassen sich ungeachtet dessen in Einzelfällen schon zu Beginn der Neuzeit nachweisen.

I. Erste internationale Ansätze zum Umgang mit Petitionen

Bereits im 17. Jahrhundert wird von Stellungnahmen Einzelner auf „internationalen" Kongressen berichtet[1]. Erste private Petitionen im Zeitalter des klassischen Völkerrechts tauchen zu Beginn des 19. Jahrhunderts auf. Die auf dem Wiener Kongreß 1815 tagenden europäischen Mächte erreichten verschiedene Beschwerden, die an *Fürst Metternich* gerichtet waren und die Situation von Juden sowie Beeinträchtigungen der Religions- und Pressefreiheit in Deutschland betrafen[2]. Die Petitionen, die von christlichen Gruppen, verschiedenen Einrichtungen und auch Einzelpersonen herrührten, waren zwar nicht offiziell Gegenstand der Verhandlungen. Die darin enthaltenen Informationen fanden aber Eingang in die Erörterungen und Ergebnisse des Kongresses[3]. Eine erhebliche Zahl an Petitionen erreichte auch den Berliner Kongreß 1878, auf dem erstmals ein geregeltes Verfahren zur Behandlung der Beschwerden vorgesehen war[4]. Die 145 eingegangenen Petitionen waren vom Kongreßsekretariat in Listen aufgeführt worden, die an die Delegierten verteilt wurden und so eine Hauptinformationsquelle zur Frage der Behandlung von benachteiligten Gruppen darstellten[5]. Die

---

[1] Report by the Secretary-General: The Right of Petition, E/CN.4/419 (11.04.1950), Abs. 12 unter Verweis auf die Kongresse von Bréda 1667 und Nimègue 1678.

[2] *Parson*, Wayne Law Rev. 13 (1967), S. 678; Report by the Secretary-General...(a.a.O., Fn. 1), Abs. 13.

[3] *Parson*, Wayne Law Rev. 13 (1967), S. 678f.; Report by the Secretary-General...(a.a.O., Fn. 1), Abs. 13.

[4] Report by the Secretary-General...(a.a.O., Fn. 1), Abs. 15.

[5] *Parson*, Wayne Law Rev. 13 (1967), S. 679; Report by the Secretary-General...(a.a.O., Fn. 1), Abs. 15.

beiden Haager Friedenskonferenzen 1899 und 1907 institutionalisierten die Behandlung von privaten Eingaben noch weiter. Es wurde jeweils ein fünfköpfiger *Ad hoc*-Ausschuß (*Commission of Correspondence*) eingerichtet, der eine Vorprüfung der Beschwerden vornehmen und die einschlägigen sodann zusammenfassen sollte. Damit dienten die Petitionen auch hier als wertvolle Informationsquelle für die Delegierten[6].

Ein erster permanenter Mechanismus wurde schließlich im Vertrag von Washington vom 20. Dezember 1907 installiert[7]. Fünf mittelamerikanische Staaten einigten sich darin, einen Zentralamerikanischen Gerichtshof einzurichten. Dieser war nicht nur für Auseinandersetzungen zwischen Staaten zuständig, sondern konnte auch von Einzelpersonen bei Verletzung der vertragliche garantierten Rechte durch eine der Vertragsparteien angerufen werden (Art. II)[8]. In den zehn Jahren seines Bestehens wurden insgesamt fünf solcher Verfahren eingeleitet, die jedoch sämtlich als unzulässig abgewiesen wurden - in drei Fällen wegen Nichterschöpfung des innerstaatliche Rechtsweges[9]. Gegenstand der Verfahren waren unrechtmäßige Inhaftierungen, die Verweigerung des *habeas corpus* sowie eine Ausweisung[10]. Auch wenn dieser Mechanismus grundsätzlich nur Rechtsschutz gegen fremde Staaten, nicht aber den Heimatstaat gewährte, war doch erstmals dem Individuum das *locus standi* vor einem internationalen Gremium zur Durchsetzung seiner individuellen Rechte[11] eingeräumt worden[12].

II. Verfahren unter der Verantwortung des Völkerbundes

Mit der Gründung der ersten global angelegten Internationalen Organisation, dem Völkerbund, existierte seit 1919 ein internationale Instanz, die zumin-

---

6 *Parson*, Wayne Law Rev. 13 (1967), S. 679; Report by the Secretary-General...(a.a.O., Fn. 1), Abs. 17f.

7 Convention for the establishment of a central american court of justice, in: Martens, Nouveau Recueil Général III, Serie 3 (1910), S. 105-115.

8 Vgl. *Moskowitz*, S. 116f.; *Parson*, Wayne Law Rev. 13 (1967), S. 679f.

9 *Hudson*, AJIL 26 (1932), S. 768; zu den einzelnen Fällen siehe S. 770ff. Zur *local remedies rule* im 1503-Verfahren unten § 23.I.D.1., S. 376.

10 *Hudson*, AJIL 26 (1932), S. 769ff.

11 Der Zentralamerikanische Gerichtshof anerkannte im Fall *Diaz v. Guatemala* bereits grundsätzlich die persönliche Sicherheit als unter dem Schutz der allgemeinen Prinzipien der Völkergemeinschaft stehend, d.h. zu den Rechten des Menschen gehörend - zit. nach *Hudson*, AJIL 26 (1932), S. 770.

12 *Parson*, Wayne Law Rev. 13 (1967), S. 680.

dest potentiell dazu in der Lage war, private Beschwerden über Menschenrechtsverletzungen entgegenzunehmen und zu erörtern. So zeigen die Jahre seit der Gründung dieser Organisation das Aufkommen und den Ausbau einzelner internationaler Beschwerdeverfahren im Zusammenhang mit Verletzungen der Menschenrechte[13]. Gleichwohl waren die Hauptaktivitäten der Organisation auf die politische Zusammenarbeit zur Friedenssicherung beschränkt. Weitergehende Instrumente oder Bestimmungen, wie ein vorgeschlagener Internationaler Strafgerichtshof[14] oder die Aufnahme von Bestimmungen zum Menschenrechtsschutz, blieben unverwirklicht. Selbst ein Diskriminierungsverbot war nicht in die VBS aufgenommen worden[15]. Gleichwohl bildeten sich in der Praxis des Völkerbundes und unter seiner Verantwortung verschiedene Verfahren zum Umgang mit Beschwerden heraus.

A. Das Petitionsverfahren für die Mandatsgebiete

In Art. 22 VBS war zur Überwachung der Mandatsgebiete, insbesondere zur Prüfung der jährlichen Berichte der Mandatare, die Einrichtung einer ständigen Mandatskommission vorgesehen[16]. Weitergehende Bestimmungen zur Ausführung dieser Aufgabe waren ebensowenig enthalten wie die Ermächtigung, Einzelbeschwerden zu empfangen[17]. Nachdem diese Frage 1922 vom Generalsekretär des Bundes aufgeworfen wurde, beschloß der Völkerbundsrat mit Resolution vom 31. Januar 1923 ein Verfahren zur Behandlung von Petitionen, die diese Gebiete betrafen[18]. Stammten die Eingaben von Einwohnern der Mandatsgebiete – die Resolution spricht von Gemeinden oder Bevölkerungsteilen („*...communities or sections of the population...*") -, so waren sie über die jeweilige Mandatsmacht an das Sekretariat zu richten. Ging eine solche Eingabe direkt beim Sekretariat ein, war sie der jeweiligen Regierung zur Stellungnahme zuzuleiten[19].

---

[13] *Tardu*, in: FS Partsch, S. 287, spricht von einer „rapiden Entwicklung" des internationalen Menschenrechtssystems von 1919 an.

[14] *Irmscher*, KJ 31 (1998), S. 473 m.w.N.

[15] Siehe nur *Parson*, Wayne Law Rev. 13 (1967), S. 680f.

[16] „...A permanent Commission shall be constituted to receive and examine the annual reports of the Mandatories and to advise the Council on all matters relating to the observance of the mandates."

[17] *Parson*, Wayne Law Rev. 13 (1967), S. 681.

[18] *Marie*, S. 12; *Parson*, Wayne Law Rev. 13 (1967), S. 681f. Die Resolution ist abgedruckt ebd., Anm. 19, sowie im Report by the Secretary-General...(a.a.O., Fn. 1), Abs. 21.

[19] Council's Resolution (a.a.O., Fn. 18), Abs. 1, 2.

Beschwerden, die ihren Ursprung außerhalb der Mandatsgebiete hatten, konnten hingegen direkt an den Vorsitzenden der Ständigen Mandatskommission gerichtet werden. Beurteilte dieser die Beschwerde als beachtenswert, so hatte er die Mandatsmacht um eine Stellungnahme innerhalb von sechs Monaten zu ersuchen[20]. Die abschließend tätige Ständige Mandatskommission, ein Unterorgan des Völkerbundsrates[21], hatte dann darüber zu entscheiden, welche Petition zusammen mit den Stellungnahmen der Regierungen an den Rat und die Bundesmitglieder weitergeleitet würden[22]. Der Rat konnte in der Folge dessen Empfehlungen an die Mandatsmacht abgeben[23]. Dieses Verfahren, das – abgesehen von der in der Praxis eingeführten *local remedies rule*[24] - zumindest explizit keine Unzulässigkeit von Beschwerden kannte[25], war ein vergleichsweise liberales, wenn auch lediglich auf die Benutzung von Individualbeschwerden als Informationsquelle beschränkt[26].

B. Friedens- und Minderheitenschutzverträge

Die in der VBS gelassene Lücke hinsichtlich des Schutzes der Menschenrechte wurde zumindest partiell mit Verpflichtungen zum Schutz der durch die neuen Grenzziehungen entstandenen Minderheiten geschlossen[27]. Der Völkerbund übernahm - auf der Basis der Friedensverträge, Minderheitenverträge oder einseitiger Minderheitenschutzdeklarationen[28] – die Garantie für diese Minderheitenrechte[29]. Es war vorgesehen, daß ein jeder Mitgliedstaat des Völkerbundes die Aufmerksamkeit des Rates auf eine Verletzung der vertraglich zugesicherten

---

[20] Council's Resolution (a.a.O., Fn. 18), Abs. 3.

[21] Report by the Secretary-General…(a.a.O., Fn. 1), Abs. 21, S. 19

[22] Council's Resolution (a.a.O., Fn. 18), Abs. 5.

[23] *Marie,* S. 12.

[24] Siehe hierzu den Report by the Secretary-General…(a.a.O., Fn. 1), Abs. 21, S. 19, mit Auszügen aus dem wesentlichen Bericht.

[25] *Parson*, Wayne Law Rev. 13 (1967), S. 682.

[26] *Moskowitz,* S. 124f.

[27] *Parson*, Wayne Law Rev. 13 (1967), S. 683. Die Verträge verwiesen im wesentlichen auf das Recht auf Leben, persönliche Freiheit, die Versammlungs-, Berufs-, Religions und Pressefreiheit sowie das Recht auf die freie Wahl von Sprache und Bildung für die Minderheiten – ebd.

[28] Siehe *Truhart,* S. 7; *Robertson/Merrills*, S. 21; *Blumenwitz*, Internationale Schutzmechanismen, S. 30f. mit einer Aufzählung der einschlägigen Instrumente.

[29] *Marie,* S. 10; *Robertson/Merrills*, S. 21.

Minderheitenrechten lenken konnte[30]. Sollte es dabei nicht zu einer Einigung kommen, stand dem klagenden Staat der Weg zum StIG offen[31].

Recht bald erkannte der Völkerbundsrat, daß dieses Verfahren mangels Anwendung durch die Mitgliedsstaaten keinen wirklichen Schutz für die betroffenen Minderheiten zu gewährleisten vermochte[32]. In Reaktion auf verschiedene private Petitionen billigte der Rat daher am 22. Oktober 1920 den nach seinem Autor benannten *Titoni*-Bericht, der ein Verfahren zum Umgang mit den Eingaben vorsah[33]. In der Folge wurden die Vorgaben für den Verfahrensablauf durch weitere Resolutionen ergänzt, wobei erst die Resolution des Rates vom 5. September 1923 zu einem wirksamen Verfahren führte[34].

Danach hatte der Generalsekretär zunächst über die Annahmefähigkeit der Petition zu befinden, d.h. zu prüfen, ob deren Gegenstand eine Verletzung der garantierten Minderheitenrechte betraf[35]. Auf Antrag eines betroffenen Staates hatte der Ratspräsident oder der Rat über die Zulässigkeit einer Beschwerde endgültig zu entscheiden[36]. Bejahte er diese, wurde die Beschwerde an die Regierung des betroffenen Staates weitergeleitet, die innerhalb dreier Wochen zu vermerken

---

30 *Parson*, Wayne Law Rev. 13 (1967), S. 683; Report by the Secretary-General...(a.a.O., Fn. 1), Abs. 19.

31 *Parson*, Wayne Law Rev. 13 (1967), S. 683; *Robertson/Merrills*, S. 21.

32 Report by the Secretary-General...(a.a.O., Fn. 1), Abs. 19.

33 *Moskowitz*, S. 117. Der Bericht ist in deutscher Übersetzung abgedruckt bei *Truhart*, S. 167–169.

34 *Moskowitz*, S. 119; siehe auch Report by the Secretary-General...(a.a.O., Fn. 1), Abs. 19, S. 16f. Die Resolution ist in deutscher Übersetzung abgedruckt bei *Truhart*, S. 171f.

35 *Parson*, Wayne Law Rev. 13 (1967), S. 684, siehe auch die Resolution der III. Vollversammlung des Völkerbundes vom 21.09.1922, Abs. 5 (abgedruckt in deutscher Übersetzung bei *Truhart*, S. 170), mit der der Generalsekretär ermächtigt wurde, den Rat bei der materiellen Beurteilung der Beschwerden zu unterstützen.

Zu den einzelnen Zulässigkeitsvoraussetzungen siehe die Resolution des Rates vom 05.09.1923, abgedruckt im Report by the Secretary-General...(a.a.O., Fn. 1), Abs. 19, S. 16f. (englisch) sowie bei *Truhart*, S. 171 (deutsch). Nach deren Abs. 1 durften die Petitionen nicht auf die politische Trennung von ihrem Staat abzielen (lit. b]), nicht anonym sein oder aus unglaubwürdiger Quelle stammen (lit. c]), nicht verletzend formuliert sein (lit. d]) und auch nicht eine schon behandelte Angelegenheit betreffen [lit. e]) - hierzu auch *Blumenwitz*, Internationale Schutzmechanismen, S. 33f.

36 Vom Ratskomitee am 08.06.1929 gebilligter Text der Schlußfolgerungen des Berichtes des Adacti-Komitees, Ziff. 2, abgedruckt bei *Truhart*, S. 173-176.

hatte, ob sie dazu Stellung nehmen wollte[37]. Bei einer entsprechenden Notifikation standen ihr zwei Monate zur Einreichung einer Stellungnahme zu[38]. Anschließend, bzw. im Falle des Ausbleibens einer Antwort, wurde die Beschwerde, gegebenenfalls zusammen mit der Regierungsstellungnahme, ohne weitere Bemerkungen an den Völkerbundsrat geleitet, der zur Prüfung der Beschwerden einen Minderheitenausschuß eingerichtet hatte[39]. Dieser bestand aus dem Präsidenten des Rates und zwei oder vier weiteren Mitgliedern, die für den jeweiligen Fall ausgewählt worden waren[40]. Aufgabe des Ausschusses war es, die Beschwerde auf ihre Begründetheit hin zu überprüfen und zugleich eine einvernehmliche Streitbeilegung anzustreben. Gelang dies nicht, hatte er die Angelegenheit - zusammen mit einer Empfehlung – an den Rat zu verweisen, der wiederum eine friedliche Beilegung anstreben sollte[41]. Die Behandlung der Beschwerden vor dem Völkerbundsrat begann mit der Aufnahme der Angelegenheit in die Tagesordnung. Der für Minderheitenfragen zuständige Berichterstatter erstellte zusammen mit den ernannten Mitgliedern des Minderheitenausschusses einen Bericht über die Streitigkeit als Grundlage für die Ratsdebatte[42]. Der Beschwerdeführer war auf dieser Ebene in keiner Weise mehr an dem Verfahren beteiligt[43]. Scheiterte eine einvernehmliche Lösung mit der betroffenen Regierung im Völkerbundsrat, so wurde die Angelegenheit einer Juristenkommission unterbreitet, konnte dann aber auch dem StIG vorgelegt werden[44].

Das Verfahren hat sich – bei grundsätzlicher Anerkennung der Petitionen als wertvolle Informationsquelle – in der Praxis als wenig brauchbar erwiesen. Von den über fünfhundert Petitionen, die zwischen 1929 und 1939 eingegangen

---

[37] Resolution des Völkerbundrates vom 27.06.1921, abgedruckt bei *Truhart,* S. 169f.; *Parson*, Wayne Law Rev. 13 (1967), S. 684.

[38] Resolution des Völkerbundrates vom 27.06.1921, abgedruckt bei *Truhart,* S. 169f.

[39] *Parson*, Wayne Law Rev. 13 (1967), S. 684; *Marie,* S. 10.

[40] *Blumenwitz*, Internationale Schutzmechanismen, S. 34; *Parson*, Wayne Law Rev. 13 (1967), S. 684f. Siehe hierzu bereits die Resolution des Völkerbundsrates vom 25.10.1920, die die Einsetzung eines insgesamt dreiköpfigen Prüfungsausschusses regelt - abgedruckt in deutscher Übersetzung bei *Truhart,* S. 169. Die Erweiterung des Komitees auf vier Mitglieder war in der Res. des Völkerbundrates vom 13.06.1929 vorgesehen.

[41] *Blumenwitz*, Internationale Schutzmechanismen, S. 34. *Parson*, Wayne Law Rev. 13 (1967), S. 685.

[42] *Blumenwitz*, Internationale Schutzmechanismen, S. 40.

[43] *Blumenwitz*, Internationale Schutzmechanismen, S. 40.

[44] *Blumenwitz*, Internationale Schutzmechanismen, S. 40.

sind, wurde etwa die Hälfte für unzulässig erklärt, im Ergebnis war nicht eine der Beschwerden erfolgreich[45]. Das eigentliche Problem lag - wie in vielen anderen späteren Verfahren auch - im politischen Charakter des abschließend entscheidenden Rates, der eher auf „Arrangements“ als juristische Lösungen abzielte[46]. Von zwar nicht rechtlich, aber doch tatsächlich-politisch erheblicher Auswirkung war hingegen die nicht-förmliche Intervention des Minderheitenausschusses im Rahmen seiner Prüfung der einzelnen Beschwerden, so daß hierin eine vergleichsweise effektive Behandlung der Petitionen gesehen wird[47]. Auch das Verständnis von Beschwerden selbst war auf eine reine Informationsübermittlung beschränkt worden, eine unmittelbare rechtliche Funktion ergab sich daraus nicht[48]. Trotz des vergleichsweise ausgefeilten Verfahrens wurde im Ergebnis nichts getan, um den berichteten Menschenrechtsverletzungen abzuhelfen.

C. Das Genfer Abkommen betreffend Oberschlesien

Das wohl wirksamste Verfahren zur Behandlung von Einzelbeschwerden auf internationaler Ebene wurde im Genfer Abkommen vom 15. Mai 1922 zwischen Deutschland und Polen[49] eingerichtet und betraf die jeweiligen Minderheiten im geteilten Oberschlesien. Anders als im bereits existierenden Minderheitenschutzvertrag zwischen Polen und den Alliierten[50] wurde nunmehr für Privatpersonen und -vereinigungen ein quasi-gerichtliches Beschwerdeverfahren eingerichtet[51]. Erstmals wurde so auch in Europa dem Einzelnen ein *locus standi* vor einem internationalen Gremium zugestanden[52].

---

45 *Parson*, Wayne Law Rev. 13 (1967), S. 684, 685. Für eine genaue Auflistung sämtlicher bis 1931 eingereichter Beschwerden siehe *Truhart*, S. 8ff.

46 *Marie*, S. 11. Die politische Rücksichtnahmen auf die Mitgliedstaaten im Rat führt auch *Blumenwitz*, Internationale Schutzmechanismen, S. 41, als Grund für die seltene Anwendung des Verfahrens an.

47 *Blumenwitz*, Internationale Schutzmechanismen, S. 35.

48 *Blumenwitz*, Internationale Schutzmechanismen, S. 32.

49 Convention concernant la Haute-Silésie, in: Martens, Nouveau Recueil Général III, Serie 16 (1927), S. 645-874; auszugsweise in deutscher Übersetzung bei *Weinberg*, S. 256-258.

50 Hierzu ausführlich *Weinberg*, S. 79-91.

51 *Moskowitz*, S. 127; *Weinberg*, S. 91.

52 *Parson*, Wayne Law Rev. 13 (1967), S. 685f.; *Moskowitz*, S. 127. Vergleichbare besondere Minderheitenschutzverpflichtungen, die unter der Garantie des Völkerbundes standen, aber nicht über ein derart ausgebautes Rechtsschutzsystem verfügten, bestanden außerdem für die Freie Stadt Danzig – unter dem besonderen Schutz des Völkerbundes –

Das Abkommen sah im wesentliche zwei Kanäle für die Unterbreitung der Beschwerden von Angehörigen der jeweiligen Minderheit vor: eine direkte Beschwerdemöglichkeit an den Völkerbundsrat gemäß Art. 147[53] sowie die „lokalen“ Eingaben an die in beiden Teilen eingerichteten Minderheitenämter[54]. In diesem grundsätzlich vorrangigen Verfahren war es Aufgabe des jeweiligen Amtes, der Beschwerde abzuhelfen. Gelang dies nicht, bzw. war der Beschwerdeführer mit dem Lösungsvorschlag des Minderheitenamtes nicht einverstanden, so leitete dieses die Beschwerde an die sog. „Gemischte Kommission“ weiter[55]. Diese bestand aus jeweils zwei Deutschen und Polen sowie einem vom Völkerbund bestimmten Präsidenten (Art. 562 und 564 des Abkommens) und konnte außerdem auf der Basis von sämtlichen ihr zugehenden Informationen über Verletzungen der im Abkommen garantierten Rechte tätig werden (Art. 585)[56]. Lediglich in Verfahren, die die Auslegung des Vertrages selbst betrafen, war ein dreiköpfiges Schiedsgericht anzurufen (Art. 588 des Abkommens)[57], das im übrigen nur zur Abhilfe bestimmter Rechtsverletzungen sowie in Enteignungsfällen zuständig war[58]. Die Entscheidungen der Gemischten Kommission waren nicht verbindlich und wurden regelmäßig auch nicht veröffentlicht[59]. Die Beschlüsse des Schiedsgerichtes, das gegen Entscheidungen der Gemischten Kommission auch als Appellationsinstanz tätig wurde, waren hingegen für die Vertragsstaaten bindend (Art. 588 und 592). Beide Organe konnten Zeugen vernehmen (Art. 601) und behandelten die Petitionen nicht mehr nur als bloße Informationsquellen, sondern ausdrücklich als wirkliche Klagen (Art. 147)[60]. Gelang es dem Völkerbundsrat

---

sowie von Seiten Finnlands (betreffend die Ålandsinseln) und Litauens in der Memelkonvention vom 8. Mai 1924 - *Truhart,* S. 8.

[53] Siehe Report by the Secretary-General...(a.a.O., Fn. 1), Abs. 20.

[54] *Parson*, Wayne Law Rev. 13 (1967), S. 686; *Blumenwitz*, Internationale Schutzmechanismen, S. 44

[55] *Parson*, Wayne Law Rev. 13 (1967), S. 686; *Blumenwitz*, Internationale Schutzmechanismen, S. 45.

[56] *Weinberg,* S. 100.

[57] *Parson*, Wayne Law Rev. 13 (1967), S. 686; *Blumenwitz*, Internationale Schutzmechanismen, S. 44; *Weinberg,* S. 102f. Der Präsident des Schiedsgerichtes war vom Völkerbundsrat zu bestimmen.

[58] *Weinberg,* S. 103f.

[59] *Parson*, Wayne Law Rev. 13 (1967), S. 686.

[60] *Parson*, Wayne Law Rev. 13 (1967), S. 686.

nicht, den Streit abschließend zu regeln, konnte ein Ratsmitglied die Angelegenheit auch dem StIG zur Entscheidung vorlegen[61].

Das andere, in Art. 147 des Abkommens ermöglichte Verfahren eröffnete die Möglichkeit, private Beschwerden unmittelbar an den Völkerbundsrat zu übermitteln, und zwar gegen sämtliche Hoheitsakte der Vertragsstaaten[62]. Freilich war diese Möglichkeit im Verhältnis zu den originär bilateralen Mechanismen gemäß Art. 149ff. subsidiär. Nur in Eilfällen sollte unmittelbar der Völkerbund mit der Angelegenheit befaßt werden können, anderenfalls wurde die Angelegenheit an die nationalen Minderheitenbüros zum oben beschriebenen Verfahren verwiesen[63].

Mit dem Genfer Abkommen wurde die private Petition erstmals nicht mehr nur als Informationsmedium für Menschenrechtsverletzungen verstanden, sondern begründete ein eigenständiges Beschwerderecht[64]. Obwohl nicht wenige Einwohner ihr Petitionsrecht im Rahmen dieses Vertrages ausübten[65], erfüllte das Verfahren die mit ihm verbundenen Erwartungen nicht. Insbesondere die beiden Organe – die Gemischte Kommission und das Schiedsgericht – funktionierten aufgrund der jeweils national interessierten Einstellung ihrer Mitglieder, die die Entscheidung jeweils dem ernannten neutralen Präsidenten überließ, nur unzureichend[66].

III. Beschwerdeverfahren im Zuständigkeitsbereich der ILO

Die gleichzeitig mit dem Völkerbund durch die Pariser Vorortverträge eingerichtete „Internationale Arbeitsorganisation" (*International Labour Organisation - ILO*) trug in ihrem weniger politisch denn technisch geprägten Arbeitsfeld gleichermaßen Erhebliches zur Anerkennung von Privaten und ihrer Rechte bei. Die dreiteilige Zusammensetzung der Einrichtung und ihrer Organe aus Vertretern

---

[61] *Parson*, Wayne Law Rev. 13 (1967), S. 686 Siehe insbesondere das Urteil des StIG vom 22.04.1928, *Minderheitenrechte in Oberschlesien (Minderheitenschulen)*, Entscheidungen des Ständigen Internationalen Gerichtshofes, Bd. 6, S. 57 (71); überblicksweise bei *Blumenwitz*, Internationale Schutzmechanismen, S. 45f.

[62] *Weinberg*, S. 100f.

[63] *Weinberg*, S. 101.

[64] *Parson*, Wayne Law Rev. 13 (1967), S. 687.

[65] *Parson*, Wayne Law Rev. 13 (1967), S. 687, spricht davon, daß in den den fünfzehn Jahren ihres Bestehens bei der Gemischten Kommission mehr als 2000 Beschwerden eingingen.

[66] *Parson*, Wayne Law Rev. 13 (1967), S. 687.

der Arbeitgeberverbände, der Gewerkschaften und der Regierungen der Mitgliedsstaaten basierte auf der Akzeptanz privater Vereinigungen auf internationaler Ebene.

Ein in den Art. 26 – 29 der ILO-Verfassung vorgesehenes Beschwerdeverfahren war dementsprechend aber auch nur den genannten Gruppierungen zugänglich. Petitionen Einzelner hingegen waren nicht zulässig[67]. Bis zum Ende des II. Weltkrieges und der Gründung der UNO wurde jedoch kein derartiges Verfahren eingeleitet[68]. Gleichwohl konnte im Rahmen der später geschaffenen Durchsetzungsmechanismen für die Rechte Einzelner auf diese Ansätze, die bereits geltendes Recht darstellten, leicht zurückgegriffen werden.

---

[67] *Parson*, Wayne Law Rev. 13 (1967), S. 687. Siehe hierzu im Überblick auch den Report by the Secretary-General…(a.a.O., Fn. 1), Abs. 22.

[68] Vgl. *Parson*, Wayne Law Rev. 13 (1967), S. 687.

§ 13. Die UN-Charta und menschenrechtliche Individualbeschwerden

Nach den Schrecken des Zweiten Weltkrieges wurde die Frage der Anerkennung der Menschenrechte und ihrer internationalen Gewährleitung von neuem und mit besonderer Eindringlichkeit gestellt. War es aber schon kaum möglich gewesen, die Anerkennung der Menschenrechtskonzeption überhaupt in die Charta aufzunehmen, so war erst recht jeglicher Versuch erfolglos, einen allgemeinen Beschwerde- oder Petitionsmechanismus zu installieren. Allerdings enthielt die Charta mit ihrem allgemeinen Verweis auf die Menschenrechte und Grundfreiheiten zumindest die Anerkenntnis des Einzelnen als Träger von Rechten im Völkerrecht[1].

Lediglich den Bewohnern der aus den früheren Mandatsgebieten des Völkerbundes in das neue System der Treuhand überführten Gebiete kam - wie schon zu Zeiten des Völkerbundes unter dem Mandatsregime[2] - gemäß Art. 87 UN-Charta (indirekt) das Recht zu, Beschwerden an den Treuhandrat zur Erörterung zu richten. Auch die Generalversammlung konnte danach Beschwerden aus den genannte Gebieten empfangen. Ein allgemeines Beschwerderecht für alle anderen Bürger war in der UN-Charta nicht vorgesehen. Dies hätte auch der klassischen Konzeption grundsätzlich widersprochen, daß der Einzelne gerade kein Rechtssubjekt im Völkerrecht sei. Die Ausnahme für die Bewohner der Treuhandgebiete war dadurch begründet, daß sie eben nicht - wie die Angehörigen eines Staates - durch diesen auf völkerrechtlicher Ebene mediatisiert waren[3].

Gleichwohl gingen auch aus den übrigen Gebieten - wohl eingedenk der Bekundungen in der Präambel und Art. 1 der UN-Charta - zahlreiche Beschwerden und Mitteilungen mit Beginn der Arbeitsaufnahme der Organisation im Se-

---

[1] *Bruegel*, ICLQ 2 (1953), S. 542.

[2] Siehe oben § 12.II.A., S. 167.

[3] Siehe allgemein zum Prinzip der Mediatisierung der Einzelpersonen durch den Staat *Epping* in: Ipsen, § 7 Rn. 1, 3.

In diesem Zusammenhang ist es von Interesse, daß die 1948 verabschiedete AEMR ausdrücklich eine Diskriminierung verbietet „auf Grund der politischen, rechtlichen oder internationalen Stellung des Landes oder Gebietes, dem eine Person angehört, ohne Rücksicht darauf, ob es unabhängig ist, unter Treuhandschaft steht, keine Selbstregierung besitzt oder irgendeiner anderen Beschränkung seiner Souveränität unterworfen ist." (Art. 2 Abs. 2 AEMR).

kretariat ein[4]. Es bestand somit schon das rein tatsächliche Problem, wie mit den eingehenden Beschwerden zu verfahren sei[5]. Diese Fragestellung wurde jedoch ungeachtet dahingehender Hoffnungen von den Mitgliedern der Gründungskommission (*Nuclear Commission*) nicht als so vordringlich eingeschätzt, daß sie auf die Tagesordnung ihrer ersten Zusammenkunft gesetzt wurde[6]. Auch der ECOSOC unternahm zunächst keine Schritte in dieser Hinsicht, wenn auch nicht deutlich ersichtlich ist, ob die Ergänzung des Zuständigkeitskatalogs durch Abs. 1 ECOSOC-Res. 9 (II)[7] die Möglichkeit der Behandlung von Individualbeschwerden offenhalten sollte. Die damit angefügte Generalklausel ermöglichte der Kommission zumindest theoretisch, auf die Mitteilungen und die darin geschilderten Probleme zu reagieren[8].

---

[4] *Bossuyt*, HRLJ 6 (1985), S. 181; *Lillich/Hannum*, S. 344; *Schwelb*, VN 1972, S. 79; *Simma /Steiner*, in: dies./Kriele, Menschenrechte für Deutsche in Osteuropa, S. 37; s. auch *Humphrey*, RDH 4 (1971), S. 467 sowie *Zuijdwijk*, S. 2. Für eine Übersicht der Zahlen siehe die Tabelle in Anhang 1, S. 669. Die anfangs eingegangenen Petitionen richteten sich überwiegend gegen Staaten des Ostblocks (*Tomuschat*, VN 1976, S. 168).

[5] Vgl. *Tomuschat*, „Menschenrechte", in: Wolfrum (Hrsg.), Handbuch Vereinte Nationen, Rn. 3.

[6] Siehe insofern den abschließenden "Report of the Commission on Human Rights" E/38/Rev.1 (21.05.1946).

[7] Siehe oben § 9.I., S. 109.

[8] *Möller*, Universal Human Rights 1 (1979), S. 57; A.A. *Meißner*, S. 18 Fn. 15, der maßgeblich auf den Zusammenhang der Generalklausel in lit. e) mit den übrigen vier Buchstaben abstellt. Dies ist aber wenig überzeugend, da schon der Wortlaut keinerlei Anhaltspunkte für eine wie auch immer geartete Beschränkung enthält und mit dieser allgemeinen Formulierung eben gerade in Reaktion auf den sehr breiten Entwurf der Gründungskommission die durch die ersten vier Punkte möglich scheinende Zuständigkeitsbegrenzung aufgehoben und weitere Tätigkeitsfelder eröffnet werden sollten - oben § 9.I., S. 109.

§ 14. Der Umgang mit den Beschwerden unter Geltung der *No power*-Doktrin

I. Die Entstehung der Doktrin

A. Die Verhandlungen in der Menschenrechtskommission

Einer der Tagesordnungspunkte auf der ersten Sitzung der Kommission in regulärer Zusammensetzung im Jahre 1947 in Lake Success, New York, war das Problem des Umgangs mit den bei der Weltorganisation eingegangenen Beschwerden[1]. Die indische Delegierte *Hansa Mehta* regte an, die eingegangenen Mitteilungen von Privatpersonen und nichtstaatlichen Organisationen, die von großem Interesse seien, an die Mitglieder zu verteilen[2]. Der Vertreter des Sekretariats, *John Humphrey*, erklärte, daß bereits eine Liste der anonymisierten Beschwerden zusammengestellt worden sei, die den Mitgliedern zugänglich gemacht werden könne[3]. Nach einer kurzen Diskussion des Für und Wider ermächtigte die Kommission sodann auf Vorschlag des philippinischen Mitglieds das Sekretariat, die Liste in Umlauf zu geben[4].

Im weiteren Verlauf der Sitzungen war der künftige Gebrauch der Beschwerden Gegenstand einer kontroversen Auseinandersetzung, gleichermaßen auch das unmittelbare Vorgehen im Hinblick auf die verteilte Liste. Einen ersten Beschluß faßte man dahingehend, daß Mitteilungen von NGO im Konsultativstatus von der MRK diskutiert werden sollte, während sonstige Petitionen den Mitgliedern der Kommission lediglich auf Anfrage hin zugänglich gemacht werden sollten[5]. Freilich trug diese Entscheidung wenig zur endgültigen Klärung des Vorgehens bei, zahlreiche sonstige Vorschläge wurden unterbreitet[6]. So sollte nach einer Ansicht die UNO in Menschenrechtsfragen zu einer Art oberster Kon-

---

[1] *Zuijdwijk*, S. 2.

[2] CHR, Summary record of the 2nd meeting [27.01.1947], E/CN.4/SR.2 (29.01.1947) S. 6; *Humphrey*, RDH 4 (1971), S. 467; *Schwelb*, VN 1972, S. 79; *Zuijdwijk*, S. 2.

[3] CHR, Summary record of the 2nd meeting [27.01.1947], E/CN.4/SR.2 (29.01.1947) S. 7; *Zuijdwijk*, S. 2.

[4] CHR, Summary record of the 2nd meeting [27.01.1947], E/CN.4/SR.2 (29.01.1947) S. 7. *Humphrey*, RDH 4 (1971), S. 467; *Schwelb*, VN 1972, S. 79; *Zuijdwijk*, S. 3.

[5] CHR, Summary record of the 3rd meeting [28.01.1947], E/CN.4/SR.3 (28.01.1947) S. 6f.; *Humphrey*, RDH 4 (1971), S. 467; *Zuijdwijk*, S. 3.

[6] Siehe insofern nur die Wiedergabe der teilweise recht konfusen Diskussion während des vierten Treffens am 28.1.1947 in CHR, Summary record of the 4th meeting, E/CN.4/SR.4 (29.01.1947) S. 1ff.

trollinstanz im Sinne eines Berufungsgerichts gemacht werden[7]. Diesem Gedanken wurde von der amerikanischen Delegierten u.a. entgegengehalten, daß die Kommission ausweislich ihres Zuständigkeitskatalogs nur zur Erstellung von Empfehlungen befugt sei, nicht aber, Untersuchungen anzustellen[8]. Der britische sowie der australische Delegierte führten hierzu aus, daß sich die Kommission vorrangig um die Erarbeitung der Menschenrechtscharta kümmern müsse und die Behandlung von Beschwerden noch nicht anstehe sondern von der eigentlichen Aufgabe ablenke[9]. Schließlich einigte man sich auf den philippinischen Vorschlag, die Klärung dieser Frage einem dreiköpfigen Unterausschuß (*Sub-Committee*) zu übertragen[10]. Dieser empfahl für die Behandlung der Beschwerden, generell einen ebenfalls dreiköpfigen Unterausschuß zu beauftragen, der vor einer jeden Kommissionssitzung zusammenzutreten und einen Bericht an diese zu erstellen hätte[11]. Im Plenum der Kommission wurde jedoch diesen Empfehlungen heftig widersprochen: es bleibe unklar, wer letztlich die Tatsachenprüfung vornehmen solle, außerdem sei die Hauptaufgabe der Kommission die Formulierung einer internationalen Menschenrechtscharta (*International Bill of Rights*)[12]. Im Ergebnis wurde beschlossen, den Bericht des Unterausschusses zurückzuweisen und um einen neuen Bericht zu bitten[13]. Die dementsprechend überarbeitete Fassung enthielt anstelle des Vorschlags, einen Prüfungsausschuß einzusetzen, in Abs. 3 die Aussage, die Kommission habe keinerlei Befugnisse zu irgendwelchen Handlungen bezüglich individueller Beschwerden[14]. Diesen Standpunkt machte

---

[7] CHR, Summary record of the 4th meeting [28.01.1947], E/CN.4/SR.4 (29.01.1947) S. 2; *Tolley*, The U.N. Commission on Human Rights, S. 17; *Zuijdwijk*, S. 3.

[8] CHR, Summary record of the 4th meeting [28.01.1947], E/CN.4/SR.4 (29.01.1947) S. 3; *Tolley*, The U.N. Commission on Human Rights, S. 17; *Zuijdwijk*, S. 4.

[9] CHR, Summary record of the 4th meeting [28.01.1947], E/CN.4/SR.4 (29.01.1947), S. 3, 4; *Tolley*, The U.N. Commission on Human Rights, S. 17.

[10] *Humphrey*, RDH 4 (1971), S. 467; *Tolley*, The U.N. Commission on Human Rights, S. 17; *Zuijdwijk*, S. 4. vgl. CHR, Summary record of the 4th meeting [28.01.1947], E/CN.4/SR.4 (29.01.1947) S. 4 und 8f.

[11] Report of the Sub-Committee on the Handling of Communications, E/CN.4/14/Rev.1 (05.02.1947) S. 1f. Abs. 3, 4.

[12] CHR, Summary record of the 16th meeting [05.02.1947], E/CN.4/SR.16 (06.02.1947), S. 7.

[13] CHR, Summary record of the 16th meeting [05.02.1947], E/CN.4/SR.16 (06.02.1947), S. 10.

[14] Report of the Sub-Committee on the Handling of Communications, E/CN.4/14/Rev.2 (06.02.1947) S. 1 Abs. 3.

sich noch auf der gleichen Sitzung das Plenum der MRK zu eigen und stellte fest, die Kommission habe „keine Befugnis zu jedweder Tätigkeit hinsichtlich irgendwelcher Beschwerden betreffend Menschenrechte“[15]. Der französische Delegierte *René Cassin* hatte insofern angeregt, den ECOSOC durch einen Hinweis im Bericht auf die daraus entstehende „ernstzunehmende Lücke“ aufmerksam zu machen, zog diesen aber nach dem Vorschlag der amerikanischen Delegierten *Roosevelt*, hierauf lediglich durch mündlichen Vortrag im Rat hinzuweisen, wieder zurück[16].

Auf die Entscheidung des ECOSOC hatte dies jedoch keine Auswirkungen. Der Rat bestätigte vielmehr ausdrücklich diese Anerkenntnis der fehlenden Befugnis durch ein wörtliches Zitat der Aussage aus dem Bericht der Kommission in Res. 75 (V)[17]. Damit wurde die sogenannte *No power*-Doktrin für zwei Jahrzehnte festgeschrieben[18].

Humphrey, RDH 4 (1971), S. 467; *Alston*, Commission on Human Rights, in: ders. (Hrsg.), The United Nations and Human Rights, S. 139; *Tolley*, The U.N. Commission on Human Rights, S. 17; *Schwelb*, VN 1972, S. 79.

[15] „The Commission ... recognizes that it has no power to take any action in regard to any complaints concerning human rights." - Report of the Commission on Human Rights, E/259 (11.02.1947) S. 7 Abs. 22.

[16] *Zuijdwijk*, S. 4f; CHR, Summary record of the 20th meeting [07.02.1947], E/CN.4/SR.20 (07.02.1947), S. 3f.; siehe auch Report by the Secretary-General: Methods used by the United Nations in the Field of Human Rights, A/Conf.32/6, Abs. 464.

[17] ECOSOC-Res. 75 (V) vom 05.08.1947, E/573 (02.09.1947), S. 20; s.a. *Schwelb*, Journal of the Israel Institute for the Study of International Affairs 13 (1974), S. 121; *Zuijdwijk*, S. 5.

[18] *O'Donovan* sieht in dieser Entscheidung den Willen des ECOSOC verdeutlicht, seine Rolle als Hauptgremium für die allgemeine Auseinandersetzung mit Menschenrechtsfragen zu wahren - zu Lasten der Kommission und mit Blick auf eine deutliche Abgrenzung zur Generalversammlung, die in zahlreichen Einzelfällen von Menschenrechtsproblemen bereits tätig geworden war - *O'Donovan*, in: Alston (Hrsg.), The United Nations and Human Rights, S. 114f.

Die Kommission für die Rechtsstellung der Frau (CSW) hatte auf ihrer ersten Sitzung gleichfalls die Frage der Behandlung von Individualbeschwerden erörtert und auf Empfehlung eines Unterausschusses hierfür ein Verfahren entwickelt. Dies unterschied sich in großen Teilen nicht von dem letztendlich in der MRK auch vorgesehenen Verfahren der Kenntnisnahme. Der Text vermied jedoch eine ausdrückliche Aussage im Sinne der *No power*-Doktrin. Gleichwohl entschied der ECOSOC in Res. 76 (V) vom 05.08.1947, daß er auch im Falle der CSW davon ausgehe, daß diese - wie die MRK - „*...no power to take any action ...*" habe. Siehe zum ganzen: Report by the Secretary-General: Methods used by the United Nations in the Field of Human Rights, A/Conf.32/6, Abs. 465-467.

B. Der Inhalt von Resolution 75 (V)

Ungeachtet der Festlegung der *No power*-Doktrin weigerte sich die Kommission zumindest formell nicht, sich mit den Beschwerden zu befassen[19]: Res. 75 (V) enthielt Anweisungen für den Umgang mit den weiterhin in großer Zahl[20] eingehenden Petitionen. Gemäß Abs. (a) sollte der Generalsekretär vor jeder Sitzung der Kommission eine vertrauliche Liste mit einer kurzen Inhaltsangabe einer jeden Mitteilungen erstellen und diese den Mitgliedern der MRK in einer nicht-öffentlichen Sitzung zur Kenntnis geben (Abs. [b]). Außerdem hatte er den Verfassern der Beschwerden mitzuteilen, daß diese im anwendbaren Verfahren der MRK ordnungsgemäß behandelt werden; gegebenenfalls ergänzt durch den Hinweis, daß die Kommission keine Befugnis zu irgendwelchen Aktionen habe (Abs. [d])[21]. Weiterhin sollte jedem Mitgliedstaat der UNO, der nicht in der Kommission repräsentiert war, von denjenigen Beschwerden, die sich ausdrücklich gegen ihn wendeten, eine kurze Inhaltsangabe einer jeden Beschwerde ausgehändigt werden (Abs. [e]).

Des weiteren hatte die Kommission vorgeschlagen, daß ihre Mitglieder auf Anfrage Einsicht in die Originale jener Beschwerden erhalten sollten[22]. Insoweit folgte der Rat allerdings nicht dem Entwurf[23], sondern bestimmte, daß dies nur für solche Mitteilungen gelten solle, die sich mit den Grundsätzen der Förderung der universellen Akzeptanz und Beachtung der Menschenrechte befassen (Res. 75 [V] Abs. [c]). Diesbezüglich war im letzten Absatz der Resolution der Vorschlag an die Kommission enthalten, daß ein *Ad hoc*-Ausschuß kurz vor der nächsten Sitzung zusammentritt und die vertrauliche Liste prüft, ob derartige Petitionen in der Liste enthalten seien. Ein solcher Ausschuß wurde auf der zweiten Sitzung mit der Aufgabe eingesetzt, die zusammengestellte Liste mit den zusammengefaßten Beschwerden noch während dieser Sitzungsperiode durchzusehen. In Erfüllung dieses Auftrages legte der Ausschuß einen Bericht über diese

---

[19] *Marie,* S. 171.

[20] Vgl. *Lillich/Hannum,* S. 344.

[21] ECOSOC, Res. 75 (V), in: E/573 (02.09.1947), S. 20. Zum ganzen siehe auch *Ize-Charrin*, 1503: A Serious Procedure, S. 1; *Buergenthal*, International Human Rights, S. 87f.; *Tolley*, The U.N. Commission on Human Rights, S. 17; *Zuijdwijk,* S. 5.

[22] Report of the Commission on Human Rights, E/259 (11.02.1947), Abs. 21 lit. c).

[23] *Buergenthal*, International Human Rights, S. 88; *Zuijdwijk,* S. 5; *Tolley*, HRQ 6 (1984), S. 423.

Liste vor[24]. Er war gleichermaßen auch im Sinne der Bestimmungen von Res. 75 (V) beauftragt, vor der dritten Sitzung der Kommission die dann vorliegende Liste durchzusehen und entsprechende Petitionen auszusortieren[25]. Dies geschah, allerdings beschloß die Kommission auf ihrer dritten Sitzung mehrheitlich, das Mandat dieses Ausschusses nicht zu verlängern und auch keinen neuen Ausschuß einzusetzen[26].

II. Reformversuche und technische Änderungen

A. Kritik an der Doktrin

Der Beschluß wurde unverzüglich und von eminenter Seite kritisiert, vor allem in der Wissenschaft[27]. Denn insbesondere aus dem Zuständigkeitskatalog der Kommission ergebe sich keine solche Beschränkung[28]. Fehle es aber an einem Verbot, seien MRK und ECOSOC aufgrund der menschenrechtlichen Chartabestimmungen verpflichtet, von Menschenrechtsverletzungen Kenntnis zu nehmen: der *No power*-Doktrin ermangele es daher an einer Rechtsgrundlage[29]. Ebenso wie Ermunterung zur und Förderung der Achtung der Menschenrechte Aufgabe der UN sei, sei auch die Reaktion auf berichtete Menschenrechtsverletzungen ein wesentlicher Aspekt dieses Tätigkeitsgebietes der Weltorganisation[30].

Auch der Generalsekretär nahm 1949 in einem Bericht an die MRK zu dieser Entscheidung kritisch Stellung[31]: sie beruhe auf einer äußerst restriktiven Auslegung ihres Mandats, die gerade angesichts der Entwicklung dieser Zeit und

---

24 Report of the Commission on Human Rights, 2nd Session, E/ 600 (17.12.1947) Abs. 27f. Siehe den *Report of the Ad Hoc Committee on Communications*. E/CN.4/64 (14.12.1967), Abs. 3.

25 Report of the Commission (a.a.O., Fn. 24), Abs. 27.

26 CHR, Summary record of the 81st meeting [18.06.1948], E/CN.4/SR.81 (01.07.1948), S. 25.

27 *Lauterpacht*, in: E/CN.4/89 (12.05.1948), Abs. 19-23; *Lauterpacht*, International Law and Human Rights, S. 227ff.; *Schwelb*, in: Menschenrechte im Staatsrecht und im Völkerrecht, S. 273. Vgl. auch *Humphrey*, RDH 4 (1971), S. 467; *Hoare*, in: Luard (Hrsg.), The International Protection, S. 89; *van Boven*, NILR 15 (1968), S. 379; *Zuijdwijk*, S. 6.

28 Siehe zum Zuständigkeitskatalog oben § 9.I., S. 111 bei Fn. 16.

29 *Lauterpacht*, in: E/CN.4/89 (12.05.1948), Abs. 21.

30 *Lauterpacht*, in: E/CN.4/89 (12.05.1948), Abs. 23.

31 Report of the Secretary-General on the Present Situation with Regard to Communications Concerning Human Rights, E/CN.4/165 (02.05.1949); vgl. *Humphrey*, RDH 4 (1971), S. 467; *Zuijdwijk*, S. 6.

der Verabschiedung der AEMR zu überdenken sei[32]. Die Eingangsbestätigungen des Sekretariats (vgl. Abs. (d) ECOSOC-Res. 75 [V]) mit dem Hinweise auf die fehlende Befugnis der MRK seien geeignet, bei den Empfängern die Vorstellung hervorzurufen, die UNO als ganze sei in keiner Weise befugt, auf Menschenrechtsverletzungen zu reagieren. Dies müsse zwangsläufig die öffentliche Meinung irritieren, beschädige daher die Reputation der UNO und beeinträchtige deren Autorität[33]. Die Kommission möge deshalb auf den ECOSOC dahingehend einwirken, daß sie künftig wenigstens in schwerwiegenden Fällen auch auf Mitteilungen zurückgreifen dürfe, wenn beispielsweise eine besonders große Zahl von Menschen betroffen oder die internationale Öffentlichkeit besonders alarmiert ist[34]. Auf diese Vorschläge reagierte die Kommission - abgesehen von einigen technischen Änderungen - jedoch nicht[35]. Diese Fragestellung sollte erst nach Abschluß der Arbeiten an der Menschenrechtskonvention behandelt werden[36]. Der 1947 eingesetzte *Ad hoc*-Ausschuß für Mitteilungen hatte seinerseits selbst die *No power*-Regel angegriffen und dabei der Hoffnung Ausdruck verliehen, daß in einem späteren Stadium der Arbeit der Kommission der ECOSOC diese Regelung lockern würde[37]. Alle Kritik verfehlte jedoch das Ziel, eine grundlegende Änderung der *No power*-Feststellung zu erreichen. Es kam in der Folgezeit lediglich zu technischen Änderungen.

B. Einzelne Änderungen

Bereits auf ihrer zweiten ordentlichen Sitzung im Dezember 1947 debattierte die Kommission mögliche Änderungen des mit Res. 75 (V) eingeführten

---

[32] Report of the Secretary-General ... (s.o. Fn. 31) S. 4 Abs. 7.

[33] Report of the Secretary-General ... (s.o. Fn. 31) S. 5 Abs. 9; *Schwelb*, Journal of the Israel Institute for the Study of International Affairs 13 (1974), S. 122; *Tomuschat,* Menschenrechte, in: Wolfrum (Hrsg.), Handbuch Vereinte Nationen, Rn. 4; *Zuijdwijk,* S. 6.

[34] Report of the Secretary-General ... (s.o. Fn. 31) S. 8 Abs. 13; *Schwelb*, Journal of the Israel Institute for the Study of International Affairs 13 (1974), S. 122; *Tomuschat,* Menschenrechte, in: Wolfrum (Hrsg.), Handbuch Vereinte Nationen, Rn. 4; *Zuijdwijk,* S. 6.

[35] *Zuijdwijk,* S. 6

[36] *Schwelb*, Journal of the Israel Institute for the Study of International Affairs 13 (1974), S. 122; *Tomuschat,* Menschenrechte, in: Wolfrum (Hrsg.), Handbuch Vereinte Nationen, Rn. 4. Zu weiteren Vorschlägen, die umgesetzt wurden, siehe unten bei Fn. 60ff.

Noch im Vorjahr war in der Kommission die weitere Arbeit an der Implementierung der Menschenrechtsnormen als von größter Wichtigkeit bezeichnet worden - CHR, Summary record of the 81st meeting [18.06.1948], E/CN.4/SR.81 (01.07.1948), S. 23.

[37] Report of the Ad Hoc Committee on Communications, E/CN.4/64 (14.12.1967), Abs. 5.

Verfahrens. Die verabschiedeten Vorschläge betrafen jedoch nur Änderungen eher technischer Natur[38]. Auch im ECOSOC sprachen sich sowohl die USA als auch der sowjetischen Vertreter gegen eine grundlegende Änderung aus[39]. Die im Ergebnis angenommene Res. 116 A (VI)[40] übernahm die Vorschläge der MRK nur zum Teil[41]: künftig sollten die Namen der Autoren dann nicht mehr unter Verschluß gehalten werden, wenn diese ihre Beschwerde selbst öffentlich bekannt machen, dies zu tun gedenken oder sonst keinen Wert auf den Schutz der Vertraulichkeit legen (erster operativer Abs.)[42]. Außerdem wurden den Mitgliedern der Unterkommission für Diskriminierungsvorbeugung und Minderheitenschutz die gleichen Rechte hinsichtlich solcher Mitteilungen eingeräumt, die ihren Zuständigkeitsbereich betrafen (zweiter operativer Absatz)[43].

Eine weitere geringfügige Modifikation des Verfahrens wurde im folgenden Jahr auf einen Vorschlag der Kommission[44] hin mit ECOSOC-Res. 192 A (VIII) beschlossen[45]. Die Regierungen, denen gemäß Abs. (e) Res. 75 die sie betreffenden Mitteilungen bekanntzugeben waren, sollten nunmehr vom Generalsekretär befragt werden, ob sie wünschten, daß ihre Stellungnahme den Mitgliedern in Zusammenfassung oder in vollem Umfang zugänglich gemacht werden sollten[46].

C. Die Allgemeine Erklärung der Menschenrechte und das Petitionsrecht

Im Zuge der Beratungen über die AEMR wurde erneut das Thema eines Petitionsrechts zu internationalen Gremien diskutiert, nachdem der Entwurf des

---

[38] Report of the 2nd Session of the Commission on Human Rights, E/600 (17.12.1947), S. 29 Abs. 29f.

[39] *O'Donovan*, in: Alston (Hrsg.), The United Nations and Human Rights, S. 118.

[40] ECOSOC-Res. 116 A (VI) vom 01.03.1948, in: E/777 S. 16f.

[41] Zum nicht übernommenen Bestandteil des Vorschlags, der die Aufnahme sämtlicher Beschwerden von nicht schutzbedürftigen Autoren in eine öffentliche Liste vorsah, s.u. Fn. 60 und *Zuijdwijk*, S. 7.

[42] *Bartolomei*, S. 60 Fn. 17; *Zuijdwijk*, S. 7.

[43] *O'Donovan*, in: Alston (Hrsg.), The United Nations and Human Rights, S. 118; *Zuijdwijk*, S. 7; *Marie*, S. 172.

[44] Report of the 3rd Session of the Commission on Human Rights, E/800 (28.06.1948), Abs. 20.

[45] ECOSOC-Res. 192 A (VIII) vom 9.02.1949 [E/1163/Rev.1], in: E/1310 (15.03.1949) S. 7.

[46] *Bartolomei*, S. 60f. Fn. 17; *Zuijdwijk*, S. 7.

Sekretariats ein solches noch enthalten hatte[47]. Zudem wurde die Einrichtung eines Beschwerdesystems als Bestandteil der Erklärung in Erwägung gezogen[48]. Die Kommission lehnte solches aber gleichfalls ab[49], ebenso auch die Generalversammlung. Allerdings erkannte sie in Teil B der Res. 217 (III), mit deren Teil A die AEMR verabschiedet wurde, das Petitionsrecht als ein wesentliches Menschenrecht an und beauftragte die Kommission, diese Frage weiter zu untersuchen[50]. Der ECOSOC übermittelte diese Bitte unverzüglich der Kommission[51]. Diese entfaltete auf ihrer folgenden Sitzung jedoch keine Aktivitäten in dieser Hinsicht, worüber der Rat auf seiner folgenden Sitzung die Generalversammlung unterrichtete[52]. Im Zuge ihrer Arbeiten am Menschenrechtspakt entschied die Kommission, das Petitionsrecht gleichfalls nicht in den Entwurf für den Menschenrechtspakt aufzunehmen. Zumindest ersuchte sie aber den Generalsekretär,

---

[47] *Noll-Wagenfeld,* VN 1977, S. 181; *Zuijdwijk,* S. 91f. Der erste Vorschlag Frankreichs lautete: „Everyone has the right, either individually or in association with others, to petition or to communicate with the public authorities of the State of which he is a citizen or in which he resides, or with the United Nations.“ - A/C.3/306 (25.10.1948).

Änderungsvorschläge Frankreichs (A/C.3/244/Rev.1/Corr.1[14.10.1948]) und Kubas (A/C.3/261 [12.10.1948]) sahen in bezug auf das Petitionsrecht zur UNO eine Beschränkung auf Menschenrechtspetitionen bzw. eine allgemeine Formulierung vor, die weder nationale noch internationale Gremien ausdrücklich erwähnte - Report by the Secretary-General: The Right of Petition, E/CN.4/419 (11.04.1950), Abs. 1.

[48] *Tomuschat,* ZSchwR 108/I, S. 4.

[49] *Noll-Wagenfeld,* VN 1977, S. 181.

[50] *Tomuschat,* ZSchwR 108/I, S. 4; *Tomuschat,* Menschenrechte, in: Wolfrum (Hrsg.), Handbuch Vereinte Nationen, Rn. 4; *Bruegel,* ICLQ 2 (1953), S. 559. Resolution 217 B (III) der Generalversammlung „Right of Petition“ vom 10.12.1948, in: A/810 (December 1948), S. 77:

„*The General Assembly,*

Considering that the right of petition is an essential human right, as is recognized in the Constitutions of a great number of countries, ...

Decides not to take any action on this matter at the present session,

Requests the Economic and Social Council to ask the Commission on Human Rights to give further examination to the problem of petitions when studying the draft convention on human rights and measures of implementation, in order to enable the General Assembly to consider what further action, if any, should be taken at its next regular session regarding the problem of petitions.“

[51] ECOSOC, Res. 191 (VIII) vom 09.02.1949, in: E/1310 (15.03.1949), S. 7.

[52] ECOSOC, Res. 236 B (IX) vom 3.08.1949, in: E/1553 (15.08.1949) S. 30.

einen Bericht zu Petitionen im internationalen Bereich zu erstellen[53]. Die anschließende Debatte behandelte allerdings weniger das Recht auf Petition als solches, sondern lediglich die Möglichkeit eines Individualbeschwerdeverfahrens zur Implementierung des Menschenrechtspaktes[54].

D. Vorschläge der Unterkommissionen und des Generalsekretärs

Auch von Seiten der beiden Unterkommissionen gab es seit Ende der vierziger Jahre Versuche, das praktizierte Verfahren zu verbessern und zu einer effizienteren Behandlung der Mitteilungen zu kommen. Von seiten der Unterkommission für Diskriminierungsprävention und Schutz von Minderheiten wurde der Vorschlag unterbreitet, daß sie in dringlichen Fällen Beschwerden von Staaten, Sonderorganisationen der UNO oder akkreditierten NGO prüfen dürfe[55]. Zu diesem Zweck sei ein dreiköpfiger Ausschuß (*Committee on Petitions*) einzusetzen, der gegebenenfalls der Unterkommission zu berichten hätte. Wohl wegen der Befürchtung, daß damit die Arbeit an der Menschenrechtskonvention behindert werden könne, fand dieser Vorschlag in der Kommission keine Aufnahme[56].

Allein der Vorstoß der Unterkommission für Presse- und Informationsfreiheit, die direkt dem Rat zu berichten hatte, wurde wohlwollender aufgenommen und noch 1949 mit Änderungen von diesem bestätigt[57]. Danach sollten Mitteilungen, die den Funktionsbereich dieser Unterkommission betrafen und von ein-

---

[53] *Bruegel*, ICLQ 2 (1953), S. 559f. Der Bericht lag der Kommission auf ihrer folgenden Sitzung vor: Report by the Secretary-General: The Right of Petition, E/CN.4/419 (11.04.1950).

[54] Siehe *Bruegel*, ICLQ 2 (1953), S. 560.

[55] Report of the Sub-Commission on Prevention of Discrimination and Protection of Minorities of the 2nd Session (1949) E/CN.4/351, E/CN.4/Sub.2/78 (29.06.1949), Abs. 28f., Res. G; *Zuijdwijk*, S. 9.

Der Vorschlag wurde auf der folgenden Sitzung dieser Unterkommission mit gleichem Wortlaut erneut der Kommission unterbreitet - Report of the 3rd Session of the Sub-Commission on Prevention of Discrimination and Protection of Minorities (1950), E/CN.4/358, E/CN.4/Sub.2/117 (30.01.1950), Abs. 19 und Annex VI; *Zuijdwijk*, ebd.

[56] Vgl. dazu *Schwelb/Alston*, in: Vasak (Hrsg.), The International Dimensions I, S. 271; *Moskowitz*, S. 55f.; *Zuijdwijk*, S. 9; siehe auch Report by the Secretary-General: Methods used by the United Nations in the Field of Human Rights, A/Conf.32/6, Abs. 475.

[57] Report of the 3rd Session of the Sub-Commission on Freedom of Press and Information to the E.S.C. (1949), E/1369, E/CN.4/Sub.1/98/Rev.1 (24.06.1949) Abs. 24. Hierzu noch Report by the Secretary-General: Methods used by the United Nations in the Field of Human Rights, A/Conf.32/6, Abs. 476.

schlägigen Unternehmen oder Vereinigungen vorgebracht wurden, unter Benennung des Autors in eine nicht vertrauliche Liste aufgenommen werden. Diese sollten zweimal jährlich der Unterkommission zugestellt werden, allerdings nur solche Mitteilungen enthalten, die sich nicht gegen bestimmte Regierungen richteten[58]. Damit wurde die prinzipielle Unterscheidung zwischen Individualbeschwerden gegen bestimmte Staaten einerseits und allgemeinen Hinweisen zur Förderung der Menschenrechte andererseits, wie sie bereits in Res. 75 (V) a.E. vorgenommen wird[59], wieder praktisch wirksam. Auch der Generalsekretär hatte in seinem schon erwähnten Bericht an die MRK im Jahre 1949 entsprechendes vorgeschlagen[60]: erstere sollten weiterhin in einer vertraulichen Liste aufgelistet werden, während man die anderen in eine öffentliche Liste aufnehmen sollte. Die Kommission, die zur Bearbeitung dieser Anregung ihrerseits einen Ausschuß für die Mitteilungen (*Committee on Communications*) eingesetzt hatte, der einen ent-

---

[58] ECOSOC, Res. 240 (IX) vom 28.07.1949, in: E/1553 (15.08.1949) S. 33; *Schwelb/Alston*, in: Vasak (Hrsg.), The International Dimensions I, S. 271. Die Mitteilungen, die explizite Kritik an einer bestimmten Regierung enthielten, waren demnach im Verfahren gemäß ECOSOC-Res. 75 (V) zu behandeln.

Der ursprüngliche Vorschlag der Unterkommission hatte hingegen vorgesehen, daß solche Beschwerden im eigentlichen Sinne den Regierungen zugestellt werden sollten, verbunden mit der Bitte, hierzu weitere Informationen beizubringen - Report of the 3rd Seesion (s.o. Fn. 57), Abs. 24 lit. (e).

[59] Siehe hierzu oben bei Fn. 23. Allerdings wurde diese Unterscheidung auch schon praktisch durchgeführt, wurden doch in der vertraulichen Liste im ersten Teil die Mitteilungen betreffend allgemeine Prinzipien des Schutzes und der Förderung der Menschenrechte aufgeführt, während im zweiten Teil die konkreten Beschwerden aufgelistet waren - Report of the Secretary-General (s.o. Fn. 31) Abs. 16.

[60] Report of the Secretary-General (s.o. Fn. 31) Abs. 16, der ausdrücklich auf das Beispiel der Unterkommission für Presse- und Informationsfreiheit verweist (ebd. Abs. 17). Siehe auch *Zuijdwijk*, S. 7.

Im Grunde hatte bereits die MRK auf ihrer zweiten (ordentlichen) Sitzung im Dezember 1947 die Möglichkeit von zwei Listen vorgeschlagen, doch sollten danach grundsätzlich alle Beschwerden, in denen die Autoren keinen Wert auf die Nichtveröffentlichung ihres Namens legten, in der öffentlichen Liste enthalten sein; in der vertraulichen Liste hingegen sollten allein diejenigen Beschwerden erscheinen, deren Verfasser gegebenenfalls Repressionen zu erwarten hätten - Report of the Commission on Human Rights on the 2nd Session, E/600 (17.12.1947), Abs. 30. Der ECOSOC übernahm diesen Vorschlag insoweit allerdings nicht, sondern änderte Res. 75 (V) nur insofern ab, daß die Identität der Autoren gemäß deren ausdrücklich erklärten oder mutmaßlichen Willen in der (einen) vertraulichen Liste bekanntgegeben werden könne - ECOSOC, Res. 116 (VI), s.o. Fn. 40; *Zuijdwijk*, S. 7.

sprechenden Entwurf ausarbeitete[61], übernahm dies im Ergebnis und empfahl die entsprechende Änderung von Res. 75 (V) dem Rat zur Verabschiedung[62]. Dieser bestätigte die neue Vorgehensweise auf seiner nächsten Sitzung mit Res. 275 B (X)[63].

E. Vorschläge aus der Mitte der Kommission, des ECOSOC und der Generalversammlung

1951 wies die Kommission ihrerseits in ihrem Bericht an den ECOSOC darauf hin, daß sie seit ihrer Gründung zahllose Beschwerden erhielt und bat um Beratung der Frage[64]. Der Rat reagierte nicht auf diese Bemerkung, wurde aber Anfang 1952 von der Generalversammlung auf eine ägyptische Initiative hin aufgefordert, der Kommission genauere Instruktionen zur Behandlung dieser Frage auf deren nächster Sitzung zu erteilen und sie um Empfehlungen zur Behandlung der Beschwerden zu bitten[65]. Auf der nachfolgenden Sitzung der Kommission im gleichen Jahr lancierte die indische Delegierte den Entwurf einer Resolution mit

---

[61] Report to the ECOSOC on the 5th Session of the Commission [E/CN.4/350] in: E/1371 (23.06.1949) Abs. 26; *Zuijdwijk*, S. 9.

Vgl. auch den „Report of the Committee on Communications to the Commission on Human Rights", E/CN.4/302 (08.06.1949).

Der Ausschuß für Mitteilungen ging in seinen Erörterungen allerdings - aus Zeitmangel - nicht auf die grundlegende Kritik des Generalsekretärs an der *No power*-Doktrin ein - Report of the Committee..., ebd., Abs. 5; *Zuijdwijk*, S. 8.

[62] Report to the ECOSOC on the 5th Session of the Commission [E/CN.4/350] in: E/1371 (23.06.1949) S. 61f. (Annex IV D.).

[63] ECOSOC, Res. 275 (X) vom 17.02.1950, in: E/1661 (19.04.1950) S. 7f.; *Bartolomei*, S. 61, Fortsetzung von Fn. 17; *Möller*, Universal Human Rights 1 (1979), S. 58; *Zuijdwijk*, S. 9.

Außerdem wurde Abs. (e) der Res. 75 (V) dahingehend neugefaßt, daß künftig alle Staaten eine Abschrift der gegen sie gerichteten Beschwerden bekommen sollten, und nicht nur diejenigen, die nicht in der Kommission vertreten waren.

[64] Report of the 7th Session of the Commission on Human Rights (1951), E/1992, E/CN.4/640, Abs. 94 (Res. V); vgl. *Humphrey*, RDH 4 (1971), S. 469; *Schwelb*, Journal of the Israel Institute for the Study of International Affairs 13 (1974), S. 122; *Zuijdwijk*, S. 10; Report by the Secretary-General: Methods used by the United Nations in the Field of Human Rights, A/Conf.32/6, Abs. 469.

[65] Generalversammlung, Res. 542 (VI) vom 04.02.1952, in: A/2119, S. 36; *Humphrey*, RDH 4 (1971), S. 469; *Möller*, Universal Human Rights 1 (1979), S. 58; *Schwelb*, Journal of the Israel Institute for the Study of International Affairs 13 (1974), S. 122f.; *Schwelb*, VN 1972, S. 80; *Zuijdwijk*, S. 10.

der Bitte, der ECOSOC möge Res. 75 (V) überdenken (*reconsider*) und in ernsten Fällen von Menschenrechtsverletzungen („*...concerning serious cases or instances of violations of human rights ..*") die Kommission zur Erstellung von Berichten und Empfehlungen auf der Grundlage der einzelnen Beschwerden ermächtigen[66]. Nach einer Debatte dieser Vorschläge, in der erheblicher Widerstand sichtbar wurde, stimmte eine Mehrheit in einer Einzelabstimmung gegen den Absatz, mit dem der ECOSOC um eine Überprüfung von Res. 75 (V) und damit der *No power*-Doktrin gebeten werden sollte[67]. Der übrige Resolutionsentwurf wurde daraufhin von seiner Initiatorin zurückgezogen[68]. Vor diesem Hintergrund weigerte sich der ECOSOC, dem Auftrag der Generalversammlung Folge zu leisten und berichtete dieser entsprechend[69]. Allerdings verabschiedete der Rat auf der gleichen Sitzung auch Resolution 454 (XIV) und unterband damit die bis dahin geübte Praxis der NGO, die Informationen über Menschenrechtsverletzungen in offiziell zirkulierende Memoranda aufgenommen hatten: auch diese, so die neue Resolution, seien nunmehr nach dem in Res. 75 (V) festgelegten Verfahren zu behandeln[70].

---

[66] India: Draft resolution, E/CN.4/L.215 (11.06.1952) - vgl. Report to the ECOSOC on the 8th Session of the Commission on Human Rights (1952), E/2256, E/CN.4/669 (27.06.1952), S. 42, Abs. 293; *Schwelb*, Journal of the Israel Institute for the Study of International Affairs 13 (1974), S. 123; *Zuijdwijk*, S 10; *Bruegel*, ICLQ 2 (1953), S. 544.

Anlaß oder verstärkendes Moment für diese Aktivitäten von indischer Seite war unter anderem die Diskriminierung indischer Gastarbeiter in Südafrika - *Zuijdwijk*, S. 57, Anm. 60; CHR, Summary record of the 332nd meeting [11.06.1952], E/CN.4/SR.332 (27.06.1952), S. 7.

[67] Report to the ECOSOC on the 8th Session of the Commission on Human Rights (1952), E/2256, E/CN.4/669 (27.06.1952) Abs. 295; *Humphrey*, RDH 4 (1971), S. 469; *Schwelb/Alston*, in: Vasak (Hrsg.), The International Dimensions I, S. 123; *Schwelb*, VN 1972, S. 80.

[68] Report to the ECOSOC on the 8th Session of the Commission on Human Rights (1952), E/2256, E/CN.4/669 (27.06.1952) S. 43 Abs. 295; *Zuijdwijk*, S. 10.

[69] ECOSOC-Res. 441 (XIV) vom 23.07.1952 [E/2321], in E/2332 (13.08.1952) S. 36; *Schwelb*, Journal of the Israel Institute for the Study of International Affairs 13 (1974), S. 123; *Möller*, Universal Human Rights 1 (1979), S. 59; *Schwelb*, VN 1972, S. 80; *Zuijdwijk*, S. 10; *Bruegel*, ICLQ 2 (1953), S. 544 . Es zeugt allerdings von der Fadenscheinigkeit einiger Stellungnahmen, daß gerade die Ungewißheit über eine mögliche Stellungnahme des ECOSOC in der Kommissionssitzung als Argument gegen eine Verabschiedung der vorgeschlagenen Resolution herangezogen worden war - Report to the ECOSOC on the 8th Session of the Commission on Human Rights (1952), E/2256, E/CN.4/669 (27.06.1952) S. 43, Abs. 294.

[70] ECOSOC-Res. 454 (XIV) vom 28.07.1952, in E/2332 (13.08.1952) S. 60f.; vgl. *Humphrey*, RDH 4 (1971), S. 469. Mit dieser Resolution wurde lediglich der Bericht des NGO-Ausschusses des ECOSOC bestätigt, der empfahl, daß künftig alle Beschwerden von

Im folgenden Jahr, 1953, unternahmen die Delegationen Ägyptens, Indiens, der Philippinen und Uruguays - alles blockfreie Staaten - in der MRK einen erneuten Versuch. Der von diesen Ländern eingebrachte Resolutionsentwurf sah vor, daß die von den Beschwerden betroffenen Regierungen um eine Stellungnahme zu den gegen sie erhobenen Vorwürfen ersucht (Abs. 1) und die Kommission dazu ermächtigt werden sollte, dem ECOSOC bestimmte Petitionen zusammen mit den zugehörigen Stellungnahmen der Regierungen vorzulegen (Abs. 2)[71]. Auch hierauf wurde entgegnet, daß damit die Kommission eine quasi-gerichtliche Funktion ausüben würde, es an verbindlichen Maßstäben für die Rechtsanwendung fehle und überdies darin ein Verstoß gegen das Verbot der Einmischung in innere Angelegenheiten zu sehen sei. Im Ergebnis gab die Kommission mehrheitlich einem Nichtbefassungsantrag statt[72]. Ägypten brachte daraufhin den Vorschlag im gleichen Jahr im III. Hauptausschuß der Generalversammlung ein zweites Mal ein, scheiterte aber an der Ablehnung der sozialistischen und der westlichen Staaten[73].

Ein weiterer Vorstoß Griechenlands in der 11. Sitzung der Generalversammlung 1956, der aus aktuellem Anlaß der Zypernfrage auf ein provisorisches Verfahren zur Behandlung von Staatenbeschwerden bis zum Inkrafttreten der Pakte abzielte, wurde inhaltlich dahingehend abgeändert, daß die Arbeit an den Pakten beschleunigt werden möge[74]. Die Kritik am Umgang mit den fortwährend

---

NGO über Verletzungen von Menschenrechten im Verfahren nach Res. 75 (V) behandelt werden sollten - Report of the Council Committee on Non-Governmental Organisations, E/2270 (27.06.1952).

[71] Egypt, India, Philippines, Uruguay: Draft resolution on Communications, E/CN.4/L.286 (21.05.1953) - vgl. UN-Yearbook 1953, S. 390; *Humphrey*, RDH 4 (1971), S. 469; *Zuijdwijk*, S. 11; Report by the Secretary-General: Methods used by the United Nations in the Field of Human Rights, A/Conf.32/6, Abs. 472.

[72] Report of the 9th session of the Commission on Human Rights, E/2447 (06.06.1953), Abs. 285ff., 292; *Zuijdwijk*, S. 11.

[73] Report of the Third Committee, Eigth Session, Agenda item 12, A/2573 (25.11.1953), Abs. 87-92; UN-Yearbook 1953, S. 390; *Humphrey*, RDH 4 (1971), S. 469; *Schwelb*, Journal of the Israel Institute for the Study of International Affairs 13 (1974), S. 124; *Schwelb*, VN 1972, S. 80; *Zuijdwijk*, S. 11.

[74] *Schwelb*, VN 1972, S. 80; *Schwelb*, Journal of the Israel Institute for the Study of International Affairs 13 (1974), S. 124 - vgl. das begleitende Moratorium des griechischen Vertreters UN Doc. A/3187 (11.09.1956) und Add. 1 (29.10.1956), sowie den Resolutionsentwurf A/C.3/L.592. Zum Ganzen: Report of the Third Committee, Eleventh Session, Agenda item 60, A/3524 (11.02.1957). Die Änderung des griechischen Vorschlags geht auf einen Entwurf Syriens zurück (A/C.3/L.597, s. Report, a.a.O., Abs. 9).

eingehenden Beschwerden wuchs aber weiter, und zwar auch innerhalb der Kommission. Im gleichen Jahr hatte der philippinische Delegierte die Aufnahme eines Tagesordnungspunktes „Überprüfung des Verfahrens zum Umgang mit Beschwerden" angeregt[75]. In diesem Zusammenhang unterbreitete er den Vorschlag, einen *Ad hoc*-Ausschuß zur Aufarbeitung der Beschwerden einzusetzen, der allgemeine Bemerkungen zur Förderung der Menschenrechte verabschieden sollte[76]. Dies wurde allerdings abgelehnt[77], und auch im Folgejahr kam es nicht zu einer Entscheidung über den erneut eingebrachten Vorschlag[78].

Die Diskussion in der Kommission hielt weiter an. Im Hinblick auf das bestehende Verfahren wurde moniert, daß es eine Verschwendung der ohnehin knappen Ressourcen der UNO und außerdem gegenüber den Petenten ein Schwindel sei, da man diese im Glauben lasse, wenigsten ein Mindestmaß an Untersuchung würde seitens der Weltorganisation vorgenommen[79]. Der Vorschlag, den Rat um eine Überprüfung von Resolution 75 (V) zu bitten, wurde jedoch verworfen, da nach Ansicht des israelischen Vertreters die Kommission hierfür entsprechende Vorschläge unterbreiten solle[80]. Trotz erheblichen Widerstandes wurde daraufhin - mit neun gegen sieben Stimmen bei einer Enthaltung -

---

Der griechische Vorstoß enthielt originär nur den Vorschlag, daß die Kommission die Behandlung von Staatenbeschwerden über einen anderen Staat prüfen sollte und dem ECOSOC entsprechende Empfehlungen erteilen sollte (Report, a.a.O., Abs. 4). An dieser Einschränkung wurde aber auch Kritik geäußert: der Vorschlag gehe nicht weit genug, da er Individualbeschwerden nicht einbeziehe (ebd., Abs. 12; siehe allgemein: Report by the Secretary-General: Methods used by the United Nations in the Field of Human Rights, A/Conf.32/6, Abs. 473). Entsprechend brachte Uruguay einen - später zurückgezogenen - Ergänzungsvorschlag ein (A/C.3/L.595), der die Einsetzung eines Hochkommissars für Menschenrechte oder eines ähnlichen Spezialorgans zur Behandlung der Individualbeschwerden forderte (Report, a.a.O, Abs. 7). Die überwiegende Mehrheit der Staaten lehnte jedoch entsprechendes ab (ebd., Abs. 13f., 16).

[75] CHR, Report of the 12th Session, E/2844, E/CN.4/731 (April 1956), Abs. 168; *Zuijdwijk*, S. 12.

[76] CHR, Report of the 12th Session, E/2844, E/CN.4/731 (April 1956), Abs. 169; *Zuijdwijk*, S. 12.

[77] CHR, Report of the 12th Session, E/2844, E/CN.4/731 (April 1956), Abs. 168; *Zuijdwijk*, S. 12.

[78] CHR, Report of the 13th Session, E/2970, E/CN.4/753 (29.04.1957), Abs. 232; *Zuijdwijk*, S. 12.

[79] CHR, Report of the 14th Session, E/3088, E/CN.4/769 (1958), Abs. 187; *Schwelb*, Journal of the Israel Institute for the Study of International Affairs 13 (1974), S. 125.

[80] Report of the 14th Session (a.a.O., Fn. 79), Abs. 190; *Zuijdwijk*, S. 12.

die Einsetzung eines Sonderausschusses beschlossen, der Vorschläge für ein Verfahren ausarbeiten solle, das „besser geeignet [sei], den Respekt vor den und die Beachtung der Menschenrechte zu fördern"[81]. Das Ergebnis dessen Tagung Anfang 1959 bestand in wenig mehr als Empfehlungen für einige technische Ergänzungen[82]. Im einzelnen waren die folgenden vier Vorschläge unterbreitet worden: erstens sollte die verschiedenen Resolutionstexte in einer konsolidierten Fassung zusammengeführt werden, ergänzend sollte der Generalsekretär in dem Schreiben zur Eingangsbestätigung den Eindruck vermeiden, daß die Kommission irgendwelche Aktionen im Hinblick auf die Beschwerden unternimmt. Zum zweiten sollten vertrauliche Statistiken vom Sekretariat erstellt werden, eine anhand der in den Beschwerden betroffenen Rechte der AEMR und eine über die von den NGO in Konsultativstatus eingereichten Beschwerden. Drittens sollten künftig die vertraulichen Listen mit den Zusammenfassungen und den Regierungsantworten bereits zu Beginn einer Sitzungsperiode verteilt werden und viertens solle die Kommission künftig auf die ausdrückliche Kenntnisnahme von der Liste verzichten dürfen[83]. Der Bericht stand somit noch ganz auf dem Boden der *No power*-Doktrin. In der Plenardebatte dieser Vorschläge wurde Kritik an diesem vorsichtigen Ansatz des Ausschusses laut, da er die ihm gestellte Aufgabe nicht erfüllt habe und keine Vorschläge für die bessere Förderung der Menschenrechte unterbreitet hätte[84]. Im Ergebnis wurden die Empfehlungen so aber ohne

---

[81] Res. 10 (XIV), Report of the 14th Session (a.a.O., Fn. 79), Abs. 194; *Möller*, Universal Human Rights 1 (1979), S. 59; *Humphrey*, RDH 4 (1971), S. 469; *Schwelb*, Journal of the Israel Institute for the Study of International Affairs 13 (1974), S. 124f.; *Schwelb*, VN 1972, S. 81; *Zuijdwijk*, S. 12. Diesem Ausschuß gehörten die Delegierten Argentinien, Indiens, Israels, Italiens, der Philippinen, der Ukrainischen Sowjetrepublik sowie des Libanon an - Commission on Human Rights, Report of the 15th Session, E/3229, E/CN.4/789, Abs. 248.

Die Präambel der Resolution lautet:
"*The Commission on Human Rights,*
Desiring to recommend to the Econmic and Social Council to re-examine its resolution 75 (V) ... and 275 (X)... in so far as they relate to communications concernig human rights, with a view to establishing a procedure for handling communications, which is better calculated to promote respect for and observance of human rights ....".;

[82] Report of the Working Group on Communications, E/CN.4/782 (05.02.1959). Siehe *Bartolomei*, S. 61; *Humphrey*, RDH 4 (1971), S. 469; UN-Yearbook 1959 S. 220; *Alston*, Commission on Human Rights, in: ders. (Hrsg.), The United Nations and Human Rights, S. 140; *Möller*, Universal Human Rights 1 (1979), S. 59; *Hoare*, in: Luard (Hrsg.), The International Protection, S. 88;

[83] CHR, Report of the 15th Session... (a.a.O., Fn. 81), Abs. 250; Report of the Working Group ...(a.a.O., Fn. 82). *O'Donovan*, in: Alston (Hrsg.), The United Nations and Human Rights, S. 118; *Bartolomei*, S. 61; *Zuijdwijk*, S. 12f.

[84] CHR, Report of the 15th Session (a.a.O., Fn. 81), Abs. 253.

Änderungen übernommen[85]. Bezüglich des ersten Punktes legte die Kommission dem ECOSOC einen Resolutionsentwurf vor, der eine ausdrückliche Bestätigung der *No power*-Doktrin enthielt[86]. Der ECOSOC übernahm die Vorschläge unverändert und verabschiedete sie auf seiner nachfolgenden Organisationssitzung als Res. 728 F (XXVIII)[87].

F. Alternative Vorschläge

In der Diskussion der ersten Dekade des Bestehens der UN waren auch andere Vorschläge geäußert worden, die eine Behandlung der Beschwerden außerhalb der MRK vorsahen. In diesem Zusammenhang wurde beispielsweise die Einrichtung eines Internationalen Menschenrechtsgerichtshofes oder - in verschiedenen Ausgestaltungen und Befugnissen - eines Sonderausschusses bzw. einer Kommission zum Empfang und zur Behandlung von Einzelbeschwerden vorgeschlagen[88]. Diese Diskussionen betrafen jedoch - was aus der rückwärtigen Perspektive als deutlicher Unterschied wahrzunehmen ist - vertraglich basierte Umsetzungsmechanismen, also gerade nicht eine Aufhebung der *No power*-Doktrin in bezug auf die MRK.

III. Umfang und Begründung der *No power*-Doktrin

Angesichts der enormen Kritik, die diese Entscheidung und ihre anhaltende Bestätigung hervorrief, verdienen die Gründe hierfür besondere Aufmerksamkeit. Insbesondere die eigentliche Konzeption und Reichweite jener Klausel, die Namensgeber und Ausgangspunkt für die *No power*-Doktrin war, sollen näher untersucht werden, da sich die Begründung nur im konkreten historischen Kontext nachvollziehen läßt.

---

[85] CHR, Report of the 15th Session (a.a.O., Fn. 81), Abs. 257-261, Resolutionen 14 (XV) und 15 (XV) vom 08.04.1959; *Zuijdwijk,* S. 13.

[86] Resolution 13 (XV) vom 08.04.1959, in: Report of the Commission (a.a.O., Fn. 81), Abs. 256 und Kap. XIV, Resolutionsentwurf IV.

[87] *Boekle*, NQHR 13 (1995), S. 377; *Riedel,* in: Baum/ders./Schaefer, Menschenrechtsschutz in der Praxis der Vereinten Nationen, S. 42; *Lillich/Hannum,* S. 344; *Buergenthal*, International Human Rights, S. 88; *Humphrey*, RDH 4 (1971), S. 469; *Schwelb*, VN 1972, S. 81; *Zuijdwijk,* S. 13. Die Resolution ist abgedruckt in Anhang 2, S. 678.

[88] Siehe hierzu CHR, Report of the 5th session, E/1371, E/CN.4/350, Annex III, Proposals on Implementation... Sowie für einen Überblick den Report by the Secretary-General: The Right of Petition, E/CN.4/419 (11.04.1950), Abs. 29. Zum 1947 von Australien vorgeschlagenen Internationalen Menschenrechtsgerichtshof siehe auch *Fareed*, S. 231.

A. Die ursprüngliche Konzeption der No power-*Klausel*

Die für Res. 75 (V) ausschlaggebende Feststellung der Kommission, sie habe keine Befugnis zu irgendwelchen Aktionen, geht unmittelbar auf die geschilderte Debatte über den Bericht der zur Frage der Beschwerden eingesetzten Arbeitsgruppe zurück[89]. Nachdem das Plenum den Vorschlag, einen Prüfungsausschuß mit dem Empfang der Beschwerden zu betrauen, zurückziehen mußte, äußerte der libanesische Delegierte *Charles Malik*, selbst Mitglied in der Arbeitsgruppe, daß er die Einsetzung eines Prüfungsausschusses insoweit befürwortet, als dieser die Beschwerden empfangen und zur Kenntnis nehmen sollte; er solle diesbezüglich jedoch keine wie auch immer gearteten Aktionen einleiten können[90]. Er ergänzte seine Ausführungen, die im Sitzungsbericht mit den später in Res. 75 (V) übernommenen Worten, „*... that the Commission on Human Rights recognizes that it has no power to take any action in regard to any complaints concerning human rights...*", wiedergegeben werden, mit dem Hinweis, daß eine MRK, die ihren Namen wirklich verdiene, nicht umhin könne, Beschwerden über die Verletzung von Menschenrechten zur Kenntnis zu nehmen[91]. Die letzte Feststellung ist aber nur so zu verstehen, daß der Kommission zumindest eine inhaltliche Auseinandersetzung mit den berichteten Menschenrechtsverletzungen gestattet sein sollte. Nahe liegt daher die freilich nicht verifizierbare Auslegung der *No power*-Klausel, daß lediglich eine unmittelbare, womöglich abhelfende Reaktion auf die Beschwerden unterbunden werden sollte, eine Erörterung der darin erwähnten Probleme aber doch zulässig bleiben müßte.

Diese Sichtweise wird durch ein weiteres Dokument aus jener Zeit gestützt. Die auf ihrer zweiten ordentlichen Sitzung von der Kommission eingesetzte „Arbeitsgruppe zur Frage der Implementierung" schlug in ihrem abschließenden Bericht vor, auf der Basis von Res. 75 (V) ein „Mitteilungsverfahren" zu entwickeln, das parallel zu einem späteren vertraglichen Implementierungsmechanismus einzurichten wäre und aufgrund seiner außervertraglichen Grundlage für alle Staaten gelten würde[92]. Trotz zugestandener Schwächen hätte dieses Verfahren zumindest eine inhaltliche Auseinandersetzung mit den Beschwerden bedeutet. Nur die Einrichtung eines Abhilfemechanismus wäre hiernach unzulässig. Auch diese Empfehlung, die freilich nicht umgesetzt wurde, deutet wiederum

---

[89] Siehe oben bei Fn. 11.

[90] CHR, Summary record of the 16th meeting [05.02.1947], E/CN.4/SR.16 (06.02.1947), S. 10.

[91] Ebd.

[92] Report of the Commission on Human Rights, Second Session, E/600 (17.12.1947): Annex C, Part I: Report of the Working Group on Implementation, Abs. 36, S. 51.

darauf hin, daß die Formulierung „... *no power to take any action...*" zumindest ursprünglich in der Kommission keinesfalls zwangsläufig in dem später praktizierten strikten Sinne verstanden wurde.

Res. 75 (V) weist in dieselbe Richtung. Das darin vorgesehene, später ergänzte Verfahren stellte keinerlei Maßnahmen für eine Abhilfe der behaupteten Menschenrechtsverletzungen bereit[93]. Es ermächtigte aber die Kommission zur Kenntnisnahme und Diskussion der in den Beschwerden enthaltenen Informationen. Eine Arbeitsgruppe aus zwei bis drei Mitgliedern sollte vor jeder Kommissionssitzung Gelegenheit erhalten, die Beschwerden durchzusehen und solche der Kommission auch vorzulegen, die ihr für ihre Arbeit von Nutzen sein könnten[94]. Überdies ist der Wortlaut der Klausel eigentümlicherweise auf Klagen bzw. Beschwerden über Menschenrechtsverletzungen (*complaint*) beschränkt[95], im Gegensatz zur sonst durchgehend verwendeten Bezeichnung Mitteilungen (*communications*). Auch in dieser Hinsicht war der Wortlaut der zugrundeliegenden Resolution beschränkt.

B. Die in der Praxis entwickelte No power-*Doktrin*

Eine schlichte Nichtbefassung mit den eingehenden Beschwerden und Berichten war demnach mit Res. 75 (V) noch nicht vorgegeben. Gleichwohl hat sich die Kommission in der Praxis recht bald jeglicher Aktivitäten im Umgang mit den Beschwerden enthalten - sie schöpfte also nicht einmal die in der eigentlichen *No power*-Bestimmung offengelassenen Spielräume aus. In der Praxis unternahm die Kommission in bezug auf die ihr vorliegenden Listen nichts. Weder kam es nach 1950 zur Einsetzung eines *Ad hoc*-Ausschusses zur Vorprüfung der Be-

---

[93] *Möller*, Universal Human Rights 1 (1979), S. 58

[94] Res. 75 (V), letzter operativer Absatz; entsprechend auch der Report of the Commission on Human Rights, E/259 (11.02.1947) S. 7 Abs. 23. Dieser Verfahren beruht - wie auch die Formulierung der *No power*-Doktrin - auf dem entsprechenden (überarbeiteten) Entwurf des hierfür eingesetzten Unterausschusses der Kommission (siehe oben Fn. 10): Report of the Sub-Committee on the Handling of Communications, E/CN.4/14/Rev.2 (06.02.1947) S. 2 Abs. 4.

[95] Ebenso auch in Abs. 1 Res. 728 F (XXVIII).

schwerden[96], noch setzte sich die Kommission ernsthaft mit den in den Listen der zusammengefaßten Beschwerden auseinander[97].

Die vielfach in dem zu Res. 75 (V) führenden Bericht und der darin enthaltenen *No power-* Klausel ist somit zwar der Ausgangspunkt für eine „Selbstentmachtung" der Kommission[98], doch war damit keineswegs die später praktizierte vollständige Tatenlosigkeit der Kommission vorgegeben. Die Inaktivität der Kommission beruhte also zusätzlich auch auf anderen Faktoren innerhalb der MRK.

C. Begründungen für die Klausel und Doktrin

Die Einschränkung der Kommissionsaktivitäten auf die bloße Kenntnisnahme zumindest zu Beginn ihrer Tätigkeit war damit zu erklären, daß sie für die Durchführung solcher umfassender Reaktionen auf Behauptungen von Menschenrechtsverletzungen weder geschaffen, noch materiell ausgestattet worden war[99]. Dies galt vor allem angesichts ihrer zeitlichen Beanspruchung durch als vordringlich angesehene Aufgabe „Formulierung der internationalen Menschenrechtsnormen"[100]. Neben dem zeitlichen, kapazitätsbezogenen Aspekt spielte wohl auch der arbeitstechnische eine Rolle. Hätte sich die Kommission zu diesem Zeitpunkt auf die Behandlung von Beschwerden eingelassen, so hätte sich dadurch der Charakter des Gremiums, das sich seinerzeit als technisches Hilfsorgan des ECOSOC ohne wesentliche politische Ambitionen verstand, grundlegend geändert. Überdies hätte die MRK aufgrund ihres Charakters und ihrer Ausstattung gar keine Prüfung der in den Beschwerden enthaltenen Behauptungen vornehmen können[101]. Es sollte vielmehr gerade in der Phase der Formulierungsarbeiten den politisch intrikaten Problemen eines aktiven Menschenrechtsschutzes bewußt ausgewichen

---

[96] Report by the Secretary-General: Methods used by the United Nations in the Field of Human Rights, A/Conf.32/6, Abs. 195; United Nations Action, S. 310. Hierzu noch unten bei Fn. 117, S. 198.

[97] *Ermacora*, RDH 7 (1974), S. 672; *Humphrey*, RDH 4 (1971), S. 470 und ausführlich unten bei Fn. 121, S. 199.

[98] *Tomuschat*, ZSchwR 108/I, S. 8.

[99] *Lauterpacht*, in: E/CN.4/89 (12.05.1948), Abs. 27.

[100] *Khol*, Zwischen Staat und Weltstaat, S. 136; *Meißner*, S. 18. Dem entsprach auch die Schwerpunktsetzung im Zuständigkeitskatalog (vgl. § 9.I., S. 107).

[101] Siehe *Hoare*, in: Luard (Hrsg.), The International Protection, S. 63, 90.

werden[102]. Hinzu kam seinerzeit auch der Wille, sowohl den Menschenrechtspakt als auch die Frage seiner Durchsetzung als eilige und schnell abzuschließende Materie zu behandeln[103]. Die Hoffnungen einiger Staaten mögen daher auf einer raschen Vollendung der „Internationalen Menschenrechtscharta“ und dem darin vorgesehenen Durchsetzungsmechanismus geruht haben[104].

Für die Zeit nach 1954 kann dieser Grund jedoch berechtigterweise nicht mehr angeführt werden. Spätesten ab diesem Zeitpunkt war es eher der Mangel an Bereitschaft zur Übernahme politischer Verantwortung[105]. Denn die Untätigkeit in Sachen Menschenrechtsdurchsetzung war nicht nur eine Begrenzung des Aufgabenfeldes der Kommission, sondern hatte Auswirkungen auf die gesamten Menschenrechtsaktivitäten der UN[106]. Der eigentliche Hauptgrund für das Verharren in der *No power*-Doktrin lag somit im fehlenden Interesse der weltpolitischen Hauptakteure an einem effektiven Menschenrechtsschutz. Insbesondere die zu dieser Zeit in den UNO noch meinungsführenden westlichen Staaten waren an einer solchen, aktiven Rolle der MRK keineswegs interessiert. Ein Grund hierfür war wohl die Angst davor, selbst einmal zum Gegenstand entsprechender Untersuchungen zu werden[107]. Auch die sozialistische Staaten des Ostblocks lehnten

---

[102] *Alston,* Commission on Human Rights, in: ders. (Hrsg.), The United Nations and Human Rights, S. 142; *Marie,* S. 63.

[103] Siehe nur CHR, Report on the 3rd session (a.a.O., Fn. 44), Abs. 17: die Frage sei auf der nächsten Sitzung zusammen mit der Ausgestaltung der Pakte zu behandeln.

[104] Siehe *Zuijdwijk,* S. 14. In diesem Sinne auch *van Boven*, NILR 15 (1968), S. 380.

[105] *Alston,* Commission on Human Rights, in: ders. (Hrsg.), The United Nations and Human Rights, S. 141. Zum Teil wird allerdings als weitere Erklärung für die Zurückhaltung der Kommission angeführt, daß vor Verabschiedung und Inkrafttreten der Pakte und eines Mechanismus zu seiner Implementierung alles unterbunden werden sollte, was deren Akzeptanz möglicherweise untergraben könnte - *Alston,* Commission on Human Rights, in: ders. (Hrsg.), The United Nations and Human Rights, S. 141; *Moskowitz,* S. 56. Die Behandlung von Beschwerden auf einer außervertraglichen Grundlage hätte jedoch den Staaten lediglich einen ersten Eindruck von einem möglichen Implementierungsmechanimus verliehen.

[106] *Moskowitz,* S. 50. Allerdings waren aktuelle Menschenrechtsprobleme bereits anderweitig in den Hauptorganen behandelt worden, so vor allem in der Generalversammlung und ihren extra geschaffenen Spezialorganen - *Alston,* Commission on Human Rights, in: ders. (Hrsg.), The United Nations and Human Rights, S. 140f.; *van Boven*, NILR 15 (1968), S. 381; vgl auch *O'Donovan*, in: Alston (Hrsg.), The United Nations and Human Rights, S. 114.

[107] *Tolley*, The U.N. Commission on Human Rights, S. 18; *Rudolf,* S. 22; *Alston,* Commission on Human Rights, in: ders. (Hrsg.), The United Nations and Human Rights, S. 140 mit besonderem Hinweis auf die USA und das zu dieser Zeit besonders virulente Problem der Rassendiskriminierung.

ein solches Verfahren im Bewußtsein ihrer eigenen Probleme grundlegend ab[108] und beriefen sich zu diesem Zwecke beharrlich auf Art. 2 Ziff. 7 UN-Charta, der jegliche Erörterung von Menschenrechtsfragen verbiete[109]. Beide Blöcke fanden sich unausgesprochen zu jener „unheiligen Allianz“ (*Alston*) zusammen, die damals sowohl in der Kommission wie auch im ECOSOC die Mehrheit bildete[110].

IV. Der Ablauf des Verfahrens nach Resolution 728 F

Das mit Res. 728 F (XXVIII) konsolidierte Verfahren der Behandlung eingehender Beschwerden bedeutete praktisch die Aufbereitung der darin enthaltenen Informationen für die Kommission durch das Sekretariat (Menschenrechtsabteilung). Zunächst waren von den eingegangenen Beschwerden diejenigen auszusortieren, die sich mit allgemeinen Prinzipien des Menschenrechtsschutzes befaßten, ohne einzelne Menschenrechtsverletzungen zu behaupten. Diese Mitteilungen waren gemäß Abs. 2 lit. a) der Resolution in Zusammenfassung in eine öffentliche Liste aufzunehmen und an die Kommissionsmitglieder zu verteilen. Handelte es sich dagegen um Eingaben über Menschenrechtsverletzungen, war die Beschwerde vom Sekretariat zusammenzufassen[111] und - mangels gegenteiliger Anhaltspunkte in anonymisierter Form[112] - der betroffenen Regierung mit der Bitte um Stellungnahme zuzuleiten[113].

Betrafen die Mitteilungen hingegen Menschenrechtsverletzungen in einem konkreten Land, handelte es sich also um Beschwerden im eigentlichen Sinne, hatte das Sekretariat die Zusammenfassungen in eine vertrauliche Liste aufzu-

---

[108] *van Boven*, NILR 15 (1968), S. 379. Die Untersuchung von Menschenrechtsbeschwerden, die aus Treuhand- oder anderen abhängigen Gebieten stammten, sollte hingegen einem Vorschlag des sowjetischen Experten in der Unterkommission, *Borisov*, durchaus auch der Kommission möglich sein - Report of the Sub-Commission [2nd session], E/CN.4/351; E/CN.4/Sub.2/78 (29.06.1949), Abs. 27

[109] *Rudolf*, S. 22f.; *Tolley*, The U.N. Commission on Human Rights, S. 18. Siehe zu diesem Komplex unten § 34.III.A., S. 596.

[110] *Alston*, Commission on Human Rights, in: ders. (Hrsg.), The United Nations and Human Rights, S. 141; *Boekle*, NQHR 13 (1995), S. 377; *Zuijdwijk*, S. 14.

[111] *Bossuyt*, HRLJ 6 (1985), S. 181; *Ize-Charrin*, 1503: A Serious Procedure, S. 3; *Newman* in Lillich/Hannum, S. 364.

[112] Report by the Secretary-General: Methods used by the United Nations in the Field of Human Rights, A/Conf.32/6, Abs. 478.

[113] Abs. 2 lit. e) Res. 728 F (XXVIII); *Riedel*, in: Baum/ders./Schaefer, Menschenrechtsschutz in der Praxis der Vereinten Nationen, S. 42; *Ermacora*, RDH 7 (1974), S. 672; vgl. auch *Lillich/Hannum*, S. 344

nehmen und diese der Kommission in geschlossener Sitzung auszuhändigen (Abs. 2 lit. b]). Gleichermaßen wurden auch die Antworten der Regierungen - nach Wunsch im Volltext - an die Mitglieder der Kommission verteilt[114]. Außer der Kommission und dem Sekretariat war im Rahmen dieses Verfahrens kein weiteres Organ beteiligt. Den Mitgliedern der Unterkommission standen die gleichen Rechte zu, nämlich Zugang zu den aufgelisteten Zusammenfassungen der Beschwerden, allerdings nur soweit wie diese das Mandat des Gremiums, also Minderheitenrechte oder Diskriminierungen betrafen[115].

Für die Behandlung in der Kommission war vorgesehen, daß das Sekretariat auf Anfrage auch die Originale der Beschwerden bereitzustellen hätte[116]. Zudem konnte die MRK zur Vorprüfung der vertraulichen Liste einen *Ad hoc*-Ausschuß einsetzen (Res. 728 F [XXVIII], Abs. 4). Das Verfahren eröffnete damit die Möglichkeit für die Kommission, die in den Beschwerden enthaltenen Informationen zur Kenntnis zu nehmen, also über geschehene Menschenrechtsverletzungen informiert zu werden. In der Praxis unternahm die Kommission in bezug auf die ihr vorliegenden Listen jedoch nichts. Ein *Ad hoc*-Ausschuß wurde insgesamt nur drei Mal eingesetzt - zuletzt 1950[117]. Mit Res. 728 F (XXVIII) wurde sogar die förmliche Zurkenntnisnahme der vertraulichen Liste eingestellt[118]. Lediglich soweit sich einige Regierungen in der Kommissionssitzung gegen die sie betreffenden Vorwürfe verwahrten oder zu Stellungnahmen oder eigenen

---

[114] *Bartolomei,* S. 73; *Ize-Charrin,* 1503: A Serious Procedure, S. 3; *Newman* in Lillich/Hannum, S. 364. Diese ebenfalls in drei Sprachen verfügbare Liste wird unter der Bezeichnung E/CN.4/GR ... in Umlauf gebracht - *Ize-Charrin,* 1503: A Serious Procedure, S. 3.

Die Regierungen können veranlassen, daß nur die Zusammenfassung ihrer Stellungnahme verteilt wird - Abs. 2 lit. f) Res. 728 F (XXVIII); *Bartolomei,* S. 73; *Tardu,* Santa Clara Law Rev. 20 (1980), S. 566.

[115] Abs. 3 Res., 728 F (XXVIII); Report by the Secretary-General: Methods used by the United Nations in the Field of Human Rights, A/Conf.32/6, Abs. 479; *Ize-Charrin,* 1503: A Serious Procedure, S. 1; *Humphrey,* ILA Report 53 (1968), S. 455, Anm. 20; United Nations Action, S. 310.

[116] Report by the Secretary-General: Methods used by the United Nations in the Field of Human Rights, A/Conf.32/6, Abs. 479.

[117] Die Kommission hatte einen solchen Ausschuß auf ihrer zweiten (Dezember 1947) sowie auf ihrer fünften und sechsten Sitzung (1949 und 1950) eingesetzt - Report by the Secretary-General: Methods used by the United Nations in the Field of Human Rights, A/Conf.32/6, Abs. 195; United Nations Action, S. 310.

[118] Siehe auch *Zuijdwijk,* S. 13.

Untersuchungen veranlaßt sahen[119], kam diesem Mechanismus überhaupt ein Effekt zu[120]. Der Tagesordnungspunkt „Mitteilungen über Menschenrechtsverletzungen" verkam zur bloßen Formalität[121]: die vertrauliche Behandlung nahm jeweils nicht mehr als einige Minuten in Anspruch[122]. In der akademischen Literatur führte dieser Nichtgebrauch der aufbereiteten Mitteilungen zur später vielzitierten Einschätzung des damaligen Direktors der Menschenrechtsabteilung *John P. Humphrey*, das Verfahren sei im Hinblick auf die Beschwerden der „aufwendigste Papierkorb der Welt"[123].

---

[119] Siehe *Humphrey*, Human Rights and the United Nations, S. 28.

[120] *Humphrey*, RDH 4 (1971), S. 470. Ähnlich auch *Alston*, Commission on Human Rights, in: ders. (Hrsg.), The United Nations and Human Rights, S. 140, der der Verbreitung der Informationen einen „erzieherischen Effekt" auf die anderen Mitgliedstaaten bescheinigt.

Volio Jiménez berichtet, daß er als Delegierter Cost Rica's in der MRK die in der Liste enthaltenen Vorwürfe gegen sein Land zumindest seiner Regierung zur Kenntnis gebracht und um Aufklärung gebeten habe - BulletinHR 90/1, S. 13.

[121] *Ermacora*, RDH 7 (1974), S. 672; *Humphrey*, RDH 4 (1971), S. 470. Der österreichischen Delegierte in der MRK, *Felix Ermacora*, berichtet, daß der hierfür vorgesehene Tagesordnungspunkt in zwei Minuten abgehandelt wurde, da von keiner Delegation über darin auftauchende Punkte eine Debatte angestrebt wurde, und dies trotz einer ausführlichen Dokumentation schwerster Menschenrechtsverletzungen - *Ermacora* ebd. Lediglich Verfahrensfragen wurden erörtert (*Hoare*, in: Luard (Hrsg.), The International Protection, S. 89), z.T. protestierten manche Delegationen auch ausdrücklich gegen diese „Kenntnisnahme" der Liste - *Humphrey*, RDH 4 (1971), S. 470.

Siehe auch die sehr persönliche Schilderung von *Volio Jiménez*, BulletinHR 90/1, S. 13f. Der regelmäßig verwendete Passus im Bericht der Kommission lautete: „The Commission took no action on this item of its agenda" - siehe z.B. CHR, Report on the 22nd session, E/4184, E/CN.4/916 (1966), Abs. 513; *Khol*, Zwischen Staat und Weltstaat, S. 138.

[122] *Humphrey*, Human Rights and the United Nations, S. 28.

[123] *Humphrey*, RDH 4 (1971), S. 470: „...the world's most elaborate waste-paper basket..."; ebenso ders., Human Rights and the United Nations, S. 28. Ähnlich deutlich *van Boven*, NILR 15 (1968), S. 381: „...spotlights the imperfection of international protection of human rights...".

§ 15. Das alte Verfahren nach Resolution 1503

Zu Beginn der sechziger Jahre waren Überlegungen zur Änderung des Verfahrens trotz anhaltender Kritik aus der Wissenschaft[1] offenbar verstummt. Einzelprobleme traten bei der Handhabung der Beschwerden durch das Sekretariat auf. Die vorgesehene Behandlung der Mitteilungen war oft schon deshalb nicht in jedem Falle problemlos durchführbar, weil die Verfasser regelmäßig keine Kenntnis von dem in Res. 728 F (XXVIII) vorgesehenen Verfahren hatten. Gerade die Weiterleitung der Beschwerde an diejenige Autorität, gegen die die Beschwerde erhoben war, mochte von vielen so nicht erwartet werden. Es kam deshalb die Frage auf, ob nicht die Verfasser über das Verfahren informiert und ihnen die Möglichkeit eröffnet werden solle, über die Weiterleitung an die Regierung selbst zu entscheiden[2]. Der Generalsekretär schlug dem ECOSOC daher vor, künftig (1.) in jedem Antwortschreiben gemäß Abs. 2 lit. d) Res. 728 F (XXVIII) die *No power*-Doktrin wiederzugeben, (2.) anzufragen, ob der Verfasser mit der Offenlegung seiner Identität und der Behandlung der Mitteilung im vertraulichen Verfahren einverstanden sei und (3.) diesen zu informieren, daß im Falle des Ausbleibens einer Antwort die Beschwerde weder in der vertraulichen Liste erscheine noch der jeweiligen Regierung zugeleitet werde[3]. Im ECOSOC wurden diese Vorschläge im wesentlichen gutgeheißen. Lediglich der dritte Punkt begegnete Bedenken[4].

Die Kommission diskutierte auf ihrer 18. Sitzung 1962 das aufgeworfene Problem, fand jedoch zu keiner einvernehmlichen Lösung und kam überein, die Frage auf der nächsten Sitzung zu behandeln[5]. Auf dieser wurde die Debatte jedoch, wie in den nachfolgenden Jahren, trotz verschiedener Vorschläge immer wieder vertagt[6]. Der Umstand, daß selbst eine derart technische Frage nicht einvernehmlich gelöst werden konnte, zeigt deutlich, daß die Frage der Behandlung der Beschwerden für die Mehrheit der Kommissionsmitglieder allenfalls von untergeordneter Bedeutung war.

---

[1] *Hoare*, in: Luard (Hrsg.), The International Protection, S. 88; *Schwelb*, in: Menschenrechte im Staatsrecht und im Völkerrecht, S. 273.

[2] Note by the Secretary-General, E/CN.4/819 (04.12.1961), Abs. 3.

[3] Note by the Secretary-General, E/3494 (11.05.1949), Abs. 7; *Zuijdwijk*, S. 13.

[4] Note by the Secretary-General, E/CN.4/819 (04.12.1961), Abs. 5.

[5] CHR, Report of the 18th Session, E/3616/Rev.1, E/CN.4/832/Rev.1 (1962), Abs. 291.

[6] CHR, Report of the 19th Session, E/3743, E/CN.4/857 (1963), Abs. 59; Report of the 20th Session, E/3873, E/CN.4/874 (1964), Abs. 374; *Zuijdwijk*, S. 13f.

I. Die Entwicklungen seit 1966

Zu einer Änderung dieser Einstellung kam es erst Mitte der sechziger Jahre. Ein Grund hierfür war die Änderung der Zusammensetzung der UNO in der Folge der Entkolonialisierung[7]. Dies führte u.a. zur Vergrößerung des ECOSOC 1961 auf 21 und 1967 auf 32 Mitglieder[8]. Außerdem wuchs die Bereitschaft der Staatengemeinschaft, internationale Beschwerdeinstanzen anzuerkennen. So hatte z.B. die UNESCO 1962 ein *Reconciliation and Good Offices Committee* eingesetzt, das sich mit Diskriminierung im Bildungsbereich beschäftigte[9]. 1965 war mit der Verabschiedung des Übereinkommens zur Beseitigung der Rassendiskriminierung (CERD)[10] erstmalig ein vertragliches Beschwerdeverfahren für Individuen in einem zur weltweiten Zeichnung aufgelegten Vertrag vereinbart worden[11]. Dem folgte kurze Zeit später der Bürgerrechtspakt mit dem Fakultativprotokoll[12]. Und generell wurden die Themen Entkolonialisierung[13] und Rassendiskriminierung von den Staaten der dritten Welt - unterstützt vom Ostblock - gerade auch in ihrer menschenrechtlichen Dimension zu einem immer bedeutsameren Gegenstand in der UNO gemacht[14]. Dies führte in der Generalversammlung 1961 zur Einsetzung des Sonderausschusses zur Umsetzung der Entkolonisierungsdeklaration, der auch zur Behandlung von Beschwerden und zur Anhörung von Petenten ermächtigt war[15].

---

[7] *Haas*, When klowledge is power, S. 113.

[8] *Alston,* Commission on Human Rights, in: ders. (Hrsg.), The United Nations and Human Rights, S. 143; vgl. auch *O'Donovan*, in: Alston (Hrsg.), The United Nations and Human Rights, S. 119, der zusätzlich auch ein wachsendes Bewußtsein für Menschenrechte in den westlichen Staaten erwähnt.

[9] *Cassin,* S. 27, der dies 1964 ausdrücklich als mögliches Vorbild für ein Verfahren zur Behandlung schwerer Menschenrechtsverletzungen ansieht. Siehe zum UNESCO-Verfahren insgesamt unten § 31.III.D., S. 545.

[10] Generalversammlung, Res. 2106 A (XX) vom 16.12.1965.

[11] *Alston,* Commission on Human Rights, in: ders. (Hrsg.), The United Nations and Human Rights, S. 143; *Tolley*, The U.N. Commission on Human Rights, S. 51.

[12] *Alston,* Commission on Human Rights, in: ders. (Hrsg.), The United Nations and Human Rights, S. 143.

[13] *Zuijdwijk,* S. 15; *Tolley*, HRQ 6 (1984), S. 426.

[14] *Alston,* Commission on Human Rights, in: ders. (Hrsg.), The United Nations and Human Rights, S. 143; *Rudolf,* S. 23; *Zuijdwijk,* S. 14.

[15] *Tolley*, The U.N. Commission on Human Rights, S. 53. Das *Special Committee on the Situation with Regard to the Implementation of the Declaration on the Granting of Independence to Colonial Countries and Peoples* (kurz: *Committee of 24*) wurde zur

Einen ersten Versuch, die MRK zur Teilnahme an diesem Prozeß zu bewegen, unternahm nicht ein Mitgliedstaat, sondern die ILO. Sie ersuchte die MRK um Diskussion und Dokumentation der Menschenrechtslage in Burundi[16]. Infolge einer Intervention des burundischen Beobachters zu Beginn der Sitzung, der der ILO die gemeinsame Erörterung der Situation offerierte, wurde diese Bitte später jedoch wieder zurückgezogen[17].

Das auslösende Ereignis in bezug auf die MRK war eine Entscheidung des Sonderausschusses für die Umsetzung der Entkolonialisierungsdeklaration. Bei der Erfüllung der ihm übertragenen Aufgabe hatte dieses Gremium die Situation in zahlreichen afrikanischen Gebieten untersucht und hierzu Beschwerden empfangen sowie Zeugen gehört[18]. In einer Resolution vom 18. Juni 1965 ersuchte der Sonderausschuß die mit Menschenrechten befaßten Haupt- und Nebenorgane der UNO sowie die Staatengemeinschaft um verschiedene Aktivitäten in dieser Hinsicht[19]. Unter anderem wendete sich der Sonderausschuß auch an die MRK und machte diese auf die von den Beschwerdeführern vorgetragenen Menschenrechtsverletzungen in portugiesischen Kolonialgebieten, in Südwestafrika/ Nami-

---

Umsetzung der genannten Deklaration über die Entkolonialisierung (Generalversammlung, Res. 1514 [XV] vom 14.12.1960) auf der folgenden Sitzung der Generalversammlung mit Res. 1654 (XVI) vom 27.11.1961 (Abs. 3) errichtet - *Schwelb/Alston*, in: Vasak (Hrsg.), The International Dimensions I, S. 236f.; *Gonzales*, NYU Journal of International Law & Politics 13 (1981), S. 444.

Der Ausschuß war Nachfolger der beiden Sonderausschüsse zu den Gebieten unter portugiesischer Verwaltung und zu Angola und setzte später auch die Arbeit des Ausschusses zur Information über Gebiete ohne Selbstverwaltung sowie des ebenfalls 1962 aufgelösten Sonderausschusses für Südwestafrika fort - *Zuijdwijk*, S. 207.

Siehe ausführlich zur Einsetzung: Report of the Special Committee..., A/5800/Rev.1 (1964-65), Abs. 1-6. Zur Tätigkeit dieses Ausschusses in bezug auf Individualbeschwerden auch noch unten § 31.III.B., S. 538.

16 *Tolley*, The U.N. Commission on Human Rights, S. 52; *Marie*, S. 238.

17 CHR, Report on the 22nd session, E/4184, E/CN.4/916 (1966), Abs. 13-15; *Hoare*, in: Luard (Hrsg.), The International Protection, S. 64; *Marie*, S. 238.

18 Siehe hierzu den umfänglichen Report of the Special Committee ..., A/6000/Rev.1 (1965).

19 Resolution adopted by the Special Committee ... at its 373rd meeting; in: Note by the Secretary-General, E/CN.4/898 (14.01.66), Annex; ursprünglich in: Report of the Special Committee ... (A/6000/Rev.1 [1965]), Chapter II, Abs. 463 (S. 58f.); *Gonzales*, NYU Journal of International Law & Politics 13 (1981), S. 444; *Zuijdwijk*, S. 15.

bia und in Südrhodesien aufmerksam[20]. In der Arbeit dieses Gremiums bzw. seiner Vorgänger war freilich - anders als in der MRK - die Beiziehung von Beschwerden Einzelner akzeptierte Praxis[21].

Die Bitte des Ausschusses wurde vom ECOSOC unter Bezugnahme auf zwei Resolutionen der Generalversammlung zu den genannten Gebieten unterstützt[22]. Der Rat ersuchte mit Res. 1102 (XL) die Kommission dringend, die Menschenrechtsverletzungen einschließlich Rassendiskriminierung und Apartheid unter besonderer Berücksichtigung der Lage in den Kolonien und abhängigen Gebieten zu diskutieren und ihm Vorschläge zu unterbreiten, wie diesen Einhalt geboten werden könne[23]. Der MRK lag somit auf ihrer folgenden Sitzung neben dem Brief des Sonderausschusses auch die entsprechende Resolution des Rates vor. Während sie im Rahmen des Tagesordnungspunktes „Mitteilungen betreffend Menschenrechtsverletzungen" keinerlei Aktivitäten entfaltete[24], kam es zu einer grundlegenden Auseinandersetzung bei der Debatte zur „Frage der Verletzung von Menschenrechten und Grundfreiheiten, u.a. durch eine Politik der Ras-

---

20 "*The Special Committee, ... 6. Draws the attention* of the Commission on Human Rights to the evidnce submitted by the petitioners respecting the violations of human rights committed in the Territories under Portugiese administration, in South West Africa and in Southern Rhodesia; ..." Resolution adopted by the Special Committee (a.a.O., Fn. 19), Abs. 6.

Vgl auch *Alston,* Commission on Human Rights, in: ders. (Hrsg.), The United Nations and Human Rights, S. 156; *Boekle*, NQHR 13 (1995), S. 377; *van Boven*, Bulletin of Peace Proposals 8 (1977), S. 200; *Eide*, in: Alston (Hrsg.), The United Nations and Human Rights, S. 249; *Sohn*, Int'l. Studies Quarterly 23 (1979), S. 202; *Schwelb*, VN 1972, S. 81; *van Boven*, NILR 15 (1968), S. 382.

Der Vorsitzende des Sonderausschusses setzte die Kommission von dieser Entscheidung und ihrem Inhalt in einem Brief vom 21.07.1965 in Kenntnis (wiedergegeben in: Note by the Secretary-General, E/CN.4/898 [14.01.1966]).

21 *Alston,* Commission on Human Rights, in: ders. (Hrsg.), The United Nations and Human Rights, S. 143f.; *Zuijdwijk,* S. 15.

22 Hierbei handelte es sich um Res. 2022 (XX) vom 05.11.1965 betreffend Südrhodesien und um Res. 2074 (XX) vom 17.12.1965 betreffend Südwestafrika, in denen Menschenrechtsverletzungen wie Rassendiskriminierung, -trennung und Apartheid verurteilt und als Verbrechen gegen die Menschlichkeit eingestuft werden.

23 ECOSOC-Res. 1102 (XL) vom 04.03.1966, in: E/4176 S. 6; *Alston,* Commission on Human Rights, in: ders. (Hrsg.), The United Nations and Human Rights, S. 144; *Boekle*, NQHR 13 (1995), S. 377; *Hoare*, in: Luard (Hrsg.), The International Protection, S. 64; *Schwelb*, VN 1972, S. 126; *Tolley*, HRQ 6 (1984), S. 426; *van Boven*, NILR 15 (1968), S. 382; *Zuijdwijk,* S. 15.

24 CHR, Report on the 22nd session, E/4184; E/CN.4/916 (1966), Abs. 513.

sendiskriminierung und -trennung sowie der Apartheid, gleichgültig in welchem Land, unter besonderer Berücksichtigung kolonialer und sonstiger abhängiger Gebiete“[25]. Dieser Tagesordnungspunkt war noch am 14. März, also erst nach Beginn der Sitzung, entsprechend der nur zehn Tage zuvor vom Rat verabschiedeten Res. 1102 (XL) eingeführt worden[26]. Allerdings war sein sachlicher und geographischer Anwendungsbereich Gegenstand heftiger Auseinandersetzungen. Während vor allem die Entwicklungsländer und der Ostblock unter Hinweis auf die Entstehungsgeschichte der Res. 1102 (XL) die Aktivitäten der MRK auf abhängige Gebiete und Fälle von Rassendiskriminierung bzw. Apartheid beschränken wollten, propagierten die westlichen Staaten entsprechend dem ausdrücklichen Wortlaut in der Ratsresolution eine örtlich und sachlich allumfassende Zuständigkeit *„...in all countries...“*[27]. Eine zur Lösung dieser grundlegenden Fragestellung eingesetzte sitzungsbegleitende Arbeitsgruppe unter dem Vorsitz Indiens legte daraufhin einen Entwurf mit zahlreichen Klammervorschlägen vor[28]. Auf dessen Grundlage verabschiedete die Kommission unter Übernahme des von westlicher Seite vertretenen umfassenden Ansatzes[29] am 25. März 1966

---

[25] Question of violations of human rights and fundamental freedoms, including policies of racial discrimination and segregation and of apartheid, in all countries, with particular reference to colonial and other dependent countries and territories - Deutsche Übersetzung nach *von Mangoldt/Rittberger*, S. 1571.

[26] Report on the 22nd session (a.a.O., Fn. 24), Abs. 164.

[27] Report on the 22nd session (a.a.O., Fn. 24), Abs. 174-184; *van Boven*, NILR 15 (1968), S. 382; *Zuijdwijk*, S. 16f.

Bereits bei der Verabschiedung der Resolution 1102 (XL) im ECOSOC war der Einfügung dieser ergänzenden Worte eine heftige Auseinandersetzung vorausgegangen: der ursprüngliche Resolutionsentwurf von Algerien, Kamerun, Tansania und der Sowjetunion hatte eine Beschränkung auf die Menschenrechtsverletzungen in Kolonien und anderen abhängigen Gebieten vorgesehen - Algeria,...: draft resolution, E/L.1111 (02.03.1966), Abs. 1; *Zuijdwijk*, S. 15.

Die Auseinandersetzung hatte sich schließlich auf die Beibehaltung oder Streichung eines einzigen Kommas vor der entsprechenden Formulierung zugespitzt, hätte doch die Fassung ohne dies praktisch die von den Entwicklungsländern und dem Osten angestrebte Einschränkung bedeutet („ violation of human rights and fundamental rights, including policies of racial discrimination and segregation and of *apartheid* [,] in all countries“) - *Carey*, AJIL 77 (1983), S. 925.

[28] Report on the 22nd session (a.a.O., Fn. 24), Abs. 186f.

[29] Der ursprüngliche Resolutionsentwurf der Sowjetunion hatte auch hier wieder nur Menschenrechtsverletzungen in Kolonien und abhängigen Gebieten zum Gegenstand - Union of Soviet Socialist Republics: draft resolution E/CN.4/L.818 (21.03.1966); *Zuijdwijk*, S. 16.

Res. 2 (XXII)[30]. Deren Teil A enthielt eine Verurteilung der Menschenrechtsverletzungen „wo immer sie geschehen“ („*wherever they may occur*“ - Abs. 1) und den Aufruf an die Unterkommission, sämtliches relevantes Material - Sitzungsberichte, Entscheidungen und sonstige Informationen, die der Kommission zur Verfügung stehen, einschließlich der erwähnten Resolution des Entkolonialisierungsausschusses - zu prüfen und der Kommission Empfehlungen zu unterbreiten (Abs. 5, 3 lit. [d]). In Teil B der Resolution äußerte die MRK zudem die Ansicht, daß es für die weitere Erfüllung ihrer Aufgaben, besonders für die Erteilung von Empfehlungen, erforderlich sei, ohne Einschränkung über Mittel und Wege nachzudenken, wie sie umfassend über Menschenrechtsverletzungen informiert werden könne (Abs. 1). Diese Aussage, die noch durch die Feststellung ergänzt wird, daß sowohl die vorhandenen Materialien und die zur Verfügung stehende Zeit als auch das anwendbare Verfahren unzureichend für eine effektive Erfüllung der mit Res. 1102 (XL) gestellten Aufgabe seien[31], enthält implizit deutliche Kritik am Verfahren nach Res. 75 (V) bzw. 728 F (XXVIII)[32].

Der ECOSOC bestätigte dies noch im gleichen Jahr mit Res. 1164 (XLI)[33]. Er stimmte mit der MRK überein, daß sämtliche Mittel und Wege zum Erhalt zusätzlicher Informationen über Menschenrechtsverletzungen erörtert werden müßten, damit angemessene Maßnahmen zur Reaktion hierauf eingeleitet werden könnten (Abs. 4). Zugleich legte er der Generalversammlung einen Resolutionsentwurf vor, in dem u.a. der Rat und die Kommission beauftragt werden sollen, vordringlich die Frage zu erörtern, wie die Fähigkeit der UNO gestärkt werden kann, schwere Menschenrechtsverletzungen zu unterbinden (Abs. 5).

Im Oktober des gleichen Jahres verabschiedete die Generalversammlung Res. 2144 (XXI)[34], in der sie mit ihrer neuen Mehrheit von Staaten der dritten Welt[35] den ECOSOC und die MRK entsprechend ersuchte, Mittel und Wege zu erörtern, um Verletzungen von Menschenrechten auf der ganzen Welt zu unter-

---

[30] Res. 2 (XXII), in: Report on the 22nd session (a.a.O., Fn. 24), Abs. 222; *Boekle*, NQHR 13 (1995), S. 379 mit Anm. 45; *Zuijdwijk*, S. 16.

[31] Abs. VI. Präambel der Res. 2 (XXII) in: Report on the 22nd session (a.a.O., Fn. 24), Abs. 222.

[32] So auch - unter Hinweis auf die Diskussion - *Schwelb*, Journal of the Israel Institute for the Study of International Affairs 13 (1974), S. 127; siehe auch *Zuijdwijk*, S. 16.

[33] ECOSOC, Res. 1164 (XLI) vom 05.08.1966, E/4264, S. 26, insoweit Abs. 3; *Boekle*, NQHR 13 (1995), S. 379; *Zuijdwijk*, S. 17.

[34] Generalversammlung, Res. 2144 (XXI) vom 26.10.1966.

[35] *Boekle*, NQHR 13 (1995), S. 377.

binden[36]. In dieser Resolution sahen zahlreiche Beobachter und Delegierte den eigentlichen Wendepunkt im Selbstverständnis der UN, sich fortan mit schwerwiegenden Menschenrechtsverletzungen zu befassen und angemessene Maßnahmen zu deren Unterbindung zu ergreifen[37]. Es war dem Westen somit gelungen, den Grundstein für umfassende Aktivitäten der UN zur Umsetzung der Menschenrechte zu legen - und zwar entgegen der in bezug auf Menschenrechte sehr restriktiven Intention der sozialistischen Staaten, die die Frage der Entkolonialisierung erst auf die Tagesordnung der Generalversammlung gebracht hatten[38].

In der anschließenden 19. Sitzung der Unterkommission im Januar 1967 kam es erneut zu einer Auseinandersetzung über die Reichweite des Mandats in geographischer Hinsicht. In der letztlich verabschiedeten Res. 5 (XIX) erbat die Unterkommission zunächst vom Generalsekretär eine Übersicht über alle Petitionen, die dem Sonderausschuß für Entkolonialisierung zur Verfügung standen - mithin nur solche betreffend Kolonien und ähnliche Gebiete (Abs. 3)[39]. Gleichermaßen wurde der MRK empfohlen, eine angemessene Methode zum Sammeln und Auswerten von Informationen zu Menschenrechtsverletzungen in *allen* Ländern zu entwickeln - unter besonderer Berücksichtigung von Kolonien und abhängigen Gebieten sowie mit besonderer Betonung von Rassendiskriminierung und Apartheid. Hinsichtlich der Behandlung der Mitteilungen konnte man sich allerdings nicht einigen. Etliche Mitglieder äußerten ihre Unzufriedenheit über das bestehende Verfahren. Der amerikanische Experte *Ferguson* legte in diesem Zusammenhang einen Resolutionsentwurf vor, in dem die MRK aufgefordert werden sollte, das gesamte Verfahren gemäß ECOSOC-Res. 728 F (XXVIII) zu überprüfen und dem Rat Änderungsvorschläge zu unterbreiten[40]. Die Behandlung dieser Frage wurde infolge zu großer Meinungsverschiedenheiten auf die nächste Sitzung vertagt[41]. Allerdings einigte man sich darauf, den Entwurf ohne Bestäti-

---

[36] *Humphrey*, RDH 4 (1971), S. 470; *Schwelb*, VN 1972, S. 82; *Tolley*, HRQ 6 (1984), S. 427; *Zuijdwijk*, S. 17.

[37] *Carey*, UN Protection, S. 85. Siehe auch *van Boven*, NILR 15 (1968), S. 383, sowie ausdrücklich den philippinischen Delegierten im ECOSOC, Summary record of the 567th session [22.05.1967], E/AC.7/SR.567 (01.08.1967), S. 11; ähnlich auch der Vertreter Großbritanniens, ebd. S. 8.

[38] *Gonzales*, NYU Journal of International Law & Politics 13 (1981), S. 443.

[39] Res. 5 (XIX) der Unterkommission, in: Report of the 19th Session of the Sub-Commission ..., E/CN.4/930, E/CN.4/Sub.2/274 (27.01.1967), Abs. 297.

[40] *Zuijdwijk*, S. 17; *Tolley*, The U.N. Commission on Human Rights, S. 53; Mr. Ferguson: Draft resolution, E/CN.4/Sub.2/L.456 (16.01.1967) and Corr.1.

[41] Report of the 19th Session of Sub-Commission ... (a.a.O., Fn. 39) Abs. 321, 323, 325.

gung oder Ablehnung als Illustration eines möglichen Verfahrens an die Kommission weiterzuleiten (Abs. 6, Res. 5 [XIX] der Unterkommission).

II. Resolution 1235

Auf ihrer (23.) Sitzung im Jahre 1967 - die Anzahl ihrer Mitglieder und damit der Einfluß der Staaten aus der dritten Welt war vergrößert worden[42] - behandelte die Kommission zunächst in Reaktion auf ein Schreiben des amtierenden Vorsitzenden des Sonderausschusses der Generalversammlung zur *Apartheid* in Südafrika[43] vom 3. Februar des Jahres und unter einem gesonderten Tagesordnungspunkt[44] die behaupteten Mißhandlungen und Folterungen politischer Gefangener in Polizeigewahrsam in Südafrika. Zur Untersuchung dieser Vorwürfe beschloß die Kommission - entsprechend einem Vorschlag von zwölf afrikanischen und asiatischen Staaten[45] - unter ausdrücklicher Berufung auf ihre Zuständigkeit nach ECOSOC- Res. 9 (II), eine *Ad hoc*-Arbeitsgruppe aus Experten einzusetzen[46]. Diese sollte gemäß Abs. 3 MRK-Res. 2 (XXIII) die vorgetragenen Be-

---

[42] *Bartolomei,* S. 58f.; *Marie,* S. 238; Gemäß ECOSOC-Res. 1147 (XLI) vom 04.08.1966 (in: E/4264, S. 37f.), Abs. 1, wurde die Mitgliederzahl der Kommission auf 32 erweitert. Damit waren nun insgesamt acht afrikanische und jeweils sechs asiatische bzw. lateinamerikanische Mitglieder in der Kommission vertreten. Siehe hierzu auch oben § 5.I.A., S. 48.

[43] Der Sonderausschuß war von der Generalversammlung mit Res. 1761 (XVII) vom 06.11.1962 (Abs. 5) eingesetzt worden. Siehe hierzu noch § 31.III.B., S. 538.

[44] Agenda item IV. Communication dated 3 February from the acting Chairman of the General Assembly's Special Committeee on the Policies of Apartheid of the Government of the Republic of South Africa - CHR, Report on the 23rd Session, E/4322, E/CN.4/949 (1967), Abs. 186-229.

[45] Report on the 23rd Session (a.a.O., Fn. 44), Abs. 195.

[46] MRK, Res. 2 (XXIII) vom 06.03.1967, in: Report on the 23rd Session (a.a.O., Fn. 44), Abs. 268. *Schwelb/Alston*, in: Vasak (Hrsg.), The International Dimensions I, S. 289; *van Boven*, NILR 15 (1968), S. 384; *Ermacora*, RDH 1 (1968), S. 188; *Carey*, RDH 1 (1968), S. 531; *Marie,* S. 239f.

Die Frage, ob die Kommission überhaupt befugt sei, derart vorzugehen, wurde ausführlich diskutiert, insbesondere, inwieweit Res. 9 (II) solches mit abdecke und ob hierzu die Bestätigung des ECOSOC oder zumindest seines Präsidenten erforderlich sei - Report on the 23rd Session (ebd.), Abs. 220ff.; *Schwelb/Alston*, in: Vasak (Hrsg.), The International Dimensions I, S. 289f.; *Carey*, RDH 1 (1968), S. 534 mit Anm. 14A (vgl. zu ECOSOC-Res. 9 [II] oben § 9.I., S. 111 bei Fn. 16, und in diesem Zusammenhang *Ermacora*, RDH 1 [1968], S. 189; *Marie,* S. 245). Auch im ECOSOC selbst wurden Zweifel an der Rechtmäßigket dieses Vorgehens geäußert, dies aber im Ergebnis mit Res. 1236 (XLII) vom 06.06.1967, in: E/4393 (1967), S. 18, bestätigt - *Schwelb/Alston*, in: Vasak (Hrsg.), The International Dimensions I, S. 190.

hauptungen untersuchen und der Kommission darüber berichten. Sie war u.a. ausdrücklich ermächtigt, Beschwerden zu empfangen und Zeugen zu hören (Abs. 3 lit. [b])[47]. Die Behandlung der allgemeinen Situation in Südafrika wurde aber auch im Rahmen des allgemeinen Tagesordnungspunktes zur Lage der Menschenrechte fortgeführt. In der hierzu verabschiedeten Resolution wurden neben anderem einerseits die groben Menschenrechtsverletzungen in Südrhodesien, Südwestafrika, Mosambik, Angola, Guinea Bissau und Südafrika verurteilt (Abs. 4), andererseits kam es zu einer förmlichen, wenn auch nicht namentlichen Verurteilung der Staaten, die weiterhin wirtschaftliche und militärische Beziehungen mit Südafrika aufrecht erhielten (Abs. 6)[48].

Unabhängig von diesen konkreten Ereignissen befaßte sich die Kommission generell mit der Frage der effektiven Reaktion auf Menschenrechtsverletzungen. Hierzu setzte sie unter anderem eine Arbeitsgruppe ein, die die mögliche Errichtung von (weiteren) regionalen Menschenrechtskommissionen untersuchen sollte[49]. Außerdem wurde der ECOSOC - im Ergebnis fruchtlos - aufgefordert, eine Ergänzung der Zuständigkeit der MRK zu beschließen, die ausdrücklich die Reaktion auf Menschenrechtsverletzungen umfaßte[50]. Dies war aber angesichts der ohnehin weiten Zuständigkeitsbestimmung in lit. e) gar nicht erforderlich[51]. Notwendig war vielmehr eine Aufhebung der *No power*-Doktrin[52].

---

[47] Entsprechend verfuhr die Expertenguppe auch bei ihren Untersuchungen und Anhörungen. Eine der Gruppe vorliegende vertraulichen Studie des IKRK über die Situation in südafrikanischen Gefängnissen wurde nicht in den Bericht aufgenommen, sondern kritisch reflektiert - zum Ganzen *Carey*, RDH 1 (1968), S. 535-538 .

[48] MRK, Res. 5 (XXIII) vom 16.03.1967, in: Report on the 23rd Session (a.a.O., Fn. 44), Abs. 350. *Boekle*, NQHR 13 (1995), S. 379.

[49] MRK, Res. 6 (XXIII) vom 16.03.1967, in: Report on the 23rd Session (a.a.O., Fn. 44), Abs. 368; *Humphrey*, ILA Report 53 (1968), S. 455. Zu den Ergebnissen siehe im Überblick *Fareed*, S. 229, sowie den Report of the *Ad hoc* Study Group, E/CN.4/966 (26.01.1968).

[50] MRK, Res. 9 (XXIII) vom 16.03.1967, in: Report on the 23rd Session (a.a.O., Fn. 44), Abs. 404. *Schwelb*, Journal of the Israel Institute for the Study of International Affairs 13 (1974), S. 127; *Humphrey*, ILA Report 53 (1968), S. 455.

[51] *Schwelb*, Journal of the Israel Institute for the Study of International Affairs 13 (1974), S. 127. Nach *Zuijdwijk*, S. 19, wollte die Kommission mit diesem Schritt nur Zweifel an der Vereinbarkeit der neuen Maßnahmen mit der Befugnisnorm ausräumen. Zur allumfassenden Zuständigkeitsnorm von Res. 9 (II) des ECOSOC oben § 9.I., S. 111, bei Fn. 16.

[52] *Schwelb*, Journal of the Israel Institute for the Study of International Affairs 13 (1974), S. 127f.

Wenn auch nicht ausdrücklich, so doch jedenfalls in seiner Auswirkung, wurde auch dieser Punkt auf der Sitzung erörtert. Ausgangspunkt hierfür war die schon im Vorjahr festgestellte und vom ECOSOC anerkannte Unzufriedenheit über die existierenden Verfahren und Informationsquellen[53]. Es war auch weitgehende Unterstützung für den Vorschlag vorhanden, daß die Unterkommission einen Bericht über Menschenrechtsverletzungen erstellen solle[54]. Doch insbesondere zwei Fragen blieben diesbezüglich in der Kommission zu klären, nämlich der thematische Umfang des Mandats für ein solches neues Verfahren und die genau zu benutzenden Informationsquellen[55]. Zur Lösung der erstgenannten Fragestellung einigte man sich auf die Übernahme der bereits in Res. 1102 (XL) des ECOSOC gebrauchten Formulierung, die zwar Apartheid und Rassendiskriminierung ausdrücklich erwähnt, aber diese Verletzungen nur als Beispiel benennt. Hinsichtlich des zweiten Streitpunktes enthielt der von verschiedenen Entwicklungsländern und Schweden eingebrachte Entwurf in Abs. 2 eine Aufzählung der zu verwendenden Informationen „aus sämtlichen Quellen" der UNO (insbesondere freiwillige Staatenberichte[56], Dokumente des Sekretariats und der Sonderausschüsse der Generalversammlung[57], Berichte und Dokumente von Internationalen Organisationen und NGO, Stellungnahmen von Regierungen sowie Werke anerkannter Wissenschaftler), außerdem auch die Ermächtigung, daß die Kommission die in der vertraulichen Liste mit den Mitteilungen enthaltenen Informationen auswerten dürfe (Abs. 4). Schließlich sollte auch der Unterkommission das Recht zukommen, relevante Fälle schwerer Menschenrechtsverletzungen der Kommission vorzutragen (Abs. 6)[58]. Seitens des ukrainischen Mitglieds war vorgeschlagen worden, daß nur „offizielle" Quellen benutzt werden sollten und die Indivdualbeschwerden gar nicht erwähnt werden sollten[59]. Im Ergebnis entschied

---

[53] Siehe oben bei Fn. 32, 33.

[54] Report on the 23rd Session (a.a.O., Fn. 44), Abs. 327.

[55] Report on the 23rd Session (a.a.O., Fn. 44), Abs. 327. *Möller*, Universal Human Rights 1 (1979), S. 60f.; *Humphrey*, RDH 4 (1971), S. 471; *Hoare*, in: Luard (Hrsg.), The International Protection, S. 65.

[56] Siehe hierzu oben § 10.III.B., S. 129.

[57] Siehe hierzu oben § 8.II.A., S. 101.

[58] Costa Rica, Dahomey, Philippines, Senegal, Sweden: Draft resolution, E/CN.4/L.911 (07.03.1967). Dieser Entwurf enthielt zugleich als Abs. 7 auch einen Resolutionsvorschlag an den ECOSOC, der allerdings in einem revidierten Entwurf (E/CN.4/L.911/Rev.1 [15.03.1967]) nicht mehr enthalten ist.

[59] Ukrainian SSR: Amendments to the draft resolution..., E/CN.4/L.942 (16.03.1967), Abs. 1; vgl. auch Report on the 23rd Session (a.a.O., Fn. 44), Abs. 381, 384.

man sich jedoch gegen eine enumerative Aufzählung und einigte sich auf die Verwendung aller vorhandenen Quellen[60]. Ausdrücklich erwähnt wurden aber die in der gemäß Res. 728 F (XXVIII) erstellten Liste enthaltenen Zusammenfassungen der Beschwerden. Entsprechend verabschiedete die Kommission dann am 16.03.1967 Res. 8 (XXIII)[61]. Darin war zunächst die Einführung eines neuen ständigen Tagesordnungspunktes „Menschenrechtsverletzungen in allen Ländern" enthalten (Abs. 1). Außerdem sollte die Unterkommission einen jährlichen Bericht über Menschenrechtsverletzungen anhand von Informationen „aus allen verfügbaren Quellen" erstellen (Abs. 2) und in den Fällen, in denen nach ihrer Ansicht ein Gesamtzusammenhang (*consistent pattern*) von Menschenrechtsverletzungen gegeben ist, die Kommission darauf aufmerksam machen (Abs. 6). Inspirationsquelle für diese Bestimmung war der von der Unterkommission weitergeleitete Resolutionsentwurf des Amerikaners *Ferguson*, dessen Wortlaut sich hier wiederfindet[62]. Schließlich ersuchte die Kommission den Rat um Ermächtigung, die in den vertraulichen, gemäß Res. 728 F (XXVIII) erstellten Listen enthalten Informationen prüfen (Abs. 4) und in entsprechenden Fällen eine „eingehende Studie und Untersuchung" durchführen zu dürfen und hierüber dem Rat mit Empfehlungen zu berichten (Abs. 5)[63].

In Reaktion auf diese Entschließung der Kommission verabschiedete der ECOSOC auf seiner nächsten Sitzung Res. 1235 (XLII)[64] und läutete damit das Ende der Inaktivität der Kommission hinsichtlich der Reaktion auf Menschenrechtsverletzungen ein. Der Resolutionstext enthielt im wesentlichen drei Aussagen. Zunächst wurde die Einführung des neuen Tagesordnungspunktes der MRK betreffend Menschenrechtsverletzungen bestätigt (Abs. 1), sodann wurden Kommission und Unterkommission ermächtigt, Informationen über grobe Verletzungen der Menschenrechte zu untersuchen, die aus den aufgelisteten Zusammenfassungen der Beschwerden hervorgingen (Abs. 2). Schließlich sollte die MRK im Ergebnis der Prüfung jener Informationen die Durchführung einer eingehenden Studie beschließen können, darüber gegebenenfalls dem ECOSOC Bericht erstatten sowie Empfehlungen vorlegen können (Abs. 3). Nicht aus Res. 8 (XXIII)

---

[60] *Möller*, Universal Human Rights 1 (1979), S. 60f.

[61] MRK, Res. 8 (XXIII) vom 16.03.1967, in: Report on the 23rd Session (a.a.O., Fn. 44), Abs. 394; siehe Anhang 2, S. 680. Hierzu allgemein auch *Zuijdwijk*, S. 18f.

[62] Siehe auch *Tolley*, HRQ 6 (1984), S. 428; *Zuijdwijk*, S. 19.

[63] *Ermacora*, RDH 7 (1974), S. 672f.; *Ize-Charrin*, 1503: A Serious Procedure, S. 1; *M. Nowak*, NYIL 22 (1991), S. 56.

[64] ECOSOC, Res. 1235 (XLII), in E/4393 (1967), S. 17. *Ermacora*, RDH 7 (1974), S. 673; *Zuijdwijk*, S. 19f.

übernommen wurde der Vorschlag, daß die Kommission auch zur Durchführung von Untersuchungen (*investigation*) berechtigt sei, lediglich Studien sollten von ihr initiiert werden können[65]. Es war also vom Grundsatz her die Möglichkeit zur Handhabung der Beschwerden und einer weitgehenden Befassung mit diesen gegeben. Die lange bekämpfte *No power*-Doktrin war damit, wenn auch beschränkt auf Fälle eines „Gesamtzusammenhangs", wenigstens partiell aufgehoben[66].

Gleichwohl war damit noch kein Individualbeschwerdeverfahren im eigentlichen Sinne geschaffen worden, das sich meritorisch mit den vorgetragenen Einzelfällen befaßte[67]. Res. 1235 (XLII) war vielmehr ein Kompromiß in der Auseinandersetzung zwischen zwei Lagern, die seit dem Aufkommen des neuen Bewußtseins für die Menschenrechte Mitte der sechziger Jahre geführt wurde. Einerseits wurde die Idee eines internationalen Überwachungsmechanismus in erster Linie von der neuen unabhängigen Staaten der später sogenannten dritten Welt mit partieller Unterstützung des sozialistischen Lagers[68] verfolgt, damit ihnen eine weitere Waffe im Kampf gegen Kolonialismus und Rassendiskriminierung zur Verfügung stünde[69]. Die westlichen Länder hingegen, die gerade von

---

[65] *Rudolf*, S. 24; *Tolley*, The U.N. Commission on Human Rights, S. 58; *van Boven*, NILR 15 (1968), S. 385. Die Zurückweisung dieses Ersuchens beruhte auf einer Initiative Großbritanniens, der Philippinen und Tansanias - *Tolley*, HRQ 6 (1984), S. 428.

[66] *Alston*, Commission on Human Rights, in: ders. (Hrsg.), The United Nations and Human Rights, S. 155; *Schwelb*, Journal of the Israel Institute for the Study of International Affairs 13 (1974), S. 128; *Zuijdwijk*, S. 20. Insofern spricht auch nicht die Tatsache gegen eine solche Aufhebung, daß Res. 728 F (XXVIII) und die dortige Formulierung der *No Power*-Regel nie ausdrücklich aufgehoben wurde, da doch insoweit der allgemeine Tenor und die spezifischen Bestimmungen der Res. 1235 (XLII) insoweit die frühere verdrängen - *Möller*, Universal Human Rights 1 (1979), S. 63; *Tardu*, Santa Clara Law Rev. 20 (1980), S. 560f. Denn es war ja durch die nunmehr zugelassene Nutzung der Beschwerden für die Feststellung eines „Gesamtzusammenhangs grober Menschenrechtsverletzungen" implizit die Feststellung aufgehoben worden, daß die Kommission insofern „keine Befugnis zu irgendeiner Handlung" habe - *Noll-Wagenfeld*, VN 1977, S. 182.

Freilich läßt sich auch - mit gleicher Berechtigung - sagen, daß diese Regel noch in Kraft sei (so *Sohn*, Int'l. Studies Quarterly 23 (1979), S. 202), wenngleich ihr Anwendungsbereich in Fällen systematischer und grober Menschenrechtsverletzungen eingeschränkt sei - *Buergenthal*, International Human Rights, S. 88.

[67] *Boekle*, NQHR 13 (1995), S. 373.

[68] Insbesondere für die Sowjetunion bot ein solches Verfahren trotz grundsätzlicher Ablehnung als Chance, rechtsgerichtete Diktaturen zu kritisieren und den Westen politisch zu diskreditieren - *Guest*, S. 439.

[69] *Bartolomei*, S. 62f.; *Tolley*, The U.N. Commission on Human Rights, S. 55.

einer solchen einseitigen Ausrichtung eines internationalen Schutzsystems betroffen waren, strebten daher eine deutliche Trennung beider Komplexe an. Die Auseinandersetzung resultierte in einem Kompromiß: es wurde ein Schutz- bzw. Reaktionsmechanismus eingeführt, der sich allerdings nicht nur auf die o.g. Gebiete beschränkte, sondern weltweit eingreifen sollte[70].

III. Die weitere Entwicklung bis zur Verabschiedung von Resolution 1503

A. Die Anwendung von Resolution 1235 in der Unterkommission

Nach Verabschiedung dieser neuen Resolution kam es auf der unmittelbar folgenden Sitzung der Unterkommission im November 1967 zum Streit, ob man nunmehr die gemäß Res. 728 F (XXVIII) verteilte Liste mit den Zusammenfassungen der Individualbeschwerden nutzen könne[71]. Im Ergebnis setzten sich die Befürworter einer Verwendung der Beschwerden durch und es kam zum ersten Mal zu einer substantiellen Verwertung der eingegangenen Petitionen[72]. Die letztendlich verabschiedete Res. 3 (XX) nimmt in ihren Erwägungsgründen ausdrücklich die einzelnen Mitteilungen und die darin enthaltenen Informationen in bezug[73], verweist in Abs. 1 auf die anhaltenden schweren Menschenrechtsverletzungen in sechs afrikanischen Gebieten (Südafrika, Namibia, Südrhodesien sowie den portugiesischen Kolonien) und lenkt die Aufmerksamkeit der Kommission auf zwei weitere besonders hervorstechende Fälle von Situationen, die einen Gesamtzusammenhang grober Menschenrechtsverletzungen aufzuweisen scheinen: die Situation in Griechenland nach dem Staatsstreich sowie die Behandlung politischer Gefangener in Haiti (Abs. 2). Diese Situationen sollten - so die Empfehlung des Gremiums in Abs. 3 - durch einen Expertenausschuß untersucht werden[74]. In einem Anhang zu dieser Resolution waren die verwendeten Informationsquellen aufgeführt, wobei hinsichtlich der beiden letztgenannten Fälle unter Berufung auf Res. 1235 (XLII) allein auf die Mitteilungen aus der vertraulichen Liste gemäß Res. 728 F (XXVIII) und - im Falle Griechenlands - die Stellung-

---

[70] *Bartolomei,* S. 63.

[71] Report of the 20th Session of the Sub-Commission on Prevention of Discriminations and Protection of Minorities (1967), E/CN.4/947, E/CN.4/Sub.2/286 (04.12.1967) S. 32f. Abs. 83ff.

[72] *Humphrey*, ILA Report 53 (1968), S. 456.

[73] Report of the 20th Session (a.a.O., Fn. 71), Abs. 95; *Boekle*, NQHR 13 (1995), S. 379; *Carey*, UN Protection, S. 86f.; *Eide*, in: Alston (Hrsg.), The United Nations and Human Rights, S. 224; *Humphrey*, RDH 4 (1971), S. 471.

[74] Res. 3 (XX) der Unterkommission in: Report of the 20th Session (a.a.O., Fn. 71), Abs. 95; *Humphrey*, ILA Report 53 (1968), S. 456.

nahme der Regierung zurückgegriffen worden war[75]. Damit waren in Abkehr von der *No power*-Doktrin zum ersten Mal eingegangene Beschwerden für ein Vorgehen gegen Menschenrechtsverletzungen herangezogen worden.

B. Die 24. Sitzung der Kommission

Auf der folgenden Sitzung der Kommission (im Frühjahr 1968) kam es daraufhin zu heftigen Auseinandersetzungen über den Bericht der Unterkommission, insoweit er die Verhältnisse in Griechenland und Haiti betraf. Der Vertreter der griechischen Regierung wie auch der Sondergesandte Haitis verwahrten sich unter Berufung auf Art. 2 Ziff. 7 UN-Charta gegen jegliche Untersuchung und Erörterung ihres jeweiligen Landes durch die Kommission[76]. Von seiten der Entwicklungsländer wurde der Vorwurf geäußert, der Verweis auf diese Situationen würde von den schwerwiegenden Menschenrechtsverstößen in Südafrika ablenken[77]. Es sei sicherzustellen, daß die Situationen wirklich mit der in Südafrika vergleichbar sei, was hier nicht der Fall sei[78]. Zudem seien die von der Unterkommission genutzten Informationen - also die Beschwerden - unzureichend[79]. Das Gremium habe insofern seine Befugnisse überschritten[80]. Erneut wurde auch

[75] Res. 3 (XX) der Unterkommission, Annex: Report containing information on violations of human rights and fundamental freedoms from all available sources. in: Report of the 20th Session (a.a.O., Fn. 71), Abs. 95. Zum Ganzen auch *Carey*, UN Protection, S. 87; *Humphrey*, RDH 4 (1971), S. 471f. Dieser Anhang war erst auf Initiative des amerikanischen Experten *Carey* als Ergänzung zum Resolutionsentwurf *Humphreys* angefügt worden, um den Abschied von der *No power*-Doktrin deutlich zu machen - *Gonzales*, NYU Journal of International Law & Politics 13 (1981), S. 452f.

[76] CHR, Report on the 24th session, E/4475, E/CN.4/972 (1968), Abs. 160ff., 169; *Zuijdwijk*, S. 21f. Aber auch der tansanianische Repräsentant widersprach der Feststellung der Unterkommission im Hinblick auf die beiden Situationen - CHR, Summary record of the 968th meeting [23.02.1968], E/CN.4/SR.942-968 (01.05.1968), S. 293; *Zuijdwijk*, S. 22.

[77] CHR, Summary record of the 968th meeting [23.02.1968], E/CN.4/SR.942-968 (01.05.1968), S. 292f. (Tansania); Report on the 24th session, (a.a.O., Fn. 76), Abs. 174. Entsprechend hatte die Delegation Tansanias in einem ersten Resolutionsentwurf die ausdrückliche Zurückweisung dieser Feststellungen vorgesehen (siehe ebd., Abs. 146); *Bartolomei*, S. 63f.; *Boekle*, NQHR 13 (1995), S. 379 Fn. 48; *Humphrey*, RDH 4 (1971), S. 472.

[78] *van Boven*, NILR 15 (1968), S. 388; CHR, Summary record of the 968th meeting [23.02.1968], E/CN.4/SR.942-968 (01.05.1968), S. 293 (Tansania).

[79] Report on the 24th session, (a.a.O., Fn. 76), Abs. 174; *Bartolomei*, S. 65; *Boekle*, NQHR 13 (1995), S. 379 Fn. 48.

[80] CHR, Summary record of the 968th meeting [23.02.1968], E/CN.4/SR.942-968 (01.05.1968), S. 292f. (Tansania).

der Anwendungsbereich der Resolution diskutiert, ob dieser auf Apartheid und Rassendiskriminierung beschränkt sei, oder sich auch auf sonstige Fälle systematischer und grober Menschenrechtsverletzungen auf der ganzen Welt erstrecke[81]. Die ganze Debatte war weniger eine sachliche Auseinandersetzung über den Anwendungsbereich als vielmehr eine rein politisch motivierte Kontroverse[82]. Im Ergebnis wurde die von der Unterkommission vorgenommene Anwendung der Resolution 1235 (XLII) in der Kommission überwiegend abgelehnt[83]. Zu einer förmlichen Rüge der Unterkommission, wie dies insbesondere von Tansania in einem Resolutionsentwurf vorgeschlagen worden war[84], kam es gleichfalls nicht. Man war übereingekommen, zu den überwiesenen Situationen überhaupt keine Entschließung zu verabschieden[85]. Ein weiterer Grund für die Zurückziehung des Vorschlags Tansanias, der gleichermaßen eine Beschränkung des Mandats der Unterkommission auf Apartheid und ähnliche Praktiken vorgesehen hatte, war das Zugeständnis der westlichen Staaten, die Zahl der Mitglieder der Unterkommission zugunsten einer verstärkten Repräsentanz der Entwicklungsländer zu erhöhen[86].

---

81 Report on the 24th session, (a.a.O., Fn. 76), Abs. 172ff. Ein Vorschlag Tansanias, das Verfahren ausdrücklich auf Fälle der Apartheid zu beschränken, wurde nach der Einigung auf eine Erhöhung der Mitgliederzahl in der MRK wieder zurückgezogen - *Humphrey*, RDH 4 (1971), S. 472f.

82 *Humphrey*, RDH 4 (1971), S. 472, vgl. nur: Report on the 24th session, (a.a.O., Fn. 76), Abs. 165ff. So bestand insbesondere bei den westlichen Verbündeten Verstimmung über die Behandlung eines NATO-Mitglieds, wohingegen die Sowjetunion darin zwar einen kurzfristigen Vorteil wittern mochte, aber doch einen gefährlichen Präzedenzfall für ein Verfahren sah, das sich später auch gegen sie selbst richten könnte - *Bartolomei,* S. 64; *van Boven*, NILR 15 (1968), S. 389. Beispielsweise enthielt der ursprüngliche Resolutionsentwurf der USA zwar grundsätzlich ein Bekenntnis zur universellen Anwendbarkeit der Resolution, allerdings seien die vorgelegten Informationen unzureichend - Report on the 24th session, (a.a.O., Fn. 76), Abs. 151.

Der sowjetische Repräsentant nutzte die Gelegenheit, um auch Israel wegen der besetzten Gebiete und die USA wegen Vietnams zu kritisieren - CHR, Summary record of the 965th meeting [20.02.1968], E/CN.4/SR.942-968 (01.05.1968), S. 244f, 248f.; *Tolley*, HRQ 6 (1984), S. 430; *Zuijdwijk*, S. 22.

83 *Humphrey*, RDH 4 (1971), S. 472.

84 Report on the 24th session, (a.a.O., Fn. 76), Abs. 184, 146 (Resolutionsentwurf); *van Boven*, NILR 15 (1968), S. 388.

85 Report on the 24th session, (a.a.O., Fn. 76), Abs. 182ff., 192-198; *Eide*, in: Alston (Hrsg.), The United Nations and Human Rights, S. 225; *Carey*, UN Protection, S. 87; *Zuijdwijk,* S. 23.

86 *Humphrey/Schwelb*, ILA Report 55 (1972), S. 574.

C. Die Arbeiten der Unterkommission zur Ausgestaltung des Verfahrens

Auf der folgenden (21.) Sitzung der Unterkommission im Spätherbst 1968 wurde im Rahmen des Tagesordnungspunktes 6 „Frage der Verletzung von Menschenrechten und Grundfreiheiten ..." diskutiert, ob man zur diesbezüglichen Debatte der Kommission Stellung nehmen müsse und selbst wirklich befugt sei, auf Mitteilungen einzugehen[87]. Man entschied aber, die Angelegenheit zunächst auf sich beruhen zu lassen. Seit der letzten Sitzung seien keine neuen Tatsachen bekanntgeworden, so daß auch kein Anlaß gegeben sei, eine neue Resolution zu verabschieden[88].

Ungeachtet dieser konkreten Fälle war bereits in der Debatte der Kommission die Frage nach einem praktikablen Verfahren zum Umgang mit den unzähligen Individualbeschwerden offen geblieben[89]. Res. 1235 (XLII) enthielt hierzu keine näheren Bestimmungen[90]. Die Unterkommission befaßte sich damit auf der gleichen Sitzung unter einem eigenen Tagesordnungspunkt[91]. Schon im Jahr zuvor war trotz der letztlich verabschiedeten Res. 3 (XX) die grundsätzliche Frage der Verwendung von Beschwerden aufgekommen und zu ihrer Klärung eine dreiköpfige Arbeitsgruppe unter dem Vorsitz *Humphreys* eingesetzt worden[92]. Deren Bericht lag nunmehr vor[93] und wies im Ergebnis zwei Möglichkeiten auf: einerseits

---

[87] Report of the 21st Session of the Sub-Commission on Prevention of Discrimination and Protection of Minorities, E/CN.4/976, E/CN.4/Sub.2/294 (18.11.1968), Abs. 62ff.; *Zuijdwijk*, S. 24.

[88] Sub-Commission, Report of the 21st Session (a.a.O., Fn. 87) Abs. 67.

[89] CHR, Report on the 24th session, (a.a.O., Fn. 76), Abs. 177-181.

Rodley sieht die Einführung des Verfahrens als Reaktion auf die Unterbreitung der Informationen betreffend Griechenlands und Haitis durch aktive NGO, mit dem der Einfluß der Nichtregierungsorganisationen beschnitten werden sollte *Rodley*, in: Hannum (Hrsg.), Guide to International Human Rights Practice, S. 64.

[90] Vgl. auch *Möller*, Universal Human Rights 1 (1979), S. 62f.; *Partsch*, Hoffen auf Menschenrechte, S. 81; *Schwelb*, Journal of the Israel Institute for the Study of International Affairs 13 (1974), S. 128; *Schwelb/Alston*, in: Vasak (Hrsg.), The International Dimensions I, S. 273; vgl, auch Report of the Secretary-General, Effective Functioning of the Various Mechanisms ..., E/CN.4/1994/42 (14.02.1994), Abs. 52.

[91] *Humphrey/Schwelb*, ILA Report 55 (1972), S. 574.

[92] Res. 10 (XX) der Unterkommission in: Report of the 20th Session (a.a.O., Fn. 71), Abs. 206; siehe auch *Humphrey*, RDH 4 (1971), S. 473; *Carey*, UN Protection, S. 91; *Zuijdwijk*, S. 23; *Tolley*, The U.N. Commission on Human Rights, S. 59.

[93] Report of the Working Group Established under Res. 10 (XX) of the Sub-Commission, E/CN.4/Sub.2/L.492 (04.10.1968).

könne das vorhandene Verfahren gemäß Res. 728 F (XXVIII) beibehalten werden und die Auseinandersetzung mit den einzelnen Beschwerden allein in der Verantwortung jedes einzelnen Mitglieds stehen. Die Beschwerden würden so dazu dienen, solche Situationen zu illustrieren, die der Unterkommission ohnehin schon bekannt seien[94]. Da das bestehende Verfahren jedoch von vielen Mitgliedern als unbefriedigend empfunden werde[95], stünde andererseits auch die Möglichkeit offen, einen völlig neuen Mechanismus einzurichten. Hierfür sollte, so der Vorschlag, ein Ausschuß eingesetzt werden, der zwischen den Sitzungen der Unterkommission die Mitteilungen prüfen und beim Anschein eines „Gesamtzusammenhangs grober Menschenrechtsverletzungen" diese davon in Kenntnis setzen sollte. Der Unterkommission selbst würde es dann obliegen, weitere Maßnahmen einzuleiten, beispielsweise die Einsetzung eines *Ad hoc*-Untersuchungsausschusses[96]. In der Plenarsitzung ergab sich die gleiche geteilte Stimmungslage. Nach Ansicht einiger Mitglieder war das vorliegende Verfahren ausreichend, zumal die Unterkommission weder befugt noch in der Lage sei, hier als internationales Untersuchungsgremium aufzutreten. Auch verstoße das avisierte Verfahren gegen allgemeines Völkerrecht und insbesondere Art. 2 Ziff. 7 UN-Charta[97]. Trotz dieser skeptischen Einstellung einiger Mitglieder, die in anderen Redebeiträgen zurückgewiesen wurden, verabschiedete die Unterkommission im Ergebnis dieser Debatte bei fünf Enthaltungen und zwei Gegenstimmen (der beiden Experten aus den sozialistischen Ländern)[98] Res. 2 (XXI). Diese enthielt einen ausführlichen Entwurf für eine Resolution zur Weiterleitung an den Rat (Abs. 2), mit der ein Verfahren zur Sichtung und Weiterleitung der Beschwerden etabliert wer-

---

[94] Report of the Working Group (a.a.O., Fn. 93), Abs. 5; *Cançado Trindade,* RdC 202 (1987 II), S. 214.

[95] Beispielsweise wurde auf derselben Sitzung angesichts der erheblichen Zahl von jährlich eingehenden Beschwerden erneut geäußert, daß es mit dem vorhandenen Verfahren nicht möglich wäre, diese effektiv auszuwerten – Sub-Commission, Summary record of the 542nd meeting (confidential) [14.10.1968], E/CN.4/Sub.2/SR.542/Add.1, S. 87.

[96] Report of the Working Group ... (a.a.O., Fn. 93), Abs. 6; *Cançado Trindade,* RdC 202 (1987 II), S. 221f.

[97] Report of the 21st Session (a.a.O., Fn. 87) Abs. 77, 79. Die Sowjetunion propagierte noch immer ein auf Rassismus und Kolonialismus beschränktes Verfahren, widersprach aber einer generellen internationalen Untersuchung der Behandlung von Staatsbürgern durch souveräne Staaten - *Tolley*, The U.N. Commission on Human Rights, S. 60.

[98] *Humphrey*, RDH 4 (1971), S. 473; *Möller*, Universal Human Rights 1 (1979), S. 63; *Schwelb*, Journal of the Israel Institute for the Study of International Affairs 13 (1974), S. 128; *Tolley*, HRQ 6 (1984), S. 429.

den sollte[99], welches in seinen wesentlichen Zügen dem letztlich mit ECOSOC-Res. 1503 (XLVIII) verabschiedeten Verfahren entsprach[100]. Allein die Vertraulichkeit, die später das signifikante Merkmal des 1503-Verfahrens werden sollte, war in diesem Entwurf noch nicht vorgesehen. Zugleich setzte die Unterkommission bereits eine dreiköpfige Arbeitsgruppe ein, die bis zu einer endgültigen Entscheidung über die Ausgestaltung des Verfahrens durch Kommission und Rat die Beschwerden prüfen und die Unterkommission im Falle des Anscheins eines „Gesamtzusammenhangs grober Menschenrechtsverletzungen" hiervon in Kenntnis setzen solle, damit diese gegebenenfalls der Kommission berichte (Abs. 1 Res. 2 [XXI])[101].

D. Die 25. Sitzung der Kommission

Auf ihrer nachfolgenden Sitzung im Februar und März 1969 war dieser Vorschlag Gegenstand der Verhandlungen in der MRK[102], die ansonsten lediglich zur Situation im Mittleren Osten zwei Resolutionen im Rahmen von Res. 8 (XXIII) verabschiedete[103]. Dabei wurde gerade seitens der osteuropäischen Staaten eine massiv ablehnende Haltung einem solchen Verfahren gegenüber deutlich, was im wesentlichen mit den folgenden Argumenten untermauert wurde: ein solches Verfahren würde signifikant gegen die UN-Charta, insbesondere gegen Art. 2 Ziff. 7 verstoßen, zudem sei Res. 728 F (XXVIII) keineswegs aufgehoben, weshalb die *No power*-Doktrin noch immer gelte. Drittens würde dies auch gegen allgemeines Völkerrecht verstoßen, da dem Einzelnen im Völkerrecht jegliche Rechtssubjektivität fehle, und viertens würde die Verabschiedung eines solchen Verfahrens die Befugnis von Kommission und Unterkommission übersteigen und wäre somit ein Handeln *ultra vires*[104]. Zu einer grundlegenden Ableh-

---

[99] Res. 2 (XXI) der Unterkommission vom 14.10.1968 in: Report of the 21st Session (a.a.O., Fn. 87) Abs. 92; *Salzberg*, RDH 3 (1970), S. 136.

[100] *Humphrey*, RDH 4 (1971), S. 473 (mit eingehender Darstellung des Vorschlags); *Möller*, Universal Human Rights 1 (1979), S. 63; *Zuijdwijk*, S. 24.

[101] *Zuijdwijk*, S. 23f.; *Cançado Trindade*, RdC 202 (1987 II), S. 215.

[102] Bemerkenswert ist, daß auf der gleichen Sitzung der Kommission die *Ad hoc*-Expertengruppe zur Untersuchung von möglichen Verletzungen der IV. Genfer Konvention in den von Israel besetzten Gebieten ausdrücklich ermächtigt wurde, für ihre Untersuchungen auf Einzelbeschwerden zurückzugreifen - MRK, Res. 6 (XXV) vom 04.03.1969, Abs. 4 lit. b), in: Report of the 25th Session (a.a.O., Fn. 104), chapter XVIII.

[103] *Marie*, S. 261.

[104] Commission on Human Rights: Report of the 25th Session, E/4621; E/CN.4/1007 (1969), Abs. 420-421.

nung des Entwurfs führte dieses Memento jedoch nicht. Allerdings wurde auf Betreiben der Delegationen von Tansania und Indien die Vertraulichkeit als wesentliches Element des Verfahrens in den Text aufgenommen, um eine „vorzeitige und verantwortungslose" öffentliche Debatte zu verhindern[105]. In Abs. 2 wurde ergänzt, daß die Sitzungen der Unterkommission vertraulich sein sollten, und Abs. 4 wurde neu eingefügt mit der Bestimmung, daß sämtliche Verfahrensschritte vertraulich zu bleiben hätten, bis die Angelegenheit dem Rat zugeleitet würde (später: Abs. 8 Res. 1503 [XLVIII])[106]. Außerdem wurde die Verantwortlichkeit der Unterkommission für die Erstellung von Zulässigkeitskriterien ergänzt (Abs. 2 Res. 1503 [XLVIII])[107] sowie ihre Befugnis, auch auf andere Informationen zurückzugreifen zu können[108]. Mit diesen Änderungen versehen, verabschiedete die MRK sodann Res. 17 (XXV), die einen entsprechenden Resolutionsentwurf für den ECOSOC enthielt[109], und leitete diesen dem Rat zur Bestätigung zu.

Der Rat war allerdings mehrheitlich der Ansicht, daß angesichts der besonderen Bedeutung dieser Angelegenheit zuvor noch den Staaten Gelegenheit zur Stellungnahme gegeben werden müsse und beauftragte entsprechend den Generalsekretär, die Staaten um Kommentare zu dem vorliegenden Resolutionsentwurf zu ersuchen. Die MRK wurde ersucht, den Entwurf auf ihrer folgenden Sitzung anhand der eingegangenen Kommentare interessierter Staaten und unter Berücksichtigung der Diskussionen im Rat als vordringliche Angelegenheit zu behandeln[110]. Insgesamt 31 solcher Stellungnahmen gingen bis zur nächsten Tagung der

---

[105] Siehe hier: India and the United Reublic of Tansania: Amendement ..., E/CN.4/L.1094 (14.03.1969); CHR, Summary record of the 1032nd meeting [14.03.1969], E/CN.4/SR.1030-1045 (29.07.1969), S. 27, 32 (Tansania).

[106] Report of the 25th Session (a.a.O., Fn. 104) , Abs. 411, 418. Siehe auch *Tolley*, HRQ 6 (1984), S. 431.

[107] *Zuijdwijk*, S. 24.

[108] *Gonzales*, NYU Journal of International Law & Politics 13 (1981), S. 454.

[109] Res. 17 (XXV) vom 17.03.1969, in: Report of the 25th Session (a.a.O., Fn. 104), S. 192 (Resolution) und S. 212ff. (Resolutionsempfehlung für den ECOSOC); *Ermacora*, RDH 7 (1974), S. 673; *Humphrey*, RDH 4 (1971), S. 474; *Möller*, Universal Human Rights 1 (1979), S. 64; *Schwelb*, Journal of the Israel Institute for the Study of International Affairs 13 (1974), S. 129; *Marie*, S. 262.

[110] ECOSOC, Res. 1422 (XLVI) vom 06.06.1969, in: E/4715, S. 18; *Humphrey*, RDH 4 (1971), S. 474; *Möller*, Universal Human Rights 1 (1979), S. 64; *Schwelb*, Journal of the Israel Institute for the Study of International Affairs 13 (1974), S. 129; *Marie*, S. 262; *Zuijdwijk*, S. 24f.

Kommission ein[111]. Sechs von diesen - sämtliche von sozialistischen Staaten des Ostblocks - äußerten massive Bedenken an der Rechtmäßigkeit des Verfahrens, wofür nahezu einhellig im wesentlichen die bereits erwähnten Gründe angeführt wurden[112]. Die übrigen Äußerungen waren grundsätzlich zustimmenden Charakters, enthielten aber zum Teil einzelne Kritikpunkte und Verbesserungsvorschläge, vor allem betreffend das Verhältnis zu anderen, vertraglichen Beschwerdeverfahren[113].

1970 schließlich wurde in der Kommission anhand der vorliegenden Materialien erneut über das gesamte Verfahren als solches debattiert, wobei von den ohnehin kritisch gesinnten Staaten wiederum schwerwiegende Vorbehalte gegen das Verfahren angebracht wurden. Neben den bereits genannten Gründen, die zum Teil noch präzisiert wurden[114], wurde im wesentlichen vorgetragen, daß man ohne genaue Regeln für die Zulässigkeit der Beschwerden das Verfahren gar nicht verabschieden könne. Zudem bringe das neue Verfahren finanzielle Belastungen mit sich. Schließlich müsse man den Mitgliedsstaaten mehr Zeit für Beratungen geben, da sich bisher lediglich ein Viertel geäußert hätten[115]. Daneben

---

[111] Note by the Secretary-General, E/CN.4/1014 (14.01.1970), ... /Add.1 (27.01.1970), .../Add.2 (10.02.1970), .../Add.3 (19.02.1970), .../Add.4 (03.03.1970); .../Add.5; *Möller*, Universal Human Rights 1 (1979), S. 64; *Marie*, S. 262; *Zuijdwijk*, S. 25.

[112] Siehe oben Text bei Fn. 104 sowie *Marie*, S. 262. Außerdem wurde auf das ungeklärte Verhältnis zu den vertraglichen Beschwerdeverfahren verwiesen. Zudem wurden Befürchtungen geäußert, daß keine ausreichende Vorsorge zur Vermeidung von verleumderischen und mißbräuchlichen Beschwerden getroffen sei. Zudem sei das Verfahren nicht geeignet, schwere Menschenrechtsverletzungen wie Rassendiskriminierung und dergleichen zu unterbinden.

Im einzelnen waren dies die Stellungnahmen der Ukrainischen Sowjetrepublik vom 11.12.1969 (E/CN.4/1014, S. 16f.), der UdSSR vom 12.01.1970 (E/CN.4/1014, S. 18f.), Rumäniens vom 19.01.1970 (E/CN.4/1014/Add.1, S. 5); der Volksrepublik Polen vom 29.01.1970 (E/CN.4/1014/Add.2, S. 3f.), der Weißrussischen Sowjetrepublik vom 09.02.1970 (E/CN.4/1014/Add.3, S. 3ff.) sowie der Tschechoslowakei vom 20.02.1970 (E/CN.4/1014/Add.4, S. 1f.).

[113] Siehe zu letzterem Punkt insbesondere die Äußerungen Dänemarks vom 01.12.1969 (E/CN.4/1014, S. 6) und Österreichs vom 30.01.1970 (E/CN.4/1014/Add.2, S. 2); a.A. insoweit die Stellungnahme Belgiens vom 11.02.1970, wonach eine Überschneidung aufgrund des unterschiedlichen Verfahrensgegenstandes nicht zu gewärtigen sei, die aber trotzdem vorschlägt, eine Bestimmung über die Kooperation mit dem Menschenrechtsausschuß nach dem IPbpR aufzunehmen (E/CN.4/1014/Add.3, S. 3).

[114] Siehe oben Text bei Fn. 104 und Fn. 112.

[115] Commission on human rights: Report of the 26th Session, E/4816, E/CN.4/1039 Abs. 135, 138

wurde aber auch vertreten, daß man Res. 17 (XXV) unverändert neu bestätigen könne und in der gleichen Gestalt an den Rat weiterleiten könne. Das vorgeschlagene Verfahren stelle in ausreichendem Maße die Unparteilichkeit und den Schutz der staatlichen Souveränität sicher und sei geeignet, das Ansehen der UNO im Hinblick auf Art. 55 und 56 zu steigern. Zudem hätten vergleichsweise nur wenige Staaten dem Verfahren insgesamt widersprochen[116]. Schließlich wurde aber auch der Standpunkt vertreten, daß es eines sehr vorsichtigen Vorgehens bedürfe und man das Verfahren nur mit einigen ergänzenden Änderungen verabschieden solle. Insbesondere seien noch mehr Regierungen anzuhören und die problematische Frage der Stellung des Einzelnen im Verhältnis zur staatlichen Souveränität mit all ihren Auswirkungen sorgfältig zu erörtern[117]. Da ein Konsens in dieser Angelegenheit nicht erreicht werden konnte, wurde letztlich Res. 7 (XXVI)[118] mit 15 gegen 10 Stimmen bei sieben Enthaltungen[119] verabschiedet[120]. Danach blieb der an den Rat weitergeleitete Resolutionsentwurf[121] im Vergleich zu Res. 17 (XXV) unverändert (Abs. 3), allerdings wurde noch ergänzend empfohlen, daß eine Untersuchung nur nach Erschöpfung des Rechtswegs auf nationaler, regionaler und internationaler Ebene und nur mit Zustimmungen der jeweiligen Regierung erfolgen dürfe (Abs. 1) und die Zusammensetzung eines Untersuchungsausschusses die Gewähr für seine Unabhängigkeit bieten müsse (Abs. 2)[122].

Der ECOSOC verhandelte den Resolutionsentwurf im Sozialausschuß unter Berücksichtigung der ergänzenden Empfehlungen. Zudem wurde das bereits in zahlreichen Kommentaren der Staaten erörterte Problem des Verhältnisses zum Individualbeschwerdeverfahren für den Bürgerrechtspakt für den Fall dessen Inkrafttretens diskutiert[123]. Zu letzterem Punkt wurde ein von Italien ein-

---

[116] Report (a.a.O., Fn. 115), Abs. 135, 136.

[117] Report (a.a.O., Fn. 115), Abs. 135, 137.

[118] MRK-Res. 7 (XXVI) vom 13.03.1970, in: Report (a.a.O., Fn. 115), Kap. XXIII, S. 77ff.

[119] *Humphrey*, RDH 4 (1971), S. 474; *Marie*, S. 263.

[120] Report (a.a.O., Fn. 115), Abs. 146.

[121] Report (a.a.O., Fn. 115), Kap. XXIV, Draft resolution V, S. 96ff.

[122] Vgl. auch *Möller*, Universal Human Rights 1 (1979), S. 64; *Schwelb*, Journal of the Israel Institute for the Study of International Affairs 13 (1974), S. 129; *Marie*, S. 263.

[123] Gleichermaßen wurde auch die mögliche Einrichtung eines Hochkommissars für Menschenrechte als ein Problem der Koordination angesehen, das eine entsprechende Bestimmung erforderlich mache - Opinion of the Legal Counsel of the United Nations ..., E/CN.4/Sub.2/1994/17/Add.1 (15.08.1994), Abs. 5.

gebrachter Entwurf ohne Änderung mehrheitlich verabschiedet[124], ebenso die Ergänzungen bezüglich des vorgesehenen Untersuchungsausschusses[125]. Der Versuch der Delegierten Bulgariens und des Sudan, die Erörterung auf das nächste Jahr zu verschieben, scheiterte bei Stimmengleichheit[126]. Der Rat beschloß daraufhin den abgeänderten Entwurf der entsprechenden Verfahrensregeln am 27. Mai 1970 als Resolution 1503 (XLVIII).

Diese stattet die Kommission nunmehr mit einem exakt geregelten Verfahren aus[127], welches sich zudem auch durch die darin festgelegte Vertraulichkeit von dem ja prinzipiell schon durch Res. 1235 (XLII) eingeführten Verfahren zur Behandlung der Individualbeschwerden unterschied.

IV. Notwendige Ergänzungen bis zur ersten Anwendung des Verfahrens

Es dauerte allerdings noch etliche Zeit, bis das Verfahren wie vorgesehen angewendet werden konnte. Die mit Res. 2 (XXI) von der Unterkommission eingesetzte Arbeitsgruppe[128] war - auf der Grundlage von MRK-Res. 8 (XXIII) und ECOSOC-Res. 1235 (XLII) - bereits 1969 tätig geworden und hatte einen Bericht erstellt. Auf diesem beruhte ein Resolutionsentwurf des amerikanischen Experten *John Carey*, mit dem die Kommission auf einige Situationen aufmerksam gemacht werden sollte[129]. Die Situationen waren mit den behaupteten Menschenrechtsverletzungen unter Verweis auf die Registernummern der jeweiligen Petitionen beschrieben worden, ohne allerdings die Namen der betroffenen Länder zu benennen[130]. Nach heftigem Widerstand, vor allem des sowjetischen Experten,

---

[124] Italie: amendement au projet de résolution ..., E/AC.7/L.572 (20.05.1970) - der spätere Abs. 10; ECOSOC, Summary record of the 643rd meeting [21.05.1970], E/AC.7/SR.629-647 (13.08.1970), S. 205. Siehe auch: Opinion of the Legal Counsel of the United Nations ..., E/CN.4/Sub.2/1994/17/Add.1 (15.08.1994), Abs. 5.

[125] France: amendment to resolution V ..., E/AC.7/L.570 (19.05.1970); ECOSOC, Summary record of the 643rd meeting [21.05.1970], E/AC.7/SR.629-647 (13.08.1970), S. 203f.

[126] *Tolley*, The U.N. Commission on Human Rights, S. 60. ECOSOC, Summary record of the 643rd meeting [21.05.1970], E/AC.7/SR.629-647 (13.08.1970), S. 211. Siehe: Bulgaria and Sudan: draft resolution, E/AC.7/L.574 (20.05.1970).

[127] *Cassese*, La Comunità Internazionale 30 (1975), S. 50.

[128] Siehe oben bei Fn. 101, S. 217.

[129] Report of the Sub-Commission on its 22nd Session ..., E/CN.4/1008, E/CN.4/Sub.2/305 (04.11.1969), Abs. 225; *Salzberg*, RDH 3 (1970), S. 137f.; *Zuijdwijk*, S. 25.

[130] *Salzberg*, RDH 3 (1970), S. 138; *Zuijdwijk*, S. 25. Bei den identifizierten Menschenrechtsverletzungen handelt es sich um die folgenden Kategorien: Folter und Tötungen, Mißhandlung von Frauen und Kindern, Mißhandlung von Zivilisten in bewaffneten

wurde der Vorschlag, ebenso wie ein weiterer, allein auf Apartheid und die Situation im mittleren Osten abstellender Entwurf des syrischen Mitglieds[131], schließlich wegen Zeitmangels nicht zur Abstimmung gestellt, sondern der Kommission zur Kenntnisnahme übermittelt[132].

Ähnliches geschah auf der folgenden Sitzung der Unterkommission. Es war wiederum der Amerikaner *Carey*, der einen ähnlichen Entwurf mit der Aufzählung von Situation vorlegte, die einen „Gesamtzusammenhang" von Menschenrechtsverletzungen erkennen ließen[133]. Auch diesmal waren lediglich die Nummern der jeweiligen Beschwerden und ihre Zuordnung zu bestimmten Kategorien von Menschenrechtsverletzungen, nicht aber die betroffenen Länder erwähnt. Und wieder gelang es der Unterkommission nicht, Einvernehmen über den Vorschlag zu erzielen, so daß dieser erneut bloß zur Information an die MRK weitergeleitet wurde[134]. In beiden Fällen blieb eine Reaktion der Kommission auf diese Materialien aus[135].

Das Scheitern dieser Versuche, allein auf der Basis von Res. 1235 (XLII) bzw. MRK-Res. 8 (XXIII) eine echte Auseinandersetzung mit den Petitionen zu erreichen, zeigte einmal mehr die Notwendigkeit eines explizit vom Rat bestätigten Verfahrens, wie es in Res. 1503 (XLVIII) vorgesehen war[136].

A. Konkretisierende Bestimmungen

Eine unabdingbare Voraussetzung für dessen Anwendung waren Bestimmungen über die Zulässigkeit der Beschwerden, die in der eigentlichen Resolution offengelassen waren und von der Unterkommission verabschiedet werden

---

Konflikten, Verletzungen des Rechts auf Verlassen seines Landes und auf Rückkehr, Diskriminierung aufgrund von Rasse und Religion sowie Verletzungen der Meinungsfreiheit - ebd.

[131] Report of the Sub-Commission on its 22nd Session ..., E/CN.4/1008, E/CN.4/Sub.2/305 (04.11.1969), Abs. 230; *Salzberg*, RDH 3 (1970), S. 138; *Zuijdwijk*, S. 25.

[132] Report of the Sub-Commission on its 22nd Session ..., E/CN.4/1008, E/CN.4/Sub.2/305 (04.11.1969), Abs. 233; *Salzberg*, RDH 3 (1970), S. 139; *Zuijdwijk*, S. 25.

[133] Siehe den Resolutionsentwurf in: Report of the Sub-Commission on its 23rd Session ..., E/CN.4/1040, E/CN.4/Sub.2/316 (14.10.1970), Abs. 183 lit. d) (S. 80); *Zuijdwijk*, S. 27f.; *Tolley*, HRQ 6 (1984), S. 430.

[134] Unterkommission, Res. 6 (XXIII) in: Report of the Sub-Commission on its 23rd Session ..., E/CN.4/1040, E/CN.4/Sub.2/316 (14.10.1970), S. 117f.; *Zuijdwijk*, S. 28.

[135] *Haver*, ColumbJTL 21 (1982), S. 126.

[136] So auch *Boekle*, NQHR 13 (1995), S. 373f.

sollten (Abs. 2 Res. 1503 [XLVIII])[137]. Der Generalsekretär legte dieser auf ihrer Sitzung im August 1970 einen entsprechenden Bericht vor[138]. Unterschiedliche Vorschläge waren auch aus den Reihen der Mitglieder unterbreitet worden[139]. Allerdings wurde sehr bald deutlich, daß eine Einigung nicht erzielt werden würde. Man kam daher überein, die verschiedenen Entwürfe an die Kommission weiterzuleiten[140]. Erst im darauffolgenden Jahr gelang es dem Gremium - nachdem man eine Arbeitsgruppe für die Bearbeitung der Entwürfe eingesetzt hatte[141] - als Kompromiß[142], vorläufige Zulässigkeitsregeln für die Mitteilungen (Res. 1 [XXIV] vom 13.08.1971) sowie Maßgaben betreffend die Einrichtung und Zusammensetzung ihrer Arbeitsgruppe (Res. 2 [XXIV] vom 16.08.1971) zu verabschieden[143]. Die vorliegende Liste mit den zusammengefaßten Beschwerden wurde freilich in diesem Jahr, wie auch in den Jahren zuvor, lediglich zur Kenntnis genommen, ohne daß eine inhaltliche Auseinandersetzung erfolgte[144].

---

[137] Report of the Secretary-General, Effective Functioning of the Various Mechanisms ..., E/CN.4/1994/42 (14.02.1994), Abs. 52; *Zuijdwijk*, S. 27.

[138] Note by the Secretary-General: Procedures dealing wth communications..., E/CN.4/Sub.2/313 (06.07.1970). Der Bericht gibt einen umfassenden Überblick über die Zulässigkeit von Beschwerden in internationalen Verfahren, so insbesondere hinsichtlich solcher vor verschiedenen UNO-Organen (Treuhandrat, Sonderausschüsse der Generalversammlung - Teil B), solcher vor Ausschüssen der ILO (Teil C), vor den Menschenrechtsorganen regionaler Organisationen (Teil D) und enthält vom Sekretariat erstellte Modellregeln für die Zulässigkeit von Menschenrechtsbeschwerden (*Model rules of procedure for UN bodies dealing with violations of human rights* - E/CN.4/1021 - Teil E). Als Anhänge sind die einschlägigen Bestimmungen des 1. Fakutativprotokolls zum IPbpR und des Übereinkommens zur Beseitigung der Rassendiskriminierung (CERD) angefügt.

[139] Report of the 23rd Session of the Sub-Commission on Prevention of Discrimination and Protection of Minorities, E/CN.4/1040; E/CN.4/Sub.2/316 (1970), Abs 182ff.

[140] Res. 6 [XXIII] der Unterkommission vom 28.08.1970, Report of the 23rd Session (a.a.O., Fn. 139) Kap. VIII, S. 117 und Abs. 197; *Schwelb*, Journal of the Israel Institute for the Study of International Affairs 13 (1974), S. 134.

[141] Report of the 24th Session of the Sub-Commission..., E/CN.4/1070; E/CN.4/Sub.2/323 (06.10.1971), Abs. 19.

[142] *Möller*, Universal Human Rights 1 (1979), S. 66; *Schwelb*, Journal of the Israel Institute for the Study of International Affairs 13 (1974), S. 134f. Insbesondere das sowjetische Mitglied der Unterkommission äußerte anhaltende Vorbehalte gegen das Projekt - vgl. *Humphrey/Schwelb*, ILA Report 55 (1972), S. 576.

[143] Report of the 24th Session (a.a.O., Fn. 141), Annex I, S. 50 (Res. 1) und S. 52 (Res. 2); International Commission of Jurists (Hrsg.), Gross Violations of Human Rights, S. 2; *Ermacora*, RDH 7 (1974), S. 673.

[144] Report of the 24th Session (a.a.O., Fn. 141), Abs. 135.

B. Erste Anläufe des Verfahrens

1972 trat die Arbeitsgruppe erstmalig zusammen und prüfte mehr als 20.000 Beschwerden[145] (von etwa 28.000[146]). Die Unterkommission nahm den Bericht zur Kenntnis und erörterte einige der darin benannten Situationen[147]. Mit der abschließenden Res. 2 (XXV) vom 28. August 1972[148] beschloß die Unterkommission, die an sie überwiesenen Beschwerden nicht weiterzuleiten, sondern ersuchte die Arbeitsgruppe, die verbleibenden Beschwerden im Folgejahr zu behandeln[149] und im Hinblick auf die zur Weiterleitung identifizierten Situationen die Stellungnahmen der betroffenen Regierungen abzuwarten[150]. 1973 berichtete die Arbeitsgruppe wie vorgesehen in einem vertraulichen Dokument an ihr Hauptorgan[151]. Die Unterkommission erfüllte erstmals die ihr im 1503-Verfahren

---

[145] Report of the Sub-Commission ... to the Commission on Human Rights on its 25th Session, E/CN.4/1101, E/CN.4/Sub.2/332 (28.09.1972), Abs. 109; *Zuijdwijk*, S. 40.

[146] *Newman* in: Lillich/Hannum, S. 364.

[147] Report of the Sub-Commission ... to the Commission on Human Rights on its 25th Session, E/CN.4/1101, E/CN.4/Sub.2/332 (28.09.1972), Abs. 110.

So hatte die Arbeitsgruppe die Situation in Griechenland weitergeleitet - Letter dated 12 August 1973 from the Permanent Representative of Greece to the United Nations addressed to the Secretary-General, E/5415 (16.08.1973), S. 2; *Tardu/McCarthy*, S. 22. Hinzu kamen auch die Situationen in Iran und Portugal - *Zuijdwijk*, S. 40.

[148] Report of the Sub-Commission ... to the Commission on Human Rights on its 25th Session, E/CN.4/1101, E/CN.4/Sub.2/332 (28.09.1972), S. 45f.

[149] *Schwelb*, Journal of the Israel Institute for the Study of International Affairs 13 (1974), S. 139; *Ermacora*, RDH 7 (1974), S. 673, 687 Anm. 12 unter Verweis auf das vertraulichen Dokument E/CN.4/Sub.2/R.2.

[150] Int.Comm.J.Rev. 9 (1972), S. 7; *Tardu/McCarthy*, S. 22; *Zuijdwijk*, S. 40. Die Wichtigkeit der Rgierungsanworten für die Feststellung, ob die in Res. 1 (XXIV) der Unterkommission aufgestellten Voraussetzungen erfüllt sind, wurde im fünften Präambelabsatz von Res. 2 (XXV) besonders erwähnt (a.a.O., Fn. 148).

[151] Report of the 26th session of the Sub-Commission,... E/CN.4/1128, E/CN.4/Sub.2/343 (28.12.1973), Abs. 87.

Sie hatte außer den Beschwerden, die die Kommission an sie zurückverwiesen hatte, 7000 zusätzliche geprüft - Report of the 26th session of the Sub-Commission,... E/CN.4/1128, E/CN.4/Sub.2/343 (28.12.1973), Abs. 87; *Zuijdwijk*, S. 41.

zukommende Aufgabe und empfahl in einer vertraulichen Resolution der Kommission die Behandlung von insgesamt acht Situationen[152].

Das eigentliche Problem entstand jedoch auf der Ebene der Kommission. Auf ihrer 30. Sitzung im Februar 1974 hatte sie erstmalig Situationen schwerer Menschenrechtsverletzungen vor sich, die ihr im Rahmen des 1503-Verfahrens von der Unterkommission überwiesen worden waren. Damit ergab sich für diese jedoch ein faktisches Problem: es lagen Materialien in einem Umfang von etwa 800 Seiten vor[153]. Obwohl die Kommission sich schließlich während insgesamt fünf Sitzungen mit den Situationen beschäftigte[154], war es offensichtlich, daß sie die ihr im Verfahren zukommende Rolle, soweit es sich um Sachprüfungsaufgaben handelte, nicht effektiv ausüben können würde[155]. Deshalb beschloß sie zunächst, zur Vorbereitung ihrer Beschlüsse im 1503-Verfahren eine in der ursprünglichen Resolution nicht vorgesehene fünfköpfige Arbeitsgruppe *ad hoc* einzusetzen, die vor der nächsten Kommissionssitzung die zu behandelnden Situationen sichten und Empfehlungen zur Behandlung aussprechen sollte[156]. Zu-

---

[152] *Tardu/McCarthy*, S. 22; *Zuijdwijk*, S. 41: Brasilien, Burundi, Guyana, Indonesien, Iran, Portugal (in bezug auf seine afrikanischen Kolonien), Tansania und Großbritannien (betreffend Nordirland).

[153] Interview *Möller*, Genf, 11.04.2000.

[154] Siehe den Bericht: CHR, Report of the 30th session, E/5464, E/CN.4/1154 (1974), Abs. 118; *Ermacora*, RDH 7 (1974), S. 674.

[155] *Ermacora*, RDH 7 (1974), S. 683.

[156] MRK, Entscheidung 3 (XXX) vom 06.03.1974, Abs. 2 in: Report of the 30th session, E/5464, E/CN.4/1154, chapter XIX section B (S. 57), bestätigt vom ECOSOC mit Entscheidung 15 (LVI) vom 17.05.1974, in: E/5544, S. 25; International Commission of Jurists (Hrsg.), Gross Violations of Human Rights, S. 2; *Marie*, S. 265; *Zuijdwijk*, S. 41.

Grundlage dieser Entscheidung war Regel 21 Abs. 2 der *Rules of Procedure* (hierzu oben § 7.III.A., S. 87) mit der Bestätigung des ECOSOC, die es einer Kommission erlaubt, nach Bestätigung durch den Rat nicht sitzungsbegleitende Arbeitsgruppen einzuberufen - siehe *Tardu/McCarthy*, S. 100.

Auch in den Folgejahren wurden von der Kommission solche Arbeitsgruppen für Situationen (*Working group on situations* im Gegensatz zu der in Res. 1503 [XLVIII] vorgesehenen „Arbeitsgruppe für Mitteilungen" der Unterkommission [*Working group on communications*]) eingesetzt, zunächst jährlich auf einer *Ad hoc*-Basis - International Commission of Jurists (Hrsg.), Gross Violations of Human Rights, S. 2; *Ziegler*, S. 76 Fn. 11; *Tardu/McCarthy*, S. 97; *Zuijdwijk*, S. 52. Erst 1990 entschied der Rat auf Vorschlag der Kommission, dieses Gremium als ein ständiges einzurichten - ECOSOC-Res. 1990/41 vom 25.05.1990, d.i. Bestätigung von MRK-Res. 1990/55 vom 07.03.1990, in E/1990/22, E/CN.4/1990/94, chapter II section A (S. 122); *Bartolomei*, S. 78; International Commission of Jurists (Hrsg.), Gross Violations of Human Rights, S. 2; *M. Nowak*, NYIL 22 (1991), S. 49

gleich wurden die betroffenen Regierungen zur Stellungnahme bis Dezember des Jahres aufgefordert[157]. Zu einer meritorischen Behandlung der Beschwerden auch auf der Ebene der Kommission kam es also nicht vor 1975. Damit waren seit Verabschiedung der Resolution 1503 (XLVIII) fünf Jahre vergangen, ehe das Verfahren wie vorgesehen funktionierte. Es waren freilich nicht nur die rein technischen Probleme, die eine effektive Nutzung des neuen Verfahrens verhinderten: vor allem der mangelnde politische Wille der Mehrheit der Mitglieder in der Kommission trug zur Ergebnislosigkeit bei[158]. Informelle Verhandlungen mit den betroffenen Regierungen störten die vorgesehene Anwendung des Verfahrens. Erst durch eine stärkere Beteiligung der Regierung und eine Koordination der Arbeit von Unterkommission und Kommission, aber auch durch ein vorsichtigeres Agieren der ersteren, wurde dem abgeholfen[159].

C. Der Widerstand gegen das Verfahren

Eines der schwerwiegendsten Probleme bei der Durchführung des Verfahrens war der offene Widerstand der Ostblockstaaten unter Führung der Sowjetunion[160]. Wie schon aus deren Argumentation im Zuge der Verabschiedung von Res. 1503 (XLVIII) hervorging, lehnten sie das Verfahren als ganzes ab - wohl aus Furcht, selbst einmal Gegenstand der Untersuchung zu werden. Zwar erkannten sie grundsätzlich an, daß schwere und systematische Verletzungen der Menschenrechte eine Angelegenheit der internationalen Sorge seien. Die fraglichen Situationen wären aber so offensichtlich, daß man hierzu nicht auf Einzelbeschwerden zurückgreifen müsse[161].

Noch 1970, im Jahr der Verabschiedung von Res. 1503 (XLVIII), brachte die Sowjetunion in der Generalversammlung einen Resolutionsentwurf ein, mit dem der ECOSOC zur Überarbeitung des neuen Mechanismus aufgefordert wer-

---

Fn. 35; *Ziegler,* S. 76 Fn. 11. Zu Zusammensetzung und Aufgabe des Gremiums s.u. sub VI.C., S. 235.

157 MRK, Entscheidung 3 (XXX), Abs. 1 (a.a.O., Fn. 65); *Zuijdwijk,* S. 41f.; *Marie,* S. 265.

158 *Gonzales,* NYU Journal of International Law & Politics 13 (1981), S. 458.

159 Siehe nur *Gonzales,* NYU Journal of International Law & Politics 13 (1981), S. 458 und MRK, Entscheidung 3 (XXX), Abs. 3 und 4 (a.a.O., Fn. 65).

160 *Guest,* S. 118; *Haver,* ColumbJTL 21 (1982), S. 128; Int.Comm.J.Rev. 18 (1977), S. 25; *Salzberg,* RDH 3 (1970), S. 135; *Gonzales,* NYU Journal of International Law & Politics 13 (1981), S. 430; siehe auch *Liskofsky,* RDH 8 (1975), S. 893, 895f.

161 Int.Comm.J.Rev. 18 (1977), S. 25.

den sollte[162]. Infolge Zeitmangels kam dieser Vorschlag jedoch nicht zur Abstimmung[163]. Auch in der Kommission wurden 1972, nach der Verabschiedung der beiden Durchführungsresolutionen durch die Unterkommission, von dieser Seite Zweifel am Anwendungsbereich der Resolution geäußert. Das 1503-Verfahren gestatte es nicht, spezifische Beschwerden von Einzelpersonen zu behandeln, die sich gegen ihre jeweilige Regierung richteten[164]. Weitere Versuche, durch eine enge Auslegung der jeweiligen Bestimmungen die Errungenschaften des Verfahrens faktisch wieder zu entwerten, folgten auch auf den anschließenden Sitzungen[165].

Die Staaten des Ostblocks bedienten sich zudem in den ersten Jahren der Anwendung des Verfahren einer einheitlichen „Politik der Nichtbeteiligung“, um ihrem Protest gegen dieses Verfahren Ausdruck zu verleihen[166]. Trotz partieller Mitwirkung bekräftigte das sowjetische Mitglied bei jeder Gelegenheit, daß seine Anwesenheit und Teilnahme an den Verhandlungen im Rahmen des 1503-Verfahrens keinesfalls als Akzeptanz des Verfahrens gewertet werden könne[167]. Wenn mit diesem Protest auch nicht die vollständige Entwertung des Verfahrens erreicht werden konnte, erreichte die sowjetische Diplomatie doch ein weitreichendes Zugeständnis. Dem osteuropäischen Mitglied in der für die Vorprüfung der Beschwerden zuständigen Arbeitsgruppe der Unterkommission (*Working Group on Communications - WGC*) wurde die Prüfungszuständigkeit für die hauptsächlich gegen Staaten des Ostblocks erhobenen Beschwerden über das Recht auf Verlassen der Heimat zugestanden. Damit war praktisch ein Vetorecht für Beschwerden dieser Art installiert[168]. Eine Folge der Opposition des Ostblocks - und afrikani-

---

[162] USSR: draft resolution, A/C.3/L.1843; Report of the Third Committee (Part II), A/8173/Add.1 (12.12.1970), Abs. 21-22. *Tolley*, The U.N. Commission on Human Rights, S. 60.

[163] *Zuijdwijk*, S. 28.

[164] CHR, Report on the 28th Session, E/5113, E/CN.4/1097, Abs. 130.

[165] So schlug der sowjetische Vertreter vor, daß man im Verfahrenslauf letztlich sämtliche privaten Beschwerden aussortieren solle - CHR, Summary record of the 1308th meeting [17.02.1975], E/CN.4/SR.1290-1308 (27.06.1975), S. 171.

[166] *Tomuschat*, VN 1976, S. 168f.

[167] Vgl. nur CHR, Summary record of the 1501st meeting (confidential) [01.03.1979], E/CN.4/SR.1501 (15.03.1979), Abs. 14.

[168] *Guest*, S. 118. Freilich führte auch dies nicht zu einer Akzeptanz des Verfahrens auf sowjetischer Seite - ebd.

scher und asiatischer Staaten[169] - gegen das neue Verfahren war, daß in den ersten Jahren keines der eingeleiteten Verfahren zu einem Abschluß gebracht wurde[170].

Andererseits blieben jedoch auch die Versuche erfolglos, nach dem Inkrafttreten des Paktes und seines Fakultativprotokolls wegen einer Überschneidung beider Verfahren das 1503-Verfahren abzuschaffen[171]. Erst gegen Ende der siebziger Jahre änderte sich diese Einstellung des sozialistischen Blocks, als man das Potential erkannte, durch das vertrauliche Verfahren Verbündete vor einer öffentlichen Diskussion der Situation zu schützen[172].

V. Exkurs: Die Parallelität von öffentlichem und vertraulichem Verfahren

Das schließlich vertraulich ausgestaltete, seither sogenannte 1503-Verfahren stellte eine Ausformulierung und Weiterentwicklung des bereits in Res. 1235 (XLII) vorgesehenen Umgangs mit den privaten Petitionen dar. So läßt sich auch aus dem Wortlaut der beiden Resolutionen 1235 und 1503 nicht entnehmen, daß zwei voneinander grundsätzlich verschiedene Verfahren eingerichtet werden[173]. Res. 1503 (XLVIII) sollte ursprünglich, und die Entstehungsgeschichte zeigt dies deutlich, den in Res. 1235 (XLII) offengelassenen Mechanismus zur Behandlung der einzelnen Beschwerden zur Verfügung stellen. Entsprechend ist anfänglich vertreten worden, daß beide Resolutionen auf der Grundlage von Res. 728 F (XXVIII) ein einziges Verfahren regelten: Res. 1503 (XLVIII) ge-

---

[169] *Gonzales,* NYU Journal of International Law & Politics 13 (1981), S. 431. Der Widerstand dieser Länder beruhte - anders als der der Ostblockstaaten - nicht auf der grundsätzlichen Ablehnung eines Individualbeschwerdverfahrens, sondern richtete sich in erster Linie gegen die praktischen Auswirkungen des Verfahrens, also die Untersuchung bestimmter Situationen in den Entwicklungsländern - *Gonzales,* ebd. Siehe nur die Ausführungen des iranischen Delgierten in der Kommission 1975, zitiert nach *Liskofsky,* RDH 8 (1975), S. 895, der damit drohte, daß das gesamte Verfahren von der Mehrheit der afrikanischen und asiatischen Staaten zu Fall gebracht werden könnte.

[170] *Tomuschat,* VN 1976, S. 168f.

[171] Int.Comm.J.Rev. 18 (1977), S. 25f. *Gonzales,* NYU Journal of International Law & Politics 13 (1981), S. 463-465. Siehe zu diesen Überlegungen noch ausführlich unten § 16.I.A., S. 244. Zum Verhältnis beider Verfahren unten § 30.I., S. 495.

[172] Dies betraf die Situation in Uganda, nachdem zwei westliche Staaten bereits 1977 versuchten hatten, die Situation in öffentlicher Debatte zu behandeln - ausführlich hierzu *Gonzales,* NYU Journal of International Law & Politics 13 (1981), S. 465f.

[173] *Partsch,* Hoffen auf Menschenrechte, S. 85.

stalte die Bestimmungen der früheren Resolution näher aus[174]. Auch der Wortlaut der beiden Resolutionen legt diese Sichtweise nahe. Schon Abs. 2 Res. 1235 (XLII) sieht die Verwendung der Beschwerden und Petitionen vor. Konsequente Folge dieser Sichtweise wäre gewesen, nach der Einrichtung des 1503-Verfahrens die jährliche öffentliche Debatte über „Menschenrechtsverletzungen in aller Welt" wiederum abzuschaffen: die vertrauliche Debatte wäre insofern ausreichend[175]. Diese Konsequenz mutet jedoch insoweit seltsam an, als Res. 1503 (XLVIII) ausdrücklich nur den Umgang mit privaten Beschwerden regelt, nicht aber generell die Debatte über Menschenrechtsverletzungen.

Um dies zu vermeiden, entwickelten die beteiligten Organe trotz unklarer Rechtslage zwei unabhängig voneinander funktionierende Verfahren zur Behandlung von Menschenrechtsverletzungen[176]. Bereits auf der 24. Sitzung der Unterkommission im August 1971 wurde ein solches weitergehendes Verständnis erkennbar. Außer der durch Res. 1503 (XLVIII) geregelten vertraulichen Behandlung der in den Petitionen erkennbaren Situationen wurde eine davon unabhängige öffentliche Debatte über „Menschenrechtsverletzungen in einzelnen Ländern" auf die Tagesordnung gesetzt. Basis hierfür war Res. 1235 (XLII)[177]. Im Rahmen des auch in der Unterkommission eingeführten Tagesordnungspunktes „Frage der Verletzung von Menschenrechten und Grundfreiheiten..." kam es beispielsweise zu einer Erörterung der Situation in Ostpakistan (dem späteren Bangladesch), wenngleich aufgrund der erheblichen politischen Implikationen keine abschließende Resolution verabschiedet wurde[178]. Auch wenn Gegenteiliges geäußert wurde, so war doch die Mehrheit der Experten der Ansicht, daß die Ermächtigung in Abs. 2 Res. 8 (XXIII), einen Bericht über die Lage der Menschenrechte zu erstellen, auch nach Verabschiedung von Res. 1503 (XLVIII) noch

---

[174] Stellungnahme Argentiniens - Report prepared by the Secretary-General pursuant to Decision 4 (XXXIII) of the Commission on Human Rights (Addendum), E/CN.4/1273/Add.1 (26.01.1978), S. 5-7.

[175] Bei *Zuijdwijk,* S. 45.

[176] *Tolley*, The U.N. Commission on Human Rights, S. 58.

[177] *Zuijdwijk,* S. 28. Insofern hat Res. 1503 (XLVIII) die frühere Res. 1235 (XLII) nicht vollständig überlagert - *Cançado Trindade,* RdC 202 (1987 II), S. 226.

[178] Report of the Sub-Commission on its 24th session..., E/CN.4/1070, E/CN.4/Sub.2/323 (06.10.1971) Abs. 108-110; *Zuijdwijk,* S. 28f.

Gültigkeit habe[179]. Dieser Standpunkt wurde durch entsprechende Erörterungen der Unterkommission in den Folgejahren bestätigt[180].

Auf Kommissionsebene kam es erst 1975 zu einer entsprechenden Durchführung eines öffentlichen Verfahrens auf der Grundlage von Res. 1235 (XLII) - in bezug auf Chile sowie Zypern[181]. Dieses Vorgehen war deutlicher Kritik ausgesetzt: Res. 1235 (XLII) bestätige allein die Aufnahme eines neuen Tagesordnungspunktes, sie biete aber keine ausreichende Rechtsgrundlage für ein eigenständiges öffentliches Verfahren[182]. Impliziert wird dabei, daß die übrigen Vorschriften von Res. 1503 (XLVIII) überlagert worden seien. Diese Ansicht vernachlässigt aber die zweifache Ausrichtung der besagten Resolution: die Behandlung von groben Menschenrechtsverletzungen *per se* sowie die Ermöglichung der Verwendung von privaten Beschwerden. Außer der Bestimmung zur Ergänzung von Res. 728 F (XXVIII), die den Umgang mit den privaten Beschwerden betrifft, enthält Res. 1235 (XLII) nämlich noch einen zweiten, hiervon abzugrenzenden Aspekt[183]. Es wird die unabhängig davon bestehende, allgemeine Befugnis der MRK zur Erörterung und Untersuchung von schweren Menschen-

---

[179] *Zuijdwijk*, S. 29.

[180] 1972 erörterte die Unterkommission die Situation in Uganda in öffentlicher Sitzung im Hinblick auf die Massenausweisungen asiatischer Gastarbeiter. Die abschließende Resolution vermied es allerdings, das Land ausdrücklich zu bezeichnen, sondern lenkte die Aufmerksamkeit der Kommission nur allgemein auf die Situation von Nichtstaatsangehörigen unter Menschenrechtsgesichtspunkten - Report of the Sub-Commission ... on its 25th Session, E/CN.4/1101, E/CN.4/Sub.2/332 (28.09.1972), Abs. 98-106 (Deatte und Entwürfe) und Res. 8 (XXV), ebd. S. 60; *Zuijdwijk*, S. 46.

1974 waren, sowohl von den Experten selbst als auch von Seiten einzelner NGO-Repräsentanten, verschiedene Situationen schwerer Menschenrechtsverletzungen zum Gegenstand der Debatte in der Unterkommission gemacht worden - Report of the Sub-Commission on its 26th session..., E/CN.4/1160, E/CN.4/Sub.2/354 (18.10.1974), Abs. 111- 121; *Zuijdwijk*, S. 47.

[181] Siehe überblicksweise zur Entstehung der öffentlichen länderbezogenen Verfahren § 10.IV.A.1., S. 143.

[182] Kritisch *Boekle*, NQHR 13 (1995), S. 373; *Partsch*, in: Menschenrechte, Dokumente und Deklarationen, S. 15. *Alston*, Commission on Human Rights, in: ders. (Hrsg.), The United Nations and Human Rights, S. 155 spricht lediglich davon, daß Art und Weise der Verfahrensdurchführung in den neunziger Jahren nur noch eine verschwindende Ähnlichkeit mit dem habe, wozu die MRK mit der Res. 1235 (XLII) ermächtigt worden sei.

[183] Legal Analysis Dated 2 February, 1978: The Competence of the Commission on Human Rights to Deal with Violations of Human Rights..., in: Ramcharan (Hrsg.), The Principle of Legality, S. 78.

rechtsverletzungen neu bestätigt (*re-confirm*)[184]. Hierzu enthält Res. 1503 (XLVIII) keine Aussage, sie kann also die früheren Regelungen insoweit auch nicht überlagern.

Die Praxis der Kommission hat diesen Standpunkt bestätigt und durch ausgiebigen, vom ECOSOC bestätigten Gebrauch von beiden Mechanismen verfestigt. Mittlerweile bestehen so keine Zweifel mehr daran, daß es sich hierbei um zwei verschiedene Verfahren handelt[185]. Das vertrauliche Petitionsverfahren stellt unabhängig von der Einrichtung und Entwicklung der öffentlich arbeitenden Mechanismen ein parallel bestehendes Instrument der MRK dar[186]. Es unterliegt in verfahrenstechnischer Hinsicht viel strengeren Vorgaben als das öffentliche[187]. Infolge des auf die Öffentlichkeit verzichtenden Ansatzes kommt ihm, wie unten noch ausführlich darzustellen ist, neben dem öffentlichen eine eigenständige Rolle zu[188].

VI. Der Ablauf des Verfahrens nach Resolution 1503

Das in Res. 728 F (XXVIII) vorgesehene Eingangsverfahren für die Behandlung der Beschwerden auf der Ebene des Sekretariats - Zusammenfassung, Weiterleitung an die Regierungen und Aufnahme in die Liste - blieb im wesentlichen erhalten[189]. Abs. 4 lit. a) Res. 1503 (XLVIII) ergänzte dies dahingehend,

---

[184] Legal Analysis Dated 2 February, 1978: The Competence of the Commission on Human Rights to Deal with Violations of Human Rights..., in: Ramcharan (Hrsg.), The Principle of Legality, S. 78f. Zur Begründung dieser allgemein vorhandenen Befugnis wird auf die Resolutionen 1102 (XL) und 1164 (XLI) des ECOSOC, 2144 (XXI) der Generalversammlung und 8 und 9 (XXIII) der Kommission selbst i.V.m. mit der allgemeinen Ermächtigung der Kommission (*Terms of Reference*) verwiesen.

[185] *Alston,* Commission on Human Rights, in: ders. (Hrsg.), The United Nations and Human Rights, S. 144; *Karl,* BerDGV 33 (1994), S. 104.

[186] *Cook,* Int.Comm.J.Rev. 50 (1993), S. 42.

[187] So i.E. *Bartolomei,* S. 244, die insbesondere anhand der Situation in Chile darstellt, daß im Rahmen des öffentlichen länderbezogenen Verfahrens ohne weiteres Zeugen gehört, schriftliche Zeugnisse genutzt, verschiedenste Sitzungen - öffentlich oder nicht-öffentlich - abgehalten und Stellungnahmen abgegeben werden können. Im 1503-Verfahren setze vielmehr jedes Untersuchungsgremium zu seiner Einsetzung, Zusammensetzung und Verfahrensordnung die Zustimmung des betroffenen Staates voraus - ebd., S. 245.

[188] *Ramcharan,* The Concept and Present Status of International Protection, S. 137.

[189] *Ermacora,* RDH 7 (1974), S. 680; *Schwelb,* Journal of the Israel Institute for the Study of International Affairs 13 (1974), S. 130; *Schwelb/Alston,* in: Vasak (Hrsg.), The International Dimensions I, S. 273; *Tardu,* Santa Clara Law Rev. 20 (1980), S. 564.

daß nun sämtliche Zusammenstellungen der Beschwerden monatlich den Experten der Unterkommission zuzuleiten waren. Seit 1975 empfingen auch die Mitglieder der Kommission die Liste nicht mehr nur zu Beginn der Sitzung, sondern ebenfalls monatlich[190].

A. Das Eingangsverfahren der Beschwerden in der Arbeitsgruppe der Unterkommission

Die Vorprüfung der an die Unterkommission weitergeleiteten Mitteilungen nahm eine fünfköpfige Arbeitsgruppe für Mitteilungen (*Working Group on Communications - WGC*) vor, die einmal jährlich zwei Wochen lang unmittelbar vor dem Zusammentreten der gesamten Unterkommission in geschlossener Sitzung tagte[191]. In dieser Arbeitsgruppe wurden alle eingegangenen Mitteilungen, die bis spätestens zwölf Wochen vor ihrer Sitzung (also i.d.R. Ende April) beim Menschenrechtszentrum eingegangen waren[192], einer ersten sachlichen Prüfung unterzogen. Diese erfolgte im Hinblick auf zwei Ziele: der Prüfung der Zulässigkeit der Beschwerden entsprechend Res. 1 (XXIV) der Unterkommission[193] und der Feststellung, ob die Mitteilungen *prima facie* auf einen „Gesamtzusammenhang grober und glaubwürdig bezeugter Menschenrechtsverletzungen" hinzuweisen vermögen[194]. Grundlage ihrer Entscheidungen waren die schriftlichen Beschwerden und gegebenenfalls Regierungsentgegnungen[195]. Auf Anfrage erhielten ihre Mitglieder gemäß Abs. 4 lit. b) Res. 1503 (XLVIII) Einsicht in die Originale der Beschwerden, d.h. ihr wurden Kopien mit unkenntlich gemachten Namen zur

---

[190] ECOSOC, Entscheidung 79 (LVIII) vom 06.05.1975, lit. b), in: E/5683 S. 40; *Möller*, Universal Human Rights 1 (1979), S. 70; *Ize-Charrin*, 1503: A Serious Procedure, S. 2; *Zuijdwijk*, S. 52.

[191] ECOSOC-Res. 1503 (XLVIII) vom 27.05.1970, Abs. 1; *Cassese*, RDH 5 (1972), S. 376; *Bossuyt*, HRLJ 6 (1985), S. 181; *Lillich/Hannum*, S. 365; *Ize-Charrin*, 1503: A Serious Procedure, S. 4; *Weissbrodt/Parker*, S. 12.

[192] Sub-Commission, Entscheidung 1990/112 (E/CN.4/Sub.2/1990/59); *Bartolomei*, S. 74; *Weissbrodt/Parker*, S. 12.

[193] Diese Resolution wurde in Erfüllung des Auftrags aus Res. 1503 (XLVIII), Abs. 2, am 13.08.1971 beschlossen, siehe Anhang 2, S. 684 - deutsche Übersetzung in *von Mangoldt/Rittberger*, S. 1581. Zu den einzelnen Zulässigkeitsbestimmungen siehe unten § 23.I., S. 363.

[194] *Bartolomei*, S. 75; *Cassese*, La Comunità Internazionale 30 (1975), S. 51; *Eide*, in: Alston (Hrsg.), The United Nations and Human Rights, S. 231; *Ize-Charrin*, 1503: A Serious Procedure, S. 4; International Commission of Jurists (Hrsg.), Gross Violations of Human Rights, S. 11; *Tardu*, Santa Clara Law Rev. 20 (1980), S. 572.

[195] *Eide*, in: Alston (Hrsg.), The United Nations and Human Rights, S. 231.

Verfügung gestellt[196]. Seit 1978 hatte die WGC auch Zugang zu den vertraulichen Unterlagen der Kommission[197].

Bejahte die Arbeitsgruppe das Vorliegen eines „Gesamtzusammenhangs grober und glaubwürdig bezeugter Menschenrechtsverletzungen", so legte sie die fraglichen Beschwerden gemeinsam mit den gegebenenfalls eingegangenen Stellungnahmen der betroffenen Regierungen der Unterkommission in einem vertraulichen Bericht vor, in dem die Situationen aufgezählt sind[198]. Sie entwickelte jedoch in der Praxis die Alternative, die endgültige Entscheidung über einzelne Mitteilungen auf ihre Sitzung im folgenden Jahr zu verschieben[199].

Die Arbeitsgruppe teilte ihre Entscheidungen der jeweiligen Regierung mit, insbesondere wenn sie die Weiterleitung der Angelegenheit an die Unterkommission verschoben hatte. Zum Teil wurden auch detaillierte Fragen gestellt - in der Erwartung genauer Antworten[200].

B. Die Behandlung der Beschwerden in der Unterkommission

Die Unterkommission hatte sodann im Plenum über die von der Arbeitsgruppe überwiesenen Mitteilungen zu entscheiden, auch dies in nichtöffentlicher Sitzung. Ihre Aufgabe bestand darin, eine zweite Prüfung (*screening*) sowohl der Zulässigkeit[201] als auch der Begründetheit (*merits*)[202] einer Beschwerde durchzuführen[203]. Sie war ausdrücklich ermächtigt, hierzu „weitere relevante Informationsquellen" heranzuziehen[204]. Die Aufgabe bestand nicht in erster Linie in einer

---

[196] *Schwelb*, Journal of the Israel Institute for the Study of International Affairs 13 (1974), S. 132; *Bartolomei,* S. 76; *Tardu*, Santa Clara Law Rev. 20 (1980), S. 566.

[197] MRK, Entscheidung 4 (XXXIV) vom 03.03.1978; Analysis of existing United Nations procedures ..., E/CN.4/1317 (08.02.1979), Abs. 21.

[198] *Cassese,* La Comunità Internazionale 30 (1975), S. 51; *Eide*, in: Alston (Hrsg.), The United Nations and Human Rights, S. 232; *Weissbrodt/Parker,* S. 13.

[199] *Ize-Charrin*, 1503: A Serious Procedure, S. 4; *Weissbrodt/Parker,* S. 13. Auch diese Entscheidung muß mit absoluter Mehrheit getroffen werden - *Ize-Charrin*, ebd.

[200] *Ize-Charrin*, 1503: A Serious Procedure, S. 4; *Weissbrodt/Parker,* S. 13.

[201] *Meißner,* S. 26, 27, offengelassen bei *Tardu/McCarthy,* S. 83.

[202] International Commission of Jurists (Hrsg.), Gross Violations of Human Rights, S. 11.

[203] Analysis of existing United Nations procedures ..., E/CN.4/1317 (08.02.1979), Abs. 17.

[204] Res. 1503 (XLVIII), Abs. 5. Analysis of existing United Nations procedures ..., E/CN.4/1317 (08.02.1979), Abs. 17; *Cassese,* La Comunità Internazionale 30 (1975), S. 51; *Meißner,* S. 27; *Ramcharan*, The Concept and Present Status of International Protection,

eingehenden Prüfung der vorgetragenen Fakten. Vielmehr unternahm sie praktisch eine zweite *Prima facie*-Bewertung der bekannten Fakten[205]. Gemäß Abs. 5 der Res. 1503 (XLVIII) war die Unterkommission angehalten zu beschließen, ob sie die MRK auf eine bestimmte *Situation* aufmerksam machen sollte, die einen Gesamtzusammenhang grober und glaubwürdig bezeugter Menschenrechtsverletzungen darstellte und der Erörterung durch die MRK bedürfe[206].

Die Entscheidung hierüber wurde im Plenum mit einfacher Mehrheit gefällt[207], seit 1989 in geheimer Abstimmung[208]. Eine Einschränkung des Stimmrechts für die Experten bei Behandlung ihres Landes bestand nicht[209]. Bejahte die Unterkommission das Vorliegen eines *consistent pattern*, wurde dieser Fakt in einem vertraulichen Bericht an die Kommission vermerkt und zur Fundierung dessen eine Zusammenstellung der zusammengefaßten Beschwerden beigefügt. In

---

S. 140; *Schwelb*, Journal of the Israel Institute for the Study of International Affairs 13 (1974), S. 132; *Weissbrodt/Parker*, S. 13.

Aufgrund der Kürze der Zeit und der begrenzten Ressourcen des Menschenrechtszentrums konnten oft nur die Hauptbestandteile der an die Unterkommission überwiesenen Beschwerden übersetzt werden; Dokumentenanhänge, besonders wenn sie umfangreich sind, standen so einergewissen Zahl der Mitglieder u.U. nicht zur Verfügung - *Weissbrodt/Parker*, S. 13.

Gemäß Entscheidung 4 (XXXIV) vom 03.03.1978 wurden der Unterkommission und ihrer Arbeitsgruppe sämtliche vertraulichen Dokumente der Kommission zur Verfügung gestellt. Die Unterkommission hatte somit beispielsweise 1999 folgende Dokumente im 1503-Verfahren vor sich: a) den vertraulichen Bericht der Arbeitsgruppe, b) relevante Dokumente von der letzten Sitzung, c) vertrauliche Entschließungen und andere Dokumente der letzten Sitzung der Kommission, einschließlich der Sitzungsberichte, d) relevante Resolutionen und Entscheidungen zum Verfahrensablauf und e) die vertrauliche Liste der im letzten Jahr eingegangenen Mitteilungen sowie diejenige der Regierungsantworten - Annotations to the Provisional Agenda, E/CN.4/Sub.2/1999/1/Add.1 (18.06.1999), Abs. 283.

[205] *Cassese*, La Comunità Internazionale 30 (1975), S. 51; *Ermacora*, RDH 7 (1974), S. 682; *Meißner*, S. 26.

[206] *Ize-Charrin*, 1503: A Serious Procedure, S. 5; *Schwelb*, VN 1972, S. 83.

[207] *Alston*, Commission on Human Rights, in: ders. (Hrsg.), The United Nations and Human Rights, S. 146; *Bossuyt*, HRLJ 6 (1985), S. 182; *Tardu/McCarthy*, S. 96.

[208] In den Jahren 1989 und 1990 erfolgte dies im Wege der einvernehmlichen Suspendierung von Regel 59 der *Rules of Procedure* (hierzu oben § 7.III.A., S. 87), seit 1991 auf der Basis von ECOSOC-Res. 1991/32 vom 31.05.1991 - Annotations to the Provisional Agenda, E/CN.4/Sub.2/1999/1/Ad..1 (18.06.1999), Abs. 281; *Ize-Charrin*, 1503: A Serious Procedure, S. 2.

[209] *Tolley*, The U.N. Commission on Human Rights, S. 76.

einem Anhang waren die Beschwerden im Volltext enthalten[210]. Außer der Weiterleitung an die Kommission konnte die Unterkommission auch das Vorliegen einer entsprechenden Situation verneinen oder zum Zwecke weiterer Tatsachenaufklärung, bzw. um die betreffende Regierung zu weiterer Kooperation zu animieren, die weitere Behandlung auf die nächste Sitzung verschieben[211]. Zumindest in einem Fall hat die Unterkommission auch einzelne Situationen bzw. Beschwerden an die WGC zur erneuten Prüfung zurückverwiesen[212].

Im Falle der Weiterleitung einer Situation an die MRK wurde die betroffenen Regierung erneut aufgefordert, gegenüber der Arbeitsgruppe der MRK schriftlich zu der als solche identifizierten Situation „grober und glaubwürdig bezeugter Menschenrechtsverletzungen"Stellung zu nehmen[213]. Im Falle der weiteren Beobachtung der Situation durch die Unterkommission wurde die Regierung gleichfalls darüber informiert und um erneute Auskünfte - dann an die Unterkommission - gebeten[214].

C. Die Vorprüfung der „Situationen" in der Arbeitsgruppe der Kommission

Die nächste Verfahrensstufe wurde durch eine Vorprüfung der Situationen in der ursprünglich nicht in der Res. 1503 (XLVIII) vorgesehenen Arbeitsgruppe der MRK für Situationen (WGS) eingeleitet, die eine Woche vor der Sitzungs-

---

[210] *Tardu*, Santa Clara Law Rev. 20 (1980), S. 573; *Meißner*, S. 27.

[211] *Alston*, Commission on Human Rights, in: ders. (Hrsg.), The United Nations and Human Rights, S. 146; *Bartolomei*, S. 76; *Bossuyt*, HRLJ 6 (1985), S. 182; *Ize-Charrin*, 1503: A Serious Procedure, S. 5; *Riedel*, Menschenrechtskommission, in: Wolfrum (Hrsg.), Handbuch Vereinte Nationen, Rn. 10. Letztgenannte Alternative ist in der Resolution 1503 (XLVIII) so nicht vorgesehen (vgl. Abs. 5), aber angesichts der enormen Zahl von Beschwerden alsbald in die Praxis übernommen worden; außerdem kann so auch recht frühzeitig die jeweilige Regierung zur Kooperation angehalten werden - *M. Nowak*, NYIL 22 (1991), S. 51; vgl. auch *Weissbrodt/Parker*, S. 13. Kritisch, da dies gegen den Wortlaurt der Resolution verstoße, *Farer*, HRQ 9 (1987), S. 576. Ein Beispiel für ein derartiges Vorgehen ist die jahrelange Verschiebung der Behandlung der Situation in Sri lanka - *Tolley*, The U.N. Commission on Human Rights, S. 76.

[212] Res. 2 (XXV) vom 28.08.1972, Abs. 4, in: Report of the Sub-Commission ... on its 25th Session, E/CN.4/1101, E/CN.4/Sub.2/332 (28.09.1972), S. 45; *Tardu/McCarthy*, S. 95; *Tolley*, The U.N. Commission on Human Rights, S. 76.

[213] MRK, Entscheidung 3 (XXX) vom 06.03.1979, s.u. Anhang 2, S. 683. *Bartolomei*, S. 77; *Lillich/Hannum*, S. 365; *Ize-Charrin*, 1503: A Serious Procedure, S. 5; *Tardu*, Santa Clara Law Rev. 20 (1980), S. 573; *Weissbrodt/Parker*, S. 13; *Tardu/McCarthy*, S. 96.

[214] *Ize-Charrin*, 1503: A Serious Procedure, S. 5; *Weissbrodt/Parker*, S. 14.

periode der MRK zusammentritt[215]. Diese untersucht alle in der Kommission zur Erörterung anstehenden Situationen schwerer Menschenrechtsverletzungen einschließlich der jeweils eingegangenen Stellungnahmen und Anmerkungen der betroffenen Regierungen - die von der Unterkommission überwiesenen wie auch die von der Kommission im Vorjahr zur weiteren Behandlung verschobenen[216]. Die Arbeitsgruppe unterbreitete dem Plenum der Kommission Vorschläge, wie in den konkreten Fällen jeweils zu entscheiden sei[217]. Als reines Vorbereitungsorgan war sie weder befugt, Tatsachenermittlung zu betreiben[218] noch eine Situation selbständig auf eine spätere Sitzung zur Behandlung zu verschieben[219]. Ihre Empfehlungen waren der jeweils betroffenen Regierung zuzuleiten, damit diese ihre Teilnahme an der Kommissionssitzung vorbereiten konnte[220].

Grundlage ihrer Entscheidung waren die weitergeleiteten Beschwerden in Zusammenfassung und im Volltext sowie die Bemerkungen der betroffenen Regierungen. Weiterhin wurden, soweit im Einzelfall vorhanden, Berichte des Generalsekretärs oder von Sonderberichterstattern herangezogen. Die Kommission hatte zudem 1977 beschlossen, alle später, d.h. nach der Sitzung der WGC einge-

---

[215] Zu Entstehung und rechtlicher Basis für die Arbeitsgruppe siehe oben § 15.IV.B., S. 464. Liegen zum Zeitpunkt der ordentlichen Sitzungen noch nicht alle Dokumente vor, so konnte die Arbeitsgruppe auch noch zu ergänzenden Treffen während der Sitzungsperiode der Kommission zusammenkommen. Beispielsweise lag 1985 der Bericht des Generalsekretärs über seine „direkten Kontakte" (siehe dazu unten, S. 241 bei Fn. 241) während der regulären Zusammenkünfte der Arbeitsgruppe noch nicht vor, so daß hier ein erneutes Treffen zu einem späteren Zeitpunkt für erforderlich gehalten wurde - Report of the Working group established by CHR decision 1984/114, E/CN.4/1985/R.4 (01.02.1985), Abs. 6.

[216] *Ize-Charrin*, 1503: A Serious Procedure, S. 5f.

[217] Abs. 1 ECOSOC-Res. 1990/41 vom 25.05.1990; *Alston*, Commission on Human Rights, in: ders. (Hrsg.), The United Nations and Human Rights, S. 146; *Ermacora*, RDH 7 (1974), S. 683; *Lillich/Hannum*, S. 365; *Ize-Charrin*, 1503: A Serious Procedure, S. 6; *M. Nowak*, NYIL 22 (1991), S. 52; *Tardu*, Santa Clara Law Rev. 20 (1980), S. 574.

Gegen den konkreten Vorschlag, eines der in Abs. 6 Res. 1503 (XLVIII) vorgesehenen Verfahren anzuwenden, wendete sich noch 1979 der selbst betroffene Vertreter Uruguays: Insoweit habe die WGS ihre Kompetenz überschritten, da sie allenfalls allgemein die Prüfung eines bestimmten Landes, nicht aber konkrete Maßnahmen empfehlen dürfe - CHR, Summary record of the 1501st meeting (confidential) [01.03.1979], E/CN.4/SR.1501 (15.03.1979), Abs. 27.

[218] *M. Nowak*, NYIL 22 (1991), S. 52.

[219] *Ize-Charrin*, 1503: A Serious Procedure, S. 6; Report of the Secretary-General, Effective Functioning of the Various Mechanisms ..., E/CN.4/1994/42 (14.02.1994), Abs. 71.

[220] *Tardu/McCarthy*, S. 18f.

henden Beschwerden, die das jeweils untersuchte Land betreffen, gleichfalls der WGS zur Verfügung zu stellen[221]. Hintergrund war ein Vorschlag der USA, der grundsätzlich die direkte Weiterleitung der Beschwerden an die Kommission und ihre Arbeitsgruppe vorsah, wenn sie eine bereits dort behandelte Situation betrafen[222]. In Anbetracht jener Praxis entfiel das Bedürfnis für eine solche Änderung. Bereits 1981 wurden aber Zweifel an der Zulässigkeit solchen Vorgehens geäußert[223], denn letztlich bedeutete dies ein Überspringen der Verfahrensstufen auf der Ebene der Unterkommission und ihrer Arbeitsgruppe im Widerspruch zu Res. 1503 (XLVIII). Demgemäß gab man diese Praxis nach 1982 auf, gewährte der Arbeitsgruppe für Situationen aber unmittelbar Zugang zu den monatlichen Listen mit den zusammengefaßten Beschwerden, die vom Generalsekretär gemäß Res. 728 F (XXVIII) erstellt wurden[224].

D. Die Behandlung der "Situationen" in der Kommission

Die Kommission erörterte dann anhand der Empfehlungen der WGS die Situationen, wobei am Ende der Behandlung eines Staates die Verabschiedung einer gleichermaßen vertraulichen Resolution oder Entscheidung stand.

---

[221] Int.Comm.J.Rev. 18 (1977), S. 26. Siehe z.B. die verschiedenen Zusammenstellungen in den jährlichen Vermerken des Generalsekretärs (aus den veröffentlichten Dokumenten betreffend Uruguay): Note by the Secretary-General: "Summaries of further communications received, that relate to situations refered to the Commission": für 1979: E/CN.4/R.47 (24.01.79), Abs. 4 lit. (k); für 1980: E/CN.4/R.53 (24.01.1980). Abs. 2; für 1981: E/CN.4/R.69 (23.1.1981); für 1982: E/CN.4/R.82, Abs. 4 lit. (g).

Der Beschluß geht auf einen 1975 geäußerten Vorschlag Großbritanniens zurück, der allerdings als Bedingung für eine solche direkte Durchleitung an die WGS oder die Kommission eine Stellungnahme der Regierung vorsah - CHR, Summary record of the 1306th meeting [14.02.1975], E/CN.4/SR.1290-1308 (27.06.1975), S. 151 (Großbritannien). Allerdings lehnte die Sowjetunion diesen Vorschlag als Verstoß gegen Res. 1503 (XLVIII) ab - CHR, Summary record of the 1308th meeting [17.02.1975], E/CN.4/SR.1290-1308 (27.06.1975), S. 170.

[222] Int.Comm.J.Rev. 16 (1976), S. 26.

[223] Sub-Commission, Summary record of the 923rd meeting [04.09.1981], E/CN.4/Sub.2/SR.923 (11.08.1981), Abs. 42ff.

[224] Siehe beispielsweise den Report of the Working Group [on Situations] ..., E/CN.4/1984/R.5 (06.02.1984), Abs. 7.

1. Die in Res. 1503 (XLVIII) vorgesehenen Mechanismen

Nach der ursprünglichen Konzeption von Abs. 6 Res. 1503 (XLVIII) hatte die Kommission zwei Alternativen[225] für das weitere Verfahren zur Untersuchung der behaupteten Vorwürfe. Zum einen sieht die Resolution die Durchführung einer eingehenden Studie (*thorough study*) vor (Abs. 6 lit. a]), zum andern kann mit Zustimmung der betroffenen Regierung ein *Ad hoc*-Untersuchungsausschuß eingesetzt werden (Abs. 6 lit. b])[226]. Eine eingehende Studie i.S.v. Abs. 6 lit. a) kann ohne ausdrückliche Zustimmung des Staates durchgeführt werden[227]. Dieser Mechanismus ist in Abs. 3 Res. 1235 (XLII) vorgesehen und findet sich allgemein bereits im ursprünglichen Kompetenzkatalog von ECOSOC-Res. 5 (I) und 9 (II)[228]. Der einzige Unterschied der in Res. 1503 (XLVIII) vorgesehenen eingehenden Studie war die Vertraulichkeit[229]. Als ein Verfahren ohne Zugang

---

[225] A.A. wohl *Meißner,* S. 29, der von einer Abstufung ausgeht: ein Untersuchungsausschuß könne nur dann eingesetzt werden, wenn die vorherige „eingehende Studie" nicht zu hinreichenden Ergebnissen geführt hat. Diese Sichtweise findet allerdings im Text der Resolution und sonstiger Instrumente keinen Rückhalt. Zuzugeben ist freilich, daß aufgrund des sehr viel schwerwiegenderen Charakters einer Untersuchung durch einen eigens eingesetzten Ausschuß in aller Regel die Durchführung einer eingehenden Studie zuvor in Erwägung zu ziehen sein wird.

[226] *Bartolomei,* S. 65; *Cassese,* La Comunità Internazionale 30 (1975), S. 52; *Ermacora,* RDH 7 (1974), S. 683.

[227] *Ermacora*, RDH 7 (1974), S. 683. *Tardu*, Santa Clara Law Rev. 20 (1980), S. 575; Fehlt die Zustimmung bzw. Unterstützung der jeweiligen Regierung, so kann es allerdings eher zu einer unausgewogenen Informationsbeschaffung kommen - *Ermacora*, ebd. Dieser steht es jedoch frei, im Rahmen der Erörterung der Situation in der Kommission ihre Sichtweise darzulegen.

[228] *M. Nowak*, NYIL 22 (1991), S. 52. Siehe hiezu oben § 9.I., S. 107ff.

[229] A.A., jedoch ohne nähere Begründung, *Cook*, Int.Comm.J.Rev. 50 (1993), S. 43, Anm. 17; *Alston,* Commission on Human Rights, in: ders. (Hrsg.), The United Nations and Human Rights, S. 147f. mit Anm. 73, die insoweit jedoch auf die Überleitung in das öffentliche Verfahren abstellen - dazu sogleich im Text.

Offengelassen bei *Tardu/McCarthy,* S. 111f., der offenbar sowohl eine vertrauliche als auch eine nichtvertrauliche eingehende Studie als möglich ansieht.

Abs. 8 Res. 1503 (XLVIII) stellt aber ausdrücklich klar, daß sämtliche Aktivitäten vor der Weiterleitung an den ECOSOC vertraulich bleiben müssen. Der Verweis auf Res. 1235 (XLII), die in Abs. 3 ein öffentliches Untersuchungsverfahren bereitstellt, mag insofern systemwidrig erscheinen (Interview *Möller*, Genf, 11.04.2000), entbindet aber nicht von der Vertraulichkeitsverpflichtung in Abs. 8.

zum jeweiligen Land ist diese Variante eine für den konkreten Staat nur wenig bedrohliche[230].

Eine Untersuchung (*investigation*) gemäß Abs. 6 lit. b) ist hingegen ein tatsächlicher Untersuchungsvorgang zum Zwecke der Tatsachenermittlung (*fact-finding*)[231]. Diese bedarf angesichts der Durchführung im Staatsgebiet der fortwährenden Zustimmung der betroffenen Regierung[232]. Wegen der weitgehenden Eingriffe in die Rechte des Staates und um dessen Gesichtsverlust durch eine solche Untersuchung so gering wie möglich zu halten, waren noch weitere „Sicherungsmechanismen" eingerichtet worden[233]. Der von der Kommission eingesetzte und ernannte Untersuchungsausschuß mußte mit unabhängigen und angesehenen Experten besetzt werden, deren Auswahl der Zustimmung des betroffenen Staates bedurfte[234]. Voraussetzung für die Einleitung eines solchen Verfahrens waren u.a. die Erschöpfung des innerstaatlichen Rechtsweges (Abs. 6 lit. b] Ziff. i] Res. 1503 [XLVIII]) sowie die nicht gleichzeitige Untersuchung derselben Angelegenheit in einem anderen internationalen Verfahrens (Abs. 6 lit. b] Ziff. ii])[235]. Für die in allen Stadien vertrauliche Durchführung seiner Untersuchung sollte sich das Gremium eine eigene Verfahrensordnung geben und das Recht haben, Zeugen zu hören und neu eingehende Beschwerden direkt zu emp-

---

[230] *Tardu*, Santa Clara Law Rev. 20 (1980), S. 575; *Cançado Trindade,* RdC 202 (1987 II), S. 221. Untersuchungen oder Studien allgemeiner Art wurden im Bereich der UNO bereits seit 1954 durchgeführt (siehe oben § 10.III.C., S. 133).

[231] *M. Nowak*, NYIL 22 (1991), S. 52; *Ermacora*, RDH 7 (1974), S. 682.

[232] Abs. 6 lit. b), Abs. 7 lit. b) Res. 1503 (XLVIII); *Ermacora*, RDH 7 (1974), S. 682; *Schwelb*, Journal of the Israel Institute for the Study of International Affairs 13 (1974), S. 132; *Tardu*, Santa Clara Law Rev. 20 (1980), S. 578; *Tardu/McCarthy,* S. 107, 117.

Auf diesen Schutzmechanismus hatte man sich bereits in der Diskussion der mit der Ausarbeitung eines Verfahrens für die Behandlung der Beschwerden betrauten Areitsgruppe geeinigt - Report of the Working group established under resolution 10 (XX) of the Sub-Commission, E/CN.4/Sub.2/L.492 (04.10.1968), Abs. 8.

[233] *Meißner,* S. 30; *Schwelb*, VN 1972, S. 83.

[234] *Schwelb*, Journal of the Israel Institute for the Study of International Affairs 13 (1974), S. 132; *Tardu/McCarthy,* S. 117; Abs. 7 lit. a) Res. 1503 (XLVIII). Es wird insoweit das internationale Schiedsgerichtswesen, in dem die Auswahl des/der Schiedsrichter den Parteien oblag, als Inspirationsquelle für die Konzeption dieses Untersuchungsausschusses deutlich (vgl. nur Art. 45 des I. Haager Abkommen vom 18. Oktober 1907).

[235] Ausführlich hierzu *Tardu/McCarthy,* S. 119f. Die Resolution sagt freilich nichts darüber aus, wer die Prüfung dieser Punkte übernehmen soll: hierfür würde sich eher als der Ausschuß selbst die Kommission anbieten, da diese es schließlich ist, die den Ausschuß einsetzt - *Cassese,* La Comunità Internazionale 30 (1975), S. 59 mit Fn. 14.

fangen[236]. Hauptaufgabe des Ausschusses sollte somit die Untersuchung der tatsächlichen Ereignisse (*fact-finding*) sein. Das grundsätzlich und dauerhaft erforderte Einverständnis zur Zusammensetzung des *ad hoc* ernannten Untersuchungsausschusses verdeutlicht eine zweite Funktion, die auch an anderer Stelle in der Resolution deutlich wird. Gemäß Abs. 7 lit. d) Res. 1503 (XLVIII) hat sich der Ausschuß vor, während und selbst nach der Untersuchung um eine gütliche Einigung zu bemühen. Neben der Tatsachenermittlung war somit als zweiter Aufgabenschwerpunkt die Einleitung und Durchführung eines Vermittlungsprozesses avisiert[237].

2. Die in der Praxis entwickelten Entscheidungsmöglichkeiten

In der Praxis der MRK zu diesem Verfahren haben diese vorgesehenen Varianten trotz verschiedener Ansätze und Vorschläge keinerlei Anwendung gefunden. Eine eingehende Studie wurde einmal durchgeführt, ein Untersuchungsausschuß i.S.v. Abs. 6 lit. b) hingegen nie eingesetzt[238]. Anstelle dieser beiden ausdrücklich vorgesehenen Alternativen entwickelte die Kommission „im Rahmen von Res. 1503 (XLVIII)"[239] vier Varianten des weiteren Umgangs mit von der Unterkommission weitergeleiteten Situationen[240]. Zunächst bestand für die Kommission die Möglichkeit, die Behandlung einer Situation zu beenden, wenn diese keiner weiteren Erörterung oder sonstiger Maßnahmen bedurfte. Andernfalls konnte sie entscheiden, eine Angelegenheit unter Beobachtung zu halten, um weitere Informationen von der Regierung oder über die Unterkommission im 1503-Verfahren zu erhalten. Die dritte Option bestand darin, zusätzlich zur weiteren Beobachtung direkte Kontakte mit der jeweiligen Regierung aufzunehmen, und zwar durch die Beauftragung eines unabhängigen Experten. Viertens schließlich hat die Kommission auch in nicht wenigen Fällen die Erörterung einer Situa-

---

[236] Abs. 7 lit. b) und c) Res. 1503 (XLVIII); International Commission of Jurists (Hrsg.), Gross Violations of Human Rights, S. 12. Zur Frage der Beschwerden ausführlich *Cassese,* La Comunità Internazionale 30 (1975), S. 54f. Fn. 13 sowie *Tardu/McCarthy,* S. 120f.

[237] *Ermacora*, RDH 7 (1974), S. 682f. *Tardu/McCarthy,* S. 121 folgern hieraus eine Einbeziehung des Beschwerdeführers bzw. Opfers in den Vermittlungsprozeß.

[238] Siehe hierzu unten § 21.IV.B.1., S. 341.

[239] „*...within the framework of ECOSOC resolution 1503 (XLVIII)...*" - Confidential decision relating to the Philippines, in: Decisions adopted ..., E/CN.4/1984/R.6, S. 12, oder „*... pursuant to ECOSOC resolution 1503 (XLVIII) ...*" - Confidential decision relating to Uruguay (09.03.1979), in: Decisions adopted..., E/CN.4/R.49, S. 10.

[240] *Rodley*, in: Hannum (Hrsg.), Guide to International Human Rights Practice, S. 66.

tion im vertraulichen Verfahren beendet, um die gleiche Situation anschließend im öffentlichen Verfahren gemäß Res. 1235 (XLII) zu behandeln[241].

Bei der letzteren Möglichkeit handelte es sich gerade nicht um die Durchführung einer eingehenden Studie i.S.v. Abs. 6 lit. a), der explizit auf Res. 1235 (XLII) verweist[242]. Eine derartige öffentliche Fortführung des Verfahrens würde im Widerspruch zum Erfordernis der Vertraulichkeit sämtlicher Verfahrensstufen gestanden haben (Abs. 8 Res. 1503 (XLVIII)[243]. Die Vertraulichkeit beschränkt aber die Kommission nicht darin, eine Lage der Menschenrechte in einem Land öffentlich zu erörtern, solange nicht auf Maßnahmen im vertraulichen Verfahren verwiesen wird[244]. Wie aus dem jeweiligen Resolutionstext deutlich wird[245], führt die Kommission in diesen Fällen das 1503-Verfahren förmlich zu einem Ende und leitet gleichzeitig ein neues, rechtlich hiervon unabhängiges Verfahren ein. Auf dieses neue Verfahren erstreckt sich das Vertraulichkeitsgebot aber nicht mehr[246].

---

[241] Siehe insgesamt den Report of the Secretary-General: Effective Functioning of the Various Mechanisms ..., E/CN.4/1994/42 (14.02.1994), Abs. 74.

[242] So aber ohne nähere Begründung *Cook*, Int.Comm.J.Rev. 50 (1993), S. 43, Anm. 17; *Alston*, Commission on Human Rights, in: ders. (Hrsg.), The United Nations and Human Rights, S. 147f. mit Anm. 73.

[243] CHR, Summary record of the 1501st meeting (confidential) [01.03.1979], E/CN.4/SR.1501 (15.03.1979), Abs. 16 (Sowjetunion); Summary record of the 1515th meeting (confidential) [12.03.1979], E/CN.4/SR.1515 (13.03.1979), Abs. 29 (Benin), 30 (Sowjetunion).

[244] Legal Analysis Dated 2 February, 1978: The Competence of the Commission on Human Rights to Deal with Violations of Human Rights..., in: Ramcharan (Hrsg.), The Principle of Legality, S. 81.

[245] Siehe nur Resolution 1999/1 der MRK vom 06.04.1999 (E/CN.4/RES/1999/1 [23.04.1999]), mit der die Behandlung der Situation in Sierra Leone in das öffentliche Verfahren übergeleitet wurde:

„*The Commission on Human Rights ...*
3. *Decides* to discontinue consideration of the human rights situation in Sierra Leone under Economic and Social Council resolution 1503 (XLVIII) and to take up consideration of the matter under the public procedure provided for by Commission resolution 8 (XXIII) of 16 March 1967 and Economic and Social Council resolution 1235 (XLII) of 6 June 1967, under the agenda item entitled ‚Question of the violation of human rights and fundamental freedoms in any part of the world', at its fifty-sixth session ..."

[246] Legal Analysis Dated 2 February, 1978: The Competence of the Commission on Human Rights to Deal with Violations of Human Rights..., in: Ramcharan (Hrsg.), The Principle of Legality, S. 81.

Auch wenn Abs. 6 der Resolution anderes suggeriert, hat die Kommission in ihrer Praxis und mit Billigung des ECOSOC eine unbeschränkte Entschließungsfreiheit entwickelt - im Hinblick auf die Beendigung oder Weiterführung des Verfahrens außerhalb der vorgesehenen Alternativen.

3. Beendigung des vertraulichen Verfahrens

Als eigentlicher Abschluß des Verfahrens war nach Res. 1503 (XLVIII) die Erstellung eines Berichtes und von Empfehlungen für den ECOSOC vorgesehen. Der Text der Resolution gibt nur an zwei Stellen indirekte Hinweis auf eine weitere Stufe der Untersuchung. Die Bestimmung in Abs. 6 lit. a), die die Durchführung einer eingehenden Studie regelt, spricht davon, daß im Ergebnis dieser Studie auch Empfehlungen an den ECOSOC beschlossen werden können (entsprechend der Regelung in Abs. 3 Res. 1235 [XLII]). Abs. 8 bestimmt die vollständige Vertraulichkeit des Verfahrens, „bis die Kommission beschließt, Empfehlungen an den ECOSOC abzugeben". In beiden Vorschriften erscheint der ECOSOC als abschließende Instanz der Behandlung einer Situation grober Menschenrechtsverletzungen[247]. Auch wenn die Regelung wenig klares enthält[248] und die eigentliche Konzeption von Res. 1503 (XLVIII) ohnehin nicht angewendet wurde, kann es doch mittlerweile als gesichert gelten, daß die Kommission befugt ist, eine zuvor im vertraulichen Verfahren behandelte Angelegenheit an den ECOSOC zu überweisen[249]. Dies ergibt sich schon aus der allgemeinen Be-

[247] Das Verfahren kann schon allein aus Gründen der Normlogik nicht vom ECOSOC zu einem weiteren Organ der UNO führen: soweit es nämlich seine Grundlage allein in einer Resolution des ECOSOC findet, können auch nur Organe und Gremien im Organisationsbereich des Rates und allenfalls er selbst insoweit gebunden sein.

[248] Aus dem Resolutionstext geht nicht mit gebotener Klarheit hervor, ob die Weiterleitung nur dann erfolgen kann, wenn eine eingehende Studie durchgeführt wurde, ob es auch nach der Einsetzung eines *Ad hoc*-Ausschusses die letzte Stufe ist und ob auch ohne Durchführung eines der beiden Spezialverfahren eine Beschlußempfehlung an den Rat abgegeben werden kann. Der Resolutionstext scheint auf die erste Variante - Weiterleitung nur nach Durchführung einer eingehenden Studie - hinzuweisen, da Abs. 8 ja eigentlich nur die Vertraulichkeit und ihre mögliche Aufhebung regelt, also keine eigenständige Regelung bewirken soll. Zudem ist in Abs. 7 lit. c) Res. 1503 (XLVIII) eine sehr viel striktere Vertraulichkeitsnorm für die Aktivitäten des Untersuchungsausschusses enthalten, was noch unterstreicht, daß eine Weiterleitung an den ECOSOC bei Durchführung dieser Variante nicht dem ursprünglichen Konzept des Verfahrens entsprechen kann.

[249] *Bartolomei,* S. 79; *Buergenthal*, International Human Rights, S. 93; *Cassese,* La Comunità Internazionale 30 (1975), S. 52; *von Kyaw*, VN 1976, S. 105; *Riedel,* in: Baum/ders./Schaefer, Menschenrechtsschutz in der Praxis der Vereinten Nationen, S. 43; *Riedel,* Menschenrechtskommission, in: Wolfrum (Hrsg.), Handbuch Vereinte Nationen, Rn. 10; *Simma/Steiner,* in: dies./Kriele, Menschenrechte für Deutsche in Osteuropa, S. 39.

fugnis der Kommission, wie in Res. 9 (II) des ECOSOC niedergelegt[250]. Zudem ist damit eine abschließende Sanktionsmöglichkeit vorhanden, muß doch ein Staat von Beginn der Einleitung eines Verfahrens an damit rechnen, daß die Angelegenheit abschließend veröffentlicht werden kann[251]. Freilich geschieht eine solche Weiterleitung an den Rat äußerst selten[252].

---

[250] Siehe dazu oben § 9.I., S. 111 bei Fn. 16.

I.E. ähnlich auch *Schwelb*, VN 1972, S. 84, der darauf abstellt, daß selbst im Falle der Einsetzung eines *Ad hoc*-Ausschusses die Kommission grundsätzlich nicht an dessen Vorschläge gebunden sei, sondern Empfehlungen an den ECOSOC nach ihrem eigenen Gutdünken verabschieden könne.

[251] *Meißner*, S. 31; vgl. *Riedel*, Menschenrechtskommission, in: Wolfrum (Hrsg.), Handbuch Vereinte Nationen, Rn. 10.

[252] *Riedel*, Menschenrechtskommission, in: Wolfrum (Hrsg.), Handbuch Vereinte Nationen, Rn. 10. Siehe auch unten § 21.IV.D., S. 347 mit einer Darstellung der Verfahrenspraxis.

§ 16. Das neue 1503-Verfahren nach Resolution 2000/3

I. Erste Reformüberlegungen in den siebziger und achtziger Jahren

A. Diskussionen in den siebziger Jahren

Angesichts der zögerlichen Anwendung des Verfahrens und seiner weitgehenden Einschränkungen wurden frühzeitig in der Wissenschaft und von seiten einzelner NGO Änderungen gefordert[1]. Bereits 1975, im zweiten Jahr seiner vollständigen Durchführung, wurde eine grundsätzliche Debatte über Sinn und Zukunft des Verfahrens geführt. Vorbehalte bestanden insbesondere deshalb, weil mit der Durchführung der ihr in diesem Verfahren zugedachten Rolle die Kommission zu einer gerichtlichen Instanz werden könne. Dem wurde entgegengehalten, daß Res. 1503 (XLVIII) zwar durchaus Rechtswirkung zukomme, die Kommission aber eben gerade kein gerichtsähnliches Organ sei[2]. Konkrete Verbesserungsvorschläge im Sinne einer Diskussionsgrundlage unterbreitete die britische Delegation, wonach im Interesse einer gründlichen Behandlung der Situationen die WGS zu einer ständigen Einrichtung aufgewertet werden sollte[3]. Alternativ schlug der österreichische Delegierte vor, den Vorsitzenden der Kommission und gegebenenfalls weitere Amtsträger mit einer solchen ständigen Rolle bei der Behandlung der Beschwerden auszustatten[4]. Im Ergebnis der Debatte setzte sich allerdings die Ansicht durch, das das Verfahren zunächst ohne Einschränkungen und Änderungen angewendet werden solle[5].

Ernsthaftere Reformüberlegungen wurden auch in den Folgejahren vorangetrieben, u.a. auch wegen des Inkrafttretens des IPbpR und des zugehörigen (ersten) Fakultativprotokolls im Jahre 1976. Gerade hierauf bezog sich Abs. 10 Res. 1503 (XLVIII), der für den Fall, daß ein neues, universell agierendes Organ zu Prüfung von Individualbeschwerden eingesetzt würde, eine Überprüfung des

---

[1] *van Boven*, in: *Cassese* (Hrsg.), UN Law/Fundamental Rights, S. 130 m.w.N.

[2] CHR, Summary record of the 1307th meeting [14.02.1975], E/CN.4/SR.1290-1308 (27.06.1975), S. 161 (Niederlande).

[3] CHR, Summary record of the 1306th meeting [14.02.1975], E/CN.4/SR.1290-1308 (27.06.1975), S. 151 (Großbritannien); siehe auch den Report prepared by the Secretary-General pursuant to decision 4 (XXXIII) of the Commission on Human Rights, E/CN.4/1273 (01.12.1977), Abs. 33.

[4] CHR, Summary record of the 1307th meeting [14.02.1975], E/CN.4/SR.1290-1308 (27.06.1975), S. 164.

[5] Vgl. CHR, Summary record of the 1306th meeting [14.02.1975], E/CN.4/SR.1290-1308 (27.06.1975), S. 149 (USA).

1503-Verfahrens anordnete. Das Inkrafttreten des IPbpR und des Fakultativprotokolls war neben der möglichen Einrichtung eines Hochkommissars für Menschenrechte der eigentlich ins Auge gefaßte Anwendungsfall dieser Bestimmung[6]. Dabei handelte es sich jedoch nicht um eine zwingende Revisionsklausel mit einem starren Konditionalgefüge. Einleitung und Umfang einer solchen Überprüfung blieben vielmehr im Ermessen des nicht näher im Text benannten[7] zuständigen Organs[8]. Da der ECOSOC ohnehin zu jeder Zeit eine Änderung des Verfahrens beschließen konnte, kam diesem Absatz somit keine unmittelbare oder mittelbare Rechtswirkung zu, sie war eher als politische Absichtserklärung zu verstehen.

Die Unterkommission behandelte die Problematik auf ihrer Sitzung im Sommer 1976 - der Pakt war am 23. März in Kraft getreten[9] - mit dem Ziel, die Kommission zur Erörterung der Problematik zu bewegen[10]. Einige Experten sprachen sich dabei für Abschaffung des Verfahrens aus[11]. Allerdings wurde auch die Meinung geäußert, eine Revision des Verfahrens sei noch nicht erforderlich. Abs. 10 der Resolution solle lediglich eine Verdoppelung der Tätigkeit verhindern, doch bestehe diese Gefahr wegen des unterschiedlichen Charakters der beiden Verfahren - das 1503-Verfahren erlaube eine *actio popularis* - nicht[12]. Im Ergebnis wurde die Kommission aber doch aufgefordert, das Verfahren zu überarbeiten mit dem Ziel, die Möglichkeiten der UNO zur Reaktion auf Menschenrechtsverletzungen zu verbessern[13].

Auf ihrer 33. Sitzung 1977 hatte die Kommission den Generalsekretär beauftragt, in einem Bericht die verschiedenen Positionen zu einer Reform des Verfahrens zusammenzufassen und gleichzeitig beschlossen, auf ihrer nächsten

---

6 Opinion of the Legal Counsel of the United Nations ..., E/CN.4/Sub.2/1994/17/Add.1 (15.08.1994), Abs. 5.

7 Opinion of the Legal Counsel of the United Nations ..., E/CN.4/Sub.2/1994/17/Add.1 (15.08.1994), Abs. 10.

8 Opinion of the Legal Counsel of the United Nations ..., E/CN.4/Sub.2/1994/17/Add.1 (15.08.1994), Abs. 16.

9 Siehe Bekanntmachung vom 14.06.1976, BGBl. 1976 II, S. 1068.

10 Report of the Sub-Commission ... on its 29th session, E/CN.4/1218, E/CN.4/Sub.2/378 (07.10.1976), Abs. 32ff.; *Zuijdwijk*, S. 52f.

11 *Gonzales*, NYU Journal of International Law & Politics 13 (1981), S. 463.

12 Report of the Sub-Commission (a.a.O., Fn. 10), Abs. 35.

13 Res. 1 (XXIX) der Unterkommission, Report of the Sub-Commission (a.a.O., Fn. 10), Kap. XVII (S. 43); *Zuijdwijk*, S. 53.

Sitzung eine Arbeitsgruppe hierzu einzusetzen[14]. Dieses Papier enthielt zunächst eine einleitende Aufstellung der wesentlichen Kritikpunkte, im weiteren dann Stellungnahmen zahlreicher Regierungen zu möglichen Änderungen des Verfahrens[15]. Ohne besondere Diskussion des Dokuments beschloß die Kommission im folgenden Jahr, das Sekretariat um die Erstellung einer Analyse der vorhandenen UNO-Verfahren zur Behandlung von Individualbeschwerden zu bitten, um dabei auftretende Überschneidungen und Doppelzuständigkeiten identifizieren und eliminieren zu können[16]. Auch wenn die Aufgabenstellung entsprechend weit formuliert war, war doch in erster Linie eine Klärung des Verhältnisses zwischen dem 1503-Verfahren und dem Individualbeschwerdeverfahren nach dem FaP zum IPbpR erforderlich. Auf die übrigen bestehenden Verfahren ging das Papier nur am Rande ein[17]. In bezug auf das Verhältnis der beiden hauptsächlichen Menschenrechtsbeschwerden kam das Sekretariat zum Ergebnis, daß es wegen des unterschiedlichen Verfahrensgegenstandes prinzipiell nicht zu einer Überschneidung der beiden Verfahren komme. Außerdem enthielt das Papier die vom Sekretariat angewendeten Richtlinien in bezug auf die Zuordnung der Beschwerden zu den jeweiligen Verfahren[18]. In der Kommission wurde dieser Bericht allerdings nie eingehend diskutiert, so daß darin eine stillschweigende Billigung dieses Verfahrens gesehen werden kann[19].

B. Weitere Ansätze in den achtziger Jahren

Die Unterkommission beschäftigte sich auch weiterhin mit einzelnen Verbesserungen des Verfahrens. So wurden 1982 verschiedene Vorschläge unterbreitet, die zum Teil auf eine effizientere Arbeitsweise abzielten, zum Teil aber auch die Abschaffung des Verfahrens oder seine Beschränkung auf Staaten for-

---

[14] MRK, Entscheidung 4 (XXXIII) vom 21.02.1977, in: Report of the 33rd session, E/5927, E/CN.4/1257 (1977), chapter XXII, section B., S. 89.

[15] Report prepared by the Secretary-General pursuant to decision 4 (XXXIII) of the Commission on Human Rights, E/CN.4/1273 (01.12.1977) und Addenda.

[16] MRK, Res. 16 (XXXIV) vom 07.03.1978, in: Report on the 34th session, E/1978/34, E/CN.4/1292, Kap. XXVI, Abt. A (S. 120).

[17] Analysis of existing United Nations procedures for dealing with communications concerning violations of human rights (prepared by the Secretary-General pursuant to Commissions resolution 16 [XXXIV]), E/CN.4/1317 (08.02.1979), Abs. 2-3.

[18] Siehe hierzu ausführlich unten § 31.I.A.3.c), S. 515.

[19] *Ize-Charrin*, 1503: A Serious Procedure, S. 9.

derte, die nicht Vertragspartei des IPbpR seien[20]. Konstruktive Überlegungen betrafen eine mögliche Vergrößerung der Arbeitsgruppe der Unterkommission oder die Einführung einer Vermutungsregelung, wonach das Schweigen einer Regierung zu den gegen sie erhobenen Vorwürfen als deren Eingeständnis zu werten sei[21]. Zu einer Umsetzung dieser Überlegungen kam es jedoch nicht.

1989 war die Frage der Reform dieses Verfahrens angesichts gesteigerter Kritik[22] wieder Gegenstand der Debatte in der Unterkommission. Zwei Arbeitspapiere waren hierzu erstellt worden[23]. Ein von *van Boven* und *Eide* erarbeiteter Vorschlag sah eine Bündelung der Aktivitäten der Unterkommission zum Tagesordnungspunkt „Menschenrechtsverletzungen in aller Welt" vor. Danach sollten die Individualbeschwerden auch für die Erstellung der öffentlich zu behandelnden Berichte über die Situation in einzelnen Ländern herangezogen werden, wie dies ursprünglich schon in Abs. 2 Res. 8 (XXIII) der MRK vorgesehen war[24]. Die Auswirkung einer Umsetzung des Vorschlages auf das 1503-Verfahren war freilich nicht deutlich herausgearbeitet worden und begegnete insoweit Bedenken bei etlichen Mitgliedern. In einem alternativen Arbeitspapier insistierten *Chernichenko* (Sowjetunion) und *Treat* (USA) auf die Beibehaltung einer deutlichen Unterscheidung zwischen vertraulichem und öffentlichem Verfahren[25]. Hebe man die Vertraulichkeit des 1503-Verfahrens bzw. der in ihm behandelten Beschwerden auch nur teilweise auf, so würde das ganze Verfahren seines Sinnes beraubt[26]. Auch dieser Ansatz führte im Ergebnis zu keinen konkreten Ergebnissen bzw. konkreten Änderungen des Verfahrens.

---

[20] Report of the Sub-Commission ... on its 35th Session, E/CN.4/1983/4 (& Corr.1), E/CN.4/Sub.2/1982/43, Abs. 33.

[21] Report of the Sub-Commission ... on its 35th Session, E/CN.4/1983/4 (& Corr.1), E/CN.4/Sub.2/1982/43, Abs. 33.

[22] *Maher/Weissbrodt*, HRQ 12 (1990), S. 303f.

[23] *Maher/Weissbrodt*, HRQ 12 (1990), S. 301f.

[24] Working Paper presented by Mr. Theo van Boven and Mr. Asbjørn Eide, E/CN.4/Sub.2/1988/43 (09.08.1988), Abs. 5; E/CN.4/Sub.2/1989/47 (31.07.1989), Abs. 6; *Maher/Weissbrodt*, HRQ 12 (1990), S. 302.

[25] Working Paper presented by Mr. Chernichenko and Mr. Treat, E/CN.4/Sub.2/1989/51 (11.08.1989), Abs. 1, 7.

[26] Working Paper presented by Mr. Chernichenko and Mr. Treat, E/CN.4/Sub.2/1989/51 (11.08.1989), Abs. 6.

II. Reformbemühungen seit 1993

Gerade in der akademischen Literatur verstummten Kritik und Reformforderungen in bezug auf das 1503-Verfahren nicht[27]. Sie waren aber nach den ersten fünfzehn Jahren seiner praktischen Anwendung und gewissen Erfolgen auch immer von der Angst vor Rückschlägen hinter das Erreichte begleitet[28]. Befürchtungen wurden dahingehend geäußert, daß das Anstoßen einer Reformdebatte im Ergebnis zu einer Abschaffung oder zumindest zu einer weitergehenden Neutralisierung führen könne[29].

Die Wiener Weltmenschenrechtskonferenz gab im Sommer 1993 den Anstoß zu einer neuen Runde von Bemühungen und Überlegungen. Im Abschlußdokument findet sich allerdings kein expliziter Hinweis auf das 1503-Verfahren. Lediglich die Spezialverfahren der Kommission wurden im allgemeinen erwähnt, und die Erhaltung, Stärkung und Rationalisierung dieses Systems gefordert[30].

A. Arbeiten der Unterkommission seit 1993

Wenige Wochen nach Beendigung der Weltkonferenz stellte die Unterkommission die Reformfrage ausdrücklich in bezug auf das 1503-Verfahren. In einer abschließenden Entscheidung kam man überein, sämtliche Optionen der Reform dieses Verfahrens zu diskutieren, einschließlich seiner möglichen Abschaffung[31]. Zu diesem Zweck hatte man das Sekretariat um ein Arbeitspapier zu dieser Frage ersucht und gleichzeitig den Rechtsberater der UN um ein Gutachten zur Interpretation von Abs. 10 Res. 1503 (XLVIII) gebeten.

Das Arbeitspapier enthielt im wesentlichen eine Darstellung des Inhalts der existierenden Dokumente[32], nämlich zweier Berichte des Sekretariats zur Frage

---

[27] Siehe nur *Alston,* Commission on Human Rights, in: ders. (Hrsg.), The United Nations and Human Rights, S. 154f. sowie im einzelnen im Text.

[28] Siehe z.B. allgemein *Ramcharan*, Transnational Law & Contemporary Problems 4 (1994), S. 508.

[29] *Alston,* Commission on Human Rights, in: ders. (Hrsg.), The United Nations and Human Rights, S. 155.

[30] Vienna Declaration and Programme of Action, A/Conf.157/23 (12.07.1993), II. Abs. 95.

[31] Sub-Commission, Entscheidung 1993/104 of 12.08.1993, in: Report of the Sub-Commission ... on its 45th Session, E/CN.4/1994/2, E/CN.4/Sub.2/1993/45 (25.10.1993), chapter II, section B. Die Entschiedung geht auf eine Anregung des französischen Experten *Joinet* zurück - ebd., Abs. 143.

[32] Working paper prepared by the Secretariat ..., E/CN.4/Sub.2/1994/17 (11.07.1994).

der Koordination des 1503-Verfahrens mit anderen auf Individualbeschwerden basierenden Mechanismen[33]. Eine ausdrückliche Stellungnahme zu einer möglichen Reform enthielt das Papier nicht. Lediglich im Zusammenhang mit dem zweiten Bericht wurde auf die avisierte Diskussion der Kommission über die Rationalisierung ihrer Arbeit bezug genommen[34]. Diese hatte schon 1993 die Frage der Zuordnung der Individualbeschwerden im Menschenrechtszentrum zu den vertraglichen Mechanismen einerseits oder zum 1503-Verfahren andererseits aufgeworfen und die Vermeidung von Doppelzuständigkeiten angesprochen[35].

Das Rechtsgutachten des UN-Rechtsberaters zur Auslegung von Abs. 10, der andere Teil der von der Unterkommission angeforderten Materialien, enthielt ebensowenig eine zwingende und überzeugende Stellungnahme[36]. Es wurde im wesentlichen festgestellt, daß der Umfang der Revision des 1503-Verfahrens u.a. von den Funktionen und Befugnissen des neuen Organs abhängig sei[37]. Der Text enthalte keine Vorgabe für das mit der Reform betraute Organ[38]. Selbst wenn die Voraussetzungen der Vorschrift erfüllt seien, würde keinesfalls zwingend ein Revisionsmechnismus in Gang gesetzt werden, sondern die Entscheidung hierüber im Ermessen des zuständigen Organs verbleiben[39]. Jede Überprüfung des Verfahrens in diesem Zusammenhang müsse eine Einschätzung der Verfahren des neuen Organs enthalten, ob es sich dabei um ein Verfahren zur Prüfung „solcher Mitteilungen“ handele[40]. Abschließend stellt das Gutachten erneut den Unterschied

---

33 Dies waren der: Report by the Secretary-General: Analysis of existing United Nations procedures for dealing with communications ..., E/CN.4/1317 (08.02.1979), sowie der: Report of the Secretary-General: Effective Functioning of the Various Mechanisms ..., E/CN.4/1994/42 (14.02.1994).

34 Working Paper prepared by the Secretariat ..., E/CN.4/Sub.2/1994/17 (11.07.1994), Abs. 10.

35 MRK, Res. 1993/58 vom 09.03.1993, in: Report of the 49th session, E/1993/23; E/CN.4/1993/122 chapter II section A (S. 183).

36 Opinion of the Legal Counsel of the United Nations ..., E/CN.4/Sub.2/1994/17/Add.1 (15.08.1994).

37 Opinion of the Legal Counsel of the United Nations ..., E/CN.4/Sub.2/1994/17/Add.1 (15.08.1994), Abs. 7.

38 Opinion of the Legal Counsel of the United Nations ..., E/CN.4/Sub.2/1994/17/Add.1 (15.08.1994), Abs. 10.

39 Opinion of the Legal Counsel of the United Nations ..., E/CN.4/Sub.2/1994/17/Add.1 (15.08.1994), Abs. 16.

40 Opinion of the Legal Counsel of the United Nations ..., E/CN.4/Sub.2/1994/17/Add.1 (15.08.1994), Abs. 17.

zwischen dem 1503-Verfahren und demjenigen nach dem FaP heraus[41]. Zu einer gründlichen Debatte dieser Fragen und der Berichte im Plenum der Unterkommission kam es jedoch nicht[42]. Lediglich eine Arbeitsgruppe befaßte sich erneut mit der Frage, die mehrheitlich befand, daß das Verfahren nicht abgeschafft werden solle[43].

B. Arbeiten der Kommission 1993 - 1998

Parallel zu den Bemühungen der Unterkommission hatte die MRK ihrerseits Reformüberlegungen „zur Vermeidung von Überschneidungen und Verdopplung" angestellt, allerdings noch ohne spezifische Erörterung des 1503-Verfahrens[44]. Im Zuge dieser Rationalisierungsbemühungen war hier 1994 eine informelle Arbeitsgruppe eingesetzt worden[45]. Gegenstand deren Verhandlungen waren Vorüberlegungen zu Reformen verschiedener Verfahren[46]. Hinsichtlich des 1503-Verfahrens wurden diverse Änderungsvorschläge unterbreitet. Diese zielten u.a. auf eine Einschränkung der Vertraulichkeit auf der Kommissionsebene, die obligatorische Überleitung in das öffentliche Verfahren oder den Empfang aktualisierter Informationen[47]. In den folgenden Jahre wurden die Reformbemühungen jedoch nicht weiter vorangetrieben[48]. 1997 stießen etliche sog. „gleichgesinnte Länder" (*Like-Minded Countries - LMC*; u.a. Pakistan, Iran, Syrien, Kuba, Nigeria, Ägypten sowie einige asiatische Staaten) die Reformdebatte über die verschiedenen Mechanismen der MRK erneut an. Die entsprechenden Vorschläge

---

41 Opinion of the Legal Counsel of the United Nations ..., E/CN.4/Sub.2/1994/17/Add.1 (15.08.1994), Abs. 18-21.

42 *Ize-Charrin*, 1503: A Serious Procedure, S. 9.

43 Report of the Working Group on the Methods of Work of the Sub-Commission, E/CN.4/Sub.2/1994/3 (11.08.1994), Abs. 28; *Ize-Charrin*, 1503: A Serious Procedure, S. 9.

Ein einzelner Vorschlag lautete dahingehend, daß man für extreme Fälle schwerer Menschenrechtsverletzungen den Hochkommissar ermächtigen solle, die Beschwerden zu empfangen - ebd., Abs. 27.

44 Working Paper prepared by the Secretariat ..., E/CN.4/Sub.2/1994/17 (11.07.1994), Abs. 10.

45 MRK, Entscheidung 1994/11 vom 11.03.1994, in: Report of the 50th session, E/CN.4/1994/132 (11.03.1994), chapter II, section B.

46 Report of the Chairman of the informal, open-ended Working Group ..., E/CN.4/1995/17 (12.12.1994), Abs. 2 lit. c), 10.

47 Report of the Chairman of the informal, open-ended Working Group ..., E/CN.4/1995/17 (12.12.1994), Annex, V., Abs. 1, 3, 5.

48 *Ize-Charrin*, 1503: A Serious Procedure, S. 9.

hätten jedoch zu einer Beschneidung und Begrenzung der Wirkamkeit der Mechanismen geführt[49]. Vor allem westliche sowie eine Reihe gemäßigter blockfreier Staaten begegneten diesem Versuch daher skeptisch[50].

Im folgenden Jahr, auf der 54. Sitzung der Kommission, einigte man sich - nach einer Wiederholung der Auseinandersetzungen - darauf[51], das *Bureau* zu beauftragen, nach entsprechenden Konsultationen Vorschläge für eine Reform der Spezialverfahren zu unterbreiten[52]. Dies nahm dabei sowohl mit den Regierungen als auch mit verschiedenen NGO sowie Vertretern der betroffenen Organe Kontakt auf und veranstaltete diverse Zusammenkünfte[53].

C. Der Dezember-Bericht des Bureaus *1998*

Aufgabe des *Bureaus* war es, sämtliche Mechanismen der Kommission zu untersuchen, namentlich die verschiedenen öffentlichen Spezialverfahren, die Arbeit der Unterkommission und der Arbeitsgruppen zur Normsetzung sowie schließlich das 1503-Verfahren[54]. Grundlegendes Ziel war dabei die „Steigerung

---

[49] *Schaefer,* in: Baum/Riedel/ders., Menschenrechtsschutz in der Praxis der Vereinten Nationen, S. 80; *Heinz*, in: Jahrbuch Menschenrechte 2000, S. 254f. Ein allgemeiner Resolutionsentwurf wurde von Kuba eingebracht, der unter Hinweis u.a. auf die Arbeitsüberlastung und die effektive Nutzung von Zeit und Ressourcen die Einrichtung einer Arbeitsgruppe forderte, die u.a. eine Überprüfung der Arbeitsmethoden und Spezialverfahren forderte - Cuba: draft resolution, E/CN.4/1997/L.105 (11.04.1997).

[50] *Schaefer,* in: Baum/Riedel/ders., Menschenrechtsschutz in der Praxis der Vereinten Nationen, S. 80.

[51] Eine Reihe von Staaten der Gruppe der LMC - u.a. China, Kuba, Indonesien und Pakistan - brachten einen nahezu wortgleichen Entwurf zur Einrichtung einer Arbeitsgruppe mit der Aufgabe einer umfassenden Überprüfung der Arbeitsmethoden ein, wie schon Kuba im Vorjahr (siehe Fn. 49) - Bangladesh, Bhutan ...: draft resolution: E/CN.4/1998/L.2 (06.04.1998).

[52] MRK, Entscheidung 1998/112 vom 24.04.1998; *Schaefer,* in: Baum/Riedel/ders., Menschenrechtsschutz in der Praxis der Vereinten Nationen, S. 80.

[53] Report of the Bureau of the fifty-fourth Session of the Commission on Human Rights..., E/CN.4/1999/104 (23.12.1998), Abs. 2-4; *Schaefer,* in: Baum/Riedel/ders., Menschenrechtsschutz in der Praxis der Vereinten Nationen, S. 80; Amnesty International, Doc. IOR 41/01/99, S. 2. Siehe als Ergebnis z.B. APT, Position Paper (20.07.1998).

[54] Report of the Bureau (a.a.O., Fn. 53), Abs. 5.

der Effektivität" jener Mechanismen[55] bei einer gleichzeitigen Entpolitisierung ihrer Arbeit auf der Grundlage von Objektivität und Professionalität[56].

In bezug auf das 1503-Verfahren übte das Gremium deutliche Kritik an der bestehenden Verfahrenspraxis, sprach sich aber im Ergebnis für seine Beibehaltung in modifizierter Form aus[57]. Im einzelnen sah der detaillierte Reformvorschlag folgenden Verfahrensablauf vor: die Eingangsprüfung der Beschwerden wie auch die Vorbereitung von Empfehlungen für die Kommission sollte einem neu einzurichtenden, unabhängigen Expertenausschuß übertragen werden, der zweimal jährlich tagen würde[58]. Das erste Treffen im September sollte der Auslese der zu behandelnden Situationen dienen, zu denen die Staaten um weitere Stellungnahmen gebeten werden sollten; auf dem zweiten - im Januar - hätte der Ausschuß im Lichte der erhaltenen Informationen zu entscheiden, welche Situationen der Kommission zur Behandlung vorzulegen wären[59]. Für die Kommissionsebene enthielt der Entwurf den Vorschlag, daß die vertrauliche Behandlung in zwei Stufen - Dialog mit der betroffenen Regierung, Entscheidung über Maßnahmen - erfolgen solle. Außerdem sollte der Vorsitzende am Ende den Gegenstand der Erörterung und beschlossene Maßnahmen öffentlich bekanntgeben[60]. Entsprechend sollte die Rolle der Unterkommission insgesamt eingeschränkt werden, u.a. durch eine Verkürzung der Sitzungsdauer, die Reduzierung ihrer Größe und die Beschränkung ihrer Aufgaben im Verhältnis zur MRK[61].

D. Die Reaktion der Unterkommission

Der Dezember-Bericht des *Bureaus* hatte die Unterkommission als den „bei weitem teuersten Mechanismus der Kommission" eingestuft, die noch mehr Kosten als die Sitzung der Kommission selbst verursache. Es war daher eine deutliche Beschränkung von Sitzungsdauer und Größe der Unterkommission

---

[55] MRK, Entscheidung 1998/112 vom 24.04.1998; Report of the Bureau (a.a.O., Fn. 53), Abs. 11.

[56] Report of the Bureau (a.a.O., Fn. 53), Abs. 13, Observation 2.

[57] Report of the Bureau (a.a.O., Fn. 53), Abs. 52f., Observation 25. Für einen Überblick siehe *Schaefer,* in: Baum/Riedel/ders., Menschenrechtsschutz in der Praxis der Vereinten Nationen, S. 79.

[58] Report of the Bureau (a.a.O., Fn. 53), Abs. 54, Recommendation 11 lit. a).

[59] Report of the Bureau (a.a.O., Fn. 53), Abs. 54, Recommendation 11 lit. a).

[60] Report of the Bureau (a.a.O., Fn. 53), Abs. 54, Recommendation 11 lit. b), c).

[61] Report of the Bureau (a.a.O., Fn. 53), Abs. 56, Recommendation 12.

empfohlen worden[62]. Die Unterkommission reagierte auf diesen Vorwurf mit der Bitte an den Generalsekretär, für die „Arbeitsgruppe zur Steigerung der Effektivität der Kommissionsmechanismen" eine Zusammenstellung sämtlicher offizieller Daten über die jeweils geschätzten Kosten der Unterkommission, der MRK selbst sowie sämtlicher in Frage stehender Mechanismen vorzubereiten[63]. In einem gemeinsamen Standpunkt wurden diese Zahlen, die zu einem anderen Ergebnis als der Bericht des *Bureaus* kamen, präsentiert und sonstige substantielle Änderungsvorschläge überwiegend zurückgewiesen[64]. Dies bezog auch die Erwägungen zum 1503-Verfahren mit ein. Die Unterkommission und ihre Arbeitsgruppe hätten langjährige Erfahrung in der Behandlung der Tausenden von Beschwerden und zahlreichen Regierungsantworten sowie der Identifizierung entsprechender Situationen, so daß die Ersetzung durch den vorgeschlagenen Expertenausschuß zweifelhaft sei. Zudem sei das Verfahren nicht wesentlich vereinfacht worden[65]. Verbesserungen könnten in der Ermächtigung des Vorsitzenden der WGC bestehen, offensichtlich unbegründete Beschwerden auszusortieren[66]. Auch sollten die Autoren der Beschwerden gegebenenfalls um weitere Informationen ersucht werden können und die Praxis, die Regierungen über die Gründe der weiteren Beobachtung durch die WGC oder die Unterkommission zu informieren, förmlich bestätigt werden[67].

E. Maßnahmen der Kommission 1999

Noch zuvor hatte die Kommission 1999 den Dezember-Bericht des *Bureaus* erörtert. Erneut waren es die LMC unter der Führung Indiens, die sich grundlegenden Reformen im Interesse wirksamerer Reaktionsmöglichkeiten auf

---

[62] Report of the Bureau (a.a.O., Fn. 53), Abs. 56, Observation 27 und Recommendation 12.

[63] Sub-Commission, Entscheidung 1999/115 vom 26.08.1999, in E/CN.4/2000/2; E/CN.4/1999/54 (11.11.1999), chapter II, section B.

[64] Common Position of the Sub-Commission ..., E/CN.4/Sub.2/1999/47 (25.08.1999); Annex II: Human Rights Machinery - Comparative Meetings Costs.

[65] Common Position of the Sub-Commission ..., E/CN.4/Sub.2/1999/47 (25.08.1999); Annex I: Summary of informal discussions by the Working Group on Communications on the recommendation concerning the 1503 procedure..., Abs. 6

[66] Common Position of the Sub-Commission ..., E/CN.4/Sub.2/1999/47 (25.08.1999); Annex I: Summary of informal discussions by the Working Group on Communications on the recommendation concerning the 1503 procedure..., Abs. 11 Ziff. i).

[67] Common Position of the Sub-Commission ..., E/CN.4/Sub.2/1999/47 (25.08.1999); Annex I: Summary of informal discussions by the Working Group on Communications on the recommendation concerning the 1503 procedure..., Abs. 11 Ziff. ii) und iii).

Menschenrechtsverletzungen widersetzten. Dies betraf auch die Neugestaltung des 1503-Verfahrens. Im deutlichen Gegensatz zu vielen Staaten des Westens nahmen die LMC zu den diesbezüglichen Vorschlägen ebenso wie zu den sonstigen Überlegungen, die Spezialverfahren und die Rolle der Unterkommission betreffend, kritisch bis ablehnend Stellung[68]. Den auf mehr Effektivität zielenden Vorschlägen des *Bureaus* wurde eine Absicht zur stärkeren Politisierung der Kommissionsarbeit vorgeworfen, da hier insbesondere die Anschuldigungen gegenüber einzelnen Ländern anstelle von Dialog, Kooperation und *Consensus building* in den Vordergrund gerückt werde[69]. Die Vorschläge zur Reform des 1503-Verfahrens wurden wie ein Großteil der übrigen Empfehlungen gänzlich abgelehnt, zugleich aber der hohe Wert der Vertraulichkeit herausgestellt und die Abschaffung der öffentlichen länderbezogenen Verfahren gefordert[70]. Man forderte daher die Einsetzung einer Arbeitsgruppe zur Überarbeitung der Empfehlungen[71]. Auch die asiatische Gruppe wies die Vorschläge als unbegründet und politisierend zurück[72]. Während der Verhandlungen in der Kommission gelang es trotz mehrfacher informeller Konsultationen nicht, zu einem Sachkonsens zu fin-

---

68 *Heinz*, in: Jahrbuch Menschenrechte 2000, S. 255.

69 Comments, observations and alternate recommendations on the report of the Bureau ... submitted pursuant to Commission on Human Rights decision 1998/112 ..., presented by the delegations of Algeria, Bhutan, China, Cuba, Egypt, India, The Islamic Repubic of Iran, Malaysia, Myanmar, Nepal, Pakistan, Sri Lanka, the Sudan and Viet Nam, E/CN.4/1999/WG.12/2 (18.08.1999), Abs. 5-8. Das Dokument war bereits während der Sitzung der Kommission als E/CN.4/1999/120 eingebracht worden.

70 Comments, observations and alternate recommendations ... (a.a.O., Fn. 69), Abs. 76-86, 48 (Alternative Recommendation 7).

Die angestrebte zeitliche Straffung des Verfahrens wurde als inadäquat für eine hinreichende Sachverhaltsaufklärung durch die Regierungen angesehen (Abs. 84). Zugleich wurde die Wichtigkeit eines wirklichen Dialogs mit den betroffenen Staaten betont, die auf allen Verfahrensstufen gewährleitet sein müsse (Abs. 86). Als einzige Neuerung wurde eine zweite Sitzung der WGC vorgeschlagen, damit diese auf der ersten diejenigen Beschwerden auswählen sollte, die den Staaten zur Stellungnahme zugesendet werden sollten (Abs. 85). Da die nicht an die Staaten weiterzuleitenden Beschwerden auch nicht in die monatliche Liste aufgenommen werden, hätte die Umsetzung dieses Vorschlags einen stärkeren Schutz der Staaten bzw. eine zusätzliche Filtermöglichkeit bedeutet.

71 Afghanistan, ...China, Cuba, ...Egypt, India, ...Iran, ...: draft resolution, E/CN.4/1999/L.62/Rev.1 (26.04.1999)

72 Position Paper of the Asian Group on the report of the Bureau ... E/CN.4/1999/WG.19/3 (18.08.1999), Abs. 23-24. Die angeführten Gründe entsprachen im wesentlichen denen der LMC (siehe Fn. 70), zudem wird eine zusätzliche Vorprüfungsphase der WGC gefordert, die einzelne Zulässigkeitsvoraussetzungen zu Beginn prüfen sollte.

den - die Blockade der Vorschläge blieb bestehen[73]. Man einigte sich schließlich, auf der Basis eines *Chairperson's Statement* eine Arbeitsgruppe (*Inter-sessional Open-ended Working Group*) einzusetzen[74], die bis zur nächsten Sitzung einen umfassenden Bericht mit Beschlußempfehlungen erarbeiten sollte[75]. Für die Überarbeitung des 1503-Verfahrens war die Gültigkeit der mit ihm verfolgten Ziele festgehalten, zugleich aber die Notwendigkeit einer Reform unter Berücksichtigung der Empfehlungen des Dezember-Berichtes ausgedrückt worden[76].

F. Der Bericht der Arbeitsgruppe

Diese Arbeitsgruppe zur Steigerung der Effektivität der Kommissionsmechanismen, die zu insgesamt vier Arbeitssitzungen zusammenkam, verfolgte entsprechend ihrem Mandat von vornherein einen konsensorientierten Ansatz[77]. Nach zum Teil kontroversen Auseinandersetzungen, die bis zum letzten Sitzungstag anhielten, wurde trotz deutlicher Kritik vor allem der *LMC*[78] ein Abschlußbericht im Konsens angenommen. Bezüglich des 1503-Verfahrens legt der Bericht großen Wert auf die Erhaltung der Vertraulichkeit und schlägt als wesentliche Neuerung den Verzicht auf die Ebene der Unterkommission vor[79]. Betonung finden außerdem die Empfehlungen für eine angemessene Rotation bei der Mitgliedschaft in den beiden Arbeitsgruppen sowie klare Vorgaben für den Ver-

---

[73] *Heinz*, in: Jahrbuch Menschenrechte 2000, S. 255.

[74] Auch die Staaten des Westens und anderer Demokratien hatten in einem Resolutionsentwurf die Einsetzung einer solchen Arbeitsgruppe gefordert, dieser aber bereits konkrete Leitlinien an die Hand gegeben - Draft Resolution, E/CN.4/1999/L.101 (23.04.1999). Für eine mögliche Reform des 1503-Verfahrens waren insofern keine deutlichen Vorgaben enthalten, wenngleich die Bedeutsamkeit des Dialogs und der Kooperation betont wurde - ebd., Abs. 2.

[75] Statement by the Chairperson on behalf of the Commission on Human Rights (55th session), 29.04.1999, Abs. 4, in: CHR, Report of the 55th session, E/1999/23, E/CN.4/1999/167 (20.07.1999), Abs. 552.

Die Bestätigung erfolgte mit ECOSOC-Entscheidung 1999/256 vom 27.07.1999, lit. a), in: E/1999/INF/2/Add.2, S. 172.

[76] Statement by the Chairperson... (a.a.O., Fn. 75), Abs. 10.

[77] Report of the inter-sessional open-ended Working Group on Enhancing the Effectiveness of the Mechanisms of the Commission on Human Rights, E/CN.4/2000/112 (16.02.2000), Abs. 1.

[78] Insbesondere die Frage einer Zusammenarbeitsverpflichtung der Staaten wurde bis zum letzten Tag noch kontrovers diskutiert (siehe zu diesem Punkt noch § 26.II.A., S. 458).

[79] Report of the inter-sessional open-ended Working Group ... (a.a.O., Fn. 77), Abs. 35, 55.

handlungsablauf in der Kommission selbst[80]. Das Mandat der Unterkommission sollte insgesamt gestrafft werden und verstärkt den Charakter als Beratungsgremium der Kommission verdeutlichen. Gleichzeitig wäre deren Sitzungsdauer auf drei Wochen zu reduzieren.

Die Kommission bestätigte den Bericht der Arbeitsgruppe und die darin vorgeschlagenen Änderungen des 1503-Verfahrens in vollem Umfang und verabschiedete mit Entscheidung 2000/109 vom 26. April 2000 einen Resolutionsentwurf für den Rat[81]. Zugleich waren Übergangsbestimmungen für die Behandlung der von der Unterkommission auf ihrer nächste Sitzung verschobenen Beschwerden festgelegt worden[82]. Der Rat verabschiedete das neue Verfahren auf seiner anschließenden Organisationssitzung im Konsens durch Bestätigung des Resolutionsentwurfes mit Res. 2000/3 vom 16. Juni 2000[83].

---

[80] Report of the inter-sessional open-ended Working Group ... (a.a.O., Fn. 77), Abs. 37, 40f.

[81] E/CN.4/DEC/2000/109 (27.04.2000); vgl. CHR, Report of the 56th session, E/2000/23, E/CN.4/2000/167, sub. II.B., S. 364 sowie für den Resolutionsentwurf Nr. 46, ebd. sub. I. A., S. 47.

[82] Entscheidung vom 26.04.2000, E/CN.4/DEC/2000/110 (27.04.2000).

[83] Res. 2000/3 „Procedure for dealig with communications concerning human rights“, siehe Anhang 3, S. 671.

§ 17. Ergebnis

Das 1503-Verfahren in seiner heutigen Gestalt ist das Ergebnis einer langen und vielschichtigen Entwicklung. Dabei ist es in seiner praktischen Ausgestaltung vor allem in den siebziger Jahren fortwährend modifiziert worden. Diese Entwicklungsstufen sind im Ablauf des Verfahrens unschwer zu erkennen; sie werden also im Rahmen der Untersuchung und Bewertung der wesentlichen Einzelaspekte immer wieder zu berücksichtigen sein. Die Vielzahl kleiner Korrekturen zeugt vom eher pragmatischen Ansatz der Kommission. Gleiches gilt insbesondere für die Einrichtung und Beibehaltung des neben dem vertraulichen Mechanismus beibehaltenen öffentlichen Untersuchungsmechanismus nach Verabschiedung von Res. 1235 (XLII).

Grundlegende Reformen erforderten hingegen einen mehrjährien Verhandlungsprozeß und zeichneten sich durch außerordentlich schwierige politische Auseinandersetzungen aus. Die Überwindung der *No Power*-Doktrin und die Einführung des Verfahrens an sich, aber auch die Reform im Jahr 2000 zeigen dies deutlich. Zu berücksichtigen ist dabei das gesamtpolitische zeitliche Umfeld. So erfolgte der grundlegende Positionswechsel der UNO in Richtung auf eine aktive Reaktion auf Menschenrechtsverletzungen im Ergebnis des zunehmenden Einflusses der neuen Staaten der dritten Welt. Die Änderungen des Kommissionsstandpunktes zu dieser Frage im allgemeinen und zum Umgang mit den Beschwerden im besonderen gingen mit dem 1967 wirksam werdenden Anstieg der Mitgliederzahl einher[1]. Dezidierte Reformberlegungen setzten nach dem Ende des Kalten Krieges und dem zeitgleich erwachenden neuen Enthusiasmus für die Weltorganisation ein. Dieser umfaßte, wie aus der Einberufung der zweiten Weltmenschenrechtskonferenz in Wien deutlich wurde, auch die Frage der Menschenrechte. Schon dort wurden aber durch die zunehmend eigenständige Menschenrechtspolitik der vormaligen dritten Welt wesentliche Fortschritte hin zu einem effektiven Schutzmechanismus verhindert. Gleiches galt dann für die Reform der einzelnen Verfahren der MRK - über Jahre hinweg wurde ein Ergebnis in der Angelegenheit immer wieder verschoben. Die schließlich verabschiedete Regelung trägt, wie im einzelnen noch zu zeigen sein wird, sehr deutlich die Handschrift der in Menschenrechtsfragen eher zurückhaltenden Gruppierungen in der Kommission.

---

[1] *Marie*, S. 233; *M. Nowak*, NYIL 22 (1991), S. 40.

Dritter Teil

Das Verfahren in seinen Einzelaspekten

§ 18. Die rechtlichen Grundlagen des neuen Verfahrens

Die Rechtsgrundlage des 1503-Verfahrens sind eine Reihe von Resolutionen und Entscheidungen des ECOSOC, der MRK und der Unterkommission. Dabei handelt es sich nicht um einen genau aufeinander abgestimmten Normenkomplex, der allein durch die verschiedenen Zuständigkeiten in dieser Form entstanden ist. Vielmehr stehen die einzelnen Teile dieses Regelwerkes in einem nur vage bestimmten Verhältnis der gegenseitigen Überlagerung und begrenzten Änderung zueinander. Sie sind das Ergebnis der vielschichtigen Entwicklung, die das Verfahren bis zu seiner heutigen Gestalt durchlaufen hat.

I. Die Problematik der Normergänzungen

Dieses Ergebnis beruht auf der oft geübten Praxis der UN-Organe, bei einer Neuregelung - sei es eines Teilbereiches, sei es des ganzen Gegenstandes - keine oder allenfalls ungenaue Aussagen zum rechtlichen Schicksal des existierenden Normbestandes zu geben. Dies wird besonders signifikant bei der viel diskutierten Frage der Fortgeltung der zuletzt in Abs. 1 Res. 728 F (XXVIII) bestätigten *No power*-Doktrin nach Verabschiedung von Res. 1235 (XLII)[1]. Res. 2000/3 ordnet ausdrücklich die weitere Geltung von Res. 1503 (XLVIII) und „den damit in Zusammenhang stehenden Resolutionen und Entscheidungen" an (Abs. 8), allerdings nur, soweit sie „nicht von dieser Reorganisation der Arbeit berührt" werden. Einen Anhaltspunkt für die Festlegung der von dieser Bestimmung erfaßten Entschließungen bietet die Präambel von Res. 2000/3, die ausdrücklich auf die wesentlichen fortgeltenden Instrumente verweist.

Außer dieser Aufzählung erfolgt eine klare Konsolidierung und Festlegung der weitergeltenden Grundlagen jedoch nicht, so daß im Einzelfall noch immer Unklarheiten über die genaue Rechtslage entstehen können. Grund für diese immer wieder zu verzeichnende Praxis[2] ist der regelmäßig kompromißhafte Charakter einer solchen Resolution oder Entscheidung. Kontroverse Fragen können

---

[1] Siehe hierzu unten § 34.III.D., S. 617.

[2] Ein weiteres Beispiel sind die zahlreichen Ergänzungen von ECOSOC-Res. 75 (V). Es bedurfte erst der Arbeit eines Sondergremiums, um mit Res. 728 F (XXVIII) sämtliche Regelungen in einem einzigen Dokument zusammenzufassen (s.o., § 14.II.E., S. 187).

durch einen pauschalen Verweis auf eine früher gefundene Lösung außer Streit gestellt werden, ohne daß eine erneute Auseinandersetzung darüber geführt werden muß. Außerdem läßt sich durch einen solchen Verweis ein Dissens verdekken bzw. gezielt ein Auslegungs- und Anwendungsspielraum schaffen.

II. Die einzelnen Normen[3]

Ausgangspunkt, da die neueste Regelung enthaltend, ist Res. 2000/3. Wie gezeigt, wird damit die Geltung von Res. 1503 (XLVIII) nur insoweit aufgehoben, wie deren Bestimmungen ausdrücklich geändert werden. Mittels der direkten Erwähnung in Abs. 1 der Präambel von Res. 2000/3 sowie indirekt über Abs. 4 Res. 1503 (XLVIII) finden auch die Regelungen von Res. 728 F (XXVIII), ergänzt durch ECOSOC-Entscheidung 79 (LVIII), Anwendung, soweit sie die Behandlung der eingehenden Beschwerden betreffen. Res. 2000/3 enthält zusätzlich in Abs. 8 eine Hervorhebung besonderer Punkte, in denen die Obliegenheiten des Sekretariats/ OHCHR (lit. a] Ziff. [i] - [iii]) und die Beteiligung der betroffenen Regierungen (lit. b]) gesondert geschildert sind. Im Hinblick auf den letztgenannten Gesichtspunkt erwähnt die Präambel die Kommissionsentscheidungen 3 (XXX), 5 (XXXIV) und 9 (XXXVI), außerdem wird auch Entscheidung 3 (XXXIV) zur Beteiligung der Arbeitsgruppe für Mitteilungen erwähnt. Ausdrücklich genannt sind des weiteren die Ratsresolutionen 1235 (XLII) als Grundlage der Behandlung von Individualbeschwerden und 1990/41, mit der die Arbeitsgruppe für Situationen dauerhaft installiert wird. Schließlich finden auch die 1971 von der Unterkommission verabschiedeten Resolutionen 1 (XXIV) zur Zulässigkeit der Beschwerden und 2 (XXIV) zur Zusammensetzung der Arbeitsgruppe weiterhin Anwendung. In Ergänzung zu diesen speziellen Normen gelten auch die allgemein die Arbeit der Kommission regelnden Bestimmungen, insbesondere die *Rules of Procedure*, und zwar gemäß Regel 24 auch für die beteiligten Unterorgane und -gremien[4]. Neben den zahlreichen Normen und Regularien hat in der Entwicklung des Verfahrens freilich auch die jeweilige Praxis - unabhängig von einer entsprechenden Rechtsgrundlage - eine maßgebliche Rolle in der Ausgestaltung des Verfahrens gespielt.

---

[3] Siehe Anhang 2, S. 671ff.

[4] Report of the Secretary-General, Effective Functioning of the Various Mechanisms ..., E/CN.4/1994/42 (14.02.1994), Abs. 67.

§ 19. Der Ablauf des Verfahrens[1]

I. Die Behandlung der Beschwerden im Sekretariat

Geht eine Beschwerde bei einer der Dienststellen der UNO ein, wird diese an das OHCHR in Genf weitergeleitet, soweit sie nicht ohnehin - wie in den meisten Fällen - direkt an diese Stelle adressiert ist[2]. In der zuständigen Abteilung, der *Support Services Branch,* erfolgt eine erste Durchsicht und Zuordnung der Beschwerden. Die Eingaben, die die Zulässigkeitskriterien für speziellere, insbesondere vertragliche Individualbeschwerdeverfahren erfüllen, werden aussortiert und dem jeweils zuständigen Gremium zugeleitet[3]. Mit den übrigen Mitteilungen, die sich gegen ein bestimmtes Land richten und unter

---

[1] Vgl. auch die graphische Darstellung des Verfahrensablaufs in Anhang 4, S. 689.

[2] Analysis of existing United Nations procedures ..., E/CN.4/1317 (08.02.1979), Abs. 7; *Khol*, Zwischen Staat und Weltstaat, S. 138; *Newman*, in Lillich/Hannum S. 363f.

Zahlreiche Beschwerden wurden, insbesondere zu Zeiten des Kalten Krieges, auf dem nächstliegenden Weg direkt bei örtliche Vertretungen oder Büros der UNO eingereicht. Dies rief massive Proteste der betroffenen Staaten hervor. 1968, nach dem Versuch sowjetischer Dissidenten eine solche Petition in der Moskauer Repräsentanz einzureichen, untersagte Generalsekretär *U Thant* - wohl auf sowjetischen Druck hin - die Annahme derartiger Beschwerden durch die 51 UN-Informationsbüros - vgl. die *Note to the Correspondents 3572* (28.10.1968) des Unter-Generalsekretärs A.A.Hamid, abgedruckt bei *Ramcharan*, The Concept and Present Status of International Protection, S. 147f., siehe auch *Zuijdwijk,* S. xi.; *Salzberg,* RDH 3 (1970), S. 139f.; ausführlich *Lillich,* AJIL 64 (1970), S. 610f.

Diese Entscheidung begegnete starkem Protest. Die Kritik bezog sich vor allem auf die folgenden Punkte: Die UNO sei als einheitliches Ganzes anzusehen, der Generalsekretär sei befugt, sämtliche Beschwerden zu empfangen, und zudem spreche auch die insoweit maßgebliche Res. 728 F von allen Beschwerden „unabhängig davon, an welche Stelle sie gerichtet sind" (*"however adressed"*). Jeder Versuch der Regierungen, die Weiterleitung der Mitteilungen zu verhindern, würde einen Eingriff in die interne Verwaltung der UNO und damit einen Verstoß gegen Art. 100 UN-Charta darstellen. Gleichermaßen würde auch der Generalsekretär an der Ausübung seiner Aufgaben aus Art. 99 UN-Charta gehindert - vgl. zum Ganzen das *Aide mémoire* des Direktors der Menschenrechtsabteilung an den zuständigen Unter-Generalsekretär, abgedruckt bei *Ramcharan*, ebd., S. 145f. Kritik wurde auch von der Wissenschaft sowie von seiten der NGO geäußert - *Lillich,* AJIL 64 (1970), S. 613.

Dies berücksichtigend werden auch heute noch sämtliche Beschwerden von allen Stellen der UNO an das Menschenrechtszentrum bzw. nun OHCHR weitergeleitet - *Newman*, ebd. S. 363f.; Interview *E.Solo*, Genf, 12.04.2000.

[3] *Ize-Charrin*, 1503: A Serious Procedure, S. 3. Grundlegend zum Verhältnis des 1503-Verfahrens zu den anderen internationalen Verfahren zum Schutze der Menschenrechte unten Teil 4.

Berücksichtigung ihres Gegenstandes für eine Behandlung im 1503-Verfahren möglich erscheinen, wird gemäß Abs. 2 lit. b) Res. 728 F (XXVIII) verfahren[4]. Dies wird dem Autor der Mitteilung mitgeteilt. Zugleich erhält er Kopien der maßgeblichen Resolutionen[5]. Aussortiert werden zuvor offenkundig unzulässige Beschwerden[6], also solche mit unlauteren Absichten, über Privatpersonen oder verwirrte Mitteilungen[7]. Zudem können gemäß Abs. 3 Res. 2000/3 offensichtlich unbegründete Beschwerden (*manifestly ill-founded communications - communications manifestement dénuées de fondement*) bereits zu Beginn der Behandlung aussortiert werden[8]. Sie werden dann weder in die monatliche Liste aufgenommen, noch an die betroffene Regierung zur Stellungnahme weitergeleitet. Formelle Voraussetzung für eine solche Entscheidung ist die vorab einzuholende Bestätigung des Vorsitzenden/Berichterstatters der Arbeitsgruppe für Mitteilungen (*Working Group on Communications - WGC*).

Passieren die Mitteilungen auch diese Auslese, werden sie zusammengefaßt[9] und in dieser Form, begleitet von einer Verbalnote, der jeweiligen Regierung mit der Bitte um Stellungnahme zugeleitet[10]. Enthalten mehrere Beschwerden im

---

[4] Die in Abs. 2 lit. a) vorgesehene nichtvertrauliche Liste mit den Zusammenfassungen von allgemeinen Hinweisen zur Förderung der Menschenrechte wurde letztmals 1978 erstellt.

[5] Analysis of existing United Nations procedures ..., E/CN.4/1317 (08.02.1979), Abs. 8; *Ize-Charrin*, 1503: A Serious Procedure, S. 3; *Newman* in Lillich/Hannum, S. 364; *Tardu/McCarthy,* S. 17.

[6] *Tardu/McCarthy,* S. 46; *Zuijdwijk,* S. 30. Allerdings enthielt Res. 728 F (XXVIII) ausdrücklich keine Befugnis zur Vorprüfung der Beschwerden durch das Sekretariat - Note by the Secretary-General: Procedures dealing with communications..., E/CN.4/Sub.2/313 (06.07.1970), Abs. 5.

[7] *Ize-Charrin*, 1503: A Serious Procedure, S. 3.

[8] Siehe zur Reichweite jener Kompetenz des Sekretariats die Diskussion unten, § 20.I., S. 289 bei Fn. 10.

[9] *Bossuyt*, HRLJ (1985), S. 181; *Ize-Charrin*, 1503: A Serious Procedure, S. 3; *Newman* in Lillich/Hannum, S. 364; *Tardu/McCarthy,* S. 16.

[10] Abs. 2 lit. e) Res. 728 F (XXVIII) i.V.m. Abs. 8 lit. a) Ziff. (ii) Res. 2000/3. S. auch Analysis of existing United Nations procedures ..., E/CN.4/1317 (08.02.1979), Abs. 9; *Ize-Charrin*, 1503: A Serious Procedure, S. 3; *Bossuyt*, HRLJ (1985), S. 181; International Commission of Jurists (Hrsg.), Gross Violations of Human Rights, S. 10; *Newman* in Lillich/Hannum, S. 364; *Bartolomei,* S. 73; *Tardu/McCarthy,* S. 16.

Es handelt sich insoweit - auch nach der Reform - nicht um eine Ermessensentscheidung des Sekretariats - Report of the Sub-Commission ... on its 48th Session, E/CN.4/1997/2, E/CN.4/Sub.2/1996/41 (25.11.1996), Abs. 213. Anlaß für diese Feststellung waren kritische

wesentlichen die gleichen Informationen, wie dies insbesondere bei Massenpetitionen wie Postkartenaktionen u.ä. der Fall ist, erscheinen diese unter Angabe der konkreten Anzahl und dem Vermerk „identisch“ oder „ähnlich“ in einer einzigen Zusammenfassung[11]. Abs. 2 lit. b) Res. 728 F (XXVIII) sah noch vor, daß dabei die Identität des Verfassers grundsätzlich nicht zu enthüllen sei. Bereits seit 1961 hatte das Sekretariat aber nur noch im Zweifel und bei ausdrücklichem Wunsch die Anonymität gewahrt[12]. Gemäß Abs. 8 lit. a) Ziff. (ii) Res. 2000/3 ist nun ausdrücklich die Bekanntgabe der Verfasseridentität - entsprechend der Verfahrenspraxis - zum Regelfall geworden: nur auf Wunsch wird die Beschwerde anonymisiert.

Parallel zur Mitteilung des Beschwerdeinhalts an den jeweiligen Staat werden die Zusammenfassungen, auf Antrag ohne Bekanntgabe des Autors, in die bereits mit Res. 75 (V) eingeführte vertrauliche Liste aufgenommen[13]. Diese Liste wird monatlich an die Mitglieder der Kommission[14] und der WGC verteilt[15].

Anmerkungen seitens einiger Staaten, die an der Weiterleitung der Beschwerden Anstoß genommen hatten - ebd.

[11] Analysis of existing United Nations procedures ..., E/CN.4/1317 (08.02.1979), Abs. 9, Anm. 8.

[12] Siehe oben § 15 vor I., S. 200.

[13] *Newman* in Lillich/Hannum, S. 364. Diese Liste wird in den drei Arbeitssprachen Englisch, Französisch und Spanisch erstellt und trägt als Dokumentenbezeichnung E/CN.4/CCR ... - *Ize-Charrin*, 1503: A Serious Procedure, S. 3.

[14] ECOSOC, Entscheidung 79 (LVIII) vom 06.05.1975; Vgl. *Bartolomei,* S. 73; *Bossuyt*, HRLJ (1985), S. 181; *Ize-Charrin*, 1503: A Serious Procedure, S. 2; *Lillich/Hannum* S. 365; *Tardu*, Santa Clara Law Rev. 20 (1980), S. 566.

Die Entscheidung ergänzte Res. 1503 (XLVIII), die die monatliche Verteilung nur an die Mitglieder der Unterkommission vorgesehen hatte (Abs. 4 lit. a]). Den Kommissionsmitgliedern war eine solche Liste ursprünglich nur einmal im Jahr vorgelegt worden (vgl. Abs. 2 lit. a] Res. 728 F [XXVIII]).

ECOSOC-Res. 2000/3. nimmt in Abs. 1 der Präambel ausdrücklich auf Entscheidung 79 (LVIII) bezug.

[15] Res. 2000/3 enthält insofern keine ausdrückliche Vorgabe, Abs. 4 lit. a) Res. 1503 (XLVIII) bestimmte aber, daß die Listen an sämtliche Mitglieder der Unterkommission zu verteilen seien. Gemäß Abs. 8 lit. a) Ziff. (i) Res. 2000/3 bleiben hinsichtlich der Verteilung der Liste aber nur die Bestimmungen von Res. 1503 (XLVIII) unberührt, die von den Änderungen nicht betroffen sind. Die Reform schaffte allein die Rolle der Unterkommission als Ganzer ab (vgl. Abs. 1 Res. 2000/3 i.V.m. dem Report of the intersessional Working Group on Enhancing the Effectiveness of the Mechanisms of the Commission on Human Rights, E/CN.4/2000/112 [16.02.2000], Abs. 55). Die Rolle der

Gleiches geschieht mit den Stellungnahmen der Regierungen, die grundsätzlich im Volltext ebenfalls in einer Liste zusammengestellt und an die Mitglieder beider Gremien verteilt werden[16].

II. Die Eingangsprüfung der Beschwerden in der Arbeitsgruppe für Mitteilungen

Die Eingangsprüfung der Mitteilungen erfolgt - wie schon in Abs. 2 Res. 1503 (XLVIII) vorgesehen - durch eine speziell hierfür eingerichtete Arbeitsgruppe der Unterkommission, die WGC (Abs. 2 Res. 2000/3).

A. Zusammensetzung und Sitzung der Arbeitsgruppe

Dieses Gremium besteht aus fünf Mitgliedern - je einem aus jeder der UN-Regionen -[17], die für das jeweils folgende Jahr vom Vorsitzenden der Unterkommission nach Konsultationen mit den Regionalgruppen ernannt werden (Abs. 1 lit. a] Res. 2 [XXIV] der Unterkommission[18]). Durch die jährliche (Neu-) Bestimmung der Mitgliedschaft war ursprünglich eine jährlich wechselnde Zusammensetzung der WGC intendiert, praktisch wurden aber doch recht bald immer wieder dieselben Mitglieder von den jeweiligen Untergruppen benannt[19]. Damit wurde zwar eine zunehmende Professionalisierung der Behandlung sowie eine

---

Arbeitsgruppe wurde hingegen beibehalten. Aus dem zitierten Bericht i.V.m. Abs. 1 Res. 2000/3 ergibt sich eindeutig, daß die monatliche Verteilung der Beschwerden weiterhin an die Mitglieder der Arbeitsgruppe erfolgen solle (Report of the inter-sessional Working Group ..., Abs. 39 i.V.m. Abs. 1 Res. 2000/3), die Zuleitung an die übrigen Mitglieder der Unterkommission wurde eingestellt.

[16] *Bartolomei,* S. 73; *Ize-Charrin,* 1503: A Serious Procedure, S. 3; *Newman* in Lillich/Hannum S. 364. Diese ebenfalls in drei Sprachen verfügbare Liste wird unter der Bezeichnung E/CN.4/GR ... in Umlauf gebracht - *Ize-Charrin,* 1503: A Serious Procedure, S. 3.

Den Regierungen steht es aber frei, darum zu bitten, nur die Zusammenfassung ihrer Stellungnahme verteilen zu lassen - Abs. 2 lit. f) Res. 728 F (XXVIII); *Bartolomei,* S. 73; *Tardu,* Santa Clara Law Rev. 20 (1980), S. 566.

[17] *Cassese,* RDH 5 (1972), S. 376; ECOSOC, Res. 1503 (XLVIII) Abs. 1 und Res. 2000/3, Abs. 2.

[18] Report of the 24th Session of the Sub-Commission ..., E/CN.4/1070; E/CN.4/Sub.2/323 (06.10.1971), S. 52 - abgedruckt unten, Anhang 2, S. 686.

[19] So wurde beispielsweise von den osteuropäischen Staaten immer der sowjetische Experte in die Arbeitsgruppe entsendet - *Alston,* Commission on Human Rights, in: ders. (Hrsg.), The United Nations and Human Rights, S. 146; *Guest,* S. 440; *Tolley,* HRQ 6 (1984), S. 438.

konsistente Entscheidungspraxis ermöglicht[20], zugleich aber auch einer weiteren Politisierung des Gremiums - weg von einer vorurteilsfreien Sachprüfung - Vorschub geleistet. Der die Grundlage der Neuregelung bildende Bericht der *Arbeitsgruppe zur Steigerung der Effektivität der Kommissionsmechanismen* erwähnt daher ausdrücklich, daß alle Mitglieder der Unterkommission wählbar sind und ermutigt das Gremium, die Mitglieder in einem „angemessenen" Rotationsverfahren zu bestimmen[21]. Der entsprechende Abschnitt des Berichts wird von Abs. 2 Res. 2000/3 in bezug genommen und gewinnt damit organisationsintern verbindlichen Charakter. Freilich enthält der Wortlaut dieser Bestimmung keine klare Verpflichtung der Unterkommission zur Beachtung dieser Grundsätze.

Die WGC tritt einmal jährlich zwei Wochen lang unmittelbar im Anschluß an die Sitzung der Unterkommission unter Ausschluß der Öffentlichkeit zusammen (Abs. 2 Res. 20000/3). An ihren Sitzungen nehmen außer einem Vertreter des OHCHR nur die fünf Mitglieder teil; die sonstigen Mitglieder der Unterkommission haben hier keinen Zugang[22].

B. Funktionen und Arbeitsweise der Arbeitsgruppe

Von dieser Arbeitsgruppe werden alle eingegangenen Mitteilungen, die bis spätestens zwölf Wochen vor ihrer Sitzung - etwa Ende Mai - beim OHCHR ein-

---

[20] Die ursprüngliche Konzeption sah gerade die jährliche Neubestimmung der WGC-Mitglieder vor, was wegen der Erschwerung einer stringenten Entscheidungspraxis anfangs auf erhebliche Kritik stieß - *Cassese*, RDH 5 (1972), S. 376; *Meißner*, S. 28.

[21] Report of the inter-sessional Working Group on Enhancing the Effectiveness of the Mechanisms of the Commission on Human Rights, E/CN.4/2000/112 (16.02.2000), Abs. 37: „... All members of the Sub-Commission would be eligible for membership, with an appropriate rotation of membership encouraged."

Dem Vorschlag der USA, eine klare Vorgabe für die Dauer der Mitgliedschaft in der Arbeitsgruppe in den Text aufzunehmen - wie für die Arbeitsgruppen im Rahmen der Spezialverfahren, für deren Mitglieder eine Amtszeit von höchstens zwei mal drei Jahren vorgegeben ist (vgl. Draft Decision 2, E/CN.4/DEC/2000/109 [27.04.2000]) - wurde nicht entsprochen - siehe Final Remarks Made by Delegations, E/CN.4/2000/CRP.1 (02.03.2000), Abs. 14.

[22] Res. 2 (XXIV) der Unterkommission, Abs. 2 (in: Report of the 24th Session of the Sub-Commission ..., E/CN.4/1070; E/CN.4/Sub.2/323 [06.10.1971], S. 53); *Cassese*, RDH 5 (1972), S. 376; *Eide*, in: Alston (Hrsg.), The United Nations and Human Rights, S. 231; *Tardu*, Santa Clara Law Rev. 20 (1980), S. 572.

gegangen sind[23], einer ersten sachlichen Prüfung unterzogen (Abs. 2 Res. 2000/3). Diese erste Sachprüfung erfolgt im Hinblick auf zwei Ziele. Zunächst ist die Zulässigkeit der Beschwerden anhand von Res. 1 (XXIV) der Unterkommission zu prüfen[24]. Sodann ist festzustellen, ob die Mitteilungen *prima facie* auf ein „*consistent pattern of gross ... violations of human rights*" hinzuweisen vermögen[25]. Grundlage ihrer Entscheidungen bilden die zusammengefaßten schriftlichen Beschwerden und gegebenenfalls Regierungsentgegnungen, die den Mitgliedern monatlich zugeleitet werden (Abs. 2 Res. 2000/3)[26]. Auf Anfrage erhält die WGC gemäß Abs. 4 lit. b) Res. 1503 (XLVIII) auch Einsicht in die Originale der Beschwerden, d.h. es werden ihr - gegebenenfalls anonymisierte - Kopien zur Verfügung gestellt[27]. Zudem hat sie Zugang zu den vertraulichen Dokumenten der Kommission[28]. Damit sollte die Weiterleitung derjenigen

---

[23] Vgl. *Bartolomei,* S. 74; *Weissbrodt/Parker,* S. 12. Zu Entwicklung und Hintergrund der Zwölf-Wochen-Regel siehe unten bei Fn. 126.

[24] ECOSOC, Res. 2000/3., Abs. 2; *Tardu/McCarthy,* S. 76. Zur die Zulässigkeit regelnde Res. 1 (XXIV) der Unterkommission vom 13.08.1971, beschlossen gemäß Abs. 2 Res. 1503 (XLVIII), - deutsche Übersetzung in *von Mangoldt/Rittberger*, S. 15 81 - siehe im einzelnen unten § 23.I., S. 363.

[25] ECOSOC, Res. 2000/3., Abs. 2. Entsprechendes galt auch schon für die alte Rechtslage - *Bartolomei,* S. 75; *Cassese*, La Comunità Internazionale 30 (1975), S. 51; *Eide*, in: Alston (Hrsg.), The United Nations and Human Rights, S. 231; *Ize-Charrin*, 1503: A Serious Procedure, S. 4; International Commission of Jurists (Hrsg.), Gross Violations of Human Rights, S. 11; *Tardu*, Santa Clara Law Rev. 20 (1980), S. 572; *Tardu/McCarthy,* S. 76.

[26] *Eide*, in: Alston (Hrsg.), The United Nations and Human Rights, S. 231.

Angesichts der immer größeren Zahl der Regierungsantworten auf einzelne Beschwerden hat die Unterkommission seit 1998 die Staaten ersucht, diese möglichst in fünffacher Ausfertigung dem Sekretariat (OHCHR) zu unterbreiten - Report of the Sub-Commission ... on its 50st Session, E/CN.4/1999/4; E/CN.4/Sub.2/1998/45 (30.09.1998), Abs. 278; ebenso Report of the Sub-Commission ... on its 51st Session, E/CN.4/2000/2; E/CN.4/Sub.2/1999/54 (11.11.1999), Abs. 277.

[27] *Schwelb*, Journal of the Israel Institute for the Study of International Affairs 13 (1974), S. 132; *Bartolomei,* S. 76; *Tardu*, Santa Clara Law Rev. 20 (1980), S. 566; *Tardu/McCarthy,* S. 76; *Tolley*, HRQ 6 (1984), S. 439; *Zuijdwijk,* S. 26

Diese Möglichkeit ist zwar im neuen Abs. 2 der Res. 2000/3 so nicht ausdrücklich erwähnt, doch bleiben gemäß Abs. 8 der Resolution die Bestimmungen, die nicht ausdrücklich geändert wurden, weiterhin in Kraft. Hinsichtlich der möglichen Nutzung der Originaldokumente formuliert die neue Resolution lediglich, daß es Aufgabe der WGC sei, „*... to examine the communications received under Council resolution 728 F (XXVIII)...*".

[28] MRK, Entscheidung 5 (XXXIII) vom 01.03.1977, lit. b), in: Report of the 33rd session, E/5927, E/CN.4/1257 (1977), chapter XXII, section B., S. 89. Int.Comm.J.Rev. 16 (1976), S.

Beschwerden sichergestellt werden, die eine von der Kommission unter Beobachtung gehaltene Situation betreffen[29].

In der Praxis bereitet jedes Mitglied der Arbeitsgruppe die Behandlung eines bestimmten Teils der Mitteilungen vor, wobei die Geschäftsverteilung nach materiellen Gesichtspunkten geregelt ist. Jeder Experte ist für bestimmte Rechte der AEMR als Berichtertstatter zuständig[30]. Bei der Auswahl bzw. Zuordnung der jeweiligen Zuständigkeiten spielten zumindest in der Vergangenheit offensichtliche politische Interessen eine entscheidende Rolle. In der Zeit des Kalten Krieges befaßte sich beispielsweise das osteuropäische Mitglied der Arbeitsgruppe - immer ein sowjetischer Experte - mit dem Recht auf Verlassen der Heimat (Art. 13 AEMR)[31]. Die vorgenommene Aufteilung wird jedoch nicht strikt durchgeführt. Jeder kann vom anderen die Zuständigkeit in bestimmten Fällen erbitten, bzw. auch Alternativvorschläge einbringen[32]. Die Entscheidungen werden schließlich von der ganzen Arbeitsgruppe getroffen, wobei die anderen Mitglieder die Möglichkeit haben, den Vorschlag des zuständigen Mitglieds zu andern oder ihn gegebenenfalls ganz zu verwerfen[33]. Freilich ist auch die Arbeitsweise der WGC von der Suche nach Konsens geprägt und Abstimmungen entsprechend selten.

In ihrer abschließenden Entscheidung hat die Arbeitsgruppe gemäß Abs. 2 Res. 2000/3 darüber zu befinden, ob eine oder mehrere (zulässige) Beschwerden aus ihrer Sicht einen „Gesamtzusammenhang grober und glaubwürdig bezeugter

---

25f.; *Tolley*, HRQ 6 (1984), S. 439. Die Entscheidung ist gemäß Abs. 8 Res. 2000/3 weiterhin in Kraft.

29 Int.Comm.J.Rev. 16 (1976), S. 26. Siehe zu Entstehung und Hintergrund dieser Regelung bereits oben, S. 237, bei Fn. 221.

30 *Lillich/Hannum* S. 365; *Eide*, in: Alston (Hrsg.), The United Nations and Human Rights, S. 231; *Weissbrodt/Parker*, S. 12f.; *Tolley*, HRQ 6 (1984), S. 438. Den vom Sekretariat (OHCHR) erstellten Zusammenfassungen ist das jeweils betroffene Recht der AEMR durch Angabe des Artikels vorangestellt. Sind mehrere Rechte betroffen, ist das hauptsächlich beeinträchtigte Recht hervorgehoben (unterstrichen).

31 *Alston*, Commission on Human Rights, in: ders. (Hrsg.), The United Nations and Human Rights, S. 146; *Guest*, S. 440; *Weissbrodt/Parker*, S. 13.

Das westeuropäische Mitglied ist üblicherweise für Menschenrechtsverletzungen gegen die körperliche Integrität wie Folter und willkürliche Tötungen zuständig, der afrikanische Experte für Diskriminierungen - *Weissbrodt/Parker*, ebd.

32 *Weissbrodt/Parker*, S. 13.

33 *Eide*, in: Alston (Hrsg.), The United Nations and Human Rights, S. 232.

Menschenrechtsverletzungen" zu ergeben scheinen. Dabei wird über jede Beschwerde einzeln abgestimmt[34]. Die WGC hat drei Entscheidungsalternativen. Bejaht sie das Vorliegen eines solchen Gesamtzusammenhangs, so leitet sie die entsprechende Situation an die von der Kommission eingesetzte Arbeitsgruppe für Situationen (*Working Group on Situations - WGS*) weiter. Verneint sie einen solchen, so schließt sie die Behandlung der jeweiligen Beschwerde ab. In zweifelhaften Fällen oder bei unzureichender Information kann sie ihre Entscheidung in bezug auf einzelne Mitteilungen auf ihre kommende Sitzung verschieben.

Die Feststellung eines „Gesamtzusammenhangs", d.h. die Entscheidung, eine Situation weiterzuleiten, muß von der absoluten Mehrheit der Mitglieder getroffen werden[35]. Dies bedeutet, daß beim Fehlen zweier Mitglieder[36] bereits mit einer Stimme die Weiterleitung einer Situation verhindert werden kann[37]. Bejaht die Mehrheit das Vorliegen eines solchen Anscheins, so werden die fraglichen Beschwerden zusammen mit den gegebenenfalls eingegangenen Stellungnahmen der betroffenen Regierungen in Form eines vertraulichen[38] Berichts an die Arbeitsgruppe für Situationen der MRK (*Working Group on Situations - WGS*) weitergeleitet. Dieser Bericht enthält die Feststellung, in welchen Ländern eine

---

[34] *Weissbrodt/Parker,* S. 13.

[35] *Bossuyt*, HRLJ (1985), S. 181; *Ize-Charrin*, 1503: A Serious Procedure, S. 4; International Commission of Jurists (Hrsg.), Gross Violations of Human Rights, S. 11; *Alston,* Commission on Human Rights, in: ders. (Hrsg.), The United Nations and Human Rights, S. 146; *Weissbrodt/Parker,* S. 13; Report of the Secretary-General, Effective Functioning of the Various Mechanisms ..., E/CN.4/1994/42 (14.02.1994), Abs. 68.

Weitergehende Vorschläge wie z.B. der, für diese Entscheidung Einstimmigkeit zu verlangen, fanden sowohl in der MRK wie auch in der Unterkommission keine Mehrheit - *Eide*, in: Alston (Hrsg.), The United Nations and Human Rights, S. 232. Diese Regelung ergibt sich unmittelbar aus Abs. 5 Res. 1503 (XLVIII), Res. 2000/3 enthält insoweit keine Änderung.

[36] Das Fehlen von Mitgliedern der Arbeitsgruppen war, wie die überaus deutliche Kritik *van Bovens* zeigt, keine Seltenheit - siehe die Stellungnahme zur Eröffnung der 33. Sitzung der Unterkommission am 18.08.1980, in: *van Boven*, People Matter, S. 115.

Beispielsweise waren bei der achten Sitzung der Arbeitsgruppe 1979 lediglich drei Mitglieder anwesend: weder der lateinamerikanische Experte bzw. sein Stellvertreter noch der afrikanische bzw. sein Stellvertreter erschienen zu dieser Sitzung. In den Jahren 1973, 1975, 1980-1983 und 1987 waren jeweils nur vier von fünf Experten anwesend.

[37] *Ize-Charrin*, 1503: A Serious Procedure, S. 4; *Weissbrodt/Parker,* S. 13.

[38] Report of the Secretary-General, Effective Functioning of the Various Mechanisms ..., E/CN.4/1994/42 (14.02.1994), Abs. 68.

derartige Situation vorzuliegen scheint[39], sowie zur Substantiierung die einzelnen Zusammenfassungen der Beschwerden[40]. Gemäß Abs. 5 Res. 2000/3 kann dieser Bericht, der im einzelnen auf die weitergeleiteten Situationen eingeht, zugleich auch (Beschluß-)Empfehlungen für die Kommission enthalten. Damit ist nun eine in den achtziger Jahren heftig umstrittene - seinerzeit die Unterkommission betreffende - Frage[41] ausdrücklich geklärt.

Verneint die Arbeitsgruppe das Vorliegen eines solchen „Gesamtzusammenhangs", werden diese Beschwerden nicht weiter behandelt und damit verworfen[42]. Weiteres geschieht diesbezüglich nicht. Die dritte Entscheidungsoption, eine Angelegenheit unter Beobachtung zu lassen, ist weder in Res. 1503 (XLVIII) noch in Res. 2000/3 ausdrücklich vorgesehen. Die Unterkommission hatte jedoch in einer gemäß Abs. 8 Res. 2000/3 weiterhin gültigen vertraulichen Entscheidung von 1980 die WGC ermächtigt, daß sie nach ihrem Ermessen die Behandlung von Mitteilungen auch auf ihre Sitzung im folgenden Jahr verschieben könne[43]. Aus der Perspektive des betroffenen Staates ist dies die

---

[39] *Cassese*, La Comunità Internazionale 30 (1975), S. 51; *Eide*, in: Alston (Hrsg.), The United Nations and Human Rights, S. 232; *Weissbrodt/Parker*, S. 13.

[40] Diese Form - Bericht mit den zusammengefaßten Beschwerden - wurde bisher von der Unterkommission bei ihrer Entscheidung für die MRK gebraucht; es ist davon auszugehen, daß die Arbeitsgruppe an dieser Praxis festhalten wird.

[41] In den bekanntgewordenen Fällen war in der Unterkommission immer wieder die Frage aufgekommen, ob sie darauf beschränkt sei, Situationen an die Kommission weiterzuleiten, oder ob sie zudem auch eine Stellungnahme oder Bemerkung anbringen könne (so beispielsweise die Auffassung der griechischen Expertin *Daes*, die im Falle Uruguays auf die existierenden Verbesserungen hinweisen wollte - Sub-Commission, Summary record of the 20th meeting [29.08.1983], E/CN.4/Sub.2/1983/SR.20 (02.09.1983), Abs. 73. Unter Hinweis auf den Text der Resolutionen 1235 (XLII) und 1503 (XLVIII) wurde diese Möglichkeit jedoch verneint, da ihre einzige Aufgabe darin bestehe, die Kommission auf die entsprechenden Mitteilungen aufmerksam zu machen (*Joinet*, Summary record of the 20th meeting [29.08.1983], E/CN.4/Sub.2/1983/SR.20 (02.09.1983), Abs. 73, 77; Summary record of the 29th meeting E/CN.4/Sub.2/1985/SR.29 [29.08.1985], Abs. 1).

[42] Note by the Secretariat: Explanation of the phase preceeding the Commission deliberation under the 1503 procedure ..., E/CN.4/2000/CRP.3 (28.04.2000), Abs. 1; *Bossuyt*, HRLJ (1985), S. 182.

[43] *Ize-Charrin*, 1503: A Serious Procedure, S. 4; *Weissbrodt/Parker*, S. 13; Report of the Secretary-General, Effective Functioning of the Various Mechanisms ..., E/CN.4/1994/42 (14.02.1994), Abs. 68; vgl. auch zur neuen Rechtslage Note by the Secretariat: Explanation of the phase preceeding the Commission deliberation under the 1503 procedure ..., E/CN.4/2000/CRP.3 (28.04.2000), Abs. 1 sub (ii). Auch diese Entscheidung muß mit absoluter Mehrheit getroffen werden - *Ize-Charrin*, ebd.

weniger weitgehende Entscheidung, die zudem die Möglichkeit offenläßt, daß eine Situation - nach einer befriedigenden Antwort des Staates - abschließend doch nicht weitergeleitet wird. Aus der Praxis der Arbeitsgruppe wird berichtet, daß in der letzten Zeit aus einer zunehmenden Zahl von Gründen in dieser Weise verfahren wurde[44].

Insgesamt leistet die Arbeitsgruppe in quantitativer Hinsicht die Hauptarbeit im ganzen Verfahren[45]. Denn es ist ihre Aufgabe, die riesigen Mengen der jährlich eingehenden Mitteilungen durchzusehen[46]. Hierzu zählt prinzipiell auch die Prüfung der Glaubwürdigkeit der eingegangenen Informationen[47]. Wegen der im Verhältnis zu diesem enormen Arbeitsanfall äußerst kurz bemessenen Sitzungsdauer von zehn Tagen ist eine gründliche Untersuchung der einzelnen Fälle jedoch praktisch nicht durchführbar[48]. Gleichwohl wird auf dieser Ebene der Großteil aller Beschwerden aussortiert und ihre weitere Behandlung aussortiert[49]. Es wird sich noch erweisen, inwieweit die neuerdings dem Sekretariat verliehene Befugnis, offensichtlich unbegründete Beschwerden auszusortieren, auch den Arbeitsanfall für die WGC vermindern wird[50].

C. Die Bekanntgabe der Ergebnisse durch den Generalsekretär

Nachdem die WGC eine Entscheidung getroffen hat, ist die betroffene Regierung - jeden Staates bezüglich dessen die WGC eine Maßnahme ergriffen hat - gemäß Abs. 4 Res. 2000/3 vom Sekretariat über deren Inhalt zu informieren[51]. Die neu eingefügte Vorschrift beruht nicht auf dem zugrundeliegenden Bericht

---

44 *Ize-Charrin*, 1503: A Serious Procedure, S. 4.

45 *Cassese*, La Comunità Internazionale 30 (1975), S. 51.

46 Zur Zahl der jährlich eingehenden Beschwerden siehe die Tabelle in Anhang 1, S. 669.

47 *Ermacora*, RDH 7 (1974), S. 681.

48 *Cassese*, RDH 5 (1972), S. 376; *Meißner*, S. 27. Der iranische Delegierte hatte - erfoglos - die Streichung dieser expliziten Zeitbegrenzung gefordert - CHR, Summary record of the 1033rd meeting [14.03.1969], E/CN.4/SR.1030-1045 (29.07.1969), S. 41.

49 *Bartolomei*, S. 75. In der Praxis des alten Verfahrens wurden aus den jährlich zwanzig- bis hunderttausend eingehenden Mitteilungen (vgl. Tabelle in Anhang 1, S. 669) durchschnittlich etwa 20 bis 30 ausgewählt und an die Unterkommission weitergeleitet (vgl. zu den genauen Zahlenverhältnissen § 21.V., S. 349). Diese betrafen im Durchschnitt etwa fünf bis zehn, in einzelnen Jahren auch bis zu 25 Situationen.

50 Siehe zur Reichweite jener Kompetenz des Sekretariats die Diskussion unten, § 20.I., S. 289, bei Fn. 10.

51 "... inform the countries concerned ... of the actions taken in regard to them."

der *Arbeitsgruppe zur Steigerung der Effektivität*, sondern scheint eher die Bestätigung der ohnehin geübten Praxis im Anschluß an die Sitzung der Unterkommission zu sein[52]. Zweifel ergeben sich allerdings hinsichtlich der Reichweite der Norm, ist doch auch die Entscheidung, die Beschwerde nicht weiter zu behandeln, eine in bezug auf den jeweiligen Staat „getroffene Maßnahme" (*action taken*). Dann müßte aber jede Regierung über das Schicksal einer jeden gegen sie eingereichten Beschwerde informiert werden. Stellt man jedoch darauf ab, daß der Hintergrund der Bestimmung die Bestätigung der ohnehin geübten Praxis war, so läßt sich die Formulierung „in bezug auf [den jeweiligen Staat] ... getroffene Maßnahme" auch dahingehend verstehen, daß dies nur solche Beschlüsse umfaßt, die materiell eine weitere Befassung mit der Beschwerde bedeuten. In der Vorgängervorschrift, der in Res. 2000/3 in bezug genommenen Entscheidung 3 (XXX) vom 6. März 1974, war eine entsprechende Informationspflicht aber nur für den Fall der Weiterleitung vorgesehen; eine Abweichung davon war nicht intendiert[53]. Die Praxis des Sekretariats (OHCHR) bestätigt dies. Wie schon vor der Reform wird die betreffende Regierung nur über die Verschiebung einer endgültigen Entscheidung auf die nächste Sitzung, über die Weiterleitung einer Situation an die WGS sowie dann informiert, wenn eine Beschwerde, deren Behandlung auf der vorherigen Sitzung verschoben wurde, nunmehr abgelehnt wird[54].

Entscheidet die WGC, eine bestimmte Situation weiterzuleiten, wird die jeweilige Regierung nicht nur hiervon informiert, sondern zusätzlich um eine schriftliche Stellungnahmen gebeten (Abs. 8 lit. b] Res. 2000/3 i.V.m. Entscheidung 3 [XXX])[55]. Damit soll einerseits den Regierungen einmal mehr die Möglichkeit zur Darlegung ihres Standpunktes eingeräumt und ein wirklicher Dialog erleichtert werden. Andererseits ist der Erhalt weiterer Tatsacheninformationen angestrebt, da regelmäßig noch Bedarf an Sachverhaltsaufklärung besteht. Dies gilt vor allem dann, wenn die Regierung bis dahin auf die gegen sie erhobene Be-

---

[52] Siehe die Anregung der WGC 1999: Common Position of the Sub-Commission ..., E/CN.4/Sub.2/1999/47 (25.08.1999); Annex I: Summary of informal discussions by the Working Group on Communications on the recommendation concerning the 1503 procedure..., Abs. 11 Ziff. iii).

[53] Note by the Secretariat: Explanation of the phase preceeding the Commission deliberation under the 1503 procedure ..., E/CN.4/2000/CRP.3 (28.04.2000), Abs. 3.

[54] Note by the Secretariat: Explanation of the phase preceeding the Commission deliberation under the 1503 procedure ..., E/CN.4/2000/CRP.3 (28.04.2000), Abs. 3; *E Solo*, E-Mail an Verfasser vom 16.10.2000.

[55] Vgl. Report of the Secretary-General, Effective Functioning of the Various Mechanisms ..., E/CN.4/1994/42 (14.02.1994), Abs. 70.

schwerde gar nicht oder nur unzureichend reagiert hat. Um ergänzende Informationen von Seiten der Regierung wird aber auch und gerade in den Fällen gebeten, in denen die WGC ihre endgültige Entscheidung über die Situation auf die nächste Sitzung verschiebt[56]. Denn mit diesem Beschluß signalisiert die Arbeitsgruppe zusätzlichen Informationsbedarf in bezug auf einzelne Beschwerden und Situationen. Es wird damit zugleich den Regierungen eine zusätzliche Frist von einem Jahr zur Reaktion auf die Behauptungen eingeräumt. Schon aus logischen Gründen ist diese hierüber entsprechend zu informieren.

III. Die Vorprüfung der Situationen in der Arbeitsgruppe für Situationen

Die nächste Verfahrensstufe im Ablauf des neuen 1503-Verfahrens ist die Vorprüfung der in der Kommission zur Verhandlung anstehenden Situationen durch die Arbeitsgruppe für Situationen (WGS).

A. Zusammensetzung und Sitzung der Arbeitsgruppe

Diese Arbeitsgruppe besteht gemäß Abs. 5 Res. 2000/3 i.V.m. Abs. 40 des *Berichts der Arbeitsgruppe zur Steigerung der Effektivität der Kommissionsmechanismen*[57] sowie ECOSOC-Entscheidung 1990/41 vom 25. Mai 1990 aus fünf Mitgliedern der Kommission, je einem aus jeder UN-Region. Diese werden für die jeweils nachfolgende Sitzung nach entsprechenden Konsultationen mit den Regionalgruppen vom Vorsitzenden der Kommission ernannt[58]. Dabei sollen die Mitglieder in dieser Funktion ungeachtet ihres Status als Regierungsvertreter als unabhängige Experten in ihrer persönlichen Verantwortlichkeit agieren[59]. Für die WGS gilt, wie auch für die WGC, im Wege des Verweises auf den Reformbericht, daß die Mitgliedschaft zwischen den verschiedenen Ländern innerhalb einer Regionalgruppe rotieren solle. Es handelt es sich auch hier um eine ausdrückliche

---

[56] Siehe *Weissbrodt/Parker*, S. 14.

[57] Report of the inter-sessional Working Group on Enhancing the Effectiveness of the Mechanisms of the Commission on Human Rights, E/CN.4/2000/112 (16.02.2000). Abs. 40 lautet im Original: „The Working Group on Situations (WGS) would comprise, as at present, five members nominated by the regional groups, with due attention being paid to rotation in membership. The WGS would meet at least one month prior to the Commission, so as to enable the secretariat to make confidential papers available at least one week in advance of the session. ..."

[58] ECOSOC, Res. 1990/41 vom 25.05.1990, Abs. 3 (E/1990/90, S. 33).

[59] ECOSOC, Res. 1990/41 vom 25.05.1990, Abs. 3 (E/1990/90, S. 33).

Vorgabe, die allerdings aufgrund ihrer Unbestimmtheit erhebliche Spielräume offenläßt. Die WGS tritt mindestens einen Monat vor Beginn der jährlichen Sitzungsperiode der MRK für eine Woche zusammen. Der frühe Termin ist gewählt worden, um die rechtzeitige Verfügbarkeit der vertraulichen Dokumente einschließlich der Beschlußempfehlungen der WGS für die Mitglieder der Kommission gewährleisten zu können[60].

B. Funktionen und Arbeitsweise der Arbeitsgruppe

In bezug auf den eigentlichen Verfahrensgegenstand behandelt die WGS nicht nur die von der WGC überwiesenen, sondern auch die von der Kommission auf ihre nächste Sitzung zur weiteren Behandlung verschobenen Situationen[61]. Ihre Aufgabe ist es, einen vertraulichen Bericht für die Kommission zu erstellen, in dem die wesentlichen kritischen Punkte einer Situation herauszustellen sind, und der einen Resolutions- oder Entscheidungsentwurf für die Kommission enthält (Abs. 5 Res. 2000/3). Es soll damit der Kommission ein „erster Vorschlag" als Diskussionsgrundlage vorgelegt werden[62]. Konnte die WGS in der alten Ausgestaltung des Verfahrens als reines Vorbereitungsorgan entsprechend nur einen mehr oder weniger maßgeblichen Standpunkt zu den ohnehin an die Kommission weiterzuleitenden Situationen einnehmen[63], so spielt sie mittlerweile eine deutlich einflußreichere Rolle. In bezug auf die von der WGC überwiesenen Situationen steht es in ihrer Entscheidungsmacht, diese an die Kommission weiterzuleiten oder nicht (Abs. 5 Res. 2000/3). Lediglich die von der Kommission im Jahr zuvor vertagten Situationen sind in jedem Falle weiterzuleiten. Ein Hinweis auf die ab-

---

[60] ECOSOC, Res. 2000/3., Abs. 5 i.V.m. Abs. 40 S. 2 des Berichts der Arbeitsgruppe zur Steigerung der Effektivität der Kommissionsmechanismen (a.a.O., Fn. 57). Angesicht des nunmehr klar strukturierten Ablaufs der Kommissionssitzungen und des zeitlichen Abstandes zwischen der Sitzung der WGS und der der Kommission wird die im alten Verfahren bestehende Möglichkeit, daß die Arbeitsgruppe auch noch zu ergänzenden Treffen während der Sitzungsperiode der Kommission zusammenkommen kann, nicht mehr bestehen (siehe hierzu oben § 15.VI.C., Fn. 215, S. 236).

[61] ECOSOC, Res. 2000/3, Abs. 5; *Ize-Charrin*, 1503: A Serious Procedure, S. 5f.

[62] Vgl. zur - identischen - alten Rechtslage insbesondere die weiterhin anwendbare ECOSOC-Res. 1990/41 vom 25.05.1990, Abs. 1; *Alston,* Commission on Human Rights, in: ders. (Hrsg.), The United Nations and Human Rights, S. 146; *Ermacora*, RDH 7 (1974), S. 683; *Lillich/Hannum* S. 365; *Ize-Charrin*, 1503: A Serious Procedure, S. 6; *M. Nowak*, NYIL 22 (1991), S. 52; *Tardu*, Santa Clara Law Rev. 20 (1980), S. 574.

[63] So konnte sie weder die an sie überwiesenen Situationen auf ihr tatsächliches Vorliegen hin untersuchen (*M. Nowak*, NYIL 22 (1991), S. 52), noch selbständig auf eine spätere Sitzung zur Behandlung verschieben (*Ize-Charrin*, 1503: A Serious Procedure, S. 6).

gelehnten Mitteilungen wird gleichwohl im Bericht an die Kommission erscheinen[64]. Erstmals hat die WGS damit auch materiell entscheidende Befugnisse im Hinblick auf das Schicksal einer im 1503-Verfahren behandelten Situation. Die WGS wurde allerdings nicht ermächtigt, eigenmächtig die Verschiebung der weiteren Behandlung ohne Weiterleitung an die Kommission zu beschließen[65].

Grundlage ihrer Entscheidung sind sämtliche Dokumente, die auch der Kommission im Ergebnis zur Verfügung stehen, in erster Linie also die weitergeleiteten Beschwerden in Zusammenfassung und im Original sowie die Bemerkungen der betroffenen Regierungen. Weiterhin werden - soweit im Einzelfall vorhanden - auch Berichte des Generalsekretärs oder von Sonderberichterstattern als ergänzende Entscheidungsgrundlage herangezogen. Zusätzlich können die gemäß Res. 728 F (XXVIII) erstellten monatlichen Listen mit den zusammengefaßten Beschwerden von der WGS für ihre Arbeit herangezogen werden[66].

Auch die Entscheidungen der WGS, einschließlich derer über die Beendigung der Untersuchung einer Situation[67], werden unmittelbar im Anschluß an ihre Sitzung an die jeweils betroffenen Regierungen weitergeleitet, damit diese ihre Rechte auf Teilnahme am Verfahren der MRK (Entscheidung 5 [XXXIV]) wahrnehmen können[68].

IV. Die Behandlung der Situationen in der Kommission

Die Kommission erörtert - wiederum in vertraulicher Debatte, die sich regelmäßig über etwa ein bis zwei Tage erstreckt[69] - die ihr vorliegenden Situa-

---

64 Note by the Secretariat: Explanation of the phase preceeding the Commission deliberation under the 1503 procedure ..., E/CN.4/2000/CRP.3 (28.04.2000), Abs. 6.

65 Note by the Secretariat: Explanation of the phase preceeding the Commission deliberation under the 1503 procedure ..., E/CN.4/2000/CRP.3 (28.04.2000), Abs. 4.

66 Siehe beispielsweise den Report of the Working Group [on Situations] ..., E/CN.4/1984/R.5 (06.02.1984), Abs. 7.

67 Note by the Secretariat: Explanation of the phase preceeding the Commission deliberation under the 1503 procedure ..., E/CN.4/2000/CRP.3 (28.04.2000), Abs. 7.

68 MRK, Entscheidung 14 (XXXV) vom 12.03.1979, in: Report on the 35th session, E/1979/36, E/CN./4/1347, Chapter XXIV, Section B; International Commission of Jurists (Hrsg.), Gross Violations of Human Rights, S. 2; *Tardu/McCarthy*, S. 18f.

Res. 2000/3 erwähnt diese Entscheidung nicht ausdrücklich, enthält aber auch keine abweichende Bestimmung; gemäß Abs. 8 sind diese Regelungen daher weiterhin anwendbar.

69 *Ize-Charrin*, 1503: A Serious Procedure, S. 6. In den späten siebziger Jahren widmete die Kommission der vertraulichen Debatte z.T. erheblich mehr Raum, beispielsweise waren

tionen auf der Basis des Vorschlags der WGS. Die betroffenen Staaten sind einzuladen, Vertreter zu den sie betreffenden Sitzungen zu entsenden, um dort zu den Anschuldigungen mündlich Stellung nehmen und auf aufkommende Fragen antworten zu können[70]. Dabei ist in der Praxis wohl immer eine einvernehmlich Beilegung des über die Menschenrechtslage entstandenen Konflikts angestrebt, wie dies auch schon aus dem im übrigen obsolet gewordenen Abs. 6 lit. b) Ziff. ii) Res. 1503 (XLVIII) hervorgeht[71].

Abs. 7 Res. 2000/3 enthält genauere Vorgaben für den Verfahrensgang. Die Kommission behandelt eine Situation grundsätzlich in zwei zeitlich getrennten Sitzungen, deren erste dem Vertreter des betroffenen Staates die Möglichkeit zu einer umfassenden Stellungnahme (*opening presentations*) bietet, gefolgt von einer Diskussion zwischen den Mitgliedern der MRK und dem betroffenen Vertreter (Abs. 7 lt. a]). Eingeleitet wird die Debatte mit einer allgemeinen Einführung des Vorsitzenden-Berichterstatters der WGC[72], der gemäß Entscheidung 3 (XXXIV) auch an den vertraulichen Sitzungen der Kommission teilnimmt[73]. Diese Entscheidung besitzt gemäß Abs. 8 Res. 2000/3 i.V.m. Abs. 4 der Präambel weiterhin Gültigkeit. Abs. 7 lit. a), der ausdrücklich nur eine Diskussion zwischen den Kommissionsmitgliedern und dem Vertreter des betroffenen Staates erwähnt, ist somit systematisch ergänzend auszulegen. Grundlage der Debatte bilden die vertraulichen Akten einschließlich des Resolutions- oder Entscheidungsentwurfes der WGS, die den Mitgliedern spätestens eine Woche vor der ersten nichtöffentlichen Sitzung für das 1503-Verfahren zur Verfügung gestellt werden sollen (Abs. 6 i.V.m. Abs. 5 Res. 2000/3). Nach dieser ersten vertraulichen Sitzung haben alle Delegationen die Möglichkeit, Änderungs- oder Ergänzungsvorschläge zu den Entwürfen der WGS zu unterbreiten (Abs. 7 lit. b]

1979 insgesamt 14 vertrauliche Sitzungen (d.h. sieben ganze Tage) angesetzt worden - *Möller*, Universal Human Rights 1 (1979), S. 71.

[70] ECOSOC, Res. 2000/3, Abs. 7. Vgl. zur alten Rechtslage: MRK, Entscheidung 5 (XXXIV) vom 03.03.1978 (vgl. Anhang 1); *Ramcharan*, The Concept and Present Status of International Protection, S. 141; *Riedel*, in: Baum/ders./Schaefer (Hrsg.), Menschenrechtsschutz in der Praxis der Vereinten Nationen, S. 43; *Lillich/Hannum* S. 365; *Möller*, Universal Human Rights 1 (1979), S. 69; *Schwelb/Alston,* in: Vasak (Hrsg.), The International Dimensions I, S. 274; *Tardu*, Santa Clara Law Rev. 20 (1980), S. 574.

[71] *Riedel*, in: Baum/ders./Schaefer (Hrsg.), Menschenrechtsschutz in der Praxis der Vereinten Nationen, S. 43.

[72] *Weissbrodt/Parker*, S. 14.

[73] MRK, Entscheidung 3 (XXXIV) vom 03.03.1978 (vgl. Anhang 1); *Ize-Charrin*, 1503: A Serious Procedure, S. 2; *Möller*, Universal Human Rights 1 (1979), S. 70; *Ramcharan*, The Concept and Present Status of International Protection, S. 141; *Weissbrodt/Parker,* S. 14.

Res. 2000/3). Dieses zweite vertrauliche Treffen, das wegen des erforderlichen Zeitlaufs in bezug auf Erstellung und Übersetzung von Änderungsvorschlägen mit einem gewissen zeitlichen Abstand anzusetzen ist, wird sodann zur Diskussion über die Resolutions- oder Entscheidungsentwürfe genutzt (Abs. 7 lit. c]). Der Vertreter der betroffenen Regierung hat ausweislich des Wortlauts der Resolution nicht das Recht, an dieser Diskussion teilzunehmen - es sei denn, er ist ohnehin Mitglied der Kommission[74]. Ihm kommt lediglich ein Anwesenheitsrecht zu, welches sich auch auf die Schlußabstimmung erstreckt[75].

Wie schon vor der Reform hat die Kommission - nun durch Abs. 7 lit. d) Res. 2000/3 bestätigt - im wesentlichen vier Möglichkeiten, auf eine ihr vorliegende Situation zu reagieren. Sie kann im Ergebnis der Debatte die Behandlung der Situation ohne weitere Folgemaßnahmen einstellen, diese auf ihre nächste Sitzung verschieben; sie kann zusätzlich zur Verschiebung einen unabhängigen Experten ernennen oder schließlich die vertrauliche Behandlung mit ergänzenden Maßnahmen einstellen, wobei insbesondere die Einleitung eines öffentlichen Verfahrens erwähnt ist. Dabei ist sie grundsätzlich in keiner Weise gebunden. Abs. 7 Res. 2000/3 stellt vielmehr ausdrücklich klar, daß ihr bei der Diskussion wie auch in bezug auf weiterführende Maßnahmen und Beschlüsse ein weites Ermessen zukommt[76]. Dieses bezieht sich sowohl auf das „Ob" einer Maßnahme (Entschließungsermessen), als auch auf die Auswahl der für angemessen erachteten Aktion (Auswahlermessen). Letzteres ist freilich - dem Wortlaut von Abs. 7 lit. d) zufolge - im Grundsatz auf die vier nun im einzelnen darzustellenden Optionen beschränkt.

A. Beendigung der Behandlung

Die erste Möglichkeit, der Abbruch der Behandlung, wird regelmäßig erfolgen, wenn „weitere Beratungen oder Maßnahmen keine Berechtigung mehr" haben (Abs. 7 lit. d] Ziff. [i] Res. 2000/3). So kann die Kommission eine weitere

---

[74] Diese Auslegung wird auch durch einen Vergleich mit dem Wortlaut von Abs. 7 lit. a) Res. 2000/3 gestützt, wo eine Diskussion „zwischen den Mitgliedern der Kommission und der betroffenen Regierung" für die erste vertrauliche Zusammenkunft vorgesehen ist, während bei dem zweiten vertraulichen Treffen vorgesehen ist, daß „die Mitglieder der Kommission über die Resolutions- oder Entscheidungsentwürfe diskutieren und abstimmen" (Abs. 7 lit. c]).

[75] ECOSOC, Res. 2000/3 Abs. 7 lit. d). Diese Möglichkeit war bereits mit Entscheidung 9 (XXXVI) der MRK vom 07.03.1980 (s.u. Anhang 3, S. 681) geschaffen worden.

[76] Die Kommission wird ermächtigt, Situationen zu erörtern und Maßnahmen zu ergreifen „*...as it deems appropriate...*"

Behandlung ablehnen, weil nach Ansicht der Mehrheit ihrer Mitglieder die überwiesene Situation kein *consistent pattern of gross violations of human rights* darstellt[77]. Es ist ihr aber auch nicht verwehrt, die Untersuchung wegen der Unzulässigkeit einer der zugrundeliegenden Beschwerden abzubrechen[78]. Überdies kann sie auch die Einstellung eines Verfahrens beschließen, weil ihr zum Zeitpunkt der Entscheidung eine Fortsetzung des Verfahrens schlichtweg nicht mehr angemessen erscheint oder ein anderes Verfahren erfolgreicher zu sein verspricht[79]. Ein rechtlicher Rahmen für die Ausübung diese Ermessens besteht praktisch nicht. Zudem besteht infolge der Vertraulichkeit des Verfahrens ohnehin kaum eine externe Kontroll- oder auch sonstige Möglichkeit zur Einflußnahme.

B. Verschiebung der weiteren Behandlung

Neben der Einstellung eines Verfahrens kann die Kommission beschließen, daß sie die Situation schwerer Menschenrechtsverletzungen auf ihrer nächsten Sitzung unter Berücksichtigung weiterer Informationen der Regierungen bzw. aus neuen Beschwerden erneut behandeln werde (Abs. 7 lit. d] Ziff. [ii]

---

[77] *Tardu/McCarthy,* S. 105. Der Wortlaut von Res. 1503 (XLVIII), Abs. 5 und 6, weist für das alte Verfahren darauf hin, daß es grundsätzlich nicht (mehr) Aufgabe der Kommission sei, hierüber zu befinden: habe die Unterkommission ein "*consistent pattern ...*" festgestellt, so habe die Kommission nunmehr lediglich darüber zu befinden, in welcher Form sie darauf reagiere - *M. Nowak*, NYIL 22 (1991), S. 52.

A.A. *Cassese*, La Comunità Internazionale 30 (1975), S. 52; *Ermacora*, RDH 7 (1974), S. 683, denen zufolge die Kommission schon aus Gründen ihrer beschränkten Kompetenz darüber zu befinden gehabt hätte, ob in der konkreten Situation ein „*consistent pattern ...*" vorliege: würde ein solches nicht vorliegen, sei es der UNO im allgemeinen und der MRK im besonderen nicht gestattet, in bezug auf die fragliche Situation tätig zu werden (siehe hierzu im einzelnen noch unten § 34.III.A., S. 596).

Res. 2000/3 enthält insofern keine explizite Aussage, und zwar auch nicht im Hinblick auf das Vorliegen eines „*consistent pattern ...*“ Es finden also weiterhin die Bestimmungen von Res. 1503 (XLVIII) Anwendung. Angesichts des weiten Ermessens, das der Kommission eingeräumt wurde, kann sie somit rechtmäßigerweise auch dann das 1503-Verfahren einstellen, wenn sie - anders als die WGC - vom Vorliegen dieses Tatbestandsmerkmals nicht überzeugt ist.

[78] *Tardu/McCarthy,* S. 105 - siehe hierzu auch noch unten § 23.I.G., S. 386.

[79] *Bartolomei,* S. 78 Fn. 34; *Tardu,* Santa Clara Law Rev. 20 (1980), S. 574; *Tardu/McCarthy,* S. 105. Siehe insofern auch die unter D., S. 281, zu erörternde Möglichkeit der Überleitung in ein öffentliches Verfahren.

Res. 2000/3)[80]. Dieses Vorgehen wird üblicherweise dann gewählt, wenn die MRK weitergehende Schritte einzuleiten (noch) nicht gewillt ist, aber eine weitere Behandlung der Situation angesichts glaubhaft gemachter Menschenrechtsverletzungen angezeigt erscheint. Offiziell angegebener Anlaß für eine solche Entschließung ist die Beschaffung zusätzlicher Informationen[81]. Zuweilen kann ein solcher Beschluß aber auch eine bloß „kosmetische Maßnahme" sein mit dem Ziel, in der damit gewonnenen Zeit verstärkt durch politische und diplomatisch Kanäle auf die Verbesserung der Menschenrechtslage hinzuarbeiten[82]. In der Praxis haben sich die jährlichen Verschiebungen nicht selten zu einer Gesamtverfahrensdauer von mehreren Jahren addiert, ohne daß ein weiterführender Beschluß gefaßt wurde.

C. Verschiebung und Ernennung eines unabhängigen Experten

Parallel zur Verschiebung der weiteren Behandlung auf die nächste Sitzung zum Erhalt weiterer Informationen kann die Kommission zusätzlich einen „Unabhängigen Experten" ernennen (Abs. 7 lit. d] Ziff. [iii] Res. 2000/3). Weitere Vorgaben über diese Verfahrensvariante enthält die Resolution nicht. Die in Abs. 6 lit. a) und b) Res. 1503 (XLVIII) vorgesehenen Spezialverfahren sind daher theoretisch weiterhin anwendbar, praktisch jedoch schon unter der alten Rechtslage obsolet geworden[83]. Mit der genannten Vorschrift sind vielmehr die verschie-

---

[80] Vgl. *Tardu/McCarthy*, S. 106. Ihre rechtliche Grundlage fand diese Handhabung des Verfahrens vor Inkrattreten von Res. 2000/3 in einer extensiven Auslegung der Formulierung in Abs. 6 Res. 1503 (VIII) vor lit. a) „...nach Abschluß ihrer Prüfung..." (*after it [the Commission on Human Rights] has examined*) - *M. Nowak*, NYIL 22 (1991), S. 55.

Der Text der jeweiligen Resolution lautet üblicherweise: "*The Commission on Human Rights, ... Decides* to keep the human rights situation in ... under review within the framework of Economic and Social Council resolution 1503 (XLVIII), in the light of any further observations received from the Government of ... and such information as may reach the Commission under Council resolution 1503 (XLVIII); ..." (vgl. z.B. die Resolution betreffend die Philippinen, E/CN.4/1984/R.6, S. 12).

[81] *Alston*, Commission on Human Rights, in: ders. (Hrsg.), The United Nations and Human Rights, S. 146; *Ize-Charrin*, 1503: A Serious Procedure, S. 6.

Die bei der Konzeption des Verfahrens vorgeschlagene Möglichkeit, daß bei unzureichenden Informationen die Angelegenheit an die Unterkommission zur erneuten Untersuchung zurückverwiesen werden kann - so *Cassese*, La Comunità Internazionale 30 (1975), S. 52; *Ermacora*, RDH 7 (1974), S. 683 -, hat sich so in der Praxis nicht durchgesetzt.

[82] *Alston*, Commission on Human Rights, in: ders. (Hrsg.), The United Nations and Human Rights, S. 146.

[83] Siehe § 15.VI.D.1., S. 238.

denen Vorgehensweisen der Kommission erfaßt, mit der betreffenden Regierung gewissermaßen in näheren Kontakt zu treten.

Bemerkenswert ist in diesem Zusammenhang die äußerst offene Formulierung jenes Unterabsatzes. Sämtliche in Abs. 7 lit. d) Res. 2000/3 enthaltenen Alternativen für ein weiteres Vorgehen der Kommission sind wörtlich aus einer 1994 vom Generalsekretär erstellten Darstellung des 1503-Verfahrens übernommen[84]. Lediglich in bezug auf die Variante (iii), „Errichtung direkter Kontakte", ist bloß die Eingangsformulierung übernommen worden, wonach der MRK die Ernennung eines unabhängigen Experten möglich ist („*to keep the situation under review and to appoint an independent expert*; ...") [85]. Das genaue Mandat und die Aufgabe des Experten ist dabei in keiner Weise beschränkt oder vorgegeben. Im übrigen ist aber die im Bericht auftauchende substantielle Vorgabe für dessen Mandat, „*...to enter into direct contacts with the Government and the people of the country concerned ...* ", nicht enthalten. Eine diesbezügliche Festlegung bzw. Eingrenzung der Aufgabe eines solchen Experten erfolgt mithin nicht. Enger ist der Text insoweit, als er nicht auch die im Bericht in Klammern erwähnte Bitte an den Generalsekretär um Ernennung eines Sonderrepräsentanten als Alternative eröffnet.

Über die Gründe für die Nichtaufnahme jenes Textteils läßt sich bloß spekulieren. Wahrscheinlich ist, daß die Übernahme dieses Passus' insofern Vorbehalten begegnete, als für die Aufnahme derartiger direkter Kontakte prinzipiell das Einverständnis der betroffenen Regierung erforderlich ist[86]. Um diese Problematik im eigentlichen Resolutionstext zu umgehen, so läßt sich weiter schließen, ist nur die für sich genommen kaum verständliche, zumindest aber lückenhafte Option der Ernennung eines Experten vorgesehen. Freilich bedarf es einer

---

[84] Report of the Secretary-General, Effective Functioning of the Various Mechanisms ..., E/CN.4/1994/42 (14.02.1994), Abs. 74.

[85] Im Report of the Secretary-General, E/CN.4/1994/42 (14.02.1994), Abs. 74 lit. c) heißt es hingegen: „To keep the situation under review and to appoint an independent expert to enter into direct contacts with the Government and the people of the country concerned and to report back to the Commission at its following session. (Alternatively, the Commission has requested the Secretary-General to appoint a special representative for the same purpose.); ..."

[86] Zu den heftigen Auseinandersetzungen im Zusammenhang mit der Reform der Kommissionsmechanismen in bezug auf eine mögliche Kooperationsverpflichtung der Staaten, die Hintergrund für die entsprechende Verkürzung des Wortlauts gewesen sei können, siehe unten § 26.II.A., S. 461, und Final Remarks Made by Delegations, E/CN.4/2000/CRP.1 (02.03.2000), Abs. 17 (Spanien, zugleich für eine Reihe europäischer und anderer westlich geprägter Staaten), Abs. 22, 33 (Malaysia, zugleich für die *LMC*).

genauen Vorgabe für dessen Tätigkeit in der grundlegenden Resolution schon deshalb nicht, weil das genaue Mandat dieses Beauftragten ohnehin in der Einsetzungsresolution hinlänglich umschrieben werden muß.

Der Sache nach handelt es sich trotz dieser unklaren Formulierung aber um die Möglichkeit zur Errichtung direkter Kontakte[87]. Der von der Kommission berufene unabhängige Experte wird dazu regelmäßig - in den Grenzen seines konkreten Mandates - mit der Regierung, aber auch mit der jeweiligen Bevölkerung Kontakt aufnehmen und hierüber der MRK auf deren nächster Sitzung Bericht erstatten[88]. In seiner rechtlichen Stellung steht der beauftragte Experte einem im öffentlichen Verfahren ernannten Sonderberichterstatter gleich[89]. Zweck dieser direkten Kontakte sind Ausräumung von Unklarheiten, die Beschaffung ergänzender Informationen sowie die Einschätzung von Möglichkeiten, bei der Verbesserung der Menschenrechtslage Unterstützung zu leisten[90]. In den bekanntgewordenen Fällen war mit der Einrichtung der direkten Kontakte regelmäßig ein Vor-Ort-Besuch intendiert. Hinzu kamen Situationen, in denen ein solcher Besuch angestrebt, aber nicht erreicht wurde, sowie eine rein schriftliche Korrespondenz mit dem Außenministerium oder der ständigen Vertretung[91]. Die Kommission wendete das Modell der direkten Kontakte damit - soweit ersichtlich - in einem sehr flexiblen Verständnis an[92], jedoch situationsbezogen eher „vorsichtig“[93]. Ein unabhängiger Experte wird dabei vor allem Aufklärung über die in den Mitteilun-

---

[87] Hierfür spricht auch die einleitende Formulierung von Abs. 7 lit. d) Res. 2000/3: „In accordance with the established practice...“

[88] *Alston,* Commission on Human Rights, in: ders. (Hrsg.), The United Nations and Human Rights, S. 146; *Ize-Charrin*, 1503: A Serious Procedure, S. 6; *M. Nowak*, NYIL 22 (1991), S. 56. Dabei kann dieser - nach Zustimmung der jeweiligen Regierung - auch Besuche vor Ort durchführen - *Karl*, BerDGV 33 (1994), S. 105.

[89] *Ize-Charrin*, 1503: A Serious Procedure, S. 6f.; *Weissbrodt/Parker,* S. 14.

[90] *Bartolomei,* S. 232.

[91] Legal Analysis Dated 12 July, 1979: Direct Contact With the Governments of Paraguay and Uruguay..., in: Ramcharan (Hrsg.), The Principle of Legality, S. 293. Siehe auch *Weissbrodt/Parker*, S. 14.

[92] So jedenfalls die entgegnende Stellungnahme des damaligen Direktors der Menschenrechtsabteilung im Sekretariat, *Theo van Boven*, in der vertraulichen Debatte der MRK betreffend Uruguay - CHR, Summary record of the 1513th meeting [09.03.1979], E/CN.4/SR.1513 (12.03.1979), Abs. 13.

[93] CHR, Summary record of the 1513th meeting [09.03.1979], E/CN.4/SR.1513 (12.03.1979), Abs. 18 (Chairperson).

gen enthaltenen Sachverhalte anzustreben haben, ebenso in bezug auf Fragen oder Unklarheiten, die in der Debatte der Kommission erwähnt wurden[94].

D. Beendigung des vertraulichen Verfahrens

Eine vierte und letzte Variante besteht für die Kommission darin, die Behandlung der Situation im vertraulichen Verfahren einzustellen, um gleichzeitig ein öffentliches Verfahren gemäß Res. 1235 (XLII) einzuleiten (Abs. 7 lit. d] Ziff. [iv] Res. 2000/3)[95]. Diese Vorgehensweise wurde bereits 1977 diskutiert und zwei Jahre später im Zusammenhang mit der Untersuchung Äquatorialguineas 1979 erstmalig durchgeführt. Entscheidet die Kommission in dieser Weise, handelt es sich rechtstechnisch nicht um die Fortführung eines bereits eingeleiteten Verfahrens, sondern um die Beendigung des ursprünglichen, vertraulichen Verfahrens[96]. Eine solche Entscheidung stellt den erfolglosen Abbruch des 1503-Verfahrens im eigentlichen Sinne dar, bedeutet also implizit sein Scheitern. Das öffentliche Verfahren, das sodann im Rahmen von Res. 1235 durchgeführt wird, ist, erleichtert durch seine prinzipielle Voraussetzungslosigkeit[97], ein gänzlich neues und rechtlich vom vertraulichen Verfahren unabhängiges.

Die Kommission ist auch diesbezüglich in ihrem Entscheidungsspielraum praktisch nicht beschränkt. Sie kann das 1503-Verfahren in jedem Stadium formell beenden und die fragliche Situation in einem neuen Verfahren nunmehr ohne

---

[94] So in bezug auf die konkreten Fälle Paraguay und Uruguay: Legal Analysis Dated 12 July, 1979: Direct Contact With the Governments of Paraguay and Uruguay..., in: Ramcharan (Hrsg.), The Principle of Legality, S. 293 (296).

[95] Siehe als Beispiel - der alten Rechtslage - die 1999 beschlossene Resolution 1999/1 vom 06.04.1999 zur Überleitung des Verfahrens betreffend Sierra Leone, E/CN.4/RES/1999/1 (23.04.1999):

„*The Commission on Human Rights* ...

3. *Decides* to discontinue consideration of the human rights situation in Sierra Leone under Economic and Social Council resolution 1503 (XLVIII) and to take up consideration of the matter under the public procedure provided for by Commission resolution 8 (XXIII) of 16 March 1967 and Economic and Social Council resolution 1235 (XLII) of 6 June 1967, under the agenda item entitled "Question of the violation of human rights and fundamental freedoms in any part of the world", at its fifty-sixth session; ...

5. *Decides* that the present decision, adopted at the Commission's 16th meeting, on 6 April 1999, be made public as resolution 1999/1 of the Commission's fifty-fifth session.“

[96] Siehe oben § 15.VI.D.2., S. 241 bei Fn. 245.

[97] Siehe oben § 10.IV.A.2., S. 146, bei Fn. 183.

dessen Einschränkungen behandeln[98]. Die Gründe hierfür können zum einen darin liegen, daß die bekanntgewordenen Menschenrechtsverletzungen ein solches Ausmaß erreicht haben, daß nur noch eine öffentliche Untersuchung eine angemessene Reaktion hierauf bedeutet[99]. Der Übergang in ein öffentliches Verfahren kann aber auch darin begründet sein, daß die Regierung die Kooperation mit der MRK verweigert[100]. In jedem Falle stellt dieser Schritt eine Steigerung und Intensivierung der internationalen Kritik dar[101]. Die Kommission entscheidet über einen solchen Schritt nach freiem Ermessen, also entsprechend politischen Opportunitätsgesichtspunkten der Mehrheit ihrer Mitglieder. Überlegungen, die Überleitung nach zwei oder drei aufeinanderfolgenden Jahren der vertraulichen Untersuchung zur Stärkung des vertraulichen Verfahrens zur Regel zu machen[102], wurden nicht weiter verfolgt.

Die Fortsetzung eines vertraulichen Verfahren im öffentlichen Rahmen stellt eine vielfach ausgeübte Verfahrensweise dar. Viele öffentliche Verfahren nehmen ihren Ausgang in einer ergebnislosen vertraulichen Behandlung der Situation[103]. In diesen Fällen gibt der Vorsitzende der Kommission nach Beendigung der vertraulichen Sitzung bekannt, daß die vertrauliche Untersuchung des betreffenden Staates beendet wird, unter Verweis auf das zugleich eingeleitete öffentliche Verfahren[104]. Mit der Überleitung muß allerdings nicht in jedem Falle auch die Ernennung eines Sonderberichterstatters verbunden sein, wie beispielsweise der Fall Albaniens 1988 zeigt[105]. Soweit allerdings zuvor schon ein unabhängiger Experte ernannt worden war, wird dessen Mandat in der Regel im öffentlichen Verfahren übernommen[106]. Die Überleitung in das öffentliche Verfah-

---

[98] *Bartolomei,* S. 80; *Riedel,*"Menschenrechtskommission" in: Wolfrum (Hrsg.), Handbuch Vereinte Nationen, Rn. 10; *Riedel,* in: Baum/ders./Schaefer (Hrsg.), Menschenrechtsschutz in der Praxis der Vereinten Nationen, S. 43.

[99] *Bartolomei,* S. 241.

[100] *Bartolomei,* S. 241.

[101] *Cook,* Int.Comm.J.Rev. 50 (1993), S. 43.

[102] Report of the Chairman of the informal, open-ended Working Group ..., E/CN.4/1995/17 (12.12.1994), Annex, V., Abs. 3; *Alston,* Commission on Human Rights, in: ders. (Hrsg.), The United Nations and Human Rights, S. 154.

[103] *Alston,* Commission on Human Rights, in: ders. (Hrsg.), The United Nations and Human Rights, S. 151; *Karl,* BerDGV 33 (1994), S. 105. Siehe hierzu auch unten § 21.IV.C.

[104] *Buergenthal,* International Human Rights, S. 94.

[105] *Cook,* Int.Comm.J.Rev. 50 (1993), S. 43.

[106] *Cook,* Int.Comm.J.Rev. 50 (1993), S. 43 unter Hinweis auf die Fälle Birma (1992) und Sudan (1993).

ren bedeutet auch noch nicht die Veröffentlichung der vertraulichen Materialien[107]. Gleichwohl können die Ergebnisse dieser Untersuchung zumindest informell die nachfolgende öffentliche Erörterung erleichtern[108].

E. Weitere Möglichkeiten für die Kommission

1. Der förmliche Abschluß des Verfahrens - Weiterleitung an den ECOSOC

Der Text der einschlägigen Resolutionen enthält keinen expliziten Hinweis darauf, daß eine von der MRK im 1503-Verfahren behandelte Situation auf einer weiteren Ebene von einem anderen Organ behandelt und das Verfahren dort förmlich beendet wird. Lediglich an zwei Stellen wird eine weitere Stufe des Verfahrens erwähnt. Die praktisch obsolete Bestimmung in Abs. 6 lit. a) Res. 1503 (XLVIII), die die Durchführung einer eingehenden Studie regelt, spricht davon, daß im Ergebnis dieser Studie auch Empfehlungen an den ECOSOC beschlossen werden können, was der Regelung von Abs. 3 Res. 1235 (XLII) entspricht. Außerdem ist in Abs. 9 Res. 2000/3 bestimmt, daß die Vertraulichkeit des Verfahrens zu wahren sei „bis die Kommission beschließt, Empfehlungen an den ECOSOC abzugeben". In beiden Vorschriften erscheint der ECOSOC als abschließende Instanz der Behandlung einer Situation grober Menschenrechtsverletzungen[109]. Wie bereits oben geschildert, kann der eigentliche Abschluß des Verfahrens durchaus in einem Bericht und gegebenenfalls Empfehlungen an den ECOSOC liegen, wobei Abs. 9 Res. 2000/3 angesichts der schon aus der allgemeinen Befugnis der MRK zur Unterbreitung von Empfehlungen insoweit nur klarstellende Funktion zukommt. Diese Befugnis wird von der Vorschrift der Vertraulichkeit nicht berührt.

Es wird freilich die unmittelbare Empfehlung an den ECOSOC „aus dem vertraulichen Verfahren heraus" heute praktisch nicht mehr vorkommen[110]. In den Fällen, in denen sie eine weitergehende Sanktion für erforderlich hält, wird die

---

[107] Siehe dazu sogleich im Text sub E.2., S. 284.

[108] *Bartolomei,* S. 240. Vgl. in diesem Zusammenhang insbesondere den Fall von Haiti, unten § 21.III.E., S. 337ff.

[109] Das Verfahren kann schon allein aus Gründen der Normlogik nicht vom ECOSOC zu einem weiteren Organ der UNO führen: soweit es nämlich seine Grundlage allein in einer Resolution des ECOSOC findet, können auch nur Organe und Gremien im Organisationsbereich des Rates und allenfalls er selbst insoweit gebunden sein.

[110] Abgesehen von der Überleitung eines Verfahrens in das öffentliche gemäß Res. 1235 (XLII) ist dies - soweit ersichtlich - bisher nur im Falle Malawis geschehen - siehe unten § 21.IV.D.1., S. 347.

Kommission auf die in Abs. 7 lit. d) Ziff. (iv) Res. 2000/3 vorgesehene Überleitung der Situation in das öffentliche Verfahren zurückgreifen. Es läßt sich - im eigentlichen Sinne von Res. 1503 (XLVIII) - auch nur die vertrauliche Entscheidung im Falle Äquatorialguineas nachweisen, die im vertraulichen Verfahren getroffen wurde und Empfehlungen an den Rat enthielt. Soweit im übrigen Empfehlungen an den ECOSOC beschlossen wurden, handelte die Kommission nach einer entsprechenden Überleitung im Rahmen des öffentlichen Verfahrens gemäß Res. 1235 (XLII).

2. Veröffentlichung der vertraulichen Materialien

Als zusätzliche Sanktion, insbesondere wegen Nichtkooperation[111], hatte die Kommission unter der Geltung der alten Verfahrensbestimmungen in drei Fällen beschlossen, die im vertraulichen Verfahren angesammelten Materialien zu veröffentlichen. Ein solches Vorgehen, das der Zustimmung des ECOSOC bedarf[112], war und ist lediglich bei der - praktisch nicht mehr vorkommenden - Empfehlung an den Rat impliziert (Abs. 9 Res. 2000/3). Auch die neue Vorschrift in Abs. 7 lit. c) Res. 2000/3, die eine Veröffentlichung der Materialien nur bei Zustimmung der betroffenen Regierung vorsieht, ändert nichts daran, daß noch immer, eine Zustimmung des Rates vorausgesetzt, die Dokumente und Materialien auch ohne Einverständnis der Regierung veröffentlicht werden können[113].

3. Überwachungs- und Folgeverfahren

Für die Überwachung der getroffenen Entscheidungen, gleich auf welcher Ebene, existieren keine Vorschriften[114]. In der Praxis hat die Kommission gleichwohl von Fall zu Fall einen *Follow up*-Mechanismus herausgebildet. Im Falle der Ergebnislosigkeit des vertraulichen Verfahrens wird dies - wie erwähnt - regelmäßig ein öffentliches Verfahren gemäß Res. 1235 (XLII) sein. Bei einer grundlegenden politischen Veränderung in dem jeweiligen Land durch Sturz oder friedliche Ablösung der Regierung[115], aber auch in Fällen gradueller Verbesserun-

---

[111] So *M. Nowak*, NYIL 22 (1991), S. 55.

[112] Vgl. *O'Donovan*, in: Alston (Hrsg.), The United Nations and Human Rights S. 121, der von dem Fall Albaniens berichtet, in dem der Rat der Empfehlung der MRK, das vertrauliche Material offenzulegen, nicht entsprach.

[113] Hierzu ausführlich § 25.II.D.1., S. 442.

[114] *Tardu*, Santa Clara Law Rev. 20 (1980), S. 582.

[115] So beispielsweise in den Fällen von Uganda, Paraguay und der Zentralafrikanischen Republik - *M. Nowak*, NYIL 22 (1991), S. 84.

gen der Menschenrechtslage, werden häufig auch Beratungsdienste und Maßnahmen der technischen Kooperation im Anschluß an ein 1503-Verfahren bereitgestellt. Diese setzen zwar eine entsprechende Anfrage der Regierung voraus[116], erlauben es aber der Kommission, die Angelegenheit weiter auf der Tagesordnung zu behalten.

V. Die Behandlung der Situation im ECOSOC

Die Erörterung der Situation im ECOSOC ist eine nächste Stufe des Verfahrens, die ausdrücklich nicht mehr der Vertraulichkeit des Abs. 9 Res. 2000/3 unterliegt[117]. Darüber, welcher Art eine mögliche Aktion des ECOSOC sein kann bzw. was insofern von ihm erwartet wird, enthält die Resolution selbst keinerlei Aussage[118]. Dies hängt damit zusammen, daß das spezifische 1503-Verfahren mit einer Empfehlung der Kommission abgeschlossen ist und der Rat nunmehr im Rahmen seiner allgemeinen Befugnisse aus Art. 62 Abs. 1 und 2 UN-Charta hinsichtlich seiner Handlungen frei ist. Er kann mögliche Vorschläge der MRK akzeptieren, sie zurückweisen oder abändern und seinerseits Empfehlungen an den betreffenden Staat richten[119]. Als abschließende Sanktion kann er in einer Entschließung die Menschenrechtsverletzungen feststellen, sie verurteilen und zur Abhilfe auffordern[120]. Erscheint es den Delegierten im Rat darüber hinaus erforderlich, so kann die Situation zur Beratung an die Generalversammlung weitergeleitet werden[121]. Der Versammlung steht es frei, auf diesen Hinweis zu reagieren oder aber nach Veröffentlichung der betreffenden Situation unabhängig von einer entsprechenden Anfrage zu handeln und gemäß Art. 10 und 13 UN-Charta

---

[116] *M. Nowak*, NYIL 22 (1991), S. 88. Zu den Beratungsdiensten im allgemeinen s.o. § 10.III.D.2., S. 136, sowie § 10.IV.B., S. 152.

[117] Vgl. zu Abs. 8 Res. 1503 (XLVIII) *Bartolomei,* S. 80; *Tardu*, Santa Clara Law Rev. 20 (1980), S. 581.

[118] *Schwelb*, VN 1972, S. 84; *Schwelb*, Journal of the Israel Institute for the Study of International Affairs 13 (1974), S. 134; *Schwelb/Alston,* in: Vasak (Hrsg.), The Intrnationl Dimensions I, S. 275.

[119] *von Kyaw*, VN 1976, S. 105; *Schwelb*, Journal of the Israel Institute for the Study of International Affairs 13 (1974), S. 134; *Tardu/McCarthy,* S. 123. Bereits seit 1948 herrscht Einigkeit darüber, daß „allgemeine" Empfehlungen i.S.v. Art. 62 UN-Charta auch an individuelle Mitgliedstaaten gerichtet werden können - *Schwelb*, VN 1972, S. 84; *Schwelb/Alston,* in: Vasak (Hrsg.), The Intrnational Dimensions I, S. 275.

[120] *Meißner,* S. 21.

[121] *Bartolomei,* S. 80. *Buergenthal*, International Human Rights, S. 93f.; *Tardu*, Santa Clara Law Rev. 20 (1980), S. 581; *Tardu/McCarthy,* S. 20, 123; s.a. *Meißner,* S. 21.

die Lage der Menschenrechte in dem jeweiligen Land zu debattieren und Empfehlungen zu verabschieden[122].

In der bisherigen Praxis hat die Behandlung einer Situation im ECOSOC aber kaum eine entscheidende Rolle gespielt, was mit dem generellen Verhältnis zwischen Rat und Kommission zusammenhängt[123]. Soweit seine Zustimmung für eine Entscheidung erforderlich ist, wird diese regelmäßig gegeben[124]. Eine größere Aufmerksamkeit der Weltöffentlichkeit für eine Situation schwerer Menschenrechtsverletzungen wird durch die Überweisung an den Rat nicht erzielt. Und auch die letztlich intendierte Weiterleitung an die Generalversammlung hat sich als reine Theorie herausgestellt, da dieses Organ bekanntgewordene Menschenrechtsverletzungen von großem Ausmaß auch ohne entsprechende Hinweise aus der Kommission bzw. dem ECOSOC diskutieren wird. So bestechend die theoretische Konzeption des 1503-Verfahrens als Mechanismus zur wertenden Weiterleitung von Informationen einzelner Petenten an die „Generalversammlung der Vereinten Nationen“ sein mag, so wenig entspricht dies der Wirklichkeit.

Einen feststehenden, in jedem Falle angestrebten Abschluß des Verfahrens gibt es also prinzipiell nicht. Die weiter unten zu schildernde Praxis des Verfahrens weist ein buntes Bild der verschiedenen Möglichkeiten auf, das Verfahren zu beenden oder eben nur einzustellen.

VI. Der zeitliche Ablauf des Verfahrens

Der zeitliche Aspekt der geschilderten Mehrstufigkeit des 1503-Verfahrens ist wegen des nichtständigen Charakters der Kommission und ihrer Hilfsorgane von besonderer Brisanz. Ein grundlegendes Spannungsfeld entsteht dadurch, daß die in den Beschwerden berichteten Menschenrechtsverletzungen häufig eine unverzügliche Reaktion erfordern würden. Für den zeitlichen Ablauf des Verfahrens in seiner idealtypischen Abfolge sind jedoch allein die Sitzungstermine der ein-

---

[122] *Bartolomei,* S. 81; *Tardu*, Santa Clara Law Rev. 20 (1980), S. 581; *Tardu/McCarthy,* S. 123.

Aufgrund der Stellung der MRK als Hilfsorgan des ECOSOC ist es ihr selbst aber - entgegen *Cassese*, La Comunità Internazionale 30 (1975), S. 53 - grundsätzlich nicht gestattet, aus eigenem Antrieb der Generalversammlung Empfehlungen vorzulegen. Hierfür ist der Weg über den ECOSOC zu wählen - s.o. § 8.II.B., S. 103.

[123] Siehe hierzu § 8.I.B., S. 99.

[124] Auf die Ausnahme bei der Veröffentlichung der Materialien zu Albanien wurde bereits oben, Fn. 112, hingewiesen.

zelnen damit befaßten Organe maßgeblich. Es ist weder ein Eilverfahren noch die Möglichkeit einer einstweiligen Anordnung vorgesehen[125].

A. Die Frist für Stellungnahmen der Regierungen

Der erste fixe Termin ist demnach die Sitzung der WGC, die gemäß Abs. 2 Res. 2000/3 unmittelbar im Anschluß an die Sitzung der Unterkommission stattfinden soll, also regelmäßig in den letzten Augustwochen. Um den betroffenen Regierungen die Möglichkeit einzuräumen, eine Stellungnahme zu den gegen sie erhobenen Vorwürfen abzugeben, werden nur solche Beschwerden der WGC zur Erörterung vorgelegt, auf die zu antworten die Regierung ausreichend Zeit hatte[126]. Ein 1989 nach längerer Diskussion festgelegter Zeitraum von fünf Monaten[127] wurde nach heftiger Kritik im Folgejahr auf die seither gültige Zwölf-Wochen-Frist verkürzt[128]. Diese Frist läßt sich damit begründen, daß nur so den

---

[125] *Tardu/McCarthy*, S. 81, 104, 114.

[126] Die Unterkommission hatte daher seit der Einführung des 1503-Verfahren immer darauf gedrängt, daß zu diesem Zweck den Regierungen ausreichend Zeit zustand - vgl. *Ize-Charrin*, 1503: A Serious Procedure, S. 4.

So leitete die Unterkommission beispielsweise eine ihr von der WGC überwiesene Beschwerde allein aus dem Grund nicht weiter, daß der Regierung nicht ausreichend Zeit zur Verfügung gestanden habe (Sub-Commission, Summary record of the 21st meeting, E/CN.4/Sub.2/1983/SR.21 [01.09.1983], Abs. 50, 52, 55). In diesem Fall war der Ständigen Vertretung die Beschwerde erst am 08.07.1983 übermittelt worden (vgl. Communications relating to the Philippines, received since 1981 [unveröffentl. Aktenübersicht des Menschenrechtszentrums]), die Arbeitsgruppe der Unterkommission (WGC) tagte in diesem Jahr ab dem 1. August (Report of the Sub-Commission ... on its 36th session, E/CN.4/1984/3, E/CN.4/Sub.2/1983/43 [20.10.1983], Abs. 323). Ein Zeitraum von weniger als drei Wochen wurde demnach als nicht ausreichend angesehen.

Bereits auf der vorhergehenden 35. Sitzung der Unterkommission (1982) war die Frage der angemessenen Zeitdauer, innerhalb derer die Regierungen antworten können sollten, diskutiert worden - Report of the Sub-Commission ... on its 35th session, E/CN.4/1983/4, E/CN.4/Sub.2/1982/43 (29.09.1982), Abs. 33.

[127] Unterkommission, Entscheidung 1989/102 in: Report of the 41st session, E/CN.4/1990/2, E/CN.4/Sub.2/1989/58, sub II. B., S. 69; *Maher/Weissbrodt*, HRQ 12 (1990), S. 304.

In den achtziger Jahren wird zum Teil von einer Frist von drei Monaten für die Bearbeitung im Sekretariat berichtet, was zu insgesamt mindestens sechs Monaten zwischen Einreichung der Beschwerde und Prüfung in der Arbeitsgruppe führe - *Tolley*, HRQ 6 (1984), S. 437.

[128] Entscheidung 1990/112 der Unterkommission (in: Report of the Sub-Commission on its 42tth session, E/CN.4/1991/2, E/CN.4/Sub.2/1990/59(15.10.1990, S. 69), neu bestätigt mit

Regierungen die Möglichkeit zur Verbesserung der Lage eingeräumt werde[129]. Beschwerden müssen also zwölf Wochen vor der Behandlung in der Arbeitsgruppe eingegangen sein, damit diese den Regierungen zugeleitet werden können[130]. Es werden somit - soweit nicht weitere Verzögerungen im Sekretariat auftreten - von dieser regelmäßig nur solche Beschwerden untersucht, die bis Ende Mai beim OHCHR eingegangen sind.

B. Die einzelnen Verfahrensstufen

Im Anschluß an die Sitzung der WGC werden die getroffenen Entscheidungen in der ersten Septemberhälfte den jeweiligen Regierungen mitgeteilt, so daß diese sich auf den Fortgang des Verfahrens einstellen können. Die auf der nächsten Verfahrensstufe agierende WGS tritt Anfang Januar für eine Woche zusammen und erstellt ihre Empfehlungen einschließlich der Resolutionsentwürfe „mindestens einen Monat vor der jährlichen Sitzung der Kommission" (Abs. 5 Res. 2000/3). Die gegebenenfalls stattfindende Behandlung in der Kommission erfolgt sodann im Rahmen derer zwei vertraulichen Sitzungen, wie oben geschildert, während der Jahressitzung zwischen Mitte März und Ende April. Bei einer Überleitung in das öffentliche Verfahren wird die Situation noch auf der gleichen Sitzung der MRK öffentlich behandelt.

Trotz der geringfügigen Verkürzung des Ablaufs durch den Verzicht auf die Unterkommission werden die von der Kommission behandelten Informationen im besten Falle noch immer etwa zehn Monate alt sein. Unberücksichtigt bleibt insofern der Umstand, daß es in vielen Fällen gerade nicht zu einem solchen „Durchlauf" durch die Verfahrensstufen kommt. Oft genug wird die WGC oder aber die - nunmehr dazu befugte - WGS die Behandlung um ein Jahr - oder mehrere - verschieben, woraus sich weitere Verzögerungen ergeben.

ECOSOC-Res. 2000/3, Abs. 2. Vgl. auch *Bartolomei,* S. 76; *M. Nowak*, NYIL 22 (1991), S. 50 Fn. 37.

[129] Common Position of the Sub-Commission ..., E/CN.4/Sub.2/1999/47 (25.08.1999); Annex I: Summary of informal discussions by the Working Group on Communications on the recommendation concerning the 1503 procedure..., Abs. 9.

[130] Auch der zeitliche Aufwand für Übersetzung, Bearbeitung und Weiterleitung der Beschwerden, macht ein entsprechendes Zeitregime erforderlich - *Tardu*, Santa Clara Law Rev. 20 (1980), S. 566.

§ 20. Die wesentlichen Bestandteile der Reform 2000

Bevor auf die einzelnen Charakteristika des Verfahrens ausführlich einzugehen ist, sollen die wesentlichen Änderungen des Verfahrens durch die im Jahre 2000 zum Abschluß gebrachten Reform dargestellt und jeweils für sich genommen untersucht werden. Die übrigen Modifikationen von eher geringeren Auswirkungen werden im Zusammenhang mit dem jeweiligen Aspekt des Verfahrens erörtert. Maßstab für die Analyse der nachfolgend zu erörternden vier Hauptpunkte wird das selbstgesetzte Ziel der Reformbemühungen sein, die Effektivität des Verfahrens zu steigern[1].

I. Die erweiterte Rolle des Sekretariats

Eine auf den ersten Blick wenig spektakuläre Änderung betrifft die Rolle des Sekretariats (OHCHR). Diesem kommt jetzt neben der rein administrativen Unterstützung eine substantielle Aufgabe bei der Durchführung des Verfahrens zu. Gemäß Abs. 2 Res. 2000/3 ist das Amt angehalten, offensichtlich unbegründete Beschwerden auszusortieren. Schon in den vierziger Jahren berichtete der Generalsekretär über Schwierigkeiten bei der Behandlung von solchen Mitteilungen, bei denen der Bezug zu menschenrechtlichen Problemen nur entfernt vorhanden war[2]. Tatsächlich sind auch heute ein nicht unerheblicher Anteil der eingehenden Beschwerden eher zweifelhaften Inhalts. Res. 728 F (XXVIII) hatte als einzige Kriterien für den Empfang entsprechender Beschwerden gefordert, daß sie Menschenrechtsverletzungen betreffen, in irgendeiner Form an die UNO adressiert sein und den Absender erkennen lassen müssen[3]. Gleichwohl wurden schon damals nicht verwendbare Beschwerden aussortiert[4]. Die neue Bestimmung in Abs. 3 Res. 2000/3, die eine Kombination des Vorschlags im Dezember-Bericht des *Bureaus* der 54. Sitzung der MRK[5] mit einer Anregungen der WGC

---

[1] Vgl. nur den Namen der Arbeitsgruppe: „Zur Steigerung der Effektivität der Mechanismen der MRK".

[2] Report of the Secretary-general on the present situation with regard to commnications concerning human rights, E/CN.4/165 (02.05.1949), Abs. 5. Ähnliche Diskussionen ergaben sich nach Erlaß von Res. 728 F (XXVIII). Dazu oben § 15 vor I., S. 200.

[3] Analysis of existing United Nations procedures ..., E/CN.4/1317 (08.02.1979), Abs. 7.

[4] Siehe oben § 19.I., S. 262 bei Fn. 7. *Ize-Charrin*, 1503: A Serious Procedure, S. 3.

[5] Report of the Bureau of the fifty-fourth Session of the Commission on Human Rights..., E/CN.4/1999/104 (23.12.1998), Abs. 54, Recommendation 11 lit. d). Danach sollte es Aufgabe des OHCHR sein, offenbar unbegründete Beschwerden auszusortieren („...sifting out communications that appear to be manifestly unfounded...").

1999[6] darstellt, ermöglicht nun aber mehr als eine derartige Grobkontrolle[7] und stellt insofern auch eine Änderung von Res. 728 F (XXVIII) dar. Denn Folge einer entsprechenden Ablehnung der Weiterleitung durch das Sekretariat ist, daß die Beschwerden weder in die monatlich veröffentlichte Liste aufgenommen noch den jeweiligen Regierungen zur Stellungnahme zugeleitet wird (Abs. 3 Res. 2000/3).

Dies geschieht dann, wenn die Beschwerde „offensichtlich unbegründet" ist (*manifestly ill-founded, manifestement dénuées de fondement*). Damit wird bereits auf der Eingangsstufe eine Prüfung an materiellen Maßstäben vorgenommen[8]. Offen ist, ob über den ausdrücklichen Wortlaut hinaus auch die offensichtliche Unzulässigkeit einer Beschwerde i.S.v. Res. 1 (XXIV) der Unterkommission[9] eine Aussortierung durch das Sekretariat rechtfertigt. Zum Teil ergibt sich die Unzulässigkeit bereits aus materiellen Gründen, so insbesondere bei fehlender Substantiierung einer Beschwerde (Abs. 1 lit. b] Res. 1 [XXIV] der Unterkommission). In bezug auf andere Unzulässigkeitsgründe unterscheidet sich die Art der einzuschätzenden Umstände hingegen grundlegend von Fragen der Begründetheit, also dem Vorliegen von Menschenrechtsverletzungen. Vor allem die Punkte Verhältnis zu kollidierenden Rechtsbehelfen oder Beschwerdebefugnis verlangen einen anderen Ansatz der Untersuchung. Gleichwohl ist es im Interesse einer wirklichen Verfahrenserleichterung gerade im Hinblick auf diese eher technischen Fragen nicht zu rechtfertigen, daß nur materielle Gesichtspunkte i.e.S. zur Begründung der Nichtweiterleitung herangezogen werden dürfen, während offen-

---

6 Common Position of the Sub-Commission ..., E/CN.4/Sub.2/1999/47 (25.08.1999); Annex I: Summary of informal discussions by the Working Group on Communications on the recommendation concerning the 1503 procedure..., Abs. 11 Ziff. i). Nach diesem Vorschlag sollte der Vorsitzende-Berichterstatter der WGC von dieser ermächtigt werden, eindeutig unbegründete Beschwerden auszusortieren, so daß sie auch nicht mehr der Regierung zur Stellungnahme zugesendet werden („...the Working Group on Communications may authorize the Chairman/Rapporteur to determine whether any of the communications received are so clearly lacking in merit that no government reply is required ...").

7 Hierfür spricht insbesondere der Umstand, daß für die Aussortierung der fraglichen Beschwerden die Zustimmung des Vorsitzenden/Berichterstatters der WGC erforderlich ist - Abs. 3 Res. 2000/3

8 Dies beruht auf einem entsprechenden Reformvorschlag der WGC, in welchem sie eine Auslese solcher Beschwerden angeregt hatte, die „*...are ... clearly lacking in merit, ...*" - Common Position of the Sub-Commission ..., E/CN.4/Sub.2/1999/47 (25.08.1999); Annex I: Summary of informal discussions by the Working Group on Communications on the recommendation concerning the 1503 procedure..., Abs. 11 Ziff. i).

9 Siehe hierzu ausführlich unten § 23.I., S. 363.

sichtlich unzulässige Beschwerden diese Stufe passieren könnten. Jenes Ergebnis wird noch bestätigt durch den Wortlaut: eine Beschränkung jener Überprüfungsbefugnis erfolgt gerade nicht im Hinblick auf die eigentlichen Gründe (*merits*), sondern bezieht sich auf den weiteren Begriff der Grundlage einer Beschwerde im Sinne ihrer Erfolgsaussicht (*ill-founded*).

In Abkehr von der früheren Konzeption, daß dem Sekretariat gerade keine materielle Entscheidungsbefugnis zukommen solle[10], ist dessen Rolle damit erheblich erweitert worden. Zwei Einschränkungen dieser neuen Kompetenz zeugen jedoch von der fortbestehenden Vorsicht der Staaten gegenüber dem Sekretariat (OHCHR). Jede dieser Entscheidungen bedarf der Zustimmung des Vorsitzenden/Berichterstatters der WGC[11]. Anleihe bei der Ausgestaltung dieser Regelung scheint beim Individualbeschwerdeverfahren nach dem FaP zum IPbpR genommen worden zu sein. Hier werden Beschwerden in Zusammenfassung dem Sonderberichterstatter für neue Mitteilungen zugeleitet, welcher eine Vorprüfung und Aussortierung vornimmt[12]. In der für das 1503-Verfahren nun vorgesehenen Bestimmung ist im Vergleich dazu eine aktivere Rolle des Amtes vorgesehen, auch wenn die Unterschiede in der Praxis gering sein werden. Formell bleibt die Letztentscheidungskompetenz beim Repräsentanten des einzig verbliebenen Expertengremiums im Verfahren. Es ist freilich nicht anzunehmen, daß in der Praxis zahlreiche Entscheidungen des Amtes keine Bestätigung finden werden.

Die zweite Einschränkung der Aufgabe des Sekretariats (OHCHR) besteht in der Ausgestaltung ihrer Prüf- und Entscheidungsbefugnisse als reine Negativkontrolle. Auch nach dieser Reform kann es keinen weitergehenden Einfluß - beispielsweise durch eine Bewertung der für zulässig befundenen Beschwerden - ausüben. Lediglich durch die Aufbereitung der Mitteilungen in den Zusammenfassungen kann das Sekretariat noch auf subtile Weise Einfluß ausüben.

Noch nicht endgültig abzusehen ist, in welchem Ausmaß das Sekretariat von der ihm damit eingeräumten Befugnis Gebrauch machen wird. Denn das maßgebliche Kriterium „*manifestly ill-founded*" eröffnet einen weiten Auslegungsspielraum. Es ist schon erwähnt worden, daß bei der Beurteilung dessen

---

[10] So die einhellige Ansicht der Staatenvertreter bei Verabschiedung von Resolution 1503 (XLVIII) - Interview *Möller*, Genf, 11.04.2000; vgl. auch *Meißner*, S. 22.

[11] Diese Einschränkung war in dem ursprünglichen Vorschlag des *Bureaus* noch nicht enthalten - Report of the Bureau of the fifty-fourth Session of the Commission on Human Rights..., E/CN.4/1999/104 (23.12.1998), Abs. 54, Recommendation 11 lit. d).

[12] *Robertson/Merrills*, S. 57. Vgl. Regel 91 der *Rules of Procedure* des Menschenrechtsausschusses, CCPR/C/3/Rev.5 (11.08.1997).

sowohl Aspekte der Zulässigkeit, als auch solche der Begründetheit zu prüfen sind. Keine exakte Vorgabe enthält der Resolutionstext zudem im Hinblick auf den Grad der „offensichtlichen Unbegründetheit". Es scheint aber doch, daß ein nicht unerheblicher Anteil der Beschwerden bereits auf dieser Ebene aussortiert werden kann. Dies kann in der Folge zu einer Änderung des Arbeitsstils der WGC führen: kommt es zum Aussortieren eines wesentlichen Teils der Beschwerden, so wird ihr Arbeitsanfall entsprechend verringert. Direkte Folge hiervon wäre mehr Zeit für die verbleibenden Beschwerden, so daß eine gründlichere Prüfung stattfinden könnte. Dies berücksichtigend wäre bei Beachtung des Reformziels „Steigerung der Effektivität des Verfahrens" der Begriff der „offensichtlichen Unbegründetheit" eher weit auszulegen, da es nur dann zu einer spürbaren Arbeitsentlastung der WGC käme. Hierfür spräche auch die hohe Schwelle für die materielle Begründetheit: Gegenstand des Verfahrens sind unverändert allein grobe und systematische Menschenrechtsverletzungen. Sobald mithin offenkundig ist, daß die einzelne Beschwerde keinen Anhaltspunkt für ein solches *consistent pattern* bietet, könnte diese bereits vom Sekretariat aussortiert werden.

Im Ergebnis wäre damit ein Großteil der bisher von der WGC durchgeführten Arbeit auf das Sekretariat (OHCHR) übertragen. Zu berücksichtigen ist, daß mit einer Aussortierung jegliche weitere Behandlung einer Beschwerde unterbunden wird: sie erscheint weder in der monatlichen Liste, noch wird sie der betroffenen Regierung zur Stellungnahme vorgelegt. Damit würde das Verfahren zumindest in denjenigen Fällen seinen Wert verlieren, in denen zwar die Einleitung eines 1503-Verfahrens durch Entscheidung der WGC unwahrscheinlich ist, aber allein infolge der Übermittlung an die Regierung eine Verbesserung in der konkreten Situation erzielt wurde. So wünschenswert also eine extensive Auslegung des Begriffs durch das OHCHR im Interesse der Arbeitsentlastung und Qualitätssteigerung der Tätigkeit der WGC wäre, so kritisch ist die damit verbundene endgültige Einstellung des Verfahrens einzuschätzen.

II. Der Verzicht auf die Unterkommission

Der zuerst ins Auge fallende Umstand bei der Reform ist die Entbindung der Unterkommission von ihrer Rolle im 1503-Verfahren, ein Bestandteil, der nicht nur bei den Mitgliedern der Unterkommission auf ein geteiltes Echo stieß[13].

---

[13] Bedauernd der chilenische Experte *Bengoa* – Sub-Commission, Summary record of the 3rd meeting [01.08.2000], E/CN.4/Sub.2/2000/SR.3, Abs. 91. Allgemeine Kritik gegen die ursprünglich vorgeschlagene Einsetzung eines Expertenausschusses zur Vorprüfung der Beschwerden anstelle der Unterkommission bereits 1999: Common Position of the Sub-Commission ..., E/CN.4/Sub.2/1999/47 (25.08.1999); Annex I: Summary of informal discussions by the Working Group on Communications on the recommendation concerning the

Unter dem Aspekt der Effektivitätssteigerung spricht für diesen Schritt die Vereinfachung des Verfahrens durch die Verringerung der Stufen in seinem Ablauf von vier auf drei. Einen wirklichen Vorteil stellt dies freilich nur in zeitlicher Hinsicht dar. Auch wenn damit einem alten Kritikpunkt Rechnung getragen wurde[14], ist doch das Resultat unter diesem Aspekt minimal. Der zeitliche Gewinn - die Verschiebung des Zeitpunktes, zu dem Beschwerden eingegangen sein müssen, damit sie im folgenden Jahr noch im 1503-Verfahren behandelt werden können - beträgt etwa einen Monat. Und die Reduzierung des Mechanismus auf insgesamt drei Stufen bedeutet weder ein Auflösen der kritisierten Undurchsichtigkeit des Verfahrens[15] noch sonst eine wesentliche Effizienzsteigerung. Weiterhin besteht auf nunmehr allen drei Stufen die Möglichkeit, eine Situation unter Beobachtung zu halten und die weitere Behandlung auf die nächste Sitzung zu verschieben, ohne die nächste Verfahrensstufe einzuleiten. Die vielfach kritisierte „Schwerfälligkeit“ des Verfahrens[16] ist mit dem Verzicht auf die Unterkommission nicht beseitigt worden. Ebensowenig besteht nun die Gewähr für einen zügigeren Durchlauf durch die verschiedenen Stufen.

Diese Änderung im Verfahrenslauf entsprach der allgemeinen Tendenz, die Rolle der Unterkommission zu beschneiden, ein auch von im Menschenrechtsbereich aktiven NGO unterstütztes Vorgehen[17]. Nicht zufällig enthielt der Bericht der *Arbeitsgruppe zur Steigerung der Effektivität*, der Grundlage der Reform war, gleichzeitig den Vorschlag, die jährliche Sitzung der Unterkommission auf drei Wochen zu reduzieren[18]. Außerdem korrespondierte diese Einschränkung mit

---

1503 procedure..., Abs. 6. Ähnlich kritisch auch die Stellungnahme Äthiopiens - Final Remarks Made by Delegations, E/CN.4/2000/CRP.1 (02.03.2000), Abs. 6.

Der Vorsitzende der Unterkommission äußerte hingegen, daß dieser Punkt nicht generell von der Unterkommission abgelehnt würde - CHR, Summary record of the 50th meeting [14.04.2000], E/CN.4/2000/SR.50 (11.12.2000), Abs. 68.

[14] Stellungnahme Belgiens zur späteren Res. 1503 (XLVIII) - E/CN.4/1014/Add.3 (19.02.1970), S. 2; *Alston,* Commission on Human Rights, in: ders. (Hrsg.), The United Nations and Human Rights, S. 154.

[15] So *Tardu*, A/Conf.157/PC/60/Add.5 Abs. 146; ebenso APT, Position Paper (20.07.1998).

[16] *Meißner*, S. 38; APT, Position Paper (20.07.1998); *Tomuschat*, „Menschenrechte“ in: Wolfrum (Hrsg.), Handbuch Vereinte Nationen, Rn. 7; siehe auch Fn. 14.

[17] APT, Position Paper (20.07.1998): das Papier enthielt den Vorschlag, die Prüfung der Zulässigkeit einem Expertengremium, „vorzugsweise im Rahmen der MRK“, zu übertragen.

[18] E/CN.4/DEC/2000/109 (27.04.2000), draft decision 5; Report of the inter-sessional Working Group on Enhancing the Effectiveness of the Mechanisms of the Commission on Human Rights, E/CN.4/2000/112 (16.02.2000), Abs. 56, worin allerdings die Verkürzung der

der generellen Beschneidung ihrer Befugnisse in bezug auf die Situation in einzelnen Ländern[19]. Die Entscheidung über die Ausschaltung der Rolle der Unterkommission beruhte somit nicht nur auf Gründen, die dem Verfahren immanent sind und seine Effektivität betreffen. Es wurde vielmehr die Beschränkung des Mandats der Unterkommission zum Anlaß genommen, entsprechend auch das bisher unter deren Mitwirkung stattfindende Verfahren von dieser weitgehend abzukoppeln.

Die Auswirkungen dieser Entscheidung sind, was den technischen Ablauf des Verfahrens anbetrifft, gleichfalls minimal. Mit der Ausschaltung der Unterkommission korrespondiert eine Erweiterung der Befugnisse der WGS. Der entscheidende Unterschied in dieser Hinsicht bleibt die Tatsache, daß es sich bei der Unterkommission um ein prinzipiell unabhängiges Expertengremium handelt. Wie aus der bisherigen Praxis ersichtlich[20], hatte sich die Unterkommission in bezug auf die Feststellung von Situationen vergleichsweise zurückgehalten. Denn *de facto* oblag es nicht ihr, sondern ihrer Arbeitsgruppe (WGC), über die Auswahl der entsprechenden Situationen zu entscheiden. Die Unterkommission selbst führte insoweit nur eine Negativkontrolle durch, konnte also allenfalls die Weiterleitung einer ihr von der WGC überwiesenen Situation verweigern[21]. Ihre Rolle war somit durchaus ersetzbar. Es ist auch nicht anzunehmen, daß aus der Verfahrensreform unter dem Aspekt der Beteiligung der Unterkommission eine weitergehende Aussortierung von begründeten Beschwerden erfolgt. Im Gegenteil, es mag aus dem Umstand, daß die Mitglieder der WGC nun keiner „Kontrolle" ihrer Entscheidungen durch das Plenum der Unterkommission gewärtig sein müssen, eine weniger voreingenommene Entscheidungspraxis resultieren.

Unabhängig von der Bewertung der generellen Einschränkung der Rolle der Unterkommission hat somit der Verzicht auf deren Beteiligung am 1503-Verfahren nur geringe Auswirkungen auf die Durchführung und Effektivität des Verfahrens.

Sitzungsdauer „*unter anderem...*" als Folge der Änderungen des Mandats der Unterkommission eingestuft wird.

[19] Hierzu oben § 6.III., S. 74 bei Fn. 49.

[20] S.u. § 21.V.

[21] Die Auseinandersetzung darüber, ob die Unterkommission auch im Widerspruch zu einer Entscheidung der WGC eine Situation an die Kommission weiterleiten konnte, ist angesichts der tatsächlichen Umstände und Abläufe ein allenfalls akademischer Streit gewesen - siehe hierzu ausführlich *Cassese*, La Comunità Internazionale 30 (1975), S. 55f.

III. Die Stärkung der Rolle der Arbeitsgruppe für Situationen

Wie eben dargestellt, ist die Aufwertung der Rolle der WGS eine unmittelbare Folge des Verzichts auf die Beteiligung der Unterkommission am „neuen" 1503-Verfahren. Diese besteht praktisch in der erweiterten Entscheidungsbefugnis in bezug auf die von der WGC übermittelten Situationen. Wesentlicher Unterschied ist die Zusammensetzung der Gremien. Die WGS besteht, anders als die Unterkommission, aus Regierungsvertretern.

Die schon bisher der Arbeitsgruppe zukommende Aufgabe wurde mit Res. 2000/3 dem Grunde nach nicht geändert, allerdings ist ihre Befugnis in entscheidender Hinsicht erweitert worden. Im Hinblick auf Situationen, die ihr von der WGC überwiesen wurden, gesteht Abs. 5 Res. 2000/3 der WGS nun ein Ermessen hinsichtlich der Weiterleitung zu. Ein konkreter Maßstab für diese Entscheidung ist nicht gegeben, so daß die Mitglieder dieser Arbeitsgruppe letztlich frei, d.h. nach politischem Gutdünken über die Weiterleitung und damit über das Schicksal der Behandlung einer Situation befinden können. Es wird dieser Arbeitsgruppe so entscheidendes Gewicht im Rahmen des Verfahrensablaufs zugestanden, ohne daß deren Entscheidungen einer unmittelbar vorgesehenen rechtlichen oder sonstigen Kontrolle unterliegen. Zwar entspricht die Einrichtung eines solchen „Vorprüfungsausschusses" mit Verwerfungskompetenz der neueren Tendenz bei internationalen Rechtsschutzsystemen. Doch handelt es sich - wie im einzelnen noch näher zu zeigen sein wird - vorliegend eben nicht um ein gerichtsförmiges Rechtsschutzsystem, sondern um ein stark politisch geprägtes Verhandlungsverfahren[22]. Und es ist kaum zu erwarten, daß die WGS von diesem politischen Ansatz Abstand nehmen wird.

Bei einer großzügigen Handhabung ihrer Befugnis, Situationen nicht weiterzuleiten, würde der WGS der Vorwurf zu machen sein, dem Plenum möglicherweise die Behandlung von Menschenrechtsverletzungen zu entziehen, die - nach der entsprechenden Entscheidung in der WGC - aufgrund ihrer Schwere auf höchster politischer Ebene debattiert zu werden verdienen. Es bleibt zu hoffen, daß aufgrund der regionalen Verteilung sich eine sachliche Entscheidungspraxis der WGS einstellt, bzw. diese beibehalten wird.

Eine eher technische Änderung in bezug auf die WGS betrifft die Form der zu erstellenden Berichte. Diese enthielten im alten Verfahren neben allgemeinen Hinweisen zu den Sitzungen und zu generellen Entscheidungen, einschließlich zahlenmäßigen Angaben, im wesentlichen nur die Entscheidungsentwürfe. Nun-

---

[22] Siehe hierzu allgemein unten § 28, S. 473ff.

mehr sind in dem Bericht auch die wesentlichen Problembereiche einer überwiesenen Situation (*main issues of concern*) herauszustellen.

IV. Die Vorgaben für die Verfahrensdurchführung in der Kommission

Der vierte wesentliche Bestandteil der Reform sind die - für sich genommen gleichfalls kaum auffälligen - Vorgaben für das in der Kommission zu berücksichtigende Verfahren. Auch diese beruhen auf dem Vorschlag im Dezember-Bericht des 54. *Bureaus*[23] und gehen auf die deutliche Kritik an der fehlenden Ernsthaftigkeit der vertraulichen Erörterungen in der Kommission zurück[24]. Dies betrifft nicht die in Abs. 7 lit. d) Res. 2000/3 genannten Vorgehensweisen, handelt es sich doch insoweit nur um die Bestätigung der schon geübten Praxis. Von besonderer Bedeutung sind vielmehr die technischen Vorgaben für die Behandlung einer Situation, insbesondere die Aufteilung in zwei Sitzungen mit klar abgegrenzten Zielsetzungen und genauer Festlegung der Teilnehmenden (Abs. 7 lit. a]- c]). All diese neu eingefügten Verfahrensvorschriften - Res. 1503 (XLVIII) und die nachfolgenden Ergänzungen enthielten keine vergleichbaren Bestimmungen - weisen auf eine Straffung des Verfahrens im Interesse eines zügigeren Ablaufs der Behandlung hin. Durch die klare Trennung der jeweiligen Aufgaben - Informationsgewinnung in der ersten Sitzung, Diskussion über die Sanktion bzw. das weitere Vorgehen in der zweiten - ist eine Konzentration auf die jeweils zu behandelnden Punkte vorgegeben. Es wird so ein verbesserter Rahmen für eine sachgerechte Diskussion bereitgestellt. Auch die Einschränkung der aktiven Teilnahme des Vertreters der betroffenen Regierung auf die erste Sitzung weist in diese Richtung. Insofern stellen die Neuregelungen grundsätzlich eine Verbesserung des Verfahrens dar[25]. Dem erklärten Ziel der Änderung, der Behandlung des Verfahrens in der Kommission mehr Gewicht zu verleihen[26], wird durch die Konzentration der Behandlung einer Situation Rechnung getragen. Zumindest die äußeren Vorgaben für eine stringente Handhabung des Verfahrens in der Kommission sind damit gegeben.

---

[23] Report of the Bureau of the fifty-fourth Session of the Commission on Human Rights..., E/CN.4/1999/104 (23.12.1998), Abs. 54, Recommendation 11 lit. b) - siehe oben § 16.II.C., S. 251.

[24] *Alston,* Commission on Human Rights, in: ders. (Hrsg.), The United Nations and Human Rights, S. 154; Report of the Bureau of the fifty-fourth Session of the Commission on Human Rights..., E/CN.4/1999/104 (23.12.1998), Abs. 52.

[25] Zur Frage der in der Diskussion zu verwendenden Informationen siehe im einzelnen unten § 26.I.A.

[26] Report of the inter-sessional Working Group on Enhancing the Effectiveness of the Mechanisms of the Commission on Human Rights, E/CN.4/2000/112 (16.02.2000), Abs. 41.

V. Zusammenfassung

Die Analyse der wesentlichen Änderungen des Verfahrens durch die Reform 2000 zeigt, daß es sich nicht um eine Neuausrichtung oder tiefgreifende Umgestaltung des Verfahrens handelt. Vielmehr sind die Änderungen nahezu durchgängig nur kleine, pragmatische Überarbeitungen, die die Durchführung des Verfahrens erleichtern, dieses aber in seinem Grundbestand unangetastet lassen[27]. Selbst der Verzicht auf die Beteiligung der Unterkommission ist eine für die Konzeption des Verfahrens nur unwesentliche Anpassung. Einzige weiterreichende Änderung ist die Ausweitung der Befugnis der WGS, die potentiell zu einer weiteren Einschränkung der der Kommission im 1503-Verfahren vorgelegten Situationen führen kann.

Der Erwartung, daß mit der Überarbeitung das Verfahren im Hinblick auf seine Ausgestaltung und Dauer erheblich vereinfacht würde[28], wurde die Reform somit nicht gerecht. Inwieweit die überwiegend technischen Änderungen im Hinblick auf die Verfahrensausgestaltung und die erweiterten Befugnisse des Sekretariats (OHCHR) und der WGS auch tatsächlich zu einer verstärkten Wirksamkeit führen werden, bleibt abzuwarten. Es scheint allerdings, daß die Reform die weitest mögliche Formel für eine Effektivierung angesichts starken Widerstandes bei zahlreichen Ländern darstellt.

---

[27] Final Remarks Made by Delegations, E/CN.4/2000/CRP.1 (02.03.2000), Abs. 49 (Final Remarks by the Chairperson [of the inter-sessional open-ended Working Group]): Die Reform sei zwar bescheiden, aber doch nicht ohne Wert.

[28] So beispielsweise APT, Position Paper (20.07.1998).

§ 21. Die Verfahrenspraxis vor der Reform

Auch 30 Jahre nach Verabschiedung von Res. 1503 (XLVIII) läßt sich bei einem Blick auf die Praxis nur ein unvollständiges Bild über die Durchführung des Verfahrens und seine Ergebnisse gewinnen. Grund hierfür ist seine weitgehende Vertraulichkeit[1]. Nur wenige Hinweise auf durchgeführte Verfahren gelangen an die Öffentlichkeit. Gleichwohl gebietet es die Sorgfalt, die Praxis des Verfahrens so weit wie möglich darzustellen. Dabei kann es freilich nur darum gehen, die verschiedenen öffentlich zugänglichen Hinweise auszuwerten.

I. Die im 1503-Verfahren behandelten Staaten

Trotz der weitgehenden Vertraulichkeit werden die Namen der jährlich behandelten Länder öffentlich bekanntgegeben[2], so daß sich ein vollständiger Überblick darüber gewinnen läßt, welche Staaten Gegenstand eines 1503-Verfahrens waren. Insoweit können sich freilich nur Rückschlüsse auf die Anzahl der behandelten Situationen und die Dauer der jeweiligen Behandlung gezogen werden. Der Grund für die Erörterung oder aber für deren Beendigung unterliegt hingegen grundsätzlich der Vertraulichkeit und wird nicht bekanntgegeben. Eine derartige Auflistung der im Rahmen des Verfahrens behandelten Staaten kann somit nicht viel mehr als eine statistische Zusammenstellung sein[3].

Die Auswertung der Übersicht ergibt, daß im Laufe der ersten dreißig Jahre seit Verabschiedung von Res. 1503 (XLVIII) und in den bisher 26 Jahren der praktischen Anwendung insgesamt 75 Staaten dieser Erde in besagtem Verfahren in der Kommission behandelt wurden. In etwa einem Drittel der Fälle (23) war die jeweilige Situation nur auf einer Sitzung der MRK behandelt worden. Trotz einer entsprechenden Entscheidung der Unterkommission sah die Kommission hier keinen Anlaß, weiter tätig zu werden. Ausschlaggebend hierfür wird entweder eine zufriedenstellende Antwort des jeweiligen Staates oder aber eine entsprechende politische Unterstützung gewesen sein. Andererseits ist es betreffend etlicher auf der Liste erscheinender Staaten zweifelhaft, ob trotz des vielstufigen Ausleseprozesses alle an die Kommission überwiesenen Situationen wirk-

[1] Siehe hierzu noch unten § 23, S. 363.

[2] Auf diese Praxis als ausdrückliche Ausnahme zum Gebot der Vertraulichkeit ist unten, § 25.II.B. noch näher einzugehen.

[3] Siehe hierzu die Übersicht der jährlich von der Kommission untersuchten Situationen im Anhang 1, S. 665.

lich eine Behandlung als „Gesamtzusammenhang grober Menschenrechtsverletzungen" verdienten[4].

Ungeachtet möglicher politischer Einflüsse waren immerhin Situationen in mehr als 50 Staaten über mehrere Jahre hinweg Gegenstand dieses Verfahrens - mehr als ein Viertel aller heute existierenden Staaten. Überwiegend handelt es sich dabei um die weniger entwickelten Länder Afrikas und Asiens sowie Lateinamerikas. Zumindest nach Ansicht der Unterkommission schien hier ein *consistent pattern of gross violations of human rights* vorgelegen zu haben. Darüber hinaus werden die von der Kommission als schwerer wiegend eingestuften Situationen im öffentlichen Verfahren oder unter eigenständigen Tagesordnungspunkten behandelt. War das Verfahren anfangs auf einige wenige Staaten beschränkt, so hat sich sein Anwendungsbereich mittlerweile auf Situationen in der ganzen Welt erweitert. Selbst die Vereinigten Staaten waren 1997 Gegenstand der vertraulichen Debatte in der Kommission[5]. Grund für diese Ausweitung der behandelten Länder sind zum einen die immer schlagkräftigeren NGO, zum anderen zwischenstaatliche Rivalitäten, die eher zu einer Mehrheit für die Untersuchung eines Landes führen[6].

II. Verhandlungspraxis in der Kommission

Über die Verhandlungspraxis in der Kommission lassen sich aufgrund der Vertraulichkeit kaum adäquate Aussagen treffen. Aus der Praxis wurde berichtet, daß es im Rahmen der Debatte wie auch im öffentlichen Verfahren zu einem Schlagabtausch und klaren Anschuldigungen der Regierungen komme. Im Unterschied dazu würde den erhobenen Vorwürfen aber wegen des langen und gründlichen Vorverfahrens sehr viel mehr Gewicht und Glaubwürdigkeit zugemessen werden[7]. Dies führe zu einer weniger theatralisch und eher geschäftsmäßigen Debatte, wobei das Ziel der beschuldigten Delegation regelmäßig die Beendigung des Verfahrens, zumindest aber die Verhinderung eines Spezialverfahrens sein

---

[4] So auch der Report of the Bureau of the fifty-fourth Session of the Commission on Human Rights..., E/CN.4/1999/104 (23.12.1998), Abs. 52.

[5] Diesem Faktum steht freilich die Feststellung im Dezember-Bericht des 54. *Bureaus* entgegen, daß in den letzten Jahren etliche Situationen weitergeleitet wurden, die es kaum Wert waren, im Rahmen des 1503-Verfahrens behandelt zu werden - Report of the Bureau of the fifty-fourth Session of the Commission on Human Rights..., E/CN.4/1999/104 (23.12.1998), Abs. 52.

[6] *Tardu*, A/Conf.157/PC/60/Add.5, Abs. 145.

[7] *Flood* S. 40. Zu den Debatten im öffentlichen Verfahren siehe oben § 7.II.A, S. 83.

wird[8]. Insgesamt wird der Eindruck vermittelt, und die zitierten Äußerungen unterstützen dies indirekt, daß es in den vertraulichen Diskussionen nur selten zu einer ernsthaften, substantiierten Erörterung der Menschenrechtsfragen kam und ein konstruktiver Dialog über mögliche Problemlösungen kaum stattfand[9]. Die Mitglieder seien in der vertraulichen Verhandlung weniger geneigt, Kritik an Staaten zu äußern, als wenn sich dies für sie infolge der öffentlichen Wahrnehmung politisch auszahlte[10].

III. Einzelne bekanntgewordene Verfahren

Genauere Informationen über einzelne Verfahren sind nur in Einzelfällen öffentlich zugänglich, wenn die Kommission bzw. der ECOSOC die Aufhebung der Vertraulichkeit bestimmter Dokumente beschlossen hat. Dies erfolgte bisher in bezug auf Äquatorialguinea, Haiti, Argentinien, Uruguay und die Philippinen[11]. Dabei handelt es sich zwangsläufig gerade nicht um eine repräsentative Auswahl, da die jeweils von der Kommission getroffenen Entscheidungen über die Veröffentlichung der Verfahrensunterlagen von deren eigenen Zweckmäßigkeitsüber-

---

[8] *Flood* S. 40.

[9] Report of the Bureau of the fifty-fourth Session of the Commission on Human Rights..., E/CN.4/1999/104 (23.12.1998), Abs. 52.

Die WGC hatte 1999 in einer Stellungnahme zu diesem Bericht dieser Feststellung in bezug auf die Kommission nicht widersprochen, und nur für die Ebenen der Unterkommission und der WGC als unzutreffend zurückgewiesen - Common Position of the Sub-Commission ..., E/CN.4/Sub.2/1999/47 (25.08.1999); Annex I: Summary of informal discussions by the Working Group on Communications on the recommendation concerning the 1503 procedure..., Abs. 10.

Daß unter dem alten Verfahren das Engagement der Kommissionsmitglieder eher eingeschränkt war, wird auch dadurch deutlich, daß es erklärtes Ziel der Reform 2000 war, dem Verfahren in der Kommission mehr Gewicht zu verleihen - Report of the inter-sessional Working Group on Enhancing the Effectiveness of the Mechanisms of the Commission on Human Rights, E/CN.4/2000/112 (16.02.2000), Abs. 41.

Über die Behandlung der Situation in Saudi-Arabien auf der 54. Sitzung 1998 wird beispielsweise berichtet, daß sich die Kommission etwa eine Stunde lang mit der Situation befaßte, dabei praktisch nur von zwei Delegationen kritische Fragen gestellt wurden und in den übrigen Stellungnahmen nur die Bereitschaft der Regierung zur Kooperation gelobt wurde - *Steiner/Alston*[2] S. 617.

[10] *Brody/Weissbrodt*, HRQ 11 (1989), S. 601.

[11] *Ize-Charrin*, 1503: A Serious Procedure, S. 7. Im Hinblick auf die Situationen in Äquatorialguinea und in Haiti sind nicht sämtliche vertraulichen Dokumente, sondern jeweils nur der Bericht der Sonderbeauftragten an die Öffentlichkeit gebracht worden.

legungen geleitet wurden. Darüber hinaus sind bruchstückhaft auch Informationen über weitere durchgeführte Verfahren bekanntgeworden, insbesondere nach der Überleitung in eine öffentliche Untersuchung.

A. Äquatorialguinea

Erste Fälle schwerwiegender Menschenrechtsverletzungen wurden unmittelbar nach der Wahl *Macías Nguemas* zum Präsidenten 1968 registriert. Der Ausnahmezustand wurde verhängt, zahlreiche prominente Politiker festgenommen oder unter unbekannten Umständen ermordet. Außerdem kam es zu einem Verbot sämtlicher politischer Parteien, der Zwangsmitgliedschaft in einer Einheitspartei und der Aufhebung verfassungsmäßiger Rechte. Die politische Führung des Landes wurde 1972 auf die Einheitspartei des Präsidenten übertragen. Bereits im Jahr zuvor waren Strafvorschriften verschärft worden, Mechanismen zum Schutz ethnischer Minderheiten wurden ausgesetzt und sämtliche Kirchen und deren Einrichtungen im Lande 1975/1978 geschlossen. Flüchtlinge, die in großer Zahl das Land verließen, berichteten über anhaltende willkürliche Gefangennahmen, politische Morde und andere grobe Menschenrechtsverletzungen[12].

Die Kommission agierte in bezug auf Äquatorialguinea erstmals auf ihrer 32. Sitzung 1976. Die Unterkommission hatte im Jahr zuvor beschlossen, der Kommission die Erörterung der Menschenrechtslage in Äquatorialguinea im 1503-Verfahren zu empfehlen[13]. Entsprechend leitete sie einen Bericht weiter, in dem von willkürlichen Festnahmen und Folter von zahlreichen politischen Gegnern des Regimes, von der Verletzung politischer Rechte einschließlich des Rechts auf Selbstbestimmung und einem politisch motivierten Mord berichtet wurde[14]. Die Regierung des Landes wies die Anschuldigungen in vollem Umfang zurück und ließ verlauten, daß sie sich jeder Maßnahme von seiten der Kommis-

---

[12] Zum Ganzen: Study of the human rights situation in Equatorial Guinea, by Prof. *Fernando Volio Jimenez*, Special Rapporteur, ..., E/CN.4/1371 (12.02.1980), Abs. 39-51.

[13] *Bossuyt*, HRLJ (1985), S. 188; *M. Nowak*, NYIL 22 (1991), S. 54.

[14] Study of the human rights situation (a.a.O., Fn. 12), Abs. 5, 6; siehe auch *Tardu/McCarthy*, S. 27 mit einer genaueren Beschreibung der Beschwerde. Sie wurde später durch zwei weitere Schreiben ergänzt, die zusätzliches Faktenmaterial lieferten (*Tardu/McCarthy*, ebd.).

Beschwerden in bezug auf Menschenrechtsverletzungen in Äquatorialguinea waren seit 1976 auch an die Arbeitsgruppe für Sklaverei der Unterkommission gerichtet worden; diese wurden durch Äußerungen einer NGO in der öffentlichen Sitzung der Unterkommission ergänzt - Study of the human rights situation (a.a.O.), Abs. 24-26.

sion unter Hinweis auf Art. 2 Ziff. 7 UN-Charta entgegenstellen würde[15]. Die MRK beschloß entsprechend der Empfehlung der WGS, daß die ihr vorliegenden Informationen keine ausreichende Grundlage für die Feststellung flagranter und systematischer Menschenrechtsverletzungen seien[16].

In der darauffolgenden Sitzung (1977) lag ihr eine neue Beschwerde vor, ergänzt durch weiteres Material[17]. Darin wurden erneut Menschenrechtsverletzungen in den zurückliegenden sechs Jahren beklagt, insbesondere die Unterdrückung, Verfolgung und Ermordung politischer Gegner und die Aufhebung verfassungsmäßiger Rechte[18]. Es würden *de facto* sämtliche anerkannte Menschenrechte verletzt, wobei ausdrücklich auch soziale und kulturelle Rechte erwähnt werden. Die Verfolgung einzelner Gruppen sei zudem als Völkermord zu werten[19]. Die Regierung äußerte sich auch zu diesen Vorwürfen umfassend, wies sie jedoch als politisch motiviert und als Einmischung in innere Angelegenheiten zurück. Im übrigen bestritt sie ihre Verantwortlichkeit für die Vorfälle[20]. Allerdings wurde in der Kommission geäußert, daß die Antworten der Regierung unzureichend seien und die Situation weiterer Beobachtung bedürfe[21]. Daher wurde in der abschließenden Entschließung der Generalsekretär aufgefordert, zur Aufklärung einiger Unklarheiten sowie zur Identifizierung von Möglichkeiten, das Land zu unterstützen, vertraulich direkte Kontakte mit der Regierung aufzunehmen[22].

---

[15] Study of the human rights situation (a.a.O., Fn. 12), Abs. 7, 8 unter Hinweis auf die Bemerkung der Regierung vom 27.10.1975, E/CN.4/R.13; *Tardu/McCarthy,* S. 27f.

[16] Study of the human rights situation (a.a.O., Fn. 12), Abs. 9; *Bossuyt,* HRLJ (1985), S. 188.

[17] Die Unterkommission hatte auf ihrer Sitzung im August 1976 die Situation in Äquatorialguinea erneut an die Kommission weitergeleitet, woraufhin die Regierung des Landes die erhobenen Vorwürfe wiederum zurückwies - *Tardu/McCarthy,* S. 29.

[18] Study of the human rights situation (a.a.O., Fn. 12), Abs. 10.

[19] Study of the human rights situation (a.a.O., Fn. 12), Abs. 10.

[20] Study of the human rights situation (a.a.O., Fn. 12), Abs. 11-13; *Tardu/McCarthy,* S. 29.

[21] Study of the human rights situation (a.a.O., Fn. 12), Abs. 14.

[22] "The Commission on Human Rights, ... decides to request the Secretary-general of the United Nations to establish direct contact an a confidential basis with the Government of the Republic of Equatorial Guinea:

(a) to help clarify some of the points raised in that Government's observations on documentary Material relating to the human rights situation in Equatorial Guinea; and

(b) with a view, *inter alia,* to finding ways in which the United Nations might, if necessary, provide assistance to that country."

Die Regierung unter Präsident *Macías* wies den telegraphisch übermittelten Vorschlag des Generalsekretärs zurück, einen Sonderbeauftragten zur Aufnahme der Kontakte zu empfangen[23]. Zudem würde sie auch keinen Vertreter zur 34. Sitzung der MRK 1978 entsenden, da die behaupteten Menschenrechtsverletzungen nicht existierten. Die Kommission solle sich einer Entscheidung über interne politische Vorgänge enthalten, da ihr die Kenntnis über den wahren Hintergrund fehle[24].

Die Kommission traf auch in jener Sitzung 1978 keine abschließende Entscheidung[25], äußerte lediglich ihr Bedauern über den Mangel an Kooperationsbereitschaft und ersuchte die Regierung erneut um Zusammenarbeit im Rahmen „direkter Kontakte". Außerdem wurde der Regierung angedroht, bei weiterer Verweigerung einer Kooperation die Angelegenheit auf der Sitzung im folgenden Jahr im öffentlichen Verfahren gemäß MRK-Res. 8 (XXIII) und ECOSOC-Res. 1235 (XLII) zu behandeln[26]. Doch weder ein unmittelbar folgender Brief des Generalsekretärs noch ein persönlicher Meinungsaustausch mit dem Ständigen Vertreter Äquatorialguineas im Mai 1978 vermochten die Regierung zu einer Än-

---

- Confidential Decision of 23 February 1977, in: Study of the human rights situation (a.a.O., Fn. 12), Annex I, S. 1. Vgl. auch *Bossuyt*, HRLJ (1985), S. 188; *Bartolomei*, S. 233; vgl. auch *Tardu/McCarthy*, S. 30.

[23] Study of the human rights situation (a.a.O., Fn. 12), Abs. 16.

[24] Study of the human rights situation (a.a.O., Fn. 12), Abs. 17 unter Hinweis auf das Telegramm der Regierung vom 02.03.1978, E/CN.4/R.41; *Tardu/McCarthy*, S. 30f.

[25] *Tardu*, Santa Clara Law Rev. 20 (1980), S. 575.

[26] "*The Commission on Human Rights, ...*

Regretting the lack of results [of the measures taken by the Secretary-General] due to the fact that the Republic of Equatorial Guinea has not reacted favourable to these measures,

Taking note of the text of the telegram from the Permanent Representative of Equatorial Guinea to the United Nations (E/CN.4/R.41):

1. *Requests* the Government of the Republic of Equatorial Guinea, further to the efforts of the Secretary-General, to co-operate with the Commission by responding to the direct contacts of a confidential nature which the Secretary-General has sought to establish concerning the situation with regard to human rights in Equatorial Guinea:

2. *Decides* that, if there are no new factors indicating that such contacts have been established, the situation with regard to human rights in the Republic of Equatorial Guinea will be raised at the thirty-fifth session of the Commission, in accordance with the public procedure provided for in Commission resolution 8 (XXIII) and Economic and Social Council resolution 1235 (XLII)."

- Confidential Decision of 3 March 1978, in: Study of the human rights situation (a.a.O., Fn. 12), Annex I, S. 1; *Bossuyt*, HRLJ (1985), S. 188.

derung ihrer Haltung zu bewegen, die vielmehr im September des Jahres unter Berufung auf die Verfassung und Art. 2 Ziff. 7 UN-Charta jegliche Kooperation mit der MRK erneut ablehnte[27].

Entsprechend ihrer Entscheidung vom Vorjahr beschloß die Kommission infolgedessen auf ihrer 35. Sitzung, daß die weitere Behandlung der Situation im 1503-Verfahren fruchtlos wäre und deshalb beendet werden solle[28]. Hierbei lag ihr die Zusammenfassung einer weiteren Beschwerde vor, die mit detaillierten Hinweisen die Situation der Menschenrechte im Land seit 1968 eingehend schilderte[29]. Zugleich wurde der ECOSOC aufgefordert, die Kooperation mit der Regierung zu verstärken sowie die Vertraulichkeit der 1503-Dokumente betreffend Äquatorialguinea aufzuheben[30]. Im Rahmen der öffentliche Debatte über „Menschenrechtsverletzungen in aller Welt ..." verabschiedete die MRK eine Woche später Res. 15 (XXXV)[31]. Darin wurde *Fernando Volio Jiménez*, Costa Rica, als

---

[27] Study of the human rights situation (a.a.O., Fn. 12), Abs. 20; CHR, Summary record of the 1511st meeting [08.03.1979], E/CN.4/SR.1511, Abs. 37; *Bossuyt*, HRLJ (1985), S. 188; *Tardu/McCarthy*, S. 32f.

[28] "*The Commission on Human Rights, ...*

1. *Recommends* to the Economic and Social Council to make an appeal to the Government of Equatorial Guinea to extend its co-operation to the Commission in connexion with the implementation of the decision(s) taken on the matter ... under Commission resolution 8 (XXIII) and Council resolution 1235 (XLII);

2. *Further recommends* to the Council that the confidential material that hitherto has been before the Commission under Council resolution 1503 (XLVIII) shall no longer be restricted;

3. *Decides* to discontinue consideration of the human rights situation in Equatorial Guinea under Council resolution 1503 (XLVIII) and to take up consideration of the subject matter under public procedure provided for by Commission resolution ((XXIII) and ECOSOC resolution 1235 (XLII)."

- Confidential Decision of 8 March 1979, in: Study of the human rights situation (a.a.O., Fn. 12), Annex I, S. 2.

[29] Study of the human rights situation (a.a.O., Fn. 12), Abs. 21; siehe auch *Tardu/McCarthy*, S. 31f. Da die Beschwerde vom 30.12.1978 datiert, kann es sich insoweit nicht um eine im förmlichen 1503-Verfahren von der Unterkommission weitergeleitete handeln, da diese im August/September des Jahres tagte. Es scheint, daß in diesem Falle die Mitteilung, ein achtzigseitiger Bericht, unter Umgehung der Unterkommission unmittelbar der Kommission unterbreitet worden war - *Tardu/McCarthy*, S. 32.

[30] Study of the human rights situation (a.a.O., Fn. 12), Abs. 22; *Tardu/McCarthy*, S. 33; s.o., Fn. 28.

[31] "*The Commission on Human Rights, ...*

Keeping in mind the Charter of the United Nations and the Universal Declaration of Human Rights

Sonderberichterstatter mit der Erstellung einer „eingehenden Studie" auf der Grundlage aller ihm angemessen erscheinenden Informationen beauftragt[32]. Der ECOSOC bestätigte die beiden Empfehlungen der Kommission, rief die Regierung zur verstärkten Kooperation zwecks Umsetzung der Kommissionsresolution auf und entschied, die Vertraulichkeit des Materials aufzuheben[33]. Der Ständige Vertreter Äquatorialguineas verwahrte sich jedoch weiter gegen eine Untersuchung der Verhältnisse in seinem Land durch die Kommission, da das Verfahren „voreingenommen und ungerecht" abgelaufen sei. Die Beschwerden wären „hochpolitisch motiviert" und die Entscheidungen des ECOSOC unbegründet und für sein Land inakzeptabel gewesen, da sie gegen die Verfassung seines Landes sowie die UN-Charta verstießen[34].

Am 3. August 1979 Jahres kam es zu einem Militärputsch und dem Sturz des Präsidenten, so daß der Sonderberichterstatter seinen Auftrag nicht mehr im

---

Recalling Economic and Social Council resolution 1235 (XLII), authorizing the Commission to make a thorough study of situations which reveal a consistent pattern of violations of human rights

1. *Decides* that a Special Rapporteur of the Commission, to be appointed by the chairman of the Commission, be entrusted with the task of making a thorough study of the human rights situation in Equatorial Guinea, based on such information as he may deem relevant, and report thereon ...

3. *Recommends* to the Economic and Social Council to make an appeal to the Government of Equatorial Guinea to extend its co-operation to the Commission in connexion with the implementation of this resolution."

- MRK, Res. 15 (XXXV) vom 13.03.1979, in: Report on the 35th session, E/1979/36, E/CN.4/1347 (1979), Chapter XXIV Section A (S. 122).

[32] Study of the human rights situation (a.a.O., Fn. 12), Abs. 2, 22; *Bossuyt*, HRLJ (1985), S. 188; *M. Nowak*, NYIL 22 (1991), S. 54, 58; *Tardu*, Santa Clara Law Rev. 20 (1980), S. 575.

Die im öffentlichen Verfahren durchgeführte Studie beruht dann keinesfalls mehr auf Res. 1503 (VIII) - *M. Nowak*, NYIL 22 (1991), S. 58. Gleichwohl hatte die Kommission die Einsetzung eines Sonderberichterstatters ohne eine Bestätigung des ECOSOC beschlossen - *Tardu/McCarthy*, S. 34.

[33] ECOSOC, Entscheidung 1979/35 vom 10.05.1979, in: E/1979/79, S. 47; Study of the human rights situation (a.a.O., Fn. 12), Abs. 3; *Ize-Charrin*, 1503: A Serious Procedure, S. 7; *Tardu/McCarthy*, S. 26. Die Debatte hierüber – dem Rat lag ein zusätzliches Schreiben der Regierung Äquatorialguineas vor - war öffentlich - *Tardu/McCarthy*, S. 35

[34] Letter dated 11 May 1979 from the Permanent Representative ..., E/1979/101 (18.05.1979); Study of the human rights situation (a.a.O., Fn. 12), Abs. 23.

Sinne der ursprünglichen Intention ausführen konnte[35]. Gleichwohl informierte der Generalsekretär im September 1979 die neuen Machthaber von der Entscheidung der Kommission, einen Sonderberichterstatter einzusetzen und ersuchte diese um Zustimmung zu einem Vor-Ort-Besuch[36]. Zudem kam es in New York zu einem Treffen des Direktors der Menschenrechtsabteilung im Sekretariat mit einem Vertreter der neuen Regierung. Letzterer stimmte dabei einem Besuch des Sonderberichterstatters im Lande zu, wobei er zugleich die Hoffnung äußerte, daß dieser nicht nur Tatsachenermittlung betreiben, sondern bei der Wiederherstellung der Achtung der Menschenrechte beratend tätig sein würde[37]. Nachdem *Volio Jiménez* seinen Besuch zunächst in der Menschenrechtsabteilung des Sekretariats in Genf vorbereitet hatte, reiste er am 1. November 1979 für zwei Wochen nach Äquatorialguinea[38]. Der abschließend erstellte Bericht statuierte in gewissen Bereichen eine Verbesserung der Menschenrechtslage, während die andauernde Beschränkung politischer Rechte, die Instabilität der politischen Verhältnisse und des Gerichtssystems, Zwangsarbeit und das Fehlen jeglicher Pressefreiheit noch Anlaß zu weiterer Besorgnis gaben[39].

Grundlage für diesen Bericht war, wie in Res. 15 (XXXV) ausdrücklich klargestellt, unmittelbar Res. 1235 (XLII) des ECOSOC, also das öffentliche, länderbezogene Verfahren. Es handelte sich somit zwar um eine „eingehenden Studie" i.S.v. Abs. 3 Res. 1235 (XLII), nicht aber um eine solche gemäß Abs. 6 lit. a) Res. 1503 (XLVIII)[40].

---

[35] Study of the human rights situation (a.a.O., Fn. 12), Abs. 52; *Bossuyt*, HRLJ (1985), S. 188.

Im Zuge des Machtwechsels wurde Präsident *Macías* vor ein militärisches Sondergericht gestellt und zusammen mit sechs weiteren Verantwortlichen u.a. wegen Völkermordes und systematischer Menschenrechtsverletzungen zum Tode verurteilt. Als materielle Normen griff das Gericht dabei u.a. auf die Völkermordkonvention und die AEMR zurück - Study of the human rights situation, Abs. 53f.

[36] Study of the human rights situation (a.a.O., Fn. 12), Abs. 27.

[37] Study of the human rights situation (a.a.O., Fn. 12), Abs. 28-34.

[38] Study of the human rights situation (a.a.O., Fn. 12), Abs. 55f.

[39] Study of the human rights situation (a.a.O., Fn. 12), Abs. 231-238.

[40] *M. Nowak*, NYIL 22 (1991), S. 54.

B. Argentinien[41]

Am 24. März 1976 wurde die Regierung von Präsident *Martinez de Peron* durch das Militär gestürzt. In einem „Prozeß der nationalen Reorganisation" wurden der Kongreß und andere Gesetzgebungsorgane aufgelöst und Richter u.a. des Obersten Gerichtshofes entlassen[42]. Ein bereits zwei Jahre zuvor erklärter Ausnahmezustand wurde aufrechterhalten[43]. Politische Aktivitäten, die Tätigkeit von Parteien und Gewerkschaften waren unterbunden, verfassungsmäßige Rechte suspendiert[44]. Die anfangs allein gegen Guerilla- und andere militante Gruppen gerichteten Aktivitäten wurden bald auf weitere Bevölkerungsschichten ausgedehnt: Tausende wurden wegen terroristischer oder „subversiver" Tätigkeit verhaftet[45]. Im ganzen Land wurden Gefängniszentren und Konzentrationslager eingerichtet. Es wurde über menschenunwürdige Haftbedingungen, erniedrigende Praktiken und Folterungen der Inhaftierten berichtet[46]. Eine noch größere Anzahl von zumeist jüngeren Bürgern - Schätzungen sprechen von bis zu 15.000 - verschwand spurlos nach ihrer Entführung durch bewaffnete Einheiten der staatlichen Sicherheitskräfte[47].

1. Die Einleitung des Verfahrens

Unmittelbar nachdem sich die Militärregierung als effektive Herrschaftsgewalt etabliert hatte, begannen in- und ausländische Menschenrechtsgruppen, die Situation im Lande zu dokumentieren und über die Verletzungen zu berichten. Von mehreren NGO wurden Berichte über schwerwiegende Menschenrechtsverletzungen erstellt und der MRK zugeleitet[48]. Außerdem hatten seit 1977 verschiedene westliche Staaten die Menschenrechtssituation in Argentinien in der öffent-

---

[41] Die vertraulichen Dokumente sind unter der Dokumentenbezeichnung E/CN.4/1985/ARGENTINA veröffentlicht.

[42] *Weissbrodt/Bartolomei*, Minnesota Law Review 76 (1991), S. 1011f. m.w.N.

[43] *Bartolomei,* S. 46.

[44] *Bartolomei,* S. 47f. unter Hinweis auf den Argentinien-Bericht der Interamerikanischen Kommission für Menschenrechte, 1980, S. 263f.; *Weissbrodt/Bartolomei*, Minnesota Law Review 76 (1991), S. 1012.

[45] *Weissbrodt/Bartolomei*, Minnesota Law Review 76 (1991), S. 1012f.

[46] *Bartolomei,* S. 50ff. m.w.N.

[47] *Weissbrodt/Bartolomei*, Minnesota Law Review 76 (1991), S. 1012.

[48] Siehe hierzu *Bartolomei,* S. 90ff.

lichen Debatte der Kommission im Rahmen des Tagesordnungspunktes „Menschenrechtsverletzungen in aller Welt" erwähnt[49].

Hinzu kamen seit dem Beginn der Militärherrschaft zahlreiche Beschwerden[50], von denen dem Sekretariat bereits 1977 Hunderte vorlagen[51]. In der WGC verneinte jedoch in diesem Jahr eine Mehrheit - die Experten aus Nicaragua, Pakistan und der Sowjetunion - das Vorliegen eines *consistent pattern*[52]. Erst 1978, nach dem Ausscheiden des nicaraguanischen Mitglieds, beschloß diese die Weiterleitung dreier Beschwerden an die Unterkommission[53]. Die vorliegenden Beschwerden, die im Mai und Juni 1978 eingegangen waren, enthielten Hinweise auf 12 000 bis 15 000 Fälle von Verschwindenlassen, auf willkürliche Verhaftungen, Entführungen und Morde sowie politische Strafprozesse ohne rechtsstaatliche Verfahrensgarantien, unmenschliche Haftbedingungen und Folter[54]. Allerdings konnte sich die Unterkommission selbst nicht zu einer Weiterleitung der drei ihr vorliegenden Beschwerden entschließen, sondern vertagte eine Entscheidung hierüber[55].

Erst auf ihrer nachfolgenden Sitzung im September 1979 entschied die Unterkommission mehrheitlich, der MRK insgesamt sechs Mitteilungen zu überweisen, die nach ihrer Ansicht einen Gesamtzusammenhang zuverlässig bezeugter

---

49 CHR, Summary record of the 1420th meeting (confidential) [08.03.1977], E/CN.4/SR.1420 (10.03.1977), Abs. 24 (USA), Summary record of the 1470th meeting (confidential) [07.03.1978], E/CN.4/SR.1470 (10.03.1978), Abs. 7 (Frankreich, zugleich für die EU), Summary record of the 1517th meeting (confidential) [12.03.1979], E/CN.4/SR.1517 (15.03.1979), Abs. 8 (Schweden), 13 (Österreich). Vgl. auch allgemein m.w.N. *Bartolomei,* S. 88, 96f.

50 Die ersten Beschwerden gingen bereits 1976 ein - *Bartolomei,* S. 98.

51 *Guest,* S. 118.

52 *Guest,* S. 118.

53 Siehe z.B. CHR, Summary record of the 1469th meeting (confidential) [07.03.1978], E/CN.4/SR.1469 (08.03.1978), Abs. 32 (Canada) vgl. auch *Bartolomei,* S. 88, 98ff.

54 Es handelte sich um die Beschwerden 78/5/7,499 , 78/6/7,782 und 78/6/7,807 (vgl. Confidential Report of the Sub-Commission ... on its consideration of item 7 ... at its 32th session, E/CN.4/R.51 [22.10.1979]), vollständig abgedruckt in E/CN.4/R.51/Add.4 - Add.6 (jew. vom 30.11.1979).

55 Vgl. *Bartolomei,* S. 98f. unter Hinweis auf: Report of the Sub-Commission on ist 31st session, E/CN.4/1296, E/CN.4/Sub.2/417 (20.09.1978), Abs. 262; CHR, Summary record of the 1501st meeting (confidential) [01.03.1979], E/CN.4/SR.1501 (15.03.1979), Abs. 21 (Österreich). Confidential Report of the Sub-Commission ... on its consideration of item 7 ... at its 32th session, E/CN.4/R.51 (22.10.1979), Abs. 1.

grober Menschenrechtsverletzungen in Argentinien erkennen ließen[56]. Dazu gehörten neben den drei bereits 1978 erörterten Mitteilungen noch drei weitere, die bis Juni 1979 eingegangen waren und im wesentlichen die gleichen Vorwürfe enthielten, ergänzt um Hinweise auf die Beeinträchtigung der Tätigkeit von Gewerkschaften, Medien und Anwälten[57]. Sämtliche überwiesene Mitteilungen waren von NGO erstellt und enthielten jeweils die Darstellung eines Gesamtzusammenhangs von Menschenrechtsverletzungen; Beschwerden, die lediglich von Einzelschicksalen berichteten, waren nicht weitergeleitet worden[58]. In ihren Stellungnahmen und Anworten auf die Mitteilungen verneinten die argentinische Regierung und ihr Vertreter das Vorliegen entsprechender Menschenrechtsverletzungen und rechtfertigten die Verhängung des Ausnahmezustandes mit der Notwendigkeit, auf Subversion, Aufruhr und Korruption reagieren zu müssen - eine Argumentation, die auch in der MRK fortgesetzt wurde[59].

---

[56] Vgl. Sub-Commission, Summary record of the 846th meeting [31.08.1979], E/CN.4/Sub.2/SR.846 (05.09.1979), Abs. 21ff. Es ist von Interesse, daß in der Unterkommission zuvor eine Diskussion über die Zweckmäßigkeit einer Weiterleitung der Mitteilungen geführt wurde. So wurde insbesondere geltend gemacht, daß sich die Antworten der argentinischen Regierung durch Gründlichkeit und Bereitschaft, auf die jeweilige Situation einzugehen, auszeichneten, so daß eine Weiterleitung als voreilig abgelehnt wurde - E/CN.4/SR.846 (05.09.1979) Abs. 36, *Bartolomei,* S. 103. Außerdem stehe eine Untersuchungsmission der IAMRK an, deren Tätigkeit nicht von seiten der Kommission vorgegriffen werden solle - E/CN.4/SR.846 (05.09.1979) Abs. 21.

[57] Es handelte sich um die Beschwerden 78/10/17,777 , 79/5/4,470 und 79/6/5,081 (Confidential Report of the ...32th session, a.a.O., Fn. 54), vollständig abgedruckt in E/CN.4/R.51/Add.1 - Add.3 (jew. vom 30.11.1979).

Bemerkenswert ist insoweit, daß auch die beiden zuvor im Interesse Argentiniens stimmenden Mitglieder der Arbeitsgruppe - das sowjetische (*Smirnov*) und das pakistanische (*Pirzada*) - bei der Sitzung 1979 auch für eine Weiterleitung der Situation gestimmt haben müssen, da zwei der übrigen Mitglieder nicht anwesend waren - Report of the working group established by resolution 2 (XXIV) of the Sub-Commission, E/CN.4/Sub.2/R.36 (20.08.1979), Abs. 1; *Bartolomei,* S. 100. Entsprechend der oben berichteten Praxis zu Abs. 5 Res. 1503 (XLVIII) war aber für eine Weiterleitung in jedem Fall die Zustimmung von mindestens drei Mitgliedern erforderlich (siehe dazu oben § 19.II.B., S. 265).

[58] *Bartolomei,* S. 186f. Zum Teil war darin ausdrücklich der Wortlaut von Res. 1503 wiedergegeben worden sowie auf die einzelnen verletzten Rechte der AEMR bezug genommen worden (ebd. S. 186). Zu den Organisationen gehörten u.a. *Amnesty International,* die *International Federation of Human Rights* und das *Lawyers Committee for International Human Rights* - vgl. *Bartolomei,* ebd. und S. 103ff. mit einer kurzen Schilderung der einzelnen Beschwerden sowie den Confidential Report of the ...32th session, a.a.O., Fn. 54.

[59] *Bartolomei,* S. 187f. Außer den sehr detaillierten Antworten auf die behaupteten Einzelfälle von Verletzungen beklagte sich die Regierung über die Verletzung ihrer Integrität

2. Die Situation in der MRK 1980

Der WGS lag für ihre Entscheidung neben dem vertraulichen Bericht der Unterkommission eine umfangreiche Stellungnahme der Regierung zu allen sechs Beschwerden vor[60]. Hinzu kam der Bericht der WGC sowie eine vom Sekretariat auf Wunsch der Unterkommission erarbeitete Zusammenstellung sämtlicher Beschwerden, die in der Zwischenzeit betreffend Argentinien eingegangen waren[61]. Sie empfahl der Kommission in einem Resolutionsentwurf, die Situation in Argentinien unter Beobachtung zu lassen und die Regierung um weitere Kooperation sowie klärende Informationen zu bitten[62]. Abs. 2 des Entwurfs enthielt eine genaue Aufzählung noch zu untersuchender Punkte. Bei der Behandlung in der MRK widersprach der Repräsentant Argentiniens den Vorwürfen, die in keiner Weise bewiesen seien, weshalb er den Resolutionsentwurf der Arbeitsgruppe ablehne[63]. In einem nachfolgenden Änderungsvorschlag wurde diese Aufzählung der zu klärenden Punkte wesentlich gekürzt[64]. Die schließlich im Konsens verabschiedeten Entscheidung hob die Kooperationsbereitschaft des Landes hervor und bestimmte, die Angelegenheit unter Beobachtung zu belassen. Gleichzeitig wurde Argentinien aufgefordert, zu einzeln aufgeführten Punkten noch Material vorzulegen: u.a. zum Schicksal Verschwundener, zu Haftbedingungen, sowie Verletzungen des *Habeas Corpus*-Grundsatzes und von Gewerkschaftsrechten[65]. Nach Ansicht des argentinischen Vertreters sei, entgegen dem von den USA geäußerten Verständnis, der Text allerdings nicht so zu verstehen gewesen, daß die Regie-

---

durch das Verhalten der NGO. Insbesondere wurde die wiederholte Verletzung der Vertraulichkeit sowie eine Einmischung in innere politische Angelegenheiten im Widerspruch zu Abs. 3 lit. c) Res. 1 (XXIV) der Unterkommission vorgeworfen - E/CN.4/GR.78/8 und Add.1(14.08.1978), E/CN.4/GR.79/8/Add.1 (27.09.1979), E/CN.4/GR.80/1 (07.02.1980) und 80/8 (27.10.1980); *Bartolomei,* S. 107f.

[60] Observations received from Governments ... E/CN.4/R.52 (09.01.1980). Vgl. Report of the working group established by Commission on Human Rights decision 13 (XXXV), E/CN.4/R.54/Rev.1 (20.02.1980), Abs. 7.

[61] Vgl. Report of the working group ... [on situations] (a.a.O., Fn. 60), Abs. 7, sowie den Vermerk des Generalsekretärs: Summaries of further communications .... E/CN.4/R.53 (24.01.1980), Abs. 2, 4 lit. (a). Im Hinblick auf Argentinien enthielt dieses Dokument insgesamt 92 Beschwerden. Vgl. auch *Bartolomei,* S. 103 Fn. 55.

[62] Report of the working group ... [on situations] (a.a.O., Fn. 60), Abs. 9.

[63] Abridged record of discussion on item 12 (b), E/CN.4/R.65 (04.06.1980), S. 2f.

[64] Siehe E/CN.4/R.57 (04.03.1980).

[65] Resolution vom 05.03.1980, Decisions adpoted ... E/CN.4/R.64 (15.04.1980), S. 2f.; der operative Teil der Resolution ist auszugsweise abgedruckt bei *Bartolomei,* S. 115.

rung zur Bereitstellung spezifischer Informationen verpflichtet sei[66]. Zur Einleitung eines Spezialverfahrens kam es mithin trotz der erkennbaren massiven Menschenrechtsverletzungen nicht. Grund hierfür war neben der geschickten Verhandlungsführung die außenpolitisch günstige Position Argentiniens zwischen den Großmächten. Das Land konnte sich traditionell auf westliche Staaten unter Führung der USA stützen, auch wenn die *Carter*-Administration erhebliche Kritik geäußert hatte[67]. Nach der Wahl *Reagens* ließen die amerikanischen Bemühungen in dieser Hinsicht spürbar nach[68]. Hinzu kam ein gutes Verhältnis zur Sowjetunion[69], da sich die Tätigkeit der Junta zunächst nicht unmittelbar gegen die argentinischen Kommunisten richtete[70], und die Sowjetunion nach ihrem Einmarsch in Afghanistan im Dezember 1979 mit Hilfe Argentiniens das von den USA initiierte Weizenembargo zu unterlaufen vermochte[71].

Allerdings entschied die Kommission auf der gleichen Sitzung im Frühjahr 1980, erstmals eine Arbeitsgruppe mit einem thematische Ansatz einzusetzen, und zwar zur Untersuchung des Problems „Zwangsweises oder unfreiwilliges Verschwindenlassen von Personen" (*Working Group on Enforced and Involuntary Disappearances of Persons*). Diese schwerwiegenden systematischen Menschenrechtsverletzungen waren bereits 1978 Gegenstand einer Resolution der Generalversammlung gewesen, ohne daß darin ein Umsetzungsmechanismus vorgesehen war[72]. Das Verschwindenlassen war, den Beschwerden und auch sonstigen Berichten von NGO zufolge, ein Charakteristikum der Situation in Argenti-

---

[66] Abridged record of discussion on item 12 (b), E/CN.4/R.65 (04.06.1980), S. 20.

[67] Einem Angehörigen des Departement of State zufolge war die Delegation instruiert worden, eine gegebenenfalls öffentliche Resolution zur Frage der Verschwundenen in Argentinien und Chile - unter Nennung der Namen - (s.u. Fn. 76) in der MRK zu unterstützen. Angesichts dieser Entschlossenheit stimmte die argentinische Delegation dann der Einsetzung der Arbeitsgruppe zu - *Flood*, S. 55.

Andererseits wurden im amerikanische *State Department* auch Äußerungen laut, die generell in den Aktionen der UNO eine zu harte Vorgehensweise gegenüber Argentinien und auch Chile sahen, und nach dem Amtsantritt *Reagans* unterstützte die US-amerikanische Delegation in der Kommission 1981 viel weitergehend Argentinien - *Flood* S. 55, 56.

[68] *Weissbrodt/Bartolomei*, Minnesota Law Review 76 (1991), S. 1031.

[69] Bereits 1977 hatte man ein umfangreiches Handelsabkommen geschlossen - *Guest*, S. 119.

[70] *Flood*, S. 57.

[71] *Guest*, S. 181-183; *Flood*, S. 57.

[72] Generalversammlung, Res. 33/173 vom 20.12.1978; *Flood*, S. 51.

nien[73]. Dementsprechend setzte die argentinische Regierung, zunächst mit Erfolg, alles daran, daß sämtliche Aktivitäten zu diesem Thema im 1503-Verfahren und nur dort - also im Schutze der Vertraulichkeit - behandelt werden sollten[74]. 1979 war die Kommission vom Rat erneut aufgefordert worden, einen Mechanismus zur Frage der Verschwundenen einzurichten[75]. War hier zunächst ein Resolutionsentwurf eingebracht worden, der spezifisch die Situation der Verschwundenen in Argentinien und Chile ansprach, so kam es infolge aktiver argentinischer Diplomatie zur Einsetzung einer allgemein ausgerichteten Arbeitsgruppe[76]. Infolge des thematischen Ansatzes der Arbeitsgruppe war ihre Untersuchung nicht auf ein bestimmtes Land fixiert. Es ergab sich so jedoch eine Möglichkeit, auch durch ein öffentlich arbeitendes Gremium der UNO die systematischen Menschenrechtsverletzungen in Argentinien zu untersuchen. Die Einsetzung dieser thematischen Arbeitsgruppe ersetzte somit in gewisser Weise das in Res. 1503 (XLVIII) vorgesehene Spezialverfahren bzw. die Überleitung in das öffentliche Verfahren[77].

3. Die Behandlung der Situation von 1981 - 1982

Im gleichen Jahr leitete die Unterkommission vier weitere Mitteilungen an die MRK weiter, die wiederum von Verschwindenlassen, Folter und unmenschlichen Haftbedingungen, besonders für politische Gefangene, sowie Beschränkungen der Meinungsfreiheit berichteten[78]. Erneut wurden in den Antworten und

---

[73] *Flood*, S. 51, berichtet von etwa 9.000 berichteten und bestätigten Fällen in der Zeit von 1976 bis 1980; vgl. auch oben die Nachweise in Fn. 55.

[74] *Flood*, S. 52.

[75] ECOSOC, Res. 1979/38 vom 10.Mai 1979, Abs. 1; vgl. *Flood*, S. 54.

[76] MRK, Res. 20 (XXXVI) vom 29.02.1980, in:Report of th 36th Session, E/1980/13, E/CN.4/1408, chapter XXVI section A (S. 190).

[77] *Bartolomei*, S. 116ff., 188. Dies zeigen in gewisser Weise auch die fortwährende Kritik der argentinischen Regierung an der Arbeitsgruppe (vgl. nur unten bei Fn. 84 sowie § 30.II.B., S. 503 bei Fn. 39).

Es ist wohl kaum mehr ein Geheimnis, daß diese „Umgehung" der politischen Blockade auf die Initiative des seinerzeit amtierenden Direktors der Menschenrechtsabteilung im Sekretariat, *Theo van Boven*, zurückgeht - Interview *Möller*, Genf, 11.04.2000. Vgl. insofern auch dessen Stellungnahme zur Eröffnung der 37. Sitzung der MRK am 02.02.1981, in: *van Boven*, People Matter, S. 73f.

[78] Es handelte sich um die Beschwerden 79/7/5,264 , 79/12/11,755, 80/6/16, 364 und 80/6/16,369 (Confidential Report of the Sub-Commission ... on its consideration of item 7 ... at its 33th session, E/CN.4/R.66 [30.09.1980], Abs. 4 lit. [h]). vollständig abgedruckt in E/CN.4/R.66/Add.12 - Add.14 (jew. vom 14.11.1980). Vgl. auch *Bartolomei*, S. 120ff., 189 (S. 122ff. folgt auch eine eingehende Schilderung der vier übermittelten Beschwerden).

Stellungnahmen der argentinischen Regierung die darin enthaltenen Darstellungen als „falsch" oder „willkürlich und tendenziös" bezeichnet. Zumeist wurde die Verhaftung von Personen schlicht geleugnet oder aber als Folge eines von kriminellen, terroristischen Kräften ausgelösten Bürgerkrieges dargestellt[79]. Zudem reagierte die Regierung in einem umfangreichen Dokument (28 Seiten) auf die Entscheidung der Kommission aus dem Vorjahr und stellte die Menschenrechtssituation in einem entsprechend guten Lichte dar[80]. Darin war nach einleitenden allgemeinen Anmerkungen in einem zweiten Teil gemäß der Bitte der Kommission auf das „Gesetz über die Todeserklärung einer Person" sowie die Punkte Verschwundene, Haftbedingungen, *Habeas Corpus*, die Stellung der Rechtsanwälte und Sonstiges, einschließlich der Situation von Gewerkschaften eingegangen. Insgesamt, so der Bericht, seien Frieden und öffentliche Ordnung wieder hergestellt worden, so daß Menschenrechtsverletzungen, die im übrigen in erster Linie den terroristischen Gruppen anzulasten seien, nicht mehr vorkämen.

Die WGS schlug der Kommission anhand der Berichte der Unterkommission, neuer eingegangener Beschwerden und der Berichte des Generalsekretärs über die Umsetzung der MRK-Entscheidungen vor, das Verfahren im Rahmen von Res. 1503 (XLVIII) weiterzuführen und die Regierung um verstärkte Kooperation zu ersuchen. Das bisher erlangte vertrauliche Material solle, soweit es deren Mandat betrifft, der thematischen *Working Group on Disappearances* zur Verfügung gestellt werden[81].

Die Behandlung in der MRK während der folgenden Sitzungsperiode war erneut von Rechtfertigungsversuchen des argentinischen Vertreters geprägt. Eine genaue Untersuchung einzelner Fälle sei mangels spezifischer Angaben nicht

---

Auch wenn der argentinische Experte *Amadeo* ausdrücklichzu Protokoll gab, daß er als unabhängiger Experte an der Diskussion teilnehmen wolle, waren doch seine Beiträge zur Diskussion offensichtlich von der Einstellung geprägt, eine weitere Untersuchung seines Landes zu unterbinden - *Bartolomei,* S. 120. Siehe auch Sub-Commission, Summary record of the 886th meeting [08.09.1980], E/CN.4/Sub.2/SR.886 (25.09.1980), Abs. 54ff.

[79] Observations received by the Governments ... E/CN.4/R.68/Add.8 (16.01.1981); *Bartolomei,* S. 124ff., 189ff.

[80] Observations received by the Governments ... E/CN.4/R.68/Add.3 (24.12.1980), *Bartolomei,* S. 126ff., 190.

[81] Report of the working group [on situations] established by Commission on Human Rights decision 8 (XXXVI), E/CN.4/R.70 (30.01.1981), Abs. 7, 10; vgl. auch *Bartolomei,* S. 130.

möglich gewesen[82]. Im Hinblick auf die *Working Group on Disappearances* bemerkte er, daß dort keinerlei Regeln über die Zulässigkeit eingereichter Beschwerden, die Beteiligung der Regierung und die Gewährleistung der Vertraulichkeit existierten[83]. Die Weiterleitung der im 1503-Verfahren eingereichten Beschwerden an die Arbeitsgruppe sei allerdings für seine Regierung inakzeptabel, zudem könne hierüber höchstens der ECOSOC entscheiden, weshalb man eine Neufassung der Resolution vorschlage, die den entscheidenden Passus nicht übernimmt[84]. In der letztlich verabschiedeten Resolution wurde der Vorschlag der WGS nicht übernommen. Lediglich in der Präambel wurde allgemein auf Res. 10 (XXXVII) der Kommission verwiesen, mit der das Mandat der Arbeitsgruppe für ein weiteres Jahr verlängert worden war[85]. Außerdem wurde die Aufklärung des Schicksals zahlloser Verschwundener gefordert[86] und im übrigen lediglich die weitere Untersuchung im 1503-Verfahren beschlossen[87]. Es war so dem argentinischen Vertreter erneut gelungen, eine aus der Einbringung in das thematische Verfahren zwangsläufig folgende öffentliche Erörterung zu verhindern[88].

Auf ihrer darauffolgenden Sitzung 1982 waren der MRK nunmehr 23 Mitteilungen mit Darstellungen konkreter Fälle von Entführungen, Folter, Morden und Verschwindenlassen zugeleitet worden[89]. Außerdem waren Hinweise auf überlange und willkürliche Haft und die Straflosigkeit der Verantwortlichen enthalten. Die Antworten und Stellungnahmen Argentiniens tendierten mehr und

---

[82] CHR, Summary record of the 1619th meeting [27.02.1981], E/CN.4/SR.1619 (03.03.1981), Abs. 62ff; *Bartolomei*, S. 191.

[83] CHR, Summary record of the 1619th meeting [27.02.1981], E/CN.4/SR.1619 (03.03.1981), Abs. 70f.

[84] CHR, Summary record of the 1619th meeting [27.02.1981], E/CN.4/SR.1619 (03.03.1981), Abs. 70f.; Summary record of the 1620^{h} meeting [27.02.1981], E/CN.4/SR.1620 (03.03.1981), Abs. 30.

[85] MRK, Res. 10 (XXXVII) vom 26.02.1981, in: E/1981/25, E/CN.4/1475, chapter II section A (S. 209).

[86] *Bartolomei*, S. 131ff, 192.

[87] Vertrauliche Entscheidung vom 02.03.1981, in: Decisions adpoted ... E/CN.4/R.77 (24.04.1981), S. 3.; der operative Teil ist auszugsweise abgedruckt bei *Bartolomei*, S. 136.

[88] *Bartolomei*, S. 131ff, 192.

[89] Confidential Report of the Sub-Commission ... on its consideration of item 7 ... at its 34th session, E/CN.4/R.78 (25.09.1981), Abs. 3 lit. (b). Die Beschwerden sind vollständig abgedruckt in E/CN.4/R.78/Add.2 - Add.4 (27.10.1981) und Add.5 bis Add.13 (13.11.1981). Vgl. auch *Bartolomei*, S. 137ff. (mit ausführlicher Darstellung der Mitteilungen), 192f.

mehr dahin, das Verfahren als ausländische Kampagne gegen das Land darzustellen. Außerdem trug der Regierungsvertreter vor, daß eine deutliche Verbesserung der Situation zu verzeichnen sei[90]. So wären 1981 keine nachgewiesenen Fälle des Verschwindens mehr zu verzeichnen gewesen, die eingegangenen Mitteilungen bezögen sich auf frühere Fälle[91]. Gemäß dem Vorschlag ihrer Arbeitsgruppe (WGS) entschied die Kommission jedoch - unter Übernahme des Textes aus dem Vorjahr -, die Angelegenheit mangels ausreichender Informationen weiter unter Beobachtung zu behalten[92].

4. Die Beendigung des Verfahrens 1983 - 1984

1983 lagen der Kommission schließlich fünf neue Mitteilungen vor, diesmal wieder ausschließlich von NGO[93]. In erster Linie wurden fortgesetzte Haft aus politischen Gründen, willkürliche Verhaftungen ohne Gerichtsverfahren, weiteren Fälle von Verschwindenlassen und Folter sowie von unmenschlichen Haftbedingungen berichtet. Die Regierung antwortete hierauf in einem umfassenden Bericht, in dem sie zu Beginn ihre Bereitschaft zur Kooperation mit der Kommission hervorhob. Im einzelnen wurde erneut auf die genannten Problempunkte wie Haftbedingungen, Verschwindenlassen und „andere Rechte und Freiheiten“ eingegangen und abschließend die „Rückkehr zur institutionellen Normalität” erörtert[94]. Während der Sitzung in der Kommission wurden mehrere Einzelfälle sowie die Normalisierung und mögliche Rückkehr Argentiniens zur Demokratie erörtert[95]. In ihrer abschließenden vertraulichen Entschließung anerkannte die Kommission den erreichten Fortschritt, erachtete aber einige Aspekte für weiterhin klärungsbedürftig. Daher verschob sie die weitere

---

[90] *Bartolomei,* S. 157.

[91] Observations received from Governments, E/CN.4/R.79/Add.2 (19.02.1982); CHR, Summary record of the 43rd meeting [02.03.1982], E/CN.4/1982/SR.43 (04.03.1982), Abs. 75-82.

[92] Confidential decision of 02.03.1982, in: E/CN.4/R.86 (12.03.1982); der operative Teil ist auszugsweise abgedruckt in *Bartolomei,* S. 160.

[93] Confidential Report of the Sub-Commission ... on its consideration of item 9 ... at its 35th session, E/CN.4/1983/R.1 (24.09. 1982), Abs. 4 lit. (a). Die Beschwerden sind vollständig abgedruckt in E/CN.4/1983/R.1/Add.1 - Add.4 (10.11.1982) und Add.5 (11.11.1981). Vgl. auch *Bartolomei,* S. 161ff. (mit ausführlicher Beschreibung der Mitteilungen), 194f.

[94] Government observation, E/CN.4/1983/R.2/Add.5 (21.01.1983).

[95] CHR, Summary record of the 34th meeting [23.02.1983], E/CN.4/1983/SR.34 (28.02.1983), Abs. 45ff. (Stellungnahme des argentinischen Gesandten) und Abs. 55-93 (Diskussion).

Behandlung auf ihre nächste Sitzung mit der Absicht, die Situation dann abschließend zu erörtern[96].

Auch im Frühjahr 1983 gingen noch weitere einschlägige Beschwerden beim Sekretariat ein. Die Unterkommission entschied jedoch nach einer kontroversen Diskussion, die ihr insoweit vorliegenden Beschwerden nicht weiterzuleiten[97]. Angesichts der zwischenzeitlich durchgeführten freien Wahlen und der Vereidigung einer zivilen Regierung entschied die Kommission schließlich im Frühjahr 1984 auf ihrer 40. Sitzung in Anerkennung der Wiederherstellung von Demokratie und angesichts der Versprechen des Regierung, das Schicksal der Verschwundenen zu klären und die Verantwortlichen für Menschenrechtsverletzungen zur Verantwortung zu ziehen, die Erörterung der Angelegenheit zu beenden[98]. Auf eine Anfrage der Regierung des neuen Präsidenten *Alfonsín* hin[99] entschied schließlich der ECOSOC 1985, das vertrauliche Material des Verfahrens öffentlich zu machen[100].

5. Einschätzung

Der Fall Argentiniens zeigt deutlich, wie das Verfahren von einer Regierung zu ihrem eigenen Vorteil genutzt werden kann. Durch umfassende Stellung-

---

[96] Confidential decision of 23.02.1983, E/CN.4/1983/R.8 (03.03.1983), S. 3; der operative Teil ist auszugsweise abgedruckt bei *Bartolomei,* S. 176. Siehe insgesamt dies., S. 172ff., 196.

[97] Sub-Commission, Summary record of the 20th meeting [29.08.1983], E/CN.4/Sub.2/1983/SR.20 (02.09.1983). Die Arbeitsgruppe für Mitteilungen hatte zwei Beschwerden weitergeleitet, welche freilich nicht die einzigen betreffend Argentinien gewesen seien, sondern lediglich als repräsentativ ausgewählt wurden (*Bossuyt*, ebd. Abs. 5). Anerkannt wurde von zahlreichen Mitgliedern, daß die Beschwerden „technisch zulässig" seien (so ausdrücklich *Joinet*, ebd. Abs. 10). Umstritten war allerdings, inwieweit daraus eine Pflicht für die Unterkommission folge, in entsprechenden Fällen die Situation weiterzuleiten, ob sie also gewissermaßen bloß als technisches Expertengremium zu agieren habe, oder ihr nicht doch auch eine materiell entscheidende Untersuchungsrolle zukommen kann. Im Ergebnis wurde mit elf gegen acht Stimmen entschieden, die Behandlung der beiden Beschwerden auf die nächste Sitzung zu verschieben, sie aber nicht an die MRK weiterzuleiten - Confidential Report of the Sub-Commission ... on its consideration of item 8 ... at its 36th session, E/CN.4/1984/R.1 (05.10.1983), Abs. 5.

[98] Confidential decision of 01.03.1984, in: E/CN.4/1984/R.6 (27.03.1984), S. 3; *Bartolomei,* S. 176ff. Die Entscheidung ist abgedruckt bei *Bartolomei,* S. 185.

[99] *Bartolomei,* S. 185.

[100] ECOSOC, Entscheidung 1985/156 vom 30.05.1985, "Material on Human Rights in Argentinia" in E/1985/85, S. 46.

nahmen zu den Vorwürfen und geschicktes Taktieren in der Kommission[101] gelang es der Regierung, über die gesamte Dauer der Militärherrschaft - immerhin acht Jahre - eine öffentliche Erörterung der Situation in der MRK zu verhindern[102]. Oberstes Ziel der Machthaber war es, einen Ansehensverlust in der Weltöffentlichkeit zu vermeiden[103]. Gleichwohl war - spätestens seit Beginn der Behandlung auf Kommissionsebene - durchaus ein Rückgang der berichteten Menschenrechtsverletzungen zu verzeichnen[104]. Die weiteren in Res. 1503 (XLVIII) vorgesehen Schritte zu ergreifen, d.h. einen Untersuchungsausschuß einzusetzen oder eine eingehende Studie durchführen zu lassen, sind freilich während der gesamten Zeit - ungeachtet entsprechender Empfehlungen von NGO - nicht in Erwägung gezogen worden[105].

Sicherlich wurde durch internationalen Druck auf das Militärregime, die Menschenrechte zu achten, eine dahingehender positiver Effekt erzielt. Verglichen mit den wegen ihrer Öffentlichkeit viel machtvoller agierenden Verfahren der IAMRK und der Arbeit der thematischen *Working Group on Disappearances* kann der Beitrag des vertraulichen Verfahrens jedoch als nicht allzu hoch eingeschätzt werden[106].

C. Uruguay

Bereits von 1969 bis März 1972 war in Reaktion auf terroristische Aktivitäten der *Tupamaros*-Befreiungsbewegung der Ausnahmezustand verhängt gewesen[107]. Bereits dies hatte eine Einschränkung wesentlicher Bürgerrechte bedeu-

---

[101] Dies umfaßte sogar die Einreichung eines Resolutionsvorschlags für eine im Grunde das eigene Land verurteilende Entschließung.

[102] Vgl. auch *Bartolomei,* S. 100.

[103] So hatte die argentinische Regierung u.a. eine Agentur für Öffentlichkeitsarbeit damit beauftragt, der Weltöffentlichkeit ein positives Bild von Argentinien angesichts der Behauptungen von schweren Menschenrechtsverletzungen zu vermitteln. Der Bericht „The response of the Argentine Government and its Supporters to Allegations of Human Rights Violations" ist der Beschwerde Nr. 79/6/5,081 des *Lawyers Committee for International Human Rights*, E/CN.4/R.51/Add.3 (27.11.1979), als Anhang 8 beigefügt.

[104] Die Zahl der Verschwundenen war praktisch noch vor der erstmaligen Behandlung in der MRK im Jahre 1980 erheblich zurückgegangen - *Bartolomei,* S. 246 m.w.N.

[105] Vgl. *Bartolomei,* S. 247 m.w.N. Freilich spielte, wie erwähnt, die thematische *Working Group on Disappearances* im Falle Argentiniens eine Ersatzrolle, auch wenn sie gerade keinen Zugang zu den vertraulichen Unterlagen des 1503-Verfahrens hatte - s.o. bei Fn. 19 und 24.

[106] In diesem Sinne auch *Bartolomei,* S. 249.

[107] Keesing's Contemporary Archives, S. 25411 (Bd. XVIII).

tet[108]. Nach verstärkten bewaffneten Angriffen der Rebellen ermächtigte das Parlament am 15. April 1972 den Präsidenten, Kriegsrecht einzuführen. Daraufhin erklärte dieser den Inneren Kriegszustand (*state of internal war*) - wiederum mit weitgehenden Einschränkung der verfassungsmäßigen Rechte[109]. Zudem wurden neue politische Straftatbestände geschaffen. Am 27. Juni 1973 löste der Präsident beide Kammern des Parlaments auf und übertrug die Gesetzgebungsgewalt sowie die Kontrolle über die Exekutive einem zwanzigköpfigen Staatsrat. Das Dekret stattete Polizei und Streitkräfte mit weitgehenden Maßnahmen zur Wiederherstellung der öffentlichen Ordnung aus, ordnete die vorübergehende Schließung von Schulen und Universitäten an und verfügte weitere Beschränkungen der Pressefreiheit[110]. Nach einem Aufruf zum Generalstreik wurde die Auflösung der verantwortlichen Gewerkschaft angeordnet[111].

1. Die Einleitung des Verfahrens

Beschwerden über die Situation in Uruguay wurden erstmals 1977 von der WGC an die Unterkommission und von dieser an die Kommission weitergeleitet[112]. Die Kommission entschied im Frühjahr 1978, die Situation unter Beobachtung zu halten[113]. Auf ihrer Sitzung im Sommer des gleiches Jahres beschloß die WGC, der Unterkommission eine weitere Beschwerde betreffend die Menschenrechtssituation in Uruguay zu überweisen. Eine Antwort der Regierung war zu diesem Zeitpunkt noch nicht eingegangen[114]. In der Mitteilung waren vor allem die zunehmende Zahl von politischen Gefangenen sowie Fälle des Verschwindens von Personen berichtet worden; auch würden etliche Häftlinge jahrelang auf ihr Gerichtsverfahren warten und Strafverteidiger wegen der Ausübung ihres Berufes

---

[108] Dies betraf u.a. die Aufhebung von *habeas corpus* und ermächtigte die Sicherheitskräfte, Durchsuchungen und Verhaftungen ohne richterliche Anordnung durchzuführen und verdächtige Personen ohne Verfahren in Haft zu halten - Keesing's Contemporary Archives, S. 24188 (Bd. XVII).

[109] Keesing's Contemporary Archives, S. 25411f. (Bd. XVIII).

[110] Keesing's Contemporary Archives, S. 25989 (Bd. XIX).

[111] Keesing's Contemporary Archives, S. 25990 (Bd. XIX).

[112] Siehe den vertraulichen Bericht: E/CN.4/R.27.

[113] *M. Nowak*, NYIL 22 (1991), S. 55. Entscheidung vom 8.3.1978, in. Decisions adopted, E/CN.4/R.42 (vertraulich). Dies ergibt sich auch aus dem Report of the Working group ...[on Communications], E/CN.4/Sub.2/R.33 (25.08.1978), Abs. 6 lit. k).

[114] Report of the Working group established under Sub-Commission resolution 2 (XXIV) pursuant to ECOSOC res. 1503 (XLVIII), E/CN.4/Sub.2/R.33 (25.08.1978), Abs. 6 lit. k).

selbst verfolgt[115]. Die Unterkommission prüfte auf ihrer anschließenden Sitzung diese Vorwürfe, sah darin ausreichend Anhaltspunkte für ein *consistent pattern of gross violations of human rights*, und leitete die Situation an die Kommission weiter[116]. In Reaktion auf diesen Beschluß nahm die Regierung Uruguays in Form einer Verbalnote ihres Ständigen Vertreters zu den Vorwürfen ausführlich Stellung[117]. Im Januar des folgenden Jahres berichtete das Sekretariat von den in der Zwischenzeit dort eingegangenen Beschwerden über die Situation in Uruguay - in allem 19 solcher Petitionen[118]. Die WGS prüfte das vorhandene Material, in erster Linie den Bericht der Unterkommission sowie die zwischenzeitlich eingegangenen Regierungsstellungnahmen[119]. In ihrer abschließenden Empfehlung an die Kommission regte sie an, daß angesichts der fortwährenden schweren Menschenrechtsverletzungen ein Untersuchungsausschuß gemäß Abs. 6 lit. b) Res. 1503 (XLVIII) eingesetzt werden solle[120].

Diese Empfehlung und die Beweggründe dafür erläuterte der Vorsitzende der Arbeitsgruppe zu Beginn der vertraulichen Debatte im Plenum der Kommission. Gemäß dem üblichen Vorgehen antwortete hierauf der Vertreter Uruguays. Er ging zunächst auf die allgemeine Situation und die vorhandenen Probleme seines Landes ein. Außerdem versicherte er, daß sein Land alles getan habe, um der Empfehlung der Kommission aus dem Vorjahr zu entsprechen und diese mit neuen Informationen auszustatten[121]. Es kam zu einer teilweise kontroversen De-

---

[115] Communication 78/5/7,441 vom 27.01.1978, vollständig in: E/CN.4/R.44/Add.8 (17.11.1978).

[116] Confidential Report of the Sub-Commission ... on its consideration of item 10 of its agenda at its 31st session, E/CN.4/R.44 (17.11.1978), Abs. 3 lit. (h).

[117] E/CN.4/R.45 Add.5 (07.12.1978).

[118] Note by the Secretary-General E/CN.4/R.47 (24.01.79), Abs. 4 lit. (k).

[119] Außer der bereits erwähnten Stellungnahme (oben Fn. 117) waren dies die ausführliche Beantwortung dreier weiterer Beschwerden, die aber von der Arbeitsgruppe für Mitteilungen nicht weitergeleitet worden waren, sowie die Stellungnahme zur Entscheidung der Unterkommission vom 3.8.1978 - E/CN.4/R.45/Add.4 (17.11.1978).

[120] Report of the working group established by the Commission on Human Rights decision 4 (XXXIV), E/CN.4/R.48 (05.02.1979), Abs. 9 lit. (i). Der Entwurf ist abgedruckt als E/CN.4/WP/R.10; er enthielt aber lediglich die allgemeine Formulierung: „ The Commission on Human Rights .... 1. *Decides*, subject to the consent of the Govemement concerned, to appoint an *ad hoc* committee to investigate the human rights situation in Uruguay under Council resolution 1503 (XLVIII)...".

[121] CHR, Summary record of the 1507th meeting [06.03.1979], E/CN.4/SR.1507 (07.03.1979), Abs. 64, 65ff.

batte über die Situation in Uruguay und die zu verabschiedende Resolution[122]. Im Ergebnis einigte man sich darauf, nach dem Vorbild zweier anderer Situationen[123] „direkte Kontakte" einzurichten[124]. Die abschließende - gemäß Abs. 8 Res. 1503 (XLVIII) vertrauliche - Resolution bezog sich ausdrücklich auf die Einlassungen der Regierung und nahm mit Zufriedenheit die vom Vertreter der Regierung wiedergegebenen Maßnahmen zur Verbesserung der Menschenrechtssituation zur Kenntnis. Überdies war die förmliche Bitte an den Generalsekretär enthalten, zur Verbesserung der Menschenrechtslage und weiteren Information der MRK mit der Regierung direkte Kontakte aufzunehmen und darüber auf der folgenden Sitzung zu berichten[125].

2. Direkte Kontakte und Behandlung der Situation in der Kommission 1980

Auf der nächsten Sitzung der Unterkommission hatte die WGC weitere fünf Beschwerden identifiziert, die auf einen Gesamtzusammenhang grober Menschenrechtsverletzungen hinzuweisen schienen[126]. Diese wurden sämtlich an die

---

[122] CHR, Summary record of the 1507th, 1508th, 1509th and 1513th meeting [06. und 07. sowie 09.03.1979], E/CN.4/SR.1507 (07.03.1979) - SR.1509; SR.1513.

[123] CHR, Summary records of the 1507th meeting [07.03.1979], E/CN.4/SR.1507 (07.03.1979), Abs. 6 (USA). Auf der gleichen Sitzung hatte die Kommission bereits die Aufnahme direkter Kontakte mit Äthiopien und Paraguay beschlossen (vgl. Decisions adopted..., E/CN.4/R.49 [22.03.1979]). Erstmalig war diese Vorgehensweise bei der Behandlung von Äquatorialguinea im Jahr zuvor beschlossen worden - siehe oben bei Fn. 22.

[124] Freilich wurden auch insofern Vorbehalte geäußert, da einige Delegationen darin eine ungerechtfertigte Gleichstellung mit den anderen Ländern sahen, mit denen im Rahmen des vertraulichen Verfahrens „direkte Kontakte" unterhalten wurden; der als Vertreter des Sekretariats an der Sitzung teilnehmende Direktor der Menschenrechtsabteilung *van Boven* wies in diesem Zusammenhang jedoch darauf hin, daß der Terminus „direkte Kontakte" immer flexibel ausgelegt werden müsse - CHR, Summary record of the 1513th meeting [09.03.1979], E/CN.4/SR.1513 (12.03.1979), Abs. 13.

[125] Res. vom 09.03.1979, in: Decisions adopted..., E/CN.4/R.49 (22.03.1979), S. 10:

„*The Commission on Human Rights, ...*
Decides, pursuant to Economic and Social Council resolution 1503 (XLVIII)
(a) to request the Secretary-General
1. to establish direct contacts with the Government of Uruguay with a view to keeping the Commission informed and to improving the human rights situation in that country;
2. to inform the Commission on Human Rights at its thirty-sixth session of any new element relating to the situation;
(b) to continue examination of the situation concerning Uruguay in the light of the information supplied by the Secretary-General or originating from other sources."

[126] Report of the Working group established under Sub-Commission resolution 2 (XXIV) pursuant to ECOSOC res. 1503 (XLVIII), E/CN.4/Sub.2/R.36 (20.08.1979), Abs. 6.

Kommission als Anscheinsbeweis für das Vorliegen eines *consistent pattern* überwiesen[127]. In zum Teil sehr detaillierter Weise, und in jedem Fall mit einem oder mehreren dokumentierten Einzelfällen illustriert, enthielten diese Beschwerden im wesentlichen Hinweise auf die folgenden Menschenrechtsverletzungen:

- Entführungen und Ermordungen politischer Flüchtlinge und Verschwindenlassen[128], Mißhandlungen und systematische Folter, besonders von politischen Gefangenen[129],

- willkürliche Verhaftungen, oft ohne Benachrichtigung der Angehörigen (*incommunicado*), und verlängerte Inhaftierung nach Verbüßung der Strafe[130],

- inhumane Haftbedingungen[131] und

- die Unterdrückung politisch Andersdenkender[132].

Diese Situation - *de facto* also die Beschwerden - wurde vor Beginn der nächsten Kommissionstagung von der WGS durchgesehen. Außer den Beschwerden lagen der Gruppe noch Zusammenfassungen von weiteren fünf Beschwerden vor, die in den monatlichen Listen ab Juli 1979 enthalten waren[133]. Diesbezüglich hatte die Unterkommission den Generalsekretär ersucht, jene Beschwerden - ohne Vorprüfung im Verantwortungsbereich der Unterkommission - der Ar-

---

[127] Confidential Report of the Sub-Commission ... on its consideration of item 7 of its agenda at its 32nd session..., E/CN.4/R.51 (22.10.1979), Abs. 3 lit. (e).

[128] Confidential Report (a.a.O., Fn. 127) Abs. 3 lit. (e) Ziff. (i) und (iii): Beschwerden 78/12/21,268 aus Juni1978 (in E/CN.4/R.51/Add.10 [20.08.1979]) und 79/4/1,893 vom 20.02.1979 (E/CN.4/R.51/Add.11 [23.11.1979]).

[129] Confidential Report (a.a.O., Fn. 127) Abs. 3 lit. (e) Ziff. (ii) und (iii): Beschwerden 79/1/174 vom 18.01.1979, (E/CN.4/R.51/Add.10 [20.08.1979]), sowie 79/4/1,893 vom 20.02.1979 (E/CN.4/R.51/Add.11 [23.11.1979]).

[130] Confidential Report (a.a.O., Fn. 127) Abs. 3 lit. (e) Ziff. (iii): Beschwerde 79/4/1,893 vom 20.02.1979, E/CN.4/R.51/Add.11 (23.11.1979).

[131] Confidential Report (a.a.O., Fn. 127) Abs. 3 lit. (e) Ziff. (iv) und (v): Beschwerden 79/5/4,199 aus September 1978 (E/CN.4/R.51/Add.13 [23.11.1979]) sowie 79/5/4,468 vom 31.05.1979 (E/CN.4/R.51/Add.12 [23.11.1979]).

[132] Confidential Report (a.a.O., Fn. 127) Abs. 3 lit. (e) Ziff. (v): Beschwerde 79/5/4,468 vom 31.05.1979 (E/CN.4/R.51/Add.12 [23.11.1979]).

[133] Note by the Secretary-General E/CN.4/R.53 (24.01.1980), Abs. 4. Zur Problematik dieser Verfahrensweise siehe oben § 19.IV.C. bei Fn. 221, S. 237f.

beitsgruppe zur Verfügung zu stellen[134]. Zudem waren von der Ständigen Vertretung Uruguays 14 Briefe von Bürgern verschiedenster gesellschaftlicher Schichten des Landes an das Sekretariat übermittelt worden, die Empörung über die Untersuchung des Landes zum Ausdruck brachten und die Erfolge der Militärregierung herausstellten. Das Sekretariat hatte fünf davon als Beispiele in ein vertrauliches Dokument aufgenommen und dieses zirkulieren lassen[135]. Schließlich lag der WGS auch der Bericht des Generalsekretärs über die erbetenen direkten Kontakte vor.

Noch im Mai 1979 hatte jener zur Erfüllung der Kommissionsresolution mit der Regierung von Uruguay telegraphisch Kontakt aufgenommen, um die Entsendung eines Sondergesandten vorzubereiten[136]. Für diese Mission war der damalige Untergeneralsekretär für politische Angelegenheiten und spätere Generalsekretär *Pérez de Cuéllar* vorgesehen, der zu dieser Zeit bereits mit dem Leiter der Ständigen Vertretung Uruguays bei der UNO in Kontakt stand[137]. Am 24. August 1979 stimmte der Präsident Uruguays dieser Auswahl zu und ernannte - entsprechend einem Vorschlag des Generalsekretärs - seinerseits einen Regierungsvertreter, der für die notwendigen Gespräche und Konsultationen zur Verfügung stehen sollte[138]. Die Befugnisse der Mission des Sondergesandten (*terms of reference*) waren unter Berufung auf die Verhandlungen in der Kommission folgendermaßen eingeschränkt: er solle lediglich mit den Behörden des Landes Kontakt aufnehmen dürfen, es sei in jedem Fall die Souveränität zu achten, die Handlungsweise müsse vorsichtig und flexibel sein und sämtliche Kontakte müßten vertraulich sein und bleiben[139].

---

[134] Note by the Secretary-General E/CN.4/R.53 (24.01.1980). Abs. 2. Der Vermerk trägt den Titel: "Summaries of further communications received, that relate to situations refered to the Commission".

[135] Letter dated 22.01.1980, addressed to the Secretary-General by the Permanent Representative of Uruguay to the UN, E/CN.4/R.55 (08.02.1980). Bemerkenswert ist, daß sämtliche Briefe, selbst die eher schlicht gehaltenen, die Bitte enthalten, ihr jeweiliges Schreiben als ein offizielles Dokument zu behandeln.

[136] Report prepared by the Secretary-General pursuant to C.H.R. Resolution 15 (XXXIV), E/CN.4/R.50/Add.2 (14.02.1980) sub 1 (a); auszugsweise auch abgedruckt in *Steiner/Alston*[1] S. 382-384 sowie bei *Guest*, S. 420-423.

[137] Report prepared by the Secratary-General (a.a.O., Fn. 136) Sub. 1. (a).

[138] Report prepared by the Secratary-General (a.a.O., Fn. 136) Sub. 1. (a).

[139] Report prepared by the Secratary-General (a.a.O., Fn. 136) Sub. 1. (b).

Der Sondervertreter besuchte das Land ab dem 10. Dezember und traf mit dem Präsidenten und hochrangigen Regierungsvertretern zusammen. Es ist im wesentlichen deren Sichtweise, die in dem abschließenden Bericht wiedergegeben wird: dieser enthielt anfangs eine Schilderung der Entwicklung des Landes bis hin zur damaligen Situation[140]. Im folgenden Teil wurden unter der Überschrift „Allgemeine Situation der Menschenrechte" einzelne der in den Beschwerden erwähnten Probleme erwähnt, doch auch hier allein in Form der Wiedergabe der Standpunkte der Regierung, wonach die Rechte im wesentlichen gewährleistet seien. Im Zusammenhang damit wurde von einem Besuch in einem Gefängnis berichtet, in dem hervorragende Bedingungen herrschten[141]. In seinem letzten Abschnitt, den Schlußfolgerungen (*conclusions*), spiegelte der Bericht im wesentlichen die von der Regierung Uruguays vorgetragenen Ursachen für die Probleme im Menschenrechtsbereich wider, drückte die fortdauernde Sorge um die Lage der Menschenrechte aus, und stellte fest, daß die betreffenden Personen zu Recht verurteilt waren und unter normalen Bedingungen in Haft gewesen seien[142].

Unter nur kaum verborgener Kritik an der Einseitigkeit des vorgelegten Berichts[143], beschloß die WGS, der Kommission zu empfehlen, für die weitere Aufklärung des Sachverhalts eine „eingehende Studie" gemäß Abs. 6 lit. a) Res. 1503 (XLVIII) durchführen zu lassen[144]. Die Debatte in der Kommission wurde von den Schilderungen des Vertreters Uruguays über die „direkten Kontakte" und Berichten über die Entwicklung der allgemeinen Lage der Menschenrechte im Land eingeleitet. Es folgte eine ausführliche Befragung des Repräsentanten zu allgemeinen, aber auch speziellen Problemen der Situation der Menschenrechte, einschließlich der Erörterung einzelner prominenter Schicksale[145].

---

[140] Report prepared by the Secratary-General (a.a.O., Fn. 136) Sub. 2. "Direct contacts with the Uruguayan Governement".

[141] Report prepared by the Secratary-General (a.a.O., Fn. 136) Sub. 3. "General Situation of human rights in Uruguay".

[142] Report prepared by the Secratary-General (a.a.O., Fn. 136), sub. 4.

[143] Der Vorsitzende-Berichterstatter der WGS bemerkte bei der Einführung der Empfehlung im Plenum der Kommission, daß der Generalsekretär in seinem Bericht wohl kaum eine umfassende Einschätzung der Menschenrechtslage vorgenommen hätte, sondern insbesondere die Schlußfolgerungen eine bloße Erläuterung der offiziellen Sichtweise der Regierung Uruguays darstellten. Gerade die Beschreibung der Haftbedingungen in dem Bericht unzureichend bzw. unvollständig. - Abridged record of discussion on item 12 (b), E/CN.4/R.65 (06.04.1980), S. 14.

[144] Report of the Working group established by Commission on Human Rights resolution 13 (XXXV), E/CN.4/R.54/Rev.1 (20.02.1980), Abs. 9 lit. j).

[145] Abridged record of discussion (a.a.O., Fn. 143), S. 10-18.

Zusätzlich sprach man der Regierung Dank für die gezeigte Kooperationsbereitschaft aus[146], wohingegen der Bericht des Generalsekretärs deutlicher Kritik unterzogen wurde: er enthalte lediglich die Wiedergabe von Stellungnahmen der Regierung[147]. Es kamen gleichfalls die Verpflichtungen Uruguays aus dem IPbpR zur Sprache, wie auch eine entsprechenden Entscheidung des Menschenrechtsausschusses[148]. Die Frage, ob davon die Zulässigkeit des eingeleiteten 1503-Verfahrens berührt würde, wurde nicht erörtert. Hinsichtlich der zu ergreifenden Maßnahme herrschte anfänglich Dissens. Dem Vorschlag der Arbeitsgruppe, einen Sonderberichterstatter mit der Durchführung einer „eingehenden Studie" zu beauftragen, stellte die argentinische Delegation unter Berufung auf die gezeigte Kooperationsbereitschaft, die gerade gegen die vergleichsweise schwerer wiegende Sanktion einer „eingehenden Studie" spreche, einen eigenen Resolutionsentwurf entgegen. Dieser sah die Fortführung der „direkten Kontakte" vor[149]. Die Delegation Panamas hingegen brachte einen Entwurf ein, der die Einsetzung eines Untersuchungsausschusses gemäß Abs. 6 lit. b) Res. 1503 (XLVIII) vorschlug[150]. Schon während der Diskussion war deutlich geworden, daß der Vertreter Uruguays bereits dem Vorschlag, einen Sonderberichterstatter mit der Erstellung einer „eingehenden Studie" zu beauftragen, skeptisch gegenüberstand[151]. Die Zustimmung zur Einsetzung eines Untersuchungsausschusses war daher gänzlich unwahrscheinlich. Nach einer leichten Abänderung des argentinischen Entwurfs[152] wurde letztlich die Fortführung der „direkten Kontakte" beschlossen, mit der Ergänzung „im Rahmen von Res. 1503 (XLVIII)"[153]. In der Präambel war zudem

---

[146] So beispielsweise die Vertreter der USA und Argentiniens - Abridged record of discussion (a.a.O., Fn. 143), S. 13, 15.

[147] Siehe insofern die bereits zitierte Stellungnahme des Vorsitzenden-Berichterstatters der Arbeitsgruppe für Situationen, oben Fn. 143, sowie die Äußerungen des Vertreters der Sowjetunion - Abridged record of discussion (a.a.O., Fn. 143), S. 18.

Guest berichtet, daß insbesondere der Besuch bestimmter Gefangener, der im Bericht erwähnt wird, allenfalls oberflächlich oder gar nicht erfolgte, ebenso auch zahlreiche Informationsquellen nicht genutzt worden seien - *Guest,* S. 144 u. 491f., Anm. 21.

[148] Abridged record of discussion (a.a.O., Fn. 143), S. 11, 15 - betreffend den fälligen Staatenbericht - und S. 18 - betreffend eine Stellungnahme (*view*) des Menschenrechtsausschusses im Rahmen einer Individualbeschwerde.

[149] Abridged record of discussion (a.a.O., Fn. 143), S. 15; Argentina: amendments to the draft decision, E/CN.4/R.59 (6.3.1980).

[150] Panama: amendments to the draft decision, E/CN.4/R.60 (6.3.1980).

[151] Abridged record of discussion (a.a.O., Fn. 143), S. 17.

[152] Abridged record of discussion (a.a.O., Fn. 143), S. 35.

[153] Res. vom 08.03.1980, in: E/CN.4/R.64 (14.08.1980), S. 14:

eine vorsichtig formulierte, aber angesichts der Gepflogenheiten doch deutliche Kritik an dem vorgelegten Bericht des Generalsekretärs geübt: dieser habe der Kommission geholfen, die Sichtweise der Regierung zu erhellen[154].

3. Weitere Untersuchungen 1981

Auch im Folgejahr gingen wieder zahlreiche Beschwerden betreffend Uruguay beim Sekretariat ein[155]. Die WGC hatte zwei der in der Liste zusammengefaßten Beschwerden an die Unterkommission weitergeleitet[156], von denen allerdings die eine lediglich als Beispiel für 105 im wesentlichen gleichlautende Beschwerden diente[157]. Darin wurde unter Anführung dreier konkreter Fälle vor allem die sehr große Zahl politischer Gefangener und Verschwundener beklagt, gleichermaßen auch die Bedingungen in den Gefängnissen und die systematische Folter. Ähnlichen Inhalts war die andere Beschwerde, von *Amnesty International*, die von der Unterkommission weitergeleitet wurde. Sie nahm auf frühere Berichte Bezug und schilderte *en detail* 34 Einzelfälle, ergänzt durch die Zeugenaussage eines an den behaupteten Geschehnissen beteiligten Militärs[158]. Beide wurden von der Unterkommission als Anschein einer „Situation" an die Kommission weitergeleitet[159]. Die Regierung Uruguays, die bis dahin nicht auf die Anschuldigungen reagiert hatte, nahm nach Erhalt jener Entscheidung zunächst in allgemeiner Form zur Gesetzeslage und zur Zahl der politischen Gefangenen Stellung[160]. In späteren

---

„*The Commission on Human Rights, ...*
Decides, within the framework of Economic and Social Council resolution 1503 (XLVIII)
(a) to ... maintain direct contacts ... "

[154] „...which has been helpful to the Commission in elucidating the view of the Government concerned." Abs. 2 der Präambel, a.a.O. Fn. 153.

[155] So erwähnte der Vertreter Uruguays in der vertraulichen Kommissionsdebatte, daß seine Regierung 1980 zu insgesamt 620 Beschwerden Stellungnahmen abgegeben habe - CHR, Summary record of the 1626th meeting [04.03.1981], E/CN.4/SR.1626 (09.03.1981), Abs. 27.

[156] Sub-Commission, Summary record of the 886th meeting [08.09.1980], E/CN.4/Sub.2/SR.886 (25.08.1980), Abs. 24ff..

[157] Confidential report of the Sub-Commission to the CHR..., 33rd session, E/CN.4/R.66 (30.09.1980), Abs. 3 lit. (g) Ziff. (i): Beschwerde 79/12/11,755-11,756 aus Juli bis Dezember 1979 (vollständig in E/CN.4/R.66/Add.11 [14.11.1980]).

[158] Confidential report (a.a.O., Fn. 157), Abs. 3 lit. (g) Ziff. (ii): Beschwerde 80/6/16,457 vom 30.05.1980 (vollständig in E/CN.4/R.66/Add.11 [14.11.1980]).

[159] Confidential report (a.a.O., Fn. 157), Abs. 3 lit. (g).

[160] Observations received from Governments pursuant to confidential decisions ..., E/CN.4/R.68/Add.1 (29.10.1980).

Stellungnahmen ging sie explizit auf die geschilderten Einzelfälle ein, die erwähnte Zeugenaussage wies sie als unglaubwürdig zurück[161]. Entsprechend der Praxis im Vorjahr lag der WGS noch die Zusammenfassung der zwischenzeitlich im Sekretariat eingegangenen - insgesamt elf - Beschwerden betreffend Uruguay vor[162]. Schließlich hatte auch der Generalsekretär über die fortgesetzten direkten Kontakte einen Bericht erstellt.

Zu einer Übereinkunft über deren Fortsetzung war es in Form eines Telegrammwechsels mit dem Außenminister im November 1980 gekommen, doch war *Pérez de Cuéllar*, der erneut mit dieser Aufgabe betraut worden war, ein Besuch vor Ort aus terminlichen Gründen nicht möglich gewesen[163]. Es kam daher am 16. Januar 1981 lediglich zu einem Treffen mit dem Geschäftsträger der Mission Uruguays in New York und der Übergabe eines Fragebogens[164]. Darin war um die Beschreibung des Strafprozesses unter besonderer Berücksichtigung des Militärstrafrechts gebeten worden, außerdem wurden Fragen zur strafrechtlichen Verfolgung von Menschenrechtsverletzungen und zum Problemkomplex „politische Gefangene“ gestellt. Dabei wurden auch Auskünfte zur Lage einzelner, in den Beschwerden erwähnter Personen gefordert[165]. Außerdem wurde eine Beschreibung der Bedingungen in den Gefängnissen sowie der aktuellen Rechtslage, Behandlung und Definition „subversiver" und „aufrührerischer" Tätigkeiten erbeten und die Gewährleistung der gewerkschaftlichen Koalitionsfreiheit erfragt[166]. Die Regierung Uruguay reagierte hierauf prompt und lieferte in zwei Noten vom 2. und 5. Februar einen neunzehnseitigen Bericht mit ausführlichen Antworten auf die gestellten Fragen, der auch auf die erwähnten Einzelschicksale einging und besonders ausführlich die Haftbedingungen darstellte[167].

---

[161] Observations received from Governments pursuant to confidential decisions ..., E/CN.4/R.68/Add.7 (15.01.1981).

[162] Summaries of further Communications... E/CN.4/R.69 (23.1.1981). Siehe zu dieser Praxis schon oben bei Fn. 134.

[163] In diesem Zusammenhang ist erwähnenswert, daß *Pérez* in diesem Jahr auch noch mit einem anderen Land „direkte Kontakte" aufrechtzuerhalten beauftragt war - vgl. Letter of the Special Representative to the Chair of the Commission, dated 02.03.1981, E/CN.4/R.74 (02.03.1981), Abs. 2.

[164] Report prepared by the Secretary-General pursuant to Commission on Human Rights resolution 15 (XXXIV), E/CN:4/R.67/Add.3 (10.02.1981), S. 3.

[165] Report prepared by the Secretary-General (a.a.O., Fn. 164), S. 4f.

[166] Report prepared by the Secretary-General (a.a.O., Fn. 164), S. 4f.

[167] Report prepared by the Secretary-General (a.a.O., Fn. 164), S. 6-24.

Die WGS drückte in der Empfehlung an die Kommission ihr Mißfallen darüber aus, daß der Bericht nicht umfangreicher auf die allgemeine Menschenrechtslage einging. Gleichwohl enthielt der Resolutionsentwurf den Vorschlag, die direkten Kontakte weiterzuführen[168]. Während der Sitzung der Kommission äußert sich der Ständige Vertreter Uruguays in einem Brief an den Vorsitzenden der Kommission dahingehend, daß seitens der Regierung des Landes die Bereitschaft zur anhaltenden Kooperation im Rahmen der „direkten Kontakte" bestehen bleibe. Dies schließe - trotz des unpräzisen Mandats - auch weitere Vor-Ort-Besuche des Sondergesandten ein[169]. In der zwei Tage später stattfindenden vertraulichen Debatte stellte der Vertreter Uruguays erneut die Bereitschaft seiner Regierung zur Kooperation heraus. Sie habe zu insgesamt 620 Mitteilungen Stellung genommen und sei ausführlich auf diejenigen Beschwerden eingegangen, die von der Unterkommission weitergeleitet worden waren[170]. Auch wenn der Regierung hierfür in der Kommission weitgehend Anerkennung gezollt wurde, erörterten die Mitglieder doch überwiegend kritische Aspekte, insbesondere Einzelschicksale, wie sie durch die Beschwerden bekannt geworden waren. Wie schon in der Arbeitsgruppe wurde zudem Kritik am Bericht des Generalsekretärs und dem Ausbleiben eines direkten Besuchs geübt[171]. In der abschließenden Entscheidung stellte die Kommission entsprechend fest, daß der Bericht umfassender hätte sein können (Abs. 2) und ersuchte den Generalsekretär, sein Mandat zu erfüllen und dabei Informationen der Regierung und anderer maßgeblicher Quellen zu nutzen (Abs. 3)[172].

4. Die Untersuchung durch einen neuen Experten seit 1982

Im folgenden Jahr bzw. Zyklus, dem mittlerweile fünften seit Befassung der MRK mit Uruguay, leitete die Unterkommission insgesamt acht Beschwerden zur Kennzeichnung einer Situation an die Kommission weiter. Neben den bereits früher erhobenen Vorwürfen von politischer Verfolgung, unfairem Verfahren,

---

[168] Report of the Working group established by Commission on Human Rights decision 8 (XXXVI), E/CN.4/R.70/Add.1 (26.2.1981).

[169] Note by the Secretary-General, E/CN.4/R.74 (02.03.1981), S. 2.

[170] CHR, Summary record of the 1626th meeting [04.03.1981], E/CN.4/SR.1626 (09.03.1981), Abs 27.

[171] Exemplarisch insofern die Ausführungen des Repräsentanten Dänemarks - CHR, Summary record of the 1626th meeting [04.03.1981], E/CN.4/SR.1626 (09.03.1981), Abs. 30, 31.

[172] Entscheidung vom 05.03.1981 in: E/CN.4/R.77 (24.04.1981).

unzureichenden Haftbedingungen, Folter und Todesfällen[173] lag der Schwerpunkt in diesem Jahr vermehrt auf politischen Rechten. Insbesondere wurde gerügt, daß die Teilhabe am politischen Leben, die Freiheit der gewerkschaftlichen Betätigung sowie die Meinungs- und Pressefreiheit nicht gewährleistet seien[174]. Die Regierung begnügte sich zunächst mit dem Hinweis, dies sei bloße Verleumdung und betreffe rein innere Angelegenheiten[175]. Vor der Zusammenkunft der WGS legte sie aber doch einen umfassenden Bericht über die Menschenrechtslage vor[176].

Als die WGS im Februar 1982 zusammentrat, hatte sie daneben auch die einschlägigen neuen Beschwerden[177] und den Bericht des Generalsekretärs über die direkten Kontakte vor sich. Diese waren, im Einvernehmen mit der Regierung Uruguays, diesmal von dem Kolumbianer *Rafael Rivas Posada* durchgeführt worden, der vom 31. Januar bis zum 6. Februar 1982 Montevideo besucht hatte[178]. Dabei war er mit zahlreichen Amtsträgern zusammengekommen, darunter der Präsident, die Junta der militärischen Oberbefehlshaber, verschiedene Minister sowie der Vorsitzende der für Menschenrechte zuständigen Kommission des mit legislativen Befugnissen ausgestatteten Staatsrates. Auch die zwei überwiegend mit politischen Häftlingen belegten Gefängnisse konnten besucht werden. Zusätzlich kam es unter Beachtung der in Abs. 8 Res. 1503 (XLVIII) geforderten Vertraulichkeit zu Gesprächen mit Einzelnen und Gruppen, in denen ver-

---

[173] Confidential report of the Sub-Commission to the Commission on Human Rights on its consideration of item 7 of its agenda at ist 34th session, E/CN.4/R.78 (25.09.1981), Abs. 3 lit. (f), Beschwerden 81/5/12,354 vom 21.05.1981 (vollständig in E/CN.4/R.78/Add.22 [18.11.1981]); 81/5/12,294 vom 26.01.1981 (vollständig in E/CN.4/R.78/Add.24 [18.11.1981]); 80/11/19,414-19,417 aus September bis November 1980 (vollständig in E/CN.4/R.78/Add.27 [23.11.1981]) und 80/11/19,388-19,392 aus August bis Oktober 1980 (vollständig in E/CN.4/R.78/Add.26 [23.11.1981] und Add.28).

[174] Confidential report (a.a.O., Fn. 173), Abs. 3 lit. (f), Beschwerden 81/4/9,206 vom 02.03.1981 (vollständig in E/CN.4/R.78/Add.22 [18.11.1981]); 81/5/12,290 vom 05.12.1980 (vollständig in E/CN.4/R.78/Add.23 [18.11.1981]).

[175] So zum Beispiel die Regierungsantwort in E/CN.4/GR.81/8 (18.08.1981), S. 7.

[176] Observations received from Governments pursuant to confidential decisions ... E/CN.4/R.79/Add.4 (29.01.1982). Der Bericht geht unter anderem auf die folgenden Punkt ein: strafrechtliche Anklagen, das Recht auf Leben und körperliche Unversehrtheit, das Recht auf ein faires Verfahren, Vereinigungs- und Versammlungsfreiheit; er schließt mit einem Kapitel „Verbesserungen der Situation in Uruguay 1981".

[177] Insgesamt waren in der Zeit seit Zusammenkunft der WGC 15 neue Beschwerden eingegangen - E/CN.4/R.82, Abs. 4 lit. (g).

[178] Report on the human rights situation in Uruguay, E/CN.4/R.80 (24.02.1982) S. 2.

schiedene Sichtweisen auf die Situation im Lande deutlich wurden[179]. Im einzelnen geht der Bericht nach einer einleitenden Schilderung der politischen Situation im Lande und ihrer Entwicklung auf die Situation der Gewerkschaften und die Vereinigungsfreiheit, auf die militärische Strafgerichtsbarkeit und die Unabhängigkeit der Rechtsprechung sowie auf die Situation in den einzelnen Haftanstalten ein. Ergänzt ist er durch einen Anhang, der Informationen über einzelne Häftlinge enthält, deren Namen in den verschiedensten Beschwerden erwähnt waren[180]. In seinen zusammenfassenden Schlußfolgerungen weist der Sonderrepräsentant auf die bereits zurückgelegten Schritte in Richtung Normalisierung der politischen Lage hin. Insbesondere wird der Zeitplan für die Zulassung von politischen Parteien und deren Aktivitäten, die Verbesserungen im kollektiven Arbeitsrecht und der Rückgang von militärstrafgerichtlichen Verfahren ohne rechtsstaatliche Garantien und der Anzahl politischer Häftlinge positiv vermerkt. Der Berichterstatter versäumt es jedoch nicht, die verbleibenden Kritikpunkte deutlich herauszustellen[181]. Er empfiehlt, die Regierung zur Verstärkung ihrer Bemühungen um die Wiederherstellung demokratischer Institutionen aufzurufen und den begonnenen Dialog mit ihr und dadurch ihre Reformwilligkeit zu stärken[182].

In der Kommission wurde bemerkt, daß trotz der erkennbaren Verbesserungen noch erhebliche Probleme bestünden[183]. Die letztlich verabschiedete Resolution statuiert die Notwendigkeit weiterer Aufklärung und enthält die Entscheidung, die Behandlung des Landes und die direkten Kontakte fortzuführen „im Hinblick auf eine Beendigung der Behandlung auf der nächsten Sitzung“[184].

Allerdings kam es auch 1983 noch nicht zu einer Einstellung des vertraulichen Verfahrens. Einerseits waren wieder sechs Beschwerden von der Unterkommission als Situation weitergeleitet worden. Noch immer wurde darin über Folter, Entführungen, erniedrigende Behandlungen und unfaire Verfahren sowie über Einschränkungen der Presse- und Meinungsfreiheit und das Fehlen adäqua-

---

[179] Report on the human rights situation (a.a.O., Fn. 178) S. 2f.

[180] E/CN.4/R.80/Add.1 (24.01.1982).

[181] Report on the human rights situation (a.a.O., Fn. 178) S. 11f.

[182] Report on the human rights situation (a.a.O., Fn. 178) S. 13.

[183] So der Vertreter Frankreichs in der Kommission - Summary record of the 50th meeting [05.03.1982], E/CN.4/1982/SR.50 (09.03.1982).

[184] Entscheidung vom 05.03.1982 in: E/CN.4/R.86 (12.03.1982) S. 8.

ter politischer Partizipation geklagt[185]. Andererseits enthielt der Bericht des Sonderrepräsentanten gleichfalls keine Ergebnisse, die ein Ende der vertraulichen Behandlung gerechtfertigt hätten. Auch in diesem Jahr hatte *Rivas Posada* im Auftrag des Generalsekretärs das Land für fünf Tage besucht, wobei er ein im wesentlichen gleiches Programm absolvierte. Lediglich Gespräche mit Strafverteidigern und Vertretern der einflußreichsten Medien werden zusätzlich erwähnt[186]. Positiv wird insbesondere bemerkt, daß es eine Vorzensur nicht mehr gäbe, wenngleich auch die Meinungsfreiheit noch immer gewissen Beschränkungen unterworfen sei[187]. Der Prozeß der Normalisierung des politisch-institutionellen Lebens wurde fortgesetzt. In bezug auf die anderen Menschenrechte habe es graduelle Verbesserungen gegeben. Insbesondere seien Mißhandlungen in den Gefängnissen zurückgegangen[188]. Allerdings hätten sich weder die sonstigen Haftbedingungen noch die problematische Anwendung der militärgerichtlichen Strafverfahren verbessert[189]. Der Sonderrepräsentant empfahl der MRK, daß die Regierung noch weiter ermutigt werden solle, den Weg hin zur vollen Wiederherstellung des demokratischen Lebens zu gehen. Hierzu solle der Dialog im Rahmen des vertraulichen Verfahrens weiter aufrechterhalten werden[190]. Die Kommission übernahm die Empfehlung der WGS im Konsens[191] - praktisch eine Übernahme der Resolution aus dem Vorjahr. Lediglich der letzte Präambelabsatz wurde dahingehend abgemildert, daß die Kommission nun nicht mehr noch vorhandene Unklarheiten beseitigt wissen will, sondern lediglich wünscht, weiter über die Umsetzung der Maßnahmen zur Wiederherstellung der Menschenrechte informiert zu werden[192].

---

[185] Confidential Report of the Sub-Commission ... on its 35th session, E/CN.4/1983/R.1 (29.08.1982), Abs. 4 lit. (f). Die Beschwerden sind vollständig abgedruckt in E/CN.4/1983/R.1/Add.13 - Add.17 (15.11.1982).

[186] Report by the Secretary-General on the human rights situation in Uruguay, E/CN.4/1983/R.3 (08.01.1983), S. 2. Der Bericht enthält in einem Anhang Aufstellungen u.a. über die namentlich erwähnten Gefangenen sowie registrierte Fälle von Selbstmorden in Haftanstalten - E/CN.4/R.3/Add.1 (01.02.1983).

[187] Report by the Secretary-General (a.a.O., Fn. 186), S. 10.

[188] Report by the Secretary-General (a.a.O., Fn. 186), S. 11.

[189] Report by the Secretary-General (a.a.O., Fn. 186), S. 11.

[190] Report by the Secretary-General (a.a.O., Fn. 186), S. 12.

[191] CHR, Summary record of the 38th meeting [25.02.1983], E/CN.4/1983/SR.38/Add.1 (09.03.1983), Abs. 18.

[192] Entscheidung vom 25.02.1983 in: E/CN.4/1983/R.8 (08.03.1983).

Auch in der Folgezeit gingen zahlreiche weitere Beschwerden ein, die keine Besserung der Situation erkennen ließen - noch immer wurden Fälle von Folter, Mißhandlungen und willkürlicher Haft sowie Einschränkungen von politischen und Verfahrensrechten u.ä. berichtet[193]. Gleichwohl wurde in der Unterkommission diskutiert, ob angesichts der bekanntgewordenen Verbesserungen die kommentarlose Weiterleitung der Beschwerden an die Kommission noch immer angezeigt sei. Im Ergebnis wurde die Situation erneut an die MRK überwiesen[194]. Hier wurde hingegen erheblich bezweifelt, daß eine Einstellung des Verfahrens angemessen sei. Auch der Bericht des Sonderrepräsentanten, der im Auftrag des Generalsekretärs auch in diesem Jahre die direkten Kontakte aufrechterhalten hatte und vier Tage im Februar 1984 das Land bereist hatte, enthielt trotz vorsichtigen Optimismus' überwiegend kritische Anmerkungen[195]. Diesem zufolge hatte sich in der politischen Entwicklung eine heftige Auseinandersetzung zwischen der Militärregierung und den wieder zugelassenen Parteien entwickelt, infolgedessen die politische Betätigung erneut verstärkten Reglementierungen unterworfen worden war[196]. Außerdem sei es im Zusammenhang damit wieder zu einer stärkeren Einschränkung der Pressefreiheit gekommen[197]. Angesichts dessen

---

[193] Confidential Report of the Sub-Commission ... on its 36th session, E/CN.4/1984/R.1, Abs. 4 lit. (i). Die Beschwerden sind vollständig abgedruckt in E/CN.4/1984/R.1/Add.16 - Add.20 (14.10.1983).

[194] Summary record of the 20th meeting [29.08.1983], E/CN.4/Sub.2/1983/SR.20 (02.09.1983), Abs. 73ff.

[195] Report by the Secretary-General on the human rights situation in Uruguay, E/CN.4/1984/R.4 (28.02.1984), S. 2. In insgesamt sechs Anhängen, die weder übersetzt noch als offizielles Dokument klassifiziert wurden und auf Anfrage beim Sekretariat eingesehen werden konnten, waren dem Bericht folgende Aufstellungen beigefügt: über männliche und weibliche Gefangene, eine Liste der vom Sonderrepräsentanten interviewten Häftlinge, Informationen über neun gefangene Führer der Tupamaros-Befreiungsbewegung, eine Liste über die vorzeitig aus der Haft entlassenen sowie auf den neuesten Stand gebrachte Informationen über die rechtliche Situation von 70 namentlich genannten Personen.

Positiv wurde insbesondere angemerkt, daß mit einem neuen Gesetz die Normalisierung in bezug auf die Koalitions- und Vereinigungsfreiheit eingeleitet worden sei (S. 5), daß sich die Bedingungen in den Haftanstalten und auch das Gerichtsverfahren gebessert hätten (S. 12).

[196] Report by the Secretary-General (a.a.O., Fn. 195), S. 4. Der Vertreter Uruguays in der MRK äußerte sich hierzu in der Debatte dahingehend, daß man trotz dieses Abbruchs des Dialogs mit den politischen Parteien im Lande sich weiterhin auf dem Weg der Normalisierung befinde - CHR, Summary record of the 40th session [05.03.1985], E/CN.4/1984/SR.40 (09.03.1984), Abs. 118.

[197] Report by the Secretary-General (a.a.O., Fn. 195), S. 10.

empfahl der Bericht die Fortführung des Verfahrens[198]. Die Kommission beschloß entsprechend, indem sie den Text der Entscheidung aus dem Vorjahr praktisch übernahm und in der Präambel kritisch erwähnte, daß auch von Seiten der Regierung der Prozeß der Normalisierung behindert worden wäre[199].

5. Der Abschluß des Verfahrens

1984 gingen weitere Beschwerden wegen politischer Repression einschließlich erneuter politischer Verurteilungen, wegen Folter, schlechter Haftbedingungen und weiterer Einschränkungen der Presse- und Vereinigungsfreiheit ein, von denen die Unterkommission insgesamt drei als Situationen ohne weitere Diskussion an die Kommission weiterleitete[200]. Der Sonderrepräsentant, wie schon in den Vorjahren *Rivas Posada*, konnte hingegen nach seinem Besuch im Januar 1985 ein positives Bild der allgemeinen Lage im Lande zeichnen. Das Jahr 1984 habe mit freien Wahlen des Präsidenten, des Kongresses und der lokalen Amtsträger einen Wendepunkt in der politischen Entwicklung markiert[201]. Auch sei schrittweise die Zahl der politischen Gefangenen zurückgegangen[202] und die Tätigkeit von Gewerkschaften wie auch die Pressefreiheit wiederhergestellt. Er empfahl der Kommission die Einstellung des Verfahrens. Deren Arbeitsgruppe (WGS) hatte gar nicht erst einen Entwurf für eine Entscheidung erarbeitet, allerdings darauf hingewiesen, daß noch einige Fälle der Aufklärung bedürften[203].

In der vertraulichen Sitzung der Kommission, an der auf Einladung des Vorsitzenden auch ein Sondergesandter der neuen Regierung Uruguays teilnahm,

---

[198] Report by the Secretary-General (a.a.O., Fn. 195), S. 12. Der Vertreter Uruguays äußerte freilich sein Bedauern darüber, daß die Kommission nach dem beispiellosen Vorgehen seiner Regierung nicht zu einem besseren Ergebnis gekommen sei - CHR, Summary record of the 41st session [06.03.1985], E/CN.4//1984/SR.41 (13.03.1984), Abs. 29.

[199] Entscheidung vom 06.03.1984 in: E/CN.4/1984/R.6 (27.03.1984).

[200] Confidential Report of the Sub-Commission ... on its 37th session, E/CN.4/1985/R.1 (20.09.1984), Abs. 4 lit. (i). Die Beschwerden, die zwischen September 1983 und Juni 1984 eingegangen waren, sind vollständig abgedruckt in E/CN.4/1985/R.1/Add.22 - Add.24 (19.11.1984).

[201] Report by the Secretary-General on the human rights situation in Uruguay, E/CN.4/1985/R.3 (08.02.1985), Abs. 4, 8ff.

[202] Als Beleg für diese Entwicklung hatte die Regierung Uruguays in einer "General observation" kurz vor Beginn der Kommissionssitzung eine Liste mit den seit August 1984 freigelassenen Personen vorgelegt, die von einem Militärgericht verurteilt worden waren - E/CN.4/1985/R.2/Add.12 (06.02.1985).

[203] Report of the Working group on situations, E/CN.4/R.4/Add.1 (20.02.1985), Abs. 4.

wurde zunächst der Bericht des Generalsekretärs eingeführt und sodann ein Entscheidungsentwurf von acht lateinamerikanischen Staaten eingebracht[204]. Dieser drückte gegenüber den neugewählten Verfassungsorganen Anerkennung für die beigebrachten Informationen aus, gleichermaßen die Zufriedenheit über das damit Erreichte und enthielt die Entscheidung, die Behandlung Uruguays einzustellen[205]. Diese Entscheidung wurde im Plenum der MRK per Akklamation angenommen[206]. Der Sondergesandte Uruguays dankte der Kommission für die entsprechende Entscheidung und ersuchte sie gleichzeitig, dem ECOSOC die Offenlegung aller vertraulichen Dokumente zu empfehlen, damit die Bevölkerung Uruguays und die ganze Welt sehen könnte, wie die MRK mit ihren ständigen Bemühungen die Sorge der Staatengemeinschaft zur Wiederherstellung der Achtung der Menschenrechte beigetragen hatte[207]. Nach einer kurzen Debatte über die Zulässigkeit einer solchen Veröffentlichung entschied die Kommission, dieser Bitte zu entsprechen und dem ECOSOC eine solche öffentlich vorzuschlagen[208]. Auf seiner nachfolgenden Sitzung entschied der Rat, daß sämtliche vertraulichen Dokumente betreffend die Behandlung Uruguays im 1503-Verfahren offenzulegen seien [209].

D. Philippinen

Am 21. September 1972 erklärte der 1965 gewählte Präsident *Marcos* den Kriegszustand unter Hinweis auf zunehmende Gesetzlosigkeit und offenen Widerstand kommunistischer Rebellen. Ungeachtet des Endes seiner Amtsperiode regierte er auch nach 1973 im Einklang mit Übergangsbestimmungen einer neuen Verfassung. Demokratische Institutionen waren ausgeschaltet worden, Grundfrei-

---

[204] CHR, Summary record of the 47th session [08.03.1985], E/CN.4/1985/SR.47/Add.1 (13.03.1985), Abs. 1ff.

[205] Argentina, Brazil, Costa Rica, Columbia, Mexico, Nicaragua, Peru and Venezuela: draft desision relating to Uruguay, E/CN.4/1985/R.5 (08.03.1985).

[206] Entscheidung vom 08.03.1985 in: E/CN.4/1985/R.6 (20.03.1985), S. 7, veröffentlicht als Entscheidung 1985/107, in CHR, Report on the 41st Session, E/1985/22, E/CN.4/1985/66, chapter II section B (S. 106).

[207] CHR, Summary record of the 47th session [08.03.1985], E/CN.4/1985/SR.47/Add.1 (13.03.1985), Abs. 8.

[208] CHR, Summary record of the 48th session [08.03.1985], E/CN.4/1985/SR.48 (14.03.1985), Abs. 3 - 8. Die Entscheidung ist abgedruckt in E/CN.4/1985/R.6 (20.03.1985), S. 8.

[209] ECOSOC, Entscheidung 1985/139 - Discontinuance of consideration of the human rights situation in Uruguay (30.05.1985), in: E/1985/85, S. 43.

heiten weitgehend eingeschränkt, und die Gesetzgebung erfolgte hauptsächlich durch Präsidialverordnungen[210]. Ungeachtet der Aufhebung des Kriegsrechtes im Jahre 1981 blieb die Menschenrechtssituation kritisch, die Regierung hielt ihre weitgehende Freiheit in bezug auf Arrestverfügungen und Verhaftungen aufrecht[211].

Beim Sekretariat waren bereits im Jahre 1981 insgesamt sechs Beschwerden über Menschenrechtsverletzungen nach Einführung des Kriegsrechtes eingegangen, die in die monatlichen Listen aufgenommen worden waren[212]. Erst 1983 entschied die WGC, zwei Beschwerden an die Unterkommission zu überweisen. Da jedoch eine davon so spät eingegangen war, daß der Regierung nicht ausreichend Zeit zur Stellungnahme geblieben war, lehnte die Unterkommission es ab, sie zu verwenden. Es wurde daher allein die andere als Anscheinsbeweis für einen Gesamtzusammenhang grober Menschenrechtsverletzungen an die Kommission weitergeleitet[213]. Besagte Mitteilung war von 23 Einzelpersonen eingereicht worden und betraf deren willkürliche Verhaftung ohne Benachrichtigung der Angehörigen und ohne anwaltlichen Beistand[214]. Anhand dieser Beschwerde und unter Berücksichtigung der verspätet eingegangenen Stellungnahme der Regierung[215] empfahl die WGS, die Situation unter Beobachtung zu halten[216]. In der Debatte der Kommission erklärte der philippinische Vertreter die Bereitschaft seiner Regierung, im Falle jener 23 Petenten, die wegen „subversiver Tätigkeiten" angeklagt seien, mit der Kommission zusammenzuarbeiten. Allerdings erwähnte er auch, daß das nationale Recht hinreichende Rechtsbehelfe für die Betroffenen bereitstelle und die konkreten Verfahren noch andauerten. Insgesamt

---

[210] Keesing's Contemporary Archives, S. 25581 (Bd. XVIII).

[211] *US State Department*, Background Notes Philippines, sub. History: Post Independence Period; Keesing's Contemporary Archives, S. 30764 (Bd. XXVII).

[212] Communications relating to the Philippines, received since 1981 (unveröffentl. Aktenübersicht des Menschenrechtszentrums).

[213] CHR, Summary record of the 21st session , E/CN.4/Sub.2/1983/SR.21 (01.09.1983), Abs. 50, 52, 55; Confidential Report of the Sub-Commission ... on its 36th session, E/CN.4/1984/R.1, Abs. 4 lit. (g).

[214] Communication 82/8/18,637 (29.07.1982), vollständig abgedruckt in: E/CN.4/1984/R.1/Add.12 (13.10.1983).

[215] Governments Obeservation, E/CN.4/.1984/R.2/Add.5 (21.02.1984) und Add.6 (28.02.1984).

[216] Report of the Working Group established by Commission on Human Rights Decision 1983/110, E/CN.4/1984/R.5/Add.1 (29.02.1984).

gebe es im Lande zudem deutliche Anzeichen einer Normalisierung[217]. Nach einer kurzen Diskussion und Einzelfragen an den Vertreter verabschiedete die Kommission am Ende der Sitzung die Resolution gemäß der Empfehlung ihrer Arbeitsgruppe und beschloß, die Angelegenheit unter Beobachtung zu halten.

Auf ihrer Sitzung im Jahre 1984 leitete die Unterkommission zwei Beschwerden weiter. Diese waren von *Amnesty International* und dem *Lawyers Committee for International Human Rights* eingereicht und berichteten im wesentlichen von Verschwindenlassen, extralegalen Hinrichtungen aus politischen Gründen, Folter und Mißhandlung, gewaltsamer Bevölkerungsumsiedlung sowie Verletzungen der Pressefreiheit und des Rechts auf ein faires Verfahren[218]. Eine Stellungnahme der Regierung zu diesen Vorwürfen war bis dahin noch nicht eingegangen[219]. Erst kurz vor dem Zusammentritt der Kommission äußerte sie sich im Rahmen einer allgemeinen Stellungnahme zu den Vorwürfen, wobei sie in einzelnen Anhängen Auskünfte zu deren Verifizierung erteilte[220].

In der Debatte der Kommission ging der Vertreter der philippinischen Regierung auf diverse erwähnte Einzelfälle ein und erwähnte u.a., daß einige der Petenten, deren Beschwerde im vorigen Jahr der Kommission überwiesen worden waren, mittlerweile aus humanitären Gründen aus der Haft entlassen worden seien. Den neu überwiesenen Beschwerden der beiden NGO warf er mißbräuchlichen und exzessiven Sprachgebrauch vor, zudem habe die MRK keine gerichtliche Funktion. Abschließend wies er auf die Fortschritte des Landes in Richtung auf eine Normalisierung der Lage hin[221]. Die Kommission entsprach nach kurzer Diskussion, in der auch Anerkennung für die Kooperationsbereitschaft der Regierung ausgesprochen wurde[222], der Empfehlung ihrer Arbeitsgruppe und verabschiedete eine Resolution, in der zwar ein Abschluß des Verfahrens im Folgejahr

---

[217] Zum ganzen CHR, Summary record of the 40th meeting [05.03.1984], E/CN.4/1984/SR.40 (09.03.1984), Abs. 78-89.

[218] Confidential Report of the Sub-Commission ... on its 37th session, E/CN.4/1985/R.1 (20.09.1984), Abs. 4 lit. (g). Die Beschwerden sind vollständig abgedruckt in E/CN.4/1985/R.1/Add.15 und Add.16 (20.11.1984).

[219] Report of the Sub-Commission (a.a.O., Fn. 218), Abs. 4 lit. (g).

[220] Government Observation E/CN.4/1985/R.2/Add.5, Add.6 (28.01.1985), Add.9 und Add.10 (05.02.1985).

[221] Zum ganzen: CHR, Summary record of the 40th meeting, E/CN.4/1985/SR.40 (07.03.1985), Abs. 76-86.

[222] CHR, Summary record of the 40th meeting, E/CN.4/1985/SR.40 (07.03.1985), Abs. 99, 101, 106, 108.

avisiert wurde, die aber doch die Situation im Lande unter Beobachtung zu halten festlegte[223].

Auch 1985 gingen weitere Beschwerden bei der Kommission ein, von denen die Unterkommission drei weiterzuleiten beschloß. Diese stammten von „westlichen" NGO und wiederholten praktisch die schon bisher erhobenen Vorwürfe von willkürlicher Haft, extralegale Hinrichtungen, Verschwindenlassen, Folter und Zwangsumsiedlung[224]. Die WGS kam auf der Grundlage dieser Behauptungen zu dem Ergebnis, daß die Einrichtung „direkter Kontakte" durch einen unabhängigen Experten zu empfehlen sei[225].

Eine von *Marcos* kurzfristig angesetzte Wahl für das Präsidentenamt fiel zeitlich mit dem Beginn der Sitzung der MRK zusammen. Deren offizielles Ergebnis wurde jedoch von internationalen Wahlbeobachtern wegen systematischen Wahlbetruges nicht anerkannt. Ein gleichermaßen von den Bürgern wie vom Militär getragenes Aufbegehren führte daraufhin zur Flucht des früheren Diktators und zur Einführung der Oppositionskandidatin *Corazon Aquino* als Präsidentin am 25. Februar und der Entlassung der politischen Häftlinge drei Tage später - alles im Verlauf der Kommissionssitzung[226]. Der Vorschlag der WGS war daher durch die tatsächliche Entwicklung hinfällig geworden. Der philippinische Vertreter trug vor, daß das vertrauliche Verfahren angesichts der gewaltlosen Wiederherstellung der Demokratie in seinem Lande eingestellt werden sollte, und brachte einen entsprechenden Resolutionsentwurf ein[227]. Dieser Vorschlag wurde nach langer Diskussion im Ergebnis so verabschiedet[228]. Der Rat bestätigte auf seiner folgenden Sitzung im Mai die Beendigung der Untersuchung der Philippi-

---

[223] Entscheidung vom 04.03.1985, E/CN.4/1985/R.6 (20.03.1985), S. 5.

[224] Confidential Report of the Sub-Commission ... on its 38th session, E/CN.4/1986/R.1 (16.09.1985), Abs. 4 lit. (e). Die Beschwerden sind vollständig abgedruckt in E/CN.4/1986/R.1/Add.11 - Add.13 (14.10.1985).

[225] Report of the working group established by Commission on human rights decision 1985/106, E/CN.4/1986/R.4 (31.01.86).

[226] Keesing's Contemporary Archives, S. 34297, 34301f. (Bd. XXXII); *US State Department*, Background Notes Philippines, sub. History: Post Independence Period.

[227] CHR, Summary record of the 36th session [27.02.1986] E/CN.4/1986/SR.36/Add.2 (03.04.1986), Abs. 29ff.

[228] Resolution vom 27.02.1986, in: E/CN.4/1986/R.11 (21.03.1986), S. 8; siehe auch CHR, Report of the 42nd session, E/1986/22, E/CN.4/1986/65, Abs. 369.

nen und beschloß zugleich, daß das vertrauliche Material öffentlich gemacht werden sollte[229].

E. Haiti

Haiti war seit 1971 unter der Herrschaft von *Jean-Claude Duvalier* und die Menschenrechtslage bereits 1980 in einem Bericht der Inter-Amerikanischen Menschenrechtskommission (IAMRK) deutlich kritisiert worden[230]. Im gleichen Jahr kam es zu politischen Verfolgungen in bis dahin unbekanntem Ausmaß, die sich vor allem gegen politische Opponenten des Regimes, Menschenrechtsaktivisten und Journalisten richteten[231].

Die MRK behandelte die Situation seit 1981 im vertraulichen Verfahren in der Kommission[232]. Die Mitteilungen betrafen im wesentlichen willkürliche Suspendierung und Unterdrückung grundlegender Bürgerrechte einschließlich der Meinungs-, Presse-, Vereins- und Koalitionsfreiheit. Es wurde von Verhaftungen ohne Anschuldigungen und Gerichtsverfahren, Verletzungen des Rechts auf ein faires Verfahren berichtet. Anwälte seien Verfolgungen ausgesetzt und die Unabhängigkeit der Justiz praktisch nicht gegeben[233]. Zudem waren Gewalttätigkeiten und ungesetzliche Haft, auch in inoffiziellen Gefängnissen, Verhöre unter Anwendung von Folter, Haft unter schlechtesten Bedingungen, Mißhandlungen, Morde, Razzien sowie Verfolgungen von Journalisten, Menschenrechtsaktivisten, Gewerkschaftern und Geistlichen berichtet worden, ebenso die Verweigerung jeglicher politischer Teilhabe[234]. Die Beschwerden betrafen auch soziale, kulturelle und wirtschaftliche Rechte, insbesondere Armut und den hohen Grad von Analphabetisierung[235].

Im Auftrag der Kommission richtete der Generalsekretär von 1982 bis 1984 „direkte Kontakte" im vertraulichen Verfahren ein, die Vor-Ort-Besuche

---

[229] ECOSOC, Entscheidung 1986/147 vom 23.05.1986, in E/1986/86, S. 44.

[230] IAMRK, Report of 22 April 1980 - Keesing's Contemporary Archives, S. 30411 (Bd. XXVI).

[231] Keesing's Contemporary Archives, S. 30662 (Bd. XXVII).

[232] Report of the Special Rapporteur of the C.H.R. ..., E/CN.4/1987/R.2 (22.12.1986), made public as E/CN.4/1987/61 (05.08.1987), Abs. 1. *Bossuyt*, HRLJ (1985), S. 194; *M. Nowak*, NYIL 22 (1991), S. 55.

[233] Report of the Special Rapporteur ... (a.a.O, Fn. 232), Abs. 1.

[234] Report of the Special Rapporteur ... (a.a.O, Fn. 232), Abs. 2f., 87.

[235] Report of the Special Rapporteur ... (a.a.O, Fn. 232), Abs. 4.

einschlossen, um einen Dialog mit der Regierung herbeizuführen[236]. 1983 überwies die Unterkommission insgesamt vier Beschwerden über die Situation in Haiti, zwei weitere wertete sie als im Sinne ihrer Res. 1 (XXIV) unzulässig[237]. Mit diesem vertraulichen Bericht konfrontiert, entschied die Kommission auf ihrer nächsten Sitzung 1984 dann öffentlich, den Generalsekretär um die Fortsetzung seiner Konsultationen mit der Regierung (direkte Kontakte) zu bitten[238]. Diese Entscheidung beruhte ausdrücklich auf Abs. 8 Res. 1503 (XLVIII) und enthielt zugleich einen entsprechenden Resolutionsentwurf für den ECOSOC. Aus dem in diesem öffentlichen Verfahren erstellten Bericht[239] läßt sich erkennen, daß der unabhängige Experte schon zuvor im vertraulichen Verfahren tätig war und im Zusammenhang damit etliche Missionen im Lande erfüllt hatte[240]. Die Beratungsdienste und technische Zusammenarbeit betrafen u.a. die Einrichtung eines Dokumentationszentrums und Stipendien, später auch Trainingskurse für Staatsbedienstete[241].

Parallel zu dieser öffentlichen Untersuchung wurde im Folgejahr auch die vertrauliche Behandlung wieder aufgenommen[242]. Zwar waren die direkten Kontakte insoweit 1984 eingestellt bzw. ins öffentliche Verfahren überführt worden. Die Unterkommission hatte jedoch im Sommer des gleichen Jahres vier weitere Beschwerden im vertraulichen Verfahren an die Kommission überwiesen[243]. Die Situation blieb also zugleich im vertraulichen Verfahren unter weiterer Beobach-

---

[236] Report of the Special Rapporteur ... (a.a.O, Fn. 232), Abs. 5.Vgl. *Ize-Charrin*, 1503: A Serious Procedure, S. 11 Anm. 7; United Nations Action, S. 350.

1983 war der Generalsekretär in einer vertraulichen Resolution vom 28.02.1983 zuletzt im Rahmen des 1503-Verfahrens mit der Aufnahme direkter Kontakte beauftragt worden - siehe MRK-Entscheidung 1984/109 vom 01.03.1984 in: Report on its 40th session, E/1984/14, E/CN.4/1984/77, S. 106.

[237] Confidential Report of the Sub-Commission ... on its 36th session, E/CN.4/1984/R.1 - vertraulich -, Abs. 4 lit. (c), 7.

[238] MRK-Entscheidung 1984/109 vom 01.03.1984 in: Report on its 40th session, E/1984/14, E/CN.4/1984/77, S. 106; *Bossuyt*, HRLJ (1985), S. 194; *Bartolomei*, S. 233.

[239] Report by the Secretary-General: Assistance to Haiti, E/CN.4/1985/32 (25.01.1985).

[240] *Bossuyt*, HRLJ (1985), S. 194.

[241] Report of the Special Rapporteur ... (a.a.O, Fn. 232), Abs. 6f.

[242] Jedenfalls erwähnen sämtliche Übersichten und Bekanntgaben über die im 1503-Verfahren behandelten Staaten Haiti auch für die Jahre von 1985-1987 (siehe unten Tabelle I, Anhang 1, S. 665).

[243] Confidential Report of the Sub-Commission ... on its 38th session, E/CN.4/1986/R.1 (16.09.1985) - vertraulich -, Abs. 4 lit. (c).

tung[244]. 1986 beschloß die Kommission im Rahmen des 1503-Verfahrens, erneut einen eigenen Sonderrepräsentanten zur Aufnahme direkter Kontakte zu ernennen, obgleich noch vor Beginn der Sitzung Anfang Februar die Regierung gestürzt worden war[245]. Seine Aufgabe sollte es sein, Informationen zur Menschenrechtslage zu sammeln und mit der Regierung die Frage zu erörtern, in welcher Form die Kommission durch Beratungsdienste die Regierung unterstützen könne[246]. Unter anderem war dabei auch auf die Gewährleistung sozialer und wirtschaftlicher Rechte hingewiesen worden[247]. In der Debatte der Situation war deutlich geworden, daß das Hauptziel des weiteren Verfahrens die Unterstützung der neuen Regierung auf ihrem Weg zur Wiederherstellung von Demokratie und Menschenrechten sei[248]. Der Sonderrepräsentant *Michel Gauvin* aus Kanada traf im September desselben Jahres in Genf mit dem stellvertretenden Missionschef Haitis zusammen, um die Situation und einen möglichen Besuch im Lande zu erörtern[249]. Zur Erfüllung seines Mandats, Informationen über die Situation zusammenzutragen, ersuchte der Sonderrepräsentant erfolgreich die UN-Sonderorganisationen, aber auch die OAS um die Überlassung einschlägiger Informationen[250]. Desgleichen zog er Material von NGO heran[251]. Im Dezember 1986 und auf der Grundlage der Gespräche mit den Regierungsvertretern sowie der erlangten Materialien besuchte der Sonderrepräsentant Haiti, wobei er mit dem Staatsoberhaupt, Regierungsvertretern, Angehörigen der Rechtsberufe, Vertretern von Gewerkschaften, Kirchen und Menschenrechts-NGO sowie bedeutsamen Persönlichkeiten zusammentraf[252]. Sein Bericht enthielt eine umfassende Darstellung der Menschenrechtslage einschließlich der Situation in bezug auf die Menschenrechte der zweiten Generation. Tenor der Ausführungen war, daß das Land der Unterstützung durch die UN und die Staatengemeinschaft insbesondere in Form von

---

[244] Die Resolution ist enthalten in E/CN.4/1985/R.6 (20.03.1985) - vertraulich.

[245] Report of the Special Rapporteur ... (a.a.O, Fn. 232), Abs. 8, 10; 12; United Nations Action, S. 351.

[246] Res. vom 28.02.1986, Abs. 1 lit. a) und b) in: E/CN.4/1986/R.11 (21.03.1986) - vertraulich.; Report of the Special Rapporteur ... (a.a.O, Fn. 232), Abs. 8; United Nations Action, S. 350.

[247] Report of the Special Rapporteur ... (a.a.O, Fn. 232), Abs. 28.

[248] Report of the Special Rapporteur ... (a.a.O, Fn. 232), Abs. 11, 13-15, 19.

[249] Report of the Special Rapporteur ... (a.a.O, Fn. 232), Abs. 24.

[250] Report of the Special Rapporteur of the C.H.R. ..., E/CN.4/1987/R.2 (22.12.1986), made public as E/CN.4/1987/61 (05.08.1987), Abs. 25.

[251] Report of the Special Rapporteur ... (a.a.O, Fn. 232), Abs. 26.

[252] Report of the Special Rapporteur ... (a.a.O, Fn. 232), Abs. 27.

Beratungsdiensten bedürfe, um die Folgen der nahezu 30jährigen Diktatur zu überwinden[253].

Im folgenden Jahr, 1987, beschloß die Kommission auf der Grundlage dieses Berichtes, die vertrauliche Behandlung im folgenden Jahr auszusetzen[254]. Außerdem wurde der Bericht des Sonderberichterstatters veröffentlicht[255]. Gemäß dessen Empfehlung wurde zudem im Rahmen der Beratungsdienste ein Experte zur Unterstützung der neuen Regierung ernannt[256]. Damit war die Situation der Menschenrechte in Haiti weiterhin Gegenstand der Debatte in der Kommission, nunmehr allerdings ausschließlich unter dem nicht mehr anklagend verstandenen Tagesordnungspunkt „Beratungsdienste"[257].

Bereits ab 1989 war freilich die Situation in Haiti erneut für zwei Jahre Gegenstand des vertraulichen Verfahrens in der Kommission.

F. Gemeinsamkeiten der veröffentlichten Verfahren

Auch wenn es mangels Information über die anderen Verfahren nicht möglich ist, allgemeingültige Ergebnisse zu formulieren, lassen sich doch einige gemeinsame Merkmale aus der Betrachtung dieser fünf Verfahren erkennen. Zum einen handelt es sich in allen Fällen um ernste Menschenrechtsverletzungen, die vor allem Beeinträchtigungen des Rechts auf Leben, körperliche Unversehrtheit und persönliche Freiheit, zu einem geringeren Ausmaß aber auch das Recht auf politische Teilhabe und die Koalitionsfreiheit betreffen. Außerdem ist die Behandlung von nicht unerheblicher Dauer gewesen. Es fällt auf, daß in jedem Falle die Einstellung des Verfahrens entweder aus einem friedlichen Regierungswechsel oder aber dem gewaltsamen Sturz der für die Menschenrechtsverletzungen verantwortlichen Machthaber resultierte. Welche Rolle die MRK in diesem Zusammenhang spielte, inwieweit also die Durchführung des 1503-Verfahrens hierzu beigetragen hat, ist nur schwer einzuschätzen. Zumindest durch die fortwährende internationale Befassung mit der jeweiligen Situation wird entspre-

---

253 Report of the Special Rapporteur ... (a.a.O, Fn. 232), siehe besonders Abs. 90, 117-119.

254 MRK, Res. 1987/13 vom 02.03.1987, in: Report od the 43rd session, E/1987/18; E/CN.4/1987/60, sub II. A. (S. 48). *M. Nowak*, NYIL 22 (1991) S. 83; United Nations Action, S. 351. Die Resolution wurde vom ECOSOC mit Entscheidung 1987/140 vom 29.05.1987 bestätigt (in: E/1987/87, S. 63).

255 MRK, Res. 1987/13 (a.a.O., Fn. 254), Abs. 11; *Tomuschat*, „Menschenrechte" in: Wolfrum (Hrsg.), Handbuch Vereinte Nationen, Rn. 8.

256 MRK, Res. 1987/13 (a.a.O., Fn. 254), Abs. 12; *M. Nowak*, NYIL 22 (1991), S. 83.

257 *M. Nowak*, NYIL 22 (1991), S. 55; hierzu umfassend: United Nations Action, S. 351f.

chender Druck auf die verantwortliche Regierung ausgeübt worden sein. Deutlich wird dies vor allem im Falle Uruguays, wo die Kommission auf die jeweilige Entwicklung im Lande direkt und sensibel reagierte.

Als das schwerwiegendste Problem stellt sich, und dies ist allen geschilderten Beispielen gemeinsam, die Einleitung eines Verfahrens dar. Ist eine Situation jedoch einmal Gegenstand der Untersuchung vor der MRK, so werden entsprechende Beschwerden regelmäßig auch in den Folgejahren an die Kommission weitergeleitet.

IV. Die weitere Entscheidungspraxis in der Kommission

Soweit möglich, soll nun auf die Entscheidungspraxis der Kommission anhand der ihr zur Verfügung stehenden Handlungsoptionen eingegangen werden. Dabei kann es sich nur um einen groben Überblick handeln, der auf verschiedenen Quellen, insbesondere Verlautbarungen von Kennern des Verfahrens, aus dem Sekretariat oder den Organen beruht.

A. Die weitere Beobachtung und Verschiebung einer Entscheidung

Die Übersicht der in der Kommission behandelten Situationen zeigt diese Option als die meist genutzte. Regelmäßig wird die weitere Behandlung im 1503-Verfahren verschoben und werden weitere Informationen für nötig erachtet. Nur in verhältnismäßig wenigen Fällen trifft die Kommission bereits im ersten Jahr der Behandlung eines Landes eine das vertrauliche Verfahren abschließende Entscheidung.

B. Die Einleitung spezieller Untersuchungsverfahren

1. Verfahren gemäß Resolution 1503

Es wurde bereits ausgeführt, daß die in Abs. 6 Res. 1503 (XLVIII) vorgesehenen Spezialverfahren von der Kommission praktisch nicht angewendet wurden. Zur Einsetzung eines Untersuchungsausschusses gemäß Abs. 6 lit. b) kam es - trotz verschiedener dahingehender Vorschläge der WGS[258] - in keinem Fall[259].

---

[258] So hatte die WGS 1979 die Einsetzung eines solchen Untersuchungsausschusses im Falle der Behandlung Uruguays (s.o. bei Fn. 120) und zweier weiterer Länder, darunter Paraguay, empfohlen - CHR, Summary record of the 1501st meeting (confidential) [01.03.1979], E/CN.4/SR.1501 (15.03.1979), Abs. 22 (Österreich); Summary record of the 1505th meeting - confidential [05.03.1979], E/CN.4/SR.1505 (06.03.1979), Abs. 47.

[259] Report of the Secretary-General, Effective Functioning of the Various Mechanisms ..., E/CN.4/1994/42 (14.02.1994), Abs. 57, 73; *Ize-Charrin*, 1503: A Serious Procedure, S. 11

Ebensowenig hat sich in der Kommission die in Abs. 6 lit. a) vorgesehene Variante der „eingehenden Studie" als Untersuchungsverfahren durchgesetzt. Dieses Spezialverfahren wurde im Rahmen des 1503-Verfahrens nur einmal durchgeführt[260], und zwar 1978 bei der Untersuchung der Situation in Uganda unter der Diktatur *Idi Amins*[261]. Nachdem diese seit 1975 Gegenstand der vertraulichen Untersuchung war[262], war bereits 1977 eine Überleitung in das öffentliche Verfahren vorgeschlagen worden[263]. Erst 1978 ersuchte die MRK den Generalsekretär, einen Sonderberichterstatter mit der Untersuchung der Menschenrechtssituation im Lande zu beauftragen und dabei mit der Regierung von *Idi Amin* in Kontakt zu treten[264]. Anhand der dabei und bei Gelegenheit seines Besuchs im Lande erlangten Informationen sollte er eine „eingehende Studie" erstellen - unter Berücksichtigung der öffentlichen Dokumente von Unterkommission, MRK und Generalversammlung. Bemerkenswert ist, daß die entsprechende Entschließung nur allgemein auf ein „Verfahren gemäß Res. 1503 (XLVIII)" verweist, ohne deren Abs. 6 lit. a) explizit in bezug zu nehmen[265]. Es wird aber der dort erscheinende Begriff

---

Anm. 6. *Weissbrodt/Parker*, S. 14 (1993); *Alston*, Commission on Human Rights, in: ders. (Hrsg.), The United Nations and Human Rights, S. 146 (1991); *Karl*, BerDGV 33 (1994), S. 105; *M. Nowak*, NYIL 22 (1991), S. 53 (1991).

[260] *M. Nowak*, NYIL 22 (1991), S. 53 (1991), *Weissbrodt/Parker*, S. 14 (1993).

[261] Report of the Secretary-General, Effective Functioning of the Various Mechanisms ..., E/CN.4/1994/42 (14.02.1994), Anm. 4 (S. 28); *Bartolomei*, S. 233; *Ize-Charrin*, 1503: A Serious Procedure, S. 11 Anm. 6; *M. Nowak*, NYIL 22 (1991), S. 53f.

[262] *M. Nowak*, NYIL 22 (1991), S. 55.

[263] CHR, Report of the 33rd session, E/5927, E/CN.4/1257 (1977), Abs. 17f.; *Tardu*, Santa Clara Law Rev. 20 (1980), S. 574f.

[264] *Bartolomei*, S. 233; *M. Nowak*, NYIL 22 (1991), S. 53f.; MRK, (vertrauliche) Entscheidung vom 02.03.1978, abgedruckt bei *Ramcharan*, The Concept and Present Status of International Protection, S. 151:

„*The Commission on Human Rights, ...*
1. *Requests* the Secretary-General, in consultation with the Chairman of the thirty-fourth Commission on Human Rights, to designate an eminent African personality who will enter into contact with the Government ... and will, under the procedure provided for in ... resolution 1503 (XLVIII), undertake a thorough study of the situation with regard to human rights in U. and report to the Commission on Human Rights as soon as possible through the Secretary-General; ..."

Mit der Mission beauftragt wurde der vormalige Richter am IGH *Onyeamal*, Nigeria - CHR, Summary record of the 1501st meeting (confidential) [01.03.1979], E/CN.4/SR.1501 (15.03.1979), Abs. 5.

[265] *Ramcharan*, The Concept and Present Status of International Protection, S. 153, 152; *Bartolomei*, S. 233; *M. Nowak*, NYIL 22 (1991), S. 53f.

„eingehende Studie" verwendet, was - zusammen mit dem Verweis auf den Resolutionstext - als Autorisierung zu einem entsprechenden Vorgehen zu lesen ist. Es handelt sich mithin um einen Fall, in dem die Kommission ausdrücklich ein in Res. 1503 (XLVIII) vorgesehenes Verfahren einleitet[266]. Wie in den geschilderten Beispielsfällen deutlich wurde, gab es weitere Versuche, eine „eingehende Studie" durchzuführen. So war 1979 vorgeschlagen worden, in die Resolution betreffend Äthiopien einen ausdrücklichen Verweis auf Abs. 6 lit. a) Res. 1503 (XLVIII) aufzunehmen[267]. Dies wurde jedoch mit Blick auf die daraus resultierende Einschränkung der Aktionsmöglichkeiten für die Kommission abgelehnt: eine derartige Festlegung sei nicht notwendig und deshalb besser zu vermeiden[268].

2. Die Aufnahme direkter Kontakte

Wie bereits erläutert, hatte die Kommission anstelle der im Text der Resolution vorgesehenen Verfahren eine neue Option entwickelt: die Einrichtung „direkter Kontakte"[269]. Dieses Verfahren war erstmals 1977 bei der Behandlung Äquatorialguineas in dieser Form angeregt worden[270]. Schon zu diesem Zeitpunkt wurde die Formulierung „im Rahmen von Res. 1503 (XLVIII)" in der Einsetzungsresolution verwendet[271]. Die MRK wollte ausdrücklich keine neue Verfahrensweise neben der Resolution entwickeln, sondern zog ausdrücklich die Resolution als Rechtsgrundlage heran, unter Verzicht auf die Benennung einer konkreten Norm. Die einzige Ermächtigung zur Durchführung einer „eingehenden

---

[266] Allerdings kam es kurze Zeit nach diesem Beschluß zum Sturz des Regimes von *Amin*, so daß mangels Interesses der neuen Machthaber die Studie nicht mehr zur Ausführung kam - *Bartolomei,* S. 233; *Lillich/Hannum* S. 366. Die Kommission ersuchte dann 1981 den Generalsekretär, Uganda bei der Wiederherstellung der Menschenrechte in Form von „Beratungsdiensten und technischer Zusammenarbeit" zu unterstützen - MRK, Res. 30 (XXXVII) vom 11.03.1981, Abs. 1, in: Report on the 37th session, E/1981/25, E/CN.4/1475, S. 231f.; *M. Nowak*, NYIL 22 (1991), S. 84.

[267] CHR, Summary record of the 1511th meeting [08.03.1979], E/CN.4/SR.1511 (12.03.1979), Abs. 59 (Frankreich).

[268] CHR, Summary record of the 1511th meeting [08.03.1979], E/CN.4/SR.1511 (12.03.1979), Abs. 64 (Kuba), 67 (Brasilien).

[269] Siehe dazu oben § 19.IV.C., S. 278.

[270] *Tardu/McCarthy,* S. 35. Siehe oben bei Fn. 22, S. 302. Vergleichbares hatte zuvor - mit einigem Erfolg - die ILO praktiziert - *Tardu/McCarthy,* ebd.

[271] „The Commission ... decides, within the framework of ECOSOC Res. 1503 (XLVIII), to establish direct contacts with the Government of ..." - Res. vom 01.03.1985 betreffend Paraguay, E/CN.4/1985/R.6 (20.03.1985).

Studie" i.S.v. Abs. 6 lit. a) Res. 1503 (XLVIII) enthält gleichermaßen den Auftrag an den Sondergesandten, mit der Regierung „direkte Kontakte" aufzunehmen[272]. Bis 1997 wurden bei der vertraulichen Behandlung in insgesamt zwölf Fällen solche „direkten Kontakte" von der Kommission eingerichtet[273]. Hierzu zählen neben Äquatorialguinea die geschilderten Situationen in Uruguay[274] und Haiti[275] sowie die Verfahren betreffend Paraguay (1979-1980; 1985; 1987-1989)[276], Zaire (1992)[277], Äthiopien (1979-1980), Armenien (1995), Aserbaidschan (1995), Birma [Myanmar] (1990-1991)[278], Somalia (1992), Sudan (1992) und Tschad (1994-1995, 1997)[279]. Außerdem hatte die Kommission 1987 fruchtlos versucht, durch den Generalsekretär direkte Kontakte mit der albanischen Regierung aufzunehmen[280].

Sichtbar wird aus einem Vergleich dieser Zahlen mit der doch erheblich größeren Menge von behandelten Ländern, daß die Kommission zögert, förmliche Studien oder sonstige Spezialverfahren durchzuführen, sondern es viel eher bevorzugt, die Angelegenheit unter Beobachtung zu halten und eine endgültige Beschlußfassung immer wieder - oft über mehrere Jahre hinweg - zu verschieben[281].

C. Die Überleitung in das öffentliche Verfahren

Auch die verhältnismäßig schwerwiegende Sanktion der Überleitung in das öffentliche Verfahren wurde im Verlauf der mehr als fünfundzwanzigjährigen Geschichte des (alten) Verfahrens mehrfach praktiziert. Als so unmittelbar in Res. 1503 (XLVIII) nicht vorgesehene Variante waren hierbei auch die größten

---

[272] Siehe oben Fn. 264, S. 342.

[273] *Ize-Charrin*, 1503: A Serious Procedure, S. 7.

[274] Siehe oben bei Fn. 153, S. 324.

[275] Siehe oben bei Fn. 236, S. 338; *Bartolomei*, S. 233, Anm. 16.

[276] *Ize-Charrin*, 1503: A Serious Procedure, S. 11 Anm. 7; vgl. Res. vom 01.03.1985, in: E/CN.4/1985/R.6 (20.03.1985).

[277] *Ize-Charrin*, 1503: A Serious Procedure, S. 11f. Anm. 7; vgl. Res. vom 28.02.1986, in: E/CN.4/1986/R.11 (21.03.1986).

[278] Int.Comm.J.Rev. 44 (1990), S. 24; *Weissbrodt/Parker*, S. 14.

[279] Korrigiert nach *Ize-Charrin*, 1503: A Serious Procedure, S. 11f., Anm. 7.

[280] Siehe MRK, Entscheidung 1988/17 vom 02.03.1988, Abs. II und IV der Präambel, in: Report on the 45th session, E/1988/12; E/CN.4/1988/88, chapter II section A (S. 66); *Bartolomei*, S. 233, Anm. 17.

[281] *M. Nowak*, NYIL 22 (1991), S. 55, 53.

Widerstände zu überwinden[282]. Bereits 1977 war ein ähnlicher Vorschlag im Zusammenhang mit der Untersuchung Ugandas in Erwägung gezogen worden, fand aber in der Kommission keine Mehrheit[283]. Zwei Jahre später wurde in Reaktion auf die mangelnde Kooperationsbereitschaft der Regierung die Untersuchung Äquatorialguineas in das öffentliche Verfahren übergeleitet[284] - ein Präzedenzfall mit nicht unerheblichen Folgen[285]. Weitere Fälle, in denen der vertraulichen Behandlung im 1503-Verfahren ein öffentliches Verfahren gemäß Res. 1235 (XLII) folgte, sind Afghanistan[286], Albanien[287], Bolivien[288], Birma [Myanmar][289], Kambodscha, El Salvador[290], Guatemala[291], Iran[292], Ruanda, Sudan, Zaire[293] sowie zuletzt 1999 Sierra Leone[294].

---

[282] Siehe zu dem wohl am stärksten vorgetragenen Argument, daß die Vertraulichkeit des Verfahrens einen derartigen Schritt verbiete, unten § 25.II.D.3., S. 444.

[283] CHR, Report of the 33rd session, E/5927, E/CN.4/1257 (1977), Abs. 17f.; *Tardu*, Santa Clara Law Rev. 20 (1980), S. 574f.

[284] Siehe oben, Fn. 31 .

Im gleichen Jahr war eine Überleitung der Untersuchung Äthiopiens in das öffentliche Verfahren entgegen der Empfehlung der WGS noch abgelehnt worden - CHR, Summary record of the 1502nd meeting (confidential) [01.03.1979], E/CN.4/SR.1502 (05.03.1979), Abs. 48-56; Summary record of the 1503rd meeting - confidential [02.03.1979], E/CN.4/SR.1503 (06.03.1979), Abs. 1-49.

[285] Siehe *Tardu/McCarthy*, S. 35.

[286] Vgl. Confidential Decision relating to Afghanistan vom 15.03.1984, in: E/CN.4/1984/R.6 - vertraulich -, S. 2; *Bartolomei*, S. 241; *Ize-Charrin*, 1503: A Serious Procedure, S. 7.

[287] MRK, Entscheidung 1988/17 vom 02.03.1988, Abs. 1 in: E/1988/12; E/CN.4/1988/88, chapter II section A (S. 66); *Bartolomei*, S. 241; *Ize-Charrin*, 1503: A Serious Procedure, S. 7. Die Situation in Albanien stand im Folgejahr allerdings zunächst nicht auf der Tagesordnung; erst auf eine portugiesische Initiative hin wurde eine Resolution verabschiedet, die das Fehlen jeglicher Kooperation mit der Kommission verurteilte - *Brody/Weissbrodt*, HRQ 11 (1989), S. 589.

[288] *M. Nowak*, NYIL 22 (1991), S. 59; *Ize-Charrin*, 1503: A Serious Procedure, S. 7; *Bartolomei*, S. 241.

[289] *Weissbrodt/Parker*, S. 14; *Ize-Charrin*, 1503: A Serious Procedure, S. 7.

[290] *Ize-Charrin*, 1503: A Serious Procedure, S. 7; *Bartolomei*, S. 241. *M. Nowak*, NYIL 22 (1991), S. 60. Zu den Besonderheiten bei der Untersuchung El Salvadors siehe sogleich im Text.

[291] *Ize-Charrin*, 1503: A Serious Procedure, S. 7; *Bartolomei*, S. 241. Guatemala ist ein Sonderfall: die Kommission hatte hier bereits 1980 ein öffentliches Verfahren gemäß Res. 1235 (XLII) eingeleitet - MRK, Res. 32 (XXXVI), in: Report of the 36th Session, E/1980/13, E/CN.4/1408, S. 193f. Dieses öffentliche Verfahren wurde dann - obgleich die

Eine solche Entscheidung wird regelmäßig erst nach mehreren Jahren der erfolglosen Behandlung im vertraulichen Verfahren getroffen. Sie ist die schwerwiegendste Sanktion, die *ultima ratio*, die der Kommission im 1503-Verfahren zur Verfügung steht[295].

Wie der Fall El Salvadors zeigt, kann dies in besonderen Fällen aber auch direkt und ohne langjährigen Vorlauf geschehen. 1981 entschied die Kommission, die ihr in diesem Jahr erstmalig im vertraulichen Verfahren von der Unterkommission zugeleitete Situation öffentlich zu erörtern und beauftragte einen Sonderrepräsentanten mit der Untersuchung der behaupteten Menschenrechtsverletzungen[296]. Eine derartige Entscheidung war freilich schon dadurch vorgegeben, daß die Generalversammlung zuvor öffentlich Maßnahmen der Kommission eingefordert hatte[297].

Eine Variante dieser Vorgehensweise besteht darin, die vertrauliche Untersuchung einer Situation im 1503-Verfahren zu beenden und die Angelegenheit zwar öffentlich, jedoch nicht im Rahmen des 1235-Verfahrens weiter auf der Tagesordnung zu belassen. Eine Weiterbehandlung kommt insbesondere im Rahmen des Tagesordnungspunktes „Beratungsdienste und technische Zusammenarbeit" in Frage. Dies geschah beispielsweise in bezug auf Haiti 1987[298] und 1999 in der Folge der vertraulichen Behandlung Tschads[299].

Unterkommission für die Sitzung 1981 die Situation im 1503-Verfahren überwiesen hatte - auch im folgenden Jahr fortgesetzt - *M. Nowak*, NYIL 22 (1991), S. 62.

292 *Bartolomei*, S. 241.

293 *Ize-Charrin*, 1503: A Serious Procedure, S. 7, die zudem noch die in einem anschließenden gesonderten öffentlichen Verfahren behandelten Situationen in Israel und Chile hinzuzählt.

294 MRK, Res. 1999/1 vom 06.04.1999, E/CN.4/RES/1999/1 (23.04.1999); *Ize-Charrin*, Human Rights 1/1999, S. 21.

295 CHR, Summary record of the 1503rd meeting (confidential) [02.03.1979], E/CN.4/SR.1503 (06.03.1979), Abs. 37 (Senegal): „last resort".

296 *M. Nowak*, NYIL 22 (1991), S. 60.

297 Generalversammlung, Res. 35/192 vom 15.12.1980, Abs. 6; *M. Nowak*, NYIL 22 (1991), S. 60.

298 *M. Nowak*, NYIL 22 (1991), S. 55. Siehe zur Situation in Haiti oben § 21.III.E., S. 337ff.

299 MRK, Entscheidung 1999/102 vom 22.04.1999, E/CN.4/DEC/1999/102 (29.04.1999); *Ize-Charrin*, Human Rights 1/1999, S. 21.

D. Sonstige Arten des Verfahrensabschlusses

Zu einem förmlichen Abschluß der Verfahren kam es in den ersten sechs Jahren der Anwendung des 1503-Verfahrens überhaupt nicht[300] und auch in der Zeit danach nur äußerst selten[301].

1. Die förmliche Verfahrensbeendigung: der Fall Malawis

Eine ausdrückliche, öffentliche Verlautbarung, daß die Behandlung eines Landes im vertraulichen Verfahren abgeschlossen sei, findet sich in bezug auf behauptete Verletzungen der Religionsfreiheit für Zeugen Jehovas in Malawi. Die MRK beendete die 1977 eingeleitete Untersuchung der Situation im vertraulichen Verfahren auf ihrer 36. Sitzung 1980 mit einer nicht-vertraulichen Resolution[302]. Dabei stützte sie sich bei dieser Entschließung ausdrücklich auf Abs. 8 Res. 1503 (XLVIII)[303] und verlieh der Hoffnung Ausdruck, daß die Menschenrechte sämtlicher Bürger wiederhergestellt seien. Hintergrund dieser Entscheidung war die Tatsache, daß sie nach 1977 keine weiteren Beschwerden empfangen[304] und daher nur Kenntnis von Vorkommnissen hatte, die sich zwischen 1972 und 1975 ereigneten[305]; andererseits aber keinerlei Kooperationsbereitschaft von seiten der Regierung zu verzeichnen war[306]. Sie empfahl daher dem ECOSOC in Form eines Resolutionsentwurfes, er möge 1.) sein Bedauern über den Mangel der Kooperationsbereitschaft der Regierung ausdrücken, die den Grund für die Veröffentlichung der Angelegenheit abgab, und 2.) seiner Hoffnung Ausdruck verleihen, daß die Menschenrechte aller Bürger alsbald wiederhergestellt und bei erlittenem Unrecht hinreichende Kompensationsmaßnahmen gewährt würden[307].

---

[300] *Tomuschat*, VN 1976, S. 168, der dies auf den komplizierten Ablauf und die Verweigerungshaltung der Ostblockstaaten zurückführt. Vgl. auch *von Kyaw*, VN 1976, S. 105.

[301] *Tomuschat*, „Menschenrechte" in: Wolfrum (Hrsg.), Handbuch Vereinte Nationen, Rn. 7.

[302] MRK, Entscheidung 10 (XXXVI) vom 07.03.1980, in: Report of the 36th session, E/1980/13; E/CN.4/1408 (1980), chapter XXVI, section B., S. 202f.

[303] MRK, Res. 10 (XXXVI), IV. Abs. der Präambel, a.a.O., Fn. 302.

[304] MRK, Res. 10 (XXXVI), III. Abs. der Präambel, a.a.O., Fn. 302.*Tardu*, Santa Clara Law Rev. 20 (1980), S. 580f.

[305] MRK, Res. 10 (XXXVI), III. Abs. der Präambel, a.a.O., Fn. 302.

[306] MRK, Res. 10 (XXXVI), II. Abs. der Präambel, a.a.O., Fn. 302.

[307] Draft Resolution IV, in: Report of the 36rd session (a.a.O., Fn. 302), Chapter I Section A (S. 3); *Sohn*, in: *Meron* (Hrsg.), Human Rights in International Law S. 386; *Tardu*, Santa Clara Law Rev. 20 (1980), S. 581.

Diese Beschlußempfehlung wurde vom ECOSOC so übernommen und verabschiedet[308].

Das Vorgehen der Kommission in diesem Fall nimmt insofern eine Sonderstellung ein, als sie hier zwar eine öffentliche Entscheidung über den Abschluß des vertraulichen Verfahrens traf, ein öffentliches Verfahren gemäß Res. 1235 (XLII) jedoch nicht einleitete[309]. Damit handelt es sich bei diesem Beschluß um die erste und einzige Entscheidung der Kommission überhaupt, mit der ein 1503-Verfahren wie vorgesehen förmlich abgeschlossen wurde. Daß die abschließende Resolution öffentlich erfolgte, entspricht unmittelbar Abs. 8 Res. 1503 (XLVIII): die Vertraulichkeit findet mit einer empfehlenden Entschließung an des ECOSOC ihr Ende. Bemerkenswert ist freilich, daß sich eine vergleichbare Maßnahme in keinem weiteren Fall findet. Kam es im Laufe der Erörterung zu keiner erkennbaren Verbesserung der Menschenrechtslage und erachtete die Kommission die Fortführung des vertraulichen Verfahrens als unzureichend, nahm sie regelmäßig Zuflucht zur Überleitung in das öffentliche Verfahren. Allein bei der ebenfalls durch einen Mangel an Kooperation hervorgerufenen Situation in Äquatorialguinea ging dies einher mit einer förmlichen, vom ECOSOC bestätigten Beendigung des 1503-Verfahrens. Darüber hinaus läßt sich eine derartige Beendigung des Verfahrens - abgesehen von dem erfolglosen Versuch betreffend Albanien[310] - nicht nachweisen.

2. Die Veröffentlichung der vertraulichen Materialien

Eine weitere Maßnahme, mit der die Kommission das Ende einer vertraulichen Untersuchung flankierte, ist die Veröffentlichung der im 1503-Verfahren zusammengekommenen vertraulichen Materialien. Einen derartigen Beschluß ohne Zustimmung der betroffenen Regierung faßte die Kommission in drei Fällen. Bei der Behandlung Haitis erfolgte dies zur Verdeutlichung der kritischen Lage des Landes für die Weltöffentlichkeit[311]. In den anderen zwei Fällen handelte es

---

[308] ECOSOC, Res. 1980/31 vom 02.05.1980; *Tardu*, Santa Clara Law Rev. 20 (1980), S. 581.

[309] Schon ein entsprechender Vorschlag des US-Delegierten auf der 35. Sitzung der MRK 1979, für den Fall weiterer Verweigerung der Kooperation die Überleitung in das öffentliche Verfahren anzudrohen, vergleichbar der 1978 in bezug auf Äquatorialguinea verabschiedeten Resolution (s.o., Fn. 26), wurde mehrheitlich abgelehnt - CHR, Summary record of the 1511th meeting [08.03.1979], E/CN.4/SR.1511 (12.03.1979), Abs. 4, 13.

[310] Dazu sogleich im Text.

[311] Siehe oben bei Fn. 255, S. 340.

sich dagegen um eine zusätzliche Sanktion[312]. Dies ist besonders deutlich im Falle Äquatorialguineas. In der abschließenden vertraulichen Entscheidung hatte die MRK die Weiterbehandlung der Situation im öffentlichen Verfahren beschlossen (Abs. 3) und zugleich den ECOSOC ersucht, die Vertraulichkeit der Materialien aufzuheben (Abs. 2)[313].

Der dritte Fall betraf die Situation in Albanien, die seit 1984 im 1503-Verfahren untersucht worden war. Die Kommission hatte 1988 beschlossen, die Behandlung der Situation in das öffentliche Verfahren überzuleiten und die vertraulichen Materialien zu veröffentlichen[314]. In einer für diese Zeit einmaligen Art und Weise entschied der ECOSOC jedoch, diesem Gesuch nicht stattzugeben[315].

V. Die Anzahl der Verfahren

Vor dem Hintergrund der bekanntgewordenen Verfahren und auf der Basis von an verschiedenen Stellen mitgeteilten Zahlen lassen sich einige allgemeine Aussagen zur Menge der auf jeder Stufe im 1503-Verfahren untersuchten Beschwerden bzw. Situationen treffen.

Die Zahl der jährlich im Büro des Hochkommissars für Menschenrechte eingehenden Mitteilungen, die dem 1503-Verfahren zugeführt werden, schwankt auf einem hohen Niveau, doch werden es im Jahresdurchschnitt etwa 20.000 bis 25.000 sein[316]. In einzelnen Jahren sind mehr als 200.000 Mitteilungen gezählt worden - oft Folge von Kampagnen von NGO und zu großen Teilen mit überwiegend identischem Inhalt[317]. Allerdings ist durch die zahlreichen sonstigen, thematischen und länderbezogenen Verfahren der MRK, aber auch die zunehmende Akzeptanz des Beschwerdeverfahrens nach dem Fakultativprotokoll zum IPbpR,

---

[312] *M. Nowak*, NYIL 22 (1991), S. 55.

[313] Siehe dazu oben Fn. 28, S. 304.

[314] MRK, Entscheidung 1988/17 vom 02.03.1988, in: E/1988/12; E/CN.4/1988/88, chapter II section A (S. 66), draft decision II, ebd. chapter I section B (S. 10). *M. Nowak*, NYIL 22 (1991), S. 55.

[315] *Brody/Weissbrodt*, HRQ 11 (1989), S. 589; *Lillich/Hannum* S. 366; *O'Donovan*, in: Alston (Hrsg.), The United Nations and Human Rights S. 121.

[316] *Ize-Charrin*, 1503: A Serious Procedure, S. 3; *Weissbrodt/Parker*, S. 12. Für eine Aufstellung der seit der Einführung des 1503-Verfahrens vorhandenen Zahlen siehe Tabelle II in Anhang 1, S. 669.

[317] *Alston*, Commission on Human Rights, in: ders. (Hrsg.), The United Nations and Human Rights, S. 146; *Karl*, BerDGV 33 (1994), S. 105; *Weissbrodt/Parker*, S. 12.

die Zahl der dem 1503-Verfahren zugeleiteten Beschwerden seit Beginn der achtziger Jahre zurückgegangen[318].

Aus dieser Menge von Beschwerden filterte die WGC ungefähr 30 in einem Umfang von etwa 1000 Seiten heraus und leitete diese weiter[319]. Etwa 20 bis 30 Mitteilungen werden zudem zur weiteren Behandlung mit neuen Informationen auf die nächste Sitzung im Folgejahr verschoben[320]. So werden schätzungsweise weniger als 1 % aller eingehenden Beschwerden von der WGC weitergeleitet[321], während die übrigen nicht weiter verfolgt werden[322]. Regelmäßig werden etwa fünf bis zehn, in einzelnen Jahren auch 15 bis hin zu 25 Situationen von der WGC weitergeleitet[323]. Die Unterkommission nahm im alten Verfahren jeweils etwas weniger Situationen, die „einen Gesamtzusammenhang grober und glaubwürdig bezeugter Menschenrechtsverletzungen" erkennen lassen, in ihren Bericht an die MRK auf, nur selten mehr als zehn[324]. Je Situation wird dabei auf ein bis drei Einzelbeschwerden zur Identifizierung einer Situation zurückgegriffen[325]. Bei wiederholter Behandlung eines Landes in der MRK wurden von der

---

318 *Ize-Charrin*, 1503: A Serious Procedure, S. 3.

319 *Ize-Charrin*, 1503: A Serious Procedure, S. 4; *Weissbrodt/Parker,* S. 12: etwa zwei Dutzend weitergeleiteter Beschwerden.

320 *Ize-Charrin*, 1503: A Serious Procedure, S. 4.

321 *Eide*, in: Alston (Hrsg.), The United Nations and Human Rights, S. 232; *M. Nowak*, NYIL 22 (1991), S. 49.

322 *Bartolomei,* S. 76.

323 *Bartolomei,* S. 76 spricht von etwa 10 bis 20 Situationen, die die Arbeitsgruppe herausfiltert; 1990 betraf dies insgesamt 14 Länder (*M. Nowak*, NYIL 22 [1991], S. 50).

Bei der ersten Anwendung des 1503-Verfahren 1972 leitete die Arbeitsgruppe Mitteilungen zu insgesamt drei Situationen weiter (in Portugal, Griechenland und dem Iran) - Int.Comm.J.Rev. 9 (1972), S. 6.

324 *Alston,* Commission on Human Rights, in: ders. (Hrsg.), The United Nations and Human Rights, S. 147; *Partsch*, Hoffen auf Menschenrechte, S. 82f.; *Weissbrodt/Parker,* S. 13; *Bartolomei,* S. 77, spricht von nicht mehr als einem Dutzend.

Für das Jahr 1975 berichtet *Ermacora* von acht weitergeleiteten Situationen (*Ermacora*, RDH 7 [1974], S. 674); 1990 waren dies fünf der ihr überwiesenen 14; vier weitere wurden zur erneuten Behandlung in der Unterkommission verschoben (*M. Nowak*, NYIL 22 [1991], S. 50).

Abgesehen von 1986, als die Sitzung der Unterkommission nicht stattfand, überwies sie aber in jedem Jahr mindestens eine Situation an die Kommission - *Lillich/Hannum*, S. 366.

325 *Bartolomei,* S. 76; *Ermacora*, RDH 7 (1974), S. 687, Anm. 16 für das Jahr 1975. Dabei handelte es sich überwiegend um Beschwerden von NGO - *Ermacora*, ebd.

Unterkommission zum Teil auch mehr Beschwerden weitergeleitet. Im Durchschnitt erreichten die Kommission im 1503-Verfahren jährlich etwa 130 Dokumente mit einem Umfang von insgesamt 2700 Seiten[326]. Insbesondere durch die Möglichkeit, selbständig Situationen unter Beobachtung zu halten, konnte die Unterkommission manche Verfahren bereits auf dieser Ebene zu einem Abschluß bringen[327]. Mit der Ausschaltung der Unterkommission wird sich für das Ergebnis der WGC vermutlich keine wesentliche Änderung ergeben. Eine gewisse Filterwirkung kommt nunmehr aber - anstelle der Unterkommission - der WGS zu, so daß im Ergebnis die Anzahl der in der Kommission behandelten Situationen in etwa gleich bleiben wird. Für diese folgt *de facto* eine Begrenzung schon aus der zur Verfügung stehenden Zeit. Aus der Übersicht der untersuchten Staaten ergibt sich, daß in der Regel etwa sieben bis zehn, in Ausnahmefällen auch einmal 15 bis 17 Staaten auf der vertraulichen Tagesordnung des 1503-Verfahrens einer Sitzungsperiode stehen[328]. Allein der Umstand, daß eine Situation zur Behandlung auf die Tagesordnung gesetzt wurde, ist freilich noch keine Gewähr für deren umfassende und abschließende Erörterung[329].

VI. Die Dauer des Verfahrens

Der Überblick über die im 1503-Verfahren behandelten Länder zeigt, daß bestimmte Situationen für einen erheblichen Zeitraum im vertraulichen 1503-Verfahren untersucht wurden, ohne daß es zu einem Abschluß - gleich welcher Art - kam. Beispielsweise war die Menschenrechtslage in Paraguay von 1978 bis 1990, also insgesamt 13 Jahre, Gegenstand eines vertraulichen 1503-Verfahrens[330]. Nicht eingerechnet in die aus der Tabelle ersichtlichen Zeiten sind die möglichen „Verzögerungen", die auf der Ebene der WGC - und seinerzeit noch

---

326 *Ize-Charrin*, 1503: A Serious Procedure, S. 6.

327 Beispielsweise hatte die Unterkommission - einer Bemerkung in der MRK 1979 zufolge - im Jahr zuvor entschieden, daß sie die Situation in Sri Lanka in der Schwebe hielt und zur weiteren Behandlung auf ihrer 32. Sitzung bestimmt hatte - CHR, Summary record, 1501st meeting [01.03.1979], E/CN.4/SR.1501 (15.03.1979), Abs. 21 (Österreich). In der MRK war das Land jedoch nie Gegenstand der Behandlung.

328 *Alston*, Commission on Human Rights, in: ders. (Hrsg.), The United Nations and Human Rights, S. 151; ähnlich auch *Khol*, Zwischen Staat und Weltstaat, S. 136. Vgl. auch die Aufstellung in Tabelle II (Anhang 1, S. 669).

329 So hatte die Kommission auf ihrer 34. Sitzung die Behandlung dreier Situationen vertagt, ohne daß eine entsprechende Resolution verabschiedet wurde oder auch nur bei der erneuten Behandlung die WGS beteiligt worden war - CHR, Summary record, 1501st meeting [01.03.1979], E/CN.4/SR.1501 (15.03.1979), Abs. 8.

330 *M. Nowak*, NYIL 22 (1991), S. 55.

der Unterkommission - durch die Verschiebung der weiteren Behandlung um ein Jahr entstehen. Zu der durch den komplexen Ablauf und den nicht-ständigen Charakter der beteiligten Gremien bedingten „Binnendauer" eines „Verfahrenszyklus" kommt so noch die Verzögerung in Jahreszeiträumen. Denn selbst wenn sich letztendlich die Kommission mit der Situation auseinandersetzt, ist es weiterhin äußerst zweifelhaft, ob sie während einer Sitzungsperiode signifikante Beschlüsse faßt. Weitere Verzögerungen durch die - zuweilen wiederholte - Aufschiebung der Behandlung in das nächste Jahr kommen leicht dadurch zustande, daß sich einzelne Mitglieder zu einer entsprechenden Abstimmungshaltung nicht schnell genug entschließen können oder die betroffenen Staaten nur zögernd auf die an sie gerichteten Fragen reagieren[331].

Zu ergänzen bleibt, daß die erhebliche Dauer der Verfahren von mehreren Jahren nicht nur im vertraulichen Verfahren zu verzeichnen ist, sondern auch bei den öffentlichen Untersuchungen[332]. Es handelt sich insofern um ein strukturelles Problem sämtlicher Verfahren der Kommission.

---

[331] *Partsch*, Hoffen auf Menschenrechte, S. 83; *Bartolomei*, S. 231.

[332] Beispielsweise war die Situation in El Salvador mehr als zehn Jahre Gegenstand des öffentlichen 1235-Verfahren - *M. Nowak*, NYIL 22 (1991), S. 61.

§ 22. Das Ziel des Verfahrens

Geeigneter Ausgangspunkt für eine kritische Untersuchung des 1503-Verfahrens ist das mit seiner Durchführung verfolgte Ziel. Als Fernziel steht dabei das allen internationalen Mechanismen gemeine Bestreben im Raum, Menschenrechtsverletzungen abzustellen und zu verhindern[1]. Zu fragen ist hier jedoch, auf welche Weise das 1503-Verfahren idealerweise dazu beitragen soll und kann. Die nachfolgenden Ausführungen beschränken sich dafür auf eine interne Perspektive und versuchen, das direkte Ziel des Verfahrens zu identifizieren, also die von ihm einzunehmende Funktion aus Sicht der für seine Einrichtung und spätere Praxis verantwortlichen Beteiligten[2].

I. Die Umstände der Verabschiedung von Resolution 1503

Ein erster Anhaltspunkt für die Beantwortung jener Frage läßt sich aus der Entstehungsgeschichte des Verfahrens gewinnen. Von Beginn an hatte sich für die UNO die Frage gestellt, wie mit den eingehenden Beschwerden über Menschenrechtsverletzungen zu verfahren sei, die insoweit eine wertvolle und detaillierte Informationsquelle darstellten. Es war zumindest paradox, daß die mit der Förderung der Achtung der Menschenrechte beauftragte Weltorganisation die ihr vorliegenden Informationen nicht zu nutzen vermochte.

Es läßt sich so zumindest von einem faktischen - und immer wieder aktualisierten - Druck sprechen, auf die berichteten Verletzungen einzugehen bzw. zumindest die darin enthaltenen Informationen im Sinne von Art. 1 Abs. 3 UN-Charta zu nutzen[3]. Es bestand zwar von Anfang die Möglichkeit für die Mitglieder der MRK, sich dieser Informationsquelle zu bedienen, doch wurde das hierfür vorgesehene Verfahren praktisch nicht genutzt, sondern verkam zur bloßen Förmlichkeit[4]. Die verschiedenen Bemühungen um eine Revision der *No power*-Doktrin zielten darauf ab, der MRK eine Reaktion auf geschehene und berichtete Menschenrechtsverletzungen zu ermöglichen. Auch wenn hinter einzelnen Versuchen zum Teil durchsichtige politische Motive standen[5] und die Vorstöße gele-

---

[1] Siehe hierzu ausführlich unten § 35.II.A., S. 626.

[2] Zur Frage, ob und wie das Verfahren in seiner Ausgestaltung zur Erreichung dieses Fernzieles beitragen kann, siehe unten § 35.II.B., S. 627.

[3] Siehe dazu oben § 1.I., S. 177. Nach *Bruegel*, ICLQ 2 (1953), S. 543 hätte schon allein die große Anzahl der Beschwerden bereits in den fünfziger Jahren die Einrichtung eines Verfahrens gerechtfertigt.

[4] Siehe oben § 14.IV., S. 197.

[5] Siehe oben § 14.II.E., bei Fn. 74, S. 189.

gentlich nur die Behandlung einer oder mehrerer bestimmter Situationen avisierten, war doch das eigentliche Ziel immer, auf die berichteten Menschenrechtsverletzungen in irgendeiner Form auf internationaler Ebene zu reagieren und dadurch künftigen Schutz zu bewirken. Es konnte dabei - schon wegen der eingeschränkten Befugnisse von Kommission und ECOSOC - nicht um Maßnahmen zur direkten Abhilfe gehen. Allein ein politisch wirkendes Instrumentarium konnte hierfür Anwendung finden.

Gerade dies war beabsichtigt, als der Sonderausschuß für Entkolonialisierung die MRK aufforderte, die erhaltenen Beschwerden auf Hinweise zu schweren Menschenrechtsverletzungen in Kolonien und anderen abhängigen Gebieten zu überprüfen. Es ging dabei weniger um eine öffentliche Verurteilung oder Ermahnung der jeweiligen Staaten oder gar die Auferlegung irgendwelcher Sanktionen. Viel eher sollte eine umfassende Aufarbeitung der tatsächlichen Situation unter menschenrechtlichen Aspekten erfolgen, über die an die zuständigen Hauptorgane - den ECOSOC und die Generalversammlung - zu berichten sein würde. Dabei war das unmittelbare Ziel nicht die Einrichtung eigener Untersuchungsmöglichkeiten, sondern die Erschließung bisher ungenutzter Informationsquellen für die Kommission und die Weltorganisation als ganzer. Ein Ziel des mit Res. 1503 (XLVIII) eingeführten Verfahrens bestand folglich darin, die von Einzelnen und NGO unterbreiteten Informationen nutzbar zu machen[6].

Bemerkenswert ist in diesem Zusammenhang schließlich, daß Res. 1235 (XLII) im gleichen Jahr wie die beiden Menschenrechtspakte und das Fakultativprotokoll verabschiedet wurde. Letzteres setzte zum ersten Mal ein umfassendes Beschwerderecht auf der universalen Ebene fest und ermöglichte so ein Eingehen auf individuelle Beschwerden durch ein internationales Gremium - auf vertraglicher Grundlage und mit dem Ziel der individuellen Beurteilung eines Einzelfalles. Ersichtlich wurde Bedarf für einen außervertraglichen Kontrollmechanismus auch neben dem vertraglichen gesehen[7]. Einmal mußte das In-

---

[6] Report prepared by the Secretary-General pursuant to Decision 4 (XXXIII) of the Commission on Human Rights (Addendum), E/CN.4/1273/Add.1 (26.01.1978), Abs. 5.

[7] Die Zweiteilung in ein eher politisch wirkendes außervertragliches Verfahren und ein strenger rechtlich ausgerichtetes, vertragliches Beschwerdeverfahren war bereits 1947 von einer Arbeitsgruppe der MRK entwickelt worden. Als erste Maßnahme zur Implementierung der Menschenrechtsnormen sollte ein außervertraglicher Mechanismus eingerichtet werden, und zwar parallel zu einem später zu verabschiedenden vertraglichen Verfahren. Dieser Mechanismus sollte allein der Information dienen, also ein „Mitteilungsverfahren" sein, aber universal Anwendung finden - Report of the Commission on Human Rights, Second Session, E/600 (17.12.1947): Annex C, Part I: Report of the Working Group on Implementation, Abs. 36, S. 51.

krafttreten der vertraglichen Instrumente noch in weiter Ferne scheinen. Zum anderen war es gerade in bezug auf Situationen mit besonders schweren Menschenrechtsverletzungen - wie die in Res. 1235 (XLII) erwähnten in Südafrika und Südrhodesien - unwahrscheinlich, daß die verantwortlichen Staaten sich dem Mechanismus unterwerfen würden.

II. Die Konzeption der Resolutionen 1503 und 1235

Mit dem für das vertrauliche Verfahren maßgeblichen Abs. 2 Res. 1235 (XLII)[8] wurden Kommission und Unterkommission ermächtigt, Informationen über grobe Verletzungen der Menschenrechte zu erörtern, die in den Individualbeschwerden enthalten sind. Die Kommission konnte, auf der zweiten Stufe, die weitergehende Untersuchung einer in den Beschwerden offenkundig gewordenen Situation einleiten und sodann dem ECOSOC auf der Grundlage der dabei gewonnenen Erkenntnisse über die Lage der Menschenrechte einen Bericht mit diesbezüglichen Empfehlungen erstatten. Resolution 1503 (XLVIII) ergänzt und verfeinert diese Vorgaben in bezug auf die Prüfung der Eingaben und hinsichtlich der Untersuchungsmöglichkeiten der Kommission. Die Vorprüfung und Auslese der Einzelbeschwerden wird in einem zweistufigen Verfahren der Unterkommission und einer von dieser einzusetzenden Arbeitsgruppe übertragen. Die Kommission selbst befaßt sich sodann allein mit den von der Unterkommission identifizierten „Situationen" systematischer und schwerer Menschenrechtsverletzungen - Menschenrechtsverletzungen, die diese Qualifizierung nicht erfüllen, fallen von vornherein aus dem Anwendungsbereich der Regelung[9].

Zur tatsächlichen Untersuchung dieser Situationen stehen der Kommission zwei verschiedene Mechanismen zur Verfügung: die Durchführung einer eingehenden Studie oder die Einsetzung eines Untersuchungsausschusses (Abs. 6). Den Abschluß ihrer Tätigkeit bildet im ersten Fall - und dies ist das weiteste, was hiermit erreicht werden kann[10] - ein Bericht an den ECOSOC, gegebenenfalls mit Empfehlungen[11]. Aufgabe der Kommission ist danach prinzipiell die Tatsachenerforschung. In bezug auf die zweite Variante, die Einsetzung eines Untersu-

---

[8] Siehe oben § 15.II., S. 211.

[9] Ein derartige Beschränkung des Gegenstandes eines außervertraglichen Verfahrens auf schwerste Menschenrechtsverletzungen oder solche, die einen entsprechend großen Widerhall in der öffentlichen Meinung hervorgerufen hatten, war schon frühzeitig in Erwägung gezogen worden - siehe nur Siehe oben § 14.II.A., bei Fn. 34, S. 182.

[10] *Simma/Steiner*, in: dies./Kriele, Menschenrechte für Deutsche in Osteuropa, S. 39.

[11] *Tardu/McCarthy*, S. 19.

chungsausschusses gemäß Abs. 6 lit. b) Res. 1503 (XLVIII), ist eine Empfehlung an den Rat explizit nicht vorgesehen. Die eigentliche Aufgabe war hier die Untersuchung der beschwerdegegenständlichen Vorkommnisse einschließlich einer Untersuchung vor Ort. Daneben war mit dieser - praktisch nie durchgeführten - Möglichkeit auch ein zweiter Gesichtspunkt umgesetzt worden. Gemäß Abs. 7 lit. d) Res. 1503 (XLVIII) hatte der Ausschuß in allen Verfahrensstadien auf eine einvernehmliche Lösung hinzuarbeiten. Ein komplementäres Ziel des Verfahrens war somit die einvernehmliche Beilegung des Konfliktes auf dem Verhandlungswege[12].

Zusammengefaßt zeigt eine Analyse der ursprünglich maßgeblichen Texte, daß das 1503-Verfahren ursprünglich als ein Informationsverarbeitungs- und -beschaffungsverfahren für den ECOSOC konzipiert war, welches Individualbeschwerden zum Ausgangspunkt hat und durch Elemente der einvernehmlichen Streitbeilegung ergänzt wird.

III. Das Verfahrensziel nach Resolution 2000/3

Bei Betrachtung der Praxis wird jedoch deutlich, daß die ursprüngliche Konzeption nur teilweise so auch umgesetzt wurde. Bereits die Praxis des alten Verfahrens entwickelte eine gänzlich andere Zielsetzung, die nunmehr in Res. 2000/3 ihre Bestätigung gefunden hat.

A. Informationsbeschaffung

Zu einem Abschluß des Verfahrens im engeren Sinne in Form eines abschließenden Berichtes der Kommission an den ECOSOC kam es nur in drei Fällen. Angesichts der mittlerweile erheblichen Anzahl von behandelten Ländern läßt sich schon aus dieser Tatsache erkennen, daß das primäre Ziel nicht Informationsbeschaffung und Erstellung von Empfehlungen für den ECOSOC ist. Dies wird nicht zuletzt durch die außerordentliche Schwerfälligkeit und Langwierigkeit der Behandlung einer Situation in diesem Verfahren verdeutlicht[13]. Allerdings wird - und insoweit ist dieser Ansatz zumindest in einem Teilaspekt durchaus von der Praxis akzeptiert - ein Großteil der Arbeit der beteiligten Organe auf die Untersuchung und Tatsachenermittlung verwendet[14]. Die Tatsachenermittlung (*Fact-*

---

[12] So auch schon 1968 *Humphrey*, der ganz allgemein neben dem Staatenberichts- und dem Staatenbeschwerdesystem die Umsetzung der Menschenrechte anhand von Individualbeschwerden *mit dem Ziel der Streitschlichtung* sieht (ILA Report 53 [1968], S. 438).

[13] Siehe dazu oben § 21.VI. S. 351.

[14] Zu den verschiedenen Methoden der Informationsbeschaffung im 1503-Verfahren siehe unten, § 1.I. S. 451.

finding) ist daher durchaus eine wesentliche Teilaufgabe eines solchen Verfahrens[15]. Insoweit trifft die weitverbreitete pauschale Einschätzung zu, Zweck des 1503-Verfahrens sei die Identifizierung menschenrechtsfeindlicher Systeme[16], die Feststellung eines *consistent pattern of gross violations of human rights* (Gesamtzusammenhang grober Menschenrechtsverletzungen)[17]. Wie schon oben verdeutlicht wurde, ist dies aber grundsätzlich nicht mehr die Aufgabe der Kommission an sich. Verantwortlich für die Identifizierung einer solchen Situation war vielmehr die Unterkommission und ist nun allein die WGC. Eine weitergehende Untersuchung stellt die Kommission aber nur dann an, wenn sie selbst vom Vorliegen einer solchen Situation überzeugt ist, also das Ergebnis ihres Hilfsorgans bestätigt.

Diese weiterführenden Untersuchungen - in Form der Errichtung direkter Kontakte und der weiterhin eingehenden Beschwerden - sind nicht primär als Informationsbeschaffung für den ECOSOC oder die Generalversammlung gedacht. Es ist vielmehr die Kommission selbst, die sich einen umfassenden Einblick in die Lage in einem bestimmten Land verschaffen will. Das gilt in besonderem Maße im Hinblick auf die Überleitung einer im 1503-Verfahren behandelten Situation in das öffentliche Verfahren - dogmatisch ein Abbruch des ersteren und der Neubeginn eines länderbezogenen Verfahrens nach Res. 1235 (XLII)[18]. Die vertrauliche Untersuchung kann so u.U. mit der Behandlung der in den eingegangenen Beschwerden enthaltenen Informationen eine wichtige Vorstufe für die Entscheidung darstellen, ob eine entsprechende Situation nicht besser im öffentlichen länderbezogenen Verfahren untersucht werden sollte[19]. Die Zielrichtung der

---

[15] CHR, Summary record of the 1307th meeting [14.02.1975], E/CN.4/SR.1290-1308 (27.06.1975), S. 161 (Niederlande); *Ansbach*, AVR 31 (1991), S. 245: „...ein fact finding-Verfahren..."

Die Bedeutung der unparteiischen Tatsachenermittlung für eine friedliche Beilegung von Streitigkeiten wurde von der Generalversammlung bereits im Jahre 1966 mit Res. 2182 (XXI) herausgestellt - vgl. *Carey*, UN Protection, S. 94.

[16] *Partsch*, Hoffen auf Menschenrechte, S. 82; *Bartolomei*, S. 65; *Ramcharan*, The Concept and Present Status of International Protection, S. 137; *Simma/Steiner*, in: dies./Kriele, Menschenrechte für Deutsche in Osteuropa, S. 40; *Tardu/McCarthy*, S. 11; *Tardu*, in: FS Partsch, S. 292; *Ansbach*, AVR 31 (1991), S. 244; vgl. auch *Tardu*, A/Conf.157/PC/60/Add.5, Abs. 144.

[17] *Buergenthal*, International Human Rights, S. 92; *M. Nowak*, NYIL 22 (1991), S. 49; *Tolley*, HRQ 6 (1984), S. 443.

[18] Vgl. *Bartolomei*, S. 240f. Siehe dazu oben § 19.IV.D., S. 281.

[19] Tatsächlich ging den meisten öffentlichen länderbezogenen Verfahren nach Res. 1235 (XLII) eine vertrauliche Behandlung der Situation voraus - *Bartolomei*, S. 240f.

Informationsgewinnung hat sich somit geändert. Es soll nicht mehr der Rat informiert werden, sondern wenigstens teilweise die Tatsachengrundlage für die eigene Tätigkeit im Rahmen der öffentlichen länderbezogenen Verfahren geklärt werden[20].

Res. 2000/3 bestätigt diesen Schwerpunkt implizit. Der ursprünglich vorgesehene Abschluß des Verfahrens im ECOSOC erscheint außerhalb der Vorschrift über die Vertraulichkeit (Abs. 9) überhaupt nicht mehr. Dafür wird die Überleitung einer Situation in das öffentliche Verfahren nunmehr ausdrücklich sanktioniert (Abs. 7 lit. d] Ziff. [iv]). Eine grundlegende Änderung der Teilaufgabe Informationsbeschaffung war also offenkundig mit der Reform nicht verbunden.

B. Kooperation mit den Staaten

In engem Zusammenhang zur Informationsbeschaffung steht die zweite, in der Praxis wohl wichtigere Funktion. Aus dem Umstand, daß nur wenige Verfahren wirklich zu einem befriedigenden Ende geführt wurden, und in Anbetracht der erheblichen Verfahrensdauer wird deutlich, daß es nicht in erster Linie auf einen Abschluß des Verfahrens ankommt. Vielmehr ist die immer wieder verlängerte Behandlung einer Angelegenheit (im Wege der Verschiebung einer abschließenden Entscheidung auf die nächste Sitzung) die übliche Vorgehensweise der Kommission[21]. Außer der zusätzlichen Informationsgewinnung ist damit hauptsächlich beabsichtigt, die angeschuldigte Regierung zur Kooperation mit der Kommission zu ermuntern[22]. Entsprechend dem schon in Abs. 7 lit. d) Res. 1503 (XLVIII) anklingenden Gedanken der einvernehmlichen Streitbeilegung[23] soll so durch einen gemeinsamen Ansatz die Situation im Dialog verbessert werden. Diese Ausrichtung wird durch die allgemeine Vertraulichkeit des Verfahrens unterstrichen, die einen Anreiz für den Staat zur Kooperation darstellt. Darüber hinaus haben etliche nachträgliche Änderungen des Verfahrens eine stärkere Beteiligung der betroffenen Regierungen auf allen Stufen des Verfahrens

[20] Der Umstand, daß im öffentlichen Verfahren auf das bis dahin gesammelte vertrauliche Material nicht zurückgegriffen werden darf - vgl. unten § 25.II.D.3., S. 444 – ändert hieran nichts.

[21] Siehe oben § 21.IV.A., S. 341.

[22] *Guest*, S. 440; *Tomuschat*, VN 1976, S. 173; so auch das US-amerikanische Mitglied in der Kommission - CHR, Summary record of the 1306th meeting [14.02.1975], E/CN.4/SR.1290-1308 (27.06.1975), S. 149.

[23] Siehe oben bei Fn. 12.

ermöglicht[24]. Am deutlichsten weist die Möglichkeit der Aufnahme direkter Kontakte auf dieses Grundprinzip der Kooperation hin.

Der Ansatz des Verfahrens ist somit kein konfrontativer, der primär auf die Verantwortlichkeit des Staates abstellt, sondern ein kooperationsorientierter, der als Ausgangspunkt für eine einvernehmliche Lösung der Problematik mit dem verantwortlichen Staat den humanitären Aspekt, also die Situation der Menschen[25], herausstellt. Mit der anhaltenden Beobachtung der Situation durch die in der MRK versammelten Staatenvertreter werden, so die Hoffnung, weitere massive Menschenrechtsverletzungen unterbunden[26]. Eine Regierung soll so „im Guten" von der Sorge der Staatengemeinschaft um die Beachtung der Menschenrechte überzeugt werden[27].

Die Einleitung wirklicher Kooperation und ihre Aufrechterhaltung zum Nutzen der konkret bedrohten Menschen ist somit ein weiteres, mit Res. 2000/3 bestätigtes Ziel des 1503-Verfahrens[28], welches freilich zunächst eine angemessene Tatsachenaufklärung voraussetzt.

C. Gesamtziel

Mithin setzt sich das unmittelbare Ziel des Verfahrens praktisch aus zwei Teilbereichen zusammen: Tatsachenaufklärung und Dialog mit der Regierung. Beide Aspekte fließen in die eigentlichen Aktivitäten der MRK ein. Auf der Grundlage der verschiedenen Informationen kommt es unter Beteiligung eines Vertreters des betroffenen Landes zu einer jährlichen Erörterung der Situation auf

---

[24] Bis dahin war die Beteiligung des beschuldigten Staaten auf das Recht zur schriftlichen Entgegnung auf die eingegangene Beschwerde zu Beginn des Verfahrens beschränkt. Zu den verschiedenen Beteiligungsrechten einer Regierung siehe noch unten § 26.II.B., S. 463.

[25] CHR, Summary record of the 1307th meeting [14.02.1975], E/CN.4/SR.1290-1308 (27.06.1975), S. 166 (International Youth and Students Movement for the UN - *Frank C. Newman*).

[26] Vgl. *Bartolomei,* S. 65; *Ramcharan*, The Concept and Present Status of International Protection, S. 138.

[27] *Tomuschat*, „Menschenrechte" in: Wolfrum (Hrsg.), Handbuch Vereinte Nationen, Rn. 7; *Tomuschat*, VN 1976, S. 177; *Ramcharan*, The Concept and Present Status of International Protection, S. 138.

[28] *Ramcharan*, The Concept and Present Status of International Protection, S. 137. Auf diesen Aspekt als das eigentliche Ziel des 1503-Verfahrens verweist bereits 1978 eine Stellungnahme Argentiniens - Report prepared by the Secretary-General pursuant to Decision 4 (XXXIII) of the Commission on Human Rights (Addendum), E/CN.4/1273/Add.1 (26.01.1978), S. 5.

höchster politischer Ebene im Menschenrechtsbereich. Eine solche aufrichtige Diskussion über die behaupteten Menschenrechtsverletzungen in der Kommission ist so das eigentliche Nahziel[29]. Am Ende steht - von der Ausnahme der Überleitung in das öffentliche Verfahren abgesehen - eine Resolution mit einer Stellungnahme zu den behaupteten Menschenrechtsverletzungen. Auch wenn Zweifel an der rechtlichen Relevanz einer solchen Verurteilung bestehen[30], hat diese in einem Gremium wie der MRK selbst in der Vertraulichkeit ungleich stärkere Auswirkungen als die gleiche - bzw. regelmäßig schärfere - Kritik durch NGO oder andere private Gruppen[31].

Beide genannten Aspekte sind jedoch auch Bestandteil eines im 1503-Verfahren wiederkehrenden dreistufigen Ansatzes für die Reaktion auf grobe systematische Menschenrechtsverletzungen: unabhängige Untersuchung der Sachverhalte, Verhandlungen mit der verantwortlichen Regierung und gegebenenfalls der Gang an die Öffentlichkeit[32].

D. Der Schutz des Einzelnen

Der unmittelbare Schutz des einzelnen Opfers, oder die Abhilfe der Rechtsverletzungen, ist nicht das primäre Ziel des Verfahrens[33]. Dies mag besonders deswegen erstaunen, weil gerade die Eingaben und Beschwerden der von den Verletzungen Betroffenen Auslöser des Verfahrens sind. Die Besonderheit des Verfahrens ist aber gerade die Beschränkung auf grobe und systematische Menschenrechtsverletzungen im Sinne eines „Gesamtzusammenhangs"[34]: die Verursachung derartiger Menschenrechtsverletzungen bedeutet eine andere Qualität des Bruchs völkerrechtlicher Normen als eine einzelnen Verletzung[35].

---

[29] Report of the Secretary-General, Effective Functioning of the Various Mechanisms ..., E/CN.4/1994/42 (14.02.1994), Abs. 66.

[30] *Ansbach*, AVR 31 (1991), S. 245.

[31] *Tolley*, The U.N. Commission on Human Rights, S. 210.

[32] Study of the Apartheid and Racial Discrimination in Southern Africa, E/CN.4/949/Add.4 (23.01.1968), Abs. 1493.

[33] *Ermacora*, RDH 7 (1974), S. 686; *Meißner*, S. 20, 21; *Marie*, S. 315; *M. Nowak*, NYIL 22 (1991), S. 49; *Partsch*, Hoffen auf Menschenrechte, S. 82; *Simma/Steiner*, in: dies./Kriele, Menschenrechte für Deutsche in Osteuropa, S. 39f.; *Tardu*, Santa Clara Law Rev. 20 (1980), S. 561; *Tomuschat*, ZSchwR 108/I, S. 9; *Tolley*, HRQ 6 (1984), S. 443.

[34] *Buergenthal*, International Human Rights, S. 92; *M. Nowak*, NYIL 22 (1991), S. 86. Siehe noch ausführlich unten § 24.II.B., S. 410.

[35] YBILC 1976, vol. II, Part Two, S. 94, Anm. 438.

Die zeitlichen Aspekte des Verfahrens, d.h. seine Komplexität und absolute Länge, machen zudem deutlich, daß eine adäquate Behandlung eines Einzelfalles gar nicht möglich ist. Auch wenn diese zwingende Folge der im Verfahrensablauf angelegten Langsamkeit Gegenstand verschiedentlich geäußerter Kritik war[36], hat auch die jüngste Änderung des Verfahrens hier keine Abhilfe geschaffen. Effektiver Individualschutz kann somit kein (erreichbares) Primärziel des Verfahrens sein.

Gleichwohl kann die Durchführung eines 1503-Verfahrens und die Tatsache, daß sich der Staat unter internationaler Beobachtung weiß, dazu beitragen, daß in den Beschwerden erwähnte Einzelpersonen wie auch sonstige Betroffene vor verstärkten Menschenrechtsverletzungen geschützt und so u.U. in Einzelfällen auch geholfen werden kann[37].

IV. Ergebnis

Die unmittelbaren Ziele bzw. Aufgaben des 1503-Verfahrens beschränken sich somit auf zwei Punkte. Zum einen ist die Aufklärung von Tatsachen und die damit zusammenhängende Identifizierung von systematischen und groben Menschenrechtsverletzungen bezweckt, wobei weder die Information des ECOSOC noch die Bekanntgabe schwerster Verletzungen an die Weltöffentlichkeit im Vordergrund steht. Das zweite Ziel ist die Aufrechterhaltung eines Dialogs mit der Regierung, der zwar formell zunächst zu einer besseren Aufklärung der Tatsachen beitragen soll, *de facto* aber auch nachdrücklich mit der Absicht geführt wird, eine konkrete Verbesserung der Menschenrechtslage im Lande zu erreichen. Beide Aspekte kulminieren in dem Nahziel einer angemessenen Debatte der Situation in der Kommission und einer entsprechenden abschließenden Resolution. Das Verfahren dient somit nicht unmittelbar der Durchsetzung der Men-

---

[36] Siehe nur den Report prepared by the Secretary-General pursuant to decision 4 (XXXIII) of the Commission on Human Rights, E/CN.4/1273 (01.12.1977), Abs. 34.

[37] *Alston,* Commission on Human Rights, in: ders. (Hrsg.), The United Nations and Human Rights, S. 151; *Ramcharan*, The Concept and Present Status of International Protection, S. 138. Siehe hierzu noch ausführlich unten § 29.

Beispielsweise besteht die Möglichkeit, daß in der am Ende stehenden Entschließung des ECOSOC oder der Generalversammlung der konkrete Fall eines prominenten Opfers, sei es ein oppositioneller Politiker, ein Schriftsteller oder ein bedeutender Menschenrechtsaktivist, ausdrücklich Erwähnung findet - *Meißner,* S. 21.

Die Abhilfe schwerer Menschenrechtsverletzungen setzt aber in jedem Fall ein entsprechendes Entgegenkommen und die Kooperationsbereitschaft der betroffenen Regierung voraus - *Noll-Wagenfeld*, VN 1977, S. 182.

schenrechte sondern bezweckt die allgemeine Überwachung ihrer Anwendung sowie die Förderung ihrer Beachtung in konkreten Situationen[38].

---

[38] So auch *Donnelly,* Universal Human Rights, S. 208.

§ 23. Die Beschwerden

Ausgangspunkt des Verfahrens sind die „Mitteilungen" genannten Beschwerden und Petitionen von Privatpersonen und -vereinigungen aus allen Ländern. Auch wenn sie im weiteren Verlauf des Verfahrens nurmehr als Hilfsmittel für die Identifikation eines *consistent pattern* dienen, sind doch gerade sie es, die das Spezifikum des 1503-Verfahrens ausmachen und den Anlaß für die Schaffung des Verfahrens boten. Die nachfolgenden Ausführungen betreffen die Zulässigkeitskriterien und geben einen Einblick in die Arten der eingereichten Beschwerden. Schließlich ist auf die eigentliche Funktion der individuellen Beschwerden in diesem Verfahren einzugehen.

I. Zulässigkeit

Die Zulässigkeit der Beschwerden wird in den ansonsten oft nicht erschöpfenden Verfahrensbestimmungen mit großer Ausführlichkeit behandelt. Bereits vor Inkrafttreten von Res. 1503 (XLVIII) war das Fehlen klarer Zulässigkeitsrichtlinien ein häufig benutztes Argument gegen die Behandlung der eingegangenen Beschwerden. Die Verabschiedung der Zulässigkeitsvorgaben durch die Unterkommission war zudem eine Vorbedingung für den ohnehin verspäteten Beginn der praktischen Verfahrensdurchführung. Die explizite Regelung verwundert jedoch kaum, insbesondere vor dem Hintergrund, daß die eingelegten Beschwerden eine förmliche Behandlung und Erörterung einfordern. Zulässigkeitsregeln können auch - und dies ist zumindest entstehungsgeschichtlich von entscheidender Bedeutung - durch die Aufstellung möglichst enger Voraussetzungen die Sorge der auf ihre Souveränität bedachten Staaten vor einer zu weit eingreifenden Beschwerdepraxis mindern[1]. Schließlich kann damit zugleich die Arbeitsbelastung der zuständigen Organe sinnvoll beschränkt werden, ein für das 1503-Verfahren angesichts der großen Zahl an jährlichen Beschwerden fast existentieller Gesichtspunkt.

In den verfahrensbestimmenden Resolutionen des ECOSOC - Res. 728 F (XXVIII), Res. 1503 (XLVIII) und Res. 2000/3 - sind hierzu keine Aussagen getroffen[2]. Entsprechend der ursprünglichen Verfahrenskonzeption,

---

[1] Ähnlich *Cassese*, RDH 5 (1972), S. 377, der darauf abstellt, daß mit dem neuen 1503-Verfahren anders als bei dem Vorgehen nach Res. 728 F (XXVIII), wo es lediglich um die Kenntnisnahme der Mitteilungen ging, nunmehr auch konkrete Untersuchungsmöglichkeiten der zuständigen Organe bestehen. Siehe auch die Anmerkungen in der Sitzung der Unterkommission: Report of the 24th Session of the Sub-Commission ..., E/CN.4/1070; E/CN.4/Sub.2/323 (06.10.1971), Abs. 27.

[2] *Cassese*, RDH 5 (1972), S. 377; *Khol*, Zwischen Staat und Weltstaat, S. 137.

nach der die Prüfung der Zulässigkeit der Beschwerden im Verantwortungsbereich der Unterkommission lag, war diese mit der Ausarbeitung der Zulässigkeitsregeln beauftragt worden (Abs. 2 Res. 1503 [XLVIII]). Hier wurde nach kontroversen Debatten mit einjähriger Verzögerung 1971 Res. 1 (XXIV)[3] verabschiedet, die in fünf Absätzen „vorläufige Verfahrensregeln für die Behandlung der Frage der Zulässigkeit von Mitteilungen" enthält. Die Resolution stellt einen Kompromiß in der Unterkommission dar, bei dem besonders die Mitglieder, die sich für eine im Interesse des Menschenrechtsschutzes effektive Ausgestaltung des Verfahrens einsetzten, etliche Zugeständnisse machen mußten[4]. Der politische Kompromißcharakter tritt in den Einzelbestimmungen der Resolution durchweg zu Tage und hat deutliche Kritik an diesem bis heute unverändert gültigen Regelwerk hervorgerufen[5].

A. Der Beschwerdegegenstand

Gegenstand einer zulässigen Beschwerde im 1503-Verfahren können nur schwerwiegende, systematische Menschenrechtsverletzungen sein. Gemäß Abs. 1 lit. b) Res. 1 (XXIV) der Unterkommission sind nur solche Beschwerden statthaft, die „mit einleuchtenden Gründen zur Annahme verleiten", daß sie einen „Gesamtzusammenhang grober und glaubwürdig bezeugter Menschenrechtsverletzungen" aufzuzeigen vermögen[6]. Nach dieser Vorgabe - unter der Überschrift „Maßstäbe und Kriterien" (*standards and criteria*) - müssen die Beschwerden mithin glaubwürdige und nachvollziehbare Informationen über systematische und grobe Verletzungen enthalten[7]. Die Beschwerde muß daher im Regelfall eine

---

[3] „Question of the Violation of Human Rights and Fundamental Freedoms ...." vom 13.08.1971 (s.u. Anhang 3, S. 684); deutsche Übersetzung in *von Mangoldt/Rittberger*, S. 1581ff.

[4] *Schwelb*, VN 1972, S. 84; *Schwelb*, Journal of the Israel Institute for the Study of International Affairs 13 (1974), S. 135. Zur Entstehung der Resolution siehe oben § 15.IV.A., S. 222.

Nach *Marie* erinnern die Zulässigkeitskriterien eng an die bereits vom Völkerbund im Verfahren für Minderheitenpetitionen entwickelten Regeln - *Marie*, S. 10.

[5] Vgl. bereits 1972 *Humphrey/Schwelb*, ILA Report 55 (1972), S. 576.

[6] „...if ... there are reasonable grounds to believe that they may reveal a consistent pattern of gross and reliably attested violations of human rights ..." - Abs. 1 lit. b) Res. 1 (XXIV) der Unterkommission.

[7] Dementsprechend prüft die Arbeitsgruppe auch nicht nur die Zulässigkeit der Beschwerden, sondern ebenso das mögliche Vorliegen eines „Gesamtzusammenhanges grober Menschenrechtsverletzungen" - s.o. § 19.II.B., S. 265.

Reihe gleichgearteter Menschenrechtsverletzungen und deren systematischen Zusammenhang aufzeigen oder erwähnen. Betrifft die Eingabe nur einen einzelnen Fall, so kann sie nur im Zusammenhang mit anderen ein *consistent pattern* aufzeigen[8] und damit zulässig werden. Schon die Verfahrensweise der WGC, über jede Beschwerde einzeln abzustimmen[9], wird aber Einzelfallbeschwerden regelmäßig nicht erfolgreich sein lassen. Im Sekretariat (OHCHR) werden zudem Beschwerden über Einzelfälle dem 1503-Verfahren jedenfalls dann nicht zugeleitet, wenn diese generell in den Anwendungsbereich eines vertraglichen Individualbeschwerdeverfahrens oder eines sonstigen Spezialverfahrens fallen. So ist in der Praxis des Verfahrens in keinem Fall die kombinierte Zulassung einer Einzelfallbeschwerde bekanntgeworden. Eine erfolgreiche Beschwerde muß somit im mindesten ausreichend Hinweise auf einen Zusammenhang grober Menschenrechtsverletzungen enthalten. Regelmäßig werden so nur systematische, groß angelegte Berichte von NGO in diesem Verfahren behandelt werden können[10]. Anderes gilt nur für Massenkampagnen, also identische oder doch ähnliche Beschwerden, die in großer Zahl beim Sekretariat eingehen. Diese erscheinen nur in einer Zusammenfassung auf der Liste der Beschwerden. Als solche müssen sie ebenfalls einen „Gesamtzusammenhang" aufweisen können[11].

Zu den Menschenrechtsverletzungen, die Gegenstand einer statthaften Beschwerde sein können, sind nur Aussagen sehr allgemeiner Art in Abs. 1 lit. a) vorhanden. Dies betrifft jedoch unmittelbar die Frage des Verfahrensgegenstandes und soll erst in diesem Zusammenhang erörtert werden[12].

Die WGC wird freilich angesichts der großen Zahl von Beschwerden zu einer gründlichen Erörterung der materiellen Aspekte, insbesondere was die Reichweite der materiellen Normen und die Einschränkung ihres Schutzbereichs angeht, kaum zu einer gründlichen Prüfung in der Lage sein. Angesichts dessen lag die Durchführung einer gründlichen Sachprüfung und -entscheidung in den weitergeleiteten Situationen zunächst bei der Unterkommission (*Cassese*, RDH 5 [1972], S. 382). Mit der Neugestaltung des Verfahrens ist diese Funktion weggefallen, die WGC ist praktisch das einzige damit befaßte Organ. Siehe zu diesem Fragenkomplex unten sub. G., S. 386.

[8] *Cassese*, RDH 5 (1972), S. 378; *Noll-Wagenfeld*, VN 1977, S. 182.

[9] Siehe oben, § 19.II.B., bei Fn. 34, S. 268.

[10] Kritisch und zweifelnd insofern *Zuijdwijk*, S. 38f.

[11] *Ize-Charrin*, 1503: A Serious Procedure, S. 3. Siehe hierzu noch ausführlich sogleich im Text sub II.B., S. 389f.

[12] Siehe hierzu unten § 24.I.B., nach Fn. 24, S. 397.

B. Beschwerdebefugnis

Die Beschwerdebefugnis im 1503-Verfahren ist sehr weit gefaßt, und zwar sowohl in bezug auf die Identität bzw. Art des Beschwerdeführers (Einzelperson, Gruppe oder Organisation) als auch hinsichtlich seiner Beziehung zur geschehenen Verletzung[13]. Sie erstreckt sich im wesentlichen auf drei Gruppen[14]. Gemäß Abs. 2 lit. a) Res. 1 (XXIV) kann eine zulässige Beschwerde herrühren von (1.) Einzelpersonen und Gruppen, bei denen „vernüftigerweise anzunehmen ist", daß sie Opfer von Menschenrechtsverletzungen waren[15], (2.) Einzelpersonen und Gruppen, die zwar nicht selbst betroffen sind, aber direkte Kenntnis von derartigen Verletzungen haben, sowie schließlich (3.) von NGO[16]. Die Staatsangehörigkeit des Verfassers der Beschwerde ist in jedem Falle unerheblich[17]. Während für

---

[13] *Tardu/McCarthy*, S. 44.

[14] Abs. 2 Res. 1 (XXIV) stellt - im Gegensatz zu Res. 1503 (XLVIII), die solches zuzulassen schien (Int.Comm.J.Rev. 9 [1972], S. 6) - klar, daß Beschwerden von Staaten nicht im Rahmen dieses Verfahrens behandelt werden können - *Simma/Steiner*, in: dies./Kriele, Menschenrechte für Deutsche in Osteuropa, S. 39. Im Ergebnis ebenso, allerdings ohne den Hinweis auf Res. 1 (XXIV), sondern unter Berufung auf die Intention von Res. 1503 (XLVIII), ein Verfahren zur Behandlung von Mitteilungen Einzelner und von NGO zu schaffen: Report prepared by the Secretary-General pursuant to Decision 4 (XXXIII) of the Commission on Human Rights (Addendum), E/CN.4/1273/Add.1 (26.01.1978), Abs. 5.

Angesichts der vielen sonstigen Möglichkeiten, die Behandlung zu erreichen - im öffentlichen Verfahren, mittels einer Staatenbeschwerde oder durch direkte Kontakte - besteht hierfür keine Notwendigkeit (Report prepared by the Secretary-General..., ebd.). Gerade die faktische Bedeutungslosigkeit der zahlreichen Staatenbschwerdeverfahren weist auch auf ein fehlendes Interesse der Regierungen an derartigen Optionen hin.

[15] "... a person or a group of persons who, it can be reasonably presumed, are victims of the violations..." Abs. 2 lit. a) Res. 1 (XXIV) der Unterkommission. *Dormenval*, S. 61, stellt als Besonderheit heraus, daß insofern keine absolute Sicherheit über die Opfereigenschaft vorliegen muß.

[16] *Tardu/McCarthy*, S. 44f.

[17] *Bartolomei*, S. 70; *Simma/Steiner*, in: dies./Kriele, Menschenrechte für Deutsche in Osteuropa, S. 39; *Tardu*, Santa Clara Law Rev. 20 (1980), S. 569; *Tardu/McCarthy*, S. 50. In der Verhandlung der Unterkommission schlug der sowjetische Experte in einem umfangreichen Entwurf für die Resolution über die Zulässigkeit der Beschwerden (später Res. 1 [XXIV]) u.a. vor, die Beschwerdebefugnis nur auf Angehörige des verletzenden Staates zu beschränken - Report of the 23rd session of the Sub-Commission, E/CN.4/1040, E/CN.4/Sub.2/316 (1970), Abs. 183 lit. e). Derartige Einschränkungen fanden aber keine Mehrheit und wurden zurückgewiesen - *Schwelb*, Journal of the Israel Institute for the Study of International Affairs 13 (1974), S. 136; *Tardu*, ebd.; *Tardu/McCarthy*, ebd. In der bekanntgewordenen Praxis stammt der überwiegende Teil der (weitergeleiteten) Mitteilungen von Angehörigen anderer Staaten.

Opfer keinerlei Einschränkungen bestehen, müssen - in Abstufungen - Beschwerdeführer der beiden anderen Gruppen „unmittelbare und zuverlässige Kenntnis"[18] von den berichteten schweren Verletzungen haben, um eine zulässige Beschwerde zu erheben. Wie Abs. 2 lit. c) klarstellt, führt allein die Tatsache, daß die Kenntnis der Verletzungen aus zweiter Hand stammt, nicht zur Unzulässigkeit einer Beschwerde, solange klare Beweise beigefügt sind[19]. Die Möglichkeit, eine Petition auf Informationen aus zweiter Hand zu stützen, besteht ausweislich des Wortlauts nicht für NGO[20] - diese unterliegen insoweit einem strengeren Regime.[21]

Weitere Vorgaben enthält die Resolution für NGO, die Beschwerden zulässigerweise einreichen wollen. Dies betrifft weniger die Beschwerdebefugnis im engeren Sinne, sondern die generelle Akzeptanz von NGO im 1503-Verfahren. Nicht erforderlich ist, daß die besagte Organisation Konsultativstatus innehat[22]. Sie muß aber gemäß Abs. 2 lit. a), will sie zulässigerweise Beschwerden erheben, „in gutem Glauben und in Übereinstimmung mit den anerkannten Grundsätzen der Menschenrechte handeln" und darf keinen „politisch motivierten Standpunkt"

---

[18] "...direct and reliable knowledge of those violations...".

[19] Eine nähere Definition dieser Voraussetzung wird nicht gegeben, auch die Entstehungsgeschichte schweigt hierzu. In der Literatur wird dies so ausgelegt, daß die Klagen durch zusätzliche Beweise - etwa Zeugenberichte oder ergänzende Dokumente - gestützt sein müssen. Eine weitergehende Formulierung *pertinent proof* wurde allerdings abgelehnt - zum ganzen *Tardu/McCarthy,* S. 49f.

Nach *Cassese*, RDH 5 (1972), S. 377f. (ebenso *Zuijdwijk,* S. 30f.), begründet diese Vorschrift eine vierte Gruppe von befugten Beschwerdeführern, nämlich Individuen mit Informationen aus zweiter Hand. Letztlich handelt es sich bei dieser Bestimmung aber nur um eine - allein auf Einzelpersonen anwendbare - Beweisregelung.

Insofern ist insbesondere die Bestimmung in Abs. 3 lit. d) Res. 1 (XXIV) der Unterkommission (dazu unten F.1., S. 383 bei Fn. 101) von Bedeutung, wonach die alleinige Beweisführung anhand von Berichten in Massenmedien eine Beschwerde unzulässig werden läßt - *Tardu/McCarthy,* S. 47.

[20] *Tardu,* Santa Clara Law Rev. 20 (1980), S. 568f.; *Tardu/McCarthy,* S. 45.

[21] *Schwelb,* VN 1972, S. 84; *Schwelb,* Journal of the Israel Institute for the Study of International Affairs 13 (1974), S. 135; *Tardu,* Santa Clara Law Rev. 20 (1980), S. 569.

[22] *Ramcharan,* The Concept and Present Status of International Protection, S. 137; *Tolley,* The U.N. Commission on Human Rights, S. 72. Zum Konsultativstatus von NGO siehe oben § 5.I.B.3, S. 53.

im Widerspruch zu den Bestimmungen der UN-Charta vertreten[23]. Die beteiligten Gremien können so Beschwerden von NGO aus wenig greifbaren Gründen in Einzelfällen für unzulässig zu erklären[24]. Die Vorschrift kann als Platzhalter für politische oder sonstwie außerrechtliche Motive der Entscheidungsträger dienen[25] - eine ständig aktualisierbare Drohung gegen kritische NGO. Selbst allgemein anerkannte, professionell arbeitende NGO in der Unterkommission sind so politischer Motivationen bezichtigt worden[26]. In der Praxis hat dies, soweit ersichtlich, jedoch allenfalls zu einer Selbstdisziplinierung der Organisationen geführt, die für sich genommen keine Auswirkungen auf deren materielle Tätigkeit hatte.

Die Beschwerdebefugnis ist mithin sehr weit gefaßt. Einziges Erfordernis, das aus den Vorgaben über die Informationsquellen folgt, ist eine qualifizierte Nähe des Autors zu den geschehenen Menschenrechtsverletzungen. Diese Nähe muß aus der Beschwerde oder beiliegenden Unterlagen hervorgehen. Enthält die Mitteilung lediglich allgemein zugängliche Informationen, ohne daß ein spezifischer Bezug zur Situation deutlich wird, ist diese nicht zulässig[27]. Ist das minimale Erfordernis einer qualifizierten „Informationsnähe" jedoch erfüllt, ist die Beschwerdebefugnis gegeben. Dies gilt insbesondere auch für NGO, deren Beschwerden zwar grundsätzlich einer schärferen Überwachung unterliegen, die aber häufig allein in der Lage sind, die Initiative zu ergreifen und eine fundierte Beschwerde zur MRK einzureichen[28]. Praktisch handeln sie damit als private Anwälte in Menschenrechtsfragen[29]. Eine weitere Entfernung der Beschwerdeführer zu den Behauptungen - Wissen aus zweiter Hand - ist von diesen durch erhöhte Beweisanforderungen zu kompensieren[30].

---

23 "...acting in good faith in accordance with recognized principles of human rights, not resorting to politically motivated stands contrary to the provisions of the Charter ..." Abs. 2 lit. a) Res. 1 (XXIV) der Unterkommission.

24 *Zuijdwijk,* S. 31.

25 *Eide,* in: Alston (Hrsg.), The United Nations and Human Rights, S. 231.

26 *Eide,* in: Alston (Hrsg.), The United Nations and Human Rights, S. 231.

27 Dies wird besonders deutlich durch die Vorschrift in Abs. 3 lit. d) Res. 1 (XXIV) der Unterkommission, wonach die Beschwerden nicht ausschließlich auf Berichte in Massenmedien gestützt sein dürfen - siehe hierzu unten F.1., S. 382 bei Fn. 101.

28 *Ermacora,* RDH 7 (1974), S. 682.

29 *Ermacora,* RDH 7 (1974), S. 681.

30 Ähnlich *Tardu/McCarthy,* S. 49.

Angesichts der sehr weiten Beschwerdebefugnis wird das 1503-Verfahren mit Recht in die Nähe einer *actio popularis* gerückt[31]. Dies korrespondiert mit der eigentlichen Funktion der Beschwerden im Verfahren[32]: geht es hier nicht um konkrete Abhilfe, so ist es auch nicht erforderlich, daß das Opfer selbst die Beschwerde einlegt, solange der Autor ein verläßlicher Informationsüberbringer ist[33]. Vielmehr wird dem Interesse der Kommission entsprochen, möglichst viele Informationen über Situationen schwerer Menschenrechtsverletzungen zu erhalten[34].

C. Materielle Unzulässigkeitsgründe

Die Eingabe kann aus inhaltlichen Gründen unzulässig sein. Gemäß Abs. 1 lit. a) Resolution 1 (XXIV) darf das Ziel der Beschwerde nicht im Widerspruch zu den einschlägigen Grundsätzen der UN-Charta, der AEMR oder andere anwendbarer Menschenrechtsdokumente stehen. Abs. 3 lit. c) bestimmt die Unzulässigkeit einer Beschwerde, „wenn sie offensichtlich politische Gründe hat und ihr Gegenstand im Widerspruch zu den Bestimmungen der UN-Charta steht". Nach beiden Vorschriften ist Voraussetzung für die Zulässigkeit einer Mitteilung, daß kein Widerspruch zur UN-Charta besteht. Die erstgenannte Regelung bestimmt darüber hinaus, daß der Beschwerdegegenstand auch nicht im Widerspruch zu den anderen Dokumenten des internationalen Menschenrechtsschutzes stehen darf, während die andere zusätzlich festlegt, daß die Beschwerde nicht rein politisch motiviert sein darf[35]. Gerade diese beiden sich zum Teil überschneidenden Bestimmungen[36] geben ein deutliches Bild vom Kompromißcharakter der Resolution ab.

Die nachfolgende Untersuchung der jeweiligen Einzelbestimmungen muß infolge der Vertraulichkeit des Verfahrens ohne ein Eingehen auf die Praxis der beteiligten Organe geschehen. Es kann so nur eine theoretische Auslegung der Vorschriften erfolgen. Dabei ist zu berücksichtigen, daß gerade die politische Offenheit dieser Vorschriften einen weitgehenden Auslegungsspielraum eröffnet,

---

[31] *Tardu*, Santa Clara Law Rev. 20 (1980), S. 569.

[32] Siehe hierzu oben § 22.III.D., S. 360.

[33] *Tardu*, Santa Clara Law Rev. 20 (1980), S. 562.

[34] *Partsch* in: Simma (Hrsg.), Charta der Vereinten Nationen, Art. 68, Rn. 90.

[35] *Cassese*, RDH 5 (1972), S. 378. Anstelle dessen wäre die Zusammenfassung dieser Regelungen in einer einzigen Bestimmung wesentlich klarer und nachvollziehbarer gewesen - *Cassese*, ebd., S. 379.

[36] *Cassese*, RDH 5 (1972), S. 378.

so daß das Bestehen einer konsistenten Entscheidungspraxis der Organe an sich zweifelhaft ist.

1. Vereinbarkeit mit UN-Charta und Menschenrechtsdokumenten

Gemäß Abs. 1 lit. a) darf das Ziel einer Beschwerde nicht unvereinbar mit den einschlägigen Prinzipien der UN-Charta, der AEMR und anderer anwendbarer Menschenrechtsdokumente sein. Aus sozialistischer Sichtweise ist diese Vorschrift ursprünglich als Inbezugnahme vor allem von Art. 2 Ziff. 7 UN-Charta interpretiert worden[37]. Da aber eine private Menschenrechtsbeschwerde nach sozialistischem Verständnis immer eine innere Angelegenheit betrifft[38], würde ein solches Verständnis entgegen der klaren Intention von Res. 1503 (XLVIII) die Behandlung von Individualbeschwerden unmöglich machen[39]. Bei jeder Zulässigkeitsprüfung müßte (erneut) die Frage nach der Rechtmäßigkeit des durch Res. 1503 (VIII) begründeten Verfahrens aufgeworfen werden[40]. Ein derartiges Verständnis wurde jedoch in der Unterkommission zurückgewiesen: im Falle systematischer und grober Menschenrechtsverletzungen liege ohnehin keine Einmischung in innere Angelegenheiten vor[41]. Gleichwohl ist die Reichweite jener Vorschrift zweifelhaft.

Ursprünglich scheint mit der Vorschrift ein Hinweis auf die von der WGC bei der Prüfung anzuwendenden Maßstäbe beabsichtigt gewesen zu sein[42]. Soweit die AEMR und „andere anwendbare Instrumente“ betroffen sind, ergibt sich dies aus der Diskussion in der Unterkommission[43]. Nur so läßt sich auch die prominente Stelle jener Bestimmung innerhalb der Resolution erklären, ebenso die

---

[37] *Cassese*, RDH 5 (1972), S. 379.

[38] Siehe nur *Tumanov*, in: International Enforcement, S. 21f.; siehe auch *Guggenheim*, NYU Journal of International Law & Politics 6 (1973), S. 439.

[39] *Guggenheim*, NYU Journal of International Law & Politics 6 (1973), S. 439: da es mit der Einführung des Verfahrens gerade beabsichtigt war, Beschwerden von Einzelnen zu erörtern, und Menschenrechtsverletzungen nun einmal überwiegend innerhalb von Staaten und unter der Geltung innerstaatlichen Rechts geschehen würden, könne die Vorschrift schon logischerweise gar nicht auf Art. 2 Ziff. 7 UN-Charta bezogen sein.

[40] Vgl. *Cassese*, RDH 5 (1972), S. 379.

Zur Rechtmäßigkeit der Verfahrens siehe unten § 34, S. 591ff.

[41] Report of the 24th Session of the Sub-Commission ..., E/CN.4/1070; E/CN.4/Sub.2/323 (06.10.1971), Abs. 26.

[42] *Cassese*, RDH 5 (1972), S. 379.

[43] *Cassese*, RDH 5 (1972), S. 381.

Hervorhebung der Bedeutung dieser Bestimmung, die von manchen Mitgliedern als wichtigstes Zulässigkeitskriterium überhaupt angesehen wurde[44].

Die letztlich verabschiedete Formulierung weist jedoch in eine andere Richtung. Absicht der Unterkommission war es offenbar, mit dem fraglichen Text einen Mißbrauch des Verfahrens zu verhindern, vergleichbar Art. 29 Abs. 3 AEMR[45]. Danach werden die Rechte dann nicht gewährleistet, wenn sich deren Ausübung gegen die „Ziele und Grundsätze" der UNO richtet[46]. Für die Beurteilung der Zulässigkeit einer Mitteilung können diese Erwägungen aber nicht direkt herangezogen werden. Denn selbst wenn eine Rechtsbeeinträchtigung in diesem Sinne gerechtfertigt wäre, kann eine Beschwerde selbst nie gegen die UN-Charta und andere substantielle Normen verstoßen. Als reine Verfahrenshandlung kann sie allenfalls wegen mehrfacher oder grundloser Einlegung mißbräuchlich sein, nie aber wegen Verstoßes gegen materielle Normen[47]. Unter Berücksichtigung des Gebots effektiver Auslegung[48] ist Abs. 1 lit. a) Res. 1 (XXIV) daher so zu verstehen, daß ein indirekter Widerspruch gegen die genannten Prinzipien die Beschwerde unzulässig macht. Ihr Zweck dürfe also nicht die Verletzung der Menschenrechte anderer bzw. die Aufrechterhaltung solcher Verstöße sein[49]. Eine Beschwerde ist demnach dann unzulässig, wenn sie die Verletzung von Rechten rügt, deren Beschränkung ihrerseits wegen Verstoßes gegen die grundlegenden menschenrechtlichen Gewährleistungen der UN-Charta, der AEMR und der anderen Dokumente gerechtfertigt ist[50]. Im Hinblick auf die

---

44 *Tardu/McCarthy*, S. 56; Report of the 24th Session of the Sub-Commission ..., E/CN.4/1070; E/CN.4/Sub.2/323 (06.10.1971), Abs. 29.

45 *Cassese*, RDH 5 (1972), S. 379, 380; Sub-Commission ..., Summary record of the 620th meeting of 10.08.1971, E/CN.4/Sub.2/SR.620 (SR.612-624 [29.10.1971]), S. 91 (*Nettel*).

Art. 29 Abs. 3 AEMR besagt: „Rechte und Freiheiten dürfen in keinem Fall im Widerspruch zu den Zielen und Grundsätzen der Vereinten Nationen ausgeübt werden."

46 *Cassese*, RDH 5 (1972), S. 380.

47 *Cassese*, RDH 5 (1972), S. 380.

48 *Heintschel von Heinegg* in: Ipsen, § 11 Rn. 16 (für die Auslegung von Verträgen); *Cassese*, RDH 5 (1972), S. 380; eher kritisch zur Existenz dieses Grundsatzes neben dem Prinzip der Auslegung im guten Glauben *Brownlie*, S. 636.

49 *Guggenheim*, NYU Journal of International Law & Politics 6 (1973), S. 440. Der dort unter Berufung auf das österreichische Mitglied genannte Hinweis auf Art. 55 und 56 vermag aus den genannten Gründen nicht zu überzeugen: beide Vorschriften richten sich an die Staaten und die UNO, nicht aber an Individuen.

50 *Cassese*, RDH 5 (1972), S. 381; *Tardu/McCarthy*, S. 57. Bemerkenswert ist, daß ein dies ausdrücklich enthaltener Entwurf - wohl weil er vom sowjetischen Experten eingebracht

Charta sind die in Art. 1 UN-Charta aufgezählten allgemeinen Ziele der Organisation erfaßt, soweit sie eine explizit menschenrechtliche Aussage enthalten[51]. Ergänzend kann auf die Präambelbestimmungen zurückgegriffen werden. Die in Art. 2 enthaltenen Grundsätze der Charta sind - da ausdrücklich nur an die UNO selbst und die Mitgliedstaaten gerichtet - nicht erfaßt[52]. Der Verweis auf die „relevanten Prinzipien" der übrigen Dokumente, zu denen nach Äußerungen in der Unterkommission neben der AEMR noch einschlägige Resolutionen von UN-Organen, insbesondere die Entkolonialisierungsdeklaration, sowie die Konventionen gegen Völkermord und gegen Rassendiskriminierung zählen[53], ist ein Pauschalverweis, der aufgrund seiner Unbestimmtheit dem zuständigen Organ ein weites Ermessen einräumt. Auch Handlungen, die sich gegen die grundlegenden menschenrechtlichen Prinzipien jener Instrumente richten, fallen demnach von vornherein aus dem Schutzbereich der im 1503-Verfahren durchsetzungsfähigen Rechte heraus. Beschwerden über Rechtsverletzungen sind insoweit unzulässig.

2. Unzulässigkeit wegen offensichtlicher politischer Hintergründe

Auch die weitere Bestimmung über die Unzulässigkeit einer Beschwerde, wenn sie auf „offensichtlich politischen Gründen" (*manifestly political motivations*) beruht, ist mißverständlich und unklar[54] und als Tatbestandsvoraussetzung nicht verifizierbar[55]. Jede dem 1503-Verfahren zugeleitete Beschwerde richtet sich gegen einen Staat und ist an die politisch geprägte internationale Or-

---

wurde und im Zusammenhang mit zahlreichen abgelehnten Bestimmungen erschien - nicht übernommen wurde. Danach sollten solche Beschwerden unzulässig sein, „*...which fail to satisfy the requirement laid down in the Universal Declaration of Human Rights that rights and freedoms may not be exercised contrary to the purposes and principles of the United Nations Charter or in such a manner as to interfere with the rights and freedoms of other members of society.*" - Draft Resolution submitted by Mr. Rybakov: E/CN.4/Sub.2/L.543 (05.08.1971), abgedruckt by *Cassese*, RDH 5 (1972), S. 391 Anm. 11.

[51] Diese Beschränkung ergibt sich aus der übrigen Aufzählung und dem Zusatz „*anderer* anwendbarer Menschenrechtsdokumente" (Hervorhebung nicht im Original).

[52] Anders *Zuijdwijk*, S. 34, demzufolge die Formulierung weiter als in Art. 29 AEMR ist und daher sämtliche Bestimmungen der UN-Charta einschließt.

[53] Report of th 24th Session of the Sub-Commission ... E/CN.4/1070, E/CN.4/Sub.2/323 (06.10.1971), Abs. 29;*Tardu/McCarthy*, S. 56.

[54] Entsprechende Kritik auch schon in der Unterkommission - Report of the 24th Session of the Sub-Commission ... E/CN.4/1070, E/CN.4/Sub.2/323 (06.10.1971), Abs. 37.

[55] *Meißner*, S. 26 Fn. 46.

ganisation UNO gerichtet, also ohnehin im weitesten Sinne politisch motiviert[56]. Es ist praktisch nicht möglich, eine Beschwerde unvoreingenommen und rational als politisch oder nicht politisch motiviert einzuordnen. Wie die Entstehungsgeschichte zeigt, ist diese Bestimmung das Relikt einer Entwurfsbestimmung, mit der „verleumderische oder propagandistische Beschwerden" für unzulässig erklärt werden sollten[57]. Sowenig daraus ein exakt anwendbares Kriterium folgt, es wird doch die Absicht deutlich, dem Mißbrauch des Verfahrens vorzubeugen[58]. Ein solcher Mißbrauch mit „politischen Absichten" liegt grundsätzlich dann vor, wenn Zweck der Beschwerde nicht die Abhilfe von Menschenrechtsverletzungen ist, sondern die unberechtigte Anklage bzw. Beschuldigung eines Staates[59]. Nicht „offensichtlich politisch" wären demnach nur solche Gründe, die auf die Erreichung des mit einer solchen Beschwerde *eigentlich* verfolgten Zwecks abzielen, nämlich den Menschenrechtsschutz. Und als unzulässig müßten Beschwerden eingestuft werden, die *prima facie* keinesfalls zum Schutz bereits verletzter Menschenrechte bzw. deren Wiederherstellung erhoben worden sind. Nach einer anderen Konzeption soll dieser Ausschlußgrund allein solche Beschwerden umfassen, die die Legitimation der jeweiligen Regierung als solche in Frage stellen[60].

Es scheint allerdings, daß keineswegs nur eine solche Aussortierung von evident mißbräuchlichen Fällen beabsichtigt war und ist[61]. Die politische Unberührtheit der Staaten nimmt den ersten Rang der das Verfahren leitenden Prinzipien ein. Jede Kritik, die nicht in sachlicher und unanzweifelbarer Weise erhoben wird, läuft sofort Gefahr, als „politisch motiviert" eingeordnet zu werden. Dies wird auch dadurch verdeutlicht, daß es die Unterkommission erwogen hatte, daß auch „politisch motivierte" Beschwerden einen Hinweis auf einen Gesamtzu-

---

[56] So i.E. auch International Commission of Jurists (Hrsg.), Gross Violations of Human Rights, S. 9; *Zuijdwijk*, S. 33; *Guggenheim*, NYU Journal of International Law & Politics 6 (1973), S. 441f.

[57] Siehe *Tardu/McCarthy*, S. 58; Report of the 24th Session of the Sub-Commission..., E/CN.4/1070; E/CN.4/Sub.2/323 (06.10.1971), Abs. 18 lit. d) und e), 35.

[58] Auf den Mißbrauchsaspekt in dieser Formulierung stellt auch *Bartolomei*, S. 73 ab; vgl. auch *Cassese*, RDH 5 (1972), S. 378.

[59] *Guggenheim*, NYU Journal of International Law & Politics 6 (1973), S. 443f.; ähnlich auch *Zuijdwijk*, S. 33.

[60] *Rodley*, in: Hannum (Hrsg.), Guide to International Human Rights Practice, S. 67.

[61] So aber *Weiß*, MRM 4/1997, sub. II. 3) b), der eine Unzulässigkeit nur annimmt bei „bloße[n] politische[n] Kampfschriften..., mit denen die Legitimierung der Regierung angegriffen wird".

sammenhang grober Menschenrechtsverletzungen enthalten können[62]. Das Zulässigkeitskriterium „Fehlen politischer Motivation“ bedeutet damit eine Sachlichkeits- und Unvoreingenommenheitskontrolle der Beschwerde, die - nicht nur systematisch - in engem Zusammenhang mit den Bestimmungen zu Form und Sprache der Beschwerde steht. Maßstäbe hierfür existieren nicht. Es ist dem entscheidenden Gremium eine weitreichende, unbeschränkte Entscheidungsmacht in die Hand gegeben[63]. Allgemeine politische Erwägungen können hier ebenso eine Rolle spielen wie taktische oder gar persönlich-individuelle. Es ist daher für die Unterbreitung von Beschwerden geraten worden, den humanitären Aspekt der jeweiligen Petition herauszustellen, um nicht die Unzulässigkeit wegen politischer Motivation zu riskieren[64].

Zusätzliches Erfordernis für die Unzulässigkeit ist, daß der Gegenstand (*subject*) der Beschwerde mit den Bestimmungen der UN-Charta im Widerspruch steht (Abs. 3 lit. c]) [65]. Hieraus wird zum Teil geschlußfolgert, daß zusätzlich noch die oben beim Punkt „Vereinbarkeit mit der UN-Charta“ herausgearbeiteten Voraussetzungen erfüllt sein müßten[66]. Eine solche Auslegung würde aber die Bestimmung in Abs. 3 gänzlich überflüssig machen. Die Unzulässigkeit ergebe sich gegebenenfalls allein aus Abs. 1 lit. a), ohne daß ein Rückgriff auf Abs. 3 lit. c) und das Merkmal der „politischen Motivation“ erforderlich wäre. Da aber auch diese Vorschrift im Sinne größtmöglicher Wirksamkeit auszulegen ist, stellt sich die Frage, ob jener Verweis nicht an dieser Stelle abweichend zu verstehen ist. Anhaltspunkte hierfür geben die systematische Verbindung mit dem Erfordernis der „politischen Motivation“ sowie die Beschränkung auf Bestimmungen der

---

[62] Report of the 24th Session of the Sub-Commission ... E/CN.4/1070, E/CN.4/Sub.2/323 (06.10.1971), Abs. 37. Siehe auch *Tardu/McCarthy,* S. 58; *Cassese*, RDH 5 (1972), S. 382; *Meißner,* S. 26 Fn. 46.

[63] *Cassese*, RDH 5 (1972), S. 382.

[64] International Commission of Jurists (Hrsg.), Gross Violations of Human Rights, S. 9; Ähnlich, aber weniger zurückhaltend auch *Rodley*, in: Hannum (Hrsg.), Guide to International Human Rights Practice, S. 67: „concentrate on the factual case ... that human rights are being violated...“.

[65] *Cassese*, RDH 5 (1972), S. 382; *Tardu*, Santa Clara Law Rev. 20 (1980), S. 570; *Tardu/McCarthy,* S. 59. A.A. *Guggenheim,* NYU Journal of International Law & Politics 6 (1973), S. 444, die das alternative Vorliegen eines der beiden Merkmale fordert, dies aber nur mit allgemeinen Zweckmäßigkeitserwägungen begründet.

[66] *Cassese*, RDH 5 (1972), S. 382f. Auch wenn den Aussagen *Casseses* eine gewisse Authentizität durch seine damalige Mitgliedschaft in der Unterkommission zukommt, stellt er doch diese Ausführungen ausdrücklich als eine mögliche, von ihm so vorgeschlagene Konzeption dar.

UN-Charta als Maßstab, ohne daß die sonstigen menschenrechtlichen Dokumente erwähnt werden. Vor diesem Hintergrund sei die folgende Auslegung unterbreitet: Anders als nach Abs. 1 lit. a) Res. 1 (XXIV), wonach eine Beschwerde bei der Rechtsausübung auf Kosten der Rechte Dritter verhindert werden soll, ist eine politisch motivierte Beschwerde nur dann unzulässig, wenn die fragliche Rechtsverletzung - der Beschwerdegegenstand (*subject*) - in bezug auf die UN-Charta gerechtfertigt ist. Vorstellbare Konstellationen sind, wenn unlautere Beschwerden eine Ausübung von Rechten betrifft, die die internationale Kooperation (Art. 1 Ziff. 4, Art. 56 UN-Charta) behindern oder den Weltfrieden gefährden. In diesem Fall wäre die Beschwerde unzulässig, soweit zugleich eine offensichtlich politische Motivation nachgeiesen werden könnte. Es scheint allerdings, daß in der Praxis dieses zweite Erfordernis eher von untergeordneter Bedeutung bei dem Vorwurf politischer Motivation ist[67].

Beide Tatbestandsmerkmale sind sehr weit und offen für weitgehende politische Erwägungen. Es handelt sich um unter rechtlichen Aspekten bedenkliche Unschärfen im Hinblick auf die Bestimmtheit der Norm. Praktische Schwierigkeiten entstehen zudem im Hinblick auf eine sichere Formulierung einzureichender Beschwerden.

D. Das Bestehen weiterer Rechtsbehelfe

Abs. 4 Res. 1 (XXIV) der Unterkommission (*Existence of other remedies*) enthält Zulässigkeitsvorgaben, die das Verhältnis des 1503-Verfahrens zu nationalen und anderen internationalen Rechtsschutzverfahren regeln. Danach ist eine Beschwerde unzulässig, wenn entweder der innerstaatliche Rechtsweg nicht erschöpft wurde (lit. b]) oder die Angelegenheit bereits einer anderweitigen internationalen Lösung zugeführt wurde (lit. c]).

---

[67] Zumindest in den bekanntgewordenen Diskussionen der Kommission sind entsprechende Vorwürfe erhoben worden, daß einzelne Beschwerden politisch motiviert seien, ohne daß zugleich explizit erwähnt wurde, daß die darin geschilderten Einschränkungen, wie oben dargestellt, wegen eines Widerspruchs zur UN-Charta und anderen Instrumenten gerechtfertigt seien. Vgl. z.B. den Vorwurf des polnischen Vertreters, eine von Amnesty International eingereichte Beschwerde gegen Äthiopien sei offensichtlich politisch motiviert - CHR, Summary record of the 1505th meeting (confidential), E/CN.4/SR.1505 (06.03.1979), Abs. 10.

1. Erschöpfung des innerstaatlichen Rechtsweges

Eine Voraussetzung für die Zulässigkeit einer Mitteilung ist gemäß Abs. 4 lit. b) Res. 1 (XXIV) der Unterkommission, daß die innerstaatlichen Rechtsbehelfe ausgeschöpft sein müssen (*local remedies rule*)[68]. Dazu zählen neben Gerichtsverfahren alle rechtlich ausgestalteten Verwaltungs- und sonstigen Verfahren[69], nicht aber die Möglichkeit, ein Gnadengesuch zu stellen[70]. Grund hierfür ist, der innerstaatlichen Lösung des Problems den Vorrang zu geben[71]. In ihrer Auswirkung ist die Regelung dadurch abgeschwächt, daß der innerstaatliche Rechtsweg nicht ausgeschöpft werden muß, wenn es scheint, „daß solche Rechtsbehelfe unwirksam oder von unangemessen langer Dauer wären". Dies ist in der Mitteilung „befriedigend" darzulegen[72]. Hat der Beschwerdeführer dieser Darlegungspflicht Genüge getan, liegt die Beweislast, daß der Rechtsweg nicht erschöpft sei, bei der betroffenen Regierung[73].

---

[68] Bei dieser Regel handelt es sich um eine vergleichsweise alte Regel internationaler Beschwerdeverfahren, sie findet sich bereits in dem vom Völkerbund eingerichteten Verfahren zur Behandlung von Beschwerden aus den Mandatsgebieten (dazu oben § 12.II.A., S. 167) - *Parson*, Wayne Law Rev. 13 (1967), S. 682.

[69] International Commission of Jurists (Hrsg.), Gross Violations of Human Rights, S. 7.

[70] Report of the 24th Session of the Sub-Commission ..., E/CN.4/1070; E/CN.4/Sub.2/323 (06.10.1971), Abs. 39 lit. b); *Tardu/McCarthy,* S. 60.

[71] *Cassese*, RDH 5 (1972), S. 384. Damit sollen vor allem Interferenzen zwischen internationalen Gremien vermieden werden (dazu allgemein unten § 29.I., S. 488) und der Überlastung internationaler Einrichtungen vorgebeugt werden - *Cassese*, ebd. Ein weiterer Grund ist aber zweifelsohne auch der Schutz der staatlichen Souveränität, die nicht unnötigerweise durch Entscheidungen außenstehender Organe beeinträchtigt werden soll.

[72] „...unless it appears that such remedies would be ineffective or unreasonably prolonged. Any failure to exhaust remedies should be satisfactorily established." Abs. 4 lit. b) Res. 1 (XXIV) der Unterkommission.

Der Beschwerdeführer kann insoweit z.B. auf andere Fälle in vergleichbaren Situationen verweisen oder die Unwirksamkeit heimischer Rechtsbehelfe durch Verweis auf eine staatliche Politik sowie einschlägige Gesetze - soweit diese nicht von Gerichten für unanwendbar erklärt werden können - darlegen; *Bartolomei,* S. 72.

[73] *Bartolomei,* S. 72; *Schwelb*, VN 1972, S. 84, mit Hinweis auf den französischen Text der Resolution, der scheinbar etwas anderes besagt.

Für eine freie Auslegung der Vorschrift, insbesondere was die Beweislast betrifft, auch *Tardu*, Santa Clara Law Rev. 20 (1980), S. 571. Allerdings konnte sich die Unterkommission nicht auf die Einführung einer klaren Beweislastregel einigen - Report of the 24th Session of the Sub-Commission ... E/CN.4/1070, E/CN.4/Sub.2/323 (06.10.1971), Abs. 39;

Betrachtet man die Natur des 1503-Verfahrens, das gerade nicht individuelle Abhilfe schaffen soll, sondern die Ermittlung eines Gesamtzusammenhanges von Menschenrechtsverletzungen zur Aufgabe hat, so stellt dieses Erfordernis einen Fremdkörper dar[74]. Dies auch deshalb, weil die Beschwerden gerade nicht notwendigerweise von den Betroffenen selbst erhoben, sondern überwiegend von Außenstehenden eingereicht werden. Gänzlich zweifelhaft wird die Regelung angesichts der Tatsache, daß grundsätzlich nur solche Mitteilungen überhaupt im 1503-Verfahren behandelt werden, die bereits auf ein *consistent pattern* hinweisen[75]. Es wird in diesen Beschwerden zumindest in den wesentlichen berichteten Fällen die Rechtswegerschöpfung oder aber deren Nutzlosigkeit darzulegen sein. Maßstab ist, ob sämtlichen zuständigen Einrichtungen des betroffenen Staates die Möglichkeit eröffnet wurde, die fraglichen Sachverhalte selbst zu regulieren. Freilich muß es in Fällen von gezielten systematischen und groben Menschenrechtsverletzungen fragwürdig sein, ob hier die Erschöpfung des Rechtsweges zur Zulässigkeitsvoraussetzung gemacht werden kann[76].

In der Praxis scheint die Erfüllung des Erfordernisses „Erschöpfung des innerstaatlichen Rechtswegs" eher frei und undogmatisch gehandhabt zu werden[77]. In allen veröffentlichten Verfahren enthielten Beschwerden Hinweise auf Einzelfälle, deren Untersuchung durch ein nationales Gericht entweder bereits eingeleitet worden war oder aber noch bevorstand[78]. Es scheint daher, daß zumindest die Ausnahmeklausel sehr weit ausgelegt und angewendet wird.

Unterkommission, Summary record of the 627th meeting [13.08.1971], E/CN.4/Sub.2/SR.625-635 [29.10.1971]), S. 43f.; *Tardu*, ebd.; *Tardu/McCarthy*, S. 60f.

[74] *Tomuschat*, „Menschenrechte" in: Wolfrum (Hrsg.), Handbuch Vereinte Nationen, Rn. 21; ähnlich *Cassese*, RDH 5 (1972), S. 384. So auch die Stellungnahme Schwedens vor Erlaß der späteren Res. 1503 (XLVIII), allerdings bezogen auf den späteren Abs. 6 lit. b) Ziff. (i) der Resolution: da es sich beim Gegenstand des Verfahrens, einem „Gesamtzusammenhang grober Menschenrechtsverletzungen", um Auswirkungen einer zentralen politischen Entscheidung handele, sei hier die individuelle Rechtswegerschöpfung nicht erforderlich - E/CN.4/1014 (14.01.1970), S. 14 (15).

[75] Siehe oben § 19.I., S. 261 bei Fn. 3.

[76] Siehe die Entscheidung der Afrikanischen Menschenrechtskommission, Communications 25/85, 47/90, 56/91 und 100/93, Nr. 39 (1996), zitiert nach *Odinkalu/Christensen*, HRQ 20 (1998), S. 263f., die in diesen Fällen jedoch von einer „unangemessen langen Dauer" der innerstaatlichen Verfahren ausgeht.

[77] Vgl. *Tardu/McCarthy*, S. 60.

[78] So berief sich beispielsweise der Repräsentant der Philippinen in der Debatte der Kommission darauf, daß im innerstaatlichen Recht hinreichende gerichtliche und

2. Interferenz mit anderen Sonderorganisationen

Gemäß Abs. 4 lit. a) Res. 1 (XXIV) sind diejenigen Mitteilungen unzulässig, deren Zulassung „den Funktionen der Sonderorganisationen der UNO" vorgreifen würden[79]. Hierzu zählen praktisch nur ILO und UNESCO[80]. Alle anderen internationalen Verfahren zum Schutz der Menschenrechte, regional oder universal, ja selbst die von der UNO initiierten vertraglichen Durchsetzungsmechanismen sind hiervon nicht erfaßt[81]. Dem Wortlaut nach reichte es allerdings für die Unzulässigkeit einer solchen Beschwerde im 1503-Verfahren aus, daß die fragliche Angelegenheit lediglich in die Kompetenz der Sonderorganisation fällt, unabhängig davon, ob bereits Maßnahmen in deren Bereich ergriffen wurden[82]. Der Wortlaut beschränkt sich dabei nicht auf andere Individualbeschwerdever-

---

außergerichtliche Verfahren bestehen würden und deshalb die Beschwerden von einzelnen Inhaftierten unzulässig seien. Die Kommission liefe bei der Verabschiedung einer feststellenden Resolution nämlich Gefahr, die laufenden Gerichtsverfahren zu beeinflussen - CHR, Summary record of the 40th meeting [05.03.1984], E/CN.4/1984/SR.40 (09.03.1984), Abs. 79, 89.

Auch die argentinische Regierung berief sich in einer Stellungnahme zu einer weitergeleiteten Beschwerde darauf, daß in dem konkreten Fall die innerstaatlichen Rechtsbehelfe noch nicht ausgenutzt worden sind (Governments observations, E/CN.4/R.68/Add.9 [19.01.1981]).

Siehe entsprechend auch die Äußerung Äthiopiens - CHR, Summary record of the 1503rd meeting (confidential) [02.03.1979], E/CN.4/SR.1503 (06.03.1979), Abs. 6.

79 Unterkommission, Res. 1 (XXIV), Abs. 4 lit.a). Res. 8 (XXIII) der MRK von 1967 enthielt in Abs. 1 eine allgemeine Subsidiaritärsklausel, die aber in der daraufhin verabschiedeten Res. 1235 (XLII) des ECOSOC nicht explizit bestätigt wurde.

80 *Cassese*, RDH 5 (1972), S. 386; *Zuijdwijk*, S. 35.

81 *Cassese*, RDH 5 (1972), S. 387; *Tardu*, Santa Clara Law Rev. 20 (1980), S. 571; *Zuijdwijk*, S. 36. Vorschläge, daß auch regionale oder andere internationale Verfahren zum Schutz der Menschenrechte insofern Vorrang bekommen sollten, fanden keine Zustimmung - *Tardu*, Santa Clara Law Rev. 20 (1980), S. 571; *Tardu/McCarthy*, S. 65.

Eine logische oder auch nur praktische Begründung für die Sonderbehandlung der einen Gruppe im Gegensatz zur anderen ist nicht ersichtlich und höchstens politisch mit dem Mißtrauen gegenüber regionalen Schutzmechanismen zu erklären. Gleichwohl bleibt ein eklatanter Widerspruch zur Formulierung in Abs. 6 lit. b) der Res. 1503, wo ausdrücklich auch auf Verfahren auf der Grundlage von Übereinkommen der UNO oder auch regionaler Organisationen hingewiesen wird - zum Ganzen *Cassese*, ebd.

Diese Konkurrenzklausel vermag aufgrund ihres beschränkten Anwendungsbereiches aber nicht den Gedanken zu stützen, daß damit den angemesseneren Verfahren Vorrang eingeräumt werden solle - so aber *Cançado Trindade*, RdC 202 (1987 II), S. 222.

82 *Tardu*, Santa Clara Law Rev. 20 (1980), S. 590; *Cassese*, RDH 5 (1972), S. 385f., 388; *Tardu/McCarthy*, S. 63.

fahren, sondern umfaßt gleichfalls Staatenbeschwerdeverfahren und *ex officio* einzuleitende Verfahren im Rahmen dieser Sonderorganisationen[83]. Stellt man mithin darauf ab, daß schon der bloße Aufgabenbereich der Sonderorganisationen eröffnet zu sein braucht, um eine Mitteilung unzulässig werden zu lassen, so nähme man in Kauf - da die in den Verträgen der ILO vorgesehenen Staatenbeschwerdeverfahren wie auch Ermittlungen *ex officio* selten durchgeführt werden -, daß ein großes Feld von Menschenrechtsverletzungen nicht behandelt werden könnte[84]. Es ist deshalb eine restriktive Auslegung der Vorschrift vorgeschlagen worden, wonach ein die Unzulässigkeit begründender Vorgriff in die Zuständigkeit der Sonderorganisationen nur dann vorliegt, wenn diese ein gleichermaßen ausgerichtetes, also auf Individualbeschwerden beruhendes Verfahren bereithält[85]. Denn der Sinn der Vorschrift besteht letztlich darin, die Koordination der verschiedenen Zuständigkeiten zu gewährleisten. Fehlt es aber an einer Überschneidung der Zuständigkeiten, weil ein vergleichbares Verfahren nicht existiert, bedarf es auch keiner Koordinationsregel, die die Unzulässigkeit einer Beschwerde in dem einen Verfahren statuiert. Damit würde außer dem Individual- und Kollektivbeschwerdeverfahren der ILO lediglich das Verfahren der UNESCO zur Untersuchung von Einzelbeschwerden zu einer Unzulässigkeit einer Beschwerde führen.

Eine derartige Einschränkung unter Rückgriff auf den Koordinationszweck der Regelung ist aber nur für Ausnahmefälle erforderlich. Abs. 4 lit. a) weist darauf hin, daß hiermit keineswegs eine abstrakt-generelle Unzulässigkeit für materiell vom Zuständigkeitsbereich der beiden Sonderorganisationen erfaßte Menschenrechtsprobleme statuiert wird. Schon der Wortlaut *„...if their admission would prejudice..."* (Hervorhebung hinzugefügt) stellt vielmehr klar, daß die fragliche Bestimmung lediglich eine konkrete Kollisionsregelung für das 1503-Verfahren darstellt. Nur wenn im Einzelfall die Zulassung einer Beschwerde einen Konflikt mit einem wie auch immer gearteten Verfahren von ILO oder UNESCO tatsächlich herbeiführt, ist diese unzulässig.

---

[83] *Tardu/McCarthy*, S. 63f.; *Cassese*, RDH 5 (1972), S. 385f. mit dem Hinweis, daß ausdrücklich auch die UNESCO in der Diskussion genannt wurde, obwohl in deren Bereich damals lediglich ein Staatenbeschwerdeverfahren vorgesehen war.

[84] *Tardu*, Santa Clara Law Rev. 20 (1980), S. 590, dies im Ergebnis aber ablehnend; ebenso *Tardu/McCarthy*, S. 64.

[85] *Cassese*, RDH 5 (1972), S. 388; *Tardu/McCarthy*, S. 64f.

3. Bereits geregelte Streitigkeiten

Nach Abs. 4 lit. c) dieser Resolution werden

> "Mitteilungen in bezug auf Fälle, die durch den betroffene Staat in Übereinstimmung mit den in der Allgemeinen Erklärung und in anderen anwendbaren Dokumenten auf dem Gebiete der Menschenrechte aufgestellten Grundsätzen geregelt worden sind, ... nicht geprüft."[86]

Ziel dieser gleichfalls unscharfen Bestimmung ist es, eine erneute Befassung mit einer einmal nach international anerkannten Grundsätzen entschiedenen Angelegenheit zu verhindern. Letztlich wird damit gewissermaßen die Rechtskraft anderer Entscheidungen anerkannt, allerdings nur soweit, wie diese auch materiell den erwähnten Vorgaben entsprechen.

Damit eine Beschwerde unzulässig ist, müssen zwei Voraussetzungen erfüllt sein. Der fragliche Fall muß einer Regelung zugeführt worden sein (formelles Erfordernis), und diese Regelung muß im Einklang mit der AEMR und den anderen Dokumenten stehen (materielles Erfordernis). Es wird damit scheinbar dem Prinzip *res iudicata* entsprochen, demnach eine bereits - auf internationaler Ebene - entschiedene Angelegenheit nicht erneut vor einem internationalen Gremium verhandelt werden solle. Allerdings wird den im 1503-Verfahren beteiligten Organen gleichwohl eine Inhaltskontrolle der zuvor getroffenen Entscheidung vorbehalten. Maßstab hierfür sind die AEMR und die „anderen Dokumente". Um die Übereinstimmung damit feststellen zu können, ist in dieser Bestimmung die Befugnis zur erneuten materiellen Prüfung impliziert. Der Maßstab ist sehr weit gefaßt. Neben der Allgemeinen Erklärung sind andere internationale Menschenrechtsverträge ebenso wie einschlägige Resolutionen der Generalversammlung erfaßt[87].

4. Sonstige internationale Menschenrechtsschutzverfahren

Über das Verhältnis zu anderen internationalen Verfahren zum Menschenrechtsschutz gibt die Resolution keine Auskunft. Der ursprüngliche Vorschlag, die Erschöpfung sämtlicher regionaler und internationaler Rechtsmittel zur Zuläs-

---

[86] "Communications relating to cases which have been settled by the State concerned in accordance with the principles set forth in the Universal declaration ...and other applicable documents in the field of human rights will not be considered." Abs. 4 lit. c) Res. 1 (XXIV) der Unterkommission.

[87] *Cassese*, RDH 5 (1972), S. 391 (Anm.10), der explizit auf die sog. *Friendly-Relations* - Deklaration der Generalversammlung, Res. 2625 (XXV) vom 24.10.1970, verweist.

sigkeitsvoraussetzung zu machen[88], wurde in der Unterkommission abgelehnt[89]. Es ist daraus geschlossen worden, daß es für die Durchführung eines Beschwerdeverfahrens unschädlich ist, wenn ein in einer Beschwerde behandelter Fall zugleich an anderer Stelle behandelt wird[90].

E. Frist

Eine bestimmte Frist für die Einlegung der Beschwerde existiert nicht. Dies entspricht der oben beschriebenen Zielsetzung des Verfahrens. Ziel ist nicht in erster Linie die möglichst zeitnahe Abhilfe bei bestimmten Menschenrechtsverletzungen, sondern die von einem Einzelfall losgelöste Erörterung einer allgemeinen Situation. Insofern unterscheidet sich das Verfahren wesentlich von solchen des Individualrechtsschutzes, in denen Fristen im Interesse einer möglichst kompakten Entscheidungsfolge bestehen[91]. Geht es nicht um den Schutz individueller Rechte, sondern um allgemeine Situationen, so ist auch eine strenge Zeitvorgabe nicht erforderlich. Freilich kann angesichts der beiden Verfahrensziele - umfassende Information über die Menschenrechtslage und Kooperation zur Abhilfe der bekanntgewordenen Verletzungen - auf eine gewisse zeitliche Nähe der eingegangenen Beschwerden nicht verzichtet werden.

Abs. 5 Res. 1 (XXIV) der Unterkommission bestimmt demgemäß, daß eine Beschwerde dann unzulässig ist, wenn sie nicht „innerhalb eines angemessenen Zeitraums" nach der Erschöpfung der innerstaatlichen Rechtsbehelfe bei der UNO erhoben wird[92]. Da bei Nutzlosigkeit oder unzumutbarer Verzögerung auf die Erschöpfung des Rechtsweges verzichtet werden kann[93], läßt sich dieser Zeitpunkt ohnehin schwer feststellen oder gar allgemeinverbindlich festlegen[94]. Insbe-

---

88 Revised draft resolution submitted by Mr. Abu Rannat …, E/CN.4/Sub.2/L.549/Rev.1 (12.08.1971).

89 Report of the 24th Session of the Sub-Commission ..., E/CN.4/1070; E/CN.4/Sub.2/323 (06.10.1971), Abs. 81; *Cançado Trindade,* RdC 202 (1987 II), S. 219.

90 *Partsch* in: Simma (Hrsg.), Charta der Vereinten Nationen, Art. 68, Rn. 90. Siehe noch ausführlich zum Verhältnis des 1503-Verfahrens zu den anderen Mechanismen unten Teil 4, S. 259.

91 Allerdings ist auch im Verfahren nach dem FaP zum IPbpR keine Frist vorgegeben.

92 Der Vorschlag einer Sechsmonatsfrist wurde in der Unterkommission zurückgewiesen - *Tardu/McCarthy,* S. 51; Report of the 24th Session of the Sub-Commission ..., E/CN.4/1070; E/CN.4/Sub.2/323 (06.10.1971), Abs. 40.

93 So ausdrücklich Abs. 4 lit. b) Res. 1 (XXIV) der Unterkommission.

94 *Bartolomei,* S. 74; *Tardu/McCarthy,* S. 51.

sondere deshalb hat sich die WGC immer geweigert, eine feste Zeitdauer auszusprechen. Sie will vielmehr in jedem Einzelfall unter Berücksichtigung der spezifischen Umstände entscheiden können[95].

F. Formvorgaben[96]

Gemäß Abs. 3 lit. a) Res. 1 (XXIV) der Unterkommission muß eine Beschwerde drei Bestandteile aufweisen: zunächst sind die Tatsachen darzustellen, die eine Menschenrechtsverletzung konstituieren, weiterhin sind die verletzten Rechte zu benennen, und drittens muß das Ziel der Petition angegeben sein.

1. Sachverhaltsdarstellung

Die Darstellung der Fakten muß darauf ausgerichtet sein, einen Gesamtzusammenhang grober Menschenrechtsverletzungen aufzuzeigen[97]. So sind insbesondere das Ausmaß der Verletzungen zu beschreiben und Einzelheiten verschiedener Einzelfälle darzustellen[98]. Grundsätzlich können die Beschwerden entweder allgemein gehalten sein und nur auf wenige Einzelfälle hinweisen, oder aber im großen Maßstab einzelne Verletzungen eingehend dokumentieren[99]. Erforderlich ist in jedem Fall eine ausreichende Beweisführung zur Unterstützung des Tatsachenvortrags, wobei insbesondere auf Augenzeugenberichte und Schilderungen von Angehörigen zurückgegriffen werden und eine exakte Beschreibung von Namen, Orten und Daten der berichteten Ereignisse enthalten sein sollte[100]. Für die Beschreibung des Gesamtzusammenhangs als Teil der jeweiligen Politik des Staates wird regelmäßig auch auf entsprechende Dokumente zur Beweisführung zurückgegriffen werden müssen. Gleiches gilt zum Beweis der Erschöpfung des innerstaatlichen Rechtswegs.

Abs. 3 lit. d) bestimmt in diesem Zusammenhang, daß eine Beschwerde, die sich ausschließlich auf Berichte in den Massenmedien zu stützen scheint, un-

---

[95] *Bartolomei*, S. 74; *Tardu*, Santa Clara Law Rev. 20 (1980), S. 569; *Tardu/McCarthy*, S. 51; Report of the 24th Session of the Sub-Commission ..., E/CN.4/1070; E/CN.4/Sub.2/323 (06.10.1971), Abs. 40.

[96] Hinweise zu Form und Aufbau einer für das 1503-Verfahren zu unterbreitenden Beschwerden sind in Anhang 3, S. 687, enthalten.

[97] Siehe hierzu ausführlich unten § 24.II.B., S. 410.

[98] *Rodley*, in: Hannum (Hrsg.), Guide to International Human Rights Practice, S. 68 empfiehlt insofern die Nennung von mindestens sechs bis sieben Fällen.

[99] *Tardu*, Santa Clara Law Rev. 20 (1980), S. 585.

[100] *Rodley*, in: Hannum (Hrsg.), Guide to International Human Rights Practice, S. 68.

zulässig ist. Dies bedeutet freilich nicht, daß solche Quellen nicht ergänzend herangezogen werden können[101]. Weitergehende Bestimmungen, daß etwa in jedem Falle angemesser Beweis angetreten werden müsse, waren von der Unterkommission abgelehnt worden[102]. Die unreflektierte Kritik an einer Regierung ohne eingehende Berücksichtigung bzw. auch nur Darstellung der Fakten ist insoweit unzureichend[103].

Eine mißbräuchliche Ausdrucksweise, d.h. besonders Beleidigungen der angegriffenen Staaten, machen eine Mitteilung unzulässig (Abs. 3 lit. b]). Können die kritischen Passagen der Beschwerde allerdings gestrichen werden und ist sie im übrigen zulässig, ist eine Prüfung im Verfahren möglich[104]. In der Praxis werden entsprechend problematische Passagen der Beschwerden bereits im Rahmen der Vorprüfung im Sekretariat (OHCHR) geschwärzt[105].

2. Benennung der verletzten Rechte und des Petitionsziels

Weiterhin sind gemäß Abs. 3 lit. a) die verletzen Rechte sowie das Ziel der Petition anzugeben. Für die Benennung der verletzten Rechte wird empfohlen, auf die Artikel der AEMR Bezug zu nehmen[106], da deren Bestimmungen als Einordnungsmaßstab im Sekretariat (OHCHR) herangezogen werden. Gleichermaßen können andere internationale Menschenrechtsdokumente hierfür genutzt werden, beispielsweise das Übereinkommen zur Beseitigung der Rassendiskriminierung (CERD), die Pakte oder - um ein nicht verbindliches Dokument zu erwähnen - die UNO-Mindeststandards zur Behandlung von Inhaftierten[107].

---

[101] *Bartolomei,* S. 70.

[102] Report of the 24th Session of the Sub-Commission ... E/CN.4/1070, E/CN.4/Sub.2/323 (06.10.1971), Abs. 33.

[103] *Eide*, in: Alston (Hrsg.), The United Nations and Human Rights, S. 231.

[104] Abs. 3 lit. b) Res. 1 (XXIV) der Unterkommission. Es handelt sich eindeutig um eine Schutzvorschrift zugunsten der Staaten - *Cassese*, RDH 5 (1972), S. 383.

[105] *E.Solo*, Genf 12.04.2000; *Tolley*, The U.N. Commission on Human Rights, S. 73.

[106] *Bartolomei,* S. 70; International Commission of Jurists (Hrsg.), Gross Violations of Human Rights, S. 8; *Rodley*, in: Hannum (Hrsg.), Guide to International Human Rights Practice, S. 68.

[107] International Commission of Jurists (Hrsg.), Gross Violations of Human Rights, S. 8; *Zuijdwijk*, S. 32.

Rodley, in: Hannum (Hrsg.), Guide to International Human Rights Practice, S. 84, Anm. 3, rät insoweit allerdings zur Vorsicht, da die Benennung vertraglicher Rechte eher eine Behandlung durch die Vertragsorgane herbeiführen könnte.

Diese Zulässigkeitsbestimmung weist wiederum eher auf erwartete Beschwerden von gutausgestatteten Gruppen und NGO hin. Für die einzelnen Opfer von Menschenrechtsverletzungen wird es mangels genauer Kenntnis eine allenfalls mit erheblichem und oft nicht durchführbaren Aufwand verbundene Aufgabe sein, die entsprechenden Normen der AEMR oder andere Instrumente aufzuführen[108]. Hinsichtlich des mit der Beschwerde verfolgten Zieles wird, für jeden einsichtig, die Abstellung der Menschenrechtsverletzungen gewollt sein[109] . Hier auf die Benennung einzelner Spezialverfahren durch nicht beratene Beschwerdeführer zu drängen, erscheint gleichfalls unangemessen[110]. Zahlreiche Beschwerden begehren lediglich ein Tätigwerden der UNO[111].

Die Praxis des Sekretariats (OHCHR) ist in dieser Hinsicht äußerst liberal. Ausreichend ist, daß Maßnahmen zur Abstellung der Menschenrechtsverletzungen begehrt sind. Nur eindeutig nicht auf den Schutz der Menschenrechte abstellende Mitteilungen werden an dieser Zulässigkeitshürde scheitern[112]. Auch das Erfordernis der Benennung der verletzten Rechte wird nicht als unbedingt erforderlich angesehen.

3. Identifikation des Autors

Für alle Beschwerden gilt schließlich, daß ihr jeweiliger Verfasser klar erkennbar sein muß. Zwar wird der Name des Beschwerdeführers auf Wunsch im Zuge der Behandlung gemäß Abs. 2 lit. b) Res. 728 F (XXVIII) i.V.m. Abs. 8 lit. a) Res. 2000/3 vertraulich behandelt und nicht bekanntgegeben. Die Einlegung

---

[108] *Guggenheim*, NYU Journal of International Law & Politics 6 (1973), S. 437.

[109] *Cassese*, RDH 5 (1972), S. 383, der beide Erfordernisse ebenfalls nicht als echte Zulässigkeitsvoraussetzung ansieht.

[110] Ebenso *Rodley*, in: Hannum (Hrsg.), Guide to International Human Rights Practice, S. 68.

[111] "Intercession of the UN" - so die vor allem in den öffentlich zugänglichen Zusammenfassungen immer wieder gebrauchte Formulierung. Nach *Rodley*, in: Hannum (Hrsg.), Guide to International Human Rights Practice, S. 68, soll es ausreichen, wenn ersucht wird um „*..UN action to bring an end to the violations of human rights disclosed in this communication*“.

[112] Interview *E. Solo* - Genf, 12.04.2000.

der Beschwerde betrifft dies jedoch noch nicht, anonyme Beschwerden sind vielmehr gemäß Abs. 2 lit. b) Res. 1 (XXIV) der Unterkommission unzulässig[113].

4. Äußere Form, Gestalt und Sprache

Angesicht der großen Zahl von jährlich eingehenden Beschwerden empfiehlt es sich, die Beschwerden recht kurz zu halten, d.h. etwa in einem Umfang von 10 bis 20 Seiten[114], gegebenenfalls mit einem Dokumentenanhang oder der Schilderung von Einzelfällen versehen[115].

Eine Vorgabe für die Sprache, in der die Beschwerde abgefaßt sein muß, existiert nicht. Gleichwohl führt die Einreichung in einer Sprache, die nicht Arbeitssprache des Sekretariats oder der WGC ist, u.U. zu erheblichen Verzögerungen in der Bearbeitung der Beschwerde[116]. In einzelnen Fällen wird diese dann vom Sekretariat übersetzt[117]. Handelt es sich jedoch um eine selten gesprochene Sprache, wird die Beschwerde an den Absender mit der Bitte um Einreichung in einer der Arbeitssprachen zurückgesendet[118]. Die Beschwerden können in mannigfaltiger Form eingereicht werden, wobei dies in der Regel umfangreiche Dokumente, Briefe, in Eilfällen Telegramme[119] oder auch Postkarten sein

---

[113] Die Unzulässigkeit anonymer Petitionen war bereits beim Berliner Kongreß 1878 sowie im Rahmen des Minderheitenschutzverfahrens unter der Aufsicht des Völkerbundes festgelegte Praxis - *Parson*, Wayne Law Rev. 13 (1967), S. 679, 684.

Entsprechend stellte sich auch der ECOSOC schon frühzeitig auf den Standpunkt, daß anonyme Beschwerden auch nicht in die gemäß ECOSOC-Res. 75 (V) zu erstellende Liste aufgenommen werden sollten - Report by the Secretary-General: The Right of Petition, E/CN.4/419 (11.04.1950), Abs. 35.

[114] *Weissbrodt/Parker*, S. 12; *Weiß*, MRM 4/1997, sub. II. 3) b).

[115] Es ist bemerkenswert, daß für das 1503-Verfahren, anders als für die meisten vertraglichen Beschwerdeverfahren oder auch die Eilaktionen der thematischen Mechanismen der MRK, keine offizielle Musterbeschwerde (*model communication*) herausgegeben wurde. Siehe eine entsprechende Zusammenstellung der wichtigsten Inhalte unten Anhang 3. Der Inhalt einer Beschwerde, S. 687.

[116] Siehe auch *Tardu/McCarthy*, S. 54. Zu den Arbeitssprachen des OHCHR zählen neben Englisch noch Französisch und Spanisch. Eingaben in den weiteren Amtssprachen der UN - Russisch, Arabisch und Chinesisch - werden jedoch regelmäßig übersetzt werden können (so wohl auch *Rodley*, in: Hannum [Hrsg.], Guide to International Human Rights Practice, S. 69)

[117] *Bartolomei*, S. 73; *Tardu*, Santa Clara Law Rev. 20 (1980), S. 569f.

[118] *E.Solo*, Genf, 14.04.2000.

[119] Siehe hierzu als nur ein Beispiel die Beschwerde 78/12/20,432 betreffend Menschenrechtsverletzungen in Uruguay.

werden[120]. Auch Beschwerden, die per *electronic mail* (E-Mail) via Internet das Sekretariat erreichen, sind zulässig[121]. Damit besteht eine kostengünstige und vor allem verzögerungsfreie Methode für Menschenrechtsverteidiger und Opfer von Menschenrechtsverletzungen, Beschwerden einzureichen[122]. Angesichts der ersten Aufgabe des Sekretariats (OHCHR) im 1503-Verfahren, die Beschwerden zusammenzufassen, werden insbesondere solche ohne besondere Verzögerung behandelt werden können, die bereits eine kurze Zusammenfassung ihres wesentlichen Inhalts enthalten[123].

G. Das für die Prüfung der Zulässigkeit zuständige Organ

Wie dargelegt, entscheidet die Kommission selbst grundsätzlich nicht mehr über einzelne Beschwerden, sondern behandelt im Grundsatz nur die daraus gegebenenfalls hervorgehende Situationen grober Menschenrechtsverletzungen. Für die Prüfung der Zulässigkeit ist - nachdem unter dem alten Verfahren noch eine Doppelzuständigkeit von Unterkommission und ihrer Arbeitsgruppe bestand - nunmehr allein die WGC verantwortlich (Abs. 2 Res. 2000/3). Bei offensichtlicher Unzulässigkeit oder Unbegründetheit einer Beschwerde kann zudem nach Bestätigung durch den Vorsitzenden der WGC bereits das Sekretariat (OHCHR) die Nichtweiterleitung veranlassen[124].

Gleichwohl bestehen keinerlei Vorschriften, die die erneute Beurteilung der Zulässigkeit einer bestimmten Beschwerde auf den weiteren Verfahrensebenen unterbinden[125]. In praktisch allen bekanntgewordenen Verfahren haben die verschiedenen Akteure in der Kommission immer auch die Unzulässigkeit bestimmter Beschwerden bestritten[126] - ungeachtet des Umstands, daß die Beschwerden

---

[120] *Bartolomei*, S. 73; *Weissbrodt/Parker*, S. 12.

[121] So ausdrücklich die Unterkommission unter Berufung auf Abs. 1 Res. 1503 (XLVIII) - „all communications" - und Abs. 2 lit. a) Res. 728 F (XXVIII) - „however adressed": Report of the Sub-Commission ... on its 50st Session, E/CN.4/1999/4; E/CN.4/Sub.2/1998/45 (30.09.1998), Abs. 279.

[122] *Ize-Charrin*, 1503: A Serious Procedure, S. 3.

[123] Vgl. *Tardu/McCarthy*, S. 54.

[124] Bereits vor der Verabschiedung von Res. 2000/3 hatte das Sekretariat zumindest mißbräuchliche oder offenkundig verwirrte Beschwerden aussortiert, gleichermaßen aber auch anonyme und daher gemäß Abs. 2 lit. b) Res. 1 (XXIV) der Unterkommission sowie sonst offenkundig unzulässige Beschwerden (siehe oben § 19.I., S. 262 bei Fn. 7).

[125] *Tardu/McCarthy*, S. 73, 105.

[126] So beispielsweise der Vorwurf des polnischen Vertreters gegenüber einer von Amnesty International eingereichten Beschwerde gegen Äthiopien, diese sei offensichtlich politisch

als solche gar nicht mehr Gegenstand der Debatte sind. Es kam in diesen Fällen allerdings nie dazu, daß Beschwerden nachträglich für unzulässig erklärt wurden oder auch nur die Verwendung der entsprechenden Informationen unterbunden wurde.

II. Die Arten der Beschwerden

Die in der Praxis eingehenden Beschwerden sind in Art und Umfang äußerst unterschiedlich, was daraus resultiert, daß es sich hierbei um ein nicht beeinflußbares Phänomen handelt[127]. Die Beschwerden werden häufig gerade nicht in Kenntnis des 1503-Verfahrens oder gezielt für dieses eingereicht. Zumindest ursprünglich ist das Verfahren gerade zum Umgang mit den eingehenden Beschwerden eingerichtet worden[128]. Die liberalen Zulässigkeitsregeln und insbesondere die weitgehende Beschwerdebefugnis spiegeln dieses deutlich wider. Mittlerweile kommt dem 1503-Verfahren aber eher eine subsidiäre Funktion zu. Beschwerden über Einzelfälle werden regelmäßig den anwendbaren vertraglichen Verfahren, gegebenenfalls auch dem einschlägigen thematischen Mechanismus zugeleitet. Diejenigen Mitteilungen, die in der Praxis des Sekretariats dem 1503-Verfahren zugeordnet werden, lassen sich im wesentlichen in zwei Gruppen einteilen.

A. Ausführliche Berichte

Der überwiegende Teil der in den bekanntgewordenen Verfahren eingereichten und weitergeleiteten Beschwerden sind umfangreiche Berichte, häufig durch Anhängen zum Nachweis einzelner Ereignisse oder der Auflistung der Opfer ergänzt[129]. Diese werden in den selteneren Fällen von Privatpersonen oder

---

motiviert - CHR, Summary record of the 1505th meeting (confidential) [05.03.1979], E/CN.4/SR.1505 (06.03.1979), Abs. 10.

Siehe auch die Einwände der fehlenden Erschöpfung des innerstaatlichen Rechtswegs - oben in Fn. 78 - sowie das bei *Tardu/McCarthy*, S. 73, zitierte Beispiel Äqutorialguineas.

Maßstab für die Zulässigkeit ist auch in diesem Fall Res. 1 (XXIV) der Unterkommission - Report of the Secretary-General, Effective Functioning of the Various Mechanisms ..., E/CN.4/1994/42 (14.02.1994), Abs. 78.

[127] Vgl. *van Boven*, in: Alston (Hrsg.), The United Nations and Human Rights, S. 564.

[128] Siehe oben § 22.I., S. 353.

[129] Ein typisches Beispiel für eine solche Beschwerde ist diejenige von *Amnesty International* im Fall der Philippinen (84/5/2,421 vom 30.04.1984), die aus einem vierzehnseitigen Bericht zur Substantiierung der erhobenen Vorwürfe, einem Anhang von 127 Seiten mit der Schilderung von einzelnen Fällen unter Angabe der Namen der Betroffenen und

-gruppen erstellt[130]. Es sind oft allein NGO mit den notwendigen Ressourcen und Erfahrungen, die diese Art von Berichten erstellen können[131]. Dementsprechend sind, soweit ersichtlich, die meisten der auf der Ebene der Kommission erörterten Mitteilungen solche, die von NGO eingereicht wurden[132]. Gerade diese sorgfältig dokumentierten Beschwerden sind es, die in den entsprechenden Fällen die meisten Aussichten haben, Grundlage für eine im Verfahren weiterbehandelte Situation zu werden[133]. Dies ergibt sich schon allein daraus, daß hierfür regelmäßig die Schilderung eines *consistent pattern* erforderlich ist[134] und zu dessen Nachweis regelmäßig erhebliches Material zusammengetragen werden muß.

Gerade größere Menschenrechts-NGO haben in der Vergangenheit jeweils ergänzende Berichte in Fortsetzung früher unterbreiteter Mitteilungen eingereicht. Damit wird es den Verfassern möglich, trotz Vertraulichkeit und dem fehlenden Beteiligtenstatus über neuere Entwicklungen der Situation zusätzliche Informationen bereitzustellen[135]. Insbesondere *Amnesty International* und andere große

---

einem weiteren Anhang, der die Antwort der philippinischen Regierung an *Amnesty* zitiert (vollständig wiedergegeben in E/CN.4/1985/R.1/Add.15 [20.11.1985]).

Noch umfassender ist ein Bericht des *Lawyers Committee on International Human Rights* zur Menschenrechtslage in Argentinien, der 1979 als Beschwerde im Rahmen des 1503-Verfahrens von der Unterkommission weitergeleitet geleitet wurde (Nr. 79/6/5,081). Dieser umfaßt neben dem eigentlichen Bericht acht Anhänge auf insgesamt 235 Seiten (vollständig wiedergegeben in E/CN.4/R.51/Add.3 [27.11.1979]).

130 *Tardu/McCarthy,* S. 16.

131 *Tolley,* The U.N. Commission on Human Rights, S. 72.

132 Außer den bereits oben erörterten Fällen, in denen die Behandlung hauptsächlich auf Berichten von NGO gegründet war (siehe § 21.III., S. 300), unterbreiteten NGO 1973 Informationen über die Situation in Griechenland. *Amnesty International* berichtete im folgenden Jahr über die Folterung von Gefangenen in Nordirland durch die britischen Behörden, über Folter und Mord durch brasilianische Behörden, und politische Verhaftungen in großem Ausmaß in Indonesien. Die *International Commission of Jurists* dokumentierte die Massenmorde in Uganda unter *Idi Amin*, während die *International League for the Rights of Man* die immensen Massaker in den Auseinandersetzungen in Burundi sowie die Verletzung des Rechts auf Verlassen der Heimat durch die DDR im Rahmen des 1503-Verfahrens anprangerte - *Tolley*, The U.N. Commission on Human Rights, S. 72f., z.T. unter Berufung auf Zeitungsberichte.

133 *Rodley*, in: Hannum (Hrsg.), Guide to International Human Rights Practice, S. 67. Entsprechend ist auch in einer Praktikerempfehlung die Einholung von Unterstützung einer im internationlen Menschenrechtsschutz erfahrenen NGO geraten worden - ebd., S. 66.

134 Siehe oben sub I.A. bei Fn. 8

135 Siehe hierzu im einzelnen noch sub. § 25.II.A.1., S. 434.

und gut organisierte NGO haben so zum Teil jährlich neue Berichte im Anschluß an die zuvor eingereichten unterbreitet[136].

Zum Beweis der erhobenen Vorwürfe werden Zeugnisse von Opfern, gelegentlich auch Schilderungen von Menschenrechtsverletzungen aus der Sicht der Täter beigefügt. Auch offizielle Dokumente, Medienberichte und Fotos sind zur Substantiierung beigefügt worden.

B. Massenkampagnen

Dem 1503-Verfahren werden zudem auch diejenigen Beschwerden zugeleitet, die in großer Zahl mit mehr oder weniger identischem Wortlaut Beschwerde über die gleichen Verletzungen führen[137]. Bei solchen Kampagnen wird regelmäßig eine Beschwerde als Muster genommen und als solche im weiteren Verfahren behandelt[138]. Soweit es sich hierbei um Postkartenaktionen handelt, wird es aufgrund der häufig wenig genauen Angaben nur selten zu einer Weiterleitung kommen. Die eigentliche Bedeutung dieser Vorgehensweise liegt weniger in der ohnehin unwahrscheinlichen Initiierung einer 1503-Untersuchung als vielmehr in der Mitteilung der vorhandenen Aufmerksamkeit für die fragliche Situation. Grundsätzlich leitet das Sekretariat (OHCHR) alle Beschwerden an die betroffene Regierung weiter. Dies gilt jedoch nicht für jene, die wegen offensicht-

---

[136] Im Falle Uruguays hatte *Amnesty* eine erste Beschwerde bereits 1977 eingereicht (Nr. 77/12/18.753, vgl. E/CN.4/1984/R.1/Add.20 [14.10.1983]) eine weitere 1979 (Nr. 79/4/1,893, in: E/CN.4/R.51/Add.11 [23.11.1979]) und von da an jährlich: Nr. 80/6/16,457 (in: E/CN.4/R.66/Add.11 [14.11.1980]), Nr. 81/5/12,354 (in: E/CN.4/R.78/Add.22 [18.11.1981), Nr. 81/7/14,339 (nicht weitergeleitet, vgl. aber E/CN.4/R.82), Nr. 82/6/12,439 (in: E/CN.4/1983/R.1/Add.17 [15.12.1981]) Nr. 83/5/2,151 (in: E/CN.4/1984/R.1/Add.20 [14.10.1983]), 84/5/2,419 (in: E/CN.4/1985/R.1/Add.23 [19.11.1984]).

[137] *Bartolomei,* S. 73; *Tardu/McCarthy,* S. 16. So waren zum Beispiel von den zwischen April 1951 und Mai 1952 etwa 25.000 eingegangenen Beschwerden 19.454 weitgehend identische Massenpetitionen, die nahezu identische Behauptungen über politische Verfolgung in zwei Ländern enthielten - Report of the 9th session of the Commission on Human Rights, E/2447 (06.06.1953), Abs. 293.

1981 betrafen mehr als 10.000 Mitteilungen und im Folgejahr mehr als 13.000 eine einzige Situation - *Tolley*, The U.N. Commission on Human Rights, S. 125.

[138] Beispielsweise wurden im Zusammenhang mit der Untersuchung Uruguays von 105 zwischen Juli und Dezember 1979 eingegangen weitgehend übereinstimmenden Beschwerden zwei ausgewählt und zusammengefaßt in die vertrauliche Liste aufgenommen (79/12/11,755 - 11,756, vollständig abgedruckt in E/CN.4/R.66/Add.11 [14.11.1980]).

licher Unbegründetheit dort bereits aussortiert werden. Insofern kann die neue Regelung eine Einschränkung dieser Möglichkeit mit sich bringen.

III. Die Funktion der Beschwerden

Sobald eine Beschwerde für zulässig befunden wurde, verliert sie der Konzeption nach ihre Individualität und wird Bestandteil der Datenmasse zur Feststellung einer Situation grober und systematischer Menschenrechtsverletzungen. Die einzelnen Beschwerden werden also nicht individuell auf ihre Begründetheit untersucht, sondern sind bloßes Informationsmaterial, das für die oben erwähnte Tatsachenfeststellung herangezogen wird[139]. Allein grobe und systematische Menschenrechtsverletzungen im Sinne eines Gesamtzusammenhanges, nicht aber die individuelle Beeinträchtigung oder Verletzung, sind Gegenstand des Verfahrens[140]. Die in den Mitteilungen geschilderten konkreten Verletzungen der Menschenrechte einzelner Personen werden grundsätzlich nur als Anstoß bzw. zusätzliche Information genutzt[141]. Weitergehende rechtliche Auswirkungen, wie etwa das Entstehen eines konkreten Anspruchs auf Auseinandersetzung mit dem Inhalt oder die Begründung einer Beteiligtenstellung, hat das Einreichen einer Beschwerde nicht[142]. Diese Beschränkung auf eine Informationsfunktion ergibt sich aus der weitgefaßten Beschwerdebefugnis, deren einzige Beschränkung eine entsprechende Informationsnähe ist[143]. Auch die erhebliche Länge sowie das Fehlen einer Bestimmung über das Zurückziehen einer einmal eingereichten Beschwerde[144] stützen jenes Ergebnis.

Im Hinblick auf die Funktion als Ausgangspunkt einer Untersuchung hat jede erfolgreiche Beschwerde weitreichende Auswirkungen. Denn es ist sie, die das gesamte Untersuchungsverfahren in Gang setzt. Es kann damit jedoch nicht mehr als die Durchführung eines 1503-Verfahrens erreicht werden, an dessen

[139] *Bartolomei,* S. 81; *Karl,* BerDGV 33 (1994), S. 105; *Meißner,* S. 20; *Tardu*, Santa Clara Law Rev. 20 (1980), S. 561; *Tardu,* in: FS Partsch, S. 292.

[140] *Buergenthal,* International Human Rights, S. 92; *M. Nowak,* NYIL 22 (1991), S. 86. Siehe hierzu noch ausführlich § 24.II., S. 406ff.

[141] *Tomuschat,* „Menschenrechte" in: Wolfrum (Hrsg.), Handbuch Vereinte Nationen, Rn. 9.

[142] Siehe zu dieser Unterscheidung den Report by the Secretary-General: The Right of Petition, E/CN.4/419 (11.04.1950), Abs. 28.

[143] Auf diesen Zusammenhang weist auch *Tardu/McCarthy,* S. 11 hin.

[144] Siehe auch *Tardu/McCarthy,* S. 82, 93, 109, 116.

Ende allenfalls eine öffentliche Empfehlung der Kommission oder des Rates steht[145].

IV. Zusammenfassung

Insgesamt gesehen sind die Zulässigkeitsregeln für Beschwerden im 1503-Verfahren einerseits erstaunlich offen und stellen ein weitgehend anwendbares Verfahren zur Verfügung[146]. Nur ein geringer Teil der Eingaben wird an den darin aufgestellten „harten" Kriterien scheitern und für unzulässig erklärt werden[147]. Andererseits weist der Text von Res. 1 (XXIV) der Unter-kommission zahlreiche „weiche", wenig greifbare Unzulässigkeitskriterien auf, offen für sachfremde, d.h. auch politische Erwägungen. Dies verdeutlicht, daß sich die Rolle der Beschwerden – freilich nur solcher über systematische Menschenrechts-verletzungen - auf eine Anstoß- und Informationsfunktion beschränkt[148].

---

[145] Siehe *Zuijdwijk*, S. 31.

[146] So auch die Einschätzung von *Tardu*, A/Conf.157/PC/60/Add.5 Abs. 153.

[147] *Cassese*, RDH 5 (1972), S. 378.

[148] Dies war bereits frühzeitig Gegenstand deutlicher Kritik – vgl. die Stellungnahme der Niederlande (30.12.1969) - Note by the Secretary-General, E/CN.4/1014 (14.01.1970), S. 9.

§ 24. Verfahrensgegenstand und Prüfungsmaßstab

Zum Gegenstand des 1503-Verfahrens können keineswegs sämtliche Menschenrechtsverletzungen gemacht werden. Wie erwähnt, muß es sich nach Auffassung der WGC um einen „Gesamtzusammenhang grober und glaubwürdig bezeugter Menschenrechtsverletzungen" (*consistent pattern of gross and reliably attested violations of human rights and fundamental freedoms*) handeln, damit die an dem Verfahren beteiligten Organe *ratione materiae* zuständig sind. Zwei Aspekte dieser Formulierung verdienen nähere Betrachtung. Zum einen fehlt es an einer Definition der Menschenrechte. Diese werden in allgemeiner Art und ohne Rückgriff auf eine bestimmte Kodifikation in bezug genommen. Zum zweiten reicht eine einzelne Menschenrechtsverletzung nicht aus, es muß sich vielmehr um einen „Gesamtzusammenhang" handeln. Ausgehend von diesen beiden Punkten wird der Anwendungsbereich des Verfahrens und der Prüfungsmaßstab für die beteiligten Organe ausgelotet. In bezug auf die erste Besonderheit ist zu fragen, welche Menschenrechte aus welchen internationalen Instrumenten im einzelnen als Maßstab dienen. Dabei wird zugleich der praktische Prüfungsmaßstab in qualitativer Hinsicht erarbeitet und dargestellt. Der zweitgenannte Aspekt betrifft einen Maßstab quantitativer Art, wobei auch die Frage zu klären ist, ob und inwieweit aus diesem Erfordernis zusätzlich materiell-inhaltliche Vorgaben folgen. Im Anschluß an diese beiden Aspekte des Anwendungsbereiches ist schließlich auf mögliche zeitliche und räumliche Einschränkungen der Verfahrenszuständigkeit einzugehen.

I. Die anwendbaren Menschenrechtsnormen

A. Das Fehlen eines ausdrücklichen Maßstabes

Die internationalen vertraglichen Beschwerdeverfahren betreffen sämtlich einen klar umrissenen Verfahrensgegenstand. Ihre Grundlage ist entweder ein ergänzendes Durchsetzungsinstrument in Form eines Annexes zu einer Konvention, die die geschützten Menschenrechte aufzählt und definiert (so im Falle des (1.) Fakultativprotokolls zum IPbpR oder desjenigen zur Frauenrechtskonvention), oder die für das Verfahren maßgeblichen Normen sind selbst Bestandteil der die materiellen Rechte enthaltenden Kodifikation (EMRK, die Übereinkommen gegen Folter und zur Abschaffung der Rassendiskriminierung). Im Gegensatz dazu kennt das 1503-Verfahren keinen spezifischen Menschenrechtskatalog mit einer Aufzählung und Definition der Rechte, deren Verletzung gerügt werden kann. Es werden auch nicht bestimmte Instrumente in bezug genommen[1]. Der Resolutionstext enthält nicht mehr als einen Verweis auf „Menschenrechte und Grundfreiheiten“.

Zwei Erwägungen können diesen Umstand erklären helfen. Die Ausarbeitung eines Katalogs der anwendbaren Rechte hätte eine erhebliche Arbeitsbelastung der Kommission bedeutet und zurückhaltenden Staaten vermehrte Obstruktionsmöglichkeiten verschafft. Zum anderen existierten zum Zeitpunkt der Verabschiedung von Res. 1503 (XLVIII) verschiedene Menschenrechtsinstrumente, wie insbesondere die AEMR von 1948, verschiedene Spezialresolutionen und Konventionen und nicht zuletzt die 1967 verabschiedeten beiden Menschenrechtspakte. Freilich wurde keiner dieser Texte zur Bestimmung des Verfahrensgegenstandes ausdrücklich in bezug genommen.

Im für das 1503-Verfahren maßgeblichen Normenkomplex lassen sich nur vereinzelte Anhaltspunkte finden. Gemäß Abs. 1 Res. 1503 (XLVIII) durften nur solche Menschenrechtsverletzungen behandelt werden, die in die Zuständigkeit der Unterkommission fallen - eine zur Beruhigung skeptischer Regierungen eingefügte Ergänzung[2]. Nach der ursprünglichen Konzeption war die Tätigkeit des Organs auf Minderheitenfragen und die Diskriminierungsproblematik beschränkt[3]. Bereits 1949 war dieses Mandat auf Fragen der Diskriminierung jeglicher Art und bezüglich sämtlicher in der AEMR enthaltener Rechte erweitert worden[4]. Damit konnte die Unterkommission in bezug auf sämtliche Menschenrechtsprobleme in der Zuständigkeit der UNO tätig sein[5], da praktisch jede Verletzung und Nichtbeachtung eines Rechts zugleich potentiell diskriminierend ist. Mit Abs. 2 Res. 1235 (XLII) wurde die Unterkommission in Ergänzung dessen ermächtigt, schwere Menschenrechtsverletzungen in aller Welt zu erörtern[6]. Eine Beschränkung existierte damit eindeutig nicht mehr. Somit kam schon bei Verabschiedung

---

1 *Dormenval*, S. 53.

2 *Schwelb*, Journal of the Israel Institute for the Study of International Affairs 13 (1974), S. 130. Ein noch weitergehender Vorschlag der ägyptischen Delegation, den Titel der Resolution umzubenennen in „Verfahren zur Behandlung von Mitteilungen bezogen auf die Verhinderung von Diskriminierungen und Minderheitenschutz“, fand keine Mehrheit - *Schwelb*, ebd., S. 131.

3 *Schwelb*, VN 1972, S. 82.

4 Siehe oben § 6.III., S. 72, Fn. 31.

5 *Buergenthal*, International Human Rights, S. 83; *Riedel*, Menschenrechtskommission, in: Wolfrum (Hrsg.), Handbuch Vereinte Nationen, Rn. 6; *Schwelb*, VN 1972, S. 82f.; *Schwelb*, Journal of the Israel Institute for the Study of International Affairs 13 (1974), S. 131.

6 Siehe *Tardu/McCarthy*, S. 75.

von Res. 1503 (XLVIII) dieser Einschränkung keine praktische Wirkung zu[7]. Dies gilt auch mehr als 30 Jahre später. Spätestens mit der Entpflichtung der Unterkommission ist diese Einschränkung nun endgültig obsolet, zumal Abs. 2 Res. 2000/3 vollständig an die Stelle von Abs. 1 Res. 1503 (XLVIII) tritt[8].

Daneben findet sich der erwähnte Hinweis auf UN-Charta, AEMR und andere anwendbare Dokumente auf dem Gebiet der Menschenrechte in Abs. 1 lit. a) der Res. 1 (XXIV) der Unterkommission von 1971 betreffend die Zulässigkeit einer Beschwerde. Wie gezeigt, sollten mit dieser Vorschrift ursprünglich die als Maßstab für die Begründetheit dienenden materiellen Menschenrechtsnormen festgelegt werden. Ungeachtet der aus den Materialien ersichtlichen entsprechenden Intention der Unterkommission ist diese Bestimmung in der verabschiedeten Form nicht mehr als eine in ihrer Ausgestaltung fragwürdige Unzulässigkeitsbestimmung. Der Verweis in Abs. 4 lit. c) Res. 1 (XXIV) der Unterkommission enthält noch den deutlichsten Hinweis. Aus der Unzulässigkeit von Beschwerden in Fällen, die im Einklang mit den in der AEMR niedergelegten Prinzipien gelöst wurden, folgt im Umkehrschluß, daß bei einer Nichtbeachtung dieser Prinzipien eine Beschwerde insoweit zulässig ist und diese Dokumente daher als Rechtsquellen angesehen werden[9]. Eine Anlehnung an die Maßstäbe der Allgemeinen Erklärung und der Charta wird immerhin erkennbar, während der Pauschalverweis auf „andere anwendbare Instrumente" untauglich für eine definitive Einschränkung des substantielle Festlegung des Prüfungsmaßstabes ist.

Eine klare Maßgabe der anwendbaren Rechte ist in den zugrundeliegenden Resolutionen nicht gegeben, wenngleich zumindest die Inbezugnahme der AEMR durchaus denkbar gewesen wäre. Freilich hätte dies erhebliche Diskussionen im Hinblick auf die Verbindlichkeit dieses Textes und möglicherweise des ganzen vorgesehenen Verfahrens provoziert und war schon deshalb kaum praktikabel. Auf die Anbindung an vorgegebene, exakt definierte Normen, die eine Entscheidungspraxis vorgeben und sie auch überprüfbar machen, verzichtete man. Vielmehr verschaffte die Kommission sich und den anderen entscheidenden Gremien

---

[7] *Schwelb*, Journal of the Israel Institute for the Study of International Affairs 13 (1974), S. 131. Entsprechend hatte bereits 1969 die belgische Regierung in ihrer Stellungnahme zum Entwurf der späteren Res. 1503 (XLVIII) die Streichung dieses Passus vorgeschlagen, da deren Bedeutung unklar sei - E/CN.4/1014/Add.3 (19.02.1970), S. 2.

[8] Auch wenn mit der 1999 beschlossenen Umbenennung der Unterkommission keine ausdrückliche Änderung der Zuständigkeit einherging, liegt doch gerade in dieser vom ECOSOC sanktionierten Maßnahme eine erneute, konkludente Bestätigung für den unbeschränkten Anwendungsbereich des 1503-Verfahrens.

[9] *Guggenheim*, NYU Journal of International Law & Politics 6 (1973), S. 435.

so einen erheblichen Spielraum, offen für politische und sonstige außerrechtliche Erwägungen. Es war diese Flexibilität im Hinblick auf künftige Entwicklungen genauso wie auf die alltägliche Praxis, die mit einem solchen Pauschalverweis sichergestellt werden sollte[10].

Diese Flexibilität wird aber auch noch in einem anderen Zusammenhang deutlich. Im 1503-Verfahren kommt es regelmäßig nicht zur Feststellung, daß ein bestimmtes Recht verletzt ist. Auch für die Kommission gilt, daß einschlägige Stellungnahmen weder eine genaue Feststellung der Fakten noch die Subsumtion unter ein bestimmtes Menschenrecht oder Aussagen zu Inhalt und Umfang bestimmter Rechte enthalten[11]. In keinem der bekanntgewordenen Fälle der vertraulichen Untersuchung, wie auch in keiner Entschließung im öffentlichen Verfahren, hat sie jemals die Verletzung - oder den genauen Umfang - eines Rechtes in einem konkreten Fall festgestellt. Allein das Vorliegen einer Situation von Menschenrechtsverletzungen wird attestiert, möglicherweise mit der Benennung einzelner Rechte.

B. Die umfassende Zuständigkeit

Es darf bei aller diesbezüglichen Skepsis freilich nicht vernachlässigt werden, daß mit dem Bezug auf „Menschenrechte und Grundfreiheiten" zunächst eine allumfassende Zuständigkeit *ratione materiae* für dieses Verfahren begründet wird[12]. Die zugrundeliegenden Resolutionen enthalten keinerlei Einschränkung[13], es sind - wenigstens in der Theorie - sämtliche international anerkannten Rechte erfaßt[14]. Maßgeblicher Bezugspunkt ist primär die AEMR[15], in zweiter

---

[10] *Tardu*, Santa Clara Law Rev. 20 (1980), S. 561. Auf diesen Aspekt weist - in teilweise anderem Zusammenhang - auch *Buergenthal*, International Human Rights, S. 99 hin.

[11] Vgl., bezogen auf die Generalversammlung, Repertory III, Art. 55, Abs. 154, S. 71,.

[12] Vgl. *Tardu*, Santa Clara Law Rev. 20 (1980), S. 561.

[13] *Kälin*, BerDGV 33 (1994), S. 17f.

[14] *Bartolomei*, S. 241; *Cassese*, La Comunità Internazionale 30 (1975), S. 52; *Tardu/McCarthy*, S. 13; *Tardu*, Santa Clara Law Rev. 20 (1980), S. 561; *Tardu*, in: FS Partsch, S. 310.

[15] Opinion of the Legal Counsel of the United Nations ..., E/CN.4/Sub.2/1994/17/Add.1 (15.08.1994), Abs. 20; *Partsch* in; Simma (Hrsg.), Charta der Vereinten Nationen, Art. 68, Rn. 77.

Siehe auch Report of the Secretary-General, Effective Functioning of the Various Mechanisms ..., E/CN.4/1994/42 (14.02.1994), Abs. 64: „The basic norms and standards applied under the 1503 procedure are those set out in the Universal Declaration of Human Rights..."

Linie sind es die beiden internationalen Pakte[16] und ergänzend weitere internationale Menschenrechtsinstrumente. Zumindest theoretisch können damit neben den klassischen bürgerlichen und politischen Freiheitsrechten, wie sie im IPbpR und dem ersten Teil der Allgemeinen Erklärung definiert sind, auch die wirtschaftlichen, sozialen und kulturellen Rechte des IPwskR, die zum Teil ebenfalls in der AEMR enthalten sind[17], zum Gegenstand eines 1503-Verfahrens gemacht werden[18]. Sogar das Recht auf Selbstbestimmung - eines der „dritten Generation"[19] - war bereits Gegenstand des Verfahrens[20]. In der Praxis befaßte sich die

---

Eine direkte Verbindung zwischen der AEMR und der Arbeit der Kommission im Rahmen der Prüfung von Individualbeschwerden stellen auch *McDougal/Bebr*, AJIL 58 (1964), S. 640, her.

[16] Report of the Secretary-General, Effective Functioning of the Various Mechanisms ..., E/CN.4/1994/42 (14.02.1994), Abs. 64. Dieser Vorschlag, die AEMR und die Pakte als Maßstab anzuwenden, erschien 1969 in der Diskussion der MRK über die (spätere) Res. 1503 (XLVIII) - CHR, Report of the 25th session, E/4621, E/CN.4/1007 (1969), Abs. 418.

In diesem Zusammenhang wird deutlich, daß es sich bei den verschiedenen Menschenrechtsinstrumenten um jeweils einander ergänzende handelt, nicht aber um ersetzende - hierzu *Sohn,* in: Eighteenth Report of the Commission to Study the Organization of Peace, S. 175.

[17] *Buergenthal*, International Human Rights, S. 29f.

[18] *Cassese*, La Comunità Internazionale 30 (1975), S. 53 Fn. 11; *Tardu*, Santa Clara Law Rev. 20 (1980), S. 567; *Tardu/McCarthy,* S. 37; *Alston*, zitiert in: Report on the workshop on the justiciability of economic, social and cultural rights ..., E/CN.4/2001/62/Add.2 (22.03.2001), Abs. 19. So auch die implizite Feststellung der Ukrainischen Sowjetrepublik in ihrem Kommentar zum Entwurf der späteren Res. 1503 (XLVIII) - E/CN.4/1014 (14.01.1970), S. 16 (17).

Allerdings wurde die Verletzung von wirtschaftlichen, sozialen und kulturellen Rechten trotz einer entsprechenden, freilich sehr allgemein gehaltenen Resolution der MRK (Res. 4 [XXXIII] 1977, in: CHR, Report of the 33rd session, E/5927, E/CN.4/1257 [1977], S. 74f.) bisher wohl nie ernsthaft geprüft - *Alston,* Commission on Human Rights, in: ders. (Hrsg.), The United Nations and Human Rights, S. 151.

Gleiches ergibt sich aus einem 1994 von einer Arbeitsgruppe der Kommission erstellten Bericht, in dem audrücklich empfohlen wird, die Kommission möge auch Mitteilungen wirtschaftliche, soziale und kulturelle Rechte betreffend annehmen - Report of the Chairman of the informal, open-ended Working Group ..., E/CN.4/1995/17 (12.12.1994), Annex, V., Abs. 2.

[19] Allerdings ist dieses Recht in beiden Menschenrechtspakten an prominenter Stelle, nämlich jeweils in Art. 1 Abs. 1 auch vertragsrechtlich verankert.

[20] *Tardu*, Santa Clara Law Rev. 20 (1980), S. 567, Fn. 27, unter Verweis auf den Fall von Äquatorialguinea, in dem sich ausweislich des Berichtes des Sonderberichterstatters einige

MRK mit Verstößen gegen die beiden Pakte und andere Instrumente, wie beispielsweise der Genfer Konventionen - und zwar auch im Falle von Nichtvertragsstaaten[21]. Der explizite Verweis in Res. 1235 (XLII) - insoweit auch weiterhin gültig - auf Rassendiskriminierung und Apartheid bezieht noch die in der Völkermordkonvention, dem Übereinkommen zur Beseitigung der Rassendiskriminierung und der Anti-Apartheidkonvention enthaltenen Normen in den Anwendungsbereich des Verfahrens mit ein[22]. Darüber hinaus wird noch auf die von den UN verabschiedeten Minimalstandards zur Behandlung von Gefangenen verwiesen[23]. Aus Abs. 2 Res. 2000/3 mit seinem Verweis auf „Menschenrechte und Grundfreiheiten" folgt somit eine umfassende Zuständigkeit, die sämtliche anerkannten Menschenrechte einschließt. Die Offenheit jener Verweisung schließt damit auch erst künftig entstehende und anerkannte Rechte ein[24].

Beschwerden auf dieses Recht bezogen (s.o. S. 301, bei Fn. 14). Ebenso erfolgte die Untersuchung Indonesiens mutmaßlich mit Blick auf die Verweigerung des Selbstbestimmungsrechtes - *Tolley*, HRQ 6 (1984), S. 448.

[21] *Kälin*, BerDGV 33 (1994), S. 17; *M. Nowak*, NYIL 22 (1991), S. 86, der allerdings neben der AEMR nur die beiden Pakte erwähnt; *Tardu*, in: FS Partsch, S. 310; *Ermacora*, RDH 7 (1974), S. 679 unter Hinweis auf die Diskussionen vor Erlaß der Res. 1503 (XLVIII); *Tardu*, Santa Clara Law Rev. 20 (1980), S. 567 unter Verweis auf den Bericht des Sonderberichterstatters zu Äquatorialguinea.

[22] *Tardu/McCarthy*, S. 38.

[23] *Zuijdwijk*, S. 32; International Commission of Jurists (Hrsg.), Gross Violations of Human Rights, S. 8. Die „UN Standard Minimum Rules for the Treatment of Prisoners" wurden 1955 vom ersten UN-Kongreß für Verbrechensvorbeugung und die Behandlung von Straffälligen erstellt (A/Conf/6/1, Annex I) und vom ECOSOC als Res. 663 C (XXIV) vom 31.07.1957 verabschiedet (*Carey*, RDH 1 [1968], S. 540), später ergänzt durch Res. 2076 (LXII) vom 13.05.1977. Diese Regeln wurden erstmalig von der *Ad hoc*-Expertengruppe zur Untersuchung der Gefangenen in Südafrika aufgrund expliziter Zustimmung der Regierung als Maßstab angewendet - siehe *Carey*, RDH 1 (1968), S. 540.

[24] *Tardu*, in: FS Partsch, S. 310. A.A. *Ermacora*, RDH 7 (1974), S. 679, der darauf abstellt, daß für die Auslegung einer Resolution eines UN-Organs die Vorstellung zur Zeit ihrer Verabschiedung maßgeblich sei. Für die Auslegung von Res. 1503 (XLVIII) bedeute dies, daß nur auf die beiden schon drei Jahre zuvor verabschiedeten, aber erst 1976 in Kraft getretenen Pakte abgestellt werden könne.

Unter dem Aspekt dieser Offenheit ist es nicht von vornherein ausgeschlossen, daß das 1503-Verfahren auch im Umweltbereich zur Anwendung kommen kann, wie in jüngerer Zeit, wenn auch sehr vorsichtig, verschiedentlich vorgeschlagen - vgl. *Dommen*, Georgetown International Environmental Law Review 11 (1998), S. 43f.; *Gammie*, Seton Hall Law Review 25 (1994), S. 613f.

Die einzelnen Menschenrechte gelten dabei jeweils nur im Rahmen der aus den anwendbaren Instrumente folgenden Schranken[25]. Dies betrifft insbesondere die Einschränkung der Rechtsgewährung bei Ausübung zu Lasten der Rechte Dritter, wie sie in den Auslegungsvorschriften von Art. 30 AEMR[26] (entsprechend auch Art. 17 EMRK) und dem gemeinsamen Art. 5 Abs. 1 der beiden Menschenrechtspakte enthalten ist[27]. Die Entscheidung über eine mögliche Rechtfertigung einer Rechtsbeschränkung wird im Rahmen der Gesamtbeurteilung der Situation getroffen, ist also letztlich auf allen Stufen des Verfahrens von Relevanz.

C. Die rechtliche Verbindlichkeit des Prüfungsmaßstabes

Prinzipiell können nur solche Menschenrechte als Prüfungsmaßstab herangezogen werden, die gegenüber dem betroffen Staat Rechtswirkung als verbindliche Handlungsgrenzen entfalten[28]. Die Voraussetzung für Anwendung und Durchsetzung eines Rechtes ist sein Bestehen, und zwar gegenüber demjenigen Rechtssubjekt, welches zur Rechenschaft über die Einhaltung jenes Rechtes gezogen wird. Die betroffenen Staaten muß eine Rechtspflicht treffen, derartige Verletzungen zu unterbinden. Hinsichtlich des weiten Anwendungsbereiches, nämlich der oben erwähnten Menschenrechte, verdienen insbesondere zwei Bereiche besondere Erörterung: die Frage der Rechtsverbindlichkeit der AEMR sowie das Problem der Anwendung vertraglicher Menschenrechtsbestimmungen über den Kreis der Vertragsparteien hinaus.

1. Zur Rechtsverbindlichkeit der AEMR

Die AEMR ist nicht nur konkreter Maßstab, sondern Leitlinie für das Verfahren in mehrerer Hinsicht. Das Sekretariat (OHCHR) identifiziert bei der Zusammenfassung einer Beschwerde die betroffenen Bestimmungen der AEMR[29]. Ebenso orientiert sich die Geschäftsverteilung in der WGC an diesem

---

[25] Zur Schrankenproblematik der verschiedenen Instrumente siehe *Partsch* in: Simma (Hrsg.), Charta der Vereinten Nationen, Art. 55 (c), Rn. 28, 53-56.

[26] *Tardu/McCarthy*, S. 60; *Bartolomei*, S. 73.

[27] *Tardu/Mc Carthy*, S. 61; *Cassese*, RDH 5 (1972), S. 391f., Anm. 13.

[28] Einen bemerkenswerten, aber wenig überzeugenden Ansatz vertritt *Ermacora* im Zusammenhang mit der von der MRK 1967 eingesetzten *Ad hoc*-Expertengruppe für Südafrika: das jeweilige Organ - im 1503-Verfahren also die beiden Arbeitsgruppen und die Kommission - habe insofern als ein Organ der UN die Normen anzuwenden, die für die Organisation selbst verbindlich seien - *Ermacora*, RDH 1 (1968), S. 195.

[29] Vgl. insofern nur den „Confidential Report of the Sub-Commission ... on its consideration of item 7 ... at its 34th session", E/CN.4/R.78 (25.09.1981), in dem erstmals

Instrument[30]. Zudem ist die Inbezugnahme der verletzten Rechte der AEMR bei Unterbreitung einer Beschwerde gewünscht[31]. Schon allein deshalb wird es sehr wahrscheinlich sein, daß gleichermaßen in der sonstigen Entscheidungspraxis auf dieses Instrument zurückgegriffen wird.

Die Erklärung versteht sich als „das von allen Völkern und Nationen zu erreichende gemeinsame Ideal" (so die maßgebliche deutsche Übersetzung, der englische Wortlaut spricht von *„a common standard of achievement"*[32]). Als bloßer Resolution der Generalversammlung kommt ihr grundsätzlich keine verbindliche Rechtswirkung gegenüber den Staaten zu[33]. Zwar werden in dem Text die Menschenrechte als grundlegende Prinzipien mit erheblicher politischer und moralischer Bedeutung proklamiert[34], doch folgt aus Formulierung und verschiedenen Stellungnahmen der Delegierten in der Generalversammlung, daß damit prinzipiell nicht die Festlegung verbindlicher Rechte beabsichtigt war[35]. Zumindest in den ersten Jahren nach ihrer Verabschiedung konnte in Ermangelung entsprechender Rechtsüberzeugung der Staaten von einer Verbindlichkeit nicht aus-

---

auch bei der Weiterleitung von Beschwerden an die Kommission die jeweils betroffenen Rechte der AEMR vermerkt sind (ebd., Anm. 1).

[30] Siehe oben § 19.II.B bei Fn. 30, S. 267.

[31] Siehe oben § 23.I.F.2 bei Fn. 106, S. 383.

[32] Vgl. *Partsch,* Hoffen auf Menschenrechte, S. 45. Allerdings äußerte sich der britische Vertreter in der Generalversammlung in dem Sinne, daß die Erklärung „...the proclamation of an ideal..." sei - wiedergegeben bei *Lauterpacht*, International Law and Human Rights, S. 401.

[33] Davon zu unterscheiden ist die Wirkung in bezug auf die UN an sich: insoweit kommt der Erklärung bindende Rechtswirkung zu - *Ermacora*, Menschenrechte in der sich wandelnden Welt I, S. 541f.

[34] *Cassin*, S. 25; *Kelsen,* The Law of the United Nations, S. 40; *Riedel*, in: Baum/ders./Schaefer (Hrsg.), Menschenrechtsschutz in der Praxis der Vereinten Nationen, S. 27. Dieser politische und moralische Stellenwert der Erklärung wird gerade dadurch erleichtert, daß in die darin enthaltenen Menschenrechtsverbürgungen durchaus unterschiedliche Wertvorstellungen hineininterpretiert werden konnten - *Riedel*, ebd.

[35] *Lauterpacht*, International Law and Human Rights, S. 397, 401; *Cassin*, S. 25; *Kelsen,* The Law of the United Nations, S. 40; *Zuijdwijk*, S. 100.

Lediglich die Delegierten Frankreichs (*Cassin*) und Belgiens traten für eine begrenzte Rechtswirkung der Erklärung ein - *Lauterpacht*, International Law and Human Rights, S. 40.

Tolley, The U.N. Commission on Human Rights, S. 24, argumentiert hingegen, daß die Stimmenthaltung der sozialistischen Länder und Südafrikas darauf beruht, daß diese einer derartigen Resolution auch Rechtswirkung zumaßen.

gegangen werden[36]. Die Erklärung war lediglich als erster Schritt der bereits erwähnten Internationalen Menschenrechtscharta (*International Bill of Human Rights*) konzipiert und ausgestaltet, dem sich als weitere Bestandteile der Menschenrechtspakt und der Umsetzungsmechanismus anschließen sollten[37]. Entsprechend hatte sich die Kommission, nachdem sie im Juni 1948 den Entwurf für die Erklärung verabschiedet hatte, frühzeitig mit einem Entwurf für den Pakt beschäftigt und auch die Frage der Durchsetzung gleichermaßen als vordringlich bezeichnet[38]. Die Umsetzung dieser Projekte war allerdings von heftigem Widerstand und grundlegenden Auseinandersetzungen gekennzeichnet, die zu einer erheblichen Verzögerung führten. In der Zwischenzeit bis zur Verabschiedung jener Instrumente im Jahre 1966 wurde die Erklärung als der einzige universale Menschenrechtstext ihrer Zeit recht bald in internationalen Dokumenten in bezug genommen[39]. Auch der IGH griff wiederholt in seinen Entscheidungen auf das Dokument zurück[40].

Mittlerweile - mehr als 50 Jahre nach ihrer Verabschiedung - hat sich die Beurteilung ihres rechtlichen Charakters grundlegend geändert. Zumindest große Teile der Allgemeinen Erklärung werden heute als verbindliche Rechtssätze betrachtet[41]. Uneinigkeit besteht lediglich darüber, welche Rechte im einzelnen

---

[36] *Riedel*, in: Baum/ders./Schaefer (Hrsg.), Menschenrechtsschutz in der Praxis der Vereinten Nationen, S. 27; *Partsch* in: Simma (Hrsg.), Charta der Vereinten Nationen, Art. 55 (c), Rn. 30.

[37] CHR, Report to the ECOSOC on the 3rd session of the Commission, E/800 (28.06.1948), Abs. 16.

Ermacora, Menschenrechte in der sich wandelnden Welt I, S. 539 sieht in der AEMR daher die „... auf die internationalen Verhältnisse abgestellten Deklarationen des Jahres 1789."

[38] CHR, Report to the ECOSOC on the 3rd session of the Commission, E/800 (28.06.1948), Abs. 17. Der Bericht enthielt neben dem abschließenden Entwurf der Erklärung (Annex A) auch einen vorläufigen Entwurf für einen Menschenrechtspakt (*Draft International Covenant on Human Rights* - Annex B) sowie eine Zusammenstellung der verschiedenen Vorschläge zur Implementierung (Annex C).

[39] *Humphrey*, in: Luard (Hrsg.), The International Protection, S. 52, mit Verweis auf das Memorandum/Vertrag betreffend Triest.

[40] Siehe nur IGH, *Case concerning United States Diplomatic and Consulat Staff in Teheran*, Judgement of 24 May 1980, ICJ Rep. 1980, S. 3, 42, Abs. 91.

[41] *Buergenthal*, International Human Rights, S. 34; *Riedel*, in: Baum/ders./Schaefer (Hrsg.), Menschenrechtsschutz in der Praxis der Vereinten Nationen, S. 28; *Partsch* in: Simma (Hrsg.), Charta der Vereinten Nationen, Art. 55 (c), Rn. 33: „gewisse grundlegende Bestimmungen".

Geltung erlangt haben und wie sich diese Geltung begründen läßt[42]. Zum Teil wird die Geltung der Vorschriften angesichts der Staatenpraxis mit der Entstehung von entsprechendem Völkergewohnheitsrecht begründet[43], nach anderer Ansicht stellt die AEMR wegen der Einigkeit der UNO-Mitglieder eine autoritative Interpretation der menschenrechtlichen Bestimmungen der UN-Charta dar[44]. Außerdem, so wird vorgetragen, könnte ein Großteil der Bestimmungen als all-

---

Working Paper submitted by Mr. V. Kartashkin..., E/CN.4/Sub.2/1999/29 (15.06.1999): „...legally binding customary or treaty norms." (Abs. 4).

42 *Buergenthal*, International Human Rights, S. 34.

43 *Buergenthal*, International Human Rights, S. 36; *Riedel*, in: Baum/ders./Schaefer (Hrsg.), Menschenrechtsschutz in der Praxis der Vereinten Nationen, S. 28; *Sohn*, AmericanULR 32 (1982), S. 17. Dies wird insbesondere begründet mit dem gewohnheitsrechtlich fundierten Mindeststandard des Fremdenrechts, der weitgehenden Ratifizierung der beiden Pakte, der Übernahme der Menschenrechte in zahlreiche Verfassungen bzw. deren Einfluß darauf (so z.B. die Erwähnung in zahlreichen Verfassungen wie Indonesien, Costa Rica, Syrien, Haiti, Jordanien und etlichen amerikanischen Verfassungen - *Ermacora*, Menschenrechte in der sich wandelnden Welt I, S. 542) und ihrer Inbezugnahme in regionalen völkerrechtlichen Instrumenten (z.B. in der EMRK und der Interamerikanischen Menschenrechtsdeklaration vom 07.04.1951 - *Ermacora*, ebd.) und einzelnen Entscheidungen des IGH - *Riedel*, ebd., S. 28ff. Eine entgegenstehende Staatenpraxis wird darüber hinaus verneint, da sich entgegenstehende Äußerungen der Staaten zumeist nur auf das Fehlen vertraglicher Bindungen bezögen - *Riedel*, ebd., S. 33.

44 Study by the Special Envoy of the Commission... Prof. Héctor Gros Espiell, E/CN.4/1500 and Corr.1 and Add.1, Abs. 28; *Humphrey*, in: Luard (Hrsg.), The International Protection, S. 50f.; *Brownlie*, S. 694. *Riedel*, in: Baum/ders./Schaefer (Hrsg.), Menschenrechtsschutz in der Praxis der Vereinten Nationen, S. 32; *Sohn*, AmericanULR 32 (1982), S. 16; *Tolley*, The U.N. Commission on Human Rights, S. 24.

So auch die Delegierten Frankreichs, Belgiens sowie des Libanon (*Charles Malik*) in der Generalversammlung, *Lauterpacht*, International Law and Human Rights, S. 405, 409 Anm. 54. Sympathie für diesen Standpunkt bringen auch *Simma/Alston*, AustrYIL 12 (1992), S. 100 auf. Auch eine Stellungnahme der französischen Regierung vom 19.02.1957, abgedruckt bei *Meron*, Human Rights and Humanitarian Norms, S. 82, deutet in diese Richtung.

Sohn, in: Eighteenth Report of the Commission to Study the Organization of Peace, S. 175 sieht die Stellung der AEMR an als "*...just below the Charter, and it is winning general acceptance as an important component of the constitutional law of the United Nations as part of world law.*".

Gegen die Einordnung der AEMR als authentische Interpretation der UN-Charta *Kelsen*, The Law of the United Nations, S. 40.

gemeine Rechtsgrundsätze i.S.v. Art. 38 lit. c) IGH-Statut verbindliche Geltung erlangt haben[45].

Die Einstufung der AEMR als autoritative Auslegung der UN-Charta begegnet Bedenken. Einerseits sind die vorhandenen Bestimmungen der Charta selbst, abgesehen vom eindeutig gefaßten Diskriminierungsverbot, nur allzu dürftig und rar, so daß hier von einer Auslegung zu sprechen nur schwer noch möglich ist[46]. Außerdem, und dies scheint bei den entsprechenden Argumentationen zumeist vernachlässigt zu werden, kommt der Generalversammlung selbst gar nicht das Recht zu, autoritativ und für alle verbindlich die Bestimmungen der UN-Charta auszulegen[47]. Viel eher überzeugt die Konzeption, daß die in der Erklärung enthaltenen Bestimmungen mittlerweile gewohnheitsrechtlich verfestigt sind. Die mehr als fünfzig Jahre währende Rechtspraxis, zu der gerade auch die MRK als Versammlung staatlicher Repräsentanten erhebliches beigetragen hat, sowie die fortwährende Bestätigung des Instruments in nationalen und internationalen Dokumenten[48] bestätigen dies. Zweifel an der Einstufung der AEMR als Gewohnheitsrecht sind laut geworden, weil dies mit der herkömmlichen Konzeption von Gewohnheitsrecht nicht erklärt werden könne. Denn es fehle in bezug auf die Menschenrechtsnormen an der für die Gewinnung von Gewohnheitsrecht notwendigen Interaktion *zwischen* Staaten[49]. Das gesamte Recht der Menschen-

---

[45] *Buergenthal*, International Human Rights, S. 37; *Meron*, Human Rights and Humanitarian Norms, S. 88f.; *Simma/Alston*, AustrYIL 12 (1992), S. 104.

[46] Dieses Problem wird von *Sohn*, der als ausreichenden Bezugspunkt die Formulierung „human rights and fundamental freeoms" ansieht, durch die Hochstufung der AEMR als „Teil der Verfassungsstruktur der Weltgemeinschaft" übersehen - *Sohn*, AmericanULR 32 (1982), S. 17.

Probleme wirft diese Sichtweise auch insofern auf, ob wirklich alle Rechte der AEMR den ursprünglichen Intentionen der Chartageber entsprechen - *Simma/Alston*, AustrYIL 12 (1992), S. 101.

[47] Die Entscheidung eines zuständigen UN-Organs erwächst grundätzlich nicht in eine für die anderen Organe verbindliche Auslegung - *Lauterpacht*, International Law and Human Rights, S. 182. Gegen eine entsprechende Befugnis der Generalversammlung auch *Partsch*, Hoffen auf Menschenrechte, S. 45. Der hier vertretende Standpunkt gilt zumindest im Verhältnis zu den übrigen Hauptorganen. Gegenüber einem Staat in einer konkreten Situation liegt die Auslegungskompetenz in bezug auf Vorschriften der UN-Charta durchaus bei dem anwendenden Organ, doch ist es zweifelhaft, ob sich daraus die *allgemeine* Verbindlichkeit der AEMR unmittelbar aus der Verbindlichkeit der UN-Charta ableiten läßt.

[48] *Zuijdwijk*, S. 101 erwähnt 1979, daß bis dahin die AEMR in insgesamt 75 weiteren Resolutionen der Generalversammlung zitiert worden ist.

[49] *Simma/Alston*, AustrYIL 12 (1992), S. 98f.

rechte ist aber ohnehin nicht prinzipiell auf die Beziehungen zwischen Staaten ausgerichtet. Zudem kann auch die Praxis internationaler Organisationen zur Herausbildung von Völkergewohnheitsrecht beitragen[50]. Denn auch hier lassen sich die für Gewohnheitsrecht erforderlichen Merkmale trotzdem nachweisen. Einerseits sind Generalversammlung, Kommission etc. Versammlungen von Staatenvertretern, ihre Beschlüsse und Stellungnahmen daher gewissermaßen die Summe verschiedener Elemente der Praxis der einzelnen Staaten[51]. Und andererseits - und dies ist das entscheidende Argument - ist eine Interaktion zwischen den Organen auf der einen und den betroffenen Staaten auf der anderen Seite durchaus gegeben. Selbst einseitige Akte von Staaten können die notwendige Praxis darstellen. Und es ist noch kein Fall bekanntgeworden, auch nicht im öffentlichen Verfahren, in dem der angeschuldigte Staat das Vorliegen einer rechtlichen Verpflichtung in bezug auf die monierten Menschenrechtsverletzungen abgestritten hätte[52]. Mithin läßt sich zumindest von einer impliziten Anerkennung des von der MRK angewendeten Maßstabes durch die Staaten im öffentlichen Verfahren wie auch in den bekanntgewordenen vertraulichen Verfahren sprechen.

Offen muß und kann an dieser Stelle die Frage bleiben, ob nicht möglicherweise einzelne Rechte der AEMR, insbesondere solche der zweiten Generation, keine gewohnheitsrechtliche Anerkennung gefunden haben[53]. Die Kommission hat sich - entgegen einer einschlägigen Entscheidung - im 1503-Verfahren nur am Rande bzw. ergänzend mit sozialen, wirtschaftlichen und kulturellen Rechten befaßt[54]. Die in den bekanntgewordenen Fällen verletzten Rechte waren fast ausschließlich dem Bereich der bürgerlichen und politischen zuzuordnen, so daß die Frage dort nicht virulent wurde. Lediglich im Bericht über die direkten Kontakte mit der Regierung in Haiti wurden soziale und wirtschaftliche Rechte, insbesondere Armut und Analphabetismus behandelt. Für eine ausreichende Praxis zur Begründung staatlicher Praxis ist dies jedoch nicht ausreichend. Es kann in bezug auf die in der AEMR enthaltenen Rechte - von den genannten Ausnahmen abgesehen - somit festgehalten werden, daß es sich dabei um völker-

---

[50] ILA/Committee on Formation of Customary (General) International Law, ILA Report 69 (2000), S. 730, Principle 11.

[51] ILA/Committee on Formation of Customary (General) International Law, ILA Report 69 (2000), S. 730, Principle 11, Commentary (b).

[52] So auch *Ansbach*, AVR 31 (1991), S. 247.

[53] Zweifel insoweit bei *Lauterpacht*, International Law and Human Rights, S. 409, in bezug auf die Rechte in Art. 3, 4 und 5.

[54] Siehe oben Fn. 18, S. 396.

gewohnheitsrechtlich verfestigte Bestimmungen handelt, die den Staaten konkrete Rechtspflichten auferlegen. Dies gilt zumindest insoweit, als systematische und grobe Verletzungen dieser Rechte betroffen sind. Handelt es sich um einen solchen Gesamtzusammenhang (*consistent pattern*), bedeutet dies einen Bruch des Völkergewohnheitsrechts[55].

Zugleich lassen sich die Bestimmungen mittlerweile - mit Einschränkungen in bezug auf Rechte der zweiten Generation - als allgemeine Rechtsgrundsätze einordnen. Zahlreiche nationale Verfassungen verweisen entweder auf das Instrument, oder sie enthalten dieselben rechtlichen Grundprinzipien wie die in der AEMR niedergelegten Rechte[56].

2. Zur Anwendung vertraglicher Bestimmungen

Fraglich ist, inwieweit auch vertraglich vereinbarte Menschenrechtsnormen bei der Beurteilung von Staaten herangezogen werden können, die die genannten Instrumente nicht ratifiziert haben. In der Praxis der Kommission wurden, wie erwähnt, verschiedene Vetragsnormen ungeachtet ihrer Ratifikation durch den Verletzerstaat herangezogen [57]. Hierzu zählen u.a. die Genfer Konventionen[58] als nicht primär menschenrechtliche Instrumente und die beiden Menschenrechtspakte[59]. Erwähnt werden außerdem die Spezialkonventionen gegen Völkermord und Rassendiskriminierung[60]. Es gilt aber auch hier der Grundsatz, daß die angewendeten Rechte als solche auch Verbindlichkeit beanspruchen müssen. Art. 34 des Wiener Übereinkommens über das Recht der Verträge[61] (WVK) hat die völkergewohnheitsrechtliche Regelung *pacta tertiis nec nocent nec prosunt*[62] neu bestätigt und formuliert, daß aus Verträgen grundsätzlich keine Pflichten für Drittstaaten abgeleitet werden können[63].

---

[55] *L. Henkin,* Human Rights, in: EPIL II, S. 889; *Restatement of Law (Third)*, § 702 lit. g), sowie comment m), S. 166f.

[56] *Zuijdwijk,* S. 101f., der allerdings auch auf die Entstehungsgeschichte der Erklärung verweist, die ihrerseits auf zahlreichen Verfassungs- und anderen Texten beruhe.

[57] Siehe oben bei Fn. 21.

[58] *Kälin*, BerDGV 33 (1994), S. 17, zu Berichten im öffentlichen Länderverfahren.

[59] *M. Nowak*, NYIL 22 (1991), S. 86; *Tardu*, Santa Clara Law Rev. 20 (1980), S. 567.

[60] Siehe oben § 23.I.C.1. bei Fn. 53, S. 372.

[61] Vom 23.05.1969, BGBl. 1985 II, S. 927.

[62] *Berber*, Völkerrecht I, S. 432.

[63] *Heintschel von Heinegg* in: Ipsen, § 12 Rn. 23.

Allerdings handelt es sich bei den genannten Texten im Grundsatz um solche, die entweder Völkergewohnheitsrecht widerspiegeln oder deren Inhalt zu solchem erstarkt ist und daher auch gegenüber solchen Staaten Anwendung finden kann, die nicht Vertragspartei geworden sind[64]. Die gewohnheitsrechtliche Geltung von zunächst vertraglich fixierten Vereinbarungen wird in Art. 38 WVK ausdrücklich anerkannt. Auch wenn es sich bei den genannten Instrumenten nicht unbedingt um die Niederlegung ohnehin existierenden Völkergewohnheitsrechtes handelte, hat doch in der Folge der vertraglichen Festlegung sich die Rechtsüberzeugung (*opinio iuris*) durchgesetzt und eine entsprechende Staatenpraxis entwickelt. Die oben genannten Konventionen und Verträge haben mittlerweile in ihrem von der MRK herangezogenen materiellen Kernbereich völkergewohnheitsrechtlich Geltung erlangt. Dies gilt auch hier zumindest dann, wenn es sich um systematische und grobe Verletzungen dieser Rechte im Sinne eines Gesamtzusammenhangs (*consistent pattern*) handelt[65]. Nach anderer Ansicht soll - weniger überzeugend - auch diesen vertraglichen Bestimmungen Rechtskraft als autoritative Interpretation der Menschenrechtsbestimmungen in der Charta zukommen[66]. Soweit allerdings - beispielsweise in neueren oder überwiegend nicht akzeptierten Verträgen - die vertraglichen Bestimmungen offensichtlich kein Völkergewohnheitsrecht widerspiegeln, können diese von der Kommission auch nicht als Maßstab für die Beschwerden und Situationen im 1503-Verfahren herangezogen werden.

3. Ergebnis

Im Hinblick auf die Rechtsverbindlichkeit der von der MRK im 1503-Verfahren angewendeten Normen läßt sich festhalten, daß hier entweder vertragliche Bestimmungen oder aber der völkergewohnheitsrechtlich abgesicherte Grundstandard Anwendung findet. Die Verletzung der Menschenrechte ist jedenfalls dann ein Verstoß gegen Völkergewohnheitsrecht, wenn dies nicht nur im Einzelfall, sondern im Rahmen eines Gesamtzusammenhangs erfolgt. Diese Konzeption ist, soweit ersichtlich, noch nie in ihrer Gültigkeit angezweifelt worden[67].

---

[64] Kritisch dazu *Meron*, Human Rights and Humanitarian Norms, S. 81.

[65] Vgl. *Restatement of Law (Third)*, § 702 lit. g), sowie comment m), S. 166f.

[66] Study by the Special Envoy of the Commission ... Prof. Héctor Gros Espiell, E/CN.4/1500 (31.12.1981) and Corr.1 and Add.1, Abs. 27f.; *Tolley*, The U.N. Commission on Human Rights, S. 120.

[67] *Ansbach*, AVR 31 (1991), S. 247.

II. Die Konzeption "Gesamtzusammenhang grober Verletzungen"

Das 1503-Verfahren erfaßt nicht alle Verletzungen der in den eben genannten Texten enthaltenen Menschenrechte. Trotz grundsätzlich umfassender Zuständigkeit muß es sich bei den berichteten Ereignissen um einen „Gesamtzusammenhang grober Menschenrechtsverletzungen" (*a consistent pattern of gross violations of human rights - un ensemble de violations flagrantes et systématiques des droits de l'homme)* handeln. Das Aufzeigen eines solchen Zusammenhangs ist gemäß Abs. 1 Res. 1 (XXIV) der Unterkommission Zulässigkeitsvoraussetzung für eine Beschwerde. Eine singuläre Verletzung bzw. ein Verstoß gegen Menschenrechte in einem einzelnen Fall kann somit von Anfang an nicht Gegenstand dieses Verfahrens sein[68]. Es ist Aufgabe der WGC, auf der Basis der ihr vorliegenden Mitteilungen entsprechende Situationen grober und systematischer Menschenrechtsverletzungen zu identifizieren[69].

A. Die Ursprünge der Konzeption

Bereits in den Verhandlungen der Gründungskonferenz der UNO tauchte die Überlegung auf, Sonderregelungen für besonders schwerwiegende Menschenrechtsverletzungen vorzusehen. Im Zusammenhang mit der Frage der Reichweite des Interventionsverbotes, das in Art. 2 Ziff. 7 UN-Charta normiert wurde[70], erklärte der zuständige Unterausschuß, daß für den Fall, daß

> "...such rights and freedoms were grievously outraged so as to create conditions which threaten peace or to obstruct the application of the principles of the Charter...",

keine ausschließlich innere Angelegenheit mehr vorliege[71]. Nach dieser Formulierung sind einzelne Verletzungen gerade nicht ausreichend, da hier regelmäßig eine Friedensbedrohung oder Beeinträchtigung der Prinzipien der UN-Charta gar nicht vorliegen kann. Damit wird erstmalig ein nicht nur qualitatives, sondern auch quantitatives Element eingeführt - in gewisser Weise durchaus ein Vorläufer der Konzeption des „Gesamtzusammenhangs"[72].

---

[68] *Donnelly,* Universal Human Rights, S. 208.

[69] Siehe für das alte Verfahren: Analysis of existing United Nations procedures ..., E/CN.4/1317 (08.02.1979), Abs. 19.

[70] Siehe hierzu noch ausführlich unten § 34.III.A., S. 596.

[71] Bericht des Unterausschusses I/1/A der San Francisco-Konferenz, Doc. 723, I/1/A/19 (01.06.1945), UNCIO Doc. VI, S. 705.

[72] *Ritterband,* S. 399.

Bezog sich dieser Ansatz noch auf eine allgemeine Einschränkung des Interventions- bzw. Einmischungsverbots, wurde in der bald darauf einsetzenden Auseinandersetzung über die Aufhebung bzw. Einschränkung der *No power*-Doktrin eine vergleichbare Begrenzung der Zuständigkeit für möglich gehalten. Beispielsweise schlug der Generalsekretär vor, daß die MRK nur in besonders schweren Fällen zu einzelnen Maßnahmen ermächtigt werden sollte: wenn eine außerordentlich große Zahl von Menschen betroffen oder die Angelegenheit in den Blickpunkt der internationalen Öffentlichkeit gerückt ist[73]. Einen ähnlichen Entwurf brachte die indische Delegierte 1952 in der Sitzung der Kommission ein. Danach hätte die *No power*-Doktrin in „ernsten Fällen" von Menschenrechtsverletzungen unanwendbar sein sollen [74]. Gleiches wurde auch in der wissenschaftlichen Diskussion vorgeschlagen[75].

Wie oben gezeigt, war der internationale, auf dem Parkett der UNO ausgetragene Kampf gegen Rassendiskriminierung und Apartheid ein wesentlicher Schritt auf dem Wege zur Einführung des allgemeinen Beschwerdeverfahrens. Damit war eine gleichsam „dimensionale" Vorgabe für ein außervertragliches Verfahren gegeben. Menschenrechtsverletzungen sollten nur dann von einem internationalen Gremium wie der MRK erörtert werden, wenn sie von einem vergleichbaren Ausmaß wie die Diskriminierungspraxis im südlichen Afrika waren. Galten zunächst - und teilweise noch bis in die erste Hälfte der siebziger Jahre hinein - internationale Aktionen nur dann weltpolitisch als opportun, wenn sie sich gegen Apartheid und Rassendiskriminierung richteten, so nahm von der Verabschiedung der Res. 1503 (XLVIII) an nach und nach der „Gesamtzusammenhang grober Menschenrechtsverletzungen" deren Stelle als maßgebliche Voraussetzung ein[76]. Eine ganz augenscheinliche Zwischenstufe in dieser Entwicklung war Res. 1235 (XLII), die zwar bereits vom „Gesamtzusammenhang" spricht, dieses Kriterium aber durch die sehr konkreten Beispiele Rassendiskriminierung

---

[73] Siehe oben § 14.II.A., S. 182 bei Fn. 34; *Schwelb*, Journal of the Israel Institute for the Study of International Affairs 13 (1974), S. 122.

[74] Oben § 14.II.E, S. 188, bei Fn. 66; *Schwelb*, Journal of the Israel Institute for the Study of International Affairs 13 (1974), S. 123.

[75] *Cassin*, S. 27.

[76] *Medina*, S. 8. Entsprechend weist auch das indische Mitglied in der Kommission im Zuge der Reformdebatte daraufhin, daß die Begriffe *consistent pattern* und *gross violations* auf Interventionen westlicher Staaten zurückzuführen seien, die damit das Tätigkeitsfeld der Kommission über Rassendiskriminierung und Apartheid hinaus erweitern wollten - CHR, Summary record of the 1307th meeting [14.02.1975], E/CN.4/SR.1290-1308 (27.06.1975), S. 167.

und Apartheid erläutert[77]. Die Konzeption stellt damit gewissermaßen eine Fortsetzung der Beschränkung des Tätigwerdens der UNO auf schwerste Fälle dar. Damit war Befürchtungen wegen vorgeblicher Einmischung in innere Angelegenheiten[78] durch die Einführung besonderer Qualifikationsmerkmale (quantitativer und qualitativer Art) Rechnung getragen worden.

Die Idee besonderer Anforderungen an den Gegenstand für die Zulässigkeit eines außervertraglichen Verfahrens, die im Falle des 1503-Verfahrens schon frühzeitig Kritik ausgelöst hatte[79], ist freilich nicht nur auf die Reaktionsmechanismen der Kommission beschränkt. Schon in der Diskussion um die Zulässigkeit der Humanitären Intervention im 19. Jh. wurde als freilich sehr vages Erfordernis verlangt, die fraglichen Ereignisse müßten „das Gewissen der Menschheit schokkieren“[80]. Entsprechende Einschränkungen finden sich auch im Völkerstrafrecht. Der erste Entwurf der UN-Völkerrechtskommission (*International Law Commission - ILC*) für eine Kodifikation der schwersten völkerrechtlichen Verbrechen gegen den Frieden und die Sicherheit der Menschheit (*Draft Code of Crimes against Peace and Security of Mankind*) von 1991 enthielt in Art. 21 einen eigenen Straftatbestand „Systematische und grobe Menschenrechtsverletzungen“. Danach stellten Mord, Folter, Sklaverei und Zwangsarbeit sowie die Verfolgung aus sozialen, politischen, religiösen oder kulturellen Gründen dann ein Verbrechen dar, wenn dies in großem Ausmaß oder in systematischer Weise geschehe (*„...in a systematic manner or on a mass scale...“*), ebenso auch Deportation oder gewaltsamer Bevölkerungstransfer[81]. Qualifikationsvoraussetzung war danach die systematische Begehung oder weite Verbreitung der Verletzungen. Im abschließenden zweiten Entwurf der ILC von 1996 ist eine eigenständige Strafnorm für Menschenrechtsverletzungen nicht mehr enthalten. Statt dessen wurde auf das bereits in Art. 6 des Statuts des IMT Nürnberg enthaltene Konzept „Verbrechen gegen die Menschlichkeit" (*Crimes against*

---

[77] "...situations which reveal a consistent pattern of violations of human rights, as exemplified by the policy of *apartheid* as practised in the Republic of South Africa ... and racial discrimination as practised notably in Southern Rhodesia..." (Abs. 3).

[78] Siehe zu diesem Fragenkreis ausführlich unten § 34.III.A., S. 596.

[79] So beispielsweise die Stellungnahme Schwedens zum Entwurf für die spätere Res. 1503 (XLVIII) - E/CN.4/1014 (14.01.1970), S. 14.

[80] *Tardu*, Santa Clara Law Rev. 20 (1980), S. 583.

[81] Draft code of crimes against peace and security of mankind, Art. 21, in: Report of the ILC on the work of its 43rd session, A/46/10 (1991), Kapitel IV, D. I, S. 247; siehe auch *Sunga*, S. 125f.

humanity) zurückgegriffen[82]. Entsprechend ist auch im Römischen Statut für einen künftigen ständigen Internationalen Strafgerichtshof (IStGH) diese Verbrechenskategorie vorgesehen. Damit wird eine erweiterte Reihe von Menschenrechtsverletzungen der Zuständigkeit des Gerichts unterstellt[83]. Diese müssen jedoch Bestandteil eines umfassenden oder systematischen Angriffs gegen die Zivilbevölkerung sein[84]. Gleichermaßen finden sich vergleichbare qualitative Erfordernisse im Bereich der Kriegsverbrechen, welche gleichfalls insbesondere dann strafbar sind, wenn sie Teil einer Plans oder einer großangelegten Begehung sind[85].

Außerhalb des Völkerstrafrechts finden sich ähnliche Abstufungen, so im Bereich der völkerrechtlichen Verantwortlichkeit. So wird im amerikanischen *Restatement of Law (Third)* nicht jede Menschenrechtsverletzung zugleich als ein Verstoß gegen völkergewohnheitsrechtliche Menschenrechtsbestimmungen angesehen, sondern neben Völkermord und anderen international anerkannten Menschenrechtsverstößen in bezug auf die übrigen Menschenrechte nur im Falle eines „*....consistent pattern of gross violations of internationaly recognized human rights*"[86].

Die Beschränkung des 1503-Verfahrens auf einen besonders qualifizierten Bereich von Menschenrechtsverletzungen ist somit eine im Völkerrecht nicht seltene Einschränkung. Freilich hatte sich weder in der Kommission noch im ECOSOC ein bestimmtes - über die oben genannten Beispiele hinausgehendes - Verständnis des Terminus „*consistent pattern of gross ... violations of human rights and fundamental freedoms*" herausgebildet. Die exakte Bestimmung des

---

[82] Draft code of crimes against peace and security of mankind, Art. 18, in: Report of the ILC on the work of its 48th session, A/50/10 (1996), S. 247.

[83] Im Gegensatz zu den anderen der Zuständigkeit des Gerichts unterfallenden Verbrechen stellt dieses eine Art „Auffangtatbestand" für eine Vielzahl verschiedener Verletzungshandlungen dar - *Irmscher*, KJ 31 (1998), S. 476.

[84] Statute of the International Ciminial Court, A/Conf/183/9 (17.07.1998), Art. 7 Abs. 1: „*...when committed as a part of a widespread or systematic attack directed against any civilian population...*".

[85] Art. 8 Abs. 1 IStGH-Statut. Näher hierzu mit Hinweisen zur Entstehung der Vorschrift *Irmscher*, KJ 31 (1998), S. 476f. mit Anm. 28.

[86] Restatement of Law (Third), § 702 lit. (g).

Begriffs war vielmehr der Praxis, also in erster Linie der Unterkommission und ihrer Arbeitsgruppe überlassen worden[87].

B. Die Einzelheiten dieser Konzeption

Bei einem Vergleich mit dem Wortlaut der zugrundeliegenden Res. 1235 (XLII) fällt auf, daß Res. 1503 (XLVIII) - und entsprechend Res. 2000/3 - strengere Anforderungen stellt. Enthält die erstgenannte lediglich den Hinweis auf ein *consistent pattern of violations of human rights*, verwenden die späteren Resolutionen die Formulierung: *consistent pattern of gross violations of human rights* (Hervorhebung hinzugefügt). Ein Antrag des britischen Delegierten, den Wortlaut von Res. 1235 (XLII) zu übernehmen und das Wort *gross* zu streichen[88], wurde in der Kommission bei Stimmengleichheit abgelehnt[89]. Eine offizielle oder auch nur maßgebliche Definition für sämtliche Begriffe existiert weder in der Kommission noch sonst im UN-System[90]. Vielmehr wurden in anderen Dokumenten zahlreiche andere Begriffe mit ähnlichem Bedeutungsgehalt ohne eine wirkliche Abstimmung verwendet[91].

---

[87] So verschiedene Stellungnahmen in der Kommission 1972 - CHR, Report on the 28th Session, E/113, E/CN.4/1097, Abs. 146.

[88] United Kingdom: amendement ..., E/CN.4/L.1093 (14.03.1969); CHR, Summary record of the 1034th meeting [17.03.1969], E/CN.4/SR.1030-1045 (29.07.1969), S. 49.

Allerdings ist auch Res. 1235 (XLII) insofern unstimmig: während Abs. 2, der die Prüfung der Informationen regelt, die Worte „... gross violations of human rights ..." mit den beiden Beispielen Apartheid und Rassendiskriminierung enthält, enthält Abs. 3 unter Anfügung derselben Beispiele den Begriff „... consistent pattern of violations of human rights...". Insofern wird man dahinter eine redaktionelle Ungenauigkeit zu sehen haben, denn eine bewußte Unterscheidung ist weder sachlich oder inhaltlich nachvollziehbar noch könnte sie überhaupt logisch eingeordnet werden.

[89] CHR, Summary record of the 1035th meeting [17.03.1969], E/CN.4/SR.1030-1045 (29.07.1969), S. 63.

[90] Immerhin gab es in der Anfangsphase der Verfahrenspraxis Bemühungen, den Inhalt dieses Begriffs durch den Verweis auf einzelne schwerwiegende Rechtsverletzungen zu verdeutlichen - CHR, Summary record of the 1307th meeting [14.02.1975], E/CN.4/SR.1290-1308 (27.06.1975), S. 167 (Indien).

[91] Vgl. Expanded Working Paper submitted by Mr. Stanislav Chernichenko ..., E/CN.4/Sub.2/1997/29 (28.05.1997), Abs. 37, unter Verweis auf die Proklamation der Weltmenschenrechtskonferenz in Teheran („gross denials of human rights", „massive denials of human rights"), Res. 32/130 der Generalversammlung vom 16.12.1977 („mass and flagrant violations") sowie die Abschlußerklärung der Wiener Weltmenschenrechtskonferenz 1993 (*Vienna Declaration and Plan of Action*) („massive violations of human rights", „continuing human rights violations", „gross and systematic violations").

1. Grobe Verletzungen

Die Unterkommission begann Anfang der neunziger Jahre, eine Definition des Begriffs „Grobe Verletzungen“ (*gross violations of human rights*) im Zusammenhang mit der Einordnung als völkerrechtliches Verbrechen (*international crime*) zu erarbeiten. Nach mehreren Jahren Debatte und der Vorlage zweier Arbeitspapiere des russischen Experten *Chernichenko* wurden diese Bemühungen ohne förmlichen Abschluß eingestellt, um Überlappungen mit den zeitgleichen Arbeiten der ILC an materiellen völkerrechtlichen Strafvorschriften bzw. einem Statut für den Internationalen Strafgerichtshof zu vermeiden[92].

Nach diesem Ansatz setzte die Konzeption *gross violations of human rights* die Verletzung von international anerkannten und garantierten Menschenrechten voraus. Die Qualifizierung mit *gross* wird dabei als Einstufung für die Schwere der geschehenen Menschenrechtsverletzungen angesehen: diese können von geringerem Ausmaß sein oder aber hauptsächliche Auswirkungen haben, also „grob“ sein[93]. Dies kann sowohl für einen einzelnen Verstoß gegen Menschenrechte gelten, wie auch für systematische und weitverbreitete Verletzungen[94] - ein Ergebnis, das insbesondere die französische Fassung *violations flagrantes* verdeutlicht. „Grob" (*gross*) qualifiziert den Begriff „Verletzung" (*violation*) dahingehend, daß nur solche ernsten Charakters darunter fallen[95]. Eine nur unerhebliche Beeinträchtigung eines Rechtes reicht also unter diesem Aspekt nicht aus,

---

Bereits unter Geltung von Res. 1503 (XLVIII) hatte noch 1972 die WGC auf ihrer ersten Sitzung zwischen schweren Verletzungen (*gross violations*) und ernsthaften Verletzungen (*serious violations*) zu unterscheiden gesucht - *Tardu/McCarthy,* S. 72.

[92] Sub-Commission, Entscheidung 1998/110 vom 26.08.1998, in: Report of the Sub-Commission ... on its 50th Session, E/CN.4/1999/4, E/CN.4/Sub.2/1998/45 (30.09.1998), chapter II, section B; Annotations to the Provisional Agenda, E/CN.4/Sub.2/1999/1/Add.1 (18.06.1999), Abs. 190-195.

[93] Expanded Working Paper submitted by Mr. Stanislav Chernichenko ..., E/CN.4/Sub.2/1997/29 (28.05.1997), Abs. 34.

[94] Expanded Working Paper submitted by Mr. Stanislav Chernichenko ..., E/CN.4/Sub.2/1997/29 (28.05.1997), Abs. 34. Anders *Ermacora*, RDH 7 (1974), 679, der aus dem Wort *gross* auch ein quantitatives Erfordernis ableitet, diese Konzeption also nicht auf einzelne Verstöße anwenden will.

[95] Study concerning the right to restitution, compensation and rehabilitation for victims of gross violations of human rights and fundamental freedoms, Final report submitted by Mr. *Theo van Boven*, Special Rapporteur, E/CN.4/Sub.2/1993/8 (02.07.1993), Abs. 8; *Restatement of Law (Third)*, § 702, comment m), S. 166, das erläuternd auf den „schockierenden Charakter“ einer Verletzung abstellt.

diese muß vielmehr erheblich und schwerwiegend sein[96]. Daß die Verletzungshandlungen zudem noch einen unmenschlichen und erniedrigenden Charakter haben müssen[97], findet im Resolutionstext keinen Anhaltspunkt - wiewohl dies regelmäßig ohnehin erfüllt sein wird.

Ein bestimmter Grad oder Maßstab für die Feststellung, ab wann es sich um grobe Verletzungen handelt, läßt sich nicht generell festlegen[98]. Insofern sind auch Abstufungen zwischen den einzelnen Rechten vorhanden[99]: eine Beeinträchtigung des Verbots von Folter (Art. 5 AEMR) oder des Rechts auf Leben und Freiheit der Person (Art. 9 AEMR) wird unter Schutzaspekten viel eher als grob einzustufen sein als beispielsweise die Verletzung des Eigentumsrechtes (Art. 17 AEMR) oder des Freizügigkeitsrechtes (Art. 13 AEMR). Zum Teil wird diese Argumentation freilich zu weit geführt und gefolgert, daß bei der Beeinträchtigung bestimmter Rechte, selbst wenn diese noch so schwerwiegend sind, eine grobe Verletzung nicht möglich sein kann[100]. Nur ein Kernbereich der Menschenrechte sei von der Konzeption der *gross violations* erfaßt[101]. Allein solche Rechte zählten dazu, die wegen ihrer besonderen Bedeutung anderweitig besonderen völkerrechtlichen Schutz genießen - durch das Völkerstrafrecht, im Humanitären

---

[96] Auch wenn hier ein Beurteilungsspielraum bestehen bleibt, handelt es sich so doch nicht um eine bloß moralische Bewertung - so aber *Medina,* S. 12; ähnlich auch das *Restatement of Law (Third)*, § 702, comment m), S. 166.

[97] So *Tardu,* Santa Clara Law Rev. 20 (1980), S. 583.

[98] Expanded Working Paper submitted by Mr. Stanislav Chernichenko ..., E/CN.4/Sub.2/1997/29 (28.05.1997), Abs. 39.

[99] So auch das *Restatement of Law (Third)*, § 702 lit. (g), comment m), S. 166, mit einer freilich zu weitgehenden Tendenz: auch die Bedeutsamkeit des verletzten Rechtes könne die Grobheit einer Rechtsverletzung indizieren.

[100] *Alston,* Commission on Human Rights, in: ders. (Hrsg.), The United Nations and Human Rights, S. 151; *Buergenthal*, International Human Rights, S. 99; *Medina,* S. 1. In diesem Zusammenhang wurden verschiedene Konzeptionen hinsichtlich Abstufungen der Geltung von Menschenrechten, wie z.B. die Notstandsfestigkeit bestimmter Menschenrechte oder die Konzeption von Staatenverbrechen und Verbrechen gegen die Menschlichkeit entwickelt. Ein einheitlicher und anerkannter Ansatz fehlt freilich noch - *Medina,* S. 13f.

[101] *van Boven,* Study concerning the right to restitution, compensation and rehabilitation (a.a.O., Fn. 95), Abs. 8.

Hierzu zählten das Recht auf Leben, das Recht auf körperliche Unversehrtheit und das Recht auf persönliche Freiheit - *Hey,* S. 51; *Medina,* S. 14. Diese drei Rechte müßten insoweit immer mitbetroffen oder zumindest fortwährend bedroht sein - *Medina*, ebd. A.A. und sehr viel weitergehend das *Restatement of Law (Third)*, § 702, comment m), S. 166f.

Völkerrecht oder unter dem Aspekt der Staatenverantwortlichkeit[102]. Danach sollen, mit Unterschieden im einzelnen, die folgenden völkerrechtlich definierten Handlungen „grobe Verletzungen" darstellen: Völkermord, willkürliche Hinrichtungen, Folter und grausame Behandlung, systematische Diskriminierung aus Gründen der Rasse oder des Geschlechts, Sklaverei und ähnliche Praktiken, wohl auch Verschwindenlassen und willkürliche Verhaftungen. Zum Teil werden hierzu noch Diskriminierung aus religiösen Gründen, die Verweigerung eines fairen Gerichtsverfahrens sowie Vertreibung und Deportation gezählt[103]. Für diese

---

[102] *van Boven,* Study concerning the right to restitution, compensation and rehabilitation (a.a.O., Fn. 95), Abs. 9-11.

Fenwick umfaßt in seiner Definition nicht nur Verstöße gegen die o.g. Instrumente des Völkerstraf- und Humanitären Völkerrechts, sondern auch Akte, die nach der AEMR, der Rassendiskriminierungskonvention oder den beiden Pakten verboten sind; immer unter der Voraussetzung, daß es sich um flagrante, willkürliche und anhaltende Verstöße handelt, die nicht durch die allgemeine Staatenpraxis gerechtfertigt sind - Virginia J. Int'l. Law 13 (1973), S. 347.

[103] *van Boven*, Study concerning the right to restitution, compensation and rehabilitation (a.a.O., Fn. 95), Abs. 9-11.

Im einzelnen sollten entsprechend dem ersten Entwurf der Völkerrechtskommission (ILC) für ein Völkerstrafgesetzbuch (*Draft code of crimes against the peace and security of mankind*) - unter Rückgriff auf die Tatbestände "*systematic or mass violations of human rights*" und Völkermord - folgende Handlungen zu groben Menschenrechtsverletzungen führen: Völkermord, Mord, Folter, Sklaverei und Zwangsarbeit, systematische oder großflächige Verfolgung aus politischen, sozialen oder religiösen Gründen, Deportation und Vertreibung (ebd. Abs. 9). Gleiches gilt für die Verletzung der im gemeinsamen Art. 3 der Genfer Konventionen vom 12.08.1949 festgelegten humanitären Mindeststandards für den bewaffneten nicht-internationalen Konflikt: u.a. Mord, Folter u.ä., Geiselnahme, Verletzungen der menschlichen Würde sowie die Verhängung von Strafen sowie die Hinrichtung ohne ausreichendes, faires Gerichtsverfahren (ebd. Abs. 10). Überdies werden als Verletzung des Völkerrechts unter Hinweis auf das *Restatement of Law (Third),* § 702, auch die folgenden Handlungen angesehen: Völkermord (lit. a]), Sklaverei (lit. b]), Mord und Verschwindenlassen von Einzelnen (lit. c]), Folter u.ä. (lit. d]), willkürliche überlange Haft (lit. e]), systematische Rassendiskriminierung (lit. f]) sowie ein „Gesamtzusammenhang grober Verletzungen von international anerkannten Menschenrechten" (lit. g]) (ebd. Abs. 11). Gerade der letzterwähnte Punkt der Aufzählung, lit. g), macht deutlich, daß insoweit nicht nur die vorgenannten einzelnen internationalen Verbrechen „grobe Menschenrechtsverletzungen" darstellen können, da ansonsten eine zirkelhafte Erklärung vorliegen würde.

Vgl. auch *Hey*, S. 51, die unter Berufung auf *van Boven* die folgenden Handlungen hierzu zählt: Völkermord, Sklaverei und ähnliche Praktiken, willkürliche Exekutionen, Folter und andere grausame, unmenschliche oder erniedrigende Behandlungen oder Bestrafungen, Verschwindenlassen, willkürlich und überlange Haft, Deportation und Vertreibung sowie systematische Diskriminierungen, insbesondere aus Gründen der Rasse oder des Geschlechts.

Ansicht ist der Begriff *gross violations of human rights* somit wenigstens teilweise mit ihrer systematischen Begehung verbunden. Insbesondere bei Völkermord, Vertreibung, sklavereiähnlichen Praktiken, systematischem Verschwindenlassen, weitverbreiteten willkürlichen Verhaftungen und systematischen Diskriminierungen handelt es sich um massive, systematische Verletzungen, die schon *per se* einen Gesamtzusammenhang (*consistent pattern*) darstellen.

Wie schon gezeigt, setzt aber die Qualifizierung einer Verletzung als grob nicht unmittelbar ein bestimmtes quantitatives Ausmaß der Menschenrechtsverletzungen voraus. Auch in Einzelfällen kann eine grobe Verletzung geschehen[104]. Dieses rein sprachlogische Argument wird noch systematisch unterstützt durch die Trennung der beiden Begriffe *gross violations* und *consistent pattern.* In der anderen Richtung besteht jedoch eine enge Verbindung: massive systematische Verletzungen, die das Ausmaß eines Gesamtzusammenhangs erreichen, sind praktisch immer auch solche groben Charakters[105].

2. Der Gesamtzusammenhang (*consistent pattern*)

Der Begriff *consistent pattern of violations of human rights* taucht zum ersten Mal 1967 in einem Resolutionsentwurf des amerikanischen Mitglieds in

---

M. Nowak, NYIL 22 (1991), S. 86, erwähnt bei seiner Aufzählung, welche Situationen „*gross violations*" darstellen können, Vertreibung, Deportation und überlange Haft nicht explizit, schließt in diesem Zusammenhang aber Fälle systematischer Diskriminierung aus religiösen Gründen mit ein.

Nach *Rodley* liegen *gross violations* insbesondere, aber nicht ausschließlich, vor bei Folter, Verschwindenlassen, extra-legalen und anderen willkürlichen Hinrichtungen, weitverbreiteten willkürlichen Verhaftungen oder überlanger Haft ohne Gerichtsverfahren, ebenso bei weitflächigen Verweigerungen des Rechts auf Verlassen seines Landes - *Rodley*, in: Hannum (Hrsg.), Guide to International Human Rights Practice, S. 68.

[104] Anders *Ermacora*, RDH 7 (1974), 679, der - ohne nähere Begründung - aus dem Wort *gross* auch ein quantitatives Erfordernis ableitet. Dem *Oxford English Dictionary* zufolge ist jedoch die Bedeutung des Wortes im Zusammenhang mit Substantiven negativen Charakters eine intensivierende: entsprechend etwa *glaring, flagrant* oder *monstrous* (in etwa: eklatant, kraß, ungeheuerlich, gräßlich, scheußlich) - Stichwort „gross, *a.* and *n.*[4]", Ziff. I. 4. Ein Verständnis, das ein qualitatives Element impliziert, ist möglich (ebd., Ziff. II 7.), aber nicht zwingend.

[105] Expanded Working Paper submitted by Mr. Stanislav Chernichenko ..., E/CN.4/Sub.2/1997/29 (28.05.1997), Abs. 39; *Restatement of Law (Third)*, § 702, comment m) S. 166f.

der Unterkommission *Ferguson* auf[106] und wurde in Res. 8 (XXIII) der Kommission übernommen[107]. In der Unterkommission wurde später geäußert, daß dieser Begriff im wesentlichen dem in zahlreichen Resolutionen verwendeten Begriff *gross and massive violations of human rights* entspreche[108]. Neben den beiden beispielhaft aufgeführten Situationen Rassendiskriminierung und Apartheid[109] werden vor allem Völkermord, Sklaverei und ähnliche Praktiken, willkürliche Verhaftungen in großem Ausmaß[110] sowie weitverbreitete Folter und Mißhandlung von Gefangenen[111] als ein *consistent pattern* angesehen.

Aus dem Wortlaut ergibt sich, daß vom Grundsatz her der isolierte Einzelfall eines Verstoßes gegen Menschenrechte nicht ausreicht[112] - sei die Verletzung auch noch so grob und schwerwiegend. Es muß vielmehr eine gewisse Anzahl von Verletzungen vorliegen[113]. Allerdings können *grobe* Verletzungen der Menschenrechte in Einzelfällen, soweit sie nicht verfolgt werden, ein Indikator für

---

106 *Zuijdwijk*, S. 17, Mr. C. Ferguson: Draft Resolution, E/CN.4/Sub.2/L.456 (16.01.1967) and Corr.1, Abs. 5.

107 *Medina*, S. 8; vgl. auch *Tardu*, Santa Clara Law Rev. 20 (1980), S. 582; *Ermacora*, RDH 7 (1974), S. 678.

Hintergrund dieser Formulierung war die Einschränkung des Verfahrens, um insofern nicht in Konflikt mit Art. 2 Ziff. 7 UN-Charta zu geraten. Diese Bestimmung würde - so die Befürchtungen - ein allumfassendes Beschwerdeverfahren auf der Grundlage einer bloßen Resolution nicht zulassen - *Tardu*, Santa Clara Law Rev. 20 (1980), S. 582.

Zur Vereinbarkeit des Verfahrens mit den Vorgaben von Art. 2 Ziff. 7 UN-Charta siehe noch unten ausführlich § 34.III.A, S. 596ff.

108 Working Paper presented by Mr. Chernichenko and Mr. Treat, E/CN.4/Sub.2/1989/51 (11.08.1989), Abs. 4.

109 International Commission of Jurists (Hrsg.), Gross Violations of Human Rights, S. 6; *Graefrath*, Horizont Nr. 4/1976, S. 6.

110 *Buergenthal*, in: A. Henkin (Hrsg.), Human Dignity, S. 17.

111 Siehe hierzu mit geringfügigen Unterschieden im einzelnen: CHR, Summary record of the 1307th meeting [14.02.1975], E/CN.4/SR.1290-1308 (27.06.1975), S. 167 (Indien); International Commission of Jurists (Hrsg.), Gross Violations of Human Rights, S. 6; *Buergenthal*, in: A. Henkin (Hrsg.), Human Dignity, S. 17.

112 *Ermacora*, RDH 7 (1974), S. 671; *Graefrath*, Horizont Nr. 4/1976, S. 6; International Commission of Jurists (Hrsg.), Gross Violations of Human Rights, S. 6; *Meißner*, S. 20; *Medina*, S. 8; *Tardu*, Santa Clara Law Rev. 20 (1980), S. 583. So auch die ausdrückliche Auffassung der USA in ihrem Kommentar zum Entwurf für die spätere Res. 1503 (XLVIII) - E/CN.4/1014 (14.01.1970), S. 21 (22).

113 *Tardu*, Santa Clara Law Rev. 20 (1980), S. 583.

anfangende massive und systematische Verletzungen sein[114]. Für die praktische Anwendung ergibt sich das Problem der Abgrenzung zwischen einer Mehrzahl von individuellen Verletzungen und Situationen massiver Menschenrechtsverletzungen, also solcher, die als ein Gesamtzusammenhang qualifiziert werden können. Auch wenn letztere eine Summe individueller Verletzungen darstellen, ist es weder praktikabel noch auch nur möglich, eine entsprechende Zahl vorzugeben[115].

Bereits bei der ersten Anwendung des Begriffs im Zuge der Überweisung der Situationen in Griechenland und Haiti 1967 kam es zum Streit über die Interpretation jener Phrase in Res. 1235 (XLII). Nach einer Ansicht setzte ein „*consistent pattern*" wiederholte Verletzungen innerhalb einer bestimmten Zeit im Ergebnis einer entschiedenen staatliche Politik voraus[116]. Die andere in der Kommission ventilierte Ansicht lehnte ein zeitliches Element für die Feststellung des „*consistent pattern*" ab, forderte aber im übrigen, den Passus im Lichte von Kapitel VII UN-Charta auszulegen: es müsse eine Bedrohung des Weltfriedens oder der internationalen Sicherheit vorliegen[117]. Schließlich wurde ein dritter Standpunkt vertreten, wonach der Tatbestand nur dann erfüllt sei, wenn sich eine Regierung wegen so schwerer Grausamkeiten und Verfolgungen der Bürger schuldig macht, daß eine Verweigerung grundlegender Menschenrechte vorliegt und damit im Widerspruch zum Gewissen der Menschheit gehandelt wurde[118].

Es kommt gerade im Zusammenhang mit der Anwendung der Resolutionen 1503 (XLVIII) und 2000/3 darauf an, bestimmte Maßstäbe für die Einschätzung der jeweiligen Situationen zu identifizieren[119]. Ausgehend vom Wortlaut *consistent pattern* lassen sich jedenfalls die beiden Erfordernisse einer

---

[114] Expanded Working Paper submitted by Mr. Stanislav Chernichenko ..., E/CN.4/Sub.2/1997/29 (28.05.1997), Abs. 40.

[115] Expanded Working Paper submitted by Mr. Stanislav Chernichenko ..., E/CN.4/Sub.2/1997/29 (28.05.1997), Abs. 38.

[116] *Medina,* S. 9.

[117] *Medina,* S. 9; CHR, Report on the 24th session, E/4475, E/CN.4/972 (1968), Abs. 171 (betreffend Res. 1235 [XLII]). Siehe hierzu auch die zitierte Stellungnahme des Unterausschusses der Vorbereitungskonferenz, oben bei Fn. 71.

[118] *Medina,* S. 9; CHR, Report on the 24th session, E/4475, E/CN.4/972 (1968), Abs. 171 (betreffend Res. 1235 [XLII]). Ebenso die Ausführungen des Iran 1975 in der MRK, zitiert nach *Liskofsky*, RDH 8 (1975), S. 895.

[119] Expanded Working Paper submitted by Mr. Stanislav Chernichenko ..., E/CN.4/Sub.2/1997/29 (28.05.1997), Abs. 40.

gewissen zeitlichen Dauer und einer gewissen Quantität der aufgetretenen Verletzungen deduzieren.

3. Der Gesamtzusammenhang grober Menschenrechtsverletzungen

Resolutionen 1503 (XLVIII) und 2000/3 sowie gleichermaßen Res. 1 (XXIV) der Unterkommission enthalten eine spezifische Kombination der beiden Elemente, die jeweils für sich nur einen besonderen Maßstab zur Einschätzung der Gewichtigkeit der in Frage stehenden Menschenrechtsverletzungen darstellen. Selbst wenn die beteiligten Organe hier eine konsistente Entscheidungspraxis entwickelt haben sollten[120], kann diese infolge der Vertraulichkeit des Verfahrens nicht detailliert nachgezeichnet werden. Aus der bekanntgewordenen Praxis und sonstigen informierten Quellen läßt sich jedoch ableiten, daß für die Feststellung eines Gesamtzusammenhangs grober Menschenrechtsverletzungen insgesamt vier Elemente gegeben sein müssen: ein zeitliches, ein qualitatives, ein quantitatives sowie eine voluntatives (Absichts-) Element[121].

a) Das zeitliche Element

Die zeitliche Komponente folgt aus dem Charakter als „Gesamtzusammenhang“: die Situation darf nicht nur vorübergehend auftreten, sondern muß sich in mehreren Aktionen über einen verlängerten Zeitraum hin fortdauernd äußern[122].

---

[120] Trotz des Wechsels in der Zusammensetzung der beteiligten Arbeitsgruppen wird zum Teil durch erfahrenere Mitglieder in der Debatte auf frühere Entscheidungspraktiken verwiesen, so daß sich wohl eine gewissermaßen konsistente Entscheidungspraxis entwickelt hat. Dies gilt insbesondere für die WGC, wo bisher nur ein vergleichsweise seltener Wechsel in der Zusammensetzung erfolgte.

[121] *Medina,* S. 11, in diesem Sinne auch *Ermacora*, RDH 7 (1974), S. 678, der allerdings nicht zwischen dem Absichtselement und dem quantitativen Element unterscheidet. Gleichermaßen drei Elemente beschreibt *Tardu/McCarthy,* S. 71f., wobei auch diese auf das voluntative Element verzichten.

Bereits in der Sitzung der Kommission 1968 wurde von einigen Vertretern zur Auslegung der Res. 1235 (XLII) geäußert, daß "gross violations" und ein "consistent pattern" zu verstehen seien "as implying the repeated occurrence of violations over a substantial period of time as a result of a deliberate governmental policy" - CHR, Report on the 24th session, E/4475, E/CN.4/972 (1968), Abs. 170. Es lassen sich insofern hier bereits das zeitliche und das Absichtselement nachweisen.

[122] *Medina,* S. 12; *Ermacora*, RDH 7 (1974), S. 678f.; *Tardu*, Santa Clara Law Rev. 20 (1980), S. 583; *Tardu/McCarthy,* S. 72; vgl. auch *Meißner,* S. 20; *Bartolomei,* S. 69. Eine bestimmte Vorgabe läßt sich hier allerdings nicht ablesen, vielmehr wird insoweit über jeden Einzelfall angesichts seiner Umstände spezifisch zu entscheiden sein - *Medina,* ebd.

Zumindest in der Phase der Einleitung eines Verfahrens, so läßt sich daraus schließen, müssen die verfahrensgegenständlichen Verletzungen noch anhalten bzw. durch vergleichbare Vorkommnisse fortgeführt werden. Sie haben außerdem eine bestimmte Kontinuität aufzuweisen und dürfen noch nicht abgeschlossen sein[123]. Beendete Menschenrechtsverletzungen, die nicht wiederholt werden könnten, würden demnach dieses Merkmal nicht erfüllen[124].

b) Das qualitative Element

Das qualitative Element folgt aus dem Attribut grob (*gross*) und erfordert, daß die Natur der Verletzung eine schwerwiegende bzw. grobe sein muß[125]. Nach einer Ansicht sind die Beispiele in Res. 1235 (XLII) ein Anhaltspunkt für das qualitative Element im Rahmen des 1503-Verfahrens: nur Menschenrechtsverletzungen von der Gewichtigkeit bzw. Schwere der Rassendiskriminierung oder einer Apartheidpolitik würden unter diesem Aspekt von der Bestimmung erfaßt[126]. Freilich sind diese Verweise in Res. 1503 (XLVIII) und 2000/3 nicht mehr enthalten, weshalb jene Beispiele allein als entstehungsgeschichtliche Auslegungshilfe herangezogen werden können. Insoweit mögen sie - für das quantitative Element - eine dimensionale Vorgabe enthalten. Für die Feststellung qualitativer Erfordernisse ist ihre Bedeutung jedoch kaum relevant.

Zum Teil ist aus dem Erfordernis „grober Verletzungen" abgeleitet worden, daß ein *consistent pattern* im Sinne von Res. 1503 (XLVIII) nur dann vorliegen könne, wenn es sich um die Verletzungen der elementarsten Menschenrechte handele[127]. Das 1503-Verfahren schütze primär nur einen unumstößlichen

---

[123] *Ermacora*, RDH 7 (1974), S. 678f.; vgl. auch *Meißner*, S. 20; *Bartolomei*, S. 69; siehe eingehend hierzu noch unten sub IV.A., S. 427.

[124] *Ermacora*, RDH 7 (1974), S. 679.

[125] *Tardu/McCarthy*, S. 71.

[126] *Tardu/McCarthy*, S. 71; *Ermacora*, RDH 7 (1974), S. 679; *Medina*, S. 13; *Schwelb*, VN 1972, S. 82. Angesichts der zeitgleichen Entstehung des Übereinkommens zur Beseitigung der Rassendiskriminierung (CERD) sei der Verweis in Res. 1235 (XLII) auch im Lichte deren Regelungen zu interpretieren - *Ermacora*, ebd.

Diese Sichtweise basiert jedoch auf einem Gesamtverständnis des Begriffs *gross violations*, während vorliegend zunächst ein Maßstab für die einzelne zugrundliegende Menschenrechtsverletzung gefunden werden soll.

[127] Siehe hierzu bereits oben bei Fn. 102, S. 413. Im gleichen Sinne berief sich Südafrika bereits 1947 in der Debatte der Generalversammlung über die Behandlung der indischen Gastarbeiter nicht in erster Linie auf das Nichteinmischungsprinzip, sondern argumentierte, daß die Charta sich nicht mit allen Menschenrechten befasse. Es seien nur solche Rechte in bezug

Kernbereich: das Recht auf Leben, das Recht auf körperliche Unversehrtheit und das Recht auf persönliche Freiheit[128]. Diese Rechte müßten, um ein *consistent pattern* bejahen zu können, immer mitbetroffen oder zumindest fortwährend bedroht sein[129]; zumindest sei das Vorliegen massiver Diskriminierungen erforderlich[130]. Eine solche Auslegung findet jedoch im Wortlaut der Resolution keinerlei Grundlage. Vielmehr erfaßt die Konzeption *consistent pattern* grundsätzlich Verletzungen sämtlicher Rechte. Auch die Praxis der beteiligten Organe bestätigt diese weitergehende Ansicht. Es ist zwar richtig, daß das Recht auf Leben und die Freiheit von Gefangenschaft und Folter den Hauptanteil der 1503-Arbeit in der Kommission ausmachen[131]. Von den bis 1987 behandelten Situationen betrafen nach einer informellen Einschätzung etwa drei Viertel politische Inhaftierungen und etwa die Hälfte die genannten extremen Menschenrechtsverletzungen wie Folter, Massentötungen und willkürlichen Exekutionen[132]. Doch läßt ein Blick auf die Liste der im 1503-Verfahren in den neunziger Jahren behandelten Staaten begründete Zweifel daran aufkommen, daß es sich immer um systematische Verletzungen gerade dieser drei wesentlichen Rechte handelte. So ist in zahlreichen Schwellenländern, solchen des ehemaligen Ostblocks und 1994 wegen fremdenfeindlicher Aktivitäten auch in Deutschland[133] nach Ansicht der

---

genommen, die für die Würde des Menschen so grundlegend seien, daß sie in allen Ländern, zu allen Zeiten und für alle Menschen gleichermaßen anerkannt seien - Union Governments statement to the United Nations General Assembly, 15.09.1947, zitiert nach *Lauterpacht*, International Law and Human Rights, S. 195f.

[128] *Hey*, S. 51; *Medina*, S. 14.

[129] *Medina*, S. 14.

[130] So aber *Haver*, ColumbJTL 21 (1982), S. 127.

[131] *Tolley*, The U.N. Commission on Human Rights, S. 191.

[132] *Tolley*, The U.N. Commission on Human Rights, S. 192. Auch das erst jüngst bekanntgewordene Verfahren gegen Saudiarabien, das nach drei 1994, 1995 und 1996 eingereichten Mitteilungen von *Amnesty International* 1998 von der Kommission im vertraulichen Verfahren untersucht wurde, betraf Folter und andere unmenschliche und erniedrigende Behandlungen und Bestrafungen, Verletzungen des Rechts auf ein faires Verfahren und überlange Haft - *Steiner/Alston*[2] S. 616f.

[133] Vgl. den 14. Staatenbericht Deutschlands gemäß Art. 9 des Übereinkommens zur Beseitigung der Rassendiskriminierung, CERD/C/299/Add.5 (21.10.1996), Abs. 97.

Bereits 1992 hatte die WGC eine Situation in Deutschland an die Unterkommission weitergeleitet. Dieses Gremium beschloß allerdings, die Angelegenheit unter Beobachtung zu halten und 1993 erneut zu debattieren - *Ansbach*, AVR 31 (1991), S. 246, Fortsetzung Anm. 55. Auf dieser Sitzung überwies die Unterkommission die Angelegenheit offensichtlich an die Kommission, die sich auf ihrer folgenden Sitzung im Frühjahr 1994 damit befaßte. Die

Unterkommission - dem seinerzeit im Verfahren agierenden Expertengremium - ein Gesamtzusammenhang grober Menschenrechtsverletzungen zu erkennen gewesen. Auch wenn diese Fälle regelmäßig in der Kommission nicht weiter behandelt wurden, waren diese Situationen doch zumindest im Urteil der grundsätzlich weniger politisch beeinflußten Unterkommission *prima facie* ein „*consistent pattern of gross violations*". Fest steht auch, daß die Untersuchung der DDR in den Jahren 1981 - 1983 vorrangig die systematische Verletzung des Rechtes auf Verlassen seines Landes (Art. 13 AEMR) betraf[134]. Darüber hinaus wurden von der Unterkommission auch Situationen von Diskriminierungen einzelner Bevölkerungsteile weitergeleitet[135]. Die Untersuchung Japans betraf einen Fall von Diskriminierung aufgrund der Staatsangehörigkeit: das Erfordernis, daß Koreaner ein Ausländerpapier besitzen müssen und hierzu ihre Fingerabdrücke aufgenommen wurden[136]. Es werden somit im 1503-Verfahren durchaus auch die Verletzungen weiterer Menschenrechte als das Recht auf Leben, körperliche Unversehrtheit und persönliche Freiheit behandelt[137]. Überwiegend handelte es sich bei den als solchen eingeordneten *gross violations* freilich um die Verletzungen der bürgerlichen und politischen Rechte, kaum aber jene der zweiten Generation[138]. Eine gewisse Vorrangstellung kommt den drei genannten existentiellen

---

WGC hat gelegentlich auch Situationen in anderen Staaten der westlichen Welt an die Unterkommission weitergeleitet.

[134] Siehe nur den allgemeinen Verweis auf die Verletzungen des Rechts auf Verlassen der Heimat bei *Ize-Charrin*, 1503: A Serious Procedure, S. 8, sowie *Tolley*, The U.N. Commission on Human Rights, S. 73. Nach *Tolley*, HRQ 6 (1984), S. 448, Tabelle 3, war insofern allerdings auch die Frage politischer Gefangener Gegenstand der Untersuchung.

[135] So beispielsweise die Diskriminierung der indianischen Gemeinschaften in Guyana oder - freilich im Zusammenhang mit Foltervorwürfen - die Diskriminierung von Katholiken in Nordirland - *Liskofsky*, RDH 8 (1975), S. 906, Anm. 33.

[136] *Tolley*, HRQ 6 (1984), S. 448.

[137] Die Erläuterungen im *Restatement of Law (Third)*, § 702, comment m), S. 166f., zählen hierzu die folgenden Verletzungshandlungen: Systematische Verletzung der Privatsphäre, willkürliche Verhaftungen, Verweigerung des Rechts auf ein faires Verfahren, massiv unangemessene Bestrafungen, Verweigerung des Rechts auf Verlassen seines Landes, massive Entwurzelung der Bevölkerung, Verweigerung der Gewissens- und Religionsfreiheit, Verweigerung des Rechts auf Anerkennung als Rechtspersönlichkeit, der Ehe und Familie sowie Diskriminierung aus Gründen der Religion oder Rasse.

[138] *Tolley*, The U.N. Commission on Human Rights, S. 192f. Behandelt die MRK allerdings einmal eine entsprechende Situation, so werden weitere verletzte Rechte der zweiten Generation regelmäßig mitbehandelt (*van Boven,* Study concerning the right to restitution, compensation and rehabilitation [a.a.O., Fn. 95], Abs. 12) - wenn auch allenfalls zweitrangig (vgl. oben bei Fn. 18).

Rechten - auf Leben, körperliche Unversehrtheit und persönliche Freiheit - insofern zu, als bei ihrem Betroffensein viel eher eine grobe Verletzung zu bejahen sein wird.

Es trifft also durchaus zu, daß schwerwiegende Menschenrechtsverletzungen wie Völkermord, Vertreibung, willkürliche Hinrichtungen, Folter und grausame Behandlung, systematische Diskriminierung aus Gründen der Rasse oder des Geschlechts, Sklaverei und ähnliche Praktiken, Verschwindenlassen und willkürliche Verhaftungen[139] jedenfalls die Voraussetzungen für ein *consistent pattern* erfüllen. Allerdings ist eine derartige Aufzählung, die zudem in bezug auf die meisten Beispiele schon das quantitative Element impliziert, keineswegs abschließend. Verletzungen der übrigen Menschenrechte können unter den weiteren Voraussetzungen gleichermaßen in einem „Gesamtzusammenhang" erfolgen.

c) Das quantitative Element

Das quantitative Element ergibt sich bereits aus der Formulierung „Gesamtzusammenhang", wie oben beschrieben: ein einzelner Fall einer Verletzung ist nicht ausreichend. Die Verletzungen müssen in einem gewissen Ausmaß bzw. einer gewissen Anzahl geschehen sein, um einen Gesamtzusammenhang, d.h. ein Muster (*pattern*) darzustellen[140]. Eine Hilfe zur Auslegung enthält Abs. 2 Res. 1235 (XLII) mit dem Verweis auf grobe Menschenrechtsverletzungen „... wie beispielsweise die Politik der Apartheid in Südafrika und dem Gebiet von Südwestafrika ... sowie ... die Rassendiskriminierung, wie insbesondere in Südrhodesien praktiziert ..."[141]. Die dort erwähnten Beispiele[142] sind zwar keine verbindlichen Maßstäbe für das Verständnis von Res. 1503 (XLVIII) bzw.

---

[139] Siehe hierzu oben Fn. 103, S. 413.

[140] *Tardu/McCarthy*, S. 72.

[141] Für den Originaltext siehe oben Fn. 77.

[142] Insoweit handelt es sich aber ausdrücklich nicht um eine erschöpfende Aufzählung der zu behandelnden Fälle, wie dies insbesondere von den Staaten des Ostblocks vertreten wurde, sondern - heute unstreitig und durch die Verhandlungen im ECOSOC gestützt - um bloße Beispiele, deren Gewichtigkeit einen Maßstab und Anhaltspunkt für die Beurteilung der zu behandelnden Menschenrechtsverletzungen bieten soll - *Buergenthal*, International Human Rights, S. 89f.; *Meißner*, S. 20 mit Fn. 27; *Ramcharan*, The Concept and Present Status of International Protection, S. 153; *Schwelb*, VN 1972, S. 85. Auch Res. 1 (XXIV) der Unterkommission, die keinen Verweis auf die zwei Länder enthält, aber doch die dort genannten Beispiele erwähnt (Abs. 1 lit. b]), ergänzt ausdrücklich das Wort „einschließlich" (*including*) - *Buergenthal*, International Human Rights, S. 91f.

2000/3, doch können sie als entstehungsgeschichtliche Hinweise für die Auslegung der Resolution herangezogen werden[143].

Konkrete Vorgaben für die Zahl der verletzenden Handlungen, ob sie sich unbedingt auf mehrere Opfer ausgewirkt haben müssen und ob eines oder mehrere Menschenrechte verletzt sein müssen, sind nicht gegeben[144]. Eine offenbar von den Beispielen der Res. 1235 (XLII) beeinflußte Ansicht verlangt, daß es sich um großflächige Menschenrechtsverletzungen handeln müsse, die einen „substantiellen" Teil der Bevölkerung betreffen[145]. Absolute Festlegungen zu treffen fällt hier schwer, denn auch die Rolle bzw. der Status der Opfer können von entscheidendem Einfluß sein. So wird beispielsweise auch die Betroffenheit nur einiger weniger Personen ein „Muster" darstellen können, wenn es sich dabei um bedeutende Persönlichkeiten oder einen bestimmten Bevölkerungsteil handelt[146]. Die veröffentlichte Praxis zeigt, daß die gestellten Anforderungen, zumindest was einzelne Beschwerden angeht, nicht allzu hoch sind. So entschied die Unterkommission im Falle der Philippinen, daß eine einzelne Petition von 23 Inhaftierten als Beweis für ein *„consistent pattern"* ausreichend sei. Freilich wurde diese Entscheidung auf der Grundlage zumindest einer weiteren Beschwerde getroffen[147]. In einem anderen Fall wurde die Erwähnung von sechs oder sieben Fällen willkürlicher Verhaftungen als ausreichend angesehen[148].

d) Das voluntative Element

Außerdem erfordert der Begriff *consistent pattern* noch eine systematische[149] und geplante Verursachung der Menschenrechtsverletzungen: diese müssen in jedem zugrundeliegenden Einzelfall Bestandteil planmäßiger Aktivitäten eines politischen Systems sein[150] und zur Durchsetzung jenes politischen Zieles

---

[143] Vgl. in diesem Zusammenhang *Ramcharan*, The Concept and Present Status of International Protection, S. 153.

[144] *Medina*, S. 12; ähnlich *Hey*, S. 52.

[145] *Bartolomei*, S. 67; *Hey*, S. 52. Ähnlich auch die Stellungnahme Belgiens vom 11.02.1970 - Note by the Secretary-General, Addendum, E/CN.4/1014/Add.3 (19.02.1970), S. 3: gewisse Menschenrechte dürften einem bestimmten Teil der Bevölkerung oder allen nicht gewährt werden.

[146] *Medina*, S. 14.

[147] Siehe hierzu oben § 21.III.D., S. 334 bei Fn. 213.

[148] *Rodley*, in: Hannum (Hrsg.), Guide to International Human Rights Practice, S. 68.

[149] *Bartolomei*, S. 69; *Graefrath*, Horizont Nr. 4/1976, S. 6; *Hey*, S. 52; *Medina*, S. 12.

[150] *Ermacora*, RDH 7 (1974), S. 679; *Medina*, S. 12.

angewendet werden[151]. Es ist insoweit erforderlich, daß sich die Menschenrechtsverletzungen in Gesetzgebung oder Verwaltungspraxis niederschlagen[152]. Grundsätzlich können nur staatlicherseits begangene oder der Regierung zurechenbare Menschenrechtsverletzungen Gegenstand des Verfahrens sein[153]. Menschenrechtsverletzungen durch Private können nur dann im Verfahren behandelt werden, wenn diese von regierungsamtlicher Seite initiiert oder zumindest geduldet werden[154] und - was schon aus dem Zulässigkeitserfordernis der Rechtswegerschöpfung folgt[155] - keine oder nur unzureichende Rechtsmittel hiergegen zur Verfügung stehen[156].

e) Gesamtschau

Wie einleitend bemerkt, sind die jeweiligen Elemente eng miteinander verbunden und voneinander abhängig. Je weitverbreiteter die Menschenrechtsverletzungen sind, desto geringer sind die Anforderungen an das Vorliegen eines „groben" Verletzung[157]. Gleiches gilt in der anderen Richtung: je weniger systematisch die Menschenrechtsverletzungen verbreitet sind, desto höher sind die Anforderungen an ihre Schwere[158].

4. Zusammenfassung

Zusammenfassend ist unter einem *„consistent pattern of gross violations of human rights"* eine zielgerichtete Regierungspolitik zu verstehen, mit der be-

---

[151] *Hey*, S. 52; *Medina*, S. 14; *Restatement of Law (Third)*, § 702, comment m), S. 166.

[152] *Ermacora*, RDH 7 (1974), S. 679, *Medina*, S. 8; vgl. auch die Stellungnahme Schwedens zum Entwurf für die spätere Res. 1503 (XLVIII) - E/CN.4/1014 (14.01.1970), S. 14 (15). Dabei war diese Formulierung von der Vorstellung geleitet, damit Situationen wie die Apartheid zu erfassen, in denen ein internationales Eingreifen nicht mehr als Verletzung der staatlichen Souveränität galt - *Medina*, ebd. Dieses offiziell gestützte System schwerer Menschenrechtsverletzungen stand somit gewissermaßen Pate für jenes Konzept.

[153] *Buergenthal*, in: A. Henkin (Hrsg.), Human Dignity, S. 17.

[154] Expanded Working Paper submitted by Mr. Stanislav Chernichenko ..., E/CN.4/Sub.2/1997/29 (28.05.1997), Abs. 41, 43; *Restatement of Law (Third)*, § 702, comment b), S. 162.

[155] Siehe oben § 23.I.D.1., S. 376.

[156] *Medina*, S. 14; *Ermacora*, RDH 7 (1974), S. 679; *Meißner*, S. 20f.; *Riedel*, in: Baum/ders./Schaefer (Hrsg.), Menschenrechtsschutz in der Praxis der Vereinten Nationen, S. 42.

[157] *Rodley*, in: Hannum (Hrsg.), Guide to International Human Rights Practice, S. 68.

[158] *Rodley*, in: Hannum (Hrsg.), Guide to International Human Rights Practice, S. 68.

stimmte Menschenrechte eines nicht unwesentlichen Teils der Bevölkerung in erheblicher und schwerwiegender Weise über einen fortwährenden Zeitraum hinweg verletzt oder beeinträchtigt werden. Eine solche Situation liegt insbesondere im Falle von Verletzungen oder Bedrohungen des Rechts auf Leben, der körperlichen Unversehrtheit und der persönlichen Freiheit vor. Aber auch eine schwerwiegende, gesteigerte Verletzung anderer Rechte kann eine solche Situation begründen.

III. Die Universalität des Verfahrens

A. Die Anwendbarkeit des Verfahrens auf Staaten

Im 1503-Verfahren können sämtliche Mitgliedstaaten der UNO behandelt werden[159]. Dies gilt nicht nur für die Einleitung des Verfahrens generell, sondern ebenso für die Durchführung von Spezialverfahren auf der Ebene der Kommission[160]. Unerheblich ist insoweit, ob die Menschenrechtsverletzungen aktiv durch staatliche Organe begangen wurden, oder ihm anderweitig wegen Untätigkeit zuzurechnen sind[161].

Auch Situationen in Staaten, die nicht Mitglieder der UNO sind, können Gegenstand des Verfahrens sein[162]. Res. 1503 (XLVIII) enthält zwar keine ausdrückliche Regelung, aber die Formulierung, daß „alle eingegangenen Mitteilungen" zu prüfen seien. Zudem bezieht sich der mit Abs. 1 Res. 1235 (XLII) eingeführte Tagesordnungspunkt „Frage der Verletzung von Menschenrechten.....", in dessen Rahmen (lit. b]) die zum 1503-Verfahren zählenden Beratungen stattfinden, auf Menschenrechtsverstöße „in sämtlichen Ländern"[163]. Die

---

[159] *Cassese*, La Comunità Internazionale 30 (1975), S. 52; *Boekle*, APuZ, B 46-47/98, S. 3; *Tardu*, Santa Clara Law Rev. 20 (1980), S. 568.

[160] Vgl. CHR, Summary record of the 1511th meeting [08.03.1979], E/CN.4/SR.1511 (12.03.1979), Abs. 59 [Senegal].

[161] So bezog sich das 1994 gegen Deutschland durchgeführte Verfahren wegen fremdenfeindlicher Aktivitäten mutmaßlich auf die mangelnde Verhinderung solcher Straftaten – siehe den 14. Staatenbericht Deutschlands gemäß Art. 9 des Übereinkommens zur Beseitigung der Rassendiskriminierung, CERD/C/299/Add.5 (21.10.1996), Abs. 97.

[162] Analysis of existing United Nations procedures ..., E/CN.4/1317 (08.02.1979), Abs. 7 in bezug auf die Vorgaben von Res. 728 F (XXVIII); *Dormenval*, S. 53.

[163] "Question of the violation of human rights and fundamental freedoms *in any part of the world*" (Hervorhebung hinzugefügt). So auch *Bossuyt*, HRLJ (1985), S. 185; *Bartolomei*, S. 71.

zugrundeliegenden Texte deuten also eher darauf hin, daß eine Beschränkung auf UNO-Mitgliedstaaten nicht stattfindet. Demgemäß wurde das Verfahren auch gegenüber Nichtmitgliedern durchgeführt, nämlich von 1977 bis 1982 in bezug auf Südkorea[164]. 1974 hatte die WGC zudem eine Situation in Vietnam der Unterkommission überwiesen, welches zu dieser Zeit ebenfalls kein UN-Mitglied war[165]. Grundsätzlich können also auch Nichtmitgliedstaaten im 1503-Verfahren untersucht werden[166], wenngleich die nahezu universale UN-Mitgliedschaft derartige Situationen immer weniger wahrscheinlich werden läßt.

B. Die Anwendbarkeit des Verfahren auf sonstige Völkerrechtssubjekte

Zu klären bleibt schließlich, ob das Verfahren auch auf Situationen in Gebieten ohne Staatscharakter Anwendung finden kann. In Abs. 1 Res. 1235 (XLII) sowie in Abs. 1 lit. b) Res. 1 (XXIV) der Unterkommission werden ausdrücklich Kolonial- und sonstige abhängige Gebiete und Länder in den Anwendungsbereich des Verfahrens einbezogen[167]. Im übrigen sind die Texte wenig aussagekräftig, wenngleich sie dergleichen nicht ausschließen. Im Falle anderer Beschwerden - an den ECOSOC oder die ILO - sind diese auch gegen

---

Gleichermaßen forderte die auslösende Res. 2144 (XXI) der Generalversammlung die MRK auf, Menschenrechtsverletzungen "wo immer sie geschehen" zu prüfen - *Tardu*, Santa Clara Law Rev. 20 (1980), S. 586; *Bartolomei*, S. 71.

[164] *Bartolomei*, S. 71 mit Fn. 11; *Ize-Charrin*, 1503: A Serious Procedure, S. 7; *Tardu/McCarthy*, S. 41; *Zuijdwijk*, S. 43. Vgl. E/1978/34 Abs. 208; E/1979/36 Abs. 218. Südkorea trat erst am 17.09.1991 den UNO bei.

[165] *Zuijdwijk*, S. 42; Confidential report of the Working Group, E/CN.4/Sub.2/R.11.

[166] *Bartolomei*, S. 241; *Tardu*, Santa Clara Law Rev. 20 (1980), S. 561, 568; *Tardu*, in: FS Partsch, S. 310. Zweifelnd wohl *Riedel*, in: Baum/ders./Schaefer (Hrsg.), Menschenrechtsschutz in der Praxis der Vereinten Nationen, S. 34, 41.

Im Grundsatz können Nichtmitglieder durch Resolutionen von Organen der UNO weder berechtigt noch verpflichtet werden. Art. 2 Ziff. 6 UN-Charta, wonach auch Nichtmitglieder von den UNO zur Anwendung ihrer Grundsätze angehalten werden sollen, beschränkt sich auf Maßnahmen zur "Wahrung des Weltfriedens und der internationalen Sicherheit". Verfahren zur Gewährleistung der Menschenrechte zählen dazu jedenfalls nicht *per se*, überdies erstreckt sich diese Regelung auch ausdrücklich nur auf die Grundsätze der UNO, also die Bestimmungen des Art. 2 UN-Charta, die aber gerade keinen Hinweis auf die Menschenrechte enthalten. Gleichwohl erscheint vor dem Hintergrund der Verfahrensziele und des Fehlens der rechtlichen Verbindlichkeit von Maßnahmen der Kommission die Einbeziehung von Nichtmitgliedern unproblematisch. Denn das Sammeln von Informationen und der Versuch, mit dem betroffenen Staat in Kooperation zu treten, stellt auch gegenüber Drittstaaten keine diese in ihrer Unabhängigkeit beeinträchtigende Vorgehensweise dar.

[167] „...in any country, including colonial and other dependent countries and people."

Völkerrechtssubjekte ohne unmittelbare Staatsqualität für zulässig erachtet worden, wie beispielsweise die Freie Stadt Triest, das Saarland vor seiner Eingliederung in die Bundesrepublik oder das *Smith*-Regime in Südrhodesien[168]. Man wird daher auch für das 1503-Verfahren annehmen können, daß sich dieses zumindest theoretisch auch gegen Subjekte ohne unmittelbare Staatsqualität richten kann[169]. Eine Einschränkung ist hierbei freilich zu berücksichtigen. Im Hinblick auf den im Verfahren angestrebten Dialog zur Verbesserung der Menschenrechtslage muß auf der Seite des „Passivlegitimierten" zumindest eine verantwortliche Führungsgewalt, im Regelfall also eine Regierung existieren. Daraus folgt, daß im Fall des Zusammenbruchs der effektiven Staatsgewalt (sog. *failed state*) ein 1503-Verfahren nicht sinnvollerweise wird durchgeführt werden können[170]. Die Praxis der Kommission ist in dieser Hinsicht recht weitgehend: selbst nach dem Zusammenbruch einer zentralen Staatsgewalt in Somalia im Jahre 1991[171] wurde das vertrauliche Verfahren bis einschließlich 1994 durchgeführt. Allerdings hatte die MRK bereits 1993 keinerlei Entschließung im vertraulichen Verfahren mehr verabschiedet und im Folgejahr die Behandlung dann eingestellt.

Eine nächste Gruppe, der gegenüber die Durchführung eines solchen vertraulichen Verfahrens denkbar ist, bilden die übrigen Völkerrechtssubjekte, wobei hier insbesondere an Aufständische und anerkannte Befreiungsbewegungen i.S.v. Art. 96 Abs. 3 I. Zusatzprotokoll zu den Genfer Konventionen zu denken ist. Gerade in diesen Situationen, in denen, abgesehen vom humanitären Völkerrecht, regelmäßig keine vertraglichen Menschenrechtsgarantien bestehen, könnte die Kommission mittels des 1503-Verfahrens u.U. wichtiges zur Achtung der dann besonders gefährdeten Menschenrechte beitragen. So hat die Kommission im öffentlichen Verfahren eine Resolution an die Adresse einer Rebellengruppe im Norden Ugandas verabschiedet[172]. Für das 1503-Verfahren sind schon wegen seines kooperativen Ansatzes und dem damit eingerichteten Dialog aber besondere Voraussetzungen erforderlich, insbesondere eine gewisse Verfestigung und internationale Anerkennung sowie eine entsprechende Führungsstruktur. Menschenrechtsverletzungen im Verantwortungsbereich einer Organisation ohne diesen Status, wie beispielsweise der kurdischen Arbeiterpartei (PKK), oder von

---

[168] *Tardu*, Santa Clara Law Rev. 20 (1980), S. 586; *Tardu/McCarthy*, S. 42.

[169] *Bartolomei*, S. 241; *Tolley*, The U.N. Commission on Human Rights, S. 210.

[170] Offengelassen von *Tardu*, Santa Clara Law Rev. 20 (1980), S. 586.

[171] Siehe nur den Report of the Independent Expert, Mr. Kozonguizi.., E/CN.4/1994/77/Add.1 (09.02.1994), Abs. 8

[172] MRK, Res. 2000/60 vom 26.04.2000, E/CN.4/RES/2000/60 (27.04.2000).

Rebellengruppen können in diesem Mechanismus nicht behandelt werden. Andererseits könnten aber Mitteilungen über Menschenrechtsverletzungen in der Verantwortung der Palästinensischen Befreiungsorganisation PLO zumindest mittlerweile im 1503-Verfahren behandelt werden.

Ungeachtet dieser rechtlichen Möglichkeit der Erweiterung der betroffenen Verfahrenssubjekte waren es Situationen in *Staaten*, die nach der ursprünglichen Intention Gegenstand eines 1503-Verfahrens werden sollten[173]. Dementsprechend ist aus der bisherigen Praxis kein Fall bekanntgeworden, in dem andere Völkerrechtssubjekte als Staaten Gegenstand der vertraulichen Untersuchung vor der Kommission waren.

IV. Zeitliche Schranken für den Verfahrensgegenstand

Eine ausdrückliche Begrenzung der Zuständigkeit *ratione temporis* des 1503-Verfahrens besteht nicht. Auch sind keine derartigen Zulässigkeitshindernisse für diejenigen Beschwerden bekanntgeworden, die Ereignisse vor der Verabschiedung von Res. 1503 (XLVIII) betrafen, was gerade zu Beginn des Verfahrens von Bedeutung gewesen wäre. Aus den maßgeblichen Bestimmungen lassen sich jedoch einige Rahmenbedingungen für die Zuständigkeit in zeitlicher Hinsicht ableiten.

A. Die Beschränkung auf andauernde Menschenrechtsverletzungen

Die einzige ausdrückliche Bestimmung zu zeitlichen Beschränkungen im das 1503-Verfahren regelnden Normenkomplex enthält Abs. 5 Res. 1 (XXIV) der Unterkommission. Danach ist eine Beschwerde nur dann zulässig, wenn sie in einer bestimmten zeitlichen Nähe zur Erschöpfung des innerstaatlichen Rechtswegs erhoben wurde[174]. Diese Vorschrift rückt das Verfahren, in zweifelhafter Weise, in die Nähe eines Individualbeschwerdeverfahrens. In bezug auf die Unterbreitung von ausführlichen Berichten zur betreffenden Situation vermag sie regelmäßig keine Wirkung zu entfalten. Auch lassen sich hieraus keine direkten Schlüsse auf eine mögliche Beschränkung des Verfahrensgegenstandes ziehen.

Abs. 4 lit. c) derselben Resolution ist in dieser Hinsicht ergiebiger. Danach sind einzelne Beschwerden unzulässig, wenn sie sich auf Fälle beziehen, die vom jeweiligen Staat bereits einer Lösung zugeführt bzw. geregelt worden sind

---

173 *Tardu/McCarthy*, S. 42.

174 Siehe hierzu eingehend oben § 23.I.E, bei Fn. 94.

(*„...cases which have been settled by the State concerned...“*)[175]. Insofern ist schon ein erster Anhaltspunkt dafür gegeben, daß sich die beteiligten Organe nicht mit abgeschlossenen Menschenrechtsverletzungen befassen sollen.

Eine ähnliche Erkenntnis folgt aus einer Analyse der Res. 1503 (XLVIII) insgesamt. Ziel des Mechanismus ist u.a., eine Situation schwerer und systematischer Menschenrechtsverletzungen zu identifizieren. Schon dem Wortlaut ist zu entnehmen, daß es dabei nicht um eine nachträgliche Bewertung und gegebenenfalls eine Verurteilung dieser Situation gehen soll. Vielmehr beschäftigt sich die Kommission im Rahmen dieses Verfahrens regelmäßig nur mit solchen Situationen, in denen die Menschenrechtsverletzungen noch andauern[176]. Res. 2000/3 weist in die gleiche Richtung. Die vorgesehenen Verfahrensalternativen in Abs. 7 lit. d) setzen - abgesehen von Ziff. (i) - implizit die anhaltende kritische Lage der Menschenrechte voraus. Gestützt wird diese Sichtweise noch durch einen Blick auf die bekanntgewordene Verfahrenspraxis. In etlichen Situationen kam es zu einer Einstellung des vertraulichen Verfahrens unmittelbar nachdem ein spürbares Abklingen der Menschenrechtsverletzungen zu verzeichnen war. Auch wenn es sonst an Zeichen für ein Fortdauern der Verletzungen fehlt, wird die Behandlung der Situation eingestellt. So hat die Kommission bei der Untersuchung Malawis das Ausbleiben neuer Einzelbeschwerden als Anzeichen für eine Verbesserung der Menschenrechtslage gewertet, die eine Weiterführung des 1503-Verfahrens in diesem Fall entbehrlich machte[177]. Allein diese Vorgehensweise entspricht den oben genannten Zielen bzw. Aufgaben des Verfahrens. Zwar läßt sich die Aufklärung des Sachverhalts auch nach Beendigung der Situation noch betreiben, doch werden Tatsachenerforschung und politische Debatte eben gerade nicht um ihrer selbst willen betrieben. Sie zielen vielmehr auf die Verbesserung der Menschenrechtslage. Ist dieses Ziel erreicht, so ist auch die fortdauernde Untersuchung kaum mehr hilfreich. Insofern läßt die landläufig gebrauchte Formulierung, das Verfahren diene der Identifizierung „systematischer Menschenrechtsverletzungen"[178], eben doch einen wesentlichen Teil des eigentlichen Zieles unausgesprochen. Besonders das zweite Hauptziel, die Herstellung und Aufrechterhaltung eines Dialoges mit den betroffenen Regierungen *zum Zwecke der Verbesserung der Menschenrechtslage*, ist nicht mehr erfüllbar, wenn die Menschenrechtsverletzungen bereits aufgehört haben. Zusammengefaßt ergibt dies, daß der Ver-

---

[175] Zur Problematik dieser Zulässigkeitsvoraussetzung siehe oben § 23.I.D.3, S. 380.

[176] So auch *Weiß*, MRM 4/1997, sub. II. 3) b).

[177] Siehe hierzu oben § 21.IV.D.1,S. 347, bei Fn. 304.

[178] Siehe oben die Nachweise § 22.III.A., Fn. 16, S. 357.

fahrensgegenstand *ratione temporis* auf noch anhaltende Verletzungen der Menschenrechte beschränkt ist.

Offen bleibt dabei die zeitliche Begrenzung nach hinten, wie lange also Menschenrechtsverletzungen noch andauern. Diese Frage kann sich beispielsweise in Fällen von Verschwindenlassen, Diskriminierung oder aber im Zusammenhang mit willkürlicher Haft stellen. Eine Menschenrechtsverletzung dauert grundsätzlich bis zu ihrer Behebung an: das Verschwindenlassen bis zur Aufklärung, die Diskriminierung bis zu ihrer Beseitigung und die willkürliche Verhaftung bis zur Freilassung bzw. einer rechtsstaatlichen Gründen genügenden Verurteilung. Gemäß Abs. 5 Res. 1 (XXIV) der Unterkommission muß aber eine Beschwerde innerhalb eines angemessenen Zeitraums eingelegt werden[179]. Mit diesem Kriterium der „Fristgemäßheit“ (*Timeliness*) wird somit selbst bei anhaltender Wirkung einer Verletzung die Berufung auf Jahre zurückliegende Verletzungen regelmäßig ausgeschlossen, soweit darin nicht lediglich der Anfang nachfolgender systematischer Menschenrechtsverletzungen zu sehen ist. Der WGC ist damit ein sehr weitgehender Beurteilungsspielraum eröffnet worden.

B. Weitergehende Einschränkungen in zeitlicher Hinsicht

Insbesondere im Zusammenhang mit Vorbehalten zur Zuständigkeit internationaler Kontrollgremien ist die Konstellation des sogenannten „doppelten Vorbehalts *ratione temporis*“ bekannt. Damit wird die Zuständigkeit des jeweiligen Spruchkörpers auch für diejenigen Fälle abgelehnt, für die zwar prinzipiell eine zeitliche Zuständigkeit gegeben wäre, die sich also i.d.R. nach der einschlägigen Beitrittserklärung ereignen, aber ihren Ursprung in einem Umstand haben, der vor dem entscheidenden Beitrittsdatum liegt[180]. Häufig wird diese Konstruktion gewählt, um bestimmte konfliktträchtige Folgen früher liegender Ereignisse aus dem Zuständigkeitsbereich eines Verfahrens auszuschließen, insbesondere Kriegsfolgen u.ä. Weder Res. 1503 (XLVIII) noch die anderen einschlägigen Texte enthalten eine Einschränkung, daß solche Umstände nicht zum Gegenstand eines solchen Verfahrens gemacht werden könnten, die vor der Verabschiedung

---

[179] Siehe oben § 23.I.E, S. 381 bei Fn. 94.

[180] Siehe beispielsweise den von Deutschland anläßlich seiner Ratifikation des FaP zum IPbpR angebrachten Vorbehalt, wonach die Zuständigkeit des Ausschusses für die Entgegennahme und Prüfung von solchen Individualbeschwerden eingeschränkt sein soll, die ihren Ursprung in Ereignissen vor dem Inkrafttreten des Protokolls für Deutschland haben („...having its origin in events occurring prior to the entry into force of the Optional Protocol for the Federal Republic of Germany.“) - siehe Reservations, declarations, notifications and objections ...(Basic Reference Document), CCPR/C/2/Rev.4 (24.08.1994), S. 126.

der Resolution stattfanden[181]. Eine allgemeine Praxis oder Entscheidungsrichtlinie dieser Art ist gleichfalls nicht ersichtlich. Solches würde auch mit dem eben erläuterten Grundsatz kollidieren, daß das Verfahren grundsätzlich auf sämtliche aktuellen Menschenrechtsverletzungen Anwendung finden soll. Der Ausschluß bestimmter Fälle, deren Ursache vor einem bestimmten Datum liegt, setzt auch sonst eine ausdrückliche Erklärung und Bestimmung voraus und kann nicht als allgemeiner, ungeschriebener Grundsatz eines solchen Verfahrens angesehen werden.

In einem einzigen Fall freilich hat die Unterkommission ausdrücklich eine Verfahrensausnahme in zeitlich-sachlicher Hinsicht festgelegt. In Reaktion auf ihr vorliegende Petitionen hatte die WGC entschieden, daß sie sich gerade nicht dazu berufen sieht, Beschwerden über Menschenrechtsverletzungen während des II. Weltkrieges und daraus abzuleitende Entschädigungsansprüche weiterzuleiten[182]. Anlaß dafür waren mehrere ausführlich dokumentierte Beschwerden, die grobe Verletzungen der Menschenrechte von Tausenden Kriegsgefangenen und Zivilinternierten während des Weltkriegs erwähnten und Unterstützung bei den Bemühungen um Entschädigungen für die Opfer und nächsten Angehörigen derer, die infolge von Mißhandlungen, Folter oder Zwangsarbeit gestorben waren, erhofften[183]. Die Unterkommission bestätigte diese Sichtweise in einer im Nachgang veröffentlichten Entscheidung und stellte fest, daß das 1503-Verfahren nicht als ein Mechanismus für Entschädigungen für menschliches Leiden und sonstige Verluste während des II. Weltkrieges genutzt werden könne[184].

Schon die Tatsache, daß diese Richtlinie in einer förmlichen und veröffentlichten Entscheidung bekundet wird, zeigt den außergewöhnlichen Charakter und die Einmaligkeit. Es lassen sich - zumal ohne Kenntnis der sonstigen Entscheidungspraxis der WGC - keine weitergehenden Schlüsse ziehen, wonach eine zeitliche Begrenzung des Verfahrensgegenstandes im Sinne eines „doppelten Vorbehalts *ratione temporis*“ im 1503-Verfahren zur Anwendung kommt.

---

[181] *Tardu/McCarthy,* S. 43.

[182] Report of the Sub-Commission ... on its 43rd session, E/CN.4/1992/2, E/CN.4/Sub.2/1991/65 (24.10.1991), Abs. 274; bestätigt durch Report of the sessional working group on methods of work of the Sub-Commission..., E/CN.4/Sub.2/1999/22 (18.08.1999), Annex, XVIII.

[183] Report of the Sub-Commission (a.a.O, Fn. 182), Abs. 274.

[184] Unterkommission, Entscheidung 1991/104 vom 27.08.1991, in: Report of the Sub-Commission (a.a.O, Fn. 182), Chapter II, Section B (S. 84); *Ize-Charrin*, 1503: A Serious Procedure, S. 8.

§ 25. Vertraulichkeit als wesentliches Verfahrensmerkmal

Eines der hervortretenden Merkmale des 1503-Verfahrens ist seine Vertraulichkeit. Dies ist für vergleichbare Mechanismen keine ungewöhnliche Ausgestaltung. Es ist Praxis der meisten förmlichen Entscheidungsverfahren, daß die Beratungen geheim sind und bleiben und erst mit einer abschließenden Entscheidung diese auch öffentlich verkündet wird[1]. So unterliegt nicht nur die Entscheidungsfindung der nationalen Gerichtsbarkeit üblicherweise dem Beratungsgeheimnis. Auch auf der internationalen Ebene sind, um nur zwei Beispiele zu nennen, die Beratungen des IGH (Art. 54 Abs. 3 IGH-Statut) oder - für die Erörterung der Individualbeschwerden - des Menschenrechtsausschusses (Art. 5 Abs. 3 FaP) grundsätzlich vertraulich.

Nichts anderes besagt prinzipiell der Resolutionstext, der die Vertraulichkeit aller Maßnahmen vorschreibt „... bis die Kommission beschließt, Empfehlungen an den ECOSOC abzugeben". Auch hier wird vom Grundsatz her nichts anderes bestimmt, als daß erst mit dem Abschluß des Verfahrens dessen Ergebnis der Öffentlichkeit - oder auch nur den Beteiligten - bekanntgegeben wird. In der Praxis reicht die Geheimhaltung jedoch viel weiter, sie ist nahezu absolut. Wie gezeigt ist das Ziel des 1503-Verfahrens nicht sein unbedingter und schneller Abschluß, der vielmehr auf sämtlichen Verfahrensstufen nur noch verzögert wird, sondern neben der Aufklärung der Tatsachen die Suche nach Kooperation mit dem verletzenden Staat[2]. Schon aus diesem Mangel an Finalität wird die Unanwendbarkeit der oben skizzierten Konzeption - Schutz des Beratungsgeheimnisses - für die Beurteilung dieses Verfahrens ersichtlich. Dies ergibt sich noch aus einem zweiten Punkt. Das Verfahren beruht auf einer Abfolge von Einzelschritten, in denen ein jeweils eigenständiges Gremium über das Vorliegen bestimmter Voraussetzungen und gegebenenfalls die Weiterleitung der Angelegenheit entscheidet. Ein Beratungsgeheimnis wäre allenfalls für die Phasen der Entscheidungsfindung in einem der zuständigen Organe zu rechtfertigen[3]. Es ist daher nach dem genauen Umfang und den dahinterstehenden Motivationen zu fragen.

I. Der Normtext

In Res. 1503 (XLVIII) wird die Vertraulichkeit an mehreren Stellen erwähnt: es wird bestimmt, daß die betreffenden Sitzungen der WGC wie auch der

---

[1] Ähnlich *Bossuyt*, HRLJ (1985), S. 183; *Ermacora*, RDH 7 (1974), S. 684.

[2] Siehe oben § 22.III., S. 356.

[3] Generell in diesem Sinne *Cassese*, La Comunità Internazionale 30 (1975), S. 54.

Unterkommission nicht-öffentlich sind. Ebenso hatte die WGC ihre Ergebnisse der Unterkommission vertraulich zu übermitteln[4]. Gemäß Abs. 8 hatten alle zur Umsetzung der Resolution ins Auge gefaßten Maßnahmen von Kommission und Unterkommission vertraulich zu bleiben. Eingeführt wurde dieses im nachhinein signifikante Merkmal des Verfahrens erst in der Diskussion der Kommission über den von der Unterkommission vorgeschlagenen Verfahrensvorschlag[5]. Initiator war der Delegierte Tansanias, unterstützt vom indischen Repräsentanten[6]. Gegenstimmen waren in der Abstimmung nicht zu verzeichnen, lediglich drei bzw. sechs Enthaltungen[7]. Allein der philippinische Delegierte äußerte Zweifel an der Geeignetheit des Vertraulichkeitserfordernisses für die Ebenen von Kommission und Unterkommission[8].

Trotz verschiedener Vorschläge, die auf eine Auflockerung der Geheimhaltung hinausliefen[9], hat die Reform 2000 an dieser Situation nichts verändert.

---

4 So auch *Newman* in: Lillich/Hannum, S. 365.

5 Siehe oben § 15.III.D., S. 217.

6 CHR, Summary record of the 1032nd meeting [14.03.1969], E/CN.4/SR.1030-1045 (29.07.1969), S. 27, 32 (Tansania); India and the United Republic of Tansania: amendments..., E/CN.4/L.1094 (14.03.1969).

Auch die amerikanische Vertreterin hatte als weitergehende Sicherheit für die Reputation der Staaten die Vertraulichkeit von Verfahrensbestandteilen vorgeschlagen - CHR, Summary record of the 1028th meeting [12.03.1969], E/CN.4/SR.1013-1029 (29.07.1969), S. 178.

7 CHR, Summary record of the 1035th meeting [17.03.1969], E/CN.4/SR.1030-1045 (29.07.1969), S. 62-64.

8 CHR, Summary record of the 1034th meeting [17.03.1969], E/CN.4/SR.1030-1045 (29.07.1969), S. 59.

9 Siehe nur Report of the Chairman of the informal, open-ended Working Group ..., E/CN.4/1995/17 (12.12.1994), Annex, V., para 1, der einen bereits 1985 unterbreiteten Vorschlag des späteren Unterkommissionsmitglieds *Bossuyt* aufgriff (vgl. *Bossuyt*, HRLJ 6 (1985), S. 183). Danach sollte eine Situation, sobald sie an die Kommission überwiesen worden sei, öffentlich bekanntgemacht werden.

Der Dezember-Bericht des *Bureaus* der 54. MRK-Sitzung enthielt ebenso den Vorschlag, daß am Ende jeder Sitzungsperiode der Vorsitzende nicht nur die Namen der behandelten Staaten (dazu sogleich im Text), sondern auch die hauptsächlichen Kritikpunkte und die beschlossenen Maßnahmen bekanntgeben solle - Report of the Bureau of the fifty-fourth Session of the Commission on Human Rights..., E/CN.4/1999/104 (23.12.1998), Abs. 54, Recommendation 11 lit. c); ähnlich auch schon *Alston,* Commission on Human Rights, in: ders. (Hrsg.), The United Nations and Human Rights, S. 154. Unterstützung hierfür auch bei den Mitgliedern der WGC 1999: Common Position of the Sub-Commission ..., E/CN.4/Sub.2/1999/47 (25.08.1999); Annex I: Summary of informal discussions by the

Die allgemeine Vertraulichkeitsvorschrift von Abs. 8 Res. 1503 (XLVIII) wird in Abs. 9 Res. 2000/3 nahezu wörtlich wiederholt. Die Geheimhaltung endet dem Wortlaut zufolge grundsätzlich mit dem Beschluß der Kommission, dem ECOSOC Empfehlungen zu unterbreiten. In der Praxis wird dies nicht als ein Automatismus verstanden, für die Veröffentlichung holt die Kommission vielmehr die Zustimmung des Rates ein[10]. Eine gesonderte Regelung enthält, ohne einen ausdrücklichen Verweis auf Abs. 8 Res. 1503 (XLVIII), Res. 2 (XXIV) der Unterkommission betreffend die Einrichtung der WGC. Darin ist bestimmt, daß die Arbeitsgruppe in nicht-öffentlicher Sitzung tagt und ihr Bericht vertraulich weiterzuleiten sei[11]. Mithin ist der gesamte Verfahrensablauf nicht-öffentlich gestaltet[12], Abs. 9 Res. 2000/3 bzw. die Vorgängervorschrift enthält somit eine durch die Praxis der Kommission bestätigte allgemeine Vertraulichkeitsbestimmung[13]. Wie jetzt explizit in Abs. 7 lit. c) Res. 2000/3 bestätigt, sind sämtliche Sitzungsberichte und Beschlüsse von Unterkommission, Kommission und ihren jeweiligen Arbeitsgruppen unter Verschluß zu halten[14]. Entsprechend ist auch die sonst immer gegebene Öffentlichkeit der Sitzungen suspendiert.

Working Group on Communications on the recommendation concerning the 1503 procedure..., Abs. 13.

Zudem war auch die Erstellung allgemeiner, anonymisierter Statistiken über eingeleitete Maßnahmen, wie dies beim UNESCO-Verfahren geschieht (*Alston,* ebd., S. 155; *Bartolomei,* S. 252), sowie die Öffnung der Archive nach einem gewissen Zeitraum (*Alston,*ebd., S. 155; *Ize-Charrin*, 1503: A Serious Procedure, S. 7) vorgeschlagen worden.

[10] Siehe oben § 19.IV.E.2., S. 284.

[11] "*The Sub-Commission* ... 2. *Further Decides* that the Working Group shall hold closed meetings and that the results of the Working Group's work shall be communicated to the Sub-Commission confidentially." Abs. 2 Res. 2 (XXIV) der Unterkommission vom 16.08.1971 (Anhang 2, S. 686).

[12] *Alston,* Commission on Human Rights, in: ders. (Hrsg.), The United Nations and Human Rights, S. 151; *Cook*, in: Willetts (Hrsg.), Amnesty International and the United Nations, S. 202; *Cassese*, La Comunità Internazionale 30 (1975), S. 54. Freilich sind immer wieder verschiedenste Details der Verfahren an die Medien gelangt - *Alston,* Commission on Human Rights, in: ders. (Hrsg.), The United Nations and Human Rights, S. 148.

[13] Report of the Secretary-General, Effective Functioning of the Various Mechanisms ..., E/CN.4/1994/42 (14.02.1994), Abs. 58.

[14] So schon für die alte Rechtslage, die keine ausdrückliche Bestimmung dieser Art enthielt, *Cassese*, La Comunità Internazionale 30 (1975), S. 54.

II. Zum Umfang der Vertraulichkeit in der Praxis

A. Die Position der Beteiligten

1. Beschwerdeführer

Die Vertraulichkeit gilt nicht nur gegenüber Außenstehenden, sondern auch gegenüber dem Autor einer Beschwerde. Dieser erhält lediglich eine Empfangsbestätigung für die Beschwerde. Am weiteren Verfahrensverlauf ist er in keiner Weise beteiligt[15]. Für den Beschwerdeführer stellt sich also die Vertraulichkeit als eine absolute dar. Nachfragen über das Schicksal der Beschwerde bescheidet das Sekretariat (OHCHR) mit dem Hinweis, daß das Gebot der Vertraulichkeit die Bekanntgabe jeglicher Informationen verhindere[16]. Selbst Nachträge zu einer Beschwerde, z.B. über neue Entwicklungen hinsichtlich der Menschenrechtssituation, werden grundsätzlich nicht der ursprünglichen Mitteilung zugeordnet, sondern als neue behandelt[17], obgleich zwischen Einreichung der Beschwerde und Behandlung der Situation bestenfalls neun oder zehn Monate vergehen, zumeist aber noch mehr[18]. Das Sekretariat (OHCHR) hat grundsätzlich auch solche Beschwerden in die Liste aufzunehmen und weiterzuleiten, die eine Wiederholung der schon einmal erhobenen Vorwürfe darstellen[19]. Es besteht so immerhin die Möglichkeit, der Kommission ergänzende und neuere Informationen zu unterbreiten[20]. Dies ist besonders dann im Interesse der Beschwerdeführer, wenn

---

[15] *Cassese*, La Comunità Internazionale 30 (1975), S. 54; *Ize-Charrin*, 1503: A Serious Procedure, S. 3; *Tardu*, Santa Clara Law Rev. 20 (1980), S. 566; *Tardu/McCarthy*, S. 52.

[16] Analysis of existing United Nations procedures ..., E/CN.4/1317 (08.02.1979), Abs. 8; *Tardu/McCarthy*, S. 52.

[17] Analysis of existing United Nations procedures ..., E/CN.4/1317 (08.02.1979), Abs. 8; *Tardu/McCarthy*, S. 17; *Tolley*, HRQ 6 (1984), S. 437.

[18] Vgl. zur Situation vor der Reform *Cook*, in: Willetts (Hrsg.), Amnesty International and the United Nations, S. 202.

[19] *Tardu*, Santa Clara Law Rev. 20 (1980), S. 595. In der Debatte der Unterkommission betreffend die Zulässigkeitsregeln waren zwei Vorschläge eingebracht worden, die die Unzulässigkeit von Beschwerden zu einer bereits erörterten Situation betrafen - Report of the 24th Session of the Sub-Commission ..., E/CN.4/1070; E/CN.4/Sub.2/323 (06.10.1971), Abs. 18 lit. c) und d). Beide fanden aber keine Zustimmung - *Tardu/McCarthy*, S. 61f.

[20] Dies empfiehlt im Falle, daß eine Situation bereits unter Behandlung der Kommission ist, auch *Rodley*, in: Hannum (Hrsg.), Guide to International Human Rights Practice, S. 66f. Die neueingereichte Beschwerde muß dabei allerdings in sich selbst schlüssig sein und unabhängig von anderen die Zulässigkeitskriterien erfüllen sowie einen entsprechenden „Gesamtzusammenhang" aufzeigen können - ebd. S. 70.

bekannt wird, daß die fragliche Situation in der MRK erörtert wurde[21]. Die Kommission rechnet dementsprechend damit, daß bei anhaltenden Menschenrechtsverletzungen auch jeweils erneut Beschwerden eingereicht werden. In einem bekanntgewordenen Fall wurde das Ausbleiben neuer Mitteilungen über zwei Jahre hinaus als Anzeichen für eine Verbesserung der Menschenrechtslage gedeutet und das Verfahren daher eingestellt[22].

Diese wesentliche Einschränkung der Stellung des Beschwerdeführers steht im Einklang mit der einer Beschwerde in diesem Verfahren zugedachten Funktion als bloße Informationsquelle[23]. Nur so ist eine derartige Beschränkung des Entgegnungsrechtes, welches in den meisten anderen internationalen Verfahren gewährleistet ist[24], überhaupt plausibel zu erklären. Die Bekämpfung systematischer und grober Menschenrechtsverletzungen sei eine derart wichtige Angelegenheit der Staatengemeinschaft, daß dies nicht in die Hände Einzelner gelegt werden könne[25]. Diese Argumentation vermag jedoch insoweit nicht zu überzeugen, als damit zusätzliche Informationen zur Klärung bestimmter Sachverhalte durch Entgegnungen des Beschwerdeführers auf Stellungnahmen des Staates zurückgehalten werden. In der ursprünglichen Konzeption des Verfahrens war dieser Mangel dadurch kompensiert, daß für jede von der Unterkommission überwiesene Situation eine weitergehende, eher objektive Untersuchung vorgesehen war: entweder in Form einer eingehenden Studie oder durch die Einsetzung eines Untersuchungsausschusses (Abs. 6 lit. a] oder b] Res. 1503 [XLVIII])[26].

---

[21] *Rodley*, in: Hannum (Hrsg.), Guide to International Human Rights Practice, S. 69. Siehe zur Bekanntgabe der jährliche untersuchten Länder sogleich sub. § 25.II.B., S. 438.

[22] Es handelte sich hierbei um die Untersuchung Malawis. Die Kommission entschied 1980, die vertrauliche Behandlung zu beenden, da ihr seit 1977 keine erneuten Berichte über entsprechende Verletzungen zugeleitet worden waren und die vorhergehenden nur über Verletzungen in den Jahren 1972 bis 1975 berichteten - *Tardu*, Santa Clara Law Rev. 20 (1980), S. 580f. und oben § 21.IV.D.1. bei Fn. 302, S. 347.

[23] *Tardu*, Santa Clara Law Rev. 20 (1980), S. 562; *Tardu*, A/Conf.157/PC/60/Add.5, Abs. 144. Zur Funktion der Beschwerde siehe oben § 23.III., S. 390ff.

Bereits in dem vom Völkerbund eingerichteten Verfahren für Minderheitenpetitionen (vgl. oben § 12.II.B., S. 168) wurde der Beschwerdeführer lediglich als *Agent of Information* angesehen, dessen Verfahrensbeteiligung mit der Einreichung seiner Beschwerde erschöpft war - *Parson*, Wayne Law Rev. 13 (1967), S. 686.

[24] *Bartolomei*, S. 237.

[25] *Tardu/McCarthy*, S. 12, die dies mit der innerstaatlichen Strafverfolgung vergleichen, die grundsätzlich auch in den Händen der öffentlich bestallten Staatsanwaltschaft liege.

[26] Siehe oben § 15.VI.D.1., S. 238.

Mit der faktischen Nichtnutzung dieser Optionen wurde jene Konzeption jedoch hinfällig, der Ausschluß weiterer Informationen vom Beschwerdeführer war nicht weiter zu rechtfertigen. Ein entsprechender Vorschlag im Jahre 1977, dem Beschwerdeführer ein Recht zur Entgegnung zuzugestehen und ihn zudem von allen ihn betreffenden Entscheidungen in Kenntnis zu setzen[27], wurde nicht verwirklicht. Res. 2000/3 bestätigte nun ausdrücklich diese wenig überzeugende Konstruktion, die eine Tatsachenaufklärung eher erschwert denn erleichtert.

Ungeachtet der Vertraulichkeit wird die wesentliche Entscheidung der Weiterleitung einer Situation an die MRK interessierten Kreisen recht bald bekannt sein[28]. Mit diesem Wissen besteht für beteiligte Organisationen und Gruppen die Möglichkeit, die WGS informell mit neuen Informationen zu den ihr vorliegenden Situationen auszustatten[29]. Überlegungen, dieses Vorgehen zu legalisieren und den NGO offiziell die Möglichkeit zu geben, neue Informationen vorzulegen[30], wurden im Rahmen der Reform nicht umgesetzt. Vielmehr wurde die Vertraulichkeitsbestimmung ausdrücklich bestätigt. Ebensowenig ist der immer wieder entstehenden fragwürdigen Situation abgeholfen worden, daß eine NGO

---

[27] Report prepared by the Secretary-General pursant to decision 4 (XXXIII) of the Commission on Human Rights, E/CN.4/1273 (01.12.1977), Abs. 31, 32.

[28] *Ize-Charrin*, 1503: A Serious Procedure, S. 6; *Cook*, Int.Comm.J.Rev. 50 (1993), S. 42f. Siehe z.B. die Bekanntgabe der von der Unterkommission getroffenen Entscheidung in bezug auf einzelne Länder bei *Reierson/Weissbrodt*, HRQ 14 (1992), S. 247. Für die Anfangszeit des Verfahrens besonders drastisch *Guest*, S. 118: „It was anything but confidential:..."

Auf einen offensichtlichen Bruch der Vertraulichkeit, der mit einem Bericht in *Le Monde* vom 13.09.1978 offenkundig wurde, reagierte die Unterkommission mit einer Resolution vom gleichen Tage, mit welcher der Generalsekretär aufgefordert wurde, den Bruch der Vertraulichkeit zu untersuchen und deren Gewährleistung in Zukunft sicherzustellen - Res. 10 (XXXI) vom 13.09.1978, in: Report of the Sub-Commission on its 31st session, E/CN.4/1296, E/CN.4/Sub.2/417 (20.09.1978), S. 70. Siehe auch ebd. Abs. 228.

Die neue Ausgestaltung des Verfahrens ohne Beteiligung der Unterkommission verringert freilich die Anzahl der Wissensträger über weitergeleitete Situationen auf die Mitglieder der WGC. Insofern werden möglicherweise auch weniger oder seltener Informationen nach außen dringen.

[29] *Ize-Charrin*, 1503: A Serious Procedure, S. 6.

[30] Report of the Chairman of the informal, open-ended Working Group ..., E/CN.4/1995/17 (12.12.1994), Annex, V., Abs. 5; Common Position of the Sub-Commission ..., E/CN.4/Sub.2/1999/47 (25.08.1999); Annex I: Summary of informal discussions by the Working Group on Communications on the recommendation concerning the 1503 procedure..., Abs. 11 Ziff. ii); *Ize-Charrin*, 1503: A Serious Procedure, S. 6; *Alston*, Commission on Human Rights, in: ders. (Hrsg.), The United Nations and Human Rights, S. 154.

zwar informell über die Ernennung eines unabhängigen Experten für direkte Kontakte im Bilde sein wird, mit diesem aber keinerlei offizielle Beziehung aufnehmen könne[31].

Wird so der Beschwerdeführer nicht als Beteiligter an diesem Verfahren anerkannt, ist er auch in keiner Weise an die Vertraulichkeit selbst gebunden[32]. Mangels sonstiger Vorgaben steht es ihm vollkommen frei, nachdem er seine Beschwerde eingereicht hat, hierüber die Öffentlichkeit zu informieren[33]. Dies ergibt sich aus der Regelung in Abs. 2 lit. b) Res. 728 F (XXVIII)[34], die logisch voraussetzt, daß eine Beschwerde von ihrem Verfasser bekanntgegeben werden kann. Versuche der Kommission in den siebziger Jahren, das Vertraulichkeitserfordernis auch auf die Beschwerdeführer, insbesondere auf NGO zu erstrecken, entbehrten so jeglicher rechtlicher Grundlage[35].

2. Die betroffene Regierung

Im Hinblick auf den betroffenen Staat läuft das Verfahren seit 1978 nicht mehr vertraulich ab. Zwar war nach der ursprünglichen Konzeption auch der betroffene Staat - nachdem er zu der an ihn geleiteten Beschwerde Stellung genommen hatte - nicht weiter am Verfahren beteiligt[36]. Seit 1974 wurden Regierungen über sie betreffende Entschließungen der Unterkommission in Kenntnis

---

[31] Siehe *Cook*, Int.Comm.J.Rev. 50 (1993), S. 43.

[32] Irreführend bzw. schlichtweg unzutreffend insofern die Ausführungen in ECOSOC-Res. 1919 (LVIII) vom 05.05.1975, Abs. 3 lit. b), wonach auch NGO die Bestimmungen über die Vertraulichkeit beachten müßten - siehe hierzu noch ausführlich § 27.II., S. 469.

[33] *Ermacora*, RDH 7 (1974), S. 684; *Möller*, Universal Human Rights 1 (1979), S. 70. So reichte beispielsweise das *Lawyers Committee for Human Rights*, eine amerikanische NGO, einen Bericht über eine Untersuchungsmission nach Argentinien erst als Beschwerde im 1503-Verfahren ein, nachdem dieser schon veröffentlicht war - *Weissbrodt/Bartolomei*, Minnesota Law Review 76 (1991), S. 1018f.

A.A. offenbar Mitglieder der Unterkommission in der Diskussion über die Zulässigkeitsregeln für die Beschwerden. So wurde - ohne Erfolg - vorgeschlagen, daß eine Beschwerde unzulässig würde, wenn deren Inhalt trotz der vorgeschriebenen Vertraulichkeit vom Verfasser der Presse bekanntgegeben würde - Report of the 24th Session of the Sub-Commission .., E/CN.4/1070; E/CN.4/Sub.2/323 (06.10.1971), Abs. 38.

[34] *Möller*, Universal Human Rights 1 (1979), S. 70.

[35] Siehe hierzu noch § 27.II., S. 469.

[36] *Cassese*, La Comunità Internazionale 30 (1975), S. 54; sehr kritisch *Newman* in *Lillich/Hannum* S. 365.

gesetzt - nunmehr entsprechend über solche der WGC[37]. 1978 wurde dann beschlossen, daß die jeweilige Regierung zur sie betreffenden vertraulichen Debatte einzuladen sei (Res. 5 [XXXIV]). Die Regierung nimmt somit eine echte Beteiligtenstellung ohne die Beschränkungen der Vertraulichkeit ein[38].

B. Einschränkungen der Vertraulichkeit

Die Vertraulichkeit ist, ohne daß der Wortlaut von Res. 1503 (XLVIII) dies vorsah, seit 1978 in einem wesentlichen Aspekt eingeschränkt. Der Vorsitzende der MRK gibt zum Abschluß einer jeden vertraulichen Sitzung bekannt, welche Länder in diesem Verfahren behandelt wurden[39]. Die Natur einer getroffenen Entscheidung, der Inhalt der Dokumente, die Informationsquelle und sämtliche Stellungnahmen der Regierungen bleiben vertraulich[40]. 1984 wurde entschieden, auch diejenigen Länder zu benennen, deren Behandlung im Rahmen des 1503-Verfahrens eingestellt wurde - auch in diesem Fall ohne Angabe des Grundes[41].

Eine rechtliche Grundlage für diese Praxis existierte bis zur Reform des Verfahrens durch Res. 2000/3 nicht. Sie beruhte zunächst auf einer Stellungnahme des Vorsitzenden (*Chairman's Statement*), die auf eine informellen Einigung in der Kommission zurück ging[42]. Hintergrund der erstmaligen Entscheidung im Jahre 1978 war die Behandlung Ugandas im vertraulichen Verfahren. Bereits

---

[37] MRK, Res. 3 (XXX) - siehe Anhang 2, S. 683, bestätigt mit Res. 2000/3, Präambel, Abs. 8 lit. b).

[38] Abs. 8 Res. 1503 (XLVIII)/Abs. 9 Res. 2000/3 bezieht sich ausdrücklich nur auf Handlungen der MRK und der Unterkommission, nicht aber auf solche der Regierungen. Die Antworten der Regierungen werden gleichwohl nicht veröffentlicht - *Bartolomei,* S. 238.

Auch wenn den Regierungen die der Kommission vorliegenden Informationen mit der Bitte um Stellungnahme zugeleitet werden, so sieht die Kommission darin keinen Verstoß gegen die Vertraulichkeitsvorschrift: Abs. 8 Res. 1503 (XLVIII) beziehe sich nicht hierauf - *Ermacora*, RDH 7 (1974), S. 674.

[39] Report of the Secretary-General, Effective Functioning of the Various Mechanisms ..., E/CN.4/1994/42 (14.02.1994), Abs. 76,

[40] Analysis of existing United Nations procedures ..., E/CN.4/1317 (08.02.1979), Abs. 23.

[41] *Alston,* Commission on Human Rights, in: ders. (Hrsg.), The United Nations and Human Rights, S. 146; *Ramcharan*, The Concept and Present Status of International Protection, S. 141; *Riedel*, in: Baum/ders./Schaefer (Hrsg.), Menschenrechtsschutz in der Praxis der Vereinten Nationen, S. 43; *Bossuyt*, HRLJ (1985), S. 182f.; *Lillich/Hannum* S. 365; *Ize-Charrin*, 1503: A Serious Procedure, S. 6; *Tardu*, Santa Clara Law Rev. 20 (1980), S. 579.

[42] *Bartolomei,* S. 229.

im Jahr zuvor hatten Großbritannien und Kanada öffentlich einen Resolutionsentwurf eingebracht, der nach einer Verfahrensdebatte dann in nicht-öffentlicher Sitzung diskutiert wurde[43]. Nach diplomatischen Auseinandersetzungen erklärte sich der ugandische Diktator *Idi Amin* 978 mit einer von der Kommission vorgeschlagenen „eingehenden Studie" der Menschenrechtssituation in seinem Land i.S.v. Abs. 6 lit. a) Res. 1503 (XLVIII) einverstanden, forderte aber zugleich, daß die Situation nicht in der öffentlichen Debatte erwähnt würde[44]. Zur Umsetzung dieses vertraulichen *Gentlemen's Agreement* erklärte der senegalesische Vorsitzende der Kommission, *Kéba M'Baye*, daß in der öffentlichen Debatte dieser Sitzungsperiode die im 1503-Verfahren behandelten Länder nicht namentlich erwähnt werden dürften[45]. Damit dies aber auch für die Beobachterstaaten gelten könnte, war er gezwungen, die Namen der behandelten Länder zu Beginn der öffentlichen Debatte über „Menschenrechtsverletzungen in aller Welt ..." bekanntzugeben[46].

Diese Praxis war auf der folgenden Sitzung Gegenstand heftiger Auseinandersetzungen. So wurde vorgetragen, daß die Bekanntgabe der behandelten Länder einen Verstoß gegen Abs. 8 Res. 1503 (XLVIII) darstelle[47]. Andererseits wurde die gleiche Vorschrift auch zur Rechtfertigung dieser 1978 eingeleiteten Praxis herangezogen[48]. Da aus Abs. 8 folge, daß in der öffentlichen Debatte weder die im 1503-Verfahren behandelten Situationen, noch sonstige vertrauliche Informationen erwähnt werden dürften, sei es erforderlich, die behandelten Länder zu benennen.

Die Durchführung jenes Beschlusses führte allerdings zu einer seltsamen Konsequenz: Zu jener Zeit (1978) war es den NGO in der Kommission noch

---

43 Int.Comm.J.Rev. 20 (1978), S. 34; *Zuijdwijk*, S. 43; *Gonzales*, NYU Journal of International Law & Politics 13 (1981), S. 466.

44 Interview *Möller*, Genf, 11.04.2000. Auch *Cançado Trindade*, RdC 202 (1987 II), S. 227, erwähnt das *Gentlemen's Agreement* als Ursprung dieser Praxis; ebenso *Gonzales*, NYU Journal of International Law & Politics 13 (1981), S. 466.

45 Interview *Möller*, Genf, 11.04.2000; CHR, Report on the 34th session, E/1978/34, E/CN./4/1292 (1978), Abs. 208.

46 Diese Vorgehensweise beruhte auf einem Vorschlag des Sekretariats im Vorfeld jener Entscheidung: Legal Analysis Dated 2 February, 1978: The Competence of the Commission on Human Rights to Deal with Violations of Human Rights..., in: Ramcharan (Hrsg.), The Principle of Legality, S. 75 (81).

47 CHR, Report on the 35th session, E/1979/36, E/CN.4/1347 Abs. 219.

48 Report on the 35th session (a.a.O., Fn. 47), Abs. 218.

immer untersagt, in ihren Stellungnahmen die jeweils betroffenen Staates namentlich zu erwähnen. Deren Berichte enthielten entsprechend keinerlei Namensnennung, die Identität des jeweiligen Landes war jedoch regelmäßig aus den geschilderten Umständen zu erschließen. Um die nun eingeführte Regelung durchzusetzen, die eine öffentliche Debatte über die im vertraulichen Verfahren behandelten Staaten unterbinden sollte, kam es bei entsprechenden Ausführungen von NGO-Vertretern daher zu Zwischenfragen des Vorsitzenden, ob es sich insofern um das Land X handele[49]. Damit und mit der wahrheitsgemäßen Antwort darauf wurden die kritischen Äußerungen öffentlich einer bestimmten Situation zugeordnet[50]. Dieser Zustand wurde erst 1979 beendet. Die Bekanntgabe war 1978 noch ausdrücklich unter dem Vorbehalt erfolgt, daß dies zunächst nur für diese Sitzung gelte. Gleichwohl gab der Vorsitzende - ungeachtet heftiger Kritik - auch 1979 die behandelten Länder bekannt[51]. Anders als im Vorjahr, als die Erörterung dieser Länder völlig untersagt wurde, ergänzte er diesmal nur den Hinweis, daß in der öffentlichen Debatte nicht auf die vertraulich gefaßten Beschlüsse und das zugrundeliegende Material Bezug genommen werden dürfe[52]. Auch wenn zu diesem Zwecke eine öffentliche Nennung der behandelten Staaten eigentlich nicht mehr erforderlich war, behielt die Kommission diese Praxis bei.

Mit Abs. 7 lit. c) Res. 2000/3 ist diese nunmehr ausdrücklich sanktioniert: die jeweiligen Länder werden öffentlich vom Vorsitzenden bekanntgegeben und im jährlichen Bericht der Kommission an den Rat erwähnt[53]. Gleichermaßen werden diejenigen Länder benannt, in bezug auf welche die Kommission die vertrauliche Behandlung eingestellt hat. Diese nun ebenfalls bestätigte Praxis war 1984 in rechtlich ähnlich problematischer Weise eingeführt worden, im Zusam-

---

[49] Int.Comm.J.Rev. 20 (1978), S. 34; Interview *Möller*, Genf, 11.04.2000.

[50] Interview *Möller*, Genf, 11.04.2000; *Tolley*, The U.N. Commission on Human Rights, S. 99. Mit diesen Rückfragen und den Antworten hierzu war aber praktisch auch die Regelung in Frage gestellt worden, ob das Verbot der Benennung von menschenrechtsverletzenden Staaten durch NGO tatsächlich gerechtfertigt sei. Diese Frage wurde unmittelbar im Anschluß in der Kommission diskutiert - Int.Comm.J.Rev. 20 (1978), S. 35.

Im Ergebnis entschied der Kommissionsvorsitzende 1980, daß Redner der NGO auch die Namen der Staaten bekanntgeben durften, deren Menschenrechtsverletzungen sie öffentlich beklagten - *Tolley*, The U.N. Commission on Human Rights, S. 99.

[51] CHR, Report on the 35th session, E/1979/36, E/CN.4/1347, Abs. 218; *Zuijdwijk*, S. 44.

[52] CHR, Report on the 35th session, E/1979/36, E/CN.4/1347, Abs. 218. Siehe z.B. auch Report on the 38th session, E/1982/12, E/CN./4/1982/30 (1982) Abs. 219; *Zuijdwijk*, S. 44

[53] Vgl. zur alten Rechtslage *Riedel*, „Menschenrechtskommission" in: Wolfrum (Hrsg.), Handbuch Vereinte Nationen, Rn. 10.

menhang mit den Entscheidungen über die Veröffentlichung der Verfahrensdokumente betreffend Argentinien und Uruguay[54]. Für die Beschwerdeführer besteht so die Möglichkeit zu sehen, ob die von ihnen vorgetragene Situation möglicherweise Gegenstand der Beratungen in der Kommission war, so daß sie im positiven Fall weitere Informationen als neue Mitteilungen einreichen können[55].

Eine weitere Einschränkung der Vertraulichkeit ist durch die Möglichkeit der Einsetzung eines unabhängigen Experten zur Aufnahme direkter Kontakte vorgegeben. Da hierbei regelmäßig auch mit Vertretern von NGO, privaten Gruppen oder einfachen Privatpersonen Kontakt aufgenommen wird, wird die Vertraulichkeit des Verfahrens in bezug auf die Betroffenen hinfällig[56]. Gleichwohl handelt es sich dabei nicht um eine wirkliche Aufhebung der Vertraulichkeit, sondern allenfalls um eine notwendige Beschränkung im Zuge der Durchführung des Mandats.

C. Die Reichweite der Vertraulichkeit

Im übrigen bestehen keine weiteren Einschränkungen der Vertraulichkeit. Gleichwohl erreicht das Verfahren zumindest einen beschränkten Kreis internationaler Akteure. Die im 1503-Verfahren angesprochenen Probleme werden in einem internationalen Gremium bekanntgegeben. Die monatlichen Listen der eingehenden Beschwerden, ergänzt um die gegebenenfalls eingehenden Stellungnahmen der Regierungen, gehen an die 53 Mitgliedstaaten der MRK. Diese erhalten gleichermaßen den Bericht der WGS und sind an den Debatten über die fragliche Situation, an denen i.d.R. auch ein Vertreter der beschuldigten Regierung teilnimmt, in vollem Umfang beteiligt[57]. Damit wird immerhin ein reichliches Viertel aller Staaten der Erde von den Situationen in Kenntnis gesetzt, darunter regelmäßig die fünf ständigen Mitglieder des Sicherheitsrates und andere einflußreiche Staaten[58]. Diese erhalten nicht nur pauschale Informationen, sondern

---

[54] Anlaß für die Einführung dieser Praxis war die Überlegung, daß diese jeweiligen Informationen jeweils im Sinne der betroffenen Staaten sind und daher im Interesse der Gleichheit auch die Beendigung der Behandlung bekanntgegeben werden müsse - *Möller*, Universal Human Rights 1 (1979), S. 71f.; Report of the Secretary-General, Effective Functioning of the Various Mechanisms ..., E/CN.4/1994/42 (14.02.1994), Abs. 76.

[55] *Tardu*, Santa Clara Law Rev. 20 (1980), S. 595.

[56] *Rodley*, in: Hannum (Hrsg.), Guide to International Human Rights Practice, S. 69.

[57] *Bossuyt*, HRLJ (1985), S. 184; *Ize-Charrin*, 1503: A Serious Procedure, S. 7. Vgl. auch *Bartolomei*, S. 240.

[58] Siehe oben § 5.I.A., Fn. 19., S. 50.

regelmäßig gut dokumentierte und umfangreiche Berichte über Situationen systematischer und grober Menschenrechtsverletzungen, die die WGC weitergeleitet hat[59].

Ebenso erhalten die fünf Experten der WGC die Liste mit den zusammengefaßten Beschwerden und können Einsicht in die Originaltexte der an sie überwiesenen Mitteilungen erhalten[60]. Zudem haben sie Zugang zu den vertraulichen Unterlagen der Kommission, sollte sich dies für ihre Arbeit als notwendig erweisen. Durch die jüngste Reform und die Ausschaltung der Unterkommission als Gesamtgremium, wurde freilich die Zahl der unabhängigen Experten, die von den Verletzungen Kenntnis erlangen, drastisch reduziert.

D. Die Aufhebung der Vertraulichkeit

Die Vertraulichkeit der eingegangenen Beschwerden, Sitzungsberichte und sonstigen Dokumente wirkt, so jetzt ausdrücklich Abs. 7 lit. c) Res. 2000/3, auch über die Beendigung des 1503-Verfahrens hinaus.

1. Aufhebung ohne Zustimmung des betroffenen Staates

Nur ausnahmsweise werden diese Materialien veröffentlicht, was in jedem Falle einer entsprechenden Bestätigung des ECOSOC bedarf[61]. Erstmals geschah dies in bezug auf die vertraulichen Beschwerden betreffend Chile, die 1976 an die eigens hierfür eingerichtete, öffentlich arbeitende Arbeitsgruppe weitergeleitet wurden[62]. Im Rahmen des 1503-Verfahrens faßte die Kommission auf der Grundlage von Abs. 8 Res. 1503 (XLVIII) in zwei Fällen den Beschluß, die vertraulichen Materialien zu veröffentlichen[63].

Wie schon angedeutet, ist es zweifelhaft, inwieweit Res. 2000/3 die Rechtslage in Hinsicht auf die mögliche Veröffentlichung einer Situation geändert hat. Zwar wurde die Vorschrift von Abs. 8 Res. 1503 (XLVIII) in Abs. 9

---

[59] Die Beobachterstaaten, die an der Sitzung der Kommission gemäß Nr. 69 der *Rules of Procedure* (hierzu oben § 7.III.A., S. 87) teilnehmen, sind von den vertraulichen Sitzungen, wie alle sonstigen Nichtmitglieder, ausgeschlossen.

[60] *Bossuyt*, HRLJ (1985), S. 184; *Ize-Charrin*, 1503: A Serious Procedure, S. 7; Abs. 4 Res. 1503 (XLVIII).

[61] Siehe hierzu oben § 19.IV.E.2., S. 284.

[62] So die Ausführungen des Assistenz-Generalsekretärs für Menschenrechte *Herndl*, CHR, Summary record of the 48th meeting [08.03.1985], E/CN.4/1983/SR.48 (13.03.1985), Abs. 5.

[63] Siehe oben § 21.IV.D.2., S. 348.

Res. 2000/3 nahezu wörtlich wiederholt. Zugleich bestimmt der neue Abs. 7 lit. c) aber ergänzend, daß die einzige Ausnahme von der andauernden Vertraulichkeit der Dokumente die Veröffentlichung auf Wunsch der betroffenen Regierung sei. Existiert also die früher für die Veröffentlichung herangezogene Vorschrift unverändert, stellt sich die Frage, inwieweit Abs. 7 lit. c) Res. 2000/3 nunmehr die Möglichkeit der Kommission eingeschränkt hat, die Veröffentlichung der Materialien zu empfehlen. Schon aus dem Text folgt, daß der ECOSOC von dieser Regelung nicht betroffen ist. Er könnte ohnehin in einer späteren Entscheidung die Bestimmung modifizieren und so jederzeit die Veröffentlichung der Materialien beschließen. Ein solches Vorgehen ist freilich angesichts des Verhältnisses zwischen beiden Organen[64] ohne eine Anfrage der Kommission kaum vorstellbar. Es stellt sich daher die Frage, inwieweit die MRK durch die neue Vorschrift rechtlich daran gehindert ist, den ECOSOC um die Veröffentlichung der Materialien zu einer bestimmten Situation zu bitten, ohne daß die betroffene Regierung diesem Wunsch zugestimmt hat. Dem Text der Resolution ist solches aber nicht zu entnehmen. Abs. 7 lit. c) enthält lediglich die später in Abs. 9 noch einmal wiederholte Aussage, daß *grundsätzlich*, also mangels anderweitiger Regelungen, die Vertraulichkeit auch nach Beendigung der Untersuchung fortwirkt. Dies aufs neue festzuhalten wird nur erklärlich vor dem Hintergrund, daß die Bekanntgabe der Namen der erörterten Staaten in der gleichen Vorschrift explizit zugelassen wurde: es sollte hieraus in keinem Falle abgeleitet werden dürfen, auch die zugrundeliegenden Dokumente zu veröffentlichen. Von dieser grundsätzlich umfassenden Vertraulichkeit läßt Res. 2000/3 lediglich zwei Ausnahmen zu: einmal, wenn die betreffende Regierung der Offenlegung zustimmt (Abs. 7 lit. c]) und zum anderen, wenn die Kommission Empfehlungen an den ECOSOC zur fraglichen Situation verabschiedet (Abs. 9). Die schon bisher geübte Praxis der Kommission, in besonders schwerwiegenden Fällen die Veröffentlichung der fraglichen Materialien zu beschließen, ist also weiterhin möglich.

2. Aufhebung mit Zustimmung des betroffenen Staates

Abgesehen von diesen Fällen hat der Rat auch dann einer Veröffentlichung der Materialien zugestimmt, wenn dies von den jeweiligen (zumeist neu ins Amt gekommenen) Regierungen beantragt wurde. Zwar wird grundsätzlich eine Regierung nur wenig Interesse haben, diese Dokumente weiterhin unter Verschluß zu belassen[65]. Trotzdem ist dies, wie gezeigt, bisher allein in drei Fällen gesche-

---

[64] Siehe hierzu bereits § 8.I.B., S. 99.

[65] *Lillich/Hannum*, S. 403. Vgl. auch die dort (S. 404) abgedruckte Zeitungsanzeige der Regierung von Zaire nach Beendigung des sie betreffenden 1503-Verfahrens.

hen[66]. Aus Gelegenheit des ersten Antrags dieser Art - von Argentinien - wurden rechtliche Bedenken hinsichtlich der Veröffentlichung der Materialien auf Wunsch der betroffenen Regierungen geäußert[67]. Die Entscheidungspraxis der Kommission bzw. des ECOSOC setzte sich allerdings darüber hinweg. Mit Abs. 7 lit. c) Res. 2000/3 ist diese Vorgehensweise nunmehr als Ausnahme von der anhaltenden Vertraulichkeit der Dokumente ausdrücklich sanktioniert worden.

3. Die Überleitung in ein öffentliches Verfahren

Die Bestimmung über die Vertraulichkeit ist anfänglich, insbesondere bei der Behandlung Äquatorialguineas, als entscheidendes Argument gegen die Überleitung einer Situation in das öffentliche Verfahren gemäß Res. 1235 (XLII) angeführt worden[68]. Tatsächlich ließ der Wortlaut von Abs. 8 Res. 1503 (XLVIII) Zweifel an der Rechtmäßigkeit eines solchen Vorgehens aufkommen, bleibt doch auch bei der öffentlichen Fortführung der Verfahrensgegenstand identisch. Das Sekretariat - und mit ihm die Mehrheit in der Kommission - vertrat im Gegensatz dazu aber die Ansicht, daß die Bestimmungen der Res. 1503 (XLVIII) dann nicht mehr angewendet werden müßten, wenn die Situation nicht mehr in diesem Verfahren behandelt werde[69]. Die bloße Identität des Verfahrensgegenstandes[70] könne nicht zu einer Beschränkung des prinzipiell eigenständigen öffentlichen Verfahrens gemäß Res. 1235 (XLII) führen. Entsprechend hat die Kommission derartige Einwände zurückgewiesen[71]. Mit Res. 2000/3 ist nun aus dem systema-

---

[66] Und zwar in den Fällen Argentiniens, Uruguays und der Philippinen - *Ize-Charrin*, 1503: A Serious Procedure, S. 7; siehe oben § 21.III.

[67] Siehe die Diskussion in der Kommission, CHR, Summary record of the 48th meeting [08.03.1985], E/CN.4/1983/SR.48 (13.03.1985), Abs. 1-7.

[68] CHR, Summary record of the 1501st meeting (confidential) [01.03.1979], E/CN.4/SR.1501 (15.03.1979), Abs. 16 (Sowjetunion); Summary record of the 1515th meeting (confidential) [12.03.1979], E/CN.4/SR.1515 (13.03.1979), Abs. 29 (Benin), 30 (Sowjetunion).

[69] CHR, Summary record of the 1515th meeting (confidential) [12.03.1979], E/CN.4/SR.1515 (13.03.1979), Abs. 32.

[70] Hierauf abstellend wohl der sowjetische Vertreter mit dem Hinweis, man könne nicht während eines Verfahrens dessen Rechtsgrundlage austauschen - CHR, Summary record of the 1501st meeting (confidential) [01.03.1979], E/CN.4/SR.1501 (15.03.1979), Abs. 16.

[71] CHR, Summary record of the 1511th meeting (confidential) [08.03.1979], E/CN.4/SR.1511 (12.03.1979), Abs. 39 (Senegal): Abs. 8 sei nicht so auszulegen, daß er eine öffentliche Debatte über die fragliche Situation verbiete, die nach dem Abschluß eines vertraulichen Verfahrens eingeleitet werde.

tischen Zusammenhang von Abs. 7 lit. d) Ziff. (iv) und Abs. 9 die Zulässigkeit dieser Vorgehensweise ausdrücklich bestätigt worden.

III. Der Grund für die Geheimhaltung

Die vollständige Vertraulichkeit des Verfahrens, die in Res. 1235 (XLII) noch nicht angedacht war[72], geht auf einen Vorschlag Tansanias in der MRK zurück[73]. Bezweckt war damit unter Berücksichtigung des umfassenden Verfahrensgegenstandes und der Neuartigkeit des Verfahrens der Schutz der Ehre und Unabhängigkeit des kritisierten Staates[74]. Denn es besteht ein vitales Interesse nahezu aller Staaten, nicht als Verletzer von Menschenrechten angesehen oder behandelt zu werden[75]. Demgemäß wurde im Laufe seiner Anwendung von vielen beschuldigten Staaten größter Wert auf die Einhaltung der Vertraulichkeit gelegt[76]. Deutlich wurde dies an den Bemühungen verschiedener Staaten, die Überleitung der vertraulichen Behandlung in ein öffentliches Verfahren nach Res. 1235 (XLII) zu verhindern sowie an der erneuten und verstärkten Betonung der Vertraulichkeit in Res. 2000/3.

Die Vertraulichkeit steht in engem Zusammenhang mit den Verfahrenszielen[77]. Zu einer unmittelbaren Verbesserung der Untersuchungsmöglichkeiten führt die Vertraulichkeit *per se* zwar nicht. Das zweite Hauptziel des Verfahrens, Aufnahme und Fortführung eines Dialogs mit der Regierung, wird jedoch durch

---

[72] *Tardu*, Santa Clara Law Rev. 20 (1980), S. 593.

[73] *Bartolomei*, S. 64. Ursprünglich war in den ersten Vorschlägen zu seiner Ausgestaltung ein öffentliches Verfahrens vorgesehen - *Ermacora*, RDH 7 (1974), S. 250. Bereits 1968 wurde jedoch in der Kommission auch darauf hingewiesen, daß zumindestens ein Teil des Verfahrens vertraulich abgehalten werden müsse, da die öffentliche Behandlung eines Staates sehr schwerwiegend sei und deshalb erst nach gründlichen Prüfungen erfolgen dürfe - CHR, Report on the 24th session, E/4475, E/CN.4/972 (1968), Abs. 181.

[74] *Cassese*, La Comunità Internazionale 30 (1975), S. 54; *Bartolomei*, S. 64; *Ermacora*, RDH 7 (1974), S. 684; CHR, Summary record of the 1306th meeting [14.02.1975], E/CN.4/SR.1290-1308 (27.06.1975), S. 150 (Großbritannien); in diesem Sinne auch *Maher/Weissbrodt*, HRQ 12 (1990), S. 299.

[75] *Noll-Wagenfeld*, VN 1977, S. 183, vgl. auch *Tomuschat*, VN 1976, S. 177; *von Kyaw*, VN 1976, S. 105.

[76] Vgl. in diesem Zusammenhang die Stellungnahme des Ständigen Vertreters Griechenlands bei der UNO vom 12.08.1973, E/5415 (1973), abgedruckt bei *Lillich/Hannum* S. 357 (358).

[77] Siehe oben § 22.III., S. 356ff.

die Geheimhaltung überhaupt erst ermöglicht und gefördert[78]: Staaten sind eher bereit, zu kooperieren und schließlich einzulenken, wenn sie nicht in der Öffentlichkeit ihr Gesicht zu verlieren drohen[79]. In diesem Sinne läßt sich ein weiterer Gesichtspunkt ins Felde führen, der für die „stille Diplomatie" im allgemeinen gilt. Der jeweiligen Regierung wird deutlich vor Augen stehen, daß bei Fehlschlagen der vertraulichen Mittel auch schärfere eingesetzt werden können, nämlich die Öffentlichkeit[80].

IV. Kritische Einschätzung

In bezug auf die Vertraulichkeit hat die Verfahrensreform 2000 keinerlei Änderung oder Erleichterung gebracht. Die bisher schon geübte Praxis, die behandelten Länder bekanntzugeben, und die Möglichkeit, im Anschluß an die vertrauliche Untersuchung ein öffentliches Verfahren durchzuführen, wurden förmlich bestätigt. Der Text des entscheidenden Abs. 8 Res. 1503 (XLVIII) erscheint in angepaßter Form wieder in Abs. 9 Res. 2000/3 - während die Weitergeltung der übrigen Bestimmungen durch eine pauschalen Verweis und einzelne Hinweise angeordnet wird. Erstmals enthält die neue Resolution Bestimmungen über die Geheimhaltung der Dokumente und Materialien (Abs. 7 lit. c] Res. 2000/3). Die Vertraulichkeit ist mithin von einer durchsetzungsfähigen Mehrheit der Staaten in der Kommission unverändert als ein unabdingbarer Bestandteil des Verfahrens angesehen worden. Auch in verschiedenen bekanntgewordenen Situationen haben betroffene Staaten immer größten Wert auf die Einhaltung der Vertraulichkeit gelegt[81].

---

[78] So trotz kritischer Grundeinstellung auch *van Boven*, People Matter, S. 65.

[79] *Partsch*, Hoffen auf Menschenrechte, S. 125; *Guest*, S. 440; *Riedel*, in: Baum/ders./Schaefer (Hrsg.), Menschenrechtsschutz in der Praxis der Vereinten Nationen, S. 53; *Tardu*, Santa Clara Law Rev. 20 (1980), S. 562. Kritisch angesichts der vergleichsweise geringen Antwortqoute der Regierungen *Guest*, S. 118.

[80] *Leuprecht*, in: Amnesty International (Hrsg.), Menschenrechte im Umbruch, S. 62f.; *Karl*, in: Klein (Hrsg.), Stille Diplomatie oder Publizität?, S. 21.

[81] So bereits 1973 die Regierung Griechenlands: die vorzeitige Veröffentlichung könne nachteilig sowohl für den Staat als auch für das Sekretariat sein (Letter dated 12 August 1973 from the Permanent Representative of Greece to the United Nations addressed to the Secretary-General, E/5415 [16.08.1973], S. 2); ähnlich auch das Dringen auf vollständige Vertraulichkeit durch die argentinische Regierung (hierzu unten § 30.II.B., S. 504 bei Fn. 40).

In der Wissenschaft ist die Vertraulichkeit des 1503-Verfahrens überwiegend massiver Kritik ausgesetzt[82]. Lediglich für die Ebene der WGC wird die Vertraulichkeit - im Interesse einer effektiven Arbeit - als notwendig anerkannt[83]. Die Kritik umfaßt zweierlei Arten von Argumenten: solche taktisch-strategischer Art im Hinblick auf das Ziel des bestmöglichen Schutzes der Menschenrechte sowie solche grundsätzlicher bzw. rechtspolitischer Art[84].

Der grundsätzliche, rechtspolitische Aspekt betrifft Zweifel, inwieweit im Falle von systematischen groben Menschenrechtsverletzungen überhaupt im Wege vertraulicher Politik reagiert werden könne, oder ob nicht schon der Verfahrensgegenstand Maßnahmen bzw. die Erörterung vor den Augen der Weltöffentlichkeit gebiete[85]. Auch habe die internationale Gemeinschaft ein Recht auf Information über Situationen von solch schwerwiegender Bedeutung[86]. Der erstgenannte Unterpunkt verweist auf den hohen Rang, den Menschenrechte auf der Ebene der internationalen Beziehungen einnehmen sollten. Es wird dabei freilich nicht in vollem Umfang den tatsächlichen Gegebenheiten Rechnung getragen. Eine wichtige Vorbedingung für die Akzeptanz eines überhaupt mit Individualbeschwerden umgehenden außervertraglichen Verfahrens war gerade die Vertraulichkeit. Und wie die Reformdebatte und ihr Ergebnis im Jahr 2000 gezeigt haben, trifft diese Einschätzung noch immer zu. Es scheint daher, daß der pragmatische Ansatz - ein durch die Vertraulichkeit beschränkter Umgang mit den Beschwerden - mehr zu erreichen vermag als ein auf hehre Grundsätze abstellender, der kaum auf weitgehende Akzeptanz stoßen würde[87]. Der zweite Aspekt ist ebenso zweifelhaft: angesichts der Entwicklungen der modernen Kommunikationsmethoden und der immer stärker werdenden NGO-Aktivitäten sind Infor-

---

82 Siehe nur allgemein *Cassese*, La Comunità Internazionale 30 (1975), S. 54; *Tardu*, A/Conf.157/PC/60/Add.5 Abs. 146; *Buergenthal*, International Human Rights, S. 93; *Flood*, S. 52.

83 *Bossuyt*, HRLJ (1985), S. 183. So auch *Bartolomei*, S. 229; *Tardu*, Santa Clara Law Rev. 20 (1980), S. 563.

84 Zu dieser Unterscheidung *Karl*, in: Klein (Hrsg.), Stille Diplomatie oder Publizität?, S. 21.

85 *Karl*, in: Klein (Hrsg.), Stille Diplomatie oder Publizität?, S. 21; *Sohn*, Int'l. Studies Quarterly 23 (1979), S. 206.

86 Report prepared by the Secretary-General pursuant to Decision 4 (XXXIII) of the Commission on Human Rights (Addendum), E/CN.4/1273/Add.1 (26.01.1978), Abs. 7.

87 *Alston*, Critical Appraisal, in: ders. (Hrsg.), The United Nations and Human Rights, S. 2; für die Erfolgsorientiertheit von Menschenrechtsarbeit im allgemeinen auch *Gerz* in: Klein (Hrsg.), Stille Diplomatie oder Publizität?, S. 49.

mationen über die Menschenrechtslage in nahezu allen Gebieten der Erde vorhanden und öffentlich zugänglich. Selbst eine moralische Obliegenheit, über an die UN gerichtete Mitteilungen öffentlich zu berichten, kann angesichts dessen nicht mehr bejaht werden.

Weitere und eher zutreffende Kritik an der Vertraulichkeit betrifft hauptsächlich die daraus folgenden taktisch-strategischen Einschränkungen der Wirksamkeit des Verfahrens[88]. Sie betrifft einmal den Aspekt des Zugangs zu Informationen, zum anderen die fehlende Kontrolle durch die Öffentlichkeit und schließlich drittens das Fehlen öffentlichen Drucks. Die Vertraulichkeit beschränkt zum einen den Umfang der im Verfahren zu verwendenden Informationen. Insbesondere die Nichtbeteiligung des Beschwerdeführers verringere die Glaubwürdigkeit des Verfahrens erheblich[89]. Die Stellungnahmen der Regierungen können in Ermangelung eines gleichgewichtigen Gegenparts nahezu unangefochten und einseitig die entscheidenden Organe beeinflussen oder diese gar in die Irre führen[90]. Die quasi-kontradiktorische Ausgestaltung des Verfahrens durch Ladung des jeweiligen Vorsitzenden-Berichterstatters der WGC und das Instrument der „direkten Kontakte" kann diese Gefahr nur geringfügig mindern[91]. Außerdem wird durch die Vertraulichkeit verhindert, daß andere Informationen von NGO oder sonstigen nicht im UN-Bereich angesiedelten Mechanismen Verwendung finden[92].

Weiterhin verhindert die Vertraulichkeit eine Kontrolle seiner Durchführung, zumal sie sich regelmäßig auf die Beendigung des Verfahrens erstreckt. Hieraus haben sich in der Praxis Problemkonstellationen bezogen auf die effektive Reaktion in bestimmten Verfahren ergeben. So war beispielsweise der im Zuge der Behandlung Uruguays vom späteren Generalsekretär *Pérez de Cuellar* erstellte Bericht über die „direkten Kontakte“ eher oberflächlich, unkritisch und übernahm fast ausschließlich den Standpunkt der Regierung[93]. Andere Berichte

---

[88] So werden allgemein Zweifel geäußert, ob stille Diplomatie überhaupt zu einer Verbesserung der Menschenrechtssituation in einem Land führen kann - *Lillich/Hannum,* S. 62.

[89] *Tardu,* A/Conf.157/PC/60/Add.5, Abs. 146.

[90] *Bartolomei,* S. 237.

[91] Tatsächlich wird vertraulichen Berichten zufolge zumindest in der WGC der schriftlichen Stellungnahme einer Regierung ein erhebliches Gewicht in der Entscheidungsfindung zugemessen.

[92] Amnesty International, Doc. IOR 41/16/92, sub III. A. 4. (S. 8).

[93] Siehe dazu oben § 21.III.C.2., S. 320ff., besonders bei Fn. 143 und 154.

im vertraulichen Verfahren zeichneten sich freilich durch große Detailtreue und Sorgfalt aus. Gleichermaßen kritisch wird berichtet, daß die vertraulichen Sitzungen ein eher niedriges Niveau aufwiesen und die Regierungen kaum auf die anstehenden Debatten vorbereitet gewesen wären[94]. Dieses Problem zu beheben war ausdrückliches Ziel der Reform 2000, die eine klare Strukturierung der vertraulichen Debatten und des Verfahrensablaufes auf Kommissionsebene vorsieht (Abs. 7 lit. a-c] Res. 2000/3).

Der Hauptteil der Kritik entzündet sich jedoch daran, daß aufgrund der Vertraulichkeit die Weltöffentlichkeit nicht als Druckmittel[95] gegenüber dem betreffenden Staat eingesetzt werden kann[96]. Der öffentliche Druck sei das wichtigste, oft einzige Mittel im Kampf gegen Menschenrechtsverletzungen[97]. Insofern ist das 1503-Verfahren in bezug auf die Mobilisierung der Weltöffentlichkeit tatsächlich weniger wirksam. Ein vergleichsweise milder Druck wird durch die jährliche Bekanntgabe der Länder erzeugt: das fortwährende Erscheinen eines Landes auf dieser *black list* ist - je länger je mehr – immerhin ähnlich geeignet, dessen internationale Reputation zu beschädigen[98]. Schon auf diese Weise kann also Druck ausgeübt werden. Zudem werden, wie schon ausgeführt, zumindest die Mitglieder der MRK von den jeweiligen Anschuldigungen in Kenntnis gesetzt, und dies ist ein nicht unerheblicher Teil der Staatengemeinschaft. Bezogen auf diese Gruppe von Staaten gilt aber, daß nahezu alle Staaten ein vitales Interesse daran haben, in der UNO nicht als Verletzer von Menschenrechten angesehen oder behandelt zu werden[99]. Insbesondere wegen dieser Empfindlichkeit[100] vermag das Verfahren trotz der Vertraulichkeit und der daraus folgenden Schwäche durchaus von Wert zu sein[101].

---

[94] *Alston,* Commission on Human Rights, in: ders. (Hrsg.), The United Nations and Human Rights, S. 152.

[95] *Carey,* UN Protection, S. 158; *Riedel,* „Menschenrechtskommission" in: Wolfrum (Hrsg.), Handbuch Vereinte Nationen, Rn. 16.

[96] *Meißner,* S. 24.

[97] *Bielefeldt* in: Klein (Hrsg.), Stille Diplomatie oder Publizität? S. 59.

[98] *Bossuyt,* HRLJ (1985), S. 184; *Bartolomei,* S. 240; ähnlich *Tomuschat,* „Menschenrechte" in: Wolfrum (Hrsg.), Handbuch Vereinte Nationen, Rn. 7.

[99] *Noll-Wagenfeld,* VN 1977, S. 183, vgl. auch *Tomuschat,* VN 1976, S. 177; *von Kyaw,* VN 1976, S. 105.

[100] *Riedel,* in: Baum/ders./Schaefer (Hrsg.), Menschenrechtsschutz in der Praxis der Vereinten Nationen, S. 44.

[101] *Donnelly,* Universal Human Rights, S. 208.

Die Vertraulichkeit stattet das 1503-Verfahren auf der anderen Seite mit besonderen Vorteilen aus[102]. Viele Beispiele erfolgreicher „stiller Diplomatie" im Menschenrechtsbereich haben gezeigt, daß nicht generell auf nicht-öffentliche Mechanismen verzichtet werden kann[103]. Die vertrauliche Untersuchung als solche beeinträchtigt die Würde und internationale Reputation eines Staates im Vergleich zu einer öffentlichen Anschuldigung nur geringfügig[104]. Durch den Verzicht auf die Öffentlichkeit wird zudem die Konfrontation mit dem betreffenden Staat verhindert, so daß ein kooperativer Dialog entstehen kann. Zudem kann die Kommission gegebenenfalls die Vertraulichkeit aufheben. Sie hat damit eine Option, deren Verwirklichung sie einer Regierung androhen und somit Druck ausüben kann[105]. Eine Garantie für die Wirksamkeit des Verfahrens gewährt die Vertraulichkeit freilich nicht[106].

Die Vertraulichkeit als das herausragende Merkmal des 1503-Verfahrens erweist sich somit als ambivalent. Einerseits ermöglicht sie eine bessere Zusammenarbeit mit der betroffenen Regierung, zum anderen bedeutet sie den Verzicht auf ein mächtiges Druck- und Kontrollmittel. Ob in dieser Verfahrensausgestaltung tatsächlich das kleinere Übel im Vergleich zu den eher konfrontativen öffentlichen Verfahren liegt, ist eine Frage der Wirksamkeit des Verfahrens, auf die weiter unten noch einzugehen ist. Jedenfalls als *ein* Element im System des internationalen Menschenrechtsschutzes kommt der stillen Diplomatie eine nicht zu unterschätzende Funktion zu[107].

---

102 *Partsch*, Hoffen auf Menschenrechte, S. 84.

103 *Riedel*, in: Baum/ders./Schaefer (Hrsg.), Menschenrechtsschutz in der Praxis der Vereinten Nationen, S. 53. „Einzelerfolge" erkennt auch *Leuprecht* an - in: Amnesty International (Hrsg.), Menschenrechte im Umbruch, S. 62.

104 *Flood,* S. 52.

105 Vgl. allgemein *Karl*, in: Klein (Hrsg.), Stille Diplomatie oder Publizität?, S. 19.

106 Amnesty International, Doc. IOR 41/16/92, sub III. A. 4. (S. 8).

107 *Lillich/Hannum,* S. 62.

§ 26. Tatsachengrundlage und Kooperation mit den Staaten

I. Die Tatsachengrundlage des Verfahrens

A. Die im Verfahren verwendeten Informationen

Wie gezeigt, ist das erste der beiden Verfahrensziele die Aufklärung und Identifizierung einer Situation systematischer und grober Verletzungen der Menschenrechte. Erste und wichtigste Aufgabe der beteiligten Gremien ist daher eine möglichst umfassende Aufarbeitung der Fakten.

Die Kommission, als nichtständige Zusammenkunft von Staatenvertretern, kann diese Aufgabe schwerlich selbst erfüllen. Versuche der Unterkommission, im Rahmen der Erörterung der Beschwerden im 1503-Verfahren eine aktive Tatsachenforschung (*fact-finding*) durch ihre Mitglieder betreiben zu dürfen[1], wurden nie bestätigt[2]. Die Möglichkeit der Schaffung einer profunden Entscheidungsgrundlage ist demnach von vornherein begrenzt. Die Kommission richtet ihre Aktivitäten insoweit auf das Zusammentragen der vorhandenen Beweismittel aus. In Einzelfällen wird dies durch direkte Untersuchungen ergänzt. Deren Bewertung ist jedoch von politischen Erwägungen der Mitglieder beeinflußt und überlagert[3].

1. Beschwerden und Regierungsstellungnahmen

Ausgangspunkt sind die eingegangenen Beschwerden, die in der Regel schon selbst hinreichende Beweise für ihre Tatsachenbehauptungen enthalten müssen[4]. Von den in großer Zahl eingehenden Beschwerden, denen in einigen Fällen auch viele Regierungsantworten gegenüberstehen können, wird letztlich nur ein geringer Teil in der Kommission behandelt[5]. Die Praxis der beteiligten

---

[1] Unterkommission, Res. 22 (XXXIII) vom 12.09.1980, in Report of the Sub-Commission on its 33rd session, E/CN.4/1413, E/CN.4/Sub.2/459 (15.12.1980), S. 78.

Siehe auch die 1975 geäußerte Forderung *van Bovens*, damals Leiter der niederländischen Delegation in der Kommission, nach aktivem *fact-finding* - CHR, Summary record of the 1307th meeting [14.02.1975], E/CN.4/SR.1290-1308 (27.06.1975), S. 161. Zweifel an der Zulässigkeit einer solchen Rolle der Unterkommission bei *Tardu/McCarthy*, S. 89.

[2] *Tolley*, HRQ 6 (1984), S. 441.

[3] *Tolley*, The U.N. Commission on Human Rights, S. 64.

[4] Siehe hierzu oben § 23.I.F.1., S. 382.

[5] So erwähnte der Vertreter Uruguays in der vertraulichen Kommissionsdebatte, daß seine Regierung 1980 zu insgesamt 620 Beschwerden Stellungnahmen abgegeben habe - CHR,

Organe - und dementsprechend des Sekretariats (OHCHR) - hat dazu geführt, daß prinzipiell nur solche Mitteilungen im 1503-Verfahren zugelassen werden, die bereits selbst einen „Gesamtzusammenhang" von Menschenrechtsverletzungen erkennen lassen[6]. So wurden in den bekanntgewordenen Fällen von der damals zuständigen Unterkommission etwa je ein bis drei Einzelbeschwerden zur Identifizierung einer Situation systematischer und grober Menschenrechtsverletzungen an die Kommission weitergeleitet[7]. In den allermeisten Fällen handelte es sich dabei um umfangreiche Berichte von NGO[8]. Allenfalls dann, wenn eine Situation bereits Gegenstand der Untersuchung ist, werden zur ergänzenden Illustration auch Individualbeschwerden an die Kommission weitergeleitet[9].

Die der WGS und der Kommission selbst vorliegenden Materialien betreffen, technisch gesprochen, nur noch die Gesamtsituation (*consistent pattern*). Nach dem alten Verfahren stellte der vertrauliche Bericht der Unterkommission keine qualitativ neue Stufe der Tatsachenbeschreibung dar: es wurden die ausgewählten Beschwerden zusammen mit den einschlägigen Regierungsantworten weitergeleitet, in der Zusammenfassung sowie im Volltext. Gemäß Abs. 5 Res. 2000/3 hat nun die WGC in ihren Bericht auch Empfehlungen aufzunehmen, und zwar in bezug auf jede einzelne weiterzuleitende Situation. Insofern kommt dem Gremium eine zusätzliche Funktion, nämlich die explizite Bewertung der Situationen zu.

Grundsätzlich werden auch die Beschwerden an die WGS und gegebenenfalls die Kommission weitergeleitet. Diese werden freilich nicht in jedem Fall ein

---

Summary record of the 1626th meeting [04.03.1981], E/CN.4/SR.1626 (09.03.1981), Abs. 27. Im Ergebnis wurden aber lediglich zwei dieser Beschwerden von der Unterkommission weitergeleitet - Confidential report of the Sub-Commission ..., 33rd session, E/CN.4/R.66 (30.09.1980), Abs. 3 lit. (g).

Gleichermaßen zählte der Vertreter Argentiniens auf, daß man 1982 auf insgesamt 309 Beschwerden reagiert habe, davon knapp 60 in den ersten zwei Monaten (Governments observations, E/CN.4/1983/R.2/Add.5 [21.01.1983]). Im Herbst des Jahres waren jedoch nur fünf Beschwerden von der Unterkommission weitergeleitet worden - Confidential report of the Sub-Commission ... on item 9 of its ... 35th session, E/CN.4/1983/R.1 (24.09.1982), Abs. 4 lit. (a).

[6] A.A. noch *Ermacora*, RDH 7 (1974), S. 681; *Tardu/McCarthy*, S. 71: „...a number of converging individual complaints could indicate the required consistent pattern."

[7] *Bartolomei*, S. 76; *Ermacora*, RDH 7 (1974), S. 687, Anm. 16 für das Jahr 1975.

[8] *Ermacora*, RDH 7 (1974), S. 687, Anm. 16. Siehe hierzu oben § 23.II.A. S. 387.

[9] So im Falle Argentiniens - *Bartolomei*, S. 249.

vollständiges und glaubwürdiges Bild von der Situation zeichnen[10]. Das Einholen der Stellungnahmen der Regierungen soll dies ausgleichen. Freilich werden auch diese Stellungnahmen, soweit sie sich überhaupt zur Sache einlassen, nicht immer objektive Sachverhaltsschilderungen enthalten. In Ermangelung eines Rechtes auf Replik bleiben die Äußerungen der jeweiligen Regierung regelmäßig unwidersprochen.

Nach der ursprünglichen Konzeption von Res. 1503 (XLVIII), die in erster Linie auf eine unvoreingenommene Tatsachenermittlung ausgerichtet war[11], sollte damit die Rolle der betroffenen Staaten erschöpft sein. Schon in der Diskussion über die spätere Res. 1503 (XLVIII) war allerdings hervorgehoben worden, daß den jeweiligen Regierungen alle Möglichkeiten zur Unterbreitung von Informationen gegeben werden sollten[12]. Entsprechend ist das Verfahren mittlerweile so ausgestattet, daß die Regierungen über die Entscheidungen der WGC informiert und gegebenenfalls um ergänzende Informationen gebeten werden[13].

2. Dokumente und Materialien

Die beteiligten Organe sind bei der Erfüllung ihrer Aufgaben nicht auf diese Informationsquellen beschränkt. Schon bei den Beratungen über die Ausgestaltung des Verfahrens wurde Wert darauf gelegt, daß die beteiligten Gremien auch andere Informationen heranziehen können sollten[14]. Abs. 5 Res. 1503 (XLVIII) ermächtigte die Unterkommission im alten Verfahren, weitere Informationen zu verwenden[15]. Die WGC kann zudem auf alle vertraulichen Dokumente der MRK zurückgreifen[16], insbesondere auf Berichte und Materialien

---

[10] CHR, Summary record of the 1307th meeting [14.02.1975], E/CN.4/SR.1290-1308 (27.06.1975), S. 161 (Niederlande).

[11] Siehe oben § 22.II., S. 355.

[12] CHR, Report on the 24th session, E/4475, E/CN.4/972 (1968), Abs. 180.

[13] Siehe zur Beteiligung der betroffenen Regierung am Verfahren unten § 26.II.B.1., S. 464.

[14] CHR, Report on the 24th session, E/4475, E/CN.4/972 (1968), Abs. 179.

[15] *Cassese*, La Comunità Internazionale 30 (1975), S. 51; *Ramcharan*, The Concept and Present Status of International Protection, S. 140; *Tardu*, Santa Clara Law Rev. 20 (1980), S. 572; *Ziegler* S. 76. Dies entspricht auch dem ursprünglichen Ansatz in MRK-Res. 8 (XXIII) und ECOSOC-Res. 1235 (XLII), *alle* vorhandenen Quellen zur Informationsbeschaffung zu nutzen - *Ermacora*, RDH 7 (1974), S. 681; *Tardu*, Santa Clara Law Rev. 20 (1980), S. 588.

[16] MRK, Entscheidung 5 (XXXIII) vom 01.03.1977, lit. b) - siehe unten Anhang 2, S. 683; *Ize-Charrin*, 1503: A Serious Procedure, S. 2; *Möller*, Universal Human Rights 1 (1979),

der thematischen Sonderberichterstatter[17]. Die Arbeitsgruppen haben bisher allerdings nur gelegentlich auf zusätzliche Informationen zurückgegriffen, und wenn, dann ausschließlich auf offizielle UN-Dokumente[18].

Res. 2000/3 enthält keine ausdrückliche Regelung. Die Kommission hat aber schon unter dem alten Verfahren auf ergänzende Informationen zurückgegriffen. Dies war gemäß der ursprünglichen Konzeption von Res. 1503 (XLVIII), derzufolge allein die Unterkommission über das Vorliegen eines solchen „Gesamtzusammenhanges“ entscheiden sollte[19], dort nicht vorgesehen. Da in der Praxis des alten Verfahrens jedoch auch die Kommission über das tatbestandliche Vorliegen schwerer und systematischer Menschenrechtsverletzungen befand, konnte sie auf sonstige Informationen zurückzugreifen[20]. Diese Vorgehensweise findet nunmehr ihre Rechtsgrundlage in Abs. 7 Res. 2000/3. Danach hat die MRK nicht nur freies Ermessen hinsichtlich der Entscheidungsalternativen, auch im Hinblick auf den Erörterungs- und Untersuchungsansatz und die verwendeten Materialien ist sie völlig frei[21]. Mithin kann die Kommission im Zuge ihrer Untersuchungen - wie schon zuvor - auf offizielle Dokumente zurückgreifen, daneben aber auch sämtliche anderen Informationsquellen heranziehen. Hierzu zählen regelmäßig die vertraulichen Berichte und Sitzungsprotokolle betreffend andere und frühere Untersuchungen. Neben den Hinweisen aus der Beschwerde selbst können sämtliche gut dokumentierte Informationen herangezogen werden, die

---

S. 70; *Ramcharan*, The Concept and Present Status of International Protection, S. 141; *Tardu/McCarthy*, S. 18.

[17] *Ize-Charrin*, 1503: A Serious Procedure, S. 4. Bereits in ihrem vertraulichen Bericht über die Sitzung 1983 ersuchte die Unterkommission ihr Hauptorgan, sie mit sämtlichen Berichten über direkte Kontakte durch unabhängige Experten auszustatten - Confidential Report of the Sub-Commission ... on item 8 at ist 36th session, E/CN.4/1984/R.1 (05.10.1983), Abs. 11.

[18] Common Position of the Sub-Commission ..., E/CN.4/Sub.2/1999/47 (25.08.1999); Annex I: Summary of informal discussions by the Working Group on Communications on the recommendation concerning the 1503 procedure..., Abs. 12.

[19] Siehe *Liskofsky*, RDH 8 (1975), S. 892, der besonders deutlich hervorhebt, daß die Aufagbe der Kommission daran allein darin lag, zu entscheiden, welche Art von Untersuchungsverfahren eingeleitet werden solle.

[20] *Cassese*, La Comunità Internazionale 30 (1975), S. 57. Beispielsweise entschied die MRK 1977, bei der Prüfung der Tatsachen auch, auf „weitere Informationen der Regierung und andere Quellen" einzugehen - *Ramcharan*, The Concept and Present Status of International Protection, S. 152, Anm. 4.

[21] „...*Authorizes* the Commission on Human Rights, as it deems appropriate, to consider the particular situations ... " (Abs. 7 Res. 2000/3).

prima facie vorurteilsfrei und zutreffend sind[22]. Ursprünglich sollte damit ermöglicht werden, Entscheidungen und Dokumente der beiden Sonderausschüsse der Generalversammlung zu Südafrika bzw. für die Umsetzung der Entkolonialisierungsdeklaration sowie des Sekretariats einzubeziehen[23]. Gleichermaßen können aber auch Studien und Berichte der Sonderorganisationen herangezogen werden[24], außerdem sonstige offizielle Dokumente oder Bekanntmachungen von staatlichen Behörden oder internationalen und regionalen Organisationen[25]. In der Möglichkeit, ergänzende Informationen heranzuziehen, liegt ein theoretisch großes Potential für den Untersuchungsauftrag im 1503-Verfahren. Die Resolution enthält keinen Anhaltspunkt dafür, daß ergänzende Informationen nur in Dokumentenform herangezogen werden dürften[26]. Es ist jedoch zweifelhaft, ob die Kommission wirklich extensiven Gebrauch von dieser Ermächtigung machen wird.

---

[22] *Cassese*, La Comunità Internazionale 30 (1975), S. 56. Dies ist z.B. bei Massenmedien im Grundsatz nicht der Fall (*Cassese*, ebd.), was auch die Vorschrift des Abs. 3 lit. d) Resolution 1 (XXIV) der Unterkommission erklärt. Allerdings können auch glaubwürdige Presse- und Rundfunkberichte in Einzelfällen durchaus - wenigstens aber unterstützend - hierbei in bezug genommen werden - *Ramcharan*, The Concept and Present Status of International Protection, S. 152.

[23] *Tardu*, Santa Clara Law Rev. 20 (1980), S. 588.

[24] *Tardu/McCarthy*, S. 89. So hatte die Kommission beispielsweise bei der Untersuchung Boliviens 1979 auch einen Bericht der ILO vorliegen - CHR, Summary record of the 1501st meeting (confidential) [01.03.1979], E/CN.4/SR.1501 (15.03.1979), Abs. 2.

[25] *Cassese*, La Comunità Internazionale 30 (1975), S. 57; *Tardu*, Santa Clara Law Rev. 20 (1980), S. 588; *Tardu/McCarthy*, S. 89f.; *Frank C. Newman*, in: CHR, Summary record of the 1307th meeting [14.02.1975], E/CN.4/SR.1290-1308 (27.06.1975), S. 166.

[26] Bereits vor der Reform wurde, im Hinblick auf den Terminus „sonstige Informationen", auch die Berücksichtigung von Äußerungen Einzelner oder angesehener privater Organisationen für möglich gehalten - *Cassese*, La Comunità Internazionale 30 (1975), S. 57; *Ramcharan*, The Concept and Present Status of International Protection, S. 152. Auch Stellungnahmen anerkannter Wissenschaftler können insoweit herangezogen werden - *Tomuschat*, „Menschenrechte" in: Wolfrum (Hrsg.), Handbuch Vereinte Nationen, S. 588. *Karl*, in: Klein (Hrsg.), Stille Diplomatie oder Publizität?, S. 40, erwähnt zudem die Vernehmung von Zeugen im Rahmen des 1503-Verfahrens vor der Kommission.

Es ist jedoch kein Fall bekanntgeworden, in dem auf Informationen dieser Art zurückgegriffen wurde. Lediglich im Falle der Untersuchung Äquatorialguineas wurde ein umfassender privater Bericht über geschehene Menschenrechtsverletzungen in der Kommission verwendet, der nicht durch das übliche Verfahren über die Unterkommission weitergeleitet worden war - siehe § 21.III.A., Fn. 29, S. 304.

3. Berichterstattung

Außerdem kann - wie oben erläutert - ein Sonderberichterstatter eingesetzt werden, der die Situation im Auftrag der Kommission untersucht und einen entsprechenden Bericht erstellt[27]. Im Rahmen einer „eingehenden Studie" i.S.v. Abs. 6 lit. a) Res. 1503 (XLVIII) i.V.m. Abs. 3 Res. 1235 (XLII) konnten alle vorhandenen relevanten Materialien herangezogen werden, d.h. es war auch die Befragung von Amtsträgern und Bürgern zu den behaupteten Menschenrechtsverletzungen möglich. Eine förmliche Anhörung von Zeugen durfte aber gerade nicht vorgenommen werden[28]. Der mit der Aufnahme direkter Kontakte beauftragte unabhängige Experte (Abs. 7 lit. d] Ziff. [iii] Res. 2000/3) hat gleichfalls einen abschließenden Bericht vorzulegen. Er ist dabei, was den Inhalt des Berichtes betrifft, grundsätzlich nicht an bestimmte Vorgaben gebunden. Begrenzungen seiner Untersuchungstätigkeit vor Ort folgen aus der jedem Besuch zugrundeliegenden Übereinkunft mit der jeweiligen Regierung, die seine Befugnisse festlegt (*terms of reference*). Im Falle des ersten Besuchs im Rahmen der direkten Kontakte mit Uruguay war darin u.a. bestimmt, daß lediglich mit den Behörden des Landes Kontakt aufgenommen werden dürfe und sämtliche Kontakte vertraulich sein und bleiben müßten[29]. In weiteren bekanntgewordenen Fällen kam es jedoch auch zur Kontaktaufnahme mit Privatpersonen und gesellschaftlichen Gruppen und NGO.

Die Berichte enthalten Analysen der gesellschaftlichen Lage im allgemeinen sowie zur Lage der Menschenrechte im besonderen, zum Teil mit konkreten Schilderungen der Situation in Haftanstalten und besonders kritischen Ereignissen oder Auswirkungen auf Menschenrechte. Es handelt sich bei den direkten Kontakten und den darüber erstellten Berichten um ein außerordentlich wirksames Instrument zur Tatsachenfeststellung. Die dabei gewonnenen Informationen sind zudem regelmäßig auf dem neuesten Stand. Damit können „Untersuchungen" im Rahmen der direkten Kontakte zur unabhängigen Verifizierung der in den Mitteilungen enthaltenen Tatsachenbehauptungen dienen. Im gesamten 1503-Ver-

---

[27] *Ziegler,* S. 76.

[28] *Ramcharan,* The Concept and Present Status of International Protection, S. 156. Nur ein *Ad hoc*-Ausschuß für eine Untersuchung i.S.v. Abs. 6 lit. b) Res. 1503 (XLVIII) hätte das Recht, förmlich Zeugen zu befragen, wie sich auch ganz allgemein dessen Verfahrens- und Beweisregeln von denen zur Erstellung einer eingehenden Studie in manchem unterschieden können - *Ramcharan,* ebd.

[29] Report prepared by the Secretary-General pursuant to C.H.R. Resolution 15 (XXXIV), E/CN.4/R.50/Add.2 (14.02.1980) sub 1 (b); auszugsweise auch abgedruckt in *Steiner/Alston*[1], S. 382-384. Siehe oben § 21.III.C.2., S. 322 bei Fn. 139.

fahren, wie es sich heute darstellt, ist dies die einzige Stufe, auf der wirkliches *fact-finding* betrieben wird.

4. Die Debatte in der Kommission

Sämtliche bisher genannten Quellen stehen der Kommission bzw. ihrer Arbeitsgruppe zur Verfügung. In der Debatte selbst werden regelmäßig noch weitere Informationen gewonnen. Zum einen wird - soweit aus den bekanntgewordenen Fällen ersichtlich - regelmäßig der Vertreter der jeweils untersuchten Regierung befragt und um Auskunft zu Einzelfällen gebeten. Zudem werden gelegentlich auch Informationen Dritter verwendet, wobei zwischen Sonderinformationen einzelner Regierungen[30] und anderweitig erstellten Berichten offizieller internationaler Organisationen[31] unterschieden werden kann. Dokumente und Berichte von NGO können, solange sie nicht Eingang in die genannten Dossiers gefunden haben, offiziell der Kommission nur als neue Mitteilung gemäß Res. 728 F (XXVIII) zugeleitet werden.

B. Bewertung

Die im 1503-Verfahren verwendeten Informationen sind aus einer Vielzahl von Quellen zusammengetragen. Dabei stellt sich das Verfahren auf seinen ersten Stufen als ein rein schriftliches dar. Auf der Ebene der Kommission kommen mit der Stellungnahme des Repräsentanten und gegebenenfalls der Einführung des Berichtes über die direkten Kontakte auch mündliche Aspekte hinzu[32]. Dies gewährleistet eine gewisse Pluralität in der Darstellung, ohne daß damit eine echte Ausgewogenheit gewährleistet werden kann.

Im Hinblick auf die Beschwerden, Stellungnahmen von Regierungen und externen Berichte ergibt sich das Problem, daß die darin enthaltenen Informationen bei Erreichen der Ebene der Kommission regelmäßig alt, wenn auch nicht zwangsläufig veraltet sind[33]. Insofern stellt die Befragung des jeweiligen Reprä-

---

[30] So führte z.B. der US-amerikanische Vertreter im Zuge der Debatte über Uruguay auch eigene Untersuchungsergebnisse seiner Regierung ein - CHR, Summary record of the 51st meeting [05.03.1982], E/CN.4/SR.51 (11.03.1982), Abs. 7ff.

[31] Siehe oben sub. 2, S. 453. Beispielsweise berief sich der Vertreter der Philippinen in der Diskussion der Kommission zur Darstellung der Menschenrechtslage auf Berichte verschiedener „internationaler Einrichtungen", u.a. des IKRK - CHR, Summary record of the 40th meeting [05.03.1984], E/CN.4/1984/SR.40 (09.03.1984), Abs. 82.

[32] Ähnlich *Tardu/McCarthy*, S. 20.

[33] CHR, Summary record of the 1307th meeting [14.02.1975], E/CN.4/SR.1290-1308 (27.06.1975), S. 161 (Niederlande).

sentanten der Regierung eine wichtige Ergänzung für die aktuelle Sachlage dar, wenn auch die Objektivität und Wahrheit der jeweiligen Antworten zweifelhaft sein kann. Die einzige Vorkehrung gegen diesen Aktualitätsverlust war im alten Verfahren die nie relevant gewordene Einsetzung eines Untersuchungsausschusses gemäß Abs. 6 lit. b) Res. 1503 (XLVIII). Mittlerweile ist es die Ernennung eines unabhängigen Experten zur Aufnahme direkter Kontakte. Versuche, den Beschwerdeführern bzw. den beschwerdeführenden NGO eine ergänzende Möglichkeit zu verschaffen, aktuelle Informationen beizubringen, haben keinen Erfolg gezeitigt[34].

II. Die Zusammenarbeit mit den Staaten

Schon bei der Erörterung des Ziels des 1503-Verfahrens wurde die Bedeutung der Kooperation der Regierungen für die Wirksamkeit des Verfahrens an sich herausgestellt. Die aktive Teilnahme der betroffenen Regierung auf allen Verfahrensstufen ist wesentliche Voraussetzung für die Wirksamkeit des 1503-Verfahrens[35].

A. Zur Frage einer Verpflichtung der Staaten zur Mitwirkung

Da praktisch alle zu untersuchenden Ereignisse in engem Zusammenhang mit der Ausübung von hoheitlicher Gewalt durch die betroffene Regierung stehen, ist es für ein wirksames Funktionieren des gesamten Verfahrens unerläßlich, Informationen von offizieller Regierungsseite zu erhalten[36]. Nur so läßt sich eine verläßliche Tatsachenaufklärung durchführen und ein wirklicher Dialog mit der Regierung einleiten. Die MRK und die anderen beteiligten Gremien sind dementsprechend befugt, die beteiligte Regierung um zusätzliche Informationen zu bitten[37], und zwar - wie eben dargestellt - auf allen Ebenen des 1503-Verfahrens.

---

34 Siehe oben § 25.II.A.1., S. 436, bei Fn. 30.

35 Report of the Secretary-General, Effective Functioning of the Various Mechanisms ..., E/CN.4/1994/42 (14.02.1994), Abs. 66.

36 Dieser Umstand wurde von der Unterkommission immer wieder betont: vgl. nur Report of the Sub-Commission ... on its 51st Session, E/CN.4/2000/2; E/CN.4/Sub.2/1999/54, Abs. 277; *Ermacora*, RDH 7 (1974), S. 681; *Ize-Charrin*, 1503: A Serious Procedure, S. 5.

37 *Bartolomei*, S. 236; *Tardu*, Santa Clara Law Rev. 20 (1980), S. 572. Gleichermaßen könnte sie zumindest theoretisch auch die Beschwerdeführer um zusätzliche Informationen bitten, in der Praxis wurde aber solches nie durchgeführt und den Petenten auch ein Recht auf Entgegnung versagt - *Bartolomei*, S. 236f.; *Tardu*, Santa Clara Law Rev. 20 (1980), S. 572; zu letzterem siehe oben § 25.II.A, bei Fn. 23.

Es ist zu fragen, inwieweit eine Pflicht der Staaten zur Mitwirkung bei der Aufklärung über Ereignisse in ihrem Hoheitsbereich besteht, d.h. eine echte Rechtspflicht aus der UN-Charta oder anderen Texten. Es soll dabei zunächst außer acht bleiben, daß diplomatischer und sonstiger Druck Kooperation und Bereitschaft zur Verbesserung der Lage der Menschenrechte sicherstellen können.

Eine Zusammenarbeitsverpflichtung, die gegebenenfalls im 1503-Normenkomplex ihre Ausprägung gefunden hat, kann aus Gründen der Normenhierarchie nur dann bestehen, wenn das grundlegende Instrument, die UN-Charta, entsprechendes bestimmt oder sich eine einschlägige Gewohnheitsrechtsnorm herausgebildet hat[38].

Die Beistandspflicht in Art. 2 Ziff. 5 UN-Charta bezieht sich allein auf „Maßnahmen" der UNO, nämlich Entschließungen des Sicherheitsrates im Rahmen des VII. Kapitels. Eine weitergehende, allgemeine Mitwirkungspflicht folgt hieraus nicht[39]. Art. 2 Ziff. 2 UN-Charta enthält mit seiner Verpflichtung auf die Einhaltung der Bestimmungen der Charta nicht mehr als eine ohnehin selbstverständliche und damit überflüssige Aussage[40].

Kontrovers wird hingegen Art. 56 UN-Charta im Hinblick auf eine Mitwirkungspflicht der Staaten beurteilt. Diese Vorschrift statuiert ausdrücklich eine Verpflichtung zur Kooperation mit der Organisation im Hinblick auf sämtliche in Art. 55 UN-Charta genannten Ziele. Wegen des strikten Interventionsverbotes in

---

[38] Nach einer grundsätzlich anderen Konzeption soll sich das Bestehen möglicher Mitwirkungsverpflichtungen in erster Linie nach dem jeweiligen Verfahrensrecht richten - *J. Nowak*, Staatliche Mitwirkung, S. 177. Allein der in der maßgeblichen Resolution materialisierte Grundkonsens der Staaten sei die eigentliche Quelle für die Verpflichtungen zur Mitwirkung (ebd. S. 180). Echte Rechtspflichten könnten dann aus einer entsprechende Staatenpraxis entstehen (S. 181). Die allgemeinen Grundsätze aus Art. 2 und 56 UN-Charta könnten nur ergänzend zur Begründung einer allgemeinen Mitwirkungsverpflichtung herangezogen werden (S. 179).

Diese Sichtweise ist aber im Hinblick auf die Rechtsquellenlehre fragwürdig. Denn eine Resolution eines UN-Organs vermag - was sich schon aus dem Wortlaut von Art. 62 der Charta ergibt - als solche keine Rechtspflichten nach außen, also für die Mitgliedstaaten zu begründen (so für die Generalversammlung *Brownlie*, S. 14; *Epping* in: Ipsen, § 32 Rn. 38). Auch aus dem „Grundkonsens" der Staaten sind insoweit keine eingeständigen Rechtspflichten abzuleiten, solange die fraglichen Normen nicht bereits als Völkergewohnheitsrecht gelten (für dessen Feststellung, bezogen auf die Rechtsüberzeugung der Staaten, eine Resolution gleichwohl herangezogen werden kann - *Brownlie, Epping* ebd.).

[39] *J. Nowak*, Staatliche Mitwirkung, S. 181f. Siehe auch *Epping* in: Ipsen, § 32 Rn. 15.

[40] *Kelsen*, The Law of the United Nations, S. 88f.

Art. 2 Ziff. 7 UN-Charta wurde zunächst angenommen, daß Art. 55 und 56 keine verbindliche Wirkung zukomme[41]. Aus einem derart unbestimmten Begriff wie „Kooperation“ könne keine konkrete Rechtspflicht folgen[42]. Eine Verpflichtung zur Befolgung von Empfehlungen der Organisation in diesem Bereich sei nämlich gerade nicht vorgesehen gewesen, weshalb Art. 56 in seiner verabschiedeten Form rechtlich bedeutungslos sei[43].

Eine andere Ansicht sieht hingegen in Art. 56 UN-Charta eine echte Rechtspflicht zur Zusammenarbeit mit den UN begründet[44]. Die Praxis der Staaten zeige, daß diese sich selbst als verpflichtet betrachten, in gutem Glauben zur allgemeinen Achtung der Menschenrechte beizutragen. Art. 56 begründe zumindest in seiner praktischen Ausgestaltung eine bindende Verpflichtung[45]. Gleichfalls hätten Generalversammlung[46] und IGH[47] sich mehrfach auf den Stand-

---

[41] Hauptgrund für diese Zweifel war das seinerzeit vorherrschende Verständnis von Art. 2 Ziff. 7 UN-Charta - *Lauterpacht*, in: E/CN.4/89 (12.05.1948), Abs. 8; vgl. auch *Kelsen*, YaleLJ 55 (1946), S. 1007. Siehe hierzu ausführlich unten § 34.III.A., S. 596.

[42] *Zuijdwijk*, S. 98.

[43] *Kelsen*, The Law of the United Nations, S. 99f.; *J. Nowak*, Staatliche Mitwirkung, S. 182f.

[44] *Tardu/McCarthy*, S. 9f.; *Zuijdwijk*, S. 97; *Lauterpacht*, International Law and Human Rights, S. 159; Working Paper submitted by Mr. V. Kartashkin..., E/CN.4/Sub.2/1999/29 (15.06.1999), Abs. 8.

[45] *Kamminga*, NILR 34 (1987), S. 322; *J. Nowak*, Staatliche Mitwirkung, S. 183, jeweils bezogen auf das thematische Verfahren unter Rückgriff auf die Staatenpraxis. Für eine aus Art. 55 und 56 UN-Charta folgende Rechtspflicht zur Kooperation auch die Stellungnahme Schwedens, Final Remarks Made by Delegations, E/CN.4/2000/CRP.1 (02.03.2000), Abs. 27; ebenso Mexiko, ebd., Abs. 42; *Graefrath*, Horizont Nr. 4/1976, S. 6. Den verpflichtenden Charakter dieser Bestimmungen hebt auch *Moskowitz*, S. 13, ("klare mandatorische Sprache") hervor.

[46] So hatte die Generalversammlung in Resolution 616 B (VII) vom 05.12.1952 betreffend die Rassendiskriminierung in Südafrika ausdrücklich von der aus Art. 56 folgenden Verpflichtung gesprochen („...the pledges of the members under article 56 of the Charter...“, Abs. 2). Vgl. auch Repertory III, Art. 56, Abs. 15, S. 117f.

1955 wurde dieser Artikel in Res. 1127 (XI), die sich gegen die Sowjetunion und Ungarn richtete, wieder ausdrücklich erwähnt - Repertory III, Suppl. 2, Art. 56, Abs. 10, S. 48.

[47] IGH, *Legal Consequences for States of the Continued Presence of South Africa in Namibia...*, ICJ Rep. 1971, S. 9 (57), Abs. 131.

punkt gestellt, daß hieraus echte Rechtspflichten folgen[48]. Der wenig konkrete Begriff der Kooperation sei gewählt worden, um eine Einmischung der UNO in innere Angelegenheiten zu verhindern, nicht aber, um die Verpflichtung der Staaten aufzuweichen[49]. Zur ergänzenden Begründung wird auf die nach langer Verhandlung absichtsvoll aufgenommene Zielvorgabe in Art. 1 UN-Charta verwiesen, die eine rechtliche Pflicht für die Mitgliedstaaten, im Einklang mit diesem Ziel zu handeln und zu diesem Zwecke zusammenzuarbeiten, begründe[50].

Der oben zitierten Kritik ist zuzugeben, daß die Bestimmung für sich genommen zu wenig konkret ist, um daraus eine rechtliche Verpflichtung abzuleiten. Zumindest stellt die Vorschrift aber einen Rahmen bereit, aus dem i.V.m. ausgestaltenden Rechtsakten echte Pflichten für die Staaten abgeleitet werden können. Die Entschließung eines Organs - des ECOSOC oder der MRK - begründet jedoch als solche keine Rechtsverpflichtung, fehlt es doch an einer Art. 25 UN-Charta vergleichbaren Verpflichtungsbestimmung[51]. Eine Rechtsverpflichtung kann sich daher nur aus Gewohnheitsrecht ergeben. Voraussetzung hierfür ist eine konkrete Staatenpraxis[52], die zusätzlich von der Rechtsüberzeugung der Staaten getragen sein muß[53]. Die Resolution eines UN-Organs kann einen Anhaltspunkt für Bestehen und Umfang von *opinio iuris* bieten[54], aber nur

---

48 *Humphrey/Schwelb*, ILA Report 55 (1972), S. 584. So auch schon *Lauterpacht*, International Law and Human Rights, S. 147-149; *Lauterpacht*, in: E/CN.4/89 (12.05.1948), Abs. 6.

Auch die Unbestimmtheit des Terminus „Menschenrechte", der weder in der Charta, noch in einem anderen Dokument verbindlich definiert wurde, ändert nichts an dem vorhandenen Rechtscharakter dieser Bestimmungen - *Lauterpacht*, International Law and Human Rights, S. 148f. Zur möglichen Einordnung der AEMR als autoritativer Interpretation der fraglichen Chartabestimmungen vgl. § 24.I.C.1., S. 398.

49 *Zuijdwijk*, S. 98.

50 *Lauterpacht*, International Law and Human Rights, S. 147. Final Remarks Made by Delegations, E/CN.4/2000/CRP.1 (02.03.2000), Abs. 38 (Pakistan) allgemein im Hinblick auf die in Art. 1 genannten Ziele.

51 *Wolfrum* in: Simma (Hrsg.), Charta der Vereinten Nationen, Art. 56, Rn. 2.

52 In bezug auf Art. 56 *J. Nowak*, Staatliche Mitwirkung, S. 185f.

53 *Heintschel von Heinegg* in: Ipsen, § 16 Rn. 2, 12; *Brownlie*, S. 7. Siehe auch Art. 38 Abs. 1 lit. b) IGH-Statut. Kritisch zum Erfordernis der *opinio iuris* für die Entstehung von Völkergewohnheitsrecht mit der Aussage, daß das subjektive Element jedenfalls regelmäßig nicht positiv nachgewiesen werden müsse, wenn eine entsprechende Staatenpraxis existiert: ILA/Committee on Formation of Customary (General) International Law, ILA Report 69 (2000), S. 743ff., Principle 16.

54 *Brownlie*, S. 14; *Epping* in: Ipsen, § 32 Rn. 38.

dann, wenn sie ihrerseits eine verpflichtende Formulierung enthält. Res. 1503 (XLVIII) und die ihr zugrundeliegenden Entschließungen haben jedoch eine auch nur ansatzweise verbindliche Aufforderung an die Staaten zur Mitwirkung vermieden. Auch der im Grundsatz kooperative Ansatz des vertraulichen Verfahrens spricht gegen das Bestehen einer rechtlichen Verpflichtung - ungeachtet der Tatsache, daß gerade in Fällen grober und systematischer Menschenrechtsverletzungen ein besonderes Aufklärungsinteresse der Staatengemeinschaft besteht[55]. Die Debatten um die Reform der verschiedenen Mechanismen der MRK, die zur Umgestaltung des Verfahrens im Jahr 2000 führten, geben Aufschluß über noch immer vorherrschende Standpunkte zur Zusammenarbeitsverpflichtung der Staaten im Falle der MRK-Spezialverfahren. Zur Steigerung deren Wirksamkeit war die Einführung eines „Sanktionsverfahrens" bei Nichtkooperation vorgeschlagen worden. Die Verweigerung der Zusammenarbeit sollte danach systematisch in der Kommission erörtert werden und als solche Bestandteil der Debatte über die jeweiligen Berichte bilden[56]. Eine derart weitgehende Formulierung scheiterte aber am Widerspruch zahlreicher asiatischer und afrikanischer Staaten, der *like-minded countries* (LMC). Als Kompromiß wurde eine Formulierung gefunden, daß solche Fälle der Verweigerung jeglicher Kooperation einen Grund für ernste Besorgnis bildeten und von der Kommission sorgfältig behandelt (*careful consideration*) werden müßten[57]. Doch selbst dieser Text ging den LMC zu weit. Es würden damit weit über Art. 55 und 56 UN-Charta hinausgehende Rechtswirkungen begründet[58]. In einer Interpretationserklärung stellte die Gruppe fest:

> „a. According to Article 55 of the Charter, cooperation has to be promoted. It is, therefore, self-evident that it cannot be enforced. ...."[59]

---

[55] Auf diesen Punkt stellt *J. Nowak*, Staatliche Mitwirkung, S. 190, ab.

[56] Report of the Bureau of the fifty-fourth Session of the Commission on Human Rights..., E/CN.4/1999/104 (23.12.1998), Abs. 42, Recommendation 7.

[57] Report of the inter-sessional open-ended Working Group on Enhancing the Effectiveness of the Mechanisms of the Commission on Human Rights, E/CN.4/2000/112 (16.02.2000), Abs. 25; siehe auch Final Remarks Made by Delegations, E/CN.4/2000/CRP.1 (02.03.2000), Abs. 17 (Spanien, zugleich für eine Reihe europäischer und westlich orientierter Staaten).

[58] Final Remarks Made by Delegations, E/CN.4/2000/CRP.1 (02.03.2000), Abs. 22 (Malaysia, zugleich für die *LMC*). Der iranische Delegierte sprach sogar von einem Verstoß gegen Chartabestimmungen - ebd., Abs. 35.

[59] Final Remarks Made by Delegations, E/CN.4/2000/CRP.1 (02.03.2000), Abs. 32 (Malaysia, zugleich für die *LMC*).

Man verstehe die umstrittene Formulierung in dem Sinne, daß damit keinerlei neue Verpflichtungen begründet würden, die über Art. 55 und 56 hinausgingen[60]. Erneut wurde ausdrücklich einer konkreten Zusammenarbeitsverpflichtung im Rahmen der Spezialverfahren - einschließlich des vertraulichen - widersprochen. Dementsprechend vermeidet auch der Wortlaut von Res. 2000/3 jede Andeutung einer Verpflichtung der Staaten, im Rahmen des Verfahrens aktiv mit der Kommission oder den Arbeitsgruppen zusammenzuarbeiten.

Da zudem eine konstante Praxis der Staaten, auf den verschiedenen Stufen des Verfahrens mit den Durchführungsorganen zusammenzuarbeiten, nicht nachgewiesen werden kann (und das Bestehen einer solchen nach den bekannten Informationen nicht vorzuliegen scheint), kann in der mit Res. 1503 (XLVIII) und 2000/3 vorgenommenen Ausgestaltung keine gewohnheitsrechtlich begründete Pflicht der Staaten zur Kooperation in Ausprägung von Art. 56 UN-Charta abgeleitet werden.

Zusammenzufassen ist, daß eine rechtliche Pflicht der Staaten zur Stellungnahme und sonstigen Mitwirkung am Verfahren - auch auf eine entsprechende Aufforderung der Kommission oder der anderen Organe hin - nicht besteht[61]. Zu berücksichtigen ist freilich, daß zumindest eine politisch begründete, moralische Quasi-Verpflichtung für die Staaten zur Kooperation insoweit bestehen wird[62], gegebenenfalls spezifiziert und aktualisiert durch eine Resolution der Kommission.

B. Die Kooperation in der Praxis

Ungeachtet des Fehlens einer rechtlichen Verpflichtung der Staaten zur Mitwirkung am Verfahren erfolgt doch in einem großen Teil der Fälle zumindest eine begrenzte Mitwirkung der betroffenen Regierungen[63]. Dies ist zum einen dadurch gewährleistet, daß das Verfahren in vielerlei Hinsicht den Interessen des Staates entgegenkommt: mit Vertraulichkeit, der Suche nach Kooperation auf

---

[60] Final Remarks Made by Delegations, E/CN.4/2000/CRP.1 (02.03.2000), Abs. 32 (Malaysia, zugleich für die *LMC*).

[61] *Meißner*, S. 24; *M. Nowak*, NYIL 22 (1991), S. 88; ebenso auch die generell auf alle außervertraglichen Spezialverfahren bezogene Stellungnahme: Final Remarks Made by Delegations, E/CN.4/2000/CRP.1 (02.03.2000), Abs. 35 (Iran).

[62] So allgemein für die außervertraglichen Verfahren *van Boven*, AEL IV-2 (1993), S. 65.

[63] So auch *Bartolomei*, S. 77. *Newman/Weissbrodt*, in: Steiner/Alston[1], S. 387, berichten, daß auch die USA regelmäßig zu den gegen sie erhobenen Vorwürfen Stellung nehmen und auf die vorliegenden Beschwerden antworten.

allen Ebenen und der immer angestrebten einvernehmlichen Streitbeilegung[64]. Bereits im Zuge ihrer ersten Behandlung von Situationen im Rahmen des 1503-Verfahrens wurde dies von der Kommission ausdrücklich hervorgehoben. Sie leitete die ihr vorliegenden Dokumente zur Stellungnahme an die unmittelbar betroffenen Regierungen weiter und forderte die Unterkommission auf, zukünftig gleiches zu tun, wenn sie entsprechende Situationen an die Kommission weiterleite[65].

1. Die Ausgestaltung des Verfahrens

Die tatsächliche Ausgestaltung des Verfahrens weist auf allen Ebenen Möglichkeiten auf, die von den Anschuldigungen betroffene Regierung zu beteiligen. Bereits unter Geltung von Res. 75 (V) bzw. Res. 728 F (XXVIII) waren diese implizit eingeladen, zu den erhobenen Vorwürfen Stellung zu nehmen. Über die sie betreffenden Entscheidungen der WGC sind auch jetzt die Regierungen vom Sekretariat (OHCHR) unverzüglich in Kenntnis zu setzen (Abs. 4 Res. 2000/3). Wird aufgrund einer Beschwerde dabei eine Situation an die WGS weitergeleitet, ist die Regierung um eine ergänzende Stellungnahme zu bitten (Abs. 8 lit. b] Res. 2000/3 i.V.m. Entscheidung 3 [XXX]). Dies gilt gleichermaßen, wenn die Situation zwar nicht weitergeleitet wird, die WGC ihre Behandlung aber auf die nächste Sitzung verschiebt.

Desgleichen werden die Entscheidungen der WGS an die jeweils betroffenen Regierungen weitergeleitet, damit diese ihre Rechte im Verfahren, insbesondere die Teilnahme an der Debatte in der MRK gemäß Abs. 7 lit. a) Res. 2000/3 wahrnehmen können[66]. Diese Debatte, die durch ihre Vertraulichkeit eher Gewähr für Sachbezogenheit bietet, ist gewissermaßen das Paradebeispiel für die Einbeziehung des angeschuldigten Staates. Die Verfahrensalternativen weisen in dieselbe Richtung. Soweit die Kommission eine Situation unter Beobachtung beläßt, geschieht dies zum Zwecke der erneuten Beurteilung im Folgejahr „im Lichte

---

[64] *Marie,* S. 266.

[65] MRK, Entscheidung 3 (XXX) vom 06.03.1974, Abs. 1 und 4 in: Report of the 30th session, E/5464, E/CN.4/1154, chapter XIX section B (S. 57), bestätigt vom ECOSOC mit Entscheidung 15 (LVI) vom 17.05.1974, in: E/5544 S. 25; International Commission of Jurists (Hrsg.), Gross Violations of Human Rights, S. 2; *Zuijdwijk,* S. 41.

[66] MRK, Entscheidung 14 (XXXV) vom 12.03.1979, in: Report on the 35th session, E/1979/36, E/CN./4/1347, Chapter XXIV, Section B; International Commission of Jurists (Hrsg.), Gross Violations of Human Rights, S. 2; *Tardu/McCarthy,* S. 18f.

Res. 2000/3 erwähnt diese Entscheidung nicht ausdrücklich, enthält aber auch keine abweichende Bestimmung; gemäß Abs. 8 sind diese Regelungen daher weiterhin anwendbar.

weiterer Informationen der Regierung ..." (Abs. 7 lit. c] Ziff. [ii] Res. 2000/3). Die Einsetzung eines unabhängigen Experten (Abs. 7 lit. c] Ziff. [iii]) hat die persönliche Kontaktaufnahme mit Regierung und Bevölkerung des betroffenen Landes zum Ziel. Das Zugeständnis einer Regierung, einen Gesandten der Kommission zu empfangen, ist das sichtbarste Zeichen für eine weitgehende Kooperation im letzten Verfahrensstadium.

Das ganze Verfahren, so läßt sich zusammenfassen, gewährt der betroffenen Regierung auf allen Stufen Möglichkeiten zur Beteiligung am Verfahren und gewährt ihr daher - zumindest indirekt - weitgehenden Einfluß auf die Entscheidungen auf jeder Ebene.

2. Die tatsächliche Zusammenarbeit und ihre Gründe

Für die tatsächliche Zusammenarbeit mit den Staaten in vielen Fällen der Praxis wird deren Befürchtung verantwortlich sein, daß die Kommission bei Nichtkooperation die Angelegenheit an die Öffentlichkeit bringt[67]. Anders gewendet, auch die Hoffnung, möglichst schnell eine Beendigung der Überprüfung zu erreichen, stellt einen wesentlichen Anreiz für die Zusammenarbeit dar[68]. Tatsächlich ist die Kommission bei entsprechender Offenheit der Regierung viel eher geneigt, die Behandlung einer Situation zu beenden[69]. Schließlich ist es dem Staat nur bei einer kooperativen Haltung möglich, ihm vorliegende Informationen und seine Einschätzung der Sachlage den Arbeitsgruppen und der Kommission vorzutragen[70]. Nicht in jedem Fall vermochte aber die Kommission entsprechenden Druck auf die Regierungen auszuüben, um eine Zusammenarbeit im 1503-Verfahren zu erreichen. So hat die Weigerung der Staaten, mit der Kommission zur Aufklärung und Überwindung der Menschenrechtsverletzungen zusammenzuarbeiten, nicht in jedem Falle zu einer verstärkten Untersuchung der Situationen geführt[71].

---

[67] *Bartolomei,* S. 77; *M. Nowak,* NYIL 22 (1991), S. 88.

[68] *M. Nowak,* NYIL 22 (1991), S. 88.

[69] Siehe die Stellungnahme des US-Repräsentanten *Moose* nach der Kommissionssitzung am 24.04.1998, abgedruckt bei *Steiner/Alston*[2], S. 618.

[70] Auf diesen Punkt deutet auch der Umstand hin, daß bereits im Zuge der ersten Überlegungen über die Ausgestaltung des Verfahrens auf der 24. Sitzung der MRK 1968 darauf hingewiesen wurde, daß den betroffenen Regierungen auf allen Ebenen die Möglichkeit eingeräumt werden müßte, ihrerseits der MRK Informationen unterbreiten zu können - CHR, Report on the 24th session, E/4475, E/CN.4/972 (1968), Abs. 180.

[71] *Tolley,* The U.N. Commission on Human Rights, S. 129.

Anderes gilt für die anfängliche Stellungnahme zu den eingehenden Beschwerden im Rahmen von Res. 728 F (XXVIII). Insofern kam es seit der Einsetzung des Verfahrens zu einer bedeutsamen Entwicklung. Zu Beginn der Verfahrensdurchführung reagierten die Regierungen kaum oder gar nicht auf die eingegangenen Beschwerden[72]. Während zu Beginn der neunziger Jahre noch davon berichtet wurde, daß viele Staaten in der Einleitungsphase des 1503-Verfahren jegliche Kooperation verweigern[73], wird seither eine immer größeren Zahl von z.T. sehr detaillierten Regierungsstellungnahmen verzeichnet[74]. Mittlerweile würden auf fast 80 Prozent der Beschwerden Antworten von den Regierungen eingehen[75].

Häufig sind jedoch - gerade noch vor der Einleitung eines förmlichen Verfahrens durch eine entsprechende Entscheidung der WGC - die Antworten der Regierungen nur wenig aussagekräftig. Einerseits werden die Behauptungen als unzutreffend und verleumderisch zurückgewiesen, andererseits wird das Geschehen vorsorglich als im wesentlichen innere Angelegenheit dargestellt, mit der sich zu befassen die MRK nicht befugt sei[76]. Gerade auf der Ebene der WGC ist aber

---

[72] Beispielsweise hatte bei einer ersten Einleitung des Verfahrens im Jahre 1972 von den drei betroffenen Regierungen keine einzige auf die ihnen vorgelegten Beschwerden geantwortet - Int.Comm.J.Rev. 9 (1972), S. 7.

[73] *M. Nowak*, NYIL 22 (1991), S. 88.

[74] *Ize-Charrin*, 1503: A Serious Procedure, S. 5. So bemerkte die Unterkommission mehrfach mit Zufriedenheit die gezeigte Bereitschaft der Regierungen, auf die gemäß Abs. 2 lit. e) Res. 728 F (XXVIII) weitergeleiteten Beschwerden zu antworten, und begrüßte diese verstärkte Zusammenarbeit, die für die Arbeit der am 1503-Verfahren beteiligten Organe essentiell sei - Report of the Sub-Commission ... on its 51st Session, E/CN.4/2000/2; E/CN.4/Sub.2/1999/54 (11.11.1999), Abs. 277; erstmals im: Report of the Sub-Commission ... on its 43rd Session, E/CN.4/1992/2, E/CN.4/Sub.2/1991/65 (24.10.1991), Abs. 271.

[75] Common Position of the Sub-Commission ..., E/CN.4/Sub.2/1999/47 (25.08.1999); Annex I: Summary of informal discussions by the Working Group on Communications on the recommendation concerning the 1503 procedure..., Abs. 8.

[76] Interview *Möller*, Genf 11.04.2000. Ein repräsentatives Beispiel ist eine Stellungnahme der Regierung Uruguays, E/CN.4/GR.81/8 (18.08.1981), S. 7: „... The Uruguayan Government wishes to state that it rejects this communication because it constitutes interference in the domestic affairs of the state. The communication gives details of the domestic situation and expresses political opinions, all of which is a matter exclusively for the domestic jurisdiction inherent in the state sovereignty. Also it distorts reality, basing its statements on unproved assertions and thus showing a clear political intention which contributes very little to the cause of human rights and their promotion and observance."

Siehe auch die allgemeine Stellungnahme Griechenlands - Letter dated 12 August 1973 from the Permanent Representative of Greece to the United Nations addressed to the

eine befriedigende Antwort der Regierung auf die Beschwerde oft geeignet, die weitere Befassung mit der Situation zu verhindern, selbst wenn es sich im Kern um eine Situation ernster Menschenrechtsverletzungen handelte. Eine gründliche und aufrichtige Antwort ist daher regelmäßig im Interesse der Regierungen. Andererseits berufen sich Staaten, die ein internationales vertragliches Beschwerdeverfahren akzeptiert haben, darauf, daß dieses Vorrang habe und verweigern so im Rahmen des von weniger strengen Voraussetzungen abhängigen außervertraglichen Beschwerdeverfahrens ihre Kooperation.

Auf den folgenden Stufen ist die Situation eine andere, verstärkt noch durch die Straffung des Verfahrens mit Res. 2000/3. Ist ein Land einmal Gegenstand der Erörterung in einem eingeleiteten Verfahren durch die WGS oder die Kommission geworden, so wird regelmäßig auch die Bereitschaft zur Stellungnahme aus den genannten Gründen zunehmen[77].

3. Die Bedeutung der Kooperation

Die Beteiligung der Regierung ist von nicht unerheblicher Bedeutung. Einmal kommt einer abschließenden Resolution - mag sie überwiegend kritisch oder anerkennend sein - regelmäßig mehr Gewicht zu, wenn ihr eine Anhörung der betroffenen Regierung vorausgeht. Auf diese Weise wird eine weitgehende Objektivität sichergestellt[78]. Außerdem wird - in politischer Hinsicht - ein an der Entscheidungsfindung beteiligter Staat viel weniger dazu neigen, die abschließende Entscheidung zu ignorieren[79]. Kommt es also zu einer wirklichen Zusammenarbeit, so profitieren auch die beiden anderen Hauptziele des Verfahrens hiervon. Zum einen wird so eine umfassende Information über die Tatsachen erreicht, zum anderen wird die Möglichkeit geboten, auf die fragliche Regierung möglicherweise positiv im Interesse der Gewährleistung der Menschenrechte einzuwirken, um eine Verbesserung der Menschenrechtssituation zu erreichen.

Secretary-General, E/5415 (16.08.1973), S. 4: „... Allegations of [long-term detention without trial] constitute flagrant interference in the domestic affairs of Greece, since detention pending trial is governed by the laws in force, whose provisions are scrupulously applied ..."

[77] So erwähnte beispielsweise der Vertreter Uruguays in der vertraulichen Kommissionsdebatte, daß seine Regierung 1980 zu insgesamt 620 Beschwerden Stellungnahmen abgegeben habe und gesondert noch Bemerkungen zu den drei von der Unterkommission weitergeleiteten Beschwerden angebracht habe - CHR, Summary record of the 1626th meeting [04.03.1981], E/CN.4/SR.1626 (09.03.1981), Abs. 27.

[78] *Zuijdwijk*, S. 42.

[79] *Zuijdwijk*, S. 42.

§ 27. Die Rolle der NGO im 1503-Verfahren

I. Die Unterbreitung von Informationen

Bereits eingangs wurde auf den Wandel der Rolle der NGO in der Arbeit der MRK hingewiesen. Entstehung und Entwicklung des 1503-Verfahrens stehen hierzu in engem Zusammenhang.

1952 hatte der ECOSOC in Res. 454 (XIV) klargestellt, daß schriftliche Stellungnahmen von NGO, die Beschwerden über Regierungen darstellten oder enthielten, im Rahmen des durch Res. 75 (V) bzw. später Res. 728 F (XXVIII) bereitgestellten Verfahrens zu behandeln seien[1]. Dies bedeutete lediglich die Aufnahme in die vertrauliche Liste und die Zuleitung der Beschwerde an die Regierung. Ein wirksame Arbeit war damit im Zusammenhang mit einzelnen Situationen von Menschenrechtsverletzungen nicht möglich, da es den privaten Organisationen bis 1980 gleichfalls nicht gestattet war, in Redebeiträgen verantwortliche Staaten namentlich zu benennen[2]. Einzige Möglichkeit für NGO, auf geschehene Menschenrechtsverletzungen aufmerksam zumachen, war die informelle Einflußnahme auf Kommissionsmitglieder.

Mit der Einführung des 1503-Verfahrens änderte sich diese Situation. NGO waren damit erstmal in der Lage, auf offiziellem Wege Beschwerden oder Berichte über Menschenrechtsverletzungen zur Kenntnis der MRK zu bringen. Bis 1980 war dieses Verfahren das einzige förmlich sanktionierte Mittel, Untersuchungen und Berichte dieser Art der Kommission zu unterbreiten - als Beschwerden im Sinne von Res. 1503 (XLVIII)[3]. Unter Berücksichtigung der eingeschränkten Stellung des Beschwerdeführers und der den Beschwerden im 1503-Verfahren zugedachten Funktion als bloße Informationsquelle stellt sich der ganze Mechanismus als ein Grenzfall zwischen einem Beschwerdeverfahren und - besonders von NGO betriebener - institutionalisierter Lobbytätigkeit im Menschenrechtsbereich dar.

---

[1] ECOSOC, Res. 454 (XIV) vom 28.07.1952, siehe oben § 14.II.E., S. 188, bei Fn. 70. Vgl. auch den zugrundeliegenden Bericht des ECOSOC-Ausschusses für NGO: Report of the Council Committee on Non-Governmental Organizations, E/2270 (27.06.1952). Zum ganzen auch: Report by the Secretary-General: Methods used by the United Nations in the Field of Human Rights, A/Conf.32/6, Abs. 483.

[2] *Rodley*, A/Conf.157/PC/60/Add.6 Abs. 30; Siehe hierzu oben § 25.II.B., S. 440 bei Fn. 50.

[3] CHR, Summary record of the 1307th meeting [14.02.1975], E/CN.4/SR.1290-1308 (27.06.1975), S. 164 (International Commission of Jurists).

II. Die Gewährleistung der Vertraulichkeit

Offensichtlich konnten die NGO bereits in den ersten Jahren umfang- und erfolgreich im Rahmen des neu eingerichteten Verfahren agieren, da bereits 1975 im Zuge der allgemeinen Debatte über das 1503-Verfahren eine Verringerung des Einflusses der NGO gefordert wurde[4]. Im gleichen Jahr kam es zu einem großangelegten politischen Angriff gegen die im internationalen Menschenrechtsschutz agierenden Nichtregierungsorganisationen mit dem offensichtlichen Ziel, deren aktivste Vertreter einzuschüchtern. Auslöser für die von der Kommission eingeleiteten Maßnahmen war eine allseits kritische Stellungnahme des Vertreters der *World Conference on Religion and Peace*[5]. In Reaktion darauf wurde den NGO in der Kommission vorgeworfen, daß sie im Zusammenhang mit Anschuldigungen gegen einzelne Staaten die ihnen durch Res. 1296 (XLVI) eingeräumten Privilegien mißbrauchten[6]. Entsprechend verabschiedete die Kommission in nichtöffentlicher Sitzung einen Resolutionsentwurf für den ECOSOC, in dem eine Beschränkung der Äußerungsmöglichkeiten für NGO - und zwar sowohl schriftlich als auch mündlich - praktisch unterstützt wurde und zugleich Gegenmaßnahmen bis hin zum Entzug des Konsultativstatus angedroht wurden[7].

Der ECOSOC milderte die Sprache des Entwurfes, hielt aber den Grundtenor einer scharfen Ermahnung an die Adresse der NGO trotz Kritik der westlichen Mitglieder aufrecht[8] und verabschiedete schließlich im Konsens

---

[4] CHR, Summary record of the 1307th meeting [14.02.1975], E/CN.4/SR.1290-1308 (27.06.1975), S. 167 (Ägypten).

[5] CHR, Report of the 31st session, E/5635, E/CN.4/1179 (1975), Abs. 66; *Zuijdwijk*, S. 49; *Tolley*, The U.N. Commission on Human Rights, S. 62; *Liskofsky*, RDH 8 (1975), S. 896.

[6] CHR, Report of the 31st session, E/5635, E/CN.4/1179 (1975), Abs. 66. Siehe auch *Liskofsky*, RDH 8 (1975), S. 897.

[7] CHR, Report of the 31st session, E/5635, E/CN.4/1179 (1975), Abs. 69; *draft resolution*, chapter I section A (S. 1), verabschiedet mit Res. 7 (XXXI) vom 24.02.1975, ebd. chapter XXIII section A (S. 66); hierzu *Liskofsky*, RDH 8 (1975), S. 897f.

[8] Siehe zu den Änderungen im einzelnen *Liskofsky*, RDH 8 (1975), S. 898-900. Dem Entwurf der MRK wurde im wesentlichen die Schärfe genommen, u.a. durch die Anerkennung der wichtigen Rolle der NGO (Abs. 3 der Präambel), zudem wurden einige inhaltliche Wiedersprüche eliminiert. So hatte der ECOSOC die NGO aufgefordert, sowohl schriftliche als auch mündliche Stellungnahmen mit den Erfordernissen von ECOSOC-Res. 454 (XIV) - die allerdings nur die Zuweisung von NGO-Dokumenten nach Res. 75 (V)/ Res. 728 F (XXVIII) regelte - in Einklang zu bringen - *Zuijdwijk*, S. 49; *Liskofsky*, RDH 8 (1975), S. 898.

Die Überlegung hinter diesem mißratenen Verweis wird der Standpunkt gewesen sein, daß den NGO als einziges Mittel zur Information der MRK über bestimmte Menschenrechtsverletzungen das vertrauliche 1503-Verfahren zur Verfügung stehe. In der

Res. 1919 (LVIII)[9]. Darin wurde festgestellt, daß einige NGO gegen Abs. 8 Res. 1503 (XLVIII) verstoßen hätten (Abs. 4 der Präambel). Neben einer allgemeinen Aufforderung zur Beachtung der Vertraulichkeit (Abs. 1) wurden explizit noch einmal die NGO zu deren strikten Beachtung angehalten (Abs. 3 lit. b). Darüber hinaus wurde festgestellt, daß einige NGO gegen Abs. 36 lit. b) ECOSOC-Res. 1296 (XLIV) verstoßen hätten (Abs. 5 der Präambel) und die Beachtung dieser Bestimmung bei mündlichen oder schriftlichen Stellungnahmen angemahnt (Abs. 3 lit. a). Für den Fall der Nichtbeachtung dieser Bestimmung war den verantwortlichen NGO der Entzug ihres Konsultativstatus angedroht worden (Abs. 4)[10]. Abs. 36 lit. b) von Res. 1296 (XLVI) bestimmte, daß einzelnen NGO dieser Status entzogen werden kann bei „eindeutigem Mißbrauch ihres Konsultativstatus durch systematisch unsubstantiierte oder politisch motivierte Aktionen gegen Mitgliedstaaten"[11].

Beide Aufforderungen waren jedoch in sich widersprüchlich, ihre rechtliche Auswirkung daher zweifelhaft. In bezug auf die Vertraulichkeit ist bereits ausgeführt worden, daß sich jene Vorschrift (Abs. 8 Res. 1503 (XLVIII)/ Abs. 9 Res. 2000/3) nur auf Aktionen der beteiligten Organe im Rahmen des Verfahrens bezieht. Allenfalls Mitglieder der Unterkommission oder der MRK selbst konnten insofern die Geheimhaltungsobliegenheit verletzt haben[12], da sich die Bestimmung zur Vertraulichkeit nur an diese beiden - und das Sekretariat - richtete.

Auch die Aufforderung, künftig in jeder Situation im Einklang mit Abs. 36 lit. b) Res. 1296 (XLVI) zu agieren, war überflüssig und inkonsistent, zumindest soweit sie auch schriftliche Stellungnahmen betraf. Denn gemäß Abs. 2 Res. 1919 (LVIII) i.V.m. der explizit in ihrer Anwendbarkeit bestätigten

---

öffentlichen Debatte sei es ihnen hingegen verwehrt, hiervon zu berichten - vgl. *Eide*, in: Alston (Hrsg.), The United Nations and Human Rights, S. 251; *Ramcharan*, The Concept and Present Status of International Protection, S. 137.

[9] ECOSOC, Res. 1919 (LVIII) vom 05.05.1975, in: E/5683 (1975), S. 8f.

[10] *Eide*, in: Alston (Hrsg.), The United Nations and Human Rights, S. 251; *Cassese*, La Comunità Internazionale 30 (1975), S. 54 Fn. 12; *Möller*, Universal Human Rights 1 (1979), S. 70; *Tolley*, The U.N. Commission on Human Rights, S. 62.

[11] "36. The consultative status of non-governmental organizations ... shall be suspended ... or withdrawn in the following cases: ...... (b) If the organization clearly abuses its consultative status by systematically engaging in unsubstantiated or politically motivated acts against States Members of the United Nations contrary and incompatible with the principles of the Charter; ..." - ECOSOC, Res. 1296 (XLIV) vom 23.05.1968, abgedruckt in: *Weissbrodt/Parker*, S. 53ff.

[12] So *Zuijdwijk*, S. 50.

ECOSOC-Res. 454 (XIV) waren sämtliche schriftlichen Stellungnahmen im vertraulichen Verfahren nach Res. 728 F (XXVIII) und 1503 (XLVIII) zu unterbreiten. Hierfür bestanden jedoch eigenständige Zulässigkeitsregeln in Form von Res. 1 (XXIV) der Unterkommission, die auch Bestimmungen über die Unzulässigkeit wegen politischer Motivation und dergleichen enthalten. Darüber hinaus ist aber - und dies ist der entscheidende Faktor - die Beschwerdebefugnis für NGO unabhängig von deren Konsultativstatus. Es ist in sich widersprüchlich und mit dem allgemeinen Ansatz des Verfahrens unvereinbar, wenn besondere Zulässigkeitsbestimmungen für Mitteilungen von NGO im Konsultativstatus eingeführt werden.

In Anwendung dieser Vorschrift wurde wiederholt versucht, einzelne Organisationen einzuschüchtern, indem Untersuchungen über die Einhaltung der Vorschriften eingeleitet wurden[13].

III. Die heutige Rolle

Die Situation der NGO in der Arbeit der Spezialverfahren der Kommission hat sich seither drastisch geändert. Seit 1980 ist es den Organisationen gestattet, in der öffentlichen Debatte auch konkrete Situationen von Menschenrechtsverletzungen zu benennen[14], Res. 1919 (LVIII) damit obsolet[15].

Angesichts des mittlerweile in den beteiligten Organen und dem Sekretariat (OHCHR) verfolgten Ansatzes, nur Beschwerden zuzulassen, die bereits als solche einen Gesamtzusammenhang grober Menschenrechtsverletzungen aufzuzeigen vermögen, werden regelmäßig umfangreiche Berichte die besten Aussichten haben, behandelt zu werden. NGO sind oft die einzigen, die die notwendigen Ressourcen und Informationen haben, solche Berichte zu erstellen und einzureichen. Wie sämtliche veröffentlichte Situationen gezeigt haben, sind es fast ausschließlich Berichte von privaten Organisationen, die den entscheidenden

---

[13] So ersuchte Argentinien 1978, also zu einer Zeit, als die Situation im Lande bereits Gegenstand der Untersuchungen der Unterkommission im 1503-Verfahren war, um die Untersuchung von fünf international agierenden NGO. Ebenso behauptete der sowjetische Vertreter den Mißbrauch des Beratungsstatus durch drei weitere Organisationen - *Tolley*, The U.N. Commission on Human Rights, S. 62f.

[14] *Alston,* Commission on Human Rights, in: ders. (Hrsg.), The United Nations and Human Rights, S. 202.

[15] *Ramcharan*, The Concept and Present Status of International Protection, S. 137.

Beitrag zur Einleitung und Durchführung des Verfahrens geleistet haben[16]. Entsprechend wird der Anstieg der im 1503-Verfahren ernsthaft untersuchten Situationen nach dem Abklingen des Kalten Krieges u.a. auf die zunehmende Schlagkräftigkeit der NGO zurückgeführt[17].

Dabei ist freilich im Hinblick auf die unterschiedlichen Organisationen zu differenzieren. Das Gesagte gilt uneingeschränkt wohl nur für die großen und gut ausgestatteten Vereinigungen wie *Amnesty*, *Human Rights Watch* oder die *International Commission of Jurists* auf internationaler Ebene sowie einigen gleichermaßen erfahrenen und ausgerüsteten auf nationaler Ebene. Die große Anzahl der mittelgroßen NGO wird hingegen weder Personal noch Mittel aufbringen können, um die für die Darlegung eines *consistent pattern* grober Menschenrechtsverletzungen notwendigen Tatsachenuntersuchungen vornehmen zu können[18]. Ein weiterer Punkt tritt hinzu, der das tatsächliche Engagement zahlreicher NGO am Verfahren weniger wahrscheinlich macht. Als wesentliches Aktionsmittel benutzen diese Vereinigungen die öffentliche Wahrnehmung - die einzige wirksame „Waffe“, die ihnen hierfür zur Verfügung steht. Solange andere, öffentliche Mechanismen zur Verfügung stehen, werden diese benutzt. Denn nur hier, nicht aber im 1503-Verfahren, werden schließlich Ergebnisse sichtbar, die die Tätigkeit der Organisationen – nicht zuletzt gegenüber ihren jeweiligen Geldgebern – rechtfertigen.

---

[16] So ist beispielsweise auch die Untersuchung Saudi-Arabiens 1998 durch mehrere Beschwerden von Amnesty International eingeleitet worden - *Steiner/Alston*², S. 616f.

[17] *Tardu*, A/Conf.157/PC/60/Add.5, Abs. 145.

[18] Wie aus persönlichen Gesprächen zu erfahren war, hat die überwiegende Zahl der Genf tätigen kleineren und mittleren Organisationen keine Beschwerden im 1503-Verfahren eingereicht. Selbst Amnesty International benutzt dieses Verfahren mittlerweile allenfalls selten.

§ 28. Der politische Charakter des Verfahrens

Eines der maßgeblichen Charakteristika des Verfahrens überhaupt ist seine politische Ausprägung. An verschiedenen Stellen ist schon deutlich geworden, daß das Verfahren erhebliche Unterschiede zu einem stringenten Rechtsschutzverfahren im eigentlichen Sinne aufweist. Auch wenn der im Verfahren angewendete Maßstab - die Menschenrechtsnormen - ein grundsätzlich rechtlicher ist, beruhen die einzelnen Verfahrensresultate nicht in erster Linie, zumindest aber nicht allein auf rechtlichen Erwägungen. Vielmehr spielen zahlreiche sonstige Aspekte bei sämtlichen Entscheidungen im Rahmen des Verfahrens eine Rolle. Da es sich bei den Hauptakteuren des Verfahrens um solche der internationalen Politik handelt, sei diese Offenheit für sonstige Einflüsse hier als politische bezeichnet. Es sind die Rahmenbedingungen und die Praxis des Verfahrens daraufhin zu untersuchen, inwieweit dies für derartige außerrechtliche, politische Einflüsse offen ist und diesen tatsächlich Gewicht verleiht.

I. Die Rahmenbedingungen des Verfahrens

Bereits aus den äußeren Vorgaben und Maßstäben für ein Verfahren lassen sich Schlüsse hierauf ziehen. Wesentliche Gesichtspunkte sind einerseits der Verfahrensablauf und die materiellen Vorgaben, andererseits die Zusammensetzung und das Selbstverständnis der entscheidenden Gremien.

A. Der Ablauf

Die Festlegung der Sitzungsperiode der WGC auf zwei Wochen (Abs. 2 Res. 2000/3) ist in Anbetracht der unvermindert großen Zahl eingehender Beschwerden eine Beschränkung, die eine gleichmäßig gründliche und sachorientierte Handhabung der Eingangsprüfung praktisch unmöglich macht[1]. Mit der neu eingefügten Vorprüfung durch das Sekretariat (OHCHR) für offensichtlich unbegründete Beschwerden wird die Arbeitsbelastung der WGC zwar gesenkt werden. Gleichwohl ist anzunehmen, daß noch immer zu viele Mitteilungen diese erste Stufe überwinden werden, als daß eine gründliche und unvoreingenommene Prüfung ermöglicht würde. So wird in der Sitzung die Bewertung eines Sachverhalts durch das jeweils zuständige Mitglied nur selten ausführlich diskutiert werden können. Gleichermaßen erfolgt auch keine Beweisaufnahme oder -prüfung. Entscheidungsgrundlage sind lediglich die vorliegenden schriftlichen

---

[1] *Meißner*, S. 27f. Von nur geringer Auswirkung ist insofern, daß aus den maßgeblichen Resolutionen (728 F [XXVIII], 1235 [XLII], 1503 [VIII] und 2000/3) durchaus die Pflicht folgt, die eingegangenen Beschwerden einer Zulässigkeitsprüfung durch die nunmehr allein zuständige WGC zu unterziehen - vgl. *Tardu*, in: FS Partsch, S. 310.

Stellungnahmen[2]. Schließlich liegt eine sachfremde Vorgabe insoweit vor, als aus rein faktischen Gründen nur eine bestimmte Anzahl an Situationen an die nachfolgenden Gremien überwiesen werden kann und wird. Bezogen auf diesen ersten Verfahrensschritt ist so zwar keine besondere politische Ausprägung zu verzeichnen, doch ist eine unvoreingenommen sachorientierte Entscheidung nicht in jedem Falle gewährleistet.

Im weiteren Verlauf des Verfahrens sind derartige Sachzwänge nicht ersichtlich. Die Behandlung einer Angelegenheit steht nun aber - im Gegensatz zur ersten Stufe, in der eine Entscheidung über die Zulässigkeit ergehen mußte - im praktisch ungebundenen Ermessen der entscheidenden Gremien. Die WGS trifft in bezug auf Situationen, die an sie von der WGC überwiesen wurden, keine Pflicht mehr, diese weiterzuleiten (Abs. 5 Res. 2000/3). Vorgaben für die Ausübung dieses Ermessens bestehen nicht, ebensowenig unterliegen ihre Entscheidungen einer Kontrolle durch die Kommission oder ein sonstiges Organ. Gleiches gilt für die MRK: auch deren Umgang mit einer ihr vorliegenden Situation ist gemäß Abs. 7 Res. 2000/3 zumindest inhaltlich völlig in ihr Belieben gestellt. Es fehlt ein konkreter Maßstab für die Anwendung der einzelnen Maßnahmen, die nach dem Katalog des Abs. 7 lit. d) vorgesehen sind. Für die interne Entscheidungsfindung der Kommission ist also politischen und sonstigen Erwägungen aller Raum geöffnet.

Im Hinblick auf die nach außen wirkenden Entscheidungen kann die Kommission schließlich auch keine rechtlich verbindlichen und durchsetzbaren Maßnahmen ergreifen. Sie hat als Unterorgan des ECOSOC ebensowenig wie dieser mandatorische Befugnisse gegenüber den Mitgliedstaaten, kann also letzten Endes nur politische Maßnahmen ergreifen. Hierzu zählen in erster Linie Resolutionen, die praktisch zu jeder Situation beschlossen werden[3] und mit denen in mehr oder minder scharfen Formulierungen die Lage der Menschenrechte be- bzw. verurteilt wird. Dies bedeutet allein die Ausübung politischen Drucks. Gleiches gilt auch für die verschiedenen vorgesehenen Einzelmaßnahmen, die die MRK ergreifen kann. Diese stellen verschiedene Abstufungen von politischem Druck dar, um den Staat zu einer Verbesserung der Menschenrechtslage zu bringen. Ein Verfahren, an dessen Ende eine rechtswirksame Verpflichtung des Verletzerstaates begründet wird, liegt gerade nicht vor. Die mögliche Aufnahme direkter Kontakte mit der jeweiligen Regierung und die unmittelbare Auseinan-

---

[2] *Tardu*, in: FS Partsch, S. 310.

[3] So hat die WGS im Hinblick auf jede an die Kommission überwiesene Situation einen Resolutionsentwurf zu erstellen - (Abs. 5 Res. 2000/3).

dersetzung mit dem Vertreter der Regierung in der Kommissionsdebatte zeigen, daß der gesamte Prozeß eher dem Bereich diplomatischer „Verhandlungen" zuzuordnen ist.

B. Der Verfahrensmaßstab

Maßstab des Verfahrens sind die internationalen Menschenrechte, denen aufgrund vertraglicher Vereinbarung oder als Völkergewohnheitsrecht Rechtsverbindlichkeit zukommt. Insofern besteht kein Unterschied zu einem rechtsförmigen Verfahren. Freilich eröffnet das Fehlen eines kodifizierten und unumstritten anwendbaren Menschenrechtskatalogs Raum für Diskussionen über den Umfang eines Rechtes im Einzelfall. Denn trotz der immer wieder betonten Universalität existiert ein global übereinstimmendes Menschenrechtsverständnis allenfalls in Ansätzen[4]. Der Rückgriff auf die AEMR ist hilfreich, doch wird der Umfang der Verbindlichkeit der einzelnen Rechte zum Teil kontrovers beurteilt[5]. Jede politische oder regionale Gruppe hat besondere Präferenzen hinsichtlich der Durchsetzung und Wertigkeit der Menschenrechte[6]. Zwar ist diese Problemlage auch in den international zusammengesetzten Expertenausschüssen zur Durchsetzung der Menschenrechtsverträge vorhanden, doch gerade beim Fehlen eines kodifizierten Maßstabes entsteht viel ernsthafter die Gefahr, daß lediglich der kleinste gemeinsame Nenner angewendet wird[7]. Dieser stimmt - da er gewisse Rechte u.U. gar nicht erfaßt - auch nicht vollständig mit dem Konzept *consistent pattern of gross*

---

[4] *Kimminich,* APuZ, B 36/91, S. 29. Nach *Ramcharan* ist die Universalität eher formal als *de facto* vorhanden - *Ramcharan*, Transnational Law & Contemporary Problems 4 (1994), S. 526.

[5] Siehe schon oben § 24.I.C.1., S. 403 bei Fn. 53.

[6] Siehe hierzu Haas, When knowledge is power, S. 114f. Vgl. auch *Schaefer,* in: Baum/Riedel/ders., Menschenrechtsschutz in der Praxis der Vereinten Nationen, S. 60, demzufolge auch seitens der üblicherweise auf die klassischen bürgerlichen und politischen Menschenrecht fixierten westlichen Delegationen mehr und mehr auf wirtschaftliche und soziale Rechte geachtet und die Existenz gewisser regionaler Ansätze bei der genauen Inhaltsbestimmung innerhalb eines unverzichtbaren Kerns akzeptiert wird.

Es fehlt insoweit an einem zentralen Auslegungs- bzw. Anwendungsorgan für die universalen Menschenrechte, das ein einheitliches Verständnis für die Normen herausbilden könnte - *Ermacora,* in: *Schwartländer* (Hrsg.), Menschenrechte, S. 174.

[7] Im Ergebnis führt dies dazu, daß in der Praxis im 1503-Verfahren zumeist doch nur eine beschränkte Zahl von Menschenrechten behandelt wird - *Alston,* Commission on Human Rights, in: ders. (Hrsg.), The United Nations and Human Rights, S. 151; *M. Nowak*, NYIL 22 (1991), S. 86.

violations überein[8]. Die Problematik wird noch verstärkt durch das Fehlen einer konkreten, nachvollziehbaren Entscheidung. Die Kommission benennt in den jeweiligen Resolutionen keineswegs die im einzelnen verletzten Menschenrechte. Eine klare und möglicherweise angreifbare Festlegung auf einzelne Rechte, wie auch überhaupt die Inbezugnahme bestimmter Vorkommnisse, erfolgt somit an keiner Stelle im Verfahren. Auch die Aufgabe der WGS, die Hauptproblempunkte (*main issues of concern*) einer Situation zu identifizieren (Abs. 5 Res. 2000/3), erfordert weniger eine rechtliche Voreinschätzung als die Aufbereitung der vorhandenen Fakten. Das Fehlen eines kodifizierten Maßstabs ebenso wie der Mangel an expliziten Entscheidungen für die Referenzen zu bestimmten Menschenrechten weist wiederum auf den politischen Charakter des Verfahrens hin, ist aber auch durch den Mangel an adäquaten Untersuchungsmöglichkeiten auf allen Ebenen des Verfahrens bedingt. Die Kommission steht damit in einer Reihe mit den politischen Hauptorganen der UNO.

Eine Offenheit des Verfahrens für politische Einflüsse zeigen neben den materiellen Maßstäben - viel deutlicher - auch die Bestimmungen über die Zulässigkeit. Die verwendeten Begrifflichkeiten sind in mehreren Fällen weit und offen formuliert. Zudem war in der Unterkommission von vornherein die Ansicht vertreten worden, daß die Zulässigkeitsprüfung gerade nicht anhand rechtlicher Maßstäbe erfolgen solle[9]. Damit ist die für die Zulässigkeitsprüfung zuständige WGC, der anders als der WGS und der Kommission im Grundsatz kein umfassender Ermessensspielraum bei der Prüfung der Beschwerden zukommt, mit einem weitgehenden und flexibel handhabbaren Beurteilungsspielraum ausgestattet. Ein Einfluß sonstiger, politischer Erwägungen besteht somit auch durch politisch benutzbare Zulässigkeitsbestimmungen in Res. 1 (XXIV) der Unterkommission.

Insgesamt wird schon aus den formellen und materiellen Maßstäben des Verfahrens und ihrer Anwendung eine Offenheit für nicht-rechtliche Erwägungen deutlich. Es kommt in bezug auf beide Maßstäbe hinzu, daß sich, anders als bei den meisten vertraglich eingesetzten Organen, hier kaum eine einhellige Entscheidungspraxis entwickeln kann. In wenigen Fällen haben langgediente Mitglieder der WGC auf eine konsistente Entscheidungslinie geachtet. Durch die nun empfohlene Rotation in beiden Arbeitsgruppen[10] wird gerade dies für die Zukunft

---

[8] So aber *Buergenthal,* in: A. Henkin (Hrsg.), Human Dignity, S. 17.

[9] Report of the 24th Session of the Sub-Commission .., E/CN.4/1070; E/CN.4/Sub.2/323 (06.10.1971), Abs. 27; *Cançado Trindade,* RdC 202 (1987 II), S. 219.

[10] Siehe oben § 19.II.A Fn. 21, S. 265 sowie § 19.III.A bei Fn. 59, S. 272.

unmöglich gemacht. Eine weitergehende Ausdifferenzierung des Zulässigkeits- und Begründetheitsmaßstabs als rechtliche Vorgabe ist insofern nicht möglich.

C. Die beteiligten Gremien

Auch aus Zusammensetzung und Selbstverständnis der beteiligten Gremien lassen sich Rückschlüsse auf den Einfluß des Politischen ziehen.

1. Die Arbeitsgruppe für Mitteilungen

Die Unterkommission ist ein Gremium unabhängiger Experten. Die Praxis zeigt allerdings, daß der Einfluß bestimmter Regierungen oft durch die Nominierung von Parteigängern ihrer offiziellen Linie auch in diesem Gremium aufrechterhalten wird. Trotz des reinen Expertencharakters der Unterkommission läßt sich der Einfluß nationaler politischer Interessen nicht ausschließen[11]. Für die WGC als eine aus der Unterkommission hervorgehende Gruppe gilt gleiches[12]. So haben langjährige Mitglieder der WGC aus allen Regionen Stellungen im Staatsapparat ihres Landes innegehabt[13]. Abgesehen von diesen nicht zu vermeidenden Verfälschungen des Charakters als unabhängiges Expertengremium ist die WGC das am wenigsten von politischen Einflüssen gelenkte Gremium. Mit der neu gewonnenen Unabhängigkeit von der Unterkommission, die die von der WGC identifizierten Situationen nunmehr keiner weiteren Prüfung unterzieht, wird eine weitergehende Rücksichtnahme auf die übrigen Experten nun nicht mehr erfolgen. Dem Gremium wird daher nun eine geringere politische Beeinflussung vorhergesagt[14].

---

[11] *Meißner*, S. 28. Zweifel an der durchgehende Unabhängigkeit wohl auch bei *Ermacora*, RDH 7 (1974), S. 681. Siehe insgesamt hierzu oben § 6.II., S. 69. Beispielsweise vertrat im Zuge der Untersuchungen Argentiniens das argentinische Mitglied in der Unterkommission trotz der Beteuerung, als unabhängiger Experte zu handeln, die offiziellen Standpunkte seines Land - *Bartolomei*, S. 120 Anm. 111.

[12] Das Drängen der Sowjetunion, die Beschwerden betreffend das Recht auf Verlassen des Landes dem sowjetrussischen Mitglied zu übertragen (siehe oben § 19.II.B., Fn. 31), wird nur durch eine entsprechende Instrumentalisierung des - formell unabhängigen - Experten verständlich.

[13] *Tolley*, The U.N. Commission on Human Rights, S. 125: zu den Mitgliedern *Carter* (USA), *Smirnov*, *Sofinsky* (beide UdSSR), *Jimeta* (Nigeria), *Yimer* (Äthiopien), *Pirzada* (Pakistan) und *Masud* (Indien).

[14] Interview *E. Solo*, Genf, 12.04.2000.

2. Die Arbeitsgruppe für Situationen

Anderes gilt für die WGS, die mit der Reform eine erheblich erweiterte Befugnis erhalten hat. Als Mitglieder der Kommission sind die Angehörigen dieser zweiten Arbeitsgruppe hochrangige politische Vertreter ihrer Regierungen. Es ist zwar vorgesehen, daß sie ihre Funktion als Mitglieder der WGS in persönlicher Eigenschaft als unabhängige Experten ausüben sollen[15]. Es wird jedoch kaum ein Botschafter oder höherer Regierungsangestellter in diesem Zusammenhang unbeeinflußt von den Vorgaben seiner Regierung sein. Hinzu kommt, daß der jeweilige Repräsentant auch auf die von ihm repräsentierte und ihn stützende Regionalgruppe Rücksicht zu nehmen hat. Da die WGS über Abbruch oder Fortführung eines konkreten Verfahrens bezogen auf eine Situation zu entscheiden hat, wird den von deren Mitgliedern vertretenen politischen Standpunkten entscheidender Einfluß auf den Ablauf des Verfahrens eingeräumt.

3. Die Kommission

Die Kommission als das letzte regulär mit dem 1503-Verfahren befaßte Organ ist das am meisten politisierte Gremium in diesem Prozeß. Trotz eines teilweise ausgeprägten korporativen Selbstverständnisses handelt es sich bei der MRK gerade im Arbeitsfeld „Reaktion auf Menschenrechtsverletzungen" keineswegs um einen autonomen Handlungsträger, dem getroffene Entschlüsse insgesamt zugerechnet werden können. Entscheidende Akteure sind die einzelnen Mitglieder, die Vertreter ihrer Regierungen sind, und daher maßgeblich von nationalen politischen Interessen geleitet werden[16]. Das menschenrechtliche Mandat der MRK und der Umfang der Aktivitäten hängt somit direkt vom Standpunkt der einzelnen Staaten ab[17].

Diese unmittelbar von politischen Erwägungen beeinflußte Arbeitsweise weist das 1503-Verfahren als ein endgültig politisches, also auch anderen als rechtlichen Einflüssen unterliegendes aus. Politische Faktoren spielen hier eine bestimmende Rolle[18]. Gerade in bezug auf Kritik an einzelnen Staaten wegen Verletzungen von Menschenrechten werden sich die Vertreter kaum unabhängig von den sonstigen politischen Interessen ihres Landes gebärden. Aus der Zustän-

---

[15] ECOSOC, Res. 1990/41 vom 25.05.1990, Abs. 3 (E/1990/90, S. 33).

[16] Zur Zusammensetzung der Kommission siehe oben § 5.I.A., S. 48, zu ihrer Charakterisierung als ein Ort politischer Auseinandersetzungen oben § 7.IV.A., S. 90.

[17] *Boekle*, NQHR 13 (1995), S. 402; *Buergenthal*, International Human Rights, S. 82.

[18] *van Boven*, in: *Cassese* (Hrsg.), UN Law/Fundamental Rights, S. 128.

digkeit der MRK für die Durchführung des 1503-Verfahrens folgt somit seine Offenheit für nicht-rechtliche Einflüsse, also sein hochpolitischer Charakter[19].

D. Die Stellung des Beschwerdeführers

Die beschränkte Stellung des Beschwerdeführers weist ebenso auf eine wenig rechtsförmige Ausgestaltung des Verfahrens hin. Seine Beteiligung am Verfahren endet mit der Einsendung seiner Mitteilung und der Eingangsbestätigung durch das Sekretariat. Weiterer Einfluß kann nur durch eine erneute Beschwerde, die allerdings wiederum das gesamte Verfahren durchlaufen muß, oder auf informelle Weise ausgeübt werden[20]. Der Einzelne (oder die Gruppe bzw. Organisation), der über begangene Menschenrechtsverletzungen berichtet, hat weder einen eigenen Anspruch auf die Durchführung eines solchen Verfahrens, noch kann er daran mit eigenen Rechten teilnehmen. Zudem wird die Informationsbasis des Verfahrens erheblich eingeschränkt: die Stellungnahmen der betroffenen Regierung bleiben unwidersprochen, eine Replik des Verfassers ist nicht möglich. Es kommt damit um so mehr auf die beteiligten Organe an, die zugrundeliegenden Tatsachen zu bewerten. Auf eine der Klärung der Tatsachen nützliche Rückfrage beim Beschwerdeführer wird zugunsten der politisch determinierten Entscheidungsmacht der MRK verzichtet.

II. Der Einfluß politischer Erwägungen

Internationale Menschenrechtsarbeit von Staaten steht in enger Beziehung zu ihrer Politik hinsichtlich sonstiger Interessen und Ziele[21]. Die staatlichen Aktivitäten zur Durchsetzung der Menschenrechte sind immer von den politischen Interessen geprägt, insbesondere von solchen wirtschaftlicher, macht- oder bündnispolitisch-militärischer Art[22]. Dies bedeutet, daß angemessene Reaktionen auf Menschenrechtsverletzungen durch die Mitglieder und Beobachterstaaten in der MRK unter dem Vorbehalt der relativen Unschädlichkeit für die weiteren Politikziele des jeweiligen Staates stehen[23]. Kleinere Staaten, die bezogen auf den be-

---

[19] So auch *Buergenthal*, International Human Rights, S. 82.

[20] Siehe hierzu insgesamt § 25.II.A.1., S. 434.

[21] *Baum*, VN 1995, S. 207.

[22] *Boekle*, NQHR 13 (1995), S. 369, 394f.

[23] So auch allgemein für idealistische, ethische oder sonstige prinzipielle Gründe: *Boekle*, NQHR 13 (1995), S. 399.

Offenbleiben soll hier, ob und gegebenenfalls inwieweit Menschenrechte auch als Instrument zur Förderung eigener außenpolitischer Ziele umfunktioniert werden. Bejahend *Kartashkin*, RDH 8 (1975), S. 106.

schuldigten Staat weder besondere Handelsinteressen noch machtpolitischen Einfluß ausüben wollen, werden viel eher zu einer kritischen Reaktion auf Menschenrechtsverletzungen bereit sein als Großmächte, bei denen die sonstigen politischen Erwägungen der Menschenrechtsarbeit nur wenig Raum lassen[24].

Die Entscheidungen der MRK im Rahmen des 1503-Verfahrens - in geringerem Ausmaß auch diejenigen der anderen Organe - sind somit das Ergebnis einer Auseinandersetzung, in die die verschiedenen nationalen Standpunkte eingebracht werden. Es wird nur in solchen Fällen zu einer angemessenen Reaktion auf Menschenrechtsverletzungen kommen, in denen zumindest eine Mehrheit der Kommissionsmitglieder gerade keine Vorbehalte aus Gründen der sonstigen nationalen Interessen einlegt.

Das Ergebnis dieser politischen Ausprägung ist, daß die am 1503-Verfahren beteiligten Organe vor allem aufgrund von politischen, nicht aber rechtlichen Erwägungen entscheiden[25]. Zielsetzung ist es nicht, die juristische Relevanz eines geschilderten Tatbestandes zu prüfen[26]. Dies wird durch die konkrete Entschließungspraxis der Organe bestätigt. So wird keine der Entscheidungen konkret und nachvollziehbar begründet. Auch benennt die Kommission in den jeweiligen Resolutionen keineswegs die im einzelnen verletzten Menschenrechte. Eine klare und möglicherweise angreifbare Festlegung auf einzelne Rechte, wie überhaupt die Inbezugnahme bestimmter Vorkommnisse, erfolgt allenfalls an sehr früher Stelle im Verfahren.

---

[24] *Boekle*, NQHR 13 (1995), S. 399, der als Beispiel für die erste Fallgruppe Länder wie Schweden und Niederlande aufführt (S. 398), während die Politik der USA als Beispiel für letzteres Verhalten gewählt wird (S. 397).

Den westlichen Staaten allgemein wird insoweit attestiert, daß wenigstens zum Teil die Menschenrechtspolitik an den materialen Erfordernissen der Menschenrechte ausgerichtet war, wenngleich nicht gesagt werden kann, daß ihre Menschenrechtspolitik niemals von materiellen Interessen beeinflußt war (S. 401).

[25] *Tolley*, HRQ 6 (1984), S. 453. So auch ausdrücklich die Ansicht in der Unterkommission zur Aufgabe der WGC, die keine eine streng rechtliche sei - Report of the 24th Session of the Sub-Commission .., E/CN.4/1070; E/CN.4/Sub.2/323 (06.10.1971), Abs. 27; *Cançado Trindade*, RdC 202 (1987 II), S. 219.

[26] *Ansbach*, AVR 31 (1991), S. 245.

III. Die Resultate politischer Einwirkungen

A. Die Arbeitsweise der Kommission

Der aufgezeigte Charakter der Kommission kommt immer wieder in politischen Attacken und Auseinandersetzungen zum Ausdruck. Nicht selten mißlang es den Delegationen, zu einer ernsthaften und substantiven Diskussion der Menschenrechtsfragen zu kommen[27]. Viele der betroffenen Staaten verteidigten sich mit Vorwürfen, daß das gegen sie eingeleitete Verfahren politisch tendenziös und voreingenommen sei[28]. Im Ergebnis wird damit die Erreichung der beiden Verfahrensziele erschwert, da es in diesem Falle weder zu einer ernsthaften Aufklärung der Tatsachen, noch zu einer wirklichen Kooperation im Interesse des Schutzes der Menschenrechte kommen kann. Einen Vorteil im Vergleich zum öffentlichen länderbezogenen Mechanismus hat das 1503-Verfahren durch seine Vertraulichkeit: zum Teil ist die Atmosphäre weniger emotionsgeladenen sondern geschäftsmäßiger[29]. Es bleibt zu hoffen, daß die neue Strukturierung des Verfahrens in der Kommission[30] gleichfalls zu einer weniger von bilateralen Auseinandersetzungen geprägten, sondern objektiveren Untersuchung führt.

B. Die Selektivität des Verfahrens

Die eigentliche Problematik der politischen und eben nicht an rechtlichen Maßstäben ausgerichteten Verfahrensausgestaltung ist die daraus resultierende Ungleichbehandlung und Selektivität bei der Auswahl der Verfahren. Dies ist freilich die zwingende Folge der Offenheit für andere als rechtliche Maßstäbe, die in jedem Fall und ungeachtet politischer Hintergründe angelegt werden. Ob es zu einer fortwährenden Behandlung im 1503-Verfahren kommt, ist so nicht allein von den tatsächlichen Ereignissen im Land, sondern von den Mehrheitsverhältnissen in der Kommission abhängig[31].

---

27 Report of the Bureau of the fifty-fourth Session of the Commission on Human Rights..., E/CN.4/1999/104 (23.12.1998), Abs. 52.

28 Siehe beispielhaft die Ausführungen des äthiopischen Repräsentanten - CHR, Summary record of the 1502nd meeting (confidential) [01.03.1979], E/CN.4/SR.1502 (05.03.1979), Abs. 53-54.

29 Siehe hierzu *Flood*, S. 40.

30 Vgl. Abs. 7 Res. 2000/3, dazu oben § 20.IV., S. 296.

31 *Schaefer*, in: Baum/Riedel/ders., Menschenrechtsschutz in der Praxis der Vereinten Nationen, S. 64.

In der Arbeit der Kommission wurden oft unterschiedliche Maßstäbe angelegt und in gleichgelagerten Fällen unterschiedlich agiert[32]. Dies trifft besonders auf den Beginn der Reaktion auf Menschenrechtsverletzungen Ende der sechziger Jahre zu. Die Aktivitäten der UNO, und der MRK im besonderen, waren infolge des Drucks der Drittwelt-Staaten[33] zunächst auf das südliche Afrika und Israel beschränkt. Die Behandlung anderer Situationen von vergleichbar schweren Menschenrechtsverletzungen in der Unterkommission wurde hingegen 1968 von den in der MRK repräsentierten Entwicklungsländern abgelehnt, da dies von den wichtigen Fällen ablenken würde[34]. Auch in den Folgejahren wurden Menschenrechtsverletzungen in anderen Staaten der Dritten Welt kaum von der MRK untersucht[35]. Insgesamt ergab sich daher ein unausgewogenes Bild der Tätigkeiten. Während die Besetzung der arabischen Gebiete durch Israel und die südafrikanische Herrschaft in Namibia schärfstens gegeißelt wurde, wurden die Landnahmen Indonesiens in Ost-Timor oder Marrokos in Westsahara allenfalls am Rande erwähnt[36]. Die Situation in Südafrika war lange Zeit Gegenstand der Erörterungen in der Kommission, während über Massaker in zahlreichen anderen afrikanischen Staaten geschwiegen wurde[37]. Veschwindenlassen und Massentötungen in Chile, El Salvador und Guatemala führten zu einer öffentlichen Untersuchung; ähnliche Phänomene in Argentinien, Uganda oder Uruguay lösten lediglich eine vertrauliche Befassung aus[38].

Diese Selektivität ist auch innerhalb der bekanntgewordenen Praxis des 1503-Verfahrens zu erkennen, wird sie doch hier durch das Fehlen öffentlicher Kontrolle und Kritik noch begünstigt. Während die Situation in Uruguay Gegenstand einer Untersuchung durch einen unabhängigen Experten wurde, beschränkte

---

[32] *Baum*, in: Jahrbuch Menschenrechte 2000, S. 244f.; *Marie*, S. 314.

[33] *Ramcharan*, in: *Cassese* (Hrsg.), UN Law/Fundamental Rights, S. 251f.; *van Boven*, in: Cassese (Hrsg.), UN Law/Fundamental Rights, S. 122.

[34] Siehe oben § 15.III.B., S. 213.

[35] *Ramcharan*, in: Cassese (Hrsg.), UN Law/Fundamental Rights, S. 254f.; *Cassese*, International Law in a Divided World, S. 308. Siehe auch die Drohung des iranischen Delgierten in der Kommission 1975, daß bei einer von den westlichen Staaten angestrebten zu weitgehenden Anwendung des Verfahrens dieses gegebenenfalls in seiner Gesamtheit von der Mehrheit der afrikanischen und asiatischen Staaten zu Fall gebracht werden könnte - zitiert nach *Liskofsky*, RDH 8 (1975), S. 895.

[36] *Tolley*, The U.N. Commission on Human Rights, S. 198.

[37] *van Boven*, in: *Cassese* (Hrsg.), UN Law/Fundamental Rights, S. 126.

[38] *Tolley*, The U.N. Commission on Human Rights, S. 198; ähnlich auch *van Boven*, in: *Cassese* (Hrsg.), UN Law/Fundamental Rights, S. 126.

sich die Kommission im Falle Argentiniens auf jährliche Resolutionen. Und schließlich kam es aufgrund der „Blockade" im ECOSOC - anders als im gleichgelagerten Fall Äquatorialguineas - nicht dazu, die Materialien betreffend Albanien zu veröffentlichen. Bestimmte Situationen, wie die Aktivitäten der USA in Nicaragua, die politische Unterdrückung, einschließlich Haft und Zwangsarbeit in der Sowjetunion oder die Verfolgungen im Irak wurden überhaupt nicht von der Kommission erörtert[39]. Bis zum Ende des Kalten Krieges ist nur in einem Fall eine Großmacht (Großbritannien) im 1503-Verfahren untersucht worden, Staaten die einem der beiden großen Blöcke angehörten, nur in Ausnahmefällen. Im Ostblock waren dies die DDR und Albanien, von den westlichen Staaten lediglich die Türkei und Portugal[40]. Seither hat sich die Situation allerdings gewandelt. So waren beispielsweise Situationen in Deutschland (1994) und den Vereinigten Staaten (1997) Gegenstand der vertraulichen Debatte in der Kommission[41]. Freilich ist auch dies nicht unbedingt ein Zeichen für einen geringeren Politisierungsgrad der Arbeit der Kommission, sondern kann auf die Auflösung bestehender Blockstrukturen zurückgeführt werden. Zwischenstaatliche Rivalitäten werden damit eher im multilateralen Kontext ausgetragen werden, so daß sich viel leichter eine Mehrheit für die Untersuchung eines Landes finden läßt[42].

Die Kommission hat es insgesamt versäumt bzw. darauf verzichtet, für die Behandlung von Menschenrechtsverletzungen ihre Arbeitsmethoden so zu strukturieren, daß es in vergleichbaren Sachverhalten auch zu vergleichbaren Entscheidungen kommt[43]. Sie will sich insoweit ihren politischen Freiraum aufrechterhalten. Der Vorwurf an die Adresse der Kommission und der anderen beteiligten Gremien, in einigen Situationen trotz klarer Beweislage keine Maßnahmen ergriffen zu haben, ist daher nicht unberechtigt[44]. All dies läßt sich in die gene-

---

39 *Tolley*, The U.N. Commission on Human Rights, S. 198.

40 Siehe im einzelnen die Übersicht der im 1503-Verfahren behandelten Verfahren: Anhang 1, Tabelle I, unten S. 665.

41 Diesem Faktum steht freilich die Feststellung im Dezember-Bericht des 54. *Bureaus* entgegen, daß in den letzten Jahren etliche Situationen weitergeleitet wurden, die es kaum Wert waren, im Rahmen des 1503-Verfahrens behandelt zu werden - Report of the Bureau of the fifty-fourth Session of the Commission on Human Rights..., E/CN.4/1999/104 (23.12.1998), Abs. 52.

42 *Tardu*, A/Conf.157/PC/60/Add.5, Abs. 145.

43 *Alston,* Commission on Human Rights, in: ders. (Hrsg.), The United Nations and Human Rights, S. 152.

44 So eine Stellungnahme des ugandischen Delegierten in der Generalversammlung vom 14.11.1980, zitiert bei *Ramcharan*, The Concept and Present Status of International Protection, S. 149.

relle Tendenz einordnen, daß die Organe, die ihre Existenz mittelbar oder unmittelbar auf die UN-Charta stützen, sich durch besonderen Pragmatismus anstelle der Einhaltung von Prinzipien auszeichnen und eher dazu tendieren *ad hoc* vorzugehen - so daß sich aus einer einmal getroffenen Entscheidung kaum Schlüsse ziehen lassen[45].

IV. Die Hintergründe für den politischen Charakter

Der Charakter der MRK als ein Forum von Regierungsvertretern ist oben als die Hauptbedingung für den hochpolitischen Charakter des Verfahrens identifiziert worden. Der dahinterliegende Grund scheint somit allein in dem Umstand zu liegen, daß dieses Verfahren ein außervertragliches, allein auf den Bestimmungen der Charta beruhendes ist. Gleichwohl wäre es denkbar gewesen, daß die Kommission mit der Durchführung des kompletten Verfahrens einen unabhängigen Expertenausschuß o.ä. betraut und selbst in keiner Weise an der Beurteilung eines Falles beteiligt ist. Dieses Modell wird tatsächlich praktiziert, und zwar im Bereich der Mechanismen zur Behandlung individueller Beschwerden durch die thematischen Arbeitsgruppen[46]. Im Zuge des ersten und allgemeinen Verfahrens hat die MRK allerdings die abschließende Kontrolle nicht aus der Hand geben wollen, sondern sich die Letztentscheidung und damit politischen Einfluß vorbehalten.

Hinter diesem Vorbehalt stehen, wie schon in bezug auf die Vertraulichkeit des Verfahrens ausgeführt, hauptsächlich Schutzinteressen des Staates. Da Menschenrechtsprobleme regelmäßig das Verhältnis zwischen Einzelpersonen und seinem Staat betreffen, bedeutet schon deren Erörterung eine Befassung mit Angelegenheiten in der ausschließlichen Verantwortung des Staates[47]. Der Automatismus eines rechtlichen Verfahrens, das durch eine Beschwerde eingeleitet wird, soll insoweit vermieden werden[48]. Oft genug ist auch die Frage der Men-

---

[45] *Alston,* Critical Appraisal, in: ders. (Hrsg.), The United Nations and Human Rights, S. 2f.

[46] Siehe oben § 10.IV.C.2., bei Fn. 248, S. 157. Die *Working Group on Arbitrary Detention* - ein fünfköpfiger Expertenausschuß - hat in diesem Zusammenhang ein gerichtsförmiges Verfahren zur Untersuchung von Individualbeschwerdeverfahren eingerichtet - ebd. bei Fn. 257, S. 158.

[47] Aus der Perspektive des betroffenen Staates wird ein wie auch immer gearteter Hinweis von außen als Einmischung in innere Angelegenheiten und Verletzung der eigenen Souveränität angesehen - vgl. nur *Boekle*, NQHR 13 (1995), S. 369. Zur Vereinbarkeit des Verfahrens mit dem Einmischungsverbot von Art. 2 Ziff. 7 UN-Charta s.u. § 34.III.A., S. 596.

[48] Gerade die praktische Verweigerung jeglicher Verfahrensstellung für den Beschwerdeführer wird auf den Schutz der einzelnen Regierungen vor einer Untersuchung zurückzuführen sein - *Bartolomei,* S. 70.

schenrechte in der Auseinandersetzung mit dem politischen Gegner ideologisch instrumentalisiert worden[49]. Da Staaten gerade in diesem Bereich auf entsprechende Anschuldigungen - und erst recht auf abschließende Verurteilungen - besonders empfindlich reagieren, sollte hier ein zusätzlicher Schutzmechanismus eingeführt werden. Eine entsprechende Verurteilung steht also unter dem Vorbehalt der mehrheitlichen politischen Übereinstimmung in der MRK. Hierüber scheint - und dies betont implizit die Bedeutsamkeit der Resultate internationaler Verfahren zum Menschenrechtsschutz - eine allgemeine und stillschweigende Übereinstimmung in der Staatengemeinschaft zu bestehen.

Auf der anderen Seite ist freilich auch das größere Gewicht einer Entscheidung der MRK zu berücksichtigen. Dies ergibt sich nicht aus einer strikten Anwendung bestehender Rechtsnormen. Ihre Bedeutsamkeit und das damit verbundene „Droh"-Potential zur Überzeugung der betroffenen Staaten ergibt sich gerade aus dem politischen Charakter der Kommission im besonderen und dem Verfahren im allgemeinen. Die Entscheidung eines Expertengremiums vermag bei weitem nicht dieselbe internationale Aufmerksamkeit und Überzeugungswirkung hervorzurufen wie eine vergleichbare öffentliche Entschließung der MRK[50]. Und selbst eine vertrauliche Verurteilung vermag zumindest im Verhältnis zu den in der Kommission beteiligten Staaten wie auch generell durch das Erscheinen auf der Liste der behandelten Länder politisch schwerwiegende Folgen haben.

V. Ergebnis

Das Verfahren ist somit als hochpolitischer Prüfungs- und Ausleseprozeß einzuordnen[51]. Ungeachtet aller Aufrufe zur Beachtung der Grundsätze von Nichtselektivität, Objektivität und Unparteilichkeit[52] ist die Arbeit der Kommission unverändert von politischen Erwägungen geprägt. Diese hochpolitische Natur

---

[49] *Boekle*, NQHR 13 (1995), S. 369f.; vgl. auch *Kartashkin*, RDH 8 (1975), S. 106.

[50] Auch *Alston* verweist darauf, daß die Wirksamkeit eines politischen Gremiums nur dann gewährleistet ist, wenn dieses auch politisch agiert - *Alston*, Commission on Human Rights, in: ders. (Hrsg.), The United Nations and Human Rights, S. 130.

[51] *M. Nowak*, NYIL 22 (1991), S. 50.

[52] Siehe z.B. ECOSOC, Res. 1990/48 vom 25.05.1990, Abs. 5 der Präambel, in: E/1990/90, S. 37 und jüngst erst der Aufruf zu einer konstruktiveren und weniger politikgeprägten Mitwirkung in der Kommission - Report of the Bureau of the fifty-fourth meeting of the Commission on Human Rights, E/CN.4/1999/104 (23.12.1998); Abs. 13 (Observation 2), 23 (Observation 8). Allgemein in diesem Sinne - mit einem Aufruf zu weniger politisch sondern mehr sachorientierter Verfahrenspraxis - auch der Delegierte Großbritanniens: CHR, Summary record of the 1306th meeting [14.02.1975], E/CN.4/SR.1290-1308 (27.06.1975), S. 150.

wird gerade in bezug auf die Wirksamkeit des Verfahrens als schwerwiegender Nachteil angesehen[53]. Dies kann freilich - aufgrund der Natur der MRK – allenfalls durch eine entsprechende Einstellung ihrer Mitglieder geändert werden, nicht aber vorgeschrieben oder gar garantiert werden. Solches wäre unvereinbar mit dem Arbeitsstil und dem Selbstverständnis der MRK[54].

Politisch determinierte Maßnahmen und Reaktionen sind auch sonst im Völkerrecht keine Seltenheit[55]. Das prominenteste Beispiel hierfür ist wohl die Tätigkeit des UN-Sicherheitsrats selbst. Die Kommission ist weder unabhängiges Gericht noch Schiedsrichter und kann deshalb nur schwer an diesem Maßstab gemessen werden[56]. Zudem müssen politische Einflüsse auf ein Verfahren nicht zwangsläufig unangebracht und dem Schutz der Menschenrechte nachteilig sein[57]. Nicht selten wird der politische Faktor zum Nutzen der Menschenrechte eingesetzt werden können[58]. Wie bereits ausgeführt, verleiht der politische Charakter dem Verfahren zudem größeren Einfluß. In bezug auf die Selektivität des Verfahrens ist zu berücksichtigen, daß das Resultat der politischen Ausprägung dieses Verfahrens auf der Kommissionsebene in keinem Fall eine falsche Anschuldigung war. Dies führte lediglich dazu, daß bestimmte Situationen trotz ihres schwerwiegenden Charakters und der Erfüllung aller rechtlichen Voraussetzungen nicht (angemessen) behandelt wurden[59].

Das Verfahren ist somit kein stringentes Rechtsschutzverfahren im eigentlichen Sinne. Zwar ist der im Verfahren angewendete Maßstab - die Menschenrechtsnormen - ein grundsätzlich rechtlicher. Die einzelnen Verfahrensresultate beruhen jedoch nicht allein auf juristischen Erwägungen. Zusätzlich zu den rechtlichen Erfordernissen - Erfüllung der Tatbestandsmerkmale - müssen auch bestimmte politische Voraussetzungen gegeben sein.

---

[53] *Shaw*, S. 227; *Simma/Steiner*, in: dies./Kriele, Menschenrechte für Deutsche in Osteuropa, S. 41; *Cassese*, La Comunità Internazionale 30 (1975), S. 60.

[54] *Alston*, Commission on Human Rights, in: ders. (Hrsg.), The United Nations and Human Rights, S. 199.

[55] *Rudolf*, S. 17f.

[56] *Tolley*, The U.N. Commission on Human Rights, S. 204.

[57] *van Boven*, NILR 15 (1968), S. 378.

[58] *van Boven*, in: *Cassese* (Hrsg.), UN Law/Fundamental Rights, S. 128.

[59] *Tolley*, The U.N. Commission on Human Rights, S. 204. Nur in diesem Kontext verdient die Ansicht einige Zustimmung, daß die Menschenrechtsaktivitäten der UNO insgesamt viel weniger selektiv seien, als gemeinhin angenommen - *Bossuyt*, HRLJ (1985), S. 210.

Vierter Teil

Bezüge des 1503-Verfahrens zu weiteren Verfahren des internationalen Menschenrechtsschutzes

§ 29. Die Koordination mit internationalen Verfahren zum Schutz der Menschenrechte

Die internationalen Mechanismen zur Gewährleistung der Menschenrechte, die seit Mitte des 20. Jahrhunderts in verschiedenen Organisationen, mit verschiedenen geographischen und materiellen Anwendungsbereichen und in verschieden wirksamer Weise eingerichtet wurden, haben sich - unter rechtlichen Aspekten - zumeist unabhängig voneinander entwickelt. Im Laufe der Zeit entstand so ein Komplex von verschiedensten Instrumenten, von Um- und Durchsetzungsmechanismen, welcher sich noch immer in Erweiterung befindet. Problematisch ist dabei weniger das Nebeneinander von Mechanismen auf regionaler und universaler Ebene. Gerade im Verantwortungs- und Organisationsbereich der UNO besteht mittlerweile ein nur schwer zu durchschauendes Konglomerat von Instrumenten und Verfahren zum Schutz und zur Förderung der Menschenrechts im weitesten Sinne.

In dieser Situation, in der nicht nur die Anzahl der Verfahren, sondern auch das weltweite Bewußtsein um die Menschenrechte und damit die Bereitschaft zur Benutzung der Mechanismen immer weiter zunimmt, stellt sich mit besonderer Eindringlichkeit die Frage der Koordination der verschiedenen internationalen Menschenrechtsverfahren. Trotz zahlreicher Verfahren bestehen noch immer Lücken in diesem „System", die in der Schutzlosigkeit bei bestimmten Verletzungen resultiert[1]. Dies ist aber dem internationalen Menschenrechtsschutz immanent. Da sämtliche internationalen Schutzmechanismen für Menschenrechte auf einer Einschränkung der ursprünglichen Souveränität des Staates beruhen, und daher in jedem Falle der mittelbaren oder unmittelbaren Zustimmung dieser letztverantwortlichen Hoheitsträger bedürfen, ist dieses System ein notwendig fragmentarisches (Prinzip der begrenzten Einzelermächtigung im internationalen

[1] *Tardu*, Santa Clara Law Rev. 20 (1980), S. 592, erwähnt die Gefahr der Rechtsverweigerung (*denial of justice*) in diesen Fällen.

Die nachfolgenden Ausführungen beschränken sich auf das prozessual-technische Verhältnis der einzelnen Verfahren zueinander. Zur Problematik der Beziehungen zwischen den verschiedenen materiellen Gewährleistungen siehe *Meron*, AJIL 76 (1982), S. 756-763.

Menschenrechtsschutz). Schutz- oder auch Befassungslücken sind daher zwangsläufig Bestandteil dieses Systems, welches eben gerade kein geschlossenes mit einer Garantie für Abhilfe in allen Fällen sein kann. Aus der Existenz dieser Lücken läßt sich keine Schlußfolgerung für den Anwendungsbereich des einen oder anderen Verfahrens ziehen. Geschlossen werden können diese vielmehr nur, wenn ein entsprechender (politischer) Wille bei den Staaten vorhanden ist.

Desgleichen sind aber auch Überschneidungen des Anwendungsbereiches der verschiedenen Mechanismen unvermeidlich. Die Existenz solcher positiver Kompetenzkonflikte bzw. Mehrfachzuständigkeiten wird aus verschiedenen Gründen kritisch betrachtet. Zum einen entstehe so die Gefahr des *forum shoppings*[2], ein freilich im Menschenrechtsbereich angesichts der (noch) unvollkommenen Ausgestaltung der Verfahren *per se* weniger schwerwiegendes Problem. Zum anderen kann es so zu gegensätzlichen Entscheidungen in der gleichen Sache kommen[3]. Ein weiterer Grund für eine klare Abgrenzung der Kompetenzen und gegen Überschneidungen ist die Entlastung derjenigen Gremien mit einer allgemeineren Zuständigkeit zugunsten der spezielleren[4]. Dieser Aspekt gewinnt angesichts zunehmender Inanspruchnahme der bestehenden Mechanismen im Interesse ihrer Wirksamkeit besonders an Bedeutung.

I. Allgemeine Prinzipien der Koordination

So wichtig eine angemessene Regelung des Verhältnisses zwischen den verschiedenen bestehenden Verfahren ist, so wenig bestehen allgemeine Rechtsgrundsätze oder völkergewohnheitsrechtliche Rechtssätze in bezug hierauf.

Zuweilen wird zur Lösung auftretender Probleme dieser Art auf allgemeine Prinzipien zurückgegriffen, u.a. auf den aus dem Strafrecht bekannten Grundsatz *ne bis in idem*: derselbe Fall könne nicht zwei verschiedenen Zuständigkeiten unterfallen[5]. Es handelt sich hierbei nicht um ein Prinzip, das aus übergeordneten

---

[2] *Guillaume*, Abs. 13f. (bei Fn. 7), allerdings in bezug auf das Verhältnis zwischen sämtlichen internationalen Streitbeilegungsmechanismen.

[3] Vgl. *Meron*, AJIL 76 (1982), S. 771. Freilich ist beobachtet worden, daß internationale Gremien häufig *de facto* im Sinne der gegenseitigen Beachtung ihrer Ergebnisse entscheiden - *Tardu*, Santa Clara Law Rev. 20 (1980), S. 592 mit Fn. 132. In neuerer Zeit besonders kritisch im Hinblick auf Widersprüche in der Entscheidungspraxis internationaler Gremien der Präsident des IGH, *Gulliaume*, wenn auch nicht spezifisch zu Menschenrechtsverfahren - *Guillaume*, Abs. 24f. (bei Fn.15, 17).

[4] *Cassese*, RDH 5 (1972), S. 384.

[5] Siehe z.B. Report of the Working Group on Arbitrary Detention, E/CN.4/1994/27 (17.12.1993), Abs. 64-65.

rechtlichen Gesichtspunkten die Durchführung zweier Verfahren verbietet. Denn selbst wenn man die Anwendung des *ne bis in idem* im Grundsatz auch für menschenrechtliche Verfahren gegenüber einem verantwortlichen Staat anerkennen wollte, was zweifelhaft ist, so würde ein derartiges Verbot die materielle Rechtskraft der ersten gerichtlichen oder schiedsgerichtlichen Entscheidung und damit deren Bindungswirkung voraussetzen[6]. Dies ist jedoch allenfalls bei den regionalen Menschenrechtschutzmechanismen nach der EMRK und der AEMR der Fall[7]. Gleiches gilt für das allgemeiner formulierte und hier eher einschlägige Prinzip *res iudicata*[8]. Danach ist jede weitere obligatorisch streitbeilegende Erörterung einer Angelegenheit in einem anderen Verfahren unzulässig, wenn eine verbindliche Entscheidung vorliegt. Hier wird, da Bindungswirkung überhaupt nur zwischen den Parteien eines Verfahrens entstehen kann, die Parteistellung des Beschwerdeführers vorausgesetzt. Diese wiederum ist aber nur in wenigen internationalen Mechanismen anerkannt bzw. als solche vorgesehen[9].

Schließlich wird vertreten, daß es im Rahmen der internationalen Rechtsschutzverfahren ein allgemeines Duplikationsverbot gebe, welches eine zweite Befassung durch ein internationales Organ verbiete[10]. Indes, selbst die vertraglichen Instrumente schließen solches nicht aus, soweit eine Angelegenheit bereits entscheiden wurde. Beispielsweise kann unter dem Verfahren nach dem 1. Fakultativprotokoll (FaP) zum IPbpR eine im übrigen zulässige Beschwerde auch nach dem Abschluß eines anderem internationalen Verfahrens behandelt werden. Nur die gleichzeitige Behandlung führt gemäß Art. 5 Abs. 2 lit. a) FaP zur Unzulässigkeit. Wie oben gezeigt, geht auch Abs. 4 lit. c) Res. 1 (XXIV) der Unterkommission von dieser Möglichkeit für das 1503-Verfahren aus. Ein allgemeines Duplikationsverbot im völkerrechtlichen Menschenrechtsschutz besteht daher nicht. Auch darüber hinaus läßt sich in Ermangelung einer entsprechenden einheitlichen Rechtsübung, wie aus den verschiedenen vertraglichen Instrumenten ersichtlich, kein verbindlicher Satz des Völkergewohnheitsrechtes feststellen, der eine Mehrfachbefassung in verschiedenen Verfahren verbietet[11].

---

6 *Rudolf*, S. 224f.

7 *Rudolf*, S. 225. Ausführlich zu den beiden Mechanismen unten § 31.II., S. 524ff.

8 Hierzu als Kollisionsprinzip: *Guillaume*, Abs. 15 (vor Fn. 9).

9 *Rudolf*, S. 225.

10 *Ermacora*, in: FS Verosta, S. 195.

11 *Rudolf*, S. 225f.

Zur Vermeidung von Überschneidungen finden sich in den jeweiligen Verträgen und Verfahrensdokumenten für Individualbeschwerden vor allem Konkurrenz- oder Ausschlußklauseln[12]. Doch handelt es sich dabei gerade nicht um allgemeine Regeln. Nur die jeweils im Einzelfall ausdrücklich vorgeschriebenen Kollisionsnormen gelangen zur Anwendung.

Es ist bei allem zudem zu berücksichtigen, daß die Überlappung bestehender Verfahren, also eine doppelte Zuständigkeit, im Interesse eines umfassenden Schutzes der Opfer von Menschenrechtsverletzungen durchaus gewünscht sein kann[13]. Dabei ist nicht in erster Linie der Fall gemeint, in dem ein Verfahren infolge engerer Zulässigkeitskriterien ohnehin nicht anwendbar ist. Insoweit besteht schon kein Kompetenzkonflikt. Es kann aber auch allein aus faktischen Gründen eines der Verfahren neutralisiert sein, so daß nur das andere als effektiver Mechanismus zur Verfügung steht[14]. Auch in dieser Hinsicht ist freilich die rechtliche Situation von den konkreten Bestimmungen des jeweiligen Verfahrens abhängig, gleichermaßen auch von der einzelnen Ausgestaltung der kollidierenden Mechanismen.

II. Die Vorgaben für das 1503-Verfahren

Für das 1503-Verfahren besteht die Gefahr einer Doppelbefassung oder möglicherweise widersprüchlicher, jedenfalls aber unnützer Entscheidungen im Grundsatz wie für jedes andere[15]. Es ist daher zunächst zu prüfen, welche internen Vorgaben in dieser Hinsicht bestehen - ob also die einschlägigen Normen direkte oder indirekte Aussagen zur Koordination mit anderen Verfahren enthalten.

---

[12] *Karl*, BerDGV 33 (1994), S. 121. Üblicherweise soll damit die Behandlung 1.) „derselben Sache" in räumlicher, personeller, materieller und zeitlicher Hinsicht, 2.) „in einem anderen Untersuchungs- oder Streitbeilegungsverfahren" durch eine 3.) „andere internationale Instanz" unterbunden werden, doch nur wenn das fragliche Organ ein spezifisch menschenrechtliches ist, d.h. auf der Grundlage von Menschenrechtsnormen entscheidet - siehe ausführlich *Ermacora*, in: FS Verosta, besonders S. 190-192.

[13] So auch *De Meyer*, zitiert bei *Meron*, AJIL 76 (1982), S. 770f.

[14] *Alston,* Commission on Human Rights, in: ders. (Hrsg.), The United Nations and Human Rights, S. 199.

[15] *Cassese*, RDH 5 (1972), S. 384.

A. Die Vertraulichkeit

Problematisch in bezug auf die Koordination mit anderen Mechanismen sind Vertraulichkeit und prinzipielle Offenheit des Verfahrens, letzteres im Sinne des Fehlens eines förmlich verkündeten Abschlusses. Die Durchführung eines 1503-Verfahrens wird regelmäßig schon deshalb nicht von anderen Gremien als ein Hindernis für deren Tätigkeit betrachtet werden können, weil jenes bezüglich der konkreten Situation in vollständiger Vertraulichkeit abläuft. Um eine wirkliche Koordination zu ermöglichen, müßten - um gewissermaßen zu einer „Rechtshängigkeit" zu gelangen - wesentliche Informationen über den behandelten Gegenstand und gegebenenfalls getroffene Entscheidungen bekanntgemacht werden[16]. Es ist dem beteiligten Staate dabei zwar möglich - und seine Obliegenheit[17] -, in dem fraglichen Verfahren eine entsprechende Zulässigkeitsrüge zu erheben. Damit würde er jedoch regelmäßig den Schutz der sonst im 1503-Verfahren gewährleisteten Vertraulichkeit aufgeben, wenn auch nur gegenüber den anderen Verfahrensbeteiligten.

Mithin ist schon durch das streng ausgestaltete Vertraulichkeitserfordernis - auch die Bekanntgabe der Ländernamen ändert nichts daran - eine wirksame Koordination aus Sicht der anderen Verfahren kaum möglich. Dies läßt sich erst dann praktizieren, wenn die Situation gegebenenfalls öffentlich im Rahmen des Verfahrens nach Res. 1235 (XLII) behandelt wird. Die maßgebliche Verantwortung für die Vermeidung widersprüchlicher Entscheidungen oder sonstiger Diskrepanzen liegt somit bei den im 1503-Verfahren tätigen Organen. Erster Anhaltspunkt zur Vermeidung unnötiger Verdoppelungen sind die Bestimmungen für die Zulässigkeit der Beschwerden.

B. Zulässigkeitsbestimmungen

Diese betreffen, wie im einzelnen bereits ausgeführt, nur einzelne Mechanismen, die zum Zeitpunkt der Verabschiedung von Res. 1503 (XLVIII) bereits bestanden. Nur im Verhältnis zu diesen sollten Zuständigkeitskonflikte ausgeräumt werden. Abs. 4 lit. a) Res. 1 (XXIV) erwähnt allgemein die „Funktionen der Sonderorganisationen der UNO", insbesondere also ILO und UNESCO,

---

[16] *Samson*, in: Alston (Hrsg.), The United Nations and Human Rights, S. 654.

[17] *Ermacora*, in: FS Verosta, S. 191.

denen eine Beschwerde nicht vorgreifen solle[18]. Alle anderen Mechanismen zum Menschenrechtsschutz sind hiervon nicht erfaßt[19].

Gemäß Abs. 4 lit. c) derselben Resolution kann ein 1503-Verfahren wegen der Unzulässigkeit der Beschwerden auch dann nicht eingeleitet werden, wenn diese Fälle (*cases*) bereits einer Regelung zugeführt worden sind - allerdings unter dem Vorbehalt, daß dies im Einklang mit den Prinzipien der AEMR und anderen einschlägigen Instrumenten erfolgte. Es scheint, daß das 1503-Verfahren eine ausdrückliche Regelung im Sinne des Prinzips *res iudicata* enthält. Allerdings stellt diese Bestimmung praktisch nicht auf das Verfahren als solches ab - der Resolutionstext erwähnt die Anwendung eines Mechanismus, sei es auf nationaler oder internationaler Ebene, überhaupt nicht. Allein auf das Ergebnis, die Beilegung der konkreten Auseinandersetzung, ist abgestellt. Mithin folgt aus dieser Norm nur wenig Konkretes im Hinblick auf die Abstimmung des 1503-Verfahrens mit anderen internationalen Untersuchungs- oder Streitbeilegungsmechanismen. Die Unzulässigkeit einer Beschwerde wegen der gleichzeitigen Behandlung in einem anderen Verfahren ergibt sich hieraus gerade nicht.

C. Vorgaben der Resolution 1503

Res. 1503 (XLVIII) selbst enthält nur wenige relevante Aussagen zur Koexistenz des Verfahrens mit anderen internationalen Mechanismen, Res. 2000/3 hingegen überhaupt nicht. Aus der mittlerweile obsolet gewordenen Einsetzungsnorm für einen Untersuchungsausschuß, Abs. 6 lit. b) Res. 1503 (XLVIII), wird indirekt deutlich, daß nach der ursprünglichen Konzeption überhaupt erst auf dieser Verfahrensstufe ein Konflikt mit anderen internationalen Mechanismen als möglich angesehen wurde. Die Einsetzung des Untersuchungsausschusses sollte nur dann erfolgen, wenn dieselbe Situation nicht „im Rahmen anderer, in den Satzungstexten der UNO und der Sonderorganisationen bzw. in von diesen verabschiedeten Konventionen oder in regionalen Konventionen behandelt wird" (Abs. 6 lit. b] Ziff. [ii]). Im Umkehrschluß dazu wäre die gleichzeitige Behandlung während der übrigen Verfahrensphasen unschädlich.

Wie gezeigt hat die Praxis das Modell des Verfahrensablaufs von Res. 1503 (XLVIII) überholt, so daß entsprechende Schlußfolgerungen nicht unbesehen übertragen werden können. Die Einsetzung eines Untersuchungs-

---

[18] Sub-Commission Res. 1 (XXIV), 13.08.1971, Abs. 4 lit.a): "Communications shall be inadmissible if their admission would prejudice the functions of the specialized agencies of the United Nations."

[19] *Cassese*, RDH 5 (1972), S. 387; *Tardu*, Santa Clara Law Rev. 20 (1980), S. 591.

ausschusses und die Durchführung einer eingehenden Studie waren als Handlungsoptionen für die Kommission vorgesehen, nicht aber die jahrelange Behandlung eomer Situation ohne derartige Spezialverfahren. Gleichwohl führt diese Erwägung nicht zu einem anderen Ergebnis. Denn die bloße Erörterung der Situation in der Kommission, gegebenenfalls unterstützt durch die Untersuchung eines unabhängigen Experten, kann als solche nur schwerlich in Konflikt mit anderen Mechanismen geraten. Selbst die ursprünglich vorgesehene eingehende Untersuchung wurde nicht als konfliktträchtig in bezug auf andere Mechanismen angesehen. Und mit Res. 2000/3 wurde jene Praxis, wonach die Durchführung weiterer Verfahren ein 1503-Verfahren in keiner Weise beeinflussen sollte, indirekt bestätigt. Ungeachtet der Vielzahl existenter Verfahren wurde keinerlei Konkurrenzklausel eingefügt.

Gemäß Abs. 1 Res. 1235 (XLII) erfolgt die Diskussion der Situationen „unbeschadet der Aufgaben und Befugnisse" (*without prejudice to the functions and powers*) von Vertragsorganen, die im Rahmen der Umsetzung von internationalen Verträgen zum Schutz der Menschenrechte einge-richtet wurden. Da diese Resolution noch immer die Grundlage für die Untersuchung von Informationen über grobe Menschenrechtsverletzungen darstellt (Res. 2000/3, II. Präambelabsatz), sind auch deren Einschränkungen anwendbar. Zum Teil wird in dieser Bestimmung eine Vorrangregelung für die vertraglichen Mechanismen gesehen, während die außervertraglichen Mechanismen der Sonderorganisationen zum 1503-Verfahren aus dessen Perspektive in einem „freien Wettbewerb" stünden[20]. Der Wortlaut steht einer solchen Auslegung entgegen. Es soll lediglich die Ein- und Durchführung dieser Mechanismen neben den auf Res. 1235 (XLII) beruhenden Verfahren, einschließlich des vertraulichen, offengehalten werden.

Ähnliches ergibt sich aus Abs. 10 Res. 1503 (XLVIII). Danach sollte das 1503-Verfahren dann überprüft werden (*should be reviewed*), „... wenn im Rahmen der Vereinten Nationen oder aufgrund eines internationalen Übereinkommens ein neues Organ eingesetzt wird, das zur Behandlung derartiger Mitteilungen berechtigt ist." Diese Vorschrift war im Hinblick auf Inkrafttreten von IPbpR und FaP eingefügt worden, bedeute aber gerade keinen Automatismus in bezug auf eine Änderung des 1503-Verfahrens. Das Inkrafttreten des Paktes 1976 hat demnach das 1503-Verfahren nicht, und auch nicht beschränkt auf solche Staaten, die das FaP ratifiziert haben, hinfällig gemacht[21].

---

[20] *Tardu*, Santa Clara Law Rev. 20 (1980), S. 592.

[21] *von Kyaw*, VN 1976, S. 106. A.A. *Ermacora*, RDH 7 (1974), S. 686 betreffend Staaten, die das FaP ratifiziert haben. Siehe hierzu im Einzelnen noch unten § 31.I.A.3., S. 513.

§ 30. Das Verhältnis zu anderen Verfahren der Kommission

Ein besonderer Bereich in der Untersuchung der Stellung des 1503-Verfahrens ist das Verhältnis zu den weiteren Verfahren der Kommission. Selbst wenn es sich dabei um ein Feld handelt, das ohne Rückgriff auf das allgemeine Völkerrecht durch eine organisationsinterne Regelung geordnet werden könnte, stellt sich doch in der Wirklichkeit gerade dieser Fragenkomplex als ein wenig geregelter und - vom rechtlichen Gesichtspunkt - nahezu undurchschaubarer dar. Grund für das Fehlen einer eindeutigen Regelung ist, daß die Kommission bei der Einrichtung ihrer verschiedenen Spezialverfahren keineswegs ein abgestimmtes System von öffentlichen und vertraulichen, länder- und themenbezogenen Verfahren entwickelt hat[1]. Die Einrichtung der jeweiligen Mechanismen stellte vielmehr eine jeweils mehr oder weniger unmittelbare Reaktion auf spezifische Problemlagen dar[2]. Da es zudem an einer allgemein anwendbaren Rechtsgrundlage fehlt und die verschiedenen Ausführungsmaßnahmen jeweils aufgrund einer Einzelfallresolution erfolgen, wird der Komplex der verschiedenen Spezialverfahren geradezu undurchschaubar - wiederum eine Folge des hochpolitischen Charakters der MRK. Der fortwährend wechselnde Mitgliederbestand und die Vielzahl der Akteure mit den unterschiedlichsten politischen Zielen ergeben, daß von Sitzung zu Sitzung die im wahren Wortsinne „entscheidende" Stimmung unterschiedlich sein kann. Ein einmal bestimmtes Ziel - oder eine durchgesetzte Konzeption - ist nicht davor gefeit, in seiner Ausrichtung gänzlich verändert zu werden. Erst recht sind nachfolgende Schwierigkeiten vorprogrammiert, wenn die ausschlaggebende Resolution oder Entscheidung als bloßer Formelkompromiß verabschiedet wurde. Die Frage der Koordination und Abstimmung der einzelnen Verfahren bleibt bestehen und stellt sich besonders dringlich. Angesichts des geschilderten „Wildwuchses" der Verfahren[3] findet sich gerade im Zuständigkeitsbereich des Sekretariats nur allzu oft eine wenig rechtlich basierte, sondern pragmatisch orientierte Handhabung.

---

[1] *Cook*, Int.Comm.J.Rev. 50 (1993), S. 33.

[2] *Cook*, Int.Comm.J.Rev. 50 (1993), S. 33f.: Als Anstoß können hier der Druck der Öffentlichkeit in Fällen schwerwiegender und grausamer Menschenrechtsverstöße (so im Falle der Arbeitsgruppe für Verschwundene), die Erstellung von Studien und Empfehlungen durch die Unterkommission (so bei der Arbeitsgruppe über willkürliche Haft oder dem Sonderberichterstatter zur Meinungsfreiheit), konzertierte Aktionen von NGO (beispielsweise der Sonderberichterstatter für Folter) oder politische Strategien einzelner Staaten dienen (so im Falle des Soderberichterstatters über religiöse Intoleranz, der gegen die Staaten des Ostblocks gerichtet waren) - ebd., Anm. 3-6.

[3] Siehe hierzu nur *Alston*, Critical Appraisal, in: ders. (Hrsg.), The United Nations and Human Rights, S. 2ff.

I. Öffentliche Länderverfahren

Wie oben gezeigt, hatte sich auch neben dem schließlich vertraulich ausgestalteten Verfahren zur Behandlung der Individualbeschwerden gemäß Res. 1503 (XLVIII) die allgemeine öffentliche Debatte als eigenes Verfahren herausgebildet, als dessen Basis Res. 1235 (XLII) herangezogen wurde[4]. Unproblematisch sind insoweit die Fälle, daß eine Situation Gegenstand der öffentlichen Diskussion ist, während eine andere Situation in demselben Land im 1503-Verfahren untersucht wird[5]. Gleichermaßen ist die Durchführung eines öffentlichen Verfahrens im unmittelbaren Anschluß an die vertrauliche Behandlung seit 1979 Praxis in der Kommission, und als solche unproblematisch. Mit Abs. 7 lit. d) Ziff. (iv) Res. 2000/3 ist dies nun ausdrücklich im zugrundeliegenden Rechtstext bestätigt worden.

A. Die Ausgangssituationen

Die Problematik liegt in der Fragestellung, ob die Behandlung desselben Gegenstandes im öffentlichen und im vertraulichen Verfahren zur gleichen Zeit zulässig ist. Diese kam bereits 1975 bei der Untersuchung der Situation in Chile auf. Die Kommission hatte im öffentlichen Verfahren eine Arbeitsgruppe eingesetzt, gleichzeitig lagen ihr jedoch Individualbeschwerden vor, die gemäß Res. 1503 (XLVIII) in geschlossener Sitzung zu behandeln waren[6]. Dies wurde auch in den öffentlichen Verhandlungen so anerkannt, wenngleich der Untersuchungsgegenstand der *Ad hoc*-Arbeitsgruppe sehr viel weiter gefaßt war, als die in den einzelnen Beschwerden im 1503-Verfahren berichteten Menschenrechtsverletzungen[7]. Im Ergebnis unternahm die Kommission im Rahmen des vertraulichen Verfahrens nichts weiter, sondern erörterte die gesamte Situation

---

[4] Siehe oben § 10.IV.A.1., S. 143.

[5] Eine parallele Behandlung im öffentlichen und im vertraulichen Verfahren, aber in bezug auf unterschiedliche Gegenstände, erfolgte im Falle Paraguays. Das vertrauliche Verfahren war bereits 1978 eingeleitet worden und betraf die Behandlung der indianischen Ureinwohner. Zusätzlich wurde - auf Initiative der Unterkommission - 1984 eine Resolution im öffentlichen Verfahren verabschiedet, die sich auf den bereits 20 Jahre anhaltenden Ausnahmezustand und die daraus resultierenden Menschenrechtsverletzungen bezog - *Tolley*, The U.N. Commission on Human Rights, S. 132 (mit Anm. 131); Unterkommission, Res. 1984/9 vom 28.08.1984, in: Report of the Sub-Commission ... on its 37th session, E/CN.4/1985/3, E/CN.4/Sub.2/1984/43 (19.10.1984), S. 83.

[6] Report prepared by the Secretary-General pursuant to Decision 4 (XXXIII) of the Commission on Human Rights (Addendum), E/CN.4/1273/Add.1 (26.01.1978), Abs. 4; *Tardu/McCarthy*, S. 23.

[7] *Tardu/McCarthy*, S. 23.

ausschließlich in der öffentlichen Debatte unter Einschluß der Ergebnisse der Arbeitsgruppe.

Eine ähnliche Problematik ergab sich 1977 im Zusammenhang mit der Behandlung Ugandas. Angesichts der zögerlichen Maßnahmen im Rahmen der 1503-Untersuchung[8] hatten zwei Mitglieder der Kommission in einer öffentlichen Sitzung - d.h. zur öffentlichen Behandlung - Resolutionsentwürfe eingebracht, die die Situation in Uganda betrafen[9]. Hintergrund war, daß die Langwierigkeit des 1503-Verfahrens es erforderlich oder zumindest wünschenswert mache, gleichzeitig ein öffentliches Verfahren einzuleiten. Auch sei fraglich, ob dadurch jegliche öffentliche Behandlung unterbunden werden solle[10]. Zumindest neue Informationen, die in den Beschwerden nicht enthalten sind, sollten daher öffentlich behandelt werden können[11]. Infolge starken Widerstandes in der Kommission beschloß diese nach einer Verfahrensdebatte jedoch, die Situation ausschließlich im 1503-Verfahren zu behandeln[12]. Auch im Folgejahr ging man noch immer von der Unvereinbarkeit eines vertraulichen Verfahrens mit der gleichzeitigen öffentlichen Behandlung aus. Die Bekanntgabe der im 1503-Verfahren behandelten Situationen 1978 beruhte auf der Annahme, daß sich die öffentliche und die ver-

---

[8] Die Situation in Uganda war bereits 1974 von der WGC und der Unterkommission an die Kommission weitergeleitet worden (Sitzung 1975), wurde aber trotz der Weiterleitung neuerlicher Informationen im Folgejahr (1976) eingestellt. Von 1977 an - die Unterkommission hatte erneut die Situation zur Behandlung weitergeleitet - war die Situation bis einschließlich 1979 jährlich Gegenstand der vertraulichen Debatte der Kommission.

[9] CHR, Report of the 23th Session..., E/5927, E/CN.4/1247 (1977), Abs. 75; *Tardu/McCarthy,* S. 23.

Der Entwurf Kanadas enthielt lediglich den Ausdruck der Besorgnis und die Aufforderung zur Zusammenarbeit mit dem Generalsekretär (E/CN.4/L.1349 und Corr.1 - 03.03.1977), während der britische Vorschlag die Einsetzung einer *Ad hoc*-Arbeitgruppe vorsah (E/CN.4/L.1348 - 03.03.1977). Beide Entwürfe beriefen sich auf Resolution 2 B (XXIX) der Unterkommission. In dieser Entschließung war unter Berufung auf Res. 8 (XXIII) der MRK sowie Res. 1235 (XLII) die Durchführung einer „eingehende Studie" gemäß Abs. 3 Res. 1235 (XLII) zur Situation in Uganda empfohlen worden - Res. 2 B (XXIX), in Report of the Sub-Commission ... on its 29th session, E/CN.4/1218, E/CN.4/Sub.2/378 (07.10.1976), S. 44.

[10] Int.Comm.J.Rev. 20 (1978), S. 34.

[11] Int.Comm.J.Rev. 20 (1978), S. 34.

[12] CHR, Report of the 23rd Session..., E/5927, E/CN.4/1247 (1977), Abs. 75; *Tardu/McCarthy,* S. 23.

trauliche Behandlung eines Landes gegenseitig ausschlössen[13]. Die Stellungnahme des Vorsitzenden während der Sitzung 1979, und entsprechend auch die in den Folgejahren, korrigierte jedoch diesen weiten Ansatz: nunmehr sollte in der öffentlichen Debatte lediglich der Hinweis auf die vertraulichen Entscheidungen und Materialien unterbleiben[14]. Damit war aber auch die Grundannahme der Unvereinbarkeit beider Verfahren in bezug auf ein Land implizit aufgehoben. Es war vielmehr die gleichzeitige öffentliche Behandlung für zulässig erklärt worden.

B. Der Standpunkt der Unterkommission

Die Unterkommission hatte in ihrer Praxis in mehreren Situationen ungeachtet der jeweiligen vertraulichen Behandlung - die sie selbst nicht beenden konnte - das gleiche Land im Rahmen ihres öffentlichen Verfahrens verurteilt. Sie verabschiedete öffentliche Empfehlungen zu Uganda, Bolivien[15], Paraguay, Iran und Afghanistan, während die gleichen Länder - freilich nicht zwangsläufig die gleichen Situationen - auch im 1503-Verfahren weitergeleitet wurden[16]. Auch wenn der Verweis auf die im vertraulichen Verfahren verwendeten Dokumente und den Umstand der vertraulichen Behandlung nicht zulässig ist, wird doch eine Bezugnahme auf die Situation an sich regelmäßig nicht als Bruch der Vertraulichkeit angesehen[17].

---

[13] CHR, Report on the 34th Session, E/1978/34, E/CN.4/1292, Abs. 208. Siehe auch *Zuijdwijk*, S. 54.

[14] CHR, Report on the 35th Session, E/1979/36, E/CN.4/1347, Abs. 218. Siehe auch *Zuijdwijk*, S. 54.

[15] Bolivien war seit 1977 Gegenstand der vertraulichen Untersuchung der Kommission im 1503-Verfahren. Nach dem Staatsstreich des Militärs 1980 verabschiedete die Unterkommission außerhalb der vertraulichen Erörterung eine öffentliche Resolution, stellte grobe Menschenrechtsverletzungen fest und beauftragte eines ihrer Mitglieder, in einem öffentlichen Verfahren sämtliche Informationen durchzusehen und der MRK zu präsentieren - vgl. *M. Nowak*, NYIL 22 (1991), S. 59; *Bossuyt*, HRLJ 6 (1985), S. 189. Die Kommission verabschiedete auf ihrer Sitzung im Folgejahr - nachdem sie auch von der Generalversammlung hierzu aufgefordert worden war - eine öffentliche Resolution zur Situation in Bolivien, im vertraulichen Verfahren unterließ sie jedoch jegliche Aktivitäten (*no action*) - siehe MRK, Res. 34 (XXXVII), in: Report on the 37th session, E/1981/25, E/CN.4/1475, S. 236.

[16] *Tolley*, HRQ 6 (1984), S. 443; *Farer*, HRQ 9 (1987), S. 581.

[17] Working Paper presented by Mr. Chernichenko and Mr. Treat, E/CN.4/Sub.2/1989/51 (11.08.1989), Abs. 5.

C. Die gegenwärtige Praxis

Die maßgeblichen grundlegenden Rechtsnormen enthalten keine Aussage zu dieser Frage. Res. 1503 (XLVIII) und 2000/3 beruhen beide auf der als Ausgangspunkt für das öffentliche Verfahren herangezogenen Res. 1235 (XLII). Diese stellt insoweit nur eine Generalermächtigung zur Debatte dar, nicht jedoch ein „Verfahren", das in seiner Abfolge vorgegeben würde. Da es aber nach der ursprünglichen Konzeption neben dem später in Res. 1503 (XLVIII) spezifizierten Mechanismus keinen weiteren geben sollte[18], ermangelte es dieser Resolution auch an klaren Vorschriften über das Verhältnis beider Verfahren. Res. 2000/3 enthält diesbezüglich allein Aussagen über die nachfolgende öffentliche Behandlung, nicht aber über eine parallele Erörterung.

Fraglich ist, ob sich aus anderen rechtlichen Gesichtspunkten eine Vorgabe betreffend die Doppelbehandlung durch die Kommission ableiten läßt. Die Zulässigkeit dieses Vorgehens war lange Zeit bestritten worden[19]. So könne z.B. die öffentliche Erörterung ungerechtfertigt Einfluß auf die geheime ausüben, da im Ergebnis in der gleichen Sache nur selten zwei auseinanderfallende Entscheidungen getroffen würden[20] bzw. anderenfalls widersprüchliche Entscheidungen ergehen würden[21]. Außerdem spreche Abs. 8 Res. 1503 (XLVIII) und die darin vorgeschriebene Vertraulichkeit gegen eine gleichzeitige öffentliche Behandlung, und zwar unabhängig davon, ob das Verfahren auf Individualbeschwerden, Behauptungen von Regierungen oder sonstigen Materialien beruht[22]. Voraussetzung für dieses Argument ist allerdings die - durch die Entscheidungspraxis der Kommission widerlegte - Annahme, daß Res. 1235 (XLII) und Res. 1503 (XLVIII) ein einziges Verfahren ausgestalten[23]. Existieren aber zwei unterschiedliche Verfahren und ist nur für eines von Ihnen die Vertraulichkeit vorgeschrieben, können diese Beschränkungen nicht ohne weitere Begründung

---

[18] Siehe oben § 15.V., S. 228.

[19] *Rodley*, A/Conf.157/PC/60/Add.6 Abs. 33; *Cançado Trindade*, RdC 202 (1987 II), S. 226; Report prepared by the Secretary-General pursuant to Decision 4 (XXXIII) of the Commission on Human Rights (Addendum), E/CN.4/1273/Add.1 (26.01.1978), Abs. 9.

[20] Vgl. *Tardu*, Santa Clara Law Rev. 20 (1980), S. 594.

[21] Report prepared by the Secretary-General pursuant to Decision 4 (XXXIII) of the Commission on Human Rights (Addendum), E/CN.4/1273/Add.1 (26.01.1978), Abs. 11.

[22] Report prepared by the Secretary-General pursuant to Decision 4 (XXXIII) of the Commission on Human Rights (Addendum), E/CN.4/1273/Add.1 (26.01.1978), S. 5, 7 (Argentinien).

[23] Siehe hierzu oben § 15.V., S. 228.

auf das andere ausgedehnt werden. Die Bestimmung über die Vertraulichkeit (Abs. 9 Res. 2000/3 bzw. Abs. 8 Res. 1503 [XLVIII]) steht somit einer Parallelbehandlung nicht entgegen. Sie gilt lediglich für das Verfahren selbst, die darin getroffenen Entscheidungen sowie die zugrundeliegenden vertraulichen Materialien, nicht aber für ein gleichzeitig stattfindendes öffentliches Verfahren[24].

In praktischer Hinsicht bleibt freilich zweifelhaft, inwieweit ein vertrauliches Verfahren überhaupt sinnvoll ist, wenn die gleiche Situation auch öffentlich behandelt wird[25]. Doch kann es angesichts des langen Vorlaufs und der prinzipiell unterschiedlichen Informationsquellen durchaus zu einer verschiedenen Informationsbasis für beide Mechanismen kommen. Das öffentliche Verfahren kann quasi voraussetzungslos durch Mitgliedstaaten in Gang gesetzt werden, während im vertraulichen erst nach dem Durchlauf durch die zwei Vorstufen (WGC und WGS) eine Situation auf die Tagesordnung der Kommission gelangt. Es ist daher nicht von vornherein ausgeschlossen, daß ein vertrauliches Verfahren zumindest theoretisch auf der gleichen Sitzung in der Kommission durchgeführt wird, wenn die Situation auch Gegenstand der öffentlichen Debatte ist. Dies ist insbesondere in den Fällen denkbar, in denen eine Situation von den im 1503-Verfahren handelnden Arbeitsgruppen weitergeleitet wurde, da diese auf neuerliche Einleitungen eines öffentlichen Verfahrens in der Kommission keinen Einfluß haben. Es ist für die WGC auch nicht unzulässig, nach der öffentlichen Behandlung einer Situation dieselbe im Rahmen des vertraulichen Verfahrens an die Kommission zu überweisen[26]. Dies kann insbesondere in Situationen geschehen, in denen die Beschwerden zwar schon eingereicht, im 1503-Verfahren aber noch nicht über das Eingangsverfahren hinaus gelangt waren, während gleichzeitig die Situation

---

[24] *Alston,* Commission on Human Rights, in: ders. (Hrsg.), The United Nations and Human Rights, S. 151.

[25] CHR, Summary record of the 1501st meeting [01.03.1979], E/CN.4/SR.1501 (15.03.1979), Abs. 21 (Österreich). Nach *Zuijdwijk,* S. 54 dürfte es insoweit allerdings nicht dazu kommen, daß das vertrauliche Verfahren die Wirksamkeit des öffentlichen überlagerte.

[26] Nur wenige Wochen nach dem sowjetischen Einmarsch in Afghanistan und der Machtübernahme durch *Bahrak Karmal* verurteilte die MRK in ihrer Sitzung im Februar 1980 die sowjetische Aggression, was sie in den Folgejahren ständig wiederholte. Aber auch im vertraulichen Verfahren überwies die Unterkommission im Sommer des gleichen Jahres die dortige Situation an die MRK, welche sich - parallel - über mehrere Jahre hinweg auch in diesem Verfahren mit der Situation beschäftigte- *Bossuyt*, HRLJ 6 (1985), S. 193.

Erst 1984 wurde die vertrauliche Behandlung der Menschenrechtssituation in Afghanistan abgebrochen und in ein öffentliches Verfahren überführt - *Bartolomei,* S. 241; *Tolley*, The U.N. Commission on Human Rights, S. 130f.

bereits im öffentlichen Verfahren diskutiert wurde[27]. Wie Praxis und Lehre zeigen, geht die Kommission mittlerweile mehrheitlich davon aus, daß beide Verfahren nebeneinander zulässig sind[28]. Allerdings darf in der öffentlichen Debatte weder auf die Beschwerden und Antworten der Regierung noch auf die Diskussion in den vertraulichen Sitzungen oder sonstige Maßnahmen gemäß Res. 1503 bezug genommen werden[29]. Anderes gilt dann, wenn sich die öffentliche Erörterung ausweitet und ein Sonderberichterstatter zur Untersuchung der jeweiligen Situation eingesetzt wird. In diesem Fall wird seit 1979 das vertrauliche Verfahren insgesamt eingestellt, bzw. nicht weiter verfolgt (*no action*)[30]. Dementsprechend hat auch die Unterkommission seit 1982 dann kein Material im Rahmen des 1503-Verfahrens an die MRK weitergeleitet, wenn das betreffende Land entsprechend einer vorhergehenden Entschließung auf der vorherigen Sitzung bereits auf der nächsten Tagesordnung unter „Menschenrechtsverletzungen in aller Welt" vermerkt ist, also im klassischen „öffentlichen Verfahren" behandelt wird[31]. Entsprechend wird es im regelmäßigen Ablauf auch nicht zu einem Konflikt kommen. Lediglich in Ausnahmefällen kann es hier zu Parallelbefassungen kommen. So hatte beispielsweise die Kommission auf ihrer Sondersitzung zur Lage in Ruanda im Mai 1994 einen öffentlichen Sonderberichterstatter eingesetzt[32], obgleich die Situation auch noch im vertraulichen Verfahren behandelt wurde. Letzteres wurde dann freilich auf der nachfolgenden ordentlichen Sitzung

---

[27] Siehe *Alston,* Commission on Human Rights, in: ders. (Hrsg.), The United Nations and Human Rights, S. 150 unter Hinweis auf Argentinien 1979; *M. Nowak*, NYIL 22 (1991), S. 62 für Guatemala 1980 und den Iran 1982.

[28] *Alston,* Commission on Human Rights, in: ders. (Hrsg.), The United Nations and Human Rights, S. 151; *Eide*, in: Alston (Hrsg.), The United Nations and Human Rights, S. 250. Auf entsprechende Präzedenzfälle verweisen bereits 1978 Stellungnahmen der Niederlande und der USA - Report prepared by the Secretary-General pursuant to Decision 4 (XXXIII) of the Commission on Human Rights (Addendum), E/CN.4/1273/Add.1 (26.01.1978), S. 12 (Niederlande); E/CN.4/1273/Add.4 (27.02.1978), S. 2 (USA).

[29] *Eide*, in: Alston (Hrsg.), The United Nations and Human Rights, S. 251; *Schwelb/Alston*, in: Vasak (Hrsg.), The International Dimensions I, S. 275; *Tardu*, in: FS Partsch, S. 311; *Bartolomei,* S. 230f. So auch schon der Report prepared by the Secretary-General pursuant to Decision 4 (XXXIII) of the Commission on Human Rights (Addendum), E/CN.4/1273/Add.1 (26.01.1978), Abs. 3.

[30] Report of the Secretary-General, Effective Functioning of the Various Mechanisms ..., E/CN.4/1994/42 (14.02.1994), Abs. 83.

[31] Report of the Secretary-General, Effective Functioning of the Various Mechanisms ..., E/CN.4/1994/42 (14.02.1994), Abs. 83.

[32] MRK, Res. S-3/1 vom 25.05.1994, Abs. 18, in: Report on the third Special Session, E/CN.4/S-3/3 (30.05.1994), S. 4.

im März 1995 eingestellt. Bemerkenswert - und eine Bestätigung der geschilderten Praxis - ist in diesem Fall, daß die WGC bereits 1994 keine weiteren Beschwerden im 1503-Verfahren weiterleitete.

Zusammenfassend gilt für das Verhältnis zwischen vertraulichem und öffentlichem länderbezogenen Verfahren, daß die Durchführung des ersteren die Erwähnung und Diskussion der Situation in der öffentlichen Debatte nicht beschränkt[33]. Soweit allerdings im öffentlichen Verfahren ein Länderberichterstatter berufen, also ein Spezialverfahren im engeren Sinne in bezug auf dieselbe Situation eingeleitet wird, hat die Kommission bisher nie das vertrauliche Verfahren fortgeführt.

II. Thematische Verfahren

A. Die Zielrichtung der Verfahren im Vergleich

Anders als bei den öffentlichen länderbezogenen Mechanismen, in denen wie im 1503-Verfahren auch eine konkrete Situation von Menschenrechtsverletzungen Gegenstand des Verfahrens ist, haben die themenbezogenen Verfahren primär die Aufgabe, ein bestimmtes Phänomen von Menschenrechtsverletzungen zu untersuchen. Schon aus dieser unterschiedlichen Ausrichtung von 1503-Verfahren und thematischer Untersuchung folgt, daß eine Konkurrenzsituation grundsätzlich nicht vorliegen wird. Auch wenn beide Mechanismen zur Untersuchung von Menschenrechtsverletzungen eingesetzt werden, sind doch die jeweiligen Untersuchungsgegenstände grundlegend verschieden - die Situation in einem bestimmten Land hinsichtlich verschiedener verletzter Menschenrechte einerseits und ein bestimmtes Menschenrecht in zahlreichen Ländern andererseits. Gleiches gilt für das mit den Mechanismen verfolgte Ziel. Während im 1503-Verfahren auf ein Land Einfluß ausgeübt werden soll, bestimmte Menschenrechtsverletzungen abzustellen, ist nach den offiziellen Begründungen mit dem thematischen Verfahren die Untersuchung der strukturellen Ursache bestimmter Menschenrechtsverletzungen und ihre gezielte Beseitigung auf globaler Ebene angestrebt.

In der Praxis hat diese theoretische und entstehungsgeschichtliche Unterscheidung durch die ausgreifende Entwicklung der thematischen Mechanismen ihre Schärfe eingebüßt. Zahlreiche thematische Verfahren behandeln Einzelfälle und tragen so aktiv zum Schutz der Menschenrechte bei. Die Behauptungen über

---

[33] Analysis Dated 2 February, 1978: The Competence of the Commission on Human Rights to Deal with Violations of Human Rights..., in: Ramcharan (Hrsg.), The Principle of Legality, S. 75 (82f.).

die einschlägigen Menschenrechtsverletzungen werden jeweils länderweise in Briefen an eine Regierung, den *allegation letters,* zusammengefaßt. Diese werden im jährlichen Bericht an die Kommission veröffentlicht[34]. Damit wird das Ausmaß einer bestimmten Art von Menschenrechtsverletzungen in dem jeweiligen Land aufgezeigt. Es kann so aus einem thematischen Bericht ein Eindruck über einen möglichen Gesamtzusammenhang von Menschenrechtsverletzungen gewonnen werden, welcher auf einer Vielzahl von Einzelfallmitteilungen beruht - anders als im 1503-Verfahren, das typischerweise auf einigen wenigen für zulässig erklärten Beschwerden beruht. Zudem wird von den jeweils im thematischen Verfahren Beauftragten immer häufiger auch die von ihrem Mandat umfaßte Situation in einem bestimmten Land durch Untersuchungen *in situ* detailliert behandelt. Da die themenorientierten Verfahren - mittlerweile - praktisch alle wichtigen bürgerlichen und zivilen Rechte, und zunehmend auch solche der zweiten Generation abdecken, kann dieser Mechanismus, flexibel einsetzbar, viele der dem 1503-Verfahren zugedachten Aufgaben erfüllen. Dies gilt um so mehr, als ein entsprechendes Mandat regelmäßig schon vor möglichen massiven Verletzungen existiert. Insofern werden nicht wenige Beschwerden, die ursprünglich vom allgemeinen vertraulichen Verfahren erfaßt wurden, heute durch die thematischen Mechanismen bearbeitet - insbesondere, wenn sie lediglich auf Einzelfälle hinweisen.

Gleichwohl ist die grundsätzlich humanitäre Ausrichtung der thematischen Verfahren zu bedenken, die bei aller Ähnlichkeit des Gegenstandes eine wesentliche Differenz ausmacht. Das 1503-Verfahren kennt diesen Aspekt als solchen überhaupt nicht, wenngleich bei der Untersuchung eines *consistent pattern* durchaus auch schon Einzelfälle und Schicksale eine Rolle gespielt haben. Es ist dasjenige mit den eher schwerwiegenderen politischen Auswirkungen auf außervertraglicher Grundlage. Der Anwendungs- und Wirkungsbereich beider Mechanismen ist so im Ergebnis auch nicht identisch. Insbesondere vermag das 1503-Verfahren eben gerade solche komplexen Situationen von systematischen Verletzungen mehrerer Menschenrechte zu behandeln, die unter thematischen Aspekten allenfalls teilweise erörtert werden könnten.

B. Die Koordination der Mechanismen

Aufgrund der unterschiedlichen Zielrichtung der Verfahren ist ein Zuständigkeitskonflikt zwischen beiden Mechanismen grundsätzlich nicht ernsthaft

---

[34] Siehe nur Report of the Special Rapporteur [on Torture], Mr. Nigel S. Rodley ..., Addendum: Summary of cases transmitted to Governments and replies received, E/CN.4/1997/7/Add.1 (20.12.1996).

denkbar. Entsprechend wurde auch das erste thematische Verfahren zum Problem des Verschwindenlassens parallel zum 1503-Verfahren bezüglich Argentiniens eingerichtet, in welchem dasselbe Phänomen massiv zu verzeichnen war. Der thematische Mechanismus wurde hier als Ersatz für eine öffentliche Untersuchung dieser Situation angesehen[35]. Die Kommission hat dabei im Interesse der Opfer eine partielle Doppelzuständigkeit verschiedener Verfahren bewußt in Kauf genommen. Dies gilt generell auch für die anderen Themenmechanismen. Diese werden in jedem Einzelfall durch eine explizite Resolution eingerichtet, so daß die jeweils damit beauftragten Personen oder Gruppen im Rahmen des Mandats grundsätzlich keinerlei weiteren Einschränkungen in bezug auf den Untersuchungsgegenstandes unterworfen sind. Ein parallel ablaufendes vertrauliches Verfahren, auch wenn dort u.U. die thematisch untersuchten Menschenrechtsprobleme auftreten, hat keine Auswirkungen auf ein thematisches Verfahren[36]. Erst recht wird auch die Durchführung eines thematischen Verfahrens keinen Einfluß auf die Entscheidungen der WGC und WGS haben, eine bestimmte Situation im vertraulichen Verfahren an die Kommission weiterzuleiten[37].

Ein Koordinationsproblem entstand in der frühen Entwicklung in bezug auf die von den thematischen Mechanismen angewendete Untersuchungsmethode. In zahlreichen Einsetzungsresolutionen war bestimmt worden, daß der Sonderberichterstatter bzw. die Arbeitsgruppe auf Einzelbeschwerden zurückgreifen könne[38]. Die Zulässigkeit dieser Vorgehensweise wurde im Zusammenhang mit der Einführung der thematischen Verfahren heftig bestritten. So argumentierte der Delegierte Argentiniens, gegen das sich das thematische Verfahren zum „Verschwindenlassen“ *de facto* im wesentlichen richtete, daß eine Situation wie die in seinem Lande nur in e i n e m UN-Verfahren behandelt werden könne[39]. Das insoweit durchgeführte 1503-Verfahren gegen Argentinien, in dem die Regierung

---

[35] Siehe oben § 21.III.B.2., bei Fn. 72.

[36] In bezug auf die öffentlichen Länderverfahren bestand die Praxis, daß durch die entsprechenden Beauftragten keine Vor-Ort-Besuche mehr in Länder erfolgte, die im 1235-Verfahren untersucht wurden. Hiervon ist man insofern abgegangen, als nunmehr auch gemeinsame Vor-Ort-Besuche von Länder- und thematischen Berichterstattern durchgeführt werden - *Cook*, Int.Comm.J.Rev. 50 (1993), S. 40.

[37] Siehe unten bei Fn. 47, S. 505.

[38] Dies ist zwar regelmäßig so nicht ausdrücklich festgelegt, doch vom jeweiligen Mandat mit umfaßt: vgl. nur MRK, Res. 20 (XXXVI) vom 29.02.1980, in: Report of th 36th Session, E/1980/13, E/CN.4/1408, chapter XXVI, section A (S. 190), Abs. 3: „...the Working Group shall ... receive information from ... humanitarian organizations and ...reliable sources...“.

[39] *Flood*, S. 53.

umfassend mit der Kommission zusammenarbeite, schließe daher die Erörterung des Landes in anderen Verfahren der Kommission, also auch durch die thematische Arbeitsgruppe aus[40]. Die MRK übernahm diesen Standpunkt nicht, sondern bestätigte implizit die parallele Anwendbarkeit eines 1503-Verfahrens und einer thematischen Untersuchung[41]. Im Zuge der weiteren Auseinandersetzung trug Argentinien später vor, daß die *Working Group on Disappearances* dann zumindest die einschlägigen Bestimmungen von Res. 1503 (XLVIII) und 728 F (XXVIII) einzuhalten hätte[42]. Insbesondere die Vertraulichkeit und die Einhaltung der Zulässigkeitsvorgaben aus Res. 1 (XXIV) der Unterkommission müßten gewährleistet sein[43]. Die *Working Group* übernahm jedoch den vom Sekretariat (Menschenrechtszentrum) eingenommenen Standpunkt, daß das thematische Verfahren als das speziellere und später verabschiedete dem 1503-Verfahren vorgehe. Insofern könne es auch nicht den Bestimmungen von Res. 1503 (XLVIII) untergeordnet sein, zumal die Einsetzung dieser thematischen Arbeitsgruppe auf entsprechende Aufforderungen der Generalversammlung und des ECOSOC zurückgehe[44]. Gleichwohl erreichte der argentinische Repräsentant, daß bei der Verlängerung des Mandats der Arbeitsgruppe die Wichtigkeit der Beachtung der Standards und Verfahren für den Empfang und die Weiterleitung von Beschwerden ausdrücklich betont wurde[45]. Es kann nur vermutet werden, daß damit die Zulässigkeitsbestimmungen von Res. 1 (XXIV) entsprechend übernommen werden sollten, wenngleich die Arbeitsgruppe sich zu keinem Zeitpunkt auf ein *consistent pattern* beschränkte, sondern auch Einzelfälle behandelte[46] . Eine klare Regelung, die den Anwendungsbereich der thematischen Verfahren einschränkte, folgte hieraus somit nicht.

---

[40] *Flood,* S. 53.

[41] *Flood,* S. 53.

[42] Report of the Working group on enforced or involuntary disappearances, E/CN.4/1435 (26.01.1981), Abs. 75.

[43] Letter of the Permanent Representative of Argentinia (dated 08.12.1980), in: Report of the Working group on enforced or involuntary disappearances, E/CN.4/1435 (26.01.1981), Annex IX, Abs. 4.

[44] Letter of the Director of the Division on Human Rights (dated 25.09.1980), in: Report of the Working group on enforced or involuntary disappearances, E/CN.4/1435 (26.01.1981), Annex X, S. 2.

[45] Siehe MRK, Res. 10 (XXXVII) vom 26.02.1981, in: E/1981/25, E/CN.4/1475, chapter II section A (S. 209). Ab 1984 wurde diese Bestimmung sogar als operativer Paragraph in die jeweiligen Resolutionen aufgenommen - *Kamminga*, NILR 34 (1987), S. 306.

[46] *Kamminga*, NILR 34 (1987), S. 306f.

In anderen Fällen kam es gleichfalls zu Überschneidungen beider Verfahren. So behandelten beispielsweise 1993 - 1995 verschiedene thematische Sonderberichterstatter Einzelbeschwerden betreffend Ruanda, obwohl die Situation zur gleichen Zeit auch im 1503-Verfahren untersucht wurde[47]. Möglicherweise im Zusammenhang damit forderte die Kommission 1993 die thematische „Arbeitsgruppe über willkürliche Haft" (*Working Group on Arbitrary Detention*) auf, zur Zulässigkeit der Behandlung von Fällen, die auch in anderen Mechanismen behandelt werden, Stellung zu nehmen[48]. Die Arbeitsgruppe stellte sich in ihrer Entgegnung auf den Standpunkt, daß sich Koordinierungsprobleme nur in bezug auf solche Spezialverfahren ergäben, die gleichermaßen auf Einzelbeschwerden beruhen: hierzu zähle auch das 1503-Verfahren[49]. Diese Ansicht ist jedoch im vorliegenden Zusammenhang unzutreffend. Zwar bilden private Beschwerden die Grundlage bzw. den Ausgangspunkt des 1503-Verfahrens, doch sind die darin angegebenen Einzelfälle gerade nicht Gegenstand des Verfahrens. Die Gefahr widersprüchlicher Entscheidungen in einem Einzelfall besteht insofern ebensowenig wie die Verdoppelung von Arbeit, da die Verfahrensziele zu unterschiedlich sind. Ein Koordinierungsproblem kann somit in diesem Zusammenhang nicht bestehen. Das Sekretariat/OHCHR hat lediglich die Praxis entwickelt, grundsätzlich solche Beschwerden dem thematischen Mandat nicht zuzuleiten, die gleichzeitig auch im Rahmen des 1503-Verfahrens eingereicht wurden[50].

Festzuhalten bleibt, daß die Einrichtung eines thematischen Verfahrens die vertrauliche Behandlung nicht unzulässig macht. Im Gegenteil, sie stellt - wie im Falle Argentiniens deutlich geworden - eine zusätzliche Möglichkeit der Kommission dar, auf die im 1503-Verfahren bekanntgewordenen Tatsachen bzw. Behauptungen zu reagieren, ohne die dort eigentlich vorgesehenen Untersuchungsmechanismen in Gang zu setzen.

III. Die Zuordnung der Beschwerden

Eine eindeutige Regelung fehlte auch darüber, wie die eingehenden Beschwerden zuzuordnen seien: dem 1503-Verfahren, einem Länderbericht-

---

[47] *Adelman/Suhrke*, S. 33. Siehe z.B. Report by the Special Rapporteur on Extrajudicial, Summary or Arbitrary Executions, E/CN.4/1994/7 (07.12.1993), Abs. 513-515; Report of the Special Rapporteur on Torture, E/CN.4/1994/31 (06.01.1994), Abs. 472f.

[48] MRK, Res. 1993/36 vom 05.03.1993, Abs. 7; in Report of the 49th session, E/1993/23; E/CN.4/1993/122, chapter II section A (S. 136).

[49] Report of the Working Group on Arbitrary Detention, E/CN.4/1994/27 (17.12.1993), Abs. 66, 68; *Rudolf*, S. 224.

[50] OHCHR, Communications under extra-conventional mechanisms, Abs. 4.

erstatter oder dem thematischen Mandat. Nach Res. 728 F (XXVIII) i.V.m. Res. 1503 (XLVIII) waren sämtliche Mitteilungen im vertraulichen Verfahren an die Unterkommission bzw. die WGC weiterzuleiten, obgleich es nützlich und sinnvoll gewesen wäre, diese unmittelbar den jeweiligen Spezialgremien zu übergeben[51]. Lediglich diejenigen Beschwerden, die explizit an das jeweils zuständige Spezialorgan - *Ad hoc*-Ausschüsse, Arbeitsgruppe oder Berichterstatter - adressiert waren, leitet das Sekretariat ungeachtet der Resolution bereits seit 1979 unmittelbar an diese weiter[52]. Die WGS hatte im gleichen Jahr angeregt, daß den Spezialverfahren generell Vorrang vor dem 1503-Verfahren zukommen solle[53]. Zwei Entwürfe für eine ausdrückliche Fixierung dieses Vorgehens lagen der Kommission vor[54], doch wurde es im Ergebnis mehrheitlich abgelehnt, einen entsprechenden Beschluß zu fassen[55]. Zur Begründung wurde zum Teil darauf verwiesen, daß Res. 1503 (XLVIII) eine ausreichende Regelung enthalte[56]. Eine andere Delegation wollte die Fragestellung zusammen mit ihren sonstigen Bezügen erörtert sehen. Bevor diese Einzelfrage zu entscheiden sei, möge man den umfassenden Bericht des Generalsekretärs über vorhandene Beschwerdeverfahren diskutieren[57]. Auch der Vorschlag, hinsichtlich der beiden Einzelfälle Chile und Kambodscha eine ausdrückliche Ausnahmeregelung zu verabschieden, wurde nicht weiter verfolgt[58]. Beide Situationen waren Gegenstand verschiedener

---

[51] CHR, Summary record of the 1515th meeting (confidential) [12.03.1979], E/CN.4/SR.1515 (13.03,1979), Abs. 19.

[52] CHR, Summary record of the 1515th meeting (confidential) [12.03.1979], E/CN.4/SR.1515 (13.03.1979), Abs. 25.

[53] CHR, Summary record of the 1501st meeting (confidential) [01.03.1979], E/CN.4/SR.1501 (15.03.1979), Abs. 11.

[54] Draft decision on communications relating to situations being examained under special procedures, E/CN.4/WP/R.19 und R.22.

[55] CHR, Summary record of the 1515th meeting (confidential) [12.03.1979], E/CN.4/SR.1515 (13.03.1979), Abs. 27.

[56] CHR, Summary record of the 1515th meeting (confidential) [12.03.1979], E/CN.4/SR.1515 (13.03.1979), Abs. 16 (Senegal); Summary record of the 1501st meeting (confidential) [01.03.1979], E/CN.4/SR.1501 (15.03.1979), Abs. 40 (Bundesrepublik Deutschland).

[57] CHR, Summary record of the 1515th meeting (confidential) [12.03.1979], E/CN.4/SR.1515 (13.03.1979), Abs. 18 (Österreich). Siehe näher zu Entstehung und Inhalt des Berichtes „Analysis of existing United Nations procedures ...“, E/CN.4/1317 (08.02.1979), unten § 31.I.A.3.c), S. 515.

[58] CHR, Summary record of the 1515th meeting (confidential) [12.03.1979], E/CN.4/SR.1515 (13.03.1979), Abs. 22 (USA).

öffentlich verhandelter Tagesordnungspunkte, so daß man auch das vertrauliche Material, also die Beschwerden, nicht im 1503-Verfahren behandelte[59]. Aus dieser Debatte und dem abschließenden Nichtbefassungsbeschluß läßt sich eine stillschweigende Duldung der - später auf die thematischen Verfahren ausgeweiteten - Praxis im Sekretariat sehen, direkt adressierte Beschwerden außerhalb des 1503-Ablaufs weiterzuleiten.

Ohne daß Res. 728 F (XXVIII) ausdrücklich in bezug auf die in den Zuständigkeitsbereich der anderen Spezialverfahren fallenden Mitteilungen aufgehoben oder eingeschränkt wurde, entwickelte das Sekretariat (Menschenrechtszentrum) die folgende Vorgehensweise: Beschwerden, die ausdrücklich an den jeweiligen Sonderberichterstatter bzw. die Arbeitsgruppe adressiert sind, werden diesen direkt zugeleitet und nicht gemäß Res. 1503 (XLVIII) behandelt[60]. Darüber hinaus werden auch diejenigen Mitteilungen dem jeweils zuständigen Sonderorgan „zur Kenntnis" gebracht, die in dessen thematisch oder geographisch umrissenes Mandat fallen[61]. Sobald ein öffentliches länderbezogenes Verfahren eingeleitet wurde, werden neu eingehende Mitteilungen und Beschwerden nicht mehr weiter dem vertraulichen Verfahren zugeleitet[62]. Sind allerdings

---

[59] CHR, Summary record of the 1501th meeting (confidential) [01.03.1979], E/CN.4/SR.1501 (15.03.1979), Abs. 74-75; Note by the Secretary-General, Decisions adopted at the thirty-fith session..., E/CN.4/R.49 (22.03.1979), Abs. 3.

[60] Report of the Secretary-General, Effective Functioning of the Various Mechanisms ..., E/CN.4/1994/42 (14.02.1994), Abs. 84; *Ziegler*, S. 75; *van Boven*, in: Alston (Hrsg.), The United Nations and Human Rights, S. 565.

[61] Report of the Secretary-General, Effective Functioning of the Various Mechanisms ..., E/CN.4/1994/42 (14.02.1994), Abs. 83: „...communications ...are brought to the attention of the ... special rapporteur...".

Insoweit stützt der Bericht der *Working Group on Arbitrary Detention* die Ansicht, daß eine eingehende Beschwerde vorrangig dem thematischen Verfahren zugeleitet werden müsse - Report of the Working Group on Arbitrary Detention, E/CN.4/1994/27 (17.12.1993), Abs. 70.

[62] Vgl. *Ize-Charrin*, 1503: A Serious Procedure, S. 3. Eine Ausnahme besteht allerdings für Massenpetitionen mit identischem oder doch weitgehend gleichem Inhalt, z.B. auf Postkarten: hierüber werden die jeweiligen Regierungen durch ein Muster im üblichen Verfahren nach Res. 728 F (XXVIII) informiert - *Ize-Charrin*, ebd.

Diese Praxis führte - neben dem Inkrafttreten des Fakultativprotokolls - dazu, daß die Anzahl der gemäß Res. 1503 behandelten Mitteilungen zurückgegangen ist (*Ize-Charrin*, ebd.), rief aber auch Kritik derjenigen Staaten hervor, die wegen der dort gewährten Vertraulichkeit eine Untersuchung im 1503-Verfahren vorzogen - *van Boven*, in: Alston (Hrsg.), The United Nations and Human Rights, S. 565.

Beschwerden bereits für das 1503-Verfahren eingereicht worden, werden identische Mitteilungen in den anderen Spezialverfahren grundsätzlich nicht mehr behandelt[63].

IV. Ergebnis

Die Koordination mit den anderen Spezialverfahren der Kommission erweist sich in der Zusammenschau als ein kaum geregelter Bereich, in dem auftretende Probleme größtenteils pragmatisch gelöst werden. Dies ist letztendlich dadurch bedingt, daß es sich regelmäßig nicht um die Konkurrenz zweier unabhängiger Organe handelt, sondern sämtliche Entscheidungsbefugnis hier in den Händen der Kommission liegt, die auch insofern nach politischer Opportunität entscheiden wird. Während in bezug auf ein paralleles länderbezogenes Verfahren hierbei echte Konflikte gegebenenfalls durch die bloße Einstellung des Verfahrens vermieden werden können, treten solche hinsichtlich der thematischen Untersuchungen wegen des differierenden Ansatzes praktisch nicht auf. Bezogen auf die Zuweisung der Beschwerden ist es freilich regelmäßig das 1503-Verfahren, welches im Verhältnis zu beiden Arten öffentlicher Verfahren zurücktritt. Die jeweilige Beschwerde wird, wenn ausdrücklich an ein öffentliches Mandat gerichtet, diesem direkt zugeleitet, anderenfalls wird das zuständige Organ zumindest vom Inhalt der Beschwerde in Kenntnis gesetzt[64].

---

[63] OHCHR, Communications under extra-conventional mechanisms, Abs. 3.

[64] Report of the Secretary-General, Effective Functioning of the Various Mechanisms ..., E/CN.4/1994/42 (14.02.1994), Abs. 83-84.

§ 31. Individualbeschwerdeverfahren

I. Vertragliche Verfahren auf universaler Ebene

Im Gegensatz zum Verhältnis der verschiedenen Mechanismen der MRK untereinander ist die Beziehung des 1503-Verfahrens zu den vertraglichen wesentlich ausführlicher reguliert. Einerseits ergibt sich aus Res. 1235 (XLII), daß sonstige vertragliche Verfahren unberührt bleiben[1], andererseits enthalten die meisten vertraglichen Mechanismen eine Konkurrenzregelung.

A. Das Fakultativprotokoll zum Bürgerrechtspakt

Das am weitesten anerkannte und umfassendste vertragliche Individualbeschwerdeverfahren ist das Verfahren nach dem (ersten) Fakultativprotokoll (FaP) zum IPbpR[2]. Es soll die Umsetzung der im dritten Teil des Paktes garantierten politischen und bürgerlichen Menschenrechte[3] gewährleisten. Bei den Verhandlungen über die Menschenrechtskonvention war die Aufnahme eines solchen individuellen Schutzverfahrens in den Vertrag selbst noch umstritten, die „Auslagerung" des Durchsetzungmechanismus in ein Fakultativprotokoll daher ein Kompromiß.

1. Das Verfahren (Zuständigkeit und Ablauf)

Zuständiges Prüforgan ist der nach Art. 28 IPbpR eingesetzte Menschenrechtsausschuß (*Human Rights Committee*), dessen 18 unabhängige Mitglieder von den Regierungen nominiert und den Vertragsstaaten gewählt werden (Art. 29 IPbpR). Das Gremium ist mithin formell von der UNO rechtlich unabhängig, *de facto* jedoch vor allem organisatorisch eng mit ihr verbunden[4].

---

[1] Siehe hierzu oben S. 493, vor Fn. 20.

[2] Fakultativprotokoll zum IPbpR vom 16. Dezember 1966, in Kraft seit dem 23. März 1976, Generalversammlung, Res. 2200A (XXI). Von den 147 Vertragsparteien des IPbpR haben derzeit 101 das Individualbeschwerdeverfahren akzeptiert (Stand 18.12.2001).

[3] Zur Durchsetzung der Rechte des IPwskR wird ebenfalls die Verabschiedung eines Fakultativprotokolls in Erwägung gezogen. Zu den Verhandlungen siehe: Report of the Secretary-General: Economic, Social and Cultural Rights, E/CN.4/2001/49 (02.01.2001), Abs. 5f.

[4] *Opsahl*, in: Alston (Hrsg.), The United Nations and Human Rights, S. 384ff. So stellt insbesondere das Sekretariat die Sitzungsräume und sonstige Einrichtungen zur Verfügung, an den ECOSOC sind die allgemeinen Anmerkungen (*General Comments*) zu den Staatenberichten gerichtet, und von ihm wird der jährliche Bericht an die Generalversammlung weitergeleitet - *Opsahl*, in: Alston (Hrsg.), The United Nations and Human Rights, S. 385.

Die grundsätzlich vertrauliche[5] Behandlung einer Beschwerde erfolgt im wesentlichen in drei Abschnitten. Nach ihrem Eingang im Sekretariat (OHCHR) und einem positiven Votum des vom Ausschuß bestimmten Sonderberichterstatters für neue Mitteilungen[6] wird eine Beschwerde registriert. Anschließend hat der beschuldigte Staat sechs Monate Zeit, sich zu dem Sachverhalt zu äußern (Art. 4 Abs. 2 FaP). Nach Eingang der Stellungnahme bzw. nach Fristablauf und einer Replik des Verfassers der Mitteilung[7] wird der Vorgang an den Menschenrechtsausschuß - zunächst an eine Arbeitsgruppe - weitergeleitet. Dieser nimmt eine Zulässigkeitsprüfung vor[8] und entscheidet - mittlerweile regelmäßig in einem Schritt - über die Begründetheit der vorgetragenen Beschwerden. Auf der Grundlage der schriftlichen Einlassungen sowohl des Staates als auch des Beschwerdeführers wird sodann eine abschließende Hauptsacheentscheidung in

---

Außer der Prüfung der Individualbeschwerden ist der Ausschuß noch mit der Einmahnung und Prüfung der Staatenberichte (Art. 40 IPbpR) sowie der Durchführung des Staatenbeschwerdeverfahrens (Art. 41 IPbpR) beauftragt - vgl. auch *Opsahl*, in: Alston (Hrsg.), The United Nations and Human Rights, S. 396.

[5] Art. 5 Abs. 3 FaP; *Opsahl*, in: Alston (Hrsg.), The United Nations and Human Rights, S. 379. Lediglich die verfahrensbeendenden Entscheidungen (*Decisions* - im Falle der Unzulässigkeit) bzw „Auffassungen" (*Views* - bei Entscheidungen über die Begründetheit) müssen dem Beschwerdeführer bekanntgeben werden (Art. 5 Abs. 4 FaP). Der Ausschuß folgert hieraus, daß diese auch veröffentlicht werden können - *Opsahl*, in: Alston (Hrsg.), The United Nations and Human Rights, S. 421f.; *Tomuschat*, „Menschenrechte", in: Wolfrum (Hrsg.), Handbuch Vereinte Nationen, Rn. 17.

[6] Dieser Sonderberichterstatter wurde 1989 erstmalig eingesetzt. Er bereitet die Bearbeitung einer Beschwerde vor und unterbreitet Empfehlungen zur Entscheidung über die Zulässigkeit - *Opsahl*, in: Alston (Hrsg.), The United Nations and Human Rights, S. 424. Offensichtlich unzulässige Beschwerden werden nicht registriert.

[7] *Klein*, in: DGVN (Hrsg.), Internationale Durchsetzung der Menschenrechte, S. 24. Eine Beschwerde muß nicht zwangsläufig vom Opfer der Menschenrechtsverletzung selbst eingereicht werden, dies kann durch eine nahestehende Person erfolgen - *Tomuschat*, „Menschenrechte", in: Wolfrum (Hrsg.), Handbuch Vereinte Nationen, Rn. 13; *Ramcharan*, The Concept and Present Status of International Protection, S. 144.

[8] *Robertson/Merrills*, S. 57; *Tomuschat*, „Menschenrechte", in: Wolfrum (Hrsg.), Handbuch Vereinte Nationen, Rn. 14; *Ramcharan*, The Concept and Present Status of International Protection, S. 142. Eine Beschwerde ist nur zulässig, wenn sie im Einklang mit dem Pakt steht. D.h. es müssen Normen des Paktes betroffen sein (Art. 4 Abs. 1 FaP), die Beschwerde darf weder mißbräuchlich noch anonym sein (Art. 3 FaP), die innerstaatlichen Rechtsmittel müssen erschöpft sein (Art. 5 Abs. 2 lit. b] FaP) und ein anderes internationales Verfahren darf nicht in der gleichen Angelegenheit eingeleitet worden sein (Art. 5 Abs. 2 lit. a] FaP) - vgl. *Opsahl*, in: Alston (Hrsg.), The United Nations and Human Rights, S. 423.

Form von Beobachtungen oder Auffassungen (*Views*) getroffen[9]. Diese begründen allerdings dem Staat gegenüber keine unmittelbare Verpflichtung[10]. Trotzdem stellen positive Entscheidungen für den Beschwerdeführer einen wichtigen und i.d.R. auch nützlichen Erfolg dar, da hiermit von einem hochangesehenen internationalen Gremium die Verletzung seiner Rechte festgestellt wird[11].

2. Vergleich wesentlicher Elemente

Im Gegensatz zum 1503-Verfahren, welches die Beschwerde als bloße Informationsquelle nutzt, ist das des Menschenrechtsausschusses ein individuelles Rechtsschutzverfahren, in dem die Stellung des Petenten der des Staates grundsätzlich gleichrangig ist[12]. Beim Verfahren nach dem FaP hat der Verfasser der Mitteilung eine echte Beteiligtenstellung inne. Er wird über sämtliche Verfahrensschritte informiert, erhält die Stellungnahmen der Regierung und wird gegebenenfalls zur Beibringung weiterer Informationen aufgefordert[13]. Anders als im 1503-Verfahren ist der Grundsatz der „Waffengleichheit" somit grundsätzlich gewährleistet[14].

Aus dieser Funktion, Rechtsschutz für den Einzelnen herzuleiten, ergibt sich der entscheidende Unterschied im Verfahrensgegenstand. Gegenstand der Untersuchung sind Einzelfälle, nicht aber nur Gesamtsituationen schwerer Men-

---

[9] *Tomuschat,* „Menschenrechte", in: Wolfrum (Hrsg.), Handbuch Vereinte Nationen, Rn. 15; *Opsahl,* in: Alston (Hrsg.), The United Nations and Human Rights, S. 421; *Klein,* in: DGVN (Hrsg.), Internationale Durchsetzung der Menschenrechte, S. 24. Bei streitigen Tatsachen werden grundsätzlich die Ausführungen des Beschwerdeführers - soweit insgesamt glaubwürdig - als wahr angesehen, es seit denn, sie sind von der Gegenseite spezifisch und substantiiert bestritten worden - *Tomuschat,* ebd.

Die Auffassungen (*views*) sind aber trotzdem wie ein gerichtliches Urteil abgefaßt mit Tatbestand, Schilderung des Verfahrens, einer rechtlichen Würdigung der Tatsachen und gegebenfalls abschließend der Feststellung von Rechtsverletzungen - *Tomuschat,* „Menschenrechte", in: Wolfrum (Hrsg.), Handbuch Vereinte Nationen, Rn. 17.

[10] *Bossuyt,* HRLJ 6 (1985), S. 208; *Opsahl,* in: Alston (Hrsg.), The United Nations and Human Rights, S. 421.

[11] Vgl. *Bossuyt,* HRLJ 6 (1985), S. 208.

[12] *Tomuschat,* „Menschenrechte", in: Wolfrum (Hrsg.), Handbuch Vereinte Nationen, Rn. 13; *Ramcharan,* The Concept and Present Status of International Protection, S. 143.

[13] Analysis of existing United Nations procedures ..., E/CN.4/1317 (08.02.1979), Abs. 25.

[14] Analysis of existing United Nations procedures ..., E/CN.4/1317 (08.02.1979), Abs. 26.

schenrechtsverletzungen wie im 1503-Verfahren[15]. Dementsprechend sind hier auch nur die Opfer selbst und nahestehende Verwandte beschwerdebefugt und nicht, wie beim 1503-Verfahren, auch NGO oder Gruppen von Betroffenen[16]. Hinzu kommt die Möglichkeit des Ausschusses, einstweilige Verfügungen zu erlassen[17]. Das 1503-Verfahren sieht demgegenüber keine Eilmaßnahmen vor, zeichnet sich vielmehr durch eine besondere zeitliche Inflexibilität aus.

Eine nicht unerhebliche Differenz zwischen beiden Mechanismen betrifft die Zuständigkeit *ratione materiae* und *ratione loci*. Während das Verfahren nach dem FaP nur in bezug auf dessen Vertragsparteien Anwendung finden kann und auch nur hinsichtlich der in Teil III des IPbpR aufgeführten Rechte, ist das 1503-Verfahren universal und erfaßt praktisch alle anerkannten Menschenrechte[18]. Schließlich ist im Falle des FaP-Verfahrens die Vertraulichkeit des Ver-

---

[15] Analysis of existing United Nations procedures ..., E/CN.4/1317 (08.02.1979), Abs. 28; *Ramcharan*, The Concept and Present Status of International Protection, S. 143; *Bartolomei*, S. 85; *Sohn*, Int'l. Studies Quarterly 23 (1979), S. 207. Danach unterscheidet sich die Aufgabenstellung der beiden Verfahren grundsätzlich: Das Verfahren nach dem FaP sei weniger wahrscheinlich mit groben und systematischen Menschenrechtsverletzungen befaßt, sondern sei eher als Reaktionsmittel auf auftretende Schwierigkeiten bei der (nicht ausreichenden) Umsetzung der vertraglichen Menschenrechtsverpflichtungen in innerstaatliches Recht konzipiert. Diese Sichtweise trägt der grundsätzlichen Überlegung einer Regierung vor dem Beitritt zum FaP Rechnung, daß diese wohl erst bei einer im wesentlichen menschenrechtskonformen Situation auch die potentiellen Risiken der Unterwerfung unter ein solches Kontrollverfahren eingehen wird. Es sind aber infolge der Praxis des Sekretariats (Menschenrechtszentrum), alle Mitteilungen betreffend Vertragsstaaten des FaP auch diesem Verfahren zuzuleiten (siehe § 31.I.A.3.c), S. 515), durchaus Fälle denkbar, in denen trotz grober und systematischer Menschenrechtsverletzungen nur das Verfahren nach dem FaP zur Verfügung steht.

Tatsächlich wurde die mögliche Überschneidung mit dem FaP nach dessen Verabschiedung in der Generalversammlung als Argument gegen die Einrichtung eines außervertraglichen Verfahrens vorgebracht - Report of the Working Group established under Res. 10 (XX) of the Sub-Commission, E/CN.4/Sub.2/L.492 (4.10.1968), Abs. 9.

[16] *Ramcharan*, The Concept and Present Status of International Protection, S. 141; *Zuijdwijk*, S. 351; Analysis of existing United Nations procedures ..., E/CN.4/1317 (08.02.1979), Abs. 29. Der Ausschuß hat in diesem Zusammenhang ausdrücklich festgestellt, daß das Verfahren nach dem FaP keine *actio popularis* bereitstelle - *E.W. et al.* vs. The Netherlands, Communication 429/1990, Decision of 08.04.1993, Abs. 6.3; *Robertson/Merrills*, S. 58f.

[17] Siehe hierzu *Robertson/Merrills*, S. 57.

[18] Opinion of the Legal Counsel of the United Nations ..., E/CN.4/Sub.2/1994/17/Add.1 (15.08.1994), Abs. 20; Analysis of existing United Nations procedures ..., E/CN.4/1317 (08.02.1979), Abs. 29.

fahrens - anders als im 1503-Verfahren - auf die eigentlichen Beratungen des Gremiums beschränkt. Die abschließenden Bemerkungen (*Views*) oder sonstige endgültige Entscheidungen werden demgegenüber veröffentlicht[19].

3. Das Verhältnis zum 1503-Verfahren

a) Die Perspektive des Menschenrechtsausschusses

Für das Verhältnis zu anderen Verfahren ist Art. 5 Abs. 2 lit. a) FaP einschlägig, demzufolge eine Mitteilung dann unzulässig ist, wenn „dieselbe Sache ... bereits in einem anderen internationalen Untersuchungs- und Streitregelungsverfahren geprüft wird."[20] Nach einer Ansicht folge daraus, daß die Durchführung eines Verfahren nach Res. 1503 (XLVIII) die Einleitung eines derartigen vertraglichen Beschwerdeverfahren ausschließe[21]. Der Ausschuß hat aber bereits in einer frühen Entscheidung betont, daß das 1503-Verfahren gerade kein solches internationales Verfahren i.S.v. Art. 5 Abs. 2 sei, da eine dort behandelte Situation nicht dieselbe Sache („*...the same matter...*") wie ein von ihm behandelter Einzelfall sein könne[22]. Gleichermaßen ist im Verhältnis zwischen beiden das

---

[19] Opinion of the Legal Counsel of the United Nations ..., E/CN.4/Sub.2/1994/17/Add.1 (15.08.1994), Abs. 19; Report of the Secretary-General, Effective Functioning of the Various Mechanisms ..., E/CN.4/1994/42 (14.02.1994), Abs. 48.

[20] Deutschland hat insoweit in seinem aus Anlaß des Beitritts zu diesem Verfahren angebrachten Vorbehalt die Zuständigkeit des Ausschusses auch für solche Fälle nicht anerkannt, die in einem solchen Verfahren „bereits ..geprüft wurden", also auch eine - nach dem Text des FaP durchaus zulässige - nachrangige Befassung ausgeschlossen (Bekanntmachung über das Inkrafttreten des Zusatzprotokolls ... vom 30.12.1993, I. lit. a]; BGBl. 1994 II S. 311).

[21] *Ermacora*, in: FS Verosta, S. 196.

[22] *A et al.* vs. Uruguay, Communication No. 1/1976, Decision of 26 January 1978, in: Human Rights Committee, Selected Decisions I (CCPR/C/OP/1), S. 17; CHR, Summary record of the 1510th meeting [07.03.1979], E/CN.4/SR.1510 (09.03.1979), Abs. 7 (Secretariat); *Cançado Trindade,* RdC 202 (1987 II), S. 224; *Ramcharan*, The Concept and Present Status of International Protection, S. 143; *Tardu*, Santa Clara Law Rev. 20 (1980), S. 591; *Zwart,* S. 174; *M. Nowak*, CCPR-Commentary, Art. 5 OP, Rn. 10.

Allgemein hat der Ausschuß festgestellt, daß Studien bzw. Untersuchungen bestimmter Situationen selbst dann nicht „dieselbe Sache" betreffen, wenn die Studien auf Informationen von Einzelnen verweisen oder darauf beruhen - Report of the Human Rights Committee, A/40/40, Annex X (1985), S. 191, Abs. 9.1.

Positiv definiert hat der Ausschuß „dieselbe Sache" dahingehend, wenn eine Beschwerde denselben Anspruch bezüglich derselben Einzelperson betreffe - *Duilio Fanali* vs. Italy, Communication 75/1980, *Views* vom 31.03.1983, Abs. 7.2; *M. Nowak*, CCPR-Commentary, Art. 5 OP, Rn. 12.

Kumulationsverbot nicht anwendbar[23], da es an der auch nur minimalen Vergleichbarkeit der Verfahren fehlt. Das 1503-Verfahren behandelt keine konkreten Einzelfälle, sondern allein eine Gesamtheit von Menschenrechtsverletzungen[24]. In bezug auf weitere internationale vertragliche oder außervertragliche Kontrollmechanismen bestimmt Art. 44 IPbpR - der sich auf sämtliche Umsetzungsmechanismen für den Pakt bezieht, also auch auf das FaP -, daß deren Durchführung vom Pakt selbst nicht beeinträchtigt würden. Das 1503-Verfahren kann mithin auch neben dem des FaP zur Anwendung kommen[25]. Eine Beschwerde zum Menschenrechtsausschuß wird nicht dadurch unzulässig, daß sie einen Ausschnitt einer Situation betrifft, die Gegenstand des vertraulichen Verfahrens der MRK ist oder war[26].

b) Die Perspektive der Organe im 1503-Verfahren

Im Hinblick auf die Durchführung des 1503-Verfahrens ist die Entscheidungspraxis des Menschenrechtsausschusses nicht von unmittelbarer Relevanz. Das Argument der Verschiedenartigkeit beider Mechanismen und ihrer jeweiligen Gegenstände ist aber gleichermaßen in der Kommission bestätigt worden. Aus rechtlicher Sicht kann es so nicht zu einer Überlappung oder Verdoppelung kommen[27]. Vorschläge zu Beginn der achtziger Jahre, das 1503-Verfahren auf

---

23 *M. Nowak*, CCPR-Commentary, Art. 5 OP, Rn. 8f.

24 *A et al.* vs. Uruguay, Communication No. 1/1976, Decision of 26 January 1978, in: Human Rights Committee, Selected Decisions I (CCPR/C/OP/1), S. 17.

Zum Teil wird dieser Ansicht entgegengehalten, daß sich das 1503-Verfahren sehr wohl mit Individualbeschwerden befasse und und daher unvereinbar mit anderen Verfahren sei, die gleichermaßen auf Einzelbeschwerden beruhten - Report of the Working Group on Arbitrary Detention, E/CN.4/1994/27 (17.12.1993), Abs. 66, 68.

25 So auch *von Kyaw*, VN 1976, S. 106.

26 Vgl. beispielsweise *Birindwa ci Bithashwiwa et al.* v. Democratic Republic of Congo, Communications Nos. 241/1987 and 242/1987, Views of 29 November 1989, CCPR/C/37/D/242/1987, Abs. 10.3; sowie *Harry Atkinson et al.* v. Canada, Communication No. 573/1994, Decision of 9 November 1995, CCPR/C/55/D/573/1994, Abs. 2.9. Auch betrafen mehr als 60 Prozent der ersten 46 vom Ausschuß materiell entschiedenen Fälle Menschenrechtsverletzungen in Uruguay - eine Situation, die auch Gegenstand des 1503-Verfahrens war - *Robertson/Merrills*, S. 60.

27 Analysis of existing United Nations procedures ..., E/CN.4/1317 (08.02.1979), Abs. 28; CHR, Summary record of the 1510th meeting [07.03.1979], E/CN.4/SR.1510 (09.03.1979), Abs. 7 (Secretariat). Vgl. auch Int.Comm.J.Rev. 18 (1977), S. 25.

Situationen in Staaten zu beschränken, die nicht Vertragspartei des IPbpR sind[28], wurden dementsprechend nicht weiter verfolgt. Die spätere Einleitung eines Individualbeschwerdeverfahrens unter dem FaP führt mithin nicht dazu, daß eine bereits laufende 1503-Behandlung unzulässig wird[29]. Ebensowenig stellt eine bereits im Verfahren gemäß dem FaP befindliche Beschwerde ein Hindernis für ein 1503-Verfahren zur entsprechenden Situation dar[30]. Lediglich soweit der Gegenstand einer Beschwerde bereits abschließend behandelt wurde, ist eine erneute Beschwerde zum identischen Sachverhalt gemäß Abs. 4 lit. c) Res. 1 (XXIV) der Unterkommission im 1503-Verfahren unzulässig.

c) Die Zuordnung der eingehenden Beschwerden

In der Praxis ergab sich frühzeitig das Problem der Zuordnung der eingehenden Beschwerden durch das Menschenrechtszentrum und später das OHCHR[31]. Der Empfang sämtlicher Mitteilungen über Menschenrechtsverletzungen[32], „*however addressed*", war nach der ursprünglichen Konzeption einzig in Res. 728 F (XXVIII) geregelt, die insoweit auch nach Verabschiedung von Res. 1503 (XLVIII) weitergalt[33]. Für die unter dem Verfahren nach dem FaP eingehenden Beschwerden bestand keine Sonderregelung. Es hätten also sämtliche Beschwerden, die nicht ausdrücklich an den Menschenrechtsausschuß gemäß

A.A.wiederum *Ermacora*, demnach die Untersuchung einer Situation in einem anderen vertraglichen Verfahren die Einleitung eines 1503-Verfahrens unzulässig werden lasse - in: FS Verosta, S. 196.

[28] Report of the Sub-Commission ... on its 35th Session, E/CN.4/1983/4 (& Corr.1), E/CN.4/Sub.2/1982/43 (Abs. 33).

[29] Selbst die Einleitung eines Spezialverfahrens (seinerzeit gemäß Abs. 6 Res. 1503 [XLVIII]) wird durch den Umstand, daß ein Land IPbpR und FaP ratifiziert und damit die Voraussetzungen für entsprechende Individualbeschwerdeverfahren geschaffen hat, in keiner Weise beeinflußt - CHR, Summary record of the 1508th meeting [06.03.1979], E/CN.4/SR.1508 (09.03.1979), Abs. 32 (Senegal).

[30] So hatte der Menschenrechtsausschuß bereits 1979 eine Menschenrechtsverletzung im Falle von *José Luis Massera* festgestellt (Communication 5/1977, *View* vom 15.08.1979, Abs. 9 lit. e], 10 in: Selected Decisions I, S. 40). Auch die Kommission bzw. der von ihr beauftragte Sonderrepräsentant des Generalsekretärs hatte sich im Rahmen der der direkten Kontakte mit dem Fall *Massera* beschäftigt.

[31] CHR, Summary record of the 1510th meeting [07.03.1979], E/CN.4/SR.1510 (09.03.1979), Abs. 7 (Secretariat).

[32] Analysis of existing United Nations procedures ..., E/CN.4/1317 (08.02.1979), Abs. 7.

[33] Report of the Secretary-General: Effective Functioning of the Various Mechanisms ..., E/CN.4/1994/42 (14.02.1994), Abs. 80, 82.

dem FaP gerichtet waren, dem 1503-Verfahren zugeleitet werden müssen. Sonderregelungen hatte der ECOSOC lediglich für Beschwerden zur CSW[34] sowie solche über die Verletzung von Gewerkschaftsrechten[35] und Zwangsarbeit an die ILO[36] verabschiedet[37]. Nach dem Inkrafttreten von Pakt und FaP stellte sich auch hier die Frage ihrer Koordination[38]. Zumindest sollten nicht mehr, wie in Res. 728 F (XXVIII) bestimmt, alle (nicht eindeutig adressierten) Beschwerden dem 1503-Verfahren zugeleitet werden[39]. Auf Bitten der MRK[40] erstellte der Generalsekretär eine Analyse der bestehenden Verfahren zur Behandlung von Individualbeschwerden über Menschenrechtsverletzungen[41]. Die Kommission wünschte dabei, informiert zu werden, inwieweit das Verfahren nach dem FaP im Lichte von Abs. 10 Res. 1503 (XLVIII) Auswirkungen auf das 1503-Verfahren habe[42]. Der Bericht kam zu der Schlußfolgerung, daß angesichts der Praxis des Sekretariats keine Überlappung der beiden Verfahren bestehe[43]. Hiergegen

---

[34] Res. 76 [V] vom 05.08.1947, siehe § 31.III.C.3., S. 544.

[35] Res. 277 (X) und 474 A (XV), siehe § 31.III.E.2.b), S. 554.

[36] Res. 607 [XXI), siehe § 31.III.E.3., S. 555.

[37] Report of the Secretary-General: Effective Functioning of the Various Mechanisms ..., E/CN.4/1994/42 (14.02.1994), Anm. 5, S. 28; Analysis of existing United Nations procedures ..., E/CN.4/1317 (08.02.1979), Abs. 37 - 42.

[38] Working Paper prepared by the Secretariat ..., E/CN.4/Sub.2/1994/17 (11.07.1994), Abs. 4-5; Opinion of the Legal Counsel of the United Nations ..., E/CN.4/Sub.2/1994/17/Add.1 (15.08.1994), Abs. 13; *Ize-Charrin*, 1503: A Serious Procedure, S. 9.

Die Parallelität und Koexistenz zweier Verfahren - eines auf den Bestimmungen der UN-Charta beruhenden, das in Ziel und Gegenstand dem später installierten 1503-Verfahren ähnelte, sowie eines vertraglichen - war bereits 1947 von einer Arbeitsgruppe der Kommission angedacht worden: Report of the Commission on Human Rights, Second Session, E/600 (17.12.1947): Annex C, Part I: Report of the Working Gruop on Implementation, Abs. 36, S. 51.

[39] Report of the Secretary-General, Effective Functioning of the Various Mechanisms ..., E/CN.4/1994/42 (14.02.1994), Abs. 82.

[40] MRK, Res. 16 (XXXIV) vom 07.03.1978, in: Report on the 34th session, E/1978/34, E/CN.4/1292, Kap. XXVI, Abt. A (S. 120).

[41] Analysis of existing United Nations procedures ..., E/CN.4/1317 (08.02.1979).

[42] United Nations Action, S. 314.

[43] Analysis of existing United Nations procedures ..., E/CN.4/1317 (08.02.1979), Abs. 30; United Nations Action, S. 314.

wurden keine Vorbehalte in der Kommission deutlich[44]. Das Sekretariat (Menschenrechtszentrum) faßte daher dieses Schweigen als konkludente Zustimmung auf[45] und sah den Bericht als Rechtsgrundlage für seine weitere Praxis an[46].

In bezug auf die Zuleitung der Beschwerden war das Menschenrechtszentrum davon ausgegangen, daß mit dem Inkrafttreten des FaP indirekt ein weiteres Kriterium in Bezug auf die Zuordnung von Beschwerden zum Menschenrechtsausschuß zu Res. 728 F (XXVIII) hinzugekommen sei. Grundlage hierfür seien die Bestimmungen des FaP sowie die Geschäftsordnung (*Rules of Procedure*) des Ausschusses[47]. Bestimmte der Vertragstext lediglich, daß der Ausschuß Mitteilungen von Individuen empfangen und erörtern soll, so hatte der Menschenrechtsausschuß in der Geschäftsordnung festgelegt, daß neben den explizit unter dem FaP eingereichten Beschwerden ihm vom Sekretariat auch solche zugeleitet werden sollten, die ohne ausdrückliche Benennung die Intention erkennen ließen, daß sie dem Ausschuß unterbreitet werden sollten (Regel 78)[48]. Diese beiden Kategorien von Beschwerden - ausdrücklich adressierte und *prima facie* statthafte - würden dementsprechend nicht gemäß Res. 728 F (XXVIII) behandelt werden[49]. Dem würde auch Res. 1503 (XLVIII) nicht entgegenstehen. Zwar könnten diejenigen Beschwerden, die dem FaP-Verfahren zugeleitet werden, nicht mehr zur Identifizierung eines *consistent pattern* herangezogen werden. Die Wahrscheinlichkeit, daß dadurch eine derartige Situation nicht zur Kenntnis der

---

[44] Working Paper prepared by the Secretariat ..., E/CN.4/Sub.2/1994/17 (11.07.1994), Abs. 6; Report of the Secretary-General, Effective Functioning of the Various Mechanisms ..., E/CN.4/1994/42 (14.02.1994), Abs. 48; *Ize-Charrin*, 1503: A Serious Procedure, S. 9.

[45] Opinion of the Legal Counsel of the United Nations ..., E/CN.4/Sub.2/1994/17/Add.1 (15.08.1994), Abs. 21.

[46] Working Paper prepared by the Secretariat ..., E/CN.4/Sub.2/1994/17 (11.07.1994), Abs. 6; Report of the Secretary-General, Effective Functioning of the Various Mechanisms ..., E/CN.4/1994/42 (14.02.1994), Abs. 48.

[47] Analysis of existing United Nations procedures ..., E/CN.4/1317 (08.02.1979), Abs. 11-12; *Tardu/McCarthy*, S. 15.

[48] „1. The Secretary-general shall bring to the attention of the Committee, in accordance with the present rules, communications which are or appear to be submitted for consideration by the Committee under article 1 of the Protocol." - Rule 78.1, CCPR/C/3/Rev.5 (11.08.1997)

Analysis of existing United Nations procedures ..., E/CN.4/1317 (08.02.1979), Abs. 12. Das Sekretariat ist entsprechend aufgerufen, gegebenenfalls Rückfrage mit dem Autor der Beschwerde zu halten, ob dieser die Behandlung gemäß dem FaP wünscht oder nicht - ebd.; Regel 80 der *Rules of Procedure*.

[49] Analysis of existing United Nations procedures ..., E/CN.4/1317 (08.02.1979), Abs. 13, 32.

Kommission gelangt, sei aber so gering, daß daraus nicht auf die Unzulässigkeit dieser Praxis geschlossen werden könnte[50]. Dem 1503-Verfahren würden so nur diejenigen Beschwerden zugeleitet werden, die Behauptungen genereller Art enthalten, also typische Berichte über die Gesamtsituation, und zwar auch dann, wenn sie auf Einzelschicksale verweisen[51]. Gleiches gilt für solche Mitteilungen von Autoren, die unter dem FaP keine Beschwerdebefugnis haben, sowie für Individualbeschwerden, für die der Menschenrechtsausschuß nicht zuständig ist, und zwar selbst dann, wenn die Beschwerde ausdrücklich an diesen gerichtet ist[52]. Soweit nach Einlegung einer statthaften Beschwerde nach dem FaP von Dritten Mitteilungen über den gleichen Fall eingehen, sollen diese nicht gemäß Res. 728 F (XXVIII) behandelt werden, es sei denn, die Beschwerden betreffen auch andere Personen[53]. Hintergrund dieser Richtlinien war es, Doppelzuständigkeiten zu vermeiden, aber gleichzeitig jeder einzelnen Beschwerde die wirksamste Behandlung zukommen zu lassen[54].

Zu Beginn der neunziger Jahre und vor dem Hintegrund diverser neu errichteter Spezialverfahren der Kommission und der immer weiter ausgedehnten Berichtspflichten, wurde mehr und mehr die Notwendigkeit erkennbar, das System des UN-Menschenrechtsschutzes aufeinander abzustimmen und zu vereinfachen[55]. Die MRK ersuchte daher 1993 das Sekretariat um einen Bericht, in dem unter anderem die Zuordnung der Individualbeschwerden im Menschenrechtszentrum zu den vertraglichen Mechanismen einerseits oder zum 1503-Verfahren andererseits erörtert werden sollte[56]. Auch dieses Dokument, welches einen Überblick über sämtliche vom Sekretariat betreute Individualbeschwerde-

---

[50] Analysis of existing United Nations procedures ..., E/CN.4/1317 (08.02.1979), Abs. 31. Als zusätzliches Argument wird angeführt, daß ein vertragliches Verfahren Vorrang vor einem habe, dessen Grundlage eine Resolution des ECOSOC sei (ebd.).

[51] Analysis of existing United Nations procedures ..., E/CN.4/1317 (08.02.1979), Abs. 33 lit. a).

[52] Analysis of existing United Nations procedures ..., E/CN.4/1317 (08.02.1979), Abs. 33 lit. b), c), 34.

[53] Analysis of existing United Nations procedures ..., E/CN.4/1317 (08.02.1979), Abs. 35.

[54] *Cançado Trindade,* RdC 202 (1987 II), S. 225.

[55] Working Paper prepared by the Secretariat ..., E/CN.4/Sub.2/1994/17 (11.07.1994), Abs. 7-8.

[56] MRK, Res. 1993/58 vom 09.03.1993, in:. Report on the 49th session, E/1993/23, E/CN.4/1993/122 sub. II. A.; *Ize-Charrin,* 1503: A Serious Procedure, S. 9.

verfahren und ihr Verhältnis zueinander enthielt[57], wurde nicht in der Form abschließend behandelt, daß die Kommission Regelungen über die Zuleitung der Beschwerden beschloß. Die MRK entschied lediglich, daß der Bericht im Rahmen der anstehenden Diskussion über die Rationalisierung ihrer Arbeit behandelt werden sollte. Gleichzeitig erbat sie Vorschläge zur Verbesserung von Funktion, Wirksamkeit und Koordination der verschiedenen Verfahren[58]. Wie schon in bezug auf den vorhergehenden Bericht wurde auch in diesem Fall das Schweigen der Kommission als konkludente Zustimmung angesehen, eine nachträgliche Bestätigung der Praxis des Menschenrechtszentrums.

In bezug auf das Verhältnis zwischen dem 1503- und dem FaP-Verfahren waren keine neuen Aussagen enthalten. Dementsprechend werden auch heute noch eingehende Individualbeschwerden gegen Staaten grundsätzlich dem vertraglichen Mechanismus unterbreitet, und zwar unabhängig von ihrer Begründetheit[59]. Lediglich solche Beschwerden, die explizit ein *consistent pattern* grober Menschenrechtsverletzungen aufweisen, werden direkt dem 1503-Verfahren zugewiesen, sonstige Einzelbeschwerden nur dann, wenn sie nicht vom Pakt geschützte Menschenrechte betreffen oder sonst das vertragliche Verfahren nicht anwendbar ist.

d) Ergebnis

Insgesamt hat sich in der Praxis des Sekretariats und der beteiligten Organe eine klare Aufgabenteilung zwischen 1503-Verfahren und dem vertraglichen entwickelt. Während ersteres im wesentlichen nur mehr Mitteilungen behandelt, die aus sich heraus auf ein *consistent pattern* verweisen, wird der Großteil aller individuellen Beschwerden der Behandlung durch den Menschenrechtsausschuß zugeleitet. Eine Überschneidung entsteht aufgrund der verschiedenen Verfahrensgegenstände nicht. Dem 1503-Verfahren kommt somit auch nach der Einführung des vertraglichen Verfahrens eine eigenständige Daseinsberechtigung zu: einmal bezogen auf den gesamten Bereich von *consistent pattern*, zum anderen aber auch im Hinblick auf die Staaten, und nicht wenige der ärgsten Verletzter von Menschenrechten gehören dazu[60], die den vertraglichen Mechanismus nicht aner-

---

[57] Report of the Secretary-General, Effective Functioning of the Various Mechanisms ..., E/CN.4/1994/42 (14.02.1994).

[58] Working Paper prepared by the Secretariat ..., E/CN.4/Sub.2/1994/17 (11.07.1994), Abs. 10; *Ize-Charrin*, 1503: A Serious Procedure, S. 9.

[59] *Ize-Charrin*, 1503: A Serious Procedure, S. 3; *Schwelb/Alston*, in: Vasak (Hrsg.), The International Dimensions I, S. 274; *Ziegler*, S. 75.

[60] *Bossuyt*, HRLJ 6 (1985), S. 209.

kannt haben[61]. Es ist in diesem Zusammenhang jedoch zu vermerken, daß die Kooperation verschiedener Staaten gegenüber der MRK äußerst eingeschränkt verläuft, während dieselben Regierungen viel eher zu einem konstruktiven Dialog mit dem Menschenrechtsausschuß bereit sind[62]. Dies gilt gerade im Hinblick auf die beiden Verfahren, die Individualbeschwerden zum Ausgang haben. Es ist selbst von traditionell eher menschenrechtsfreundlichen Staaten des Westens berichtet worden, daß sie unter Berufung auf ihre Anerkenntnis des vertraglichen Verfahrens nach dem FaP die Zusammenarbeit im 1503-Verfahren verweigern.

B. Das Übereinkommen zur Beseitigung der Rassendiskriminierung

Noch vor der Verabschiedung des Bürgerrechtspaktes wurde am 7. März 1966 das *Internationale Übereinkommen zur Beseitigung jeder Form von Rassendiskriminierung*[63] (Convention on the Elimination of all Forms of Racial Discrimination - CERD) von der Generalversammlung angenommen, das in Art. 14 ebenfalls ein Individualbeschwerdeverfahren vorsieht. Als Überwachungsorgan fungiert der Ausschuß für die Beseitigung der Rassendiskriminierung (*Committee on Elimination of Racial Discrimination*), welcher aus 18 unabhängigen Sachverständigen besteht, gewählt von den Vertragsstaaten auf Vorschlag einzelner Regierungen (Art. 8).

Die Durchführung eines Individualbeschwerdeverfahrens, zu dem neben Einzelnen auch betroffene Personengruppen Zugang haben, setzt eine entsprechende Unterwerfungserklärung des Staates voraus[64]. Eine Besonderheit des Verfahrens ist die optionale Einrichtung einer nationalen Beschwerdestelle, die noch nach Erschöpfung des innerstaatlichen Rechtswegs anzurufen wäre (Art. 14 Abs. 2) und deren Inanspruchnahme vorhandenenfalls Zulässigkeitsvoraussetzung für eine Beschwerde zum Ausschuß ist (Art. 14 Abs. 5). Im übrigen entspricht das Beschwerdeverfahren in seiner Ausgestaltung und Durchführung im wesentlichen dem im FaP zum IPbpR vorgesehenen. Abschließende Entscheidungen des

---

[61] *Ermacora*, RDH 7 (1974), S. 686.

[62] *Bossuyt*, HRLJ 6 (1985), S. 207.

[63] Generalversammlung, Res. 2106 A (XX) vom 21.12.1965; in Kraft getreten am 04.01.1969; BGBl. 1969 II S. 961.

[64] Entsprechend Art. 14 Abs. 9 CERD ist das Individualbeschwerdeverfahren erst am 03.12.1982 in Kraft getreten - siehe Report of the Secretary-General, Effective Functioning of the Various Mechanisms ..., E/CN.4/1994/42 (14.02.1994), Abs. 38.

Mit Stand 18.12.2001haben von den 160 Vertragparteien insgesamt 38 die Zuständigkeit des Ausschusses für die Prüfung von sie betreffenden Individualbeschwerden anerkannt.

grundsätzlich vertraulichen Individualbeschwerdeverfahren (Art. 14 Abs. 4, 6 lit. a]) werden im jährlichen Bericht an die Generalversammlung veröffentlicht (Art. 14 Abs. 8)[65].

Für das Verhältnis zu weiteren Verfahren bestimmt Art. 16 CERD, daß solche Verfahren zur Behandlung von Beschwerden unberührt bleiben, die „in den Gründungsurkunden oder den Übereinkünften der UNO oder ihrer Sonderorganisationen" vorgesehen sind[66]. Das erst nach Verabschiedung der Konvention begründete 1503-Verfahren wie auch sonstige auf bloßen Resolutionen beruhende Mechanismen sind von diesem Wortlaut nicht umfaßt. Für das Verhältnis zum 1503-Verfahren finden auf der Ebene des Sekretariats (OHCHR) mangels spezifischer Regelungen die im 1979 erstellten Bericht für das Verhältnis zum FaP-Verfahren entwickelten Grundsätze Anwendung[67]. Dies bedeutet, daß einschlägige Beschwerden über Einzelfälle vordringlich diesem Verfahren zugeleitet werden, Individualbeschwerden gegen Nichtvertragsparteien gegebenenfalls an den Menschenrechtsausschuß. Allein Beschwerden über ein *consistent pattern* sowie solche, die von keinem vertraglichen Beschwerdeverfahren erfaßt sind, werden im 1503-Verfahren behandelt.

C. Das Übereinkommen gegen Folter

Mit dem *Übereinkommen gegen Folter und andere grausame, unmenschliche oder erniedrigende Behandlung* (Convention against Torture - CAT) von 1984[68] wurde gleichfalls ein Beschwerdeverfahren für Einzelne eingerichtet. Für dessen Durchführung wurde gemäß Art. 17 der Konvention ein Ausschuß gegen Folter (*Committee Against Torture*) eingesetzt, der aus 10 Mitgliedern besteht, die nach Nominierung durch ihre Regierungen von den Vertragsstaaten gewählt werden. Voraussetzung für die Einleitung eines Individualbeschwerdeverfahrens gemäß Art. 22 ist die Anerkennung der Zuständigkeit des Ausschusses für ein

---

[65] Report of the Secretary-General, Effective Functioning of the Various Mechanisms ..., E/CN.4/1994/42 (14.02.1994), Abs. 47.

[66] Eine Sonderregelung für noch nicht in die Unabhängigkeit entlassene Kolonien und sonstigen abhängige Gebiete enthält Art. 15: für deren Bewohner das bestehende Petitionsrecht zur UNO oder ihren Sonderorganisationen durch dieses Abkommen nicht eingeschränkt wird.

[67] Report of the Secretary-General, Effective Functioning of the Various Mechanisms ..., E/CN.4/1994/42 (14.02.1994), Abs. 49; Working Paper prepared by the Secretariat ..., E/CN.4/Sub.2/1994/17 (11.07.1994), Abs. 6.

[68] Generalversammlung, Resolution 39/46 vom 10.12.1984; in Kraft getreten am 26.06.1987; BGBl. 1990 II, S. 246.

solches Verfahren durch den entsprechenden Staat[69]. Der Verfahrensablauf wie auch die Zuständigkeitsregeln entsprechen weitgehend denen des Menschenrechtsausschusses und seinem Verfahren nach dem Fakultativprotokoll. So wird zunächst über die Zulässigkeit einer solchen Beschwerde befunden, ehe eine Entscheidung über die Begründetheit - gegebenenfalls nach einer mündlichen Anhörung [70]- gefällt wird[71]. Eine Besonderheit besteht hinsichtlich der Notwendigkeit der Erschöpfung des innerstaatlichen Rechtsweges (*local remedies rule*). Diese ist angesichts des Konventionsgegenstandes „Folter" dann entbehrlich, wenn die Rechtsbehelfe unangemessen lange gedauert oder keine Abhilfe gebracht hätten (Art. 22 Abs. 5 lit. b)[72]. Auch diese Regelung entspricht der Rechtslage im 1503-Verfahren[73]. Die abschließenden Entscheidungen (*Views*) des Anti-Folterausschusses werden im Jahresbericht an die Generalversammlung veröffentlicht[74].

Keine Besonderheiten bestehen für die Koordination der beiden Verfahren. Art. 22 Abs. 5 lit. a) der Konvention bestimmt zwar, daß eine zeitgleiche Behandlung „derselben Sache" grundsätzlich zur Unzulässigkeit des Verfahrens führt. Allerdings wird auch insoweit die gleichzeitige Behandlung durch den Sonderberichterstatter für Folter der MRK[75] oder im 1503-Verfahren nicht als die identische Angelegenheit gewertet[76]. Mithin kann ein 1503-Verfahren unabhängig von einer zeitgleich durchgeführten Individualbeschwerde in einem Fall, der Teil eines entsprechenden *consistent pattern* ist, durchgeführt werden.

Für die Zuordnung der Beschwerden zum 1503- oder zum CAT-Verfahren gilt gleiches wie beim FaP und dem CERD. Die 1979 entwickelten Regeln des

---

69 Derzeit sind 127 Staaten Vertragsparteien des CAT; 46 haben das Individualbeschwerdeverfahren anerkannt (Stand 18.12.2001).

70 *Byrnes*, in: Alston (Hrsg.), The United Nations and Human Rights, S. 538; *Weiß*, MRM 3/1997, sub. 3. c).

71 *Byrnes*, in: Alston (Hrsg.), The United Nations and Human Rights, S. 535.

72 *Byrnes*, in: Alston (Hrsg.), The United Nations and Human Rights, S. 536; *Weiß*, MRM 3/1997, sub. 3. b).

73 Siehe oben § 23.I.D.1., S. 376.

74 Report of the Secretary-General, Effective Functioning of the Various Mechanisms ..., E/CN.4/1994/42 (14.02.1994), Abs. 45; *Weiß*, MRM 3/1997, sub. 3. d)

75 *Byrnes*, in: Alston (Hrsg.), The United Nations and Human Rights, S. 536; *Weiß*, MRM 3/1997, sub. 3. b); Report of the Human Rights Committee, A/40/40, Annex X (1985), S. 191, Abs. 9.1.

76 *Weiß*, MRM 3/1997, sub. 3. b).

Sekretariats (OHCHR) für das Verhältnis zwischen dem 1503-Verfahren und dem vertraglichen nach dem FaP werden auch in diesem Falle entsprechend angewendet[77].

D. Weitere Individualbeschwerdeverfahren

1. Das Fakultativprotokoll zur Konvention gegen die Diskriminierung der Frau

Mit dem jüngst in Kraft getretenen Fakultativprotokoll[78] zum *Übereinkommen zur Beseitigung jeder Form von Diskriminierung der Frau* (CEDAW)[79] soll auch zur Durchsetzung der in diesem Instrument enthaltenen Gewährleistungen ein Individualbeschwerdeverfahren bereitgestellt werden[80]. Verantwortlich für die Prüfung der Beschwerden ist der nach Art. 17 CEDAW eingesetzte Ausschuß für die Beseitigung der Diskriminierung der Frau (Art. 1 des Fakultativprotokolls). Die Ausgestaltung des Verfahrens und insbesondere die Zulässigkeitserfordernisse orientieren sich an den zuvor verabschiedeten Instrumenten, insbesondere im Hinblick auf die Beziehung zu anderen internationalen Verfahren (vgl. Art. 4 lit. a] des Fakultativprotokolls). Es wird so für dieses bisher noch nicht angewendete Verfahren auch das in bezug auf die anderen universellen vertraglichen Mechanismen Gesagte zu gelten haben.

2. Die Wanderarbeiterkonvention

Auf internationaler Ebene ist ein Individualbeschwerdeverfahren schließlich auch in Art. 77 der *Konvention zum Schutz der Rechte aller Wanderarbeitnehmer und ihrer Familienangehörigen* (Wanderarbeiterkonvention)[81] vorge-

---

[77] Report of the Secretary-General, Effective Functioning of the Various Mechanisms ..., E/CN.4/1994/42 (14.02.1994), Abs. 49; Working Paper prepared by the Secretariat ..., E/CN.4/Sub.2/1994/17 (11.07.1994), Abs. 6.

[78] Commission on the Status of Women, ... E/CN.6/1999/WG/L.2 (10.03.1999); Generalversammlung, Res. 54/4 vom 06.10.1999; deutsche Übersetzung bei Klein (Hrsg.), 20 Jahre CEDAW, S. 102-107. Das Fakultativprotokoll ist am 22. Dezember 2000 in Kraft getreten - UN Press Release /CEDAW/ vom 26.09.2000. Derzeit haben 28 Staaten das Protokoll ratifiziert (Stand 18.12.2001).

[79] Generalversammlung, Res. 34/180 vom 18.12.1979, in Kraft getreten am 03.09.1981, BGBl. 1985 II, S. 647. Insgesamt 170 Staaten haben dieKonvention retifiziert (Stand 18.12.2001).

[80] *Schöpp-Schilling*, in: Klein (Hrsg.), 20 Jahre CEDAW, S. 26, Anm. 19.

[81] Generalversammlung, Res. 45/158 vom 18.12.1990.

sehen[82]. Die Konvention ist noch nicht in Kraft getreten[83]. Die Formulierung der einschlägigen Vorschriften orientiert sich an Art. 22 CAT. Ebenso wie dort ist für die Anwendung des Individualbeschwerdeverfahrens gemäß Art. 77 Abs. 1 eine gesonderte Erklärung des Staates erforderlich. Insgesamt zehn solcher Erklärungen müssen abgegeben sein, damit das Verfahren durchgeführt werden kann (Art. 77 Abs. 8 der Konvention). Die Prüfung der Individualbeschwerde erfolgt durch einen gemäß Art. 72 der Konvention einzurichtenden Ausschuß (*Committee on the Protection of the Rights of All Migrant Workers and Members of Their Families*).

Für das Verhältnis zum 1503-Verfahren gilt entsprechendes. Insbesondere wird die organisatorische und administrative Unterstützung des Ausschusses durch das UN-Sekretariat wahrgenommen (Art. 72 Abs. 7 der Konvention), so daß auch für die Zuleitung der eingehenden Beschwerden keine Besonderheiten gelten werden.

II. Vertragliche Verfahren auf regionaler Ebene

Vertragliche Beschwerdeverfahren wurden auch außerhalb der UNO - zum Teil noch vor den dort entwickelten - in regionalen Organisationen in Europa, Amerika und in Afrika eingerichtet. Schon aufgrund der gleichen Implementierungstechnik - völkerrechtliche Verträge - sind strukturelle Ähnlichkeiten mit den oben dargestellten Mechanismen zwangsläufig. Dies betrifft auch das Verhältnis zu anderen Verfahren des internationalen Menschenrechtsschutzes im allgemeinen und zum 1503-Verfahren im besonderen, wenngleich sich einschlägige Praxis der Entscheidungsorgane kaum nachweisen läßt.

A. Das Individualbeschwerdeverfahren nach der Europäischen Menschenrechtskonvention

Das am weitesten entwickelte Individualbeschwerdeverfahren ist dasjenige nach der EMRK unter der Ägide des Europarates, welches bereits 1950 in der Konvention vorgesehen war und mittlerweile Individuen direkten Zugang zum Europäischen Gerichtshof für Menschenrechte in Straßburg (EGMR) gestattet.

---

[82] Report of the Secretary-General, Effective Functioning of the Various Mechanisms ..., E/CN.4/1994/42 (14.02.1994), Abs. 35.

[83] Von den gemäß Art. 87 erforderlichen 20 Ratifikationen liegen bisher 15 vor, zehn weitere Staaten haben die Konvention gezeichnet - UN Press Release, 27 February 2001. Siehe auch *Ipsen* § 48 Rn. 25.

1. Das Verfahren

Nach einer Eingangsprüfung der Beschwerden im Sekretariat des Europarates entscheidet ein dreiköpfiger Ausschuß des EGMR über die Zulässigkeit der Beschwerde, bei streitigen Entscheidungen hat eine Kammer von sieben Richtern zu befinden[84]. Diese beurteilen gleichermaßen die Begründetheit einer Beschwerde oder leiten den Fall bei besonderer Bedeutung einer Großen Kammer von 17 Richtern zu[85]. Die Große Kammer ist auch für die Revision von Entscheidungen der Kammern in Fällen von besonderer Bedeutung zuständig: über deren Zulassung hat ein Ausschuß von fünf Richtern der Großen Kammer zu befinden[86]. Am Ende des Verfahrens steht eine Entscheidung über die Unzulässigkeit oder, im Falle der Zulässigkeit der Beschwerde, ein abschließend zu veröffentlichendes Urteil des Gerichts, das umzusetzen die Vertragsparteien gemäß Art. 46 verpflichtet sind.

Das EMRK-Verfahren ist mithin ein gerichtsförmiges, streng an rechtlichen Maßstäben orientiertes Verfahren auf internationaler Ebene, das im Vergleich zu dem politisch ausgestalteten 1503-Verfahren ein wirkliches Rechtsschutzverfahren darstellt. Es ist ausschließlich auf die individuelle Beurteilung von Einzelfällen am Maßstab der in der EMRK niedergelegten Menschenrechte ausgerichtet. Zwar können - ähnlich wie im 1503-Verfahren - vor dem EGMR außer Einzelpersonen auch Gruppen und NGO Beschwerde erheben, jedoch nur insoweit, wie sie in eigenen Rechten beeinträchtigt sind (Art. 34 EMRK)[87].

2. Das Verhältnis zum 1503-Verfahren

Die Beziehung zu anderen Mechanismen aus der Perspektive des EMRK-Verfahrens richtet sich nach Art. 35 Abs. 2 lit. b) EMRK. Danach behandelt der EGMR eine Beschwerde dann nicht, wenn sie „schon einer anderen internationalen Untersuchungs- oder Vergleichsinstanz unterbreitet worden ist und keine neuen Tatsachen enthält". Mit dieser Vorschrift soll vermieden werden, daß derselbe Fall Gegenstand verschiedener internationaler Verfahren wird[88]. Auch hier hat der Beschwerdeführer allerdings grundsätzlich die Möglichkeit, eine drohende Unzulässigkeit in diesem Zusammenhang durch Rücknahme anderweitig einge-

---

84 *Robertson/Merrills*, S. 149.

85 *Robertson/Merrills*, S. 149; *Weiß*, MRM 2/1997, sub. III.

86 *Robertson/Merrills*, S. 149.

87 Amnesty International, Doc. IOR 30/01/89, S. 38.

88 *Zwart*, S. 180.

legter Beschwerden zu verhindern[89]. Wie schon beim Verfahren nach dem FaP stellt sich die Frage, ob es sich bei dem 1503-Verfahren um ein damit unvereinbares „anderes Verfahren" handelt. Zum Teil wurde zumindest die - nie erfolgte - Einsetzung einer Untersuchungskommission gemäß Abs. 6 lit. b) Res. 1503 (XLVIII) als unvereinbar mit einem Individualbeschwerdeverfahren angesehen[90]. Freilich kann die Frage aufgrund der Vertraulichkeit des 1503-Verfahrens praktisch nur infolge einer Intervention der Vertragspartei virulent werden. Für das Beschwerdeverfahren im Rahmen der ILO betreffend die Koalitionsfreiheit[91] hat die Kommission entschieden, daß es sich dabei um ein solches Verfahren handelt, bei dessen Einleitung eine Beschwerde unzulässig werden kann[92]. Auf das Verhältnis zum 1503-Verfahren läßt sich diese Entscheidung allerdings aufgrund der erheblichen Unterschiede nicht unbesehen übertragen.

Für die Perspektive des 1503-Verfahrens muß bezüglich des EMRK-Verfahrens erst recht das gelten, was für die Beziehung zum Verfahren des Menschenrechtsausschusses gilt. Die Durchführung des Verfahrens der MRK wird in keiner Weise von einem Individualverfahren in Straßburg beeinträchtigt. Aber auch in der anderen Richtung - aus der Sichtweise des EGMR - wird eine Behandlung der Situation im 1503-Verfahren nicht zur Unzulässigkeit der Beschwerde führen. Selbst wenn Art. 35 Abs. 2 EMRK auf die „erhobene Individualbeschwerde" abstellt, die durchaus auch dem 1503-Verfahren unterbreitet worden sein kann, wird man hier unter Berücksichtigung der vom Menschenrechtsausschuß entwickelten Argumentation zur Unterschiedlichkeit des Verfahrensgegenstandes die Zulässigkeit bejahen müssen.

Infolge der außerordentlich verschiedenen Ausgestaltung der Verfahren in bezug auf Gegenstand, Charakter des befaßten Organs und Wirksamkeit kommt es mithin zwischen dem Individualbeschwerdeverfahren nach der EMRK und dem 1503-Verfahren praktisch zu keinen Konflikten.

---

[89] *Zwart*, S. 180.

[90] *Ermacora*, in: FS Verosta, S. 193.

[91] Siehe hierzu unten § 31.III.E.1., S. 550.

[92] European Commission of Human Rights, *Council of Civil Service Unions* et al. v. United Kingdom, Application No. 11603/85, Decision of 20.01.1987; *Zwart*, S. 182. Interessanterweise hatte der Menschenrechtsausschuß im Rahmen seines Verfahrens nach dem FaP eine gleichzeitige Beschwerde neben diesem Verfahren für zulässig erachtet - *Zwart*, S. 183; Report of the Human Rights Committee, A/40/40, Annex X (1985), S. 191, Abs. 9.1.

B. Individualbeschwerdeverfahren im Interamerikanischen System

1. Das Verfahren

Im interamerikanischen System bestehen zwei verschiedene Möglichkeiten des Umgangs mit Individualbeschwerden. Neben einem später zu erörternden Verfahren auf außervertraglicher Grundlage besteht ein Mechanismus zur Durchsetzung der in der Amerikanischen Menschenrechtskonvention (AMRK)[93] garantierten Menschenrechte. Das in erster Instanz entscheidende Organ ist in beiden Verfahren die Interamerikanische Kommission für Menschenrechte (IAMRK)[94].

Das vertraglich basierte Individualbeschwerdeverfahren beruht auf Art. 44 und 48 - 51 AMRK. Einer besonderen Unterwerfungserklärung bedarf es hierfür nicht. Gemäß Art. 41 lit. f) AMRK ist die IAMRK ermächtigt, Beschwerden und Mitteilungen über Verletzungen der in der Konvention garantierten Menschenrechte durch Vertragsparteien zu untersuchen[95]. In diesem Verfahren sind, wie auch beim 1503-Verfahren, nicht nur Einzelpersonen, sondern auch Gruppen und nichtsstaatliche Organisationen mit Sitz in einem der Mitgliedsstaaten beschwerdebefugt (Art. 44 Abs. 1)[96]. Eine zulässige Beschwerde wird von der Kommission auf ihre Begründetheit hin geprüft, wozu sie ergänzende Informationen von der jeweiligen Regierung einholt, die vorliegenden Fakten untersucht und dazu auch Anhörungen mit dem Vertragsstaat und dem Beschwerdeführer durchführen kann[97]. Dabei ist sie jedoch angehalten, fortwährend eine einvernehmliche Streitbeilegung herbeizuführen (Art. 48 Abs. 1 lit. f] AMRK). Ist eine solche Beilegung gelungen, erstellt die Kommission hierüber einen Bericht an die Generalversammlung der OAS (Art. 50 AMRK). Anderenfalls werden in den abschließenden Bericht die festgestellten Sachverhalte und Schlußfolgerungen der IAMRK aufgenommen und dem beteiligten Staat zugeleitet (Art. 50). In einer sich daran anschließenden Frist von drei Monaten kann ein beteiligter Staat die

---

[93] Amerikanische Menschenrechtskonvention (Pakt von San José) vom 22.11.1969, in Kraft getreten am 18.07.1978.

[94] Dieses Organ wurde 1959 durch Resolution VIII der OAS-Außenminister geschaffen mit der Hauptaufgabe, die Beachtung der Menschenrecht zu fördern und vor Verletzungen zu schützen und hierzu der Organisation als Beratungsorgan zur Verfügung zu stehen - *Robertson/Merrills,* S. 200f., 206.

[95] *Buergenthal*, in: International Enforcement of Human Rights, S. 62.

[96] So auch *Buergenthal*, in: International Enforcement of Human Rights, S. 64; Amnesty International, Doc. IOR 30/01/89, S. 36. Weitere Zulässigkeitskriterien enthält Art 46.

[97] Art. 48 Abs. 1 lit. e); *Buergenthal*, in: International Enforcement of Human Rights, S. 65; Amnesty International, Doc. IOR 30/01/89, S. 36f.; *Robertson/Merrills*, S. 213.

Angelegenheit vor den Interamerikanischen Gerichtshof für Menschenrechte bringen, desgleichen - unter besonderen Voraussetzungen - auch die Kommission[98]. Geschieht dies nicht, kann - falls noch immer keine einvernehmliche Lösung gefunden wurde - die Kommission eine Stellungnahme und Empfehlungen hierzu abgeben (Art. 51). Privatpersonen können vor dem Gerichtshof nicht auftreten.

2. Das Verhältnis zum 1503-Verfahren

Das Nebeneinander des 1503-Verfahrens und einzelner Beschwerden zur IAMRK war Gegenstand der Erörterung in der MRK. Bei der Untersuchung Paraguays wies dessen Vertreter unter anderem darauf hin, daß eine der Beschwerden, die im Rahmen des 1503-Verfahrens behandelt wurde, zuvor schon an die IAMRK gesendet worden war[99]. Das interamerikanische Verfahren sei das eigentlich zuständige, hier habe man auch der Einsetzung einer Untersuchungskommission zugestimmt. Daneben sei ein Untersuchungsausschuß der UN-Menschenrechtskommission gemäß Abs. 6 lit. b) Res. 1503 (XLVIII) nicht gerechtfertigt, zumal er die Untersuchung durch die IAMRK gefährden könnte[100].

Gleichwohl hat die MRK nicht nur in diesem Falle, sondern bei der Untersuchung anderer Staaten, gegen die Beschwerden vor der IAMRK anhängig waren, das 1503-Verfahren hiervon unbeeindruckt fortgeführt, so in den geschilderten Fällen Argentiniens und Uruguays[101]. Als Begründung hierfür läßt sich erneut das bereits für das Verhältnis zum Beschwerdeverfahren nach dem FaP gebrauchte Argument heranziehen, daß es sich vorliegend um unterschiedliche Verfahrensgegenstände handele. Hinzu kommt aber auch der unterschiedliche Charakter der Verfahren. Die politisch geprägte Untersuchung im Rahmen des 1503-Verfahrens weist auch hinsichtlich der Untersuchungsmethode einen so

---

[98] Art. 51, 61 AMRK; *Buergenthal*, in: International Enforcement of Human Rights, S. 65. Die Zuständigkeit des Gerichtshofes muß von dem entsprechenden Staat anerkannt sein, was auch *ad hoc* geschehen kann - *Robertson/Merrills,* S. 217.

[99] CHR, Summary record of the 1507th meeting [06.03.1979], E/CN.4/SR.1507 (07.03.1979), Abs. 3 (Paraguay): die Beschwerde 78/3/1.878 sei bereits 1977 an die IAMRK gesendet worden.

[100] CHR, Summary record of the 1507th meeting [06.03.1979], E/CN.4/SR.1507 (07.03.1979), Abs. 5-7 (Paraguay).

[101] In der vertraulichen Entscheidung zu Uruguay vom 09.08.1979 anerkennt die MRK ausdrücklich die parallele Arbeit der IAMRK („...*Noting* with satisfaction... the work of the Inter-American Commission on Human Rights regarding the human rights situation in Uruguay."; 4. Abs. der Präambel - in: Decisions adopted..., E/CN.4/R.49 [22.03.1979], S. 10).

deutlichen Unterschied zum IAMRK-Beschwerdemechanismus auf, daß es hier praktisch nicht zu einer inhaltlichen Überlappung kommt. Gleiches gilt aus der Perspektive der IAMRK und ihrer Verfahrensordnung. Da Gegenstand des 1503-Verfahrens kein „Fall“ sondern eine Situation ist, ist die interamerikanische Kommission an der gleichzeitigen Untersuchung nicht gehindert[102].

C. Das Afrikanische Menschenrechtsschutzsystem

Im Rahmen der *Organisation of African Unity* (OAU) wurde nach zwanzigjährigen Bemühungen 1981 die Afrikanische Charta der Menschenrechte und Rechte der Völker (nach dem Ort ihrer Verabschiedung auch „Banjul-Charta“ genannt) verabschiedet[103]. Diese enthält in ihrem ersten Teil Garantien für bürgerliche und politische Rechte sowie in weiteren fünf Artikeln kollektive Rechte der Völker, u.a. die Verfügungsfreiheit über natürliche Ressourcen, das Recht auf Entwicklung, auf Frieden und auf eine zufriedenstellende Umwelt.

1. Die Afrikanische Menschenrechtskommission

Zur Überwachung der vertraglich garantierten Rechte wurde die aus elf unabhängigen Mitgliedern bestehende Afrikanische Kommission für Menschenrechte und Rechte der Völker (Afrikanische Kommission) eingesetzt[104]. Sie ist gemäß Art. 55 der Charta zur Prüfung von Individualbeschwerden gegen die Vertragsstaaten zuständig; dies bedarf keiner besonderen Unterwerfungserklärung des jeweiligen Staates[105]. Die Erörterung einer Beschwerde steht im ungebundenen Ermessen der Kommission. Es handelt sich auch bei diesem Verfahren um ein nicht ausschließlich an rechtlichen Maßstäben ausgerichtetes, vielmehr ist es - wie das 1503-Verfahren auf der Ebene der MRK - offen für politische und sonstige Opportunitätsgesichtspunkte.

Beschränkungen in bezug auf die Beschwerdebefugnis existieren nicht. Außer den Opfern und nahen Angehörige können auch unbeteiligte Einzelpersonen, Gruppen sowie NGO Beschwerde einreichen[106]. Die Zulässigkeits-

---

[102] *Pinto*, S. 77.

[103] *Robertson/Merrills*, S. 243. Siehe ausführlich zu den Bemühungen, die insbesondere von den internationalen Seminaren im Rahmen der Förderaktivitäten der MRK unterstützt wurden, ebd. S. 243-249.

[104] *Robertson/Merrills*, S. 260.

[105] *Robertson/Merrills*, S. 262.

[106] *Robertson/Merrills*, S. 264. Die ursprüngliche Geschäftsordnung (*Rules of Procedure*) der Afrikanischen Kommission hatte die Beschwerdebefugnis von NGO und unbeteiligten

bestimmungen (Art. 56 der Charta) entsprechen im wesentlichen denen der sonstigen internationalen Beschwerdeverfahren. Sie enthalten insbesondere ein Verbot anonymer Beschwerden, gewisse Anforderungen an die Sprache die *local remedies rule*[107]. In mehreren Punkten orientieren sie sich erkennbar an den für das 1503-Verfahren entwickelten Bestimmungen. So ist eine Beschwerde - entsprechend Abs. 3 lit. d) Res. 1 (XXIV) der Unterkommission - dann unzulässig, wenn sie ausschließlich auf Berichten in Massenmedien beruht (Art. 56 Nr. 4 Banjul-Charta). Ebenso ist für die Einlegung der Beschwerde zwar keine starre Frist vorgesehen, doch muß sie - um als zulässig zu gelten - innerhalb „eines vertretbaren Zeitraums" eingelegt werden (Art. 56 Nr. 6 Banjul-Charta, siehe Abs. 5 Res. 1 [XXIV] der Unterkommission). Schließlich ist eine Beschwerde dann unzulässig, wenn derselbe Fall von den betroffenen Staaten bereits in Übereinstimmung mit den Prinzipien der UN-Charta und den in der Banjul-Charta selbst enthaltenen Grundsätzen beigelegt worden ist (Art. 56 Nr. 7 Banjul-Charta) - eine deutliche Reminiszenz an Abs. 4 lit. c) Res. 1 (XXIV) der Unterkommission.

Bevor die Kommission die Begründetheit der Beschwerde untersucht, hat sie der betroffenen Regierung Gelegenheit zur Stellungnahme zu geben (Art. 57 Banjul-Charta). Soweit es scheint, daß eine oder mehrere Beschwerden auf einen besonderen Fall hinweisen, der auf die Existenz von aufeinanderfolgenden ernsten oder massiven Verletzungen der Menschenrechte oder Rechte der Völker hindeutet[108], kann die Kommission die Angelegenheit zur Kenntnis der Staats- und Regierungschefs bringen (Art. 58 Abs. 1 Banjul-Charta). Auf Anfrage dieses Gremiums - bzw. in Eilfällen des Vorsitzenden - hat die Kommission eine eingehende Studie dieser Fälle vorzunehmen, die mit Faktenbericht, Ergebnissen und Empfehlungen der Versammlung vorzulegen ist (Art. 58 Abs. 2, 3 Banjul-Charta)[109]. Als Maßstab dienen die in der Charta niedergelegten Rechte; zu ihrer Auslegung sind aber auch die UN-Charta, die OAU-Charta, die AEMR und andere einschlägige afrikanische und internationale Menschenrechtsinstrumente heranzuziehen (Art. 60 Banjul-Charta).

Einzelpersonen auf Fälle von ernsthaften oder massiven Verletzungen beschränkt - Regel 114 Abs. 1 lit. b) der Geschäftsordnung vom 13.02.1988. Die Neufassung der Geschäftsordnung vom 06.10.1995 hob diese Einschränkung vollständig auf.

[107] Vgl. auch *Robertson/Merrills*, S. 262.

[108] „...that one or more communications apparently relate to special cases which reveal the existence of a series of serious or massive violations of human and peoples' rights..."

[109] *Robertson/Merrills*, S. 262.

In bezug auf Beschwerden, die das materielle Erfordernis „massive Verletzungen“ nicht erfüllen, enthält die Charta keine explizite Aussage. Gleichwohl hat die Kommission ihre Prüfungszuständigkeit auf der Grundlage ihrer Geschäftsordnung auch auf jene Mitteilungen ausgeweitet[110]. Sie untersucht die Vorwürfe, versucht eine Beilegung der Auseinandersetzung zu erreichen und berichtet hierüber der Versammlung der Staats- und Regierungschefs[111].

Die ursprüngliche Einschränkung der Beschwerdebefugnis von NGO und Nichtbeteiligten auf ernsthafte oder massive Verletzungen[112] wurde 1995 bei der Neufassung der Geschäftsordnung zusammen mit anderen Konkretisierungen der Zulässigkeitsbestimmungen aufgehoben[113]. Gleichermaßen gab man die Unterteilung in Beschwerden über systematische Verletzungen und Einzelfälle durchgängig auf und verabschiedete - neben den Regeln für Staatenbeschwerden - ein einheitliches Set von Verfahrensvorschriften für die private Mitteilungen.

Die eingehenden Mitteilungen werden zusammengefaßt und in einer Liste der Kommission vorgelegt (Regel 103; Art. 55). Die Verhandlungen der Kommission, die sich in eine Zulässigkeits- und eine Begründetheitsphase gliedern, sind vertraulich (Regel 106), allerdings können hierüber Pressemitteilungen herausgegeben werden (Regel 108). Sowohl der betroffene Staat als auch der Autor der Beschwerde können um ergänzende Informationen gebeten werden (Regel 117 Abs. 1). Nach der Entscheidung über die Zulässigkeit ist beiden Seiten erneut Möglichkeit zur Stellungnahme zu geben (Regel 119). Die abschließenden Beobachtungen der Kommission zur fraglichen Angelegenheit (*Opinions*) werden zur Bestätigung an die Versammlung der Staats und Regierungschefs weitergeleitet[114]. Seit 1994 werden die Entscheidungen zu den

---

[110] Zur Auseinandersetzung, ob dies im Rahmen der der Kommission zustehenden Befugnisse erfolgte, siehe (bejahend) *Odinkalu/Christensen*, HRQ 20 (1998), S. 239-244.

[111] *Robertson/Merrills*, S. 263 unter Verweis auf die *Rules of Procedure* der Kommission vom 13.02.1988. Diese wurden durch eine Neufassung vom 06.10.1995 geändert.

[112] Siehe oben Fn. 106.

[113] Regel 116 n.F. enthält lediglich einen Verweis auf die Zulässigkeitsbestimmungen in Art. 56 Banjul-Charta.

[114] Die Auffassungen werden als Bestandteil des jährlichen Tätigkeitsberichts von jenem Gremium bestätigt - siehe die redaktionelle Fußnote 1 zu: African Commission on Human and Peoples‘ Rights, Opinion of 3 November 1994 (16th Ordinary Session)..., in: HRLJ 18 (1997), S. 28.

einzelnen Beschwerden unter der Voraussetzung einer Bestätigung der Versammlung auch veröffentlicht[115].

Das Verfahren vor der Afrikanischen Menschenrechtskommission nach der Banjul-Charta ist in vielerlei Hinsicht vom 1503-Verfahren beeinflußt. Dies betrifft zum einen die Zulässigkeitsbestimmungen, zum zweiten die Offenheit für politische Einflüsse und drittens, wenigstens nach der ursprünglichen Konzeption, die Konzentration auf systematische und massive Menschenrechtsverletzungen. Allerdings stellt die Banjul-Charta in der Auslegung durch die Kommission daneben noch einen weitergehenden Mechanismus für die Behandlung von Einzelfällen dar.

Die abschließende Entscheidung über eine Beschwerde ist der Versammlung der Staats- und Regierungschefs, also einem prinzipiell politischen Gremium übertragen. Indes, die primäre und ausschlaggebende Beurteilung des Verfahrensgegenstandes erfolgt in den Beobachtungen der Kommission. Die Afrikanische Kommission sieht - ähnlich den beteiligten Organen im 1503-Verfahren - ihre Hauptaugabe weniger in einer quasi-judiziellen Entscheidungsfindung sondern in der Einleitung und Gewährleistung eines Dialogs und einer freunschaftlichen Streibeilegung[116]. Auf der anderen Seite sind - verstärkt durch die in der Geschäftsordnung niedergelegte Praxis der Afrikanischen Kommission - auch deutliche Unterschiede zu verzeichnen. So ist durch die Veröffentlichung der „Beobachtungen" der Kommission der Einfluß des politischen Organs erheblich eingeschränkt worden, zudem wird der Beschwerdeführer praktisch auf allen Verfahrensebenen beteiligt[117].

Das Verhältnis dieses Verfahrens zu dem nach Res. 1503 (XLVIII) war Gegenstand einer Entscheidung der Afrikanischen Kommission. Eine von *Amnesty International* gegen Tunesien eingereichte Beschwerde wurde wegen einer später im 1503-Verfahren eingereichten Mitteilung gemäß Regel 114 Abs. 3 lit. f) a.F. der Geschäftsordnung für unzulässig erklärt. Eine Behandlung der

---

[115] *Mutua*, HRQ 21 (1999), S. 348f.; *Odinkalu/Christensen*, HRQ 20 (1998), S. 277.

[116] *Odinkalu/Christensen*, HRQ 20 (1998), S. 244-247 m.w.N. Die Kommission hat ausdrücklich festgestellt: „The main goal of the communications procedure ... is to initiate a positive dialogue, resulting in an amicable resolution between the complainant and the State concerned, which remedies the prejudice complained of. " - Communication 25/89 et al., Opinion, Abs. 39, verabschiedet auf der 16. ordentlichen Sitzung, November 1996, Res. 250 (XXXII) der Versammlung der Staats- und Regierungschefs vom 10.07.1996, in: HRLJ 18 (1997), S. 32f.

[117] Vgl. Communication 25/89 et al., Opinion, Abs. 9 (a.a.O., Fn. 116).

Angelegenheit durch die Afrikanische Kommission sei nutzlos, solange kein Ergebnis des anderen Verfahrens bekanntgeworden sei[118]. Ungeachtet der möglichen Richtigkeit der Entscheidung - gemessen am Maßstab der Verfahrensregel, die bei gleichzeitiger Behandlung derselben Angelegenheit (*issue*) in einem anderen Verfahren die Unzulässigkeit bestimmte[119] - war diese Begründung geeignet, jegliche im 1503-Verfahren eingereichten Situationen von einer Behandlung im afrikanischen System auszuschließen. Denn ein Ergebnis wird im 1503-Verfahren nur selten bekannt werden.

Die fragliche Zulässigkeitsbestimmung ist mittlerweile aufgehoben worden. Einzige anwendbare Regelung ist nunmehr Art. 56 Nr. 7 Banjul-Charta. Danach ist eine Beschwerde unzulässig, wenn sie einen Fall betrifft, der von dem Staat bereits einer angemessenen Lösung im Einklang mit einschlägigen Instrumenten zugeführt wurde[120]. Auch wenn damit, mangels Veröffentlichung der Ergebnisse im 1503-Verfahren, künftig entsprechende Konflikte kaum mehr auftreten können, ändert dies nichts an der fortwährenden gegenständlichen Überschneidung der beiden Verfahren. Dies resultiert freilich unmittelbar aus dem parallelen Verfahrensgegenstand, soweit sich nämlich auch die Afrikanische Kommission mit systematischen und massiven Menschenrechtsverletzungen beschäftigt[121]. Ob sie im Fall der Beurteilung einer Einzelfallbeschwerde zum gleichen Ergebnis gekommen wäre, daß dieselbe Angelegenheit im 1503-Verfahren behandelt würde, geht aus der fraglichen Entscheidung nicht hervor. Angesichts unter-

---

[118] Communication 69/92, *Amnesty International* vs. *Tunisia*, decision on admissibility, taken at the 13th session, Banjul, The Gambia (April 1993), Abs. 15.

[119] „...That the same issue is not already being considered by another international investigation or settlement body." Vgl. auch *Odinkalu/Christensen*, HRQ 20 (1998), S. 267.

[120] Nach *Odinkalu/Christensen*, HRQ 20 (1998), S. 267, ist diese Bestimmung in Regel 104 Abs. 1 lit. f) n.F. näher ausformuliert, daß nämlich die Beschwerde unzulässig sei, „...soweit die Angelegenheit bereits einer Regelung zugeführt wurde" („...to the extent to which the same issue has been settled by another international investigating or settlement body.") Jene Bestimmung betrifft aber nur mögliche Unklarheiten über die nachzufragen dem Sekretariat vor der Registrierung einer Beschwerde gestattet ist. Eine technische Zulässigkeitsregelung kann daher darin nicht gesehen werden.

Es ist daher allein auf den Text der Banjul-Charta zurückzugreifen, der dem im 1503-Verfahren verwendeten entspricht - siehe Abs. 4 lit. c) Res. 1 (XXIV) der Unterkommission und dazu oben § 23.I.D.3., S. 380.

[121] Freilich bezieht sich die Regelung des Art. 56 Nr. 7 Banjul-Charta auf Fälle (*cases*) und enthält nicht die allgemeine Formulierung Angelegenheiten (*issues*), wie in Regel 114 Abs. 3 lit. f) a.F. der *Rules of Procedure*.

schiedlicher Verfahrensgegenstände (*cases* oder auch *issues*) liegt dann, also bei einer Individualbeschwerde, schon kein Zuständigkeitskonflikt vor[122].

Aus der Perspektive des Verfahrens der UN-MRK existieren für dieses Verhältnis weder klare Richtlinien noch sind einzelne Entscheidungen bekanntgeworden. Nur soweit das afrikanische Verfahren eine zugleich im 1503-Verfahren eingebrachte Gesamtsituation beurteilt, entstünde eine Handlungsnotwendigkeit. Zwar bestimmt Abs. 4 lit. c) Res. 1 (XXIV) der Unterkommission die Unzulässigkeit einer Beschwerde, wenn derselbe Fall bereits entsprechend den Prinzipien der UN-Charta beigelegt wurde. Doch selbst dann ist der WGC eine materielle Prüfungsmöglichkeit im Hinblick auf jene Prinzipien eröffnet[123]. Durch das Fehlen einer generellen Bestimmung steht diese Entscheidung im Ermessen der beteiligten Organe, die allerdings im Grundsatz einer doppelten internationalen Befassung entgegenstehen dürften. Der eminent politische Charakter des 1503-Verfahren - und die Unschärfe einer „Situation" - würde aber keineswegs die Einstellung des Verfahrens zwingend vorgeben. Vielmehr wäre gegebenenfalls eine ergänzende Erörterung in der MRK bzw. Druck von Seiten der Arbeitsgruppen zusätzlich sinnvoll.

2. Der Afrikanische Gerichtshof für Menschenrechte und Rechte der Völker

Nach mehrjährigen Beratungen wurde 1998 vom Ministerrat der OAU sowie der Versammlung der Mitgliedstaaten ein Protokoll beschlossen, das die Einrichtung eines Afrikanischen Gerichtshofes für Menschenrechte und Rechte der Völker vorsieht[124]. Das Protokoll ist noch nicht in Kraft getreten[125].

Die Zuständigkeit des Gerichtshofes für Individualbeschwerden oder solchen, die von NGO eingereicht werden, wird von zwei Voraussetzungen abhängig sein. Zunächst bedarf es einer entsprechenden Unterwerfungserklärung des

---

[122] Dies übersehen *Odinkalu/Christensen*, HRQ 20 (1998), S. 267f., in ihrer Kritik an dieser Entscheidung der Afrikanischen Kommission, wenn sie dieser die Entscheidung des Menschenrechtsausschusses zum Verhältnis des 1503-Verfahrens zu dem nach dem FaP zum IPbpR (siehe oben Fn. 22, S. 513) entgegenhalten. Denn die von *AmnestyInternational* eingereichte Beschwerde betraf ausdrücklich schwerwiegende und massive Verletzungen (ebd., S. 267).

[123] Siehe oben § 23.I.D.3., S. 380.

[124] *Mutua*, HRQ 21 (1999), S. 352. Für den Text des *Protocol to the African Charter on Human and People's Rights on the Establishment of an African Court on Human and People's Rights* siehe: African Yearbook of International Law 6 (1998), S. 419-427.

[125] Gemäß Art. 34 Abs. 3 des Protokolls bedarf es zu seinem Inkrafttreten 15 Ratifikationen.

betroffenen Staates (Art. 34 Abs. 6 des Protokolls). Liegt diese vor, so steht die Gewährung der Klagebefugnis für NGO und Privatpersonen noch immer im ungebundenen Ermessen des Gerichtshofes (Art. 5 Abs. 3)[126]. Es können somit neben der rechtlichen Erörterung und Bewertung auch sonstige Erwägungen zum Tragen kommen. Trotz der Verortung in einem Gerichtshof, bestehend aus elf unabhängigen Richtern (Art. 11 Abs. 1), wird damit das Modell eines streng und allein am Recht ausgerichteten Verfahrens verlassen. Dies korrespondiert mit dem - freilich überwiegend - politischen 1503-Verfahren.

Für die Entscheidung über die Zulässigkeit von Beschwerden finden im übrigen die für die Afrikanische Kommission gültigen Bestimmungen der Banjul-Charta Anwendung. Der Gerichthof ist jedoch nicht daran gebunden, sondern hat sie lediglich zu berücksichtigen (Art. 6 Abs. 2). In bezug auf den Verfahrensgegenstand enthält das Protokoll keine Einschränkungen. Es werden somit nicht nur Einzelfälle, sondern auch weitergehende Situationen behandelt werden können[127]. Das Verfahren findet im übrigen grundsätzlich öffentlich statt[128]; zu Beweiszwecken kann der Gerichtshof auch seinerseits eine Untersuchung *propio motu* durchführen (Art. 26 Abs. 1).

Eine weitere, schon im Verfahren nach der Banjul-Charta anklingende Besonderheit ist der weite Prüfungsmaßstab. Der Gerichtshof wird, sobald er zusammengetreten ist, nicht nur die in der Charta gewährleisteten Rechte als Maßstab heranziehen, sondern ebenso alle sonstigen internationalen Menschenrechtsverträge, die der betreffende Staat ratifiziert hat (Art . 7 des Protokolls)[129]. Diese weitgehende Ausdehnung des Prüfungsmaßstabes entspricht dem Ansatz des

---

[126] *Mutua*, HRQ 21 (1999), S. 355. Art. 5 Abs. 3 des Protokolls bestimmt: „The Court may entitle relevant Non-Governmental Organizations (NGOs) with observer status before the Commission, and individuals to institute cases directly before it, in accordance with article 34 (6) if this Protocol". Für diese Entscheidung kann der Gerichtshof eine Stellungnahme der Afrikanischen Menschenrechtskommission einholen (Art. 6 Abs. 1 des Protokolls). Siehe allgemein zur Rolle von NGO und Einzelpersonen vor dem Gerichtshof *Mohamed*, Journal of African Law 43 (1999), S. 202-204.

[127] Art. 3 Abs. 1 erstreckt die Zuständigkeit auf *„cases and disputes..."*, eine Beschränkung auf Einzelfälle läßt sich hieraus nicht ableiten.

[128] Art. 10 Abs. und *Mutua*, HRQ 21 (1999), S. 356.

[129] Entsprechend können Beschwerden auch im Hinblick auf die Verletzung anderer ratifizierter Menschenrechtsverträge eingelegt werden - *Mutua*, HRQ 21 (1999), S. 354. Nach Art. 3 Abs. 1 des Protokolls ist der Gerichtshof audrücklich zuständig für „alle Fälle und Streitigkeiten ... betreffend die Auslegung und Anwendung der Charta, dieses Protokolls und anderer relevanter Menschenrechtsinstrumente, die der betreffende Staate ratifiziert hat."

1503-Verfahrens, in dem ebenso alle anwendbaren Menschenrechtsnormen als Maßstab herangezogen werden können. Anders als dort werden die Entscheidungen und Feststellungen des Afrikanischen Gerichtshofes bindend sein (Art. 30 des Protokolls)[130].

Ungeachtet jener partiellen Parallelen ist der Ansatz der Verfahren grundverschieden - einerseits ein politisches Kontrollverfahren, andererseits ein vom Ausgangspunkt her streng justizielles vor einem Gericht. Zu Überschneidungen in bezug auf den Verfahrensgegenstand wird es, nach dem Inkrafttreten des Protokolls, zumindest theoretisch kommen können - gerade angesichts der praktisch unbeschränkten Zuständigkeit *ratione materiae* des Gerichtshofes. Auch hier ist eine Mehrfachzuständigkeit eher gewünscht und in Kauf genommen worden. Die primäre Ausrichtung des Gerichtshofes auf Einzelfallbeschwerden weist jedoch auf eine verbleibende Rolle für das UN-Verfahren hin.

III. Außervertragliche Beschwerdeverfahren

Das 1503-Verfahren und die übrigen Mechanismen der MRK sind keineswegs die einzigen, die nicht unmittelbar auf vertraglicher Grundlage beruhen. Andere Beschwerdeverfahren dieser Art finden sich im Verantwortungsbereich andere UN-Organe, ihrer Sonderorganisationen oder regionaler Organisationen.

A. Das Petitionsverfahren des Treuhandrates[131]

Gemäß Art. 87 lit. b) UN-Charta sind der Treuhandrat und die Generalversammlung, d.h. der IV. Hauptausschuß, ausdrücklich befugt, u.a. „Gesuche" von Bewohnern der Treuhandgebiete zu empfangen und zu prüfen. Es konnten sowohl Beschwerden von Einzelpersonen als auch solche von Organisationen ohne Rücksicht auf Sitz oder Einwohnerschaft in den fraglichen Gebieten zulässigerweise eingereicht werden[132]. Zu ihrer Prüfung hatte der Rat 1952 einen permanenten Ausschuß für Beschwerden (*Standing Committee on Petitions*) eingesetzt; die Erörterung und Untersuchung der zugrundeliegenden Sachverhalte erfolgte

---

130 *Mutua*, HRQ 21 (1999), S. 356.

131 Streng genommen gehört eine Erörterung dieses Mechanismus nicht in diesen Abschnitt, da er unmittelbar in der UN-Charta erwähnt ist und insofern durchaus eine vertragliche Grundlage in Gestalt der UN-Charta aufweisen kann.

132 *Bruegel*, ICLQ 2 (1953), S. 555.

zusammen mit den Treuhänderstaaten[133]. Die Behandlung von Petitionen war zumindest in den ersten Jahren ein bedeutsamer Bestandteil der Arbeit des Treuhandrates[134].

Auch in diesem Falle begann das Verfahren mit einer Zusammenstellung der Petitionen samt einer inhaltlichen Kurzfassung durch das Sekretariat. Anschließend wurde diese Liste an die Mitglieder des Treuhandrates verteilt[135]. Im Zuge der Erörterung einer Petition war dann - als wichtige Neuerung im Vergleich zum Völkerbunds-Mandatssystems - dem Petenten auch ein Recht auf mündliche Anhörung zugestanden worden[136]. Bereits 1979 wurden freilich Beschwerden in bezug auf die damals verbliebenen zwei Treuhandgebiete nicht mehr dem Rat selbst sondern dem Sonderausschuß der Generalversammlung zur Entkolonialisierung zugeleitet[137]. 1994 schließlich hat der Treuhandrat seine Tätigkeit eingestellt, nachdem seine Aufgabe mit der Beendigung des letzten Treuhandauftrages für Pacific Island erfüllt war[138].

Das Verfahren beschäftigte sich - anders als das der MRK - jedoch immer mit Einzelfällen und nicht mit Gesamtzusammenhängen grober Menschenrechtsverletzungen[139]. Entsprechend wurden sowohl die Verwaltungsmacht als auch der Beschwerdeführer von der Entscheidung des Rates in Kenntnis gesetzt[140]. Zudem ist - insoweit dem 1503-Verfahren ähnlich - die Zulässigkeit der Petitionen nur selten problematisch gewesen. Petitionen konnten auch von außerhalb eines Treuhandgebietes eingereicht werden, die Beschwerdebefugnis war also sehr weitgefaßt[141]. Zudem war nur ein Unzulässigkeitsgrund normiert, soweit nämlich

---

[133] *Parson*, Wayne Law Rev. 13 (1967), S. 690; *Bruegel*, ICLQ 2 (1953), S. 555; Note by the Secretary-General: Procedures dealing with communications..., E/CN.4/Sub.2/313 (06.07.1970), Abs. 20-25.

[134] *Sohn*, Int'l. Studies Quarterly 23 (1979), S. 202; *Moskowitz*, S. 131 unter Verweis auf insgesamt 1668 Petitionen, die in den ersten vierzehn Sitzungen des Treuhandrates bis zum Juli 1954 empfangen wurden.

[135] *Moskowitz*, S. 131; *Zuijdwijk*, S. 139f. Seit 1952 hatte auch der Treuhandrat zwischen allgemeinen Petitionen und Individualbeschwerden unterschieden - *Zuijdwijk*, S. 140.

[136] *Moskowitz*, S. 132; *Zuijdwijk*, S. 138, 145.

[137] Analysis of existing United Nations procedures ..., E/CN.4/1317 (08.02.1979), Abs. 47; zu diesem Verfahren sogleich im Text.

[138] *Lillich/Hannum*, S. 380.

[139] *Zuijdwijk*, S. 137.

[140] *Zuijdwijk*, S. 137.

[141] *Zuijdwijk*, S. 138.

eine Beschwerde sich gegen ein Gerichtsurteil richtete. Darüber hinaus wurden nur offenkundig unschlüssige Beschwerden (*manifestly inconsequential*) nicht zugelassen[142]. Eine weitere Voraussetzung für die Erörterung war die Erschöpfung innerstaatlicher Rechtsmittel[143].

Eine ausdrückliche Regelung im Hinblick auf die Weiterleitung der Beschwerden bestand nicht[144]. Zu einem Konflikt mit dem 1503-Verfahren konnte es deshalb nie kommen, weil zu der Zeit, als das 1503-Verfahren anfing, benutzt zu werden, die Arbeiten des Treuhandrates bereits unwesentlich geworden waren. Darüber hinaus wurden einschlägige Petitionen bereits im Rahmen der Eingangsprüfung direkt an den Treuhandrat weitergeleitet, ohne daß sie überhaupt in den Bereich der Menschenrechtsabteilung gelangte[145].

Die reine Existenz eines in der UN-Charta vorgesehenen internationalen Petitionsmechanismus, wenn auch beschränkt auf die Treuhandgebiete, bedeutete einen wichtigen Schritt hin zu einem allgemein anwendbaren Verfahren. Wie gesehen, war diese Vorreiterrolle aber allenfalls auf lange Sicht für einen allgemeinen, mit Res. 1503 (XLVIII) verwirklichten Mechanismus von Nutzen - zwischen der Einführung der beiden Verfahren liegen 25 Jahre.

B. Petitionsverfahren im Verantwortungsbereich der Generalversammlung

Neben dem ausdrücklich vorgesehenen Beschwerdeverfahren des Treuhandrats hat die UN-Generalversammlung im Laufe der Zeit weitere, *ratione personae* oder *ratione materiae* ähnlich begrenzte Petitionsverfahren eingeführt. Der IV. Hauptausschuß hatte bereits seit 1949 Beschwerden im Rahmen seines Zuständigkeitsbereiches empfangen und Zeugen angehört[146]. Er konnte sich zu diesem Zweck auf die Ermächtigung zum Empfang von Beschwerden in Art. 87 lit. b) UN-Charta stützen, der neben dem Treuhandrat auch die General-

---

[142] Regel 81 und 85 Abs. 4 der *Rules of Procedure* des Treuhandrates, T/1/Rev.6, abgedruckt in Note by the Secretary-General: Procedures dealing wth communications..., E/CN.4/Sub.2/313 (06.07.1970), Abs. 12; *Zuijdwijk*, S. 138f.

Selbst anonyme Petitionen wurden nicht als unzulässig behandelt - ebd. S. 150 (Anm. 14)

[143] *Parson*, Wayne Law Rev. 13 (1967), S. 690.

[144] *Tardu/McCarthy*, S. 14f.

[145] *Cassese*, RDH 5 (1972), S. 393 (Anm. 24); *Cançado Trindade*, RdC 202 (1987 II), S. 220, Anm. 693.

[146] *Tomuschat*, „Menschenrechte", in: Wolfrum (Hrsg.), Handbuch Vereinte Nationen, Rn. 11; ausführlich *Zuijdwijk*, S. 188-201.

versammlung nennt. Der Hauptausschuß befaßte sich aber auch mit solchen abhängigen Gebieten, die nicht der Treuhand unterstanden[147]. Schwerpunkt dieser Tätigkeiten war die Anhörung von Vertretern betroffener politischer Gruppierungen, während schriftliche Dokumente allenfalls in Ergänzung zu den Anhörungen Verwendung fanden[148].

Die Entgegennahme von Petitionen nahm ihren Anfang 1953, als die Generalversammlung einen „Ausschuß für Südwestafrika“ einsetzte[149]. Dieser war gemäß seiner vorläufigen Geschäftsordnung[150], die ursprünglich der des alten Mandatssystems des Völkerbundes entsprach[151], auch befugt, Individualbeschwerden entgegenzunehmen[152]. Entsprechende Funktionen übte auch der 1961 nach der förmlichen Beendigung des Mandats Südafrikas eingesetzte „Sonderausschuß für Südwestafrika“ aus[153]. In Anlehnung an diese Praxis beschloß im folgenden Jahr der Sonderausschuß für Entkolonialisierung (24er-Ausschuß)[154], und später der Anti-Apartheids-Sonderausschuß[155], daß sie jeweils in ihrem

---

[147] *Zuijdwijk,* S. 195ff. Bei der Behandlung dieser Gebiete war der Hauptausschuß jedoch eher zögerlich: erst 1961 wurde eine entsprechende Anhörung von Einwohnern der portugiesischen Kolonien durchgeführt.

[148] *Zuijdwijk,* S. 199.

[149] Generalversammlung, Res. 749 A (VIII) vom 28.11.1953.

[150] Rules of Procedure of the Committee on South west Africa for the examination of reports and petitions relating to the Territory of South West Africa, A/2666 (1954), Annex II.

[151] *Zuijdwijk,* S. 157f. Allgemein zum Petitionssystem des Völkerbundes oben § 12.II.A., S. 167.

[152] *Tomuschat,* „Menschenrechte“, in: Wolfrum (Hrsg.), Handbuch Vereinte Nationen, Rn. 11; Siehe insgesamt zu diesem Petitionsverfahren *Zuijdwijk,* S. 157-179.

Der IGH billigte ein solches Vorgehen in seinem zweiten Gutachten zu Namibia/Südwestafrika - *Advisory Opinion on Voting Procedure on Admissibility of Hearings of Petitioners by the Committee on South West Africa,* ICJ Rep. 1956, S. 23-34, siehe besonders S. 32; *Zuijdwijk,* S. 188.

[153] Generalversammlung, Res. 1702 (XVI) vom 19.12.1961; *Tomuschat,* „Menschenrechte“, in: Wolfrum (Hrsg.), Handbuch Vereinte Nationen, ebd.; *Zuijdwijk,* S. 161.

[154] *Special Committee on the Situation with regard to the Implementation of the Declaration on the Granting of Independence to Colonial Countries and People.* Siehe hierzu oben § 15.I., Fn. 15, S. 201. Das Mandat wurde 1994 auf weitere 17 Gebiete ohne Selbstverwaltung ausgedehnt - *Lillich/Hannum,* S. 381.

[155] Ausfürhlich hierzu *Zuijdwijk,* S. 223-230.

Zuständigkeitsbereich u.a. Petitionen entgegennehmen und prüfen und Zeugen hören können[156].

Beide Ausschüsse haben für die Durchsicht der Beschwerden einen Unterausschuß gebildet, der jeweils Bericht erstattet und Empfehlungen gibt, sowie im ersteren Fall auch über den Umlauf bestimmter Beschwerden entscheidet[157]. Dabei existierten in keinem der Fälle ausdrückliche Zulässigkeitsregeln für die Vorprüfung der Petitionen[158]. Im Vergleich zum 1503-Verfahren ist jedoch anzumerken, daß es hier gleichermaßen um die - politisch geprägte - Prüfung von Situationen durch Regierungsvertreter ging und erst in zweiter Linie ein rechtlicher Maßstab angelegt wird.

In bezug auf das Verhältnis der Mechanismen zum 1503-Verfahren ist davon auszugehen, daß im Zweifel eine formelle Doppelzuständigkeit beabsichtigt war. Dies ergibt sich aus dem Umstand, daß es letztlich eine Aufforderung des 24er-Ausschusses war, die zur Aufhebung der *No power*-Doktrin führte[159]. Die Konkurrenzregelung in Abs. 4 lit. a) Res. 1 (XXIV) der Unterkommission ist auf das Verhältnis zu den Sonderausschüssen der Generalversammlung nicht anwendbar. Dies ergibt aus Abs. 1 lit. b) derselben Resolution, der auf die beiden auch von den Sonderausschüssen behandelten Problembereiche verweist. Das Gesamtkonzept der Resolution macht damit deutlich, daß diese Beschwerden auch im 1503-Verfahren zulässig sind[160]. Es stellte sich somit allein die Frage der Zuordnung der im UN-Sekretariat eingehenden Beschwerden. Eine ausdrückliche Regelung für die Zuleitung zu den Sonderausschüssen existierte

---

[156] *Tomuschat*, „Menschenrechte", in: Wolfrum (Hrsg.), Handbuch Vereinte Nationen, Rn. 11; *Lillich/Hannum*, S. 381; *Kartashkin*, RDH 8 (1975), S. 9; *Sohn*, Int'l. Studies Quarterly 23 (1979), S. 202; *Schwelb/Alston*, in: Vasak (Hrsg.), The International Dimensions I, S. 287; Special Committee on ... Granting of Independence to Colonial Countries and People, Statement made by the Chairman ..., A/AC.109/1 (06.03.1962), Abs. 7.

[157] Report of the Secretary-General: Analysis of existing United Nations procedures ..., E/CN.4/1317 (08.02.1979), Abs. 44-45; Report by the Secretary-General: Methods used by the United Nations in the Field of Human Rights, A/Conf.32/6, Abs. 525, 653f.; Note by the Secretary-General: Procedures dealing wth communications..., E/CN.4/Sub.2/313 (06.07.1970), Abs. 27-31. Siehe ausführlich zu den Verfahrensweisen *Zuijdwijk*, S. 211-214, 224.

[158] Note by the Secretary-General: Procedures dealing wth communications..., E/CN.4/Sub.2/313 (06.07.1970), Abs. 28, 31.

[159] Siehe § 15.I., S. 201.

[160] *Cassese*, RDH 5 (1972), S. 387.

nicht[161]. Schon aufgrund des spezielleren Gegenstandes waren aber einschlägige Beschwerden vordringlich an die Ausschüsse zu leiten. In der Praxis sortiert das Sekretariat dementsprechend eingangs alle Beschwerden aus, die das Sachgebiet jener Spezialausschüsse betreffen, also beispielsweise bezüglich Kolonien oder anderer abhängiger Gebiete, und leitet sie im Sinne der Spezialität an die Sonderausschüsse entsprechend weiter[162].

C. Das Petitionsverfahren der Kommission für die Rechtsstellung der Frauen

1. Das Verfahren

Als gleichgestelltes Schwesterorgan der MRK war die Frauenrechtskommission (*Commission on the Status of Women - CSW*) mit den an den Generalsekretär adressierten Mitteilungen betreffend die Rechte der Frau konfrontiert. Anders als die MRK sprach sich die CSW in ihrem Bericht an den ECOSOC 1947 aber nicht im Sinne der oben erläuterten *No power*-Doktrin aus, sondern ersuchte den Rat, ihr die Kompetenz zur Behandlung einschlägiger Mitteilungen zu übertragen. Der ECOSOC gab dieser Bitte nicht statt, sondern legte in Res. 76 (V) fest, daß die CSW wie auch die MRK nicht befugt sei, in irgendeiner Weise in bezug auf die Mitteilungen tätig zu werden[163]. Mit Res. 304 I (XI) vom 14. Juli 1950 wurde ein Verfahren zur Kenntnisnahme eingerichtet, das die Zusammenstellung einer Liste der eingegangenen, in den Zuständigkeitsbereich der Kommission fallenden Mitteilungen vorsah[164]. Die zusammengefaßten Beschwerden der CSW erschienen zugleich auch in der Liste gemäß Res. 728 F (XXVIII). Im Gegensatz zur MRK nahm die CSW aber zumindest bis in die sechziger Jahre hinein die sie betreffenden Beschwerden zur Kenntnis und setzte hierfür jährlich einen *Ad hoc*-Ausschuß ein[165]. Angesichts des mit Res. 1235 (XLII) und 1503 (XLVIII) eingerichteten Verfahrens entschied die

---

[161] *Tardu*, Santa Clara Law Rev. 20 (1980), S. 589; *Tardu/McCarthy*, S. 14f.

[162] *Cassese*, RDH 5 (1972), S. 393 (Anm. 24); *Cançado Trindade*, RdC 202 (1987 II), S. 220, Anm. 693.

[163] ECOSOC, Res. 76 (V) vom 05.08.1947. Vgl. zur parallelen, die MRK betreffenden Resolution 75 (V) vom gleichen Tag, mit weitgehend identischem Wortlaut oben § 14.I.A., S. 177.

[164] *Lillich/Hannum*, S. 343.

[165] Report by the Secretary-General: Methods used by the United Nations in the Field of Human Rights, A/Conf.32/6, Abs. 480.

CSW 1974 auf eine sowjetische Initiative hin, ihr Verfahren zur Behandlung der Beschwerden zugunsten des 1503-Mechanismus aufzugeben[166].

Der ECOSOC opponierte gegen diese Einstellung[167]; die CSW beschloß aber erst 1980 ein Ende jener Kompetenzbeschränkung[168]. Zwei Jahre später, nachdem die MRK eine entsprechende Stellungnahme abgegeben hatte[169], wurden Verfahrensvorschriften für den Umgang mit Mitteilungen verabschiedet. Gemäß Abs. 2 Res. 1983/27 des ECOSOC[170] sind die eingehenden Mitteilungen im Sekretariat zusammenzufassen und abhängig von ihrem Inhalt in eine vertrauliche oder eine nichtvertrauliche Liste aufzunehmen. Die Regierungen werden auch hier um Stellungnahmen gebeten[171]. Außerdem ist die CSW ermächtigt, einschlägige Mitteilungen von Sonderorganisationen, Regionalen Kommissionen und anderen Gremien der UN zu empfangen und damit entsprechend zu verfahren[172]. Mit der Durchsicht und Prüfung der Beschwerden ist eine Arbeitsgruppe betraut, die während der CSW-Sitzung tagt (*sessional working group*)[173]. Sie hat diese auf das Vorliegen eines "*consistent pattern of gross and reliably attested injustice and discriminatory practice against women*" zu untersuchen. Zudem ist ein Bericht zu erstellen, aus dem hervorgeht, welche Kategorien von Rechtsver-

---

[166] *Tolley*, HRQ 6 (1984), S. 436f., Anm. 78; *Tomuschat*, „Menschenrechte", in: Wolfrum (Hrsg.), Handbuch Vereinte Nationen, Rn. 10; *Schwelb/Alston*, in: Vasak (Hrsg.), The International Dimensions I, S. 277.

[167] ECOSOC, Entscheidung 86 (LVIII) vom 06.05.1975). Allgemein dazu Analysis of existing United Nations procedures ..., E/CN.4/1317 (08.02.1979), Abs. 39.

[168] *Tomuschat*, „Menschenrechte", in: Wolfrum (Hrsg.), Handbuch Vereinte Nationen, Rn. 10; vgl. auch *Schwelb/Alston*, in: Vasak (Hrsg.), The International Dimensions I, S. 277 m.w.N.

[169] Siehe MRK, Res. 1983/39, in: Report on the 39th session, E/1983/13, E/CN.4/1983/60, S. 171f.

[170] ECOSOC, Res. 1983/27 vom 26.05.1983.

[171] Report of the Secretary-General, Effective Functioning of the Various Mechanisms ..., E/CN.4/1994/42 (14.02.1994), Abs. 85-86.

[172] Abs. 2 lit. b) ECOSOC-Res. 1983/27. Report of the Secretary-General, Effective Functioning of the Various Mechanisms ..., E/CN.4/1994/42 (14.02.1994), Abs. 87.

[173] Abs. 4 ECOSOC-Res. 1983/27; Report of the Secretary-General, Effective Functioning of the Various Mechanisms ..., E/CN.4/1994/42 (14.02.1994), Abs. 8. Die fünf Mitglieder der Arbeitsgruppe werden von den jeweiligen Regionalgruppen spätestens eine Woche vor Beginn der Kommissionssitzung bestimmt - ECOSOC, Res. 1993/11 vom 27.07.1993, Abs. 5.

letzungen am häufigsten in den Beschwerden berichtet werden[174]. Die CSW selbst ist nach Durchsicht dieses Berichts nur ermächtigt, dem ECOSOC allgemeine Hinweise und Empfehlungen für angemessene Reaktionen und Maßnahmen in bezug auf die erkennbaren Trends zu unterbreiten[175].

Noch zu Anfang der neunziger Jahre war keine einzige Situation bekanntgewordenen, die von der CSW im Rahmen dieses Beschwerdeverfahrens behandelt worden war[176]. Lediglich allgemeine Tendenzen in bezug auf Kategorien von Rechtsverletzungen wurden festgestellt[177].

2. Vergleich wesentlicher Elemente

Schon die zitierte Beschreibung des Verfahrensgegenstandes weist auf eine starke Ähnlichkeit zum 1503-Verfahren hin. Die Zielrichtung des grundsätzlich gleichfalls vertraulichen Verfahrens ist allerdings, zumindest in der Praxis, eine etwas andere. Die Mitteilungen werden lediglich als Informationsquelle für umfassende Studien[178], für statistische Erhebungen sowie für allgemeine Empfehlungen genutzt. Mit konkreten Situationen in einzelnen Ländern befaßt sich der CSW-Mechanismus nicht[179].

---

[174] ECOSOC-Res. 1983/27, Abs. 4; Report of the Secretary-General, Effective Functioning of the Various Mechanisms ..., E/CN.4/1994/42 (14.02.1994), Abs. 89; Amnesty International, Doc. IOR 30/01/89, S. 22; *Reanda*, in: Alston (Hrsg.), The United Nations and Human Rights, S. 296; *Buergenthal*, International Human Rights, S. 86. Das Verfahren wird seit 1984 angewendet - *Tomuschat*, „Menschenrechte", in: Wolfrum (Hrsg.), Handbuch Vereinte Nationen, Rn. 10.

[175] ECOSOC-Res. 1983/27, Abs. 5; Report of the Secretary-General, Effective Functioning of the Various Mechanisms ..., E/CN.4/1994/42 (14.02.1994), Abs. 91; *Reanda*, in: Alston (Hrsg.), The United Nations and Human Rights, S. 296; Amnesty International, Doc. IOR 30/01/89, S. 22.

[176] *Rodley*, in: Hannum (Hrsg.), Guide to International Human Rights Practice, S. 75.

[177] *Rodley*, in: Hannum (Hrsg.), Guide to International Human Rights Practice, S. 75f. Dabei handelt es sich im einzelnen um die weitverbreitete Gewalt gegen Frauen in Haftanstalten, sexuelle Belästigungen am Arbeitsplatz, Diskriminierung in bezug auf Arbeitsbedingungen und Gesundheitsvosorge sowie die Verweigerung von Gleichheit vor dem Gesetz.

[178] S.o. Allerdings werden auch bezüglich dieses Verfahrens seit 1990 Änderungsüberlegungen ventiliert - *Buergenthal*, International Human Rights, S. 86, *Reanda*, in: Alston (Hrsg.), The United Nations and Human Rights, S. 296; zuletzt: Report of the Secretary-General assessing the implications of the reforms of mechanisms in the human rights area ..., E/CN.6/2001/12 (16.01.2001), Abs. 50ff.

[179] Report of the Secretary-General assessing the implications of the reforms of mechanisms in the human rights area ..., E/CN.6/2001/12 (16.01.2001), Abs. 18. Vgl. aber die Vorschläge,

Darüber hinaus ist das Verfahren der CSW auf all seinen Stufen vertraulich. Erst Empfehlungen an den Rat können - wie auch in Abs. 9 Res. 2000/3 vorgesehen - zur Öffentlichkeit des Verfahrens führen (Abs. 6 Res. 1983/27). Hinweise darauf, welche Staaten von den Mitteilungen betroffen seien - vergleichbar der im 1503-Verfahren entwickelten Praxis -, werden nicht gegeben. Insgesamt ist das CSW-Verfahren noch weniger direkt wirksam als das 1503-Verfahren. Vor allem fehlt der Kommission, die jeweils nur eine Woche lang tagt, das politische Gewicht der MRK. Mehr noch als beim 1503-Verfahren stellt sich daher die Frage, ob ein derartiger Mechanismus überhaupt erhebliches zur Verbesserung der Menschenrechtssituation von Frauen beitragen kann.

3. Das Verhältnis zum 1503-Verfahren

Im Rahmen der Diskussion über die Wiedereinführung des Verfahrens der CSW hatte die MRK bereits den Standpunkt eingenommen, daß weiterhin sämtliche Beschwerden zunächst in ihre Zuständigkeit fallen würden[180]. Vor der Wiedereinführung des CSW-Mechanismus waren sämtliche Beschwerden in der allgemeinen, gemäß Res. 728 F (XXVIII) erstellten Liste der zusammengefaßten Mitteilungen aufgeführt[181]. Seither werden die der Abteilung im Sekretariat für die Förderung von Frauen (*Department for the Advancement of Women*) in New York zugehenden Mitteilungen unmittelbar der Arbeitgruppe der CSW zugeleitet, ohne daß sie in der für die MRK erstellten Liste erscheinen. Damit ergibt sich - wenigstens insoweit - kein Zuordnungsproblem für die eingehenden Beschwerden. Soweit allerdings in der monatlichen Liste für das 1503-Verfahren Mitteilungen aufgeführt waren, die Anhaltspunkte für die Verletzung von Frauenrechten, wurden diese in der Vergangenheit gleichfalls, und ohne Einfluß auf das 1503-Verfahren von der Frauenrechtskommission in ihre Arbeit einbezogen. Das OHCHR hatte die monatlichen Listen mit den zusammengefaßten Beschwerden nach New York übermittelt, wo einschlägige Zusammenfassungen auch der CSW-Arbeitsgruppe zur Verfügung gestellt wurden[182]. Aufgrund entsprechender

---

den Mechanismus in ein dem 1503-Verfahren ähnliches situationsbezogenes Verfahren umzugestalten – ebd. Abs. 51, 55; sowie die Diskussion über das Verhältnis zum 1503-Verfahren der MRK – United Nations Press Release /Commission on Status of Women/ 45th session, 9 March 2001.

[180] MRK, Res. 1983/39 vom 09.03.1983, Abs. 1 lit. c), in: Report of the 39th session, E/1983/13, E/CN.4/1983/60, S. 179.

[181] Siehe Analysis of existing United Nations procedures ..., E/CN.4/1317 (08.02.1979), Abs. 38.

[182] Report of the Secretary-General assessing the implications of the reforms of mechanisms in the human rights area ..., E/CN.6/2001/12 (16.01.2001), Abs. 23ff.

Bedenken einiger Staaten unterstrich der ECOSOC im Juli 2001 nachdrücklich die Vertraulichkeit des Verfahrens und ersuchte die MRK, das Problem auf ihrer nächsten Sitzung zu erörtern[183].

Bemerkenswert ist der Anknüpfungspunkt der Kritik: es wird nicht eine Überlappung der beiden Mechanismen angesprochen[184], sondern die mögliche Einschränkung der Geheimhaltung[185]. Dies unterstreicht die Verschiedenartigkeit der Verfahren hinsichtlich ihres Gegenstandes. Der Feststellung genereller Trends für die Formulierung politischer Strategien zu ihrer Bekämpfung im CSW-Verfahren steht die Untersuchung bestimmter Situationen im 1503-Verfahren entgegen. Die CSW erarbeitet im wesentlichen statistische Aufstellungen und allgemeine Empfehlungen; sie ist nicht viel mehr als ein „Verhandlungsinstrument" der Regierungen[186]. Eine konkrete, wenn auch vertrauliche, Untersuchung der Angelegenheit wie im 1503-Verfahren erfolgt nicht, so daß auch tatsächlich kein Zuständigkeitskonflikt zu befürchten ist.

D. Das Beschwerdeverfahren der UNESCO

1. Das Verfahren

Auch von der UNESCO wurde ein Beschwerdeverfahren für Einzelne ohne vertragliche Grundlage nach dem Vorbild des 1503-Verfahrens eingerichtet[187]. Dieses Verfahren beruht auf Resolution 104 EX/3.3 des Exekutivrates der UNESCO vom 26.4.1978[188] und ist auf die Prüfung von Menschenrechtsver-

---

[183] ECOSOC, Entscheidung 2001/304 vom 26.07.2001, E/2001/INF/2/Add.2, S. 148.

[184] Rein technische Probleme dieser Praxis, vor allem in bezug auf die Einholung der Stellungnahme der betroffenen Regierung, werden, mit verschiedenen Lösungsalternativen im Bericht des Sekretariats vom 16.01.2001 angesprochen - Report of the Secretary-General assessing the implications of the reforms of mechanisms in the human rights area ..., E/CN.6/2001/12, Abs. 21ff.

[185] Vgl. hierzu die ambivalente Stellungnahme des Sekretariats - Report of the Secretary-General assessing the implications of the reforms of mechanisms in the human rights area ..., E/CN.6/2001/12 (16.01.2001), Abs. 39ff.

[186] *Reanda*, in: Alston (Hrsg.), The United Nations and Human Rights, S. 300.

[187] *Bartolomei*, S. 82; *Tardu*, in: FS Partsch, S. 291.

[188] UNESCO Exekutive Board, UNESCO Doc. 104 EX/Dec. 3.3; deutsche Übersetzung wie *Partsch*, in: Menschenrechte, Dokumente und Deklarationen, Nr. 17.

Bereits 1967 war ein erstes Verfahren zur Behandlung von Individualbeschwerden eingerichtet worden - United Nations Action, S. 322; *Weiß*, MRM 1/1998, sub. I. 1.

letzungen im Zuständigkeitsbereich der UNESCO - namentlich Bildung, Wissenschaft, Kultur und Information - beschränkt[189].

Der Generaldirektor der Organisation leitet alle eingehenden Mitteilungen und hierzu eingegangene Antworten der Regierungen an einen Ausschuß für Konventionen und Empfehlungen (*Committee on Conventions and Recommendations*) weiter[190]. Dieser besteht aus 24 von den Staaten ernannten Mitgliedern[191]. Er prüft die Mitteilungen in vertraulicher Sitzung zunächst auf ihre Zulässigkeit[192] und entscheidet dann, ob es sich um „...individuelle und bestimmte Fälle von Verletzungen der Menschenrechte..." oder um „... Fragen schwerer, systematischer oder flagranter Verletzungen der Menschenrechte [handelt], die sich entweder aus einer von einem Staat *de iure* oder *de facto* angewendeten menschenrechtswidrigen Politik oder aus einer Anhäufung von Einzelfällen ergeben, die ein Gesamtbild ergeben..."[193]. Zur Lösung der aufgeworfenen individuellen

---

[189] *Lillich/Hannum,* S. 381; UNESCO Doc. 104 EX/Dec. 3.3 Abs. 14 lit. a) Ziff. iii), Abs. 18; vgl. auch *Bartolomei,* S. 82; *Samson*, in: Alston (Hrsg.), The United Nations and Human Rights, S. 651.

Im einzelnen werden hierzu zu zählen sein: das Recht auf Bildung, auf wissenschaftlichen Förderung, das Recht auf Teilnahme am kulturellen Leben, Informationsfreiheit, einschließlich Gewissens-, Glaubens- und Meinungsfreiheit, das Recht auf Schutz der materiellen und immateriellen Interessen von Künstlern, Schriftstellern und Wissenschaftlern und schließlich die Vereinigungs- und Versammlungsfreiheit im Zusammenhang mit Bildungs-, Wissenschafts-, kulturellen und Informationszwecken - Amnesty International, Doc. IOR 30/01/89, S. 20; *Weiß*, MRM 1/1998, sub. II. 2.

Allerdings treten in der Organpraxis doch gelegentlich dahingehende Abgrenzungsprobleme auf, welche Menschenrechte denn im einzelnen in die Zuständigkeit der UNESCO fallen - *Samson*, in: Alston (Hrsg.), The United Nations and Human Rights, S. 654.

[190] UNESCO Doc. 104 EX/Dec. 3.3 Abs. 14 lit. b) Ziff. iii) und iv); vgl. auch *Bartolomei,* S. 82.

Der Generaldirektor hat dabei den Eingang der Beschwerden zu bestätigen und die Autoren über die Zulässigkeitskriterien zu informieren, zudem deren Einverständnis für die Behandlung in diesem Verfahren und die Offenlegung ihrer Identität sicherzustellen, ehe die Beschwerde an die zuständige Regierung und später an den Ausschuß weitergeleitet wird - *Weissbrodt/Farley*, HRQ 16 (1994), S. 394.

[191] *Weissbrodt/Farley*, HRQ 16 (1994), S. 411f.

[192] Res. 104 EX/3.3 Abs. 14 lit. c) und d). Bei dieser Prüfung kann der Ausschuß auf alle dem Generaldirektor zur Verfügung stehenden Informationen zugreifen (ebd. lit. f]; *Tardu*, in: FS Partsch, S. 310) und zudem in Ausnahmefällen auch Vertreter von Staaten, IO und NGO sowie andere qualifizierte Personen anhören (ebd. lit. g] i.V.m. Art. 29 der Geschäftsordnung des Exekutivrates).

[193] Res. 104 EX/3.3 Abs. 10; vgl. auch *Bartolomei,* S. 82.

oder generellen Konflikte werden diese „...mit dem Ziel behandelt, eine freundschaftliche Lösung zu erreichen, welche die Förderung der ... Menschenrechte weiterbringt"[194]. Der abschließende Bericht wird - unabhängig davon, ob eine einvernehmliche Lösung gefunden wurde oder nicht - von dem Ausschuß entworfen und vom Exekutivrat beschlossen[195]. Das Verfahren soll also - auch im Einzelfall - Schutz gewähren, aber nicht im Sinne eines u.U. konfrontierenden Urteils[196]. Während in der ersten Phase des Verfahrens somit eine eher gerichtsähnliche Tatsachenaufklärung und Entscheidungsfindung stattfindet, ist es in seiner zweiten Phase auf eine mehr kooperative und „freundschaftliche" Streitbeilegung ausgerichtet[197]. Über die Ergebnisse seiner Arbeit hat der Ausschuß an den Exekutivrat zu berichten[198]. Deuten die Beschwerden auf o.g. „Fragen grober, systematischer oder flagranter Verletzungen" hin, sind diese öffentlich im Exekutivrat und der Generalkonferenz zu prüfen - anders als bei der üblichen Untersuchung, die vertraulich erfolgt[199]. Das Verfahren zeichnet sich durch eine zumindest zahlenmäßig große Wirksamkeit aus, die in etwa mit der Arbeit des Menschenrechtsausschusses verglichen werden kann[200].

2. Vergleich wesentlicher Elemente

Im Vergleich zum 1503-Verfahren[201] weist das UNESCO-Verfahren trotz grundsätzlicher Ähnlichkeit einige wesentliche Neuerungen und Verbesserungen[202] auf. Zunächst beruht es ebenso auf außervertraglicher Grundlage und kann

---

[194] Res. 104 EX/3.3 Abs. 14 lit. k).

[195] *Weissbrodt/Farley*, HRQ 16 (1994), S. 395.

[196] *Partsch*, Hoffen auf Menschenrechte, S. 124.

[197] *Weissbrodt/Farley*, HRQ 16 (1994), S. 395f. Allerdings kam es in der Praxis des Verfahrens eher zu einer Vermischung dieser beiden Phasen - ebd. S. 398.

[198] UNESCO Doc. 104 EX/Dec. 3.3 Abs. 15.

[199] UNESCO Doc. 104 EX/Dec. 3.3 Abs. 18; vgl. auch Amnesty International, Doc. IOR 30/01/89, S. 21; *Bartolomei*, S. 82; *Tardu*, in: FS Partsch, S. 310; *Partsch*, Hoffen auf Menschenrechte, S. 125 mit dem Hinweis, daß dieses jedenfalls bis 1994 noch nicht vorgekommen sei.

[200] In den ersten fünfzehn Jahren seines Bestehens (bis 1993) wurden insgesamt 414 Einzelfälle in 36 Ländern behandelt, von denen 241 einer Lösung zugeführt wurden - siehe *Weissbrodt/Farley*, HRQ 16 (1994), S. 391f. Freilich kam es nicht in allen beigelegten Fällen, zu einer vollständigen Wiederherstellung aller beeinträchtigten Rechte - ebd., S. 393.

[201] Das 1503-Verfahren war - neben den Beschwerdemechanismen der Europäischen MRK - das eigentliche Vorbild des Verfahrens - *Weissbrodt/Farley*, HRQ 16 (1994), S. 396.

[202] *Tardu*, in: FS Partsch, S. 291.

gegenüber sämtlichen Mitgliedsstaaten der UNESCO unabhängig von der Ratifikation eines Vertrages angewendet werden[203].

Die weitgefaßte Beschwerdebefugnis, die auch NGO oder nicht selbst Betroffenen mit hinreichender Informationsnähe zukommt, besteht gleichermaßen im 1503- wie im UNESCO-Verfahren. Desgleichen entsprechen die sonstigen Zulässigkeitskriterien im Grundsatz denen von Res. 1 (XXIV) der Unterkommission, wenngleich sie wesentlich präziser formuliert sind[204].

Ein entscheidender Unterschied betrifft den Verfahrensgegenstand. So ist es im UNESCO-Verfahren bis zum Ergebnis immer die individuelle Beschwerde, die behandelt wird, nicht nur eine „Situation" wie beim 1503-Verfahren[205]. Nur in Ausnahmefällen können hier auf einer späteren Verfahrensstufe „Fragen grober und systematischer Menschenrechtsverletzungen" behandelt werden, die über konkrete Einzelfälle hinaus erkennbar sind. Wenngleich zumindest das Verfahren an sich vertraulich abläuft[206], wird doch der Verfasser der Beschwerde von den ihn betreffenden Beschlüssen in Kenntnis gesetzt[207]. Die im 1503-Verfahren vermißte „Waffengleichheit im Prozeß" ist hier also eher - wenn auch nicht in vollem Umfang - verwirklicht.

Allerdings handelt auch in diesem Prozeß der Ausschuß nicht als gerichtliches Organ, sondern will den Beginn eines Dialogs mit dem fraglichen Staat erreichen. Dies geschieht in der Hoffnung, auf humanitäre Weise der Rechtsbeeinträchtigung abzuhelfen[208]. Entsprechend wird auch die Politisierung des Aus-

---

[203] *Weissbrodt/Farley*, HRQ 16 (1994), S. 397.

[204] UNESCO Doc. 104 EX/Dec. 3.3, Abs. 14 lit. a); *Weissbrodt/Farley*, HRQ 16 (1994), S. 394f.; siehe auch *Weiß*, MRM 1/1998, sub. I. 2., III.

[205] *Bartolomei*, S. 82; *Partsch*, Hoffen auf Menschenrechte, S. 124.

[206] *Weissbrodt/Farley*, HRQ 16 (1994), S. 396; *Weiß*, MRM 1/1998, sub. I. 2. Die jeweilige Regierung nimmt aber, wie im 1503-Verfahren, an den vertraulichen Sitzungen des Ausschusses teil - *Weissbrodt/Farley*, HRQ 16 (1994), S. 396f.

[207] Dies ist in UNECSO Doc. 104 EX/Dec.3.3 Abs. 14 lit. i), j) ausdrücklich für Entscheidungen über die Zulässigkeit und gegebenenfalls über die Ablehnung mangels Erforderlichkeit festgeschrieben - vgl. auch *Lillich/Hannum*, S. 381; *Partsch*, Hoffen auf Menschenrechte, S. 124f. Es kommt insofern zu einem Austausch der Argumente zwischen dem Verfasser und der jeweiligen Regierung - *Weissbrodt/Farley*, HRQ 16 (1994), S. 412.

[208] *Lillich/Hannum*, S. 381.

schusses und damit des Verfahrens im Ganzen beklagt[209] - eine weitere Parallele zum 1503-Verfahren.

3. Das Verhältnis zum 1503-Verfahren

Da beide Verfahren in Ansatz, Gegenstand und Durchführung weitgehende Übereinstimmungen aufweisen, folgt schon aus dem Grundsatz der Spezialität, daß das UNESCO-Verfahren Vorrang besitzt. Dies wird durch Abs. 4 lit. a) Res. 1 (XXIV) der Unterkommission unterstützt. Danach ist eine Mitteilungen im 1503-Verfahren dann unzulässig, wenn sie in die Zuständigkeit einer Sonderorganisation, wie der UNESCO, fällt[210]. Freilich sollte bei Erlaß der Zulässigkeitsresolution weniger die Frage einer Zuordnung privater Beschwerden geregelt werden, wurde doch das UNESCO-Verfahren erst später eingeführt. Vielmehr sollte mit dieser Bestimmung die von der UNESCO eröffneten Möglichkeit der Staatenbeschwerde vor Interferenz der MRK bewahrt werden. Es muß vor diesem Hintergrund davon ausgegangen werden können, daß es nicht zu einer materiellen Einschränkung des Anwendungsbereiches des 1503-Verfahrens im Sinne einer allgemeinen Bereichsausnahme kommen sollte. Schon aus dem Wortlaut *„...if their admission would prejudice..."* wird deutlich, daß die fragliche Bestimmung lediglich eine konkrete Kollisionsregelung für das 1503-Verfahren darstellt. Nur wenn im Einzelfall die Zulassung einer Beschwerde einen Konflikt zwischen beiden Verfahren hervorrufen könnte, ist eine weitere Behandlung der Situation nicht möglich. Die Nachrangigkeit des 1503-Verfahrens folgt daraus nur insoweit, wie ein solches noch nicht eingeleitet ist. Wird die Situation hingegen schon von der WGC oder der Kommission untersucht, ist der Fortgang der Behandlung durch ein ohnehin regelmäßig auf Einzelfälle beschränktes UNESCO-Verfahren nicht beeinträchtigt.

In diesem Zusammenhang stellt sich das Problem der Zuordnung der Beschwerden nicht in dem Maße, wie bei den vom Sekretariat (OHCHR) betreuten Mechanismen. Denn grundsätzlich wird dieses keine Beschwerden an die UNESCO weiterleiten, soweit diese im Rahmen eines in seinem Aufgabenbereich arbeitenden Mechanismus zulässigerweise behandelt werden können. Gleiches wird *vice versa* gelten: das UNESCO-Verfahren wird sämtliche Beschwerden behandeln, die bei dieser Organisation selbst eingehen und nicht offenkundig deren Zuständigkeit überschreiten.

---

[209] *Weissbrodt/Farley*, HRQ 16 (1994), S. 411f.

[210] Siehe hierzu und zum nachfolgenden schon oben § 23.I.D.2., S. 378f.

E. Die Beschwerdeverfahren der ILO

Die ILO hat ein umfassendes Überprüfungssystem für die unter ihrer Aufsicht beschlossenen Konventionen eingerichtet. Entsprechende Verfahren können regelmäßig nur von Vereinigungen von Arbeitgebern, solchen von Arbeitnehmern oder von Mitgliedsstaaten eingeleitet werden[211]. Grundlage dieser Beschwerdeverfahren sind die Satzung der ILO sowie Resolutionen und Entscheidungen ihrer Hauptorgane.

1. Anzeige- und Beschwerdeverfahren

Neben den regulären Überwachungsmechanismen nach Art.19 und 22 sieht die ILO-Satzung im wesentlichen zwei Streitbeilegungsmechanismen vor. Zum einen besteht die Möglichkeit für Vereinigungen von Arbeitnehmern und Arbeitgebern, Anzeige (*representation*) zu erstatten, daß ein Land eine vertragliche Pflicht nicht beachtet habe (Art. 24 ILO-Satzung). Ist die Anzeige zulässig, wird sie einem Ausschuß zugeleitet, der aus Vertretern der drei die ILO tragenden Gruppierungen - Arbeitnehmervereinigungen, Gewerkschaften, Regierungen - zusammengesetzt ist. Dieser prüft die Anschuldigungen[212]. Seine Ergebnisse und Empfehlungen werden dem Verwaltungsrat (*Governing Body*) zugeleitet, der unter Berücksichtigung der Stellungnahme der Regierung gegebenenfalls die Anzeige und die Stellungnahme veröffentlicht (vgl. Art. 25 ILO-Satzung), u.U. auch die Empfehlungen des Ausschusses.

Neben diesem weniger förmlichen Verfahren, in dem allenfalls die Veröffentlichung der Anzeige droht, sieht Art. 26 ein stärker formalisiertes Prozedere zur Behandlung von Beschwerden vor. Dies muß die Verletzung einer ILO-Konvention betreffen, und kann von einem anderen Vertragsstaat der Konvention, dem Verwaltungsrat selbst oder einem Delegierten zur Internationalen Arbeitskonferenz (*International Labour Conference*) eingeleitet werden (Art. 26 Abs. 4). Zuständig für die Prüfung dieser Beschwerden ist, ähnlich wie beim Anzeigeverfahren, der Verwaltungsrat, der den jeweiligen Staat über das Verfahren informieren muß[213]. Er kann zur Tatsachenklärung eine dreiköpfige Untersuchungskommission einsetzen (*Commission of Inquiry*), die auch Zeugen hören

---

[211] *Lillich/Hannum,* S. 381; *Tardu*, in: FS Partsch, S. 291.

[212] Siehe besipielsweise: Report of the Committe set up to consider the representation by the ICFTU under art. 24 of the ILO Constitution alleging non-observance by Myanmar of the Forced Labour Convention, 1930 (No. 29), Geneva, November 1994, ILO Doc. GB.261/13/7.

[213] *Maupain*, JIEL 2 (1999), S. 279.

und Vor-Ort-Untersuchungen anstellen kann[214]. Der Bericht ist dem Verwaltungsrat sowie jedem von dem Verfahren betroffenen Staat zuzuleiten. Die so betroffenen Regierungen können, wenn sie den Bericht nicht akzeptieren, die Angelegenheit dem IGH zur bindenden Entscheidung vorlegen (Art. 29 ILO-Satzung). Dessen Entscheidung ist abschließend[215]. Darüber hinaus kann der Verwaltungsrat in einer Beschlußempfehlung für die Konferenz alle weiteren ihm angemessen erscheinenden Maßnahmen zur Umsetzung der Ergebnisse vorschlagen.

Im Verhältnis zum 1503-Verfahren ist dieses Verfahren auf die Beachtung der in den jeweils anwendbaren Vertragswerken garantierten Rechte beschränkt. Die Beschwerdemöglichkeit für die Delegierten der ILO-Konferenz unterliegt dabei keinen rechtlichen Einschränkungen. Insoweit der UN-Mechanismus auch die in ILO-Konventionen enthaltenen Menschenrechte umfaßt - und die genannten Beispiele zeigen die Berücksichtigung von Rechten im Zuständigkeitsbereich der ILO nur zu deutlich - ist der Verfahrensgegenstand identisch. So war die Situation in Myanmar/Birma seit 1990 Gegenstand des 1503- und später des öffentlichen Verfahrens. Eine auf die Problematik von Zwangsarbeit beschränkte Untersuchungskommission gemäß Art. 26 ILO-Satzung wurde 1996 eingesetzt - parallel zur Arbeit des Sonderberichterstatters der MRK im länderspezifischen Verfahren[216]. Dies verdeutlicht, daß das Ermessen des Verwaltungsrats hinsichtlich der Einsetzung der Untersuchungskommission gleichfalls unbeschränkt ist.

In bezug auf die Zulässigkeit einer Mitteilung im 1503-Verfahren gilt Abs. 4 lit. a) Res. 1 (XXIV) der Unterkommission. Danach ist eine Beschwerde unzulässig, wenn sie dem ILO-Mechanismus vorgreifen würde. Dies wird aber dahingehend eng ausgelegt, daß nur die Gefahr der Interferenz mit einem bereits eingeleiteten ILO-Verfahren, nämlich ein drohender Vorgriff auf eine konkret anstehende Entscheidung, eine Beschwerde im 1503-Verfahren unzulässig machen würde. Praktisch hat dies keine Auswirkungen gehabt. So wurde beispielsweise zwischen 1981 und 1983 eine Beschwerde in bezug auf die Situation in Haiti

---

[214] *Maupain*, JIEL 2 (1999), S. 279; *Leary*, in: Alston (Hrsg.), The United Nations and Human Rights, S. 610; United Nations Action, S. 319f.

Siehe als ein Beispiel aus jüngerer Zeit die zur Frage der Beachtung der Konvention gegen Zwangsarbeit durch Birma/Myanmar eingesetzte Untersuchungskommission - Report of the Commission of Inquiry appointed under article 26 of the Constitution ...to examine the observance by Myanmar of the Forced Labour Convention, 1930 (No. 29), Geneva, 2 July 1998, ILO Doc. GB.273/5.

[215] United Nations Action, S. 320.

[216] Siehe Report of the Commission of Inquiry (a.a.O., Fn. 214), Abs. 170 (mit. Fn. 109), 184-192.

wegen Zwangsarbeit und Verletzungen der Koalitionsfreiheit im Verfahren nach Art. 26 ILO-Satzung untersucht[217] - die zeitgleiche Behandlung der Situation im 1503-Verfahren bis 1987[218] blieb davon unberührt. Desgleichen wurden Beschwerden über Uruguay[219] und Argentinien[220] im Kontext der ILO ohne Auswirkungen auf das 1503-Verfahren erörtert. Grundsätzlich wird somit eine Untersuchung im 1503-Verfahren von der Durchführung eines Anzeige- oder Beschwerdeverfahrens, die ebenso wie jenes auf Situationen und nicht auf Einzelfälle ausgerichtet sind, nicht beeinträchtigt.

2. Das Verfahren zur Koalitionsfreiheit

Basierend auf einer Resolution der Internationalen Arbeitskonferenz, dem Plenarorgan der ILO, sowie einer Entscheidung des Verwaltungsrats, wurde 1950 ein Beschwerdeverfahren betreffend Verletzungen der Koalitionsfreiheit eingerichtet. Das Verfahren ist *ratione personae* anwendbar auf alle Mitgliedstaaten unabhängig von der Ratifikation der entsprechenden Konventionen[221]. Auch Beschwerden gegen Nicht-Mitglieder können von der Untersuchungs- und Vergleichskommissionbehandelt werden, wenn diese an die ILO vom ECOSOC überwiesen wurden[222]. Die Klagen werden vom Ausschuß für Koalitionsfreiheit (*Committee on Freedom of Association*) geprüft, der aus neun Mitgliedern des ILO-Verwaltungsrats und neun Stellvertretern besteht[223]. Er entscheidet darüber, ob ein Beschwerdefall vom gesamten Verwaltungsrat behandelt werden soll[224].

---

[217] ILO, Official Bulletin, vol. LXVI, 1983, Series B, Special Supplement.

[218] Siehe oben § 21.III.E, S. 337.

[219] ILO Doc. GB.200/17/44, Official Bulletin, vol. LX (1977), Ser. B, No. 1-3, vol. LXI (1978), Ser. B, No. 1-3, vol. LXII (1979), Ser. B. No. 1-3, vol. LXIII (1980), Ser. B, No. 1, vol. LXIV (1981), Ser. B, No. 2.

[220] ILO Doc. GB.203/19/42, Official Bulletin, vol. LX (1977), Ser. B, No. 1,2; vol. LXI (1978), Ser. B, No. 1-3; vol. LXII (1979), Ser. B. No. 1,2; vol. LXIII (1980), Ser. B, No. 1,2; vol. LXIV (1981), Ser. B, No. 3; vol. LXV (1982), Ser. B, No. 3; vol. LXVI (1983), Ser. B, No. 1,2.

[221] *Maupain*, JIEL 2 (1999), S. 277; *Leary*, in: Alston (Hrsg.), The United Nations and Human Rights, S. 602; United Nations Action, S. 320; Amnesty International, Doc. IOR 30/01/89, S. 18.

[222] *Maupain*, JIEL 2 (1999), S. 277; *Leary*, in: Alston (Hrsg.), The United Nations and Human Rights, S. 603. Dies geschah beispielsweise 1991-92 in bezug auf Südafrika.

[223] *Maupain*, JIEL 2 (1999), S. 277.

[224] *Leary*, in: Alston (Hrsg.), The United Nations and Human Rights, S. 603; United Nations Action, S. 320; Amnesty International, Doc. IOR 30/01/89, S. 18. Anfang der neunziger Jahre wurden jährlich etwa 70 Fälle aus rund 40 Ländern entschieden.

Das Verfahren, das durchaus und am ehesten mit dem 1503-Verfahren zu vergleichen ist[225], beginnt mit der Beschwerde eines Arbeitgeberverbandes oder einer Gewerkschaft, kann aber auch durch einen ILO-Mitgliedsstaat ausgelöst werden. Es ist gerichtsähnlich ausgestaltet, obgleich die Ausschußmitglieder nicht unabhängig sind. Der nichtständige Ausschuß, der dreimal im Jahr zusammentritt, prüft die Behauptungen - ohne Untersuchungen vor Ort - anhand der schriftlichen Unterlagen. Die betroffene Regierung wird auf allen Verfahrensstufen durch Information und die Möglichkeit zur Stellungnahme beteiligt. Die Verhandlungen erfolgen vertraulich und ohne Beteiligung der Parteien; die Beschwerdeführer werden nach jeder Sitzung informiert[226]. Ergänzend existiert ein Eilverfahren für dringende und schwerwiegende Fälle[227].

Der Ausschuß kann dem Verwaltungsrat empfehlen, die Untersuchungsergebnisse der betroffenen Regierung zuzuleiten und um zusätzliche Informationen zu ersuchen. Stimmt der Staat zu, so kann die Angelegenheit auch an die aus neun unabhängigen Experten zusammengesetzte Untersuchungs- und Vergleichskommission (*Fact-finding and Conciliation Commission on Freedom of Association*) weitergeleitet werden[228]. Seinen Abschluß findet das Verfahren in einer Beschlußempfehlung des Ausschusses an den gesamten Verwaltungsrat. Faktisch werden die Empfehlungen des Ausschusses dort jedoch übernommen und unverändert verabschiedet[229].

a) Vergleich wesentlicher Elemente

Auch die Verhandlungen des Ausschusses zur Koalitionsfreiheit sind vertraulich, während der abschließende Bericht veröffentlicht wird[230]. Dementsprechend konnte sich im ILO-Verfahren eine gefestigte Entscheidungspraxis entwickeln. Der entscheidende Unterschied zum 1503-Verfahren ist die begrenzte Zuständigkeit *ratione materiae* und die damit korrespondierende Einschränkung der Beschwerdebefugnis auf die genannten Vereinigungen von Arbeitgebern oder Arbeitnehmern. Schon allein deshalb ist eine Konkurrenzsituation zum 1503-

---

[225] *Leary*, in: Alston (Hrsg.), The United Nations and Human Rights, S. 602.

[226] *Leary*, in: Alston (Hrsg.), The United Nations and Human Rights, S. 603f.

[227] *Leary*, in: Alston (Hrsg.), The United Nations and Human Rights, S. 604; United Nations Action, S. 320.

[228] United Nations Action, S. 320.

[229] *Leary*, in: Alston (Hrsg.), The United Nations and Human Rights, S. 604, 603; United Nations Action, S. 321.

[230] Amnesty International, Doc. IOR 30/01/89, S. 18.

Verfahren nur in wenigen Fällen denkbar. Anders als dieses ist jener Mechanismus von Anfang bis Ende ein Individualverfahren, in dem jede Beschwerde als solche auch einzeln behandelt wird. Entsprechend hat das Verfahren auch zahlenmäßig viel häufiger Anwendung gefunden - bis Anfang der neunziger Jahre in etwa 1600 Fällen[231].

Diese weite Anwendung des Mechanismus, und der Umstand, daß es in dieser Form bereits 1950 ohne explizite vertragliche Grundlage eingerichtet wurde, beruht vor allem auf der besonderen, weniger politisierten Aufgabenstellung und Zusammensetzung der ILO. Insofern ist es vom Verfahren der MRK deutlich abzugrenzen, wenngleich es zum Teil als Idealbild im Gegensatz zu den hochpolitischen Verfahren angepriesen wird.

b) Das Verhältnis zum 1503-Verfahren

Im Hinblick auf die Beschwerden, die im UN-Sekretariat mit Behauptungen über Verletzungen der Koalitionsfreiheit eingehen, hatte der ECOSOC bereits in den fünfziger Jahren mit Res. 277 (X) und 474 A (XV) ein von der für grundsätzlich alle privaten Eingaben gültigen Res. 75 (V) – bzw. nunmehr Res. 728 F (XXVIII) - abweichendes Verfahren beschlossen[232]. Einschlägige Beschwerden von Gewerkschaften und Arbeitgeberverbänden - aber auch von Regierungen -, die gegen einen Mitgliedstaat der ILO gerichtet sind, sind danach vom Sekretariat unmittelbar an den ILO-Verwaltungsrat zur Überprüfung durch die *Fact-Finding and Conciliation Commission* weiterzuleiten[233]. Abs. 4 lit. a) Res. 1 (XXIV) der Unterkommission betreffend die Zulässigkeit von Mitteilungen im 1503-Verfahren bestimmt entsprechend, daß Beschwerden dann in diesem Verfahren unzulässig werden, wenn sie dem ILO-Mechanismus vorgrei-

---

[231] *Leary*, in: Alston (Hrsg.), The United Nations and Human Rights, S. 603.

[232] *Tardu/McCarthy*, S. 14.

[233] ECOSOC, Res. 277 (X) vom 17.02.1950, Res. 474 A (XV) vom 09.04.1953, Abs. 2; *Schwelb/Alston*, in: Vasak (Hrsg.), The International Dimensions I, S. 278; *Tardu*, Santa Clara Law Rev. 20 (1980), S. 589; United Nations Action, S. 310.

Ist der betreffende Staat nicht Mitglied der ILO, hat der Generalsekretär die Mitteilung an den ECOSOC zu übergeben und in dessen Auftrag die Zustimmung der jeweiligen Regierung zur Behandlung durch die ILO einzuholen. Gelingt dies nicht, so entscheidet der Rat über angemessene Maßnahmen – ECOSOC, Res. 277 (X), op. Abs. II, lit. c); Analysis of existing United Nations procedures ..., E/CN.4/1317 (08.02.1979), Abs. 41 mit Anm. 18; United Nations Action, S. 310.

Im Falle Südafrikas wurden derartige Beschwerden so mehrfach an die *Ad hoc*-Arbeitsgruppe der MRK (hierzu oben § 15.II., S. 207) weitergeleitet - ebd.

fen. Nur soweit also im konkreten Fall eine nicht an die ILO weitergeleitete Beschwerde im 1503-Verfahren geprüft wird, die einem bereits eingeleiteten ILO-Verfahren vorgreifen könnte, wäre diese, selbst wenn sie sich auch auf andere Rechte bezieht, unzulässig. Die allgemeine Klage über Beeinträchtigungen der Koalitionsfreiheit führt hingegen - wie die Fälle Uruguays und Argentiniens gezeigt haben - weder zur Unzulässigkeit der Beschwerde noch zu einer entsprechenden Beeinträchtigung des Prüfungsumfangs.

3. Zwangsarbeit

Eine gesonderte Behandlung erhalten in der ILO schließlich Beschwerden mit Behauptungen über Zwangsarbeit. Der Verwaltungsrat entschied 1955, einen unabhängigen *Ad hoc*-Ausschuß für Zwangsarbeit unter der Zuständigkeit des Generaldirektors einzurichten[234]. Dieser hat sämtliches eingehende Material zu dieser Frage - unabhängig vom Ort des Geschehens und einschließlich der Anmerkungen von privaten Organisationen und Individuen[235] - zu untersuchen und seine Schlußfolgerungen dem Generaldirektor zur Weiterleitung an den Verwaltungsrat mitzuteilen. An einer Möglichkeit, die in den Beschwerden enthaltenen Tatsachenbehauptungen zu überprüfen, fehlte es. Dies erfolgt durch den Ausschuß aber dann, wenn mehrere solcher Beschwerden ein und dieselbe Angelegenheit betrafen oder auf eine entsprechende Situation hinwiesen[236]. Auch in diesem Verfahren wird also, wie auch in Res. 1503 (XLVIII) vorgesehen, eine gründliche Befassung mit den Beschwerden nur im Falle eines größeren Zusammenhang von Rechtsverletzungen erfolgen.

In Entsprechung einer dahingehenden Bitte[237] sind nach Abs. 4 ECOSOC-Res. 607 (XXI) vom 1. Mai 1956 sämtliche Informationen, die auf Zwangsarbeit hinweisen, an den Generaldirektor der ILO weiterzuleiten[238]. Auch insofern wird die allgemeine Regelung von Res. 75 (V) - bzw. entsprechend

---

[234] Decision of the Governing Body of 06.09.1955, Abs. 1 enthalten in der Mitteilung an den ECOSOC: Communication dated 6 September 1955 from the Director-General of the International Labour Office, E/2807 (11.11.1955).

[235] Note by the Secretary-General: Procedures dealing wth communications..., E/CN.4/Sub.2/313 (06.07.1970), Abs. 39.

[236] Note by the Secretary-General: Procedures dealing wth communications..., E/CN.4/Sub.2/313 (06.07.1970), Abs. 40.

[237] Abs. 2 der Decision (a.a.O., Fn. 234).

[238] Analysis of existing United Nations procedures ..., E/CN.4/1317 (08.02.1979), Abs. 42; *Schwelb/Alston*, in: Vasak (Hrsg.), The International Dimensions I, S. 278; *Cassese*, RDH 5 (1972), S. 385. *Tardu/McCarthy*, S. 14; United Nations Action, S. 310.

Res. 728 F (XXVIII) - außer Kraft gesetzt. Dies gilt freilich dann nicht, wenn die Hinweise auf Zwangsarbeit nur einen Aspekt einer im 1503-Verfahren eingereichten Beschwerde erhellen. Das speziellere Verfahren der ILO ist nur dann vorrangig, wenn sich die Mitteilung ausschließlich mit Zwangsarbeit befaßt. So war, wie oben gesehen, Zwangsarbeit beispielsweise auch Gegenstand der 1503-Untersuchung Äquatorialguineas, ohne daß dies die Durchführung des Verfahrens beeinträchtigte. Im übrigen wird ein 1503-Verfahren zulässigerweise eingeleitet werden können, es sei denn, die Verwendung einer Beschwerde würde einem entsprechenden Untersuchungsverfahren des *Ad hoc*-Ausschusses für Zwangsarbeit vorgreifen (Abs. 4 lit. a] Res. 1 (XXIV) der Unterkommission).

F. Tätigkeiten des Sicherheitsrates

Beschwerden, die auf Friedensbedrohungen oder Aggressionen hinweisen, werden direkt dem Sicherheitsrat zugeleitet[239], soweit sie an diesen adressiert sind[240] oder einen seiner Tagesordnungspunkte betreffen. Entsprechend ist in diesen Fällen jegliche Befassung im 1503-Verfahren ausgeschlossen[241]. Derartige Mitteilungen von Einzelpersonen oder NGO werden mit Name des Verfassers, Datum und Ort in Listen aufgeführt, die nach den verschiedenen Arbeitsregionen, d.h. Ländern, geordnet sind und so den Ratsmitgliedern zugeleitet werden[242]. Im Unterschied zu Res. 728 F (XXVIII) wird diese Liste jedoch veröffentlicht, wenngleich sie andererseits keine inhaltlichen Indikationen enthält. Auf Anfrage werden die vollständigen Mitteilungen den Mitgliedern des Sicherheitsrates zur Verfügung gestellt[243].

Hinsichtlich der Beziehung ist, da die Zuordnung der Beschwerden ohnehin auf administrativer Ebene im Sekretariat anhand der Adressierung und der Tagesordnung des Sicherheitsrates erfolgt, auf das generelle Verhältnis zwischen der Arbeit des Sicherheitsrates und dem 1503-Verfahren abzustellen. So waren verschiedentlich Situationen auf der Tagesordnung des Sicherheitsrates, die von der MRK unter menschenrechtlichen Aspekten im vertraulichen Verfahren behandelt

---

[239] *Tolley*, HRQ 6 (1984), S. 422.

[240] *Cançado Trindade,* RdC 202 (1987 II), S. 220, Anm. 693.

[241] *Cassese*, RDH 5 (1972), S. 393 (Anm. 24).

[242] Analysis of existing United Nations procedures ..., E/CN.4/1317 (08.02.1979), Abs. 46. Diese Listen erscheinen unter dem Symbol S/NC/... (siehe beispielsweise *Communications received from private individuals and non-governmental bodies relating to matters of which the Security Council is seized*: S/NC/1998/4 [18.05.1999]).

[243] Analysis of existing United Nations procedures ..., E/CN.4/1317 (08.02.1979), Abs. 46.

wurden. Beispielsweise hatte die Kommission die Situation in Ruanda von 1993 bis 1995 im vertraulichen Verfahren erörtert[244], während der Sicherheitsrat spätestens seit März 1993[245], dieselbe Angelegenheit unter sicherheitspolitischen und humanitären Aspekten behandelte - bis hin zur Einsetzung des Internationalen Tribunals in Arusha mit Res. 935 (1994) und 955 (1994) vom 1. Juli und 8. November 1994[246]. Gleichermaßen war die Situation in Sierra Leone von 1996 bis 1999 Gegenstand des vertraulichen Verfahrens, ehe die Behandlung öffentlich von der Kommission fortgesetzt wurde. Der Sicherheitsrat hatte seinerseits im Jahre 1997 in mehreren Stellungnahmen des Präsidenten sowie einer Resolution auf die Machtübernahme durch eine Militärjunta reagiert, dabei aber nicht ausdrücklich auf die Menschenrechtslage, sondern in erster Linie auf humanitäre Probleme und Gewalt gegen die Zivilbevölkerung abgestellt[247]. Als drittes Beispiel für eine gleichzeitige Behandlung sei auf die Situation in Somalia verwiesen, die bereits 1988 von der Unterkommission an die MRK überwiesen wurde, dort aber, nachdem die Behandlung zwei Jahre lang ohne jegliche Entscheidung verschoben wurde, erst 1991 Gegenstand einer vertraulichen Entschließung wurde. Der Sicherheitsrat befaßte sich gleichermaßen mit der Situation und verhängte 1992 ein Waffenembargo[248]. Nach weiteren fruchtlosen Bemühungen ermächtigte er die Mitgliedstaaten, alle Maßnahmen zur Sicherstellung der humanitären Aktionen zu ergreifen[249], was zur militärischen Intervention zahlreicher Staaten führte. Die MRK behandelte die Situation in diesem Lande trotz der praktischen Zerrüttung der Staatsgewalt bis einschließlich 1994 noch im vertraulichen Verfahren, wenn auch bereits 1993 zusätzlich Unterstützungen im Rahmen der Bera-

---

[244] Es sei daran erinnert, daß die Situation in Ruanda zur Einberufung der dritten außerordentlichen Sitzung der Kommission im Mai 1994 führte. In deren Ergebnis wurde mit Res. S-3/1 vom 25.05.1994 (Abs. 18) ein Sonderberichterstatter im Rahmen des öffentlichen Verfahrens zur Untersuchung der Situation in Ruanda eingesetzt (Report on the third Special Session of the Commission on Human Rights, E/CN.4/S-3/3 [30.05.1994], S. 7).

[245] Ausführlich hierzu *Adelman/Suhrke*, S. 27f. sowie Sicherheitsratsresolution 812 (1993) vom 12.03.1993.

[246] Zu erwähnen sind in diesem Zusammenhang auch die Sicherheitsratsresolution 918 (1994) vom 17.05.1994, mit dem ein Waffenembargo verhängt wurde. Siehe insgesamt hierzu *Herbst*, S. 249-251.

[247] Siehe nur die Stellungnahmen des Präsidenten vom 27.05.1997 (S/PRST/1997/29), 11.07.1997 (S/PRST/1997/36) und vom 06.08.1997 (S/PRST/1997/42) sowie Res. 1132 (1997) vom 08.10.1997, mit der Reisebeschränkungen und ein Erdölembargo verhängt wurden.

[248] Resolution 733 (1992) vom 23.01.1992, hierzu *Herbst*, S. 240f.

[249] Resolution 794 (1992) vom 03.12.1992; *Herbst*, S. 241f.

tungsdienste unter Vermittlung eines vom Generalsekretär ernannten unabhängigen Experten bereitgestellt wurden[250].

Infolge der unterschiedlichen Befugnisse und der zumindest prinzipiell verschiedenen Ansatzpunkte von Sicherheitsrat und MRK ist daher die zeitgleiche Untersuchung derselben Situation durch beide Organe sowohl möglich als auch zulässig.

G. Das außervertragliche Beschwerdeverfahren im Interamerikanischen System

Neben dem oben erwähnten Beschwerdeverfahren zur Durchsetzung der in der AMRK garantierten Rechte hat die IAMRK auch ein außervertragliches entwickelt. Dieses findet gegenüber den Staaten Anwendung, die zwar Mitglieder der OAS sind, aber die AMRK nicht ratifiziert haben. Rechtliche Grundlage für dieses Verfahren ist die OAS-Charta (Charta von Bogotá) von 1948[251] und das Statut der IAMRK, das 1979 von der Generalversammlung der Organisation verabschiedet wurde[252]. Materieller Maßstab sind die in der Amerikanischen Menschenrechtserklärung von 1948 (*American Declaration of the Rights and Duties of Man*) niedergelegten Rechte[253].

Der Verfahrensablauf orientiert sich im wesentlichen an dem vertraglich in der AMRK vorgesehenen. Die Kommission ist gemäß Art. 20 ihres Statuts befugt, Mitteilungen und andere Informationen zu überprüfen und hierzu die

---

[250] MRK, Res. 1993/86 vom 10.03.1993, in: Report on the 49th session, E/1993/23, E/CN.4/1993/122, sub. II.A., S. 254.

[251] Siehe *Robertson/Merrills*, S. 198f.

[252] *Buergenthal*, in: International Enforcement of Human Rights, S. 67. Bereits im 1960 verabschiedeten Statut der Kommission wurde dieser das Recht zugestanden, bei schwerwiegenden und flagranten Menschenrechtsverletzungen in einem Land Untersuchungen anzustellen, von der Regierung Informationen zu erbitten und Vor-Ort-Besuche durchzuführen. Die Kommission war nicht befugt, Entscheidungen in Einzelfällen zu treffen, jedoch konnte sie in Einzelbeschwerden enthaltene Informationen im Rahmen ihrer allgemeinen Untersuchung verwenden.

Erst mit der Änderung des Statuts 1965 wurde sie ermächtigt, Einzelfälle aufgrund von Individualbeschwerden zu entscheiden - *Robertson/Merrills*, S. 206f.; siehe auch: Note by the Secretary-General: Procedures dealing wth communications..., E/CN.4/Sub.2/313 (06.07.1970), Abs. 58.

[253] Art. 1 Abs. 2 des Statuts der Interamerikanischen Menschenrechtskommission, zitiert nach *Buergenthal*, in: International Enforcement of Human Rights, S. 63; Amnesty International, Doc. IOR 30/01/89, S. 36.

jeweilige Regierung um ergänzende Informationen zu ersuchen[254]. Beschwerden können dabei nicht nur von Individuen, sondern auch von Gruppen eingereicht werden[255]. Im Zuge ihrer Untersuchungen, in denen auch die betroffenen Regierungen zur Stellungnahme aufgefordert werden, kann die Kommission Vor-Ort-Besuche durchführen und Zeugen anhören[256]. Das Verfahren endet mit einen Bericht, der „abschließenden Entscheidung" (*Final Decision*), der Empfehlungen an den Mitgliedstaat enthalten kann[257]. Eine Befassung des Gerichtshofes ist hier nicht vorgesehen[258].

Für das Verhältnis zum 1503-Verfahren gilt gleiches wie für das vertragliche Verfahren vor der IAMRK: aufgrund des unterschiedlichen Verfahrensgegenstandes wird es kaum zu Konflikten kommen.

Bei einem Vergleich beider außervertraglicher Mechanismen wird deutlich, daß in begrenztem Umfang auch ohne eine vertragliche Basis weitergehende Mechanismen bereitgestellt werden können, als dies im Verfahren der UN-Menschenrechtskommission geschieht. So weist das interamerikanische Verfahren weder eine Beschränkung des Verfahrensgegenstandes auf, noch schließt es den Beschwerdeführer von der Teilnahme am Verfahrensfortgang aus. Die Möglichkeit aktiver Tatsachenuntersuchung stellt eine weitere Besonderheit dar. Zu erklären ist diese sehr viel weiter gehende Ausgestaltung wohl vor allem mit der regional begründeten Homogenität der OAS-Mitgliedstaaten und dem Charakter der IAMRK als Expertengremium.

IV. Ergebnis

Der Vergleich des 1503-Verfahrens mit anderen Individualbeschwerdemechanismen und die Untersuchung der Verhältnisse zueinander spiegelt die Vielfältigkeit der internationalen Mechanismen zum Empfang von Einzelpetitionen wider. Regeln für die Koordination bestehen allenfalls rudimentär, was

---

[254] *Buergenthal*, in: International Enforcement of Human Rights, S. 65 mit Zitat der Vorschrift.

[255] *Robertson/Merrills*, S. 208.

[256] *Robertson/Merrills*, S. 207.

[257] *Buergenthal*, in: International Enforcement of Human Rights, S. 67.

[258] *Buergenthal*, in: International Enforcement of Human Rights, S. 67, der allerdings darauf hinweist, daß einem jeden Mitgliedstaat der OAS das Recht zusteht, ein Gutachten beim Gerichtshof anzufordern. Ein von der Kommission im Menschenrechtsbericht gerügter Staat könnte also zu dieser Frage ein Gutachten des Gerichtshofes erbitten, gleichermaßen die Kommisison oder die Generalversammlung (ebd.).

wiederum die politische Offenheit des 1503-Verfahrens unterstreicht. Dabei kommt es nur in wenigen Fällen zu Überschneidungen, weil das 1503-Verfahren nicht durchgängig die Untersuchung und rechtliche Bewertung von Einzelfällen betreibt, sondern allein Gesamtsituationen systematischer und grober Menschenrechtsverletzungen behandelt. Dieses Charakteristikum hebt es von praktisch allen anderen auf privaten Beschwerden beruhenden Mechanismen ab, so daß es nicht zu Kollisionen im Zuständigkeitsbereich kommt. Es stellt sich in vielerlei Hinsicht als ein Verfahren der zweiten Ebene - bezogen auf den Einzelnen - dar, das im Interesse eines verstärkten Schutzes zusätzlich neben anderen Mechanismen besteht und hierfür auch Doppelzuständigkeiten in Kauf nimmt: zwar nicht notwendigerweise bezogen auf den konkreten Verfahrensgegenstand, aber doch hinsichtlich des zugrundeliegenden Einzelfalls[259].

[259] Es ist zwar zutreffend, daß bei der Einschätzung des Verfahrensgegenstandes die allgemeine Lage der Menschenrechte in einer bestimmten Situation deutlich von der Prüfung einzelner Fälle zu trennen ist (*Zwart,* S. 174). Zu berücksichtigen ist aber, daß Menschenrechtsverletzungen nie abstrakt in „einer Situation“ geschehen, sondern immer konkrete Personen betreffen.

§ 32. Sonstige Verfahren zum Schutz der Menschenrechte

Neben den auf privaten Beschwerden beruhenden Verfahren sind im internationalen Menschenrechtsschutz hauptsächlich zwei weitere Methoden vorgesehen: die Prüfung periodischer Berichte von Staaten sowie die Untersuchung von Staatenbeschwerden[1]. Beide finden sich heute in großer Zahl und Vielfalt auf regionaler und universaler Ebene. Zudem wurden Mechanismen entwickelt, die vor allem auf Untersuchungen *propio motu* hinauslaufen.

I. Staatenberichtsverfahren

Berichtspflichten als Ausgangspunkt für das am weitesten verbreitete Überwachungsverfahren finden sich in verschiedenen Gebieten des Völkerrechts. Ihren hauptsächlichen Anwendungsbereich stellt aber der internationale Menschenrechtsschutz dar. Staaten sind hier aufgrund eines Vertrages oder auf außervertraglicher Grundlage verpflichtet, über die Umsetzung und Verwirklichung der im jeweilige Instrument niedergelegten Rechte in vorgegebenen zeitlichen Abständen Bericht zu erstatten. Diese Dokumente enthalten Ausführungen über die allgemeine Lage bei der Verwirklichung bestimmter Menschenrechte oder die menschenrechtliche Situation einzelner Bevölkerungsgruppen, regelmäßig anhand eines vorgegebenen Schemas. Die Prüfung erfolgt regelmäßig durch ein Expertengremium. Die Wirksamkeit des Verfahrens beruht auf seiner Öffentlichkeit - gegenüber der Zivilgesellschaft wie der Staatenwelt.

Nach ersten Vorläufern im Zusammenhang mit den ersten Abkommen über Arbeitsstandards[2] wurden im Bereich der Menschenrechte Staatenberichtsverfahren im eigentlichen Sinne vom Völkerbund für Mandatsgebiete und in Angelegenheiten des Minderheitenschutzes eingesetzt[3]. Auch Art. 22 der ILO-Verfassung von 1919 hatte vergleichbares vorgesehen[4]. Die UNO führte im Rahmen ihrer menschenrechtlichen Förderungsaktivitäten 1950 eine allgemeine Berichtspflicht zum ECOSOC ein[5]. Desgleichen hat die CSW auf der Grundlage von Res. 33/186 der Generalversammlung vom 29. Januar 1979 und ECOSOC-

---

[1] *Sohn,* in: *Meron* (Hrsg.), Human Rights in International Law, S. 373; *Boekle*, APuZ, B 46-47/98, S. 4.

[2] *Dormenval*, S. 14, unter Verweis auf 1906 geschlossene Verträge, die den Austausch von Informationen über innerstaatliche Gesetzgebung und deren Anwendung vorsahen.

[3] *Carey*, UN Protection, S. 127.

[4] *Dormenval*, S. 14. Zur heutigen Praxis siehe *Maupain*, JIEL 2 (1999), S. 276f.

[5] Siehe vor allem ECOSOC-Res. 1074 C (XXXIX) vom 28.07.1965 und ausführlich oben § 10.III.B., S. 129ff.

Res. 1980/38 vom 2. Mai 1980 Berichte der UN-Mitgliedstaaten im Hinblick auf die Rechtsstellung der Frau untersucht[6]. Auch einzelne Sonderorganisationen, insbesondere ILO[7] und UNESCO[8], haben in ihrem jeweiligen Verantwortungsbereich ähnliches entwickelt.

Vertragliche Berichtspflichten finden sich im Menschenrechtsbereich auf universeller Ebene in mittlerweile sechs Verträgen[9]. Dies sind im einzelnen:

i) IPbpR (Art. 40, Prüforgan ist der Menschenrechtsausschuß)[10],
ii) IPwskR (Art. 16, Ausschuß für wirtschaftliche, soziale und kulturelle Rechte)[11],
iii) CERD (Art. 9, Ausschuß zur Beseitigung der Rassendiskriminierung)[12],
iv) CEDAW (Art. 17, Ausschuß für die Beseitigung der Diskriminierung der Frau)[13];
v) CAT (Art. 19, Ausschuß gegen Folter)[14] sowie

---

[6] United Nations Action, S. 304.

[7] *Carey*, UN Protection, S. 129; United Nations Action, S. 306-308.

[8] United Nations Action, S. 308f. Dieses Berichtsverfahren wurde 1950 eingeführt und gibt dem jeweiligen Staat konkrete Vorgaben für die Erstellung der Berichte. Die Berichtspflicht besteht unabhängig von der Ratifikation der jeweiligen Konvention. Außerdem sieht auch die UNESCO-Konvention gegen Diskriminierung im Bildungsbereich eine Berichtspflicht vor - ebd.

[9] Auch die Anti-Apartheid-Konvention vom 30.11.1973 (Generalversammlung, Res. 3068 [XXVII]) sah in Art. VII eine Berichtspflicht zu einer Dreiergruppe (gemäß Art. IX bestehend aus drei Mitgliedern der MRK) vor. Dieses Gremium stellte nach der Überwindung der Rassentrennung in Südafrika 1995 seine Arbeit ein - *Ipsen* § 48 Rn. 23; *Robertson/Merrills*, S. 111f.

[10] Siehe hierzu Report of the Secretary-General, Effective Functioning of the Various Mechanisms ..., E/CN.4/1994/42 (14.02.1994), Abs. 11-13.; Amnesty International, Doc. IOR 30/01/89, S. 28.

[11] Siehe Report of the Secretary-General, (a.a.O., Fn. 10), Abs. 4-10; Amnesty International, Doc. IOR 30/01/89, S. 29. Das Berichtsverfahren ist das bislang einzige Kontrollinstrument des IPwskR. Für die Prüfung dieser Berichte war ursprünglich der ECOSOC selbst zuständig (siehe Art. 16 Abs. 2 lit. a] IPwskR), seit 1985 ein von diesem eigens hierfür eingesetzter Ausschuß für wirtschaftliche, soziale und kulturelle Rechte (*Committe on Economic, Cultural and Social Rights*) - *Boekle*, APuZ, B 46-47/98, S. 5; *Weissbrodt/Parker*, S. 4.

[12] Siehe Report of the Secretary-General, (a.a.O., Fn. 10), Abs. 14-16.

[13] Siehe Report of the Secretary-General, (a.a.O., Fn. 10), Abs. 18f. sowie im einzelnen *Schöpp-Schilling*, in: Klein (Hrsg.), 20 Jahre CEDAW, S. 22-26; *Robertson/Merrills*, S. 103.

vi) CRC (Art. 44, Ausschuß für die Rechte des Kindes)[15].

Außerdem sieht die noch nicht in Kraft getretene Wanderarbeiterkonvention in Art. 73f. ein solches Staatenberichtssystem vor[16]. Berichtspflichten finden sich schließlich noch in einzelnen regionalen Menschenrechtsinstrumenten, u.a. im Protokoll von San Salvador zur AMRK vom 17.11.1988 (Art. 19), in Art. 62 Banjul-Charta[17] und Art. 21f. der Europäischen Sozialcharta[18].

A. Die Verfahren

Den Staaten obliegt es gemäß den jeweiligen Instrumenten, innerhalb einer bestimmten Frist einen umfassenden ersten Bericht zur Verwirklichung der jeweils garantierten Menschenrechte vorzulegen. Weitere Berichte sind nach einem entweder im Einzelfall für das konkrete Land oder generell im Vertrag vorgegeben Zeitraum zu unterbreiten[19]. Am Ende der Prüfung des Berichtes, zumeist nach einer öffentlichen Präsentation durch eine Regierungsdelegation und einer sich anschließenden Diskussion, verabschieden die beteiligten Gremien abschließende Bemerkungen oder Kommentare, in denen der erreichte Stand der Umsetzung kommentiert wird[20].

Im Zuständigkeitsbereich der ILO stellt dieser Mechanismus seit 1919 das regelmäßige Kontrollverfahren für sämtliche von ihr initiierten Konventionen dar

---

[14] Siehe Report of the Secretary-General, (a.a.O., Fn. 10), Abs. 20-21; Amnesty International, Doc. IOR 30/01/89, S. 31.

[15] Siehe Report of the Secretary-General, (a.a.O., Fn. 10), Abs. 22-24; *Robertson/Merrills,* S. 110f.

[16] Siehe zur Konvention und zu dem für die Prüfung der Berichte zuständigen Ausschuß oben § 31.I.D.2., S. 523.

[17] Die Vertragsbestimmungen enthalten keine explizite Aussage über das für die Prüfung der Berichte zuständige Organ. In einem 1988 verabschiedeten Beschluß übertrug die OAU-Versammlung der Staats- und Regierungschefs diese Aufgabe der Afrikanischen Kommission - *Viljoen*, Journal of African Law 44 (2000), S. 110.

[18] Europäische Sozialcharta vom 18.10.1961, BGBl. 1964 II, S. 1262. Siehe überblicksweise hierzu *Robertson/Merrills,* S. 168-179 mit Ausführungen zum Berichtsverfahren vor dem Expertenausschuß auf S. 174-176.

[19] Vgl. nur Art. 40 Abs. 1 lit. b) IPbpR einerseits (flexible Festlegung) und Art. 19 Abs. 1 CAT andererseits.

[20] United Nations Action, S. 305. Siehe für den IPbpR *Weissbrodt/Parker,* S. 3; für den CEDAW *Schöpp-Schilling*, in: Klein (Hrsg.), 20 Jahre CEDAW, S. 23f.; für das Übereinkommen zur Beseitigung der Rassendiskriminierung (CERD) *Robertson/Merrills,* S. 99.

(Art. 22 ILO-Verfassung). Verantwortlich für die Prüfung der Berichte ist das aus 20 unabhängigen Experten bestehende *Committee of Experts on the Application of Conventions and Recommendations*[21]. Dieser Ausschuß kann den Staaten direkte Fragen stellen und konkrete Beobachtungen und Empfehlungen mitteilen[22]. Werden im Rahmen der Berichtsprüfung schwerwiegende Probleme bei der Umsetzung der Verpflichtungen aus einer Konvention identifiziert, so kann der Generaldirektor nach Zustimmung der jeweiligen Regierung seit 1968 im Rahmen „direkter Kontakte" einen Repräsentanten zur Diskussion mit der Regierung entsenden, um diese zu beseitigen[23]. Bei besonders schwerwiegenden Problemen können auf der Grundlage der Berichte des Expertenausschusses auch Empfehlungen an die jährliche Konferenz der Mitgliedstaaten verabschiedet werden[24]. Hervorzuheben ist, daß die Mitgliedstaaten auch zu Stellungnahmen im Hinblick auf die materiellen Gewährleistungen und den möglichen Beitritt zu von ihnen nicht ratifizierten Konventionen aufgefordert sind[25].

Angesichts der generell unmittelbaren Verbindlichkeit des Verfahrens - eine besondere Anerkennungserklärung ist bei keinem der Instrumente erforderlich - stellt dieser Mechanismus tatsächlich das Hauptinstrument zur Sicherstellung der Erfüllung übernommener Vertragspflichten dar[26]. Besonders für die Umsetzung der wirtschaftlichen, sozialen und kulturellen Rechte hat sich das Berichtsverfahren als adäquates Mittel erwiesen[27]. Es ist zudem besonders geeignet, gerade die Informationen bereitzustellen, die notwendig sind, um den Staaten gegebenenfalls technische oder andere Unterstützungzu gewähren - beispielsweise in Form von Beratung und Ausbildung[28].

---

[21] *Leary*, in: Alston (Hrsg.), The United Nations and Human Rights, S. 596f.; United Nations Action, S. 307.

[22] *Leary*, in: Alston (Hrsg.), The United Nations and Human Rights, S. 596f.

[23] United Nations Action, S. 307.

[24] Zuständig hierfür ist seit 1927 ein Konferenzausschuß (*Conference Committee on Standards*) mit dem für ILO-Organe typischen dreigeteilten Zuschnitt - *Leary*, in: Alston (Hrsg.), The United Nations and Human Rights, S. 598f.; United Nations Action, S. 307f.

[25] Art. 19 Abs. 5-7 ILO-Verfassung. Amnesty International, Doc. IOR 30/01/89, S. 17f.; United Nations Action, S. 307.

[26] So für den Menschenrechtspakt *Robertson/Merrills*, S. 42.

[27] *Humphrey*, ILA Report 53 (1968), S. 438.

[28] *Humphrey*, ILA Report 53 (1968), S. 439.

Die beiden größten Problempunkte sind die Erfüllung der Berichtspflichten und der Arbeitsaufwand für das Prüforgan. Zahlreiche Staaten erfüllen ihre entsprechenden Verpflichtungen entweder gar nicht oder mit erheblicher Verspätung[29], ohne daß dem entsprechenden Organ Mittel in die Hand gegeben wären, auf die Erfüllung zu drängen. Andererseits ist eine eingehende Prüfung der vorliegenden Berichte aufgrund der begrenzten Ressourcen der Prüforgane oft gar nicht innerhalb einer angemessenen Zeitspanne möglich - ein Umstand, der bei fristgemäßer Erfüllung sämtlicher Berichtspflichten noch verstärkt würde[30].

Für eine wirksame Durchführung der Berichtsmechanismen ist es erforderlich und regelmäßig gewährleistet, daß auf zusätzliche Informationen aus nichtstaatlichen Quellen zurückgegriffen wird[31]. Diese Vorgehensweise wurde im Rahmen der ILO-Verfahren[32] entwickelt, war dann im Verfahren nach der Europäischen Sozialcharta ausdrücklich vorgesehen[33], und wird mittlerweile auch im Rahmen der anderen Berichtsverfahren praktiziert - wenn auch teilweise nur auf der informellen Ebene[34]. Vor allem national operierende NGO sind dazu übergegangen, sogenannte „Schattenberichte" zu erstellen, die im selben Format wie diejenigen der Regierungen erstellt sind und die kritischen Aspekte deutlich herausstellen. Auch Spezialorganisationen wie ILO oder UNESCO können zu den Erörterungen vor den Vertragsorganen zusätzliches Material beitragen[35].

Eine weitere Voraussetzung für die Wirksamkeit der Verfahren ist schließlich, daß das Prüforgan angemessene Empfehlungen zur Verbesserung der Situation verabschieden kann[36]. Dies ist regelmäßig nicht ausdrücklich im zugrunde-

---

[29] United Nations Action, S. 305. Für die Berichtspflichten zur Afrikanischen Kommission nach der Banjul-Charta siehe *Mutua*, HRQ 21 (1999), S. 350; *Viljoen*, Journal of African Law 44 (2000), S. 111.

[30] *Schöpp-Schilling*, in: Klein (Hrsg.), 20 Jahre CEDAW, S. 25.

[31] *Robertson/Merrills*, S. 42.

[32] United Nations Action, S. 307.

[33] *Robertson/Merrills*, S. 45. Gemäß Art. 23 der Europäischen Sozialcharta sind zur Prüfung der Berichte vorhandenenfalls auch Stellungnahmen nationaler Organisationen der Arbeitnehmer und Arbeitgeber beizuziehen - vgl. *Ipsen*, § 49 Rn. 13.

[34] *Robertson/Merrills*, S. 46. Der Menschenrechtsausschuß entschied erst 1993, daß NGO-Materialien als offizielle Dokument zirkuliert werden dürfen.

[35] *Robertson/Merrills*, S. 45. So bestimmt die neue Wanderarbeitnehmerkonvention in Art. 74, Abs. 2-6, daß die Prüfung der Berichte unter Einbeziehung von Stellungnahmen der ILO und anderen einschlägigen Sonderorganisationen erfolgen soll.

[36] *Robertson/Merrills*, S. 43.

liegenden Instrument vorgesehen. Gleichwohl ist es mittlerweile gängige Praxis in sämtlichen vertraglich basierten UN-Verfahren, beispielsweise aber nicht im afrikanischen Verfahren[37], daß das Prüforgan abschließende Bemerkungen (*Concluding Observations / Conclusions and Recommendations*) verabschiedet und veröffentlicht.

B. Der Vergleich wesentlicher Elemente

Berichtsverfahren beruhen im wesentlichen auf der Kooperation mit den Regierungen[38]. Anders als im 1503-Verfahren besteht hierfür regelmäßig eine verbindliche Rechtsgrundlage. Die Kooperation wird mit ähnlichen Mitteln wie im 1503-Verfahren erreicht. Regierungen werden um Stellungnahmen zu bestimmten Fragen im Vorfeld der Berichtsprüfung gebeten und regelmäßig eingeladen, den Bericht zu präsentieren sowie mündliche Fragen des jeweiligen Prüforgans zu beantworten[39]. Der konstruktive Dialog stellt mithin das wesentliche Element der Berichtsprüfungsverfahren dar[40]. So ist die Beteiligung der betroffenen Regierung der im 1503-Verfahren sehr ähnlich, auch wenn sie in letzterem nur als ein Mittel angesehen wird. Verweigert ein Staat die Zusammenarbeit, sei es durch Nichtunterbreitung des Berichts, sei es durch Nichtantwort auf zusätzliche Fragen, besteht im Berichtsverfahren gleichfalls keine Möglichkeit, dies durchzusetzen. Jüngste Überlegungen im UN-Menschenrechtsausschuß ziehen zur Abhilfe dieses Problems eine öffentliche *ex officio* Untersuchung und Verurteilung des säumigen Staates in Erwägung. Der Ausschuß gegen Rassendiskriminierung hat dergleichen 1994 in bezug auf sechs Staaten durchgeführt, die für eine signifikante Zeit ihrer Berichtspflicht nicht nachgekommen waren[41]. Diese Vorgehensweise ist unmittelbar der Überleitung in das öffentliche Verfahren nach der vertraulichen 1503-Behandlung vergleichbar.

---

[37] *Viljoen*, Journal of African Law 44 (2000), S. 111.

[38] *Robertson/Merrills*, S. 42, 95.

[39] United Nations Action, S. 305. Für die Afrikanische Kommission *Mutua*, HRQ 21 (1999), S. 350. Für den Menschenrechtsausschuß so *Robertson/Merrills*, S. 43f. In diesem Verfahren werden im Vorfeld gestellte Fragen in einer Liste zusammengefaßt (sog. *List of Issues*), die den Regierungen vor der eigentlichen Diskussion des Berichtes zugeleitet und deren Beantwortung im Rahmen der Berichtspräsentation erwartet wird. Auch im Rahmen der Berichtsprüfungen der ILO werden konkrete Fragen im Voraus gestellt - United Nations Action, S. 305.

[40] So ausdrücklich die Afrikanische Kommission - zit. bei *Viljoen*, Journal of African Law 44 (2000), S. 118.

[41] *Robertson/Merrills*, S. 99.

Die Erörterung von Staatenberichten ist zumindest im Falle der beiden Menschenrechtspakte noch umfassender als das 1503-Verfahren, wenn es sich mit einzelnen Situationen befaßt: sie betrifft regelmäßig alle jeweils garantierten Menschenrechte. Auf Einzelfälle wird in beiden Mechanismen grundsätzlich nicht eingegangen, wenn auch Referenzen auf konkrete Situationen und Personen möglich sind. Im Vergleich zum 1503-Verfahren ist die Prüfung eines Staatenberichts aber grundsätzlich - sieht man von der Möglichkeit direkter Kontakte im ILO-Mechanismus ab - eine punktuelle Angelegenheit, die mit der Verabschiedung der *Concluding Observations* ihren Abschluß findet. Eine weitere Beobachtung oder sonst ein *Follow up*-Mechanismus ist nicht vorgesehen.

Weitgehend vergleichbar ist wiederum - zumindest in der Theorie - das Endergebnis beider Verfahren. Den Abschluß stellt hier eine förmliche Entschließung dar, die regelmäßig Kritikpunkte enthält, sich aber doch auf allgemeine Beurteilungen beschränkt[42]. Allerdings wiegen kritische Bemerkungen nach der Prüfung von Staatenberichten politisch weniger schwer als eine förmliche Verurteilung in der Kommission, die nicht im Rahmen regulärer Untersuchungen, sondern als Reaktion auf Behauptungen schwerster Menschenrechtsverletzungen einsetzen und auch nur selten positive Aspekte enthalten wird.

C. Das Verhältnis zum 1503-Verfahren

Trotz zahlreicher Ähnlichkeiten in der Ausgestaltung und der prinzipiell vergleichbaren Beschränkung auf eine Gesamtbetrachtung kommt es zwischen beiden Verfahren nicht zu einer Überschneidung, die das eine oder andere in seiner Durchführung beeinträchtigen würde oder zur Unzulässigkeit führt. Ungeachtet dessen werden sich zuweilen Berührungspunkte ergeben, wenngleich Informationen über die mögliche Durchführung eines 1503-Verfahrens infolge der Vertraulichkeit kaum bei der regelmäßig öffentlichen Berichtsprüfung berücksichtigt werden können. In der anderen Richtung ist es zu entsprechenden Rückfragen bereits gekommen. In der vertraulichen Debatte über die Situation in Uruguay wurde in der Kommission die Frage gestellt, wann die betroffene Regierung ihren ersten Bericht gemäß Art. 40 IPbpR vorlege[43]. Dies bestätigt aber nur die grundsätzlich mögliche Parallelität beider Mechanismen.

---

[42] *Concluding Observations* beispielsweise des Menschenrechtsausschusses haben üblicherweise einen Umfang von drei bis vier Seiten.

[43] Abridged record of Discussion on item 12 (b), E/CN.4/R.65 (06.04.1980), S. 11 [Canada].

II. Staatenbeschwerdeverfahren

A. Existenz, Konzeption und Ausgestaltung der Verfahren

Im klassischen Völkerrecht kam nur den Staaten, nicht aber Einzelpersonen originäre Rechtspersönlichkeit zu[44]. Dieses Verständnis war einer der Gründe, daß Privatpersonen ein aktives Beschwerderecht auf internationaler Ebene lange Zeit vorenthalten blieb. Als adäquater Mechanismus für die Durchsetzung vertraglich garantierter Menschenrechte wurde allein ein Streitschlichtungsverfahren zwischen Staaten angesehen – so auch im 1954 vorgelegten Entwurf der MRK für einen Menschenrechtspakt[45].

1. Das Staatenbeschwerdeverfahren in universellen Menschenrechtsinstrumenten

In der letztlich verabschiedeten Fassung enthält der IPbpR nun tatsächlich neben dem Berichtssystem das Staatenbeschwerdeverfahren als einzigen Durchsetzungsmechanismus (Art. 41). Die Anerkenntnis dieses Verfahrens folgt jedoch nicht automatisch mit der Ratifikation des Paktes, ein Vertragsstaat muß vielmehr eine entsprechende Erklärung abgeben (Art. 41 Abs. 1 Satz 1). Gleiches gilt für das entsprechende Verfahren nach Art. 21 CAT[46] sowie für die noch nicht in Kraft getretene Wanderarbeiterkonvention (Art. 76)[47]. Auf universeller Ebene ist ein vergleichbares Verfahren außerdem noch in Art. 11, 12 und 13 CERD vorgesehen[48], wobei es in diesem Fall einer gesonderten Unterwerfungserklärung nicht bedarf. Spezielle Staatenbeschwerden finden sich zudem im Zuständigkeitsbereich einzelner Sonderorganisationen. Die UNESCO hatte im Rahmen der Konvention gegen Diskriminierung im Bildungsbereich ein solches vorgesehen[49]. Für dessen Durchführung wurde in einem Zusatzprotokoll eine Kommission für Vermittlung und Gute Dienste (*Conciliation and Good Offices Commission*) ein-

---

[44] *L. Henkin,* Human Rights, in: EPIL II, S. 886.

[45] *Opsahl,* in: Alston (Hrsg.), The United Nations and Human Rights, S. 419.

[46] Siehe hierzu *Leckie,* HRQ 10 (1988), S. 268f.; Amnesty International, Doc. IOR 30/01/89, S. 30. Die einzelnen Unterschiede zum Verfahren nach Art. 41 IPbpR werden bei *M. Nowak,* in: FS Ermacora, S. 510 herausgearbeitet. Wesentlich ist insofern nur, daß die Einsetzung einer Vergleichskommission nach Art. 21 nicht der vorherigen Zustimmung der Streitparteien bedarf.

[47] Siehe hierzu oben § 31.I.D.2., S. 523.

[48] Siehe *Leckie,* HRQ 10 (1988), S. 263-266; *Robertson/Merrills,* S. 100; Amnesty International, Doc. IOR 30/01/89, S. 32.

[49] *Samson,* in: Alston (Hrsg.), The United Nations and Human Rights, S. 651.

gesetzt[50]. Auch die ILO hält gemäß Art. 26 - 34 ihrer Verfassung die Möglichkeit einer Staatenbeschwerde wegen Verletzung der Verpflichtungen aus einer von ihr verwalteten Konvention bereit[51]. Über die Beschwerde entscheidet der Verwaltungsrat der ILO (*Governing body*), der die Einsetzung einer Untersuchungskommission beschließen kann. Das Beschwerdeverfahren der ILO ist das einzige universellen Charakters, das auch in der Praxis bisher Anwendung fand[52].

Die Einleitung eines solchen Verfahrens geschieht mit der Einreichung einer Beschwerde durch einen Vertragsstaat über die Nichteinhaltung der vertraglich übernommenen Verpflichtungen. Dieser muß, wo eine gesonderte Unterwerfungserklärung erforderlich ist, regelmäßig seinerseits eine solche abgegeben haben (Reziprozität)[53]. Mit der Prüfung der Beschwerde ist nach einer Verhandlungsphase i.d.R. das entsprechend eingerichtete Vertragsorgan - beispielsweise Menschenrechtsausschuß, Ausschuß gegen Rassendiskriminierung und Ausschuß gegen Folter - betraut[54]. Kommt es im Rahmen dessen nicht zu einer friedlichen Streitbeilegung, ist in bestimmten Fällen die Einsetzung einer *Ad hoc*-Vergleichskommission vorgesehen[55].

---

[50] *Bartolomei,* S. 82. Zu Ablauf und Ausgestaltung des Verfahrens insgesamt siehe *Leckie*, HRQ 10 (1988), S. 269-271.

[51] Siehe schon oben § 12.III., S. 173, sowie § 31.III.E.1., S. 550.

[52] Bis 1999 sind insgesamt sechs solcher Verfahren durchgeführt worden - vgl. *Leckie*, HRQ 10 (1988), S. 255, 278-289. In zweien dieser Fälle wurde eine Untersuchungskommission eingesetzt; siehe zunächst *Ghana* vs. *Portugal* (betreffend Zwangsarbeit in den afrikanischen Gebieten Portugals): Report of the Commission Appointed under Article 26 of the Constitution ... to Examine the Complaint Filed by the Government of Ghana concerning the Observance by the Government of Portugal of the Abolition of Forced Labour Convention, 1957 (No. 105): ILO, Official Bulletin, Vol. XLV, No. 2 (April 1962), Supplement II - vgl. *Parson*, Wayne Law Rev. 13 (1967), S. 687, Anm. 53; *Brownlie*, S. 573.

Der zweite Fall, der zur Einsetzung einer Untersuchungskommission führte, betraf eine Beschwerde Portugals gegen Liberia - Report of the Commission Appointed under Article 26 of the Constitution ... to Examine the Complaint Filed by the Government of Portugal concerning the Observance by the Government of Liberia of the Abolition of Forced Labour Convention, 1957 (No. 105): ILO, Official Bulletin, Vol. XLVI, No. 2 (April 1963), Supplement II.

[53] Art. 41 Abs. 1 Satz 2 und 3 IPbpR; Art. 21 Abs. 1 Satz 2 und 3 CAT. Im Falle des CERD ist eine besondere Unterwerfungserklärung nicht erforderlich.

[54] Art. 41 Abs. 1 lit. b) - h) IPbpR; Art. 21 Abs. 1 lit. b) - h) CAT; Art. 11 Abs. 2-5 CERD.

[55] Art. 42 IPbpR; Art. 21 Abs. 1 lit. e) CAT; Art. 12 CERD. Siehe hierzu *Robertson/Merrills,* S. 52f.; *Partsch* in: Simma (Hrsg.), Charta der Vereinten Nationen, Art. 55 (c), Rn. 69.

2. Das Verfahren in regionalen Menschenrechtsinstrumenten

Staatenbeschwerdeverfahren finden sich auch in regionalen Menschenrechtsabkommen, so in der EMRK[56], der AMRK[57] und der Afrikanischen Menschenrechtscharta (*Banjul-Charta*)[58].

Hauptschwerpunkt des in der Banjul-Charta vorgesehenen Verfahrens ist eine einvernehmliche Streitbeilegung. Der klagende Staat ist gehalten, sich mit dem seiner Ansicht nach die Menschenrechte verletzenden Staat ohne Einschaltung der Afrikanischen Menschenrechtskommission zu verständigen. Die Kommission ist, wenn eine direkte Beschwerde an sie gerichtet wird oder sonst eine einvernehmliche Lösung fehlschlägt, zur Tatsachenaufklärung unter Einbeziehung aller relevanter Informationen nach ihrem Ermessen ermächtigt. Abschließend ist ein Bericht über den Sachverhalt und die Untersuchungsergebnisse zu erstellen, der den Beteiligten sowie dem Vorsitzenden der OAU-Versammlung der Staats- und Regierungschefs zugeleitet wird. Bezogen auf letzteren kann dieser Bericht auch einzelne Empfehlungen enthalten[59]. Das noch nicht in Kraft getretene Protokoll zur Errichtung eines Afrikanischen Gerichtshofes für Menschenrechte und Rechte der Völker sieht gleichfalls ein Staatenbeschwerdeverfahren vor[60]. Auch hier ist das Gericht gehalten, eine freunschaftliche Beilegung entsprechend den Bestimmungen der Banjul-Charta anzustreben (Art. 9 des Protokolls).

---

[56] Art. 24, 47f. EMRK a.F. bzw. Art. 33 n.F. (BGBl. 1995 II, S. 578). Zur Ausgestaltung und Praxis dieses Verfahrens nach der alten Rechtslage siehe *Leckie*, HRQ 10 (1988), S. 272-277.

[57] Art. 45 AMRK vom 22.11.1969. Zuständig für die Entgegennahme einer Staatenbeschwerde ist - analog dem Individualbeschwerdeverfahren - die Inter-Amerikanische Menschenrechtskommission. Voraussetzung für eine solche Beschwerde ist jedoch eine Unterwerfungserklärung beider Streitparteien (Art. 45 Abs. 1 und 2 AMRK), die auch *ad hoc* abgegeben werden kann - *Buergenthal*, in: International Enforcement of Human Rights, S. 66; Amnesty International, Doc. IOR 30/01/89, S. 37.

Unter besonderen Umständen kann nach der Durchführung des Verfahrens vor der Kommission auch der Gerichtshof angerufen werden - Art. 61, 62 AMRK. Siehe hierzu *Leckie*, HRQ 10 (1988), S. 258ff.

[58] Art. 47-54 Banjul-Charta. Zuständiges Organ für die Durchführung des Verfahrens ist die Afrikanische Kommission für Menschenrechte und Rechte der Völker. Siehe hierzu *Robertson/Merrills*, S. 261.

[59] Zum ganzen *Robertson/Merrills*, S. 261.

[60] Zum Protokoll siehe oben § 31.II.C.2., S. 534. Vgl. Art. 5 Abs. 1 lit. b. und c.

Lediglich im Europäischen Menschenrechtsschutzsystem wurde das Verfahren auch praktisch angewendet - bisher in acht Fällen[61]. Mit der Untersuchung der Behauptungen war hier - nach einer Zulässigkeitsprüfung - die Kommission beauftragt (vgl. Art. 24 EMRK a.F.), die zu diesem Zwecke Zeugen anhörte sowie Vor-Ort-Untersuchungen vornahm[62]. Wurde keine einvernehmliche Streitbeilegung erreicht, hatte die Kommission einen abschließenden Bericht an das Ministerkomitee zu erstellen (Art. 31 Abs. 1 EMRK a.F.). Gegen die darin enthaltenen Feststellungen konnte eine Partei gemäß Art. 48 EMRK a.F. innerhalb von drei Monaten den EGMR anrufen[63]. Anderenfalls hatte das Ministerkomitee abschließend über das Vorliegen von Verletzungen zu entscheiden (Art. 32 EMRK a.F.)[64]. Mit der Änderung der Konvention durch das 11. Zusatzprotokoll ist die Kommission nunmehr aufgelöst; der Ministerausschuß ist nicht mehr an der Durchführung des Staatenbeschwerdeverfahrens beteiligt[65]. Eine Beschwerde ist vielmehr direkt beim EGMR einzureichen (Art. 33 EMRK n.F.), der getrennt über Zulässigkeit und Begründetheit entscheiden kann[66].

---

[61] *Leckie*, HRQ 10 (1988), S. 255, zu den Verfahren im einzelnen S. 272-277, der von insgesamt sechs Fällen berichtet. Seither wurden zwei weitere derartige Verfahren angestrengt, zunächst 1996 von Zypern gegen die Türkei. Zuletzt war im Januar 1997 eine solche Beschwerde von Dänemark gegen die Türkei eingereicht worden. Nachdem der Gerichtshof diese im Juni 1999 für zulässig erklärt hatte, erreichten die Parteien eine einvernehmliche Beilegung des Konflikts - EGMR, Urteil vom 05.04.2000.

Im Rahmen des Menschenrechtsschutzsystems der OAU hatte Libyen 1987 ein Verfahren gegen die Vereinigten Staaten vor der Afrikanischen Menschenrechtskommission eingeleitet. Die Kommission lehnte jedoch die Annahme dieser Beschwerde wegen offensichtlicher Erfolglosigkeit ab, da die Vereinigten Staaten nicht Vertragspartei der Charta waren - *Odinkalu/Christensen*, HRQ 20 (1998), S. 238, Fn. 15.

[62] So im Falle Griechenlands 1968 nach einer Beschwerde Dänemarks, Schwedens, Norwegens und der Niederlande - siehe *Robertson/Merrills*, S. 138. Zu ausführlichen Untersuchungen und Zeugenanhörungen vor der Kommission kam es auch im Verfahren Irland gegen Großbritannien betreffend behauptete Folterungen und Mißhandlungen durch britische Sicherheitskräfte in Nordirland - EGMR, Urteil vom 18.01.1978, Ser. A, Nr. 25; Abs. 146ff.; *Robertson/Merrills*, S. 139f.

[63] So im Falle Großbritanniens durch die irische Regierug - EGMR, Urteil vom 18.01.1978, Ser. A, Nr. 25; Abs. 1; *Robertson/Merrills*, S. 140.

[64] Siehe für den Fall Griechenlands *Robertson/Merrills*, S. 138.

[65] *Robertson/Merrills*, S. 150.

[66] Siehe die Zulässigkeitsentscheidung des EGMR in dem Verfahren Dänemark gegen die Türkei: Beschwerde 34382/97, Entscheidung vom 08.06.1999.

3. Allgemeine Charakteristika

Die Staatenbeschwerdeverfahren stellen ein streng kontradiktorisches Verfahren zur Verfügung, das nur durch eine direkte Beschwerde *gegen* einen Staat ausgelöst werden kann. Entsprechend wird die Anwendung eines dieser Verfahren konfliktträchtige Beziehungen zwischen den Staaten hervorrufen[67]. Die Durchführung eines derartigen Verfahrens stellt eine der drastischsten Maßnahmen dar, die einem Staat zur Verfügung steht[68]. Schon deshalb wird eine solche Beschwerde, wenn überhaupt, nur bei entsprechend guten Erfolgsaussichten eingereicht werden[69]. Zusätzlich sind auch noch die nicht unerheblichen Anstrengungen in diesem Zusammenhang zu bedenken: den klagenden Staat trifft die Obliegenheit, zur Einleitung einer Staatenbeschwerde, selbst Informationen zu sammeln, aufzubereiten und eine substantiierte Rüge vorzubringen[70]. Da die Erhebung einer solchen Beschwerde nicht unerhebliche Folgen für die wirtschaftlichen und politischen Beziehungen zwischen den Parteien des Verfahrens hervorrufen würde, sind Staaten nur selten bereit, diese allgemeinpolitischen Erwägungen dem Gedanken der Durchsetzung von Menschenrechten unterzuordnen[71]. Die nur in Ausnahmefällen erfolgte Inanspruchnahme des Mechanismus - lediglich zwei Verfahren wurden überhaupt genutzt - läßt sich mit diesen damit zusammenhängenden Nachteilen erklären[72].

B. Vergleich wesentlicher Elemente

Staatenbeschwerdeverfahren stellen ein Rechtsmittel zur Verfügung, mit dem systematische und weitverbreitete Menschenrechtsverletzungen eher behandelt werden können als Einzelfälle von Verletzungen[73]. Insofern entsprechen sie

---

[67] *Humphrey*, ILA Report 53 (1968), S. 446; *Leckie*, HRQ 10 (1988), S. 254, 297: „...a serious and unfriendly act...".

[68] *Leckie*, HRQ 10 (1988), S. 254.

[69] *Leckie*, HRQ 10 (1988), S. 257, 297f.

[70] *Kälin*, BerDGV 33 (1994), S. 17.

[71] *Leckie*, HRQ 10 (1988), S. 254. Siehe zu diesem Punkt allgemein auch oben § 28.II., S. 479f.

[72] Siehe Report of the Secretary-General, (a.a.O., Fn. 10), Abs. 34.

Bezüglich des im IPbpR vorgesehenen Verfahren haben einige Staaten ausdrücklich erklärt, daß sie eine entsprechende Unterwerfungserklärung wegen grundsätzlicher Ablehnung des Verfahrens nie abgeben werden - *Robertson/Merrills,* S. 53.

[73] *Leckie*, HRQ 10 (1988), S. 298. So auch der EGMR, Irland gegen Vereinigtes Königreich, Urteil vom 18.01.1978, der festhielt, daß seine Funktion „... was not only to decide those cases brought before [it], but, more generally, to elucidate, safeguard and develop

in ihrem Verfahrensgegenstand dem 1503-Verfahren. Der bedeutsame Unterschied liegt im Auslösemechanismus: nicht die Beschwerden privater Organisationen und Einzelpersonen sondern solche von Staaten stehen hier am Anfang eines Verfahrens. Im Staatenbeschwerdeverfahren sind freilich die Verfahrensbeteiligten in jeder Hinsicht gleichrangig, was durch den Verhandlungscharakter noch unterstützt wird. Entsprechend ist auch eine Tendenz zur einvernehmlichen Beilegung des Konflikts zu verzeichnen[74]. Dem 1503-Verfahren als einem konstruktiv nicht kontradiktorischen Verfahren fehlt diese Möglichkeit, *de facto* wird es aber auch hier zu direkten oder indirekten Verhandlungen kommen.

Ein weiterer Unterschied besteht in dem mit der Durchführung beauftragten Organ. Die unabhängigen Untersuchungsausschüsse, die im Staatenbeschwerdeverfahren vorgesehen sind, bzw. der Gerichtshof im europäischen Kontext werden eher rechtlich denn politisch begründete Entscheidungen treffen[75]. Entsprechend ist auch eine rechtliche Beurteilung angestrebt und möglich. Das 1503-Verfahren hingegen kann aufgrund seines außervertraglichen und hochpolitischen Charakters solches nicht bereitstellen, sondern beschränkt sich auf Diskussion und allenfalls die Verabschiedung allgemein gehaltener Empfehlungen.

C. Das Verhältnis zum 1503-Verfahren

Ist der Verfahrensgegenstand - Situationen systematischer Menschenrechtsverletzungen - in beiden Verfahren praktisch identisch, so stellt sich verstärkt die Frage der Koordination. So ist bereits früh vertreten worden, daß das 1503-Verfahren jedenfalls dann unzulässig sei, wenn Tatsachenermittlung und Streitschlichtung in irgendeinem anderen Verfahren stattfinden[76]. Sämtliche eingeleitete Staatenbeschwerdeverfahren weisen aber genau diese Merkmale auf, so

---

the rules instituted by the Convention." Ser. A, Nr. 25, Abs. 62. Allerdings können auch Einzelfälle zum Gegenstand einer Staatenbeschwerde gemacht werden - siehe EGMR, Dänemark gegen Türkei, Urteil vom 05.04.2000. Dieser Fall betraf den Umgang türkischer Polizeikräfte mit einem dänischen Staatsangehörigen.

[74] So ist es in mehreren Verfahren vor den Straßburger Institutionen nicht zu einem abschließenden Urteil, sondern zu einer einvernehmlichen Streitbeilegung gekommen. Bereits die ersten beiden Anträge von Griechenland gegen Großbritannien in der Zypernfrage wurden einvernehmlich beigelegt - Resolutionen (59) 12 vom 20.04.1959 und (59) 32 vom 14.12.1959 des Ministerausschusses. Für ein 1982 eingeleitetes Verfahren mehrerer Staaten gegen die Türkei, das 1985 einvernehmlich beigelegt wurde, siehe *van Boven*, AEL IV-2 (1993), S. 59. Auch das zuletzt von Dänemark gegen die Türkei angestrengte Verfahren wurde im April 2000 entsprechend eingestellt.

[75] Siehe *Leckie*, HRQ 10 (1988), S. 256.

[76] *Ermacora*, in: FS Verosta, S. 194.

daß es letztlich darauf ankomme, inwieweit in beiden Verfahren wirklich dieselbe Angelegenheit behandeln. Ist dies der Fall, sei die parallele Durchführung von Staatenbeschwerdeverfahren nach der EMRK und der AMRK einerseits und des 1503-Verfahrens andererseits unzulässig. Es bestehe kein genereller Vorrang für einen der beiden Mechanismen, vielmehr komme dem zeitlich zuerst eingeleiteten der Vorrang zu[77]. Tatsächlich ist die Untersuchung der Situation in Nordirland[78] in der MRK bereits 1974 nach einjähriger Verschiebung eingestellt worden. Nach *Ermacora*, einem intimen Kenner der UN-Menschenrechtsszene jener Zeit, geschah dies in Folge der 1971/72 von Irland in Straßburg eingereichten Staatenbeschwerde[79]. Es wird deutlich, daß die MRK im Grundsatz gegenläufige Entscheidungen zu vermeiden sucht. Auffallend ist allerdings, daß diese Entscheidung nicht schon im Jahr zuvor getroffen wurde - nachdem immerhin eine der Beschwerden Irlands von der Europäischen Menschenrechtskommission im Oktober 1972 für zulässig erklärt worden war[80]. Es scheint daher, daß sich die MRK auch in bezug auf die Regelung von Kompetenzkonflikten eher von politischen denn von rechtlichen Erwägungen leiten ließ.

Im Hinblick auf die Koordination beider Verfahren wird zudem vertreten, daß in einer Auseinandersetzung im Menschenrechtsbereich zwischen zwei Staaten, die Parteien der gleichen Konvention mit Staatenbeschwerdeverfahren sind, dieses Verfahren - beruhe es jetzt auf dem IPbpR, der EMRK oder sonstigen Konventionen - grundsätzlich vorrangig sei. Menschenrechtsverletzungen wären also zunächst in diesem Rahmen geltend zu machen[81]. Nur im Falle des Fehlschlagens („*no result*") sollten auch sonstige Verfahren im Rahmen der UNO wie das 1503-Verfahren zulässig sein[82]. Auf das 1503-Verfahren läßt sich diese Ansicht jedoch gerade nicht anwenden, ist es doch trotz des Charakters der MRK als Versammlung von Regierungsvertretern gerade kein kontradiktorisches oder

---

77 *Ermacora*, in: FS Verosta, S. 196f.

78 Das Verfahren betraf die Diskriminierung von Katholiken sowie, entsprechend dem Fall im Staatenbeschwerdeverfahren, Vorwürfe von Folter und Mißhandlung - *Liskofsky*, RDH 8 (1975), S. 906 Fn. 33.

79 *Ermacora*, in: FS Verosta, S. 197. Siehe zum Verfahren gegen Großbritannien ausführlich *Robertson/Merrills*, S. 139-141 sowie das Urteil des EGMR vom 18.01.1978, Ser. A, Nr. 25.

80 *Robertson/Merrills*, S. 139.

81 *Bastid*, in: Buergenthal (Hrsg.), Human Rights, International Law and the Helsinki Accord, S. 41.

82 *Bastid*, in: Buergenthal (Hrsg.), Human Rights, International Law and the Helsinki Accord, S. 41.

auch nur von einem Staat initiierbares Verfahren[83]. Zudem widerspricht diese Auslegung Art. 44 IPbpR, der die fortwährende Anwendbarkeit weiterer vertraglicher oder außervertraglicher Verfahren explizit bestätigt. Dies umfaßt auch das 1503-Verfahren[84]. Mithin ist die Einleitung und Durchführung des 1503-Verfahrens trotz aller politischen Einflüsse von der Durchführung einer Staatenbeschwerde unabhängig. Diese ist insbesondere weder vorrangig noch ist ihr unbefriedigender Abschluß (*no result*) Voraussetzung für ein vertrauliches Verfahren[85].

Eine Sonderregelung besteht allerdings für das Verhältnis des 1503-Verfahrens zu Staatenbeschwerdeverfahren unter der Verantwortung der Sonderorganisationen, d.h. vor allem der ILO und der UNESCO[86]. Nach Abs. 4 lit. a) Res. 1 (XXIV) der Unterkommission sind solche Mitteilungen unzulässig, die zu einer Interferenz in bereits eingeleitete Staatenbeschwerdeverfahren im Zuständigkeitsbereich jener Organisationen führen könnten. Solange also ein derartiges Verfahren noch nicht eingeleitet wurde, bestehen keine Beschränkungen im Hinblick auf die Einleitung eines Verfahrens.

Allgemein gilt, daß bei der späteren Einleitung einer solchen Untersuchung die MRK im Interesse der Vermeidung gegenläufiger Entscheidungen die Ein-

---

[83] Zwar ließe sich diese Ansicht mit Abs. 6 lit. b) Ziff. (ii) Res. 1503 (XLVIII) stützen (*Simma/Steiner*, in: dies./Kriele, Menschenrechte für Deutsche in Osteuropa, S. 65 mit Fn. 154). Doch wird - ungeachtet der Nichtanwendung jener Vorschrift - diese Ansicht dem Charakter des 1503-Verfahrens nicht gerecht. Sie rückt das Verfahren zu sehr in die Nähe eines zwischenstaatlichen Streiterledigungsverfahrens und verliert vollkommen seine objektivrechtliche Bedeutung aus den Augen. Denn über die Durchführung des 1503-Verfahrens und in seinem Verlauf entscheiden die jeweiligen Gremien - und dies ist ausdrücklich für die Mitglieder der beiden Arbeitsgruppen so vorgeschrieben - eben gerade als unabhängige Personen und nicht als subjektiv orientierte Staatenvertreter.

[84] *Simma/Steiner*, in: dies./Kriele, Menschenrechte für Deutsche in Osteuropa, S. 65.

[85] Dies wäre im übrigen auch praktisch nicht durchführbar, da ja sonstige Staaten theoretisch auch noch eine solche Beschwerde einreichen könnten.

[86] Im Bereich der UNESCO betrifft das die Umsetzung der Konvention gegen Diskriminierung im Bildungsbereich, für die durch ein entsprechendes Protokoll die Staatenbeschwerde zur Kommission für Vermittlung und Gute Dienste (*Conciliation and Good Offices Commission*) eingeführt wurde - vgl. *Samson*, in: Alston (Hrsg.), The United Nations and Human Rights, S. 651; *Bartolomei*, S. 82.

Für die ILO besteht gemäß Art. 24-26 ILO-Verfassung ein - selten genutztes - Beschwerdeverfahren, das von Staaten angestrengt werden kann, die gemeinsam mit dem Verletzter die behauptetermaßen verletzte Konvention ratifiziert haben - *Leary*, in: Alston (Hrsg.), The United Nations and Human Rights, S. 609f.

stellung ihrer vertraulichen Untersuchung beschließen kann, hierzu aber nicht rechtlich verpflichtet ist. In der anderen Richtung, also aus der Perspektive der verschiedenen Mechanismen, wird ein etwa eingeleitetes 1503-Verfahren ohnehin nur durch eine Einrede des betroffenen Staates als mögliches Verfahrenshindernis eingeführt werden können. Die verschiedenen vertraglichen Mechanismen enthalten keine explizite Koordinationsregelung in bezug andere Verfahren[87]. Zum Teil existiert jedoch eine allgemeinen Bestimmung, derzufolge die Durchführung anderer internationaler Verfahren unberührt bleibt[88].

D. Exkurs: Das 1503-Verfahren als verdecktes Staatenbeschwerdeverfahren

Ein Grund für den Nichtgebrauch der Staatenbeschwerdeverfahren kann darin liegen, daß diese immer nur eine von mehreren Möglichkeiten darstellen, Menschenrechtsprobleme in anderen Staaten auf die internationale Agenda zu bringen[89]. Es stehen die Diskussionsforen im Rahmen von internationalen Organisationen[90], verschiedene Wege stiller Diplomatie oder aber die Ausübung wirtschaftlich-finanziellen Drucks als näherliegende und bevorzugt genutzte Mittel zur Verfügung[91]. Die Ausgestaltung der Kommissionsmechanismen weist aus der Sicht der Staaten im Vergleich mit den Staatenbeschwerdeverfahren Vorteile auf: in der Kommission ist für die Sachaufklärung ein einzelner Experte oder eine Arbeitsgruppe verantwortlich, und politisch verteilt sich die Verantwortung zumeist auf eine Gruppe von Staaten[92]. Gleichermaßen ist der Effekt regelmäßig ein stärkerer. Eine Verurteilung durch eine Mehrheit der MRK oder gar der Generalversammlung wiegt politisch wesentlich schwerer als die eines Konventionsorgans[93].

Verschiedene Aspekte des Staatenbeschwerdeverfahrens lassen sich deshalb auch im Rahmen der anderen Mechanismen wiederfinden. So haben beispielsweise Staaten im Rahmen der gemäß Art. 9 Abs.1 CERD vorzulegenden Berichte wiederholt andere Staaten für deren Nichtbeachtung von Konventions-

---

87 Siehe nur Art. 11 CERD, Art. 21 Abs. 1 CAT; Art. 41 IPbpR.

88 Art. 44 IPbpR; Art. 16 CERD.

89 *Leckie*, HRQ 10 (1988), S. 252.

90 *van Boven*, AEL IV-2 (1993), S. 59.

91 *Leckie*, HRQ 10 (1988), S. 252, 253.

92 *Kälin*, BerDGV 33 (1994), S. 17; ähnlich auch *Klein*, in: DGVN (Hrsg.), Internationale Durchsetzung der Menschenrechte, S. 23.

93 *Kälin*, BerDGV 33 (1994), S. 17.

bestimmungen gerügt - eine Art verdeckten Staatenbeschwerdeverfahrens[94]. Gerade das 1503-Verfahren weist in zahlreichen Aspekten auf eine Ersetzung der ursprünglichen Konzeption der Staatenbeschwerde hin. Angesichts des weitgehenden Ermessens, das sowohl der Kommission als auch schon ihrer WGS zukommt, ist die Fortführung eines Verfahrens unmittelbar von der Einstellung und dem Engagement der beteiligten Organe, das heißt ihrer Mitglieder, abhängig. Es kommt also in erster Linie auf die dort vertretenen Staaten an, ob und mit welcher Intensität eine bestimmte Situation untersucht wird[95]. Zwar tritt in der MRK gewissermaßen als Gegenpart zum Vertreter des betroffenen Staats der Vorsitzende-Berichterstatter der WGC auf, doch die Fortführung des Verfahrens bedarf in erster Linie der aktiven Unterstützung durch die Mitglieder der Kommission. Damit rückt das 1503-Verfahren zumindest in der letzten Phase seiner Durchführung in die Nähe der Staatenbeschwerdeverfahren. Der entscheidende Unterschied ist das Bestehen einer wirklichen Initiativmöglichkeit für einen beschwerdeführenden Staat: diese steht ihm in der MRK allein im öffentlichen länderbezogenen Verfahren zu. Außerdem ermangelt es eines unabhängigen Entscheidungsgremiums, sind doch die „klageführenden" Staaten regelmäßig Kommissionsmitglieder und damit auch abstimmungsbefugt. Allerdings war ähnliches auch unter dem alten Verfahren nach der EMRK vorgesehen. Solange nicht der Gerichtshof angerufen wurde, also für eine streng rechtliche Entschiedung optiert wurde, hatte abschließend das Ministerkomitee zu entscheiden - ein politisches Gremium, in dem sämtliche Staaten vertreten sind. Diese Punkte betreffen jedoch eher die konkrete Ausgestaltung, und nicht das im wesentlichen parallele Grundprinzip. Das Vorhandensein des 1503-Verfahrens mag insofern in vielen Fällen - gerade auch wegen der nicht erforderlichen Klageinititiative eines Staates - als Ersatz für ein durch seine Öffentlichkeit regelmäßig schwerer einschneidende Staatenbeschwerdeverfahren gedient haben.

III. Sonstige Untersuchungen

A. Das Verfahren bei Folter

Dem Ausschuß gegen Folter steht neben den genannten Durchsetzungsmechanismen ein zusätzliches Instrument zur Sicherstellung einschlägiger Menschenrechtsnormen zur Verfügung, der in dieser Ausgestaltung trotz verschie-

---

[94] *Robertson/Merrills,* S. 100f. m.w.N.

[95] Auf diesen Aspekt weist auch *Sohn*, Int'l. Studies Quarterly 23 (1979), S. 206 hin.

dener Vorbilder - insbesondere Überwachungsverfahren der ILO[96] und auch der MRK, einschließlich des 1503-Verfahrens[97] - als Neuerung im vertraglichen Bereich gelten kann[98]. Allerdings ist dieses nicht obligatorisch für alle Vertragsstaaten der Konvention, die Staaten können der Anwendbarkeit des Verfahrens für sich im Zuge ihres Beitritts widersprechen (*opt out*, Art. 28 Abs. 1 CAT)[99].

1. Ablauf des Verfahrens

Erhält das Gremium „glaubwürdige Informationen, die wohlbegründete Hinweise zu enthalten scheinen"[100], kann es gemäß Art. 20 CAT *ex officio* eine vertrauliche Untersuchung der Vorgänge einleiten[101]. Im Hinblick auf die „glaubwürdigen Informationen", auf die der Ausschuß zum Anlaß seiner Untersuchung zurückgreifen darf, enthält die Konvention keine Beschränkungen[102]. Es können somit Mitteilungen von NGO[103], andere private Quellen, aber auch Staatenberichte oder sonstige UN-Quellen, insbesondere Berichte von Sonderbericht-

---

[96] Art. 26 Abs. 4 ILO-Verfassung sah bereits vor, daß ein Untersuchungsverfahren vom Verwaltungsrat auch ohne Beschwerde eingeleitet werden könne: „The Governing Body may adopt the same procedure … of its own motion …."

[97] *Byrnes*, in: Alston (Hrsg.), The United Nations and Human Rights, S. 530; *M. Nowak*, in: FS Ermacora, S. 503; *Tardu*, NordicJIL 56 (1987), S. 318.

[98] *M. Nowak*, in: FS Ermacora, S. 503.

[99] *Byrnes*, in: Alston (Hrsg.), The United Nations and Human Rights, S. 524; *Tardu*, NordicJIL 56 (1987), S. 318; Amnesty International, Doc. IOR 30/01/89, S. 31; *Weiß*, MRM 3/1997, sub. 2. Zur Entstehung dieser Klausel, die insbesondere auf den starken Widerstand der sozialistischen und Dritt-Welt-Staaten gegen das Verfahren zurückzuführen war, siehe *M. Nowak*, in: FS Ermacora, S. 503f.; Report of the Working Group on a draft convention against torture …., E/CN.4/1984/72 (09.03.1984), Abs. 52.

So haben seinerzeit nur die sozialitischen Staaten eine derartige Erklärung abgeben - *M. Nowak*, in: FS Ermacora, S. 504.

[100] „...reliable information which appears ... to contain well-founded indications..."

[101] *Byrnes*, in: Alston (Hrsg.), The United Nations and Human Rights, S. 524; *Boekle*, APuZ, B 46-47/98, S. 5; *Tardu*, NordicJIL 56 (1987), S. 317; *Weiß*, MRM 3/1997, sub. 2.

[102] *M. Nowak*, in: FS Ermacora, S. 505

[103] *M. Nowak*, in: FS Ermacora, S. 505. Das erste Verfahren gemäß Art. 20 CAT in bezug auf die Situation in der Türkei wurde durch einen entsprechenden Bericht von *Amnesty International* ausgelöst, desgleichen lagen auch andere Informationen von NGO vor - Report of the Committee against Torture, Addendum, A/48/44/Add.1 (15.11.1993), Abs. 3f. Auch die zweite Untersuchung, betreffend Ägypten, wurde auf der Grundlage eines *Amnesty*-Berichts eingeleitet - Report of the Committee against Torture, A/51/44 (03.05.1996), Abs. 182

erstattern den Anstoß bilden[104]. Nach Regel 69 seiner Geschäftsordnung sollen aber nur solche Mitteilungen vom Sekretariat an den Ausschuß in diesem Zusammenhang weitergeleitet werden, die offenkundig für die Erörterung in diesem Untersuchungsverfahren eingereicht wurden[105]. Selbst die Inhalte von unzulässigen Individualbeschwerden können so Ausgangspunkt einer derartigen Untersuchung werden[106]. Besteht aus Sicht des Ausschusses ein „Anfangsverdacht" wegen systematischer Folter[107], wird die betreffende Regierung um Mitwirkung bei der Aufklärung und um eine Stellungnahme zu den Vorwürfen gebeten (Art. 20 Abs.1 CAT). Mit der Durchführung der förmlichen, vertraulichen Untersuchung kann der Ausschuß eines oder mehrere seiner Mitglieder beauftragen (Art. 20 Abs. 3 CAT)[108]. Hierbei ist fortwährend die Mitwirkung des betroffenen Staates anzustreben und gegebenenfalls, nach dessen Zustimmung[109], die Untersuchung vor Ort weiterzuführen (Art. 20 Abs. 3 und 5 CAT). Nach einer abschließenden Beratung im Ausschuß werden die Ergebnisse (*Conclusions*) einschließlich entsprechender Empfehlungen (*Suggestions*) dem betroffenen Staat vorgelegt (Art. 20 Abs. 4 CAT). Der Ausschuß ist zudem frei, eine Zusammenfassung der Untersuchungsergebnisse in seinem jährlichen Bericht an die Generalversammlung zu veröffentlichen (Art. 20 Abs. 5 CAT)[110].

---

[104] *Byrnes*, in: Alston (Hrsg.), The United Nations and Human Rights, S. 531f.; vgl. auch *Boekle*, APuZ, B 46-47/98, S. 5. Gemäß Regel 77 der *Rules of Procedure* (CAT/C/3/Rev.2 [31.01.1997]) ist die Verwendung sämtlicher Berichte der UN und ihrer Sonderorganisationen insoweit zulässig.

Bei der Untersuchung der Türkei wurde auch der Bericht des (thematischen) Sonderberichterstatters für Folter der MRK als Informationsquelle herangezogen - Report of the Committee against Torture, Addendum, A/48/44/Add.1 (15.11.1993), Abs. 4. Gleiches betraf auch die Untersuchung Ägyptens - Report of the Committee against Torture, A/51/44 (03.05.1996), Abs. 183.

[105] *Rules of Procedure*, CAT/C/3/Rev.2 (31.01.1997), Rule 69, Abs. 1.

[106] *Tardu*, NordicJIL 56 (1987), S. 317.

[107] Die übrigen Gegenstände der Konvention, nämlich andere Akte unmenschlicher, grausamer oder erniedrigender Behandlung oder Bestrafung, können im Rahmen diese Verfahrens hingegen nicht geprüft werden - *M. Nowak*, in: FS Ermacora, S. 505.

[108] *Byrnes*, in: Alston (Hrsg.), The United Nations and Human Rights, S. 532; *Tardu*, NordicJIL 56 (1987), S. 317.

[109] *Weiß*, MRM 3/1997, sub. 2.

[110] Zum Ganzen siehe *Tardu*, NordicJIL 56 (1987), S. 316f.; *M. Nowak*, in: FS Ermacora, S. 509f. Zwar ist insofern nur die Veröffentlichung einer Zusammenfassung (*Summary*) vorgesehen, doch enthalten die in der Praxis erstellten Berichte eine hinlänglich ausführliche Beschreibung des Verfahrensablaufs, der Untersuchungsergebnisse sowie der Empfehlungen an

2. Vergleich wesentlicher Elemente

Im Vergleich mit dem 1503-Verfahren fallen in zahlreichen Punkten weitgehende Ähnlichkeiten auf, angefangen bei der Art der Ausgangsinformationen. Ist beim 1503-Verfahren durch vergleichsweise weite Zulässigkeitskriterien zumindest theoretisch die Menge der verwertbaren Informationen sehr weitgesteckt, so sind hier praktisch überhaupt keine förmlichen Voraussetzungen zu erfüllen. Allerdings ist das Kriterium der „wohlbegründeten Hinweise" in der Praxis auch ein eher vages.

Wie das 1503-Verfahren ist auch dasjenige gemäß Art. 20 CAT vertraulich. Anders als dort kann aber der Ausschuß gegen Folter die Autoren entsprechender Berichte um ergänzende Informationen ersuchen (Regel 75 Abs. 1 der Geschäftsordnung)[111]. Für den Ausschuß besteht zudem die ausdrückliche Möglichkeit, die Ergebnisse zu veröffentlichen[112] - ein wesentlicher Fortschritt im Vergleich zum 1503-Verfahren, wo die fortwährende Vertraulichkeit der Dokumente in Abs. 7 lit. c) Res. 2000/3 vorgeschrieben ist. Der Verfahrensgegenstand des Untersuchungsmechanismus unterliegt einer ähnlichen dimensionalen Vorgabe wie das 1503-Verfahren. Behandelt letzteres Gesamtzusammenhänge systematischer Menschenrechtsverletzungen, so sind Gegenstand des CAT-Verfahrens nur Situationen systematischer Folter. Offensichtlich stand die Formulierung *consistent pattern* in Res. 1503 (XLVIII) für CAT Pate, wenngleich der Ausschuß keineswegs die Spruchpraxis der im 1503-Verfahren beteiligten Gremien übernehmen konnte[113]. Gleichermaßen ist das Ziel beider Verfahren im Rahmen des jeweiligen Anwendungsbereiches identisch: es geht nicht um die Behandlung einzelner Beschwerden und die Abhilfe der dort vorgetragenen Menschenrechtsverletzungen[114], sondern um die Aufklärung und Verbesserung der Situation bei gleichzeitigem Dialog und angestrebter Zusammenarbeit mit den Staaten[115]. Entsprechend verlangt Art. 20 Abs. 3 CAT - wie auch im 1503-Ver-

---

die Regierung. Vgl. nur: Report of the Committee against Torture, A/51/44 (03.05.1996), Abs. 180-222 [Ägypten]; Report of the Committee against Torture, Addendum, A/48/44/Add.1 (15.11.1993) - [Turkei].

[111] *Rules of Procedure*, CAT/C/3/Rev.2 (31.01.1997). Entsprechend hatte der Ausschuß bei der Untersuchung Ägyptens *Amnesty International* nach deren Bericht um die Bereitstellung ergänzender Informationen einschließlich Statistiken gebeten - Report of the Committee against Torture, A/51/44 (03.05.1996), Abs. 182.

[112] *M. Nowak*, in: FS Ermacora, S. 509f.

[113] *M. Nowak*, in: FS Ermacora, S. 506.

[114] So ausdrücklich für das CAT-Verfahren *Tardu*, NordicJIL 56 (1987), S. 317.

[115] So für das CAT-Verfahren auch *M. Nowak*, in: FS Ermacora, S. 506.

fahren erforderlich - die Zustimmung des betroffenen Staates für eine Untersuchung vor Ort. Im Gegensatz zum 1503-Verfahren, dem lediglich der Weg an die Öffentlichkeit zur Verfügung steht, sieht Art. 20 CAT für den Fall der Nichtkooperation die Einleitung eigener Untersuchungen des Ausschusses gegen Folter vor[116]. Diese kann dann aber wie auch im 1503-Verfahren oder dem schließenden öffentlichen Verfahren von einer Arbeitsgruppe oder einem Sonderberichterstatter ausgeführt werden[117]. In beiden Verfahren ist für einen Vor-Ort-Besuch die Zustimmung der Regierung erforderlich[118].

Wesentliche Unterschiede ergeben sich aus dem verschiedenen Charakter der jeweils beteiligten Gremien und dem Fehlen eines vergleichbaren Auslesemechanismus im CAT-Verfahren. Einerseits ist der Ausschuß ein Expertengremium im Gegensatz zur stark politisch geprägten MRK, was sich auch auf die Durchführung des Verfahrens und seine Akzeptanz bei der betroffenen Regierung niederschlagen wird. Andererseits ist der Ansatzpunkt beider Verfahren unterschiedlich. Handelt es sich bei dem Verfahren der MRK trotz aller Entwicklung noch immer um die Kanalisierung und Verwendung der vorhandenen Beschwerden mit Bezug auf eine Vielzahl von Rechten, so stellt CAT dem Ausschuß nun noch ein weiteres Mittel zur Verfügung, vorhandene Informationen gezielt zu verwenden. Trotzdem ist auch das CAT-Verfahren - entsprechend dem Untersuchungsgegenstand - ein langwieriges Untersuchungsverfahren, das gerade nicht unverzüglich auf Einzelfallverletzungen reagieren kann. Ein weiterer Unterschied betrifft das Ergebnis des Verfahrens. Anders als im 1503-Verfahren ist ein bestimmter und erreichbarer Abschluß des Verfahrens gemäß Art. 20 CAT vorgesehen, mit der Möglichkeit für den Ausschuß, wesentliche Aspekte auch zu veröffentlichen.

3. Das Verhältnis zum 1503-Verfahren

Das Untersuchungsverfahren schließt weder die zeitgleiche Durchführung eines Individualbeschwerdeverfahrens aus noch wird es wegen eines solchen unzulässig[119]. Explizite Kollisionsregelungen bestehen hier nicht und sind kaum erforderlich. Der Ausschuß hat einen weiten Ermessensspielraum. Bei parallel durchgeführten, ähnlichen Verfahren wie dem 1503-Mechanismus wird er gege-

---

[116] Siehe hierzu besonders *M. Nowak*, in: FS Ermacora, S. 506 mit Anm. 64.

[117] *M. Nowak*, in: FS Ermacora, S. 507.

[118] So für das CAT-Vberfahren *M. Nowak*, in: FS Ermacora, S. 507.

[119] *Byrnes*, in: Alston (Hrsg.), The United Nations and Human Rights, S. 538.

benenfalls auf die angezeigte Einleitung eines entsprechenden Verfahrens verzichten können[120].

Auch das 1503-Verfahren weist hierzu keine spezifischen Regelungen auf. Da Verfahrensgegenstand, soweit es sich um einen Gesamtzusammenhang von Folter handelt, und Untersuchungsmethode identisch sein können, sind parallele Verfahren denkbar und auch zulässig. Es ist dann die Obliegenheit der jeweiligen Regierung, die befaßten Organe darauf hinzuweisen, was freilich auch nicht zwangsläufig zu einer Einstellung eines der Verfahren führen muß. In diesem Zusammenhang ist es bemerkenswert, daß dieses vertragliche Verfahren von NGO gezielt initiiert wird[121] und für relevante Situationen nicht mehr auf das 1503-Verfahren zurüchgegriffen wird. War ursprünglich das 1503-Verfahren das einzige, das für Berichte über systematische grobe Menschenrechtsverletzungen zur Verfügung stand, so besteht zumindest für Fälle von Folter nunmehr ein viel weniger politisch beeinflußter Mechanismus, der gezielt entsprechende Gesamtzusammenhänge aufzudecken vermag.

B. Das Verfahren bei Diskriminierung von Frauen

Auch das Fakultativprotokoll zum CEDAW[122] stellt in Art. 8 für den Frauenrechtsausschuß ein Untersuchungsverfahren *ex officio* zur Verfügung. Die im wesentlichen wörtlich übernommene Formulierung zeigt die Übereinstimmung mit dem Verfahren nach Art. 20 CAT. Gegenstand dieser Untersuchung können in diesem Falle nur „schwerwiegende oder systematische Verletzungen der im Übereinkommen [CEDAW] niedergelegten Rechte sein". Der einzige wesentliche Unterschied betrifft die Öffentlichkeit: der Ausschuß für Frauenrechte hat gleichermaßen während der gesamten Untersuchung die Vertraulichkeit zu wahren; anders als der Anti-Folter-Ausschuß ist er aber nicht ermächtigt, die Untersuchungsergebnisse in seinem jährlichen Bericht an die Generalversammlung zu veröffentlichen. Informationen hierüber müssen allerdings auf Anforderung des Frauenrechtsausschusses von der betroffenen Regierung in den gemäß Art. 18

---

[120] *Byrnes*, in: Alston (Hrsg.), The United Nations and Human Rights, S. 540. Angesichts des schwerwiegenden Untersuchungsgegenstandes „systematische Folter" ist das Ermessen aber besonders angesichts der unter dem 1503-Verfahren gern praktizierten Verschleppungs- oder Entziehungstaktiken äußerst behutsam auszuüben - *Byrnes*, ebd.

[121] Siehe oben Fn. 103, S. 578.

[122] Commission on the Status of Women, ... E/CN.6/1999/WG/L.2 (10.03.1999) und Generalversammlung, Res. 54/4; deutsche Übersetzung bei Klein (Hrsg.), 20 Jahre CEDAW, S. 102-107. Das Protokoll ist am 22.Dezember 2000 in Kraft getreten - UN-Press Release /CEDAW/ vom 26.09.2000.

CEDAW zu erstellenden Staatenbericht aufgenommen werden (Art. 9 Abs. 1). Es wird damit aufs neue die gesteigerte Wertschätzung der Mehrheit der Staaten für eine vollständig vertrauliche Untersuchung ohne jegliche Information der Öffentlichkeit deutlich, wie sie im 1503-Verfahren erstmals umfassend verwirklicht wurde. Diese Entwicklung zeigt aber auch, daß es in bezug auf das 1503-Verfahren derzeit illusorisch ist, die Vertraulichkeit weitergehend einzuschränken.

C. Untersuchungskommissionen im interamerikanischen System

Beim internationalen Kampf gegen Menschenrechtsverletzungen in etlichen Staaten Lateinamerikas haben immer wieder auch Untersuchungsausschüsse der Interamerikanischen Menschenrechtskommission (IAMRK) eine nicht unerhebliche Rolle gespielt.

1. Ablauf des Verfahrens

Die IAMRK ist gemäß Art. 18 lit. c) ihres Statuts ermächtigt, Studien oder Berichte zur Unterstützung ihrer Arbeit zu erstellen. Über die Durchführung dieser Aktivitäten entscheidet sie *proprio motu* - insbesondere wenn ihr entsprechende Hinweise, zum Beispiel eine große Zahl einschlägiger Petitionen vorliegen[123]. Hierzu kann sie gemäß Art. 18 lit. g) auch Vor-Ort-Untersuchungen durchführen. Diese bedürfen der Zustimmung des jeweiligen Staates, welche aber nur selten verweigert wurde[124]. Die Ergebnisse und Empfehlungen der IAMRK werden ausführlich in ihrem jährlichen Bericht wiedergegeben und vor der Generalversammlung der OAS vorgestellt[125]. Insgesamt wird dieses Verfahren als das erfolgreichste im interamerikanischen System zur Bekämpfung von Menschenrechtsverletzungen angesehen[126].

Auch die Möglichkeit der Einsetzung einer Untersuchungskommission besteht im wesentlichen nur beim Verdacht auf weitverbreiteten Menschenrechtsverletzungen in einem bestimmten Land[127]. Dabei stellt sich das Untersuchungsverfahren - wie auch das nach Res. 2000/3 - als eines dar, das sich mit der allge-

---

[123] *Buergenthal*, in: International Enforcement of Human Rights, S. 68.

[124] *Buergenthal*, in: International Enforcement of Human Rights, S. 68. Lediglich durch die Verzögerung eines geplanten Besuches haben einzelne Staaten die Wirksamkeit dieser Untersuchungsmethode einzuschränken gewußt - ebd.

[125] *Farer*, HRQ 9 (1987), S. 571.

[126] *Buergenthal*, in: International Enforcement of Human Rights, S. 69.

[127] *Buergenthal*, in: International Enforcement of Human Rights, S. 68.

meinen Situation der Menschenrechte in einem bestimmten Land befaßt[128]. Unterschiede betreffen im einzelnen die Einleitung des Verfahrens, was im Falle der IAMRK nicht die Einreichung von Individualbeschwerden voraussetzt, sowie den Charakter des Entscheidungsgremiums. Die IAMRK ist ein Expertengremium, welches eher Gewähr für die Anwendung rechtlicher Standards bietet als die UN-Menschenrechtskommission.

2. Das Verhältnis zum 1503-Verfahren

In mehreren bekanntgewordenen Fällen fand eine derartige Untersuchung praktisch zeitgleich mit der vertraulichen Behandlung im 1503-Verfahren statt. Von seiten der jeweiligen Staatenvertreter wurde ihr Zugeständnis, eine solche interamerikanische Delegation zu empfangen, in der Debatte der MRK regelmäßig als Zeichen ihrer Bereitschaft verkündet, die durch weitergehende Maßnahmen der UN nicht gefährdet werden sollten. So stellte beispielsweise der argentinische Experte in der Unterkommission die Durchführung einer solchen Untersuchung als unmittelbare Folge der Nichtweiterleitung der Situation dar[129]. Die Unterkommission sollte auch in jenem Jahr von allem Abstand nehmen, was der Analyse der IAMKR vorgreifen könnte[130]. Die Unterkommission verwies die Situation jedoch ungeachtet dieser Drohungen an die Kommission. Ebenso wies der Repräsentant Paraguays anläßlich der Untersuchung seines Landes darauf hin, daß das interamerikanische Verfahren das eigentlich zuständige sei, hier habe man auch der Einsetzung einer Untersuchungskommission zugestimmt. Die Einsetzung eines *Ad hoc*-Untersuchungsausschusses gemäß Abs. 6 lit. b) Res. 1503 (XLVIII) sei daher nicht gerechtfertigt, zumal dies die Untersuchung durch die IAMRK beeinträchtigen könnte[131]. Eine parallele Untersuchung durch die IAMRK hat dementsprechend keinerlei Einfluß auf die Arbeit der UN-Menschenrechtskommission im 1503-Verfahren. So erkannte diese beispielsweise in ihrer ersten 1503-Resolution zu Uruguay ausdrücklich die Arbeit der IAMRK an,

---

[128] *Farer,* HRQ 9 (1987), S. 571.

[129] Sub-Commission, Summary record of the 846th meeting [31.08.1979], E/CN.4/Sub.2/SR.846 (05.09.1979), Abs. 21.

[130] Sub-Commission, Summary record of the 846th meeting [31.08.1979], E/CN.4/Sub.2/SR.846 (05.09.1979), Abs. 21.

[131] CHR, Summary record of the 1507th meeting [06.03.1979], E/CN.4/SR.1507 (07.03.1979), Abs. 5-7 (Paraguay).

ohne daraus weitere Schlußfolgerungen hinsichtlich der Anwendbarkeit des UN-Verfahrens zu ziehen[132].

D. Untersuchungsverfahren nach der Europäischen Anti-Folter-Konvention

Ein letzter Mechanismus der *ex officio* eingeleitet werden kann, ist das Untersuchungsverfahren nach der Europäischen Anti-Folter-Konvention[133]. Der hiernach eingerichtete Ausschuß hat die Befugnis, unangekündigt Haftanstalten und Gefängnisse der Vertragsparteien zu besuchen und dabei vertrauliche Gespräche mit den Häftlingen führen[134].

Die Untersuchungen des Ausschusses, die von ihm erlangten Informationen, seine Berichte und Konsultationen mit dem Vertragsstaat sind - gleich den im 1503-Verfahren verwendeten - vertraulich[135]. Lediglich ein jährlicher Bericht über die Aktivitäten wird veröffentlicht[136]. Der abschließende Bericht über den Besuch in einem Land kann allerdings, wie auch in Abs. 7 lit. c) Res. 2000/3 vorgesehen, auf Antrag des betroffenen Staates veröffentlicht werden[137]. Der Ausschuß kann schließlich mit Zweidrittel-Mehrheit gemäß Art. 10 Abs. 2 der Konvention beschließen, den Bericht bezüglich eines bestimmten Landes zu veröffentlichen. Dies geschah beispielsweise 1992 im Falle der Türkei. Der Ausschuß publizierte den Bericht als Sanktion für verschleppte Reformen im türkischen Strafvollzugs, die anhaltende Fälle von Folter verhindern sollten[138]. Auch hier läßt sich die Ausrichtung an dem schon in Res. 1503 (XLVIII) umgesetzten Prinzip erkennen, daß die Veröffentlichung als *ultima ratio* für den Fall mangelnder Verbesserungen angesehen wird.

---

[132] Vgl. Abs. 4 der Präambel der vertraulichen Entscheidung der MRK zur Situation in Uruguay vom 09.03.1979: „...*Noting* with satisfaction... the work of the Inter-American Commission on Human Rights regarding the human rights situation in Uruguay.“; 4. Abs. der Präambel - Decisions adopted..., E/CN.4/R.49 (22.03.1979), S. 10.

[133] Europäisches Übereinkommen zur Verhütung von Folter und unmenschlicher oder erniedrigender Behandlung oder Strafe vom 26. November 1987, BGBl. 1989 II, S. 946.

[134] Siehe hierzu Amnesty International, Doc. IOR 30/01/89, S. 39; *Robertson/Merrills*, S. 165-167.

[135] *Robertson/Merrills*, S. 166.

[136] *Robertson/Merrills*, S. 166.

[137] *Robertson/Merrills*, S. 167.

[138] *Robertson/Merrills*, S. 167, 168.

Für das Verhältnis zum 1503-Verfahren gilt hier, daß die Untersuchungen inhaltlich miteinander kollidieren können. Allerdings ist die Möglichkeit der Vor-Ort-Untersuchung im MRK-Verfahren stark eingeschränkt - sie kann allenfalls im Rahmen der direkten Kontakte geschehen, wird nicht von Spezialisten durchgeführt und erfordert, soweit Haftanstalten betroffen sind, selbst dann noch die ausdrückliche Zustimmung der Regierung. In der Praxis besteht daher Raum für beide Mechanismen, auch wenn im Einzelfall Überschneidungen denkbar sind. Diese beeinträchtigen aber weder die Durchführung oder Funktionsfähigkeit des jeweils anderen noch sind die Verfahrensziele identisch. Durch die Vertraulichkeit beider Mechanismen setzt ihre Koordination die Offenlegung der Verfahren durch den Staat voraus. Soweit es tatsächlich zu einer Parallelbefassung kommen sollte, ist der Konflikt daher von den jeweiligen Organen zu lösen; dabei sind aber parallele Entscheidungen durchaus vorstellbar und zulässig.

§ 33. Einordnung und Ergebnis

Insgesamt ergibt sich bei Betrachtung des weltweiten völkerrechtlichen Menschenrechtsschutzsystems ein buntes Bild zahlreicher, nur bedingt aufeinander abgestimmter Verfahren. Bevor nun die Stellung des 1503-Verfahrens in diesem System beschrieben werden soll, ist dieses anhand von vier Kriterien in Vergleich mit den anderen zu bringen.

Ausgangspunkt für das Verfahren ist eine Beschwerde oder Mitteilung, die von Privaten, nicht von Staaten herrührt[1]. In dieser Hinsicht ist es abzugrenzen von den *ex officio* eingeleiteten Mechanismen zur Untersuchung bestimmter Vorkommnisse sowie den Routinekontrollen, wie sie im Berichtsverfahren ihre Ausprägung gefunden haben[2].

Bezogen auf die Verwendung der Beschwerde, also das aus der Sicht des Beschwerdeführers erzielbare Resultat, führt das 1503-Verfahren lediglich zur Gewinnung von Informationen (*petition-information procedure*). Diese Informationsverfahren können von echten Abhilfeverfahren (*petition-recourse procedure*) unterschieden werden[3], die dem Beschwerdeführer eine Beteiligtenstellung einräumen und eine spezifische Beschwer abstellen wollen[4]. Sämtliche vertragliche Individualbeschwerdeverfahren zählen zu dieser Kategorie[5], mit Einschränkungen auch das UNESCO-Verfahren. Ein Petitionsverfahren „zur Information" bezweckt hingegen nicht die Abhilfe der Menschenrechtsverletzungen im Einzelfall[6], sondern zielt auf eine länderbezogene Situationskontrolle[7]. Damit soll anhand der gewonnenen Informationen politisch auf die jeweilige Regierung ein-

---

[1] Zu dieser Unterscheidung *Vasak*, in: ders., The International Dimensions I, S. 225.

[2] Die Unterscheidung zwischen a) länderspezifischer Routinekontrolle b) länderspezifischer Situationskontrolle aus einem konkreten Anlaß heraus und c) Beschwerdeverfahren findet sich bei *Karl*, BerDGV 33 (1994), S. 123, These 3.

[3] *Schwelb/Alston* in: Vasak (Hrsg.), The International Dimensions I, S. 169; *Tardu*, in: FS Partsch, S. 291; ähnlich *Tomuschat*,„Menschenrechte", in: Wolfrum (Hrsg.), Handbuch Vereinte Nationen, Rn. 20.

[4] *Tardu*, Santa Clara Law Rev. 20 (1980), S. 561; *ders.*, in: FS Partsch, S. 291f.; *Schwelb/Alston* in: Vasak (Hrsg.), The International Dimensions I, S. 269.

[5] So für die Verfahren nach dem Fakultativprotokoll zum IPbpR, nach der Anti-Folter- und der Rassendiskriminierungskonvention wie auch die regionalen Verfahren nach der EMRK und der AMRK - *Tardu*, in: FS Partsch, S. 291f.

[6] *Tardu*, in: FS Partsch, S. 292.

[7] *Karl*, BerDGV 33 (1994), S. 123, These 3.

gewirkt werden[8]. Neben dem 1503-Verfahren sind hierzu die Verfahren der Sonderausschüsse für Entkolonialisierung (24er-Ausschuß) und für Apartheid der Generalversammlung zu zählen[9]. Gleiches gilt für die Verwendung von Beschwerden durch die CSW sowie die thematischen Mechanismen der MRK, soweit sie auf Individualbeschwerden zurückgreifen. Vor allem im Zusammenhang mit den Eilverfahren (*urgent action*) erfolgt bei letzteren jedoch auch ein Eingehen auf Einzelfälle.

Ein weiterer Vergleichspunkt betrifft die Arbeitsweise, ob es sich also eher um ein inquisitorisches Verfahren, in dem der Untersuchungsaspekt im Vordergrund steht, oder um ein konziliatorisches Verhandlungsverfahren mit der Regierung handelt[10]. Während die vertraglichen Individualbeschwerdeverfahren, die Untersuchungsverfahren *ex officio* sowie der ILO-Mechanismus zur Koalitionsfreiheit der erstgenannten Gruppe zuzuordnen sind, enthalten vor allem die Staatenbeschwerden, Berichtsverfahren und auch das UNESCO-Verfahren in unterschiedlicher Ausprägung konziliatorische Elemente. Dies gilt auch für das 1503-Verfahren, das zwar ursprünglich als ein reines Untersuchungsverfahren ausgestaltet war, aber in der durch Res. 2000/3 bestätigten Praxis den Dialog als gleichbedeutendes Ziel verfolgt. Insoweit läßt sich das 1503-Verfahren entgegen seiner ursprünglichen Konzeption als ein in erster Linie konziliatorisches einordnen.

Ein letzter Vergleichsaspekt ist der Charakter der Entscheidungsgremien. Hier ist zwischen solchen mit Verwaltungscharakter, politisch determinierten Organen und unabhängigen gerichtlichen oder quasi-gerichtlichen Spruchkörpern zu differenzieren[11]. Während die vertraglichen Individualbeschwerdeverfahren, die Berichtsprüfungen sowie die Untersuchungen *ex officio* von unabhängigen Gremien verhandelt bzw. durchgeführt werden, sind es praktisch nur die außervertraglichen Mechanismen, die, mit Ausnahme der IAMRK und eingeschränkt bei den ILO-Verfahren, sämtlich in der Verantwortung von politisch geprägten Organen liegen. Dies gilt auch für das 1503-Verfahren mit Blick auf die MRK. Mit dem Auftrag an das Sekretariat (OHCHR) zur Vorprüfung der Beschwerden und

---

[8] *Tomuschat,*„Menschenrechte", in: Wolfrum (Hrsg.), Handbuch Vereinte Nationen, Rn. 20.

[9] *Tardu,* in: FS Partsch, S. 292; *Tomuschat,*„Menschenrechte", in: Wolfrum (Hrsg.), Handbuch Vereinte Nationen, Rn. 20.

[10] *Karl*, BerDGV 33 (1994), S. 123, These 3.

[11] *Karl*, BerDGV 33 (1994), S. 123, These 3; *Vasak,* in: ders., The International Dimensions I, S. 225.

der ersten materiellen Prüfung durch die aus unabhängigen Experten bestehende Arbeitsgruppe für Mitteilungen (WGC) sind hier jedoch zugleich auf Vorstufen Gremien der anderen Kategorien beteiligt.

Eng mit diesem Aspekt hängt schließlich auch der Charakter der Entscheidung zusammen. Hier läßt sich nur bei den Verfahren vor den Gerichtshöfen - dem EGMR, dem Inter-Amerikanischen Gerichtshof für Menschenrechte und, sobald in Kraft getreten, dem Afrikanischen Gerichtshof für Menschenrechte und Rechte der Völker - eine jeweils verbindliche Entscheidung nachweisen. Alle anderen Mechanismen haben keine unmittelbare Bindungswirkung.

Da jedem der verschiedenen Mechanismen eine spezifische Funktion zukommt, ergeben sich aus ihrem Nebeneinander grundsätzlich kaum Probleme[12]. Dies gilt in besonderem Maße für das 1503-Verfahren. Aufgrund seiner spezifischen Ausrichtung - ausgehend von Einzelbeschwerden, aber beschränkt auf die Behandlung systematischer Menschenrechtsverletzungen - unterstützt es mittlerweile im Sinne einer ergänzenden Möglichkeit die diversen bestehenden Mechanismen. In vielen Situationen ist das 1503-Verfahren, das schwere und systematische Menschenrechtsverletzungen zum Gegenstand hat, das einzige, das in dem konkreten Fall zur Anwendung kommen kann, sei es aus Gründen der Beschwerdebefugnis oder aber wegen materieller Beschränkungen[13]. Zudem wird es oft Gelegenheiten geben, in denen allein die Betrachtung des Gesamtzusammenhangs ein ausgewogenes und befriedigendes Ergebnis gewährleisten kann. Entscheidungen in echten Individualbeschwerdeverfahren, die sich mit Einzelfällen beschäftigen, werden häufig ohne Rücksicht auf den historischen und politischen Kontext getroffen, also wie sich jeweils die konkrete Entscheidung in der Gesamtsituation ausnimmt[14]. Ein Verfahren, das auf den Gesamtzusammenhang

---

[12] *Karl*, BerDGV 33 (1994), S. 120.

[13] *Karl*, BerDGV 33 (1994), S. 120. In diesem Sinne auch *Riedel,* in: Baum/ders./Schaefer, Menschenrechtsschutz in der Praxis der Vereinten Nationen, S. 44, der die außervertraglichen Verfahren als „grobmaschiges" System für schwerste Verletzungen einordnet, neben dem noch ein „engmaschiges" System vertraglicher Rechtsbehelfe existiert.

[14] Vgl. in diesem Zusammenhang die *Dissenting Opinion of Judge Bernhardt Joined by Judge Lopes Rocha*, Abs. 1 zur Loizidou-Entscheidung - Merits - des EGMR, Urteil vom 18.12.1996, 40/1993/435/14,*Titina Loizidou* vs. *Turkey* „A unique feature of the present case ist that it is impossible to separate the situation of the individual victim from a complex historical developement and no less complex current situation...". Hierzu auch *Blumenwitz*, Perceptions IV (1999), S. 75.

fokussiert ist, vermag in solchen Situationen eher zu einem angemessenen Ergebnis führen. Das 1503-Verfahren wird deshalb effektiver auf massive und systematische Menschenrechtsverletzungen reagieren können als ein vertragliches Individualbeschwerdeverfahren[15]. Aber auch im Verhältnis zu den öffentlichen Mechanismen hat es insoweit noch eine Daseinsberechtigung[16]. Es überrascht daher nicht, daß der im 1503-Verfahren gewählte Bezugspunkt in etlichen anderen Verfahren, die freilich nicht auf Individualbeschwerden beruhen, übernommen wurde[17]. Vor allem die Untersuchungsverfahren *ex officio* (gemäß Art. 20 CAT und Art. 8 CEDAW-FaP) verfolgen denselben Ansatz - freilich immer auf einen bestimmten Ausschnitt der Menschenrechte beschränkt.

Auch in weiteren Fällen war das 1503-Verfahren Beispiel bzw. in mancher Hinsicht Vorbild für nachfolgend eingerichtete Mechanismen. So weisen die Individualbeschwerdebestimmungen der Banjul-Charta und in stärkerem Maße noch das UNESCO-Verfahren signifikante Parallelen hierzu auf. Zudem war es der unentbehrliche Ausgangspunkt für zahlreiche weitere, nichtvertrauliche Spezialverfahren zum Schutz der Menschenrechte, die die MRK im Laufe der Zeit entwickelte[18]. Die Einsetzung der *Working Group on Disappearances* und damit der Beginn der thematischen Erörterungen überhaupt wäre ohne die im Rahmen des 1503-Verfahrens durchgeführte Untersuchung kaum denkbar gewesen[19]. Zur Kopie bzw. Anpassung des mit Res. 1503 (XLVIII) konzipierten Verfahrens kam es freilich nie. Selbst die hiervon stark beeinflußten Mechanismen sind sämtlich Weiterentwicklungen der dort zuerst geäußerten Idee. Ihr Einrichtung verarbeitete die vorgetragene Kritik und setzte entsprechende Verbesserungsvorschläge um.

---

[15] *van Boven*, AEL IV-2 (1993), S. 66.

[16] *Ize-Charrin*, 1503: A Serious Procedure, S. 8.

[17] Es ist interessanterweise - angesichts der weitverbreiteten Kritik am 1503-Verfahren - vorgeschlagen worden, die themenorientierten Mechanismen der MRK, deren Organe jeweils auch Individualbeschwerden empfangen können, auch zur Behandlung von Situationen schwerer Menschenrechtsverletzungen, die eine große Zahl von Individualfällen betrifft, zu ermächtigen - Amnesty International, Doc. IOR 41/16/92, sub. V. A. 7. (S. 29). Dies zeigt die Wichtigkeit dieses Ansatzes.

[18] *Alston*, Commission on Human Rights, in: ders. (Hrsg.), The United Nations and Human Rights, S. 152; *Bossuyt*, HRLJ (1985), S. 184; *Ize-Charrin*, 1503: A Serious Procedure, S. 8, 10.

[19] *Ize-Charrin*, 1503: A Serious Procedure, S. 8. Zu diesem Zusammenhang siehe auch *Bartolomei*, S. 116ff. und oben § 10.IV.C.1., S. 153.

Fünfter Teil

Einschätzung und Bewertung

Nach dieser Darstellung des Verfahrens und seiner Beziehungen zu den anderen internationalen Mechanismen bleibt nun, eine Bewertung des Verfahrens vorzunehmen. Diese hat sich zwei großen Fragestellungen zu widmen: erstens ist die Rechtmäßigkeit des Verfahrens - am Maßstab des allgemeinen Völkerrechtes und insbesondere der UN-Charta - zu untersuchen, sodann ist auf die Zweckmäßigkeit des Verfahrens einzugehen.

§ 34. Die Rechtmäßigkeit des Verfahrens

I. Die Rechtsgrundlage des Verfahrens

Der die Grundlage des 1503-Verfahrens bildende Normbestand ist bereits ausführlich dargestellt worden[1]. Entscheidende Texte sind die Resolutionen 2000/3, 1503 (XLVIII) und 728 F (XXVIII) des ECOSOC sowie Resolution 1 (XXIV) der Unterkommission, außerdem diverse Entscheidungen der Kommission zur praktischen Ausgestaltung des Verfahrens. Als im Rahmen der UNO verankerter Mechanismus findet er seine Grundlage in den einschlägigen Bestimmungen der UN-Charta. Die Verankerung des Verfahrens in Resolutionen des ECOSOC ist nicht problemlos, da solche regelmäßig keine Rechtspflichten für die Staaten begründen, sondern in ihrer Anwendung von deren „gutem Willen" abhängen[2]. Freilich resultieren hieraus zumindest politisch-moralische Verpflichtungen, die einen entscheidenden Beitrag zur Akzeptanz des Verfahrens bei den Staaten leisten[3].

II. Formelle Rechtmäßigkeit

Unter dem Gesichtspunkt der formellen Rechtmäßigkeit ist die Frage nach der Zuständigkeit zur Errichtung und Durchführung des 1503-Verfahrens zu klären.

---

[1] Siehe oben § 18.II., S. 260.

[2] *Tardu/McCarthy,* S. 9.

[3] So allgemein für die außervertraglichen Verfahren *van Boven*, AEL IV-2 (1993), S. 65. Zur Verpflichtungswirkung *vis a vis* Mitgliedstaaten siehe oben § 26.II.A., S. 458ff.

A. Organisationskompetenz

Das Verfahren in all seinen Einzelaspekten, also die maßgeblichen Resolutionstexte und die tatsächliche Verfahrensausgestaltung, müssen von der Organisations- oder Verbandskompetenz der UNO im allgemeinen erfaßt sein. Als eine internationale Organisation richtet sich ihre Zuständigkeit nach dem zugrundeliegeden Statut, der UN-Charta.

Anders noch als in der Satzung des Völkerbundes ist die Sorge um die Menschenrechte ausdrücklich zum Gegenstand der Tätigkeit dieser internationalen Organisation erhoben worden. Die UN-Charta enthält an zahlreichen Stellen ausdrückliche Hinweise auf Menschenrechte, so in der Präambel und in Art. 1 Abs. 3, 13 Abs. 1 lit. b), 55 lit. c), 56, 62 Abs. 2, 68, 73 und 76 lit. c). War es anfangs noch umstritten, inwieweit diesen Bestimmungen verbindliche Wirkung zukommt[4], so ist durch die Praxis verschiedener Organe[5] einschließlich des IGH[6] ihr allgemeiner Rechtscharakter bestätigt worden. Entsprechend können - zumindest im Zusammenhang mit einer konkretisierenden Norm - hieraus echte Rechtspflichten folgen, wenn auch nur allgemeiner Natur[7]. Art. 55 und 13 UN-

---

[4] Hauptgrund für diese Zweifel war das seinerzeit vorherrschende Verständnis von Art. 2 Ziff. 7 UN-Charta - *Lauterpacht*, in: E/CN.4/89 (12.05.1948), Abs. 8. Siehe hierzu ausführlich unten § 34.III.A., S. 596.

[5] So hatte die Generalversammlung in Resolution 616 B (VII) vom 05.12.1952 betreffend die Rassendiskriminierung in Südafrika ausdrücklich von der aus Art. 56 folgenden Verpflichtung gesprochen („...the pledges of the members under article 56 of the Charter...“, Abs. 2). Vgl. auch Repertory III, Art. 56, Abs. 15, S. 117f.

1955 wurde dieser Artikel in Res. 1127 (XI), die sich gegen die Sowjetunion und Ungarn richtete, wieder ausdrücklich erwähnt - Repertory III, Suppl. 2, Art. 56, Abs. 10, S. 48.

[6] *Legal Consequences for States of the Continued Presence of South Africa in Namibia...*, Advisory Opinion of 21 June 1971, ICJ Rep. 1971, S. 16-58, siehe S. 57, Abs. 131.

[7] *Humphrey/Schwelb*, ILA Report 55 (1972), S. 584. So auch schon *Lauterpacht*, International Law and Human Rights, S. 147-149; *Lauterpacht*, in: E/CN.4/89 (12.05.1948), Abs. 6.

Auch die Unbestimmtheit des Terminus „Menschenrechte“, der weder in der Charta noch in einem anderen Dokument verbindlich definiert wurde, ändert nichts an dem vorhandenen Rechtscharakter dieser Bestimmungen - *Lauterpacht*, International Law and Human Rights, S. 148f. Zur möglichen Einordnung der AEMR als autoritativer Interpretation der fraglichen Chartabestimmungen siehe oben § 24.I.C.1., S. 398.

Der Rechtscharakter der Beschwerden wird auch nicht von dem Umstand beeinträchtigt, daß es an einem Durchsetzungsmechanismus für die erwähnten Menschenrechte fehlt - *Lauterpacht*, in: E/CN.4/89 (12.05.1948), Abs. 6.

Charta enthalten verbindliche Regeln für die UN[8]. Eine allgemeine Zuständigkeit der UNO, in jeglicher Situation tätig zu werden, läßt sich aus diesen Bestimmungen nicht ableiten. Es folgt hieraus jedoch eine umfängliche Befassungskompetenz (*droit de regard*) für die Organisation in bezug auf sämtliche Dimensionen der internationalen Menschenrechte[9].

Es wird zwar angeführt, daß Art. 87 lit. b) UN-Charta, der dem Treuhandrat den Empfang und die Erörterung von Individualpetitionen gestattet, nicht derart weit ausgelegt werden kann, daß die UNO generell zum Empfang solcher Beschwerden befugt seien[10]. Dieses Argument vermag genaugenommen aber nur zu sagen, daß gerade diese Norm nicht als Grundlage für ein allgemeines Beschwerdeverfahren herangezogen werden kann. Der Text läßt vielmehr offen, ob daneben ein allgemeines Verfahren zum Empfang und zur Behandlung von Beschwerden zulässig sei. Die Charta enthält keine Bestimmung, wonach es einem Organ untersagt ist, Individualbeschwerden zu empfangen und zu behandeln[11]; ein ausdrücklicher Widerspruch zu diesem Instrument besteht daher nicht. Vielmehr ergibt sich die Kompetenz der UNO für die Einführung eines solchen Verfahrens aus der ungeschriebenen, der UN-Charta innewohnenden Befugnis, tätig zu werden (*inherent power*)[12].

Das 1503-Verfahren mit den ihm zugrundeliegenden Resolutionen und seiner Ausgestaltung stellt sich im Ergebnis als nicht viel mehr als die Befassung eines bzw. mehrerer UNO-Organe mit Menschenrechten und deren Verletzungen in einer bestimmten Situation dar. Insoweit ist der Empfang und die Behandlung von Menschenrechtsbeschwerden, wie dies im 1503-Verfahren praktiziert wird, nichts anderes als die Befassung mit Menschenrechtsfragen, die grundsätzlich in die Kompetenz der UNO fällt - unter dem Vorbehalt spezifischer Chartabestimmungen, wie insbesondere Art. 2 Ziff. 7 UN-Charta.

B. Organkompetenz

Der ECOSOC, der sämtliche grundlegende Resolutionen des Verfahrens verabschiedet hat, ist dasjenige Hauptorgan, welches in der UNO in erster Linie

---

[8] *Lauterpacht*, International Law and Human Rights, S. 148, 159.

[9] *Simma/Alston*, AustrYIL 12 (1992), S. 98f.; *Riedel*, in: Baum/ders./Schaefer (Hrsg.), Menschenrechtsschutz in der Praxis der Vereinten Nationen, S. 25.

[10] *Meißner*, S. 34; i.E. auch *Graefrath*, NJ 27 (1973), S. 687.

[11] *Sohn*, Int'l. Studies Quarterly 23 (1979), S. 206.

[12] *Humphrey/Schwelb*, ILA Report 55 (1972), S. 584.

für die Förderung und Durchsetzung der Menschenrechte verantwortlich ist. Zugleich steht der Generalversammlung ein zwar nicht subsidiäres aber doch ergänzendes Befassungsrecht zu, trägt sie doch in Fragen der Menschenrechte die Hauptverantwortung. Das fachlich spezialisiertere Organ ist jedoch der ECOSOC, der sich vom Grundsatz her durch eine größere Sachnähe auszeichnet und zur Erfüllung dieser Aufgabe im Satzungstext ausdrücklich angehalten wird. Zum Erlaß der Resolutionen 1235 (XLII) und 1503 (XLVIII) war er somit ausdrücklich befugt.

Soweit die Ausgestaltung des Verfahrens nicht durch Entschließungen des Rates vorgegeben war, handelten Kommission und Unterkommission, letztere insbesondere bei Verabschiedung der die Zulässigkeit von Beschwerden regelnden Res. 1 (XXIV), im Rahmen der ihnen übertragenden Kompetenzen. Auch hier ist keine Überschreitung der Zuständigkeitsgrenzen ersichtlich. Dies wäre nur der Fall, wenn verbindliche Vorgaben des ECOSOC mißachtet würden.

Die aus dem Text der Resolution nicht ersichtliche, aber in der Verfahrenspraxis entwickelte Funktion der Kommission, durch Dialog bzw. Verhandlungen die Kooperation mit den Verletzerstaaten zu erreichen und so die Menschenrechtssituation zu verbessern, ist unter Berücksichtigung dessen ebensowenig eine Kompetenzüberschreitung. Denn hier handelt die Kommission in keiner Weise gegen eine Vorgabe des ECOSOC, der eine entsprechende Verfahrensweise durch die Entgegennahme der Berichte längst gebilligt hatte, sondern bewegt sich - wie auch der ECOSOC selbst bei Erlaß der Res. 1503 (XLVIII) und die Unterkommission bei Erlaß ihrer diesbezüglichen Resolutionen - im Rahmen ihrer inhärenten Befugnisse (*implied powers*), die ihr als Organ einer internationalen Organisation mit dem Ziel, die Achtung der Menschenrechte zu fördern, zustehen[13]. Rechtliche Grundlage dieser Aktivitäten war insofern die mit Res. 9 (II) des ECOSOC eingefügte generalklauselartige Befugnisnorm für die Kommission sowie die verschiedenen Resolutionen des ECOSOC, die eine Behandlung von Menschenrechtsverletzungen in der Kommission ermöglichten[14].

---

[13] *Ermacora*, RDH 7 (1974), S. 685; *Riedel*, „Menschenrechtskommission" in: Wolfrum (Hrsg.), Handbuch Vereinte Nationen, Rn. 7; *Riedel*, in: Baum/ders./Schaefer (Hrsg.), Menschenrechtsschutz in der Praxis der Vereinten Nationen, S. 41. A.A. unter Verweis auf Art. 2 Ziff. 7 UN-Charta *Meißner*, S. 35. Zur Problematik des Interventionsverbotes siehe eingehend unten II. A.

[14] Siehe hierzu oben § 9.I., S. 109ff.

Bereits bei der Einsetzung der *Ad hoc*-Arbeitsgruppe aus Experten betreffend die Untersuchung der Polizeihaft in Südafrika mit Res. 2 (XXIII) berief sich die Kommission auf

C. Form

Fraglich bleibt, ob das Verfahren mit einer Resolution des ECOSOC hatte verabschiedet werden können. Resolutionen von Organen der UNO kommt in bezug auf die Staaten grundsätzlich keine völkerrechtliche Verbindlichkeit zu. Res. 1503 (XLVIII) sei weder eine autoritative Interpretation von Art. 55 lit. c) UN-Charta, der eben nur eine allgemeine Förderpflicht statuiert, noch handele es sich mangels einer entsprechenden Rechtsüberzeugung (*opinio iuris*) und angesichts des deutlichen Widerspruchs zahlreicher Staaten um Völkergewohnheitsrecht[15]. Wie aus dem Beispiel des Fakultativprotokolls zum IPbpR ersichtlich, könnten internationale Individualbeschwerdeverfahren nämlich allein im Wege eines völkerrechtlichen Vertrages eingerichtet werden[16].

Jener Standpunkt vernachlässigt erneut das eigentliche Verfahrensziel und die entsprechende Ausgestaltung des Verfahrens. Denn im Grunde genommen geht es hier gerade nicht um die Einführung eines Individualbeschwerdeverfahrens, sondern - überspitzt formuliert - um die rein interne Regelung der Handhabung der eingegangenen Beschwerden und der prinzipiell gleichermaßen internen Verfahrensweise zur Aufdeckung systematischer und grober Verstöße gegen die Menschenrechte. Dem betroffenen Staat wird keinerlei Verpflichtung auferlegt. Er wird lediglich eingeladen, an der Arbeit der MRK teilzunehmen. Eine solchermaßen beschränkte Regelung der internen Verfahrensweise - die durchaus Auswirkungen nach außen und auf den jeweiligen Staat hat - kann zweifelsohne mittels einer Resolution des ECOSOC geregelt werden.

Unter formellen Gesichtspunkten ist das 1503-Verfahren demnach in seiner derzeit praktizierten Ausgestaltung rechtmäßig und nicht angreifbar.

---

diese Zuständigkeitsnorm: Report on the 23rd Session, E/4322, E/CN.4/949 (1967), Abs. 223; siehe auch Abs. 3 MRK-Res. 2 (XXIII) vom 06.03.1967, ebd., Abs. 268. Hierzu bereits oben § 15.II., S. 207.

[15] *Meißner*, S. 36f. Zum Widerspruch vor allem der sozialistischen Staaten siehe oben § 15.IV.C., S. 226. *Ermacora*, RDH 7 (1974), S. 676 verweist allerdings darauf, daß die sozialistischen Staaten trotz ihres Protestes gegen die beiden maßgeblichen Resolutionen an den entsprechenden Verhandlungen und der Erörterung der Situationen in Südafrika und Chile teilnahmen.

[16] *Meißner*, S. 37. So auch der einhellige Standpunkt der sozialistischen Staaten, wiedergegeben bei *Tomuschat*, „Menschenrechte" in: Wolfrum (Hrsg.), Handbuch Vereinte Nationen, Rn. 8. Grundsätzlich wurde den sozialistischen Staaten gerade eine „Vorliebe für Verträge" attestiert, da insofern eine Verbindlichkeit erst mit der Ratifizierung eintrete - *Cassese*, International Law in a Divided World, S. 301. Vgl. auch *Graefrath*, NJ 27 (1973), S. 687.

III. Materielle Rechtmäßigkeit

Des weiteren darf das Verfahren auch inhaltlich nicht im Widerspruch zu sonstigen Bestimmungen der UN-Charta und des allgemeinen Völkerrechts stehen.

A. Artikel 2 Ziffer 7 UN-Charta

Von Beginn der Einrichtung des Verfahrens an wurden massive Zweifel an der Rechtmäßigkeit des Verfahrens insofern geäußert, als hierin ein Verstoß gegen das in Art. 2 Ziff. 7 UN-Charta formulierte Verbot der Einmischung in innere Angelegenheiten der Staaten gesehen wurde.

Das 1503-Verfahren verstoße, so die Argumentation vieler Staaten, vor allem des Ostblocks, in seiner Anlage und seiner Durchführung gegen diesen Grundsatz zum Schutze der staatlichen Souveränität[17]. Denn die Sorge um die Menschenrechte sei eine Angelegenheit, die „ihrem Wesen nach zur inneren Zuständigkeit eines Staates" gehöre. Schon die bloße Erörterung beeinträchtige die Unabhängigkeit des betroffenen Staates[18]. Entsprechend hatte sich beispielsweise auch der Delegierte Südafrikas gegen die Einsetzung des Expertenausschusses zur Untersuchung bestimmter Menschenrechtsverletzungen in Südafrika auf Art. 2 Ziff. 7 UN-Charta berufen[19].

1. Der Schutzbereich der Norm

Die Vorschrift besagt:

> „Aus dieser Charta kann eine Befugnis der UNO zum Eingreifen in Angelegenheiten, die ihrem Wesen nach zur inneren Zuständigkeit eines Staates gehören ..., nicht abgeleitet werden; die Anwendung von Zwangsmaßnahmen nach Kapitel VII wird durch diesen Grundsatz nicht berührt."

Ihr Inhalt ist vom Verständnis zweier Begriffe abhängig: dem des Eingreifens (*intervention*) und dem der wesentlichen inneren Angelegenheiten (*essentially within the domestic jurisdiction*). Das Verständnis beider hat sich in

---

[17] *Ermacora*, RDH 7 (1974), S. 684. Freilich hat - abgesehen von einer kleinen Minderheit - kein Staat eine konsistente und durchgängig eingehaltene Interpretation dieses Prinzips vertreten, sonder vielmehr jeweils situationsbezogen, also anhängig vom jeweiligen Zielstaat, agiert - *Tolley*, The U.N. Commission on Human Rights, S. 202f.

[18] *Baum*, VN 1995, S. 207; *Ermacora*, RDH 7 (1974), S. 684.

[19] Report on the 23rd Session, E/4322, E/CN.4/949 (1967), Abs. 229. Siehe hierzu insgesamt oben § 15.II., S. 207.

der Entwicklung der UNO und der Praxis ihrer Organe und der Mitgliedstaaten deutlich gewandelt. Die Formulierung des Grundsatzes umfaßt sämtliche Aktionsfelder der Organisation, ist also nicht auf einen bestimmten Bereich ihres Tätigwerdens beschränkt. In dieser umfassenden Ausgestaltung wurde diese Formulierung erst in San Francisco als Ausgleich für die weitergehenden Befugnisse, die man der UNO zugestanden hatte, in den Text aufgenommen [20].

a) Intervention

Die Reichweite des Interventionsbegriffs ist umstritten. Allgemein anerkannt ist, daß eine Intervention nicht zwangsläufig den Einsatz militärischer Gewalt voraussetzt, doch ist über den genauen Umfang dieses Tatbestandsmerkmals keine Einigkeit erzielt worden. Einer eher traditionellen, engen Auslegung steht eine zuweilen in der UNO geäußerte weiten und umfassenden Interpretation gegenüber[21]. Nach einer Ansicht muß es sich insoweit - im Sinne des klassischen Interventionsbegriffs - um eine diktatorische Einmischung handeln, die auf die Unabhängigkeit eines Staates zielt[22]. Der Begriff meine eine Forderung gegenüber einem Staat, die durch die Androhung von - nicht notwendigerweise physischem - Zwang für den Fall der Nichterfüllung bekräftigt wird[23]. Danach wäre die Diskussion einer Angelegenheit in der Generalversammlung, im ECOSOC oder durch ein anderes zuständiges Organ ebensowenig eine Einmischung wie die Durchführung einer Studie oder die Verabschiedung einer allgemeinen Empfehlung an die Staatengemeinschaft oder konkreter Hinweise an einen einzelnen Staat[24]. Denn es fehlt insofern an einer rechtlichen Verpflichtung,

---

[20] *Lauterpacht*, International Law and Human Rights, S. 171. Die Vorschläge von *Dumbarton Oaks* hatten ein Interventionsverbot lediglich im Zusammenhang mit den Streitbeilegungsmechanismen vorgesehen (chapter VIII, section A, Abs. 7: „The provisions of paragraph 1 to 6 [pacific settlement of disputes] should not apply to situations or disputes arising out of matters which by international law are solely within the domestic jurisdiction of the state concerned") - *Lauterpacht*, ebd.

[21] *Moskowitz*, S. 33.

[22] *Lauterpacht*, International Law and Human Rights, S. 167.

[23] *Lauterpacht*, International Law and Human Rights, S. 167f.: „...Intervention is thus a peremptory demand or attempt at interference accompanied by enforcement or threat of enforcement in case of non-compliance."

[24] *Lauterpacht*, International Law and Human Rights, S. 169; *Lauterpacht*, in: E/CN.4/89 (12.05.1948), Abs. 12. *Ermacora* in: Simma (Hrsg.), Charta der Vereinten Nationen, Art. 2 Ziff. 7, Rn. 37; *Zuijdwijk*, S. 79.

So wurde beispielsweise in einem 1949 von der Unterkommission vorgeschlagenen Verfahren für den Fall, daß sich eine Situation als „im wesentlichen innere Angelegenheit"

die Ergebnisse der Untersuchung oder der Studie bzw. die Empfehlung zu befolgen[25].

Nach der anderen Ansicht ist praktisch jegliche Handlung der UN in bezug auf einen Staat eine Intervention[26]. Dieses weite Verständnis liegt beispielsweise der Definition in Resolution 2625 (XXV) der Generalversammlung vom 24. Oktober 1970 über freundschaftliche Beziehungen zwischen den Staaten (sog. *Friendly-Relations-Declaration*; dritter Grundsatz) zugrunde. Diese umfaßt ausdrücklich auch gewaltloses Vorgehen, wobei das Verhältnis von Zweck und Mittel das für die Rechtswidrigkeit maßgebliche Kriterium darstellt[27]. Zur Unterstützung dieser weiten Sichtweise wird zudem auf die Vorbereitungsarbeiten zu Art. 2 Ziff. 7 verwiesen: es sei beabsichtigt beabsichtigt gewesen, in den Gremien der UNO auch die bloße Diskussion von Fragen zu unterbinden, die zu den inneren Angelegenheiten zu zählen wären[28]. Mangels entsprechender Bestätigung durch die Staatenpraxis und infolge des Widerspruchs zum geltenden Völkerrecht sind jedoch ernsthafte Zweifel angebracht, diese Definition als maßgebliche Interpretation der Bestimmung anzusehen[29].

Im 1503-Verfahren kommt es auf verschiedenen Ebenen zu einer Diskussion der Menschenrechtssituation in einem bestimmten Land, so daß - folgte man einer weiten Auslegung des Interventionsbegriffs - diese nur zulässig wäre, wenn es sich bei den Menschenrechten nicht um eine im wesentlichen innere Angelegenheit handelte.

---

herausstelle, lediglich vorgesehen, daß die Unterkommission dies auch in ihrem Bericht feststelle - Report of the Sub-Commission [2nd session], E/CN.4/351, E/CN.4/Sub.2/78 (29.06.1949), Abs. 29 (Abs. 4 der Resolution). Deutlich wird, daß die bloße Erörterung also selbst dann, wenn es sich um eine innere Angelegenheit handele, noch keine verbotene Einmischung i.S.v. Art. 2 Ziff. 7 UN-Charta darstellt.

25 *Lauterpacht*, International Law and Human Rights, S. 169.

26 *Kelsen,* The Law of the United Nations, S. 772; siehe auch *Ermacora* in: Simma (Hrsg.), Charta der Vereinten Nationen, Art. 2 Ziff. 7, Rn. 35 m.w.N., demnach sich diese Ansicht insbesondere auf den Wortlaut „*Nothing .. shall authorize ...*“ stützt.

27 *Graf zu Dohna,* S. 133.

28 *Cassese*, in: Alston (Hrsg.), The United Nations and Human Rights, S. 27.

29 *Graf zu Dohna,* S. 134.

b) Im wesentlichen innere Angelegenheiten

Selbst wenn eine Einmischung oder Intervention vorliegt, ist sie in jedem Falle nur dann verboten, wenn sie sich auf „im wesentlichen innere Angelegenheiten" bezieht (*...matters which are essentially within the domestic jurisdiction*).

(1) Allgemeine Reichweite des Begriffs

Die Vorgängervorschrift, Art. 15 Abs. 8 VBS, enthielt ein Interventionsverbot in bezug auf „ausschließlich innere Angelegenheiten", bestimmt nach dem Maßstab des Völkerrechts (*...which by international law is solely within the domestic jurisdiction*)[30]. Zudem betraf sie nur die Beilegung von Streitigkeiten zwischen Staaten[31]. Mit der neuen Formulierung[32] in der UN-Charta sollte nun ein größerer Bereich dem Zugriff der Internationalen Organisation entzogen werden[33], und zwar in bezug auf zwei Punkte. Einmal findet die Vorschrift nicht mehr nur auf die Beilegung von Streitigkeiten Anwendung[34], sondern betrifft sämtliche Angelegenheiten, unabhängig davon, ob hierüber bereits eine bi- oder multilaterale Auseinandersetzung zwischen Staaten entstanden ist. Zum anderen werden mit der neuen Formulierung solche Angelegenheiten miterfaßt, die zwar nicht ausschließlich, aber doch ihrem Wesen nach in die staatliche Zuständigkeit fielen. Auch insoweit sollte die unbeschränkte Handlungsfähigkeit der Staaten nun gewährleistet werden. Der Wortlaut von Art. 2 Ziff. 7 besagt aber - entgegen der ursprünglichen Intention - keineswegs zwingend, daß Angelegenheiten, die nicht mehr zur ausschließlichen Zuständigkeit der Staaten gehören, nunmehr in jedem Falle von der weiteren Formulierung der „im wesentlichen inneren Angelegenheiten" erfaßt seien[35]. Insbesondere der mögliche Widerspruch zu anderen

---

[30] Siehe *Cassese*, in: Alston (Hrsg.), The United Nations and Human Rights, S. 28; *Fawcett*, in: Luard (Hrsg.), The International Protection S. 291; *Ritterband*, S. 385; *Lauterpacht*, International Law and Human Rights, S. 175.

[31] Dieser Regelungsbereich war der erste, in dem in internationalen Verträgen eine entsprechende Nicht-Einmischungsklausel enthalten war - *Ermacora* in: Simma (Hrsg.), Charta der Vereinten Nationen, Art. 2 Ziff. 7, Rn. 1f.

[32] Der Vorschlag für die Bestimmung in den *Dumbarton Oaks-Proposals* sah entsprechend Art. 15 Abs. 8 VBS lediglich eine Beschränkung im Rahmen der Beilegung von Streitigkeiten zwischen Staaten vor - *Zuijdwijk*, S. 76.

[33] *Cassese*, in: Alston (Hrsg.), The United Nations and Human Rights, S. 28. *Ermacora* in: Simma (Hrsg.), Charta der Vereinten Nationen, Art. 2 Ziff. 7, Rn. 6 unter Hinweis auf die Intentionen der Vertragsparteien in San Francisco, Rn. 8. Anders *Zuijdwijk*, S. 77 demzufolge der Unterschied in den Formulierungen keinerlei Bedeutung zukommt.

[34] *Kelsen*, YaleLJ 55 (1946), S. 998.

[35] *Lauterpacht*, International Law and Human Rights, S. 175.

Bestimmungen der Charta führte damit *de facto* zu einer Einschränkung der Reichweite der Klausel[36]. Denn die Formulierung läßt einen großen Interpretationsspielraum offen: bei besonderer Bedeutung kann praktisch jede Angelegenheit ihren „im wesentlichen" innerstaatlichen Charakter verlieren[37]. Selbst Gegenstände, die *de iure* zur ausschließlich inneren Zuständigkeit gehören, können ihrem Wesen nach zum internationalen Bereich zu zählen sein. Zudem ist der Begriff „im wesentlichen innere Angelegenheit" kein technisch-juristischer[38]. Seine Definition ist vielmehr vom zeitgenössischen politischen Umfeld abhängig[39]. Deshalb muß es auch nicht verwundern, daß im Laufe der Geschichte der UNO hier ein Paradigmenwechsel stattfand.

(2) Die Rolle der Menschenrechte in der ursprünglichen Konzeption

Es ist bereits ausgeführt worden, daß die Sorge um die Menschenrechte dem Grunde nach der individuellen Verantwortung der Staaten überlassen war[40]. Bereits mit der Aufnahme des Topos „Menschenrechte" in die UN-Charta an prominenter Stelle hatten diese ungeachtet der Frage ihrer konkreten Durchsetzbarkeit die Sphäre der ausschließlich inneren Zuständigkeit verlassen[41]. Frühe

---

[36] *Brownlie*, S. 295f.

[37] *Fawcett,* in: Luard (Hrsg.), The International Protection S. 291.

[38] *Lauterpacht*, International Law and Human Rights, S. 175; *Brownlie* S. 295.

[39] *Moskowitz,* S. 32f.; *Ritterband,* S. 402; *Ermacora* in: Simma (Hrsg.), Charta der Vereinten Nationen, Art. 2 Ziff. 7, Rn. 41; *Ermacora*, Menschenrechte in der sich wandelnden Welt I, S. 545 (abhängig vom „objektiven Zeitgeist"); Working Paper submitted by Mr. V. Kartashkin..., E/CN.4/Sub.2/1999/29 (15.06.1999), Abs. 15 („The bounds of ... domestic jurisdiction ... are historically mobile...") ; in diesem Sinne auch *Lauterpacht*, International Law and Human Rights, S. 175.

Vgl. zur Vorgängerformulierung Art. 15 Abs. 8 VBS im gleichen Sinne den StIG, *Nationality Decrees issued in Tunis and Morocco (French Zone) on November 8th, 1921*, Advisory Opinion No.4, given on Febraury 7th 1923; Rep. Serie B, No. 4 (1923), S. 24: „...The question whether a certain matter is or is not solely within the domestic jurisdiction of a State is an essentially relative question; it depends on the developement of international relations..."

[40] Bericht der Unterkommission I/1/A der San Francisco-Konferenz, Doc. 723 I/1/A/19 (01.06.1945), UNCIO Doc. VI, S. 705: „The Subcommittee held that assuring or protecting such fundamental rights is primarily the concern of each state. ..." Vgl. auch *Kartashkin*, RDH 8 (1975), S. 7; *Kelsen*, The Law of the United Nations S. 30 Fn. 8; *Tomuschat*, ZSchwR 108/I, S. 5; *Ermacora*, RDH 7 (1974), S. 670; *Boekle*, NQHR 13 (1995), S. 371.

[41] *Buergenthal*, International Human Rights, S. 25; *Leuprecht*, in: Amnesty International (Hrsg.), Menschenrechte im Umbruch, S. 61; *Tomuschat*, ZSchwR 108/I, S. 5; *Lauterpacht*, International Law and Human Rights, S. 176; *Lauterpacht*, in: E/CN.4/89 (12.05.1948), Abs. 9; *Partsch,* in: Menschenrechte, Dokumente und Deklarationen, S. 13.

Aktivitäten der UN noch in den vierziger Jahren bestätigen diese Sichtweise[42]. Allerdings gab es letztlich bei allen Staaten Vorbehalte gegen die Internationalisierung der Menschenrechte durch Einschränkung des Interventionsverbotes. Grund hierfür waren Befürchtungen, die Großmächte könnten unter dem Vorwand der Menschenrechte zu großen Einfluß auf kleinere Staaten ausüben[43]. Eine ausdrückliche Befugnis zum Schutz der Menschenrechte, verbunden mit entsprechenden Pflichten der Staaten zu deren Beachtung, ist in der Charta nicht enthalten[44]. So waren nach Ansicht der sozialistischen Doktrin die Umsetzung der Menschenrechtsbestimmungen der Charta alleinige Aufgabe des nationalen Gesetzgebers. Es handelt sich dabei in jedem Falle um eine innere Angelegenheit[45]. Lediglich allgemeine Hinweise und angebotene Beratung in Sachen Menschenrechte - also Maßnahmen der Förderung und Verbreitung von Menschenrechten[46] - wurden nicht als Beeinträchtigung ihrer Souveränität angesehen[47]. Ein wirklicher Schutz der Menschenrechte durch die UNO war allein in Treuhandgebieten durch den Treuhandrat und in anderen abhängigen Gebieten durch den Sonderausschuß der Generalversammlung für Entkolonialisierung vorgesehen[48], wo staatliche Souveränität nicht beeinträchtigt werden konnte[49]. Anderes könne nur für ein Tätigwerden des Sicherheitsrates gelten, wenn die Voraussetzungen des VII. Kapitels UN-Charta erfüllt seien und eine Friedensbedrohung vorliege[50]. Bereits damals wurden aber auch Zweifel an dieser weiten Auslegung von Art. 2 Ziff. 7 laut. Denn der Auslegungsgrundsatz der Effektivität gebiete es, die verschiedenen Vorschriften zur Förderung der Menschenrechte, besonders aber die Zielvorgabe in Art. 1 Abs. 3 UN-Charta ernst zunehmen und nicht zu über-

---

[42] *Tomuschat*, ZSchwR 108/I, S. 5. Zu denken ist dabei insbesondere an die Resolutionen der Generalversammlung zur Problematik der sowjetischen Ehefrauen von ausländischen Diplomaten (Res. 44 [I] vom 08.12.1946) und die Diskussion über die Behandlung der indischen Minderheit in Südafrika (Res. 285 [III] vom 25.04.1949) - zum ganzen *Tomuschat*, ZSchwR 108/I, S. 5.

[43] *Cassin* S. 26. Das Prinzip der Nichteinmischung war ursprünglich u.a. im Interesse der Friedenssicherung konzipiert worden - Simon in: Jahrbuch Menschenrechte 1999, S. 60.

[44] *Lauterpacht*, International Law and Human Rights, S. 150f.

[45] *Cassese*, International Law in a Divided World, S. 301.

[46] Siehe hierzu oben §1.4.III.

[47] *Cassin* S. 26; *Boekle*, NQHR 13 (1995), S. 372; *Kartashkin*, RDH 8 (1975), S. 8.

[48] *Kartashkin*, RDH 8 (1975), S. 9.

[49] *Kartashkin*, RDH 8 (1975), S. 8.

[50] *Kartashkin*, RDH 8 (1975), S. 9; Doc. 723 I/1/A/19 (01.06.1945), in: Bericht der Unterkommission I/1/A der San Francisco-Konferenz, UNCIO VI, S. 696 (705).

gehen[51]. Ordne man nämlich die Menschenrechte der von Art. 2 Ziff. 7 erfaßten Materie zu, würden sämtliche Menschenrechtsbestimmungen der Charta bedeutungslos werden[52].

(3) Die spätere Praxis

Die nachfolgende Praxis der UNO sowie die Weiterentwicklung des allgemeinen Völkerrechts und der weltpolitischen Lage führten zu einer Abkehr von diesem strengen Verständnis des Interventionsverbotes. Gerade im Bereich der Menschenrechte wurde die Berufung auf „innere Angelegenheiten“ in immer weniger Fällen für zulässig erachtet[53]. Bereits auf ihrer ersten ordentlichen Sitzung 1946 stellte sich die Generalversammlung mit dem Erlaß einer Resolution zum Problem indischer Gastarbeiter in Südafrika implizit auf den Standpunkt, daß dies keine rein innere Angelegenheit sei[54]. Diese Praxis wurde in den späteren Fällen der Diplomatenehefrauen in der Sowjetunion (1948),[55] der Menschenrechtslage in Osteuropa, besonders in Rumänien, Bulgarien und Ungarn (1949) sowie in zahlreichen weiteren Situationen bestätigt und fortgesetzt[56]. Die Generalversammlung nahm den Standpunkt ein, ungeachtet Art. 2 Ziff. 7 jedenfalls dann tätig werden zu können, wenn die kritische Lage der Menschenrechte zu einer Situation führe, die mit hoher Wahrscheinlichkeit die freundschaftlichen Beziehungen zwischen den Staaten beeinträchtige[57]. Ähnlich unbestimmt, aber

---

[51] *Lauterpacht*, International Law and Human Rights, S. 153, 151.

[52] *Lauterpacht*, International Law and Human Rights, S. 178.

[53] *J. Nowak*, Staatliche Mitwirkung, S. 183.

[54] Generalversammlung, Res. 44 (I) vom 08.12.1946.

[55] Generalversammlung, Res. 285 (III) vom 25.04.1949, in: A/900 (31.05.1949).

[56] Für eine gründliche Analyse dieser Praxis der Generalversammlung siehe *Ritterband*, S. 427-446 sowie *Zuijdwijk*, S. 83-87.

Von dieser Auslegungsprärogative der Generalversammlung im Verhältnis zu den Staaten gibt es nur wenige Ausnahmen, in der die Berufung eines Staates auf seine inneren Angelegenheiten von der Generalversammlung akzeptiert wurde, beispielsweise der Fall der ÈSSR - *Lauterpacht*, International Law and Human Rights, S. 183.

[57] *Cassese*, in: Alston (Hrsg.), The United Nations and Human Rights, S. 32; vgl. auch *Tumanov*, in: International Enforcement, S. 23.

Ein ähnlicher Standpunkt war bereits auf der Konferenz in San Francisco vom insoweit zuständigen Unterausschuß eingenommen worden: bei schweren Verletzungen der Menschenrechte, die eine Friedensbedrohung darstellen oder sonst die Anwendung der Prinzipien der UN-Charta verhindern, sollten Staaten sich nicht mehr auf das Interventionsverbot berufen können - *Ritterband*, S. 398; Bericht der Unterkommission I/1/A

doch erkennbar auf schwere Fälle beschränkt, wurde die Zulässigkeit von Diskussionen und Empfehlungen zu einer konkreten Situation jedenfalls dann als nicht vom Anwendungsbereich von Art. 2 Ziff. 7 UN-Charta erfaßt angesehen, wenn es sich dabei um grausame Menschenrechtsverletzungen handele, die das Gewissen der Menschheit schockieren würden[58]. Es ist anzumerken, daß die Interpretationskompetenz in bezug auf die UN-Charta bei dem sie anwendenden Organ, nicht aber bei den Staaten liegt[59] - die Generalversammlung konnte also die Vorschrift gegenüber den Staaten durchaus so auslegen.

In der späteren Praxis waren dann insbesondere die schweren Menschenrechtsverletzungen durch Apartheid und Rassendiskriminierung im südlichen Afrika nicht als „im wesentlichen innere" Angelegenheiten angesehen worden[60]. Dieses Verständnis wurde später angesichts vor allem der Menschenrechtsverletzungen in den von Israel besetzten palästinensischen Gebieten auf schwerste und systematisch begangene Menschenrechtsverletzungen erweitert. Es war aber zunächst noch auf diese wenigen Länder beschränkt, da hier die Akzeptanz eines Tätigwerdens von Generalversammlung und ECOSOC am größten war[61]. Schon aus Art. 2 Ziff. 1 UN-Charta und dem darin verankerten Prinzip der souveränen Gleichheit der Staaten ergibt sich aber, daß eine Beschränkung auf bestimmte Länder oder Ländergruppen unzulässig war[62].

---

der San Francisco-Konferenz, Doc. 723 I/1/A/19 (01.06.1945), in: UNCIO VI, S. 696 (705). Allerdings wurde dieser Vorschlag abgelehnt und schlug sich auch sonst nicht unmittelbar im Text nieder.

Auch der Sicherheitsrat hatte sich bereits frühzeitig auf den Standpunkt gestellt, daß Angelegenheiten jedenfalls dann nicht mehr zu den im wesentlichen inneren Angelegenheiten i.S.v. Art. 2 Ziff. 7 zu zählen seien, wenn sie - auch unterhalb der Schwelle des Art. 39 - internationalen Widerhall fänden - *Lauterpacht*, International Law and Human Rights, S. 189.

58 So eine Stellungnahme in der MRK - Report on the 24th session, E/4475, E/CN.4/972 (1968), Abs. 171.

59 *Ritterband,* S. 427; *Lauterpacht*, International Law and Human Rights, S. 181.

In San Francisco war eine verbindliche Auslegungskompetenz des IGH für die Bestimmungen der UN-Charta abgelehnt worden - *Lauterpacht*, International Law and Human Rights, S. 182.

60 *Ermacora*, RDH 7 (1974), S. 671.

61 *Riedel*, in: Baum/ders./Schaefer (Hrsg.), Menschenrechtsschutz in der Praxis der Vereinten Nationen, S. 43f.

62 *Ermacora*, RDH 7 (1974), S. 671.

Daher wurden mit der Konzeption des *consistent pattern*, wie sie letztlich in Res. 1503 (XLVIII) erscheint, die konkreten Ereignisse wie Apartheid und Rassendiskriminierung als maßgebliches Kriterium für ein zulässiges Tätigwerden der internationalen Gemeinschaft ersetzt[63]. Diese Resolution, ebenso wie ECOSOC-Res. 1235 (XLII) und Res. 2144 (XXI) der Generalversammlung, ist selbst ein wesentliches Indiz für jenes erweiterte Rechtsverständnis, daß schwerwiegende und kontinuierliche Menschenrechtsverletzungen durch einen Staat - unabhängig von ihrer Art und dem Ort ihrer Begehung - keine allein innere Angelegenheit ist[64].

Als unausgesprochenes weiteres Erfordernis sollten Menschenrechtsverletzungen zugleich die internationale Sicherheit beeinträchtigen oder sonst internationale Auswirkungen haben – eine rechtlich zweifelhafte Schlußfolgerung aus Art. 39 UN-Charta[65]. Im Laufe der weiteren Organpraxis wurde jedoch - unter

---

[63] *Medina,* S. 8. Ein weiterer Vorschlag wurde vom sowjetischen Völkerrechtler *Kartashkin* propagiert, der nur im Falle *internationaler Verbrechen* eine Durchbrechung des Interventionsverbots für gerechtfertigt hält (*Kartashkin*, RDH 8 [1975], S. 13); zudem hält er in Fällen von Menschenrechtsverletzungen durch „militaristische und faschistische Diktaturen" die Einrichtung von internationalen Untersuchungsorganen unter Hinweis auf den flagranten Widerspruch deren politischer Ziele zu denen der UNO für rechtlich zulässig (*Kartashkin,* RDH 8 (1975), S. 14). Die Diktion dieser Aussage läßt auf einen Zusammenhang mit den „Feindstaatenklauseln" in der UN-Charta (Art. 107 und 53) schließen, die als solche Sonderrechte gegenüber den Besiegten des II. Weltkrieges ermöglichten - siehe hierzu *Blumenwitz*, „Feindstaatenklauseln", in: Wolfrum (Hrsg.), Handbuch Vereinte Nationen, insbesondere Rn. 6. Diese Konzeption hat aber, soweit ersichtlich, keine besondere Zustimmung erfahren.

[64] *Boekle*, NQHR 13 (1995), S. 402; *Buergenthal*, International Human Rights, S. 98; *Cassese*, RDH 5 (1972), S. 379; *Ermacora*, RDH 7 (1974), S. 677; *Kimminich*, APuZ, B 36/91, S. 31; *Tardu*, Santa Clara Law Rev. 20 (1980), S. 582; in diesem Sinne auch *Tomuschat*, „Menschenrechte" in: Wolfrum (Hrsg.), Handbuch Vereinte Nationen, Rn. 1; *Cassese*, La Comunità Internazionale 30 (1975), S. 60; bezogen auf Res. 1503 (XLVIII) auch *Simma,* EuGRZ 1977, S. 239. Siehe auch *Herndl*, in: FS Ermacora, S. 5.

[65] Der insbesondere von der sozialistischen Völkerrechtslehre und Politik vertretene Standpunkt bezüglich der Auslegung von Art. 2 Ziff. 7 UN-Charta, akzeptierte ein Vorgehen der UNO im Falle schwerer Menschenrechtsverletzungen nur dann, wenn diese zugleich eine Bedrohung der internationalen Sicherheit oder des Weltfriedens oder eine Beeinträchtigung der freundschaftlichen Beziehungen zwischen den Völkern bedeuteten - *Graefrath*, Horizont Nr. 4/1976, S. 6; *ders.*, NJ 27 (1973), S. 687; *von Kyaw*, VN 1976, S. 106; *Bartolomei,* S. 58.

Freilich wurde – im Hinblick auf die Generalversammlung und auch die MRK – zugestanden, daß deren Erörterungen dann nicht notwendig gemäß den ausdrücklichen Bestimmungen des VII. Kapitels erfolgen müsse, d.h. eine zwingende Feststellung des Sicherheitsrates voraussetzten. Bei Vorliegen jener Voraussetzungen könnten auch andere

Protest insbesondere der auf ihre Souveränität bedachten Staaten des Ostblocks[66] - auch von diesem Erfordernis „internationale Auswirkungen" abgegangen. Spätestens seit der 1975 verabschiedeten Resolution der Generalversammlung zu den Menschenrechtsverletzungen in Chile[67] kann die internationale Auswirkung der Menschenrechtsverletzungen nicht mehr als Voraussetzung für ein Tätigwerden der UNO gelten, solange es sich um massive und systematische Menschenrechtsverletzungen handelte[68].

Dogmatischer Ansatzpunkt für diese Einschränkung von Art. 2 Ziff. 7 UN-Charta sind die übrigen Chartabestimmungen, soweit sie Menschenrechtsfragen im Verhältnis zu den Staaten betreffen. Dies ist im wesentlichen Art. 56 UN-Charta, der Grundlage für Rechtspflichten der Staaten sein kann[69]. Bereits frühzeitig wurde festgestellt, daß Art. 2 Ziff. 7 und Art. 56 UN-Charta bei einer weiten Auslegung des ersteren nicht miteinander in Einklang zu bringen seien[70]. Dabei scheint es nach dem ursprünglichen Verständnis die Bestimmung im IX. Kapitel der Charta zu sein, die von Art. 2 Ziff. 7 eingeschränkt würde, wenngleich auch die andere Möglichkeit - Vorrang der Kooperationsbestimmungen - offengestanden hätte[71]. Wie schon gezeigt, wies die Entwicklung in der Praxis zunächst jedoch in die andere Richtung. Handelt es sich um grobe und systematische Verletzungen, so folgt eine einschränkende Auslegung des Art. 2 Ziff. 7

Organe einschließlich der MRK unabhängig von einer solchen Feststellung aktiv werden, wofür gerade auch die Resolutionen 1235 (XLII) und 1503 (XLVIII) ein Beispiel abgeben würden - *Graefrath*, Horizont Nr. 4/1976, S. 6.

Diese Auslegung ist, abgesehen vom Fehlen jeglichen Wortlautbezugs, schon deshalb nicht überzeugend, weil ein entsprechender Vorschlag der sozialistischen Staaten, nur in den in Art. 39 UN-Charta aufgeführten Fällen auch bei Menschenrechtsverletzungen tätig zu werden, gerade nicht übernommen wurde - *Ermacora*, RDH 7 (1974), S. 688 Anm. 27.

66 Vgl. nur *Graefrath*, Horizont Nr. 4/1976, S. 6; *Graefrath*, NJ 27 (1973), S. 687 unter Verweis auf die Generalversammlungs-Res. 2734 (XXV), 1970.

67 Generalversammlung, Res. 3448 (XXX) vom 09.12.1975.

68 *Cassese*, in: Alston (Hrsg.), The United Nations and Human Rights, S. 43.

Für die Anerkennung diese Kriteriums als Schranke von Art. 2 Zff. 7 auch *Lagoni* in: Simma (Hrsg.), Charta der Vereinten Nationen, Art. 62, Rn. 21.

69 Siehe hierzu oben Fn. 8. Bereits bei der Debatte um die Verabschiedung einer Südafrika-Resolution 1951 war auf die Verpflichtung der Staaten, die Menschenrechte zu beachten, hingewiesen worden, zum Teil ausdrücklich unter Berufung auf Art. 56 - Repertory III, Art. 56 Abs. 16, S. 118.

70 *Kelsen*, YaleLJ 55 (1946), S. 1007.

71 *Kelsen*, YaleLJ 55 (1946), S. 1007, Anm. 10

aus Art. 55 lit. c) i.V.m. Art. 56 UN-Charta: die Mitgliedstaaten sind nach jener Vorschrift dazu verpflichtet, Menschenrechte zu achten und einzuhalten[72].

(4) Sonstige Aspekte

Unabhängig von dieser Organpraxis zeigte aber auch die zunehmende Vergegenständlichung der Menschenrechte in diversen Menschenrechtsverträgen deutlich, daß die Sorge um die Menschenrechte nicht mehr als im wesentlichen innere Angelegenheit angesehen werden kann[73]. Aktivitäten zur Vorbeugung von Menschenrechtsverletzungen, seien sie systematischer und großflächiger Natur oder Einzelfälle, sind als Angelegenheit der internationalen Gemeinschaft als ganzer einzuordnen[74]. Ebenso wird eine internationale Zuständigkeit für die allgemeine Förderung der Menschenrechte durch Beratungsdienste etc., Normsetzung, aber auch im Hinblick auf die allgemeine Information über Menschenrechtsverletzungen angenommen[75]. Zumindest was die Förderungsaktivitäten sowie Maßnahmen zur Vorbeugung betrifft, ergibt sich dies schon aus den mit Art. 2 Ziff. 7 konkurrierenden Vorschriften in Art. 55, 56 und 62 UN-Charta. Die aufgezeigte Praxis läßt zudem erkennen, daß auch die Untersuchung von Menschenrechtsverletzungen und die Information hierüber nicht mehr vom Schutzbereich des Art. 2 Ziff. 7 erfaßt ist - jedenfalls dann, wenn es sich um systematische und weitflächige Menschenrechtsverletzungen i.S. eines *consistent pattern* handele. Mithin hat sich also spätestens seit Beginn der siebziger Jahre eine äußerst liberale Praxis bei der Anwendung der Art. 55 und 56 UN-Charta durchgesetzt, mit der das Konzept der „inneren Angelegenheiten" im Falle eines „Gesamtzusammenhangs grober Menschenrechtsverletzungen" erheblich eingeschränkt wurde[76]. Allein diese Auslegung wird dem in Art. 1 Abs. 3 UN-Charta enthaltenen Ziel der Achtung der Menschenrechte gerecht[77].

---

[72] *Tomuschat*, VN 1976, S. 168.

[73] *Zuijdwijk*, S. 78.

[74] Working Paper submitted by Mr. V. Kartashkin..., E/CN.4/Sub.2/1999/29 (15.06.1999), Abs. 15.

[75] *Ermacora* in: Simma (Hrsg.), Charta der Vereinten Nationen, Art. 2 Ziff. 7, Rn. 44.

[76] *Buergenthal*, International Human Rights, S. 98; *Noll-Wagenfeld*, VN 1977, S. 182; *M. Nowak*, NYIL 22 (1991), S. 86; *Tomuschat*, VN 1976, S. 168.

[77] *Riedel*, „Menschenrechtskommission" in: Wolfrum (Hrsg.), Handbuch Vereinte Nationen, Rn. 5. Vgl. auch *Riedel*, in: Baum/ders./Schaefer (Hrsg.), Menschenrechtsschutz in der Praxis der Vereinten Nationen, S. 32. Auf die Berücksichtigung der Ziele der UN-Charta stellt auch *Kartashkin*, RDH 8 (1975), S. 14, 15 ab.

In der Lehre wird ein Restbereich des Interventionsverbots allerdings noch insoweit angenommen, als es sich um den Schutz der Menschenrechte (*protection*) handele: dieser falle noch immer in die ausschließliche Zuständigkeit der Staaten[78]. Unabhängig von der genauen Definition von „Schutz" - wozu allenfalls verbindliche Entscheidungen zur Wiederherstellung verletzter Rechte zu zählen wären[79] - ist es fraglich, inwieweit diese Auslegung von Art. 2 Ziff. 7 UN-Charta tatsächlich zwingend ist. Soweit es sich bei jener Feststellung nur um eine Beschreibung der faktischen Sachlage handelt, ist darauf zu verweisen, daß eine nicht unerhebliche Zahl von Staaten bereits auf vertraglicher Ebene die Jurisdiktion eines oder mehrerer internationaler Entscheidungsgremien anerkannt haben. Auch wenn natürlich ein Verfahren auf vertraglicher Grundlage wegen des Einverständnisses des Vertragsstaates nicht an Art. 2 Ziff. 7 zu messen ist, zeigt doch dieser Umstand, daß Schutzmechanismen nun in weitem Umfang nicht mehr ausschließlich innere Angelegenheiten betreffen. Soll mit diesem Ergebnis aber - was eher wahrscheinlich ist - ein Verbot bestätigt werden, das UN-Organen untersagt, entsprechend verbindliche Entscheidungen in bezug auf Einzelfälle zu treffen, so ist es weder erforderlich noch auch nur begründbar, insoweit auf Art. 2 Ziff. 7 UN-Charta zurückzugreifen. Denn hierfür fehlt es jedenfalls an einer Befugnisnorm in der Charta. Abgesehen vom Sicherheitsrat kann grundsätzlich keines der politischen Organe für einen Mitgliedstaat verbindliche Entscheidungen treffen, und zwar auch nicht im Bereich der Menschenrechte. Sie müssen sich in ihren Aktivitäten vielmehr auf „symbolische" Verfahren beschränken, die im weitesten Sinne dem Bereich der diplomatischen Einflußnahme angehören[80].

2. Die einzelnen Phasen des 1503-Verfahrens

Die von den UN-Organen entwickelte Praxis der Auslegung und Anwendung von Art 2 Ziff. 7 UN-Charta weist grundsätzlich keine Überschneidungen mit dem 1503-Verfahren auf. Ist oben festgestellt worden, daß es hierbei - neben der unter dem Gesichtspunkt der Einmischung problemlosen Kooperation - in erster Linie auf Informationsbeschaffung in Fällen systematischer grober Menschenrechtsverletzungen ankommt, so folgen nach dem Gesagten aus Art. 2 Ziff. 7 UN-Charta keine Bedenken in bezug auf die Rechtmäßigkeit.

---

[78] *Ermacora* in: Simma (Hrsg.), Charta der Vereinten Nationen, Art. 2 Ziff. 7, Rn. 44.

[79] Siehe zur Kritik an der Bezeichnung „Schutz" im Zusammenhang mit den Aktivitäten der MRK bereits oben § 10.I., S. 116.

[80] *Boekle*, NQHR 13 (1995), S. 372; *Riedel*, in: Baum/ders./Schaefer (Hrsg.), Menschenrechtsschutz in der Praxis der Vereinten Nationen, S. 34.

a) Der Empfang der Beschwerden

In bezug auf den Empfang einzelner Beschwerden, den Ausgangspunkt des 1503-Verfahrens, wurde zum Teil vertreten, daß zwar das Zusammentragen von Informationen von Art. 55 lit. c) UN-Charta erfaßt wird, das 1503-Verfahren aber in seinem Kern darüber hinausgehe[81]. Denn hier würden Einzelfälle auf die behaupteten Menschenrechtsverletzungen hin überprüft werden[82]. Die Untersuchung solcher Einzelfälle durch ein internationales Gremium an sich stelle aber als Maßnahme des Menschenrechts*schutzes* einen von Art. 2 Ziff. 7 gerade zu unterbindenden Eingriff in die inneren Angelegenheiten und die Souveränität eines Staates dar[83].

Die Praxis der Kommission und anderer Organe bestätigt den Ausgangspunkt dieser Argumente in verschiedener Hinsicht nicht. Zum einen sind verschiedentlich Einzelfälle Gegenstand von Resolutionen und sonstigen Maßnahmen gewesen[84], ohne daß Art. 2 Ziff. 7 der Charta hier als ein Hindernis angesehen wurde[85]. Die Praxis ließe also durchaus auch die Behandlung von Einzelfällen zu. Es werden aber - und dies ist entscheidend - im 1503-Verfahren gerade keine Einzelfälle behandelt, vielmehr beschränkt es sich auf Situationen schwerer Verstöße gegen die Menschenrechte[86]. Die Grenze zum „Schutz der Menschenrechte" ist damit noch nicht überschritten, solange es nämlich noch immer zum Bereich der Information über Menschenrechtsverletzungen gezählt werden kann.

---

[81] *Meißner,* S. 34. Vgl. insoweit auch die Nachweise bei *Cassese*, RDH 5 (1972), S. 390 Anm. 7.

[82] *Meißner,* S. 34.

[83] *Cassese*, La Comunità Internazionale 30 (1975), S. 53; *ders.*, in: Alston (Hrsg.), The United Nations and Human Rights, S. 34; *Ermacora*, RDH 7 (1974), S. 677ähnlich *Graefrath*, Horizont Nr. 4/1976, S. 6

[84] So telegraphierte die Unterkommission beispielweise 1983 an die Regierung Uruguays, um die Freilassung des inhaftierten Mathematikprofessors *Massera* aus humanitären Gründen zu erreichen - *Tolley*, The U.N. Commission on Human Rights, S. 130. Gleichermaßen hat die Kommission auf Einzelschicksale hingewiesen, siehe nur die Referenz an die Friedensnobelpreisträgerin *Aung San Suu Kyi* im IV. Präambelabsatz zu Res. 1992/58 betreffend die Menschenrechtslage in Birma (Myanmar) (in: CHR, Report on the 48th session, E/1992/22, E/CN.4/1992/84, S. 136f.).

[85] Für die Zulässigkeit der Debatte von Einzelfällen ohne Zustimmung des betroffenen Staates, soweit es dabei um die Veranschaulichung systematischer und massiver Menschenrechtsverletzungen geht, auch *Chernichenko*: Expanded Working Paper submitted by Mr. Stanislav Chernichenko ..., E/CN.4/Sub.2/1997/29 (28.05.1997), Abs. 35.

[86] Wie geschildert, werden Beschwerden über Einzefälle grundsätzlich gar nicht mehr diesem Verfahren zugeführt - siehe § 19.I., S. 261.

Außerdem kommt es gerade nicht zu einer gerichtsförmigen Untersuchung und Beweiserhebung. Lediglich die Glaubwürdigkeit der Beschwerden wird summarisch geprüft.

b) Die Durchführung von Studien und Ernennung unabhängiger Experten

Fraglich ist allerdings, ob die Durchführung von eingehenden Studien und die Untersuchung durch Sonderberichterstatter eine derartige Einmischung darstellen. In diesem Zusammenhang ist es bemerkenswert, daß beispielsweise dem im Falle Äquatorialguineas tätig gewordenen Sonderberichterstatter nie entgegengehalten wurde, er handle im Hinblick auf Res. 1503 (XLVIII) *ultra vires*[87]. Gleichwohl ist dieser Fall unter dem Aspekt des Interventionsverbotes noch am ehesten problematisch[88]. Ein in Abs. 7 lit. d) Ziff. (iii) Res. 2000/3 intendierter Vor-Ort-Besuch eines Sondergesandten im Rahmen direkter Kontakte würde eine solche Einmischung darstellen[89], doch erfordert dieser ohnehin die Zustimmung des betroffenen Landes[90]. Erteilt die Regierung hierzu ihr Einverständnis, so bleibt ihr auch der Einwand des Interventionsverbotes versagt: eine unbefugte Einmischung liegt dann eindeutig nicht mehr vor.

Es bleiben damit die Fälle, in denen Studien und Berichte über Menschenrechtssituationen von außen, also ohne einen Besuch des fraglichen Landes, vorgenommen werden. Eine ausdrückliche Ermächtigung des ECOSOC zur Durchführung von Untersuchungen und der Erstellung von Berichten enthält Art. 62 Abs. 2 für den Bereich der Menschenrechte nicht[91]. Gleichwohl war es nie angezweifelt worden, daß auch der Rat Studien und Berichte zu Menschenrechtsfragen erstellen konnte, ist dies doch notwendig in seiner Empfehlungsbefugnis enthalten[92]. Nach den oben aufgestellten Kriterien handelt es sich hierbei um die Beschaffung allgemeiner Informationen über behauptete Menschenrechtsver-

---

[87] *Tardu*, Santa Clara Law Rev. 20 (1980), S. 597.

[88] *M. Nowak*, NYIL 22 (1991), S. 86.

[89] *Zuijdwijk*, S. 89.

[90] *Ermacora*, RDH 7 (1974), S. 684; *M. Nowak*, NYIL 22 (1991), S. 88.

[91] Zur Durchführung von entsprechenden Untersuchungen und Erstellung von Berichten ist der Rat nur in den in Art. 62 Abs. 1 UN-Charta genannten Aufgabenbereichen Wirtschaft, Sozialwesen, Kultur, Erziehung und Gesundheit u.ä. ermächtigt, während die Generalversammlung ihrerseits auch Studien zu Menschenrechtsfragen durchführen lassen darf (Art. 13 Abs. 1 lit. b] der Charta).

[92] *Lagoni* in: Simma (Hrsg.), Charta der Vereinten Nationen, Art. 62, Rn. 23. Zur Befugnis, Empfehlungen an die Staaten zu richten, siehe sogleich im Text.

letzungen, die nicht mehr zum ausschließlichen Zuständigkeitsbereich der Staaten gehören, soweit es sich um grobe und systematische Menschenrechtsverletzungen im Sinne eines *consistent pattern* handelt. Eine Untersuchung der Behauptungen von außen mit dem Ziel der Tatsachenfeststellung (*fact-finding*) ist keine „Einmischung in innere Angelegenheiten", soweit sie zum Ausgangspunkt glaubwürdige Hinweise und Berichte hat[93].

Möglichen Konflikten in diesem Bereich ist zudem durch die Ausgestaltung des Verfahrens vorgebeugt. Die WGC nimmt eine - zumindest summarische - Glaubwürdigkeitsprüfung der Beschwerden vor, so daß nur in begründeten Fällen überhaupt die Möglichkeit besteht, eine entsprechende Untersuchung durchzuführen. Sie stellt gleichzeitig sicher, daß - im Einklang mit den von der Praxis zu Art. 2 Ziff. 7 UN-Charta entwickelten Erfordernissen sowie mit den Bestimmungen von Res. 2000/3 und 1 (XXIV) der Unterkommission - im Verfahren nur solche Situationen behandelt werden, die auch tatsächlich einen Gesamtzusammenhang grober Menschenrechtsverletzungen darstellen.

c) Debatte und Resolutionen

Gegen die Zulässigkeit der Erörterung von Menschenrechtsverletzungen und der Abgabe von Empfehlungen wird vorgetragen, daß schon Art. 55 lit. c) UN-Charta allenfalls Maßnahmen zur „allgemeinen" Förderung der Menschenrechte, nicht aber gegen einen einzelnen Staat gerichtete erlaube[94]. Die UN - durch die MRK handelnd - könnten unter dem Gesichtspunkt des Interventionsverbotes keinesfalls ein Verfahren einführen, in dem der betroffene Staat gezwungen ist, sich wider Willen vor einem internationalen Organ zu rechtfertigen[95]. Denn insbesondere Empfehlungen können die Grundlage für eine mögliche politische Verurteilung des Staates durch den ECOSOC oder die Generalversammlung bilden[96], die in ihren praktischen Auswirkungen den Entscheidungen eines internationalen Gerichtes nicht nachstehen würden[97]. Es sei daher

---

[93] *M. Nowak*, NYIL 22 (1991), S. 86; *Ermacora*, RDH 7 (1974), S. 677; *Ermacora*, Report on the situation of human rights in Afghanistan, E/CN.4/1985/21 (19.02.1985), Abs. 35; i.E. auch *Buergenthal*, International Human Rights, S. 26; *Zuijdwijk*, S. 79. A.A. *Meißner*, S. 21.

[94] *Kartashkin*, RDH 8 (1975), S. 12f.; *Meißner*, S. 34.

[95] *Meißner*, S. 34f.

[96] Siehe oben § 19.IV.E.1., S. 283

[97] *Meißner*, S. 35.

die konkrete Auseinandersetzung mit individuellen Ländern nur unter außergewöhnlichen Umständen zulässig[98].

Die zuständigen UN-Organe sind, entgegen dieser Ansicht, jedoch nicht darauf beschränkt, allgemeine Stellungnahmen abzugeben[99]. Sie können vielmehr auch zu konkreten Einzelfragen Empfehlungen an einzelne Mitgliedstaaten verabschieden[100]. Für den Menschenrechtsbereich wurde dies spätestens mit der erwähnten Chile-Resolution der Generalversammlung endgültig klargestellt[101]. In diesem Zusammenhang ergibt sich eine konkrete Einschränkung der Wirkung des Einmischungsverbots aus Art. 62 Abs. 2 UN-Charta. Der ECOSOC hat bereits frühzeitig die Praxis entwickelt, auch Empfehlungen an einzelne Staaten zu richten[102]. Diese Befugnis kann er im Einklang mit Art. 7 UN-Charta auf die MRK übertragen. Art. 2 Ziff. 7 UN-Charta hindert den ECOSOC in diesem Zusammenhang lediglich daran, direkte rechtlich verbindliche Vorgaben zu beschließen[103], was sich allerdings bereits aus der Charta selbst ergibt.

Zudem stellen nach wohl überwiegender Ansicht weder die Aufnahme eines entsprechenden Tagesordnungspunktes, der zur Debatte genutzt wird, noch die Verabschiedung einer entsprechenden Resolution eine Intervention oder Einmischung im technischen Sinne dar[104]. Eine entsprechende Verurteilung durch die Kommission, den ECOSOC oder gar die GA können zwar schwerwiegende Folgen haben, doch seien diese bloß faktischer Natur. Es gebe keinerlei Rechtsverpflichtung, die Diskussionen und deren Ergebnisse sowie sonstige Empfehlungen

---

[98] *Cassese*, International Law in a Divided World, S. 301.

[99] *Schwelb*, RDH 1 (1968), S. 373.

[100] Die ursprünglichen Vertragsparteien in San Francisco hatten im Ergebnis des Widerstandes der USA keine ausdrückliche individuelle Empfehlungsbefugnis in die Charta aufgenommen. Bereits 1948 konnte sich der ECOSOC im Streit um die jugoslawischen Goldreserven aber nicht mehrheitlich auf diesen Standpunkt - daß ihm eine solche Befugnis nicht zustehe - einigen, er wies das Gesuch der jugoslawischen Regierung jedoch aus anderen Gründen, jedoch nicht wegen Art. 62 zurück (*Schwelb*, RDH 1 (1968), S. 373): Resolution vom 09.03.1949, E/764 (09.03.1948) - zum ganzen *Lauterpacht*, International Law and Human Rights, S. 171f., Anm. 16.

[101] *Tomuschat*, VN 1976, S. 168.

[102] *Lagoni* in: Simma (Hrsg.), Charta der Vereinten Nationen, Art. 62, Rn. 22; Repertory III, Art. 62 (2), Abs. 10, S. 252f. m.w.N.

[103] *Lauterpacht*, International Law and Human Rights, S. 171.

[104] Siehe die Nachweise oben bei Fn. 24, S. 597.

seitens des betroffenen Staates wahrzunehmen[105]. Lediglich die öffentliche Meinung vermöge in Folge dessen erheblichen Druck auf den betroffenen Staat auszuüben[106]. Daß sich der betroffene Staat aus politisch-takischen Gründen zumeist gezwungen sieht, zu den gegen ihn erhobenen Vorwürfen Stellung zu nehmen - wenn auch unter Berufung auf Art. 2 Ziff. 7 UN-Charta[107]- ändere nichts an der grundsätzlichen Zulässigkeit einer solchen Debatte. Denn dies entziehe sich dem Regelungsbereich der UN-Charta insgesamt[108] und könne demnach auch nicht von Art. 2 Ziff. 7 eingeschränkt werden. Ungeachtet ihrer tatsächlichen Überzeugungswirkung stellen empfehlende Resolutionen mithin keine Intervention oder Einmischung dar[109].

Wie eingangs erläutert, ist dieser enge Interventionsbegriff aber nicht unangefochten. Vielmehr sieht eine Ansicht grundsätzlich sämtliche Aktivitäten der UN, insbesondere aber die Diskussion und die Verabschiedung von Resolutionen zu dem betreffenden Gegenstand, als eine Einmischung bzw. Intervention an. Hierfür spricht u.a. ein historischer Vergleich mit der Vorgängerbestimmung Art. 15 Abs. 8 VBS: diese betraf ausdrücklich nur die Streitbeilegung zwischen zwei Staaten. In dieser Situation hatte bereits die Verabschiedung einer Resolution unterbunden werden sollen, so daß hierbei jedenfalls ein weiter Interventionsbegriff verwendet wurde. Stellt man auf das Ziel der Chartageber ab, mit Art. 2 Ziff. 7 einen weitergehenden Bereich vor dem Zugriff der Organisation zu schützen[110], so spricht dies gleichfalls für ein weites Verständnis. Der Interventionsbegriff der UN-Charta ist ein spezieller, der nicht mit dem im allgemeinen Völkerrecht für die Beziehungen zwischen Staaten übereinstimmt[111]. Die weite Sichtweise wird - abgesehen von der *Friendly-Relations*-Deklaration - aber auch von der ausführlichen Debatte um die Reichweite der „inneren Zuständigkeit“ im

---

[105] *Ermacora* in: Simma (Hrsg.), Charta der Vereinten Nationen, Art. 2 Ziff. 7, Rn. 21.

[106] *Lauterpacht*, International Law and Human Rights, S. 169.

[107] Siehe *Ermacora* in: Simma (Hrsg.), Charta der Vereinten Nationen, Art. 2 Ziff. 7, Rn. 21.

[108] *Lauterpacht*, International Law and Human Rights, S. 170.

[109] *Lauterpacht*, International Law and Human Rights, S. 194 unter Hinweis auf die Stellungnahmen verschiedener lateinamerikanischer Länder in der Debatte der Generalversammlung zur Behandlung indischer Staatsangehöriger in Südafrika.

[110] Siehe oben Fn. 33, S. 599.

[111] Siehe nur *Ritterband*, S 399, unter Verweis auf Art. 31 Abs. 4 WVK und die entsprechenden Entstehungsmaterialien von Art. 2 Ziff. 7: Supplement to Report of Rapporteur, Committee I/1, To Commission I, Doc. 1070 I/1/34 (1) (d) (18.06.1945), in: UNCIO Doc. VI S. 486.

Menschenrechtsbereich gestützt. Würde es sich hierbei nicht um eine Einmischung handeln, wäre die Erörterung von Situationen der Verletzungen der Menschenrechte von vornherein unter Art. 2 Ziff. 7 unproblematisch.

Auch wenn es sich somit um eine Intervention im Sinne des besagten Grundsatzes handelt, folgt aus dem Charakter des Verfahrensgegenstandes, der nicht mehr zur wesentlichen inneren Angelegenheit zu zählen ist, daß die Durchführung einer Debatte[112] ebenso wie die Verabschiedung einer Resolution im Rahmen des 1503-Verfahrens nicht im Widerspruch zu Art. 2 Ziff. 7 stehen[113].

d) Ergebnis

Das 1503-Verfahren berührt mit seinen Maßnahmen, abgesehen von einer Untersuchung vor Ort, also keineswegs die inneren Angelegenheiten[114]. Denn selbst wenn das zweite Ziel - Kooperation und friedliche Beilegung der Streitigkeiten - nicht erreicht wird, so besteht, abgesehen von einer Entscheidung des Sicherheitsrates nach dem VII. Kapitel, keinerlei Sanktionsmöglichkeit[115].

3. Weitere Konzeption

Neben der dargestellten Auffassung, daß Art. 2 Ziff. 7 UN-Charta in den genannten Fällen nicht verletzt ist, da insoweit gar nicht tatbestandlich einschlägig, steht eine weitere Ansicht, die gar nicht erst auf die Einzelheiten der Auslegung dieses Artikels eingeht. In den Fällen eines *consistent pattern* sei es offensichtlich, daß der betreffende Staat die Bestimmungen der Charta aus Art. 55 und 56 verletze. Würden Menschenrechte in großem Ausmaß verletzt oder ihre Verletzung geduldet, so würde dies der Verpflichtung zur Förderung der Menschenrechte zuwiderlaufen - ungeachtet der Unschärfe dieser Bestimmung[116]. Hieraus folge, daß der jeweilige Staat gar nicht erst vom Schutzbereich der *Domestic-Jurisdiction*-Klausel erfaßt sei, er sich also hierauf nicht berufen

---

[112] *Ermacora*, RDH 7 (1974), S. 677; *Kimminich*, APuZ, B 36/91, S. 31; *M. Nowak*, NYIL 22 (1991), S. 86; *Tardu*, Santa Clara Law Rev. 20 (1980), S. 582.

[113] *Humphrey*, in: Luard (Hrsg.), The International Protection, S. 42; *M. Nowak*, NYIL 22 (1991), S. 86; *Sohn*, Int'l. Studies Quarterly 23 (1979), S. 206; *Tomuschat*, VN 1976, S. 168; *Ermacora*, RDH 7 (1974), S. 677; *Zuijdwijk*, S. 89. A.A. noch *Meißner*, S. 21.

[114] *Ermacora*, RDH 7 (1974), S. 684.

[115] *Ermacora*, RDH 7 (1974), S. 685.

[116] *Buergenthal*, in: A. Henkin (Hrsg.), Human Dignity, S. 17.

dürfe[117]. Ausdrücklich ist ein solcher Rechtsverzicht in der Charta aber nicht enthalten. Die wiedergegebene Auffassung beruht offenbar auf der Überlegung, daß die UNO gegen offenkundige Verletzungen ihrer Satzung im Wege einer Gegenmaßnahme (Repressalie) vorgehen kann und dann nicht mehr an entsprechende Einschränkungen gebunden sei.

Eine solche Konstruktion begegnet schwerwiegenden rechtlichen Bedenken. Beachtet die Organisation in ihrer Tätigkeit die hierfür vorgesehene Beschränkung aus Art. 2 Ziff. 7 UN-Charta trotz ihrer tatbestandlichen Einschlägigkeit nicht, handelt sie *ultra vires*. Eine Rechtfertigung oder Ausdehnung ihrer Befugnisse ist - auch im Falle von Satzungsverstößen der Mitgliedstaaten - gerade nicht vorgesehen. Die UNO als internationale Organisation leitet ihre Existenz allein aus der UN-Charta, ab. Dies bedeutet, daß sämtliche in der Charta festgelegten Verpflichtungen und Berechtigungen - auf Seiten der Mitgliedstaaten, aber auch auf Seiten der Organisation als solcher - das Fundament und die eigentliche Existenz der Organisation ausmachen. Handelt es sich aber um ein ausgefeiltes und in sich abgestimmtes Organisationsstatut wie die UN-Charta, so erscheint es schon unter dem Gesichtspunkt der Einheitlichkeit eines Rechtsaktes rechtlich unmöglich, einen bestimmten Bestandteil außer Kraft zu setzen, während der verbleibende, gültige Teil des Statuts gleichzeitig als rechtliche Grundlage für die Existenz und jedwedes Tätigwerden derselben Organisation herangezogen wird.

Gleichermaßen würde bei einer solchen Möglichkeit das gesamte System der UN-Charta auch in bezug auf die vorgesehenen Sanktionsmechanismen gestört. Für die Nichtbeachtung bestimmter grundlegender Prinzipien ihrer selbst stellt die Charta in Kapitel VII entsprechende Maßnahmen bereit. Weitergehende Sanktionen, etwa eine nun zulässige Einmischung in innere Angelegenheiten, sind gerade nicht vorgesehen. Diese Sichtweise wird durch den letzten Halbsatz von Art. 2 Ziff. 7 bestätigt: eine Ausnahme vom Interventionsverbot bedurfte nach Ansicht der Schöpfer der Charta einer ausdrücklichen Erwähnung[118].

---

[117] *Buergenthal,* in: A. Henkin (Hrsg.), Human Dignity, S. 17. Eine ähnliche Argumentation findet sich - in gänzlich anderem Zusammenhang - in bezug auf die Zulässigkeit eines Vorgehens des Sicherheitsrates bei dem Vertreter Ceylons bereits 1960: Art. 2 Ziff. 7 sei dann - vor dem Hintergrund des Willens der Schöpfer der Charta - schlicht nicht anwendbar, wenn es sich um die Reaktion auf die Maßnahme eines Staates handele, die im Widerspruch zu den Zielen und Grundsätzen der UN-Charta stehe. SCOR, 15th Year, 852nd meeting, 30th March 1960, Abs. 7.

[118] Die Konzeption der UN-Charta, die eine Eingreifbefugnis der Organisation nur bei schwersten Verstößen gegen die Charta (nämlich das Gewaltverbot), dann aber in Form von

Eine zusätzliche Sanktionsform im Falle der Mißachtung von Menschenrechten ist daher nicht auf diesem Wege herleitbar. Die Ansicht, die dem Staat die Berufung auf Art. 2 Ziff. 7 allein aus dem Grund verwehren will, daß dieser selbst gegen die Charta verstößt, steht damit im Widerspruch zum geltenden Recht. Wie aus dem vorstehenden ersichtlich geworden ist, bedarf es jedoch keiner weiteren Rechtfertigung, da das 1503-Verfahren in seiner Ausgestaltung keinen Verstoß gegen das Einmischungsverbot von Art. 2 Ziff. 7 UN-Charta darstellt.

B. Artikel 2 Ziffer 1 UN-Charta

Allgemeine Zweifel an der Rechtmäßigkeit eines solchen Verfahrens äußerte die 1973 selbst von einer Erörterung der MRK betroffene griechische Regierung wegen eines möglichen Verstoßes gegen das in Art. 2 Ziff. 1 UN-Charta niedergelegte Prinzip der souveränen Gleichheit der Staaten[119]. Es ist nicht das Verfahren als solches, das eine ungleiche Behandlung der Mitgliedstaaten vorsieht. Vielmehr hat die Verfahrenspraxis, wie oben gezeigt, zu ungleichen Ergebnissen bei der Beurteilung einzelner, untereinander vergleichbarer Fälle geführt.

Das Prinzip der souveränen Staatengleichheit betrifft freilich in erster Linie und grundlegend das Verhältnis zwischen den Staaten. Im Verhältnis zu einer internationalen Organisation wie der UNO findet es durch die institutionellen Aspekte eine inhärente faktische Einschränkung[120]. Besonders deutlich wird dies in der Zulässigkeit von Mehrheitsentscheidungen[121]. Dieser Umstand folgt seinerseits daraus, daß die beteiligten Mitglieder bei ihrer Entscheidungsfindung nicht ausschließlich an rechtliche Maßstäbe gebunden sind, sondern aufgrund eigener politischer Zweckmäßigkeitserwägungen entscheiden können. Jene politische Ausgestaltung der Kommission ist aber - wie in der Debatte über ihre Zusammensetzung deutlich geworden[122] - bewußt eingeführt worden. Nicht nur in bezug auf

---

militärischer Gewalt vorsieht, zugleich aber bei weniger schwerwiegenden Verstößen keine mandatorischen Handlungsbefugnis verleiht, ist zu Recht von *Czempiel*, S. 110f., deutlicher Kritik unterzogen worden. Gleichwohl entspricht dieser Befund der gültigen Rechtslage.

[119] Letter dated 12 August 1973 from the Permanent Representative of Greece to the United Nations addressed to the Secretary-General, E/5415 (16.08.1973), S. 2.

[120] *Brownlie*, S. 292.

[121] *Brownlie*, S. 292. Siehe besipielsweise die Bestimmungen in Art. 18 Abs. 2 und 3, Art, 27 Abs. 2 und 3 UN-Charta.

[122] Siehe oben § 4.II., S. 43f.

die MRK, sondern in noch viel stärkerem Maße für die Generalversammlung und den Sicherheitsrat, wird so eine konsistente und nicht diskriminierende Entscheidungspraxis praktisch nicht gewährleistet werden können. Rechtstechnisch läßt sich dies mit einer konkludenten Anerkennung dieser Praxis und einer Unterwerfung unter derartige Entscheidungen durch den Beitritt zu einer derart politisch ausgestalteten Organisation erklären.

Dies heißt freilich nicht, daß die Organe der UNO als solche nicht der Bindungswirkung jenes Grundsatzes unterliegen. Im Verhältnis zu den Mitgliedstaaten hat das Prinzip der souveränen Gleichheit der Staaten jedoch seine besondere Ausprägung im Interventionsverbot des Art. 2 Ziff. 7 gefunden[123]. Soweit diesem Grundsatz entsprochen wird, was im 1503-Verfahren der Fall ist, und überdies die vorgesehenen Verfahrenserfordernisse eingehalten werden, also die formelle Legitimität gegeben ist, liegt insofern in der Durchführung des 1503-Verfahrens auch kein Verstoß gegen Art. 2 Ziff. 1 UN-Charta.

C. Verpflichtungen zu Lasten Dritter

Außerdem, so wurde vorgetragen, würden im Rahmen eines 1503-Verfahrens als Maßstab Menschenrechte angelegt, deren Geltung von den beteiligten Staaten nicht anerkannt sei[124]. Die zahlreichen vergeblichen Versuche, einen individuellen Menschenrechtsschutz einzurichten, seien ein deutliches Indiz gegen die Rechtmäßigkeit eines solchen außervertraglichen Verfahrens[125].

Dieser Vorwurf ist in seinem Ansatz berechtigt, er vermag aber im Ergebnis, bei einer genauen Betrachtung der Ziele des Verfahrens, nicht zu überzeugen. Denn das Verfahren zielt nicht unmittelbar auf die Wiederherstellung der verletzten Menschenrechte ab, nimmt also nicht unmittelbar die betroffene Regierung in die Pflicht, das in Rede stehende Verhalten den Erfordernissen einer möglicherweise nicht bindenden Menschenrechtsnorm anzupassen. Eine unmittelbare Sanktion im Sinne des allgemeinen Völkerrechts will und kann das 1503-Verfahren gar nicht verhängen[126]. Wie schon oben gezeigt, ist das Ziel vielmehr zunächst, die beteiligten Gremien über die Situation zu informieren und zudem im Wege des Dialogs und der Kooperation die betreffende Regierung zu einer Ver-

---

[123] *Ermacora* in: Simma (Hrsg.), Charta der Vereinten Nationen, Art. 2 Ziff. 7, Rn. 12.

[124] *Ermacora*, RDH 7 (1974), S. 684. Siehe insoweit auch oben § 24.I.C.2., S. 404.

[125] *Meißner*, S. 33.

[126] *Ermacora*, RDH 7 (1974), S. 684. Dies ergibt sich bereits aus den beschränkten Befugnissen der beteiligten Organe.

besserung der Situation zu bewegen[127]. Zunächst kann schon die Informationsfunktion, selbst soweit sie mit einer Klassifikation der verletzten Rechte einhergeht, keinesfalls eine Drittverpflichtung begründen. Und für die zweite Funktion wird schon angesichts des angewendeten Mittels - Kooperation - deutlich, daß es hier gerade nicht um zwangsweise durchgesetzte Rechte verbindlichen Charakters geht. Es ist so der Vorwurf widerlegt, mit dem 1503-Verfahren würden einem Staat von dritter Seite ohne dessen Zustimmung Pflichten auferlegt.

D. Sonstige Maßstäbe

Insbesondere im Zuge der Debatte um Res. 1503 (XLVIII) ist, besonders von den Staaten des sozialistischen Blocks, wiederholt darauf verwiesen worden, daß ein solches Verfahren gegen die letztmalig in Res. 728 F (XXVIII) bestätigte *No power*-Doktrin verstoße. Dieser Grundsatz sei noch immer in Kraft[128]. Res. 1235 (XLII) habe diesen Verfahrensgrundsatz nicht aufgehoben, da es sich insoweit um die Erörterung in einem anderen Tagesordnungspunkt gehandelt habe[129]. Freilich kann dieses formalistische Element zumindest in bezug auf das mit Res. 1503 (XLVIII) eingeführte Verfahren nicht überzeugen. Gerade dieses wird im Rahmen eines Unterpunktes jenes allgemeinen Tagesordnungspunktes durchgeführt. Darüber hinaus haben sowohl der allgemeine Tenor, als auch die einzelnen Bestimmungen von Res. 1235 (XLII) die fragliche Bestimmung (Abs. 1) der früheren Resolution aufgehoben[130]. Indem nunmehr auch die Benutzung der einzelnen Beschwerden gestattet sei, ist der eigentliche Hintergrund von Res. 728 F (XXVIII) aufgehoben und praktisch in seiner Substanz ausgetauscht

---

[127] *Ermacora*, RDH 7 (1974), S. 684 und oben § 22.III., S. 356.

[128] CHR, Report of the 25th session, E/4621, E/CN.4/1007 (1969), Abs. 421; *Sohn*, Int'l. Studies Quarterly 23 (1979), S. 202. So auch schon bei der Diskussion über das Verfahren - CHR, Summary record of the 1034th meeting [17.03.1969], E/CN.4/SR.1030-1045 (29.07.1969), S. 55 (Sowjetunion).

[129] So insbesondere die Stellungnahme Polens vor Verabschiedung der späteren Res. 1503 (XLVIII) - E/CN.4/1014/Add.2 (10.02.1970), S. 3 (4). Ähnlich argumentierten auch die übrigen sozialistischen Staaten - vgl. oben § 15.III.D., S. 217. A.A. beispielsweise die Stellungnahme der Niederlande - E/CN.4/1014 (14.01.1970), S. 9.

[130] CHR, Report of the 25th session, E/4621, E/CN.4/1007 (1969), Abs. 423; Summary records of the 1032nd meeting [14.03.1969], E/CN.4/SR.1030-1045 (29.07.1969), S. 26 (USA).

worden[131]. Res. 1235 (XLII) statte nämlich die Kommission mit der Befugnis aus, die Petitionen zu behandeln[132].

Nach anderer Ansicht ist die *No power*-Doktrin allerdings noch immer und unbeschränkt in Kraft, soweit sie die einzelnen Beschwerden betreffe. Res. 1503 (XLVIII) und 1235 (XLII) gestatteten die Erörterung und Behandlung von Situationen, nicht aber irgendwelche Maßnahmen in bezug auf die Beschwerden[133]. Diese Sichtweise bestätigt jedoch implizit, daß die *No power*-Doktrin gerade nicht mehr auf das 1503-Verfahren selbst angewendet werden könne.

Für die generelle Rechtmäßigkeit unter diesem Aspekt spricht schließlich auch, daß es hier - wenn überhaupt - lediglich um den Widerspruch zweier gleichrangiger Instrumente geht, nämlich von Resolutionen des ECOSOC. Insofern gilt das allgemeine Prinzip *lex posterior derogat legi priori*, so daß entsprechende Passagen der früheren Resolution 728 F (XXVIII) mit dem Erlaß der nachfolgenden aufgehoben wurden. Aber selbst wenn dies mit Res. 1235 (XLII) selbst nicht der Fall gewesen sollte, so haben doch spätestens Res. 1503 (XLVIII) - wieder auf gleicher Ebene wie Res. 728 F und wiederum später erlassen - sowie die anderen in diesem Zusammenhang erlassenen Entschließungen des ECOSOC die Einschränkung jenes Grundsatzes bestätigt. Zweifel an der Rechtmäßigkeit des Verfahrens in dieser Hinsicht sind also unbegründet.

---

131 So die Stellungnahme der USA zum Entwurf für die spätere Res. 1503 (XLVIII) - E/CN.4/1014 (14.01.1970), S. 21.

132 *Zuijdwijk*, S. 20.

133 Working Paper presented by Mr. Chernichenko and Mr. Treat, E/CN.4/Sub.2/1989/51 (11.08.1989), Abs. 3.

§ 35. Bewertung des Verfahrens

Abschließend soll eine Bewertung des Verfahrens vorgenommen werden, die auf die Auswirkungen von Existenz und Durchführung des Verfahrens einzugehen hat. Dabei soll nicht auf die zweifelsohne bedeutenden historischen Verdienste abgestellt werden: es war das erste umfassende internationale Verfahren zur Behandlung von Beschwerden[1] und bestätigte den internationalen Charakter grober und systematischer Menschenrechtsverletzungen[2]. Zudem verschaffte es NGO die Möglichkeit, von ihnen recherchierte Berichte über systematische Menschenrechtsverletzungen als Beschwerden der MRK zur Kenntnis zu bringen[3] - der Anfang einer Entwicklung, nach der diese Organisationen mittlerweile selbst offizielle Dokumente zirkulieren lassen können. Der nicht unerhebliche Einfluß des Verfahrens auf später eingerichtete Kontrollmechanismen ist ebenfalls schon betont worden[4]. Diese Verdienste sind für ein umfassendes Bild des Verfahrens unerläßlich, für eine Einschätzung seiner aktuellen Wirkungsweise jedoch irrelevant.

Zahlreiche, zumeist kritische Stellungnahmen liegen zu diesem Themenkomplex vor und ranken sich um Begriffe wie Effektivität oder Erfolg des Verfahrens. Oft steht hinter diesen ein mehr oder weniger deutlich ausgeprägtes Interesse bzw. ein festgelegter Standpunkt, der sich bestimmten Gruppen von Akteuren der internationalen Menschenrechtsszene zuordnen läßt[5]. Die Stellungnahmen spiegeln diesen Hintergrund einer Äußerung oft ohne Brechung wider. Es scheint daher vielversprechend, einen von derartigen Zielerwartungen freien Standpunkt einzunehmen.

Die Wirksamkeit eines Verfahrens läßt sich in den verschiedensten Parametern feststellen. Zur Vermeidung unspezifischer Aussagen ohne einen konkret

---

[1] *Cassese*, La Comunità Internazionale 30 (1975), S. 49; Int.Comm.J.Rev. 9 (1972), S. 6; *Schwelb*, VN 1972, S. 85.

[2] *Alston,* Commission on Human Rights, in: ders. (Hrsg.), The United Nations and Human Rights, S. 152; *Schwelb*, Journal of the Israel Institute for the Study of International Affairs 13 (1974), S. 138. Siehe hierzu schon oben § 34.III.A.1., S. 602.

Indem das Verfahren insgesamt vertraulich ausgestaltet war, wurde so noch eher eine Zustimmung der Staaten erreicht - *Cassese*, La Comunità Internazionale 30 (1975), S. 60.

[3] Siehe *Marie,* S. 266.

[4] Siehe oben § 33, S. 587f.

[5] Vgl. allgemein zur Rolle persönlicher „Projekte“, „Visionen“ oder „Missionen“ von Völkerrechtlern in ihrem wissenschaftlichen Ansatz *Kennedy*, NYU Journal of International Law & Politics 32 (2000), S. 335ff.

umrissenen Maßstab erfolgt die Untersuchung in zwei Stufen. Es ist zwischen dem Maß der Zielerreichung, d.h. der Effektivität des Verfahrens im engeren Sinne und dessen eigentlicher Zweckmäßigkeit zu unterscheiden[6]. Zunächst ist somit zu fragen, in welchem Ausmaß und mit welchem Erfolg die oben nachgewiesenen unmittelbaren Aufgaben bzw. Ziele des Verfahrens[7] in der praktischen Durchführung erreicht wurde. Diese Erörterung orientiert sich allein an verfahrensinternen Faktoren und läßt alle äußeren Ziele oder Erwartungen als Maßstäbe außer Betracht. Der Vorteil dieser Beschränkung ist das Vorhandensein eines festumrissenen Maßstabes: das innere Ziel bzw. die unmittelbare Aufgabe des Verfahrens läßt sich aus dem zugrundeliegenden Resolutionstext und der späteren Organpraxis ableiten[8].

Die zweite Ebene der Untersuchung betrifft die Zweckmäßigkeit des Verfahrens, d.h., ob das Verfahren geeignet ist, einen außerhalb seiner selbst liegenden Zweck zu erreichen. Es werden externe, außerhalb des Verfahrens bestehende Maßstäbe angelegt. Ziel ist die Förderung und Durchsetzung der Menschenrechte. Dieser Zweck, gewissermaßen das Fernziel des Verfahrens, ist indes weniger klar vorgegeben. Es kann mit dieser gesonderten Untersuchung der notwendig unscharfe, da für subjektive Wertungen offene Bereich auf die zweite Frage der „Zweckmäßigkeit“ begrenzt werden. Einfache und offensichtliche Lösungen können hier freilich nicht erwartet werden, ist doch die Wirksamkeit des internationalen Menschenrechtsschutzes in den Worten eines ausgewiesenen Praktikers ein „großes und kaum lösbares Rätsel“ (*Tomuschat*)[9].

---

6 In diesem Sinne *Hoare*, in: Luard (Hrsg.), The International Protection, S. 92.

7 Siehe § 22.III., S. 356.

8 Insofern ergibt sich auch kein methodisches Problem in bezug auf den Nachweis des Verfahrenszieles, der oben wenigstens zum Teil anhand der Verfahrenspraxis erfolgte. Es ist aber zu differenzieren: der oben geführte Nachweis des Verfahrensziels beruht auf den Intentionen der Kommission, wie sie in ihren Beschlüssen zum Ausdruck kommen. Die hier zu untersuchende Effektivität der Verfahrensdurchführung stellt aber gerade nicht auf die Handlungsweisen der Kommission und der anderen Organe ab, sondern will sich mit den korrespondierenden Handlungen der betroffenen Staaten beschäftigen, mißt also gewissermaßen den Erfolg der Beschlüsse bezogen auf die jeweils angesprochenen Staaten. Daß hier kein Widerspruch besteht, wird auch daran deutlich, wenn man die Frage anders formuliert und nach der zufriedenstellenden Erfüllung der der Kommission gestellten Aufgaben fragt (so auch *Hoare*, in: *Luard* [Hrsg.], The International Protection, S. 92): ob diese ihr von anderer Seite auferlegt waren, oder ob sie sich diese selbst gestellt hatte, ist insofern nicht von Belang.

9 *Tomuschat*, VN 1976, S. 171.

I. Das Maß der Zielerreichung (Effektivität im engeren Sinne)

Die für die Beurteilung der Effektivität des Verfahrens an sich maßgeblichen unmittelbaren Ziele sind, wie ausführlich dargestellt, zweifach. Zum einen ist die Aufklärung von Tatsachen und die damit zusammenhängende Identifizierung von systematischen und groben Menschenrechtsverletzungen bezweckt. Das zweite Ziel ist die Aufrechterhaltung eines Dialogs mit der Regierung zum Zweck der besseren Tatsachenaufklärung wie auch der Verbesserung der Menschenrechtslage. Als Vergleichsmaßstab wird dabei, soweit anwendbar, das prinzipiell ähnliche, aber öffentlich ablaufende Länderverfahren der Kommission nach Res. 1235 (XLII) herangezogen.

A. Die Identifizierung systematischer Menschenrechtsverletzungen

Wie oben ausführlich dargestellt, greifen die Kommission und beide Arbeitsgruppen auf eine Vielfalt unterschiedlicher Informationsquellen zurück. An erster Stelle stehen dabei die Mitteilungen, häufig in Gestalt umfassender Berichte über Menschenrechtsverletzungen. Da es Voraussetzung für die Zulässigkeit einer Beschwerde ist, einen „Gesamtzusammenhang" aufzuzeigen, werden die beteiligten Organe sich ohnehin nur mit Situationen befassen, über die *prima facie* bereits ausreichende Informationen vorhanden sind. Zur Prüfung und Einschätzung dieser Situationen wird - so vorhanden - auf die Stellungnahmen der Regierungen zurückgegriffen, und zwar auf jeder Verfahrensstufe erneut. Schweigt die Regierung zu schlüssigen Vorwürfen, werden diese regelmäßig als zugestanden angesehen. Das Verfahren stellt also zunächst den Rahmen bereit, um zwei gegensätzliche Standpunkte zum Vorliegen oder Nichtvorliegen eines Gesamtzusammenhangs grober Menschenrechtsverletzungen zu erhalten. In Ergänzung jener Informationsquellen kann die Kommission schließlich noch auf weitere Informationen für ihre Entscheidungen zurückgreifen, insbesondere einen unabhängigen Experten mit der Berichterstattung über die Situation beauftragen und ergänzende Dokumente heranziehen.

Allerdings sind einer objektiven Feststellungs- und Identifizierungstätigkeit auch deutliche Grenzen gesetzt. Der politische Charakter des Verfahrens führte in nicht wenigen Fällen dazu, daß eine Situation ungeachtet der Erfüllung der rechtlichen Voraussetzungen nicht behandelt wurde. Hinzu kommt die zeitliche Verzögerung, mit der die in den einzelnen Mitteilungen enthaltenen Informationen die Kommission erreichen. Die ihr zur Verfügung stehenden Informationen sind - abgesehen von der Einrichtung direkter Kontakte - regelmäßig alt, möglicherweise auch schon längst überholt[10]. Die wohl größte Einschränkung des Identifizierungsaspekts folgt aus der eingeschränkten Stellung des Beschwerdeführers. Da für ihn keinerlei Möglichkeit zur ergänzenden Stellungnahme besteht, wird in der Praxis der Sichtweise der Staaten überproportionaler Einfluß zugestanden. Diese werden auf jeder Stufe des Verfahrens um eine Stellungnahme gebeten, zudem sind auch die direkten Kontakte und die in diesem Zusammenhang durchgeführten Vor-Ort-Besuche immer mit der Regierung abgestimmt. Eine dermaßen angeschuldigte Regierung wird nichts unversucht lassen, die von den Beschwerdeführern behaupteten Menschenrechtsverstöße unabhängig von den tatsächlichen Ereignissen zu leugnen bzw. diese in einem anderen Licht erscheinen zu lassen. Die ernsthafte und wirksame Erfüllung der Identifizierungsaufgabe setzt vor diesem Hintergrund Objektivität und Urteilsvermögen bei den Beteiligten - den Mitgliedern, gegebenenfalls auch dem Experten - voraus.

Ist dies gegeben, bzw. ist der politische Einfluß entsprechend minimiert, kann das Verfahren seine erste Aufgabe, die Identifizierung von Situationen grober Menschenrechtsverletzungen, angesichts der Verfahrensausgestaltung durchaus wirksam erfüllen; eine Garantie hierfür besteht jedoch nicht.

Es stellt sich freilich die Frage, ob und gegebenenfalls wie weit dieselben Funktionen nicht gleichermaßen effektiv im öffentlichen Verfahren erreicht werden können. Die Stellungnahmen von Regierungen und Berichte von Sonderberichterstattern sind auch in diesem vorhanden. Individualbeschwerden können grundsätzlich nicht herangezogen werden, doch können zumindest NGO mit Konsultativstatus schriftliche Berichte oder Stellungnahmen über schwerwiegende Menschenrechtsverletzungen als offizielle Dokument kursieren lassen oder durch eine gleichgesinnte Regierungsdelegation einreichen lassen. Besonderheiten des vertraulichen Verfahrens, und unter dem Aspekt der Informationsgewinnung seine einzige Rechtfertigung, sind daher einmal die Offenheit auch für Beschwerden von sonstigen Individuen und Gruppen, zum anderen das durch den dreistufigen Ausleseprozeß besonders begründete Gewicht einer derart weitergeleiteten Situation. Durch seine Vertraulichkeit ist das 1503-Verfahren zudem viel eher geeignet, zusätzliche Informationen von der betroffenen Regierung zu erlangen. Denn angeschuldigte Staaten haben in der öffentlichen Debatte oft nur ungenügend Zeit und Mittel für eine befriedigende Antwort, und öffentliche Beschul-

---

[10] *Alston,* Commission on Human Rights, in: ders. (Hrsg.), The United Nations and Human Rights, S. 151; Report of the Bureau of the fifty-fourth meeting of the Commission on Human Rights, E/CN.4/1999/104 (23.12.1998); Abs. 52: es könne (nach dem alten Verfahren) zwischen 12 Monaten und drei Jahren dauern, bis die Informationen in einer Beschwerde die Kommission erreichen.

digungen können dazu führen, daß eine Regierung jegliche Zusammenarbeit verweigert[11]. Freilich ist es wohl in erster Linie von der Einstellung des jeweiligen Staates abhängig, ob dieser überhaupt - im öffentlichen wie im vertraulichen Verfahren - zu einer Zusammenarbeit bereit ist[12].

B. Kooperation mit den Regierungen

Verschiedene Merkmale des 1503-Verfahrens weisen auf die Förderung der Kooperation mit den Regierungen hin. Dies ist zum einen die Vielstufigkeit des Verfahrens an sich. Hierdurch wird auf jeder Ebene erneut die Möglichkeit zum Dialog mit den Regierungen eröffnet. Zum anderen ist es seine Vertraulichkeit, die den betroffenen Staaten die Möglichkeit zu Maßnahmen zur Verbesserung der Menschenrechtslage gibt, ohne daß dieser den Druck der Öffentlichkeit im Zusammenhang mit den im Verfahren behandelten Fakten befürchten muß.

Die Vertraulichkeit des Verfahrens macht es allerdings auch unmöglich, empirisch die Geeignetheit der Verfahrensausgestaltung zur Erreichung dieses Ziels zu untersuchen. Dafür fehlt es an aussagekräftigen Fakten. Es sollen vielmehr die Rahmenbedingungen des Verfahrens untersucht werden, inwieweit hierdurch die Erfüllung dieser zweiten Verfahrensaufgabe erreicht wird.

Ein im Vergleich zu sämtlichen anderen Menschenrechtsmechanismen besonderes Merkmal des 1503-Verfahrens ist seine außerordentliche Komplexität. Auch nach der Reform durch Res. 2000/3 verbleiben neben der nun aufgewerteten Eingangsprüfung durch das Sekretariat noch immer drei Verfahrensstufen. Auf der Ebene der Kommission können noch weitere Schritte hinzukommen, etwa die Beauftragung eines Sonderberichterstatters. Auf all diesen Stufen - beginnend beim Eingang der Beschwerde - wird die Regierung um eine schriftliche Stellungnahme gebeten. Zu den Sitzungen der Kommission wird zudem ein Repräsentant der Regierung geladen, an der Debatte teilzunehmen, Stellung zu nehmen und auf Nachfragen zu antworten[13]. Kommt es zur Einsetzung eines unabhängigen Experten, wird der Dialog institutionalisiert, i.d.R. ergänzt durch einen Besuch *in situ*. Das gesamte Verfahren ist somit offensichtlich darauf angelegt, im ständigen Kontakt mit den betroffenen Regierungen zu bleiben. Selbst wenn also auf der ersten Stufe - der Einladung zur Stellungnahme zu den Beschwerden - eine Beteiligung noch nicht erfolgen sollte, kann die Regierung noch

---

[11] *Newman/Weissbrodt*, in: *Steiner/Alston*[1], S. 387.

[12] So i.E. *Newman/Weissbrodt*, in: *Steiner/Alston*[1], S. 388.

[13] Vgl. nur *Bossuyt*, HRLJ (1985), S. 183 und oben § 19.IV., S. 274.

zu jedem späteren Zeitpunkt des Verfahrens ihren Standpunkt einbringen. Die Weiterleitung einer Situation hat als solche bereits Sanktionscharakter, da hiermit die Wahrscheinlichkeit einer Behandlung durch die MRK steigt. Der fortschreitende Charakter des Verfahrens ist insoweit generell geeignet, einen Dialog mit den Staatsorganen herbeizuführen. Eine kooperative Haltung des Staates wird das jeweilige Organ freundlich stimmen und so die Chancen steigen lassen, einer nachfolgenden Untersuchung zu entgehen, während die mangelhafte Mitwirkung des jeweiligen Landes zur Verärgerung bei den befaßten Gremien und der Weiterleitung führen wird[14].

Auch die Vertraulichkeit als zweites Hauptcharakteristikum mag den Dialog mit Staaten erleichtern und zu einer Kooperation führen. Wie bereits oben gezeigt, ist es für Staaten in diesem Zusammenhang der größte Mißstand, vor der Weltöffentlichkeit als Verletzer von Menschenrechten dazustehen[15]. Sie reagieren deshalb zumeist äußerst sensibel auf sie betreffende Vorwürfe[16] und werden i.d.R. alles daran setzen, eine entsprechende Feststellung zu vermeiden[17]. Durch die Gewährleistung umfassender Vertraulichkeit ist diese Gefahr zunächst verschoben, wenn auch eine Behandlung der Situation fortgeführt wird und diese somit latent weiterbesteht. Im Gegenzug für die Garantie der Vertraulichkeit wird als Entgegenkommen des Staates eine Zusammenarbeit zur Verbesserung der Menschenrechtssituation erwartet. Diese Wirkung beruht nicht auf der Vertraulichkeit an sich, sondern auf der Möglichkeit ihrer Aufhebung. Zumindest die Bereitschaft zum Dialog wird durch die Vertraulichkeit hervorgerufen werden können. Die Staaten werden wenigstens förmlich kooperieren.

Die tatsächliche, aufrichtige Kooperation - und nicht nur ein folgenloser Dialog - läßt sich durch die Vertraulichkeit bzw. die Androhung ihrer mögliche Aufhebung nicht garantieren. Die Untersuchung Argentiniens zeigt, daß es trotz eines beflissenen Dialogs nicht zu einer aufrichtigen Kooperation und einer wirklichen Veränderung der Menschenrechtslage kam. Ungeachtet dessen ist die Vertraulichkeit eine Vorbedingung für die Kooperation, die einen offenen Dialog und eine aufrichtige Zusammenarbeit überhaupt erst möglich und ein Ergebnis

---

[14] *Bossuyt*, HRLJ (1985), S. 183.

[15] *Noll-Wagenfeld*, VN 1977, S. 183, vgl. auch *Tomuschat*, VN 1976, S. 177; *von Kyaw*, VN 1976, S. 105.

[16] *Riedel*, „Menschenrechtskommission" in: Wolfrum (Hrsg.), Handbuch Vereinte Nationen, Rn. 17; *Riedel*, in: Baum/ders./Schaefer (Hrsg.), Menschenrechtsschutz in der Praxis der Vereinten Nationen, S. 44.

[17] *Simma/Steiner*, in: dies./Kriele, Menschenrechte für Deutsche in Osteuropa, S. 39.

wahrscheinlich macht. Sofort in der Kommissionsöffentlichkeit verlautbarte Anschuldigungen werden zur Verweigerung jeglicher Kooperation führen und einen konstruktiven Dialog unmöglich machen. Unter den erwähnten Vorbehalten läßt sich daher sagen, daß die Vertraulichkeit durchaus geeignet ist, die Staaten zu einer verstärkten Kooperation zu ermuntern[18].

Auch wenn eine tatsächliche Auswertung der Verfahrenspraxis somit nicht möglich ist, scheint es plausibel, daß beide besonderen Merkmale - die Vertraulichkeit und die Vielstufigkeit - zum Erreichen des zweiten Ziels, also zu einer verstärkten Kooperation beitragen. Es werden insofern zwei verschiedene Ansätze gewählt, die beide den Interessen des Staates so weit wie möglich entgegen kommen: einmal die Bereitstellung zahlreicher Möglichkeiten, in den Dialog einzutreten, andererseits der Vorteil der vertraulichen Behandlung.

C. Gesamteinschätzung der Effektivität

Die Effektivität im hier verstandenen engen Sinne, also die Fragestellung, in welchem Ausmaß das Verfahren die ihm unmittelbar gestellten Aufgaben erfüllt, ist so im Ergebnis positiv zu beurteilen. Zwar steht diese Einschätzung in bezug auf die Identifizierungsaufgabe unter dem Vorbehalt der politischen Opportunität und hinsichtlich der Kooperationsförderung unter der Einschränkung des vorhandenen Materials, also der Begrenzung auf die Analyse der Verfahrensausgestaltung. Vor dem Hintergrund dieser Beschränkungen läßt sich schlußfolgern, und das mag in dieser Klarheit vielleicht überraschen, daß das 1503-Verfahren durchaus effektiv ausgestaltet ist und wohl auch angewendet wird. Die andere Frage - in deren Kontext zumeist der Begriff der Effektivität gebraucht wird - stellt sich erst dann, wenn man nach den konkreten Auswirkungen fragt, die die Durchführung des Verfahrens haben sollte und tatsächlich hat.

II. Die Zweckmäßigkeit des Verfahrens

Zweckmäßigkeit oder Wirksamkeit des Verfahrens sollen nun anhand eines externen Maßstabs, nämlich des Fernziels insgesamt gemessen werden. Dieser Endzweck des Mechanismus läßt sich nur allgemein bestimmen. Er ist keine rechtlich-exakte Größe, sondern ein außerrechtliches Ziel, für dessen Verfolgung rechtliche Mittel eingesetzt werden.

---

[18] *Donnelly,* Universal Human Rights, S. 208.

A. Der Maßstab der Würdigung (Verfahrenszweck)

Das Fernziel des 1503-Verfahrens ist - bisher unausgesprochen - der Schutz der Menschenrechte. Es sollen die in internationalen Instrumenten verankerten oder gewohnheitsrechtlich begründeten Rechte gewährleistet und ihre Verletzung verhindert werden. Es geht also um die Umsetzung der Menschenrechte[19]. Diese sind, abgesehen von den Kollektivrechten der III. Generation, als solche jedem Individuum zugeordnet. Gleichwohl ist in der nachfolgenden Würdigung in Entsprechung des Verfahrensgegenstandes zunächst auf die allgemeine Situation der Menschenrechte einzugehen. Auch wenn ein internationaler Kontrollmechanismus geschehene Menschenrechtsverletzungen nicht mehr rückgängig machen kann, können doch möglicherweise künftige Verletzungen der gleichen Art verhindert werden können. Das Ergebnis des Verfahrens ist zu dieser Zeit allenfalls ein unspezifizierter Schutz für potentielle Opfer. Freilich kann in Einzelfällen den konkret in ihren Rechten Verletzten Hilfe zuteil werden.

Wie ein „effektiver" Schutz der Menschenrechte auf internationaler Ebene, also eine wirksame Antwort der Staatengemeinschaft auf Menschenrechtsverletzungen aussehen kann, ist freilich wenig geklärt[20]. Zur Auswahl werden hier u.a. genannt: die Diskussion der Angelegenheit in internationalen Gremien, eine ausdrückliche Verurteilung, die Durchführung von Tatsachenermittlungen (*fact-finding*), das Verhängen von Sanktionen oder gar das Einschreiten mit militärischer Gewalt[21]. Der UNO im allgemeinen und der MRK im besonderen sind aber enge Grenzen gesetzt. Zwangsmittel stehen der Organisation - abgesehen von den Befugnissen des Sicherheitsrates gemäß Kapitel VII UN-Charta - nicht zur Verfügung. Nur die Regierungen können dem abhelfen[22]. Die MRK kann als Unterorgan des ECOSOC gerade keine für die Mitgliedstaaten verbindlichen Beschlüsse fassen[23]. Eine Verurteilung oder Aufforderung zur Beendigung von Menschenrechtsverletzungen wird immer nur politisch-moralische Auswirkungen haben können. Beides steht in der Macht der Kommission, ebenso Tatsachen-

---

[19] *Moskowitz,* S. 13.

[20] *Alston,* Critical Appraisal, in: ders. (Hrsg.), The United Nations and Human Rights, S. 13. Einigkeit besteht lediglich wohl hinsichtlich des Umstandes, das es hierzu einer Vielzahl kleiner Schritte braucht - *Ermacora,* in: *Schwartländer* (Hrsg.), Menschenrechte S. 178 (Diskussionsbeitrag).

[21] *Alston,* Critical Appraisal, in: ders. (Hrsg.), The United Nations and Human Rights, S. 13.

[22] *Bossuyt,* HRLJ (1985), S. 210.

[23] *Meißner,* S. 37.

ermittlungen - in beschränktem Umfang und unter besonderen Voraussetzungen. Ihr Charakter ist weniger der eines Durchsetzungsorgans als vielmehr der eines Organs zur Förderung der Menschenrechte (*promotion body*)[24]. Als solches sollte die MRK - im Interesse einer gerechten Bewertung der Tätigkeit eines solchen internationalen Gremiums - grundsätzlich nicht an den Maßstäben für Fragen des Menschenrechtsschutzes gemessen werden[25].

B. Geeignetheit des 1503-Verfahrens

Die Würdigung des Verfahrens, inwieweit also der Endzweck Menschenrechtsschutz mit der Durchführung des Verfahrens erreicht wird, läßt sich nicht mit einfachen Kausalitätsnachweisen unterstützen. Eine unmittelbare Folgeneinschätzung des Verfahrens im Hinblick auf die Verbesserung der Situation der Menschenrechte oder des Loses Einzelner ist nicht möglich. Zu viele Organe, Institutionen und Gruppen, regional oder international agierend, privat oder offizieller Art, versuchen im Falle von Menschenrechtsverletzungen, Einfluß auf die Situation und die Verantwortlichen auszuüben[26]. Der genaue Einfluß eines einzelnen Verfahrens, das eben nie die einzige Maßnahme sein wird, kann daher allenfalls näherungsweise eingeschätzt werden.

1. Die Verbesserung der allgemeinen Lage der Menschenrechte

Für die Lage der Menschenrechte ist der Staat und seine Organe zuständig. Verbesserungen in dieser Hinsicht setzen somit Einfluß auf diesen voraus. Die MRK kann jedoch aus den geschilderten Gründen ihren Beschlüssen im Rechtssinne keinen Nachdruck verleihen. Ein Verfahren ist aber nur so lange nützlich, wie es Druck auszuüben vermag[27]. Die Wirkung bzw. der Druck der Kommissionsentschließungen beruht allein auf der politisch-moralischen Gewichtigkeit dieses Gremiums. Diese entfaltet sich im wesentlichen durch den öffentlichen Widerhall in der Staatengemeinschaft und der Zivilbevölkerung[28]. Freilich steht dieses Druckmittel der Öffentlichkeit wegen der Vertraulichkeit des Verfahrens nicht zur Verfügung[29]. Aber auch die Untersuchung in der Vertraulichkeit vermag insoweit Druck auszuüben. Die fraglichen Geschehnisse werden den Mitgliedern

---

[24] *Vasak*, in: ders. (Hrsg.), The International Dimensions I, S. 217.

[25] *Vasak*, in: ders. (Hrsg.), The International Dimensions I, S. 217.

[26] *Tolley*, The U.N. Commission on Human Rights, S. 205.

[27] *Bartolomei*, S. 230; *Bossuyt*, HRLJ (1985), S. 183.

[28] *Moskowitz*, S. 32.

[29] *Boekle*, APuZ, B 46-47/98, S. 10.

der MRK zu Kenntnis gebracht. Außerdem wird auch der Umstand, daß eine nicht näher spezifizierte Situation Gegenstand des Verfahrens war, unter Benennung des Landes öffentlich bekanntgegeben.

a) Identifizierung und Tatsachenaufklärung

Die Identifizierung einer entsprechenden Situation durch weitgehende Tatsachenaufklärung ist gewissermaßen die Grundvoraussetzung für die Glaubwürdigkeit des Verfahrens. Nur wenn diese gewährleistet ist, können die vertraulichen Beschlüsse - und gegebenenfalls auch die Überleitung in das öffentliche Verfahren - ihrerseits Druck auf den jeweiligen Staat ausüben. Die förmliche Feststellung am Ende eines derart langwierigen Ausleseprozesses, daß ein *consistent pattern* vorliegt, ist ungeachtet der Vertraulichkeit von erheblich negativem Einfluß auf die Reputation eines Staates. Schon aufgrund seiner bloßen Existenz - verbunden mit der hohen Wahrscheinlichkeit, das entsprechende Beschwerden eingehen werden - entfaltet das Verfahren eine vorbeugende Wirkung, da die jeweiligen Regierungen um ihr Prestige besorgt sind[30].

b) Kooperation

Die Kooperation als das zweite Hauptziel des Verfahrens ist nicht so sehr die Voraussetzung für Druck auf eine Regierung als vielmehr ein Substitut bzw. eine subtilere Art. Es wird nicht in konfrontativer Weise Druck ausgeübt, sondern ein positiver Erwartungsdruck hergestellt. Neben der konfrontativen Anwendung der Publizität ist der kooperative Dialog mit den Regierungen die einzige weitere Möglichkeit, Einfluß auf diese auszuüben[31]. Für den Fall der Nichtkooperation kann die Veröffentlichung der Situation als schwerwiegendste Sanktion angedroht werden. Die Kooperation beruht im Hinblick auf den Menschenrechtsschutz auf der Überlegung, daß es gerade nicht das Ziel des Verfahrens sei, einen bestimmten Abschluß in Form einer endgültigen Verurteilung zu erreichen, also sämtliche Stufen zu durchlaufen[32]. Denn hiermit kann eben nicht viel mehr als in der öffent-

---

[30] *Simma/Steiner*, in: dies./Kriele, Menschenrechte für Deutsche in Osteuropa, S. 39.

[31] *Tomuschat*, ZSchwR 108/I, S. 7.

[32] Insofern kann man allerdings berechtigterweise daran zweifeln, daß hier überhaupt die Bezeichnung „Verfahren" zutrifft. In der Überschrift der maßgeblichen Res. 1503 (XLVIII) wie auch generell im allgemeinen Sprachgebrauch - und entsprechend in der vorliegenden Arbeit - wird von dem Prozeß der Untersuchung der Einzelbeschwerden als von einem „Verfahren" (*procedure*) gesprochen. Die Frage stellt sich freilich, wie im vorliegenden Zusammenhang diese Bezeichnung zu verstehen ist, und ob deren Verwendung - vor dem Hintergrund der eben erarbeiteten Erkenntnisse - nicht möglicherweise unzutreffend ist bzw. falsche oder irreführende Vorstellungen herausfordert.

lichen Untersuchung erreicht werden. Das wesentliche an diesem Verfahren ist das Aufeinanderfolgen der verschiedenen Schritte[33]. Der aus der jeweiligen Weiterbefassung und dem Wechselspiel aus Zugeständnissen des Staates und der Reaktion des befaßten Organs resultierende Dialog stellt eine der wenigen, wenn nicht gar die einzige Alternative zur Konfrontation in der Öffentlichkeit dar, um den Staat zu einer Beachtung der Menschenrechte zu bewegen. Dies kann in etlichen Fällen größeren Erfolg erzielen als die strikte Durchführung des Verfahrens[34]. Aufgrund dieses ständigen Fortführens des Verfahrens wird bereits im Ergebnis der Sitzung der WGC Einfluß auf die verantwortliche Regierung ausgeübt. Dies gilt in bezug auf beide Arbeitsgruppen - vor allem in Fällen der Verschiebung einer endgültigen Entscheidung - selbst dann, wenn sich in der MRK selbst keine Mehrheit für eine Behandlung finden würde[35].

Zwei weitere Aspekte können noch für die Geeignetheit des kooperativen Ansatzes angeführt werden. Wie bereits an anderer Stelle angedeutet, läßt sich ein Gesamtzusammenhang grober Menschenrechtsverletzungen schon aufgrund seiner systematischen Natur und weitgehenden Auswirkungen nur durch eine Kooperation mit der Regierung adäquat behandeln und strukturell verbessern[36]. Hinzu kommt, daß die in der MRK letztlich entscheidenden Mitgliedstaaten regelmäßig zögern, anderen Staaten Menschenrechtsverletzungen vorzuwerfen[37]. Die praktische Bedeutungslosigkeit der Staatenbeschwerdeverfahren illustriert dies besonders gut. Die Bereitschaft bei den Mitgliedern, ein Verfahren gegen einen Staat fortzuführen, wird aufgrund dieser besonderen Zielrichtung mithin viel größer sein als im Falle einer öffentlichen, anklagenden Untersuchung.

In einem allgemeinen Sinne wird man unter dem Wort „Verfahren“ einen jeglichen Ablauf mit verschiedenen Stufen verstehen können. In der Fachsprache, so will es scheinen, impliziert diese Bezeichnung zugleich wenigstens die Endlichkeit, d.h. einen Abschluß. Gerade der ist aber, wie gezeigt, nicht das eigentliche Ziel des 1503-„Verfahrens“. Wird dieser Begriff „Verfahren" also zur Bezeichnung des in Res. 1503 (XLVIII) und den anderen maßgeblichen Resolutionen verwendet, so ist gerade diese Besonderheit in seiner Benutzung zu beachten.

[33] *Bossuyt*, HRLJ (1985), S. 184.

[34] *Bossuyt*, HRLJ (1985), S. 184; i.E. so auch *M. Nowak*, NYIL 22 (1991), S. 56.

[35] Vgl. *Bartolomei*, S. 230; *Bossuyt*, HRLJ (1985), S. 184.

[36] *Ize-Charrin*, 1503: A Serious Procedure, S. 8.

[37] *Cassese*, La Comunità Internazionale 30 (1975), S. 51: Diese 1975 getroffene Feststellung mag heute, 25 Jahre später, zwar nicht mehr im gleichen Umfang wie früher gelten, in ihrem Ansatzpunkt beschreibt sie aber ein auch noch heute gültiges Verhaltensmuster.

Die Kooperation ist hinsichtlich ihrer Wirksamkeit in bezug auf einen effektiven Menschenrechtsschutz jedoch kritisch zu hinterfragen. Denn die Anreize für eine Kooperation, insbesondere die Vertraulichkeit, können von Staaten als Deckmantel und Schutzschild vor einer öffentlichen Untersuchung ausgenutzt werden[38]. Oft wird lediglich ein formaler Dialog erreicht[39]. Die Kommission ist zwar grundsätzlich auf jeder Sitzung und in jedem Stadium des Verfahrens frei, ein vertrauliches Verfahren zu beenden und die öffentliche Erörterung zu beginnen. Doch wird dieser Schritt als die einzige und massive Sanktion nur in wenigen Fällen und regelmäßig erst nach mehrjährigem Zögern eingeleitet. Kleine Veränderungen und Zugeständnisse einer betroffenen Regierung können so möglicherweise die MRK von einem solchen Beschluß abhalten. Damit ist mit dem Modell des Dialogs in Reaktion auf Menschenrechtsverletzungen viel Raum für politische Manöver und Hinhaltetaktiken eröffnet[40]. Genau dies ist dem 1503-Verfahren in einer gründlichen Untersuchung des Falles Argentinien zu Recht vorgehalten worden[41]. Gleichermaßen wird auch im Falle der irakischen Giftgasangriffe gegen die kurdischen Bevölkerungsteile eine Flucht in die Vertraulichkeit zur Vermeidung der öffentlichen Untersuchung gesehen, nachdem diese Situation 1988 von der Unterkommission weitergeleitet worden war[42]. Kommt es zu einem solchen „Mißbrauch" des Verfahrens[43] stehen nicht nur die bedrohten Menschenrechte, sondern auch der Ruf und die Glaubwürdigkeit des internatio-

---

[38] *Bartolomei,* S. 230, 234; *Guest,* S. 441; *Tomuschat*, „Menschenrechte" in: Wolfrum (Hrsg.), Handbuch Vereinte Nationen, Rn. 9; *Alston,* Commission on Human Rights, in: ders. (Hrsg.), The United Nations and Human Rights, S. 149; *Cassese*, International Law in a Divided World, S. 306; *van Boven*, People Matter, S. 65.

Es wird sogar von zahlreichen Fällen berichtet, in denen Staaten eine im öffentlichen Verfahren behandelte Angelegenheit in die vertrauliche Behandlung überzuleiten versuchten - *Bartolomei,* S. 240; *Cassese*, International Law in a Divided World, S. 306.

[39] So haben in einigen Situationen Staaten mit schweren Problemen im Bereich der Menschenrechte im Rahmen des vertraulichen 1503-Verfahrens Bereitschaft zur äußerlichen Kooperation gezeigt, um so der gefürchteten Publizität zu entgehen - *Tomuschat,* ZSchwR 108/I, S. 7.

[40] *Guest,* S. 492 Anm. 21.

[41] *Guest,* S. 441.

[42] *Maher/Weissbrodt*, HRQ 12 (1990), S. 303.

[43] *M. Nowak*, NQHR 11 (1993), S. 156.

nalen Menschenrechtsschutzsystems auf dem Spiel[44]. Zuviel Kooperation kann die Aktionsfähigkeit der Kommission beeinträchtigen[45].

Diese Problematik ist einem auf Kooperation angelegten Verfahren immanent, ihre Aktualisierung zum Schaden Einzelner hängt jedoch vom Ausmaß und der Aufrichtigkeit des Dialogs im Einzelfalle ab[46]. Denn es ist durchaus möglich und auch schon erfolgreich praktiziert worden, ein Land durch stille Diplomatie zu einer Änderung seines Verhaltens in Menschenrechtsfragen zu bewegen[47]. Der entscheidende Aspekt für den Erfolg kooperativer Strategien des Menschenrechtsschutzes ist, daß von seiten der beteiligten Organe und Gremien konsequent auf eine wirkliche Kooperation im Sinne und Interesse der Menschenrechte zugearbeitet wird[48]. Dies bedeutet zugleich, daß auch stärker einschneidende Maßnahmen, d.h. die Aufhebung der Vertraulichkeit angedroht und gegebenenfalls durchgeführt werden müssen, wenn die eingeleitete Kooperation keine konkreten Erfolge aufweist und die Menschenrechtsverletzungen trotz entsprechender Aufforderungen der MRK anhalten[49].

Auch das zeitliche Element kann die Kooperation kontraproduktiv für den Schutz der Menschenrechte werden lassen[50]. Das mehrfache Verschieben einer endgültigen, verurteilenden Entscheidung, also der immer weiter verlängerte Ver-

---

[44] vgl. *Cook*, in: Willetts (Hrsg.), Amnesty International and the United Nations, S. 202.

[45] Amnesty International, Doc. IOR 41/01/99, S. 2.

[46] *Bossuyt*, HRLJ (1985), S. 183.

[47] *Riedel*, in: Baum/ders./Schaefer (Hrsg.), Menschenrechtsschutz in der Praxis der Vereinten Nationen, S. 53.

[48] In diesem Sinne auch *Tardu*, A/Conf.157/PC/60/Add.5 Abs. 154; *Bartolomei*, S. 253; *van Boven*, in: *Cassese* (Hrsg.), UN Law/Fundamental Rights, S. 124. *Van Boven* wirft dabei der Kommission vor, im Rahmen des 1503-Verfahrens gerade nicht effektiv und wirksam agieren zu wollen.

[49] *Karl*, BerDGV 33 (1994), S. 105; Amnesty International, Doc. IOR 41/01/99, S. 2; CHR, Summary record of the 1501st meeting (confidential) [01.03.1979], E/CN.4/SR.1501 (15.03.1979), Abs. 32 (Peru).

[50] *Alston*, Commission on Human Rights, in: ders. (Hrsg.), The United Nations and Human Rights, S. 151; *Bossuyt*, HRLJ (1985), S. 184f.; *Bartolomei*, S. 251; i.E: auch *Cassese*, La Comunità Internazionale 30 (1975), S. 61; Report of the Bureau of the fifty-fourth meeting of the Commission on Human Rights, E/CN.4/1999/104 (23.12.1998); Abs. 53.

Kritisch unter diesem Aspekt auch die Stellungnahme des ugandischen Delegierten in der Generalversammlung, zitiert bei *Ramcharan*, The Concept and Present Status of International Protection, S. 149.

zicht auf maximalen Druck ist das falsche Konzept, wenn es dadurch nicht zu einer Verbesserung der Menschenrechtslage kommt. Eine durch Kooperation mit dem Staat erreichte Verbesserung der Menschenrechtslage nach mehreren Jahren im vertraulichen Verfahren und zugleich anhaltenden Verletzungen kommt zu spät. Denn der Schutz vor künftigen Beeinträchtigungen der Menschenrechte in der jeweiligen Situation ist Ziel und Aufgabe des Verfahrens vom Anbeginn seiner Durchführung. Eine derartige Verzögerung steht daher im Widerspruch zu Inhalt und Zweck von Res. 1503 (XLVIII)[51]. Die Kooperation ist nur insoweit für den Menschenrechtsschutz geeignet, als ein frühzeitiges Entgegenkommen der Regierung sichergestellt ist. Auch hier kommt es wiederum darauf an, daß die Organe ihre Entscheidungen in verantwortlicher Weise treffen.

Ein letzter Kritikpunkt an der Kooperation ist grundsätzlicher, ethischer Natur. Menschenrechte seien unveräußerlich und stellen ein von allen zu erreichendes Ideal dar (AEMR, Präambel, erster und achter Spiegelstrich). Die Verhandlung über ihre Gewährleistung, wie sie im Zuge der Kooperation erfolgt, respektiere dieses Prinzip nicht, wäre also unzulässig[52]. Derartige prinzipielle Erwägungen müssen zwar in jedem Falle Leitlinie der Verfahrensdurchführung für die beteiligten Gremien und Entscheidungsträger sein. Das Verfahren als solches sollte jedoch, wie schon an anderer Stelle eingeführt[53], eher unter dem pragmatischen Aspekt des Schutzes der Opfer beurteilt werden[54]. Solange der Mechanismus zur Verbesserung des Loses Einzelner beitragen kann, dürfen die berechtigten moralisch-grundsätzlichen Überlegungen nicht zur Verhinderung seiner Anwendung herangezogen werden.

c) Ergebnisse des Verfahrens und Gesamtbewertung

Zumindest in den Anfangsjahren und bei den wirklich schwerwiegenden Situationen ergibt die abschließende Bilanz des Verfahrens ein eher negatives Bild. Nur selten kam es infolge des Verfahrens zu einer Änderung der Politik im Sinne der Achtung der Menschenrechte[55]. Dies gilt insbesondere für solche Situa-

---

[51] *M. Nowak*, NYIL 22 (1991), S. 56.

[52] *Vasak*, in: ders. (Hrsg.), The International Dimensions I, S. 220.

[53] Siehe oben § 25.IV., S. 447 bei Fn. 87.

[54] Für „Pragmatismus anstatt Prinzipientreue" auch *Alston,* Critical Appraisal, in: ders. (Hrsg.), The United Nations and Human Rights, S. 2.

[55] Das Fehlen von konkreten Ergebnissen in den meisten Fällen beklagen auch *Simma/Steiner*, in: dies./Kriele, Menschenrechte für Deutsche in Osteuropa, S. 41. Kritisch auch die Einschätzung über die Geeignetheit des Verfahrens, einen „Gesamtzusammenhang

tionen, in denen die Menschenrechtsverletzungen systemimmanent sind, d.h. als ein Mittel der Machtausübung oder des Machterhalts von nicht demokratisch legitimierten Regierungen eingesetzt wurden[56]. Praktisch alle Verfahren, in denen die Materialien veröffentlicht wurden, wurden erst nach einem Regierungswechsel und dem damit zusammenhängenden Ende der Menschenrechtsverletzungen eingestellt. Das Verfahren vermochte somit zumindest nicht unmittelbar die Verletzungen durch eine aktive Regierung zu unterbinden. In etlichen Fällen systematischer und grober Menschenrechtsverletzungen hat sich das Verfahren darüber hinaus als überhaupt nicht wirksam erwiesen[57]. Die Überleitung in das öffentliche Verfahren veranschaulicht dies, stellt aber gleichzeitig die angemessene Fortführung des vertraulichen Verfahrens dar. Viele Situationen sind zudem aus den genannten Gründen, insbesondere der politischen Ausgestaltung wegen, gar nicht im 1503-Verfahren behandelt worden.

In anderen Fällen weist das Verfahren aber auch Erfolge auf[58]. Eine direkte Kausalität zwischen seiner Durchführung in den bekanntgewordenen Situationen und den zumeist friedlichen Regierungswechseln läßt zwar nicht nachweisen, da hier regelmäßig auch in anderer Weise oder anderen Mechanismen Einfluß auf die Regierung zu nehmen versucht wurde. Zumindest aber wird das Verfahren zusätzlichen Druck der internationalen Gemeinschaft auf den betroffenen Staat gebracht haben. Zudem spricht wenigstens eine begründete Vermutung dafür, daß Staaten, die über mehrere Jahre im vertraulichen Verfahren behandelt wurden, bei Beendigung der Untersuchung Verbesserungen in der Menschenrechtssituation vorweisen können. So ist es beispielsweise plausibel, daß die Erleichterung der Ausreisemöglichkeiten für Einwohner der DDR Mitte der achtziger Jahre ein Resultat der Untersuchung dieser Situation im 1503-Verfahren waren[59]. Denn der bloße Umstand, daß eine Angelegenheit auf der internationalen Tagesordnung steht, macht es eher wahrscheinlich, daß ein Staat entsprechende Maßnahmen

---

grober Menschenrechtsverletzungen“ wirksam zu bekämpfen - Amnesty International, Doc. IOR 41/16/92, sub. III. A. 4, (S. 9).

[56] *Eide*, in: Alston (Hrsg.), The United Nations and Human Rights, S. 262.

[57] Ein jüngeres Beispiel hierfür ist die jahrelange Untersuchung von Saudi-Arabien im Rahmen des 1503-Verfahrens, die als relativ ergebnislos eingestuft wird - *Amnesty International*, Doc. IOR 41/04/98, sub „Saudi Arabia“.

[58] *Riedel*, „Menschenrechtskommission“ in: Wolfrum (Hrsg.), Handbuch Vereinte Nationen, Rn. 19. Für die späten siebziger und frühen achtziger Jahre auch *M. Nowak*, NQHR 11 (1993), S. 156.

[59] Siehe oben § 24.II.B.3.b), S. 419 bei Fn. 134.

ergreift[60]. In nicht wenigen Fällen wird schließlich bereits auf den einleitenden Verfahrensstufen - allein durch die offizielle Weiterleitung der Beschwerde an die zuständige Regierung bzw. die Resultate der Arbeitsgruppen - ein Erfolg im Interesse der Opfer der Menschenrechtsverletzungen erzielt[61].

Eine eindeutige Aussage über die Wirksamkeit des Verfahrens läßt sich somit nicht treffen. Diese hängt von zahlreichen externen Faktoren ab. Von größter Bedeutung hierfür ist, wie erwähnt, die verantwortliche Wahrnehmung der ihnen übertragenen Aufgaben in den beteiligten Organen, also eine entsprechende Einstellung. Nur so können die Gefahren des Verfahrensmißbrauchs durch die Staaten und der unangemessenen zeitlichen Länge seiner Ausführung vermieden werden. Daneben hängt die Wirksamkeit des Verfahrens aber auch von dem konkret behandelten Staat ab: seine macht- und bündnispolitische Stellung spielt ebenso eine Rolle wie innenpolitische Faktoren, die auf die Arbeit einer Regierung von Einfluß sind[62]. Besteht eine entsprechende Empfindlichkeit für stetigen Druck der Weltorganisation, kann das Verfahren grundsätzlich auch Erfolge aufweisen.

Gleichermaßen für das öffentliche wie für das nichtöffentliche Verfahren gilt, daß allein die Existenz eines Gremiums wie die MRK und der Fakt der Durchführung der Verfahren und die daraus folgende Erörterung von Situationen schwerer Menschenrechtsverletzungen dazu führen können, daß die Regierungen im Laufe der Zeit sich verstärkt mit Menschenrechtsfragen beschäftigen. Auf diese Weise werden die universellen Menschenrechtsstandards verstärkt in das Bewußtsein der Staaten gerückt[63], die so ihre politischen Interessen eher mit der Achtung der Menschenrechte in Einklang bringen können[64].

2. Die Hilfe in Einzelfällen

Die Behandlung von Individualschicksalen ist gerade nicht Aufgabe und Ziel des Verfahrens. Einzelfallbeschwerden werden demnach, wie gezeigt, grundsätzlich nicht mehr in diesem Verfahren behandelt. In einigen Fällen können sich gleichwohl positive Effekte für Einzelpersonen ergeben, wenn sie in den

---

60 *Robertson/Merrills*, S. 82.

61 Interview *E. Solo*, Genf 12.04.2000.

62 *Bossuyt*, HRLJ (1985), S. 210.

63 *Riedel*, in: Baum/ders./Schaefer (Hrsg.), Menschenrechtsschutz in der Praxis der Vereinten Nationen, S. 44.

64 *Boekle*, NQHR 13 (1995), S. 401.

Beschwerden erwähnt oder selbst Beschwerdeführer sind[65]. Schon die bloße Existenz des 1503-Verfahrens kann u.U. die Regierung zu einer Handlung veranlassen, da diese angesichts der möglicherweise im 1503-Verfahren „drohenden" Erörterung eher bemüht sein wird, den in den Beschwerden dargestellten Menschenrechtsverletzungen abzuhelfen[66]. Solches ist um so wahrscheinlicher, je mehr der Staat auf seine gute Reputation in Sachen Menschenrechte bedacht ist oder aus sonstigen Gründen Kritik durch die UNO vermeiden will[67].

Aber auch sonst kann die Situation von Betroffenen dadurch verbessert werden, daß der jeweilige Einzelfall mit Namensnennung unter Schilderung der konkreten Umstände als Beispiel für die Schilderung eines *consistent pattern* benutzt wird. Der betroffene Staat muß dann mit internationaler Aufmerksamkeit für diesen Fall rechnen. Selbst eine unnötige Verschiebung der Behandlung kann Betroffene so vor der Verschlechterung ihrer Situation, beispielsweise in Haft, schützen[68]. Der Besuch benannter Einzelpersonen in Haft kann zudem im Zuge der direkten Kontakte Verbesserungen für diese bedeuten. Insbesondere die Fälle Argentiniens und Uruguays haben gezeigt, daß die Durchführung des Verfahrens *de facto* auch und gerade für die konkret in den Beschwerden benannten Personen eine wesentliche Hilfe darstellen kann.

3. Zur Erforderlichkeit des 1503-Verfahrens

Die zur Gewährleistung der Kooperation eingeführten Merkmale des Verfahrens, vor allem seine Komplexität und die Vertraulichkeit, sind schon oben weitgehender Kritik unterzogen worden. Zum Teil wird angesichts der aufgezeigten Problemen des Verfahrens die Schlußfolgerung gezogen, daß das Verfah-

---

[65] *Ramcharan*, The Concept and Present Status of International Protection, S. 138. So wird insbesondere davon berichtet, daß die Beschwerden von Bürgern der sozialistischen Staaten, die in den siebziger und achtziger Jahren ihr Recht auf Ausreisefreiheit (Art. 17 AEMR) geltend machen wollten, in manchen Fällen zum Erfolg, d.h. zur Abhilfe der konkreten Rechtsbeeinträchtigungen führte - *Ize-Charrin*, 1503: A Serious Procedure, S. 8.

[66] *Ize-Charrin*, 1503: A Serious Procedure, S. 8; *Noll-Wagenfeld*, VN 1977, S. 183; *Tomuschat*, ZSchwR 108/I, S. 9.

[67] Zur Abhängigkeit der Wirksamkeit des Verfahrens von der konkreten Situation des Staates vgl. *Bossuyt*, HRLJ (1985), S. 210.

[68] *Partsch*, Hoffen auf Menschenrechte, S. 125, allerdings betreffend das UNESCO-Verfahren, in dem es nicht in erster Linie um systematische grobe Menschenrechtsverletzungen geht, sondern eine Einzelfallprüfung vorgenommen wird (siehe hierzu oben § 31.III.D., S. 545.

ren abzuschaffen sei[69]. Das Ausmaß der kritischen Aspekte ist, wie gezeigt, von der Einstellung und Arbeitsweise der Organe im Einzelfall abhängig. Besteht aber nur unter entsprechenden Voraussetzungen die Möglichkeit einer wirksamen Anwendung des Verfahrens, so stellt sich die Frage, ob seine Beibehaltung angesichts der übrigen bestehenden Mechanismen überhaupt noch angezeigt ist[70].

Das öffentliche und das vertrauliche länderbezogene Verfahren der MRK sind mittlerweile in ihrer Ausgestaltung in vielerlei Hinsicht angenähert. Die Methoden der Tatsachenuntersuchung und die vorhandenen Informationsquellen sind praktisch dieselben. Diesbezügliche Unterschiede sind der Ausgangspunkt des 1503-Verfahrens, nämlich die Einzelbeschwerden, sowie die unterschiedliche Verfahrensausgestaltung. Es können zwar von NGO - ebenso wie von Regierungen - die gleiche Art von Situationen zur Sprache gebracht werden, ohne das komplizierte Verfahren gemäß Res. 1503 (XLVIII) durchlaufen zu müssen[71]. Doch sind ungeachtet des zunehmenden Einflusses der NGO in der Kommission noch immer Situationen denkbar, daß Menschenrechtsverletzungen von diesen nicht in die Debatte eingeführt werden[72]. Auch können Berichte, insbesondere wenn diese mündlich vorgetragen werden, in der Menge der NGO-Stellungnahmen untergehen[73]. Das 1503-Verfahren stellt demgegenüber eine Möglichkeit für jedes Individuum und jede Gruppe[74] auf der ganzen Welt[75] bereit, Beschwerden über einen Gesamtzusammenhang grober Menschenrechtsverletzungen an die

---

69 *M. Nowak*, NQHR 11 (1993), S. 156; *Ziegler* S. 83; *Alston,* Commission on Human Rights, in: ders. (Hrsg.), The United Nations and Human Rights, S. 154.

70 Zweifel bei *Tomuschat*, „Menschenrechte" in: Wolfrum (Hrsg.), Handbuch Vereinte Nationen, Rn. 9.

71 *Tomuschat*, ZSchwR 108/I, S. 9. Siehe auch oben § 10.IV.A., S. 145.

72 Vgl. *Tardu*, A/Conf.157/PC/60/Add.5 Abs. 150. So können Situationen, die von der Weltöffentlichkeit bisher nicht wahrgenommen wurden, über das 1503-Verfahren der MRK zur Kenntnis gebracht werden - *Bartolomei,* S. 241; *Bossuyt*, HRLJ (1985), S. 184; *Robertson/Merrills*, S. 82; i. E. auch *Ramcharan*, The Concept and Present Status of International Protection, S. 138.

73 Zur Problematik der Teilnahme der NGO an den Kommissionssitzungen und der Effektivität dieser Aktivitäten siehe schon oben § 5.I.B.3., S. 57 bei Fn. 53.

74 Zur weitgefaßten Beschwerdebefugnis siehe nur *Bartolomei,* S. 239; *Cassese*, La Comunità Internazionale 30 (1975), S. 60; *Tardu*, in: FS Partsch, S. 310; *Tardu*, Santa Clara Law Rev. 20 (1980), S. 561 und oben § 23.I.B., S. 366.

75 Zur Universalität vgl. *Bartolomei,* S. 239; *Riedel*, „Menschenrechtskommission" in: Wolfrum (Hrsg.), Handbuch Vereinte Nationen, Rn. 17; *Tardu*, Santa Clara Law Rev. 20 (1980), S. 561 und oben § 24.III., S. 424.

Kommission zu richten. Insofern kann es auch als Intermedium für eine spätere Untersuchung im öffentlichen Verfahren dienen[76]. Die eigentliche Besonderheit des 1503-Verfahrens gegenüber dem öffentlichen ist aber sein kooperativer Ansatz: der Versuch, den Staat zur Zusammenarbeit zu bewegen, um so Menschenrechtsverletzungen abzustellen. Das öffentliche länderbezogene Verfahren setzt allein auf Publizität statt auf Kooperation, es wird daher wegen seiner von Anfang an vorherrschenden Öffentlichkeit immer als ein anklagendes empfunden werden[77]. Diese Konzeption der konfrontativen Publizität im Verfahren nach Res. 1235 (XLII) hat allenfalls mäßige Erfolge erzielt[78]. Insoweit besitzt eine alternative, auf Zusammenarbeit und positive Überzeugung rekurrierende Herangehensweise eine eigene Daseinsberechtigung[79]. Der Wert des vertraulichen Verfahrens beruht auf seinem Potential, ein konstruktives Engagement der betroffenen Regierung sicherzustellen[80]. Die vertrauliche Kooperation kann auf diese Weise und unter den oben aufgestellten Voraussetzungen Wichtiges zum Menschenrechtsschutz beitragen und zwar neben dem öffentlichen Untersuchungsmechanismus bzw. als Zwischenstufe hierzu.

Auch die im Rahmen der thematischen Verfahren eingerichteten Mechanismen, vor allem die Weiterleitung von erhaltenen Informationen (*allegation letters*) und die Untersuchungen im Rahmen der Eilverfahren führten zu einer Einschränkung der Bedeutung des 1503-Verfahrens[81]. Insofern steht für Einzelfälle ein im Vergleich zu diesem wirksamer und ohne große Verzögerung einsetzbarer Mechanismus bereit. Auch hiermit kann auf weitverbreitete Phänomene in einem einzelnen Land Einfluß genommen werden, gegebenenfalls durch Länderbesuche. Das 1503-Verfahren scheint so nur noch für Fälle einschlägig zu

---

[76] *Bossuyt*, HRLJ (1985), S. 184; *Robertson/Merrills*, S. 83.

[77] So sind beispielsweise auch die im öffentlichen Verfahren verabschiedeten Stellungnahmen bei weitem offener und weniger zurückhaltend in der Anklage der jeweiligen Staaten als alles, was im vertraulichen Verfahren jemals verabschiedet wurde - *Tomuschat*, „Menschenrechte“ in: Wolfrum (Hrsg.), Handbuch Vereinte Nationen, Rn. 9.

[78] *Riedel*, in: Baum/ders./Schaefer (Hrsg.), Menschenrechtsschutz in der Praxis der Vereinten Nationen, S. 53.

[79] Ähnlich auch *Robertson/Merrills*, S. 83, die auf den „weniger dramatischen“ Charakter des vertraulichen Verfahrens abstellen.

[80] Report of the Bureau of the fifty-fourth Session of the Commission on Human Rights..., E/CN.4/1999/104 (23.12.1998), Abs. 53, Observation 25.

[81] *Bossuyt*, HRLJ (1985), S. 184.

sein, die nicht unter thematischem Aspekt untersuchte Rechte betreffen[82]. Tatsächlich bleibt aber auch darüber hinaus noch Raum für seine Anwendung. Ein thematischer Mechanismus ist auf den engen Bereich seines Mandat und der von ihm umfaßten Menschenrechte beschränkt. In Situationen systematischer Menschenrechtsverletzungen sind aber regelmäßig eine Vielzahl unterschiedlicher Rechte verletzt. In dieser Hinsicht hat das 1503-Verfahren neben den thematischen Verfahren noch eine konkrete Daseinsberechtigung[83]. Entsprechendes gilt für die *Ex officio*-Untersuchungen nach CAT und CEDAW-FaP[84]. Auch hier ist die grundsätzlich vertrauliche Untersuchung regelmäßig auf bestimmte Rechte beschränkt.

Der umfassende und auch nicht auf einen bestimmten Bereich der Rechte beschränkte[85] Gegenstand des Verfahrens rechtfertigt seine Existenz auch gegenüber den vertraglichen Beschwerdeverfahren. Es ist hierzu vor allem darauf abgestellt worden, daß die vertraglichen Individualbeschwerdeverfahren, wie das Verfahren zum Menschenrechtsausschuß nach dem FaP zum IPbpR, noch keine universelle Akzeptanz genießen[86]. Solange dieser Zustand noch nicht erreicht sei, komme dem 1503-Verfahren bei Verletzungen durch einen Nichtvertragsstaat ein eigenständiger Wert zu[87]. Zudem ist deren Anwendungsbereich sachlich begrenzt[88], desgleichen auch die Beschwerdebefugnis, insbesondere im Hinblick auf NGO[89].

Mittlerweile hat sich angesichts der zunehmenden Akzeptanz dieser Instrumente jedoch eine materielle Aufgabenteilung zwischen den Verfahren herausgebildet. Unabhängig von den vertraglichen Mechanismen werden im 1503-

---

82 Report of the Bureau of the fifty-fourth Session of the Commission on Human Rights..., E/CN.4/1999/104 (23.12.1998), Abs. 53, Observation 25.

83 *Ize-Charrin*, 1503: A Serious Procedure, S. 8.

84 Siehe oben § 32.III.A. und B., S. 577ff.

85 *Tardu*, A/Conf.157/PC/60/Add.5 Abs. 152. Siehe auch oben § 24.I.B., S. 395.

86 *Bartolomei*, S. 240; *Robertson/Merrills*, S. 82; Stellungnahme der Niederlande vom 30.12.1969 - Note by the Secretary-General, E/CN.4/1014 (14.01.1970).

87 Report of the Bureau of the fifty-fourth Session of the Commission on Human Rights..., E/CN.4/1999/104 (23.12.1998), Abs. 53, Observation 25; in diesem Sinne auch *Bossuyt*, HRLJ 6 (1985), S. 209; *Simma /Steiner*, in: dies./Kriele, Menschenrechte für Deutsche in Osteuropa, S. 41; *Riedel*, Menschenrechtskommission, in: Wolfrum (Hrsg.), Handbuch Vereinte Nationen, Rn. 7.

88 *Tardu*, A/Conf.157/PC/60/Add.5 Abs. 151.

89 *Simma /Steiner*, in: dies./Kriele, Menschenrechte für Deutsche in Osteuropa, S. 41.

Verfahren nunmehr die Beschwerden behandelt, die sich mit einem Gesamtzusammenhang grober Menschenrechtsverletzungen befassen und daher entweder in einem vertraglichen Beschwerdeverfahren unzulässig wären oder aber nur in Teilaspekten behandelt werden könnten. Die außervertraglichen Verfahren im allgemeinen und das 1503-Verfahren im besonderen hat sich in bezug auf die Reaktion auf massive und systematische Menschenrechtsverletzungen als wesentlich effektiver erwiesen als die vertraglichen Individualbeschwerdeverfahren[90].

Wenn auch jeweils nur in besonderen Fällen und unter besonderen Umständen, bleibt doch auch dreißig Jahre nach der Verabschiedung dem 1503-Verfahren noch ein eigenständiger Anwendungsbereich - in Ergänzung zu anderen, weitaus wirksameren Mechanismen[91]. Trotz berechtigter Kritik und der Einrichtung weiterer internationaler Mechanismen zum Schutz der Menschenrechte ist somit das vertrauliche Verfahren für einen adäquaten Menschenrechtsschutz im weitesten Sinne noch immer erforderlich[92].

C. Gesamtbewertung

Neben dem hochpolitischen Charakter des Verfahrens, der der „Nährboden“ für eine selektive Verfahrenspraxis ist, sind es vor allem die Kooperation als Ziel und Mittel des Verfahrens sowie die zeitliche Dauer, die Kritik am Verfahren hervorrufen. Beide Punkte können jedoch - und dies ist hier erneut zu betonen - durch die verantwortungsvolle Aufgabenerfüllung der Beteiligten neutralisiert werden. Auf der letzten und entscheidenden Ebene, der MRK, sind dies die Regierungsvertreter. Es ist die Wirksamkeit des Verfahrens somit unmittelbar von der Bereitschaft und dem Interesse der Staaten abhängig. Wie generell in den UN gilt auch hier, daß die Organisation nicht weiter gehen kann, als es ihr die einzelnen Mitgliedstaaten erlauben[93]. Unter diesen Vorbedingungen stellt das 1503-Verfahren einen nicht ineffektiven Mechanismus bereit, um auf der diplomatischen Ebene äußerst flexibel Menschenrechtsschutz zu betreiben.

---

[90] *van Boven*, AEL IV-2 (1993), S. 66. Siehe auch oben § 33, S. 587.

[91] *Ramcharan*, The Concept and Present Status of International Protection, S. 137f. Auf die mögliche Ergänzungsfunktion stellt auch *Tardu* ab - *Tardu*, A/Conf.157/PC/60/Add.5 Abs. 154.

[92] So auch *Ramcharan*, The Concept and Present Status of International Protection, S. 137f. I.E. ebenso *Cook*, in: Willetts (Hrsg.), Amnesty International and the United Nations, S. 202.

[93] *van Boven*, Bulletin of Peace Proposals 8 (1977), S. 199.

§ 36. Zusammenfassung und Ausblick

Das 1503-Verfahren hat noch immer eine Sonderstellung inne. Es versteht sich einerseits als ein Mechanismus zur Reaktion auf Menschenrechtsverletzungen, in der herkömmlichen Terminologie also ein Schutzverfahren. Auf der anderen Seite bleibt es ein hochpolitisch geprägtes Verfahren, in dem nicht nur rechtliche Maßstäbe anlegt werden. Der Charakter der MRK als die Zusammenkunft von Staatenvertretern macht letzteres dem Verfahren inhärent. Der Ruf nach seiner Entpolitisierung ist daher kaum realistisch.

Die Eigenart des Verfahrens besteht vor allem in seiner Offenheit für Beschwerden Privater und der gegenständlichen Beschränkung auf Situationen eines Gesamtzusammenhangs (*consistent pattern*) von Menschenrechtsverletzungen. Die Verletzungen im Einzelfall werden hingegen nicht als solche behandelt. Diese Einschränkung der Anwendbarkeit des Verfahrens soll die Staaten vor einer (zu) weitgehenden Inanspruchnahme des Beschwerderechts durch Privatpersonen schützen.

Die ursprüngliche Intention, mit dem 1503-Verfahren neue Informationen über geschehene Menschenrechtsverletzungen zu erhalten, spielt dabei mittlerweile nur noch eine untergeordnete Rolle. Sie wird gleichwohl noch deutlich an den unverändert sehr wenig einschränkenden Zulässigkeitsregeln. Vor allem die Beschwerdebefugnis ist außerordentlich weitgehend und kommt NGO genauso wie privaten Gruppen und Einzelpersonen zu, die nicht unmittelbar in ihren Rechten verletzt sind. Eingeschränkt ist diese Offenheit nur durch weit dehnbare Bestimmungen über die Unzulässigkeit aus politischen Gründen. Ihre Kehrseite ist die Verweigerung einer Beteiligtenstellung für den Petenten. Die Eingabe begründet keinerlei prozessualen Anspruch sondern ist bloße Informationsquelle für die Kommission und die anderen beteiligten Organe.

Der Arbeitsgruppe für Mitteilungen (WGC) wird so eine erhebliche Menge von Daten und Informationen zur Verfügung gestellt, die sie anhand von rechtlichen, politischen und verfahrensstrategischen Maßstäben prüft. Ziel ist es, Hinweise auf systematische und schwerwiegende Menschenrechtsverletzungen zu identifizieren, die dann der Kommission und deren Arbeitsgruppe (WGS) zugeleitet werden. Freilich bedeutet dies nicht, daß in jedem Falle die schlimmsten Situationen auch im vertraulichen Verfahren behandelt werden. Hierfür steht der Kommission gleichermaßen das nicht auf Beschwerden basierende öffentliche Verfahren gemäß Res. 1235 (XLII) zur Verfügung. Dieses beruht auf Informationen von NGO und Regierungen und verfolgt einen anderen, allein auf öffentlichen Druck abstellenden Ansatz. Das vertrauliche Verfahren versucht hingegen die Verantwortlichen auf der politischen Ebene durch subtilere Weise zu überzeugen.

Welches Verfahren Anwendung findet, steht im Ermessen der Kommission, wobei Eingang und Weiterleitung entsprechender Beschwerden Voraussetzung für das vertrauliche ist. Hat sie ein solches eingeleitet, ist sie aber jederzeit frei, dieses zu beenden und an seiner Stelle ein öffentliches Verfahren durchzuführen.

Das 1503-Verfahren befaßt sich nur mit solchen schwerwiegenden Situationen, die als ein „Gesamtzusammenhang grober Menschenrechtsverletzungen" eingestuft werden können. Diese Konzeption ist, auch wenn sich viele ähnliche Abstufungen in anderem Zusammenhang finden, eine für das 1503-Verfahren spezifische. Dabei ist der Verfahrensgegenstand keineswegs, wie vielfach für den Begriff der *gross violations* vertreten, auf die schwersten und am meisten geächteten Verletzungen des Rechts auf Leben, der körperlichen Unversehrtheit und der persönlichen Freiheit beschränkt. Sonstige völkergewohnheitsrechtlich und vertraglich anerkannte Rechte - und zumindest gelegentlich auch wirtschaftliche, soziale und kulturelle - werden von der Kommission gleichermaßen angewendet, wenn auch die Anforderungen an die Schwere und Verbreitung der Verletzungen hier größer sind. Ein „Gesamtzusammenhang grober Menschenrechtsverletzungen" liegt vor in der Summe von staatlicherseits intendierten und zu verantwortenden Einzelverletzungen über einen gewissen Zeitraum, die systematisch einen nicht unwesentlichen Teil der Bevölkerung betreffen. Die Verletzungen müssen zudem grober Natur sein, also das jeweilige Recht massiv beeinträchtigen. Sämtliche Elemente stehen dabei in gegenseitiger Beziehung: eine geringere Ausprägung bzw. Ausmaß des einen kann durch entsprechende Gewichtung eines anderen kompensiert werden.

Es werden somit nur Situationen massiver Menschenrechtsverletzungen untersucht, nicht aber die konkrete Verletzung eines einem bestimmten Menschen zustehenden spezifischen Rechtes. In dieser Ausrichtung auf Gesamtsituationen liegt die fortwährende, eigentliche Bedeutung des 1503-Verfahrens neben den in zunehmendem Maße akzeptierten vertraglichen und anderen speziellen Mechanismen für Individualbeschwerden. Diese befassen sich regelmäßig isoliert mit einem Einzelfall, ohne auf den gesamtgesellschaftlichen und politischen Hintergrund auch nur eingehen zu können. Allenfalls ein auf Gesamtsituationen fokussierter und politisch arbeitender Mechanismus, wie der nun mit Res. 2000/3 bestätigte, kann hier adäquat Einfluß nehmen. Entsprechend werden in diesem Verfahren neben Massenkampagnen nur solche Beschwerden behandelt, die auf die Existenz eines Gesamtzusammenhangs grober Menschenrechtsverletzungen hinweisen.

Die Besonderheit des Verfahrens gegenüber dem gleichermaßen auf eine gesamtgesellschaftliche Situation abstellenden öffentlichen Mechanismus ist sein dialogorientierter Ansatz. Es wird auf den durch öffentliche Kritik erzielbaren

Druck (zunächst) verzichtet und durch die Gewährleistung der Nichtaufdeckung auf Dialog mit den Staaten gesetzt. Die Vertraulichkeit, die sich in dieser Umfänglichkeit praktisch nur im 1503-Verfahren findet, kann jedoch die Kooperationsbereitschaft einer Regierung nicht garantieren. Sie ist deshalb als ein Mittel zur Verzögerung der Aufklärung und zur Unterbindung internationalen Drucks scharf kritisiert worden. Gleichwohl stellt sie zumindest eine notwendige Vorbedingung für eine Verhandlung zur Problemlösung dar. Die immer als politisch motiviert abzutuenden Anschuldigungen im öffentlichen Mechanismus lassen die erforderliche Atmosphäre für einen offenen Dialog gar nicht erst aufkommen. Gerade weil derartige Gesamtsituationen in vielerlei Hinsicht nur durch Überzeugung der jeweiligen Regierung verbessert werden können, sollte dieser Ansatz - ungeachtet der Unsicherheit über seinen Erfolg - keinesfalls aufgegeben werden.

Der entscheidende Punkt, der für das Gelingen dieses Ansatzes von herausragender Bedeutung ist, ist die Einstellung und das Engagement der Beteiligten, in erster Linie also der in der MRK versammelten Regierungsvertreter. Diese unterliegen zum großen Teil politischen Entscheidungsvorgaben. Insgesamt besteht keine Sicherung, daß in den entsprechenden Situationen auch angemessen reagiert wird. Dies betrifft zum einen die Wachsamkeit gegenüber dem Mißbrauch des Verfahrens zur Vermeidung öffentlicher Verurteilungen durch eine betroffene Regierung, zum anderen die zeitliche Komponente im Verhältnis zum erzielten Erfolg. Es ist die primäre Verantwortung der Kommission, eine Verzögerung des Verfahrensfortgangs zu Lasten der betroffenen Opfer zu verhindern.

Zur Sicherstellung der angemessenen Wahrnehmung der der Kommission übertragenen Aufgaben ließen sich rechtlich verbindliche Rahmenbedingungen denken. So wurde u.a. vorgeschlagen, eine Zeitvorgabe für die Dauer der Behandlung einer Situation in der Kommission vorzugeben, nach deren Ablauf die Überleitung in das öffentliche Verfahren zu erfolgen habe[1]. Man liefe damit zwar in Einzelfällen Gefahr, eine aufrichtige Zusammenarbeit zu stören. Doch besteht angesichts der Möglichkeit, die öffentliche Behandlung im Rahmen der „Beratungsdienste..." fortzuführen[2], auch noch ausreichend Möglichkeit für die Fortführung eines einmal eingeleiteten Dialogs. Ein weiterer Vorschlag lief darauf hinaus, dem Beschwerdeführer eine stärkere Rolle im Verfahren einzuräumen. Ihm könnte vor allem, nach dem Vorbild des FaP, die gegebenenfalls einge-

---

[1] Report of the Chairman of the informal, open-ended Working Group ..., E/CN.4/1995/17 (12.12.1994), Annex, V., Abs. 3; *Alston,* Commission on Human Rights, in: ders. (Hrsg.), The United Nations and Human Rights, S. 154.

[2] So zuletzt geschehen im Falle Tschads - MRK, Entscheidung 1999/102 vom 22.04.1999, E/CN.4/DEC/1999/102 (29.04.1999).

gangene Stellungnahme der jeweiligen Regierung zugeleitet und die Möglichkeit einer Duplik eingeräumt werden[3]. Damit würde dem Mißbrauch des Verfahrens durch eine Regierung insoweit vorgebeugt werden können, als durch die ergänzenden Tatsachenvorträge eine verbesserte Entscheidungsgrundlage für die Kommission geschaffen würde.

Sämtliche Vorschläge dieser Art wurden aber in der zurückliegenden Reform nicht umgesetzt. Gerade in bezug auf Vorgaben für ihre Arbeit würde es dem Selbstverständnis der Kommission widersprechen, sich ihrer politischen Entscheidungsfreiheit zu begeben. Die in Abs. 7 vorgesehene Strukturierung des Verfahrensablaufs auf Kommissionsebene ist das einzig Erreichbare. Die im Vorfeld der Verabschiedung von Res. 2000/3 geführte Auseinandersetzung hat im übrigen sehr deutlich gemacht, daß gegenwärtig keine weitergehenden Zugeständnisse der Staaten in Richtung auf eine striktere Regulation des Verfahrens zu erwarten sind. Dies gilt insbesondere im Hinblick auf eine Aufwertung der Stellung des Beschwerdeführers. Die besondere Betonung der Vertraulichkeit in Abs. 7 lit. c) und Abs. 9 Res. 2000/3 macht dies erneut sehr deutlich.

Die Reform, die die weitgehenden Erwartungen auf Effektivierung des Verfahrens nicht erfüllt hat, zeigt, daß die Staaten außerhalb des vertraglich begründeten Menschenrechtsschutzes nicht bereit sind, einem universellen außervertraglichen Verfahren weitergehende Befugnisse zuzugestehen. Insofern ist auch die immer wieder vorgeschlagene Ausstattung eines UN-Organs mit verbindlichen Befugnissen im Menschenrechtsbereich als wenig realistisch einzuschätzen[4]. Einziges Organ mit mandatorischer Befugnis ist gegenwärtig der

---

[3] *Tardu*, A/Conf.157/PC/60/Add.5, Abs. 147. Siehe zu diesem bereits zu Beginn der praktischen Durchführung des Verfahrens geforderten Punkt auch: CHR, Summary record of the 1307th meeting [14.02.1975], E/CN.4/SR.1290-1308 (27.06.1975), S. 165 (International Commission of Jurists). Vorausgegangen war dem ein Vorschlag Großbritanniens, wonach die Replik der Regierung den Beschwerdeführern bekanntgegeben werden sollte - CHR, Summary record of the 1306th meeting [14.02.1975], E/CN.4/SR.1290-1308 (27.06.1975), S. 151 (Großbritannien).

[4] Bereits 1950 hatte *H. Lauterpacht* die Errichtung eines Menschenrechtsrates (*Human Rights Council*) vorgeschlagen, der aus unabhängigen Experten zusammengesetzt und u.a. auch Individualbeschwerden empfangen könne sollte - *Lauterpacht*, International Law and Human Rights, S. 318: Draft of the International Bill of the Rights of Man, Art. 21, 23. In den neunziger Jahren wurde hierzu vorgeschlagen, den Treuhandrat entsprechend umzuwidmen *Alston,* Critical Appraisal, in: ders. (Hrsg.), The United Nations and Human Rights, S. 8f.; *Ramcharan*, Transnational Law & Contemporary Problems 4 (1994), S. 514; *M. Nowak*, NQHR 11 (1993), S. 156. Auch dies würde jedoch eine Änderung der UN-Charta voraussetzen, die angesichts des Zustimmungserfordernisses der ständigen

Sicherheitsrat, doch auch hier müssen die Voraussetzungen des Art. 39 UN-Charta erfüllt sein[5]. Menschenrechtsverletzungen von großem Ausmaß können zwar als eine Bedrohung des Weltfriedens gewertet werden, doch wird für diese Feststellung regelmäßig noch auf andere Gesichtspunkte zurückgegriffen[6]. Solange im übrigen aber die UNO im allgemeinen und die MRK im besonderen keine verbindlichen Befugnisse in bezug auf Menschenrechtsverletzungen besitzen, kann mit außervertraglichen Mechanismen allenfalls ein vermindertes Schutz- und Reaktionsniveau erreicht werden. Gerade im Hinblick auf den Umgang mit Beschwerden von Einzelpersonen wird die aus der inter-gouvernementalen Struktur der UNO folgende Grenze sehr deutlich[7]. Ohne eine Umwandlung der Weltorganisation in einen Überstaat unter Aufhebung des Koordinationsgefüges - eine eher kritisch zu betrachtende Konzeption - wird dies keine Änderung finden.

Die Behandlung einzelner Beschwerden über Menschenrechtsverletzungen kann daher sehr viel besser durch vertraglich begründete Mechanismen erfolgen. Hier besteht keine Überschneidung mit dem 1503-Verfahren. Denn dieses beschränkt sich auf systematische und schwerwiegende Menschenrechtsverletzungen in ihrem Zusammenhang und versucht, durch politische Einflußnahme deren Beendigung zu erreichen. Vertraglich fundierte Verfahren zur Behandlung derartiger Gesamtzusammenhänge existieren in Gestalt der Staatenbeschwerdeverfahren sowie als Untersuchungsverfahren *ex officio*. Erstere sind bisher praktisch nicht angewendet worden, und letztere sind regelmäßig auf ein bestimmtes Recht bzw. eine Gruppe von Rechten beschränkt und zudem nur partiell anerkannt. Lediglich das interamerikanische System stellt insofern ein umfassendes Untersuchungsverfahren bereit. Für die Mehrzahl der anderen Situationen steht allein das 1503-Verfahren zur Verfügung. Mit seiner politischen Offenheit bietet es gerade für strukturelle Probleme im Menschenrechtsbereich ein angemessenes Forum. Das Verfahren läßt zudem die Durchführung anderer Mechanismen regelmäßig unberührt. Seine Einleitung und Fortführung ist so - selbst bei nur minimalen Ergebnissen - immer ein zusätzliches Moment der Reaktion auf die

---

Sicherheitsratsmitglieder (Art. 108 UN-Charta) wie auch der generellen Zurückhaltung der Staatenmehrheit derzeit außerhalb jeglicher Wahrscheinlichkeit liegt.

[5] Der Vorschlag, den Sicherheitsrat auch in Situationen eines *consistent pattern* zu Zwangsmaßnahmen zu ermächtigen (*M. Nowak*, NQHR 11 (1993), S. 157), würde gleichermaßen eine Änderungen der Charta voraussetzen, weshalb auch dessen Verwirklichung eher unwahrscheinlich ist.

[6] *Herbst*, S. 347.

[7] *van Boven*, Bulletin of Peace Proposals 8 (1977), S. 205.

geschilderten Verletzungen. Geringstenfalls wird darin die Regierung vertraulich zur Bereitstellung ergänzender Informationen angehalten. Im günstigsten Falle kann die UN-Menschenrechtskommission hingegen wirksam Einfluß auf die Regierung ausüben und so zur Einstellung der Menschenrechtsverletzungen beitragen.

English Summary

Since its inception, the United Nations has received thousands of letters and complaints from individuals, groups or private entities every year regarding alleged violations of human rights. To guarantee human rights on the international level, it is not only required that these rights have attained the standard of legally binding rules, but also that a procedure exists which may remedy violations that have occurred and prevent them in the future.

This book studies one of the procedures developed within the framework of the United Nations to deal with the allegations of massive human rights violations in the many petitions. The mechanism, named after the basic Resolution 1503 (XLVIII) of the Economic and Social Council of the United Nations (ECOSOC) of 30 May 1970, was the first one in the UN that was not confined to specific rights or to certain regions only - a general and truly universal complaints procedure. The Commission on Human Rights (CHR) became authorised to ultimately discuss severe violations on the basis of information drawn from these private sources.

By now, positions on and perception of the 1503 procedure have changed dramatically. Not only has the corpus of internationally recognised substantial human rights norms grown. At the same time, a variety of procedures for their implementation has been developed, resulting in a decline in the importance of, and attention to the 1503 procedure. This notwithstanding, the procedure has been applied constantly and more than 30 years after its adoption it still deals with thousands of private communications each year. The fact that in 2000, after considerable disagreement in the Commission, a reform of the procedure was agreed upon, sufficiently illustrates that it is still of relevance in the highly politicised system for human rights action in the UN.

Since the procedure's legislative authority derives from several resolutions, it is to be classified as a "charter-based" mechanism as opposed to treaty-based petition procedures. It can be clearly distinguished from the most prominent of the latter group, the mechanisms established by the Optional Protocol to the 1966 International Convention on Civil and Political Rights, which provides for the assessment of individual petitions by the Human Rights Committee.

PART 1: NATURE AND ACTIVITIES OF THE UN COMMISSION OF HUMAN RIGHTS

The CHR is the only subsidiary organ of ECOSOC that is explicitly envisaged in the UN Charter (article 68) - a concession during the San Francisco Conference to the states promoting a powerful UN in the sphere of human rights. Accordingly, a Nuclear Commission of individual experts was set up in early 1946. Disregarding the recommendation of this commission, ECOSOC decided that the future CHR - the first regular session of which took in place in 1947 - would be comprised of state representatives (§ 4).

Today the CHR has 53 state members from the five UN regions according to a certain ratio formula, a third of which are elected every year by ECOSOC. However, the annual sessions are attended by many more observers from non-member states, UN agencies, international organisations, and, in particular, non-governmental organisations. Hence, the CHR, which meets once a year for six weeks in Geneva, may be considered the most important international human rights event, the "General Assembly for Human Rights". The presidency of the CHR is discharged by a five-member Bureau; other special functions are commissioned to working groups, committees and individual rapporteurs. Administrative support is provided by the Office of the High Commissioner for Human Rights (OHCHR), a special unit within the UN secretariat (§ 5). A special position among the subsidiary bodies takes up the 1999 renamed "Sub- Commission on the Promotion and Protection of Human Rights". It is a standing expert body that was set up to act as a think-tank for the Commission, but it has also played an active role in reacting to human rights violations (§ 6).

The working methods of the Commission - that may also hold special sessions in urgent cases, as well as an informal meeting each year before the opening of the General Assembly – are similar to those of other international plenary bodies or conferences. Its meetings are structured by the agenda for each session; the main instruments are the adoption of resolutions and decisions as well as the debate per se. However, the impact of the work of the Commission in practical terms is, or can be, severely restricted by general financial limits. All decisions with financial implications require the assent of ECOSOC and, at least implicitly, of the General Assembly. In addition, the financial crisis of the UN naturally affects the amount of personnel available for administrative and substantial support in the OHCHR - an indispensable requirement for effective work.

During the past four decades the CHR has proved to be, in the first instance, a place of political argument – initially between the East and the West, later more in the context of the North-South conflict. This political character is interrelated with the attention of the public and underlined by the competition for membership among states and the high rank of the delegations. At the same time, the meetings of the Commission provide an additional diplomatic forum in the human rights context, where new problems may be discussed first (§ 7).

In the system of the UN, the position of the CHR as a subsidiary organ of ECOSOC is described only incompletely. While the latter has to formally approve all operative decisions that go beyond the immediate competence of the CHR or have financial implications, in fact, it usually rubber-stamps them without discussion. Therefore substantial decisions are made in the Commission. At the same time, the relationship to the General Assembly has become closer than envisaged in the charter - due to, inter alia, the strong interest in human rights issues in its III. Committee (§ 8).

The formal competence of the Commission, according to ECOSOC Resolution 5 (I), initially comprised the submitting of "proposals, recommendations and reports to the Council" regarding international human rights instruments, the protection of minorities, and the prevention of discrimination. By Resolution 9 (II) it was subsequently extended to comprise proposals etc. concerning "any other matter concerning human rights not covered" by the other items (§ 9).

In practice, the activities of the Commission may be classified under the headings Standard-setting, Promotion and Reaction. The emphasis of the work has changed in the course of time, but it is obvious that there were no clear-cut phases dedicated to only one of these activities. The drafting of human rights instruments, in particular the Universal Declaration of Human Rights and the early proposals for a human rights covenant, were the main tasks during the first years until 1953; but this work has continued to be part of the working schedule of the CHR. Concerning promotion, a variety of activities were developed, including a general system of state reports, the conduct of specific studies in the field of human rights, the provision of advisory services and technical co-operation, and the encouragement for the ratification of human rights treaties. Since the late 1960s, the Commission has increasingly reacted to human rights violations in any part of the world. Apart from the confidential 1503 procedure, there exists today the public country-oriented procedure, comprising the public debate of grave human rights violations and, as the case may be, their study by a Special Rapporteur. This country-oriented mechanism may also be combined with the provision of advisory services. Human rights violations may also be subject to a study by a Working Group or a Special Rapporteur under a thematic approach - as in the case of the country-oriented procedure based on ECOSOC Resolution 1235 (XLII). These thematic mechanisms lay the emphasis on a study of the reasons for and the amount of the violations of a specific right rather than on blaming a particular state for non-observance of international standards. Some of the procedures provide for the possibility of receiving and dealing with individual complaints, in particular in cases where "urgent action" is required. The actual power of all these mechanisms is grounded simply in their publicity in the Commission (§ 10).

PART 2: PREDECESSORS, ORIGIN AND DEVELOPMENT OF THE 1503 PROCEDURE

The opinion of private individuals on what would today be called human rights issues were first taken into account on the inter-state level during the great international conferences of the 19th century at Vienna and Berlin. The first standing international court, the Central American Court of Justice, established in 1907, could also be seized by an individual. Under the system of the League of Nations, more elaborated petition procedures open to private persons were installed for the protection of minorities and the inhabitants of mandatory territories. Likewise, the International Labour Organisation (ILO), in its constitution, provided complaints procedures for their constituent private groups (§ 12).

The UN Charter, adopted in 1945, did not fulfil expectations for an effective international means of redress. However, it affirmed the concept of international human rights in general (cf. in particular the preamble and art. 1, para. 3), and established a petition mechanism to the Trusteeship Council with respect to the trust territories (article 87). Notwithstanding this restriction, thousands of individual petitions continued to reach the Secretariat (§ 13).

In view of this fact, the CHR, at its first regular session, controversially discussed how to deal with them. Approving the report of the Commission, ECOSOC held in Resolution 75 (V) that the CHR "has no power to take any action in regard to any complaints concerning human rights". According to this resolution, the Secretariat was to compile a confidential list with a short summary of each communication for the information of the CHR members. Each state concerned was to be furnished with a summary of the relevant petition - the identity of the authors not being disclosed. This no power doctrine immediately became the object of harsh criticism from the Secretary-General and from academia. As a close reading of the records shows, the original concept proposed by the CHR was that it would not be authorised to initiate any active measures with respect to the communications, but would not be prevented from taking note of and discussing the events reported. In fact, however, the Commission did not even use the possibilities given by the resolution. This no power-doctrine was thus not only a consequence of the initial statement approved by ECOSOC, but a deliberate policy of the Commission during the following years. The reasons for this might be the preference for standard-setting as the most important task in the early years and the intention not to change the technical character of the Commission into a political one. Subsequent modifications of the procedure, the latest being the consolidation of the existing texts in Resolution 728 F (XXVIII) of 1959, were only of a minor, rather technical character, and confirmed the previous practice. This procedure, essentially the compilation of the list and the formal taking note of it during a couple of minutes dedicated to this agenda item, was described by the then Director of the Human Rights Division, John Humphrey, as "... the world's most elaborate waste-paper basket" (§ 14).

However, after the growth of the UN membership and an increasing willingness of states to accept international monitoring, the situation changed essentially in the late 1960s on the occasion of the discussion of alleged violations of human rights in South-West Africa, Southern Rhodesia and the Portuguese colonies. Resolution 2144 (XXI) of 1966 of the General Assembly is considered as the starting point for the new, more active role of the UN in addressing human rights violations. After controversial discussions in the Commission and elsewhere in the UN system, it was agreed that future activities were not to be restricted to colonial territories and cases of racial discrimination and apartheid, but would address violations of human rights "wherever they may occur". The CHR reacted, with Resolution 8 (XXIII) of 1967 - confirmed, in essence, by ECOSOC Resolution 1235 (XLII) - and introduced a new agenda item on violations of human rights in all countries. It requested the Sub-Commission to prepare an annual report on human rights violations "from all available sources" and to bring to the attention of the Commission any situation of a consistent pattern of gross violations. The Sub-Commission, in its report of the following session, referred to several instances of massive human rights violations and listed individual complaints as sources of information in an annex. This practice caused uproar in the CHR in the following year on the part of developing and eastern countries. Even though no formal decision on the issue was adopted, it had become clear that additional regulations on how to proceed with the incoming communications were necessary. After lengthy debates in Sub-Commission, Commission and ECOSOC, and the consultation of member states, the Council adopted, in May 1970, Resolution 1503 (XLVIII), setting out a three-part procedure to process the individual complaints for the CHR. However, additional provisions had to be adopted, before the procedure was first used in its entirety in 1975. They concerned the setting up of the required Working Group of the Sub-Commission, the admissibility of the communications, and certain more technical issues within the

CHR. One reason for this delay was a strong opposition to the new mechanism on part of the Soviet Union and its allies (§ 15).

This procedure, comprising the four stages Working Group on Communications of the Sub-Commission – Plenary of the Sub-Commission – Working Group on Situations of the Commission (not envisaged in the original resolution but added in 1975) – Plenary of the Commission, was applied for more than 20 years, with minor technical changes. However, since the 1970s, and in particular after the entry into force of the Optional Protocol to the International Covenant on Civil and Political Rights, a constant discussion about reforming the mechanism has taken place. The Sub-Commission, in 1982 and again in 1989, discussed the issue extensively. In the aftermath of the 1993 Vienna World Conference on Human Rights, both the Commission and the Sub-Commission addressed the issue anew. In the former, opposite views between a more hesitant group of like-minded countries (mainly developing countries) and more open, mostly Western countries became discernible. In 1998, the CHR-Bureau was commissioned to re-assess all special procedures- public country-oriented, thematic and confidential - in order to enhance their effectiveness. Concerning the 1503 procedure, the installation of an expert committee was proposed, that would have met twice a year and been the only body other than the Commission involved in the procedure. The following year, an open-ended working group was set up to reconsider the issue. Its new proposal was fully confirmed first by the Commission and then by ECOSOC where it was promulgated as Resolution 2000/3 of 16 July 2000 (§ 16).

PART 3: THE PROCEDURE AND ITS ASPECTS

The legal basis for the 1503 procedures is formed of ECOSOC Resolutions 1235 (XLII), 1503 (XLVIII) and 2000/3, but comprises also several decisions of the CHR and two resolutions of the Sub-Commission.[1] Thus, a complex system of regulations governs the procedure, while the relationship between them is not always clearly determined (§ 18).

The course of the procedure. The procedure starts with the so-called communications, i.e. complaints on human rights violations by private individuals or organisations. They are firstly sorted in the OHCHR and channelled to the various procedures. If they are explicitly addressed to the 1503 procedure or refer,

---

[1] See Annex 2 (Documents), pp. 671 et seq.

substantially, to a consistent pattern of human rights violations, they are prepared, in accordance with Resolution 728 F (XXVIII), for further action. Manifestly ill-founded petitions will have been screened out by the secretariat with the approval of the Chairman-Rapporteur of the Working Group on Communications (WGC), a subsidiary body of the Sub-Commission. The remaining communications are then summarised and transmitted to the government concerned for reply - without divulging the identity of the author, if so requested. At the same time, these summaries appear in a monthly list of all communications for the members of the WGC and the CHR. The same applies in general to governmental replies.

The first substantial examination of communications received up to May of the respective year is carried out by the five-member WGC which meets annually for two weeks in September, immediately following the session of the Sub-Commission. On the basis of the summaries or, as the case may be, the original writings as well as replies from governments, if any, the WGC examines first, whether a communication fulfils the admissibility criteria set out in Resolution 1 (XXIV) of the Sub-Commission. It then goes on to assess whether prima facie this communication reveals a consistent pattern of gross and reliably attested violations of human rights and fundamental freedoms. In the event of the affirmative, the Working Group, by absolute majority, decides to transmit to the CHR Working Group on Situations (WGS) the particular situation as appearing from one or more communications. It may also, in accordance with a confidential decision of 1980, decide to keep a decision pending in order to receive additional information and defer the consideration of a communication to its next session. Finally, it can decide to drop the consideration of a communication and take no further action. The Secretariat is to inform the governments of further actions taken on communications concerning their country.

The second step of the procedure is the examination of the WGC's confidential report and recommendations by the WGS, a body of five heads of delegations to the CHR acting in their personal capacity and meeting for one week not less than one month prior to the annual session of the Commission. The subject of the procedure is no longer an individual communication but a specific situation revealed by one or more of them. The WGS may either reject the further examination of a situation referred to it and take no further action thereon or refer such situations to the Commission. The decision of the WGS will, again, be communicated to the governments concerned, the latter also being informed about their right to participate in the otherwise confidential deliberations of the CHR.

The Commission considers the situations transmitted in two separate private meetings. In the first meeting, a discussion between the Commission members and the representative of the country concerned takes place, after which the members have the opportunity to propose alternatives or amendments to the draft texts of the WGS. In the course of the second closed meeting, the final decision or resolution proposed is discussed and, as the case may be, adopted. The CHR has basically four options to react, having complete discretion whether to act at all, and in what way. According to Resolution 2000/3, para. 7, it can decide

1. "to discontinue consideration of the matter when further consideration or action is not warranted", because it believes the original communication to be inadmissible or does not consider the situation to reveal a consistent pattern of human rights violations;

2. "to keep the situation under review in the light of any further information received from the Government concerned and any further information" reaching the Commission under the 1503 procedure - an option also chosen if the Commission is not willing to take further action at the moment;

3. "to keep the situation under review and to appoint an independent expert" in order to establish direct contacts with the government concerned and to carry out an on-site visit; or

4. "to discontinue consideration of the matter under the confidential procedure governed by Council resolution 1503 (XLVIII) in order to take up consideration of the same matter under the public procedure governed by Council resolution 1235 (XLII)", i.e. to end the confidential procedure and to start a new public one - the most forceful sanction.

Further possibilities for the Commission to react are to give direct recommendations to the ECOSOC, as envisaged in para. 9 of Resolution 2000/3, an option that, in fact, is not considered to be available any more; and, as an additional sanction, to lift the confidentiality of all actions and material of the procedure. There is no formal follow up-procedure, but this function can be discharged by granting advisory services or technical co-operation.

A critical characteristic of the procedure is its duration. The CHR and the other bodies involved in the procedure meet once a year respectively, which determines the time sequence of the procedure. Information to be taken note of by the Commission in the course of its annual session in March/April would, at best, date from 10 months earlier, while in most of the cases a communication may have been pending in the WGC for one or more years. However, this aspect is common to most of the procedures of the CHR (§ 19).

Regarding the reform of the procedure in 2000, much less has been achieved than was expected. The main characteristics that should be mentioned are

- the increasing role of the secretariat which is now formally authorised to screen out manifestly ill-founded communications, subject to confirmation by the Chairman-Rapporteur of the WGC,
- abandoning the role of the Sub-Commission in the procedure with only minor timely gains but little implications for the procedure in general,
- the corresponding growth of discretion for the WGS that is now empowered to dismiss situations referred to it by the WGC, and
- the new organisational regulations for the procedure in the Commission, i.e. the requirement to deal with the situations referred to it in two separate meetings.

It becomes clear that the reform did not bring a complete renewal of the procedure - the main characteristics remain untouched and, in other aspects, only former practice has been confirmed (§ 20).

Main Aspects of the Procedure. The procedure has been applied with regard to 75 states while in one third of the cases it was brought to an end immediately in the Commission - owing either to a satisfactory reaction of the state or a political climate in its favour. Most of the remaining cases concerned situations in less developed countries in Africa, Asia and South-America. A study of the cases in which the documents were made public - i.e. Equatorial Guinea, Argentina, Uruguay, the Philippines, and Haiti - shows that all of them dealt with serious violations of the right to life, the prohibition of torture, personal freedom, and, to a lesser extent, the right to political participation and the freedom of association. Every scrutiny has lasted for several years and was brought to an end because of an internal change of the political system. In general, the commission has initiated direct contacts with the government in twelve cases, and has, in 14 cases, decided to discontinue the confidential procedure and to take up consideration of the situation in a public procedure (§ 21).

The objective of the 1503 procedure is twofold. On the one hand, it aims at fact-finding and the identification of gross and systematic violations of human rights. This is not primarily to inform the world's public opinion or to furnish ECOSOC with a factual basis for certain decisions, but to provide the Commission itself with sufficient information. On the other hand, the procedure aims at maintaining a dialogue with the government concerned - for the purpose of reaching an improvement of the human rights situation. It is, however, generally not designed to protect the individual victim of a violation or to redress it, for the procedure is confined to deal with a consistent pattern of violations only. Thus, it may rather be classified as a mechanism for the general surveillance of compliance with human rights standards aimed at their promotion (§ 22).

The individual communications are the starting point of the entire procedure and caused its creation. However, in the course of the deliberation of the WGC, they lose their individual character and become a mere source of information for a situation to be referred to the WGS. The admissibility of the communications is regulated in Resolution 1 (XXIV) of the Sub-Commission of 1971, which requires that "there are ... reasonable grounds to believe that they may reveal a consistent pattern of gross and reliably attested violations of human rights". If they refer to single victims only, they are, in general, not treated as admissible but referred to other mechanisms. A communication may be submitted by a person or group that is either a victim or has direct and reliable knowledge of those violations, and by an NGO "not resorting to politically motivated stands contrary to the provisions of the Charter". This additional restriction opens the possibility to deny the admissibility of communications submitted by NGOs on flagrantly political grounds.

A communication may also be inadmissible on material grounds, i.e. they may be "inconsistent with the relevant principles" of the Charter, the Universal Declaration of Human Rights (UDHR) and other applicable instruments - meaning that, similar to article 29, para. 3, UDHR, a communication would be inadmissible that concerns rights, the violations of which would be justified in the interest of these principles. A communication would also be inadmissible if it has "manifestly political motivations" - a badly worded provision aimed at preventing the abuse of the procedure in order to guarantee deference to the states as far as possible. Finally, a complainant must have exhausted all domestic remedies available, unless they would "be ineffective or unreasonable prolonged", and there must not be an interference with other international procedures. In general, the rules on admissibility are surprisingly open and make the 1503 procedure applicable for a variety of cases. On the other hand, they contain several "soft" criteria opening the decision for political or extraneous considerations of the bodies involved (§ 23).

The subject of the 1503 procedure is, as already mentioned, not a single violation. The organs involved have jurisdiction only in situations of a "consistent pattern of gross and reliably attested violations of human rights and fundamental freedoms". There is neither a definition of the rights nor any reference to certain human rights instrument. It appears that the applicable law includes all internationally recognised human rights as set out in the UDHR, the two international covenants of 1966, and other international instruments. Apart from the classical civil and political rights also social, economic and cultural rights may - at least in theory - be subject of the procedure. Even the right of self-determination, a right of the "third generation" was once considered in the CHR. It should be borne in mind, however, that the Commission more often than not decides according to political rather than legal standards, and also never determines that a specific right, and if so, to what extent, had been violated.

While the procedure is thus in general open to violations of all human rights, only situations of a consistent pattern of violations may be dealt with. Starting points and the "dimensional" precursor for this concept [with regard to its dimension] were, in the late 1960s, the instances of racial discrimination and apartheid in Southern Africa. The new concept of Resolutions 1235 (XLII) and 1503 (XLVIII) was meant to restrict UN action to the most serious cases, but there has been no agreement on how to interpret the wording in cases other than the examples mentioned. Notwithstanding the general political openness of such a determination, the practice of the Commission has shown that a *consistent pattern* ... would require

- an element of time that would exclude only short-term, temporary violations,
- a qualitative element - following from the word "gross" - meaning that only violations of a considerable seriousness would be covered, the level of seriousness being dependent on the character of the right,
- a quantitative element showing that the violations were carried out systematically in a larger scale, and
- an element of intent, i.e. the violations in their consistency must have been wilfully carried out as part of a political system.

The procedure may be applied to situations in every State of the world, although, while it could be applicable in theory, it has never been applied to alleged violations by non-state actors. There is also no restriction *ratione temporis*, although the procedure may not be applied to a situation of human rights violations that had already ended - the consistent pattern has to continue to exist (§ 24).

The confidentiality is one of the most characteristic features of the 1503 procedure. Notwithstanding some proposals to that extent, the reform in 2000 did not bring any change in that regard. According to para. 9 of Resolution 2000/3 all actions taken in the course of a 1503 scrutiny, and all materials and documents, shall remain confidential. The only information publicly announced by the Chairperson of the Commission is the list of countries dealt with each year under the procedure in the Commission. In accordance with the character of the communication as mere source of information, the confidentiality also applies vis-à-vis the author of a communication. He/she receives only an acknowledgement of receipt and is, henceforth, not involved in the procedure. Additional or subsequent information filed with respect to the original complaint is dealt with as a new communication - there is, however, no provision that would make a communication inadmissible merely because it repeated allegations already submitted. With regard to the state concerned, the procedure was, in its original concept, also confidential. However, since 1978, the respective government participates on all levels of the procedure (§ 25).

The factual information available to the organs involved in the procedure is drawn primarily from the communications and governmental replies, possibly supplemented by additional documents and material of the CHR and other human rights bodies. This information is usually rather old, if not outdated. Where an independent expert, or a Special Representative, has been appointed, this can be remedied by his report. Additional information may also be submitted in the course of the confidential debate in the Commission. However, even if an active participation of the government is aimed at, neither of the constituent instruments of the procedure contains a specific duty to co-operate in implementation of article 56 of the Charter. This notwithstanding, there is, in fact, co-operation of the states concerned, at least to a limited extent - owing to the state-friendly nature of the procedure and the incentive for them, to avoid the Commission referring the situation under confidential review to a public procedure (§ 26).

Non-governmental organisations (NGO) were the main actors taking advantage of the new 1503 procedure during the 1970s. For the first time it provided them with an opportunity to bring information about certain violations of human rights to the attention of the Commission. In fact, many of the known situations dealt with under the 1503 procedure were initiated by one of the big human rights NGOs. Still today, the communications that may reveal a consistent pattern of violations originate from these organisations, for it is they who, in general, have resources and skills to conduct the fact-finding necessary for the submission of a well-founded 1503 complaint (§ 27).

The entire concept of the 1503 procedure - e.g. the non-participation of the complainant, the admissibility provisions, the search for co-operation instead of confrontation etc. - leads to the conclusion that the mechanism is not a stringent procedure to remedy human rights violations - notwithstanding the fact that the applicable rules, international human rights law, are of an eminent legal character. In particular, the composition of the bodies involved, notably the CHR and the WGS, show that a deference to political considerations is the mechanism inherent. It takes into account that the international human rights policy is closely interrelated to their other political interests, notably with regard to economic and strategic-military relations. Actions in the interest of human rights may thus be under the caveat of not having a negative impact on these other interests. The practice of human rights action in the UN in general, and in the CHR in particular, has shown a considerable amount of cases where political considerations have led to sometimes biased or unequal results. The 1503 procedure, with its confidentiality and, therefore, lack of critical public observation, is a sample of such highly politicised procedures. The practice under this procedure has revealed a critical selectivity in the situations scrutinised. However, given the political character of the CHR, one cannot compare it with the ideal of an independent court (§ 28).

PART 4: THE RELATIONSHIP TO OTHER INTERNATIONAL MECHANISMS FOR THE PROTECTION OF HUMAN RIGHTS

There exists today a plethora of international mechanisms for the protection and promotion of human rights on the regional and universal level, but it is difficult to discern the true relationship between them. However, is it only a fragmentary system with over-laps and lacunae. While the latter have to be accepted as facts, the former create a need for co-ordination in order to avoid contradicting decisions and overburdening some of the mechanisms. General international law provides for the principle of res iudicata that requires, however, the binding character of a decision and applies only if exactly the same case would be dealt with anew. A general rule prohibiting double or even parallel action does not exist, and the availability of more than one procedure may even be intended. In fact, however, most instruments contain specific exclusion or restraint clauses.

Concerning the 1503 procedure, the confidentiality means that information about it being conducted may not even reach other human rights bodies. While, according to the provisions on the admissibility, a communication would be dismissed if it prejudiced the functions of other UN agencies, or if it addressed cases already settled in accordance with the UDHR, the basic resolutions do not deal with the possible over-lap with the various human rights mechanisms (§ 29).

The relationship between the 1503 procedure and the other mechanisms of the CHR, namely the public country-oriented and the thematic procedure, is nowhere clearly spelled out. This results from the irregular and hardly consequent development of the special procedures altogether and the fact that it is the same body that is responsible in each of them. This lack of clear legal rules has led the Secretariat (OHCHR) to a rather pragmatic approach in handling its supportive tasks. With regard to the country-oriented procedure, the mere discussion in the plenary is of no impact on the confidential one, while, after the appointment of a Special Rapporteur in the public procedures or the initiation of any other special mechanism, the Commission, in fact, has never continued the 1503 procedure. A possible conflict with thematic mechanisms is almost always excluded because of their different approach to the human rights problems; and concerning the channelling of incoming communications, the special mechanisms prevail at least insofar as the communications are addressed to them (§ 30).

The relationship to treaty-based individual complaints mechanisms, notably under the Optional Protocol to the 1966 International Covenant on Civil and Political Rights, the UN Conventions on the Elimination of Racial Discrimination (article 14), against Torture (article 22), and against Discrimination of Women (the 1999 Optional Protocol), as well as in the European, Inter-American and African human rights conventions, is regulated by specific articles of the respective instruments. On the other hand, the regulations governing the 1503 procedure are incomplete - emphasising again the latter's political openness. As the practice, in particular of the Human Rights Committee, has shown, parallel scrutiny of a situation under resolution 1503 (XLVIII) does not render an individual application to the treaty mechanism inadmissible. Likewise, in none of the cases that became known in the 1503 procedure, has the Commission or any other organ involved held such other applications to have an impact on the 1503 procedure. The main reason for this general conclusion is the difference between the objects of the respective procedures - while the above-mentioned complaints mechanisms are concerned with the individual cases brought up in the respective application, the 1503 procedure deals with general situations, the scrutiny of which is in no way dependent or has an impact on the decision in the individual case. Even though the 1503 procedure may be invoked at the same time, this does not create a real problem of co-ordination, since the multitude of procedures available is only in the interest of the human beings concerned.

Extra-conventional mechanisms to receive individual complaints are nowadays of relevance only in the context of the UNESCO, the ILO, the Inter-American System and, to a lesser extent, in the UN Commission on the Status of Women. Again, there might exist some substantial overlap, but none of these means have an object identical to the one of the 1503 procedure. There is no practice showing that a material conflict may arise from parallel activities, even where the objectives - identifying systematic human rights violation - are similar (§ 31).

The same is true with regard to other procedures for the protection of human rights. As in the case of the 1503 procedure, state reporting procedures under international conventions and other instruments rely on co-operation and dialogue with states and deal with the general situation in a given country. Even if there might thus be a considerable parallelism, the 1503 procedure does not interfere with the other procedures, while the state reports as well as the concluding observations of the monitoring bodies may be used in the context of a 1503 scrutiny. As to inter-state complaints procedures, a clear picture of the relationship cannot be drawn for lack of practice. It seems, though, that it is the 1503 procedure and other more political – and silent – mechanisms indirectly pursued by state representatives in political bodies, without a state having to bear the political burden of a public complaint, that have made these inter-state procedures obsolete. Other ex officio investigative instruments, notably under article 20 of the Convention against Torture and the new optional protocol to the women's rights convention, as well as in the Inter-American system and the European anti-torture convention, have a common object with the 1503 procedure - a situation rather than an individual case. However, there has not been any case of a true conflict between them, and the double availability appears to have been taken into consideration wilfully (§ 32).

In view of the comparison with the multitude of other mechanisms in international human rights law, the 1503 procedure can be described as a petition-based information procedure, of a conciliatory but political character, having a non-binding outcome. Given this variety of ways and means, the overview shows that the entire procedure, or some of its elements, have served as a precedent and sample for other procedures, in particular the ex officio investigative mechanisms and the complaints procedure of the Banjul Charter and in the framework of UNESCO (§ 33).

PART 5: ASSESSMENT AND APPRAISAL

Concerning the then disputed legality of the procedure as established in 1970, it is now safe to assume that there is no provision of the UN Charter or in general international law that is violated by its existence and practice. Even if one adhered to a wide understanding of the term intervention in article 2, para. 7, of the Charter as covering also discussion by UN organs, gross and systematic violations of human rights as the subject-matter of the 1503 procedure do no longer constitute a matter that is "essentially within the domestic jurisdiction" of a state, unless an on-site investigation would be conducted. This has become clear in the practice of UN organs, in particular of the General Assembly and the CHR itself, and is only underlined by articles 1 (3), 55 and 56 of the Charter and the growing body of international human rights treaties (§ 34).

An appraisal of the procedure other than its historical significance has to start by measuring the extent to which the immediate objective previously set in its original design was achieved. The two major objectives identified are: fact-finding and identification of a consistent pattern of gross violations of human rights, and maintaining a dialogue with the government concerned in order to serve the above and to improve the situation of human rights. Concerning the identification and fact-finding, there are different sources of information available. The objectiveness of the findings, however, may be impaired by the political character of the mechanism resulting in a too early conclusion of the procedures, and by the restricted position of the petitioner. There is no guarantee for an objective result - which is also true for the public procedure. And while the pressure from the public may lead to more objective results, the confidentiality may be more suitable to obtain additional information. As far as the co-operation with the respective governments is concerned, the multi-stage and complex character of the procedure, as well as the confidentiality, may result in the maintenance of an ongoing dialogue with the governments. Even more, the latter is a prerequisite of such co-operation. Again, an actual and honest dialogue cannot be guaranteed. With this caveat, one can safely say that both objectives are most effectively served by the organisation of the procedure – there is no other mechanism that can at the same time provide such an incentive to a dialogue with the government and obtain information from the party concerned.

In order to appraise the effectiveness in a wider sense, i.e., whether the procedure is suited to serve its ultimate purpose, i.e. the protection of human rights, it is necessary to clarify, how an "effective protection" at the international level could be ensured. Since the CHR lacks any enforcement power, it can merely be called a promotional body that cannot be appraised by the measurements for protective mechanisms. It seems to be obvious that it is only the combination of international efforts on many stages that have in the past led to the improvement of critical situations. The fact-finding and identification functions of the 1503 procedure may contribute to this pressure as much as the mere existence and the threat of its possible use may do. The conciliatory approach of maintaining a constant dialogue creates a more subtle type of pressure to which a government might be more easily willing to give in - but this may also be abused in order to avoid or postpone public scrutiny. On the other hand, there have been several instances where silent diplomacy was applied successfully. Some cases dealt with under the procedure, in particular during its first decade, have shown the procedure as being of little value for ensuring compliance with human rights standards. On the contrary, it prevented the public discussion of the situation in the CHR, often for several years. In other instances, however, the silent international pressure has apparently led to significant results. A single conclusion can thus not be drawn, but it becomes obvious that it is first and foremost the attitude of the states and individuals concerned that decide the outcome. What is true in general for the UN system applies also with regard to the 1503 procedure: the organisation cannot go further than the member states are willing to go. This said, the 1503 procedure presents a mechanism that is not per se ineffective, and that may be used to pursue - on the diplomatic level - a policy of protecting human rights. If successful, the CHR could play an important role in influencing the respective government, thus contributing to the cessation of human rights violations (§§ 35, 36).

Materialien und Dokumente

Anhang 1. Tabellarische Übersichten

I. Übersicht der im 1503-Verfahren in der MRK behandelten Staaten[1]

Sitzg. der MRK	Afrika	Asien	Lateinamerika/ Karibik	Osteuropa	westeurop. und andere Staaten	Summe
1974 (30.)	Burundi, Tansania	Iran, Indonesien	Brasilien, Guyana		Portugal, UK	**8**
1975 (31.)	Burundi, Tansania, Uganda	Iran, Indonesien	Brasilien, Chile, Guyana		Israel[2], Portugal, UK	**11**
1976 (32.)	Äquatorialg.* Uganda		Brasilien, [Chile]		Israel[2]	**5**
1977 (33.)	Äquatorialg., Malawi, Uganda	Südkorea	Bolivien		Israel[2] (ö)	**6**
1978 (34.)	Äquatorialg., Äthiopien, Malawi, Uganda	Südkorea, Indonesien (Ost-Timor)	Bolivien, [Chile,] Paraguay, Uruguay			**10**

---

[1] Quelle: *Ize-Charrin*, 1503: A Serious Procedure, S. 11, Anm. 5 (bis 1997), sowie die Veröffentlichung des OHCHR im Internet: http://www.unhchr.ch/html/menu2/8/stat1.htm (Stand: 01.02.2002). Die Zuordnung zu den einzelnen Regionalgruppen erfolgt in Anlehnung an die Übersicht in VN 2000, S. 47 (Tabelle 2).

Hinsichtlich der in eckigen Klammern erscheinenden Staaten hatte die Unterkommission im Rahmen des vertraulichen Verfahrens jeweils eine Situation überwiesen; die Kommission behandelte diese Situationen jedoch im öffentlichen Verfahren.

Die Behandlung der mit * bezeichneten Staaten wurde in der jeweiligen Sitzung eingestellt, die Erörterung auf der folgenden Sitzung beruht somit in diesen Fällen auf neuen Materialien.

In den Fällen der mit (ö) bezeichneten Staaten wurde die Situation in das öffentliche Verfahren übergeleitet.

[2] Israel gehörte ursprünglich keiner Regionalgruppe an (VN 2000, S. 47, Tabelle 2), wurde aber 2000 in die Gruppe der westeuropäischen und sonstigen Staaten aufgenommen - F.A.Z. vom 6. Juni 2000, S. 7.

1979 (35.)	Äquatorialg. (ö), Äthiopien, Malawi, Uganda	Birma, Indonesien [Kambodscha,] Südkorea[3],	Bolivien, Paraguay, Uruguay,			**11**
1980 (36.)	Zentralafrika, Äthiopien, Malawi (öff. beendet)	Birma, Indonesien	Argentinien, Bolivien, Paraguay, Uruguay			**9**
1981 (37.)	Zentralafrika, Äthiopien, Mosambik, Uganda	Afghanistan, Indonesion, Japan, Südkorea	Argentinien, Bolivien (ö), [Chile,] El Salvador(ö), Guatemala (ö), Haiti, Paraguay, Uruguay	DDR		**17**
1982 (38.)		Afghanistan, Südkorea	Argentinien, Haiti, Paraguay, Uruguay, Venezuela	DDR		**8**
1983 (39.)		Afghanistan, Iran (ö), Indonesien.	Argentinien, Haiti, Paraguay, Uruguay	DDR	Türkei[4]	**9**
1984 (40.)	Benin	Afghanistan (ö), Malaysia, Pakistan, Philippinen, Indonesien	Argentinien, Haiti, Paraguay, Uruguay	Albanien	Türkei	**12**
1985 (41.)	Benin, Zaire (Kongo)	Pakistan, Philippinen, Indonesien	Haiti, Paraguay, Uruguay	Albanien	Türkei	**10**
1986 (42.)	Gabon, Zaire	Philippinen	Haiti, Paraguay	Albanien	Türkei	**7**

3 Südkorea war zu dieser Zeit noch nicht Mitglied der UNO.

4 Die Türkei gehört gleichzeitig zur asiatischen Regionalgruppe, wird aber bei Wahlen in der Gruppe westeuropäischer und anderer Länder geführt - VN 2000, S. 47 (Tabelle 2, Anm. *).

1987[5] (43.)	Zaire		Haiti (ö), Paraguay	Albanien		**4**
1988 (44.)	Benin, Zaire	Brunei, Irak*, Pakistan	Grenada, Paraguay, Honduras	Albanien (ö)		**9**
1989 (45.)	Somalia, Zaire	Brunei, Irak, Syrien	Haiti, Honduras, Paraguay			**8**
1990 (46.)	Somalia	Brunei, Birma [Myanmar]	Haiti, Paraguay			**5**
1991 (47.)	Somalia, Sudan, Tschad, Zaire	Birma [M.]				**6**
1992 (48.)	Somalia, Sudan, Tschad, Zaire	Bahrein, Birma [M.] (ö), Syrien				**7**
1993 (49.)	Kenia, Ruanda, Somalia, Sudan (ö), Tschad, Zaire (ö)	Bahrein				**7**
1994 (50.)	Ruanda, Somalia, Tschad	Kuwait, Vietnam		Armenien, Aserbaidsch., Estland[6]	Deutschland	**9**
1995 (51.)	Ruanda, Tschad, Uganda	Laos, Saudi-Arabien, Thailand		Albanien, Armenien, Aserbaidsch., Lettland, Moldawien, Slowenien		**12**

5 Infolge des Ausfalls der Sitzung der Unterkommission 1986 wurden in diesem Jahr keine Situationen neu an die Kommission weitergeleitet - *Tolley*, The U.N. Commission on Human Rights, S. 127.

6 Estland gehört keiner Regionalgruppe an - VN 2000, S. 47 (Tabelle 2).

1996 (52.)	Mali, Sierra Leone, Tschad	Nepal, Saudi-Arabien, Thailand, Usbekistan		Slowenien, Armenien, Aserbaidsch.		**10**
1997 (53.)	Botswana, Gambia, Tansania, Tschad, Sierra Leone	Kirgisistan, Saudi-Arabien, Syrien, Usbekistan,	Antigua und Barbuda	Tschechien, Estland[6], Lettland, Litauen	USA[7]	**15**
1998 (54.)	Gambia, Sierra Leone, Tschad	Japan, Jemen*, Kirgisistan, Saudi-Arabien*	Paraguay, Peru			**9**
1999 (55.)	Gambia, Sierra L. (ö), Tschad (ö)[8]	Jemen*, Nepal, Saudi-Arabien				**6**
2000 (56.)	Rep. Kongo, Kenia, Simbabwe, Uganda	Ver.Arab. Emirate, Jemen, Vietnam	Chile	Lettland		**9**
2001 (57.)	Rep. Kongo, Togo, Uganda	Malediven				**4**

[7] Die USA gehören keiner Regionalgruppe an, werden aber bei Wahlen der Gruppe westeuropäischer und anderer Staaten zugerechnet - VN 2000, S. 47 (Tabelle 2, Anm. **).

[8] Die Behandlung der Situation in Tschad wurde im Rahmen des Tagesordnungspunktes „Beratungsdienste und technische Zusammenarbeit“ fortgesetzt - MRK, Entscheidung 1999/102 vom 22.04.1999, E/CN.4/DEC/1999/102 (29.04.1999); CHR, Summary record of the Second Part (Public) of the 17th Meeting [06.04.1999], E/CN.4/1999/SR.17/Add.1, Abs. 3.

II. Eingegangene Beschwerden und Regierungsantworten[9]

Jahr	Eingegangene Beschwerden / betreffende Staaten	Regierungsstellungnahmen / von insgesamt Regierungen
1947 – 1957	Insgesamt 63.700[10]	
1972	27.530	
1973	27.577	
1974	9.134	
1975	30.691	
1976[11]	54.510 / 33	128
1977[12]	18.842 / 36	129
1978[13]	25.518 / 92	232 / 45
1979[14]	13.124 / 61	236 / 39
1980	25.196 / 76	
1981		
1982		
1983	15.102	
1984	34.693	
1985	14.351	67
1986	(keine Sitzung der Unterkomm.)	63
1987		102
1988	5.258	102
1989	199.874	155
1990	118.449	164
1991	8.849	188
1992	26.746	197
1993	223.096	201
1994	87.707	276
1995		324
1996	18.853	312
1997	63.398	-

9 Quelle, soweit nicht gesondert vermerkt: *Ize-Charrin*, 1503: A Serious Procedure, S. 11, Anm. 3 und 4.

10 Vgl CHR, Report of the 14th Session, E/3088, E/CN.4/769 (1958), Abs. 186.

11 *Guest*, S. 118.

12 *Guest*, S. 483, Anm. 18.

13 Vgl. E/CN.4/Sub.2/R.33.

14 Vgl. E/CN.4/Sub.2/R.36.

Anhang 2. Dokumente

I. Resolutionen des ECOSOC

A. Resolution 2000/3 of the Economic and Social Council[1]

Procedure for dealing with communications concerning human rights

The Economic and Social Council,

Recalling its resolution 728 F (XXVIII) of 30 July 1959 concerning the handling of communications concerning human rights and its decision 79 (LVIII) of 6 May 1975 relating thereto,

Recalling also its resolution 1235 (XLII) of 6 June 1967 authorizing the Commission on Human Rights to examine information relevant to gross violations of human rights and fundamental freedoms, its resolution 1503 (XLVIII) of 27 May 1970 establishing a procedure for dealing with communications relating to violations of human rights and fundamental freedoms and its resolution 1990/41 of 25 May 1990 concerning the establishment, composition and designation of the members of the Working Group on Situations,

Recalling further resolution 1 (XXIV) of the Sub-Commission on Prevention of Discrimination and Protection of Minorities (now the Sub-Commission for the Promotion and Protection of Human Rights) of 13 August 1971 concerning criteria for the admissibility of communications, as well as Sub-Commission resolution 2 (XXIV) of 16 August 1971 concerning the establishment, composition and designation of the members of the Working Group on Communications,

Recalling Commission on Human Rights decisions 3 (XXX) of 6 March 1974, 5 (XXXIV) of 3 March 1978 and 9 (XXXVI) of 7 March 1980, all aimed at facilitating government participation and cooperation under the procedure, and decision 3 (XXXIV) of 3 March 1978 inviting the Chairman-Rapporteur of the Working Group on Communications to be present during the deliberations of the Commission on that item,

Noting decision 109 of 26 April 2000 of the Commission on Human Rights, *inter alia* approving the recommendations of its inter-sessional open-ended Working Group on Enhancing the Effectiveness of the Mechanisms of the Commission on Human Rights concerning the review of the procedure governed by Economic and Social Council resolution 1503 (XLVIII) and related resolutions and decisions (E/CN.4/2000/112, chapter three),

1. *Endorses* Commission decision 109 of 26 April 2000, insofar as it concerns the review of the procedure governed by Economic and Social Council resolution 1503 (XLVIII) and related resolutions and decisions;

---

[1] E/2000/INF/2/Add.1, S. 20.

2. *Decides*, accordingly, that the Working Group on Communications designated in conformity with paragraph 37 of the report of the inter-sessional open-ended Working Group on Enhancing the Effectiveness of the Mechanisms of the Commission on Human Rights (E/CN.4/2000/112) shall henceforth meet annually for two weeks, immediately following the annual session of the Sub-Commission on the Promotion and Protection of Human Rights, to examine the communications received under Council resolution 728 F (XXVIII) that have been transmitted to the Governments concerned not later than 12 weeks prior to the meeting of the Working Group, and any government replies relating thereto, in conformity with the criteria for the admissibility of communications contained in resolution 1 (XXXIV) of the Sub-Commission, with a view to bringing to the attention of the Working Group on Situations any particular situations which appear to reveal a consistent pattern of gross and reliably attested violations of human rights and fundamental freedoms;

3. *Requests* the Secretary-General, with the approval of the Chairman-Rapporteur of the Working Group on Communications, to screen out manifestly ill-founded communications in the preparation of the monthly confidential summaries of communications (confidential lists of communications) communicated to the members of the Working Group, it being understood that communications screened out would not be transmitted to the Governments concerned for reply;

4. *Calls upon* the Secretary-General to inform the countries concerned, immediately after the conclusion of the meeting of the Working Group on Communications, of the actions taken in regard to them;

5. *Entrusts* to the Working Group on Situations designated in conformity with paragraph 40 of the report of the inter-sessional open-ended Working Group on Enhancing the Effectiveness of the Mechanisms of the Commission on Human Rights (E/CN.4/2000/112), which shall meet annually for one week not less than one month prior to the annual session of the Commission, the role of examining the confidential report and recommendations of the Working Group on Communications and determining whether or not to refer a particular situation thus brought before it to the Commission on Human Rights, as well as of examining the particular situations kept under review by the Commission under the procedure, and, accordingly, to place before the Commission a confidential report identifying the main issues of concern, normally together with a draft resolution or draft decision recommending the action to be taken by the Commission in respect of the situations referred to it;

6. *Requests* the Secretary-General to make the confidential files available, at least one week in advance of the first closed meeting, to all members of the Commission on Human Rights;

7. *Authorizes* the Commission on Human Rights, as it deems appropriate, to consider the particular situations placed before it by the Working Group on Situations, as well as the situations kept under review, in two separate closed meetings, employing the following modalities:

(a) At the first closed meeting, each country concerned would be invited to make opening presentations; a discussion would then follow between members of the Commission and the Government concerned, based on the contents of confidential files and the report of the Working Group on Situations;

(b) In the interim between the first and second closed meetings, any member or members of the Commission could submit an alternative or an amendment to any texts forwarded by the Working Group on Situations; any such draft texts would be circulated confidentially by the secretariat, in accordance with the rules of procedure of the functional commissions of the Economic and Social Council, in advance of the second closed meeting;

(c) At the second closed meeting, members of the Commission would discuss and take action on the draft resolutions or decisions; a representative or representatives of the Governments concerned would have the right to be present during the adoption of the final decision/resolution taken in regard to the human rights situation in that country; as has been the established practice, the Chairperson of the Commission would subsequently announce in a public meeting which countries had been examined under the 1503 procedure, as well as the names of countries no longer being dealt with under the procedure; the 1503 dossiers would remain confidential, except where the Government concerned has indicated the wish that they become public;

(d) In accordance with the established practice, the action taken in respect of a particular situation should be one of the following options:

(i) To discontinue consideration of the matter when further consideration or action is not warranted;

(ii) To keep the situation under review in the light of any further information received from the Government concerned and any further information which may reach the Commission under the 1503 procedure;

(iii) To keep the situation under review and to appoint an independent expert;

(iv) To discontinue consideration of the matter under the confidential procedure governed by Council resolution 1503 (XLVIII) in order to take up consideration of the same matter under the public procedure governed by Council resolution 1235 (XLII);

8. *Decides* that the provisions of Council resolution 1503 (XLVIII) and related resolutions and decisions not affected by the present reorganization of work shall remain in force, including:

(a) Provisions relating to the duties and responsibilities of the Secretary-General, it being understood that in respect of the handling of communications and government replies relating thereto the duties and responsibilities are as follows:

(i) The compilation, as before, of monthly confidential summaries of incoming communications concerning alleged violations of human rights; the identity of authors may be deleted upon request;

(ii) The transmittal of a copy of each summarized communication, in the language received, to the Government concerned for reply, without divulging the identity of the author if he or she so requests;

(iii) Acknowledging the receipt of communications to their authors;

(iv) The reproduction and circulation to the members of the Commission, as before, of the replies received from Governments;

(b) Provisions aimed at facilitating government cooperation and participation in the procedure, including the provisions of Commission decision 3 (XXX) of 6 March 1974, now to be applied following the meetings of the Working Group on Communications;

9. *Decides* that all actions envisaged in the implementation of the present resolution by the Working Group on Communications, the Working Group on Situations and the Commission on Human Rights shall remain confidential until such time as the Commission may decide to make recommendations to the Economic and Social Council;

10. *Decides* that the procedure as amended may continue to be referred to as the 1503 procedure.

10th Meeting,
16 June 2000.

B. Resolution 1503 (XLVIII) of the Economic and Social Council[2]

Procedure for dealing with communications relating to violations of human rights and fundamental freedoms

The Economic and Social Council,

Noting resolutions 7 (XXVI) and 17 (XXV) of the Commission on Human Rights and resolution 2 (XXI) of the Sub-Commission on Prevention of Discrimination and Protection of Minorities,

1. *Authorizes* the Sub-Commission on Prevention of Discrimination and Protection of Minorities to appoint a Working Group consisting of not more than five of its members, with due regard to geographical distribution, to meet once a year in private meetings for a period not exceeding ten days immediately before the sessions of the Sub-Commission to consider all communications, including replies of Governments thereon, received by the Secretary-General under Council resolution 728 F (XXVIII) of 30 July 1959 with a view to bringing to the attention of the Sub-Commission those communications, together with replies of Governments, if any, which appear to reveal a consistent pattern of gross and reliably attested violations of human rights and fundamental freedoms within the terms of reference of the Sub-Commission;

2. *Decides* that the Sub-Commission on Prevention of Discrimination and Protection of Minorities should, at the first stage in the implementation of the present resolution, devise at its twenty-third session appropriate procedures for dealing with the question of admissibility of

---

[2] E/4832/Add.1, S. 8.

communications received by the Secretary-General under Council resolution 728 F (XXVIII) and in accordance with Council resolution 1235 (XLII) of 6 June 1967;

3. *Requests* the Secretary-General to prepare a document on the question of admissibility of communications for the Sub-Commission's consideration at its twenty-third session;

4. *Further* requests the Secretary-General:

(a) To furnish to the members of the Sub-Commission every month a list of communications prepared by him in accordance with Council resolution 728 F (XXVIII) and a brief description of them, together with the text of any replies received from Governments;

(b) To make available to the members of the working group at their meetings the originals of such communications listed as they may request, having due regard to the provisions of paragraph 2 (b) of Council resolution 728 F (XXVIII) concerning the divulging of the identity of the authors of communications;

(c) To circulate to the members of the Sub- Commission, in the working languages, the originals of such communications as are referred to the Sub-Commission by the working group;

5. *Requests* the Sub-Commission on Prevention of Discrimination and Protection of Minorities to consider in private meetings, in accordance with paragraph 1 above, the communications brought before it in accordance with the decision of a majority of the members of the working group and any replies of Governments relating thereto and other relevant information, with a view to determining whether to refer to the Commission on Human Rights particular situations which appear to reveal a consistent pattern of gross and reliably attested violations of human rights requiring consideration by the Commission;

6. *Requests* the Commission on Human Rights after it has examined any situation referred to it by the Sub-Commission to determine:

(a) Whether it requires a thorough study by the Commission and a report and recommendations thereon to the Council in accordance with paragraph 3 of Council resolution 1235 (XLII);

(b) Whether it may be a subject of an investigation by an *ad hoc* committee to be appointed by the Commission which shall be undertaken only with the express consent of the State concerned and shall be conducted in constant co-operation with that State and under conditions determined by agreement with it. In any event, the investigation may be undertaken only if:

(i) All available means at the national level have been resorted to and exhausted;

(ii) The situation does not relate to a matter which is being dealt with under other procedures prescribed in the constituent instruments of, or conventions adopted by, the United Nations and the specialized agencies, or in regional conventions, or which the

State concerned wishes to submit to other procedures in accordance with general or special international agreements to which it is a party.

7. *Decides* that if the Commission on Human Rights appoints an *ad hoc* committee to carry on an investigation with the consent of the State concerned:

(a) The composition of the committee shall be determined by the Commission. The members if the committee shall be independent persons whose competence and impartiality is beyond question. Their appointment shall be subject to the consent of the Government concerned;

(b) The committee shall establish its own rules of procedure. It shall be subject to the quorum rule. It shall have authority to receive communications and hear witnesses, as necessary. The investigation shall be conducted in co-operation with the Government concerned;

(c) The committee's procedure shall be confidential, its proceedings shall be conducted in private meetings and its communications shall not be publicized in any way;

(d) The committee shall strive for friendly solutions before, during and even after the investigation;

(e) The committee shall report to the Commission on Human Rights with such observations and suggestions as it may deem appropriate;

8. *Decides* that all actions envisaged in the implementation of the present resolution by the Sub-Commission on Prevention of Discrimination and Protection of Minorities or the Commission on Human Rights shall remain confidential until such a time as the Commission may decide to make recommendations to the Economic and Social Council;

9. *Decides* to authorize the Secretary- General to provide all facilities which may be requires to carry out the present resolution, making use of the existing staff of the Division of Human Rights of the United Nations Secretariat;

10. *Decides* that the procedure set out in the present resolution for dealing with communications relating to violations of human rights and fundamental freedoms should be reviewed if any new organ entitled to deal with such communications should be established within the United Nations or by international agreement.

1693rd plenary meeting,
27 May 1970.

C. Resolution 1235 (XLII) of the Economic and Social Council[3]

Question of the violation of human rights and fundamental freedoms, including policies of racial discrimination and segregation and of apartheid, in all countries, with particular reference to colonial and other dependent countries and territories

The Economic and Social Council,

Noting resolutions 8 (XXIII) and 9 (XXIII) of the Commission on Human Rights,

1. *Welcomes* the decision of the Commission on Human Rights to give annual consideration to the item entitled "Question of the violation of human rights and fundamental freedoms, including policies of racial discrimination and segregation and of *apartheid*, in all countries, with particular reference to colonial and other dependent countries and territories", without prejudice to the functions and powers of organs already in existence or which may be established within the framework of measures of implementation included in international covenants and conventions on the protection of human rights and fundamental freedoms; and concurs with the requests for assistance addressed to the Sub-Commission for Prevention of Discrimination and Protection of Minorities and to the Secretary-General;

2. *Authorizes* the Commission on Human Rights and the Sub-Commission on Prevention of Discrimination and Protection of Minorities in conformity with the provisions of paragraph 1 of the Commissions resolution 8 (XXIII), to examine information relevant to gross violations of human rights and fundamental freedoms, as exemplified by the policy of *apartheid* as practiced in the Republic of South Africa and in the Territory of South West Africa under the direct responsibility of the United Nations and now illegally occupied by the Government of the Republic of South Africa, and to racial discrimination as practised notably in Southern Rhodesia, contained in the communications listed by the Secretary-General pursuant to Economic and Social Council resolution 728 F (XXVIII) of 30 July 1959;

3. *Decides* that the Commission on Human Rights may, in appropriate cases, and after careful consideration of the information thus made available to it, in conformity with the provisions of paragraph 1 above make a thorough study of situations which reveal a consistent pattern of violations of human rights, as exemplified by the policy of *apartheid* as practiced in the Republic of South Africa and in the Territory of South West Africa under the direct responsibility of the United Nations and now illegally occupied by the Government of the Republic of South Africa, and racial discrimination as practiced notably in Southern Rhodesia, and report, with recommendations thereon, to the Economic and Social Council;

4. *Decides* to review the provisions of paragraphs 2 and 3 of the present resolution after the entry into force of the International Covenants on Human Rights;

---

[3] E/4393, S. 17.

5. *Takes note* of the fact that the Commission on Human Rights, in its resolution 6 (XXIII), has instructed an ad hoc study group to study in all its aspects the question of the ways and means by which the Commission might be enabled or assisted to discharge functions in relation to violations of human rights and fundamental freedoms, whilst maintaining and fulfilling its other functions;

6. *Requests* the Commission on Human Rights to report to it on the result of this study after having given consideration to the conclusion of the ad hoc study group referred to in paragraph 5 above.

6 June 1967.

D. Resolution 728 F (XXVIII) of the Economic and Social Council[4]

Communications concerning human rights

The Economic and Social Council

Having considered chapter V of the report of the Commission Human Rights on its twenty-first session,[5] concerning communications, in chapter IX of the report of the Commission on its fifteenth session[6],

(1) *Approves* the statement that the Commission on Human Rights recognizes that it has no power to take any action in regard to any complaints concerning human rights;

(2) *Requests* the Secretary-General:

a) To compile and distribute to members of the Commission on Human Rights before each session a non-confidential list containing a brief indication of the substance of each communication, however adressed, which deals with the principles involved in the promotion universal respect for, and observance of, human rights and to divulge the identity of the authors of such communications unless they indicate that they wish their names to remain confidential;

b) To compile before each session of the Commission a confidential list containing a brief indication of the substance of other communications concerning human rights, however addressed, and to furnish this members of the Commission, in private meeting, without divulging the identity of the authors of communications except in cases where the authors state that they have already divulged or intend to divulge their names or that they have no objection to their names being divulged;

---

[4] E/3290, S. 19.

[5] Official Records of the Economic and Social Council, Fourth Session, Supplement No. 3 (E/259).

[6] Ebd., Twenty-eighth Session, Supplement No. 8 (E/3229).

c) To enable the members of the Commission, upon request, to consult the originals of communications dealing with the principles involved in the promotion of universal respect for, and observance of, human rights;

d) To inform the writers of all communications concerning human rights however addressed, that their communication will be handled in accordance with this resolution, indicating that the Commission has no power to take any action in regard to any complaint concerning human rights;

e) To furnish each Member State concerned with a copy of any communication concerning human rights which refers explicitly to that State or to territories under its jurisdiction, without divulging the identity of the author, except as provided for in sub-paragraph b) above;

f) To ask Governments sending replies to communications brought to their attention in accordance with sub-paragraph e) whether they wish their replies to be presented to the Commission in summary form or in full;

(3) *Resolves* to give members of the Sub-Commission on Prevention of Discrimination and Protection of Minorities, with respect to communications dealing with discrimination and minorities, the same facilities as are enjoyed by members of the Commission on Human Rights under the present resolution;

(4) *Suggests* to the Commission on Human Rights that it should at each session appoint an *ad hoc* committee to meet shortly before its next session for the purpose of reviewing the list of communications prepared by the Secretary-General under paragraph 2 a) above and of recommending which of these communications, in original, should, in accordance with paragraph 2 c) above, be made available to members of the Commission on request.

30 July 1959.

II. Resolutionen und Entscheidungen der Menschenrechtskommission

A. Resolution 8 (XXIII) of the Commission on Human Rights[7]

Study and investigation of situations which reveal a consistent pattern of violation of human rights

The Commission on Human Rights

Recalling the obligation of all Member States under Article 56 of the Charter of the United Nations to take joint and separate action in co-operation with the Organization for the achievement of the purposes set forth in Article 55, which include the promotion of universal respect for, and observance of, human rights and fundamental freedoms for all, without distinction as to race, sex, language or religion,

Bearing in mind Economic and Social Council resolution 1164 (XLI) of 5 August 1966 in which the Council welcomed the decision of the Commission in its resolution 2 D (XXII), to consider, at its twenty-third session, the question of its tasks and functions and its role in relation to "violations of human rights and fundamental freedoms, including policies of racial discrimination and segregation and of apartheid, in all countries and territories", and concurred in the Commission's view "that it will be necessary for it to consider fully the means by which it may be more fully informed of violations of human rights with a view to devising recommendations for measures to halt them",

Having regard to General Assembly resolution 2144 (XXI) of 26 October 1966, in which the Assembly invited the Council and the Commission on Human Rights "to give urgent consideration to ways and means of improving the capacity of the United Nations to put a stop to violations of human rights wherever they may occur",

Having considered the relevant portion of the report of the Sub-Commission on the Prevention of Discrimination and Protection of Minorities, including its resolution 5 (XIX),

Alarmed by the continuing disregard for the dignity of the human person and other violations of human rights and fundamental freedoms, in particular, the deteriorating situation resulting from relentless enforcement of the apartheid policies of the Republic of South Africa,

Welcoming the invitation of the General Assembly to co-operate in the United Nations effort to put a stop to these violations,

1. *Decides* to give annual consideration to the item entitled "Question of violations of human rights and fundamental freedoms, including policies of racial discrimination and segregation and of apartheid, in all countries, with particular reference to colonial and other dependent countries and territories", without prejudice to the functions and powers of organs already in

---

[7] Report on the 23rd session, E/4322, E/CN.4/940, S. 131f.

existence or which may be established within the framework of measures of implementation included in international conventions on the protection of human rights and fundamental freedoms;

2. *Requests* the Sub-Commission on the Prevention of Discrimination and Protection of Minorities to prepare, for the use of the Commission in its examination of this question, a report containing information on violation of human rights and fundamental freedoms from all available sources;

3. *Requests* the Secretary-General to provide assistance and facilities to the Sub-Commission in accomplishing its task;

4. *Requests* the Economic and Social Council to authorize the Commission and the Sub-Commission in conformity with the provisions of operative paragraph 1 above, to examine information relevant to gross violations of human rights and fundamental freedoms, such as apartheid in all its forms and manifestations, contained in the communications listed by the Secretary-General pursuant to the Economic and Social Council resolution 728 F (XXVIII);

5. *Further requests* authority, in appropriate cases, and after careful consideration of the information thus made available to it, in conformity with the provisions of operative paragraph 1 above, to make a thorough study and investigation or situations which reveal a consistent pattern of gross and reliably attested violations of human rights, and to report with recommendations thereon to the Economic and Social Council;

6. *Invites* the Sub-Commission to bring to the attention of the Commission any situation which it has reasonable cause to believe reveals a consistent pattern of gross and reliably attested violations of human rights and fundamental freedoms, in any country, including policies of racial discrimination, segregation and apartheid, with particular reference to colonial and other dependent territories.

930th meeting,
16 March 1967.

B. Decision 9 (XXXVI) of the Commission on Human Rights[8]

Study of situations which reveal a consistent pattern of gross violations of human rights as provided in Commission resolution 8 (XXIII) and Economic and Social Council resolutions 1235 (XLII) and 1503 (XLVIII)

The Commission, having regard to paragraph (a) of decision 5 (XXXIV) of the Commission on Human Rights, under which States in respect of which situations are being considered under Economic and Social Council Resolution 1503 (XLVIII) are invited to sent representatives to address the Commission and to answer questions put by members of the Commission, decided

---

[8] Report on the 36th session, E/1980/13, E/CN.4/1408, S. 202.

that such States shall have the right to attend and to participate in the entire discussion of the situation in which they are concerned, and to be present during the adoption of the final decision taken in regard to that situation.

36th (closed) meeting,
7 March 1980.

C. Decision 3 (XXXIV) of the Commission on Human Rights[9]

General Decision to invite the Chairman-Rapporteur of the Working Group on Communications of the Sub-Commission on Prevention of Discrimination and Protection of Minorities to attend meetings of the Commission

The Commission decided that when dealing with communications under Economic and Social Council resolution 1503 (XLVIII) and situations which the Commission had decided to keep under review, it would invite the Chairman-Rapporteur of the Working Group on Communications of the Sub-Commission on Prevention of Discrimination and Protection of Minorities to be present during the deliberations of the Commission on that item and to take the floor if he so wished.

1466th (closed) meeting,
3 March 1978.

D. Decision 5 (XXXIV) of the Commission on Human Rights[10]

General Decision to invite States in respect of which situations are being considered under Economic and Social Council resolution 1503 (XLVIII) to send representatives to address the Commission and to answer any questions put by the members of the Commission

The Commission decided, within the framework of Economic and Social Council resolution 1503 (XLVIII) and in the light of its deliberations at its thirty-fourth session:
(a) To invite States in respect of which situations were being considered under Economic and Social Council resolution 1503 (XLVIII) to send representatives to address the Commission and to answer any questions put by members of the Commission;
(b) To issue the invitations to the States concerned during the first week of the Commission's session.

1466th (closed) meeting,
3 March 1978.

---

9 Report on the 34th session, E/1978/34, E/CN.4/1292, S. 136.

10 Report on the 34th session, E/1978/34, E/CN.4/1292, S. 136f.

E. Decision 5 (XXXIII) of the Commission on Human Rights[11]

Study of situations which reveal a consistent pattern of gross violations of human rights as provided in Commission resolution 8 (XXIII) and Economic and Social Council resolutions 1235 (XLII) and 1503 (XLVIII)

...

(b) The Commission decided that the Sub-Commission on Prevention of Discrimination and Protection of Minorities and its Working Group on Communications should have access to the records of the closed meetings of the Commission in which it examines situations referred to it under Economic and Social Council resolution 1503 (XLVIII) together with all other confidential documents relating thereto that have been before the Commission.

1410th meeting,
1 March 1977.

F. Decision 3 (XXX) of the Commission on Human Rights[12]

Study of situations which reveal a consistent pattern of gross violations of human rights as provided in Commission resolution 8 (XXIII) and Economic and Social Council resolutions 1235 (XLII) and 1503 (XLVIII)

The Commission ....

....

4. Decides to request the Sub-Commission, after the latter decides to refer to the Commission, particular situations which appear to reveal a consistent pattern of gross and reliably attested violations of human rights, to invite the Governments directly concerned to make their written observation in order to enable the Commission to take them into account in the examination of the situations; ...

1285th (closed) meeting,
6 March 1974.

---

[11] Report of the 33rd session, E/5927, E/CN.4/1257, S. 89.

[12] Report on the 30th session, E/5464, E/CN.4/1154, S. 57.

III. Resolutionen der Unterkommission

A. Resolution 1 (XXIV) of the Sub-Commission on Prevention of Discrimination and Protection of Minorities [13]

Question of violations of human rights and fundamental freedoms, including policies of racial discrimination and segregation and of apartheid, in all countries, with particular reference to colonial and other dependent countries and territories

The Sub-Commission on Prevention of Discrimination and Protection of Minorities,

Considering that the Economic and Social Council, by its resolution 1503 (XLVIII), decided that the Sub-Commission should devise appropriate procedures for dealing with the question of admissibility of communications received by the Secretary-General under Council resolution 728F (XXVIII) of 30 July 1959 and in accordance with Council resolution 1235 (XLII) of 6 June 1967,

Adopts the follow provisional procedures for dealing with the question of admissibility of communications referred to above:

(1) *Standards and Criteria*

(a) The object of the communication must not be inconsistent with the relevant principles of the Charter, the Universal Declaration of Human Rights and of the other applicable instruments in the field of human rights.

(b) Communications shall be admissible only if, after consideration thereof, together with the replies if any of the Governments concerned, there are reasonable grounds to believe that they may reveal a consistent pattern of gross and reliably attested violations of human rights and fundamental freedoms, including policies of racial discrimination and segregation and of *apartheid*, in any country, including colonial and other dependent countries and people.

(2) *Source of Communication*

(a) Admissible communications may originate from a person or a group of persons who, it can be reasonably presumed, are victims of the violations referred to in subparagraph (1) (b) above, any person or group of persons who have direct and reliable knowledge of those violations, or non-governmental organizations acting in good faith in accordance with recognized principles of human rights, not resorting to politically motivated stands contrary to the provisions of the Charter of the United Nations and having direct and reliable knowledge of such violations.

---

[13] Report of the 24th Session of the Sub-Commission .., E/CN.4/1070; E/CN.4/Sub.2/323 (06.10.1971), S. 50.

(b) Anonymous communications shall be inadmissible; subject to the requirements of subparagraph 2 (b) of resolution 728 F (XXVIII) of the Economic and Social Council, the author of a communication, whether an individual, a group or an organization, must be clearly identified.
(c) Communications shall not be inadmissible solely because the knowledge of the individual authors is second-hand, provided that they are accompanied by clear evidence.

(3) *Contents of Communications and Nature of Allegations*

(a) The communication must contain a description of facts and must indicate the purpose of the petition and the rights that have been violated.

(b) Communications shall be inadmissible if their language is essentially abusive and in particular if they contain insulting references to the State against which the communication is directed. Such communication may be considered if they meet the other criteria for admissibility after deletion of the abusive language.

(c) A communication shall be inadmissible if it has manifestly political motivations and its subject is contrary to the Charter of the United Nations.

(d) A communication shall be inadmissible if it appears that it is based exclusively on reports disseminated by mass media.

(4) *Existence of other remedies*

(a) Communications shall be inadmissible if their admission would prejudice the functions of the specialized agencies of the United Nations.

(b) Communications shall be inadmissible if domestic remedies have not been exhausted unless it appears that such remedies would be ineffective or unreasonably prolonged. Any failure to exhaust remedies should be satisfactorily established.

(c) Communications relating to cases which have been settled by the State concerned in accordance with the principles set forth in the Universal Declaration of Human Rights and other applicable documents in the field of human rights will not be considered.

(5) *Timeliness*

A communication shall be inadmissible if it is not submitted to the United Nations within a reasonable time after the exhaustion of the domestic remedies as provided above.

627th meeting,
13 August 1971.

B. Resolution 2 (XXIV) of the Sub-Commission on Prevention of Discrimination and Protection of Minorities[14]

Question of violations of human rights and fundamental freedoms, including policies of racial discrimination and segregation and of apartheid, in all countries, with particular reference to colonial and other dependent countries and territories

The Sub-Commission on Prevention of Discrimination and Protection of Minorities,

Considering that the Economic and Social Council in paragraph 1 of resolution 1503 (XLVIII), adopted an 27 May 1970, authorized the Sub-Commission to appoint a working group consisting of not more than five of its members, with due regard to geographical distribution, to meet once a year in private meetings for a period not exceeding 10 days immediately before the sessions of the Sub-Commission to consider all communications, including replies of Governments thereon, received by the Secretary-General under Council resolution 728 F (XXVIII) of 30 July 1959 with a view to bringing to the attention of the Sub-Commission those communications, together with replies of Governments, if any, which appear to reveal a consistent pattern of gross and reliably attested violations of human rights and fundamental freedoms within the terms of reference of the Sub-Commission,

1. *Decides* that the working group referred to in paragraph 1 of Economic and Social Council resolution 1503 (XLVIII) shall be constituted in the manner set out below:

(a) Before the end of each session of the Sub-Commission, the names of five members of the Sub-Commission shall be selected by the Chairman, after consultations with the members of each geographical area to constitute the working group for the next session, one from each of the following geographical areas, namely (i) African, (ii) Asian, (iii) Eastern European, (iv) Western European and other States, (v) Latin American,

(b) If necessary, the Chairman or the outgoing Chairman may at any time, in order to fill a vacancy, designate a member of the same geographical area.

2. *Further decides* that the Working Group shall hold closed meetings and that the results of the Working Group's work shall be communicated to the Sub-Commission confidentially.

628th meeting,
16 August 1971.

---

[14] Report of the 24th Session of the Sub-Commission .., E/CN.4/1070; E/CN.4/Sub.2/323 (06.10.1971), S. 52.

Anhang 3. Der Inhalt einer Beschwerde

Anders als für die meisten vertraglichen Beschwerdeverfahren oder auch die Eilaktionen der thematischen Mechanismen der MRK, existiert für das 1503-Verfahren keine offizielle Musterbeschwerde (*model communication*). Eine Beschwerde muß unter Berücksichtigung der im einzelnen ausgeführten Anforderungen[1] folgende Bestandteile enthalten[2]:

1. Name des verantwortlichen Staates;

2. Informationen zur Identifikation der Opfer der Menschenrechtsverletzungen;

3. Informationen zur Identifikation des Autors der Beschwerde, soweit von (2.) verschieden;

4. Die Benennung der behaupteteermaßen verletzten Rechte unter Hinweis auf ein Menschenrechtsintrument, also insbesondere die AEMR oder die beiden Menschenrechtspakte;

5. Ausführungen zur Identifizierung der einzelnen Ereignisse (gegebenenfalls unter Hinweis auf die verletzten Rechte). Insoweit empfiehlt sich die Erstellung einer Zusammenfassung (maximal eine Seite).

a) Es ist ein gegenwärtiger „Gesamtzusammenhang systematischer Menschenrechtsverletzungen" darzustellen. Dabei sollten auch konkrete Beispielsfälle geschildert werden.

b) Die Darstellung muß die fraglichen Menschenrechtsverletzungen als Folge einer staatlichen Politik aufzeigen, insbesondere durch den Verweis auf beteiligte öffentliche Stellen. Sie ist durch adäquate Beweismittel zu ergänzen, insbesondere in Form von Kopien einschlägiger Dokumente und Urteile in einem Anhang, vorzugsweise mit gegebenenfalls summarischer Übersetzung. Die bloße Beweisführung anhand von Berichten der Massenmedien führt zur Unzulässigkeit der Beschwerde.

c) Bei der Formulierung ist darauf zu achten, keine Angriffsfläche für den Vorwurf politischer Motivation oder „mißbräuchlicher Formulierungen" zu bieten.

---

1 Hierzu oben § 23.I., S. 363ff.

2 Nach *Tolley*, The U.N. Commission on Human Rights, S. 72.

6. Schilderung der unternommenen Versuche zur innerstaatlichen Abstellung der Menschenrechtsverletzungen, d.h. Erschöpfung des Rechtswegs, oder Darlegung, warum dies keine Abhilfe bringen würde, also nutzlos wäre. Auch insofern sind gegebenenfalls Urteile (mit Übersetzung) zum Beweis vorzulegen.

7. Zweck der Beschwerde, angestrebte Unterstützung, insbesondere also die Einsetzung eines Sonderberichterstatters oder die Verabschiedung einer Resolution. Ausreichend wird regelmäßig sein, Abhilfe der berichteten Menschenrechtsverletzungen zu verlangen.

8. Gegebenenfalls Bitte um die Nichtbekanntgabe der Namen an die Regierung.

9. Unterschrift und Datum.

Eine derart aufbereitete Beschwerde sollte in siebenfacher Ausführung an das Sekretariat eingesendet werden.

United Nations
Office of the High Commissioner for Human Rights
Support Services Branch
CH - 1211 Geneva 10
Schweiz

Anhang 4. Graphische Darstellung des Verfahrens

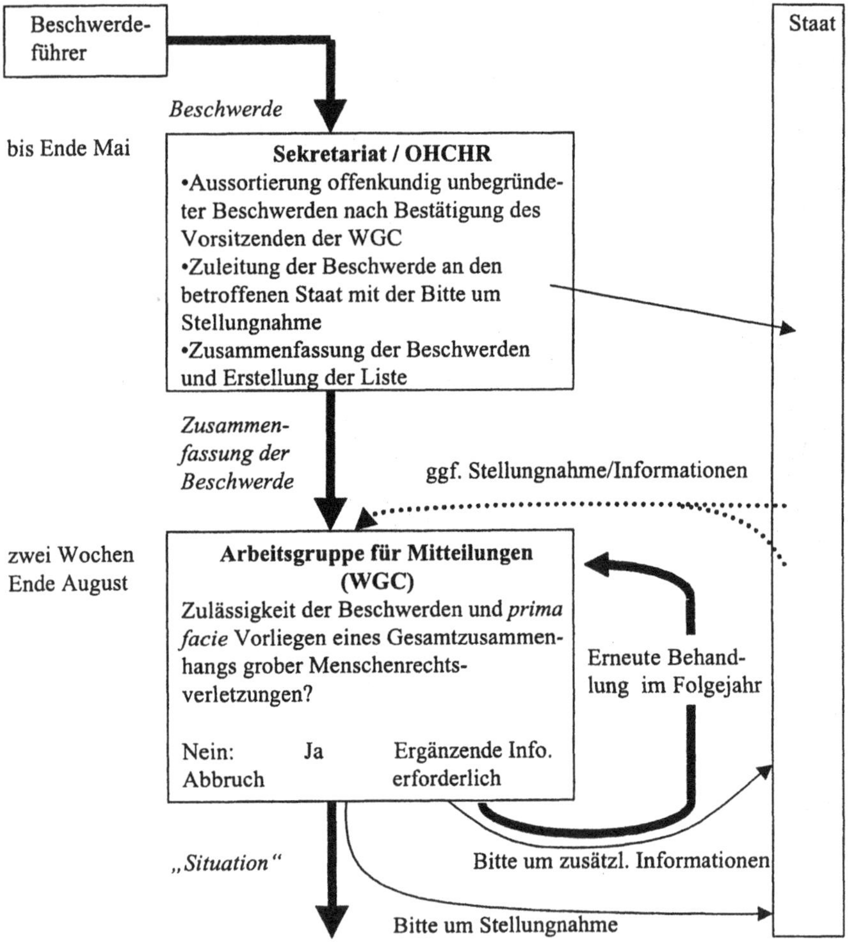

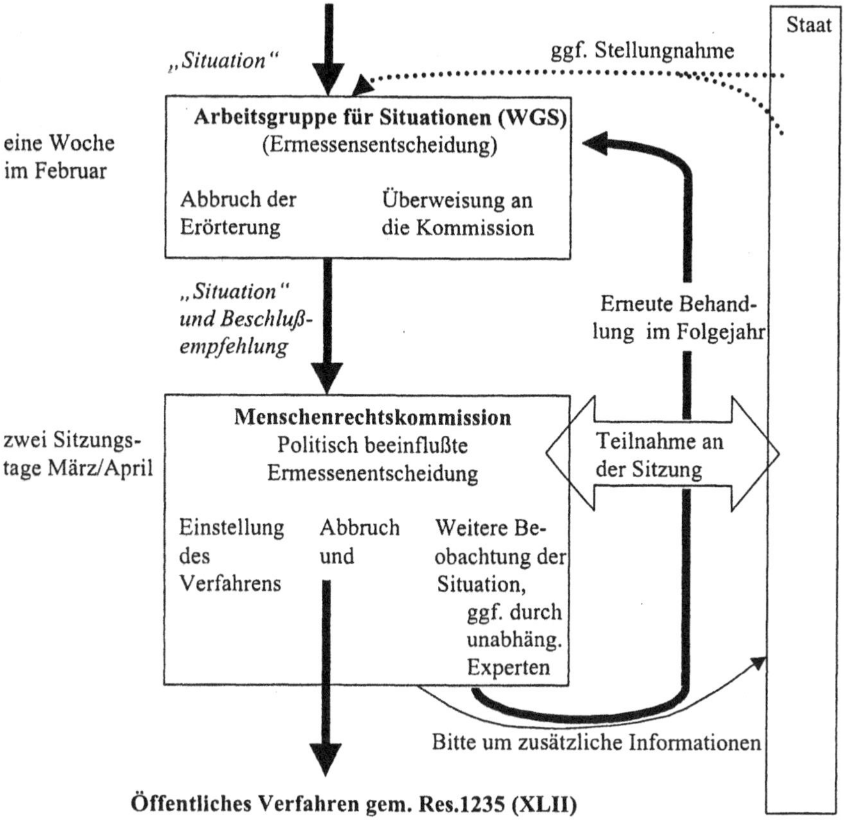
Staat
„Situation“
ggf. Stellungnahme
eine Woche
im Februar
Arbeitsgruppe für Situationen (WGS)
(Ermessensentscheidung)
Abbruch der
Erörterung
Überweisung an
die Kommission
„Situation“
und Beschluß-
empfehlung
Erneute Behand-
lung im Folgejahr
zwei Sitzungs-
tage März/April
Menschenrechtskommission
Politisch beeinflußte
Ermessenentscheidung
Teilnahme an
der Sitzung
Einstellung
des
Verfahrens
Abbruch
und
Weitere Be-
obachtung der
Situation,
ggf. durch
unabhäng.
Experten
Bitte um zusätzliche Informationen
Öffentliches Verfahren gem. Res.1235 (XLII)

Literaturverzeichnis

Adelman, Howard / Suhrke, Astri, The international response to conflict and genocide: lessons from the Rwanda experience, hrsg. von David Millwood; Study 2: Early warning and conflict management, London 1996.

Alston, Philip, Critical Appraisal of the UN Human Rights Regime, in: ders. (Hrsg.), The United Nations and Human Rights: A Critical Appraisal, Oxford 1992, S. 1 – 21.

– The Commission on Human Rights, in: ders. (Hrsg.), The United Nations and Human Rights: A Critical Appraisal, Oxford 1992, S. 126 – 210.

Amnesty International, Facing Up to the Failures: Proposals for Improving the Protection of Human Rights by the United Nations, Dezember 1992, AI-Index: IOR 41/16/92.

– United Nations Commission on Human Rights - Standing up for the Victims, 12 March 1998, AI-Index: IOR 41/04/98.

– 1999 UN Commission on Human Rights - Making Human Rights Work: Time to Strengthen the Special Procedures, January 1999, AI-Index: IOR 41/01/99.

– Summary of Selected International Procedures and Bodies Dealing with Human Rights Matters, August 1989, AI-Index: IOR 30/01/89.

Ansbach, Tatjana, Die Unterkommission zur Verhinderung der Diskriminierung und zum Schutz von Minderheiten - Perspektiven ihrer weiteren Arbeit -, in: Archiv des Völkerrechts 31 (1993), S. 230 - 257.

APT Association for the Prevention of Torture: Position Paper on the Review of the Mechanisms and Bodies of the UN Commission on Human Rights; Geneva 20 July 1998.

Bartolomei, Maria Luisa, Gross and Massive Violations of Human Rights in Argentinia 1976 - 1983 (Acta Societatis Juridicae Ludensis, Nr. 118), Lund 1994.

Bastid, Suzanne, Observations as to the Consequences on the International Plane of Failure to Respect Human Rights, in: Buergenthal, Thomas (Hrsg.), Human Rights, International Law and the Helsinki Accord, Montclair/New York 1977.

Baum, Gerhard R., Menschenrechtspolitik fängt zu Hause an, in: Vereinte Nationen 1995, S. 206 – 209.

– Die Menschenrechtskommission der Vereinten Nationen (UN), in: Gabriele von Arnim u.a. (Hrsg.), Jahrbuch Menschenrechte 2000, Frankfurt am Main 1999, S. 241 – 248.

Berber, Friedrich, Lehrbuch des Völkerrechts, Band I, 2. Auflage, München 1975.

Bielefeldt, Heiner, Zur Bedeutung der Öffentlichkeit in der Menschenrechtspolitik, in: Eckart Klein (Hrsg.), Stille Diplomatie oder Publizität (Menschenrechtszentrum der Universität Potsdam, Bd. 2), Berlin 1996, S. 57 – 66.

Blumenwitz, Dieter, Internationale Schutzmechanismen zur Durchsetzung von Minderheiten- und Volksgruppenrechten (Forschungsergebnisse der Studiengruppe für Politik und Völkerrecht/Kulturstiftung der Vertriebenen; Bd. 24), Köln 1997.

– Cyprus: Political and Legal Realities, in: Perceptions - Journal of Foreign Affais IV (3) (September-November 1999), S. 67 – 77.

– Feindstaatenklauseln, in: Rüdiger Wolfrum (Hrsg.), Handbuch Vereinte Nationen, 2. Auflage, München 1991, S. 143 – 148.

Boekle, Henning, Western States, the UN Commission on Human Rights, and the "1235"-Procedure: the "Question of Bias" Revisited, in: Netherlands Quarterly of Human Rights 13 (1995), S. 367 – 402.

Boekle, Henning, Die Vereinten Nationen und der internationale Schutz der Menschenrechte, in: Aus Politik und Zeitgeschichte - Beilage zur Wochenzeitung Das Parlament B 46-47 / 98, S. 3 – 17.

Bossuyt, Marc J., The Developement of special Procedures of the United Nations Commission on Human Rights, in: Human Rights Law Journal 6 (1985), S. 179 – 210.

van Boven, Theo C., The United Nations and Human Rights: A Critical Appraisal, in: Bulletin of Peace Proposals 8 (1977), Nr. 3, S. 198 – 208.

– The Role of the United Nations Secretariat, in: Philip Alston (Hrsg.), The United Nations and Human Rights: A Critical Appraisal, Oxford, 1992, S. 549 – 579.

– Bilanz und Perspektiven des internationalen Menschenrechtsschutzes, in: Jahrbuch Menschenrechte 1999, Gabriele von Arnim u.a. (Hrsg.), Frankfurt am Main 1998, S. 70 – 83.

– People Matter, Amsterdam 1982.

– The United Nations Commission on Human Rights and Violations of Human Rights and Fundamental Freedoms, in: Netherlands International Law Review 15 (1968), S. 374 - 393.

– General Course on Human Rights, in: Collected Courses of the Academy of European Law IV-2 (1993), S. 1 – 106.

– The United Nations and Human Rights: A Critical Appraisal, in: Antonio Cassese (Hrsg.), UN Law / Fundamental Rights, Alphen aan den Rhijn 1979, S. 119 – 135.

Brody, Reed / Weissbrodt, David, Major Developements at the 1989 Session of the UN Commission on Human Rights, in: Human Rights Quarterly 11 (1989), S. 586 – 611.

Brownlie, Ian, Principles of Public International Law, 5. Auflage, Oxford 1998.

Bruegel, J. W., The Rights to Petition an International Authority, in: International and Comparative Law Quarterly 2 (1953), S. 542 – 563.

Buergenthal, Thomas, International Human Rights in a Nutshell, 2. Auflage, St.Paul, Minnesota 1995.

– Implementation in the Inter-American Human Rights System, in: International Enforcement of Human Rights (Berichte zum ausländischen öffentlichen Recht und Völkerrecht, Bd. 93), Berlin, Heidelberg 1987.

– Codification and Implementation of International Human Rights, in: Alice H. Henkin (Hrsg.), Human Dignity, New York, Alphen aan den Rijn 1979, S. 15 – 21.

Byrnes, Andrew, The Committee against Torture, in: Philip Alston (Hrsg.), The United Nations and Human Rights: A Critical Appraisal, Oxford 1992, S. 509 – 546.

Cançado Trindade, A. A., Coexistence and Co-ordnination of Mechanisms of International Protection of Human Rights, in: Recueil des Cours de l'Academie de Dorit International 202 (1987 II), S. 9 – 435.

Carey, John, UN Protection of Civil and Political Rights, Syracuse 1970.

– United Nations Scrutiny of South African Prisons, in: Revue de Droit de l'Homme 1 (1968), S. 531 – 544.

– [Buchbesprechung:] Petitioning the United Nations: A Study in Human Rights, in: American Journal of International Law 77 (1983), S. 924 – 926.

Cassese, Antonio, The Admissibility of Communications to the United Nations on Human Rights Violations, in: Revue de Droits de l'Homme 5 (1972), S. 375 – 393.

– The new United Nations Procedure for Handling Gross Violations of Human Rights, in: La Comunità Internazionale XXX (1975), S. 49 – 61.

– The General Assembly: Historical Perspective 1945-1989, in: Philip Alston (Hrsg.), The United Nations and Human Rights: A Critical Appraisal, Oxford 1992, S. 25 – 54.

– International Law in a Divided World, Oxford 1986.

Cassin, René, International Institutions, in: Institutions for the Protection of Human Rights, hrsg. von The World Veterans Federation, Paris 1964.

Cook, Helena M., Amnesty International and the United Nations, in: Willetts, Peter (Hrsg.), The Consience of the World, London 1996.

– International Human Rights Mechanisms, in: International Commission of Jurists – The Review 50 (1993), S. 31 – 55.

Czempiel, Ernst-Otto, Die Reform der UNO, München 1994.

Graf zu Dohna, Bernt, Die Grundprinzipien des Völkerrechts über die freundschaftlichen Beziehungen und die Zusammenarbeit zwischen den Staaten (Schriften zum Völkerrecht, Bd. 30), Berlin 1973.

Dommen, Caroline, Claiming Environmental Rights: Some Possibilities offered by the United Nations' Human Rights Mechanisms, in: Georgetown International Environmental Law Rev. 11 (1998), S. 1 – 48.

van Dongen, Toine, System-overload of the U.N. special procedures, in: Human Rights Law Jounal 14 (1993), S. 130 – 131.

Donnelly, Jack, Universal Human Rights in Theory & Practice, Ithaca and London 1989.

Dormenval, Agnès, Procédures onusiennes de mise en œuvre des droits de l'homme: Limites ou dèfauts?, Paris 1991.

Eide, Asbjørn, The Sub-Commission on Prevention of Discrimination and Protection of Minorities, in: Philip Alston (Hrsg.), The United Nations and Human Rights: A Critical Appraisal, Oxford 1992, S. 211 – 264.

Ermacora, Felix, Procedures to Deal with Human Rights Violations: a Hopeful Start in the United Nations ?, in: Revue de Droit de l'Homme 7 (1974), S. 670 – 689.

– Menschenrechte - weltweiter Anspruch und Wirklichkeit (mit anschließender Diskussion), in: Johannes Schwartländer (Hrsg.), Menschenrechte: Aspekte ihrer Begründung und Verwirklichung, Tübingen 1978 (Tübinger Universitätsschriften, Bd. 1), S. 169 – 186.

– Menschenrechte in der sich wandelnden Welt, Band I, Wien 1974.

– Über das Kumulationsverbot in Menschenrechtsverfahren, in: Peter Fischer u.a. (Hrsg.), Völkerrecht und Rechtsphilosophie, Festschrift für Stephan Verosta, Berlin 1980, S. 187 - 199.

– International Enquiry Commissions in the Field of Human Rights, in: Revue de Droit de l'Homme 1 (1968), S. 180.

Fareed, N. J., The United Nations Commission on Human Rights and ist work for Human Rights and Fundamental Freedoms, Diss. Washington State University: 1977.

Farer, Tom J., The United Nations and Human Rights: More Than A Whimper Less Than A Roar, in: Human Rights Quarterly 9 (1987), S. 550 - 586.

Fassbender, Bardo, The United Nations Charter as Constitution of the International Community, in: Columbia Journal of Transnational Law 36 (1998), S. 529 – 619.

Fawcett, James E. S., Die weltweite Sicherung der Menschenrechte unter Berücksichtigung neuerer Vorschläge, in: Rechts- und Staatswissenschaftliche Fakultät an der Universität Wien (Hrsg.) Menschenrechte im Staatsrecht und im Völkerrecht, Karlsruhe 1967, S. 259 – 268.

– Human Rights and Domestic Jurisdiction, in: Evan Luard (Hrsg.), The International Protection of Human Rights, London 1967, S. 286 – 303.

Fenwick, Dennis T., A Proposed Resolution for the Authorization of Intervention By the U.N., A Regional Organization, or A Group of States In A State Committing Gross Violations of Human Rights, in: Virginia Journal of International Law 13 (1973), S. 340 - 374.

Flood, Patrick James, The Effectiveness of UN Human Rights Institutions, Westport, London 1998.

Gemmie, Beth, Human Rights Implications of the Export of Banned Pesticides, in: Seton Hall Law Review 25 (1994), S. 558 – 616.

Gerz, Wolfgang, Stille Diplomatie oder Publizität?, in: Eckart Klein (Hrsg.), Stille Diplomatie oder Publizität (Menschenrechtszentrum der Universität Potsdam, Bd. 2), Berlin 1996, S. 47 – 55.

Gonzales, Thereasa D., The Political Sources of Procedural Deates in the United Nations: Structural Impediments to Implementation of Human Rights, in: New York University Journal of International Law & Politics 13 (1981), S. 427 – 472.

Graefrath, Berhard, Die UNO und die Achtung der Menschenrechte, in: Horizont Nr. 4/1976, S. 6.

– Internationale Zusamenarbeit und Menschenrechte, in: Neue Justiz 27 (1973), S. 683 - 688.

Grotius, Hugo, De jure belli ac pacis libri tres, übersetzt von Walter Schätzel (Klassiker des Völkerrechts, Bd. 1), Tübingen 1950.

Guest, Iain, Behind the Disappearances, Philadelphia 1990.

Guggenheim, Malvina H., Key Provisions of the New United Nations Rules Dealing with Human Rights Petitions, in: New York University Journal of International Law & Politics 6 (1973), S. 427 – 446.

Guillaume, Gilbert, The proliferation of international judicial bodies: The outlook for the international legal order - Speech by His Excellency Judge Gilbert Guillaume, President of the International Court of Justice, to the Sixth Committee of the General Assembly of the United Nations, 27 October 2000, < http://www.icj-cij.org/icjwww/ipresscom/SPEECHES/iSpeechPresident_Guillaume_SixthCommittee_20001027.htm > (verifiziert: 01.02.2002), erscheint demnächst in: Yearbook of the International Court of Justice 55 (2000-2001).

Haas, Ernst B., When knowledge is Power, Berkeley, Los Angeles, Oxford 1990.

Hannum, Hurst, Setting a new Agenda for U.N. Human Rights Activities, in: Michigan Journal of international Law 15 (1994), S. 823 – 829.

Haver, Peter, The United Nations Sub-Commission on the Prevention of Discrimination and the Prevention of Minorities, in: Columbia Journal of Transnational Law 21 (1982), S. 103 – 134.

Heinz, Wolfgang S., Ein halber Nord-Süd-Konflikt? Zur Konfrontation zwischen dem Westen und den „gleichgesinnten Ländern“ (LMC) in der UN-Menschenrechtskommission (MRK), in: Gabriele von Arnim u.a. (Hrsg.), Jahrbuch Menschenrechte 2000, Frankfurt am Main 1999, S. 249 – 258.

Henkin, Louis, Human Rights, in: Rudolf Bernhard (Gesamthrsg.), Encyclopedia of Public International Law, Bd. II, Amsterdam u.a. 1995.

Herbst, Jochen, Rechtskontrolle des UN-Sicherheitsrates (Kölner Schriften zu Staat und Recht, Bd. 8), Fankfurt am Main, Berlin, Bern, New York, Paris, Wien 1999.

Herndl, Kurt, Recent Developements Concerning United Nations Fact-Finding on the field of Human Rights, in: Nowak, Manfred u.a. (Hrsg.), Fortschritt im Bewußtsein der Grund- und Menschenrechte, Festschrift für Felix Ermacora, Kehl, Straßburg, Arlington 1988, S. 1- 35.

Hey, Hilde, Gross Human Rights Violations: A Search for Causes (International Studies on Human Rights, Bd. 43), Den Haag u.a., 1995.

Hoare, Samuel, The UN Commission on Human Rights, in: Evan Luard (Hrsg.), The International Protection of Human Rights, London, 1967, S. 59 – 98.

Hudson, Manley O., The Central American Court of Justice, in: American Journal of International Law 26 (1932), S. 759 – 786.

Humphrey, John P., The Rights of Petition in the United Nations, in: Revue de Droit de l'Homme 4 (1971), S. 463 – 475.

– The United Nations Commission on Human Rights and its Parent Body, in: Institut International des Droits de l'Homme (Hrsg.), René Cassin Amicorum Discipulorumque Liber I, Paris 1969, S. 108 – 113.

– Human Rights and the United Nations: A Great Adventure, New York 1984.

– Report of the International Committe on Human Rights, in: ILA, Report of the Fifty-Third Conference 1968, S. 437 – 456.

– Report of the International Committee on Human Rights, in: ILA, Report of the Fifty-Fifth Conference 1972, S. 571 – 608.

– The UN Charter and the Universal Declaration of Human Rights, in: Evan Luard (Hrsg.), The International Protection of Human Rights, London 1967, S. 39 – 58.

Int.Comm.J.Rev. 16, Commentary: UN Commission on Human Rights, in: International Commission of Jurists – The Review 16 (Juni 1976), S. 24 – 28.

Int.Comm.J.Rev. 18, Commentary: UN Commission on Human Rights, in: International Commission of Jurists – The Review 18 (Juni 1977), S. 25 – 28.

Int.Comm.J.Rev. 20, Commentary: UN Commission on Human Rights, in: International Commission of Jurists – The Review 20 (Juni 1978), S. 29 – 35.

Int.Comm.J.Rev. 9, Disappointing Start to New U.N. Procedure on Human Rights, [Antonio Cassese], in: International Commission of Jurists – The Review 9 (1972), S. 5 – 10.

Int.Comm.J.Rev. 44, Commentary: UN Commission on Human Rights (1990), in: International Commission of Jurists – The Review 44 (1990), S. 16 – 31.

ILA/Committee on Formation of Customary (General) International Law, Final Report: Statement of Principles applicable to the Formation of General Customary International Law, in: ILA, Report of the Sixty-Ninth Conference 2000, S. 712 - 777.

International Commission of Jurists, Gross Violations of Human Rights, [von Glenda da Fonseca und George Duke], Genf 1973.

Ipsen, Knut (Hrsg.), Völkerrecht, 4. Auflage, München 1999, zitiert: Bearbeiter in: Ipsen.

Irmscher, Tobias H., Das Römische Statut für einen Internationalen Strafgerichtshof, in: Kritische Justiz 31 (1998), S. 472 – 485.

Ize-Charrin, María Francisca, 1503: A Serious Procedure (Computermanuskript, 1998).

– Summary of the 55th Session of the Commission on Human Rights, in: Human Rights 1/1999, S. 19 – 22.

Kälin, Walter, Menschenrechtsverträge als Gewährleistung einer objektiven Ordnung, in: Walter Kälin u.a., Aktuelle Probleme des Menschenrechtsschutzes (Berichte der Deutschen Gesellschaft für Völkerrecht, Bd. 33), Heidelberg 1994, S. 9 – 46.

Kamminga, Menno T., The Thematic Procedures of the UN Commission on Human Rights, in: Netherlands International Law Review 34 (1987), S. 299 – 323.

Karl, Wolfram, Besonderheiten der internationalen Kontrollverfahren zum Schutz der Menschenrechte, in: Walter Kälin u.a., Aktuelle Probleme des Menschenrechtsschutzes (Berichte der Deutschen Gesellschaft für Völkerrecht, Bd. 33), Heidelberg 1994, S. 83 - 125.

– Stille Diplomatie oder Publizität? - Überlegungen zum effektiven Schutz der Menschenrechte, in: Eckart Klein (Hrsg.), Stille Diplomatie oder Publizität (Menschenrechtszentrum der Universität Potsdam, Bd. 2), Berlin 1996, S. 13 – 45.

Kartashkin, Vladimir, Human Rights and peaceful Coexistence, in: Revue de Droit de l'Homme 8 (1975), S. 5 – 20.

Kedzia, Zdzislaw / Jerbi, Scott, The United Nations High Commissioner for Human Rights, in: Gerhard Baum u.a. (Hrsg.), Menschenrechtsschutz in der Praxis der Vereinten Nationen, Baden-Baden 1998, S. 85 – 99.

Kelsen, Hans, The Law of the United Nations, 2. Auflage, New York 1951.

– Limitations on the Functions of The United Nations, in: Yale Law Journal 55 (1946), S. 997 – 1015.

Kennedy, David, When Renewal repeats: Thinking Against the Box, in: New York University Journal of International Law & Politics 32 (2000), S. 335 – 500.

Khol, Andreas, Zwischen Staat und Weltstaat (Schriftenreihe der österreichischen Gesellschaft für Aussenpolitik und internationale Beziehungen, Bd. 4), Wien 1969.

– Der Menschenrechtskatalog der Völkergemeinschaft (Schriftenreihe der österreichischen Gesellschaft für Aussenpolitik und internationale Beziehungen, Bd. 2), Wien, Stuttgart 1968.

Kimminich, Otto, Die Vereinten Nationen und die Menschenrechte, in: Aus Politik und Zeitgeschichte - Beilage zur Wochenzeitung Das Parlament B 36 / 91, S. 25 – 33.

Klein, Eckart, Die Arbeit des Menschenrechtsausschusses der Vereinten Nationen: Ziele – Erfolge – Grenzen, in: DGVN (Hrsg.), Internationale Durchsetzung der Menschenrechte: Zielvorstellungen – Erfolge – Hindernisse (Blaue Reihe Nr. 68), Bonn 1997, S. 22 – 28.

– 20 Jahre Übereinkommen zur Beseitigung jeder Form von Diskriminierung der Frau (CEDAW) - (Studien zu Grund- und Menschenrechten, Heft 5), Potsdam 2000.

Kyaw, Dietrich von, Die Vereinten Nationen und die Menschenrechte, in: Vereinte Nationen 1976, S. 104 – 107.

Lauterpacht, Hersch, International Law and Human Rights, London 1950.

– Human Rights, the Charter of the United Nations, and the International Bill of the Rights of Man, Preliminary Report to the Commission of Human Rights, UN Doc. E/CN.4/89 (12.05.1948).

Leary, Virginia A., Lessons from the Experience of the International Labour Orgnanisation, in: Philip Alston (Hrsg.), The United Nations and Human Rights: A Critical Appraisal, Oxford 1992, S. 560 – 619.

Leckie, Scott, The Inter-State Complaint Procedure in International Human Rights Law: Hopeful Prospects or Wishful Thinking?, in: Human Rights Quarterly 10 (1988), S. 249 – 303.

Leuprecht, Peter, Menschenrechtspolitik zwischen Öffentlichkeitsarbeit und stiller Diplomatie, in: Amnesty International (Hrsg.), Menschenrechte im Umbruch, Neuwied, Kriftel 1998.

Liese, Andrea, Menschenrechtsschutz durch Nichtregierungsorganisationen, in: Aus Politik und Zeitgeschichte - Beilage zur Wochenzeitung Das Parlament B 46-47 / 98, S. 36 - 42.

Lillich, Richard B., The U.N. and Human Rights Complaints: U Thant as Strict Constructionist, in: American Journal of International Law 64 (1970), S. 610 – 614.

Lillich, Richard B. / Hannum, Hurst, International Human Rights, Problems of Law Policy and Practice, 3. Auflage, Boston u.a., 1995.

Liskofsky, Sidney, Coping with the „Question of Violation of Human Rights and Fundamental Freedoms", in: Revue de Droit de l'Homme 8 (1975), S. 883 – 980.

Maher, Robin M. / Weissbrodt, David, The 41st Session of The UN Sub-Commission on Prevention of Discrimination and Protection of Minorities, in: Human Rights Quarterly 12 (1990), S. 290 – 327.

von Mangoldt, Hans / Rittberger, Volker, Das System der Vereinten Nationen und seine Vorläufer: Satzungen und Rechtsakte: Bd I/1: Vereinte Nationen, München 1995.

Marie, Jean-Bernard, La Commission des droits de l'homme de l'O.N.U., Paris 1974.

Maupin, Francis, The Settlement of Disputes Within the International Labour Office, in: Journal of International Economic Law 2 (1999), S. 273 – 293.

McDougal, Myren S. / Bebr, Gerhard, Human Rights in the United Nations, in: American Journal of International Law 58 (1964), S. 603 – 641.

Medina Quiroga, Cecilia, The Battle of Human Rights, Dordrecht 1988.

Meißner, Friedrich, Die Menschenrechtsbeschwerde vor den Vereinten Nationen (Völkerrecht und Außenpolitik; Bd. 24), Baden-Baden 1976.

Meron, Theodor, Human Rights Law-Making in the United Nations, Oxford 1986.

– Human Rights and Humanitarian Norms as Customary Law, Oxford 1989.

– Norm Making and Supervision in International Human Rights: Reflections on Institutional Order, in: American Journal of International Law 76 (1982), S. 754 – 778.

Möller, Jakob Th., Petitioning the United Nations, in: Universal Human Rights 1 (1979), S. 57 – 72.

Mohamed, Abdelsalam A., Individual and NGO Participation in Human Rights Litigation befor the African Court of Human and Peoples' Rights: Lessons from the European and Inter-American Courts of Human Rights, in: Journal of African Law 43 (1999), S. 201 – 213.

Moskowitz, Moses, Human Rights and World Order, London 1959.

Mutua, Makau, The African Human Rights Court: A Two-Legged Stool?, in: Human Rights Quarterly 21 (1999), S. 342 – 363.

Nchama, C.M. Eya, The role of non-governmental organizations in the promotion and protection of human rights, in: Bulletin of Human Rights 90/1, S. 50 - 83.

Newman, Frank C. , The New U.N. Procedure for Human Rights Complaints: Reform, Status Quo, or Chamber of Horrors?, Hearings on the International Protection of Human Rights Before the Subcommittee in International Organizations and Movements of the House Committee on Foreign Affairs, 93d Congress, 1st Session 715-716 (Comm. Print 1973), zitiert nach: Lillich/Hannum, International Human Rights, Problems of Law Policy and Practice, 3. Auflage, Boston u.a., 1995, S. 363 - 365.

Noll-Wagenfeld, Meike, Aktionsmöglichkeiten der Vereinten Nationen bei Menschenrechtsverletzungen, in: Vereinte Nationen 1977, S. 180 – 186.

Nowak, Jörg, Staatliche Mitwirkung in Tatsachenfeststellungsverfahren zum Schutz vor Folter (Nomos Universitätsschriften: Recht, Bd. 250), Baden-Baden 1997.

Nowak, Manfred, Die Entwicklung der Menschenrechte seit der Wiener Weltkonferenz, in: Amnesty International (Hrsg.), Menschenrechte im Umbruch, Neuwied, Kriftel 1998.

– Country-oriented Human Rights Protection by the UN Commission on Human Rights and its Sub-Commission, in: Netherlands Yearbook of International Law XXII (1991), S. 39 – 90.

– CCPR-Commentary, Kehl, Strasbourg, Arlington 1993.

– The Implementation Functions of the UN Committee against Torture in: ders. u.a. (Hrsg.), Fortschritt im Bewußtsein der Grund- und Menschenrechte, Festschrift für Felix Ermacora, Kehl, Straßburg, Arlington 1988, S. 493 – 526.

– Proposals for Improving the UN Human Rights Programme, in: Netherlands Quarterly for Human Rights 11 (1993), S. 153 – 162.

Odinkula, Chidi Anselm / Christensen, Camilla, The African Commission on Human and People's Rights: The Development of its Non-State Communications Procedures, in: Human Rights Quarterly 20 (1998), S. 235 – 280.

O'Donovan, Declan, The Economic and Social Council, in: Philip Alston (Hrsg.), The United Nations and Human Rights: A Critical Appraisal, Oxford 1992, S. 107 – 125.

OHCHR, Communications under extra-conventional mechanisms, < http://www.unhchr.ch/html/menu2/8/ex_conv.htm > (verifiziert 01.02.2002).

Opsahl, Torkel, The Human Rights Committee, in: Philip Alston (Hrsg.), The United Nations and Human Rights: A Critical Appraisal, Oxford 1992, S. 369 – 443.

Oxford English Dictionary, 2. Auflage, Oxford 1989ff.

Parson, Donald P., The Individual Right of Petition: A Study of Methods Used by International Organizations to Utilize the Individual as a Source of Information on the Violations of Human Rights, in: Wayne Law Review 13 (1967), S. 678 – 705.

Partsch, Karl Josef, Hoffen auf Menschenrechte, Zürich 1994.

– Der internationale Menschenrechtsschutz, Eine Einführung, in: Bundeszentrale für politische Bildung (Hrsg.), Menschenrechte, Dokumente und Deklarationen, 2. Auflage Bonn, 1995, S. 11 - 30.

Pinto, Mónica, La denuncia ante la Comisión Interamericana de Derechos Humanos, Buenos Aires 1993.

Quinn, John, The General Assembly into the 1990s, in: Philip Alston (Hrsg.), The United Nations and Human Rights: A Critical Appraisal, Oxford 1992, S. 55 – 106.

Ramcharan, Bertrand G., The Concept and present Status of international Protection of Human Rights (International Studies in Human Rights, Bd. 13), Dordrecht 1989.

– Reforming the United Nations to Secure Human Rights, in: Transnational Law & Contemporary Problems 4, (1994), S- 503 - 530

– Humanitarian Good Offices in International Law, The Hague, Boston, London 1983.

– Lacunae in the Law of International Organizations: The Relations Between Subsidiary and Parent Organs with Particular Reference to the Commission and Sub-commission on Human Rights in: Nowak, Manfred u.a. (Hrsg.), Fortschritt im Bewußtsein der Grund- und Menschenrechte, Festschrift für Felix Ermacora, Kehl, Straßburg, Arlington 1988, S. 37 – 49.

– A Critique of the Third World Response to Violations of Human Rights, in: Antonio Cassese (Hrsg.), UN Law / Fundamental Rights, Alphen aan den Rhijn 1979, S. 249 - 258.

Ramcharan, Bertrand G. (Hrsg.), The Principle of Legality in International Human Rights Institutions, The Hague, Boston, London 1997.

Reanda, Laura, The Commission on the Status of Women, in: Philip Alston (Hrsg.), The United Nations and Human Rights: A Critical Appraisal, Oxford 1992, S. 265 – 303.

Reierson, Karen / Weissbrodt, David, The Forty-Third Session of the UN Sub-Commission on the Prevention of Discrimination and the Protection of Minorities, in: Human Rights Quartely 14 (1992), S. 232 - 277

Repertory of United Nations Practice, volume III, New York, 1955; Supplement No. 2, volume III, New York 1963.

Restatement of Law, American Law Institute (Hrsg.), Restatement of the Law Third, The Foreign Relations Law of the United States, volume 2, Washington 1987.

Riedel, Eibe, Universeller Menschenrechtsschutz - Vom Anspruch zur Durchsetzung, in: Gerhart Baum u.a. (Hrsg.), Menschenrechtsschutz in der Praxis der Vereinten Nationen, Baden-Baden 1998, S. 25 – 55.

Riedel, Eibe, Menschenrechtskommission, in: Rüdiger Wolfrum (Hrsg.), Handbuch Vereinte Nationen, 2. Auflage, München 1991, S. 572 – 583.

Ritterband, Charles E., Universeller Menschenrechtsschutz und völkerrechtliches Interventionsverbot, Bern und Stuttgart 1982.

Robertson, A. H. / Merrills, J. G., Human Rights in the World, 4. Auflage, Manchester, New York 1996.

Rodley, Nigel S., United Nations Non-Treaty Procedure for Dealing with Human Rights Violations, in: Hurst Hannum, Guide to international human rights practice, 2. Auflage, Washington 1992.

– Toward a More Effective and Integrated System of Human Rights Protection by the United Nations, UN Doc. A/Conf.157/PC/60/Add.6 (1993)

Rosenne, Shabtai, General Course on Public International Law: The Perplexities of Modern International Law, in: RdC (2001), Bd. 290 oder nachfolgende, erscheint 2002.

Rudolf, Beate, Die thematischen Berichterstatter und Arbeitsgruppen der UN-Menschenrechtskommission (Beiträge zum ausländischen öffentlichen Recht und Völkerrecht Bd. 142), Berlin etc. 2000.

Salzberg, John, A Report on the twenty-second session of the Subcommission on the Prevention of Discrimination and Protection of Minorities, in: Revue de Droit de l'Homme 3 (1970), S. 129 – 140.

Samson, Klaus T., Human Rights Co-ordination within the UN System, in: Philip Alston (Hrsg.), The United Nations and Human Rights: A Critical Appraisal, Oxford 1992, S. 620 – 676.

Schaefer, Michael, Brückenbau - Herausforderung an die Menschenrechtskommission, in: Gerhart Baum u.a. (Hrsg.), Menschenrechtsschutz in der Praxis der Vereinten Nationen, Baden-Baden 1998, S. 57 – 84.

Schöpp-Schilling, Hanna Beate, Bedeutung und Auswirkungen des Frauenrechtsübereinkommens, in: Eckart Klein (Hrsg.), 20 Jahre Übereinkommen zur Beseitigung jeder Form von Diskriminierung der Frau (CEDAW), S. 13 – 30.

Schwelb, Egon, Zur Frage der Anrufung der UN-Menschenrechtskommission durch Individuen und nichtstaatliche Organisationen, in: Vereinte Nationen 1972, S. 79 – 86.

– Complaints by individuals to the Commission on Human Rights: 25 years of an uphill struggle (1947-1971), in: The Changing International Community, Essays in honour of Marion Mushkat, Mouton, The Hague, Paris 1975 (zugl. The Journal of the Israel Institute for the study of International Affairs XIII, Nr. 1-3 [25], 1974).

– Die Arbeit der Vereinten Nationen auf dem Gebiet der Menschenrechte, in: Rechts- und Staatswissenschaftliche Fakultät an der Universität Wien (Hrsg.), Menschenrechte im Staatsrecht und im Völkerrecht, Karlsruhe 1967, S. 268 – 276.

– Some Aspects of the measures of implementation of the International Convention on Economic, Social and Cultural Rights, in: Revue de Droit de l'homme 1 (1968), S. 363 – 377.

Schwelb, Egon / Alston, Philip, The Principal Institutions and Other Bodies Founded Under the Charter, in: Karel Vasak (Hrsg.), The International Dimensions of Human Rights, Bd. 1, Westport, Connecticut 1982.

Shaw, Malcolm N., International Law, 4. Auflage, Cambridge 1997.

Simma, Bruno, Souveränität und Menschenrechtsschutz nach westlichem Völkerrechtsverständnis, in: Europäische Grundrechtezeitschrift 1977, S. 235 – 240.

Simma, Bruno (Hrsg.), Charta der Vereinten Nationen, München 1994.

Simma, Bruno / Alston, Philip, The sources of Human Rights Law: Custom, Jus Cogens, and General Principles, in: Australian Yearbook of International Law 12 (1992), S. 98 – 108.

Simma, Bruno / Steiner, Michael, Völkerrechtliche Möglichkeiten der Durchsetzung vertraglich garantierter Menschenrechte für Deutsche gegenüber Staaten Osteuropas, in: dies./ Martin Kriele, Menschenrechte für Deutsche in Osteuropa - ihre völkerrechtliche Durchsetzung, hrsg. von der Kulturstiftung der deutschen Vertriebenen, Bonn 1980

Simon, Helmut, Zur universellen Geltung und Durchsetzung der Menschenrechte, in: Jahrbuch Menschenrechte 1999, Gabriele von Arnim u.a. (Hrsg.), Frankfurt am Main 1998, S. 57 – 62.

Sohn, Louis B., The Improvement of The UN Machinery on Human Rights, in: International Studies Quartely 23 (1979), S. 186 – 215.

– Human Rights: Their Implementation and Supervision by the United Nations, in: Theodor Meron (Hrsg.), Human Rights in International Law: Legal and Policy Issues, Oxford 1984.

– A Short History of United Nations Documents on Human Rights, Supplementary Paper, in: Eighteenth Report of the Commission to Study the Organization of Peace, New York 1968, S. 39 – 186.

– The New International Law: Protection of the Rights of Individuals rather than States, in: American University Law Review 32 (1982), S. 1 – 64.

Sohn, Lous B. / Buergenthal, Thomas, International Protection of Human Rights, New York 1973.

Steiner, Henry J. / Alston, Philip, International Human Rights in Context, Oxford 1996; 2. Auflage, Oxford, 2000.

Sunga, Lyal S., The Emerging System of International Criminal Law, The Hague, London, Boston 1997.

Tardu, Maxime E., United Nations Response to gross Violations of Human Rights: The 1503 Procedure, in: Santa Clara Law Review 20 (1980), S. 559 – 601.

– Human Rights Complaint Procedures of the United Nations: Assesment and Prospects, in: Jürgen Jekewitz u.a. (Hrsg.), Des Menschen Recht zwischen Freiheit und Verantwortung: Festschrift für Karl Josef Partsch zum 75. Geburtstag, Berlin 1989, S. 287 – 314.

– The Effectiveness of United Nations Methods and Mechanisms in the Field of Human Rights: a Critical Overview, UN Doc. A/Conf.157/PC/60/Add.5 (1993).

– The United Nations Convention against Torture and other Cruel, Inhuman or Degrading Treatment or Punishment, in: Nordic Journal of International Law 56 (1987), S. 303 - 321.

Tardu, Maxime E./ McCarthy, Tom E., Human Rights: The International Petition System, vol. II (Loseblattsammlung,), New York, Stand: 1985.

Tolley, Jr., Howard, The Concealed Crack in the Citadel, in: Human Rights Quartely 6 (1984), S. 420 – 462.

– Decision-Making at the UN Commission on Human Rights, in: Human Rights Quartely 5 (1983), S. 27 – 57.

– The U.N. Comission on Human Rights, Boulder, Colorado 1987.

Tomuschat, Christian, Menschenrechtsschutz durch die Vereinten Nationen, in: Vereinte Nationen 1976, S. 166 – 174.

– Menschenrechtssicherung in der internationalen Praxis (Vorträge, Reden und Berichte aus dem Europa-Institut / Nr. 24), Saarbrücken 1984.

– Die Durchsetzung der Menschenrechte in weltweitem Rahmen, in: Zeitschrift für Schweizerisches Recht N.F. 108 / I. Halbband (1989), S. 3 – 16.

– Menschenrechte, Individualbeschwerde, in: Rüdiger Wolfrum (Hrsg.), Handbuch Vereinte Nationen, 2. Auflage, München 1991, S. 551 – 559.

von Truhart, Herbert, Völkerbund und Minderheitenpetitionen, Wien, Leipzig 1931.

Tumanov, V. A., International Protection of Human Rights - Soviet Report, in: International Enforcement of Human Rights (Berichte zum ausländischen öffentlichen Recht und Völkerrecht Bd. 93), Berlin, Heidelberg 1987.

United Nations Action, United Nations Action in the Field of Human Rights (ST/HR/2/Rev.4), hrsg. vom Centre for Human Rights, 4. Auflage, Geneva 1994.

US State Department, Background Notes: Philippines, Washington, October 2000; < http://www.state.gov/www/background_notes/philippines_0010_bgn.html > (verifiziert 01.02.2002).

Vasak, Karel, The Distinguishing Criteria of Institutions, in: ders. (Hrsg.), The International Dimensions of Human Rights, Bd. 1, Westport, Connecticut 1982.

Viljoen, Frans, State Reporting under the African Charter on Human and Peoples' Rights: A Boost from the South, in: Journal of African Law 44 (2000), S. 110 – 118.

Graf Vitzthum, Wolfgang (Hrsg.), Völkerrecht, Berlin, New York 1997, zitiert: Bearbeiter in: Graf Vitzthum.

Volio Jiménez, Fernando, The Silent Revolution, in: Bulletin of Human Rights 90/1, S. 13 - 20.

Weinberg, Matthias, Schutz der deutschen Minderheit in Polen nach den Weltkriegen (Schriften zum Staats- und Völkerrecht, Bd.72), Fankfurt am Main, Berlin, Bern, New York, Paris, Wien 1997.

Weiß, Norman, Einführung in die Möglichkeiten des Individualrechtsschutzes im Rahmen der UNESCO, in: Menschenrechtsmagazin 1/1998, S. 6 - 13; < http://www.uni-potsdam.de/u/mrz/mrm/mrm5-2.htm > (verifiziert: 01.02.2002).

– Einführung in den Individualrechtsschutz nach der Anti-Folter-Konvention der Vereinten Nationen, in: Menschenrechtsmagazin 3/1997, S. 10 - 15; < http://www.uni-potsdam.de/u/mrz/mrm/mrm3-2.htm > (verifiziert 01.02.2002).

– Individualrechtsschutz nach der Europäischen Menschenrechtskonvention, in: Menschenrechtsmagazin 2/1997, S. 14 - 30; < http://www.uni-potsdam.de/u/mrz/mrm/mrm2-2.htm > (verifiziert: 01.02.2002).

– Einführung in die „UN-Non-Treaty-Procedures", in: Menschenrechtsmagazin 4/1997, S. 6 - 11; < http://www.uni-potsdam.de/u/mrz/mrm/mrm4-1.htm > (verifiziert 01.02.2002).

Weissbrodt, David / Bartolomei, Maria Luisa, The Effectiveness of International Human Rights Pressures: The Case of Argentina, 1976-1983, in: Minnesota Law Review 76 (1991), S. 1009 – 1035.

Weissbrodt, David / Farley, Rose, The UNESCO Human Rights Procedure: An Evaluation, in: Human Rights Quarterly 16 (1994), S. 391 – 414.

Weissbrodt, David / Parker, Penny, The U.N. Commission on Human Rights, its Sub-Commission, and Related Procedures: An Orientation Manual, [Minneapolis, Genf] 1993.

de Zayas, Alfred M., United Nations High Commissioner for Human Rights, in: Rudolf Bernhard (Gesamthrsg.), Encyclopedia of Public International Law, Bd. IV, Amsterdam u.a. 2000.

Ziegler, Julia, Die Beteiligung von Nichtregierungsorganisationen (NGOs) am Menschenrechtsschutzsystem der Vereinten Nationen, München 1998.

Zuijdwijk, Ton J. M., Petitioning the United Nations, New York 1982.

Zwart, Tom, The Admissibility of Human Rights Petitons, Dordrecht, Boston, London 1994.

Zusätzliche Interviews (Niederschriften bei den Akten) wurden geführt mit:

Jakob Th. Möller, früher Leiter der Communcations Branch in der Human Rights Division (später Centre for Human Rights) des Sekreteriats in Genf (zit. Interview Möller).

Eleonor Solo, Human Rights Officer, OHCHR, zuständig für die Betreuung des 1503-Verfahrens (zit. Interview E. Solo).

AUGSBURGER SCHRIFTEN ZUM STAATS- UND VÖLKERRECHT

Herausgegeben von Professor Dr. Dieter Blumenwitz

Band 1 Fritz-Harald Wenig: Rechtsprobleme des innerdeutschen Handels.

Band 2 Wilfried Niedermeier: Der Beitritt der Bundesrepublik Deutschland zum Statut des Internationalen Gerichtshofes unter besonderer Berücksichtigung der obligatorischen Gerichtsbarkeit.

Band 3 Johann G. Gleich: Die Anerkennung der DDR durch die Bundesrepublik.

Band 4 Matthias Weigand: Der Vertrag über die gegenseitigen Beziehungen zwischen der Bundesrepublik Deutschland und der Tschechoslowakischen Sozialistischen Republik vom 11. Dezember 1973 - Eine völkerrechtliche Analyse.

Band 5 Werner Trützschler von Falkenstein: Die sich ändernde Bedeutung der Feindstaatenartikel (Artikel 53 und 107 der Satzung der Vereinten Nationen) für Deutschland.

Band 6 Reiner Schenk: Die Viermächteverantwortung für Deutschland als Ganzes, insbesondere deren Entwicklung seit 1969.

Band 7 Wolfgang Wagner: Die Verwirklichung der Menschenrechte im Pakt der Vereinten Nationen über bürgerliche und politische Rechte vom 16. Dezember 1966, im Grundvertrag und den ihn begleitenden Nebeninstrumenten.

Band 8 Ulrich Wacker: Der Konflikt verschiedener Rechtssysteme vor, während und nach der Kolonialzeit in Kenia.

Band 9 Wolfgang Enders: Der mexikanische Bundesstaat. Die politische und sozioökonomische Problematik eines föderalen Verfassungssystems in einem Land der "Dritten Welt".

Band 10 Heiner Hasford: Die Jurisdiktion der Europäischen Gemeinschaften. Zur extraterritorialen Wirkung des Gemeinschaftsrechts.

SCHRIFTEN ZUM STAATS- UND VÖLKERRECHT

Band 11 Wolf Dieter Remmele: Die Selbstdarstellung der Bundesrepublik Deutschland im Ausland durch den Rundfunk als Problem des Staats- und Völkerrechts.

Band 12 Elisabeth Lichtenstern: Die Gesetzgebung im Spannungsverhältnis zwischen Bund und Ländern.

Band 13 Peter Gassner: Kollektivmacht und Individualschutz im amerikanischen Arbeitsrecht.

Band 14 Helga Walter: Das Selbstverständnis des modernen Algeriens. Die historisch-nationalen und islamischen Elemente.

Band 15 Dieter Schütz: Der internationale ordre public. Der Ausschluß völkerrechtswidrigen fremden Rechts im Internationalen Privatrecht der Bundesrepublik Deutschland.

Band 16 Klaus-Peter Kißler: Die Zulässigkeit von Wirtschaftssanktionen der Europäischen Gemeinschaft gegenüber Drittstaaten.

Band 17 Rainhardt Freiherr von Leoprechting: Die neue Rohrwaffen-Artillerie-Munition im Lichte des I. Genfer Zusatzprotokolles vom 12. Dezember 1977. Zur Frage der Völkerrechtskonformität der Verteidigung der Bundesrepublik Deutschland mit modernen konventionellen Artilleriesystemen.

Band 18 Roland Steinmeyer: Die Schiffsgläubigerrechte im südafrikanischen nationalen und internationalen Privatrecht. Eine rechtsvergleichende Darstellung unter Einbeziehung des englischen und deutschen internationalen Privatrechts und unter besonderer Berücksichtigung des ordre public.

Band 19 Martin C. Ney: Der Einsatz von Atomwaffen im Lichte des Völkerrechts. Summary: The Use of Nuclear Weapons and International Law.

Band 20 Teodoro Ribera Neumann: Das chilenische Verfassungsgericht und das deutsche Bundesverfassungsgericht - Ein Rechtsvergleich -. 1985.

Band 21 Theodora Antoniou: Europäische Integration und griechische Verfassung. 1985.

Band 22 Georg Teyssen: Deutschlandtheorien auf der Grundlage der Ostvertragspolitik. 1987.

Band 23 Karin Klüpfel: Selbstbestimmung durch Assoziation. Die Assoziation als Verwirklichung des Selbstbestimmungsrechts der Völker - dargestellt am Beispiel von Puerto Rico. 1987.

Band 24 Friedrich Dehner: Die Stellung Berlins im Bundesrat. 1987.

Band 25 Thilo Morhard: Die Rechtsnatur der Übereinkommen der Internationalen Arbeitsorganisation. Zugleich ein Beitrag zur Lehre vom "soft law". 1988.

Band 26 Ralf Jahn: Ansiedlung von Einzelhandelsgroßprojekten (§ 11 Abs. 3 BauNVO 1977). Zur Frage der Bestimmtheit grundrechtsbeschränkender Eingriffsnormen. 1988.

Band 27 Wolfgang Götzer: Der völkerrechtliche Status der Donau zwischen Regensburg und Kelheim. Eine völkerrechtliche Untersuchung des Donauabschnittes Regensburg - Kelheim unter Einbeziehung der gesamten deutschen Donau. 1988.

Band 28 Michael Hakenberg: Die Iran-Sanktionen der USA während der Teheraner Geiselaffäre aus völkerrechtlicher Sicht. 1988.

Band 29 Renate Oxenknecht: Der Schutz ethnischer, religiöser und sprachlicher Minderheiten in Art. 27 des Internationalen Paktes über bürgerliche und politische Rechte vom 16. Dezember 1966. 1988.

Band 30 Raphael Quarshie Avornyo: Deutschland und Togo. (1847-1987). 1988.

Band 31 Friedrich Frhr. Waitz von Eschen: Die völkerrechtliche Kompetenz der Vier Mächte zur Gestaltung der Rechtslage Deutschlands nach dem Abschluß der Ostvertragspolitik. 1988.

Band 32 Gisela Süß: Die Zulassung von Zahnärzten aus dem EG-Bereich zur deutschen Kassenarztpraxis. Ein Beitrag zu Standort und Bedeutung der Grundrechte im Europäischen Gemeinschaftsrecht. 1988.

Band 33 Meggy Steffens: Die deutsche Ostpolitik im Spiegel publizistischer Stellungnahmen in den USA 1969-1973. 1988.

Band 34 Norbert Karl Riedel: Der Einsatz deutscher Streitkräfte im Ausland - verfassungs- und völkerrechtliche Schranken -. 1989.

Band 35 Heidi Dünisch: Der Mundatwald - Zur Bereinigung letzter Kriegsfolgenprobleme zwischen Deutschland und Frankreich.1989.

Band 36 Sabine Niedermeyer-Krauß: Kommunalwahlrecht für Ausländer und Erleichterung der Einbürgerung. Integrationsmöglichkeiten für Ausländer aus verfassungs- und europarechtlicher Sicht. 1989.

Band 37 Dirk-Hermann Voß: Regionen und Regionalismus im Recht der Mitgliedstaaten der Europäischen Gemeinschaft: Strukturelemente einer Europäischen Verfassungsordnung. 1989.

Band 38 Tilo Klinner: Satellitenfernerkundung im Völkerrecht. Inwieweit existiert ein völkerrechtlicher Datenschutz? 1989.

Band 39 Barbara Schmidt: Die Erweiterung der seewärtigen Hoheitsrechte der Bundesrepublik Deutschland und der DDR unter besonderer Berücksichtigung deutschlandrechtlicher Probleme. 1989.

Band 40 Hans-Joachim Brauns: Wiedervereinigung und europäische Integration. 1990.

Band 41 Gilbert-Hanno Gornig: Der Hitler-Stalin-Pakt. Eine völkerrechtliche Studie. 1990.

Band 42 Gudrun Lehnberger: Kommunale Entwicklungshilfe. Eine Aufgabe der Gemeinden? - Bestandsaufnahme und rechtliche Würdigung unter besonderer Berücksichtigung der bayerischen Verwaltungspraxis. 1990.

Band 43 Heike Kaup: Der Schwangerschaftsabbruch aus verfassungsrechtlicher Sicht. Eine rechtsvergleichende Untersuchung anhand des deutschen und des amerikanischen Rechts. 1991.

Band 44 Bernadette Steinmeyer: Verfassungsrechtliche Ansätze zur Neuordnung der multirassischen Gesellschaft Südafrikas unter Berücksichtigung des Vorschlages des Verhandlungsforums der "KwaZulu/Natal Indaba". 1991.

Band 45 Burkhard Schöbener: Die amerikanische Besatzungspolitik und das Völkerrecht. 1991.

Band 46 Christian Raap: Die Souveränität der Bundesrepublik Deutschland unter besonderer Berücksichtigung des militärischen Bereichs und der deutschen Einheit. 1992.

Band 47 Andrea Wagner: Der argentinisch-chilenische Konflikt um den Beagle-Kanal. Ein Beitrag zu den Methoden friedlicher Streiterledigung. 1992.

Band 48 Ralf Wittkowski: Die Staatensukzession in völkerrechtliche Verträge unter besonderer Berücksichtigung der Herstellung der staatlichen Einheit Deutschlands. 1992.

Band 49 Michael Piazolo: Das Recht auf Abtreibung als Teilaspekt des Right of Privacy. 1992.

Band 50 Silke Wenk: Das konfiszierte deutsche Privatvermögen in Polen und der Tschechoslowakei. Die Rechtslage nach Abschluß des deutsch-polnischen und deutsch-tschechoslowakischen Nachbarschaftsvertrages. 1993.

Band 51 Antje Kießwetter: Die Verfassungsentwicklung in Namibia. 1993.

Band 52 Angelika Kleffner-Riedel: Regionalausschuß und Subsidiaritätsprinzip. Die Stellung der deutschen Bundesländer nach dem Vertrag über die Europäische Union. 1993.

Band 53 Jerzy Kranz: Entre l'influence et l'intervention. Certains aspects juridiques de l'assistance financière multilatérale. 1994.

Band 54 Knut Kettwig: Rechtsgrundlagen dezentraler grenzüberschreitender Zusammenarbeit im deutsch-polnischen und deutsch-tschechischen Grenzraum. 1994.

Band 55 Ulrich Seidenberger: Die diplomatischen und konsularischen Immunitäten und Privilegien. Ein Beitrag zur Diskussion über die Reformbedürftigkeit des Diplomaten- und Konsularrechts aus staats- und völkerrechtlicher Sicht. 1994.

Band 56 Christian Schede: Bundesrat und Europäische Union. Die Beteiligung des Bundesrates nach dem neuen Artikel 23 des Grundgesetzes. 1994.

Band 57 Florian Prugger: Die Nachfolge in das Vermögen der ehemaligen DDR. Ein Beitrag zu Art. 21 ff Einigungsvertrag unter besonderer Berücksichtigung der Firma F.C. Gerlach des Bereichs Kommerzielle Koordinierung. 1994.

Band 58 Mark Zimmer: Einsätze der Bundeswehr im Rahmen kollektiver Sicherheit. Staats- und völkerrechtliche Grundlagen unter Berücksichtigung des BVerfG-Urteils vom 12.07.1994. 1995.

Band 59 Gerd von Laffert: Die völkerrechtliche Lage des geteilten Zypern und Fragen seiner staatlichen Reorganisation. 1995.

Band 60 Wolfram Schneeweiß: Die rechtliche Stellung der Indianerstämme innerhalb der Vereinigten Staaten von Amerika. Ein Modell für den Schutz der *indigenous peoples*. 1995.

Band 61 Marianne Janik: Möglichkeiten und Grenzen einer gemeinsamen Exportkontrolle für sensitive Waren und Dienstleistungen im Lichte des europäischen Gemeinschaftsrechts. 1995.

Band 62 Michael Brems: Die politische Integration ethnischer Minderheiten aus staats- und völkerrechtlicher Sicht. 1995.

Band 63 Martin Vocke: Verfassungsinterpretation und Normbegründung - Grundlegung zu einer prozeduralen Theorie der Verfassungsgerichtsbarkeit. 1995.

Band 64 Stefan von der Beck: Die Konfiskationen in der Sowjetischen Besatzungszone von 1945 bis 1949. Ein Beitrag zu Geschichte und Rechtsproblemen der Enteignung auf besatzungsrechtlicher und besatzungshoheitlicher Grundlage. 1996.

Band 65 Stephanie Baer: Der Zerfall Jugoslawiens im Lichte des Völkerrechts. 1995.

Band 66 Christine Sauerwald: Die Unionsbürgerschaft und das Staatsangehörigkeitsrecht in den Mitgliedstaaten der Europäischen Union. 1996.

Band 67 Silke Buchner: Die Rechtswidrigkeit der Taten von "Mauerschützen" im Lichte von Art. 103 II GG unter besonderer Berücksichtigung des Völkerrechts. Ein Beitrag zum Problem der Verfolgung von staatlich legitimiertem Unrecht nach Beseitigung des Unrechtssystems. 1996.

Band 68 Bernd Weiß: Einführung und Umsetzung der Europäischen Charta der kommunalen Selbstverwaltung in Deutschland, insbesondere in Bayern und Nordrhein-Westfalen. 1996.

Band 69 Gesine Katharina Neumann: Boliviens Recht auf freien Zugang zum Pazifik. Zur völkerrechtlichen Problematik des Zugangs der Binnenstaaten zum Meer. 1997.

Band 70 Elvira Pfrang: Das Verhältnis zwischen Europäischem Gemeinschaftsrecht und deutschem Recht nach der Maastricht-Entscheidung des Bundesverfassungsgerichts. Eine Studie zu den Konflikten beider Rechtsordnungen auf dem Gebiet des Grundrechtsschutzes und der Kompetenzen. 1997.

Band 71 Dieter Blumenwitz / Burkhard Schöbener: Stabilitätspakt für Europa. Die Sicherstellung mitgliedstaatlicher Haushaltsdisziplin im Europa- und Völkerrecht. 1997.

Band 72 Matthias Weinberg: Schutz der deutschen Minderheit in Polen nach den Weltkriegen. Ein Vergleich unter Berücksichtigung der aktuellen Rechtslage. 1997.

Band 73 Reinhard Müller: Der "2+4-Vertrag und das Selbstbestimmungsrecht der Völker. 1997.

Band 74 Stefan Strobl: Das Nichtverbreitungsregime für Kernwaffen nach 1995 und der freie Zugang zu nuklearen Technologien und Materialien. 1997.

Band 75 Christine Weber: Das Gegenzeichnungsrecht unter besonderer Berücksichtigung der Verfassung des Fürstentums Liechtenstein. 1997.

Band 76 Stephan Semrau: Die Gemeinsame Außen- und Sicherheitspolitik der Europäischen Union. 1998.

Band 77 Marcus Schultz: Die Auslandsentsendung von Bundeswehr und Bundesgrenzschutz zum Zwecke der Friedenswahrung und Verteidigung. Völker- und verfassungsrechtliche Analyse unter besonderer Berücksichtigung der Entscheidung des Bundesverfassungsgerichtes zum Einsatz deutscher Streitkräfte vom 12. Juli 1994. 1998.

Band 78 Benedikt P. Kuttenkeuler: Die Verankerung des Subsidiaritätsprinzips im Grundgesetz. Ein Beitrag zur Bedeutung des Subsidiaritätsprinzips für die Kompetenzabgrenzung im Bundesstaat. 1998.

Band 79 Winfried Bausback: Verfassungsrechtliche Grenzen des Wahlrechts zum Deutschen Bundestag. 1998.

Band 80 Elvira Pfrang: Towards Liberalisation of the European Electricity Markets. The Directive concerning Common Rules for an Internal Market in Electricity in the Frame of the Competition and Internal Market Rules of the EC-Treaty. 1999.

Band 81 Alexander Wolf: Prozessuale Probleme des „Maastricht"-Urteils des Bundesverfassungsgerichts. 1999.

Band 82 Jürgen Bartl: Die humanitäre Intervention durch den Sicherheitsrat der Vereinten Nationen im "Failed State". Das Beispiel Somalia. 1999.

Band 83 Thomas Gnielinski: Die Reform des deutschen Staatsangehörigkeitsrechts. Eine Analyse und Bewertung der vorliegenden Gesetzesvorhaben. 1999.

Band 84 Margarita González: Der völkerrechtliche Status des Panamakanals nach Ablauf der Übergangszeit im Jahr 1999. 2000.

Band 85 Petra Johnen: Die Verfassungsentwicklung Südafrikas unter besonderer Berücksichtigung der verfassunggebenden Gewalt des Volkes. 2001.

Band 86 Markus Allstadt: Die offene Völkerrechtslage im deutsch-tschechischen Verhältnis und ihre Bedeutung für die Osterweiterung der Europäischen Union. Zugleich Überlegungen zu den Auswirkungen zwingenden Völkerrechts in der Vertriebenenfrage. 2000.

Band 87 Gerrit Aschmann: Europol aus Sicht der deutschen Länder. 2000.

Band 88 Mark Weber: Der Berlin-Status im intertemporalrechtlichen Konflikt. Dargestellt am Beispiel von Grundstücksenteignungen im Ostteil Groß-Berlins. 2001.

Band 89 Heidi Hellwig: Die Staatsangehörigkeit als Anknüpfung im deutschen IPR. Unter besonderer Berücksichtigung des Gesetzes zur Reform des Staatsangehörigkeitsrechts. 2001.

Band 90 Aline Bruer-Schäfer: Der Internationale Strafgerichtshof. Die Internationale Strafgerichtsbarkeit im Spannungsfeld von Recht und Politik. 2001.

Band 91 Andreas Rosenfeld: Die Verfassungsentwicklung von Mosambik. Ein Beitrag zur rechtsstaatlichen Transformation im südlichen Afrika. 2001.

Band 92 Markus Pallek: Der Minderheitenschutz im deutschen Verfassungsrecht. Eine analytische Untersuchung des Begriffs sowie der bundes- und landesverfassungsrechtlichen Stellung der ethnischen, nationalen, sprachlichen, kulturellen und religiösen Minderheiten in der Bundesrepublik Deutschland vor dem Hintergrund der völker- und europarechtlichen Rahmenbedingungen. 2001.

Band 93 Ansgar Firsching: Die Samen, ihre Rechtsstellung in Schweden und ihre Rechtsstellung im Lichte der Indigenous Peoples weltweit. 2002.

Band 94 Jörg Dunker: Regionale Integration im System des liberalisierten Welthandels. EG und NAFTA im Vergleich. 2002.

Band 95 Katharina Wodarz: Gewaltverbot, Menschenrechtsschutz und Selbstbestimmungsrecht im Kosovo-Konflikt. 2002.

Band 96 Grit Hokema: Immunität von Staatsoberhäuptern. 2002.

Band 97 Tido Oliver Hokema: Mehrfache Staatsangehörigkeit. Eine Betrachtung aus völkerrechtlicher und verfassungsrechtlicher Sicht. Unter Berücksichtigung des Staatsangehörigkeitsreformgesetzes vom 15. Juli 1999. 2002.

Band 99 Tobias H. Irmscher: Die Behandlung privater Beschwerden über systematische und grobe Menschenrechtsverletzungen in der UN-Menschenrechtskommission. Das 1503-Verfahren nach seiner Reform. 2002.

Band 100 Markus Voltz: Menschenrechte und ordre public im Internationalen Privatrecht. 2002.

Kolibri 360 GmbH
Ferdinand-Jühlke-Straße 7
99095 Erfurt, Deutschland
produktsicherheit@kolibri360.de

Druck:
CPI Druckdienstleistungen GmbH
im Auftrag der
Kolibri 360 GmbH
Ferdinand-Jühlke-Str. 7
99095 Erfurt